Mokomasis
lietuvių kalbos
žodynas

Milda Norkaitienė, Rita Šepetytė, Zita Šimėnaitė

Mokomasis lietuvių kalbos žodynas

Redaktorė Rita Šepetytė

baltos lankos

UDK 808.82-3
No-73

Žodyno rengimą parėmė Lietuvos valstybinis
mokslo ir studijų fondas

Žodyno leidybą parėmė Valstybinė lietuvių kalbos komisija
prie Lietuvos Respublikos Seimo ir Vilniaus universiteto
Lituanistinių studijų katedra

Lietuvos Respublikos švietimo ir mokslo
ministerijos rekomenduota
Nr. 61   2000 05 11

Recenzentas doc. dr. Bronius Dobrovolskis
Spec. redaktorė Joana Pribušauskaitė
Koordinatorė Zita Šimėnaitė
Iliustravo Irma Dūdėnienė
Apipavidalino Vida Kuraitė

Rodyklę rengė:
Milda Norkaitienė (rusų k., red. Tatjana Timčenko),
Irena Marija Norkaitienė (vokiečių k.), Rita Šepetytė
(anglų k., red. Jonas Steponaitis), Zita Šimėnaitė (lenkų k.,
red. Algis Kalėda; prancūzų k., red. Ramunė Kandzežauskaitė)
Kirčiavimą tikrino Vilija Sakalauskienė

© Milda Norkaitienė, 2000
© Rita Šepetytė, 2000
© Zita Šimėnaitė, 2000
© Irma Dūdėnienė, 2000
© Baltos lankos, 2000

Printed in Lithuania
ISBN 9955-00-062-7

Turinys

Pratarmė 7
Kaip naudotis žodynu 8
Sutrumpinimai 14
Lietuvių kalbos abėcėlė 14
Žodynas 15
Priedai 303
    Daiktavardžių linksniavimas 305
    Būdvardžių linksniavimas 308
    Įvardžiuotinių būdvardžių linksniavimas 311
    Įvardžių linksniavimas 312
    Skaitvardžių linksniavimas 314
    Dalyvių linksniavimas 316
    Įvardžiuotinių dalyvių linksniavimas 318
    Vardažodžių, įvardžių, dalyvių kirčiavimas 320
    Būdvardžių ir prieveiksmių laipsniavimas 323
    Veiksmažodžių asmenavimas 324
    Veiksmažodžių *būti, nebūti* asmenavimas 329
    Sangrąžinių veiksmažodžių asmenavimas 331
    Padalyviai ir pusdalyviai 340
    Spalvos 341
    Gyvuliai ir žvėrys 341
    Paukščiai 341
    Žuvys 341
    Vabzdžiai 341
    Kiti gyvūnai 341
    Gėlės 342
    Medžiai ir krūmai 342
    Uogos ir vaisiai 342
    Grybai 342
    Daržovės ir prieskoniai 342

Javai 342
Drabužiai ir jų dalys 343
Avalynė 343
Priešingos reikšmės žodžiai 343
Skaičiai 344
Trupmenos 345
Savaitės dienos 345
Mėnesiai 345
Metų laikai 345
Kaip pasakyti laiką, paklausti laiko 346
Datos 347
Kada? 347
Adresas 347
Lietuvių vardai 348
Lietuvių pavardės 348
Lietuvos etnografinės sritys ir jų gyventojų pavadinimai 349
Lietuvos miestai ir jų gyventojų pavadinimai 349
Pasaulio šalys 350
Žemynai 350
Valstybės (ar jų dalys) ir jų gyventojų pavadinimai 350
Sostinės, miestai 352
Piniginiai vienetai 352
Kalbos 352
Ženklai 353

Literatūra 354
Rodyklė 355

Pratarmė

Šis žodynas skirtas įvairaus amžiaus žmonėms, kurie mokosi lietuvių kalbos. Jis buvo pradėtas rengti 1995 m. Lietuvių kalbos mokymo centro (vedėja Aldona Rakauskienė) užsakymu.

Žodyne pateikta apie 8000 žodžių ir žodžių junginių, 280 iš jų (jų reikšmių) iliustruoti. Žodžiai ir jų vartojimo pavyzdžiai kirčiuoti. Norint paaiškinti kirčiavimą, į žodyną įtraukta ir Lietuvos miestų, upių vardų.

Žodyno pabaigoje rasite daug naudingų priedų. Rodyklė (lietuvių–anglų–prancūzų–vokiečių–lenkų–rusų) padės geriau suprasti lietuvių kalbos žodžius.

Rengiant žodyną, buvo naudotasi įvairiais lietuvių kalbos žodynais ir gramatikomis, taip pat kitų kalbų (anglų, prancūzų ir t. t.) mokomaisiais žodynais.

Autorės nuoširdžiai dėkoja Valstybiniam mokslo ir studijų fondui, parėmusiam žodyno rengimą, Valstybinei lietuvių kalbos komisijai prie Lietuvos Respublikos Seimo, Vilniaus universiteto Lituanistinių studijų katedrai, parėmusioms jo leidimą, šios katedros dėstytojoms, ypač Joanai Pribušauskaitei, svarsčiusioms dalį žodyno teksto ir pateikusioms vertingų pastabų, Astai Martinaitienei už puikų sudėtingo teksto surinkimą ir maketuotojai Virginijai Lapušauskienei.

Atskiros padėkos už patarimus lietuvių kalbos klausimais:
Onai Kažukauskaitei, Nijolei Lubienei, Vilijai Niauronytei, Rasai Petrokaitei, ypač dr. Jonui Klimavičiui
— Rita Šepetytė
Onai Norkaitytei, Jurgiui Norkaičiui
— Milda Norkaitienė

Pastabas prašome siųsti autorėms adresu: Lietuvių kalbos institutas, Antakalnio 6, 2055 Vilnius, Lietuva.

Tikimės, kad žodynas bus Jums naudingas.

Kaip naudotis žodynu

KAIP RASTI ŽODĮ

Vienodai rašomi žodžiai pateikiami su numeriais
— **áušti¹**, áušta, áušo *vks. (1) (kas)* darytis nekarštam (apie maistą): *Prāšom válgyti, sriubà áušta.* • *neig.* **neáušti**
— **aũšti²**, aũšta, aũšo *vks. (1) (– / kas)* darytis šviesu prieš patekant saulei: *Kai pagaliaũ užmigaũ, jau aũšo (rýtas).* • *neig.* **neaũšti**; *žr.* **išaušti**

Vienodai rašomos skirtingų žodžių formos pateikiamos su numeriais
— **màno¹** *savyb. K. žr.* **aš**: *Tai màno páltas.* ○ *Šis dáiktas ne màno.* ○ *Grąžìnkite mano dokumentùs.*
— **mãno²** *esam. l. 3 asm. žr.* **manyti**

Moteriškosios giminės būdvardis (įvardis, kelintinis skaitvardis, dalyvis) pateikiamas po vyriškosios giminės būdvardžio (įvardžio ir t. t.)

teisìngas, teisìnga *bdv. (1, 1–6)* **1.** kuris sako tiesą, doras: *Jis yra teisìngas žmogùs.* **2.** kuris atitinka tiesą: *Kurìs atsākymas teisìngas?*
— **teisìngai** *prv.*: *Jūs atsākėte teisìngai.* ○ *Mano laĩkrodis eina teisìngai.*
• *žr.* **neteisingas**; (2) *prš.* **klaidingas**
— **teisingùmas** *dkt. v. (2, 1)*

Susiję žodžiai

Moteriškosios lyties asmenį reiškiantis daiktavardis pateikiamas po vyriškosios lyties asmenį reiškiančio daiktavardžio

teisėjas *dkt. v. (1, 2)*, **teisėja** *dkt. m. (1, 7)* **1.** teisininkas, kuris nagrinėja ir sprendžia bylas teisme. **2.** asmuo, kuris prižiūri, kaip laikomasi žaidimo taisyklių: *tèniso [krepšìnio, fùtbolo] teisėjas*

Žodis su priešdėliu **ne-**, jei jis vartojamas su tais pačiais linksniais ir t.t. kaip ir žodis be šio priešdėlio ir jei kirčiuojamas taip pat

atsisė́sti, atsisė́da, atsisė́do *sgr. vks. (1) (kas)* pakeisti savo kūno padėtį taip, kad sėdėtum: *Prãšom atsisė́sti ir paláukti.* ○ *atsisė́sti ant súolo [ant kė́dės, ant sòfos]* • *neig.* **neatsisė́sti**; *žr.* **sėdė́ti**

GRAMATIKA

Kalbos dalis (daiktavardis, būdvardis ir t. t.)

ã́data *dkt. m. (1, 6)* siuvimo įrankis: *Plonám áudiniui siū́ti reĩkia plonõs ā́datos.*

Daiktavardis

Linksniavimo paradigma
Kirčiuotė
Giminė
Vardininkas

martì *dkt. m. (4, 7)* sūnaus žmona: *Į svečiùs atvažiãvo sūnùs su marčià.*

Būdvardis

Moteriškosios giminės būdvardžio linksniavimo paradigma

Vyriškosios giminės būdvardžio linksniavimo paradigma

Kirčiuotė

Moteriškosios giminės būdvardžio vardininkas

Vyriškosios giminės būdvardžio vardininkas

geležìnis, geležìnė *bdv. (2, 4–9)* pagamintas iš geležies: *geležìnis įrankis*

Būdvardžio, kuris turi dalyvio formą:

Vyriškosios giminės vardininkas

Moteriškosios giminės vardininkas

Negimininė forma

Linksniavimo paradigma

apsiniáukęs, apsiniáukusi, apsiniáukę *bdv. (dlv. [3])* debesuotas, be saulės (apie orą, dieną, dangų): *Rýtą buvo giẽdras dangùs, o dabar̃ (yra) apsiniáukęs.* ○ *Šiañdien óras apsiniáukęs.* ○ *Vãkar bùvo apsiniáukę.* • *prš.* **giedras**; *žr.* **neapsiniaukęs**

Linksniavimo paradigma,
pateikta žodyno priede
„Skaitvardžių linksniavimas"

Kirčiuotė

Moteriškosios giminės
skaitvardžio vardininkas

Vyriškosios giminės
skaitvardžio vardininkas

Skaitvardis

penkì, peñkios *skt. (4) [2]* (penkerì, peñ-kerios *(3ᵇ) [1] su dgs. dkt.)* skaičius 5; *vart. žr.* **aštuoni**

Įvardis

Linksniavimo paradigma,
pateikta žodyno priede
„Įvardžių linksniavimas"

Kirčiuotė

Moteriškosios giminės
įvardžio vardininkas

Vyriškosios giminės įvardžio
vardininkas

kitóks, kitókia *įv. (1) [5]* ne toks, turintis kitų ypatybių; skirtingas: *Tóks sijõnas jums netìks, jums reikėtų kitókio.* ○ *Kiekvienojè šalyjè kitókie papročiaĩ.* ○ *Šiẽ saldaĩniai man neskānūs, norėčiau kitókių.*

Veiksmažodis

Linksniai, su kuriais
vartojamas veiksmažodis
(šiuo atveju vardininkas ir
galininkas)

Asmenuotė

Būtojo kartinio laiko
3 asmuo

Esamojo laiko 3 asmuo

Bendratis

málti, mãla, mãlė *vks. (1) (kas, ką)* smulkinti į miltus ar mažus gabalėlius tam tikrais prietaisais: *málti kãvą [mė̃są]* • *žr.* **nemalti**

Veiksmažodis vartojamas be daiktavardžio

lýti, lỹja, lìjo *vks. (1)* (– / *kas*) kristi (apie lietų): (*Lietùs*) *lỹja vìsą diẽną.* ○ *Sù sáule lìjo* (lìjo ir švietė́ saulė́). ○ *Smar̃kiai lỹja.* • *bū́s. l. 3 asm.* **lìs**; *neig.* **nelýti**; *žr.* **pilti kaip iš kibiro**

Kitokia esamojo laiko 3 asmens forma

džiū́ti, džiū́sta (džiū̃va), džiū́vo *vks. (1)* (*kas*) darytis sausam ar sausesniam: *Kiemè džiū́sta skalbiniaĩ.* ○ *Sáulėje džiū́vo obuoliaĩ.* • *bū́s l. 3 asm.* **džiùs**; *neig.* **nedžiū́ti**; *žr.* **išdžiū́ti**

REIKŠMĖS, VARTOJIMO PAVYZDŽIAI

Skirtingos reikšmės, jų aiškinimas

téisė *dkt. m. (1, 8)* **1.** laisvė ką daryti, turėti ar gauti: *Žmogùs turi téisę pasiriñkti, kur̃ gyvénti.* ○ *Valstýbė turi garantúoti žmonių̃ téisę į̃ sveikãtos ãpsaugą.* ○ *Kàs dìrba, tùri téisę į̃ póilsį.* **2.** *vns.* įstatymų̃ visumà: *téisės mókslas* ○ *studijúoti téisę*

Vartojimo pavyzdžiai

mė̃tinis, mė̃tinė *bdv. (1, 4–9)* turintis mė́tų skonį: *mė̃tiniai saldaĩniai* ○ *mė̃tinė kram̃tomoji gumà*

Kitas vartojimo pavyzdys (reikia skaityti: *žvejýbos laivýnas, prekýbos laivýnas*)

laivýnas *dkt. v. (1, 1)* tam tikros paskirties laivų̃ visumà: *žvejýbos* [*prekýbos*] *laivýnas*

Žodis, pateikiamas dėl linksniavimo paradigmos ir kirčiuotės, neaiškinamas (žr. žemiau pateikiamą žodžių junginį) ── **muzikìnis, muzikìnė** *bdv. (2, 4–9)* **muzikìnis ceñtras** prietaisas, kuris susideda iš radijo aparato, magnetofono, kompaktinių plokštelių grotuvo

Skirtingos formos (skaitykite: *neĩk, neĩkite*) ── **neĩk(ite)** *liep. n.* 1. *žr.* **neigti.** 2. *žr.* **neiti**

Jei pateikiami vyriškosios ir moteriškosios lyties asmenį reiškiantys daiktavardžiai, skaitykite: *specialistas, specialistė* ── **matemãtikas** *dkt. v. (1, 1),* **matemãtikė** *dkt. m. (1, 8)* matematikos specialistas

Žodis, kuris gali būti praleistas nekeičiant sakinio prasmės ── **pàprastas, paprastà** *bdv. laipsn. (3ᵇ, 1–6)* 1. nesudėtingas: *Tai (yra) pàprastas dárbas.* 2. niekuo neišsiskiriantis: *Jis yra pàprastas žmogùs.* • *plg.* **sudėtingas;** *žr.* **nepaprastas**

Žodžio, po kurio šis skaičius parašytas, reikšmė žodyne ── **laiškanešỹs** *dkt. v. (3⁴ᵃ, 3),* **laiškanešẽ** *dkt. m. (3⁴ᵃ, 8)* asmuo, kurio pareigos – pristatyti paštą (3) • *žr.* **paštininkas**

12

Žodžio reikšmė, susijusi su toliau pateikiamu žodžiu

áišku 1. *n. žr.* **aiškus**: *Ar tau áišku, ką jis norėjo pasakýti?* 2. žinoma, tikrai: *Áišku, jūs nesutìksite.* o *Ar tu eĩsi teñ? – Áišku.* • (1) *žr.* **neaišku**

Paaiškinama, kada žodis vartojamas

atsargiaĩ *jst.* (įspėjant apie galimą pavojų): *Atsargiaĩ, dažýta* (galite išsitepti)!

Paaiškinamas vartojimo pavyzdys

Patikslinama, su kuriais žodžiais vartojamas žodis

avė́ti, ā́vi, avė́jo *vks.* (2) *(kas, ką / kuo)* nešioti (batus): *Ji ā́vi batùs aukštaĩs kulnaĩs.* o *Vāsarą aviũ basutės [basùtėmis].* • *žr.* **neavėti**

ŽENKLAI

o skiria vartojimo pavyzdžius
• po šio ženklo pateikiami priešingos reikšmės, susiję žodžiai, sutrumpinimai, pastabos dėl vartojimo
/ ženklas, reiškiantis „arba"
→ žymi, kad žodis padarytas iš žodžių junginio

Sutrumpinimai

asm.	– asmuo	*n.*	– negimininė forma
aukšč. l.	– aukščiausiasis laipsnis	*neig.*	– žodis su priešdėliu **ne-**
aukšt. l.	– aukštesnysis laipsnis	*nekirč.*	– nekirčiuotas, nekirčiuojamas
bdv.	– būdvardis	*neveik. r.*	– neveikiamoji rūšis
bendr.	– bendratis	*p.*	– puslapis
būs. l.	– būsimasis laikas	*pdl.*	– padalyvis
būt. l.	– būtasis laikas	*pieš.*	– piešinys
dgs.	– daugiskaita, daugiskaitinis	*plg.*	– palygink
dkt.	– daiktavardis	*ppr.*	– paprastai
dll.	– dalelytė	*prl.*	– prielinksnis
dlv.	– dalyvis	*prš.*	– priešingos reikšmės žodis
džn.	– dažniausiai	*prv.*	– prieveiksmis
esam. l.	– esamasis laikas	*ps.*	– pusdalyvis
G.	– galininkas	*pvz.*	– pavyzdžiui
gram.	– gramatikoje vartojamas žodis	*savyb. K.*	– savybinis kilmininkas
Įn.	– įnagininkas	*sgr.*	– sangrąžinis
ir t. t.	– ir taip toliau	*skt.*	– skaitvardis
ir pan.	– ir panašiai	*sutr.*	– sutrumpinimas
įv.	– įvardis	*Š.*	– šauksmininkas
įvr.	– įvardžiuotinis	*šs*	– šalutinis sakinys
jng.	– jungtukas	*t. p.*	– taip pat
jst.	– jaustukas	*V.*	– vardininkas
K.	– kilmininkas	*v.*	– vyriškoji giminė
kirč.	– kirčiuotas, kirčiuojamas	*vart.*	– vartojama(s); vartojimas
klnt.	– kelintinis skaitvardis	*veik. r.*	– veikiamoji rūšis
laipsn.	– laipsniuojamas	*vks.*	– veiksmažodis
liep. n.	– liepiamoji nuosaka	*vns.*	– vienaskaita, vienaskaitinis
m.	– moteriškoji giminė	*Vt.*	– vietininkas
N.	– naudininkas	*žr.*	– žiūrėk

Lietuvių kalbos abėcėlė

A a (Ą ą) B b C c Č č D d E e (Ę ę, Ė ė) F f G g
H h I i (Į į, Y y) J j K k L l M m N n O o P p
R r S s Š š T t U u (Ų ų, Ū ū) V v Z z Ž ž

A a, Ą ą

A, a pirmoji lietuvių kalbos abėcėlės raidė
Ą, ą antroji lietuvių kalbos abėcėlės raidė
a. *sutr.* **1.** *žr.* **aikštė** (1) **2.** *žr.* **amžius** (2)
AB *sutr. žr.* **akcinė bendrovė**
abėcėlė *dkt. m.* (2, 8) tam tikra tvarka surašytos visos kalboje vartojamos raidės: *Žodžius surašiaũ pagal abėcėlę [abėcėlės tvarkà]* (pirma tuos, kurie prasideda raidėmis A, Ą, paskui B, C ir t. t.).
abėcėlinis, abėcėlinė *bdv.* (1, 4–9) surašytas abėcėlės tvarka: *abėcėlinis pavardžių sąrašas*
abejì, ãbejos *žr.* **abu**
abejóti, abejója, abejójo *vks.* (1) (*kas, kuo / dėl ko / + šs*) nebūti tikram: *Aš abejóju tavo nuoširdumù.* o *Jis abejójo, ar spės į lėktùvą.* o *Dėl šių dokumeñtų tikrùmo aš labaĩ abejóju.* • *žr.* **neabejoti**
abejójimas *dkt. v.* (1, 1) (*kuo*)
abìpus *prl.* (su K.) abiejose (*ko*) pusėse: *Abìpus Neriẽs pristatýta daũg namų̃.* o *Automobìliai stóvi abìpus gãtvės.*
abù, abì *įv.* [8] (**abejì, ãbejos** (3ᵇ) [8] su dgs. dkt.) vienas ir kitas (iš dviejų): *Štaĩ jums dvì suknẽlės. Kurią̃ pir̃ksite? – Abì.* o *Pàkviečiau Jõną ir Pẽtrą, jie ateĩs abù.* o *Aš nepažįstu jų abiejų̃.* o *Šiandien nusipirkaũ dvejàs kójines ir ãbejas pãmečiau.* o *Dúokite saldaĩnių abíem vaikáms [mergáitėms].* o *Jis nẽša nešulius abiejosè rañkose.* o *Abejì bãtai* (abi batų poros) *man tiñka.* • *žr.* **nė vienas** (iš dviejų)
ãctas *vns. dkt. v.* (2, 1) aštrus rūgštus skystis, ppr. vartojamas kaip prieskonis: *Padažè per daũg ãcto.* o *apšlakstýti salotàs actù*
ãčiū *jst.* (sakoma dėkojant): *Ãčiū už pagálbą.* o *Gal jus pavèžti?* – *Ãčiū, nereĩkia [nè]* (mandagiai atsisakant). o *Labaĩ ãčiū, kad atėjote.* o *Prãšom, jū́sų pirkinỹs.* – *Ãčiū.* • *žr. t. p.* **dėkui**
ãčiū Diẽvui (sakoma reiškiant pasitenkinimą)
ãdata *dkt. m.* (1, 6) siuvimo įrankis: *Plonám áudiniui siū́ti reĩkia plonõs ãdatos.*

siūlas
adata

administrãcija *dkt. m.* (1, 7) **1.** (*ko*) valdymo organas: *savivaldýbės [apskritiẽs] administrãcija* **2.** įstaigos ar įmonės vadovaujantys darbuotojai: *stotiẽs [viẽšbučio] administrãcija*
administrãtorius *dkt. v.* (1, 5), **administrãtorė** *dkt. m.* (1, 8) asmuo, kurio pareigos – tvarkyti įstaigos ar įmonės reikalus: *teãtro [viẽšbučio] administrãtorius*
ãdresas *dkt. v.* (3ᵇ, 1) namo numeris, gatvės, miesto ir t. t. pavadinimas, kur kas gyvena ar yra, rašomi ant voko ir pan.: *Kóks dabartinis jū́sų ãdresas?* – *Líepų (g.) 8–13 (b.), Vìlnius.* o *draugų adresaĩ* o *Išsiųsk láišką mano namų̃ ãdresu.* o *Ant vóko užrašiaũ universitèto ãdresą.* o *Užrašýkite atgalìnį ãdresą.* o *Aš neatsimenu jū́sų ãdreso.*
adresãtas *dkt. v.* (2, 1), **adresãtė** *dkt. m.* (2, 8) asmuo, kuriam kas adresuojama: *Atsiprãšau, jūs pamir̃šote ant vóko [ant siuñtinio] parašýti adresãto pãvardę.*
adresúoti, adresúoja, adresãvo *vks.* (1) (*kas, ką, kam*) užrašyti adresato pavardę ir adresą: *Šį siuntìnį adresúok dėdei Póvilui.* • *žr.* **neadresuoti**
adresãvimas *dkt. v.* (1, 1) (*ko*)

advokātas dkt. v. (2, 1), **advokātė** dkt. m. (2, 8) teisininkas, kurio pareigos – padėti patarimais ar atstovauti teisme

afišà dkt. m. (2, 6) didelis ant sienos ir pan. klijuojamas skelbimas apie meno, sporto ar kitokį renginį: *teãtro afišos* o *Afišos skélbia, kad atvỹks garsì daininiñkė.*

agrãstas dkt. v. (2, 1) žalia (geltona ir pan.) gana rūgšti uoga; jas vedantis dygliuotas krūmas: *válgyti prinókusius agrastùs* o *agrãstų uogiẽnė*

agrastas

aguonà dkt. m. (2, 6) daržo ir laukų augalas dideliais ryškiais žiedais; jo grūdas: *pyrãgas su aguõnomis*

aguřkas dkt. v. (2, 1) pailga žalia daržovė; ją vedantis augalas: *Aguřkai jau žýdi.* o *raugìnti aguřkai* o *Agurkùs válgo ir su medumì.* o *aguřkų ir svogū́nų salõtos*

aguona

agurkas

aikštė̃ dkt. m. (3, 8) **1.** vieta be pastatų mieste: *Susitìksime Kãtedros aikštėjè.* o *susiriñkti į áikštę* o *Ar Vìlniuje yra daũg aikščiũ?* **2.** nustatyto dydžio ir formos plotas, kuriame rengiamos sporto varžybos: *fùtbolo aikštė̃* • (1) *sutr.* **a.**

aikštẽlė dkt. m. (2, 8) įrengta kokiam tikslui nedidelė lygi vieta: *automobìlių stovė́jimo aikštẽlė* o *vaikų̃ žaidìmų aikštẽlė* o *krẽpšinio aikštẽlė* • žr. **laiptų̃ aikštẽlė, mokama aikštẽlė**

áiškiai prv. laipsn. taip, kad galima suprasti: *Ar áiškiai pasakiaũ?* o *Čià áiškiai parašýta.* • žr. **neaiškiai**

áiškinti, áiškina, áiškino vks. (1) *(kas, kam, ką / +šs)* daryti aiškų, suprantamą: *Jis man áiškino ùžduotį, bet àš vìs tíek nesuprataũ.* o *Dabař aš áiškinsiu jūsų klaidàs.* o *Àš vìsą válandą áiškinau, ką jie tùri darýti.* • žr. **neaiškinti**

áiškinimas dkt. v. (1, 1) *(ko)*

áišku 1. n. žr. aiškus: *Ar tau áišku, ką̃ jis norėjo pasakýti?* **2.** žinoma, tikrai: *Áišku, jūs nesutìksite.* o *Ar tu eĩsi teñ? – Áišku.* • (1) žr. **neáišku**

áiškus, áiški bdv. laipsn. (3, 5–8) *(kam)* lengvai suvokiamas, suprantamas: *Šis kláusimas [dalỹkas] man áiškus.* o *Ar jums áiški šio žõdžio reikšmė̃?* • žr. **neaiškus**

akadèmija dkt. m. (1, 7) **1.** aukščiausioji mokslo ar meno įstaiga: *Lietuvõs mókslų akadèmija* **2.** speciali aukštoji mokykla: *Mùzikos akadèmija*

ãkcija dkt. m. (1, 7) **1.** kiekviena iš lygių įmonės turto dalių: *piřkti [pardúoti] ãkcijas* **2.** tam tikram tikslui organizuota veikla: *medẽlių sodìnimo ãkcija*

ãkcininkas dkt. v. (1, 1), **ãkcininkė** dkt. m. (1, 8) asmuo, kuris turi akcijų (1)

ãkcinis, ãkcinė bdv. (1, 4–9) **ãkcinė bendróvė** įmonė, kurią valdo jos akcininkai • *sutr.* **AB**; žr. **uždaróji ãkcinė bendróvė**

akìmirka dkt. m. (1, 6), **akìmirksnis** dkt. v. (1, 3) labai trumpas laiko tarpas: *Paláuk akìmirką.* • *plg.* **momentas**

akìmirka, akìmirksniu [n.] labai greitai: *Akìmirksniu vìską padarýsiu.*

akiniaĩ dgs. dkt. v. (3b, 3) įtaisas su dviem stiklais, padedantis geriau matyti arba saugantis akis: *Be akinių̃ nemataũ.* o *Nešióju ãkinius.* o *sáulės akiniaĩ* o *Užsidė́k [nusiim̃k] ãkinius.*

akiniai

akìs dkt. m. (4, 9) regėjimo organas: *Jo gẽros ãkys* (jis gerai mato). o *akių̃ gýdytojas* o *rùdos [mė́lynos] ãkys*

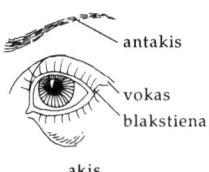
antakis
vokas
blakstiena
akis

akìs į ãkį vienas prieš kitą: *Susitìkome akìs į ãkį.*

aklãgatvis dkt. v. (1, 3) gatvė, kurios gale nėra išvažiavimo

ãklas, aklà *bdv. (4, 1–6)* neturintis regėjimo: *Pérvedžiau per gãtvę ãklą žmõgų.* ○ *Berniùkas gìmė ãklas.*
aklàsis, aklóji *įvr.*
aklíeji *dkt.* akli žmonės: *aklūjų draugijà*
akmuõ *dkt. v. (3ᵇ, 11)* kieta gamtinė medžiaga; atskiras jos gabalas: *akmenū krūvà* ○ *Susìtrenkiau kója į ãkmenį.* ○ *sunkùs kaip akmuõ* (labai sunkus) ○ *kíetas kaip akmuõ* (labai kietas)

akordeònas *dkt. v. (2, 1)* muzikos instrumentas su klavišais ir mygtukais: *Jis išmóko gróti akordeonù.*

aktyvùs, aktyvì *bdv. laipsn. (4, 5–8)* energingas, veiklus: *aktyvùs visúomenės veikėjas*
aktyviaĩ *prv.*: *aktyviaĩ dalyváuti polìtinėje veikløjė*
aktyvùmas *dkt. v. (2, 1)*

ãktorius *dkt. v. (1, 5),* **ãktorė** *dkt. m. (1, 8)* asmuo, kuris vaidina teatre ar kine: *Šiamè spektãklyje vaidìna mano mėgstamì ãktoriai.* ○ *Jì ir jìs – puĩkūs ãktoriai.* ○ *žìnomas kìno ãktorius*

akvarėlė *dkt. m. (2, 8)* **1.** *vns.* tapyba dažais ir vandeniu: *Aplankiaũ akvarėlės pãrodą.* **2.** tokios tapybos kūrinys

al. *sutr. žr.* **alėja**

albùmas *dkt. v. (2, 1)* knyga tuščiais lapais atvirukams, nuotraukoms, pašto ženklams klijuoti ar dėti; knygos pavidalo paveikslų ar pan. kopijų rinkinys: *Šias núotraukas įsidėsiu į savo albùmą.* ○ *Ar atvirùkai tiĨps tavo albumè?* ○ *Norėčiau nusipiřkti šį Čiurliónio pavéikslų albùmą.*

alėja *dkt. m. (1, 7)* abiejose pusėse medžiais apsodinta plati gatvė: *Jei nuvažiúosite į Kaũną, būtinaĩ nueĩkite į Láisvės alėją.* ● *sutr.* **al.**

algà *dkt. m. (4, 6)* nuolatinis tam tikro laiko tarpo uždarbis: *Pìrmą aĨgą gáusiu po mė́nesio.* ○ *Kíek pardavėja gáuna algõs?* ○ *Mókytojams dìdina algàs.* ● *plg.* **atlyginimas**

aliẽjus *vns. dkt. v. (2, 5)* riebalai, gaunami iš augalų: *saulėgrąžų [alỹvų] aliẽjus* ○ *aliẽjuje keptà žuvìs* ○ *lìtras aliẽjaus*

alinė *dkt. m. (2, 8)* maitinimo įmonė, kurioje prekiaujama alumi; jos patalpos: *Eĩkime į alìnę.* ○ *Gal žìnote, kuriojè alìnėje geriáusias alùs?* ● *žr. t.p.* **aludė**

alió *jst.* (sakoma atsiliepiant telefonu): *Alió, aš klausaũ.* ○ *Alió? – Ar gãlite pakviẽsti Jõną? – Atsiprašaũ, bet Jõnas čia negyvẽna.*

Alytùs *vns. dkt. v. (4, 4)* Lietuvos miestas: *Alytaũs apskritìs* ○ *važiúoti į Alỹtų* ○ *bū́ti Alytujè*

alyvà¹ *dkt. m. (2, 6)* aukštas krūmas malonaus kvapo žiedais: *Prie nãmo pavãsarį žýdi alỹvos.* ○ *baltų̃ alỹvų pùokštė*

alyvà² *dkt. m. (2, 6)* nedidelis su kauliuku šiltųjų kraštų vaisius: *alỹvų aliẽjus*

alyvà³ *dkt. m. (2, 6)* skystas tepalas: *mašìnų alyvà*

álkanas, alkanà *bdv. (3ᵃ, 1–6)* jaučiantis alkį: *Jei tu álkanas, užeĩkime į kavìnę paválgyti.* ○ *Parėjaũ namõ po dárbo álkanas.* ● *prš.* **sotus**; *neig.* **neálkanas**

aĨkis *vns. dkt. v. (2, 3)* stiprus noras valgyti, ppr. juntamas ilgai nevalgius: *Nors neválgiau vìsą diẽną, bet nejaučiù aĨkio.*

alkohòlikas *dkt. v. (1, 1),* **alkohòlikė** *dkt. m. (1, 8)* asmuo, kuris negali nustoti vartoti svaigiuosius gėrimus

alkohòlis *vns. dkt. v. (2, 3)* svaigiųjų gėrimų sudedamoji dalis; svaigieji gėrimai: *Jis nevartója alkohòlio.* ○ *Alkohòlis keñkia sveikãtai.*

alkū́nė *dkt. m. (1, 8)* sąnarys rankos viduryje; drabužio dalis prie tos vietos: *Susìmušiau alkū́nę.* ○ *Švařko alkū́nėje skylė̃.*

aludė *dkt. m. (2, 8) žr.* **alinė**

alùs *vns. dkt. v. (4, 4)* nestiprus gėrimas, daromas ppr. iš miežių: *Prãšom bokãlą alaũs.* ○ *Pavãišinsiu tavè alumì.* ○ *Ar mėgsti ãlų?*

ãmatas *dkt. v. (3ᵇ, 1)* mokėjimas gaminti daiktus rankomis: *amatų̃ mokyklà* ○ *stãliaus [siuvėjos, mezgėjos] ãmatas*

amatiniñkas *dkt. v. (2, 1),* **amatiniñkė** *dkt. m. (2, 8)* asmuo, kuris moka kokį amatą ir juo verčiasi

ambasadà *dkt. m. (2, 6)* ambasadoriaus vadovaujama įstaiga; jos patalpos:

ambasadorius

Važiúokime į ambasādą. ○ *Dėl vìzų kreĩpkitės į ambasādą.*

ambasãdorius *dkt. v. (1, 5),* **ambasãdorė** *dkt. m. (1, 8)* asmuo, kuris atstovauja savo valstybei užsienio šalyje: *Lietuvõs ambasādorius Lãtvijoje* ○ *Kreĩpkitės į ambasādorių.*

ámpulė *dkt. m. (1, 8)* nedidelis uždaras stiklinis indas su švirkščiamais vaistais; jame telpantis kiekis: *Šie váistai gamìnami tablètėmis ir ámpulėmis.*

ámžius *dkt. v. (1, 5)* 1. *vns.* gyvenimo metai: *Kókio jis ámžiaus* (kiek jam metų)? ○ *Jis màno ámžiaus* (jam tiek pat metų kiek ir man). 2. šimto metų laiko tarpas: *Baĩgiasi dvidešimtàsis ámžius.* • (2) *sutr.* **a.**

anãpus *prl.* (su K.) anoje (ko) pusėje: *Pãštas yra anãpus Neriẽs.* ○ *Anãpus šio miško yra ežeras.*

anàs, anà *įv.* (4) [4] ne šis (rodant daiktą, kuris yra toliau; pasakant ankstesnį laiką): *Anà suknėlė tau labiaũ tiktų negu šì.* ○ *Norėčiau anõ pavéikslo.* ○ *Jis bùvo atėjęs aną dieną* (ne šią, anksčiau). ○ *Anaĩs mētais* (ne šiais, anksčiau) *buvaũ Vìlniuje.*

ančiùkas *dkt. v. (2, 1)* ančių jauniklis • *žr.* **antinas, antis**

anglys *dgs. dkt. m. (4, 9)* iš žemės gaunama medžiaga, vartojama kaip kuras: *Krósnį kūrẽname anglimìs.*

Anykščiaĩ *dgs. dkt. v. (3, 3)* Lietuvos miestas: *ekskùrsija į Anýkščius*

animãcinis, animãcinė *bdv. (1, 4–9)*
animãcinis filmas filmas, padarytas iš nufotografuotų piešinių: *Mano sūnùs mėgsta žiūrėti animãcinius filmus.*

anýta *dkt. m. (1, 6)* vyro (2) motina • *plg.* **uošvė**

anketà *dkt. m. (2, 6)* blankas su klausimų sąrašu: *Atsakýk į ankètos kláusimus.* ○ *Prãšom užpìldyti ankètą.* ○ *ankètos dúomenys*

anksčiaũ *prv.* 1. *aukšt. l. žr.* **anksti** (1): *Aš atvažiúosiu anksčiaũ negu tù.* ○ *Rytój gal atsikélsiu anksčiaũ už tavę.* ○ *Grįžk ne anksčiaũ kaip trẽčią vãlandą* (iki trečios negrįžk). 2. seniau; prieš tam tikrą laiką: *Aš anks-*
čiaũ nemėgau skaitýti knỹgų, o dabař mėgstu. ○ *Gaĩla, kad mẽs nesusitìkome anksčiaũ.*

anksčiáusiai *prv. aukšč. l. žr.* **anksti** (1): *Kókios úogos prinóksta anksčiáusiai? – Žémuogės.* ○ *Prikėlė anksčiáusiai* (labai anksti).

ankstèsnis, ankstèsnė *bdv. aukšt. l. (4, 3–9)* anksčiau buvęs

ankstì *prv.* 1. *laipsn.* prieš nustatytą, įprastą ar pan. laiką: *Kodėl eĩnate miegóti taĩp ankstì?* ○ *Atsiprašaũ, kad atėjaũ per ankstì.* ○ *Šiañdien pareĩsiu namõ ankstì.* ○ *Šiẽ óbuoliaĩ prinóksta ankstì, o aniẽ vėlaĩ.* 2. tam tikro laiko tarpo pradžioje: *Atsikėliau ankstì rýtą* [rytè]. ○ *Atsìguliau ankstì vakarè.* ○ *Grįžo ankstì rùdenį.* ○ *Žibuõklės žýdi ankstì pavãsarį.* 3. neatėjęs tinkamas laikas: *Man dar ankstì kéltis, dar tik peñkios vãlandos rýto.* • *plg.* **vėlai, vėlu**

ankstývas, ankstýva *bdv. laipsn. (1, 1–6)* anksti atsikeliantis, vykstantis ir pan.: *Šiaĩs mētais ankstývas ruduõ* [pavãsaris], *ankstýva žiemà* [vãsara]. • *prš.* **vėlyvas**
ankstyvàsis, ankstyvóji *įvr.* anksti prinokstantis: *ankstývosios daržóvės*

ankštas, ankštà *bdv. laipsn. (4, 1–6)* kuriame mažai vietos; siauras: *Šis kambarỹs mums per ankštas.* ○ *Negaliù avėti ankštų bãtų.*
ankšta *n.: Kambarýje ir taĩp ankšta, o tu nóri pirkti naują spintą.*
• *prš.* **erdvus**; *žr.* **neankštas**

ánkštis *dkt. m. (1, 9)* pailga kai kurių augalų dalis, kurioje yra sėklos: *žirnių [pupẽlių] ánkštys*

añt *prl.* (su K.) 1. (ko) viršuje ar paviršiuje: *stovėti ant žẽmės [ant láiptų, ant šalìgatvio]* ○ *padėti ant stãlo [ant lentýnos]* ○ *Lìpkime ant kálno.* ○ *Ant síenos kãba pavéikslas.* ○ *Ant kėdės kãba švařkas.* 2. (su vks. **pykti, bartis, rėkti**): *Kõ jūs pỹkstate ant jõs!* ○ *Prãšom, põnia, nerėkti ant manęs!*

añtakis *dkt. v. (1, 3)* kaktos dalis viršakies; ten augantys plaukai: *Susìmušiau añtakį.* ○ *juodì añtakiai* • *žr. pieš.* **akis**

antíena *vns. dkt. m. (1, 6)* anties mėsa: *keptà antíena su slyvomis*

añtinas *dkt. v. (3ᵇ, 1)* ančių patinas

ántis *dkt. m. (1, 9)* laukinis ir naminis vandens paukštis margomis plunksnomis; jo mėsa: *Senẽlis káime augìna daũg ánčių.* o *Sekmãdienį kė́psime ántį.* • *žr.* **ančiukas**

antis

añtklodė *dkt. m. (1, 8)* gaminys iš audinio apsikloti gulint: *vilnõnė añtklodė* o *Ar tùrite šiltų̃ añtklodžių* (klausiant parduotuvėje)?

antrãdienis *dkt. v. (1, 3)* antroji savaitės diena: *Antrãdienio vãkarą láukiu svečių̃.* o *Susitìkime antrãdienį.* o *Antrãdieniais* (kiekvieną antradienį) *lankaũ mùzikos mokyklą.* o *Gýdytojas priim̃s antrãdienį* (šį antradienį).

antraeĩlis, antraeĩlė *bdv. (2, 4–9)* **1.** ne toks svarbus: *Tai yra antraeĩlis kláusimas.* **2.** papildomas, antras: *Ji tùri antraeilės pãreigas.*

añtras, antrà *klnt. skt. (4) [4] žr. du: Grį̃šime añtrą vãlandą.* o *Strãipsnis yra antramè žurnãlo pùslapyje.*

añtra *n.* (vartojama išvardijant): *Pìrma, reĩkia nueĩti į parduotùvę, añtra, sutvarkýti kam̃barius.*

antràsis, antróji *įvr.: Grį̃šiu spãlio añtrąją (diẽną).*

antràsis dešim̃tmetis 10–19 amžiaus (2) metai (pvz., 1910–1919): *Jis gìmė šio ám̃žiaus antrãjame dešim̃tmetyje, 1914 metais.*

añtra veř̃tus vertinant kitaip: *Aš galė́čiau nusipiřkti automobìlį. Añtra veř̃tus, kám man jo reĩkia?* • *žr.* **viena vertus**

añtraštė *dkt. m. (1, 8)* knygos ar straipsnio pavadinimas: *Strãipsnio añtraštė tùri sudõminti skaitýtoją.*

antraštìnis, antraštìnė *bdv. (2, 4–9)* kuriame yra antraštė: *añtraštinis pùslapis*

añtspaudas *dkt. v. (1, 1)* dokumentų tvirtinimo ženklas: *Į́staigos sekretõrė uždė́jo añtspaudą.* o *Añtspaudas (yra) dẽdamas šiojè dokumeñto viẽtoje.* • *žr.* **dė́ti antspaudą, uždė́ti antspaudą**

añtspaudo viẽtà vieta dokumento lape, kurioje dedamas antspaudas • *sutr.* **A. V.**

anū́kas *dkt. v. (2, 1)*, **anū́kė** *dkt. m. (2, 8)* vaiko vaikas: *Ji turi dù anū́kùs ir trìs anū́kès.* • *žr. t. p.* **vaikaitis**

anū́kai *dgs.* vaiko vaikai (berniukai ir mergaitės): *Senẽliai labaĩ mýli anū́kùs.* • *žr. t. p.* **vaikaičiai**

apačià *dkt. m. (3ᵇ, 7)* žemiausiai esanti ko dalis ar vieta: *Kibìro apačià purvinà.* o *Taĩ parašýta pùslapio apačiojè.* o *Jiẽ užlìpo į viřšų, o mẽs lìkome stovė́ti apačiojè.* • *prš.* **viršus;** *žr.* **po apačia**

apal̃pti, apal̃psta, apal̃po *vks. (1) (kas)* netekti sąmonės: *Ji apal̃po iš al̃kio.* o *Aš apal̃psiu, pamãtęs kraũją.* • *neig.* **neapal̃pti**

aparãtas *dkt. v. (2, 1)* sudėtingas prietaisas: *rãdijo aparãtas* o *Tùrime net trìs telefòno aparatùs.* • *žr.* **kãsos aparãtas, klausos aparatas, kopijavimo aparatas**

apatìnis, apatìnė *bdv. (2, 4–9)* **1.** esantis apačioje: *Pìrmas ir añtras nãmo aũkštai yra apatìniai.* o *Ta knygà padė́ta apatìnėje lentýnoje.* **2.** dėvimas arčiausiai kūno, po viršutiniais (apie drabužius): *Kelnáitės yra apatìnis drabùžis.* • *prš.* **viršutinis**

apaũti, apaũna, àpavė *vks. (1) (kas, ką, kuo)* padaryti, kad kieno kojas dengtų batai: *Apaũk vaĩką naujaĩs bãtais.* • *žr.* **apsiaũti, neapaũti, nuaũti**

apdeñgti, apdeñgia, àpdengė *vks. (1) (kas, ką, kuo)* **1.** uždėti ant ko viršaus: *Apdeñk stãlą stãltiese.* **2.** uždėti ant ko saugant ar slepiant: *Aš àpdengiau gėlès põpieriumi, kad jos nesušáltų.* • *žr.* **neapdeñgti**

apdraũsti, apdraũdžia, àpdraudė *vks. (1) (kas, ką, nuo ko)* sudaryti draudimo sutartį dėl ko, kuriam atvejui: *Àpdraudžiau nãmą nuo gaĩsro.* o *Ar jū́sų automobìlis àpdraustas?* • *žr.* **apsidraũsti, neapdraũsti**

ãpeigos *dgs. dkt. m. (3ᵇ, 6)* veiksmai, atliekami tam tikra proga: *vestùvių [láidotuvių, krìkšto] ãpeigos*

apeĩti, apeĩna, apė́jo *vks. (1) (kas, ką)* eiti aplink • *žr.* **neapeĩti**

apelsìnas *dkt. v. (2, 1)* sultingas šiltųjų kraštų vaisius stora geltonai raudona žieve: *Parnèšk iš parduotùvės*

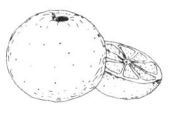

apelsinas

apelsinų. ○ *Ar mėgstate apelsinùs?* ○ *apelsinų sùltys*

apetìtas *vns. dkt. v.* (2, 1) noras valgyti: *Šiañdien neturiù apetìto* (nenoriu valgyti). ○ *Alùs žādina apetìtą.* • *žr.* **gero apetito**

apgáuti, apgáuna, apgāvo *vks.* (1) (kas, ką) padaryti, kad kas tikėtų tuo, kas nėra tiesa: *Jìs mane apgāvo – sākė, kad yra nevēdęs.* • *žr.* **neapgauti**

apibarstýti, apibar̃sto, apibar̃stė *vks.* (3) (kas, ką, kuo) truputį berti ant ko: *Priẽš kepdamà pyrāgą apibarstýk cùkrumi.* ○ *Apibarsčiaũ kēpsnį pipìrais.* • *žr.* **neapibarstyti**

apibeñdrinti, apibeñdrina, apibeñdrino *vks.* (1) (kas, ką) padaryti išvadas iš atskirų faktų: *Pósėdžio pìrmininkas apibeñdrino pranešimùs.* ○ *apibeñdrinant reĩkia pasakýti, kad...* ○ *apibeñdrindamas turiù pasakýti, kad...* • *žr.* **neapibendrinti**

apibeñdrinimas *dkt. v.* (1, 1) (ko): *avārijos priežasčių apibeñdrinimas*

apibū́dinti, apibū́dina, apibū́dino *vks.* (1) (kas, ką) pasakyti svarbiausius asmens, daikto ir pan. ypatybes: *Studeñtas apibū́dino romāno veikėjus.* ○ *Trumpaĩ apibū́dinkite, kaĩp atródė plėšikas.* • *žr.* **neapibūdinti**

apibū́dinimas *dkt. v.* (1, 1) (ko): *dáikto apibū́dinimas*

apiẽ *prl.* (su G.) **1.** (pasakant pokalbio, knygos ir pan. temą): *Apie ką jūs kaĩbatės? – Apie mėnų.* ○ *Aš apie tai galvóju.* ○ *knygà apie gyvūnùs* ○ *pāsakojimas apie prāeitį* ○ *Praneš̃k jam apie manè.* ○ *Ar ėsate apie jį ką nórs girdėjęs?* **2.** apytiksliai: *Jìs dāvė man apie tū́kstantį lìtų.* ○ *Atvažiúosime pas jùs apie šeš̃tą vālandą.*

apýkaklė *dkt. m.* (1, 8) drabužio dalis aplink kaklą: *marškìnių apýkaklė* ○ *baltà suknēlės apýkaklė* • *žr. pieš.* **marškiniai**

apýlanka *dkt. m.* (1, 6) kelias (kelio dalis) apvažiuoti: *Šiojè viẽtoje taĩsomas kēlias, todėl reikė̃s važiúoti apýlanka.*

apýlinkė *dkt. m.* (1, 8) (ko) aplink (ką) esanti vieta: *Vìlniaus apýlinkės (yra) grāžios.* • *žr.* **rinkimų apylinkė**

apiplėšti, apiplėšia, apiplėšė *vks.* (1) (kas, ką) vartojant jėgą atimti nuosavybę: *Tu vaĩkščioji vėlaĩ vakarè, ar nebijaĩ, kad kas apiplės̃ (tavè)?* ○ *Kažkàs apiplės̃ė bánką.* • *žr.* **neapiplėšti;** *plg.* **apvogti**

apiplėšìmas *dkt. v.* (2, 1): *Ginklúotas apiplėšimas nepavýko.*

apýrankė *dkt. m.* (1, 8) rankos papuošalas: *gintarìnė apýrankė* ○ *Výras dovanójo žmónai auksìnę apýrankę.*

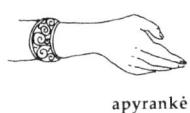
apyrankė

apýtikslis, apýtikslė *bdv.* (1, 4–9) ne visai tikslus: *Galiù pasakýti tik apýtikslį laĩką.*

apýtiksliai *prv.*: *Jei negãlite pasakýti tiksliaĩ, sakýkite apýtiksliai.*

apklóti, apklója, apklójo *vks.* (1) (kas, ką, kuo) apdengti gulintį ir pan.: *Apklók manè dár víena añtklode, man šálta.* • *plg.* **apsikloti;** *žr.* **neapkloti**

apkūnùs, apkūnì *bdv. laipsn.* (4, 5–8) storas, riebus (apie žmogų): *Jam patiñka apkū́nios mergìnos.*

āplankas *dkt. v.* (3ᵇ, 1) dokumentų dėklas: *Sudė́k dokumentùs į āplanką.* ○ *Ar mano prā́šymas yra šiamè aplankè?*

aplankýti, aplañko, aplañkė *vks.* (3) (kas, ką) lankant(is) ateiti: *Aplankýkite mus kada nórs.* ○ *Šiañdien aplankiaũ ligónį [pārodą]* • *žr.* **neaplankyti**

apledìjęs, apledìjusi *bdv. (dlv. [3])* su plonu ledo sluoksniu: *Atsargiaĩ važiúok, kēlias (yra) apledìjęs.* • *žr.* **neapledìjęs**

apleñkti, apleñkia, àplenkė *vks.* (1) (kas, ką) apeinant ar apvažiuojant padaryti, kad būtų užpakalyje: *Ar mes gãlime apleñkti tą automobìlį?* • *žr.* **neaplenkti**

apliñk[1] *prl.* (su G.) **1.** visose (ko) pusėse: *Sėdėjome aplink stālą.* ○ *Aplink tą ẽžerą áuga mìškas.* **2.** (judant) pro visas (ko) puses: *apeĩti aplink ẽžerą*

apliñk[2] *prv.* **1.** ne tiesiai: *Šiõs dùrys uždarýtos, eĩkite apliñk* (pro užpakalines duris). ○ *Gātvė bùvo užtvertà, todėl turėjau eĩti apliñk, kiemaĩs.* **2.** iš visų pusių, visomis kryptimis: *Apliñk áuga mìškas.* ○ *Apliñk pìlna žmonių.*

aplinkà *vns. dkt. m. (3ᵇ, 6)* tai, kas yra aplink: *Čia labaĩ gražì aplinkà.* ○ *aplinkõs apsaugà* ○ *Gyvéntojai turė́tų rū̃pintis namų̃ ã̃plinka.*

aplinkýbė *dkt. m. (1, 8)* sąlyga, nuo kurios priklauso padėtis: *Pasìkeitė aplinkýbės, todė̃l grį̃žaũ namõ.*

apmáuti, apmáuna, apmóvė *vks. (1) (kas, kam, ką; kas, ką, kuo)* padaryti, kad kieno kojas, rankas dengtų (kelnės, kojinės, pirštinės ir pan.): *Apmáuk vaĩkui pir̃štines [kélnes, kójines].* ○ *Apmáuk vaĩką pir̃štinėmis [kélnėmis, kójinėmis].* • *žr.* **neapmauti, numauti**

apmokė́ti, apmóka, apmokė́jo *vks. (1) (kas, ką)* sumokėti: *Keliõnės ìšlaidas apmokė̃s darbóvietė* (už kelionę sumokės darbovietė). • **apmokė́ti** vartojamas tik su žodžiais **sąskaita** ir **išlaidos**; *plg.* **sumokė́ti**; *žr.* **neapmokė́ti**

ã̃prašas *dkt. v. (3ᵇ, 1)* tekstas ar dokumentas, kuriame išvardijami duomenys apie esančius kur ar kieno daiktus: *siuñtinio [daiktų̃] ã̃prašas* ○ *tur̃to ã̃prašas*

aprãšymas *dkt. v. (1, 1)* apibūdinimas raštu: *keliõnės marš̃rùto aprãšymas* • *žr.* **gyvenimo aprašymas**

aprašýti, aprãšo, aprãšė *vks. (3) (kas, ką)* apibūdinti raštu: *Savo įspū̃džius aprašýsiu kitamè laiškè.* ○ *Tõ, ką̃ mačiaũ, negaliù aprašýti.* • *žr.* **neaprašýti**

apreñgti, apreñgia, àprengė *vks. (1) (kas, ką, kuo)* padaryti, kad kieno kūną dengtų drabužis (drabužiai): *Apreñkite ligónį [vaĩką].* • *žr.* **apsirengti, neaprengti, nurengti**

apriš̃ti, àpriša, aprìšo *vks. (1) (kas, ką, kuo)* apdengti rišant: *apriš̃ti žaĩzdą tvárščiu* • *žr.* **apsiriš̃ti, neapriš̃ti**

apsãkymas *dkt. v. (1, 1)* trumpas prozos kūrinys: *Man patiñka šio rašýtojo apsãkymai.*

apsaugà *vns. dkt. m. (3ᵇ, 6)* saugojimas: *dárbo apsaugõs įstãtymas* ○ *gamtõs apsaugà* ○ *sveikãtos apsaugà* ○ *kráṣto apsaugà*

apsaugìnis, apsaugìnė *bdv. (2, 4–9)* skirtas saugoti: *apsaugìnis rañkų krẽmas*

apsiaũti (ap-si-au), **apsiaũna** (ap-si-au-), **apsìavė** *sgr. vks. (1) (kas; kas, ką / kuo)* apauti savo koją (kojas): *Apsiaũkite batùs [bãtais].* • *žr.* **apauti, neapsiauti, nusiauti**

apsidraũsti, apsidraũdžia, apsìdraudė *sgr. vks. (1) (kas, ką)* sudaryti draudimo sutartį dėl ko savo, nuosavo: *Apsidraũskite sveikãtą.* ○ *Ar jau apsìdraudėte automòbilį?* • *žr.* **apdrausti, neapsidrausti**

apsigyvénti, apsigyvẽna, apsigyvẽno *sgr. vks. (1) (kas)* būti priimtam ar pradėti kur laikinai ar nuolatos gyventi: *Per atóstogas apsigyvenaũ Palangojè pas gìmines.* ○ *Mẽs apsigyvénsime šiamè viẽšbutyje.* ○ *Ar turė́site kur apsigyvénti?* ○ *Baĩgęs universitẽtą, apsigyvenaũ Vìlniuje.* • *neig.* **neapsigyvénti**

apsiklóti, apsiklója, apsiklójo *sgr. vks. (1) (kas, kuo; kas, ką, kuo)* apkloti pačiam save ar savo: *Man šálta, aš apsiklósiu kójas dár víena añtklode.* • *žr.* **neapsikloti**

apsilaižýti, apsilaĩžo, apsilaĩžė *sgr. vks. (3) (kas; kas, ką)* perbraukti liežuviu per savo (lūpas): *Vaĩkas suválgė tòrto gãbalą ir apsilaĩžė (lū́pas).* • *žr.* **neapsilaižýti**

apsimáuti, apsimáuna, apsimóvė *sgr. vks. (1) (kas, ką / kuo)* apmauti savo kojas ar rankas: *Apsimóviau šiltomìs pirštìnėmis [šiltàs pirštìnes].* • *žr.* **apmauti, neapsimauti, nusimauti**

apsiniáukęs, apsiniáukusi, apsiniáukę *bdv. (dlv. [3])* debesuotas, be saulės (apie orą, dieną, dangų): *Rýtą buvo giẽdras dangùs, o dabar̃ (yra) apsiniáukęs.* ○ *Šiañdien óras apsiniáukęs.* ○ *Vãkar bùvo apsiniáukę.* • *prš.* **giedras**; *žr.* **neapsiniaukęs**

apsinuõdyti, apsinuõdija, apsinuõdijo *sgr. vks. (1) (kas, kuo)* susirgti nuo nuodingo maisto ir pan.: *Jis apsinuõdijo senà žuvimì.* • *neig.* **neapsinuõdyti**

apsinuõdijimas *dkt. v. (1, 1) (kuo)*: *apsinuõdijimas grỹbais*

apsipir̃kti, apsìperka, apsipir̃ko *sgr. vks. (1) (kas)* nusipirkti viską, ko reikia: *Einù į parduotùvę apsipir̃kti.* ○ *Tojè parduotùvėje galė́site greĩtai apsipir̃kti.* • *neig.* **neapsipir̃kti**

apsireñgti, apsireñgia, apsìrengė *sgr. vks. (1) (kas; kas, ką / kuo)* aprengti savo kūną drabužiu (drabužiais): *Atsikė́liau, nusìprausiau, apsìrengiau.* ○ *Apsireñk tą̃ suknelè*

apsirišti

apsirišti *[tà suknelė].* ○ *Šiandien tu gražiaĩ apsireñgusi.* • *žr.* **aprengti, neapsirengti, nurengti**

apsirìšti, apsìriša, apsirìšo *sgr. vks.* (1) *(kas, ką, kuo)* aprišti pačiam ar savo: *Apsirìšiu* (būs. l.) *gálvą skarelè.* • *žr.* **neapsirišti**

apsisùkti, apsìsuka, apsisùko *sgr. vks.* (1) **1.** *(kas, aplink ką)* judant aplink grįžti į ankstesnę vietą: *Per kíek laĩko Žẽmė apsìsuka aplink Sáulę?* **2.** *(kas)* pakeisti judėjimo kryptį priešinga: *Galė́si apsisùkti kitojė́ sánkryžoje.* • *neig.* **neapsisùkti** **apsisukìmas** *dkt. v.* (2, 1)

apsitèpti, apsìtepa, apsìtepė *sgr. vks.* (1) *(kas, ką, kuo)* aptepti sau: *Ar galė́tum man aptèpti riẽkę svíestu? – Nè, apsitèpk pàts.* • *žr.* **neapsitepti**

apskaičiúoti, apskaičiúoja, apskaičiãvo *vks.* (1) *(kas, ką)* skaičiuojant sužinoti: *apskaičiúoti keliõnės káiną [išlaidas]* • *žr.* **neapskaičiúoti, skaičiuoti** **apskaičiãvimas** *dkt. v.* (1, 1) *(ko)*

apskaità *dkt. m.* (3^b, 6) skaičiavimas ir surašymas: *tvarkýti pajamų̃ ā́pskaitą* ○ *apskaitõs dokumeñtai [dúomenys]*

apskritaĩ iš viso (sakoma apibendrinant): *Apskritaĩ kõ mums ten eĩti?*

ãpskritas, apskrità *bdv.* (3^b, 1–6) turintis apskritimo pavidalą: *ā́pskritas stãlas [véidas]* ○ *apskrità lė̃kštė* • *plg.* **apvalus**

apskritìmas *dkt. v.* (2, 1) kreiva uždara linija

apskritìs *dkt. m.* (3^b, 9) didelis Lietuvos Respublikos teritorijos ir valdymo vienetas: *Utenõs apskritìs* ○ *apskritiẽs ceñtras* ○ *Lietuvojè yra dẽšimt apskričių̃.*

apsnū́dęs, apsnū́dusi *bdv. (dlv.* [3]) **1.** norintis miego: *Jaučiúosi apsnū́dęs.* **2.** tylus; kuriame vyksta mažai renginių, nėra pramogų: *Vìlnius nėrà apsnū́dęs mìestas.*

apsodìnti, apsodìna, apsodìno *vks.* (1) *(kas, ką, kuo)* pasodinti visose (ko) pusėse: *Sodýbą apsodìnome ẽglėmis.* • *žr.* **neapsodinti, pasodinti**

apšlakstýti, apšlā́ksto, apšlā́kstė *vks.* (3) *(kas, ką, kuo)* truputį šlakstyti ant ko:

Apšlakstýk gėlės vándeniu. ○ *Ar apšlaksteĩ kẽpsnį vynù?*

aptarnáuti, aptarnáuja, aptarnãvo *vks.* (1) *(kas, ką)* teikti paslaugas pirkėjams parduotuvėje, lankytojams restorane ir pan.: *Ar prie šios kãsos aptarnáujami pirkė́jai?* ○ *Restoranè padavė́jas mus aptarnãvo labaĩ greĩtai ir mandagiaĩ.* • *žr.* **neaptarnauti** **aptarnãvimas** *dkt. v.* (1, 1) *(ko)*: *pirkė́jų aptarnãvimas*

aptar̃ti, àptaria, àptarė *vks.* (1) *(kas, ką, su kuo)* pakalbėti apie: *Su draugaĩs àptarėme bū́simas atóstogas.* ○ *aptar̃ti kláusimą* • *žr.* **neaptarti** **aptarìmas** *dkt. v.* (2, 1) *(ko)*

aptaškýti, aptãško, aptãškė *vks.* (3) *(kas, ką, kuo)* taškant sušlapinti ar padengti ko lašais: *Netýčia aptãškiaũ jūsų knỹgą vándeniu.* ○ *Automobìlis aptaškýtas purvù.* • *žr.* **neaptaškyti**

aptèpti, àptepa, àptepė *vks.* (1) *(kas, ką, kuo)* tepant padengti: *aptèpti dúonos riẽkę svíestu* • *žr.* **neaptepti**; *plg.* **apsitepti**

apvalùs, apvalì *bdv.* (4, 5–8) turintis ritinio ar rutulio pavidalą: *apvalùs akmuõ [obuolỹs]* • *plg.* **apskritas**

apvažiúoti, apvažiúoja, apvažiãvo *vks.* (1) *(kas, ką)* važiuoti aplink: *Apvažiúokite tą dúobę.* • *žr.* **neapvažiuoti**

apvõgti, àpvagia, apvõgė *vks.* (1) *(kas, ką)* slapta be leidimo paimti (kieno) daiktus, pinigus ir pan.: *Polìcininke, manè àpvogė: kažkàs iš krẽpšio pàėmė pinigìnę.* ○ *Autobusè jus gãli kas nórs apvõgti.* • *žr.* **neapvogti**; *plg.* **apiplėšti**

apžiūrė́ti, apžiū̃ri, apžiūrė́jo *vks.* (2) *(kas, ką / + šs)* **1.** žiūrėti su dėmesiu: *Apžiūrė́sim pavéikslus parodojè.* ○ *Pir̃kdamas apžiūrė́k, ar dáiktas nėrà sugẽdęs.* ○ *Eĩkime apžiūrė́ti Vìlniaus įžymýbių.* **2.** patikrinti sveikatos būklę: *Ligónį [gérklę] apžiū̃ri gýdytojas.* • *žr.* **neapžiūrėti** **apžiūrė́jimas** *dkt. v.* (1, 1) *(ko)*

apžvalgà *dkt. m.* (3^b, 6) **1.** *vns.* apžiūrėjimas: *Bókštė yrà apžvalgõs aikštẽlė, iš jõs matýti vìsas mìestas.* **2.** apibendrinamojo pobūdžio tekstas: *Laĩkraštyje ràsite savaĩtės įvykių ā́pžvalgą.*

apžvalgìnis, apžvalgìnė *bdv. (2, 4–9)* **1.** skirtas apžiūrėti: *apžvalgìnė kelionė po Lietuvą* **2.** apibendrinamojo pobūdžio: *apžvalgìnis stráipsnis*

ar̃[1] *dll.* (vartojama klausiant, kai atsakyti reikia „taip", „ne" arba „gal"): *Ar jūs žìnote, kíek tai kainúoja? – Nè.* o *Ar mateĩ tą filmą? – Taĩp.* o *Ar eĩsi válgyti? – Gál.*

ar̃[2] *jng.* **1.** (jungiant klausiamąjį sakinį): *Paklaúsk, ar jis nenorė́tų eĩti su mumìs.* o *Nežinaũ, ar spė́siu pasiruõšti kelionei.* **2.** arba: *Ateĩs Jõnas ar Pẽtras.* o *Nusipir̃ksiu dúonos ar pyrãgo.* o *Lìs ar snìgs, vis tíek eĩsime pasiváikščioti.*

ar nè (sakoma sakinio pabaigoje, tikint, kad pašnekovas sutinka su tuo, kas pasakyta; tariama kaip klausimas): *Vìlniaus senãmiestis labaĩ gražùs, ar nè?* o *Juk jūs dar pabū́site pas mùs, ar nè?*
ar negalė́tum(ėte)? *žr.* **negalė́ti**
ar nenorė́tum(ėte)? *žr.* **nenorė́ti**
ar nepasakýtum(ėte)? *žr.* **nepasakýti**

arbà *jng.* **1.** (išvardijant kitus galimus dalykus ir pan.): *Nupir̃k dúonos arba pyrãgo.* o *Išeĩkite, arba aš skam̃binu į polìciją.* o *Jis neìšgirdo arba nesuprãto.* **2.** (jungiant kitokį to paties daikto pavadinimą): *lãpinas, arba lãpių pãtinas*

arbatà *vns. dkt. m. (2, 6)* gėrimas iš arbatžolių arba uogų: *Išgérk puodẽlį aviẽčių arbãtos.* o *arbatà su medumì [grietinėle, píenu]* o *juodóji arbatà*

arbatinùkas *dkt. v. (2, 1)* indas arbatai paruošti; jame telpantis kiekis

arbatinukas

arbãtpinigiai *dgs. dkt. v. (1, 3)* tam tikras pinigų kiekis, duodamas padavėjui, taksi vairuotojui ir pan. už paslaugas: *Kíek reikė́tų dúoti padavė́jui arbãtpinigių?*

arbãtžolės *dgs. dkt. m. (1, 8)* džiovinti šiltųjų kraštų augalo lapai, vartojami arbatai: *Nusipirkaũ arbãtžolių.*

architèktas *dkt. v. (2, 1),* **architèktė** *dkt. m. (2, 8)* architektūros specialistas

architektūrà *vns. dkt. m. (2, 6)* statybos menas: *Vìlniaus senãmiestyje daũg architektūros pamiñklų.*

archỹvas *dkt. v. (2, 1)* **1.** įstaiga, kuri renka, tvarko, saugo ir tiria senus dokumentus ir kitus raštus; tos įstaigos patalpos: *istòrijos archỹvas* o *literatūros ir mẽno archỹvas* **2.** saugomų dokumentų ir kitų raštų rinkinys: *asmenìnis rašýtojo archỹvas*

arčiaũ, arčiáusia *žr.* **artì** (1)

areštìnė *dkt. m. (2, 8)* patalpa areštuotiems asmenims laikyti

areštúoti, areštúoja, areštãvo *vks. (1) (kas, ką, už ką)* suimti, sulaikyti: *Polìcininkai jį areštãvo už vagỹstę.* • *žr.* **nearẽštuoti**

arklỹs *dkt. v. (3, 3)* didelis stiprus naminis gyvūnas, naudojamas sunkiems daiktams vežti, joti ir pan.: *Arklỹs tráukia vežìmą.* • *jóti ant árklio*

arklys

• *žr.* **kumelė̃, kumeliùkas**; *plg.* **žìrgas**

artė́ti, artė́ja, artė́jo *vks. (1)* **1.** *(kas, prie ko)* eiti, važiuoti ir pan. arčiau: *Jau artė́jame prie Vìlniaus.* **2.** *(kas)* mažėti laiko tarpui iki: *Artė́ja Kalė́dos, reikia pir̃kti dóvanas.* • *neig.* **neartė́ti**; *žr.* **priartė́ti**

árti[1] **ãria, ãrė** *vks. (1) (kas, ką)* plūgu versti žemę: *árti laũką* • *žr.* **neárti**[1]

artì[2] *prv. laipsn.* **1.** nedideliu atstumu: *Parduotùvė mums artì.* **2.** po nedidelio laiko tarpo: *Vãsara [atóstogos] jau artì.* • *prš.* **tolì**; *žr.* **neartì**[2]
arčiaũ *aukšt. l.: Jei eĩsime šiuõ keliù, ar bus arčiaũ?*
arčiáusia *aukšč. l.: Taĩp, važiúoti šiuõ keliù bus arčiáusia.*

artì[3] *prl.* (su K.) prie; apie (pasakant apytikslį laiką, vietą, kiekį): *Buvaũ jau arti namų̃, kai pradė́jo lýti.* o *Sumokė́jau arti šim̃to litų̃.*

ar̃timas, artimà *bdv. laipsn. (3ᵇ, 1–6)* **1.** esantis nedideliu atstumu: *Eĩkime į ar̃timiáusią kavìnę.* **2.** neilgas: *ar̃timas kẽlias* **3.** kuris greitai bus: *artimà ateitìs* **4.** kurį kas myli; kuriuo kas pasitiki: *ar̃timas mano draũgas* o *Su juõ mes ẽsame artimì.* • *prš.* **tólimas**

artỹn *prv.* arčiau (pasakant judėjimo kryptį): *Stovė́jau gãtvėje, žiūriù, kažkàs eĩna artỹn.* • *prš.* **tolỹn**

asistèntas *dkt. v. (2, 1),* **asisteñtė** *dkt. m. (2, 8)* **1.** profesoriaus, gydytojo, režisieriaus padėjėjas. **2.** jaunesnysis dėstytojas; jaunesnysis mokslo darbuotojas **asm.** *sutr. žr.* **asmuo** (2)

asmenìnis, asmenìnė *bdv. (2, 4–9)* priklausantis tam tikram asmeniui: *Taĩ màno asmenìniai daiktaĩ.* o *Norė́čiau, kad dirèktorius mane priim̃tų asmeniniù reĩkalu.* **asmenìnis kompiùteris** nedidelis kompiuteris

ãsmeniškai *prv.* pats: *Kreĩpkitės į viršìninką ãsmeniškai.*

asmenuõtė *dkt. m. (2, 8) gram.* asmenavimo paradigma

asmenúoti, asmenúoja, asmenãvo *vks. (1) (kas, ką)* kaityti asmenimis (2), laikais (6) ir t.t.: *Ar mókate asmenúoti lietùvių kalbõs veiksmãžodžius?* • *žr.* **neasmenuoti asmenãvimas** *dkt. v. (1, 1) (ko): veiksmãžodžių asmenãvimas*

asmuõ *dkt. v. (3ᵇ, 11)* **1.** atskiras žmogus: *asmeñs téisės* o *Pãsas yra asmeñs dokumeñtas.* o *Pasė̃ yra asmeñs pãrašas.* **2.** *gram.* viena iš trijų veiksmažodžio formų, rodančių tą, kas kalba (pirmàsis asmuõ – *einù, rãšome ir pan.*), kam sakoma (antràsis asmuõ – *einì, rãšote*) ir apie ką kalbama (trečiàsis asmuõ – *eĩna, rãšo*) • (2) *sutr.* **asm.**

ąsõtis *dkt. v. (2, 3)* indas su rankena gėrimams pilti; jame telpantis kiekis: *Pìlk ãlų iš ąsõčio.* o *molìnis [stiklìnis] ąsõtis*

àš *įv. [1]* (kalbančiajam (rašančiajam) pasakant apie patį save): *Àš nóriu válgyti.* o *Manę̃s čià niẽkas nepažį́sta.* o *Mán taĩ nepatiñka.* o *Ar jū̃s manè pasitìksite stotyjè?* o *Eĩkite sù manimì.* o *Àš pasiim̃siu sàvo dáiktus.* o *Atidúokite mán màno dáiktus.* o *Atsiprašaũ, kienõ čià pãsas? – Màno.*

ąsotis

ãšara *dkt. m. (1, 6)* akių skysčio lašas: *Ãšaros tekė́jo jai per véidą.*

ašìgalis *dkt. v. (1, 3)* toliausiai šiaurėje (pietuose) esanti Žẽmės vieta: *šiáurės [piẽtų] ašìgalis*

ãšmenys *dgs. dkt. v. (3ᵇ, 11)* peilio ir pan. aštrus kraštas: *peĩlio [skustùvo] ãšmenys*

aštrùs, aštrì *bdv. laipsn. (4, 5–8)* **1.** turintis kraštą, ašmenis, kuriais lengva pjauti: *Šìs peĩlis (yra) aštrùs.* **2.** stipriai jaučiamas: *Svogū́nas (yra) aštraũs skõnio.* • *žr.* **neaštrus**

aštuñtas, aštuntà *klnt. skt. (4) [4] žr.* **aštuoni**: *Jì nešiója trìsdešimt aštuñto nùmerio batùs.* o *Ateĩk aštuñtą válandą.* **aštuñta** *n.* (vartojama išvardijant) **aštuntàsis, aštuntóji** *įvr.: Šiañdien – vasário aštuntóji (dienà).* o *Varžýbose užė́mėme aštuñtąją viẽtą.* o *Kur važiúoja aštuntàsis troleibùsas?*

aštuntàsis dešim̃tmetis 70–79 amžiaus (2) metai (pvz., 1970–1979)

aštuonerì, aštúonerios *žr.* **aštuoni**

aštúonetas *dkt. v. (1, 1)* pažymys 8: *Ar aštúonetas yra gẽras pažymỹs?*

aštuonì, aštúonios *skt. (3) [2]* (aštuonerì, aštúonerios (3ᵃ) [1] su dgs. dkt.) skaičius 8: *Kíek jų bùvo? – Aštuonì.* o *aštuonì šimtaĩ* (800) o *aštuonì tū́kstančiai* (8000) o *Mán trū́ksta aštuonių̃ lìtų.* o *Nuo tõ laĩko praė̃jo aštuonerì mẽtai.* o *Pir̃ksiu aštúonerias kójines [pir̃štines].*

aštúoniasdešimt *skt.* skaičius 80: *Màno tė́vui jaũ aštúoniasdešimt (mẽtų).* o *aštúoniasdešimt víenas lìtas* (81 Lt)

aštuoniasdešim̃tas, aštuoniasdešim̃tà *klnt. skt. (4) [4] žr.* **aštuoniasdešimt**: *aštuoniasdešim̃tas nùmeris*

aštuoniasdešim̃tàsis, aštuoniasdešimtóji *įvr.: tū́kstantis devynì šimtaĩ aštuoniasdešim̃tíeji* (1980) *mẽtai*

aštuoníese *prv.* aštuonių asmenų grupe: *Jiẽ atė̃jo aštuoníese.* o *Mẽs dìrbome aštuoníese.*

aštuoniólika *skt. (1) [3]* skaičius 18: *Màno sū́nui jaũ aštuoniólika mẽtų.* o *Gal turì aštuonióliką lìtų?* o *Dabar̃ devýnios válandos be aštuonióliko minùčių.* o *Dãvė užduotì aštuonióliką vaikų̃.* o *Apsigyvẽnome aštuonióliko palapìnių.*

aštuonióliktas, aštuonióliktà *klnt. skt. (1) [4] žr.* **aštuoniolika**: *Stráipsnio pabaigà (yra) aštuonióliktame pùslapyje.*

aštuonióliktasis, aštuonióliktoji *įvr.: Ry-*

tój biržėlio aštuonióliktoji (dienà). ○ *Tai atsitìko tū́kstantis devynì šimtaĩ aštuonióliktaisiais (1918) mẽtais.*

atāskaita *dkt. m. (1, 6)* pranešimas apie tai, kas padaryta: *Parašiaũ praėjusių mẽtų dárbo atāskaitą.*

ateĩti, ateĩna, atė́jo *vks. (1) (kas)* **1.** einant atvykti: *Ateĩkite pas mùs į svečiùs.* ○ *Jis atė́jo į koncèrtą pavėlãvęs* (pavėlavo į koncertą). **2.** prasidėti, būti: *Kadà pagaliaũ ateĩs pavāsaris?* • *neig.* **neateĩti**
atėjìmas *dkt. v. (2, 1): atėjìmo į svečiùs laĩkas*

ateitìs *vns. dkt. m. (3ᵇ, 9)* būsimas laikas: *Tikė́kime geresnė̃ ateitimì.* ○ *Ateityjè vė̃l susitìksime.* ○ *Šiuos dárbus palìksime āteičiai.*

atė́jo *būt. l. 3 asm. žr.* **ateiti**

àtėmė *būt. l. 3 asm. žr.* **atimti**

atėmìmas *dkt. v. (2, 1) žr.* **atimti**

atestãtas *dkt. v. (2, 1)* išsilavinimo ar mokslo vardo pažymėjimas: *vidurìnio mókslo atestãtas*

atgal̃ *prv.* **1.** į užpakalį: *Pažiūrė́k atgal̃.* ○ *Žeñk dù žingsniùs atgal̃.* **2.** į ankstesnę vietą: *Eĩk iki to nãmo, paskuĩ grį̃žk atgal̃.* ○ *keliõnė iš Kaũno į Vìlnių ir atgal̃*

atgalìnis, atgalìnė *bdv. (2, 4–9)* grįžimo: *Ar nusipirkaĩ atgalìnį biliẽtą?* ○ *Parašýk ir atgalìnį ā́dresą* (siuntėjo).

atidarýtas, atidarýta *bdv. (1, 1–6)* **1.** neuždarytas: *Palìk lángą atidarýtą.* ○ *Žiūriù – spìnta atidarýta.* **2.** veikiantis, dirbantis (apie įstaigas, įmones ir pan.): *Parduotùvė atidarýta nuo aštuonių̃ valandų̃.* • *prš.* **uždarytas**; *žr.* **neatidarytas**

atidarýti, atidãro, atidãrė *vks. (3) (kas, ką)*
1. padaryti atvirą, įeinamą, išeinamą (apie tai, kas būna uždarytas): *Atidarýkite lángų.* ○ *Dùrys atidãromos į vìdų [į laũką].* ○ *Ar jū̃s gãlite atidarýti šią̃ dėžùtę?*
2. padaryti veikiantį, pradėjusį darbą (įstaigas, įmones ir pan.): *Parduotùvė atidãroma deviñtą vãlandą.* ○ *Ar jaũ atidãrė pãštą [bánką]?* • *prš.* **uždaryti**; *žr.* **neatidaryti**
atidãrymas *dkt. v. (1, 1) (ko): konfereñcijos atidãrymas*

atidarýti (dùris) leisti įeiti: *Kažkàs béldžiasi, einù atidarýti (dùrų).* ○ *Atidarýk durìs, parė́jo tė́vas.*
atidarýti są́skaitą pradėti turėti pinigų banke: *Atidariaũ są́skaitą bánke.*

atidarytùvas *dkt. v. (2, 1)* įrankis konservų skardinėms atidaryti • *plg.* **atkimštukas, kamščiatraukis**

atìdavė *būt. l. 3. asm. žr.* **atiduoti**

atideñgti, atideñgia, atideñgė *vks. (1) (kas, ką)* padaryti neuždengtą: *atideñgti púodą [véidą]* • *žr.* **neatidengti**

atidúoti, atidúoda, atìdavė *vks. (1)* **1.** *(kas, ką, kam)* grąžinti: *Atidúokite mán mano knỹgą.* **2.** *(kas, ką + bendr.)* duoti laikyti, taisyti ar pan.: *Drabužiùs atìdaviau skal̃bti į skalbỹklą.* • *žr.* **neatiduoti**

atidùs, atidì *bdv. laipsn. (4, 5–8)* kreipiantis dėmesį: *Bū́kite atidū̃s eidamì per sánkryžą: kai kuriẽ vairúotojai nesilaĩko eĩsmo taisỹklių ir nesustója.*
atìdžiai *prv.: Atìdžiai klausýkite, ką̃ mókytojas sãko.*
• *žr.* **neatidus**

atim̃ti, àtima, àtėmė *vks. (1) (kas, ką, iš ko)* **1.** paimti jėga: *Atim̃kite iš jo peĩlį.* **2.** sumažinti skaičių: *Kíek bùs iš dẽšimt atė́mus penkìs* (10-5)? ○ *Atim̃k šį̃ skaĩčių iš anõ.*
• *žr.* **neatimti**
atėmìmas *dkt. v. (2, 1) (ko)*

atimtìs *vns. dkt. m. (3ᵇ, 9)* atėmimo (2) veiksmas

atitìkti, atitiñka, atitìko *vks. (1) (kas, ką)* neprieštarauti, nebūti priešingam: *Jos pãsakojimas atitiñka tikróvę.* ○ *Dokumeñto núorašas tùri atitìkti originãlą.* • *žr.* **neatitìkti**

atkim̃šti, àtkemša, atkim̃šo *vks. (1) (kas, ką)* pašalinti kam̃štį: *Atkim̃šk man alaũs bùtelį.* • *žr.* **neatkimšti, užkimšti**

atkim̃štukas *dkt. v. (2, 1)* įrankis butelių dangteliams nuimti • *plg.* **atidarytuvas, kamščiatraukis**

atkreĩpti, atkreĩpia, àtkreipė *vks. (1)*
atkreĩpti dė́mesį **1.** *(kas, į ką)* skirti dėmesio: *Atkreĩpkite dė́mesį į šiàs pãstabas.* **2.** *(kas, kieno)* būti pastebėtam: *Apsireñgusi*

atkurti

tokiõs ryškiõs spalvõs suknelė tu atkreĩpsi visų dė̃mesį. • *žr.* **neatkreipti**

atkùrti, àtkuria, atkū́rė *vks. (1) (kas, ką)* 1. duoti naują pradžią, iš naujo padaryti ką anksčiau buvusį: *Lietuvõs nepriklausomýbė buvo atkurtà 1918 mẽtais.* 2. su kokiais prietaisais iš naujo padaryti: *Grotùvas àtkuria mùziką.* • *žr.* **neatkurti**

atkū́rimas *dkt. v. (2, 1) (ko)* 1. *Vasário šešióliktoji – Lietuvõs valstýbės atkū́rimo dienà.* 2. *gar̃so atkū́rimas*

atláužti, atláužia, atláužė *vks. (1) (kas, ką)* atskirti laužiant: *Àš tau atláušiu gabalė̃lį šokoládo.* • *žr.* **neatlaužti, atsilaužti**

atléisti, atléidžia, atléido *vks. (1)* 1. *(kas, ką, iš ko)* pašalinti: *Jį̃ atléido iš dárbo [iš pareigų̃].* 2. *(kas, kam, ką / už ką / +šs)* nepykti, parodyti ar pasakyti, kad nepyktų: *Àš jį įžeidžiau, atsiprašiaũ, ir jìs man atléido.* ○ *Prãšom (man) atléisti už trùkdymą.* ○ *Prãšom (man) atléisti, jei netýčia užgavaũ.* • *žr.* **neatleisti**

atleidìmas *dkt. v. (2, 1) (ko)*

atléiskite (sakoma mandagiai kreipiantis, užkalbinant): *Atléiskite, ar nepasakýtumėte, kíek dabar̃ valandų̃?* ○ *Atléiskite, gal pasakýtumėte, kaĩp nueĩti į Kãtedros áikštę?* • *plg.* **atsiprašau, dovanokite**

atliẽka *esam. l. 3 asm. žr.* **atlikti**

atlýginimas *dkt. v. (1, 1)* už darbą mokama pinigų suma: *Ar kas gãli dìrbti už mãžą atlýginimą?* ○ *Jį̃ gáuna tū́kstantį lìtų atlýginimo per mė́nesį.* • *plg.* **alga**

atlikė́jas *dkt. v. (1, 2),* **atlikė́ja** *dkt. m. (1, 7)* kas atlieka vaidmenį, muzikos kūrinį ir pan.: *Šiamè koncèrte dalyvaũs įžymū̀s atlikė́jai.*

atlìkti, atliẽka, atlìko *vks. (1) (kas, ką)* 1. padaryti: *Jì visùs dárbus atlìkdavo laikù.* 2. groti tam tikrą kūrinį; turėti tam tikrą vaidmenį: *Kàs atliẽka pagrindìnį vaĩdmenį šiamè spektãklyje?* 3. leisti (bausmės) laiką: *Jis baũsmę atliẽka kalė́jime.* • *žr.* **neatlikti**

atlikìmas *dkt. v. (2, 1) (ko): dárbo [vaidmeñs, bausmė̃s] atlikìmas*

atmintìs *vns. dkt. m. (3b, 9)* sugebėjimas atsiminti: *Jū̃s tùrite labaĩ gẽrą ãtmintį.* ○ *Visái neturiù atmintiẽs.*

atmosferà *vns. dkt. m. (2, 6)* aplink Žẽmę esančios dujos: *Atmosferà (yra) labaĩ užter̃štà.*

atnèšti, àtneša, àtnešė *vks. (1) (kas, ką, kam)* ateiti nešant (ką) ir atiduoti: *Atnèškite màno bagãžą.* ○ *Laiškanešė̃ àtnešė man láišką.* • *žr.* **neatnešti**

atnešìmas *dkt. v. (2, 1) (ko)*

atostogáuti, atostogáuja, atostogãvo *vks. (1) (kas)* leisti atostogas: *Šiẽmet atostogáusiu káime.* • *neig.* **neatostogáuti**

atóstogos *dgs. dkt. m. (1, 6)* laiko tarpas, kurį dirbantys žmonės ir mokiniai, studentai ilsisi: *mokinių̃ [studeñtų] vãsaros atóstogos* ○ *Išvažiavaũ atóstogų prie jū́ros.* ○ *Prãšom atvažiúoti pas mùs per atóstogas.* ○ *mókamos [nemókamos] atóstogos*

atpìgti, atpiñga, atpìgo *vks. (1) (kas)* pasidaryti pigesniam, sumažėti (ko) kainai: *Pavãsarį daržóvės bū̃na brángios, o vãsarą atpiñga.* • *neig.* **neatpìgti**

atplaũkti, atplaũkia, àtplaukė *vks. (1) (kas, į ką)* plaukiant atvykti: *Laĩvas àtplaukė į úostą.* • *neig.* **neatplaũkti;** *žr.* **išplaukti**

atradìmas *dkt. v. (2, 1)* sužinojimas ko, kas anksčiau buvo nežinoma; tai, kas atrasta: *naujõs planètos atradìmas* ○ *mókslo atradìmai*

atrakìnti, atrakìna, atrakìno *vks. (1) (kas, ką)* atidaryti (ko) užraktą: *Atrakinaũ durìs.* ○ *Niẽkaip negaliù atrakìnti spìntos.* • *žr.* **neatrakinti;** *plg.* **užrakinti**

atramà *dkt. m. (3b, 6)* daiktas (ar jo dalis), į kurį remiamasi: *mìnkštos fotèlio ãtramos*

atràsti, atrañda, atrãdo *vks. (1) (kas, ką)* sužinoti ką, kas anksčiau nebuvo žinoma: *Kas atrãdo Amèriką?* • *žr.* **neatrasti**

atrem̃ti, àtremia, àtrėmė *vks. (1) (kas, ką)* padaryti, kad remtųsi: *Atrem̃k kópėčias į síeną.* • *žr.* **neatremti**

atrìšti, àtriša, àtrišo *vks. (1) (kas, ką)* padaryti nesurištą: *Negaliù atrìšti bãtų raištẽlių.* • *žr.* **neatrišti;** *plg.* **surišti**

atródyti, atródo, atródė *vks. (3) (kas, kam, kaip / koks / +šs)* turėti tam tikrą išvaizdą; daryti tam tikrą įspūdį: *Šiañdien jū̃s labaĩ gražiaĩ atródote.* ○ *Ar jis (jums) atródo* sẽnas? – Nè, jis (man) atródo dar ganà jaunaĩ [jáunas]. ○ Man atródė, kad ji melúoja. • neig. **neatródyti**

atródo panašu: *Atródo, šiañdien lìs.* ○ *Atródo, mes šiañdien niẽkur neĩsime.* • *plg.* **matyt**

atsakìklis *dkt. v. (2, 3) žr.* **automatinis atsakiklis**: *Aš jums skam̃binau, bet atsìliepė atsakìklis.*

atsãkymas *dkt. v. (1, 1)* tai, kas pasakyta ar parašyta po klausimo, gavus laišką ir pan.: *Gavaũ jū́sų atsãkymą (į láišką).* ○ *Jū́sų atsãkymai (į kláusimus) (yra) neteisìngi.* • *žr.* **duoti atsakymą**

atsakìngas, atsakìnga *bdv. (1, 1–6) (už ką)* kuris privalo rūpintis (kuo): *Viršìninkas yra atsakìngas už įstaigos dárbą.*

atsakýti, atsãko, atsãkė *vks. (3) 1. (kas, į ką / + šs)* duoti atsakymą: *Raštù atsakýkite į egzãmino kláusimus.* ○ *Jis atsãkė, kad negãli mums padėti.* **2.** *(kas, už ką)* būti atsakingam: *Jū̃s atsãkote už tvar̃ką klãsėje.* • *žr.* **neatsakyti**

atsargà *dkt. m. (3ᵇ, 6)* **1.** *dgs.* tam tikras ko kiekis, laikomas netikėtiems atvejams: *maĩsto ãtsargos* **2.** atsargumas: *Atsargà gẽdos nedãro* (geriau būti atsargiam).

atsargiaĩ *jst.* (įspėjant apie galimą pavojų): *Atsargiaĩ, dažýta* (galite išsitepti)*!*

atsargìnis, atsargìnė *bdv. (2, 4–9)* nenaudojamas ir laikomas netikėtiems atvejams: *Ar tùrite atsargìnę pãdangą?*

atsargùs, atsargì *bdv. laipsn. (4, 5–8)* kuris saugosi, kreipia dėmesį į galimus pavojus: *Bū̃k atsargùs: ten labaĩ slidù.* ○ *Jis labaĩ atsargùs vairúotojas, niekadà neviršìja greĩčio.*
atsargiaĩ *prv.*: *Atsargiaĩ pjáuk tuo peiliù, jis (yra) labaĩ aštrùs.*
atsargùmas *dkt. v. (2, 1)*
• *žr.* **neatsargus**

atsègti, àtsega, àtsegė *vks. (1) (kas, ką)* padaryti nesusegtą: *Atsėk sãgą [pálta].* ○ *Prãšom atsègti (savo) krẽpšį.* • *žr.* **atsisegti, neatsegti**; *plg.* **susegti**

atsibùsti, atsibuñda, atsibùdo *sgr. vks. (1) (kas)* nustoti miegojus: *Atsibudaũ ankstì, bet nesikė́liau.* ○ *Atsibùsk, ganà miegóti!*
• neig. **neatsibùsti**

atsigulti, atsìgula, atsìgulė *sgr. vks. (1) (kas)* **1.** išsitiesti: *Atsìguliau ant lóvos ir užmigaũ.* **2.** eiti miegoti: *Vãkar atsìguliau vėlaĩ.* • *neig.* **neatsigulti**

atsikélti, atsìkelia, atsikė́lė *sgr. vks. (1) (kas)* atsibudus išlipti iš lovos: *Keliñtą vãlandą atsikė́lei?* • *neig.* **neatsikélti**

atsiklaũpti, atsiklaũpia, atsìklaupė *sgr. vks. (1) (kas)* pakeisti savo kūno padėtį taip, kad keliai remtųsi (į žemę): *atsiklaũpti ant žẽmės.* • *neig.* **neatsiklaũpti**

atsiláužti, atsiláužia, atsiláužė *sgr. vks. (1) (kas, ką / ko)* atlaužti sau ar pačiam: *Atsiláužk (gabalė̃lį) šokolãdo.* • *žr.* **neatsiláužti**

atsiliẽpti, atsiliẽpia, atsiliẽpė *sgr. vks. (1) (kas)* pakelti telefono ragelį ir kalbėti; įsijungti (apie atsakiklį): *Kažkàs skam̃bina, atsiliẽpkite.* • *neig.* **neatsiliẽpti**

atsìmena *esam. l. 3 asm. žr.* **atsiminti**

atsimérkti, atsimérkia, atsimérkė *sgr. vks. (1) (kas)* padaryti atviras savo akis: *Aš atsibudaũ ir atsimérkiau.* • *neig.* **neatsimérkti**; *plg.* **užsimerkti**

atsimiñti, atsìmena, atsìminė *sgr. vks. (1) (kas, ką / + šs)* turėti mintyse, neužmiršti: *Aš jus atsìmenu, mes ėsame susitìkę anksčiaũ.* ○ *Gal atsìmeni, kàs (yra) šio filmo režisiẽrius?* ○ *Aš geraĩ atsìmenu, kad seniaũ šiojè gãtvėje bùvo kavìnė.* ○ *Atsìmenate, kaip puĩkiai praléidome atóstogas?* • *žr.* **neatsiminti**; *plg.* **pamiršti**

atsiprašaũ 1. (mandagaus kreipimosi žodis): *Atsiprašaũ, gal pasakýtumėte, kaĩp nuetĩ į pãštą?* ○ *Atsiprašaũ, ar galiù įetĩ?* **2.** (sakoma ko nors gerai neišgirdus ir norint, kad pašnekovas pakartotų): *Atsiprašaũ, ką̃ jū̃s sãkėte?* • *plg.* **atleiskite, dovanokite**

atsiprašýti, atsiprãšo, atsiprãšė *sgr. vks. (3) (kas, ko, už ką / dėl ko / + šs)* prašyti, kad atleistų, dovanotų: *Atsiprašaũ jūsų už pavėlãvimą.* ○ *Jis mane įžeĩdė ir (manęs) atsiprãšė.* ○ *Atsiprašaũ, kad ilgaĩ neparašiaũ jums láiško.* • *neig.* **neatsiprašýti**
atsiprãšymas *dkt. v. (1, 1)*

atsirãsti, atsirañda, atsirãdo *sgr. vks. (1) (kas)* **1.** būti randamam: *Po lietaũs atsirãdo grỹbų.* **2.** būti neieškant rastam: ○ *Atsirãs*

atsiremti

(bus) *ir jùms viẽtos viẽšbutyje.* ○ *Ar atsirãdo jūsų (diñgęs) bagāžas?* ○ *Kaĩp tu čia atsiradaĩ (kaip čia atvykai, kodėl tu čia)?* • neig. **neatsiràsti**

atsireñti, atsìremia, atsìrėmė *sgr. vks.* (1) *(kas, į ką)* atremti savo kūną: *Atsireñk į síeną.* • neig. **neatsireñti**

atsirìšti, atsìriša, atsirìšo *sgr. vks.* (1) **1.** *(kas, ką)* atrišti sau ar savo: *atsirìšti bātų raišteliùs* **2.** *(kas)* savaime pasidaryti nesurištam: *Atsirìšo vir̃vė [bātų raištẽliai].* • žr. **atrìšti, neatsirìšti**; *plg.* **susirìšti**

atsisakýti, atsisãko, atsisãkė *sgr. vks.* (3) *(kas, ko / + bendr.)* nesutikti ką daryti ar priimti: *Vairúotojas atsisãkė mokėti baūdą.* ○ *Výras atsisãko tókio dárbo.* ○ *Jis visadà atsisakýdavo kitų pagálbos.* • neig. **neatsisakýti**

atsisė́da *esam. l. 3 asm. žr.* **atsisė́sti**

atsisègti, atsìsega, atsìsegė *sgr. vks.* (1) **1.** *(kas, ką)* atsegti savo: *Atsisèk páltą.* **2.** *(kas)* savaime pasidaryti nesusegtam: *Atsìsegė rankinùkas, ir iškrìto piniginė.* • žr. **atsègti, neatsisègti**

atsisė́sti, atsisė́da, atsisė́do *sgr. vks.* (1) *(kas)* pakeisti savo kūno padėtį taip, kad sėdėtum: *Prãšom atsisė́sti ir paláukti.* ○ *atsisė́sti ant súolo [ant kėdė́s, ant sòfos]* • neig. **neatsisė́sti**; *žr.* **sėdė́ti**

atsiskaitýti, atsiskaĩto, atsiskaĩtė *sgr. vks.* (3) *(kas, už ką, su kuo)* sumokėti (už paslaugą), nelikti skolingam (kam): *Su taksì vairúotoju aš atsiskaičiaũ (sumokėjau už važiavimą).* ○ *Jūs gãlite atsiskaitýti už pir̃kinius mokėjimo kortelè arba grynaĩsiais.* ○ *Jie visadà atsiskaitýdavo laikù už bùto núomą.* • neig. **neatsiskaitýti**

atsiskaĩtymas *dkt. v.* (1, 1): *atsiskaĩtymas už šìldymą* ○ *atsiskaĩtymo knygėlė* ○ *atsiskaĩtymas pérvedimu*

atsiskìrti, atsìskiria, atsiskýrė *sgr. vks.* (1) *(kas, nuo ko)* pasidaryti nesujungtam (su kuo): *Apelsìno žievėlė suñkiai atsìskiria nuo vaĩsiaus.* • neig. **neatsiskìrti**

atsistóti, atsistója, atsistójo *sgr. vks.* (1) *(kas)* pakeisti savo kūno padėtį taip, kad stovėtum: *Móteriai įėjus į kam̃barį, výras atsistójo.* ○ *Atsistókite, kai grója valstýbės hìmną.* • neig. **neatsistóti**

atsisvéikinti, atsisvéikina, atsisvéikino *sgr. vks.* (1) *(kas, su kuo)* sakyti linkėjimą išeinant iš kieno namų, paliekant ką: *Jis su visaĩs atsisvéikino: – Sudiẽ!* ○ *Išeĩdamas atsisvéikinkite su šeiminiñkais.* • neig. **neatsisvéikinti**; *plg.* **pasisveikinti**

atsisvéikinimas *dkt. v.* (1, 1): *atsisvéikinimas su draugaĩs*

atsitikìmas *dkt. v.* (2, 1) netikėtas įvykis: *nelaimìngas [keĩstas] atsitikìmas*

atsitìkti, atsitiñka, atsitìko *sgr. vks.* (1) *(kas, kam)* įvykti nesitikint: *Kàs ten jums atsitìko, kad pavėlãvote?* ○ *Máno sẽseriai atsitìko neláimė – ji susiláužė kóją.* • neig. **neatsitìkti**

atsitiktinaĩ *prv.* netikėtai: *Atsitiktinaĩ pamačiaũ ją gãtvėje.*

atsitū́pti, atsìtupia, atsìtūpė *sgr. vks.* (1) *(kas)* pakeisti savo kūno padėtį taip, kad tupėtum: *Aš atsìtūpiau už krū́mo, ir jis manęs nepamãtė.* • neig. **neatsitū́pti**

atsiū̃sti, atsiuñčia, àtsiuntė *vks.* (1) *(kas, ką, kam)* padaryti, kad kas ką gautų ne pačiam paduodant (ppr. paštu): *Jis àtsiuntė man láišką.* • žr. **neatsiū̃sti**

atsižvel̃gti, atsižvel̃gia, atsižvel̃gė *sgr. vks.* (1) *(kas, į ką)* kreipti dėmesį: *Mes atsižvel̃gsime į jūsų prãšymą.* ○ *Atsižvelgdamì į klausýtojų pageidãvimus, kartójame praėjusios savãitės laĩdą.* • neig. **neatsižvel̃gti**

atskiraĩ *prv.* ne kartu: *Sūnùs gyvẽna atskiraĩ, ne su mumìs.* ○ *Àš sė́siuosi atskiraĩ, ne prie jū́sų.* ○ *Mẽs mokė́sime už pietùs atskiraĩ (kiekvienas už savo suvalgytus patiekalus).*

ãtskiras, atskirà *bdv.* (3ᵇ, 1–6) **1.** tik kuriam reikalui ar kam skirtas: *Tám reikė̃s ātskiro prãšymo.* ○ *Visì tùri po ātskirą kam̃barį.* **2.** vienas be kitų

atskìrti, àtskiria, atskýrė *vks.* (1) *(kas, ką, nuo ko)* **1.** suprasti skirtumą: *Ar gãlite atskìrti ẽglę nuo pušiẽs (pasakyti, kuo šie medžiai skiriasi)?* **2.** padaryti nesujungtą • žr. **neatskìrti**

atskrìsti, àtskrenda, atskrìdo *vks.* (1) **1.** *(kas, kuo)* atvykti oro transportu: *Aš atskrìsiu į Vìlnių sekmãdienį.* **2.** *(kas)* atvykti (apie lėktuvą ir pan.): *Keliñtą vãlandą àt-*

skrenda léktùvas iš Palangõs? • *neig.* **neatskrìsti**

ātspalvis *dkt. v. (1, 3)* spalva, kuri yra panaši į kurią spalvą: *geltóna spalvà su žaliù ātspalviu*

atstõvas *dkt. v. (2, 1),* **atstõvė** *dkt. m. (2, 8)* asmuo, kuriam duota teisė kalbėti ar veikti vietoj ko: *Susitikimė kalbė́jo mókytojų ir gýdytojų atstõvai.*

atstováuti, atstováuja, atstovãvo *vks. (1) (kas, kam)* būti atstovu: *Deputãtai atstováuja sàvo rinkė́jams.* • *neig.* **neatstováuti**

atstùmas *dkt. v. (2, 1)* tarpas nuo vienos vietos iki kitos, nuo vieno daikto iki kito: *Kóks atstùmas nuo Vìlniaus iki Kaũno?* ○ *Tàs nãmas yra šim̃to mètrų atstumù nuo čià.* ○ *dìdelis [mãžas] atstùmas*

atsùkti, àtsuka, atsùko *vks. (1) (kas, ką)* 1. padaryti neprisuktą: *atsùkti varžtė̃lį* 2. sukant įjungti: *Atsùk čiáupą [vándenį].* ○ *Atsukaũ dujàs.* • *žr.* **neatsukti, prisukti, užsukti**

atsuktùvas *dkt. v. (2, 1)* įrankis varžtams sukti: *Méistras atsìnešė kelìs atsuktuvùs.*

atšálti, atšą̃la, atšãlo *vks. (1)* 1. *(kas / –)* pasidaryti šaltesniam (apie orą): *Šiañdien (óras) atšãlo.* 2. *(kas)* pasidaryti nekarštam ar šaltam (apie maistą): *Gérkite, põnia, jū́sų kavà atšãls.* • *neig.* **neatšálti**
atšalìmas *dkt. v. (2, 1): óro atšalìmas*

atšìlti, atšỹla, atšìlo *vks. (1) (kas / –)* pasidaryti šiltesniam (apie orą): *Prànešė per rãdiją, kad (óras) atšìls.* • *neig.* **neatšìlti**
atšilìmas *dkt. v. (2, 1): óro atšilìmas*

atvažiúoti, atvažiúoja, atvažiãvo *vks. (1) (kas)* 1. atvykti važiuojant: *Kadà tu atvažiúosi?* ○ *Atvažiavaũ į̃ Vìlnių vãkar.* ○ *Ar vaikaĩ pas jus dažnaĩ atvažiúodavo?* 2. atvykti (apie autobusą, traukinį): *Keliñtą vãlandą atvažiúos autobùsas iš Šiauliu̇̃?* • *neig.* **neatvažiúoti**
atvažiãvimas *dkt. v. (1, 1)*

ātvejis *dkt. v. (1, 3)* kartas, atsitikimas: *Gaĩsro ātveju skam̃binkite 01.*

atvė́sti, atvė́sta, atvė́so *vks. (1) (kas)* pasidaryti vėsiam: *Oraĩ atvė́so.* • *neig.* **neatvė́sti**

augti

atvèžti, àtveža, àtvežė *vks. (1) (kas, ką, kam)* vežant pristatyti: *Vakarè aš jums atvèšiu knỹgą, kurios prãšėte.* • *neig.* **neatvèžti**
atvežìmas *dkt. v. (2, 1) (ko)*

atvỹkti, atvỹksta, atvỹko *vks. (1) (kas)* 1. ateiti, atskristi, atplaukti, atvažiuoti: *Aš atvykstù dešimtõs valandõs reisù.* ○ *Atvỹkite į̃ Vìlnių vãsarą.* ○ *Jū̃s atvỹksite lė́ktuvù, autobusù ar tráukiniu?* 2. pasiekti kelionės tikslą (apie transporto priemonę): *Kadà traukinỹs atvỹksta į̃ stõtį?* • *neig.* **neatvỹkti**
atvykìmas *dkt. v. (2, 1): Prãšom pasakýti šio tráukinio atvykìmo laĩką.*

ātviras, atvirà *bdv. (3ᵇ, 1–6)* 1. su tarpu, neuždarytas: *ātviras automobìlio lángas* 2. daromas viešai: *ātviras balsãvimas* • *prš.* **uždaras**

atvìrlaiškis *dkt. v. (1, 3)* pašto lapelis laiškui, siunčiamam be voko • *žr. t. p.* **atvirukas (1)**

atvirùkas *dkt. v. (2, 1)* 1. *žr.* **atvirlaiškis**. 2. lapelis su vaizdais, skirtas kam sveikinti ir pan.: *Siuñčiu tau atvirùką.* ○ *Prãšom dù atvirukùs po lìtą (prašoma perkant).*

audinỹs *dkt. v. (3ᵃ, 3)* medžiaga, gaminama iš vilnos, medvilnės ir pan., vartojama drabužiams, patalynei ir pan. siūti: *vilnõniai audiniaĩ* ○ *audinių̃ parduotùvė* ○ *Kostiùmui pasiū́ti reikė̃s trijų̃ mètrų áudinio.*

audrà *dkt. m. (4, 6)* smarkus vėjas su lietumi ir perkūnija: *Pakìlo dìdelė audrà.*

áugalas *dkt. v. (3ᵃ, 1)* augantį gyva būtybė su lapais ir šaknimis (apie žoles, medžius, krūmus, daržoves ir pan.): *Augaláms reīkia šviesõs ir vandeñs.*

augalìnis, augalìnė *bdv. (2, 4–9)* iš augalų̃ gaunamas: *augalìniai riebalaĩ*

augìnti, augìna, augìno *vks. (1) (kas, ką)* 1. daryti, kad augtų; turėti augantį: *Mano tėvaĩ káime augìna daũg kárvių.* ○ *Augìname dù vaikùs.* 2. leisti augti: *Mano brólis augìna barzdą̃.* • *žr.* **neauginti**
augìnimas *dkt. v. (1, 1) (ko): gėlių̃ [daržóvių] augìnimas*

áugti, áuga, áugo *vks. (1) (kas)* 1. darytis didesniam (apie žmones, gyvūnus ir augalus); ilgėti (apie plaukus): *Vaĩkas greĩtai áuga.* o *Plaukaĩ [barzdà] áuga.* **2.** būti pasodintam ar savaime išdygusiam: *Sodè áuga óbelys, kriáušės, slỹvos, o miškè áuga pùšys, ẽglės.* o *Po mẽdžiais áuga grỹbai.* • neig. **neáugti**

aukà *dkt. m. (4, 6)* **1.** dievams skiriamas daiktas ar gyvūnas. **2.** veltui duodamas daiktas ar pinigai kam nors padėti: *Reñkame aukàs neturtìngiems žmonėms.* **3.** nukentėjęs ar žuvęs žmogus: *avãrijos aũkos*

áuklė *dkt. m. (1, 8)* moteris, kuri prižiūri vaikus

áuklėti, áuklėja, áuklėjo *vks. (1) (kas, ką)* mokyti gerų žmogaus savybių: *Mókinius áuklėti neleñgva.* • žr. **neauklėti**

áuklėjimas *dkt. v. (1, 1) (ko):* griẽžtas vaikų́ áuklėjimas

áuklėtojas *dkt. v. (1, 2),* **áuklėtoja** *dkt. m. (1, 7)* asmuo, kurio pareigos – auklėti vaikus: *Dìrbu vaikų́ daržẽlyje áuklėtoja.*

aukóti, aukója, aukójo *vks. (1) (kas, ką, kam)* **1.** skirti dievams: *Perkū́nui aukódavo gývulius.* **2.** veltui ką nors duoti, norint padėti: *aukóti benámiams* • žr. **neaukoti**

aukójimas *dkt. v. (1, 1) (ko, kam)*

áuksas *vns. dkt. v. (3, 1)* geltonas brangus metalas: *Ši apýrankė (yra) pagamìnta iš áukso.*

áukso medãlis medalis, duodamas laimėjusiam pirmąją vietą

auksìnis, auksìnė *bdv. (2, 4–9)* pagamìntas iš aukso: *Mė́gstu auksiniùs pãpuošalus.* o *auksìnė apýrankė*

aukščiáusiasis, aukščiáusioji *aukšč. l. įvr. žr.* **aukštas**[1]
aukščiáusiasis láipsnis *gram.* būdvardžio ar prieveiksmio forma, rodanti didžiausią ypatybės ir pan. laipsnį: *„Didžiáusias" yra būdvardžio „dìdelis" aukščiáusiasis láipsnis.* o *„Gražiáusiai" yra príeveiksmio „gražiaĩ" aukščiáusiasis láipsnis.* • sutr. **aukšč. l.**

aukšč. l. *sutr. žr.* **aukščiausiasis laipsnis**

aukštaĩ *prv. laipsn.* vietoje, esančioje dideliu atstumu nuo apačios (pvz., žemės); į vietą, esančią dideliu atstumu nuo apačios: *Šiuōs vaistus padė́k aukštaĩ, kad vaikaĩ*

nepasíektų. • prš. **žemai**; žr. **neaukštai**
aukščiaũ *aukšt. l.:* *Àš gyvenù pirmamè aukštè, o jìs trečiamè, taigi jìs gyvẽna aukščiaũ negu àš.*

aukščiáusiai *aukšč. l.*

áukštas[1], **aukštà** *bdv. laipsn. (3, 1–6)* **1.** turintis didelį atstumą nuo apačios iki viršaus: *áukštas mẽdis [výras]* o *aukštà mótеris [tvorà]* o *aukštì namaĩ* o *áukštos ẽglės* o *Sūnùs ne aukštèsnis už tė́vą.* o *Kurì iš jū́sų (dviejų) aukštèsnė?* o *Kurì iš jū́sų (kelių) aukščiáusia?* o *Aukščiáusias kálnas Lietuvojè – Medvėgalis.* **2.** didelis (apie kainą ir pan.). **3.** kuris turi svarbias pareigas: *áukštas pareigū̃nas* • (1, 2) *prš.* **žemas**; žr. **neaukštas**
aukštàsis, aukštóji *įvr.*
aukštóji mokyklà mokykla, kurioje įgyjamas aukštasis išsilavinimas
aukštàsis išsilãvinimas išsilavinimas, įgyjamas baigus universitetą, akademiją ir pan. *Jis tùri áukštą́jį išsilãvinimą.*

aũkštas[2] *dkt. v. (2, 1)* vienas iš namo lygių; jame esančios patalpos: *penkių̃ aukštų̃ nãmas* o *Aš gyvenù pirmamè aukštè.*

aukštesnỹsis, aukštesnióji *aukšt. l. įvr. žr.* **aukštas**[1]
aukštesnióji mokyklà mokykla, kurioje įgyjamas specialusis vidurinis išsilavinimas
aukštesnỹsis láipsnis *gram.* būdvardžio ar prieveiksmio forma, rodanti didesnį ypatybės ir pan. laipsnį: *„Gražèsnis", „storèsnis", „platèsnis" yra būdvardžių „gražùs", „stóras", „platùs" aukštesnỹsis láipsnis.* o *„Labiaũ" yra príeveiksmio „labaĩ" aukštesnỹsis láipsnis.* • sutr. **aukšt. l.**

aukštỹn *prv.* į viršų: *Rankàs aukštỹn.* o *Lìftas kỹla aukštỹn.* • prš. **žemyn**

aũkštis *vns. dkt. v. (2, 3)* atstumas nuo (ko) apačios iki viršaus: *Kókio aũkščio Gedìmino pìlis?* o *Mūsų bùtas (yra) dviejų̃ su pusè mètrų aũkščio* (atstumas nuo grindų iki lubų 2,5 m). o *Aplink nãmą yrà pusantro mètro (1,5 m) aũkščio tvorà.* • žr. **šuolis į aukštį**

aukšt. l. *sutr. žr.* **aukštesnysis laipsnis**

ausìnės *dgs. dkt. m. (2, 8)* ant ausų dedamas klausymosi aparatas: *grotùvas su ausìnėmis*

ausinùkas *dkt. v. (2, 1)* mažas nešiojamas grotuvas su ausinėmis

ausìs *dkt. m. (4, 9)* klausos organas: *Negirdžiù víena ausimì.* • *dgs. K.* **ausų̃**; *žr.* **pieš. kūnas**

aũskaras *dkt. v. (3ᵇ, 1)* ausies papuošalas: *sidabrìniai auskaraĩ*

auskaras

aušrà *dkt. m. (4, 6)* paros metas, kai aũšta

áušti[1], *áušta, áušo vks. (1) (kas)* darytis nekarštam (apie maistą): *Prāšom válgyti, sriubà áušta.* • *neig.* **neáušti**

aũšti[2], *aũšta, aũšo vks. (1) (– / kas)* darytis šviesu prieš patekant saulei: *Kai pagaliaũ užmigaũ, jau aũšo (rýtas).* • *neig.* **neaũšti**; *žr.* **išaũšti**

aũti, *aũna, ãvė vks. (1) (kas, ką, kuo; kas, kam, ką)* daryti, kad kieno kojas dengtų batai; apauti arba nuauti: *aũti vaĩką bãtais [aũti vaĩkui batùs]* • *žr.* **neaũti**

aũtis, *aũnasi, ãvėsi sgr. vks. (1) (kas, ką / kuo)* auti savo kojas; apsiauti arba nusiauti: *Aũkis bãtais [batùs] ir eĩmė.* • *žr.* **nesiaũti**

autobùsas *dkt. v. (2, 1)* daug vietų turintis automobilis keleiviams vežti: *Į̃ Pãlangą važiúosime autobusù.*
  autobùsų stotẽlė stotelė, kurioje sustoja autobusai
  autobùsų stotìs stotis, kurioje sustoja autobusai

automãtinis, automãtinė *bdv. (1, 4–9)* galintis vykti ar veikti pats, be tiesioginės žmogaus veiklos: *automãtinė bagãžo sáugojimo kãmera* ○ *automãtinis vaĺdymas*
  automãtinis atsakìklis telefono aparato įtaisas, į kurį įrašytais žodžiais atsiliepiama į skambučius • *žr. t. p.* **atsakìklis**

automobìlis *dkt. v. (2, 3)* transporto priemonė su ratais ir varikliu: *važiúoti automobiliù* ○ *Nusipirkaũ naũją automobìlį.*
  automobìlio nùmeris [nùmeriai] raidės ir skaitmenys, įrašyti tam tikroje lentelėje, kuri tvirtinama automobilio priekyje ir užpakalyje • *žr. t. p.* **numeris**

áutorius *dkt. v. (1, 5)*, **áutorė** *dkt. m. (1, 8) (ko)* asmuo, sukūręs ką: *Jìs yrà šios knýgos áutorius.* ○ *Kàs (yrà) šio pavéikslo áutorius?*

A. V. *sutr. žr.* **antspaudo vieta**

ãvalynė *vns. dkt. m. (1, 8)* gaminiai kojoms auti: *odìnė ãvalynė* ○ *ãvalynės parduotùvė*

avãrija *dkt. m. (1, 7)* netikėtas su technika susijęs gedimas, nelaimingas atsitikimas: *Kelyjè įvỹko avãrija.* ○ *avãrijos aũkos*

ãvė *būt. l. 3 asm. žr.* **auti**

ãvėsi *būt. l. 3 asm. žr.* **autis**

avė́ti, *ãvi, avė́jo vks. (2) (kas, ką / kuo)* nešioti (batus): *Jì ãvi batùs aukštaĩs kulnaĩs.* ○ *Vãsarą aviũ basutės [basùtėmis].* • *žr.* **neavė́ti**

avíena *vns. dkt. m. (1, 6)* avies mėsa: *troškìnta avíena*

aviẽtė *dkt. m. (2, 8)* sultinga miško ar daržo uoga; jas vedantis augalas: *Aviẽtės jau prinóko.* ○ *Pčršalus reikia gérti aviẽčių arbãtą.*

avietė

ãvinas *dkt. v. (3ᵇ, 1)* avių patinas • *žr.* **avis**

avinas ・ avis

avìs *dkt. m. (4, 9)* naminis gyvūnas, auginamas vilnoms ir mėsai: *pìlkos ãvys* ○ *aviũ vìlnos* • *žr.* **avinas, ėriukas**

avižà *dkt. m. (3ᵇ, 6)* javas; jo grūdas: *Ãvižas mė́gsta arkliaĩ.*

avìžinis, avìžinė *bdv. (2, 4–9)* pagamintas iš avižų: *avìžiniai drìbsniai [mìltai]* ○ *avìžinės krùopos*

aviža

ą́žuolas *dkt. v. (3ᵃ, 1)* lapuotas medis, kurio mediena labai kieta: *šìmto mẽtų ą́žuolas*

ąžuolas

B b

B, b trečioji lietuvių kalbos abėcėlės raidė

b. *sutr. žr.* **butas**

bãdas *vns. dkt. v. (4, 1)* kentėjimas nuo alkio; neturėjimas ko valgyti: *Āfrikoje daũg žmonių mìršta nuo bãdo.* • *žr.* **mirštu iš bado**

badáuti, badáuja, badãvo *vks. (1) (kas)* 1. jausti badą; neturėti ką valgyti: *Pasáulyje daũg žmonių badáuja.* 2. nieko nevalgyti arba mažai valgyti norint suliesėti • *neig.* **nebadáuti**

bagãžas *vns. dkt. v. (2, 1)* keleivio daiktai: *rañkinis bagãžas* o *Vežúosi nedaũg bagãžo.* o *Padėkite krẽpšį į bagãžo saugỹklą.* • *žr. t. p.* **nešulys**

bagažìnė *dkt. m. (2, 8)* vieta automobilyje bagažui vežti: *Negaliù atidarýti bagažìnės.*

baigiamàsis, baigiamóji *įvr. dlv. [2]* **baigiamàsis egzãminas** egzaminas, laikomas baigiant mokyklą

baĩgti, baĩgia, baĩgė *vks. (1) (kas, ką / + bendr.)* siekti, pasiekti tam tikrą laiko ribą ar užsiėmimo rezultatą: *Vaĩkas baĩgia trečiùs metùs.* o *Mano sūnùs jau baĩgė vidurìnę mokỹklą.* o *Ar jau baĩgėte kalbėti (telefonù)?* o *Tìk vãkar pradėjai suknẽlę siū́ti, o šiañdien jau baigeĩ.* • *liep. n.* **baĩk(ite);** *žr.* **nebaigti baigìmas** *dkt. v. (2, 1) (ko):* mokỹklos [kùrsų] baigìmas

baĩgtis, baĩgiasi, baĩgėsi *sgr. vks. (1) (kas)* artėti prie pabaigos, turėti pabaigą ar būti pabaigoje: *Baĩgiasi atóstogos.* o *Keliñtą vãlandą baĩgsis filmas?* o *Kaĩp baĩgėsi tavo reikalaĩ? – Vìskas baĩgėsi geraĩ.* • *žr.* **nesibaigti**

báimė *vns. dkt. m. (1, 8)* nemalonus jausmas, sukeliamas tikro ar galimo pavojaus: *Jaučiù báimę.* o *rē̃kti iš báimės* o *Pamãčius tokį baĩsų šùnį, kiekvíeną ima báimė.* o *tamsõs báimė* (kai žmogus bijo būti tamsoje)

baĩsiai *prv.* 1. *laipsn.* taip, kad kelia baimę: *Tas šuõ atródo baĩsiai.* 2. labai, smarkiai: *Mán jis baisiai gražùs.* o *Vãkar baisiai lìjo.* o *Visì baisiai džiaũgėsi.*

baisùs, baisì *bdv. laipsn. (4, 5–8)* 1. keliantis baimę: *Fìlmai apie karùs paprastaĩ bū́na baĩsūs.* 2. smarkus: *baisùs vė́jas* *baisù n.: Man baisù nãktį váikščioti po miẽstą.* • *žr.* **nebaisus**

bakaláuras *dkt. v. (1, 1),* **bakaláurė** *dkt. m. (1, 8)* asmuo, turintis bakalauro laipsnį **bakaláuro láipsnis** pirmasis universiteto baigimo laipsnis

bãkas *dkt. v. (2, 1)* metalinis uždaromas indas skysčiams laikyti; jame telpantis kiekis: *pìlti vándenį į bãką* o *benzino bãkas*

balà *dkt. m. (2, 6)* nedidelis gamtinis vandens telkinys; vieta, kur yra nedaug vandens ar kitokio skysčio: *Neĩkrisk į bãlą, nes suslãpsi!* o *Vaikaĩ mė́gsta brìsti per balàs* (po lietaus).

balañdis *dkt. v. (2, 3)* 1. paukštis, kurį dažnai galima matyti mieste: *Vaĩkas lẽsina balañdžius.* 2. ketvirtasis metų mėnuo: *Balañdžio pirmóji – melãgių dienà.*

balandis

bal̃das *dkt. v. (2, 1)* vienas iš kambariuose statomų daiktų (spinta, lova ir pan.): *Nusipiřkome naujùs virtùvės baldùs.*

balètas *dkt. v. (2, 1)* 1. kūrinys šokti scenoje grojant muzikai: *Kas sukū̃rė mùzika* *balètui „Gulbių ėžeras"?* **2.** *vns.* tokių kūrinių atlikimas kaip teatro rūšis: *Šiandien eisime į baletą.* o **balèto šokėja [šokėjas]**

bālintas, bālinta *bdv. (1, 1–6)* su pienu ar grietinėle: *bālinta kavà [kakavà]* • *žr.* **nebalintas**

balkònas *dkt. v. (2, 1)* **1.** pakelta aikštelė, pritvirtinta namo išorėje prie sienos: *Ar tas bùtas su balkonù?* **2.** salės aūkštas: *Òperos klausiaūsi balkonè.*

balsas *dkt. v. (4, 1)* **1.** garsas iš (kieno) burnos, girdimas (kam) kalbant ar dainuojant: *gražùs [malonùs] balsas* o *Pažinaū tave iš balso.* o *Aš jų nemačiaū, bet girdėjau jų balsùs.* **2.** teisė pasirinkti balsuojant: *Tavo balsas (yra) labaī svarbùs.* **3.** kortelė, naudojama balsuojant: *skaičiúoti balsùs*

balsė *dkt. m. (2, 8) gram.* balsį žyminti raidė: *a, e, u yra balsės.* • *žr.* **priebalsė**

balsis *dkt. v. (2, 3) gram.* kalbos garsas, tariamas atvira burna: *Ištarkite balsį a.* • *žr.* **priebalsis**

balsúoti, balsúoja, balsãvo *vks. (1) (kas, už ką / prieš ką)* per rinkimus reikšti nuomonę, pasirinkti: *Paaugliaī dar netùri téisės balsúoti prezidento rinkimuose.* o *Už kurią pártiją balsúosite per rinkimùs?* • *neig.* **nebalsúoti**

balsãvimas *dkt. v. (1, 1): slāptas [ātviras] balsãvimas* o *Šiuo metù vyksta balsãvimas.*

baltaī *prv.* balta spalva (dažyti, tepti); baltos spalvos drabužiais (rengtis, dėvėti): *dažýti síeną baltaī* o *apsirengęs baltaī*

báltas, baltà *bdv. (3, 1–6)* sniego, pieno spalvos; toks kaip sniego, pieno (apie spalvą): *dėvėti baltaīs drabùžiais* o *báltas automobilis* o *baltà stáltiesė*

baltùmas *dkt. v. (2, 1): snīego baltùmo apýkaklė* (balta kaip sniegas).

báltymas *dkt. v. (3ᵃ, 1)* baltoji kiaušinio dalis: *nevàlgyti baltymų*

banānas *dkt. v. (2,1)* šiltųjų kraštų pailgas saldus vaisius: *válgyti bananų* o *dù banānai* o *kilogrāmas banānų*

bandẽlė *dkt. m. (2, 8)* nedidelis pyrago gaminys: *Mėgstu bandẽlės su uogienè.* o *šviēžios [skānios] bandẽlės.*

bangà *dkt. m. (4, 6)* pakilusi judanti vandens paviršiaus dalis: *jūros bañgos*

bangúotas, bangúota *bdv. (1,1–6)* kuris su bangomis: *bangúota jūra*

bánkas *dkt. v. (1, 1)* įstaiga, kuri atlieka veiksmus su pinigais (priima laikyti, skolina, keičia); jos patalpos: *Ar jūs tùrite sąskaitą šiame bánke?* o *Dėl paskolõs kreīpkitės į bánką.*

banknòtas *dkt. v. (2, 1)* popierinis pinigas: *Algą gavaū šimto litų banknòtais.*

bāras *dkt. v. (2, 1)* nedidelis restoranas, kur gėrimai ir užkandžiai parduodami prie prekystalio: *Susitīksime alaūs barè.* o *Eīkim į bārą, ten greīčiaū paválgysim.*

baravỹkas *dkt. v. (2,1)* valgomas grybas storu kotu: *rińkti baravykùs*

baravykas

barstýti, bar̃sto, bar̃stė *vks. (3) (kas, ką, kuo)* truputį berti ant ko: *barstýti kėpsnį príeskoniais* • *žr.* **nebarstyti**

bárti, bāra, bārė *vks. (1) (kas, ką)* piktai sakyti ką už tai, kad kas blogai pasielgė, ko nepadarė ir pan: *Mótina bāra sūnų, kad jis gāvo dvējetą.* • *žr.* **nebarti**

bártis, bārasi, bārėsi *sgr. vks. (1)* **1.** *(kas; kas, su kuo)* barti vienam kitą: *Jie bārasi kiekvíeną díeną.* **2.** *(kas, ant ko) žr.* **barti**: *Mótina bārasi ant sūnaūs, kad jis neišmōko pamokų.* • *žr.* **nesibarti**

barzdà *dkt. m. (4, 6)* apatinės veido dalies plaukai: *Nusiskùsk bar̃zdą.*

bāsas, basà *bdv. (4, 1–6)* be batų, neapautomis kojomis: *váikščioti basám [bāsai]*

baseīnas *dkt. v. (2, 1)* dirbtinis vandens telkinys; įrengta patalpa pláukti: *Fīname į baseīną.* o *Tame baseinè man per šáltas vanduõ.*

basùtė *dkt. m. (2, 8)* lengvas vasarinis batas

basùtės *dgs.* tokių batų pora: *Man reīkia naujų basùčių.* o *Ar nusipirkaī basùtės?* – *Nusipirkaū dvejàs (basùtės).*

basutės

bãtas dkt. v. (2, 1) gaminys, dėvimas ant kojos: *bãtų porà* o *bãtų parduotùvė* **bãtai** dgs. tokių gaminių pora: *Apsiaũk naujùs batùs.* o *bãtai su užtrauktukù* o *slìdžių bãtai* (batai slidinėti) o *Kodė̃l tu perkì dvejùs batùs* (dvi poras batų)?

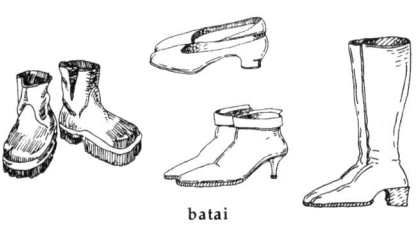

batai

batònas dkt. v. (2, 1) pailgas pyrago kepalas: *Ar šie batònai švieži?* o *Prãšom dù batonùs po lìtą trìsdešimt (1 Lt 30 ct)* (prašant parduotuvėje). o *batònas su razìnomis*

baudà dkt. m. (4, 6) 1. bausmė pinigais: *Sumokė́jau baũdą.* o *Skýrė šim̃to lìtų baũdą už eĩsmo taisỹklių pažeidìmą.* 2. bausmė už nusižengimą sporto taisyklėms: *Krẽpšininkas gãvo pìrmą baũdą.*

bausmė̃ dkt. m. (4, 8) tai, ką asmuo turi padaryti už nusikaltimą ar nusižengimą: *Jam skýrė baũsmę – trejùs metùs kalė́ti.* o *Dabar̃ jis atliẽka baũsmę.* o *Tai labaĩ griežtà [lengvà, švelnì, dìdelė, sunkì] bausmė̃.* o *Kókią tau skìrti baũsmę už taĩ, kad neatlikaĩ užduotiẽs?*

baũsti, baũdžia, baũdė vks. (1) (kas, ką, už ką) skirti bausmę: *Polìcija baũdžia vairúotojus už greĩčio viršìjimą.* • žr. **nebausti, nubausti**

bažnýčia dkt. m. (1, 7) 1. pastatas, į kurį eina melstis krikščionys: *Vìlniuje daũg bažnýčių.* o *Kas sekmãdienį eĩnù į bažnýčią.* o *Bažnýčioje klausiaũsi pamókslo.* 2. tam tikra krikščionių organizacija: *Katalìkų [Stačiãtikių] bažnýčia*

bdv. sutr. žr. **būdvardis**

bè prl. (su K.) 1. neturintis (ko); nesant (ko): *púodas be dañgčio* o *Mū́sų bùtas be patogùmų.* o *Be manę̃s jūs nerãsite kẽlio.* 2. prieš (ką); trūksta iki (ko): *Be penkiólikos minùčių šẽšios vãlandos.* 3. papildomai, kartu su: *Kas dár eĩs į koncèrtą be jū́sų?* o *Be manę̃s, dár atė́jo trỹs žmónės – bùvome keturíese.*

be eilė̃s nesilaikant eilės: *Neĩkite į gýdytojo kabinètą be eilė̃s.*

be gãlo labai: *Pónia, àš jums be gãlo dėkìngas!* o *Bùvo be gãlo liūdna.*

be grąžõs (mokėti) lygiai tiek pinigų, kiek daiktas kainuoja: *Gal gãlite mokė́ti be grąžõs?*

be tõ taip pat, ir: *Àš visái nenóriu ten eĩti, be tõ, esu pavar̃gusi.*

be ãbejo tikrai, žinoma: *Be ãbejo, jis vìską žinójo.* o *Ar tu ateĩsi? – Be ãbejo.*

bedar̃bis dkt. v. (2, 3), **bedar̃bė** dkt. m. (2, 8) asmuo, kuris neturi nuolatinio mokamo darbo: *Dabar̃ (yra) daũg bedar̃bių.*

bedar̃bio pašalpà pinigų suma, kurią kas mėnesį valstybė skiria bedarbiui

bėgìkas dkt. v. (2, 1), **bėgìkė** dkt. m. (2, 8) bėgimo sportininkas

bėgióti, bėgiója, bėgiójo vks. (1) (kas) bėgant judėti iš vienos vietos į kitą: *Po kiẽmą bėgiója vaikaĩ [šùnys].* • neig. **nebėgióti**

bė́gti, bė́ga, bė́go vks. (1) (kas) 1. greitais žingsniais ar šuoliais judėti: *Kur̃ bė́gi, skubì?* o *Šuõ mane vìjosi, turė́jau bė́gti.* 2. greitai eiti (apie laiką): *Mẽtai eĩna, bė́ga.* • liep. n. **bė́k(ite)**; neig. **nebė́gti**

bėgìmas dkt. v. (2, 1); t.p. sporto šaka

bélsti, béldžia, béldė vks. (1) (kas, į ką) sukelti garsą daužant: *Àš béldžiu į dùris, niẽkas neatidãro.* • neig. **nebélsti**; žr. **pabelsti**

beldìmas dkt. v. (2, 1): *Pasigir̃do beldìmas į dùris.*

bélstis, béldžiasi, béldėsi sgr. vks. (1) žr. **belsti**: *Nustókite bélstis!* • žr. **nesibelsti, pasibelsti**

beldìmasis dkt. v. (1, 1a)

benãmis dkt. v. (2, 3), **benãmė** dkt. m. (2, 8) asmuo, kuris neturi jokio būsto

benãmiai dgs. žmonės, kurie neturi jokio būsto

bendr. sutr. žr. **bendratis**

bendrãbutis dkt. v. (1, 3) namas, kuriame laikinai gyvena tie, kurie mokosi ar dirba vienoje įstaigoje: *studeñtų bendrãbutis* o *bendrãbučio gyvéntojai*

bendradarbiáuti, bendradarbiáuja, bendradarbiãvo *vks. (1) (kas, su kuo)* kartu su kitais dirbti; turėti darbo ryšių: *Lietuvõs firmos bendradarbiáuja su kitų šalių firmomis.* • *neig.* **nebendradarbiáuti**
bendradarbiãvimas *dkt. v. (1, 1): šalių [tarptautìnis] bendradarbiãvimas*
bendradaȓbis *dkt. v.* (2, 3), **bendradaȓbė** *dkt. m.* (2, 8) asmuo, dirbantis vienoje įstaigoje kartu su kuo: *Marýtė ir Pẽtras dìrba vienojè įstaigoje, jie yra bendradaȓbiai.* ○ *Marýtė yra Pẽtro bendradaȓbė.* ○ *Ar Jõnas yra júsų [tàvo] bendradaȓbis?*
bendraĩ *prv.* kartu: *Gyvẽnome visì bendraĩ, vienamè kambaryjè.* • prš. **atskirai**
beñdras, bendrà *bdv. (4, 1–6)* 1. priklausantis dviem ar daugiau; kartu daromas; naudojamas visų: *Tai mūsų beñdras tuȓtas.* ○ *Dìrbame beñdrą dárbą.* ○ *Bendrãbutyje yra beñdras dùšas.* 2. sudėtas, visas: *bendrà sumà* ○ *Beñdras bùto plótas – 100 m².* ○ *Prãšom pateĩkti beñdrą sąskaitą.* • prš. **atskiras**
bendratìs *dkt. m. (3ᵇ, 9) gram.* neasmenuojama veiksmažodžio forma, kuri baigiasi *-ti:* „*Eĩti"*, „*važiúoti"*, „*šókti"* yra beñdratys. • sutr. **bendr.**
bendráuti, bendráuja, bendrãvo *vks. (1) (kas, su kuo)* turėti bendrų reikalų; draugauti: *Su juõ malonù bendráuti.* • *neig.* **nebendráuti**
bendrãvimas *dkt. v. (1, 1): žmonių bendrãvimas*
bendróvė *dkt. m. (1, 8)* • žr. **akcìnė bendrovė**
benzìnas *vns. dkt. v. (2, 1)* gerai degantis skystis, skysti degalai: *Degalìnėje galėsite prisipìlti benzìno.*
berètė *dkt. m. (2, 8)* apvali minkšta kepurė: *Ar tùrite berèčių* (klausiant parduotùvėje)? ○ *Žiẽmą aš dėviù beretè [berètę].*
berniùkas *dkt. v. (2, 1)* vyriškosios lyties vaikas: *Mes tùrime dù vaikùs: berniùką ir mergáitę.* ○ *Berniùk, eikš čià!*
beȓti, bēria, bērė, *vks. (1) (kas, ką)* pilti smulkius daiktus, iš smulkių dalių sudarytą medžiagą: *beȓti cùkrų [smėlį]* • žr. **įberti, išberti, neberti**; plg. **barstyti**

béržas *dkt. v. (3, 1)* lapuotas medis su balta žieve: *Priẽ nãmo áuga kẽletas beržų.*

beržas

bèt *jng.* 1. (pasakant ką priešinga ar skirtinga); priešingai, negu (buvo) galima tikėtis: *Šios gėlės yra brángios, bet žmónės jas peȓka.* ○ *Rýtą smaȓkiai lìjo, bet paskuĩ nustójo.* 2. jei ne tai, kad: *Pasakýčiau jums kėlią, bet pàts nežinaũ.* ○ *Aš norėčiau piȓkti automobìlį, bet neturiù pinigų.* 3. kitaip vertinant: *Páltas nerà naũjas, bet jį dar gãlima nešióti.* ○ *Šìs televìzorius yra gana brangùs, bet jis labaĩ gerõs kokýbės.* žr. **tačiau**

bet kadà *prv.* nesvarbu kada: *Gãlite ateĩti bet kadà.* ○ *Kadà aš galėčiau užeĩti pas jus į svečiùs? – Bet kadà.*

bet kaĩp *prv.* nesvarbu kaip: *Kaĩp man apsireñgti? – Bet kaĩp.*

bet kàs *įv. [3]* nesvarbu kas; kiekvienas: *Ar tu manaĩ, kad šį dárbą gãli padarýti bet kàs?* ○ *Jìs bet kõ* (bet kokio daikto, maisto ir pan.) *nenóri.* ○ *Suválgyčiau dabaȓ bet ką* (nesvarbu kokį patiekalą). ○ *Bet kám to nesakýk.*

bet kíek *prv.* nesvarbu kiek: *Kíek tau dúoti pinigų? – Bet kíek.*

bet kóks, bet kokià *įv. (3) [5]* nesvarbu koks; kokio kas nori: *Gãlima gáuti nusipiȓkti bet kokių vaĩsių.*

bet kuȓ *prv.* nesvarbu kur: *Negãlima daiktų dėti bet kuȓ.* ○ *Kuȓ važiúosime? – Bet kuȓ, kad tik nereikėtų ilgiaũ láukti.*

bet kurìs, bet kurì *įv. (4) [4]* nesvarbu kuris: *Gãlite ateĩti bet kurìą dìeną.* ○ *Taĩ gãli padarýti bet kurìs iš mūsų.*

bevéik *prv.* dideliu laipsniu, bet nevisiškai; nedaug trūksta iki: *Mėsà jau bevéik išvìrusi* (bet dar neišvìrusi). ○ *Aš láukiau tavęs bevéik dvì válandas* (pvz., valandą ir 40 minùčių).

beždžiõnė *dkt. m. (2, 8)* į žmogu panašus šiltųjų kraštų gyvūnas: *maitìnti beždžiõnės zoològijos sodè*

beždžionė

bibliotekà *dkt. m. (2, 6)* **1.** įstaiga, kurioje laikomos knygos ir duodamos skaitytojams kuriam laikui; tos įstaigos patalpos: *mokỹklos bibliotekà* o *Einù į bibliotèką.* **2.** visos vieno asmens turimos knygos: *rašýtojo bibliotekà* o *Màno bibliotèkoje šios knỹgos nerà.*

bibliotèkininkas *dkt. v. (1, 1),* **bibliotèkininkė** *dkt. m. (1, 8)* bibliotekos (1) tarnautojas

bičiùlis *dkt. v. (2, 3),* **bičiùlė** *dkt. m. (2, 8)* *(kieno)* artimas draugas: *Ji yra màno bičiùlė.* o *Mēs ēsame bičiùliai.*

bijóti, bìjo, bijójo *vks. (3) (kas, ko / + bendr.)* jausti baimę: *Aš bijaũ šunų̃.* o *Ji bijódavo laikýti egzàminus.* • *neig.* **nebijóti**

bijū́nas *dkt. v. (2, 1)* darželių gėlė stambiais žiedais: *raudóni bijū́nai* o *sodìnti bijū́nùs*

bijū́nas

bylà *dkt. m. (4, 6)* tam tikro klausimo nagrinėjimas ir sprendimas teisme: *žmogžudỹstės [skyrýbų] bylà* o *laimė́ti bỹlą*

bìlietas *dkt. v. (1, 1, t. p. 3ᵇ, 1) (ko / į ką)* tam tikras dokumentas, duodantis teisę kuo kur važiuoti, kur dalyvauti: *mė́nesinis autobùso bìlietas* o *lė́ktuvo bìlietas* o *vienkartìnis bìlietas* o *Prãšom víeną bìlietą į Kaũną. – Atsiprašaũ, į Kaũną bìlietų [bìlietų] nerà* (visi bilietai parduoti). o *Nusipirkaũ bìlietą į teãtrą.*

bìlietų kasà įstaigos patalpa, kurioje parduodami bilietai
• *žr.* **mėnesinis bilietas**

bìrža *dkt. m. (1, 6)*
• *žr.* **darbo birža**

biržẽlis *dkt. v. (2, 3)* šeštasis metų mėnuo: *Biržẽlis – vãsaros pradžià.* o *Biržẽlio dvìdešimt trečiõsios vãkarą švenčiamos Jõninės.*

bìtė *dkt. m. (2, 8)* vabzdys, kuris daro medų

bìtininkas *dkt. v. (1, 1),* **bìtininkė** *dkt. m. (1, 8)* asmuo, kuris prižiūri bites

bìtė

biudžètas *dkt. v. (2, 1)* planuojamos pajamos ir išlaidos tam tikram laikui: *Seĩmas patvìrtino kitų̃ mẽtų valstýbės biudžètą.*

biùras *dkt. v. (2, 1)* tam tikras paslaugas teikianti įstaiga; jos patalpos: *reklãmos [notãrų, vertìmo] biùras* • *žr.* **radìnių biuras**

bjaurùs, bjaurì *bdv. laipsn. (4, 5–8)* **1.** nemalonus matyti, klausyti, valgyti, uostyti ir pan.: *bjaurùs vaĩzdas* o *bjaurùs gaf̃sas [vaĩgis, kvãpas]* **2.** labai prastas: *Šiañdien bjaurùs óras* (lyja ar sninga, šlapia, slidu ir pan.).

bjaurù *n.* nemalonu: *bjaurù žiūrė́ti [válgyti, klausýti, skaitýti]*
• *žr.* **nebjaurus**

blaivùs, blaivì *bdv. (4, 5–8)* nevartojęs svaigiųjų gėrimų: *Vairúotojas, kuris padãrė avãriją, buvo blaivùs.* • *žr.* **neblaivus, girtas**

blakstíena *dkt. m. (1, 6)* akies voko plaukas: *Į ãkį įkrìto blakstíena.* o *dažýtis blakstíenas* • *žr. pieš.* **akis**

blánkas *dkt. v. (1, 1)* popieriaus lapas su tam tikru spausdintu tekstu: *Įstaigos blánke nuródytas jos pavadìnimas, ãdresas, telefòno ir fãkso nùmeris.* o *Aš jau užpìldžiau atãskaitos blánką.*

blauzdà *dkt. m. (4, 6)* kojos dalis žemiau kelio; kojinės dalis prie tos vietos: *plónos blaũzdos* • *žr. pieš.* **kūnas**

blỹnas *dkt. v. (2, 1) žr.* **sklindis**: *miltìniai blỹnai* o *Pietų̃ válgėme bulvìnių blỹnų.*

blynẽlis *dkt. v. (2, 3)* miltinis sklindis su įdaru: *blynẽliai su várške [sū́riu, mėsà, grỹbais]*

blizgė́ti, blìzga, blizgė́jo *vks. (1) (kas)* spindėti šviesa: *Blìzga eglùtės papuošalaĩ.*
• *žr.* **neblizgėti**

blogaĩ *prv. laipsn.* **1.** netinkamai, prastai: *Tu blogaĩ elgíesi, neklausaĩ tėvų̃.* o *Jū̃s blogaĩ parãšėte šį̃ žõdį.* **2.** nemalonu: *Blogaĩ, kai trū́ksta pinigų̃.* • *žr.* **neblogai**

blõgas, blogà *bdv. laipsn. (4, 1–6)* **1.** nedoras, piktas: *Kokių̃ žmonių̃ yra daugiaũ – gerų̃ ar blogų̃?* o *Tai (yra) tikraĩ blõgas póelgis.* **2.** nevertingas; prastas: *Ši knygà (yra) labaĩ blogà.* **3.** darantis žãlą sveikatai: *Rūkymas – blõgas įprotis.* **4.** nemalonus: *Turiù*

jums blogų naujíenų. o *Šiañdien blõgas óras – lỹja vìsą diẽną.* o *Vãkar óras buvo dár blogèsnis (negu šiañdien).* • *prš.* **geras**; *žr.* **neblogas**
blõga *n.: Nenorė́jau jums padarýti niẽko blõga.*
bokãlas *dkt. v. (2, 1)* puodukas alui gerti; jame telpantis kiekis: *Gal išgeriam po bokãlą alaũs?* o *Prašom dù bokalùs (alaũs).*
bókštas *dkt. v. (1, 1)* pastato aukštoji dalis; aukštas tam tikros paskirties statinys: *bažnýčios bókštai* o *televìzijos bókštas*
botãnika *dkt. m. (1, 6)* mokslas, tiriantis augalus
botãnikos sõdas parkas, kuriame auginami įvairūs augalai
braižýti, braĩžo, braĩžė *vks. (3) (kas, ką)* vaizduoti popieriuje linijomis ir ženklais: *braižýti miẽsto plãną* • *žr.* **nebraižýti**
braĩžymas *dkt. v. (1, 1) (ko): plãno braĩžymas* o *braĩžymo įrankiai*
brangenýbė *dkt. m. (1, 8)* labai brangus daiktas, pvz. papuošalas
brángiai *prv. laipsn.* daug pinigų: *Ar brángiai mokė́jai?* • *žr.* **nebrangiai**
brángti, brángsta, brángo *vks. (1) (kas)* darytis brangiam, brangesniam: *Brángsta elektrà [šìldymas, maĩsto prodùktai].* o *Ar elektrà vė̃l brañgs?* • *neig.* **nebrángti**; *žr.* **pabrangti**
brangìmas *dkt. v. (2, 1): bùto núomos brangìmas*
brangùs, brangì *bdv. laipsn. (3, 5–8)* 1. daug kainuojantis; turintis didelę vertę: *Nusipirkaũ brángų laĩkrodį.* o *Vãsarą vaĩsiai nerà brángūs.* 2. mielas, malonus: *Ta knygà (yra) man labaĩ brangì.* o *Brangùs brólì!* (kreipinys laiške) • (1) *prš.* **pigus**; *žr.* **nebrangus**
brangùsis *v.,* **brangióji** *m.* (kreipimasis į artimą asmenį): *Brangióji, padúok man šlepetès.*
brãškė *dkt. m. (2, 8)* raudona, minkšta, sultinga uoga; jas vedantis daržo augalas: *brãškių uogiẽnė* o *Ar mė́gstate brãškès?*

braškė

braũkti, braũkia, braũkė *vks. (1) (kas, kuo, per ką)* nestipriai spaudžiant traukti (ko) paviršiumi: *braũkti rañkà per stãlą [šẽpečiu per grindìs]* • *žr.* **nebraukti**
breñda *esam. l. 3 asm. žr.* **bristi**
brėžinỹs *dkt. v. (3ᵃ, 3)* vaizdas, gautas brėžiant linijas; popieriaus lapas su tokiu vaizdu
brė́žti, brė́žia, brė́žė *vks. (1) (kas, ką)* daryti (liniją) braukiant (kuo): *Mókytoja lentojè brė́žia kreidà tiẽsią lìniją.* • *būs. l. 3 asm.* **brė̃š**; *žr.* **nebrėžti**
brìdo *būt. l. 3 asm. žr.* **bristi**
briẽdė *dkt. m. (1, 8)* briedžių patelė
briedíena *vns. dkt. m. (1, 6)* briedžio mėsa
briẽdis *dkt. v. (1, 3)* didelis laukinis gyvūnas su ragais: *Miškè radaũ briẽdžio ragùs.*

ragai
briedis

briedžiùkas *dkt. v. (2, 1)* briedžių jauniklis
brìsti, breñda, brìdo *vks. (1) (kas, per ką)* eiti per vandenį, žolę ir pan.: *Vaĩkas breñda per bãlą [per sniẽgą].* • *žr.* **nebristi**
brólis *dkt. v. (1, 3)* vyriškosios lyties žmogus kitiems tų pačių tėvų vaikams: *Aš turiù dù brólius ir víeną sẽserį.*
brònza *vns. dkt. m. (1, 6)* geltonos spalvos metalas: *brònzos statulà*
brònzos medãlis medalis, duodamas laimėjusiam trečiąją vietą
brùknė *dkt. m. (2, 8)* raudona maža uoga; jas vedantis miško augalas: *brùknių uogiẽnė su kriáušėmis*

bruknė

brūkšnẽlis *dkt. v. (2, 3)* ženklas skiemenims keliant dalį žodžio į kitą eilutę skirti (-)
brūkšnỹs *dkt. v. (4, 3)* 1. ištisinė tiesi linija: *Nubrė́žk brūkšnį̃.* 2. skyrybos ženklas (–), rašomas vietoje praleisto žodžio ir pan.
bt. *sutr. žr.* **butas**
bučinỹs *dkt. v. (3ᵇ, 3)* pabučiavimas: *bučinỹs į lūpàs [į véidą]*

bučiúoti, bučiúoja, bučiãvo *vks. (1) (kas, ką)* liesti lūpomis reiškiant meilę ar pagarbą: *Výras bučiúoja žmóną.* ○ *bučiúoti rañką móteriai* • *žr.* **nebučiuoti, pabučiuoti**

bučiúotis, bučiúojasi, bučiãvosi *sgr. vks. (1) (kas; kas, su kuo)* bučiuoti vienam kitą: *Výras bučiúojasi su žmóna.* • *žr.* **nesibučiuoti, pasibučiuoti**

bū̃das *dkt. v. (2, 1)* **1.** žmogaus dvasinės savybės: *Jis (yra) gẽro bū̃do žmogùs.* **2.** veiksmai ar priemonės kam atlikti: *Yrà trỹs bū̃dai patèkti iš Vìlniaus į Klaĩpėdą – nuvažiúoti tráukiniu, autobusù, nuskrìsti léktuvù.* • *(1) žr. t. p.* **charakteris**; *žr.* **jokiu būdu**

budė́ti, bùdi, budė́jo *vks. (2) (kas)* ką saugoti, prižiūrėti; nemiegoti saugant: *Mótina budė́jo prie serg̃ančios dukter̃s vìsą pãrą.* ○ *Mano výras gýdytojas, jis šią̃ nãktį bùdi ligóninėje.* • *žr.* **nebudėti**

budė́jimas *dkt. v. (1, 1)*: *Budė́jimas trùko aštúonias vãlandas.*

budė́tojas *dkt. v. (1, 2),* **budė́toja** *dkt. m. (1, 7)* asmuo, kurio pareigos – budėti: *stotiẽs budė́tojas*

būdìngas, būdìnga *bdv. (1, 1–6)* kuris rodo kieno būdą (apie savybes, veiksmus ir pan.): *Drąsà – būdìnga jo savýbė.* ○ *Tai yra jam būdìngas póelgis.*
būdìnga *n. (kam, + bendr.)*: *Ar taĩp eĩgtis jam (yra) būdìnga?* ○ *Vėlúoti jam nėrà būdìnga.*
• *žr.* **nebūdingas**

budìzmas *vns. dkt. v. (2, 1)* Rytų religija: *Ar jū̃s dõmitės budizmù?*

bū̃dvardis *dkt. v. (1, 3) gram.* žodis, kuriuo pasakoma, koks kas yra: *„Stóras", „plónas", „gražùs", „stiklìnis"* yra bū̃dvardžiai. • *sutr.* **bdv.**

bū̃gnas *dkt. v. (2, 1)* mušamasis muzikos instrumentas

bū̃gnininkas *dkt. v. (1, 1),* **bū̃gnininkė** *dkt. m. (1, 8)* muzikantas, kuris muša būgną

buitìs *vns. dkt. m. (4, 9)* tai, kas sudaro žmogaus gyvenimo aplinką: *Šaldytùvas yra labaĩ reikalìngas buitiẽs príetaisas.* **buitiẽs prẽkės** būtinos, kasdien naudoti reikalingos prekės (indai, radijo aparatai, televizoriai ir pan.)

bū́klė *dkt. m. (1, 8) (ko, kieno)* buvimas, apibūdinamas tam tikrais požymiais, padėtis: *Mano sveikãtos bū́klė (yra) gerà* (mano sveikata yra gera).

bùlvė *dkt. m. (1, 8)* po žeme augantì apvali daržovė; jas vedantis augalas: *bùlvių vaĺgiai [patiekalaĩ]* ○ *Nupir̃k dù kilogramùs bùlvių.* ○ *Aš nemė́gstu bùlvių [bùlvių patiekalų̃].* ○ *vìrtos [kẽptos] bùlvės*

bulvė

bùlvių traškùčiai labai plonì aliejuje kepti bulvių gabalėliai: *pakẽlis bùlvių traškùčių*

bulvìnis, bulvìnė *bdv. (2, 4–9)* pagamintas iš bulvių: *bulvìniai blỹnai su grietinè*

bū̃na *esam. l. 3 asm. žr.* **būti**

būrỹs *dkt. v. (4, 3) (ko)* daug žmonių ar gyvūnų vienoje vietoje: *Susiriñko bū̃rys vaikų̃.* ○ *Paũkščiai skreñda būriaĩs.*

burnà *dkt. m. (3, 6)* tarpas tarp lūpų ir gerklės, per kurį žmogus valgo, kalba: *Dė̃k saldaĩnį į̃ bùrną.* • *plg.* **snapas, snukis**

burokė̃lis *dkt. v. (2, 3)* daržovė, turinti raudoną šaknį: *burokė̃lių sriubà* ○ *burokė̃lių ir pupẽlių salõtos*

burokėlis

bùrtai *dgs. dkt. v. (1, 1)* galėjimas daryti nepaprastus ir keistus dalykus, ppr. pasakose (pvz., paversti žmogų varle)

bùs *būs. l. 3 asm. žr.* **būti**

bū́sena *dkt. m. (1, 6)* buvimo būdas: *dvãsinė bū́sena* ○ *Nèrimas – nemalonì emòcinė bū́sena.*

bū́simas, būsimà *bdv. (3ᵃ, 1–6)* kuris bus: *Visì láukia bū́simų prezideñto rinkìmų.*
bū́simàsis, būsimóji *įvr.*

būsimàsis laĩkas *gram.* veiksmažodžio forma, kuri rodo, kad veiksmas (į)vyks vėliau negu dabar • *sutr.* **būs. l.**

būs. l. *sutr. žr.* **būsimasis laikas**

bū́stas *dkt. v. (1, 1)* patalpa gyventi; namai, butas: *Benãmiai netùri bū́sto.*

bùtas *dkt. m. (2, 1)* gyvenamojo namo dalis iš vieno ar kelių kambarių, virtuvės, vonios: *Àš gyvenù trijų̃ kambarių̃ butè.* ○ *Sumokė́kite bùto núomą.* ○ *Norė́čiau núomotis bùtą Vìlniuje.* • *sutr.* **b.**, *t. p.* **bt.**

būtàsis, būtóji *įvr. dlv. [4]* būtasis laĩkas *gram.* veiksmažodžio forma, kuri rodo, kad veiksmas įvyko anksčiau negu dabar • Lietuvių kalboje yra du būtieji laikai: **būtàsis kartìnis** *(2,4)* ir **būtàsis dažnìnis** *(2,4).* Šiame žodyne sutrumpinimu **būt. l.** žymimos būtojo kartinio laiko formos

bùtelis *dkt. v. (1, 3)* stiklinis ar plastmasinis indas siauru kaklu; jame telpantis kiekis: *Píenas pardúodamas pakėliais ir bùteliais.* ○ *Prãšom dù bùtelius alaũs [vỹno].* ○ *Išgėriau vìsą bùtelį píeno.*

butelis

buteliùkas *dkt. v. (2, 1)* nedidelis butelis; jame telpantis kiekis: *minerãlinio vandeñs [kvepalų̃] buteliùkas*

buteliukas

bū́ti, yrà (bū̃na), bùvo *vks. (1)*
1. (nurodant daiktą, reiškinį ar asmenį): *Kàs taĩ? – Taĩ (yrà) piẽštukas.* ○ *Mãno var̃das (yrà) Pẽtras.* ○ *Kàs tà mótèris? – Jì (yrà) jõ žmonà.* ○ *Biržẽlis (yrà) vãsaros mė́nuo.* 2. (pasakant ko (kieno) buvimo vietą ar laiką): *Knygà (yrà) añt stãlo.* ○ *Viršìninkas (yrà) sàvo kabinetè.* ○ *Gal pasakýtumėte, kur̃ yrà pãštas?* ○ *Dabar̃ (yrà) devýnios vãlandos.* ○ *Susirinkìmas bùvo vãkar.* ○ *Koncèrtas bùs rytój.* 3. (pasakant, kad kas priklauso kokiai grupei, turi kokią savybę ir pan.): *Šuõ (yrà) gyvū́nas.* ○ *Sniẽgas (yrà) báltas.* ○ *Šì sùknelė (yrà) labaĩ gražì.* ○ *Jìs (yrà) gýdytojas.* ○ *Jì* *bùvo mū́sų mókytoja.* ○ *Šìs bagãžas (yrà) mãno.* 4. (pasakant, kad ką (kurioje vietoje) galima rasti, gauti ir pan.): *Parduotùvėje yrà daũg prẽkių.* ○ *Knygýne yrà naujų̃ knỹgų.* ○ *Šaldytùvė yrà trỹs kiaušìniai.* ○ *Miškè yrà grỹbų.* ○ *Ar̃ dar yrà píeno [kavõs]?* 5. (tik **būt. l.**) lankytis: *Ar̃ jaũ bùvote parodojè?* ○ *Tamè spektãklyje àš buvaũ.* 6. (sudarant sudėtinius veiksmažodžių laikus): *Aš esù bùvęs Parỹžiuje.* ○ *Àš jùms skam̃binau, bèt jū̃s jaũ bùvote išė̃ję.* 7. (sudarant neveikiamąją rūšį): *Parduotùvė (yrà) atidãroma aštuñtą vãlandą.* ○ *Màno automobìlis bùvo ap̃draustas priẽš mė́nesį.* • **Esam. l.** formos **bū̃na (bū̃nù, bū̃ni, bū̃name, bū̃nate)** vartojamos 2, 3, 4, 6 reikšmė apibendrinant ar norint pasakyti, kad veiksmas kartojasi ar trunka, pvz.: *Šiuo metù esù kambarỹje.* – *Nuolatõs bū́nù kambarỹje.* ○ *Miškè yrà grỹbų* (šiuo metu). – *Miškè bū̃na grỹbų.* ○ *Šios gė́lės yrà raudónos.* – *Gė́lės bū̃na raudónos, mė́lynos, báltos.*; esam. l. formos **yrà (esù, esì, ẽsame, ẽsate)**, vartojamos 1, 2, 3 reikšmė, dažnai sakinyje praleidžiamos. • **būs. l.** 3 asm. **bùs**; *žr.* **nebū́ti**; **gali būti**

buvìmas *dkt. v. (2, 1)*

būtýbė *dkt. m. (1, 8)* kas būna ar gyvena: *Žmogùs – sudėtinga būtýbė.*

būtinaĩ *prv.* 1. privalant: *Jūs turitè būtinaĩ dalyváuti paskaitojè.* ○ *Mán liẽpė būtinaĩ atlìkti šį̃ dárbą iki rýtdienos.* 2. tikrai, be abejo: *Jìs būtinaĩ parašỹs jùms láišką.* • *žr.* **nebūtinai**

būtinas, būtinà *bdv. laipsn. (3ᵃ, 1–6)* be kurio negalima būti; kurio reikia (kam, kur); privalomas: *Pasiim̃k dáiktus, bū́tinus keliõnėje.* ○ *Àš pasiim̃siu tik pačiùs būtiniáusius reĩkmenis.*

būtina *n. (kam, + bendr. / + šs):* *Nueĩti teñ (yrà) bū́tina.* ○ *Bū́tina, kad jū̃s geraĩ išmóktumėte šią̃ taisỹklę.* ○ *Ar̃ bū́tina kéltis taĩp anksti?* ○ *Jùms bū́tina gùltis į̃ ligónine.* • *žr.* **nebūtinas**

būt. l. *sutr. žr.* **būtasis laikas**

buvìmas *dkt. v. (2, 1) žr.* **būti**

bùvo *būt. l. 3 asm. žr.* **būti**

C c

C, c ketvirtoji lietuvių kalbos abėcėlės raidė

ceñtas *dkt. v. (2, 1)* šimtoji lito dalis: *Turiù tik kelìs centùs.* ○ *penkių ceñtų monetà* • *sutr.* **ct**

centimètras *dkt. v. (2, 1)* šimtoji metro dalis: *dvìdešimt centimètrų* ○ *Núotraukos dỹdis – trỹs iš keturių centimètrų (3×4 cm).* • *sutr.* **cm**

ceñtras *dkt. v. (2, 1)* **1.** vidurinė arba svarbiausia dalis: *miẽsto ceñtras* **2.** pastatas, skirtas kuriai veiklai: *parodų ceñtras* • *žr.* **prekybos centras**

centrìnis, centrìnė *bdv. (2, 4–9)* **1.** esantis ko centre: *centrìnė miẽsto dalìs [aikštė̃, gãtvė]* **2.** iš centro tiekiamas: *centrìnis šìldymas*

cepelìnas *dkt. v. (2, 1) žr.* **didžkukulis:** *Lietùviai mė́gsta cepelinùs.* ○ *Kokių nóri cepelìnų: su várške ar su mėsà?*

ceřkvė *dkt. m. (2, 8)* stačiatikių bažnyčia

charãkteris *dkt. v. (1, 3) žr.* **būdas** (1): *Man nepatiñka jos charãkteris.* ○ *tvìrto charãkterio žmogùs*

chèmija *vns. dkt. m. (1, 7)* mokslas, tiriantis medžiagų sudėtį ir savybes

chèmikas *dkt. v. (1, 1),* **chèmikė** *dkt. m. (1, 8)* chemijos specialistas

chirùrgas *dkt. v. (1, 1),* **chirùrgė** *dkt. m. (1, 8)* gydytojas, atliekantis operacijas

chòras *dkt. v. (2, 1)* **1.** dainininkų, kurie dainuoja kartu, grupė: *mokỹklos chòras* ○ *Jis dainúoja chorè.* **2.** operos dalis, kurią atlieka choras (1): *Per rãdiją atlìko chòrą iš òperos „Gražinà".*

cigãras *dkt. v. (2, 1)* tabako lapų gaminys: *Cigãrai nerà populiãrūs Lietuvojè.*

cigarẽtė *dkt. m. (2, 8)* smulkintų tabako lapų gaminys: *pakẽlis cigarẽčių* ○ *Kókias cigaretès jūs rū̃kote?*

cìrkas *dkt. v. (1, 1)* vaidinimas, atliekamas žmonių ir gyvūnų; vieta, kur atliekami tokie vaidinimai: *Cìrkas įdomùs ir vaikáms, ir suáugusiesiems.* ○ *Vakarè eĩsime į cìrką.*

citatà *dkt. m. (2, 6)* tiksli vieno teksto / kalbos ištrauka kitame tekste / kalboje

citrinà *dkt. m. (2, 6)* sultingas, rūgštus šiltųjų kraštų vaisius šviesiai geltona žieve: *Išgérčiau puodėlį arbãtos su citrinà.* ○ *Mė́gstu daržóvių salotàs su citrìnų sùltimis.*

citrina

citúoti, citúoja, citãvo *vks. (1) (kas, ką)* pateikti citatą (citatų): *citúoti Mairónį* • *žr.* **necituoti**

cm *sutr. žr.* **centimetras**

ct *sutr. žr.* **centas**

cùkrinė *dkt. m. (1, 8)* indas cukrui

cùkrus *vns. dkt. v. (2, 4)* vandenyje tirpstanti saldi medžiaga: *Nóriu arbãtos su cùkrumi.* ○ *Kãvą geriù be cùkraus.* ○ *Nupiřk cùkraus.*

Č č

Č, č penktoji lietuvių kalbos abėcėlės raidė

čẽkis *dkt. v. (2, 3)* **1.** dokumentas, kuriame asmuo, turintis sąskaitą banke, nurodo tam tikrą pinigų sumą, kurią bankas turi sumokėti: *Jūs mokė́site čekiù ar grynaĩsiais?* **2.** kasos išduodamas popieriaus lapelis arba kvitas su pažymėta pinigų suma: *Išrašýkite čẽkį.*

česnãkas *dkt. v. (2, 1)* aštraus skonio ir kvapo prieskoninė daržovė: *česnãko kvãpas*

česnakas

čià 1. *prv.* šioje vietoje; į šią vietą: *Padė́k knỹgą čià, o ne teñ.* o *Ateĩkite čià.* o *Àš buvaũ atvažiãvęs čià pérnai.* **2.** (su prl. **iš, iki, nuo)** šios vietos; (su prl. **per, pro)** šią vietą: *Ìš čià niẽko nematýti.* o *Nuõ pãšto ikì čià – peñkios minùtės kė́lio.* o *Eĩkite per̃ čià.* o *Pro čià autobùsai nevažiúoja.* o *Užpìldykite šį blánką nuõ čià ikì čià.*
kàs čià 1. (klausiant apie arti esantį, matomą, bet nežinomą daiktą): *Kàs čià? – Grotùvas.* **2.** (klausiant, kai kas netikėtai beldžiasi ar skambina į duris): *Kàs čià? – Polìcija.*

čiáudėti, čiáudi, čiáudėjo *vks. (2) (kas)* staigiai su garsu iškvėpti: *Jì ser̃ga, turì karščio, čiáudi.* o *Tám, kurìs čiáudi, sãko: „Į̃ sveikãtą!"* • *neig.* **nečiáudėti**

čiáupas *dkt. v. (3, 1)* įtaisas vamzdelyje skysčiams arba dujoms leisti ar sulaikyti: *Užsùk vandeñs [dùjų] čiáupą.* o *Ìš čiáupo lãša vanduõ.* • *žr. pieš.* **kriáuklė**

čìrkšti, čìrškia, čìrškė *vks. (1) (kas)* skleisti trumpus garsus (apie žvirblį) • *žr.* **nečìrkšti**

čìrškimas *dkt. v. (2, 1): žvìrblių čìrškimas*

čiulbė́ti, čiùlba, čiulbė́jo *vks. (1) (kas)* giedoti (apie kai kuriuos paukščius): *Lakštiñgala čiùlba, o várna kránkia.* • *neig.* **nečiulbė́ti**

čiulbė́jimas *dkt. v. (1, 1): paũkščių čiulbė́jimas*

čiulpinùkas *dkt. v. (2, 1)* saldainis ant pagaliuko

čiulpinukas

čiul̃pti, čiul̃pia, čiul̃pė *vks. (1) (kas, ką)* laikyti burnoje ir dažnai liesti liežuviu: *čiul̃pti saldaĩnį* o *Vaĩkas čiul̃pia čiulptùką [pir̃štą].* • *žr.* **nečiul̃pti**

čiulptùkas *dkt. v. (2, 1)* vaistinėje parduodamas gumos gaminys kūdikiui čiulpti

čiulptukas

čiuožė́jas *dkt. v. (1, 2),*
čiuožė́ja *dkt. m. (1, 7)* asmuo, kuris čiuožia; čiuožimo sportininkas

čiuõžti, čiuõžia, čiuõžė *vks. (1) (kas)* judėti ledu su pačiūžomis: *Jìs čiuõžė ir griùvo.* • *bus. l. 3 asm.* **čiuõš;** *žr.* **nečiuõžti**

čiuožìmas *dkt. v. (2, 1);* t.p. sporto šaka

čiupinė́ti, čiupinė́ja, čiupinė́jo *vks. (1) (kas, ką)* liesti pirštais (ką) norint sužinoti, koks (kas) yra: *čiupinė́ti áudinį* • *žr.* **nečiupinė́ti, pačiupinė́ti**

čiurkšlė̃ *dkt. m. (4, 8)* siaura stipri skysčio srovė, tekanti per mažą skylę: *vandeñs čiurkšlė̃s*

čiužinỹs *dkt. v. (3ᵇ, 3)* pritvirtinta ar įdedama minkštoji lovos dalis, ant kurios gulima

41

D d

D, d šeštoji lietuvių kalbos abėcėlės raidė

d. *sutr. žr.* **diena** (2)

dabar̃ *prv.* **1.** šiuo metu: *Aš negaliù grąžìnti skolõs dabar̃.* ○ *Ar dabar lỹja?* ○ *Kadà man ateĩti? – Gãlite (ateĩti) dabar̃.* ○ *Ar galiù pas jùs užeĩti? – Ne dabar̃, užeĩkite po pùsvalandžio.* ○ *Seniaũ mė́gdavau žaĩsti tènisą, o dabar̃ nežaidžiù.* **2.** (su prl. **iki** ir **nuo**) šio laiko: *Kadà pradė́si dìrbti? – Pràdedu nuo dabar̃.* ○ *Tai tu iki dabar̃ žiūrė́jai televìzorių?!*

dabartìnis, dabartìnė *bdv.* (2, 4–9) dabar esantis: *Ar jūs žìnote mano dabartìnį ãdresą?*

dabartìs *vns. dkt. m.* (3^b, 9) tai, kas vyksta dabar; dabar esantis laikas: *Reĩkia galvóti ne tìk apie dãbartį, bet ir apie ãteitį.* • *plg.* **ateitis, praeitis**

dáiktas *dkt. v.* (3, 1) **1.** tai, ką galima matyti ir liesti: *Kóks čia dáiktas? – Pieštùkas.* **2.** *dgs.* kam priklausantys reikmenys: *Kienõ šie daiktaĩ? – Màno.* ○ *Į keliõnę aš vežúosi nedaũg daiktų̃.* • *žr.* **galimas daiktas**

daiktãvardis *dkt. v.* (1, 3) *gram.* žodis – asmens, gyvūno, daikto ir pan. vardas ar pavadinimas: *Žõdžiai „Jõnas", „šuõ", „stãlas", „kẽlias", „miẽstas" yra daiktãvardžiai.* ○ *daiktãvardžių linksniãvimas* • *sutr.* **dkt.**

dailė̃ *vns. dkt. m.* (4, 8) vaizdų menas (tapyba, skulptūra ir pan.): *Studijúoju dáilę.* ○ *dailė̃s kūrinỹs*

daĩlininkas *dkt. v.* (1, 1), **daĩlininkė** *dkt. m.* (1, 8) asmuo, kuris kuria dailės kūrinius

dainà *dkt. m.* (4, 6) *ppr.* trumpas muzikos kūrinys su žodžiais: *dainúoti daĩną* ○ *dainõs áutorius* ○ *dainà Maironio žõdžiais* • *žr.* **liaudies daina**

daininiñkas *dkt. v.* (2, 1), **daininiñkė** *dkt. m.* (2, 8) dainų atlikėjas: *Jì yrà gerà daininiñkė.*

dainúoti, dainúoja, dainãvo *vks.* (1) (*kas; kas, ką*) balsu atlikti dainą ar kitą muzikos kūrinį: *Jì gražiaĩ dainúoja.* ○ *dainúoti daĩną* • *žr.* **nedainuoti**

dainãvimas *dkt. v.* (1, 1): *dainãvimo pãmokos* ○ *Jì mókosi dainãvimo.*

dãktaras *dkt. v.* (3^b, 1), **dãktarė** *dkt. m.* (1, 8) **1.** asmuo, kuris turi aukščiausią mokslo laipsnį: *medicìnos mókslų dãktaras* **2.** *žr.* **gydytojas**: *Ar dãktaras dabar prìima?* ○ *Pakláusk dãktaro, kókius váistus vartóti.* • (1) *sutr.* **dr.**

dalẽlė *dkt. m.* (2, 8) labai maža dalis

dalelýtė *dkt. m.* (1, 8) *gram.* trumpas žodis, kuris tikslina sakinio prasmę, kuriuo pabrėžiama ir pan.: *„Jùk", „tìk" yra dalelýtės.* • *sutr.* **dll.**

dal̃gis *dkt. v.* (2, 3) įrankis žolei, javams pjauti: *Káime žõlę pjáuna dalgiù.*

dalýba *vns. dkt. m.* (1, 6) dalijimo (2) veiksmas: *dalýbos ženklas* (:)

dalýkas *dkt. v.* (2, 1) **1.** tema; reikalas; atsitikimas ir pan.: *Mes kalbėjomės apie įvairiùs dalykùs.* ○ *Aš tau turiu pasakýti vieną dalýką – tu per daũg válgai.* **2.** dėstymo, mokymo ar tyrimo sritis: *Mokỹkloje mókoma šių̃ dalỹkų: lietùvių kalbõs, istòrijos ir t. t.* • *žr.* **galimas dalykas**

dalìs *dkt. m.* (4, 9) (*ko*) tam tikras visumos kiekis: *Dãlį dárbo padariaũ, bet ne vìsą.* ○ *Kója yra žmogaũs kū́no dalìs.* ○ *dešimtóji skaičiaus dalìs* • *žr.* **sudedamoji dalis**

dalgis

dalýti, dalìja, dalìjo *vks. (1)* **1.** *(kas, ką, kam)* skirti į dalis ar dalimis kam ko duoti: *Tòrtą dalijaũ į aštúonias dalìs.* ○ *Tòrtą dalijaũ aštuoníems svečiáms.* **2.** *(kas, ką, iš ko)* surasti, kiek vienas skaičius sudaro kito skaičiaus dalių; kiek kartų vienas skaičius telpa kitame: *aštúonis dalýti iš keturių (8 : 4)* • *žr.* **nedalyti, padalyti**
dalìjimas *dkt. v. (1, 1) (ko)* • *žr.* **dalyba**
dalyváuti, dalyváuja, dalyvāvo *vks. (1) (kas, kame / kur)* būti kur ar veikti drauge su kitais: *Visà klāsė dalyvāvo šveñtėje.* ○ *Ar jūs dalyváusite spaudõs konfereñcijoje?* • *neig.* **nedalyváuti**
dalỹvis[1] *dkt. v. (2, 3),* **dalỹvė** *dkt. m. (2, 8) (ko)* asmuo ar organizacija, kuri kur dalyvauja: *Susiriñko visì konfereñcijos dalỹviai.*
dalỹvis[2] *dkt. v. (2, 3) gram.* linksniuojama veiksmažodžio forma: *„Tùrintis" yra veiksmãžodžio „turėti" ēsamojo laĩko dalỹvis.* • *sutr.* **dlv.**
dangóraižis *dkt. v. (1, 3)* namas, turintis labai daug aukštų: *Lietuvojè dangóraižių nėrà.*
dangtẽlis *dkt. v. (2, 3)* nedidelis dangtis: *bùtelis [stiklaĩnis] su dangteliù*
dañgtis *dkt. v. (2, 3)* puodo, dėžės ir pan. nuimamas viršus: *púodas su dañgčiù* ○ *dėžẽ be dañgčio*
dangùs *vns. dkt. v. (4, 4)* virš žemės matoma erdvė: *Vākar dangùs buvo giēdras, o šiañdien – apsiniáukęs.* ○ *Nāktį dangujè šviẽčia žvaĩgždės.*
dangaũs kū́nas danguje esantis kietas, pavidalą turintis daiktas: *Sáulė, mėnùlis, žvaĩgždės yra dangaũs kū́nai.*
dantìs *dkt. v. (4, 10)* **1.** kiekviena iš burnoje esančių mažų kietų išaugų, kuriomis maistas kandamas ir smulkinamas: *Jūsų grãžūs dañtys.* ○ *Man skaũda dañtį!* **2.** įrankio smaili dalis: *šùkų dañtys* • *dgs. K.* **dantų̃**
dantų̃ pastà tiršta medžiaga dantims valyti
dantų̃ šepetė̃lis šepetėlis dantims valyti
dantìstas *dkt. v. (2, 1),* **dantìstė** *dkt. m. (2, 8)* dantų gydytojas: *Mano duktė̃ dìrba dantistè.* ○ *Rytój eīsiu pas dantìstą.* ○ *Jei skaũda dañtį, kreĩpkitės į dantìstą.*

dár *prv.* **1.** *ppr. nekirč.* iki šio laiko: *Jì dar jaunà.* ○ *Jūs dar dārote klaidų̃.* ○ *Ar svečiaĩ dar neatvažiāvo?* ○ *Mėsà dar neìšvirė.* ○ *Ar jūs dar skaĩtote tą knỹgą?* ○ *Ar baĩgėte rašýti láišką? – Dar nè.* ○ *Vaĩkas dar nemóka váikščioti.* ○ *Ar Vìlnius dar tolì (* klausiama važiuojant*)?* ○ *Àš dar nebuvaũ šiamè restoranè.* ○ *Atsiprašaũ, àš dar negaliù išeĩti.* **2.** *kirč.* papildomai: *Galė́sime ten bū́ti dár dvì dienàs.* ○ *Ar norėsite dár kavõs?* ○ *Prãšom dár víeną alaũs (vỹno, degtinės].* ○ *Ko dár jūs norė́tumėte?* ○ *Mes ten nuvažiúosime dár kar̃tą.* ○ *Jis móka áng, rùsų ir dár lãtvių kal̃bą.* **3.** *kirč.* didesniu laipsniu (su aukšt. l.): *Jì gražì, bet jos sesuõ dár gražèsnė.* ○ *Kìtą kar̃tą eĩsime pasiváikščioti dár toliaũ (*negu ėjome šį kartą*).*

dárbas *dkt. v. (3, 1)* **1.** fizinė ar protinė veikla, skirta kam gaminti ar pasiekti kokį rezultatą: *Turiù daũg dárbo – iškaĩbti drabùžius, išvìrti vakarìenę.* ○ *sunkùs dárbas* **2.** pareigos įstaigoje ir pan., už kurių atlikimą mokamas atlyginimas: *priim̃ti į dárbą* ○ *atléisti [išmèsti] iš dárbo* ○ *Jai patiñka siuvėjos dárbas.* ○ *dárbas pagal sùtartį* ○ *Turiù dárbą mokỹkloje [bánke].* **3.** tokių pareigų atlikimo vieta, darbovietė: *Einù į dárbą.* ○ *Kadà grį̃žtate iš dárbo?* • *plg.* **nedarbas;** *žr.* **bedarbis, namų darbai**
dárbo dienà diena, kurią reikia eiti į darbą (3); diena, kai įstaigos, parduotuvės ir pan. atidarytos • *žr.* **ne darbo diena**
dárbo birža valstybės įstaiga, kuri padeda rasti darbą ar darbuotojus
dárbo laĩkas laikas, kurį kas turi būti darbe; laikas, kurį įstaiga, parduotuvė ir pan. būna atidaryta, dirba
dárbo telefònas *(kieno)* darbovietės telefono numeris: *Paskam̃binkite man dárbo telefonù.* • *plg.* **namų telefonas**
darbdavỹs *dkt. v. (3[b], 3),* **darbdavė̃** *dkt. m. (3[b], 8)* kas duoda (mokamą) darbą: *Darbdavỹs jį atléido, nes jis prastaĩ dìrbo.*
darbiniñkas *dkt. v. (2, 1),* **darbiniñkė** *dkt. m. (2, 8)* asmuo, kuris dirba fizinį darbą, ne tarnautojas: *Mano sūnùs – darbiniñkas.* ○ *Gerám darbiniñkui nesunkù ràsti dárbą.*

darbótvarkė *dkt. m. (1, 8)* svarstomų dalykų (darbų) sąrašas: *Susirinkìmo darbótvarkėje yra trỹs kláusimai.*

darbóvietė *dkt. m. (1, 8)* įstaiga, įmonė ir pan., kur kas dirba, turi pareigas: *Vãkar darbóvietėje dìrbau iki vėlaũs vãkaro.*

darbštùs, darbštì *bdv. laipsn. (4, 5–8)* mėgstantis dirbti, ne tinginys: *Jei bū́si darbštùs, daũg gyvẽnime pasíeksi.* ○ *Jì yra darbštì studeñtė, o brólis tìngi mókytis.* • *žr.* **nedarbštus**
darbštùmas *dkt. v. (2, 1)*: *Darbštùmas – vienà iš geriáusių žmogaũs savýbių.*

darbúotojas *dkt. v. (1, 2),* **darbúotoja** *dkt. m. (1, 7)* asmuo, kuris dirba kur ar kokį darbą: *įstaigos darbúotojai* ○ *prekýbos darbúotojai*

darýti, dãro, dãrė *vks. (3)* **1.** *(kas, ką)* dirbti, gaminti tam tikrą daiktą: *Daraũ kė́dę.* **2.** *(kas, ką)* ką nors veikti, atlikti: *Ką̃ mes šiañdien darýsime? – Pirmiáusia sutvarkýsime bùtą, paskuĩ eĩsime pasiváikščioti.* **3.** *(kas)* elgtis: *Jū̃s negeraĩ dãrote, kad neklaũsote tėvų̃.* **4.** *(kas, kokį)* versti būti kokios būsenos ar būklės: *Ar pinigaĩ dãro žmõgų laimìngą?* **5.** *(kas, ką)* atidaryti arba uždaryti: *Darýk lángą, man šálta [káršta].*
darýti įtaką *(kam)* veikti (ką): *Žiniãsklaida dãro dìdelę įtaką žmonė́ms.*
• *žr.* **nedaryti, padaryti**

darýtis, dãrosi, dãrėsi *sgr. vks. (3)* **1.** *(kas, ką)* ką sau gamintis: *Daraũsi vakariẽnę.* **2.** *(kas)* vykti: *Kàs čia dãrosi?* **3.** *(kas, koks; –)* pradėti įgyti kokią ypatybę; prasidėti kokiai būsenai: *Pomidòrai dãrosi raudóni, jie tuoj prinõks.* ○ *Laukė̃ dãrėsi tamsù.* ○ *Man dãrosi šálta.* • *žr.* **nesidaryti, pasidaryti**

darža̧s *dkt. v. (4, 1)* žemės plotas daržovėms auginti: *Daržè áuga bùlvės, agurkaĩ, pupẽlės.*

darželis *dkt. v. (2, 3)* **1.** gėlynas prie namų: *daržẽlio gė̃lės* **2.** *žr.* **vaikų daržẽlis**: *Mū́sų vaĩkas eĩna į daržẽlį.*

daržiniñkas *dkt. v. (1, 1),* **daržiniñkė** *dkt. m. (1, 8)* asmuo, kuris prižiūri daržą ar verčiasi daržovių auginimu

daržóvė *dkt. m. (1, 8)* darže auginamo augalo valgoma dalis (šaknis, lapai ir pan.);

pats toks augalas: *Bùlvės, kopū̃stai, mõrkos yra daržóvės.* ○ *daržóvių salõtos* ○ *Supjáustyk daržóves, pasidarýsim mišraĩnės.* ○ *Šiẽmet daržóvės prastaĩ áuga.*

datà *dkt. m. (2, 6)* tikslus laikas (metai, mėnuo, diena): *Šiõs dienõs datà: 1998 m. rugsėjo (mėn.) 1 d., arba 1998 09 01.* • *žr.* **gimimo data**

daũg *prv. laipsn.* **1.** *(ko)* didelis skaičius ar kiekis: *Susirinko daũg žmonių̃.* ○ *daũg pinigų̃* ○ *Àš turiù daũg laĩsvo laĩko.* ○ *Dárbo nerà daũg, greĩtai baĩgsiu.* ○ *Linkiù tau daũg láimės.* **2.** (su aukšt. l. ir aukšč. l.) didesniu laipsniu ar skaičiumi: *Apsirengiau pálta̧, dabar̃ man daũg šilčiaũ.* ○ *Anojè parduotùvėje prẽkės daũg pigèsnės.* ○ *Atėjo daũg daugiaũ žmonių̃, negu aš tikė́jausi.* • *prš.* **mažai;** *žr.* **nedaug, per daug**
daũg kas *įv.* ne vienas, daug (asmenų, daiktų, dalykų): *Daũg kas taip sãko.* ○ *Mán ten daũg kas nepatìko.*
daũg kur *prv.* daugelyje vietų: *Šviežių̃ daržóvių gãlima nusipir̃kti daũg kur.* ○ *Kur̃ ėsate bùvęs? – Daũg kur.*

daũgelis *dkt. v. (1, 3)* **1.** daug kas iš (ko): *Daũgelis žmonių̃ nežìno, kodė̃l gyvẽna.* ○ *Ten áuga įvairūs mẽdžiai, daũgelio jų pavadìnimų nežinaũ.* **2.** didelis skaičius: *Sutikaũ jį po daũgelio mẽtų, ir jìs manę̃s nepažìno.*
• *prš.* **nedaugelis;** *plg.* **daugybė**

daugė́ti, daugė́ja, daugė́jo *vks. (1) (ko)* darytis daugiau: *Ùpėje daugė́ja vandeñs.*
• *prš.* **mažė́ti (2);** *neig.* **nedaugė́ti**

daugiaaũkštis *bdv. v. (2, 4)* turintis daug aũkštų (apie namą): *Àš gyvenù daugiaaũkščiame namè.*

daugiaũ *prv. aukšt. l. žr.* **daug** (1): *Trỹs yra daugiaũ negu dù.* ○ *Šiañdien parduotùvėje daugiaũ pirkė́jų (negu vãkar).* • *prš.* **mažiau**
daugiaũ *(ne-)* dar kartą, vėl: *Jis bùvo pas manè víeną kar̃tą ir daugiaũ neatėjo.* ○ *Àš ten daugiaũ neĩsiu.* ○ *Àš negaliù jums daugiaũ skõlinti pinigų̃.*

daugiáusia *prv.* **1.** *aukšč. l. žr.* **daug** (1): *Jū̃s padárėte daugiáusia klaidų̃ (iš vìsų).* ○ *Àš suválgiau daugiáusia (palygìnti su kitaĩs).* **2.** ne daugiau kaip; jei ne mažiau: *Atsā-*

kymo reikės láukti daugiáusia iki pirmãdienio (gali būti atsakyta ir anksčiau). ○ *Atlýginimo gáusiu daugiáusia penkìs šimtùs lìtų* (gali būti ir mažesnis). • (1) *prš.* **mažiausiai**

daugýba *vns. dkt. m. (1, 6)* dauginimo veiksmas: *daugýbos žénklas* (× arba ·) **daugýbos lentẽlė** skaičių nuo 1 iki 9 dauginimo sąrašas, kurio vaikai mokosi pradinėje mokykloje: *Ar dabar vaikaĩ móka daugýbos lentẽlę?*

daugýbė *dkt. m. (1, 8)* labai didelis ko skaičius: *Susiriñko daugýbė žmonių.* ○ *Àš taĩ sakiaũ daugýbę kartų.* • *plg.* **daugelis**

dáuginti, dáugina, dáugino *vks. (1) (kas, ką, iš ko)* sudėti tą patį skaičių kiek kartų ir gauti sumą: *dáuginti trìs iš keturių* (3×4 = 3+3+3+3) • *žr.* **nedauginti**

dáuginimas *dkt. v. (1, 1) (ko)* • *žr.* **daugyba**

daugìskaita *dkt. m. (1, 6) gram.* žodžio forma, reiškianti, kad kalbama apie daugiau negu vieną daiktą, asmenį ir pan.: „*Ãkys*" yra žõdžio „*akìs*" daugìskaita. „*Eĩname*" yra daugìskaita, o „*einù*" – vienãskaita. • *sutr.* **dgs.**

daugiskaitìnis, daugiskaitìnė *bdv. (2, 4–9) gram.* vartojamas tik daugiskaita: „*Kélnės*" yra daugiskaitìnis daiktãvardis. • *sutr.* **dgs.**

daũgtaškis *dkt. v. (1, 3)* skyrybos ženklas (...)

daugumà *vns. dkt. m. (3ᵇ, 6)* ko skaičiuojamo didesnė dalis: *Daugumà (žmonių) atostogáuja vãsarą.* • *plg.* **diduma**

daužýti, daũžo, daũžė *vks. (3)* **1.** *(kas, ką)* daryti, kad dužtų: *daužýti indùs* **2.** *(kas, (į) ką, kuo)* jėga liesti sukeliant garsą: *daužýti rankà į stãlą* ○ *Kám daužaĩ durìs?* • *žr.* **nedaužyti, sudaužyti**

daũžymas *dkt. v. (1, 1) (ko)*

dãvė *būt. l. 3 asm. žr.* **duoti**

davìmas *dkt. v. (2, 1) žr.* **duoti**

dažaĩ *dgs. dkt. v. (4, 1)* tam tikros spalvos medžiaga, kuria keičiama daiktų spalva: *raudóni [baltì] dažaĩ* ○ *Nupir̃k dažų, dažýsiu virtùvės síenas.* ○ *Šiẽ dažaĩ labaĩ gerì.* ○ *plaukų̃ [lū́pų] dažaĩ*

dažýti, dãžo, dãžė *vks. (3) (kas, ką)* keisti (ko) spalvą: *Virtùvės síenas dažýsiu baltaĩs dažaĩs.* ○ *Palángę dažýti baltaĩ ar geltónai?* • *žr.* **nedažyti, nudažyti**

dãžymas *dkt. v. (1, 1) (ko)*

dažýtis, dãžosi, dãžėsi *sgr. vks.* **1.** *(kas, ką)* dažyti savo: *dažýtis pláukus [lū́pas, nagùs]* **2.** *(kas)* vartoti kosmetikos priemones: *Mer̃ginos mė́gsta dažýtis.* • *žr.* **nesidažyti, nusidažyti**

dažýtojas *dkt. v. (1, 2),* **dažýtoja** *dkt. m. (1, 7)* asmuo, kurio profesija – dažyti namų sienas ir pan.

dažnaĩ *prv. laipsn.* daug kartų: *Àš dažnaĩ pas jį užeinù (plg. Àš buvaũ pas jį̃ daũg kar̃tų (iš viso)).* ○ *Àš dažnaĩ prisìmenu mūsų kelio̊nę prie jū́ros.* ○ *Vãsarą Lietuvojè dažnaĩ lỹja.* • *žr.* **nedažnai;** *prš.* **retai**

dažniaũ *prv. aukšt. l. žr.* **dažnai:** *Jìs pažadė́jo lankýtis pas mùs dažniaũ (negu anksčiau).* ○ *Jõnas vėlúoja į pãmokas dažniaũ negu Pẽtras.* • *prš.* **rečiau**

dažniáusiai *prv.* **1.** *aukšč. l. žr.* **dažnai:** *Jìs lañkosi pas mus dažniáusiai (iš visų).* **2.** paprastai, daugeliu atvejų: *Dažniáusiai keliúosi septiñtą vãlandą.* ○ *Dažniáusiai šiojè parduotùvėje per̃kù mė́są.* • (2) *sutr.* **džn.**

debesìs *dkt. v. (3ᵇ, 10)* danguje matomas baltas ir pan. pavidalas: *Mataĩ, koks júodas debesìs, tuõj lìs.* ○ *baltì dẽbesys* • *dgs. K.* **debesų̃**

debesúotas, debesúota *bdv. (1, 1–6)* kuriame yra debesų, apsiniaukęs: *debesúotas dangùs*

debesúota *n.: Šiañdien debesúota, gãli lýti.* • *žr.* **nedebesuotas**

debesuotùmas *dkt. v. (2, 1)*

dė́da *esam. l. 3 asm. žr.* **dėti**

dė́dasi *esam. l. 3 asm. žr.* **dėtis**

dė́dė *dkt. v. (2, 8)* motinos ar tėvo brolis: *Turiù daũg dė́džių ir tetų̃.*

degalaĩ *dgs. dkt. v. (3ᵇ, 1)* medžiaga automobilių varikliams (benzinas ir pan.): *Baĩgėsi degalaĩ, reĩkia prisipìlti.* • *žr.* **dyzeliniai degalai**

degalìnė *dkt. m. (2, 8)* degalų laikymo ir pardavimo vieta: *Degalìnėje yrà ir benzìno, ir dyzelìnių degalų̃.*

deginti

dẽginti, dẽgina, dẽgino *vks. (1) (kas, ką)* daryti, kad degtų (1, 2, 3): *dẽginti láužą [lémpą, šiukšlès]* • žr. **nedeginti, sudeginti**

dègti, dẽga, dẽgė *vks. (1) (kas)* **1.** skleisti liepsną: *Dùjos [láužas] dẽga.* **2.** šviesti: *Elektrà [lémpa] dẽga.* **3.** būti naikinamam ugnies: *Žiūrė́k, nãmas dẽga!* o *Põpierius lengvaĩ dẽga.* • *liep. n.* **dèk(ite);** *žr.* **nedegti, sudegti, uždegti;** *plg.* **įdegti, nudegti degìmas** *dkt. v. (2, 1)*

degtìnė *vns. dkt. m. (2, 8)* stiprus svaigusis gėrimas: *bùtelis degtìnės*

degtùkas *dkt. v. (2, 1)* plonas medžio gabalėlis, kurio vienas galas padengtas lengvai užsidegančia medžiaga, vartojamas ugniai gauti: *Ùždėk degtùką.* o *degtùkų dėžùtė*

dejà *jst.* gaila (, bet): *Eĩčiau į̃ kìną, dejà, neturiù laĩko.* o *Láukiau tavę̃s pùsę valandõs, dejà, tu neatėjaĩ.*

dėkìngas, dėkìnga *bdv. (1, 1–6) (kam, už ką / + šs)* jaučiantis padėką: *Àš (esù) (jums) dėkìnga už pagálbą.* o*Turė́tumėte bū́ti dėkìngi tėváms, kad gãlite mókytis universitetè.* **dėkingùmas** *dkt. v. (2, 1)*

deklarãcija *dkt. m. (1, 7)* dokumentas, kuriame išvardijami deklaruojami daiktai, pajamos ir pan.

deklarúoti, deklarúoja, deklarãvo *vks. (1) (kas, ką)* paskelbti turint nuosavybę ar daiktus, už kuriuos reikia mokėti mokesčius (muitą ir pan.) • *žr.* **nedeklaruoti deklarãvimas** *dkt. v. (1, 1) (ko)*

dė́klas *dkt. v. (2, 1)* gaminys (kam) dėti ar laikyti jame kitą daiktą: *akinių̃ dė́klas* o *peĩlis su dė́klù* o *odìnis dė́klas*

dekoratỹvinis, dekoratỹvinė *bdv. (1, 4–9)* skirtas puošti: *Dekoratỹvinės lė́kštės (yra) kabìnamos ant síenų.*

dėkóti, dėkója, dėkójo *vks. (1) (kas, kam, už ką / + šs)* reikšti dėkingumą: *Jis dėkójo draũgui už pagálbą.* o *Dėkóju (tau) už láišką ir dóvanas.* o *Dėkójame už gẽrą patarìmą.* o *Dėkóju (tau), kad pavaíšinai kavà.* • *neig.* **nedėkóti**

dėkui *jst.* esu dėkingas: *Dė́kui už dóvanas.* o *Prãšom (sakoma paduodant ką).* – *Dė́kui (sakoma paimant).* o *Gal dár salõtų (sakoma siūlant)?* – *Dė́kui, nè.* o *Kaip gyvẽna jū́sų žmonà?* – *Dė́kui, geraĩ.* • *žr. t.p.* **ačiū**

dė̃l *prl.* (su K.) **1.** (pasakant priežastį): *Negalė́jau niẽkur eĩti dėl blõgo óro.* o *Dėl prezideñto ligõs vizìtas neį́vyko.* **2.** (pasakant tikslą): *tar̃tis dėl núomos káinos* **dėl tõ** todėl: *Jis pỹksta dėl tõ, kad àš jam nepaskam̃binau.* **dėl visa kõ** dėl atsargumo tam atvejui, jei kas atsitiktų: *Dėl visa kõ pasiim̃k skė̃tį [daugiaũ pinigų̃].*

delčià *vns. dkt. m. (4, 7)* laikas po pilnaties, kai matome tik dalį́ ménulio

delčia

dėliõnė *dkt. m. (2, 8)* žaidimas – paveikslas, kurį̃ reikia sudėti iš daugelio atskirų dalių

dėmė̃ *dkt. m. (4, 8)* **1.** *(kuo)* ištepta, nešvari audinio, drabužio vieta: *valýti dė́mės* o *kraũjo dė́mės* **2.** paviršiaus vieta, kuri savo spalva išsiskiria: *dėmė̃ ant véido*

dė̃mesio *jst.* (sakoma įspėjant, norint, kad kas išgirstų, pažiūrėtų ir pan.; dažnai šiuo žodžiu prasideda skelbimai): *Dė̃mesio! Traukinỹs išvỹksta!* o *Dė̃mesio! Rytój į́vyks susirinkimas.*

dėmesỹs *vns. dkt. v. (3^b, 3)* veiksmas, kuriuo kas savo mintis nukreipia į ką: *Daũg dė̃mesio skìriù dárbui.*

demokrãtija *vns. dkt. m. (1, 7)* valdymo sistema, kai valdžią renka visi valstybės piliečiai

demokrãtinis, demokrãtinė *bdv. (1, 4–9)* **demokrãtinė šalìs [valstýbė]** valstybė, kurios valdymo organus renka jos piliečiai

demokrãtiškas, demokrãtiška *bdv. (1, 1–6)* būdingas demokratijai: *demokrãtiški rinkìmai* • *žr.* **nedemokratiškas**

deñgti, deñgia, deñgė *vks. (1)* **1.** *(kas, ką)* būti ant (ko) viršaus ar iš visų (ko) pusių: *Sniẽgas deñgė žẽmę.* **2.** *(kas, ką, kuo)* dėti ant viršaus (saugant, slepiant ir pan.): *Deñk púodą dangčiù.* • *žr.* **apdengti, nedengti dengìmas** *dkt. v. (2, 1) (ko)*

deputãtas *dkt. v. (2, 1),* **deputãtė** *dkt. m. (2, 8)* renkamas valstybės valdžios narys: *susitikìmas su Seĩmo deputatù* o *Šiuõ reĩkalu kreĩpkitės į̃ deputãtą.*

derė́tis, dẽrasi, derė́josi *sgr. vks. (1) (kas, su kuo, dė̃l ko)* kalbėti mėginant susitarti dėl kainos, sąlygų ir pan.: *Tuř̃guje žmónės dẽrasi (dė̃l káinos).* • *žr.* **nesiderė́ti**
derė́jimasis *dkt. v. (1,1a)*

derýbos *dgs. dkt. m. (1, 6)* derėjimasis (dėl ko): *taikõs derýbos*

derl̃ius *vns. dkt. v. (2, 5)* (tam tikrais metais gaunamų) vaisių, javų visuma: *Džiaũgiamės gerù rugių̃ derl̃iumi.*

dė́styti, dė́sto, dė́stė *vks. (3)* **1.** *(kas, ką)* mokyti (aukštojoje ir pan. mokykloje): *Pérnai aš dė́sčiau universitetè lietùvių kalbą.* **2.** *(kas, ką, kam)* pasakoti, aiškinti: *Brólis (man) dė́sto savo plãną.* • *žr.* **nedė́styti**
dė́stymas *dkt. v. (1, 1) (ko): Jo dė́stymas labaĩ nuobodùs.*

dė́stytojas *dkt. v. (1, 2),* **dė́stytoja** *dkt. m. (1, 7)* asmuo, kurio pareigos – dėstyti aukštojoje ir pan. mokykloje: *Jìs yrà literatū́ros dė́stytojas.*

dẽšimt *skt.* **1.** skaičius 10: *Šiõs kójinės kaińúoja dẽšimt lìtų (10 Lt).* o *Prãšom atsakýti į̃ mano láišką per dẽšimt dienų̃.* o *Dẽšimt mẽtų – taĩ ìlgas laĩkas.* **2.** pažymys 10: *Gavaũ dẽšimt iš fìzikos.*

dešimtaĩnė *bdv. m. (2, 9)*
dešimtaĩnė trùpmena skaičiaus dalis, rašoma po kablelio, pvz., 0,25 (skaitoma: nulis kablelis dvidešimt penki arba dvidešimt penkios šimtosios)

dešim̃tas, dešim̃tà *klnt. skt. (4) [4] žr.* **dẽšimt:** *Atsikė́liau tìk dešim̃tą válandą.*
dešim̃ta *n.* vartojama išvardijant
dešim̃tasis, dešim̃tóji *įvr.: Važiúokite dešim̃tuoju (nr. 10) troleibusù.* o *Grį̃žau líepos dešim̃tąją (diẽną).* o *dešim̃tóji dalìs*

dešim̃tmetis *dkt. v. (1, 3)* dešimt metų laiko tarpas: *nepriklausomýbės atkū́rimo dešim̃tmečio minė́jimas*

dešinė̃ *vns. dkt. m. (3ᵇ, 8)* dešinė pusė: *Eĩkite tiesiaĩ ir dešinė̃je pamatýsite pãštą.* o *Jìs stóvi dešinė̃je.* o *Sùk į̃ dẽšinę.*

devyniolika

dešinỹs, dešinė̃ *bdv. (3ᵇ, 3–9)* esantis toje kūno pusėje, kuri yra į rytus, kai stovima veidu į šiaurę: *Žeñk žiñgsnį̃ dẽšine kója.* o *Kažkàs mán pàlietė dẽšinį̃ pėt̃į̃.* o *Kurį̃ tau ãkį̃ skaũda? – Dẽšinę.* o *Jìs nẽša krẽpšį̃ dešinė̃je rañkoje.* • *prš.* **kairỹs**
dešinỹsis, dešiniói *įvr.: dešinỹs(is) bãtas* (dėvimas ant dešinės kojos)

dešrà *dkt. m. (4, 6) (t. p. vns.)* pailgas smulkintos mėsos gaminys: *rūkýta [virtà] dešrà* o *Prãšom pùsę kilogrãmo dešrõs.* o *Suválgiau sumuštìnį̃ sù dešrà.*

dešrẽlė *dkt. m. (2, 8)* nedidelė dešra: *Ar yrà šviežių̃ dešrẽlių?* o *Išvìrsiu dvì dešrẽles.*

dė́ti, dẽda, dė́jo *vks. (1) (kas, ką)* kur, ant ko daryti; daryti, kad kas ar ko kur būtų: *Dė́k knỹgą añt stãlo, o vãzą añt lentýnos.* o *Ar dė́jote cùkraus į̃ arbãtą?* o *Drabužiùs išlýginu, tadà dedù į̃ spìntą.* • *žr.* **į̃dėti, nedė́ti, padė́ti, uždė́ti**
dė́ti añtspaudą žymėti antspaudu

dė́tis, dẽdasi, dė́josi *sgr. vks. (1) (kas, ką)* dėti sau ar savo: *Dė́kis (į̃ lė́kštę) pyragáitį̃ [salõtų, mėsõs].* o *dė́tis pinigìnę į̃ kišẽnę* • *žr.* **į̃sidėti, nesidė́ti, pasidė́ti, užsidė́ti**

dėvė́ti, dė́vi, dėvė́jo *vks. (2) (kas, ką / kuo)* nešioti (drabužius): *Jì dė́vi madìngus drabužiùs.* o *Jìs dėvė́jo baltaĩs marškiniaĩs.* • *žr.* **nedėvė́ti;** *plg.* **avė́ti, mūvė́ti**

devynerì, devýnerios *žr.* **devynì**

devýnetas *dkt. v. (1, 1)* pažymys 9

devynì, devýnios *skt. (3) [2]* (**devynerì, devýnerios** *(3ᵃ) [1]* su dgs. dkt.) skaičius 9; *vart. žr.* **aštuonì**

devýniasdešimt *skt.* skaičius 90; *vart. žr.* **dvìdešimt**

devyniasdešim̃tas, devyniasdešim̃tà *klnt. skt. (4) [4] žr.* **devýniasdešimt;** *vart. žr.* **dešim̃tas**
devyniasdešim̃tasis, devyniasdešim̃tóji *įvr.: devyniasdešim̃tóji dalìs* o *devyniasdešim̃tieji mẽtai*

devýniese *prv.* devynių asmenų grupe; *vart. žr.* **aštuõniese**

devyniólika *skt. (1) [3]* skaičius 19; *vart. žr.* **aštuoniólika**

devynióliktas, devyniólikta *klnt. skt. (1) [4] žr.* **devyniolika**; *vart. žr.* **aštuonioliktas**
devynióliktasis, devyniólioktoji *įvr.: líepos devyniólioktoji (dienà)* ○ *devyniólioktoji dalìs*

deviñtas, devintà *klnt. skt. (4) [4] žr.* **devyni**; *vart. žr.* **aštuntas**
devintàsis, devintóji *įvr.: biržẽlio devintóji (dienà)* ○ *devintóji dalìs*
devintàsis dešim̃tmetis amžiaus metai nuo 80 iki 89 (pvz., 1980–1989): *Šis daininiñkas buvo labai populiaràs devintãjame dešim̃tmetyje.*

dezodorántas *dkt. v. (1, 1)* (indas su) medžiaga blogam (ppr. kūno) kvapui naikinti

dėžė̃ *dkt. m. (4, 8)* įvairios formos ir dydžio daiktas kam sudėti: *bãtų dėžė̃* ○ *popierinė dėžė̃* ○ *Sudė́k knygàs į dėžę.* • *žr.* **skalbinių dėžė̃, šiukšlių dėžė̃**

dėžė̃

dėžùtė *dkt. m. (2, 8)* nedidelė dėžė̃: *degtùkų dėžùtė* • *žr.* **pašto dėžùtė**

dėžùtė

dgs. *sutr.* 1. *žr.* **daugiskaita** 2. *žr.* **daugiskaitinis**

dìdelis, dìdelė *bdv. (3ᵇ, 3–9)* 1. *laipsn.* išsiskiriantis iš kitų panašių daiktų matmenimis ir pan.: *Nẽmunas yra didelė̃ ùpė.* ○ *Mū́sų bùtas nėrà dìdelis.* ○ *Dėžė̃je yra ir didelių̃ obuolių̃, ir mažų̃.* ○ *Šì knygà dìdelė, ji netìlpo man į krẽpšį.* ○ *Mū́sų šeimà dìdelė: tė́vas, mótina ir keturì vaikaĩ.* ○ *Susiriñko dìdelis būrỹs mokinių̃.* ○ *važiúoti dìdeliu greičiù* 2. turintis reikšmę, svarbus; žymus: *Kalė́dos yra dìdelė šveñtė.* ○ *Jis yra dìdelis lietùvių poètas.* 3. *(kam)* kurio matmenys viršija norimus; džn. su dll. **per**: *Tiẽ bãtai man didelì.* ○ *Švar̃kas (per) dìdelis, jis tau netiñka.* • *prš.* **mažas**; *žr.* **nedidelis**

didèsnis, didèsnė *aukšt. l. (4, 3–9) žr.* **didelis**: *Mùms reĩkia didèsnio (negu dabar turime) bùto.* ○ *mokė́ti ne didèsnį kaip tū́kstančio lìtų atlýginimą* ○ *Jùms reikė́tų didèsnės suknẽlės.*

didė́ti, didė́ja, didė́jo *vks. (1) (kas)* darytis didesniam: *Kója didė́ja, o bãtai nè.* ○ *Káinos didė́ja, o ùždarbis mažė́ja.* • *prš.* **mažė́ti**; *neig.* **nedidė́ti**; *žr.* **padidė́ti**
didė́jimas *dkt. v. (1, 1) (ko)*

dìdinti, dìdina, dìdino *vks. (1) (kas, ką)* daryti didesnį: *dìdinti greĩtį* ○ *Peñsijas žãda dìdinti.* • *prš.* **mažìnti**; *žr.* **nedìdinti, padìdinti**
dìdinimas *dkt. v. (1, 1) (ko): algų̃ dìdinimas*

dỹdis *dkt. v. (2, 3)* 1. *vns.* visi daikto matmenys kartu (aukštis, plotis ir kt.): *Šì spìnta yra tókio dỹdžio, kad netìlps į mano kam̃barį.* 2. tam tikri drabužių ar avalynės matmenys: *Gal tùrite añtro dỹdžio kójinių?* ○ *trìsdešimt aštuñto dỹdžio bãtai* ○ *Yrà įvairių̃ dỹdžių suknẽlių.*

didỹsis, didžióji *įvr. žr.* **didelis**: *Didžiãjame (kuris yra didesnis už kitus, didžiausias) kambarỹje bùs svetaĩnė.* ○ *didžiósios raĩdės (A, B, C ir t. t.)* ○ *Lietuvõs dìdieji kunigáikščiai*

didumà *vns. dkt. m. (3ᵇ, 6)* to, kas neskaičiuojama, didesnė dalis: *Dìdumą savo laisvãlaikio aš praléidžiu skaitỹkloje.* ○ *Dìdumą savo atlýginimo jis išléidžia maĩstui.* • *plg.* **dauguma**

dìdvyris *dkt. v. (1, 3),* **dìdvyrė** *(dkt. m. (1, 8)* asmuo, kuris atliko didelės drąsos reikalaujantį veiksmą pavojaus sąlygomis: *kãro dìdvyriai* ○ *Jis yra tìkras dìdvyris – išgélbėjo vaikùs iš dẽgančio nãmo.*

didžiáusias, didžiáusia *aukšč. l. (1, 2–7) žr.* **didelis**: *Kurì Vìlniaus aikštė̃ yra didžiáusia?* ○ *Tu pàėmei didžiáusią apelsìną, mùms liko mažèsni.* ○ *Dúokite mán didžiáusią óbuolį iš visų̃.*

didžiùlis, didžiùlė *bdv. (2, 4–9)* labai didelis: *didžiùlis obuolỹs* ○ *Jaučiù jam didžiùlę pãgarbą.*

didžiúotis, didžiúojasi, didžiãvosi *sgr. vks. (1) (kas, kuo)* jausti (kam) pagarbą, džiaugtis (kuo): *Mẽs didžiúojamės savo tė́vyne.* ○ *Tėvaĩ didžiãvosi sūnumì.* • *žr.* **nesididžiúoti**

dìdžkukulis *dkt. v. (1, 3)* bulvių gaminys su įdaru • *žr. t. p.* **cepelinas**

dienà *dkt. m. (4, 6)* **1.** laiko tarpas nuo ryto iki vakaro: *Vìsą diẽną dìrbau sodè.* **2.** para: *Lìko dvì diẽnos atóstogų.* ○ *Kíek laĩko ten bū́si? – Keliàs dienàs.* • (2) *sutr.* **d.**; *žr.* **darbo diena, gimimo diena, laba diena, melagių diena, ne darbo diena, poilsio diena**

dienìnis, dienìnė *bdv.* (2, 4–9) kuris vyksta dieną: *Eĩsime į dienìnį spektãklį.*

diẽvas *dkt. v. (4, 1)* **1.** religijoje – nematoma būtybė, kuri valdo žmogų ir gamtą: *Senóvėje lietùviai turė́jo daũg dievų̃.* **2.** *vns.* **Dievas** krikščionių religijoje – pasaulio kūrėjas ir valdovas: *Diẽvas sukū́rė žmõgų ir pasáulį.* ○ *tikė́ti Diẽvą* • *žr.* **ačiū Dievui**

dyglỹs *dkt. v. (4, 3)* smaili išauga ant stiebo ar kūno: *rõžės [ẽžio] dygliaĩ* • *plg.* **spyglys**

dygliúotas, dygliúota *bdv. (1, 1–6)* kuris turi dyglius: *Rõžės stíebas yra dygliúotas.* • *plg.* **spygliuotas**

dýgti, dýgsta, dýgo *vks.* (1) (*kas*) leisti pirmus lapus (apie sėklas, augalus); pradėti augti (apie grybus ir pan.): *Daržè jau dýgsta mõrkos.* ○ *Miškè dýgsta grỹbai.* ○ *Vaĩkui jau dýgsta dañtys.* • *neig.* **nedýgti**

dykumà *dkt. m. (3ᵇ, 6)* didelis smėlėtas žemės plotas, kuriame (beveik) nėra augalų

diñgti, diñgsta, diñgo *vks. (1) (kas)* būti nerandamam ar jau neturimam: *Mano rãktai [pinigìnė] diñgo.* • *neig.* **nediñgti**

diplòmas *dkt. v. (2, 1)* išsilavinimo ar mokslo laipsnio pažymėjimas: *Jì gãvo bakaláuro diplòmą.* ○ *diplòmo kòpija*

dìrbti, dìrba, dìrbo *vks. (1)* **1.** *(kas)* ką nors daryti, veikti: *Jìs nuo rýto iki vãkaro daũg ir suñkiai dìrbdavo.* ○ *Daržè dìrbdamas labaĩ pavargaũ.* **2.** *(kas, kuo, kur)* turėti užsiėmimą, pareigas, tarnauti: *Kuõ dìrbate?* ○ *Jìs dìrba skỹriaus vedėju.* ○ *Kur dìrba jūsų žmonà? – Mokỹkloje.* • *neig.* **nedìrbti**

dirbtìnis, dirbtìnė *bdv. (2, 4–9)* padarytas, netikras: *Ar šìs šìlkas tìkras, ar dirbtìnis?* ○ *Nemė́gstu dirbtìnių gėlių̃.* ○ *Jõ dañtys dirbtìniai.* • *prš.* **tikras**

dirbtùvė *dkt. m. (2, 8)* tam tikrus daiktus gaminanti nedidelė įmonė: *rãktų dirbtùvė*

dirèktorius *dkt. v. (1, 5),* **dirèktorė** *dkt. m. (1, 8)* asmuo, kuris vadovauja tam tikrai įstaigai: *mokỹklos dirèktorius*

dirvóžemis *dkt. v. (1, 3)* žemės paviršiaus sluoksnis, kuriame auga augalai: *Šìs dirvóžemis yra tiñkamas agur̃kams.*

diržas *dkt. v. (4, 1)* audinio, odos ir kt. juosta, dėvima ant juosmens: *kélnių [sijõno] dir̃žas* • *žr.* **saugos diržas**

diržẽlis *dkt. v. (2, 3)* **1.** nedidelis diržas. **2.** juostelė laikrodžiui nešioti ant riešo; juostelė rankinukui nešti ant peties: *laĩkrodžio diržẽlis* ○ *rankinùkas su ìlgu dirželiù*

dìskas *dkt. v. (2, 1)* kokios nors paskirties prietaiso dalis, turinti skritulio pavidalą • *žr.* **kompaktinis diskas**

diskẽlis *dkt. v. (2, 3)* nedidelis diskas kompiuterio duomenims įrašyti

dyzelìnis, dyzelìnė *bdv. (2, 4–9)* **dyzelìniai degalaĩ** tam tikriems varikliams naudojami degalai
dyzelìnis kùras *žr.* **dyzeliniai degalai**

dkt. *sutr. žr.* **daiktavardis**

dll. *sutr. žr.* **dalelytė**

dlv. *sutr. žr.* **dalyvis²**

docèntas *dkt. v. (2, 1),* **docèntė** *dkt. m. (2, 8)* aukštosios mokyklos dėstytojo laipsnis, žemesnis už profesoriaus; tą vardą turintis asmuo • *sutr.* **doc.**

dokumeñtas *dkt. v. (2, 1)* raštas, kuriuo pranešama ar patvirtinama: *Paródykite asmeñs dokumeñtus.* ○ *įstaigos dokumeñtai*

dokumeñtinis, dokumeñtinė *bdv.* (1, 4–9)
dokumeñtinis filmas filmas, kuriame vaizduojami tikri įvykiai • *plg.* **vaidybinis filmas**

domė́tis, domiúosi, domė́josi *sgr. vks.* (2) *(kas, kuo)* norėti daug žinoti apie ką: *Kuõ jūs domė́tės? – Kinù [òpera].* ○ *Àš viskuo domiúosi, bet labiáusiai – mùzika.* ○ *Tù per mažaĩ domíesi savo dárbu.* ○ *Kodėl tu domíesi màno sveikatà?* • *žr.* **nesidomėti**
domė́jimasis *dkt. v. (1, 1a) (kuo)*

dõminti, dõmina, dõmino *vks. (1) (ką, kas)* kelti domėjimąsi: *Manè dõmina kompiùteriai.* ○ *Kàs jus dõmina?* • *žr.* **nedominti**

dõras, dorà *bdv. laipsn. (4, 1–6)* kuris nemeluoja, neapgauna, sąžiningas: *Dõras žmogùs nemelúoja ir nèvagia.* **doraĩ** *prv.*: *Reĩkia gyvénti doraĩ.* • *žr.* **nedoras**

dorýbė *dkt. m. (1, 8)* gera asmens ypatybė: *Ar gãli žmogùs turėti daũg dorýbių?* ○ *Gerùmas yra dorýbė, o piktùmas – ýda.* • *prš.* **yda**

dosnùs, dosnì *bdv. laipsn. (4, 5–8)* kuris duoda negailėdamas: *Jũs ẽsate labaĩ dosnùs.* ○ *Nebū́k tokià dosnì visíems.* **dõsniai** *prv.* daug: *dúoti dõsniai pinigų̃* • *prš.* **šykštus** ; *žr.* **nedosnus** **dosnùmas** *dkt. v. (2, 1)*

dovanà *dkt. m. (3ᵃ, 6)* veltui duodamas ar gautas daiktas: *dúoti dóvaną* ○ *Gavaũ dovanų̃* (kaip dovaną) *knỹgą.* ○ *gimtãdienio [Kalė́dų] dóvanos*

dovanóti, dovanója, dovanójo *vks. (1)* **1.** *(kas, ką, kam)* duoti dovanų: *Tėvas man dovanójo laĩkrodį.* **2.** *(kas, kam, už ką / + šs)* atleisti: *Dovanókite, kad aš toks nemandagùs.* • *žr.* **nedovanoti** **dovanójimas** *dkt. v. (1, 1) (ko)* **dovanókite** *žr.* **atleiskite**: *Dovanókite, ar nepasakýtumėte, kíek dabař valandų̃?*

dr. *sutr. žr.* **daktaras** (1)

drabužìnė *dkt. m. (2, 8)* patalpa įstaigoje (pvz., teatre), kur laikomi lankytojų paltai ir pan.: *Páltą palìk drabužìnėje.*

drabùžis *dkt. v. (2, 3) ppr. dgs.* gaminys iš audinio, odos, kailio žmogaus kūnui dengti: *nusipiřkti naũją drabùžį* ○ *móteriškų drabùžių parduotùvė* ○ *Jì dėvi gražiùs drabùžiùs [gražiaĩs drabùžiais].*

dramà *dkt. m. (2, 6)* **1.** literatūros kūrinys vaidinti scenoje: *dviejų̃ veiksmų̃ dramà* **2.** *vns.* tokia literatūros rūšis: *šiuolaikìnė lietùvių dramà*

dramblỹs *dkt. v. (4, 3)* didelis šiltųjų kraštų gyvūnas: *Aš nesù mãtęs drãmblio.*

drąsà *vns. dkt. m. (4, 6)* baimės neturėjimas: *Man neužtẽko drąsõs pasakýti jai, kad avãrijoje žùvo jos sūnùs.*

straublys

dramblys

drąsùs, drąsì *bdv. laipsn. (4, 5–8)* kuris nebijo: *Jis labai drąsùs – visadà sãko tiẽsą.* ○ *Kìto tókio drąsaũs žmogaũs nepažį́stu.* **drą̃siai** *prv.*: *Eĩkite drą̃siai, nebijókite šuñs.* • *žr.* **nedrąsus**

draudìmas *vns. dkt. v. (2, 1) (dokumento* formą turintis) susitarimas sumokėti pinigų sumą ligos, turto sugadinimo ir kt. atvejais: *automobìlio [tuřto] draudìmas* ○ *gyvýbės [sveikãtos] draudìmas* • *žr. t. p.* **socialinis draudimas**

draũdžiama *n.* negalima, neleidžiama: *Šioje viẽtoje draũdžiama statýti mašìną.* ○ *Rūkýti draũdžiama* (užrašas) ○ *Įeĩti draũdžiama.* • *žr.* **nedraudžiama**

draũgas *dkt. v. (4, 1)*, **draũgė** *dkt. m. (2, 8)* **1.** *(kieno)* asmuo, kurį kas gerai pažį̃sta ir mėgsta: *Mẽs ẽsame draugaĩ.* ○ *Ar jìs tavo draũgas?* ○ *Jì yra mano vaikỹstės draũgė.* **2.** asmuo, kuris dirba tą pãtį darbą su kuo ar dalyvauja toje pačioje veikloje: *Susitiko mókslo draugaĩ.* ○ *keliõnės draugaĩ* **3.** (priešingos lyties) asmuo, su kuriuo kas kartu gyvena, visur eina ir t. t.: *Prãšom ateĩti į svečiùs su savo draugè [draugù].*

draugáuti, draugáuja, draugãvo *vks. (1) (kas, su kuo)* būti draugais (1, 3): *Jie seniaĩ draugáuja.* ○ *Jõnas nóri, kad aš su juo draugáučiau.* • *neig.* **nedraugáuti**

draugè *prv.* ne atskirai, kartu: *Ar galiù eĩti su jumis draugè?* ○ *Praléiskime šį̃ vãkarą draugè.* • *plg.* **kartu**

draugijà *dkt. m. (2, 7)* tam tikra organizacija: *lietùvių kalbõs draugijà*

draugỹstė *vns. dkt. m. (2, 8)* buvimas su kuo draugu (1, 3): *Mū́sų draugỹstė prasidė́jo universitetè.* ○ *Jų̃ draugỹstė baĩgėsi.*

drausmė̃ *vns. dkt. m. (4, 8)* taisyklių laikymasis, to, kas draudžiama, nedarymas: *Šioje mokỹkloje puikì drausmė̃.*

drausmìngas, drausmìnga *bdv. laipsn. (1, 1–6)* kuriam būdinga drausmė: *Drausmìngas vairúotojas laĩkosi eĩsmo taisỹklių.* • *žr.* **nedrausmingas**

draũsti, draũdžia, draũdė *vks. (1)* **1.** *(kas, kam, + bendr.)* sakyti, kad ko nedarytų: *Gýdytojas man draũdžia rūkýti.* **2.** *(kas, ką)* sudaryti draudimo sutartį (dėl ko): *draũsti turtą̃* • žr. **apdrausti, nedrausti**

drebė́ti, drẽba, drebė́jo vks. (1) (kas) nekeičiant vietos judėti greitais mažais judesiais: *drebė́ti iš báimės [iš šal̃čio]* ○ *Nãmas drẽba, kai pro jį važiúoja suñkvežimis.* • žr. **nedrebėti**
drebėjimas dkt. v. (1, 1) (ko) • žr. **žemės drebėjimas**

drebùčiai dgs. dkt. v. (2, 3) tirštas patiekalas iš vaisių sulčių, mėsos sultinio ar pan.: *apelsìnų [vištíenos] drebùčiai*

drė́gnas, drėgnà bdv. (3, 1–6) truputį šlapias, ne visai sausas: *Nesirèñk drėgnaĩs marškiniaĩs.* ○ *Nesė́sk ant drėgnõs žẽmės, gali pršalti.* ○ *drė́gnos rañkos*
drėgna n.: *Po lietaũs laukè bū́na drėgna.*
drėgnùmas dkt. v. (2, 1): *óro drėgnùmas*

drėkìnti, drė́kina, drė́kino vks. (1) (kas, ką) daryti drėgną: *Lietùs drė́kina žẽmę.* • žr. **nedrėkinti, sudrėkinti**

drė́kti, drė̃ksta, drė́ko vks. (1) (kas) darytis drėgnam: *Bùto síena drė̃ksta.* • neig. **nedrė́kti**; žr. **sudrėkti**

dribsniaĩ dgs. dkt. v. (2, 3) maisto gaminys iš kruopų: *Válgėme avižìnių dribsnių̃ kõšę.* ○ *kukurū̃zų [grìkių] dribsniaĩ*

drugỹs dkt. v. (4, 3) vabzdys su dviem poromis (ppr. spalvotų) sparnų: *drùgio sparnaĩ*

druskà vns. dkt. m. (2, 6) sūri medžiaga, vartojama kaip prieskonis: *Kepsnỹs be drùskos (yrà) neskanùs.* ○ *Į̃berk į̃ sríubą truputį̃ drùskos.* ○ *Kíek kainúoja druskà?* ○ *Prãšom kilogrãmą drùskos.*

drùskinė dkt. m. (1, 8) indas druskai laikyti

dù, dvì skt. [1] (**dvejì, dvẽjos** (4) [1] su dgs. dkt.) skaičius 2: *Atėjo dù výrai ir dvì móterys.* ○ *Pirkaũ dvejùs mársškinius ir dvejàs kélnes.* ○ *Trū́ksta dviejų̃ šim̃tų lìtų.* ○ *Kíek lìko obuolių̃? – Tìk dù.* ○ *Dãvė víeną pyrãgaitį dvíem vaikám̃s.* ○ *Sunkù su dviẽm mažaĩs vaikaĩs.* ○ *Apsigyvẽnome dviejuosè kambariuosè.*
• žr. **antras**

dubenė̃lis dkt. v. (2, 3) nedidelis dubuo; jame telpantis kiekis: *molìnis dubenė̃lis* ○ *Suválgiau vìsą dubenė̃lį sriubõs.*

dubenėlis

dubuõ dkt. v. (3ᵇ, 11) platus apskritas gilus indas; jame telpantis kiekis: *Drabužiùs skalbiù dubenyjè.*

dubuo

dùgnas dkt. v. (4, 1) žemiausiai esanti vieta vandens telkinyje, inde ir pan.: *Ẽžeras gilùs – dùgno nematýti.* ○ *kibìro dùgnas* ○ *Puodė́lio dugnè lìko cùkraus.*

dùjinis, dùjinė bdv. (1, 4–9) kuris veikia vartojant dujų energiją: *dùjinis žiebtuvė̃lis* ○ *dùjinė virỹklė*

dùjos dgs. dkt. m. (2, 7) medžiaga, kuri nėra kieta ar skysta ir kuri paprastai nematoma; tokia medžiaga, vartojama kaip kuras: *nuodìngos dùjos* ○ *Pãtalpos (yrà) šìldomos dùjomis.*

dùkart prv. du kartus: *Šìs laĩkraštis léidžiamas dùkart per savaĩtę: antrãdieniais ir penktãdieniais.*

duktė̃ dkt. m. (3ᵇ, 12) moteriškosios lyties vaikas savo tėvams: *Nẽturiù duktẽrs, tìk sū́nų.* ○ *Jos sūnùs dar mãžas, o dùkterys jau ištekė́jusios.* ○ *Mótina gyvẽna su dukterimì.*

dùlkės dgs. dkt. m. (1, 8) labai smulkios žemės, smėlio, audinio dalelės: *nuvalýti dùlkes nuo baldų̃* ○ *Visur̃ pìlna dùlkių.*
dùlkių siurblỹs prietaisas valyti patalpoms, kuriuo nuo grindų̃, kilimų̃ siurbiamos dulkės ir pan.

dulkė́tas, dulkė́ta bdv. (1, 1–6) kuriame ar ant kurio yra dulkių: *Stãlas (yrà) dulkė́tas, reĩkia nuvalýti.* ○ *dulkė́ti bãtai* ○ *Važiãvome siaurù dulkė́tu kelių̃.*

dul̃kti, dul̃kia, dul̃kė vks. (1) (– / kas) lyti labai smulkiais lašais: *Dul̃kia, pasiìmk skė̃tį.* ○ *Lietùs dul̃kia.* • žr. **nedulkti**

dū́mai dgs. dkt. v. (1, 1) baltos, pilkos ar juodos spalvos dujos, kurios kyla nuo degančio daikto: *Kambarỹs pìlnas cigarẽčių dū́mų.*

duobė̃ dkt. m. (4, 8) tuščia vieta ko kieto viduje: *kàsti duõbę* ○ *kẽlio duõbės*

duobė́tas, duobė́ta bdv. (1, 1–6) nelygus, su duobėmis: *Duobė́tu kelių̃ sunkù važiúoti.* • žr. **neduobėtas**

dúomenys *dgs. dkt. v. (3ª, 11)* faktai, informacija: *gyvéntojų surãšymo dúomenys* ○ *Kokių duomenų apie mūsų įstaigą jums reĩkia?* ○ *pateĩkti dúomenis* ○ *Prãšom surašýti asmeñs dúomenis* (vardą, pavardę, gimimo vietą, gimimo datą ir pan.).

dúona *vns. dkt. m. (1, 6)* iš miltų kepalais kepamas valgis: *juodà [ruginė] dúona* ○ *baltà [kvietinė] dúona* ○ *Kokiõs dúonos norėtumėte, baltõs ar juodõs?* ○ *dúonos riekė̃* ○ *riẽkti dúoną* ○ *Nupir̃k dúonos.*

dúoninė *dkt. m. (1, 8)* dėžė su dangčiu duonai laikyti

dúoti, dúoda, dãvė *vks. (1) (kas, ką / + bendr. kam)* daryti, kad gautų; teikti, skirti: *Àš dúodu tau knỹgą* (tu ją imi). ○ *Dúokite vaĩkui saldaĩnių.* ○ *Dúokite válgyti.* ○ *Dúok man puodẽlį kavõs.* ○ *Dúokime dùkteriai Ievõs var̃dą.* ○ *dúoti dóvaną* ○ *Dúokite man (laĩko) pagalvóti.*
dúoti atsãkymą atsakyti (ppr. raštu į prašymą): *Ambasadà duõs atsãkymą per dẽšimt dienų̃.*
dúoti patarìmą patarti: *Jis man dãvė patarìmą, kaĩp el̃gtis.*
davìmas *dkt. v. (2, 1) (ko)*
• žr. **neduoti**

dū́rė *būt. l. 3 asm. žr.* **durti**

durẽlės *dgs. dkt. m. (2, 8)* nedidelės durys: *automobìlio durẽlės*

dùrininkas *dkt. v. (1, 1)*, **dùrininkė** *dkt. m. (1, 8)* asmuo, kurio pareigos – budėti prie (ko) durų: *viẽšbučio dùrininkas*

dùrys *dgs. dkt. m. (2, 9)* plokštė, kuria atidaromas ir uždaromas įėjimas į namą, patalpą, spintą, transporto priemonę ir pan.: *Nepamir̃šk užrakìnti dùrų.* ○ *bélsti į durìs* ○ *bùtas su dvìgubomis dùrimis* ○ *dvẽjos dùrys* ○ *troleibùso dùrys*

dùrti, dùria, dū́rė *vks. (1)* **1.** *(kas, (su) kuo, į ką)* spausti ką kuo smailiu ar stumti ką smailų į ką: *dùrti (su) ādata į áudinį* ○ *Jis man dū́rė alkūne į šóną.* **2.** *(kas)* (apie smailius daiktus) kelti skausmą liečiant: *Rõžės dygliaĩ dùria.* • žr. **nedurti, įsidurti, pradurti**

dùšas *dkt. v. (2, 1)* prietaisas praustis vandens čiurkšlėmis; pats toks prausimasis; patalpa, kur yra toks prietaisas: *praũstis šáltu dušù* ○ *Einù į dùšą.*

dutū́kstantas, dutū́kstanta *klnt. sktv. (1) [4]* → du tūkstančiai
dutū́kstantasis, dutū́kstantoji *įvr.: dutū́kstantieji mẽtai*

dùžti, dū́žta, dùžo *vks. (1) (kas)* skirtis į dalis nuo trenkimo, netekti formos: *Kiaušiniaĩ lengvaĩ dū́žta.* • *būs. l. 3 asm.* **dùš**; *neig.* **nedùžti**; *žr.* **sudužti**

dvãsinis, dvãsinė *bdv. (1, 4–9)* susijęs su žmogaus protu ir jausmais: *dvãsinis žmogaũs gyvẽnimas* • *plg.* **fizinis**

dvė́jetas *dkt. v. (1, 1)* pažymys 2

dvejì, dvẽjos *žr.* **du**

dvì *žr.* **du**

dvìdešimt *skt.* skaičius 20; *vart. žr.* **dešimt**

dvidešim̃tas, dvìdešimtà *klnt. skt. (4) [4] žr.* **dvidešimt**; *vart. žr.* **dešimtas**
dvidešim̃tasis, dvidešim̃tóji *įvr.: dvidešim̃tóji dienà [dalìs]*

dvíese *prv.* dviejų asmenų grupe: *Jiẽ atvažiãvo dvíese.* ○ *Gyvẽname tik dvíese.*

dvìgubai *prv.* du kartus (didesnis, aukštesnis, ilgesnis ir pan.): *Šiojè parduotùvėje prẽkės dvìgubai brangèsnės negu tur̃guje.*
• *plg.* **perpus**

dvìgubas, dvìguba *bdv. (1, 1–6)* sudarytas iš dviejų tokių pačių daiktų: *dvìgubos dùrys* ○ *dvìgubi langaĩ* ○ *lagamìnas su dvìgubu dugnù* (su dviem dugnais)

dvýlika *skt. (1) [3]* skaičius 12; *vart. žr.* **aštuoniolika**

dvýliktas, dvýlikta *klnt. skt. (1) [4] žr.* **dvylika**; *vart. žr.* **aštuonioliktas**
dvýliktasis, dvýliktoji *įvr.: kóvo dvýliktoji (dienà)* ○ *dúoti dvýliktąją dãlį*

dviratìninkas *dkt. v. (1, 1)*, **dviratìninkė** *dkt. m. (1, 8)* asmuo, kuris važiuoja dviračiu; dviračių sportininkas: *Ji yra garsì Lietuvõs dviratìninkė.*

dvìratis *dkt. v. (1, 3)* transporto priemonė su dviem ratais, kuria važiuojama kojomis spaudžiant pedalus: *Į iškylą važiãvome dvìračiais.* ○ *dvìračių spòrtas*

dvìtaškis *dkt. v. (1, 3)* skyrybos ženklas (:)

dviviẽtis, dviviẽtė *bdv.* (2, 4–9) kuriame yra dvi vietos; skirtas dviem asmenims: *dviviẽtis automobìlis*

dvõkti, dvõkia, dvõkė *vks.* (1) (kas) skleisti nemalonų kvapą: *Kàs čia taip dvõkia?* • *žr.* **nedvokti**; *plg.* **kvepėti**

džèmas *dkt. v.* (2, 1) tiršta uogienė: *slỹvų džèmas* ○ *blỹnai su obuolių džemù* ○ *stiklaĩnis džèmo*

džiaũgsmas *vns. dkt. v.* (4, 1) laimės jausmas: *Atlìkus dárbą, ìma džiaũgsmas.* ○ *Jis veřkė iš džiaũgsmo.*

džiaũgtis, džiaũgiasi, džiaũgėsi *sgr. vks.* (1) (kas, kuo / dėl ko / + šs / + ps.) jausti džiaugsmą: *Vaikaĩ džiaũgėsi atóstogomis.* ○ *Mes džiaũgiamės dėl tàvo sėkmės.* ○ *Džiaugiúosi, kad po avārijos likaũ gývas.* ○ *Džiaugiúosi jus matýdamas.* • *žr.* **nesidžiaugti**

džiãzas *vns. dkt. v.* (2, 1) muzikos rūšis: *džiãzo muzikántas* ○ *Ar jums patiñka džiãzas?*

džìnsai *dgs. dkt. v.* (1, 1) kelnės iš stipraus medvilninio audinio

džiovìntas, džiovìnta *bdv.* (1, 1–6) pagamintas džiovinant (2): *džiovìntos slỹvos* ○ *džiovìnta žuvìs [mėsà]* ○ *džiovìnti grỹbai*

džiovìnti, džiovìna, džiovìno *vks.* (1) (kas, ką) 1. daryti, kad džiūtų: *džiovìnti šlapiùs drabužiùs* ○ *Bātai sušlāpo, reikėjo džiovìnti.* 2. laikant tam tikroje temperatūroje daryti tinkamą ilgai vartoti: *džiovìnti grybùs [úogas]* • *žr.* **nedžiovinti**

džiū́ti, džiū́sta (džiū̃va), džiū́vo *vks.* (1) (kas) darytis sausam ar sausesniam: *Kiemè džiū́sta skalbiniaĩ.* ○ *Sáulėje džiū́vo obuoliaĩ.* • *būs l. 3 asm.* **džiùs**; *neig.* **nedžiū́ti**; *žr.* **išdžiūti**

džiūvė̃sis *dkt. v.* (2, 3) duonos gaminys – džiovinta duonos ar pyrago riekė: *Válgiau sriùbą ir džiūvė̃siùs.* ○ *džiūvė̃siai su aguōnomis*

džn. *sutr. žr.* **dažniausiai** (2)

E e, Ę ę, Ė ė

E, e septintoji lietuvių kalbos abėcėlės raidė
Ę, ę aštuntoji lietuvių kalbos abėcėlės raidė
Ė, ė devintoji lietuvių kalbos abėcėlės raidė
ė̆da *esam. l. 3 asm. žr.* **ėsti**
ė̃dalas *vns. dkt. v. (3ᵇ, 1)* gyvūnų maistas: *šunų [kačių] ė̃dalas* ○ *Nupir̃k mū́sų šùniui ė̃dalo.* • *plg.* **lesalas**
ė̆dė *būt. l. 3 asm. žr.* **ėsti**
ėduonìs *dkt. v. (3ᵃ, 10)* danties gedimas
ė̃glė *dkt. m. (2, 8)* spygliuotas visą laiką žalias medis su pailgais kankorėžiais: *Ė̃glės ir pùšys – žiẽmą vãsarą žaliúojantys mẽdžiai.* ○ *Po eglè áuga grỹbas, mataĩ?*
eglùtė *dkt. m. (2, 8)* **1.** nedidelė eglė: *Prie namų pasodìnome eglùčių.* **2.** per Kalė́das puošiama eglė: *Vaikaĩ puõšia Kalė̃dų eglùtę.* ○ *eglùtės papuošalaĩ* • *(2) žr. t. p.* **Kalė́dų eglùtė**

eglė

egz. *sutr. žr.* **egzempliorius**
egzãminas *dkt. v. (1 / 3ᵇ, 1)* kurio nors dalyko mokėjimo tikrinimas baigiant mokslą ar stojant mokytis: *Išlaikiaũ lietùvių kalbõs egzãminą.* ○ *Rengiúosi egzãminams [egzamìnams] į universitètą.* • *žr.* **baigiamasis egzaminas, stojamasis egzaminas**
egzaminúoti, egzaminúoja, egzaminãvo *vks. (1) (kas, ką, iš ko)* tikrinti mokėjimą per egzaminą: *egzaminúoti studeñtus iš fìzikos* ○ *Kurì dėstytoja mus šiañdien egzaminúos?* • *žr.* **neegzaminuoti**
egzempliõrius *dkt. v. (2, 5)* vienas daiktas iš daugelio vienodų: *Man reikalìngi dù knỹgos egzempliõriai.* • *sutr.* **egz.**; *plg.* **vienetas**
eĩ, éi *jst.* (vartojamas šaukiant pažįstamą ar draugą): *Eĩ, paláuk!*
eĩkš (sakoma kviečiant pažįstamą ar draugą) ateik: *Eĩkš čià, nóriu tau paródyti grãžų dáiktą.*
eikvóti, eikvója, eikvójo *vks. (1) (kas, ką)* vartoti netaupant, leisti be reikalo: *Pìnigus, tur̃tą eikvója, netaũpo.* • *žr.* **neeikvoti**
eil. *sutr. žr.* **eilutė**
eilė̃ *dkt. m. (4, 8)* **1.** vienas prie kito ar vienas už kito esančių daiktų ar žmonių linija: *Sodè áuga dvì eĩlės obelų̃.* ○ *Sustatýk kėdès eilėmìs.* ○ *Teatrè sėdė́jau pirmojè eilėjè.* ○ *Stók į eĩlę prie kãsos.* **2.** *vns.* laikas, kai ką galima ar reikia daryti: *Dabar̃ tãvo eilė̃ kalbė́ti.* • *žr.* **be eilės, iš eilės**
eilė́raštis *dkt. v. (1, 3)* nedidelis eilutėmis parašytas poezijos kūrinys: *Šio eilė́raščio áutorius – Maironis.* ○ *Jìs (yrà) poètas, rãšo eilė́raščius.* ○ *Àš neskaitaũ eilė́raščių.*
eilùtė *dkt. m. (2, 8)* rašto linija: *Pradė́k rašýti iš naujõs eilùtės.* ○ *Kíek eilùčių šiamè eilė́raštyje?* ○ *Penktõjoje eilùtėje yrà korektū̃ros klaidà.* • *sutr.* **eil.**
eimè (sakoma kviečiant pažįstamą ar draugą) eikime: *Eimè greičiaũ iš čià.*
eĩna *esam. l. 3 asm. žr.* **eiti**
eĩsmas *vns. dkt. v. (4, 1)* transporto priemonių judėjimas: *Bū́tina laikýtis eĩsmo taisỹklių.* ○ *Põne, jūs pažeidėte eĩsmo taisỹkles.* ○ *traukinių eĩsmo tvarkãraštis* ○ *vienõs krypti̇̀ės eĩsmas* (kai galima važiuoti tik viena kryptimi)
eĩti, eĩna, ė́jo *vks. (1)* **1.** *(kas)* judėti iš vienos

vietos į kitą kojomis, žingsniu: *Mataĩ, eĩna gražì merginà.* ○ *eĩti per durìs [per áikštę]* ○ *greĩtai eĩti* **2.** *(kas, į ką / pas ką / kur / + bendr.)* vykti: *Eĩnam [eimè] válgyti, paskuĩ eĩsim guĩti.* ○ *Einù į parduotùvę apsipiȓkti.* ○ *Jei tau skaũda dantį, turi eĩti pas gýdytoją.* ○ *Šeštãdienį aš eĩsiu į teãtrą.* ○ *Man jau laĩkas eĩti namõ.* ○ *Eĩkite [eĩkš] čià!* ○ *Eĩk namõ!* ○ *Kuȓ eĩni?* **3.** *(kas)* judėti (apie laiką): *Eĩna diẽnos, mė́nesiai, mė́tai.* **4.** *(kas)* veikti: *Ar jū́sų laĩkrodis geraĩ eĩna?* **5.** *(kas, ką)* mokytis: *Ką̃ eĩnate iš istòrijos?* • žr. **apeiti, ateiti, įeiti, išeiti, neiti, nueiti, pareiti, pereiti, užeiti eĩk po velnių̃** (keiksmažodis, sakomas labai pykstant ar nervinantis): *Gal tau padė́ti? – Eĩk po velnių̃!*
eĩti pā́reigas dirbti, turint pareigas: *Jis [ji] eĩna minìstro [viȓšininko] pā́reigas.*
ėjìmas *dkt. v. (2, 1)*
ė̃jo *būt. l. 3 asm. žr.* **eiti**
ekològija *vns. dkt. m. (1, 7)* mokslas, tiriantis gyvūnų ir augalų santykius su aplinka; patys tie santykiai
ekonòmika *vns. dkt. m. (1, 6)* mokslas, tiriantis su gamyba, ūkiu susijusius dalykus: *studijúoti ekonòmiką universitetè*
ekonomìstas *dkt. v. (2, 1),* **ekonomìstė** *dkt. m. (2, 8)* ekonomikos specialistas
ekrãnas *dkt. v. (2, 1)* **1.** televizoriaus, kompiuterio dalis, kurioje matomas vaizdas, tekstas: *televìzoriaus [kompiùterio] ekrãnas* **2.** plokščias daiktas ant kino teatro sienos, kuriame matome filmą
ekskùrsija *dkt. m. (1, 7)* speciali grupės asmenų išvyka norint ką apžiūrėti: *Organizúojama ekskùrsija į Kaũną – aplankýsime ir Čiurliónio galèriją.*
elektrà *vns. dkt. m. (2, 6)* energija, vartojama šildyti, šviesti ir pan.: *elèktros sroveñ* ○ *elèktros lempùtė [príetaisai]* ○ *Kíek reĩkia mokėti už elèktrą?* ○ *Bùtą šìldome elèktrà.*
elèktros lempùtė kriaušės pavidalo stiklinis daiktas, sukamas į lempą ir pan., kad šviestų • *žr. t. p.* **lemputė**
elèktros lìzdas *žr.* **kištukinis lizdas**
elèktrikas *dkt. v. (1, 1),* **elèktrikė** *dkt. m. (1, 8)* specialistas, kuris tvarko elektros įrengimus

elektrìnė *dkt. m. (2, 8)* elektrą gaminanti įmonė
elektrìnis, elektrìnė *bdv. (2, 4–9)* kuris veikia naudodamas elektros energiją: *Atvažiavaũ elektrìniù tráukiniu.* ○ *elektrìnis šìldytùvas* ○ *elektrìnė virỹklė*
elektròninis, elektròninė *bdv. (1, 4–9)* **elektròninis pãštas** kompiuterių sistema, kuria naudodamiesi žmonės gali siųsti laiškus, pranešimus ir pan.
elgesỹs *vns. dkt. v. (3ᵇ, 3)* elgimasis: *eĩgesio taisỹklės* ○ *Jis išsìskyrė iš kitų̃ mandagiù eĩgesiu.* ○ *Jo elgesỹs man nepatinka.*
eĩgeta *dkt. v. ir m. (1, 6)* asmuo, kuris prašo gatvėje išmaldos: *Dúok eĩgetai víeną lìtą.*
elgetáuti, elgetáuja, elgetãvo *vks. (1) (kas)* prašyti išmaldos • *neig.* **neelgetáuti**
eĩgtis, eĩgiasi, eĩgėsi *sgr. vks. (1) (kas, su kuo, kaip)* ką daryti ar sakyti tam tikru būdu, kai esate su kitais žmonėmis: *Gražiaĩ eĩkitės su kaimýnais – nesipỹkite su jaĩs.* ○ *mókyti vaikùs mandagiaĩ eĩgtis prie stãlo – nekalbė́ti válgant, taisyklìngai naudótis válgomaisiais įrankiais ir pan.* ○ *Ji visadà geraĩ eĩgėsi.* • *žr.* **nesielgti**
elgìmasis *dkt.v. (1, 1a) (kieno)*
ė̃mė *būt. l. 3 asm. žr.* **imti**
ėmìmas *dkt. v. (2, 1) žr.* **imti**
emòcija *dkt. m. (1, 7)* stiprus jausmas: *pỹkčio emòcija*
emòcinis, emòcinė *bdv. (1, 4–9)* susijęs su emocijomis: *Nèrimas – nemalonì emòcinė būsena.*
enèrgija *vns. dkt. m. (1, 7)* **1.** jėga, kuria atliekamas koks darbas: *elèktros [šìlumõs] enèrgija* **2.** galėjimas dirbti: *Jam netrū́ksta enèrgijos.*
energìngas, energìnga *bdv. laipsn. (1, 1– 6)* turintis daug energijos (2): *Jis labaĩ energìngas, dìrba ir nepavar̃gsta.*
energìngai *prv.: dìrbti energìngai* • *žr.* **neenergìngas**
erdvė̃ *vns. dkt. m. (4, 8)* tuščia vieta: *Kambaryjè trū́ksta erdvė̃s.*
erdvùs, erdvì *bdv. laipsn. (4, 5–8)* kuriame yra daug erdvės: *Mū́sų kambarỹs labaĩ*

erdvùs, jamè mažaĩ baldų. • *prš.* **ankštas**; *žr.* **neerdvus**

ėriùkas *dkt. v. (2, 1)* avių jauniklis • *žr.* **avinas, avis**

esamàsis, esamóji *įvr. dlv. [2]*
esamàsis laĩkas *gram.* veiksmažodžio forma, kuri rodo, kad veiksmas vyksta ar kas atsitinka dabar: *„Eĩna" yra veiksmãžodžio „eĩti" ēsamojo laĩko trečiàsis asmuõ.* • *sutr.* **esam. l.**

ēsame *esam. l. dgs. 1 asm. žr.* **būti**

ēsate *esam. l. dgs. 2 asm. žr.* **būti**

esì *esam. l. vns. 2 asm. žr.* **būti**

ė̃sti, ė̃da, ė̃dė *vks. (1)* **1.** *(kas, ką)* vartoti ėdalą (apie gyvūnus, išskyrus paukščius): *Žmogùs válgo, o šuõ ar katẽ ė́da.* • *žr.* **neė̃sti**; *plg.* **lesti, valgyti**

ėriukas

esù *esam. l. vns. 1 asm. žr.* **būti**

ešerỹs *dkt. v. (3ᵇ, 3)* žuvis su dygliuotais pelekais: *Šiamè ežerè (yra) daũg ešerių.* ○ *pagáuti ė̃šerį mẽškere*

ešerys

etnogrãfija *vns. dkt. m. (1, 7)* tautos kultūros ypatybės; jas tiriantis mokslas: *etnogrãfijos muziẽjus*

etnogrãfinis, etnogrãfinė *bdv. (1, 4–9)* susijęs su etnografija

ẽžeras *dkt. v. (3ᵇ, 1)* didelis gamtinis vandens telkinys, kurį iš visų pusių supa sausuma: *Lietuvojè yra apie dù tū́kstančius penkìs šimtùs (2500) ežerų̃.* ○ *Àš gyvenù prie ẽžero.* ○ *Ežeruosè yra daũg žuvų̃.* • *sutr.* **ež.**

ežỹs *dkt. v. (4, 3)* nedidelis gyvūnas su spygliais

ežys

F f

F, f dešimtoji lietuvių kalbos abėcėlės raidė

fãksas *dkt. v. (2, 1)* **1.** *vns.* dokumentų vaizdo kopijų perdavimas: *siųsti láišką faksù* **2.** aparatas, kuriuo perduodamos dokumentų kopijos • *sutr.* **faks.**

faksogramà *dkt. m. (2, 6)* faksu perduodama dokumento kopija: *Gavaũ faksogrãmą iš ministèrijos.*

fãktas *dkt. v. (2, 1)* tikras įvykis, reiškinys, dalykas: *istòriniai fãktai* o *remtis fãktais*

fakultètas *dkt. v. (2, 1)* aukštosios mokyklos tam tikros mokslo srities skyrius: *Aš mókausi Vilniaus universitèto Medicìnos fakultetè.*

figūrà *dkt. m. (2, 6)* gyvo ar negyvo daikto forma arba vaizdas: *gražiõs figūros móteris*

filharmònija *dkt. m. (1, 7)* koncertų organizavimo įstaiga; jos patalpos: *filharmònijos sālė*

fìlmas *dkt. v. (1, 1)* **1.** šviesai jautri fotografavimo ar filmavimo juosta. **2.** kino ar televizijos kūrinys: o *Kàs šio filmo áutorius?* o *Man labaĩ patiko tas fìlmas.* o *Kàs atlieka pagrindinį vaĩdmenį šiamè filmè?* • *žr.* **dokumentìnis fìlmas, vaidybìnis fìlmas**

filmúoti, filmúoja, filmãvo *vks.* (1) (*kas, ką*) tam tikru aparatu daryti ko vaizdą: *filmúoti šveñtę* • *žr.* **nefilmuoti**
filmãvimas *dkt. v. (1, 1) (ko)*

fìltras *dkt. v. (1, 1)* įtaisas, naudojamas sulaikyti kietoms dalims skystyje ar dujose: *kavõs fìltras*

filtrúoti, filtrúoja, filtrãvo *vks.* (1) (*kas, ką*) valyti naudojant filtrą: *filtrúoti vándenį* • *žr.* **nefiltruoti**
filtrãvimas *dkt. v. (1, 1) (ko)*

finánsai *dgs. dkt. v. (1, 1)* pinigai, ppr. valstybės, įmonės ir pan.: *Finánsų ministèrija*

fìrma *dkt. m. (1, 6) žr.* **įmonė**: *Naudókitės baldų fìrmos paslaugomìs.*

fìzika *vns. dkt. m. (1, 6)* mokslas, tiriantis judėjimą, šilumą, šviesą ir pan. dalykus

fìzikas *dkt. v. (1, 1)*, **fìzikė** *dkt. m. (1, 8)* fizikos specialistas

fìzinis, fìzinė *bdv. (1, 4–9)* susijęs su gamta, kūnu: *Ūgis yra fìzinė, o gerùmas – dvāsinė žmogaũs ypatýbė.* o *Tokiám maĩšui pakélti reĩkia didelẽs fìzinės jėgõs.* • *plg.* **dvasinis**

flomãsteris *dkt. v. (1, 3)* spalvotas rašiklis minkštu galu, naudojamas žymėti, piešti

fontãnas *dkt. v. (2, 1)* įtaisas vandeniui tekėti čiurkšlėmis; dekoratyvinis baseinas su tokiu įtaisu

fòrma *dkt. m. (1, 6)* **1.** daikto pavidalas: *rùtulio fòrmos vazà* **2.** *gram.* pavidalas, kurį gali įgyti žodis: *Daiktãvardis tùri liñksnių ir skaĩčių fòrmas.* o *Veiksmãžodžio ēsamojo laĩko daugìskaitos pìrmojo asmeñs fòrma baĩgiasi -me, pvz., eĩname.*

formulúoti, formulúoja, formulãvo *vks.* (1) (*kas, ką*) tiksliai reikšti žodžiais: *formulúoti sàvo mintìs* • *žr.* **neformuluoti, suformuluoti**

fòtelis *dkt. v. (1, 3)* minkštas baldas su atramomis vienam sėdėti: *Kambaryjè stòvi sofà, dù fòteliai ir stãlas.* o *Sėskis į fòtelį (plg. Sėskis ant sòfos [kėdės]).* o *Fòtelyje patogù sėdėti.*

fotelis

fotoaparātas *dkt. v. (2, 1)* fotografijos aparatas: *Ar tu fotografúosi šiuõ fotoaparatù?* ○ *Mano fotoaparātas sugẽdo.*

fotogrāfas *dkt. v. (2, 1),* **fotogrāfė** *dkt. m. (2, 8)* asmuo, kurio profesija ar verslas – fotografuoti

fotogrāfija *dkt. m. (1, 7)* **1.** *vns.* būdas vaizdui gauti tam tikru aparatu: *fotogrāfijos aparātas* **2.** tuo būdu gautas vaizdas: *spalvóta fotogrāfija* • *(2) žr. t. p.* **nuotrauka**

fotografúoti, fotografúoja, fotografāvo *vks. (1) (kas, ką)* fotoaparatu daryti nuotraukas: *fotografúoti miẽsto vaizdùs* • *žr.* **nefotografuoti**

fotografāvimas *dkt. v. (1, 1) (ko)*

fotografúotis, fotografúojasi, fotografāvosi *sgr. vks. (1) (kas)* būti fotografuojamam (norint turėti savo nuotrauką): *Àš neseniaĩ fotografavaũsi, man reikėjo núotraukos naujám pāsui.* • *žr.* **nesifotografuoti**

fotografāvimasis *dkt. v. (1, 1a)*

fùtbolas *vns. dkt. v. (1, 1)* sportinis žaidimas, kuriame dvi komandos stengiasi kojomis ar galva įmušti kamuolį į vieną kitos vartus: *Kiemè berniùkai žaĩdžia fùtbolą.* ○ *fùtbolo rungtỹnės* ○ *fùtbolo kománda [rinktìnė]* ○ *fùtbolo aikštẽ*

fùtbolininkas *dkt. v. (1, 1),* **fùtbolininkė** *dkt. m. (1, 8)* futbolo žaidėjas

G g

G, g vienuoliktoji lietuvių kalbos abėcėlės raidė

g *sutr. žr.* **gramas**

g. *sutr. žr.* **gatvė**

G. *sutr. žr.* **galininkas**

gãbalas *dkt. v. (3^b, 1)* daikto arba medžiagos dalis: *mėsõs gãbalas* ○ *Nupir̃k gãbalą jáutienos.* ○ *Prãšom gãbalą tòrto.* ○ *áudinio gãbalas*

gabalė̃lis *dkt. v. (2, 3),* **gabaliùkas** *dkt. v. (2, 1)* nedidelis gabalas: *cùkraus gabaliùkas* ○ *Suválgykite tuos dù pyrãgo gabalė̃liùs.*

gabùmas *dkt. v. (2, 1), t. p. dgs.* **gabùmai** *(kam)* gimstant gautas sugebėjimas daryti ką gerai: *gabùmas mùzikai* (sugebėjimas dainuoti, groti) ○ *Ji netùri jokių gabùmų* (niekam negabi).

gabùs, gabì *bdv. laipsn. (4, 5–8) (kam)* kuris turi gimstant gautą sugebėjimą daryti ką gerai ar lengvai išmokti: *Jis (yra) gabùs kalbóms* (lengvai išmoksta kalbas). ○ *Ji yra labaĩ gabì muzikántė.* ● *žr.* **negabus**

gadìnti, gadìna, gadìno *vks. (1) (kas, ką)* daryti, kad būtų blogas, netinkamas, gestų: *gadìnti laĩkrodį [automobìlį]* ○ *gadìnti núotaiką* ○ *Gérdamas ir rūkýdamas gadinì savo sveikãtą.* ● *žr.* **negadinti, sugadinti**

gadìnimas *dkt. v. (1, 1) (ko)*

gaidỹs *dkt. v. (4, 3)* vištų patinas: *Gaĩdžio grãžios plùnksnos.* ○ *Gaĩdžiaĩ gíeda ankstì rýtą.* ● *žr.* **viščiukas, višta**

gaidys

gaĩla *prv.* **1.** *(kam, ko)* (kas) gaili (ko): *Man gaĩla to žmogaũs* (aš gailiu to žmogaus). **2.** *(kad, bet)* nemalonu, liūdna: *Gaĩla, kad jū̃s negãlite ateĩti.* ○ *Gaĩla, bet aš neateĩsiu.* ● *(1) žr.* **negaila**

gaĩlestis *vns. dkt. v. (1, 3)* užjautimo jausmas, užuojauta: *Ima gaĩlestis, mãtant tuščiùs namùs.* ○ *ver̃kti iš gaĩlesčio* ○ *Tu neturì gaĩlesčio.*

gailė́ti, gaĩli, gailė́jo *vks. (2)* **1.** *(kas, ko)* ką užjausti, dėl ko nors liūdėti: *gailė́ti mìrusio [ligónio]* ○ *gailė́ti véltui praléisto laĩko* **2.** *(kas + bendr.)* nenorėti duoti, skirti ir pan.: *Ji gaĩli paskõlinti man knỹgą.* ● *neig.* **negailė́ti**

gailė́jimas *dkt. v. (1, 1) (ko)*

gailė́tis, gaĩlisi, gailė́josi *sgr. vks. (2) (kas, ko / dėl ko / + šs / + dlv.)* jausti kaltę ką padarius: *Aš tikraĩ gailiúosi, kad tave įžeĩdžiau [gailiúosi tave įžeĩdęs].* ● *žr.* **nesigailė́ti**

gailė́jimasis *dkt. v. (1, 1a) (ko)*

gaĩsras *dkt. v. (4, 1)* pastatų ar miško degimas: *Miškè kilo gaĩsras.* ○ *užgesìnti gaĩsrą* ○ *Gaĩsro ãtveju reĩkia skam̃binti 01.*

gaĩsrinė *dkt. m. (1, 8)* gaisrininkų įstaiga: *Dèga nãmas, paskam̃bink į̃ gaĩsrinę.*

gaĩsrininkas *dkt. v. (1, 1),* **gaĩsrininkė** *dkt. m. (1, 8)* asmuo, kurio profesija – gesinti gaisrus: *Gaĩsrininkų dárbas (yra) pavojìngas.*

gaivùsis, gaiviójí *įvr. bdv.*

gaivíeji gė́rimai nealkoholiniai gėrimai, duodantys energijos ● *plg.* **svaigíeji gė́rimai**

gál *dll.* **1.** *(prašant): Gal galė́tumėte pasakýti, kelintà dabar̃ valandà?* ○ *Gal padúotumėte man drùskos?* **2.** *(klausiant, ar kas ko nori): Gal tu nóri užkąs̃ti?* ○ *Gal tau paskõlinti*

galas

piniginų? **3.** (raginant ką daryti): *Gal važiúojam iš čià.* ○ *Gal jau eĩkime namõ.* **4.** (prašant pakviesti prie telefono): *Gal gãlima Jõną?* **5.** *žr.* **galbūt**: *Gal ir jìs ateĩs.* ○ *Ar tu ateĩsi? – Gál.* • *žr.* **gal galėtumėte**

gãlas *dkt. v. (4, 1)* ko ilgo toliausiai nuo vidurio esanti dalis; dalis, esanti toliausiai nuo pradžios: *Virvė̃ turi dù galùs.* ○ *Sė́sk ant súolo gãlo.* ○ *Gãtvės galè pamatýsite bažnýčią.* • *plg.* **pabaiga**
galų galè pagaliau
• *žr.* **be galo**

galbū́t *dll.* gali būti (, kad): *Galbū́t mes čià dar grį̃šime.* ○ *Ar eĩsite vakarè į koncèrtą? – Galbū́t, tikraĩ nežinaũ.* • *žr.* **gali būti**

galèrija *dkt. m. (1, 7)* patalpos, kuriose rengiamos dailės parodos: *Aplankiaũ dailė̃s galèriją.*

galė́ti, gãli, galė́jo *vks. (2) (kas, + bendr.)* **1.** sugebėti ką (pa)daryti: *Jis gãli geraĩ dìrbti.* ○ *Aš galiù jums padė́ti.* ○ *Ar gãlite atsakýti į mano kláusimą?* **2.** (pasakant galimą atvejį): *Traukinỹs gãli pavė́luoti.* ○ *Gãlite jo nerãsti namiẽ.* ○ *Tu galė́jai nespė́ti į tráukinį.* ○ *Aš galiu nuvèžti tave į stõtį.* **3.** turėti teisę; būti leidžiama: *Jūs gãlite išeĩti iš klãsės.* ○ *Ar galiù su jumìs pasitar̃ti?* ○ *Galiù užeĩti?*
• *žr.* **negalėti**
galėjimas *dkt. v. (1, 1)*
gal galėtumėte (mandagiai prašant): *Gal galėtumėte pasakýti, kelintà dabar̃ valandà?*
gãli bū́ti galimas daiktas: *Gãli bū́ti, kad tu teisùs.* • *žr.* **galbūt**

gãlima *n.* **1.** nedraudžiama: *Ar gãlima kambarýje rūkýti? – Nè, negãlima.* **2.** (prašant pakviesti prie telefono): *Gal gãlima Jõną? – Atsiprašaũ, bet jis dabar užsiė̃męs.*
• *žr.* **negalima**

gãlimas, galimà *bdv. (3ᵇ, 1–6)* kuris gali būti, atsitikti • *žr.* **negalimas**
gãlimas dáiktas (dalỹkas) gali būti (, kad): *Gãlimas dáiktas, aš čia atvažiúosiu ir kitaĩs mẽtais.*

galiniñkas *dkt. v. (2, 1) gram.* linksnis, atsakantis į klausimą „ką": *"Gė́lę, gė́lės" yra daiktãvardžio „gėlė̃" galiniñkas.* • *sutr.* **G.**

galióti, galiója, galiójo *vks. (1) (kas)* būti naudojamam teisėtai: *Ar jūsų pãsas dar galiója?* ○ *Vizà galiõs trìs mė́nesius.* • *neig.* **negalióti**
galiójimas *dkt. v. (1, 1)*: *Dokumeñtų galiójimo laĩkas jau baĩgėsi.*

galū́nė *dkt. m. (1, 8)* **1.** koja arba ranka. **2.** *gram.* žodžio dalis, kuri keičiasi jį linksniuojant arba asmenuojant

galvà *dkt. m. (3, 6)* **1.** žmogaus ar gyvūno kūno dalis, kurioje yra akys, burna (snukis), smegenys ir kt.: *Užsidė́k ant galvõs skrybė́lę.* ○ *Svéikindamasis liñktelėjau gálva.* ○ *Pasùk gálvą į dẽšinę.* ○ *susitreñkti gálvą* **2.** viršutinė apvali kai kurių augalų dalis: *kopūsto galvà* ○ *grỹbas júoda gálva* • (1) *žr.* *pieš.* **kūnas** ; (2) *žr. pieš.* **grybas**

galvóti, galvója, galvójo *vks. (1) (kas, apie ką / + šs)* turėti mintyse, svarstyti: *Apie ką̃ tu dabar̃ galvóji?* ○ *Aš dažnaĩ galvóju apie tavè.* ○ *Galvóju, ką̃ darýti, kaĩp pasielgti.*
• *neig.* **negalvóti**; *žr.* **pagalvoti**; *plg.* **manyti**
galvójimas *dkt. v. (1, 1)*

gamýba *vns. dkt. m. (1, 6)* veikla, susijusi su daiktų gaminimu: *baldų̃ gamýba*

gamyklà *dkt. m. (2, 6)* didelė pramonės įmonė: *gamỹklos pãstatas* ○ *Mano brólis dìrba dviráčių gamỹkloje.*

gaminỹs *dkt. v. (3ᵇ, 3)* pagamintas daiktas ar medžiaga: *baldų̃ prãmonės gaminiaĩ* ○ *Cigãrai yra tabãko gaminiaĩ.* ○ *pristatýti naujùs gãminius*

gamìnti, gamìna, gamìno *vks. (1) (kas, ką)* **1.** daryti ppr. dideliais kiekiais: *Ši įmonė gamina baldùs.* ○ *Kuriamè Lietuvõs miestè gamìnami televizoriai?* **2.** ruošti valgį: *Ką̃ gamìnsi vakariẽnei?* • *žr.* **negaminti, pagaminti**
gamìnimas *dkt. v. (1, 1)*: *baldų̃ [val̃gio] gamìnimas*

gamtà *vns. dkt. (4, 6)* tai, kas yra pasaulyje be to, kas padaryta žmogaus (augalai, gyvūnai, žemė, akmenys, oras): *gamtõs apsaugà* ○ *gamtõs reiškiniaĩ* (lietus, griaustinis ir pan.)

gamtìnis, gamtìnė *bdv. (2, 4–9)* ne dirbtinis: *gamtìnės dùjos*

gamtóvaizdis *dkt. v. (1, 3)* vietovės vaizdas: *Lietuvojè yra labaĩ grãžių gamtóvaizdžių.* • *plg.* **kraštovaizdis**

ganà *prv.* 1. užtenka, daugiau nereikia: *Dėkitės į kãvą dár cùkraus. – Ãčiū, ganà.* ○ *Ar ganà, ar dár ko nors válgysim?* 2. tam tikru laipsniu, pakankamai: *Mūsų bùtas gana dìdelis, viẽtos daũg.* ○ *Jis dar gana jáunas, jám tik trìsdešimt mẽtų.* • (1) *žr.* **negana**

gañdras *dkt. v.* (2 / 4, 1) didelis paukštis ilgomis kojomis, ilgu kaklu ir ilgu snapu: *Gañdro kójos (yra) raudónos.* ○ *Lietuvojè (yra) daũg gandrų̃.* ○ *Gandraĩ gáudo varlès.*

garántija *dkt. m.* (1, 7) tvirtinimas, kad gaminys bus tinkamas tam tikrą laiką; garantavimas, kad tas gaminys, pvz., bus nemokamai pataisytas ar pakeistas nauju, jei jis sugestų per tą laiką: *Šiám šaldytùvui duodamà (vienerių̃) mẽtų garántija.* ○ *Šiẽ skėčiai parduodamì be garántijos.* ○ *Garántijos laĩkas baĩgėsi.*

gandras

garantúoti, garantúoja, garantãvo *vks.* (1) *(kas, ką / + šs)* patvirtinti galėjimą ką atlikti ar gauti: *Konstitùcija garantúoja mūsų téisę į dárbą.* ○ *Aš garantúoju, kad atidúosiu tau skõlą.* • *žr.* **negarantuoti**

garantãvimas *dkt. v.* (1, 1) *(ko)*

gãras *vns. dkt. v.* (4, 1), *t. p. dgs.* **garaĩ** dujos, kurios kyla iš verdančio ar karšto vandens ar kito skysčio: *Voniojè pìlna garų̃.*

garãžas *dkt. v.* (2, 1) patalpa automobiliams laikyti: *garãžo dùrys* ○ *Mano automòbilis stóvi garažè.*

garbẽ *vns. dkt. m.* (4, 8) 1. pagarba už nuopelnus: *Krẽpšininkai gìna Lietuvõs gar̃bę.* 2. tai, ką asmuo laiko priežastimi didžiuotis: *Bū́ti Seĩmo nariù – dìdelė garbẽ.* *(kieno)* **gar̃bei** (ką) pagerbiant: *sureñgti piẽtus svẽčio gar̃bei*

garbìngas, garbìnga *bdv. laipsn.*(1, 1–6) vertas garbės: *garbìngas põelgis [žmogùs]*

gar̃sas *dkt. v.* (4, 1) tai, kas girdima; kas sukelia pojūtį ausyse: *Negirdžiù jókio gar̃so.* ○ *Išgirdaũ neáiškius garsùs.* ○ *Skambėjo tỹlūs mùzikos garsaĩ.*

garstýčios *dgs. dkt. m.* (1, 7) aštraus skonio tyrės pavidalo prieskoniai: *dešrẽlės su garstýčiomis*

garsùs, garsì *bdv. laipsn.* (4, 5–8) 1. smarkus (apie balsą, garsus): *Girdžiù gar̃sų beldìmą.* 2. įžymus, daugelio žinomas: *garsùs rašýtojas [daininiñkas, gýdytojas]*
gar̃siai *prv.*: *Kažkàs gar̃siai béldžiasi į durìs.* ○ *Aš jū́sų negirdžiù, kalbė́kite garsiaũ!* • *žr.* **negarsus**

garúoti, garúoja, garãvo *vks.* (1) *(kas)* skleisti garus: *Ant stãlo garúoja kárštà sriubà.* ○ *Kavà dar kárštà, mataĩ, kad garúoja.* • *neig.* **negarúoti**

gą̃sdinti, gą̃sdina, gą̃sdino *vks.* (1) *(kas, ką, kuo)* kelti (kam) baimę, versti bijoti: *Kõ tu gą̃sdini vaĩką baisiaĩs pãsakojimais?* • *žr.* **išgąsdinti, negą̃sdinti**

gãtvė *dkt. m.* (2, 8) miesto kelias tarp namų; prie tokio kelio stovintys namai: *Senãmiesčio gãtvės (yra) siaũros.* ○ *Eĩkite šià gãtvè tiẽsiai.* ○ *Aš gyvenù Panevėžyjè, Vìlniaus gãtvėje.* • *sutr.* **g.**

gáudyti, gáudo, gáudė *vks.* (3) *(kas, ką)* stengtis pagauti: *gáudyti žuvìs* ○ *Aš kãmuolį gáudžiau, bet (jo) nepagavaũ.* • *žr.* **negaudyti**

gáuna *esam. l. 3 asm. žr.* **gauti**

gausùs, gausì *bdv. laipsn.* (4, 5–8) didelio kiekio; kurių yra daug: *gaũsūs parõdos lankýtojai* ○ *gaũsūs svẽčiai*
gaũsiai *prv.*: *Válgyti gãvome gaũsiai, bet neskaniaĩ.* ○ *Šiañdien į koncèrtą žmonių̃ susiriñko gausiaũ negu vãkar.*
• *žr.* **negausus**

gáuti, gáuna, gãvo *vks.* (1) 1. *(kas, ką)* pasidaryti turinčiam tai, ką kas duoda, atsiunčia, suteikia ir pan.: *gáuti dóvaną [pìnigų]* ○ *gáuti dárbą [atlýginimą]* ○ *Gavaũ láišką iš jū́sų.* ○ *Vaĩkas gãvo gẽrą pãžymį.* 2. *(kas, ką)* įgyti: *Jìs gãvo puĩkų išsilãvinimą.* 3. *(kas, ką)* įsigyti: *gáuti pãsą [pažymė́jimą]* ○ *Kur̃ galė́čiau gáuti tókią skrýbėlę?* ○ *Põnia, kur̃ jū̃s gãvote tókią puĩkią suknẽlę?* 4. *(kas, ką, kam)* padaryti, kad turėtų: *Ar galì (man) gáuti tą̃ knỹgą?* • *žr.* **negauti**
gavìmas *dkt. v.* (2, 1) *(ko)*

gavėjas *dkt. v.* (1, 2), **gavėja** *dkt. m.* (1, 7) asmuo, kuris gauna (laišką, siuntinį): *gavėjo ãdresas* • *plg.* **siuntėjas**

gavìmas *dkt. v.* (2, 1) *žr.* **gauti**

gāvo *būt. l. 3 asm. žr.* **gauti**

gė́da *vns. dkt. m. (1, 6)* nemalonus jausmas dėl blogo elgesio ir pan.: *Jaučiù gė́dą melúodamas. (kam)* **gėda** *(kas)* jaučia gėdą: *Man gė́da, kad neatsakiaũ į jū́sų láišką.* ○ *Ar tau ne gė́da melúoti?* ○ *Tau turė́tų bū́ti gėda taip padárius.*

gedė́ti, gė́di, gedė́jo *vks. (2) (kas, ko)* liūdėti dėl kieno mirties: *Àš gedžiù tė́vo.* • *žr.* **negedė́ti**

gedìmas *dkt. v. (2, 1) žr.* **gesti**[1]

gė́do *būt. l. 3 asm. žr.* **gesti**[1]

gė́dulas *vns. dkt. v. (3b, 1)* liūdesys dėl mirusio: *Mums gė́dulas: žùvo tė́vas.* ○ *gė́dulo dienà*

gedulìngas, gedulìnga *bdv. (1, 1–6)* reiškiantis gedulą; susijęs su gedulu: *gedulìngos mišios* ○ *gedulìnga mùzika* ○ *gedulìngi piẽtūs* (pietūs po laidotuvių)

gegùtė *dkt. m. (2, 8)* toks miško paukštis: *Gegùtės lizdo nèsuka.*

gegužė̃ *dkt. m. (3b, 8)* penktasis metų mėnuo: *Gẽgužę bus màno vestùvės.* ○ *gegužė̃s pirmóji (dienà)*

gegutė

gėlė̃ *dkt. m. (4, 8)* augalas, turintis gražius žiedus; augalas, auginamas dėl gražių žiedų ar lapų: *gėlė̃s žíedas* ○ *Daržẽlyje áuga daug gė́lių.* ○ *Augìnu kambarìnės gė́les.* ○ *Gavaũ dovanų̃ gė́lių púokštę.* ○ *laukų̃ [píevų] gė́lės*

geležìnis, geležìnė *bdv. (2, 4–9)* pagamintas iš geležies: *geležìnis įrankis*

geležìnkelis *dkt. v. (1, 3)* kelias traukiniams važiuoti: *vèžti prekès geležìnkeliu* **geležìnkelio stotìs** stotis, kurioje sustoja traukiniai

geležìs *vns. dkt. m. (3b, 9)* metalas, iš kurio gaminami įrankiai ir pan.: *gamìnti iš geležiẽs*

gėlýnas *dkt. v. (1, 1)* vieta, kur auginamos gėlės: *Miestè trū́ksta gėlýnų.*

gėlininkas *dkt. v. (1, 1),* **gėlininkė** *dkt. m. (1, 8)* asmuo, kuris augina gėles

geltónai, *t. p.* **geltonaĩ** *prv.* geltona spalva (dažyti, tepti ir pan.); geltonos spalvos drabužiais (rengtis, dėvėti): *Grindìs dažýsime geltónai [geltonaĩ].* ○ *Vākar buvaũ apsirengusi geltónai [geltonaĩ].*

geltónas, geltóna *(t. p.* **geltonà)** *bdv. (1 / 3, 1–6)* kuris aukso spalvos; kaip aukso *(apie spalvą)*: *Man patiñka geltónos rõžės.* ○ *Tur̃guje nusipirkaũ geltónų [geltonų̃] pomidorų.*

geñda *esam. l. 3 asm. žr.* **gesti**[1]

genỹs *dkt. v. (4, 3)* miško paukštis stipriu snapu: *Gẽnio plùnksnos (yra) márgos.*

geogrãfas *dkt. v. (2, 1),* **geogrãfė** *dkt. m. (2, 8)* geografijos specialistas

geogrãfija *vns. dkt. m. (1, 7)* mokslas, tiriantis Žemės ar atskiro jos krašto paviršiaus ir pan. ypatybes: *Lietuvõs geogrãfija*

geogrãfinis, geogrãfinė *bdv. (1, 4–9)* susijęs su geografija: *geogrãfinis žemė́lapis*

gẽra *n. laipsn. (kam)* malonu: *Mán čia buvo gẽra, todėl geraĩ pailsėjau.* ○ *Čià jums bus geriaũ.* ○ *Geriáusia man buvo tadà, kai gyvenaũ káime.* • *žr.* **negera**

geraĩ[1] *prv. laipsn.* tinkamai; taip, kaip reikia: *Jis geraĩ el̃giasi.* ○ *Gyvenù geraĩ, niẽko netrū́ksta.* ○ *Šį̃ žõdį parašėte geraĩ.* ○ *Turė́tumėte dìrbti geriaũ.* ○ *Jis mókosi ne geriaũ už manè.* ○ *Jis išlaĩkė egzãminą geriáusiai iš visų̃.* • *žr.* **negeraĩ**

geraĩ[2] *dll.* **1.** (reiškiant sutikimą): *Geraĩ, àš parašýsiu tau láišką.* ○ *Ar nueĩsi į parduotùvę? – Geraĩ, nueĩsiu.* **2.** (nutraukiant nemalonią kalbą): *Geraĩ, nekalbė́kim apie tai daugiaũ.* ○ *Geraĩ geraĩ, liáukis!*

gẽras, gerà *bdv. (4, 1–6)* **1.** *laipsn.* malonus, kuris nori padėti, padaryti paslaugą, rūpintis ir pan.: *Jis gẽras žmogùs.* ○ *Mano mamà labai gerà.* ○ *Pasáulyje pilnà gerų̃ žmonių̃.* ○ *Bū́k gẽras, parvèžk manè namõ.* **2.** *laipsn.* turintis tinkamas savybes: *Màno ãkys [aũsys] dar̃ gẽros* (gerai matau [girdžiu]). ○ *Tùrime gẽrą bùtą.* ○ *Šiõs kójinės yra gẽros [gerõs kokýbės].* ○ *Gal tùrite geresnių̃ [geresnė̃s kokýbės] drabùžių? Šie šaldytùvai yra geriáusi (iš visų).* **3.** *laipsn.* kuris gerai atlieka savo darbą ir pan. *Jis yra gẽras mókytojas [gýdytojas].* ○ *Jis yra geriáusias šios* *sritiẽs specialìstas.* **4.** gana didelis, ilgas: *Jì man dãvė gẽrą gãbalą tòrto.* ○ *Láukiau tavę̃s gẽrą vãlandą* (daugiau kaip valandą). **5.** tinkantis, tinkamo dydžio: *Ši suknẽlė man gerà.* ○ *Ar bãtai jums gerì, nespáudžia?* ○ *Ar tas páltas tau gẽras, ne per mãžas?* • *žr.* **negeras;** (1) *prš.* **blogas;** (2) *prš.* **prastas**

gerùmas *dkt. v. (2, 1)* gẽro apetìto sakoma tam, kuris valgo, linkint skaniai pavalgyti

gerb. *sutr. žr.* **gerbiamasis**

gerbiamas, gerbiamà *bdv. (3ᵇ, 1–6)* kurį̃ gerbia

gerbiamàsis, gerbiamóji *įvr.* (vartojama kreipiantis; t. p. laiške, tik be kirčio ženklo) • *sutr.* **gerb.**

gerbti, gerbia, gerbė *vks. (1) (kas, ką)* rodyti (kam) pagarbą: *Jį visì labaĩ gerbia.* ○ *Gerbk savo tėvą ir mótiną.* ○ *Aš gerbiù jį už drąsą.* • *žr.* **negerbti**

gėrė *būt. l. 3 asm. žr.* **gerti**

gerėti, gerėja, gerėjo *vks. (1) (kas)* darytis geresniam: *Gyvẽnimas gerėja, ar nè?* • *neig.* **negerėti**

geriaũ 1. *aukšt. l. žr.* **gera, gerai**[1]*: Jis išmóko pãmoką geriaũ negu tù.* **2.** būtų geriau, jei: *Geriaũ tu bū́tum man to nesãkęs.* • (2) *žr.* **verčiau**

gė́rimas[1] *dkt. v. (1, 1)* gerti skirtas skystis: *Àtnešė daũg valgių ir gė́rimų.* ○ *Alùs – výrų mėgstamas gė́rimas.* ○ *Ką̃ užsisakýsime iš gė́rimų – vỹno ar degtìnės?* • *žr.* **gaivieji gė́rimai, svaigieji gė́rimai**

gėrìmas[2] *dkt. v. (2, 1) žr.* **gerti**

gerìnti, gerìna, gerìno *vks. (1) (kas, ką)* daryti geresnį: *Príeskoniai gerìna maĩsto skõnį.* • *žr.* **negerinti**

gerklė̃ *dkt. m. (3, 8)* užpakalinė burnos dalis, per kurią ryjamas maistas: *gerklė̃s skaũsmas* ○ *Man skaũda gérklę.*

gerókai *prv.* gana smarkiai; daug: *Šiañdien gerókai šãla.* ○ *Mẽs atlìkome gerókai daugiaũ dárbo negu jū̃s.*

gérti, gẽria, gė́rė *vks. (1)* **1.** *(kas, ką)* ryti skystį̃: *Jū̃s gérsite kãvą ar arbãtą?* ○ *Vaĩkas gẽria píeną.* **2.** *(kas, ką)* vartoti (vaistus ir pan.): *Mano sesuõ seřga, gẽria váistus.* **3.** *(kas)* nuolat vartoti svaigiuosius gėrimus: *Jis labaĩ gẽria.* ○ *Jis nustójo gérti.* • *žr.* **išgerti, negerti**

gėrìmas *dkt. v. (2, 1) (ko)*

gesìnti, gesìna, gesìno *vks. (1) (kas, ką)* **1.** daryti, kad gestų, užgestų: *Gaĩsrą gesìno gaĩsrininkai.* ○ *Gesìnk cigarètę!* **2.** išjungti: *Eĩk miegóti, aš gesinù šviẽsą.* • *žr.* **negesinti**

gesìnimas *dkt. v. (1, 1) (ko): gaĩsro gesìnimas*

gę̃sta *esam. l. 3 asm. žr.* **gesti**[2]

gèsti[1]**,** geñda, gẽdo *vks. (1) (kas)* darytis netinkamam, netekti gerų savybių: *Žuvìs ir mėsà greĩtai geñda.* ○ *Sãko, kad dañtys nuo saldaĩnių geñda.* ○ *Automobìlis pradė́jo gèsti.* • *žr.* **negesti**[1]**, sugesti**

gedìmas *dkt. v. (2, 1): varìklio gedìmas*

gèsti[2]**,** gę̃sta, gẽso *vks. (1) (kas)* nustoti degti, šviesti; (apie variklį) pradėti neveikti: *Láužas jau visái gę̃sta.* ○ *Žvaĩgždės gẽso.* ○ *Kažkàs atsitìko automobìlio varìkliui, jis gę̃sta.* • *žr.* **negę̃sti**[2]

gýdyti, gýdo, gýdė *vks. (3) (kas, ką, kuo)* daryti, kad būtų sveikas: *gýdyti ligónį [kóją, žaĩzdą]* ○ *Kóks gýdytojas jus gýdo?* ○ *Aš gýdžiau jį taĩs váistais.* • *žr.* **negýdyti;** *plg.* **gyti**

gýdymas *dkt. v. (1, 1) (ko)*

gýdytis, gýdosi, gýdėsi *sgr. vks. (3) (kas, ką, kuo; kas, kur)* gydyti pačiam save ar būti gydomam (pvz., ligoninėje): *Slõgą aš gýdausi vaistažolėmis.* ○ *Aš ilgaĩ gýdžiausi ligóninėje.* • *žr.* **nesigýdyti**

gýdytojas *dkt. v. (1, 2)*, **gýdytoja** *dkt. m. (1, 7)* gydymo specialistas: *akių gýdytojas* ○ *Mano sesuõ dìrba vaikų gýdytoja.* ○ *Pakviẽskite gýdytoją į nãmus.* • *žr. t. p.* **daktaras** (2)

giedóti, gíeda, giedójo *vks. (1)* **1.** *(kas, ką)* atlikti giesmę: *Seĩmo nariaĩ gíeda valstýbės hìmną.* ○ *Bažnýčioje giedójo dìdelis chòras.* **2.** *(kas)* skleisti garsus (apie paukščius): *Gaidžiaĩ gíeda rytaĩs.* • *žr.* **negiedoti**

giedójimas *dkt. v. (1, 1) (kieno; ko)*

giedrà *vns. dkt. m. (4, 6)* giedras oras: *Nuo kitõs sãvaitės prasidė́s giedrà.*

giẽdras, giedrà *bdv. (4, 1–6)* kuris be debesų, neapsiniaukęs (apie dangų); kurio metu dangus be debesų, saulėtas (apie orą, paros metą): *Rýtą buvo giẽdras dangùs.* ○ *Rýtas buvo giẽdras, bet paskuĩ apsiniáukė.* ○ *Važiúosime giedrù óru* (kai bus giedras oras).
giẽdra *n.* giedras oras: *Šiañdien giẽdra.* ○ *Jei bus giẽdra, važiúosime į mìšką grybáuti.*

giesmė̃ *dkt. m. (3, 8)* religinė arba iškilminga daina: *Bažnýčioje gíeda gíesmes.*

gijìmas *dkt. v. (2, 1) žr.* **gyti**

gìjo *būt. l. 3 asm. žr.* **gyti**

gìlė *dkt. m. (2, 8)* ąžuolo vaisius

giliaĩ *prv. laipsn.* ten, kur gilu; toli žemyn ar tolyn nuo paviršiaus: *Nebrìsk giliaĩ į vándenį.* ○ *Knygà padėtà giliaĩ* (toli už kitų, po kitomis). • *žr.* **negiliai**

gilė

gilùs, gilì *bdv. laipsn. (4, 5–8)* turintis didelį atstumą nuo paviršiaus (viršaus) iki dugno: *Šis ẽžeras labaĩ gilùs, bet yrà ir dár gilesniũ.* ○ *gilì balà* ○ *Ùpėje yra giliũ viẽtų.* ○ *Gilì žaizdà, ilgaĩ negỹja.* ○ *gilùs púodas, gilì lėkštė* ○ *gìlios pálto kišẽnės*
gilù *n.*: *Toliaũ nebrìsk, teñ labai gilù.* ○ *Eĩkime, kur giliaũ, čià per mažaĩ viẽtos máudytis.* ○ *Tojè viẽtoje yra giliáusia.*
• *žr.* **negilus, seklus**

gimdýti, gim̃do, gim̃dė *vks. (3) (kas, ką)* daryti, kad gimtų: *Móterys gim̃do vaikùs.*
• *žr.* **negimdyti**

gimìmas *dkt. v. (2, 1) žr.* **gimti**
gimìmo datà metai, mėnuo ir diena, kada kas gimė: *Parašýkite sàvo gimìmo dãtą.*
gimìmo dienà metų diena, kurią kas gimė: *švę̃sti gimìmo diẽną* ○ *Màno gimìmo dienà – spãlio vienúoliktoji.* • *žr. t. p.* **gimtadienis**
gimìmo liùdijimas dokumentas, kuriuo patvirtinamas vaiko gimimas
gimìmo viẽtà vieta (miestas ir pan.), kur kas gimė: *Màno gimìmo viẽtà – Ukmergė̃.*

gimináitis *dkt. v. (1, 3),* **gimináitė** *dkt. m. (1, 8)* asmuo, kuris priklauso tai pačiai giminei: *Susitiko gimináičiai.*

giminė̃ *dkt. m. (3ᵇ, 8)* **1.** *vns.* žmonių grupė, turinti bendrus protėvius: *Màno giminė̃s mažaĩ likę.* **2.** giminaitis: *Į vestuvès atvỹko giminė̃s.* **3.** *gram.* kiekviena iš didelių grupių, į kurias skirstomi vardažodžiai, įvardžiai, dalyviai • (3) *žr.* **moteriškoji giminė, negimininė forma, vyriškoji giminė**

gìminiškas, gìminiška *bdv. (1, 1–6)* turintis bendrų ypatybių, artimas, bendros kilmės: *gìminiškos kal̃bos* • *žr.* **negiminiškas**

gimtãdienis *dkt. v. (1, 3) žr.* **gimimo diena**: *Nepamir̃šk pasvéikinti mãmą gimtãdienio próga.*

gim̃tasis, gimtóji *įvr. bdv. (kieno)* savas (kam) nuo (kieno) gimimo: *Tai yra màno gim̃tieji namaĩ* (aš juose gimiau). ○ *Privãlome mylė́ti gim̃tąjį krãštą [gim̃tąją šãlį].*
gimtóji kalbà kalba, kurią asmuo išmoksta mažas iš savo tėvų: *Aš laisvaĩ kalbù ángliškai, bet mano gimtóji kalbà – lietùvių.*

gìmti, gìmsta, gìmė *vks. (1) (kas, kam)* atsirasti pasaulyje (apie vaiką): *Kadà tu gimeĩ? ○ Kuř jū́s gìmėte? ○ Jiems gìmė berniùkas ir mergáitė.* • *žr.* **negimti**
gìmtimas *dkt. v. (2, 1) (kieno)*

gimtìnė *dkt. m. (2, 8)* gimtoji vieta: *Kuř tàvo gimtìnė? ○ Màno gimtìnėje daũg ežerų.*

giñčas *dkt. v. (2, 1)* ginčijimasis; jo atvejis: *giñčas tarp giminių̃ dėl tur̃to*

giñčytis, giñčijasi, giñčijosi *sgr. vks. (1) (kas, su kuo, dėl ko)* kalbėti nesutinkant ar nesutariant dėl ko: *Jie nuõlat giñčijasi dėl smùlkmenų.* ○ *Nustókite (su manimì) giñčytis!* • *žr.* **nesiginčyti**
giñčijimasis *dkt. v. (1, 1a)*

gýnė *būt. l. 3 asm. žr.* **ginti**

gýnėsi *būt. l. 3 asm. žr.* **gintis**

gynýba *vns. dkt. m. (1, 6)* gynimas: *šaliẽs gynýba*

gynìmas *dkt. v. (2, 1) žr.* **ginti**

gynìmasis *dkt. v. (1, 1a) žr.* **gintis**

giñklas *dkt. v. (2, 1)* kovos ar gynimosi priemonė: *gìntis ginklù* ○ *Atidúokite ginklùs!* • *žr.* **šaunamasis ginklas**

ginklúotas, ginklúota *bdv. (1, 1–6)* kuris nešasi, nešiojasi ginklą; kuriame naudojamas ginklas (ginklai): *ginklúotas plėšikas* ○ *ginklúotas apiplėšimas* • žr. **neginkluotas**

giñtaras *vns. dkt. v. (3ᵇ, 1)* geltonos spalvos medžiaga ar jos gabalėliai, randami prie jūros: *Prie jū́ros radaũ giñtaro gãbalą.* ○ *giñtaro karōliai*

gintarìnis, gintarìnė *bdv. (2, 4–9)* pagamintas iš gintaro: *nešióti gintariniùs pāpuošalus*

gìnti, gìna, gýnė *vks. (1) (kas, ką, nuo ko)* saugoti nuo (kieno) puolimo: *gìnti šãlį nuo príešų* • žr. **neginti** **gynìmas** *dkt. v. (2, 1) (ko)*

gìntis, gìnasi, gýnėsi *sgr. vks. (1) (kas, nuo ko)* ginti save: *gìntis nuo šunų̃* • žr. **nesiginti** **gynìmasis** *dkt. v. (1, 1a) (kieno)*

girà *vns. dkt. m. (4, 6)* kiek rūgštus gaivusis gėrimas, daromas iš džiovintos duonos, džiovintų vaisių ir pan.: *obuolių̃ [medaũs] girà*

girdė́ti, giřdi, girdė́jo *vks. (2)* **1.** *(kas, ką)* ausimis suvokti garsus: *Jis geraĩ giřdi tik víena ausimì.* ○ *Ar girdė́jai šū̃vį?* ○ *Ar jū̃s mane geraĩ giřdite?* ○ *Klausýk, ar girdì, kaip gražiaĩ dainúoja.* ○ *Àš jus girdžiù.* **2.** *(kas)* (tik bendr.) būti girdimam: *Gãtvėje girdė́ti triùkšmas.* **3.** *(kas, ką / apie ką / + šs)* sužinoti: *Ar girdė́jai gẽrą naujíeną?* ○ *Girdė́jau, kad ir tù buvaĩ vestùvėse.* • žr. **negirdė́ti**; *plg.* **išgirsti** **girdėjimas** *dkt. v. (1, 1) (ko)*

gýrė *būt. l. 3 asm. žr.* **girti**

gýrėsi *būt. l. 3 asm. žr.* **girtis**

gìrtas, girtà *bdv. (3, 1–6)* paveiktas išgertų svaigiųjų gėrimų: *Jis gė́rė daug degtinės, tōdėl yra gìrtas.* ○ *Jis atródo gìrtas.* ○ *Girtám negãlima vairúoti automobìlio.* • *prš.* **blaivus**; *žr.* **negirtas**

girtáuti, girtáuja, girtãvo *vks. (1) (kas)* dažnai gerti svaigiuosius gėrimus • *neig.* **negirtáuti** **girtãvimas** *dkt. v. (1, 2) (kieno)*

gìrti, gìria, gýrė *vks. (1) (kas, ką, už ką)* sakyti ką gera apie ką, reikšti žodžiais žavėjimąsi kuo: *Mókytoja gýrė mane – sãkė, kad àš gẽras mokinỹs.* • žr. **negirti, pagirti**

gìrtis, gìriasi, gýrėsi *sgr. vks. (1) (kas, kuo)* kalbėti (apie save ar ką savo) per daug didžiuojantis: *Tau atródo, kad àš giriúosi? Nè, àš iš tikrų̃jų buvau geriáusias mokinỹs klãsėje.* ○ *Jis visíems gìriasi savo dìdele algà.* • žr. **nesigirti**

girtuõklis *dkt. v. (2, 3),* **girtuõklė** *dkt. m. (2, 8)* asmuo, kuris dažnai geria daug svaigiųjų gėrimų: *Gaĩla girtuõklio vaikų̃.* • *plg.* **alkoholikas**

gìs *būs. l. 3 asm. žr.* **gyti**

gitarà *dkt. m. (2, 6)* styginis muzikos instrumentas: *gitãros gařsas* ○ *Mano sūnùs skaȟbina elektrìnė gitarà.*

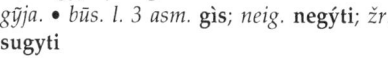
gitara

gýti, gỹja, gìjo *vks. (1) (kas)* sveikti: *Ligónis greĩtai gỹja.* ○ *Jaũ gyjù po ligõs.* ○ *Žaizdà gỹja.* • *būs. l. 3 asm.* **gìs**; *neig.* **negýti**; žr. **sugyti**
gijìmas *dkt. v. (2, 1): žaizdõs gijìmas*

gývas, gyvà *bdv. (3, 1–6)* **1.** turintis gyvybę; gyvenantis, nemiręs: *Avãrijoje ji liko gyvà.* ○ *Nežinójau, ar lìksiu gývas, kai susirgaũ.* **2.** kuris daug juda; linksmas: *labaĩ gývas vaĩkas* ○ *Vỹko gývas pókalbis.* • žr. **miręs, negyvas, nieku gyvu**

gyvãtė *dkt. m. (2, 8)* ilgas šliaužiantis gyvūnas: *Sáugokis gyvãčių.*

gyvãte Š. (keiksmažodis): *Gyvãte, kaip skaũda dañtį!*

gyvatė

gyvẽnamasis, gyvẽnamoji *įvr. dlv. [2]* kuriame kas gyvena; kuriame gyvenama: *gyvẽnamoji vietà* ○ *gyvẽnamosios pãtalpos* ○ *gyvẽnamasis pãstatas*

gyvẽnimas *vns. dkt. v. (1, 1) (kieno)* **1.** laikas, kurį (kas) buvo gyvas. **2.** būdas, kuriuo kas gyvena: *laimìngas gyvẽnimas*
gyvẽnimo aprãšymas raštas, kuriame asmuo pateikia duomenis apie savo išsilavinimą, darbą ir t. t.: *Prie prãšymo priimti į dárbą pridė́kite ir (sãvo) gyvẽnimo aprãšymą.*

gyvénti, gyvẽna, gyvẽno *vks. (1)* **1.** *(kas)* būti gyvam: *Gyvénk šiñtą mẽtų!* ○ *Šis rašýtojas gyvẽno XIX ámžiuje.* **2.** *(kas, kur)* būti

gyventojas

apsigyvenusiam; turėti namus: *gyvénti prie ùpės [ẽžero]* o *gyvénti miestè [ùžsienyje, viẽšbutyje, Lietuvojè]* • neig. **negyvénti kaip gyvenì?** (klausiama susitikus pažįstamą)

gyvéntojas *dkt. v. (1, 2)*, **gyvéntoja** *dkt. m. (1, 7)* asmuo, kuris kur gyvena: *nãmo gyvéntojai* o *Lietuvõs gyvéntojai* o *miẽsto [káimo] gyvéntojai*

gyvénvietė *dkt. m. (1, 8)* vieta, kurioje stovi gyvenamieji namai: *Važiãvome pro gyvénvietę.*

gyvýbė *vns. dkt. m. (1, 8)* 1. tai, kas skiria gyvūnus ir augalus nuo žemės, akmenų ir pan. 2. buvimas gyvo: *Gýdytojai išgélbėjo man gyvýbę.*

gyvulìnis, gyvulìnė *bdv. (2, 4–9)* gaunamas iš gyvulių: *gyvulìniai riebalaī*

gyvulỹs *dkt. v. (3ᵃ, 3)* naminis gyvūnas, auginamas mėsai, pienui ir pan.: *Jo tėvaī augìna daũg gyvulių: kárvių, kiaũlių, arklių.*

gyvū́nas *dkt. v. (2, 1)* bet kuri gyva būtybė, išskyrus augalus: *Šuõ, varlė̃, žvìrblis yra gyvū́nai.*

gyvúoti, gyvúoja, gyvãvo *vks. (1) (kas)* gyventi **kaip gyvúoja...?** (klausiant apie kieno būseną, sveikatą): *Kaĩp gyvúoja Jõnas?* **kaip gyvúoji?** (klausiama susitikus pažįstamą) • *plg.* **gyventi**

glámžyti, glámžo, glámžė *vks. (3) (kas, ką)* daryti nelygų, netiesų spaudžiant ranka: *glámžyti pōpierių [áudinį]* • *žr.* **neglamžyti, suglamžyti**

glámžytis, glámžosi, glámžėsi *sgr. vks. (3) (kas)* įgyti raukšles (apie audinį): *Šìs audinỹs labai glámžosi, reĩkia dažnaī lýginti.* • *žr.* **nesiglamžyti, susiglamžyti**

glaũdės *dgs. dkt. m. (2, 8)* kelnaitės, kurias vyrai ar berniukai dėvi, kai maudosi: *Man reĩkia naujų̃ glaũdžių.*

globà *vns. dkt. m. (4, 6)* globojimas: *globõs namaī*

globė́jas *dkt. v. (1, 2)*, **globė́ja** *dkt. m. (1, 7) (kieno)* asmuo, kuris (ką) globoja

globóti, globója, globójo *vks. (1) (kas, ką)* rūpintis (vaikais, kurių tėvai yra mirę, neįgaliais asmenimis ir pan.): *Kai jos mótina mìrė, ją ėmė globóti tetà.* • *žr.* **negloboti globójimas** *dkt. v. (1, 1)*

globótinis *dkt. v. (1, 3)*, **globótinė** *dkt. m. (1, 8) (kieno)* asmuo, kurį (kas) globoja

grãfika *vns. dkt. m. (1, 6)* dailės rūšis; šios dailės rūšies kūriniai: *grãfikos parodà*

grãfikas¹ *dkt. v. (1, 1)* planas ar sąrašas, kuriame nurodyta, kuriuo laiku kas turi būti atlikta: *dárbo grãfikas* o *dìrbti pagal grãfiką*

grãfikas² *dkt. v. (1, 1)*, **grãfikė** *dkt. m. (1, 8)* dailininkas, kuris kuria grafikos kūrinius

gram. *sutr.* gramatikoje vartojamas žodis

grãmas *dkt. v. (2, 1)* tūkstantoji kilogramo dalis: *Prãšom trìs šimtùs grãmų (300 g) tų̃ saldaĩnių* (prašoma parduotuvėje). • *sutr.* **g**

gramãtika *vns. dkt. m. (1, 6)* taisyklės, pagal kurias kaitomi žodžiai ar sudaromi sakiniai; knyga, kurioje tos taisyklės surašytos: *lietùvių kalbõs gramãtika* o *Gal tùrite lietùvių kalbõs gramãtiką* (klausiama knygyne)?

grandìnė *dkt. m. (2, 8)* raištis iš sujungtų metalinių žiedų

grandinė̃lė *dkt. m. (2, 8)* papuošalas iš mažų metalinių žiedų: *sidabrìnė grandinė̃lė* o *Jì pasipuõšusi auksìnė grandinė̃lė.*

grasìnti, grasìna, grasìno *vks. (1) (kas, kam, + bendr. / + šs)* žodžiu, raštu ar kokiu ženklu, daiktu piktai įspėti ką: *Mótina vaikáms grasìna pirštù.* o *Viršininkas grasìno išmèsti [, kad išmès] jį iš dárbo.* • neig. **negrasìnti grasìnimas** *dkt. v. (1, 1)*

gráužti, gráužia, gráužė *vks. (1) (kas, ką)* ką kietą valgyti, ėsti: *Morkàs gráužti sveĩka.* o *Šuõ gráužia káulą.* • *būs. l. 3 asm.* **graũš**; *žr.* **negraužti graužìmas** *dkt. v. (2, 1) (ko)*

grąžà *vns. dkt. m. (4, 6)* pinigai, grąžinami perkant, kai mokama pinigų suma viršija pirkinio kainą: *Iš dešimtiẽs lìtų gavaũ grąžõs dvìdešimt ceñtų.* o *Grąžą̃ tikrìnkite prie kasõs.* • *žr.* **be grąžos**

gražėti, gražėja, gražėjo vks. (1) (kas) darytis gražesniam: Miẽstas gražėja. • neig. **negražėti**

grąžinti, grąžina, grąžino vks. (1) (kas, ką) daryti gražesnį, puošti: Grąžūs drabùžiai žmõgų grąžina. • žr. **negražinti**

grąžìnti, grąžìna, grąžìno vks. (1) (kas, ką, kam) atiduoti tai, kas buvo paimta ar skolinta: Nepamiřšk jam grąžìnti pinigų. ○ Prašaũ grąžìnti man raktùs [knỹgą]. • žr. **negrąžinti**

grąžìnimas dkt. v. (1, 1) (ko): skolõs grąžìnimas ○ tuřto [nuosavýbės, žẽmės] grąžìnimas

grąžtas dkt. v. (2, 1) įrankis skylėms daryti: elektrìnis grąžtas

gražùs, graži bdv. laipsn. (4, 5–8) į kurį malonu žiūrėti, kurio malonu klausytis: Ji yra graži móteris. ○ Šie pavéikslai tikraĩ gražūs. ○ gražūs Vìlniaus vaizdaĩ ○ Nusipirkaũ gražią sùknelę. ○ Tai labaĩ graži dainà. ○ Šiañdien gražùs óras (giedra). ○ Jis dovanójo man gražių gėlių.
gražù n.: Čia labaĩ gražù. ○ Gražiáusia bū̃na pavãsarį sodè.
gražiaĩ prv.: gražiaĩ nùpieštas pavéikslas ○ Jū̃s rãšote labaĩ gražiaĩ. ○ Šiañdien jūs atródote gražiaĩ. ○ gražiaĩ apsireñgęs (gražiais, tinkančiais drabužiais)
• prš. **bjaurus**; žr. **negražus**
gražùmas dkt. v. (2, 1)

grėblỹs dkt. v. (3, 3) įrankis su dantimis grėbti

grė̃bti, grė̃bia, grė̃bė vks. (1) (kas, ką) traukti į vieną vietą grėbliu: grė̃bti saũsus lapùs • žr. **negrė̃bti**

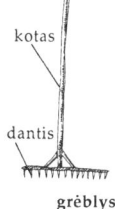
kotas
dantis
grėblys

greičiaũ aukšt. l. žr. **greit (greitai)**

greičiáusiai prv. 1. aukšč. l. žr. **greit (greitai)**: Jìs užduotį atlìko greičiáusiai. 2. turbūt, galima tikėti, kad: Jìs greičiáusiai jaũ išvažiãvo. ○ Greičiáusiai aš skė̃tį palikaũ paštè. ○ Ar tu manaĩ, kad jis užmìršo ateĩti? – Greičiáusiai.

greĩt (t. p. **greĩtai**) prv. laipsn. 1. po trumpo laiko: Greĩt ateĩs pavãsaris. ○ Greĩtai grį̃žk, aš ilgaĩ neláuksiu. 2. per trumpą laiką: Tą̃ dárbą aš padarýsiu greĩt. ○ Dárbą atlikaũ greĩtai – per pùsvalandį. ○ Padavėjas atėjo negreĩt (ilgai reikėjo laukti), bet paskuĩ mus aptarnãvo labaĩ greĩtai. 3. dideliu greičiu: Jaunì žmónės váikšto greĩtai. ○ Tù greĩtai važiúoji! ○ Gal galì važiúoti greĩčiaũ?
• žr. **negreit (negreitai)**; (3) prš. **lėtai**

greĩtas, greità bdv. laipsn. (4, 1–6) 1. kuris juda greĩtai (3). 2. kuris atliekamas per trumpą laiką • prš. **lėtas**; žr. **negreitas**
greitàsis, greitóji įvr. bdv.
greitàsis traukinỹs traukinys, kuris nestoja mažose stotelėse
greitóji pagálba medicinos tarnyba, kuri teikia skubią medicinos pagalbą staiga susirgusiems ar patekusiems į avariją žmonėms: Greĩtąją pagálbą kviẽskite telefonù 03.

greĩtis vns. dkt. v. (2, 3) judėjimo matas, rodantis, koks atstumas nueitas ir pan. per laiko vienetą: greĩčio rodỹklė ○ Važiãvome šim̃to kilomètrų per vãlandą greĩčiu (100 km / val). ○ Miestè greĩtis (yra) ribójamas iki šešiasdešimt kilomètrų per vãlandą. ○ dìdinti [mãžinti] greĩtį

greĩtkelis dkt. v. (1, 3) platus kelias, kuriuo galima važiuoti dideliu greičiu: Vìlniaus–Pãnevėžio greĩtkelis [greĩtkelis Vìlnius–Panevėžỹs]

grę̃žti, grę̃žia, grę̃žė vks. (1) (kas, ką) daryti skylę grąžtu • būs. l. 3 asm. **grę̃š**; žr. **išgręžti, negręžti**
grę̃žimas dkt. v. (2, 1) (ko)

griáusti, griáudžia, griáudė vks. (1) (kas / –) būti girdimam (apie griaustinį): Griaustìnis griáudžia. ○ Šiañdien žaibãvo ir griáudė. • neig. **negriáusti**

griaustìnis vns. dkt. v. (2, 3) žaibo sukeliamas garsas: Griáudžia griaustìnis. • žr. t. p. **perkū́nija**

griáuti, griáuna, grióvė vks. (1) (kas, ką) 1. versti griūti: Vėjas mane griáuna. 2. daryti taip, kad ko neliktų, naikinti: griáuti sẽną nãmą ○ Reikės griáuti síeną. • žr. **negriauti, nugriauti, pargriauti, sugriauti**; plg. **griūti**

grỹbas dkt. v. (2, 1) toks minkštas augalas be žiedų, su

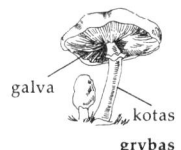
galva
kotas
grybas

grybauti

kotu ir galva: *Po lietaūs dýgsta grỹbai.* ○ *krepšỹs grỹbų* ○ *Grybùs vérda, džiovìna.* ○ *válgomieji [nuodìngieji] grỹbai*

grybáuti, grybáuja, grybāvo *vks. (1) (kas)* rinkti valgomuosius grybus: *Ar nenorė́tum eĩti grybáuti?* ○ *Grybavaū pùsę dienõs ir radaū tik kēturis baravykùs.* • *neig.* **negrybáuti**

griẽbti, griẽbia, griẽbė *vks. (1) (kas, ką̃ / už ko)* staiga jėga imti: *Vagìs griẽbė mano pinigìnę ir pabė́go.* ○ *griẽbti kam už rañkos* • *žr.* **negriebti**

grietìnė *vns. dkt. m. (2, 8)* rūgšti grietinėlė: *Iš grietìnės dāro svíestą.* ○ *sìlkė su grietinè* ○ *grietìnės pādažas*

grietinėlė *vns. dkt. m. (2, 8)* pieno riebalai: *kavà su grietinėlè*

griežčiaũ *aukšt. l. žr.* **griežtai**

griežčiáusiai *aukšč. l. žr.* **griežtai**

griežinė́lis *dkt. v. (2, 3)* plonas ppr. ko apvalaus gabalėlis: *Supjáustyk dẽšrą [agurkùs, pomidorùs] griežinėliais.* • *plg.* **riekė**

griežtaĩ *prv. laipsn.* 1. piktai, neleidžiant prieštarauti: *Jis man atsãkė griežtaĩ.* 2. visiškai: *Čià statýti automobìlį griežtaĩ draũdžiama.* 3. be gailesčio: *griežtaĩ nubaũsti* (didele bausme)

gríežtas, griežtà *bdv. laipsn. (3, 1–6)* 1. kuris nemėgsta tvarkos pažeidimų: *Mū́sų viršininkas – gríežtas žmogùs.* 2. daromas pagal taisykles: *gríežtas áuklėjimas* 3. didelis (apie bausmę)

grìkis *dkt. v. (2, 3)* smėlėtoje žemėje auginamas javas; jo grūdas: *grikių̃ kruõpos* ○ *grikių̃ (kruõpų) kõšė su píenu*

grikìnis, grikìnė *bdv. (2, 4–9)* pagamintas iš grikių miltų: *grikìniai blỹnai*

grim̃zti, grim̃zta, grim̃zdo *vks. (1) (kas)* leistis žemyn nuo vandens paviršiaus į dugną: *Akmuõ grim̃zta, o váltis negrim̃zta.* • *būs. l. 3 asm.* **grim̃s**; *neig.* **negrim̃zti**; *žr.* **nugrimzti**

grýnas, grynà *bdv. (3, 1–6)* 1. kuris nėra sumaišytas su kita medžiaga: *Šìs žíedas grýno áukso.* ○ *Šì suknẽlė (yra) iš grynõs vìlnos áudinio.* 2. *laipsn.* švarus, be dulkių

ir pan.: *Óras mìškė (yra) labaĩ grýnas.* ○ *grýnas vanduõ* • *žr.* **negrynas**
grynàsis, grynóji *įvr.*
gryníeji (pinigaĩ) pinigai monetomis ar banknotais (ne čekiu ar mokėjimo kortele): *Ar mokėsite grynaĩsiais (pinigaĩs)?*

griñdys *dgs. dkt. m. (4, 9)* patalpõs apačiõs paviršius, ant kurio stovima ar vaikščiojama: *sėdėti ant grindų̃* ○ *Vazà nukrìto ant grindų̃ ir sudùžo.* ○ *medìnės griñdys*

gri ́ovė *būt. l. 3 asm. žr.* **griauti**

grìpas *vns. dkt. v. (2, 1)* liga, kuria sergant pakyla kūno temperatūra ir skauda galvą: *Pavāsarį ir rùdenį daũg žmonių̃ sérga grìpu.* ○ *Gal tùrite váistų nuo grìpo (klausiama vaistinėje)?*

griū́ti, griū́va (griū́na), griùvo *vks. (1) (kas)* 1. virsti: *Griuvaū ant láiptų ir užsigavaū kóją.* 2. darytis netinkamos būklės: *Tìltas [nãmas] jau griū́va.* • *būs. l. 3 asm.* **griùs**; • *neig.* **negriū́ti**; *žr.* **sugriū́ti**; *plg.* **krìsti**

griuvìmas *dkt. v. (2, 1)*

griū́va *esam. l. 3 asm. žr.* **griū́ti**

griuvė́siai *dgs. dkt. v. (2, 3)* tai, kas lìkę iš sugriuvusio pastato (pastatų̃): *Senãmiestyje matýti daũg griuvė́sių.* ○ *piliẽs [rū́mų] griuvė́siai*

griuvìmas *dkt. v. (2, 1) žr.* **griū́ti**

griùvo *būt. l. 3 asm. žr.* **griū́ti**

grį̃žti, grį̃žta, grį̃žo *vks. (1) (kas)* (par)eiti ir pan. atgal (ten, iš kur kas išėjo, išvyko): *Vãkar grį̃žaũ namõ vėlaĩ.* ○ *Vaikaĩ iš mokỹklos grį̃žta trẽčią vãlandą.* ○ *Àš greĩtai grį̃šiu.* ○ *Jis negrį̃žo iš kãro.* • *būs. l. 3 asm.* **grį̃š**; *neig.* **negrį̃žti**

grįžìmas *dkt. v. (2, 1)*

gróti, grója, grójo *vks. (1) (kas, ką̃, kuo)* atlikti muzikos kūrinį instrumentu; muzikai skambėti: *Ar tu móki gróti gitarà?* • *žr.* **negroti**

grojìmas *dkt. v. (2, 1)*

grotùvas *dkt. v. (2, 1)* prietaisas garso įrašams atkurti • *žr.* **kompaktìnių plokštèlių grotuvas, plokštèlių grotuvas**

grožė́tis, grõžisi, grožė́josi *sgr. vks. (2) (kas, kuo)* džiaugtis (ko) gražumu: *Mẽs*

ilgaĩ grožėjomės pavéikslu. • *žr.* **nesigrožėti**
grožėjimasis *dkt. v. (1, 1a) (kuo)*
grõžinis, grõžinė *bdv. (1, 4–9)*
grõžinė literatūrà literatūros kūriniai, kuriuose aprašyti išgalvoti įvykiai ir veikėjai
grõžis *vns. dkt. v. (2, 3)* savybės, sukeliančios grožėjimąsi: *gamtõs grõžis* ○ *nepàprasto grõžio móteris*
grubùs, grubì *bdv. laipsn. (4, 5–8)* nelygus (liečiant) (apie paviršių): *grùbios rañkos* (rankų oda yra grubi). • *žr.* **negrubus**; *plg.* **šiurkštus**
grū́das *dkt. v. (3, 1)* javų ir kitų augalų sėkla: *rugių̃ [aguõnų] grūdaĩ*
grúodis *dkt. v. (1, 3)* dvyliktasis metų mėnuo: *Grúodžio trìsdešimt pirmóji – paskutìnė mẽtų dienà.* ○ *Jų̃ vaĩkas gìmė grúodį.*
grùpė *dkt. m. (2, 8)* 1. tam tikras skaičius vienas prie kito esančių daiktų, žmonių ar gyvūnų ir pan.: *žmonių̃ grùpė* 2. tam tikras skaičius asmenų, kurie dirba, mokosi ir pan. kartu: *Pàskaitas lañko trỹs (studeñtų) grùpės.*
gudrùs, gudrì *bdv. laipsn. (4, 5–8)* 1. kuris greitai viską suvokia, protingas: *Jis yra labaĩ gudrùs vaĩkas.* 2. kuris greitai viską suvokia ir sugeba tuo pasinaudoti tik savo tikslams: *Jis labai gudrùs, tu jo neapgáusi.* ○ *gudrùs kaip lãpė* (labai gudrus)
gudrùmas *dkt. v. (2, 1)*
gulbė̃ *dkt. m. (2, 8)* didelis ežerų paukštis baltomis plunksnomis, ilgu kaklu

gulbìnas *dkt. v. (3ᵇ, 1)* gulbių patinas: *Ežerè pláukioja dvì gul̃bės ir dù gulbinaĩ.*

gulbė

gulbiùkas *dkt. v. (2, 1)* gulbių jauniklis

guldýti, gul̃do, gul̃dė *vks. (3) (kas, ką)* versti ar leisti gulti(s): *Laĩkas guldýti vaikùs.* ○ *Kur̃ svečiùs guldýsime?* • *žr.* **neguldyti**
gulė́ti, gùli, gulė́jo *vks. (2) (kas)* 1. būti atsigulusiam: *Jis gulė́jo lóvoje ant nùgaros.* ○ *Ser̃gant gripù reĩkia gulė́ti lóvoje.* 2. turėti vietą, būti kur (apie daiktus): *Visur̃ gulė́jo jo knỹgos ir drabùžiai.* ○ *Pieštùkas gùli priẽš jùs.* • *žr.* **negulėti**
gulė́jimas *dkt. v. (1, 1)*
gulė́ti ligóninėje būti gydomam ligoninėje: *Kíek laĩko jis gulė́jo ligóninėje?*
gul̃ti, gùla, gùlė *vks. (1) (kas)* 1. gultis: *Gul̃k ant sòfos.* 2. (eiti) miegoti: *Vaĩkas nuė́jo gul̃ti.* • *žr.* **negulti**
gul̃tis, gùlasi, gùlėsi *sgr. vks. (1) (kas)* 1. tiesti savo kūną ant (ko) paviršiaus: *Gul̃kis ant žolė̃s pailsė́ti.* 2. eiti miegoti: *Àš gulúosi dvýliktą vãlandą, o kadà guliési tù?* • *žr.* **atsigulti, nesigulti**
gul̃tis į ligóninę (at)vykti gydytis į ligóninę: *Manè operuõs, aš turiù gul̃tis į ligóninę.*
gumà *vns. dkt. m. (4, 6)* dirbtinė medžiaga, kuri npraleidžia vandens ir tempiama ar spaudžiama keičia formą • *žr.* **kramtomoji guma**
gumẽlė *dkt. v. (2, 8)* žiedo formos gumos gaminys daiktams (pvz., popieriaus lapams) laikyti kartu
gumìnis, gumìnė *bdv. (2, 4–9)* pagamintas iš gumos: *gumìniai bãtai*
gū̃sis *dkt. v. (2, 3)* staigus stiprus vėjas: *Vė́jo gū̃sis atidãrė durìs.*
gvazdìkas *dkt. v. (2, 1)* laukų ir darželių gėlė plonu stiebu: *gvazdìkų púokštė*

gvazdikas

H

H, h dvyliktoji lietuvių kalbos abėcėlės raidė

hèrbas *dkt. v. (1, 1)* valstybės ženklas, vaizduojamas vėliavose, valstybės įstaigų antspauduose, iškabose, monetose ir pan.: *Lietuvõs Respùblikos hèrbas – Výtis.*

hìmnas *dkt. v. (1, 1)* valstybės giesmė; jos muzika: *Lietuvõs Respùblikos hìmnas prasìdeda žõdžiais: „Líetuva, tėvýne mū́sų".* ○ *Kai grója [gíeda] hìmną, reĩkia atsistóti.*

I i, Į į, Y y

I, i tryliktoji lietuvių kalbos abėcėlės raidė

Į, į keturioliktoji lietuvių kalbos abėcėlės raidė

Y, y penkioliktoji lietuvių kalbos abėcėlės raidė

į̃ *prl.* (su G.) vartojamas pasakant: **1.** (vietą): *Mes įė́jome į kam̃barį* (dabar mes kambaryje). ○ *Atvažiãvome į Vìlnių.* ○ *Padė́k pinigus į stálčių.* **2.** (kryptį): *Sùkite į dẽšinę [į kaĩrę].* ○ *Pažiurė́jo į manè [į laĩkrodį].* ○ *eĩti į rýtus* **3.** (paliečiamą vietą): *susitreñkti gálvą į dùris* ○ *bučiúoti į véidą [į lū́pas]* **4.** (veiksmo tikslą): *Einù į dárbą.* ○ *Užeĩkite į svẽčiùs.* ○ *Eĩname į valgỹklą (paválgyti).* **5.** (daiktą, kuriuo kas vyniojamas): *suvynióti stiklìnės į põpierių* **6.** (su vks. **kreiptis** – asmenį, pareigūną ar įstaigą ir pan., kurio(s) ko prašoma): *Dėl vìzos kreĩpkitės į ambasãdą.* ○ *Jis kreĩpėsi į manè: „Prãšom pasakýti, kíek dabar̃ valandū̃?"* **7.** (su dkt. **teisė** – tai, ką žmogus turi teisę gauti, turėti): *teĩsė į nemókamą važiãvimą [gýdymą]* **8.** (dalių skaičių): *dalýti į dvì dalìs* **9.** (su dkt. **bilietas** – duodantis teisę kur dalyvauti): *biliẽtas į koncèrtą [į kìną]* **10.** (su vks. **(iš)versti** – kuria kalba): *(iš)ver̃sti knỹgą į rùsų kal̃bą*
į sveikãtą 1. (linkėjimas geriant, laikant rankoje taurę). **2.** (sakoma tam, kuris čiaudi)

įber̃ti, įberia, įbėrė *vks.* (1) *(kas, ko, į ką)* ipilti smulkių daiktų ar medžiagos, susidedančios iš smulkių dalių: *Įber̃k man dù šaukšteliùs cùkraus į kãvą.* ● *neig.* **neįber̃ti**; *plg.* **įpìlti**

ýda *dkt. m. (1, 6)* bloga asmens ypatybė: *Jis tùri víeną ýdą – dažnaĩ melúoja.* ● *plg.* **trūkumas²**; *prš.* **dorybė**

įdaras *dkt. v. (3ª, 1)* maistas, dedamas į kito maisto gaminio vidų: *Cepelìnai bū̃na sù mėsõs arbà varškė̃s įdarù.* ○ *pyrãgas sù obuolių̃ įdarù*

įdègti, į̃dega, į̃degė *vks. (1) (kas)* **1.** (apie odą) pasidaryti tamsesniam nuo saulės. **2.** (apie žmogų) nuo saulės pasidaryti tamsesnės odos: *Tù labaĩ gražiaĩ į̃degei.* • *neig.* **neį̃dègti**

įdė́ti, į̃deda, įdė́jo *vks. (1)* **1.** *(kas, ką, į ką)* padėti į ko vidų: *Į̃dė́k knỹgą į stálčių.* **2.** *(kas, ko)* padėti į kitą indą (valgio); įberti: *Į̃dė́k mán dár víeną gabalė̃lį tòrto.* ○ *Į̃dė́k į̃ sriùbą drùskos.* • *žr.* **įsidė́ti, neįdė́ti;** *plg.* **išimti**

įdomùs, įdomì *bdv. laipsn. (4, 5–8)* keliantis domėjimąsi: *Taĩ labaĩ įdomì knygà [įdomùs filmas].*
įdomù *n. (kam):* (Mán) įdomù, kã jū̃s apiẽ taĩ mãnote. ○ *Sù jumìs (mán) įdomù kalbė́tis.*
• *žr.* **neį̃domus**

įeĩti, įeĩna, įė̃jo *vks. (1) (kas, į ką)* einant patekti į ko vidų: *įeĩti į kam̃barį* ○ *Jìs įė̃jo į̃ gýdytojo kabinètą.* • *neig.* **neįeĩti;** *plg.* **išeiti**

įėjìmas *dkt. v. (2, 1)* vieta įeiti: *siaũras įėjìmas* ○ *įėjìmas į̃ nãmą* ○ *Įėjìmo nerà* (užrašas añt durų̃). • *plg.* **išėjìmas**

ieškóti, íeško, ieškójo *vks. (3) (kas, ko)* stengtis rasti pamestą, dingusį ar reikalingą daiktą, asmenį ar pan.: *Ar jū̃s íeškote rãkto?* ○ *Polìcija íeško nusikaltė̃lių.* • *neig.* **neieškóti**
ieškójimas *dkt. v. (1, 1) (ko)*

įgaliójimas *dkt. v. (1, 1)* raštas, kuriuo kas suteikia kitam asmeniui tam tikras savo teises: *įgaliójimas vairúoti automobìlį* ○ *Įgaliójimas turi bū́ti patvìrtintas pãrašu ir añtspaudu.*

įgélti, į̃gelia, į̃gėlė *vks. (1) (kas, kam)* sukelti skausmą duriant smailia dalimi (apie vabzdžius, gyvates): *Mán į̃gė́lė bìtė [úodas].* • *neig.* **neį̃gélti**

įgìjo *būt. l. 3 asm. žr.* **įgyti**

į̃gimtas, įgimtà *bdv. (3ᵇ, 1–6)* gautas gimstant: *į̃gimtas sugebė́jimas* ○ *įgimtà ligà*

įgýtas, įgytà *bdv. (3, 1–6)* gautas ką veikiant (pvz., mokantis) tam tikrą laiką: *Taĩ nerà į̃gimtas, o įgýtas sugebė́jimas.*

įgýti, įgỹja, įgìjo *vks. (1) (kas, ką, ko)* tapti turinčiam: *įgýti áukštąjį išsilãvinimą* ○ *įgýti* (gauti) *vairúotojo téises* ○ *Jìs įgìjo pasitikė́jimą savimì.* ○ *Įgijaũ patirtiẽs dìrbti kompiùteriu.* ○ *įgýti į̃gūdį* • *bū̃s. l. 3 asm.* **įgìs;** *žr.* **neį̃gyti;** *plg.* **įsigyti**
įgijìmas *dkt. v. (2, 1) (ko)*

Ignalinà *vns. dkt. m. (2, 6)* Lietuvos miestas: *Ignalìnos apýlinkėse yrà daũg ẽžerų.*

įgrū́sti, įgrū́da, įgrū́do *vks. (1) (kas, ką)* jėga įkišti: *įgrū́sti knỹgą į̃ rankìnùką* • *žr.* **neįgrū́sti**

į̃gūdis *dkt. v. (1, 3)* įgytas sugebėjimas gerai atlikti kurį nors veiksmą: *kalbõs mokė́jimo į̃gūdžiai*

įjùngti, įjùngia, įjùngė *vks. (1) (kas, ką)* padaryti, kad veiktų (elektros prietaisas ir pan.): *Ar įjùngei skalbìmo mašìną [virỹklę]?* ○ *Tamsù, įjùnk šviẽsą.* • *žr.* **įsijungti, neįjùngti;** *plg.* **išjungti**

įkálti, į̃kala, į̃kalė *vks. (1) (kas, ką, į ką)* kalant padaryti, kad (kas) tvirtai laikytųsi (kame): *Reĩkia įkálti į̃ síeną dvì vìnis.* • *žr.* **neįkalti**

įkaltìs *dkt. v. (1, 3)* daiktas, kuris padeda sužinoti, kas yra kaltas: *Polìcija íeško įkalčių̃.*

įką́sti, į̃kanda, į̃kando *vks. (1) (kas, kam)* **1.** sužeisti kandant: *Šuõ įkándo mán į̃ kóją.* **2.** įgelti • *neig.* **neįką́sti**

įkeĩsti, įkeĩčia, į̃keitė *vks. (1) (kas, ką)* už paskolą tam tikram laikui suteikti teisę į savo nuosavybę: *įkeĩsti bùtą [nãmą]* • *žr.* **neįkeisti**

įkélti, į̃kelia, į̃kėlė *vks. (1) (kas, ką, į ką)* keliant įdėti: *Į̃kélk vaĩką į̃ vežimė̃lį.* • *žr.* **neįkelti**

iki¹ *prl.* (su K.) (vartojamas reiškiant judėjimo, vietos, laiko, skaičiaus ribą). *Eĩkite iki tõ nãmo, paskuĩ sùkite į̃ dẽšinę.* ○ *Kíek yrà kilomètrų nuõ čià iki Kaũno?* ○ *Iki vãkaro dar daũg laĩko.* ○ *Iki kadà àš galiù sumokė́ti mókesčius?* ○ *Láuksiu tavę̃s iki peñktõs valandõs* (ilgiau nelauksiu). ○ *Skaičiúokim iki šim̃to.* ○ *Galiù jùms mokė́ti iki tū́kstančio lìtų* (ne daugiau).
iki pasimãtymo (sakoma atsisveikinant su pažį́stamu ar draugù)

iki šiõl *prv.* iki šio laiko, iki dabar: *Jis iki šiõl neišmóko lietùvių kalbõs.* ○ *Jis išėjo prieš vãlandą ir iki šiõl negrį̃žta.*

iki tõl *prv.* iki to / numatyto laiko: *Egzãminas vỹks antrãdienį. Ar spė́si iki tõl pasireñgti?*

ikì² *jst.* (sakoma atsisveikinant su pažįstamu, artimu žmogumi): *Ikì, pasimatýsim rytój! – Iki!*

įkyrė́ti, įkỹri, įkyrė́jo *vks.* (2) (*kas, kam; kam, + bendr.*) pasidaryti nemaloniam, nusibosti: *Tu man įkyrė́jai!* ○ *Man jau įkyrė́jo prašýti, kad jūs netriukšmáutumėte.* • *neig.* **neįkyrė́ti**

įkìšti, į̃kiša, įkìšo *vks.* (1) (*kas, ką, į ką*) įdėti į tarpą ar skylę: *įkìšti rañką [piniginę] į kišẽnę* • *žr.* **neįkišti**

ìkras *dkt. v.* (2, 1) žuvų kiaušinis

ìkrai *dgs.* maisto produktas iš kai kurių žuvų kiaušinių: *raudoníeji ir juodíeji ikrai*

įkrìsti, įkriñta, įkrìto *vks.* (1) (*kas, į ką*) krintant patekti: *įkrìsti į ùpę [į vándenį]* ○ *Mán kažkas įkrìto į ãkį.* • *neig.* **neįkrìsti**

įkùrti, į̃kuria, įkū́rė *vks.* (1) (*kas, ką*) pradėti (ko) veiklą: *įkùrti organizãciją [mokỹklą]* • *žr.* **neįkurti**

įkvė̃pti, į̃kvepia, įkvė̃pė *vks.* (1) (*kas*) į plaučius įtraukti oro: *Gýdytojas liẽpė įkvė̃pti ir iškvė̃pti.* • *neig.* **neįkvė̃pti**; *plg.* **iškvė̃pti, kvėpuoti**

įkvėpìmas *dkt. v.* (2, 1)

ýla *dkt. m.* (1, 6) smailus įrankis mažai skylei padaryti

yla

įlaipìnti, įlaipìna, įlaipìno *vks.* (1) (*kas, ką, į ką*) padaryti, kad įliptų, leisti įlipti: *įlaipìnti keleivìus į lė́ktùvą* • *žr.* **neįlaipinti**; *plg.* **įlipti, išlaipinti**

įlaipìnimas *dkt. v.* (1, 1) (*ko*): *Kelēivių įlaipìnimas į laĩvą [lė́ktùvą, tráukinį] jau baĩgėsi.*

įlaipìnimo talònas kortelė, kurią reikia pateikti įlipant į lėktuvą

įléisti, įléidžia, įléido *vks.* (1) (*kas, ką, į ką*) leisti patekti • *žr.* **neįleisti**

ilgaĩ *prv. laipsn.* daug laiko, ilgą laiką: *Ar ilgaĩ reikė́s tavęs láukti?* ○ *Aš láuksiu ne il-giaũ kaip dẽšimt minùčių.* ○ *Labai ilgaĩ nepareĩna tė́vas iš dárbo.* ○ *Gal pabū́tumėte pas mùs ilgiaũ?* ○ *Teñ mes bùvome ilgiáusiai.* • *žr.* **neilgai**

ìlgas, ilgà *bdv. laipsn.* (3, 1–6) 1. turintis didelį atstumą nuo vieno galo iki kito: *ilgas siū́las* ○ *Ši gãtvė (yra) labai ilgà.* ○ *Jo rañkos ìlgos.* ○ *merginà ilgomìs kójomis* ○ *Jõs labai ilgà nósis.* ○ *suknẽlė ilgomìs rankóvėmis* ○ *Ar ilgì sijõnai dabar madìngi?* ○ *Švařkas man ne per ìlgas.* ○ *Jõs plaukaĩ ilgesnì negu màno.* ○ *Kókio žvė́riẽs aũsys ilgiáusios?* 2. trunkantis daug laiko nuo pradžios iki pabaigos: *ilgà keliõnė* ○ *Ìlgas pãsakojimas nusibósta.* ○ *Norė́čiau ilgesnių̃ atóstogų.* • *prš.* **trumpas**; *žr.* **neilgas**

ilgàsis, ilgóji *įvr.*

ilgàsis bálsis *gram.* balsis, tariamas ilgiau negu trumpasis balsis: *Lietùvių kalbõs ilgíeji bálsiai žymimì šiomìs raĩdėmis: ą, ę, ė, į, y, o, ų, ū.* • *plg.* **trumpasis balsis**

ilgùmas *dkt. v.* (2, 1) (*ko*): *dienõs ilgùmas* (laikas nuo saulės patekėjimo iki nusileidimo) • *žr.* **ilgis**

ilgė́ti, ilgė́ja, ilgė́jo *vks.* (1) (*kas*) darytis ilgesniam: *Pavãsarį dienà ilgė́ja.* • *neig.* **neilgė́ti**

ilgė́tis, iĨgisi, ilgė́josi *sgr. vks.* (2) (*kas, ko*) jausti liūdesį, kad ko nėra kartu: *Aš ilgiúosi tavę̃s, jau taĩp seniaĩ bùvome susitìkę.* • *žr.* **nesiilgėti**

ilgė́jimasis *dkt. v.* (1, 1a)

ìlginti, ìlgina, ìlgino *vks.* (1) (*kas, ką*) daryti ilgesnį • *žr.* **neilginti**

iĨgis *vns. dkt. v.* (2, 3) matmuo nuo vieno galo iki kito: *Liniuõtės iĨgis – dvìdešimt centimètrų* (20 cm). ○ *Mums reĩkia nusipiřkti dviejų̃ mètrų* (2 m) *iĨgio užúolaidas.* • *plg.* **ilgumas**

ilgùmas *dkt. v.* (2, 1) *žr.* **ilgas**

įlìpti, į̃lipa, įlìpo *vks.* (1) (*kas, į ką*) 1. patekti lipant aukštyn, žemyn, į vidų, statant koją: *Įlìpk į tą̃ mẽdį.* ○ *Kãtinas į kam̃barį įlìpo per lángą.* 2. įeiti į transporto priemonę: *Autobùsas bùvo pìlnas, bet mẽs į jį̃ įlìpome.* • *neig.* **neįlìpti**; *plg.* **įlaipinti, išlipti**

iliustrãcija *dkt. m.* (1, 7) paveikslas, piešinys knygai puošti ar tekstui aiškinti: *grãžios pãsakų iliustrãcijos*

iliustrúoti, iliustrúoja, iliustrãvo *vks. (1) (kas, ką)* puošti leidinius paveikslais ar piešiniais • *žr.* **neiliustruoti**

ilsė́tis, ìlsisi, ilsė́josi *sgr. vks. (2) (kas)* daryti pertrauką dirbant (dirbus), keliaujant, ką atlikus ar pavargus: *Gẽra ilsė́tis prie jū́ros.* ○ *Prãšom man dabař̃ neskam̃binti, aš ilsiúosi.* ○ *Mes vãlandą dìrbame, o paskuĩ penkióllika minùčių ìlsimės.* • *žr.* **nesiilsėti ilsė́jimasis** *dkt. v. (1, 1a)*

įmèsti, į̃meta, į̃metė *vks. (1) (kas, ką, į ką)* 1. pataikyti metant: *Vaĩkas į̃metė žaĩslą į vándenį.* ○ *į̃mèsti kãmuolį į krẽpšį* 2. įdėti: *Láišką į̃mečiau į pãšto dėžùtę.* • *žr.* **neį̃mesti**

įmoka *dkt. m. (1, 6)* nustatytais laiko tarpais mokamas mokestis: *draudìmo į̃mokos*

įmonė *dkt. m. (1, 8)* organizacija, kuri užsiima gamyba ar prekyba: *baldų̃ į̃monė* • *žr. t. p.* **firma**

im̃ti, ìma, ė̃mė *vks. (1)* 1. *(kas, ką)* siekti ranka norint ką laikyti: *im̃ti knỹgą nuo stãlo* 2. *(kas, ką)* gauti: *Iš kuř̃ ėmeĩ tą knỹgą?* ○ *Iš kuř̃ ėmeĩ tiek pinigų̃?* 3. (+ bendr.) pradėti: *Staigà ėmė skaudėti dantį̃.* ○ *Ė̃mė lýti.* 4. *(ką, kas) (kam)* prasidėti kokiam jausmui, būsenai: *Manè ima báimė [pỹktis, miẽgas].* • *žr.* **neimti ėmìmas** *dkt. v. (2, 1) (ko)*

įmùšti, į̃muša, į̃mušė *vks. (1)* įmùšti į̀vartį pataikyti kamuoliu į vartus: *Jis į̃mušė dù į̀varčius per rungtynès.* • *žr.* **neį̃mušti**

įnagininkas *dkt. v. (1, 1) gram.* linksnis, kuriuo atsakoma į klausimą „kuo?": „Alumì" yra daiktavardžio „alùs" įnagininkas. • *sutr.* **Įn.**

indáplovė *dkt. m. (1, 8)* indų plovimo mašina

iñdas *dkt. v. (2, 1)* daiktas valgiams gaminti, laikyti ar tiekti: *iñdų parduotùvė* ○ *stiklìniai [sidabrìniai] iñdai* ○ *Išpláuk indùs.*

iñdeksas *dkt. v. (1, 1)* • *žr.* **pašto indeksas**

iñdėlininkas *dkt. v. (1, 1),* **iñdėlininkė** *dkt. m. (1, 8)* indėlio savininkas

indė̃lis *dkt. v. (2, 3)* nedidelis stiklinis ar plastmasinis indas su dangteliu; jame telpantis kiekis: *indė̃lis grietìnės [medaũs]*

iñdėlis *dkt. v. (1, 3)* banke padėti (kieno) pinigai: *Dviejuosè bánkuose turiù dù iñdėlius.*

induìzmas *dkt. v. (2, 1)* viena iš Indijos religijų

informãcija *vns. dkt. m. (1, 7)* 1. tikslios žinios, įvykių aiškinimai: *informãcija iš vìso pasáulio* 2. tarnyba, teikianti tam tikras žinias: *Jei nórite sužinóti tráukinio atvykimo laĩką, prãšom kreĩptis į stotiẽs informãciją.* ○ *telefòno informãcija*

informãcinis, informãcinė *bdv. (1, 4–9)* teikiantis informaciją: *informãcinis pranešìmas*

informúoti, informúoja, informãvo *vks. (1) (kas, ką, apie ką / + šs)* teikti informaciją, duoti tikslių žinių, pranešti: *Informúoju, kad paskaità rytój prasidė̃s dešim̃tą vãlandą.* • *žr.* **neinformuoti informãvimas** *dkt. v. (1, 1)*

ìnkstai *dgs. dkt. v. (1, 1)* porinis žmogaus ar kito gyvūno organas, kuris šalina skystį iš kūno: *inkstų̃ uždegìmas [operãcija]* **ìnkstas** *dkt. v. (1, 1)* vienas iš inkstų: *operúoti ìnkstą*

institùtas *dkt. v. (2, 1)* mokslo įstaiga: *Lietùvių kalbõs institùtas* ○ *Lietuvõs informãcijos institùtas*

instrùkcija *dkt. m. (1, 7)* taisyklės, kaip kuo naudotis: *šaldytùvo instrùkcija*

instrumeñtas *dkt. v. (2, 1)* 1. muzikos prietaisas (smuikas, kanklės ir t. t.): *stỹginiai instrumeñtai* ○ *Kókiu instrumentù jūs mókate gróti? – Pianinù.* 2. sudėtingas tam tikroje srityje naudojamas įrankis ar prietaisas: *medicìnos instrumeñtai*

invalìdas *dkt. v. (2, 1),* **invalìdė** *dkt. m. (2, 8)* asmuõ, kurìs dėl savo sveikatos negali dirbti visai ar kai kurių darbų: *Jis yrà invalìdas, jis netùri rañkos.* • *plg.* **neįgalus**

invalidùmas *dkt. v. (2, 1)* **invalidùmo peñsija** pensija, mokama invalidui

inžiniẽrius *dkt. v. (2, 5),* **inžiniẽrė** *dkt. m. (2, 8)* technikos specialistas: *statýbos [elèktros, rãdijo] inžiniẽrius*

ýpač *prv.* labiausiai, daugiausia (pabrėžiant): *Man patiñka visos gėlės, o ýpač rõžės.* ○ *Mėsõs patiekalaĩ šiojè kavìnėje ýpač skānūs.* ○ *Dėkóju visíems už pagálbą, o ýpač põnui Petráičiui.* ○ *Nemė́gstu, kai man skam̃bina vėlaĩ, ýpač kai esu pavar̃gęs.*

ypatýbė *dkt. m. (1, 8)* būdinga savybė: *Visì žmónės turi ir gerų̃, ir blogų̃ ypatýbių.*

ypatìngas, ypatìnga *bdv. (1, 1–6)* nepaprastas, išsiskiriantis iš kitų: *Jis turi ypatìngą ùžduotį.* ○ *Jis ypatìngas žmogùs.* ○ *Tą̃ suknẽlę dėviù tik ypatìngais ātvejais – per gimtā́dienį ar eidamà į̃ teātrą.*
ypatìnga *n.*: *Ar pastebė́jote parodojè ką́ nórs ypatìnga?* ○ *Kàs atsitìko? – Niẽko ypatìnga [ypatìngo].*
ypatìngai *prv.*: *Tókia próga apsireñk ypatìngai.* ○ *Šiañdien aš jus pavái̇̃šinsiu ypatìngai.*

į̃pilti, į̃pila, į̃pýlė *vks. (1) (kas, ko, į̃ ką)* truputį pilti: *Į̃pìlk man (į̃ puodẽlį) (trupùtį) kavõs.* • *neig.* **neį̃pìlti**; *plg.* **į̃sipilti**

į̃prastas, į̃prastà *bdv. (3ᵇ, 1–6)* toks, koks buvo daug kartų anksčiau, ne naujas: *Šiañdien atsikė́liau į̃prastu laikù.* ○ *Į̃ dár̃bą einù į̃prastu keliù.* ○ *Rýtą válgiau į̃prastus savo pùsryčius* (kaip visada).

į̃protis *dkt. v. (1, 3)* įprastas veiksmas ar elgesys: *Rūkymas – blõgas į̃protis.* ○ *Gaĩla, bet neturiù į̃pročio kéltis ankstì.*

iř¹ *jng.* (vartojamas žodžiams ir sakiniams jungti): *Nupir̃k vóką ir pãšto ženklą̀.* ○ *Išgė́riau puodẽlį kavõs ir suválgiau sumùštinį.* ○ *Aguř̃kai, pomidòrai ir svogū́nai yra daržóvės.* ○ *Aplañkėme Vìlnių ir Kaũną.* ○ *Į̃ svečiùs ateĩs Jónas ir Pẽtras.* ○ *Sáulė nusiléido, ir pasidãrė tamsù.*
ir ... ir ne tik ... bet ir: *Jis móka grótì ir smuikù, ir gitarà.* • *Ji (yra) ir gražì, ir protìnga.* • *žr.* **nei ... nei**

iř² *dll.* taip pat, dar, papildomai: *Gal užeĩkime ir į̃ šį̃ restorãną* (kitame ar kituose jau buvome). ○ *Gal ir àš ten eĩsiu* (kiti ten eis).
ir panašiaĩ (sakoma po išvardijimo, nenorint toliau vardyti) • *sutr.* **ir pan.**
ir taip toliaũ (sakoma po išvardijimo, nenorint toliau vardyti) • *sutr.* **ir t. t.**

yrà *esam. l. 3 asm. žr.* **bū́ti**

į̃rankis *dkt. v. (1, 3)* priemonė, kuria kas daroma rankomis: *Peĩlis ir šakùtė yra válgomieji į̃rankiai.* ○ *dar̃žininko į̃rankiai* (grėblys, kastuvas ir pan.)

į̃rašas *dkt. v. (1, 1)* **1.** kas įrašyta: *į̃rašas ùžrašų knygùtėje* **2.** įrašytas garsas ar vaizdas plokštelėje ar juostoje: *klausýtis dainų̃ į̃rašų* ○ *laidõs į̃rašas* • *(1) plg.* **ùžrašas**

įrašýti, į̃rāšo, į̃rāšė *vks. (3)* **1.** *(kas, ką, į̃ ką)* parašyti (kur): *Įrašýkite į̃ blánką sàvo asmeñs dúomenis.* **2.** *(kas, ką)* su tam tikrais prietaisais kartoti juostoje ar plokštelėje garsus ir vaizdus, kad būtų galima iš naujo klausyti ar žiūrėti: *įrašýti laĩdą į̃ vaizdājuostę̃.* • *žr.* **neįrašýti**; *plg.* **ùžrašyti**

įregistrúoti, įregistrúoja, įregistrãvo *vks. (1) (kas, ką)* įrašyti į̃ tam tikrą sąrašą̃ • *žr.* **neįregistruoti**

į̃rengìmai *dgs. dkt. v. (2, 1)* vienos paskirties mašinų, prietaisų sistema: *vandeñs vãlymo į̃rengìmai*

įreñgti, įreñgia, į̃rengė *vks. (1) (kas, ką)* padaryti tinkamą naudoti: *įreñgti bùtą [ligóninei]* • *žr.* **neįrengti**

ir̃gi *dll.* taip pat: *Aš ir̃gi* (kaip ir kiti) *nóriu ledų̃.* ○ *Ar jūs ir̃gi ateĩsite?* • *plg.* **ir²**

ìrklas *dkt. v. (1, 1)* priemonė rankomis versti judėti valtį: *válties ìrklai* • *žr. pieš.* **valtìs**

irklúoti, irklúoja, irklãvo *vks. (1) (kas)* su irklais versti judėti valtį vandeniu • *neig.* **neirklúoti**

irklãvimas *dkt. v. (1, 1);* t. p. sporto šaka: *irklãvimo varžýbos*

irklúotojas *dkt. v. (1, 2),* **irklúotoja** *dkt. m. (1, 7)* asmuo, kuris irkluoja; irklavimo sportininkas

įródymas *dkt. v. (1, 1) (ko)* tai, kas (ką) įrodo, patvirtina: *kaltė̃s įródymas*

įródyti, įródo, įródė *vks. (3) (kas, ką / + šs)* patvirtinti faktais, įkalčiais; parodyti, kad kas yra tiesa: *įródyti kal̃tę* ○ *Buvo įródyta, kad jis kal̃tas.* • *žr.* **neįrodyti**

ir pan. *sutr. žr.* **ir panašiai**

ir t. t. *sutr. žr.* **ir taip toliau**

įsākymas dkt. v. (1, 1) raštas ar žodžiai, kuriais įsakoma

įsakýti, įsāko, įsākė vks. (3) (kas, kam, + bendr.) liepti: Viřšininkas įsākė man baĩgti dárbą per savaĩtę. • neig. neįsakýti

įsidėti, įsìdeda, įsidėjo sgr. vks. (1) (kas, ką / ko, į ką) įdėti savo ar sau: Įsidė́k pinigìnę į rankinùką. o Aš dár įsidėsiu (į lėkštę) salōtų ir žuviẽs. • žr. įdėti, neįsidėti; plg. išsiimti

įsidùrti, įsìduria, įsidū́rė sgr. vks. (1) (kas, ką) susižeisti smailiu daiktu: Įsidū́riau piřštą (su) ādata. • žr. neįsidurti

įsigýti, įsigỹja, įsigìjo sgr. vks. (1) (kas, ką / ko) tapti ko savininku: įsigýti automobìlį [nãmą, laĩkrodį, tuřto] • būs. l. 3 asm. įsigìs; žr. neįsigyti; plg. įgyti, nusipirkti
įsigijìmas dkt. v. (2, 1) (ko)

įsijùngti, įsijùngia, įsijùngė sgr. vks. (1) 1. (kas, ką) įjungti sau ar pačiam: įsijùngti rādiją [televìzorių] o Jei tau tamsù, įsijùnk šviẽsą. 2. (kas) pradėti veikti pačiam (apie elektros prietaisus ir pan.): Šaldytùvas įsijùngia savaĩme. • žr. įjungti, neįsijungti

įsikìšti, įsìkiša, įsikìšo sgr. vks. (1) 1. (kas, ką, į ką) įkišti savo ar sau: Jis įsikìšo pìnigus į kìšenę. 2. (kas, į ką) pradėti dalyvauti (kame), kai kiti to nepageidauja: Kõ tu įsikišaĩ į jų pókalbį? • žr. neįsikìšti

įsiláužti, įsiláužia, įsiláužė sgr. vks. (1) (kas, į ką) neteisėtai įeiti norint ką pavogti: įsiláužti į namùs [į bánką] • neig. neįsiláužti

įsimylėti, įsimýli, įsimylėjo sgr. vks. (2) (kas, ką) pradėti jausti meilę kitam asmeniui: Jis ją įsimylėjo. • žr. neįsimylėti

įsipìlti, įsìpila, įsipýlė sgr. vks. (1) (kas, ko, į ką) įpilti sau ar pačiam: Gal jums įpìlti vỹno? – Āčiū, aš pàts įsipìlsiu. • neig. neįsipìlti

įsipjáuti, įsipjáuna, įsipjóvė sgr. vks. (1) (kas, ką, kuo) susižeisti aštriu daiktu: Vaĩkas peiliù įsipjóvė piřštą. • žr. neįsipjauti

įsivaizdúoti, įsivaizdúoja, įsivaizdãvo sgr. vks. (1) (kas, ką / + šs) sudaryti savo mintyse vaizdą to, ko iš tikrųjų nėra: Ar tu galì įsivaizdúoti gyvẽnimą be elèktros? o Aš negaliù įsivaizdúoti, kaĩp tu galì gyvénti butè be patogùmų. o Įsivaizdúokite, kad ēsate prie jū́ros. • žr. neįsivaizduoti

įsižeĩsti, įsižeĩdžia, įsìžeidė sgr. vks. (1) (kas, dėl ko / + šs) imti jaustis įžeistam: Jis labai greĩt įsižeĩdžia. o Dėl kõ ji įsižeĩdė? – Ji įsižeĩdė, kad (jos) nepàkviečiau į koncèrtą. • neig. neįsižeĩsti; plg. įžeisti

įskaita dkt. m. (1, 6) studentų tam tikro dalyko mokėjimo patikrinimas, ppr. nerašant pažymio, o tik pasirašant: Rengiúosi įskaitai. o išlaikýti įskaitą

islāmas vns. dkt. v. (2, 1) musulmonų religija

įspėti, įspėja, įspėjo vks. (1) (kas, ką, apie ką / + šs) pasakyti iš anksto apie tai, kas gali atsitikti, ko nereikia daryti ir pan.: Aš jus įspėju: neváikščiokite nãktį po miẽstą, jus gãli apiplėšti. o Kažkàs jį įspėjo apie pavōjų. o Mus įspėjo, kad pãstatas gãli sprógti. o Polìcininkas įspėjo, kad neviřšyčiau greĩčio. • žr. neįspėti
įspėjìmas dkt. v. (2, 1) (ko)

įspūdìngas, įspūdìnga bdv. (1, 1–6) darantis įspū́dį: Jis pasãkė įspūdìngą kalbą, visì labai plójo.

įspūdis dkt. v. (1, 3) poveikis, padarytas kieno mintims ar jausmams: Tavo draũgas man padārė gērą įspū́dį. o Aš papãsakosiu (savo) kelionės įspū́džius.

įstaiga dkt. m. (1, 6) organizacija, atliekanti kurios nors srities, nesusijusios su gamyba, darbą: Aš dìrbu móksllo įstaigoje.

įstātymas dkt. v. (1, 1) aukščiausios valstybinės valdžios leidžiamos taisyklės, kurių turi laikytis valstybės piliečiai: Konstitùcija yra pagrindìnis valstýbės įstātymas. o Visì privãlo laikytis įstātymų. o pažeĩsti įstātymą o nusižeñgti įstātymui

istòrija vns. dkt. m. (1, 7) 1. mokslas, tirianntis žmonijos, tautų, valstybių, organizacijų praeitį: Lietuvõs istòrija 2. praeitis: Gedimino pilis – Vìlniaus istòrijos pamìnklas.

istòrikas dkt. v. (1, 1), istòrikė dkt. m. (1, 8) istorijos specialistas

istòrinis, istòrinė bdv. (1, 4–9) susijęs su istorija: istòriniai dokumeñtai

įstoti

įstóti, įstója, įstójo *vks. (1) (kas, į ką)* pasidaryti kokios nors organizacijos nariu; įgyti teisę mokytis kur: *Mano duktē šiēmet įstójo į universitètą.* ○ *įstóti į pártiją* • *neig.* neįstóti; *žr.* stoti
įstojìmas *dkt. v. (2, 1)*

įsùkti, įsuka, įsùko *vks. (1) (kas, ką)* sukant pritvirtinti tam tikroje vietoje: *Įsùk lempùtę.* • *žr.* neįsukti

iš *prl.* (su K.) vartojamas pasakant: **1.** (vietą): *Išeĩkite iš kañbario.* ○ *Atvažiavaũ iš Kaũno.* ○ *Jis grį̃žo iš koncèrto.* ○ *Aš parėjaũ iš dárbo.* ○ *Išiñk iš rankinùko pinigìnę.* **2.** (kryptį): *Vėjas pùčia iš vakarų̃.* **3.** (medžiagą, naudojamą kam daryti, gaminti): *Uogiēnė verdamà iš úogų.* ○ *Iš kõ gamìnamas svíestas? – Iš grietìnės.* **4.** (priežastį): *Aš verkiaũ iš pỹkčio [iš džiaũgsmo].* **5.** (gavimo šaltinį): *Gavaũ láišką iš brólio.* ○ *Iš kur̃ tu gavaĩ tą knỹgą?* **6.** (dalyką, vertinamą pažymiais): *Gavaũ dẽšimt iš lietùvių kalbõs.* **7.** (skaičių, kuris mažinamas atimant, ar skaičių, rodantį, į kelias dalis dalijama): *Atiñk penkìs iš šim̃to.* ○ *dalýti dẽšimt iš dviejų̃* **8.** (su vks. (**iš**)**versti** – kurios kalbos): *veřsti iš ánglų kalbõs į lietùvių kal̃bą* **9.** (su bdv. aukšč. l., vks. **išskirti** ir pan. – visumą): *Ji yra gražiáusia iš visų̃.* ○ *išskìrti víeną iš pavéikslų* ○ *Kurìs iš jū́sų móka piēšti?*

iš naujõs eilùtės naujoje eilutėje: *rašýti iš naujõs eilùtės*

• *žr.* iš anksto, iš eilės, iš karto, iš naujo, iš tiesų, iš tikrųjų, iš viso

išálkti, išálksta, išálko *vks. (1) (kas)* imti labai norėti valgyti: *Gál jūs išálkote? Galiù paváišinti sumuštìniais.* • *neig.* neišálkti

iš añksto *prv.* prieš laiką, kuriuo kas įvyksta: *Nusipir̃kite biliètą iš añksto* (ne išvykimo dieną). ○ *Jei tu nóri ateĩti į svečiùs, įspėk manè iš añksto* (prieš atėjimo laiką).

ìšauga *dkt. m. (1, 6)* tai, kas pasidaro augant: *Ragaĩ yra išaugos ant gyvū́no galvõs.*

išaũšti, išaũšta, išaũšo *vks. (– / kas)* pasidaryti šviesu rytą: *Vāsarą ankstì išaũšta.* ○ *Išaũšo rýtas.* • *neig.* neišaũšti

išber̃ti, ìšberia, ìšbėrė *vks. (1) (kas, ką, iš ko)* išpilti smulkius daiktus ar iš smulkių dalių sudarytą medžiagą: *Išber̃k smė́lį iš bãto.* • *žr.* neišberti; *plg.* išpilti

ìšdavė *būt. l. 3 asm. žr.* išduoti

išdavìkas *dkt. v. (2, 1),* išdavìkė *dkt. m. (2, 8)* asmuo, kuris išduoda (1) ar išdavė (1)

išdė́styti, išdė́sto, išdė́stė *vks. (3)* **1.** *(kas, ką)* (viską, visus) padėti, kad būtų matomi: *išdė́styti prekès* **2.** *(kas, ką)* per pamokas, paskaitas paaiškinti kokią mokymo ar tyrimo sritį: *Dė́stytoja susir̃go ir nespė́jo išdė́styti lietùvių kalbõs gramãtikos kùrso.* **3.** *(kas, ką, kam)* išreikšti žodžiu ar raštu (ppr. ko prašant): *Vir̃šininkui išdė́sčiau savo prāšymą.* ○ *išdė́styti reikalãvimus* • *žr.* neišdė́styti

išdýgti, išdýgsta, išdýgo *vks. (1) (kas)* pradėti augti (apie augalus, dantis ir pan.). • *neig.* neišdýgti

išdúoti, išdúoda, ìšdavė *vks. (1) (kas, ką)* **1.** būti neištikimam: *Draũgas manè ìšdavė.* **2.** tyčia pasakyti, kad kiti žinotų: *išdúoti pãslaptį* **3.** duoti žmonėms (dokumentus ir pan.): *išdúoti vìzą [pãsą]* • *žr.* neišduoti

išdžiùs *būs. l. 3 asm. žr.* išdžiūti

išdžiū́ti, išdžiū́sta (išdžiū́va), išdžiū́vo *vks. (1) (kas)* pasidaryti sausam: *Drabùžiai jau išdžiū́vo.* ○ *Nuo kar̃ščio išdžių̃sta upẽliai.* • *būs. l. 3 asm.* išdžiùs; *neig.* neišdžiū́ti

iš eilė̃s **1.** pagal eilę, laikantis eilės: *Kalbė́kite visi iš eilė̃s.* **2.** be pertraukos: *Dẽšimt dienų̃ iš eilė̃s lijo.*

išeĩti, išeĩna, išėjo *vks. (1)* **1.** *(kas, iš ko)* einant palikti patalpą, vietą; išvykti einant: *Profèsorius ką̃ tik iš čia išėjo.* ○ *Jūs gãlite išeĩti per šiàs durìs.* ○ *Jis išėjo priẽš dẽšimt minùčių.* **2.** *(kas, iš ko)* palikti darbą, tarnybą: *Jis išeĩs iš dárbo.* **3.** *(kas, ką)* baigti mokytis (dalyką ir pan.): *Šį̃ vadovė́lį mes jaũ išėjome.* • *žr.* neišeiti; *plg.* įeiti

išeivìją *vns. dkt. m. (2, 7)* visi išeiviai: *išeivìjos pagálba Lietuvai*

išeĩvis *dkt. v. (2, 3),* išeĩvė *dkt. m. (2, 8)* asmuo, išvykęs į kitą valstybę gyventi: *Daũg išeĩvių iš Lietuvõs gyvẽna kitosè šalysè.*

išė́jimas *dkt. v. (2, 1)* vieta išeiti: *Atsipraša̧ũ, kur̃ čia išė́jimas?* • *plg.* įėjimas

išė̃mė *būt. l. 3 asm. žr.* išimti

išė̃mimas *dkt. v. (2, 1) žr.* išimti

išgalvótas, išgalvóta *bdv. (1, 1–6)* netikras, sukurtas galvojant • *žr.* **neišgalvotas**

išgą́sdinti, išgą́sdina, išgą́sdino *vks. (1) (kas, ką)* sukelti (kam) baimę: *Beldìmas į dùris mane išgą́sdino.* • *žr.* **neišgąsdinti**; *plg.* **išsigąsti**

išgélbėti, išgélbėja (išgélbsti), **išgélbėjo** *vks. (1 / 2) (kas, ką)* padaryti, kad išliktų, nežūtų: *Gýdytojas išgélbėjo man gyvýbę.* ○ *Gaĩsrininkai išgélbėjo vaikùs iš dẽgančio nãmo.* ○ *Kartaĩs váistai išgélbsti gyvýbę.* • *žr.* **neišgelbėti**
išgélbėjimas *dkt. v. (1, 1) (ko)*

išgérti, ìšgeria, išgė́rė *vks. (1, 2) (kas, ką / ko)* geriant suvartoti: *Išgė́riau dù puodeliùs kavõs.* ○ *Gal jums pasiū́lyti ko nórs išgérti?* ○ *Išgérk šiuos váistus.* • *žr.* **neišgerti**

išgir̃sti, išgir̃sta, išgir̃do *vks. (1) (kas, ką / + šs)* girdėti ir suprasti: *Ar išgirdaĩ, ką jis sãkė?* ○ *išgir̃sti signãlą [daĩną]* • *žr.* **neišgirsti**; *plg.* **girdėti**

išgrė̃š *būs. l. 3 asm. žr.* **išgręžti**

išgręžti, išgrę̃žia, išgrę̃žė *vks. (1) (kas, ką)* padaryti gręžiant: *išgręžti skýlę síenoje* • *būs. l. 3 asm.* **išgrė̃š**; *žr.* **gręžti, neišgręžti**

išilgaĩ *prl. (su K.)* iš vieno (ko) galo į kitą: *plaũkti išilgaĩ ẽžero* • *plg.* **skersai**

išim̃ti, išima, ìšėmė *vks. (1) (kas, ką, iš ko)* paimti iš ko vidaus: *Išim̃k pir̃kinius iš krẽpšio.* ○ *Ar ìšėmei mėsą iš šaldytùvo?* • *žr.* **išsiimti, neišimti**; *plg.* **įdėti**
išėmìmas *dkt. v. (2, 1) (ko)*

išjùngti, išjùngia, išjùngė *vks. (1) (kas, ką)* padaryti, kad neveiktų (prietaisas ir pan.): *Išjùnk variklį!* ○ *Mums išjùngė telefòną.* ○ *Ar išjùngei lygintùvą?* • *žr.* **išsijungti, neišjungti**; *plg.* **įjungti**
išjungìmas *dkt. v. (2, 1) (ko)*

iškaba *dkt. m. (1, 6)* prie pastato sienos kabinama lenta su užrašytu įstaigos, įmonės ir pan. pavadinimu: *naujà parduotùvės iškaba*

iš kar̃to *prv.* tuojau: *Prãšom ilgaĩ negalvóti, atsakýkite iš kar̃to.* ○ *Vaĩkas grį̃žo iš mokyklos ir iš kar̃to išė́jo pas draugùs.*

iškàsti, iškasa, iškàsė *vks. (1) (kas, ką)* padaryti kasant: *iškàsti duõbę* • *žr.* **neiškasti**

iškélti, ìškelia, iškė́lė *vks. (1)* 1. *(kas, ką, iš ko)* keliant išimti: *iškélti vaĩką iš vežimė̃lio* 2. *(ką)* pradėti kalbėti apie: *iškélti kláusimą [problèmą]* • *žr.* **neiškelti**

iškèpti, ìškepa, ìškepė *vks. (1)* 1. *(kas, ką / ko)* pagaminti kepant: *Aš tau iškèpsiu kiaušinienės [bandẽlių, pyrãgą].* 2. *(kas)* baigti kepti: *Mėsà jau ìškepė, (tu) gali válgyti.* • *žr.* **išsikepti, neiškepti**

iškyla *dkt. m. (1, 6)* išvyka (į kaimą, prie upės, ežero ir pan.) su valgiais ir gėrimais: *surengti iškylą prie ẽžero* ○ *dalyváuti iškyloje*

iškyláuti, iškyláuja, iškylávo *vks. (1) (kas)* būti iškyloje: *Šeštãdienį aš iškylavaũ su draugaĩs prie ẽžero.* • *neig.* **neiškyláuti**

iškilmės *dgs. dkt. m. (1, 8)* svarbaus įvykio šventimas; švenčių apeigos: *Dalyvãvome Universitèto jubiliẽjaus iškilmėse.*

iškilmìngas, iškilmìnga *bdv. (1, 1–6)* su iškilmėmis daromas; atliekamas per iškilmes: *iškilmìngas minėjimas*

iškrìsti, iškriñta, iškrìto *vks. (1) (kas, iš ko)* staiga nusileisti žemyn: *Puodẽlis iškrìto man iš rañkų ir sudùžo.* • *neig.* **neiškrìsti**

iškvė̃pti, iškvepia, iškvėpė *vks. (1) (kas)* šalinti iš plaučių orą: *Įkvėpkite ir lėtai iškvėpkite.* • *neig.* **neiškvėpti**; *plg.* **įkvėpti, kvėpuoti**
iškvėpìmas *dkt. v. (2, 1) (ko)*

išlaidos *dgs. dkt. m. (1, 6)* išleisti pinigai: *Šiemet turėjau daug išlaidų.* ○ *keliõnės išlaidos* ○ *smulkios išlaidos* • *prš.* **pajamos**

išlaikýti, išlaĩko, išlaĩkė *vks. (3) (kas, ką)* 1. klausinėjamam sugebėti atsakyti (į ko klausimus): *Ar tu išlaikeĩ stojamúosius egzãminus?* ○ *išlaikýti įskaitą* 2. padaryti, kad (kas) liktų toks, koks buvo: *Šaldytùvė gãlima ilgiaũ išlaikýti maĩsto produktùs (kad jie būtų švieži).* ○ *išlaikýti tautõs pãpročius* • *žr.* **neišlaikyti**
išlaĩkymas *dkt. v. (1, 1) (ko)*

išlaipìnti, išlaĩpina, išlaĩpino *vks. (1) (kas, ką, iš ko)* padaryti, kad išliptų; sustoti ir leisti išlipti • *žr.* **neišlaipinti**; *plg.* **įlaipinti**
išlaipìnimas *dkt. v. (1, 1) (ko):* keleivių išlaipìnimo vietà

išléisti, išléidžia, išléido *vks. (1) (kas, ką)* 1. netekti perkant ar sumokant už paslaugas: *Mes išléidžiame daũg pinigų̃ maĩstui.*

išlieka

○ *Šiañdien kirpỹkloje išléidau šim̃tą lìtų.* **2.** parengti ir išspausdinti: *išléisti laĩkraštį [knỹgą]* **3.** palydėti ką išeinantį: *Išléisk svẽčią.* **4.** leisti ištekėti (skysčiui): *Išléisk vándenį iš voniõs.* • žr. **neišleisti**

išliẽka *esam. l. 3 asm.* žr. **išlìkti**

išlýginti, išlýgina, išlýgino *vks. (1) (kas, ką)* padaryti lygų, be raukšlių: *išlýginti drabužiùs* • žr. **neišlyginti**

išlìkti, išliẽka, išlìko *vks. (1)* **1.** *(kas)* būti tokiam pat, nedingti: *Gerì įspūdžiai ilgaĩ išliẽka.* **2.** *(kas, koks)* būti tokios pat būklės, būsenos: *Sunkù išlìkti sveikám, kai visi seȓga grìpù.* ○ *Per líetų išlikaũ bevéik saũsas.* ○ *Po visų neláimių jis išlìko tvìrtas.* • žr. **neišlikti**

išlìpti, ìšlipa, išlìpo *vks. (1) (kas, iš ko)* **1.** pasišalinti lipant žemyn, aukštyn, iš vidaus, statant koją: *išlìpti iš lóvos [voniõs]* ○ *Katė̃ negãli išlìpti iš mẽdžio.* **2.** išeiti iš transporto priemonės: *Išlìpk iš automobìlio.* ○ *Išlipaũ iš autobùso.* • neig. **neišlìpti**; plg. **įlipti, išlaipinti**

išmalda *vns. dkt. m. (1, 6)* pinigai (ar maistas, daiktai), kuriuos duoda neturtingam žmogui, kuriuos gauna neturtingas žmogus: *Eĩgeta prãšo išmaldos.*

išmèsti, ìšmeta, ìšmetė *vks. (1)* **1.** *(kas, ką)* pašalinti ką nereikalingą: *Išmèsk senùs laĩkraščius.* ○ *Aš išmečiau šiukšlès į šiùkšlių dė̃žę.* **2.** *(kas, ką, iš ko)* neleisti kam ko toliau lankyti, dirbti ir pan.: *Jei tu nesimókysi, tavè išmès iš mokỹklos.* ○ *išmèsti iš dárbo* • žr. **neišmesti**

išmintìngas, išmintìnga *bdv. laipsn. (1, 1–6)* kuris turi daug išminties: *Man reĩkia išmintìngo žmogaũs patãrimo.*

išmintìs *vns. dkt. m. (3ᵇ, 9)* sugebėjimas pasinaudoti protu ir patirtimi: *Jis prõto tùri, bet išmintiẽs netùri.*

išmókti, išmóksta, išmóko *vks. (1) (kas, ką / + bendr.)* mokantis tapti mokančiam: *Berniùkas jau išmóko skaitýti ir rašýti.* ○ *Ji išmóksta pãmokas per vãlandą.* ○ *Ar jau išmókai vairúoti automobìlį?* • žr. **neišmokti**

iš naũjo *prv.* vėl, dar kartą: *Pakartósime pãmoką iš naũjo.* ○ *Aš neišlaikiaũ egzãmino, todė̃l turė̃siu laikýti jį̃ iš naũjo.*

išnèšti, ìšneša, ìšnešė *vks. (1) (kas, ką, iš ko)* nešant iš kur pašalinti ar kitur nunešti: *Išnešiau šiukšlès (iš virtùvės) į̃ šiùkšlių dė̃žę.* ○ *Išnèšk senùs dáiktus į sandė̃liùką.* • žr. **neišnešti**; plg. **išsinešti**

išnỹkti, išnỹksta, išnỹko *vks. (1) (kas)* nustoti buvus, dingti: *Aš valiaũ dė̃mę, ir ji išnỹko.* • neig. **neišnỹkti**

išorė̃ *vns. dkt. m. (1, 8)* priešinga vidui daikto pusė; daikto pusė, matoma iš lauko: *Iš išorės bãtai atródo gerì, bet vidujè jau suplýšę.* ○ *nãmo išorė̃* • prš. **vidus**

išpìlti, išpìla, išpýlė *vks. (1)* **1.** *(kas, ką, iš ko)* padaryti, kad kur neliktų skysčio: *Išpìlk píeną iš ąsõčio.* **2.** *(kas, ką)* (netyčia) padaryti, kad ištekėtų: *Po velnių̃! Tu išpýlei kãvą man ant knỹgos!* • žr. **įpilti, neišpilti**; plg. **išberti**

išplaũkti, išplaũkia, ìšplaukė *vks. (1) (kas)* plaukiant išvykti: *Aš rytój išplaukiù į Švẽdiją.* • neig. **neišplaũkti**

išpláuti, išpláuna, išplóvė *vks. (1) (kas, ką)* plaunant padaryti švarų: *Išpláuk indùs [kam̃barį].* • žr. **neišplauti**; plg. **išsiplauti**

išplė́šti, išplė́šia, išplė́šė *vks. (1) (kas, ką)* plėšiant pašalinti: *Kám tu išplė́šei knỹgos lãpą?* • žr. **neišplėšti**

išpur̃vinti, išpur̃vina, išpur̃vino *vks. (1) (kas, ką)* ištepti purvu: *Tu įėjaĩ purvinaĩs bãtais ir išpur̃vinai kìlimą.* • žr. **neišpur̃vinti**; plg. **išsipurvinti**

išradìmas *dkt. v. (2, 1)* tai, kas išrasta: *Telefònas – puikùs išradìmas.*

išràsti, išrañda, išrãdo *vks. (1) (kas, ką)* padaryti ar sugalvoti ką pirmą kartą: *Kàs išrãdo dviratį?* • žr. **neišrasti**

išradìmas *dkt. v. (2, 1) (ko):* rãdijo [telefòno] *išradìmas*

išrašas *dkt. v. (1, 1)* dokumento ištrauka raštu: *protokòlo ìšrašas*

išrašýti, išrãšo, išrãšė *vks. (3) (kas, ką)* **1.** užpildyti (dokumento) blanką: *išrašýti čẽkį [sąskaitą]* ○ *Gýdytojas išrãšė recèptą.* **2.** siūlyti vartoti (išrašant receptą): *Gýdytojas (man) išrãšė dù váistus nuo grìpo.* • žr. **neišrašyti**

išrãšymas *dkt. v. (1, 1) (ko)*

išráuti, išráuna, išróvė *vks. (1) (kas, ką)* ištraukti su šaknimis: *Išráuk mõrką [pìktžolę]. • žr.* **neišrauti**

išréikšti, išréiškia, išréiškė *vks. (1) (kas, ką)* pasakyti ar parodyti savo jausmus, nuomonę ir pan.: *išréikšti džiaūgsmą • žr.* **neišreikšti**

išriñkti, ìšrenka, išriñko *vks. (1)* **1.** *(kas, ką, kam)* iš daugelio paimti kam ką reikalingą, tinkamą: *Išriñk man kokią nórs knỹgą.* ○ *Išrinkaū sėseriai báltą palaidinùkę.* **2.** *(kas, ką, kuo)* balsuojant paskirti: *Ką̃ išriñko prezidentù? • žr.* **neišrinkti;** *plg.* **išsirinkti**

išróvė *būt. l. 3 asm. žr.* **išrauti**

išsigą̃sti, išsigą̃sta, išsigañdo *sgr. vks. (1) (kas, ko)* staiga imti jausti baimę: *Kõ tu išsigandaĩ? – Pamačiaū pẽlę. • neig.* **neišsigą̃sti;** *plg.* **išgąsdinti**

išsiim̃ti, išsìima, išsìėmė *sgr. vks. (1) (kas, ką, iš ko)* paimti iš kur ką savo, sau ar pačiam: *Išsiim̃k nósinę iš kišẽnės.* ○ *Gal išiim̃ti tau ãlų* (alaus butelį) *iš šaldytùvo? – Ačiū, aš išsiim̃siu pàts. • žr.* **neišsiimti;** *plg.* **įsidėti, išimti**

išsijùngti, išsìjungia, išsìjungė *sgr. vks. (1)* **1.** *(kas, ką)* išjungti sau ar pačiam: *Tù galì ne(iš)jùngti šviesõs, aš pàts išsijùngsiu.* **2.** *(kas)* nustoti veikti pačiam (apie elektros prietaisus ir pan.): *Lygintùvas pàts išsijùngia. • žr.* **neišjungti;** *plg.* **įsijungti, išjungti**

išsikélti, išsìkelia, išsìkėlė *sgr. vks. (1) (kas, iš ko, į ką)* palikti gyvenamąją vietą, keisti ją: *Kaimýnai išsìkelia iš Vìlniaus į̃ Kaũną. • neig.* **neišsikélti**

išsikèpti, išsìkepa, išsìkepė *sgr. vks. (1) (kas, ką / ko)* išsikepti (1) sau ar pačiam: *Tu man pyrãgo nekèpk, aš patì išsikèpsiu.* ○ *Pùsryčiams aš išsikèpsiu kiaušinẽnės [dù kiaušiniùs]. • žr.* **neišsikepti;** *plg.* **iškepti**

išsilãvinimas *vns. dkt. v. (1, 1)* įgyto mokslo lygis: *įgýti išsilãvinimą užsienyje [universitetè, mokỹkloje]* ○ *turėti vidurìnį [áukštąjį] išsilãvinimą • žr.* **aukštasis išsilavinimas, pradinis išsilavinimas, vidurinis išsilavinimas**

išsimiegóti, išsimiẽga, išsimiegójo *sgr. vks. (1) (kas)* pakankamai miegoti, pailsėti miegant: *Šeštādienį ir sekmādienį nereĩkia eĩti į̃ dárbą, ir aš išsimiegù. • neig.* **neišsimiegóti**

išsinèšti, išsìneša, išsìnešė *sgr. vks. (1) (kas, ką, iš ko)* išnešti pačiam, savo ar su savimi: *Išsinèšk savo lagamìną iš mano kam̃bario.* ○ *Jis išsìnešė màno knỹgą. • žr.* **neišsinešti;** *plg.* **išnešti**

išsipláuti, išsiplãuna, išsiplóvė *sgr. vks. (1) (kas, ką)* išplauti savo: *Aš išsiplãusiu sãvo lė̃kštę, o tu išsipláuk sãvo. • žr.* **neišsiplauti;** *plg.* **išplauti**

išsipur̃vinti, išsipur̃vina, išsipur̃vino *sgr. vks. (1) (kas; kas, ką)* netyčia išpurvinti save ar savo: *Kur̃ tu taĩp išsipur̃vinai batùs? • žr.* **neišsipurvinti;** *plg.* **išsitepti**

išsiriñkti, išsìrenka, išsiriñko *sgr. vks. (1) (kas, ką, iš ko)* išrinkti (1) sau ar pačiam: *Valgiãraštyje tíek daũg patiekalų̃, kad man sunkù išsiriñkti, ką̃ válgyti.* ○ *Àš užsakýsiu valgiùs, o jū̃s išsiriñkite gėrimus. • žr.* **neišsirinkti;** *plg.* **išrinkti**

išsiskalĩbti, išsiskalĩbia, išsìskalbė *sgr. vks. (1) (kas, ką)* išskalbti savo ar pačiam: *Aš tau neskal̃bsiu kójinių, išsiskal̃bk pàts. • žr.* **neišsiskalbti;** *plg.* **išskalbti**

išsiskýręs, išsiskýrusi *bdv. (dlv. [3])* nutraukęs santuoką: *Aš (esu) išsiskýręs [išsiskýrusi], dabar̃ gyvenù víenas [vienà]. • neig.* **neišsiskýręs**

išsiskìrti, išsìskiria, išsìskyrė *sgr. vks. (1)* **1.** *(kas, iš ko)* skirtis savo savybėmis: *Iš visų̃ pavéikslų ýpač išsìskiria šìs.* **2.** *(kas, su kuo)* nutraukti santuoką ar draugystę: *Jis išsiskýrė su žmóna ir vẽdė kìtą móterį.* ○ *Jie* (vyras ir žmona) *išsiskýrė priẽš mẽtus.* ○ *Mes ilgaĩ draugãvome, paskuĩ išsiskýrėme. • neig.* **neišsiskìrti**

išsiskleĩsti, išsiskleĩdžia, išsìskleidė *sgr. vks. (1) (kas)* **1.** pasidaryti nesusiglaudusiam: *Rõžės pumpuraĩ jau išsìskleidė.* **2.** būti išskleidžiamam: *Skė̃tis lengvaĩ išsiskleĩdžia. • neig.* **neišsiskleĩsti;** *plg.* **iškleisti**

išsitèpti, išsìtepa, išsìtepė *sgr. vks. (1) (kas, ką, kuo)* netyčia ištepti savo: *Kur̃ tu taĩp išsitepei suknẽlę? ○ Jū̃s išsitẽpėte véidą lūpų̃ dažaĩs. • žr.* **neišsitepti;** *plg.* **ištepti**

išsitiẽsti, išsitiẽsia, išsìtiesė *sgr. vks. (1)*

išsituokti

(kas) ištiesti savo kūną • *neig.* **neišsitiẽsti**; *plg.* **ištiesti**

išsituõkti, išsituõkia, išsìtuokė *sgr. vks. (1) (kas)* nustatyta tvarka nutraukti savo santuoką: *Jie seniaĩ gyvẽna atskiraĩ, bet tik dabar̃ išsìtuokė.* • *neig.* **neišsituõkti**; *plg.* **išsiskirti, ištuokti, susituokti**

išsių̃sti, išsiuñčia, ìšsiuntė *vks. (1) (kas, ką)* siunčiant atiduoti į paštą ar įdėti į pašto dėžutę: *Nepamir̃šk išsių̃sti láišką [láiško].* • *žr.* **neišsiųsti**

išsivalýti, išsivãlo, išsivãlė *sgr. vks. (3) (kas, ką)* išvalyti savo: *Ar jau išsivaleĩ dantìs?* • *žr.* **neišsivalyti**

išsivérda *esam. l. 3 asm. žr.* **išsivirti**

išsivèžti, išsìveža, išsìvežė *sgr. vks. (1) (kas, ką)* išvežti pačiam, savo ar su savimi: *Savo dáiktus jie išsivẽš rytój.* • *žr.* **neišsivežti**; *plg.* **išvežti**

išsivìrti, išsivérda, išsìvirė *sgr. vks. (1) (kas, ką)* išvirti (1) pačiam ar sau: *Aš neturiù laĩko, išsìvirk kavõs pàts.* ○ *Šiañdien išsìviriau skaniõs sriubõs.* • *žr.* **neišsivirti**; *plg.* **išvirti**

išsižióti, išsižiója, išsižiójo *sgr. vks. (1) (kas)* išžioti savo burną, snukį ir pan.: *Gýdytojas liẽpė man išsižióti.* • *neig.* **neišsižióti**; *plg.* **išžioti**

išskaičiúoti, išskaičiúoja, išskaičiãvo *vks. (1) (kas, ką, iš ko)* nesumokėti tam tikros pinigų dalies: *Iš atlýginimo man išskaičiúoja pajamų̃ mókesčius.* • *žr.* **neišskaičiuoti**

išskal̃bti, išskal̃bia, išskal̃bė *vks. (1) (kas, ką)* skalbiant padaryti švarų: *Aš išskalbiau tavo kójines.* • *žr.* **neišskalbti**; *plg.* **išsiskalbti**

išskìrti, ìšskiria, ìšskyrė *vks. (1) (kas, ką)* 1. nurodyti kaip turintį tam tikras savybes: *Iš visų̃ parodõs pavéikslų (aš) išskìrčiau trìs geriáusius.* 2. padaryti, kad kas nebūtų kartu; ištuokti: *Ar teĩsmas juos išskìrs?* • *žr.* **neišskirti**

išskýrus *prl.* (su G.) tik ne: *Parduotùvė dìrba kiekvíeną diẽną, išskýrus sekmãdienius* (tik ne sekmadieniais). ○ *Į pãskaitą atvỹko visì, išskýrus Jõną* (tik Jonas neatvyko).

išskleĩsti, ìšskleĩdžia, ìšskleidė *vks. (1) (kas, ką)* padaryti, kad visas (ko) paviršius

būtų matomas; padaryti nesuglaustą: *Lýja, išskleĩsk skė̃tį!* • *žr.* **neišskleisti**; *plg.* **išsiskleisti**

išskrìsti, ìšskrenda, ìšskrido *vks. (1) (kas)* išvykti skrendant: *Jei bus grãžūs oraĩ, aš išskrìsiu į Pãlangą.* ○ *Keliñtą vãlandą išskrenda lėktùvas iš Lòndono?* • *neig.* **neišskrìsti**

išspáusdinti, išspáusdina, išspáusdino *vks. (1) (kas, ką)* 1. padaryti spausdinant (1, 2): *išspáusdinti knỹgą* 2. paskelbti spaudoje: *išspáusdinti minìstro kal̃bą* • *žr.* **neišspausdinti**

išspjáuti, išspjáuna, išspjóvė *vks. (1) (kas, ką)* spjaunant pašalinti: *išspjáuti kram̃tomąją gùmą* • *žr.* **neišspjauti**

išsùkti, ìšsuka, ìšsuko *vks. (1) (kas, ką)* sukant pašalinti: *Ìšsuk lempùtę.* • *žr.* **neišsukti**; *plg.* **įsukti**

ištar̃ti, ìštaria, ìštarė *vks. (1) (kas, ką)* tariant pasakyti: *Ištar̃kite žõdį „apsiaũti"skiemenimìs.* • *žr.* **neištarti**

ištekė́jusi *bdv. m. (dlv. [3])* turinti vyrą (2): *Tà móteris (yra) ištekė́jusi.* • *žr.* **netekėjusi**

ištekė́ti, ìšteka, ištekė́jo *vks. (1) 1. (kas, iš ko)* (skysčiui) pasišalinti. 2. *(kas, už ko)* susituokti (apie moterį): *Onà ištekė́jo už Jõno.* ○ *Ji ištekė́jo priẽš dẽšimt mẽtų.* • *neig.* **neištekė́ti**; *plg.* **vesti**

ištèpti, ìštepa, ìštepė *vks. (1) (kas, ką, kuo)* padaryti nešvarų: *Kuõ ištepei nósinę?* ○ *ištèpti kìlimą purvinaĩs bãtais* • *žr.* **neištepti**; *plg.* **išsitepti**

ištesė́ti, ìštesi, ištesė́jo *vks. (2) ištesė́ti pãžadą* padaryti tai, kas buvo pažadėta • *žr.* **neištesėti**

ištiẽsti, ištiẽsia, ìštiesė *vks. (1) (kas, ką)* padaryti lygų ar tiesų: *ištiẽsti stáltiesę* ○ *Ištiẽsk kójas [rañkas].* • *žr.* **neištiesti**; *plg.* **išsitiesti, sulenkti**

iš tiesų̃ *prv.* tikrai: *Jis iš tiesų̃ niẽko nežinójo.*

ištikimas, ištikimà *bdv. (3^{4b}, 1–6)* kuris visada pasiruošęs padėti ir padaro tai, ką buvo pažadėjęs: *Turiù trìs ištikimus draugès.* • *žr.* **neištikimas**

iš tikrų̃jų *prv.* tikrai: *Aš iš tikrų̃jų nežinaũ*

kẽlio, jei žinóčiau, pasakýčiau. ○ Gál jis iš tikrų́jų nežino, kad šiañdien egzāminas?

ištìnti, ištìnsta, ištìno vks. (1) (kas) pasidaryti didesniam, storesniam: Àš susìtrenkiau kẽlį, ir jis ištìno. ○ Bìtė įgė́lė, ir mano véidas ištìno. • neig. neištìnti

ištisìnis, ištisìnė bdv. (2, 4–9) be tarpų (apie linijas): ištisìnė lìnija

ištrauka dkt. m. (1, 6) teksto dalis: Mokinỹs pérskaitė apsãkymo ištraũką.

ištráukti, ištráukia, ištráukė vks. (1) (kas, ką) jėga išimti: ištráukti kamštį iš bùtelio • žr. neištraukti

ištuoka dkt. m. (1, 6) santuokos nutraukimas nustatyta tvarka: ištuokos pažymė́jimas

ištuõkti, ištuõkia, ìštuokė vks. (1) (kas, ką) nustatyta tvarka nutraukti kieno santuoką: Juos ištuõkė teĩsmas. • žr. neištuokti; plg. išsituokti, susituokti

išvada dkt. m. (1, 6) sprendimas, padarytas po svarstymo: Àš padariaũ išvadą, kad tù buvaĩ teisùs. ○ Stráipsnio pabaigojè áutorius pàteikė išvadas.

išvaizda vns. dkt. m. (1, 6) daikto ar asmens išorės savybės: Nãmo išvaizda (yrà) prastà. ○ Jì labai gražiõs išvaizdos (jos išvaizda yra labai graži).

išvalýti, išvãlo, išvãlė vks. (3) (kas, ką) 1. valant padaryti švarų: išvalýti kìlimą 2. valant pašalinti: išvalýti dė́mę • žr. neišvalyti

išvafdyti, išvafdija, išvafdijo vks. (1) (kas, ką) pasakyti (visų) pavadinimus, vardus iš eilės: Išvafdykite penkìs didžiáusius Lietuvõs miestùs. ○ Àš galiù išvafdyti įžymiáusius Lietuvõs krepšininkus. ○ Berniùkas išvafdijo visùs klãsės draugùs. • žr. neišvardyti

išvafdijimas dkt. v. (1, 1) (ko)

išvažiúoti, išvažiúoja, išvažiãvo vks. (1) 1. (kas, iš ko) važiuojant palikti ką: išvažiúoti iš garãžo 2. (kas) išvykti važiuojant: Jis išvažiãvo į Kaũną savo automobiliù. ○ Kodė́l tu išvažiavaĩ neatsisvéikinęs? • neig. neišvažiúoti

išvažiãvimas dkt. v. (1, 1): Mano išvažiãvimo laĩkas netikėtai pasikeĩtė.

išvéngti, išvéngia, išvéngė vks. (1) (kas, ko) sugebėti padaryti, kad (kas) neatsitiktų: išvéngti pavõjaus • neig. neišvéngti

išvérda esam. l. 3 asm. žr. išvirti

išveřsti, išveřčia, ìšvertė vks. (1) (kas, ką, į ką / iš ko) vienos kalbos žodį, kieno kalbą ar tekstą pateikti kita kalba: Vertė́ja ìšvertė knỹgą į lietùvių kal̃bą. • žr. neišversti

išvèžti, išvèža, ìšvežė vks. (1) (kas, ką) 1. vežant pašalinti: Reĩkia visàs šiukšlès iš čià išvèžti. 2. vežti kur, tiekti: išvèžti gãminius į užsíenį • būs. l. 3 asm. išvèš; žr. neišvèžti; plg. įvežti

išvežìmas dkt. v. (2, 1) (ko): prēkių išvežìmas

išvyka dkt. m. (1, 6) kelionė į tam tikrą vietą tam tikru tikslu: turìstų išvyka į Kaũną ○ išvyka į konfereñciją • plg. ekskursija

išvỹkti, išvỹksta, išvỹko vks. (1) (kas) pasišalinti iš kur pradedant kelionę (į ką): Ar̃ jie išvỹko (iš Vìlniaus į Kaũną) autobusù, ar̃ tráukiniu? ○ Kadà [keliñtą vãlandą] išvỹksta traukinỹs (iš Vìlniaus)? • neig. neišvỹkti

išvykìmas dkt. v. (2, 1): traukinių̃ išvykìmo tvarkãraštis

išvirkščias, išvirkščià bdv. (3ᵇ, 2–7) ne ta, kuria reikia, pusė į išorę: Tù apsìrengei išvirkščià suknelè.

išvìrti, išvérda, ìšvirė vks. (1) 1. (kas, ką) pagaminti verdant: Àš išvìrsiu jums kavõs. 2. (kas) baigti virti: Ar̃ sriubà jau išvìrė? • žr. neišvirti; plg. išsivirti

iš viso prv. sudėjus: Gavaũ iš vìso tū́kstantį lìtų (1000 Lt). ○ Dù výrai, trỹs móterys, iš vìso penkì žmónės.

iššióti, iššiója, iššiójo vks. (1) (kas, ką) padaryti atvirą (burną, snukį ir pan.): Iššiókite bùrną (išsižiokite). • žr. neišžioti; plg. išsižioti

įtaisas dkt. v. (1, 1) įrankis ar nesudėtingas prietaisas

įtaka vns. dkt. m. (1, 6) (kam) galėjimas daryti poveikį žmonėms, įvykiams ir pan.: Jis turi įtaką pártijoje. ○ pasinaudóti savo įtaka

įtariamasis dkt. v. [įvr. dlv.], įtariamóji dkt. m. [įvr. dlv.] asmuo, kuris įtariamas padaręs nusikaltimą: Polìcija sulaikė́ įtariamąjį.

įtarimas

įtarìmas *dkt. v. (2, 1)* jausmas ar manymas, kad kas padarė ką bloga: *Jo elgesỹs (man) kėlia įtarìmą.*

įtar̃ti, į̃taria, į̃tarė *vks. (1) (kas, ką, + pdl. / + šs)* manyti, kad kas padarė ką bloga, bet nebūti tuo tikram: *Polìcija į̃taria jį̃ pavõgus automobìlį [, kad jìs pàvogė automobìlį].* • *žr.* neįtarti

įtar̃tinas, įtartinà *bdv. (3ᵇ, 1–6)* keliantis įtarimą: *įtar̃tinas elgesỹs [žmogùs]*

įtėviai *dgs. dkt. v. (1, 3)* įvaikinto vaiko tėvas ir motina: *Į̃tėviai privãlo rū́pintis įvaikiais.*

įtráukti, įtráukia, įtráukė *vks. (1) (kas, ką, į ką)* **1.** padaryti ko nariu; įrašyti į sąrašą ir pan.: *Aš įtráuksiu jus į kùrsų lankýtojų sąrašą.* **2.** per burną ar nosį įleisti į save (orą): *Į plaučiùs įtráukiau óro.* • *žr.* neįtraukti

įv. *sutr. žr.* įvardis

įvadas *dkt. v. (1, 1)* knygos, kalbos ar pan. dalis, kuria pradedama knyga, kalba: *trum̃pas knỹgos įvadas*

įvaĩkinti, įvaĩkina, įvaĩkino *vks. (1) (kas, ką)* paimti auginti ir auklėti svetimą vaiką kaip savo: *Našláičius įvaĩkino dė́dės šeimà.* • *žr.* neįvaikinti

įvaikis *dkt. v. (1, 3)* įvaikintas asmuo

įvairùs, įvairì *bdv. (4, 5–8)* daugelio rūšių; nevienodas: *Miškè áuga įvairūs mẽdžiai.* ○ *Drabùžių parduotùvėje pardúodamos įvairių dỹdžių suknẽlės.*

įvairùmas *dkt. v. (2, 1) (ko)*

įvardis *dkt. v. (1, 3) gram.* žodis, vartojamas vietoje daiktavardžio, būdvardžio ar skaitvardžio: *„Jìs“, „àš“, „tóks“, „kelìntas“ yra įvardžiai.* • *sutr.* įv.

įvardžiúotinis, įvardžiúotinė *bdv. (1, 4–9) gram.* (apie būdvardžių, kelintinių skaitvardžių, dalyvių formas) kuris žymi išskiriamą ypatybę, rūšį ir pan.: *„Mažàsis“, „mažóji“ yra būdvardžio „mãžas, mažà“ įvardžiúotinės fòrmos.* • *sutr.* įvr.

įvartis *dkt. v. (1, 3)* (apie futbolą, rankinį) kamuolio patekimas į vartus • *žr.* įmušti įvartį

įvažiúoti, įvažiúoja, įvažiãvo *vks. (1) (kas, į ką)* važiuojant patekti: *Į̃ miẽstą įvažiãvome jau nãktį.* ○ *Į̃ šią šãlį gãlite įvažiúoti be vìzos.* • *neig.* neįvažiúoti

įvažiãvimas *dkt. v. (1, 1): Čià įvažiãvimo į kiẽmą vietà.* ○ *Gavaũ įvažiãvimo į šãlį vìzą.*

įvèžti, į̃veža, į̃vežė *vks. (1) (kas, ką, į ką)* vežant tiekti ar įvažiuojant turėti su savimi: *įvèžti į šãlį maĩsto gãminius* ○ *Giñklų [narkòtikų] į šãlį negãlima įvèžti.* • *būs. l. 3 asm.* įvèš; *žr.* neįvèžti; *plg.* išvèžti

įvežimas *dkt. v. (2, 1) (ko):* prẽkių įvežìmas

įvýkdyti, įvýkdo, įvýkdė *vks. (3) (kas, ką)* padaryti, atlikti: *įvýkdyti plãną* • *žr.* neįvykdyti

įvýkdymas *dkt. v. (1, 1): plãno įvýkdymas*

įvykis *dkt. v. (1, 3)* tai, kas įvyko, atsitikimas: *nelaimìngas įvykis* ○ *įvykio liùdytojai*

įvỹkti, įvỹksta, įvỹko *vks. (1)* **1.** *(kas, kam)* atsitikti: *Kelyjè (mums) įvỹko avãrija.* **2.** *(kas)* būti surengtam: *Vãkar įvỹko Seĩmo nãrio susitikìmas su rinkė́jais.* • *neig.* neįvỹkti

įvr. *sutr. žr.* įvardžiuotinis

įžeĩsti, įžeĩdžia, į̃žeidė *vks. (1) (kas, ką)* žodžiais ar veiksmais padaryti, kad (kas) jaustųsi nelaimingas ar supyktų: *Atsiprašaũ, aš nenorė́jau jū́sų įžeĩsti.* ○ *Jìs manè įžeidė – pavadìno manè melagè.* • *žr.* neįžeisti; *plg.* įsižeisti

įžeidìmas *dkt. v. (2, 1)*

įžymýbė *dkt. m. (1, 8)* įžymus žmogus, daiktas ar vieta: *Jis yrà įžymùs muzikántas, jis yra įžymýbė.* ○ *Aplankýkite Vìlniaus įžymýbes (Gedimino kalną, Senamiestį ir pan.).*

įžymùs, įžymì *bdv. laipsn. (4, 5–8)* visų žinomas, vertinamas: *Jis yra įžymùs rašýtojas [fìzikas, advokãtas].* ○ *Ji yra įžymì ãktorė [gýdytoja, mókslininkė].* • *žr.* neįžymus

įžūlùs, įžūlì *bdv. laipsn. (4, 5–8)* labai nemandagus, kuris nepagarbiai elgiasi; būdingas tokiam asmeniui (apie elgesį): *įžūliaĩ prv.: įžūliaĩ kalbė́ti su mókytoju* • *žr.* neįžūlus

įžūlùmas *dkt. v. (2, 1)*

J j

J, j šešioliktoji lietuvių kalbos abėcėlės raidė
jà [n. žr. **ji**
ją̃ G. žr. **ji**
jái N. žr. **ji**
jaĩs [n. žr. **jie**
jám N. žr. **jis**
jamè Vt. žr. **jis**
jàs G. žr. **jos**[1]
jaũ prv. **1.** dabar, iki ar prieš dabar: *Ar jau parãšėte prãšymą?* ○ *Jau laĩkas eĩti.* ○ *Sąskaitą aš jau apmokėjau.* ○ *Ar tavo brólis jau grį̃žo?* ○ *Ar mėsà jau išvirė?* ○ *Jis jau sẽnas.* ○ *Aš jau išeinù.* **2.** anksčiau: *Aš jau buvaũ tojè parodojè.* ○ *Aš nežiūrėsiu to filmo, aš jį jau mačiaũ.* • (1) prš. **dar ne(-)**
jáudintis, jáudinasi, jáudinosi *sgr. vks.* (1) (*kas, dėl ko*) būti neramiam: *Prieš egzãminą aš visadà jáudinuosi.* ○ *Tėvaĩ jáudinasi dėl vaikų̃ ateitiẽs.* • žr. **nesijaudinti**
jáudinimasis dkt. v. (1, 1a)
jaukùs, jaukì bdv. laipsn. (4, 5–8) kuriame gera, malonu būti: *Ta kavinė labaĩ jaukì.* ○ *Įsigìjome jaũkų bùtą senãmiestyje.*
jaukù *n.*: *Pas jùs labaĩ jaukù.* ○ *Čia šìlta ir jaukù.*
jaũkiai *prv.*: *jaũkiai įrengtà virtùvė* (joje jauku būti)
• žr. **nejaukus**
jaukùmas dkt. v. (2, 1) (ko)
jáunas, jaunà bdv. laipsn. (3, 1–6) turintis nedaug ar palyginti nedaug metų (amžiaus): *Jūs dar esate jáunas.* ○ *Jūs per jaunà, kad galėtumėte dìrbti tókį dárbą.* ○ *Kurìs iš jū́sų jauniáusias?*

jaunaĩ prv. kaip jaunas: *Jū̃s, põnia, labaĩ jaunaĩ atródote.* • prš. **senas**; žr. **nejaunas**;
jaunàsis dkt. v. [įvr. bdv.] vyras savo vestuvėse
jáunatis vns. dkt. m. (1, 9), t. p. **jaunatìs** (3ᵃ, 9) laikas po delčios, kai matome tik siaurą mėnulio dalį

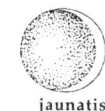
jaunatis

jaunèsnis, jaunèsnė bdv. (4, 3–9) aukšt. l. žr. **jaunas**: *Mano brólis jaunèsnis už manè dvejaĩs mẽtais.* • prš. **vyresnis**
jaunesnỹsis, jaunesnióji įvr. **1.** kuris yra jaunesnis: *Aš turiù dù brólius: jaunesnỹsis yra gýdytojas, o vyresnỹsis – mókytojas.* **2.** kurio pareigos ar laipsnis žemesnis: *jaunesnỹsis karininkas* • prš. **vyresnysis**
jauniáusias, jauniáusia bdv. (1, 2–7) aukšč. l. žr. **jaunas**
jauniáusiasis, jauniáusioji įvr.: *Jì yra jauniáusioji mano sesuõ.* • prš. **vyriausiasis** (1)
jauníeji dgs. dkt. [įvr. bdv.] jaunasis ir jaunoji
jauniklis dkt. v. (2, 3), **jauniklė** dkt. m. (2, 8) gyvulių ar paukščių vaikas: *Ančiùkas yra ánčių jauniklis.* ○ *Katė̃ vẽda po kelìs jaunikliùs.*
jaunìmas vns. dkt. v. (2, 1) jauni žmonės: *Į koncertą susirinko daũg jaunimo.*
jaunỹstė vns. dkt. m (2, 8) amžius, kai žmogus yra jaunas: *Jaunỹstėje visì taip eĩgiasi.* ○ *Ar prisìmenate savo jaunỹstę?* • plg. **senatvė, vaikystė**
jaunóji dkt. m. [įvr. bdv.] mergina ar moteris savo vestuvėse: *Jaunõsios suknelė buvo ilgà, iki žẽmės.*
jaunuõlis dkt. v. (2, 3), **jaunuõlė** dkt. m. (2, 8) jaunas žmogus (vaikinas, mergina)

jaũsmas *dkt. v. (4, 1)* dvasinis pojūtis: *méilės jaũsmas* ○ *Nemalõnūs pavỹdo, neapýkantos jausmaĩ.*

jaũsti, jaũčia, jaũtė *vks. (1) (kas, ką)* patirti jausmą, pojūtį, norą: *Jaučiù jam méilę [neapýkantą].* ○ *Jaučiaũ alkį [skaũsmą].* • *žr.* **nejausti**
jautìmas *dkt. v. (2, 1)*

jaũstis, jaũčiasi, jaũtėsi *sgr. vks. (1) (kas, kaip / koks)* turėti pojūtį, jausmą; manyti esant kokios būklės: *Jaučiúosi kaltas dėl avārijos.* ○ *Tadà aš jaučiaũsi labaĩ geraĩ.* ○ *Dár geriaũ jaũsiesi, jei išlaikýsi egzāminą.* • *žr.* **nesijausti**
jaũski(tė)s kaip namiẽ (sakoma svečiui) **kaip jaũčiatės?** (klausiant ko apie sveikatą)

jaustùkas *dkt. v. (2, 1) gram.* žodis, vartojamas reiškiant tam tikrus jausmus • *sutr.* **jst.**

jáutiena *vns. dkt. m. (1, 6)* jaučio ar karvės mėsa: *jáutienos gābalas* ○ *jáutienos kepsnỹs* ○ *Prāšom kilogrãmą jáutienos.*

jáutis *dkt. v. (1, 3)* karvių patinas • *žr.* **karvė, veršis**

jautis

jautrùs, jautrì *bdv. laipsn. (4, 5–8)* **1.** *(kam)* kuris greitai (ko) paveikiamas: *šviẽsai jautrì júosta* ○ *Mano rañkų óda jautrì šalčiui.* **2.** kuris greitai ima jaudintis, įsižeidžia: *Nebárkite jos, ji labai jautrì, pradės veřkti.* • *žr.* **nejautrus**

jãvas *dkt. v. (4, 1)* augalas, auginamas grūdams, vartojamiems maistui: *Rugiaĩ ir kviečiaĩ yra javaĩ.*

jėgà *vns. dkt. m. (4, 6)* gyvų būtybių galėjimas atlikti sunkų fizinį darbą: *Jis yra stiprùs výras, tùri daũg jėgõs.* ○ *Neturiù jėgõs pakélti tokį suñkų lagamìną.* • *plg.* **stiprumas**
jėgà *[n.* naudojant jėgą

jéi, jéigu *jng.* su sąlyga, kad; tam tikru atveju: *Aš ateĩsiu, jei tik turėsiu laĩko.* ○ *Jei nespėsite iki pirmãdienio, tai antrãdienį būtinaĩ baĩkite tą dárbą.* ○ *Jei lìs, niẽkur neĩsime.* ○ *Jei ko nežìnote, kláuskite.* ○ *Ar nesupỹksite, jei aš uždarýsiu lángą?*

Jėzus *dkt. v. (1, 4)* krikščionių Dievo sūnaus vardas • *žr.* **Kristus**

jì *įv. [1]* (vartojamas kalbant apie vieną moteriškosios lyties asmenį, kuris nėra „tu" ar „aš", arba vietoje moteriškosios giminės daiktavardžio vienaskaitos): *Ji yra mókytoja.* ○ *Neskaitýkite šios knỹgos, jì* (knyga) *yra neįdomì.* ○ *Ar pažį́sti tą mótẹrį? – Nè, aš jos nepažį́stu.* ○ *Tà knygà yra jõs.* ○ *Jõs daiktų̃ neim̃k.* ○ *Aš jai liepiaũ daugiaũ man neskam̃binti.* ○ *Jis ją mýli.* ○ *Gaĩla, bet aš nesù pažį́stamas su ja.* ○ *Štaĩ màno piniginė. Jojè tik víenas lìtas* (1 Lt).

jį̃ G. *žr.* **jis**

jiẽ *įv. [1]* (vartojamas kalbant apie du ar daugiau vyriškosios lyties asmenų arba vietoje vyriškosios giminės daiktavardžių daugiskaitos): *Aš pàkviečiau Jóną ir Pėtrą į svečiùs, bet jiẽ neatėjo.* ○ *Mãtote tuos výrus? – Mataũ, bet aš jų̃ nepažį́stu.* ○ *Tai jų̃ nãmas [vaĩkas].* ○ *Vaikaĩ nóri saldaĩnių, dúokite jíems* (vaikams) *po kelìs.* ○ *Aš juos pažį́stu.* ○ *Gal galėtumėte supažìndinti manè su jaĩs?* ○ *Kám reikalìngi púodai? – Juosè vérdamas maĩstas.*

jíems N. *žr.* **jie**

jìs *įv. [1]* (vartojamas kalbant apie vieną vyriškosios lyties asmenį, kuris nėra „tu" ar „aš", arba vietoje vyriškosios giminės daiktavardžio vienaskaitos): *Jis yra mano brólis.* ○ *Nepiřk to pavéikslo, jis* (paveikslas) *labai brangùs.* ○ *Tai jõ núotraukos.* ○ *Gal pasakýtumėte jám, kad grąžìntų knỹgą?* ○ *Automobìlis puikùs, bet jám dar trū́ksta rãdijo.* ○ *Ar jūs jį̃ pažį́state?* ○ *Tas filmas labaĩ juokìngas, ar jūs jį̃ mãtėte?* ○ *Aš su juõ nesù susitìkęs.* ○ *Šìs príetaisas gẽras, bet aš nemóku juo naudótis.* ○ *Čia màno lagamìnas. Ar žìnote, kàs jamè yrà?*

jng. *sutr. žr.* **jungtukas**

jõ K. *žr.* **jis**

jogùrtas *dkt. v. (1, 1)* raugintas pienas su vaisių priedais: *jogùrtas su brāškėmis*

jojè Vt. *žr.* **ji**

jojìmas *dkt. v. (2, 1) žr.* **joti**

jóks, jokià *įv. (3) [5]* nė vienas, nė viena: *Jóks žmogùs negalėtų to padarýti.* ○ *Nerà jó-*

kio reĩkalo ten eĩti. ○ Jokiamè Lietuvõs miestè nesu bùvęs, išskýrus Vìlnių.
jókiu būdù niekaip, visiškai: *Aš jókiu būdù nesutinkù mokėti baũdą.* ○ *Jis jókiu būdù nespės baĩgti tą dárbą iki pirmãdienio.*
jomìs [n. žr. **jos**[1]
jóms N. žr. **jos**[1]
Joninės dgs. dkt. m. (2, 8), t. p. **Jõninės** (1, 8) Jono vardo diena (birželio 24-oji); trumpiausios vasaros nakties šventė: *Šveñtėme Joninès [Jõnines].*
jõs[1] įv. [1] (vartojamas kalbant apie du ar daugiau moteriškosios lyties asmenų, arba vietoje moteriškosios giminės daiktavardžių daugiskaitos): *Jõs manęs nepažįsta.* ○ *Àš jų iřgi nepažį́stu.* ○ *Ar šie daiktaĩ jų̃?* ○ *Pasakýkite jóms, kad ateĩtų rytój.* ○ *Àš jas pažįstu.* ○ *Kuř tos knýgos? – Àš jas grąžinaũ į bibliotèką.* ○ *Susitìkite su jomìs.* ○ *Ar tos dėžės pìlnos? – Nè, josè nièko nėrà.*
jõs[2] K. žr. **ji**
jõs[3] būs. l. 3 asm. žr. **joti**
josè Vt. žr. **jos**[1]
jóti, jója, jójo vks. (1) (kas) vykti raitam: *Mataĩ, polìcininkas jója!* • neig. **nejóti**
jojìmas dkt. v. (2, 1)
jst. sutr. žr. **jaustukas**
jų̃ K. 1. žr. **jie** 2. žr. **jos**
jubiliãtas dkt. v. (2, 1), **jubiliãtė** dkt. m. (2, 8) asmuo, kurio jubiliejus švenčiamas: *svéikinti jubiliatùs*
jubiliẽjinis, jubiliẽjinė bdv. (1, 4–9) skirtas jubiliejui: *Dailininkas sukū́rė jubiliẽjinį medãlį.*
jubiliẽjus dkt. v. (2, 5) ypatinga kurio nors įvykio sukaktis (pvz., 25, 50 ir pan. metų); šios sukakties minėjimas: *Minėjome pirmõsios lietùviškos knýgos 450 mẽtų jubiliẽjų.* • žr. **sukaktis**
judaĩzmas vns. dkt. v. (2, 1) žydų religija
judesỹs dkt. v. (3[b], 3) kūno ar jo dalies judinimas
judėti, jùda, judėjo vks. (1) (kas) keisti vietą ar savo padėtį vietoje: *Kai kaĨbame, lū́pos jùda.* ○ *Kai pùčia vėjas, medžių̃ lãpai*

juokauti

jùda. ○ *Judù, kad nesušálčiau.* • žr. **nejudėti**
judėjimas dkt. v. (1, 1)
jùdinti, jùdina, jùdino vks. (1) (kas, ką) daryti, kad judėtų: *jùdinti rañką* ○ *Vėjas jùdina medžių lapùs* • žr. **nejudinti**
jùdinimas dkt. v. (1, 1) (ko)
jùk dll. (pabrėžiant sakinį ar jo dalį): *Juk aš táu jau sakiaũ!* ○ *Juk dar ne vėlù, ar nè?*
jumìs [n. žr. **jūs**
jùms N. žr. **jūs**
jungìklis dkt. v. (2, 3) įtaisas elektros srovei įjungti ir išjungti: *virỹklės jungìklis* ○ *pataisýti sugèdusius jungìkliùs*
junginỹs dkt. v. (3[a], 3) kas sudaryta iš kelių dalių: *žõdžių junginiaĩ*
jùngti, jùngia, jùngė vks. (1) (kas, ką) 1. daryti be tarpo; iš kelių daryti visumą: *Žõdžiùs jùngiame į sãkinį.* ○ *Tìltas jùngė ùpės krantùs.* 2. įjungti arba išjungti: *Jùnk (ìjunk, ìšjunk) greičiaũ šviẽsą!* • žr. **ijungti, išjungti, nejungti, sujungti**
jungtùkas dkt. v. (2, 1) gram. žodis, vartojamas žodžiams ir sakiniams jungti: *„Iř"*, *„bèt"*, *„tačiaũ"* yra *jungtùkai.* • sutr. **jng.**
juõ [n. žr. **jis**
juodaĩ prv. juoda spalva (dažyti, tepti); juodos spalvos drabužiais (rengtis, dėvėti): *Ji visadà dėvi juodaĩ.* ○ *nudažýti rė́mus juodaĩ*
júodas, juodà bdv. (3, 1–6) visai tamsus, anglių spalvos; tokia, kaip anglių (apie spalvą): *Ji apsirengusi juodaĩs drabùžiais.* ○ *Kambarỹje stóvi juodì baldaĩ.* ○ *výras juodõmis akimìs* ○ *Prãšom puodẽlį juodõs* (nebalintos) *kavõs.* ○ *Labiáusiai mėgstu júodą* (rùginę) *dúoną.*
juõkas dkt. v. (4, 1) 1. vns. džiaugsmo, linksmumo reiškimas tam tikrais garsais: *Aš girdžiù jos juõką.* 2. tai, kas sukelia ar turi tikslą sukelti juoką: *Jis mums papãsakojo kẽletą juokų̃.*
juokaĩs prv. norint sukelti juoką, juokaujant: *Netikė́k juo, jis tai pasãkė juokaĩs.*
juokáuti, juokáuja, juokãvo vks. (1) (kas) sakyti juokus, kalbėti nerimtai: *Jis mė́gsta juokáuti.* ○ *Baĩkite juokáuti, vỹksta pamokà!* • neig. **nejuokáuti**

juokìngas, juokìnga *bdv. laipsn. (1, 1–6)* keliantis juoką: *juokìngas pāsakojimas* • *žr.* **nejuokingas**

juõktis, juõkiasi, juõkėsi *sgr. vks. (1)* **1.** *(kas)* balsu rodyti linksmumą, džiaugsmą ir pan.: *Svečiaĩ taĩp linksmaĩ juõkėsi, tai ir àš negalėjau nesijuõkti.* ○ *Kõ tu juokíesi?* **2.** *(kas, iš ko)* tyčia elgtis taip ar sakyti ką, kad kitas (kiti) įsižeistų: *Gal jūs juõkiatės iš manęs...* ○ *Iš kìto neláimės negālima juõktis.* • *žr.* **nesijuokti**

juõs *G. žr.* **jie**

juosè *Vt. žr.* **jie**

juosmuõ *dkt. v. (3ᵃ, 11)* žmogaus kūno liemens vidurys; drabužio dalis prie tos kūno dalies: *Man skaũda júosmenį.* ○ *Susisèk sijõno júosmenį.* ○ *Kélnių juosmuõ man per siaũras.* • *žr. pieš.* **kelnės**

júosta *dkt. m. (1, 6)* **1.** ilgas, siauras audinio gabalas, ppr. skirtas rišti: *tautìnė júosta* **2.** ilgas siauras įvairių medžiagų gabalas vaizdui ar garsui įrašyti: *magnetofòno júosta* ○ *gařso [vaĩzdo] júosta* **3.** viena iš plataus kelio dalių **4.** tam tikros spalvos linija: *báltas audinỹs su žaliomìs júostomis*

juostėlė *dkt. m. (2, 8)* nedidelė juosta (1, 2, 4) • *žr.* **lipnioji juostelė**

juostúotas, juostúota *bdv. (1, 1–6)* kuris su juostomis (4): *juostúotas audinỹs*

júra *dkt. m. (1, 6)* labai didelis gamtinis vandens telkinys: *Báltijos júra* ○ *Važiúokime prie júros pailsėti.* ○ *Júros vanduõ (yra) sūrùs.*

jūreĩvis *dkt. v. (2, 3),* **jūreĩvė** *dkt. m. (2, 8)* asmuo, kuris dirba ar tarnauja jūrų laive

jurgìnas *dkt. v. (2, 1)* darželių gėlė: *margì jurgìnai* ○ *jurgìno žíedas*

jurginas

jùs *G. žr.* **jūs**

jūs *įv. [1]* **1.** (kreipiantis į du ar daugiau asmenų): *Kviečiù tavè ir Prānã, ar jūs ateĩsite?* ○ *Aš ten nemačiaũ jūsų.* ○ *Ar šie daiktaĩ jūsų?* ○ *Aš jùs vìsus kažkuř esu mãtęs.* ○ *Gal man eĩti su jumìs?* **2.** (pagarbiai kreipiantis į vieną asmenį): *Dirèktoriau, jums skaṁbina, pakélkite ragėlį.* ○ *Pònia, ar man paláukti jūsų?*

jūsų *K. žr.* **jūs**

juvelýras *dkt. v. (2, 1),* **juvelýrė** *dkt. m. (2, 8)* asmuo, kuris gamina, taiso ar parduoda brangius papuošalus

K k

K, k septynioliktoji lietuvių kalbos abėcėlės raidė

K. *sutr. žr.* **kilmininkas**

k. *sutr.* **1.** *žr.* **kaimas** (2) **2.** *žr.* **kalba** (2)

ką¹ *G. žr.* **kas**

ką² *jst.* **1.** (atsakant į kreipimąsi ir laukiant, kad kas ko klaus ar sakys): *Māma! – Ką? – Ar aš galiù eīti į kìną?* **2.** (nelabai mandagiai prašant pakartoti neišgirdus): *Paskam̃bink man rytój. – Ką? – Paskam̃bink man rytój!* **3.** (stebintis): *Ar tu žinaī, kad Jõnas vẽdė? – Ką?!*

kabė́ti, kāba, kabė́jo *vks.* (1) (kas) būti pakabintam: *Ant kam̃bario síenos kāba senóvinis laīkrodis ir pavéikslas.* • *žr.* **nekabė́ti**

kabyklà *dkt. m.* (2, 6) daiktas drabužiams kabinti: *kabìnti páltą ant kabỹklos*

kabinà *dkt. m.* (2, 6) nedidelė specialios paskirties patalpa: *Suñkvežimio kabìnoje sė́di vairúotojas ir keleĩvis.* ○ *pérsirengimo kabinà* (paplūdimyje)

kabinètas *dkt. v.* (2, 1) **1.** darbo kambarys įstaigoje: *Manè ràsite kabinetè.* ○ *dirèktoriaus kabinètas* **2.** patalpa su reikmenimis specialiems darbams: *Užeĩkite į dantìsto kabinètą.* ○ *Pamokà vỹks fìzikos kabinetè.*

kabìnti, kabìna, kabìno *vks.* (1) (kas, ką, ant ko) tvirtìnti (ko) viršutinę dalį̇ (ant ko): *Páltą gãlite kabìnti ant kabỹklos.* ○ *kabìnti užúolaidas* [*pavéikslą*] • *žr.* **nekabìnti**

kablẽlis *dkt. v.* (2, 3) skyrybos ženklas žodžiams, sakiniams skirti (,)

kabliãtaškis *dkt. v.* (1, 3) skyrybos ženklas (;)

kabùtės *dgs. dkt. m.* (2, 8) skyrybos ženklas, vartojamas cituojant, rašant įmonių pavadinimus ir pan. („ ")

kačiùkas *dkt. v.* (2, 1) kačių jauniklis • *žr.* **katė̃, katìnas**; *žr. pieš.* **katė̃**

kàd *jng.* **1.** (vartojamas po žodžių **aišku, atsiprašau, manyti, sakyti, žinoti** ir t. t. pradedant sakinį, kuris paaiškina): *Jìs žinójo, kad (jam) reikė̃s laikýti egzãminą.* ○ *Aš manaũ, kad mes nespė́sime į tráukinį.* ○ *Jū̃s man sākėte, kad aš galiù pas jus užeĩti.* ○ *Atsiprašaũ, kad tau vākar nepaskam̃binau.* ○ *Gãli bū́ti, kad rytój lìs.* **2.** (jungiant sakinį, reiškiantį tikslą): *Aš paáiškinsiu, kad jū̃s geriaũ supràstumėte.* ○ *Apsireñk šìlčiaũ, kad nepéršaltum.* • Jei po **kad** yra sakinys, kuris reiškia tikslą, reikia vartoti tariamosios nuosakos formą, o ne bendratį.

kadà **1.** *prv.* (vartojamas klausiant) kuriuo laiku: *Kadà jūs ateīsite? – Rytój.* ○ *Kadà tu ją mateĩ? – Priẽš keliàs minutès.* **2.** *jng.* kuriuo laiku: *Ar žìnote, kadà jie atvỹks į Vìlnių?* ○ *Nežinaũ, kadà vēl galė́siu jus aplankýti.* **3.** (su prl. **iki, nuo**) kurio laiko: *Ikì kadà jū̃s čià bū́site? – Ikì pirmādienio.* ○ *Nuõ kadà jis čià gyvẽna?*

kada nórs *prv.* kuriuo nors laiku: *Kada nórs susitìksime vẽl.* ○ *Kadà tu man paskam̃binsi? – Kada nórs.*

kadáise *prv.* tam tikru laiku praeityje: *Kadáise čia áugo miškaī.* ○ *Kadáise ir mẽs bùvome jaunì.*

kadángi *jng.* dėl tos priežasties, kad: *Kadángi šaldytùvas jau tùščias, reĩkia eīti apsipir̃kti.* ○ *Kadángi neturiù pinigų̃, aš negalė́siu jums sumokė́ti.* • *plg.* **nès**

kaĩ *jng.* tuo metu, kuriuo: *Aš jums paskam̃binsiu (tada), kai turė́siu laĩko.* ○ *Kaĩ*

atsikélsi, (tada) prikélk ir manè. ○ *Kai aš buvaũ mãžas, (tada) norėjau bū́ti dailininkas.*
kai kadà *prv.* kartais: *Man kai kadà skaũda gálvą.*
kai kàs *įv. [3]* (apie daiktą, dalyką ir pan., kuris žinomas, bet jo pavadinimas nepasakomas): *Aš nóriu tau kai ką̃ pasakýti.* ○ *Ji pamãtė, kad kambarỹjè kai kõ trū́ksta (plg. Jai atródė, kad kambarỹjè kažkõ trū́ksta).*
kai kur̃ tam tikrose vietose, bet ne visur: *Šiañdien gãli kai kur̃ palýti.*
kai kuriẽ, kai kuriõs *įv. dgs. (4) [4]* tam tikras skaičius, bet ne visi: *Kai kuriõs gė̃lės daržẽlyje jau žýdi.*
kailiniaĩ *dgs. dkt. v. (3ᵃ, 3)* iš kailio (2) pasiūtas drabužis: *Žiẽmą̃ nešióju káilinius.*
káilis *dkt. v. (1, 3)* **1.** *vns.* plaukai, augantys ant kai kurių gyvūnų (pvz., šuns, katės, lapės ir t. t.) odos: *Katẽs káilis (yra) švelnùs.* **2.** kai kurių gyvūnų oda su plaukais, vartojama drabužiams siūti, apykaklėms ir pan.: *lãpės [kiškio] káilio kepùrė*
káimas *dkt. v. (1, 1)* **1.** *vns.* vietovė, kurioje gyvena ir dirba žemdirbiai: *Gimiaũ káime, dabar̃ gyvenù miestè.* **2.** nedidelė gyvenvietė: *Aš ir mano výras esame kilę̃ iš víeno káimo.* • (1) *prš.* **miestas**; (2) *sutr.* **k.**
kaimiẽtis *dkt. v. (2, 3)*, **kaimiẽtė** *dkt. m. (2, 8)* kaimo gyventojas: *Mano tėvaĩ (yra) kaimiẽčiai.*
kaimýnas *dkt. v. (1, 1)*, **kaimýnė** *dkt. m. (1, 8) (kieno)* arti (ko) gyvenantis žmogus: *Jis yra mano láiptinės kaimýnas (mūsų butai yra vienoje laiptinėje).* ○ *Aplañkėme kaimýnus.* ○ *Mūsų̃ kaimýnė labaĩ gerà móteris.*
kaimýninis, kaimýninė *bdv. (1, 4–9)* esantis arti: *Lietuvõs kaimýninės valstýbės yra Lãtvija, Baltarùsija, Lénkija ir Rùsija.*
káina *dkt. m. (1, 6)* vertė pinigais: *Kokià šio pálto [šios sùknelės] káina?* ○ *Didė́ja maĩsto prodùktų káinos.* ○ *dìdelė [mãža] káina*
kainúoti, kainúoja, kaināvo *vks. (1) (kas)* turėti kainą: *Kíek kainúoja ši sùknelė?* ○ *Kíek kainúoja kambarỹs viẽšbutyje?* ○ *Rùdenį vaĩsiai mažaĩ kainúoja.* ○ *Automobìlio remòntas man kaināvo tū́kstantį lìtų*

(1000 Lt). ○ *Automobìlio núoma kainuõs nedaũg.* • *žr.* **nekainuoti**
kaĩp 1. *prv.* (vartojamas klausiant) kokiu būdu, kokiomis priemonėmis: *Kaĩp jū̃s čià atvažiãvote? – Autobusù.* ○ *Kaĩp aš galė́čiau nueĩti į̃ tą muziẽjų? – Eĩkite šia gatvè, paskuĩ pasùkite į̃ dẽšinę.* ○ *Kaĩp lietùvių kalbà atsiprãšoma?* ○ *Kaĩp rãšomas šis žõdis?* **2.** *jng.* kokiu būdu, kokiomis priemonėmis: *Prãšom pasakýti, kaĩp užpìldyti šį̃ blánką.* ○ *Niẽkas nežìno, kaĩp tai atsitìko.* **3.** *jng.* (vartojamas lyginant): *báltas kaip sniẽgas* ○ *šáltas kaip lẽdas* ○ *Jis ne tóks protìngas kaip tù.* ○ *Tà sùknelė kainuõs ne daugiaũ kaip šim̃tą litų̃ (100 Lt).* ○ *Mes negãlime láukti ilgiaũ kaip dẽšimt minùčių.* **4.** *jng.* dėl to, kad yra laikomas (kuo): *Jis yra vértinamas kaip gẽras gýdytojas.* **5.** *jng.* būdamas (kas); atliekantis (kokias) pareigas: *Kaip mókytojas, jis yra labaĩ gẽras.* **6.** *dll.* (vartojama pabrėžiant): *Kaĩp čia gražù!*
kaip antaĩ (sakoma išvardijant): *Miškè áuga įvairū̃s mẽdžiai, kaip antaĩ: ẽglės, pùšys ir t. t.*
kaip eĩnasi? kaip sekasi: *Svéikas, kaĩp eĩnasi?* • *žr.* **kaip gyveni?, kaip gyvuoja...?, kaip gyvuoji?, kaip jaučiatės?, kaip sekasi?**
kaip nórs *prv.* kuriuo nors būdu: *Kaip nórs baĩgsiu šį̃ dárbą.*
kairė̃ *vns. dkt. m. (4, 8)* kairė pusė: *stovė́ti kairė̃je* ○ *Sùk į̃ kaĩrę.* ○ *kẽlio viñgis į̃ kaĩrę*
kairỹs, kairė̃ *bdv. (4, 3–9)* esantis toje kūno pusėje, kuri yra į rytus, kai stovima veidu į pietus; kuris yra kairėje pusėje: *Jis rãšo ne dẽšine, o kaire rankà.*
kairỹsis, kairióji *įv.:* *Pėstíeji turi eĩti kairiája kẽlio pusè.* ○ *Kairỹsis bãtas* (avimas ant kairės kojos) *trupùtį spáudžia.* • *prš.* **dešinys**
kaitýti, kaĩto, kaĩtė *vks. (3) (kas, ką) gram.* vardyti žodžio formas
bū́ti kaĩtomam *neveik. r.* turėti skirtingas formas: *Veiksmãžodžiai (yra) kaĩtomi asmenimìs, laikaĩs ir t. t.* • *žr.* **nekaityti**
kaĩtymas *dkt. v. (1, 1) (ko)*
kajùtė *dkt. m. (2, 8)* laivo patalpa, kurioje ppr. miegama
kakavà *vns. dkt. m. (2, 6)* šiltų̃jų kraštų medžio sė́klų milteliai; iš jų gaminamas

gėrimas: *Pùsryčiams išgė́riau puodẽlį bãlintos kakãvos.* ○ *Šokolãdas gamìnamas iš kakãvos ir priẽdų.*

kaklãraištis *dkt. v. (1, 3)* ant marškinių apykaklės rišamas raištis: *Ar raudónas kaklãraištis tiks prie tavo marškinių?* ○ *kaklãraiščio mãzgas* • *žr.* pieš. **kostiumas**

kãklas *dkt. v. (4, 1)* 1. kūno dalis tarp galvos ir pečių: *ìlgas kãklas* ○ *Apýkaklė spáudžia kãklą.* 2. kokio nors daikto dalis, panaši į šią kūno dalį: *bùtelio kãklas* ○ *ąsõtis siaurù kaklù* • (1) *žr.* pieš. **kūnas**

kaktà *dkt. m. (4, 6)* veido dalis virš akių: *Užsigavaũ kãktą į spìntos dùris.* • *žr.* pieš. **kūnas**

kalakučiùkas *dkt. v. (2, 1)* kalakutų jauniklis

kalakùtas *dkt. v. (2, 1)* didelis naminis paukštis; jo mėsa: *Mano brólis augìna kalakutùs.* ○ *Šveñtėms kèpsime kalakùtą.*

kalakutas

kalakùtė *dkt. m. (2, 8)* kalakutų patelė: *Kalakùčių kiaušìniai yra dìdelì.*

kalakutíena *vns. dkt. m. (1, 6)* kalakuto mėsa

kalbà *dkt. m. (4, 6)* 1. *vns.* minčių reiškimo žodžiais sistema: *Kalbà yra žmonių bendrãvimo príemonė.* 2. tokia sistema, vartojama tam tikros tautos žmonių: *lietùvių [ánglų, rùsų] kalbà* ○ *Jis móka daũg kalbų̃.* 3. viešas kalbėjimas grupei žmonių; tokio kalbėjimo tekstas: *sakýti [pareñgti] kaĩbą* ○ *Ministro kalbà išspáusdinta visuosè laĩkraščiuose.* • (2) *sutr.* **k.**; *žr.* **gimtoji kalba**

kalbėti, kaĩba, kalbėjo *vks. (1)* 1. *(kas, su kuo, apie ką / kaip / + šs)* reikšti mintis balsu, sakyti žodžius: *Man skaũda gérklę, aš negaliù kalbėti.* ○ *Apie tą įvykį ùš nenóriu kalbėti.* ○ *tyliai [áiškiai, greĩtai, lėtaĩ, suñkiai] kalbėti* ○ *Prãšom kalbėti garsiaũ!* ○ *Visì kaĩba, kad nuo saũsio pirmõsios pabrañgs benzìnas.* ○ *Netrukdýk man, aš kalbù telefonù.* 2. *(kas)* sakyti kalbą: *Jis kalbėjo per rãdiją.* ○ *Kàs susirinkimè kalbės pìrmas?* 3. *(kas)* mokėti kalbą; sugebėti reikšti mintis balsu: *Ar jūs kaĩbate lietùviškai?* ○ *Vaĩkas jaũ kaĩba.* • *žr.*

nekalbėti; trumpai kalbant
kalbėjimas *dkt. v. (1, 1)*

kalbėtis, kaĩbasi, kalbėjosi *sgr. vks. (1) (kas, apie ką, su kuo)* bendrauti kalba: *Apie ką̃ jūs kaĩbatės? – Apie mėnų.* ○ *Su kuõ tu kalbėjaisi?* • *žr.* **nesikalbėti**

kalbiniñkas *dkt. v. (2, 1),* **kalbiniñkė** *dkt. m. (2, 8)* kalbos mokslo specialistas

kalė̃ *dkt. m. (4, 8)* šunų patelė: *Tùrime kãlę su penkiaĩs šuniùkais.* • *žr.* **šuniukas, šuo**

Kalė̃dos *dgs. dkt. m. (2, 6)* krikščionių šventė, švenčiama gruodžio 25 dieną (Jėzaus Kristaus gimimo diena): *Visì láukia Kalė̃dų.* ○ *Priẽš Kalė̃das puõšiame ẽglùtę.*
Kalė̃dų ẽglutė *žr.* **eglutė** (2)
Kalė̃dų Senẽlis (asmuo, apsirengęs kaip) senas vyras ilga balta barzda, kuris, kaip mãno vaikai, atneša dovanų per Kalėdas: *Vaikaĩ tiki, kad Kalė̃dų Senẽlis gyvẽna šiáurėje.* • *žr.* **Linksmų Šveñtų Kalė̃dų, Sveiki sulaũkę Šveñtų Kalė̃dų**

kalė́jimas[1] *dkt. v. (1, 1)* pastatas, kuriame uždaromi nusikaltę ir nuteisti asmenys: *Jis sėdi [atliẽka baũsmę] kalė́jime.*

kalė́jimas[2] *dkt. v. (1, 1) žr.* **kalėti**

kalendõrius *dkt. v. (2, 5)* spausdinta lentelė, kurioje išvardytos visos metų dienos, savaitės, mėnesiai: *Nusipirkaũ šių mẽtų kalendõrių.* ○ *síeninis kalendõrius*

kalė́ti, kãli, kalė́jo *vks. (2) (kas)* būti uždarytam kalėjime. • *žr.* **nekalėti**
kalė́jimas *vks. v. (1, 1):* ìlgas *kalė́jimas*

kalinỹs *dkt. v. (3ᵇ, 3),* **kalinė̃** *dkt. m. (3ᵇ, 8)* asmuo, laikomas kalėjime: *Kãlinius sáugo sargýbiniai.* ○ *polìtiniai kaliniaĩ*

kálnas *dkt. v. (3, 1)* aukšta žemės vieta: *užlìpti į kálną [ant kálno]* ○ *Nulìpome nuo kálno.* • *plg.* **kalva**

kaĩtas, kaltà *bdv. (4, 1–6)* 1. padaręs nusikaltimą: *Jis neprisipažįsta (esąs) kaĩtas.* 2. jaučiantis (turintis jausti), kad padarė ką bloga: *Aš kaĩtas (dėl to), kad mes pavėlãvome.* ○ *Jis pažeidė eĩsmo taisyklès, todėl yra kaĩtas dėl avãrijos.* • *žr.* **nekaltas**
kaltùmas *dkt. v. (2, 1) (kieno)*

kaltė̃ *dkt. m. (4, 8)* 1. kaltumas: *įródyti kieno kaĩtę* 2. kaltumo jausmas: *jaũsti kaĩtę*

kálti, kā́la, kā́lė *vks.* (1) *(kas, ką)* plaktuku mušant, daužant smeigti į ką ar tvirtinti prie ko: *Vìnį kā́la į síeną – kabìns pavéikslą.* ○ *kálti iškabą prie síenos* • *žr.* **įkalti, nekalti**

kaltiniñkas *dkt. v.* (2, 1), **kaltiniñkė** *dkt. m.* (2, 8) asmuo, kuris yra kaltas dėl ko: *Avārijos kaltininkùs reĩkia nubaũsti.*

kalvà *dkt. m.* (4, 6) neaukštas kalnas: *Lietuvojè nėrà didelių̃ kalnų̃, tik kaĩvos.* ○ *Nuo kalvõs matýti miestẽlio bažnýčia.*

kálvis *dkt. v.* (1, 3) amatininkas, kuris gamina ir taiso metalo gaminius

kalvótas, kalvóta *bdv.* (1, 1–6) kuriame daug kalvų: *kalvótas krãštas*

kám¹ *N. žr.* **kas**

kám² *prv., jng.* kuriam tikslui: *Kám tau reĩkia šio dáikto?* ○ *Kám tu parsìnešei šią dė̃žę?* ○ *Àš nežinaũ, kám nusipirkaũ dár víeną televìzorių.*

kambarìnis, kambarìnė *bdv.* (2, 4–9) kuris auginamas kambaryje: *Auginù daũg kambarìnių gėlių̃.*

kambarỹs *dkt. v.* (3ᵇ, 3) atskira namo patalpa: *Mes gyvẽname keturių̃ kambarių̃ butè (yra virtuvė, vonia, tualetas ir 4 kambariai).* ○ *voniõs [svečių̃, vaikų̃] kambarỹs* ○ *viẽšbučio kambarỹs* ○ *įeĩti į kam̃barį* ○ *išeĩti iš kam̃bario* ○ *dìdelis [jaukùs] kambarỹs* ○ *užrakìnti kam̃barį*

kāmera *dkt. m.* (1, 6) **1.** specialios paskirties patalpa: *kalėjimo kāmera* **2.** filmavimo aparatas: *kino [televìzijos] kāmera* **3.** specialios paskirties uždara erdvė pastate, prietaise: *bagãžo sáugojimo kāmera* ○ *Šis šaldytùvas turi dvì šáldymo kāmeras.*

kamíenas *dkt. v.* (1, 1) medžio stiebo dalis iki šaknų: *Béržo kamíenas yra báltas.* ○ *stóras ą́žuolo kamíenas* • *t. p. žr.* **liemuo** (3)

kãminas *dkt. v.* (3ᵇ, 1) statinys ant stogo su skyle, per kurią iš pastato išeina dūmai ar garai: *áukštas gamỹklos kãminas*

kam̃pas *dkt. v.* (4, 1) vieta, kur susijungia dvi linijos, dvi sienos, gatvės ir pan.: *Televìzorius stóvi kam̃bario kampè.* ○ *Sùkite į dẽšinę už (gãtvės) kam̃po, teñ bus parduotùvė.*

kampas

kamščiātraukis *dkt. v.* (1, 3) įrankis buteliu̧ kamščiams ištraukti

kam̃štis *dkt. v.* (2, 3) **1.** kuo kas užkemšama: *bùtelio kam̃štis* **2.** *žr.* **spūstis:** *Miẽsto gãtvėse susidãro (automobìlių) kam̃ščiai.* ○ *patèkti į kam̃štį*

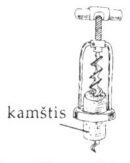
kamštis

kamščiatraukis

kamuolỹs *dkt. v.* (3ᵇ, 3) rutulio formos daiktas, naudojamas sportiniuose žaidimuose: *fùtbolo [krepšìnio] kamuolỹs* ○ *mèsti kāmuolį į krẽpšį* ○ *spìrti kāmuolį į var̃tus*

kamuoliùkas *dkt. v.* (2, 1) nedidelis kamuolys: *tèniso kamuoliùkas*

kanalizācija *vns. dkt. m.* (1, 7) požeminių vamzdžių, kuriais teka nešvarus vanduo iš butų, gamyklų ir pan., sistema: *Méistras tvar̃ko nãmo kanalizāciją.*

kánda *esam. l. 3 asm. žr.* **ką́sti**

kándo *būt. l. 3 asm. žr.* **ką́sti**

kandidātas *dkt. v.* (2, 1), **kandidātė** *dkt. m.* (2, 8) asmuo, kuris dalyvauja rinkimuose ar konkurse gauti pareigas, tapti nariu ir pan.: *Už kurį̃ kandidātą balsúosi per prezideñto rinkimùs?* ○ *kandidātų sąrašas*

kañklės *dgs. dkt. m.* (2, 8) lietuvių styginis muzikos instrumentas: *skam̃binti kañklėmis*

kañklininkas *dkt. v.* (1, 1), **kañklininkė** *dkt. m.* (1, 8) muzikantas, kuris skambina kanklėmis

kankórėžis *dkt. v.* (1, 3) spygliuočių vaisius: *pušiẽs [ẽglės] kankórėžiai*

kankorėžiai

kā̃pas *dkt. v.* (4, 1) vieta, kur palaidotas žmogus: *tėvų̃ kapaĩ* ○ *Padė́k gėlių̃ ant jo kā̃po.*

kā̃pinės *dgs. dkt. m.* (3ᵇ, 8) žmonių laidojimo vieta: *Šiose kapinėsè (yra) paláidoti žymiáusi Lietuvõs žmónės.*

kapóti, kapója, kapójo *vks.* (1) *(kas, ką)* smulkinti kirviu: *kapóti málkas* • *žr.* **nekapoti**

karalíenė *dkt. m.* (1, 8) **1.** karaliaus žmona. **2.** moteris, kuri valdo šalį

karalỹstė *dkt. m. (2, 8)* valstybė, kurią valdo karalius arba karalienė (2): *Švèdijos Karalỹstė*

karãlius *dkt. v. (2, 5)* vyras, kuris valdo šalį: *1253 mẽtais Lietuvõs karāliumi tãpo Mìndaugas.*

kãras *dkt. v. (4, 1)* kova tarp valstybių, naudojant ginklus: *pradė́ti [laimė́ti, pralaimė́ti] kãrą* ○ *Karè žùvo daũg žmonių̃.* **kãro tarnýba** tarnavimas kariuomenėje: *Jaunuõliai privãlo atlìkti kãro tarnýbą.*

kariáuti, kariáuja, kariãvo *vks. (1) (kas, su kuo)* dalyvauti kare: *Šios dvì šãlys kariáuja vienà su kità.* • *neig.* **nekariáuti**

kariniñkas *dkt. v. (2, 1),* **kariniñkė** *dkt. m. (2, 8)* tam tikrą laipsnį turintis kariuomenės pareigūnas: *Jis [ji] yra Lietuvõs kariúomenės kariniñkas [kariniñkė].*

karỹs *dkt. v. (4, 3)* asmuo, kuris tarnauja kariuomenėje

kariúomenė *dkt. m. (1, 8)* ginkluota valstybės organizacija: *Jis tarnáuja kariúomenėje.* ○ *Mano draũgas yra Lietuvõs kariúomenės kariniñkas.*

karõliai *dgs. dkt. v. (2, 3)* kaklo papuošalas iš stiklo, akmens ir pan. gabalėlių: *giñtaro karõliai*

kárpis *dkt. v. (1, 3)* didelė tvenkiniuose auginama žuvis; jos mėsa: *kẽptas kárpis*
karpis

kařstas *dkt. v. (2, 1)* dėžė, į kurią dedamas mirusiojo kūnas

kárštas, karštà *bdv. laipsn. (3, 1–6)* labai šiltas; kuris aukštos temperatūros: *Sriubà labai karštà, tegu áušta.* ○ *Gal jūs nórite karštèsnės kavõs?* ○ *Šiañdien labaĩ karštà dienà.* ○ *Pérnai vãsara buvo karštèsnė negu šiẽmet. **káršta** n. 1.* karštas oras: *Šiañdien labai káršta.* **?** *(kam, i bendr.)* (pasakant aukštos oro ir pan. temperatūros sukeliamą pojūtį): *Atsargiaĩ, čia káršta (rodant karštą daiktą).* ○ *Mán čia labai káršta, atidarýkite lángą.* ○ *Man káršta miegóti.*
• *žr.* **nekárštas, šáltas, šiltas**

kařštis *dkt. v. (2, 3)* **1.** *vns.* karštas oras: *Aš negaliù dìrbti, kai toks kařštis.* **2.** *vns.* aukšta kūno temperatūra: *Vaĩkas tùri kařščio.* ○ *kařštį mãžinantys váistai* **2.** *dgs.* karšti orai: *Líepą prasidė́jo kařščiai.*

kartà *dkt. m. (4, 6)* tuo pačiu laiku gyvenantys panašaus amžiaus žmonės: *naujà polìtikų kartà* ○ *Jaunóji kartà gyvẽns dvìdešimt pirmãjame ámžiuje.*

kařtais *prv.* **1.** tam tikrais atvejais, bet ne visada: *Kařtais mes pietáujame namiẽ, o kařtais restoranè.* ○ *Kařtais taĩp sunkù kéltis anksti rytè.* ○ *Aš kařtais žiūriù televìzorių.* **2.** (klausiant) gal, atsitiktinai: *Ar netùri kařtais paskólinti šim̃to lìtų?* ○ *Gal kařtais žìnote, kuř jis gyvẽna?*

kařtas *dkt. v. (2, 1)* vienas iš atsitikimų, atvejis: *Vieną kařtą aš jį susitikaũ miestè.* ○ *Nė̃ (vieno) kařto tu manę̃s neaplankeĩ.* ○ *Dár kařtą jums dėkóju.* ○ *Šiuos váistus reĩkia gérti trìs kartùs per diẽną.* • *žr.* **iš karto**

kartóti, kartója, kartójo *vks. (1) (kas, ką)* antrą (ir t. t.) kartą ką daryti, sakyti: *kartóti klaũsimą [prãšymą]* ○ *kartóti pãmokas* (dar kartą mokytis) • *žr.* **nekartoti, pakartoti**
kartójimas *dkt. v. (1, 1) (ko)*

kartótis, kartójasi, kartójosi *sgr. vks. (1) (kas)* įvykti antrą (ir t. t.) kartą • *žr.* **nesikartoti**

kartù *prv.* **1.** drauge: *Marýtė ir Jõnas atė̃jo kartù.* ○ *Jiẽ dìrba kartù* (vienoje darbovietėje ar bendrą darbą). ○ *Viẽšbutyje gyvenaũ su juo kartù.* ○ *Parvažiãvome taksì visi kartù.* ○ *Ar nenorė́tum eĩti į kìną kartù (su manimì)?* **2.** vienu metu: *Eĩmė pasiváikščioti, kartù aplankýsime ir pãrodą.* • (1) *prš.* **atskiraĩ;** (1) *plg.* **drauge**

kartùs, kartì *bdv. (3, 5–8)* **1.** turintis pipirų, nesaldintos kavos skonį (apie maistą); kaip pipiro ir pan. (apie skonį): *Jei į̃dėsite daũg pipìrų, sriubà bus kartì.* ○ *Jei kavà per kartì, prãšom dė́ti cukraus.* **2.** įgijęs nemalonų skonį: *Sẽnas svíestas bū́na kartùs.*
kartù *n.: Negaliù válgyti, labai kartù.*
• *žr.* **nekartus**
kartùmas *dkt. v. (2, 1)*

karūnà *dkt. m. (2, 6)* brangus galvos papuošalas, kurį dėvi karalius / karalienė

kárvė *dkt. m. (1, 8)* stambus gyvulys su ragais, auginamas pienui ir mėsai • *žr.* **jautis, veršis**

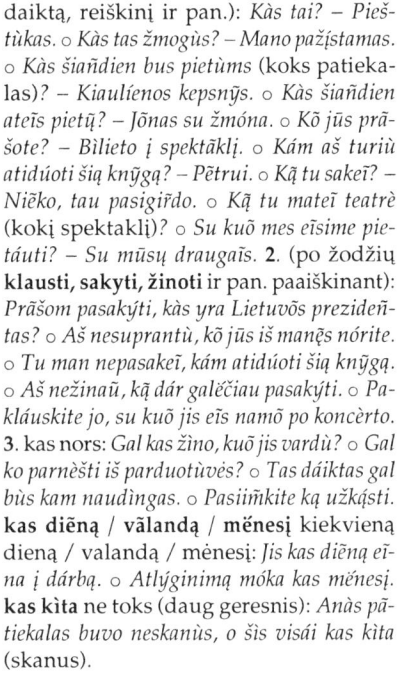
karvė

kàs *įv. [3]* **1.** (klausiant apie asmenį, gyvūną, daiktą, reiškinį ir pan.): *Kàs tai? – Pieštùkas.* ○ *Kàs tas žmogùs? – Mano pažįstamas.* ○ *Kàs šiañdien bus pietùms (koks patiekalas)? – Kiaulíenos kepsnỹs.* ○ *Kàs šiañdien ateĩs pietų̃? – Jõnas su žmóna.* ○ *Kõ jūs prãšote? – Bìlieto į spektãklį.* ○ *Kám aš turiù atidúoti šią knỹgą? – Pètrui.* ○ *Ką̃ tu sakeĩ? – Niẽko, tau pasigirdo.* ○ *Ką̃ tu mateĩ teatrè (kokį spektaklį)?* ○ *Su kuõ mes eĩsime pietáuti? – Su mū́sų draugaĩs.* **2.** (po žodžių **klausti, sakyti, žinoti** ir pan. paaiškinant): *Prãšom pasakýti, kàs yra Lietuvõs prezideñtas?* ○ *Aš nesuprantù, kõ jūs iš manę̃s nórite.* ○ *Tu man nepasakeĩ, kám atidúoti šią knỹgą.* ○ *Aš nežinaũ, ką̃ dár galė́čiau pasakýti.* ○ *Pakláuskite jo, su kuõ jis eĩs namõ po koncèrto.* **3.** kas nors: *Gal kas žìno, kuõ jis vardù?* ○ *Gal ko parnèšti iš parduotùvės?* ○ *Tas dáiktas gal bùs kam naudìngas.* ○ *Pasiim̃kite ką užką́sti.*
kas diẽną / válandą / mė́nesį kiekvieną dieną / valandą / mėnesį: *Jis kas diẽną eĩna į dárbą.* ○ *Atlýginimą móka kas mė́nesį.*
kas kìta ne toks (daug geresnis): *Anàs pātiekalas buvo neskanùs, o šìs visái kas kìta (skanus).*
kas nórs bet kas; nesvarbu kas: *Ar kas nórs galė́tų pasakýti, kíek dabar valandų̃?* ○ *Jei ko nórs nežìnote, kláuskite.* ○ *Tas dáiktas man nereikalìngas, atidúosiu jį kam nórs.* ○ *Ar pažį́state ką nórs iš mano draugų̃?* ○ *Užkim̃škite bùtelį kuo nórs.* • *žr. t. p.* **daug kas**

kasà[1] *dkt. m. (4, 6)* supinti ilgi plaukai: *merginà geltónomis [geltonomìs] kasomìs*

kasà[2] *dkt. m. (4, 6)* **1.** įstaigos skyrius, kuriame priimami ir mokami pinigai; to skyriaus patalpa: *bánko kasà* **2.** parduotuvės vieta, kurioje mokama už pirkinius
kasõs aparãtas aparatas, naudojamas parduotuvėse ir pan. pinigų sumoms, mokamoms už pirkinius, skaičiuoti ir įrašyti, t. p. grąžai skaičiuoti • *žr.* **bilietų kasa**

kasdiẽn *prv.* kiekvieną dieną: *Mañkštą reĩkia darýti kasdiẽn.* ○ *Aš jums skam̃binsiu kasdiẽn.*

kasètė *dkt. m. (2, 8)* dėžutė su magnetofono ar vaizdo magnetofono juosta: *Pirkaũ vaĩzdo kasèčių.* ○ *garso kasètė*

kãsininkas *dkt. v. (1, 1)*, **kãsininkė** *dkt. m. (1, 8)* asmuo, kuris kasoje ar prie kasos aparato priima ar duoda pinigus [grąžą]

kasýtis, kãsosi, kãsėsi *sgr. vks. (3) (kas, ką)* nuolat braukti rankų nagais per (kūno) paviršių: *kasýtis gálvą [nùgarą]* ○ *Kodė̃l tu kasaĩsi rañką? – Man niẽžti.* • *žr.* **nesikasyti**

kasmė̃t, *t. p.* **kasmèt** *prv.* kiekvienais metais: *Aš kasmė̃t vykstù atostogáuti į Pãlangą.*

kàsti, kãsa, kãsė *vks. (1) (kas, ką)* **1.** smulkinti žemės paviršių kastuvu: *kàsti darž̃ą* **2.** daryti kasant: *kàsti duõbę* **3.** rinkti iš žemės (bulves): *važiúoti į káimą kàsti bùlvių* • *žr.* **nekasti**
kasìmas *dkt. v. (2, 1) (ko)*

ką́sti, kánda, kándo *vks. (1)* **1.** *(kas, ką)* smeigti dantis į ką: *ką́sti óbuolį* **2.** *(kas)* pulti norint sužeisti dantimis: *Ar jū́sų šuõ kánda?* • *žr.* **nekąsti**

kastinỹs *vns. dkt. v. (3^b, 3)* žemaičių valgis iš grietinės: *Prãšom válgyti bùlvių su kāstiniu.*

kastùvas *dkt. v. (2, 1)* įrankis kasti

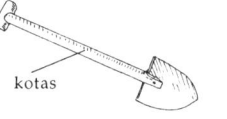
kotas — kastuvas

kaštõnas *dkt. v. (2, 1)* medis dideliais baltais žiedais, į riešutą panašiais vaisiais; jo vaisius: *Gegužę̃ žýdi kaštõnai.*

kaštonas

katalìkas *dkt. v. (2, 1)*, **katalìkė** *(2, 8)* asmuo, kuris priklauso Katalikų bažnyčiai: *Daugumà lietùvių yra katalìkai.*

katė̃ *dkt. m. (4, 8)* naminis gyvūnas švelniu kailiu: *kãčių ė́dalas* ○ *Į̃pilk píeno kãtei.* • *žr.* **kačiukas, katinas**

kačiukas — letena — katė

kãtedra *dkt. m. (1, 6)* **1.** aukštosios mokyklos tam tikro dalyko skyrius; to skyriaus darbuotojai: *Lietùvių kalbõs kātedros pósėdis* **2.** svarbiausia bažnyčia tikinčiųjų gyvenamoje teritorijoje, kuriai vadovauja vyskupas: *Kātedroje vỹksta pāmaldos.*

ką̃ tik *prv.* visai neseniai, prieš labai nedaug laiko: *Labai gaĩla, bet viřšininkas ką̃ tik išėjo.* ○ *Aš ką̃ tik baigiaũ dárbą.* ○ *Ar seniaĩ grį̃žote iš kìno? – Ką̃ tik.*

kãtinas *dkt. v. (3ᵇ, 1)* kačių patinas: *júodas riebùs kātinas*

káulas *dkt. v. (1, 1)* kiekviena iš žmogaus ar kito gyvūno kūne esančių kietų baltų dalių: *Lū́žo rañkos káulas.* ○ *Žuviẽs káulai (yra) smùlkūs.*

kaulẽlis *dkt. v. (2, 3)*, **kauliùkas** *dkt. v. (2, 1)* kieta kai kurių vaisių sėkla: *Vỹšnios ir slỹvos yra su kaulẽliais [kauliùkais].*

Kaũnas *vns. dkt. v. (4, 1)* Lietuvos miestas: *Aš gyvenù Kaunè.*

kavà *vns. dkt. m. (4, 6)* kavos pupelės; iš jų gaminamas gėrimas: ○ *Kíek kainúoja ši maltõs kavõs dėžùtė?* ○ *Ar gālima dár víeną (puodėlį́) kavõs?* ○ *Mė́gstu stìprią júodą kãvą.* ○ *bālinta kavà*
kavõs pupẽlės šiltųjų kraštų medžio sėklos, iš kurių miltelių gaminamas gėrimas: *Sumálk kavõs pupẽles.*

kavìnė *dkt. m. (2, 8)* vieta, kurioje galima pavalgyti ir išgerti: *Šiojè gãtvėje yra daũg kavìnių.*

kavinùkas *dkt. v. (2, 1)* indas kavai virti ar tiekti; jame telpantis kiekis

kažkadà *prv.* **1.** neaišku (nežinoma) kada (praeityje): *Kažkadà čia áugo miškaĩ (plg. Kada nórs čia aũgs miškaĩ).* **2.** seniai: *Jie jau kažkadà išėjo.*

kavinukas

kažkàs *įv.* [3] neaišku (nežinoma) kas (apie nežinomą asmenį, gyvūną, daiktą, reiškinį ir pan.): *Kažkàs béldžiasi į durìs (plg. Jei kas nórs beĩsis į durìs, neatùdaryk).* ○ *Man atródo, kad kambaryjè kažkõ trū́ksta (nėra kažkokio daikto).* ○ *Čia stóvi kažkienõ automobìlis.* ○ *Aš kažkám daviaũ tą*

keistas

knỹgą, bet dabar neatsìmenu, kám. ○ *Žiūrė́k, jis kažką̃ nẽšasi.* ○ *Mačiaũ ją, ė́jo gatvè su kažkuõ (su nepažį́stamu asmeniu).*

kažkíek *prv.* nežinomas (ppr. nedidelis) kiekis, skaičius; neaišku kiek: *Dãvė jam kažkíek pinìgų (plg. Dúokite jam kiek nórs pinìgų).* • *plg.* **šiek tiek**

kažkóks, kažkokià *įv. (3)* [3] neaišku koks; nežinomas: *Pas jus atėjo kažkóks žmogùs.* ○ *Čia parašýtas kažkóks žõdis (plg. Parašýkite kokį́ nórs žõdį).* ○ *Apsigyvẽnome kažkokiamè viẽšbutyje.*

kažkuř̃ *prv.* neaišku kur; nežinomoje vietoje: *Kažkuř̃ pàmečiau raktùs.* ○ *Ta knygà kažkur yrà, tik aš neatsìmenu, kuř̃ (plg. Aš kur nórs gáusiu pasiskõlinti tą knỹgą).*

kažkurìs, kažkurì *įv. (4)* [4] neaišku kuris: *Taĩ padãrė kažkurìs iš jū́sų (plg. Tai turė́s padarýti kuris nórs iš jū́sų).* ○ *Jis buvo atvažiãvęs kažkurią̃ diẽną (plg. Kurią̃ nórs diẽną ateĩsiu aplankýti tavę̃s).*

kėdẽ *dkt. m. (4, 8)* baldas su atrama nugarai vienam sėdėti: *Dúokite kė́dę svečiui atsisė́sti.* ○ *Trū́ksta kėdžių visíems atsisė́sti.* ○ *sėdė́ti ant kė́dės*

kefỹras *vns. dkt. v. (2, 1)* tam tikru būdu raugintas pienas: *Išgérk stiklìnę kefỹro.*

keĩčia *esam. l. 3 asm. žr.* **keisti**

keĩčiasi *esam. l. 3 asm. žr.* **keistis**

keiksmãžodis *dkt. v. (1, 3)* žodis ar žodžių junginys, sakomas supykus norint ką įžeisti ir pan.: *vartóti keiksmãžodžius*

kéiktis, kéikiasi, kéikėsi *sgr. vks. (1) (kas)* vartoti keiksmažodžius • *žr.* **nesikeikti, nusikeikti**

keistaĩ *prv.* ne taip kaip daugumà, ne taip, kaip kam įprasta: *Jis keistaĩ (keistais drabužiais) apsirengęs.* ○ *Jis pažiūrė́jo į manè keistaĩ.*

keĩstas, keistà *bdv. (4, 1–6)* ne toks kaip visi ar kiti (visų ar kitų), neįprastas: *Jo elgesỹs man atródo keĩstas.* ○ *Sapnavaũ keĩstą sãpną.*
keĩsta *n. (kam, + šs)*: *Keĩsta, kad jis vėlúoja.* ○ *Ar jums neatródo keĩsta, kad jis neparãšo láiško?* ○ *Nieko keĩsta, kad jis vėlúoja. Jis visadà taip eĩgiasi.*

keĩsti, keičia, keitė *vks. (1)* **1.** *(kas, ką)* daryti kitokį: *keĩsti įpročius [pažiūras, nuomonę]* ○ *Laĩvas keičia krỹptį.* ○ *Plaukaĩ [medžių lapai] keičia spalvą* (darosi kitokios spalvos). **2.** *(kas, ką, į ką)* vietoje vieno imti ar duoti kitą; imti (duoti) kitą tokios pat vertės: *Jì drabužiùs keičia kiekvíeną diẽną.* ○ *Ji keĩs dárbą.* ○ *Ar jūs keĩstumėte bùtą?* ○ *Ar keičiate márkes į litùs?* • *žr.* **nekeisti, pakeisti**
keitìmas *dkt. v. (2, 1) (ko)*

keĩstis, keičiasi, keitėsi *sgr. vks. (1)* **1.** *(kas)* darytis kitokiam: *Oraĩ pavãsarį dažnaĩ keičiasi.* ○ *Plaukų [medžių lãpų] spalvà keičiasi.* **2.** *(kas, su kuo, kuo; kas, ką, į ką)* vienam su kitu ar sau keisti: *Duktė̃ su mótina keičiasi papuošalaĩs.* ○ *keĩstis litùs į dólerius* ○ *kasdiẽn keĩstis drabužiùs* • *žr.* **nesikeisti, pasikeisti**
keitìmasis *dkt. v. (1, 1a) (kuo, su kuo; ko, į ką)*

keityklà *dkt. m. (2, 6)* • *žr.* **valiutos keitykla**

kėkė̃ *dkt. m. (2, 8)* ant vieno stiebo augančių vaisių ar žiedų grupė: *serbeñtų [šermùkšnių, vỹnuogių] kė̃kės* ○ *Nuskìnk dvì kekès alỹvų.*

alyvų kekė

kė̃lė *būt. l. 3 asm. žr.* **kelti**

keleĩvis *dkt. v. (2, 3),* **keleĩvė** *dkt. m. (2, 8)* asmuo, kuris vyksta transporto priemone (ne vairuotojas ir pan.): *autobùso keleĩviai* ○ *keleĩvių registrãcija* ○ *Lėktuvė tel̃pa šimtas* (100) *keleĩvių.*

kelerì, kẽlerios *žr.* **keli**

kė̃lėsi *būt. l. 3 asm. žr.* **keltis**

kė̃letas *įv. (1) [skt. 5]* nedidelis skaičius: *Aš negaliù eĩti į kavìnę, turiù tik kė̃letą lìtų.* • *žr.* **keli** (2)

kelì, kẽlios *įv. (4) [7]* (**kelerì, kẽlerios** (3ᵇ) [7] su dgs. dkt.) (vartojamas vietoje skt.) **1.** koks skaičius, kiek: *Kelì žmónės* (kiek žmonių) *ateĩs? – Septynì.* ○ *Kẽlios móterys ten bùvo? – Trỹs.* ○ *Kẽlerius mẽtus jūs ten praléidote? – Dvejùs.* ○ *Pakláuskite, kelì iš jų ateĩs į susirinkìmą.* **2.** nedidelis skaičius: *Į mano gimtādienį ateĩs keli draugaĩ.* ○ *Kam-*

baryjè yra kelì baldai. ○ *Žiūrėjau stadionè kẽlerias rungtỹnės.*

keliaĩ¹ *dgs. V. žr.* **kelias**
kė̃liai² *dgs. V. žr.* **kelis**

kẽlias *dkt. v. (4, 2)* **1.** ilgas žemės plotas (įrengtas) eiti ar važiuoti: *eĩti [važiúoti] keliù* ○ *siaũras kaimo kẽlias* ○ *Ar šis kẽlias į Palangą?* ○ *kẽlias Utenà–Vìlnius* ○ *pagrindìnis [šalutìnis] kẽlias* **2.** kelias (1), gatvė ir pan., kuriais reikia eiti (važiuoti) norint kur patekti: *kláusti kẽlio į pãštą* **3.** ėjimo (važiavimo) trukmė ar atstumas: *Nuo čià iki stotiẽs – dẽšimt minùčių kẽlio.* ○ *Nuo Vìlniaus iki Klaĩpėdos ilgas kẽlias.*
kẽlių polìcija policijos skyrius, prižiūrintis eismą keliuose ir gatvėse
kẽlio žénklas ženklas prie kelio ar gatvės eismui reguliuoti ir informacijai teikti

keliáuti, keliáuja, keliãvo *vks. (1) (kas, kuo, po ką)* vykti iš vienos vietos į kitą: *Jis mėgsta keliáuti automobiliù.* ○ *Šiais mẽtais keliáusiu po Líetuvą.* • *neig.* **nekeliáuti**
keliãvimas *dkt. v. (1, 1)*

keliẽse *prv.* (klausiant) kelių asmenų grupe: *Keliẽse eĩsite į kìną? – Trisè.*

kėlinỹs *dkt. v. (3ᵃ, 3)* kiekviena iš rungtynių laiko dalių: *krepšìnio [fùtbolo] kėlinỹs* ○ *kė̃linio pabaigà* ○ *Jis įmušė̃ įvártį pirmãjame [antrãjame] kė̃linyje.*

keliñtas, keliñta *įv. (4) [skt. 4]* (vartojamas vietoje klnt. skt.): *Keliñtą valandą prasidė̃s pãmokos? – Aštuñtą.* ○ *Keliñto nùmerio bãtus tu avì? – Trisdẽšimt aštuñto.* ○ *Nežinaũ, keliñtą šio mė́nesio diẽną jis grį̃š.*

keliñtinis, keliñtinė *bdv. (1, 4–9)*
keliñtinis skaĩtvardis *gram.* žodis, kuris reiškia vietą skaičių eilėje: *„Pìrmas", „añtras", „peñktas" yra keliñtiniai skaĩtvardžiai.* • *sutr.* **klnt.**

kelionė̃ *dkt. m. (2, 8)* keliavimas; keliavimo atvejis: *kelionė̃ iš Vìlniaus į Kaũną ir atgal* ○ *Grį̃žau iš ilgõs kelionė̃s.* ○ *Kelionė̃ trùko savaĩtę.* ○ *kelionė̃s išlaidos* • *žr.* **laimìngos kelionė̃s**

kelióninis, kelióninė *bdv. (1, 4–9)* skirtas kelionėms: *kelióninis krepšỹs*

kė̃lis *dkt. v. (2, 3)* šlaunies ir blauzdos kaulų sąnarys; drabužio (sijono, kelnių, kojinės) dalis prie to sąnario: *Griuvaũ ir susimušiau kẽlį*. • *žr. pieš.* **kūnas**

kẽliai *dgs.* vieta ant (kieno) šlaunų, kai (kas) sėdi: *Vaĩkas sėdi mótinai ant kẽlių.* o *pasidėti krẽpšį ant (savo) kẽlių*

kelnáitės *dgs. dkt. m. (1, 8)* trumpos apatinės kelnės: *vaĩkiškos [móteriškos] kelnáitės* • *plg.* **glaudės**

kelnaitės

kélnės *dgs. dkt. m. (1, 8)* viršutinis drabužis, dėvimas ant juosmens ir kojų, dengiantis kojas atskirai: *apsimáuk [nusimáuk] kélnes* o *Nusipirkaũ dvejàs kélnes.* o *Dabar̃ madìngos siaũros [plačios] kélnės.*

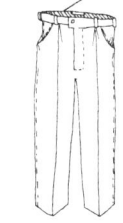
juosmuo

kelnės

kéltas *dkt. v. (1, 1)* didelė valtis ar laivas žmonėms ar kroviniams kelti (2) per upę ar jūrą: *plaũkti kéltu*

kélti, kẽlia, kẽlė *vks. (1) (kas, ką)* 1. daryti, kad judėtų aukštyn: *Aš keliù tą krẽpšį, bet negaliù pakélti.* 2. vežti laivu ir pan. iš vienos vietos į kitą: *Jis per ẽžerą váltimi kẽlia žmónes.* 3. skiemenimis dviejose vietose parašyti: *Kélk tą žõdį į kìtą eilùtę.* 4. daryti, kad atsirastų ar būtų: *kélti pãgarbą* o *kélti báimę [rũpestį]* o *kélti kósulį* o *kélti juõką [triùkšmą]* 5. didinti: *kélti atlýginimą* • *žr.* **nekelti;** *(1) žr.* **nukelti, užkelti;** *(1, 5) žr.* **pakelti;** *(2, 3) žr.* **perkelti;** *(4) žr.* **sukelti;** *(1, 4, 5) plg.* **kilti;** *(1) prš.* **leisti**

kėlìmas *dkt. v. (2, 1) (ko): žõdžių kėlìmo taisỹklės*

kéltis, kẽliasi, kẽlėsi *sgr. vks. (1) (kas)* lipti iš lovos, stoti: *Aš atsibudaũ septiñtą vãlandą ir iš kar̃to kėliausi.* o *Keliñtą vãlandą tu kéliesi? – Aš keliúosi anksti, šẽštą [vãlandą].* • *žr.* **atsikelti, nesikelti**

kem̃ša *esam. l. 3 asm. žr.* **kimšti**

keñčia *esam. l. 3 asm. žr.* **kentėti**

keñkti, keñkia, keñkė *vks. (1) (kas, kam)* daryti žalą: *Rūkymas keñkia sveikātai.* • *žr.* **nekenkti, pakenkti**

kentėti, keñčia, kentėjo *vks. (1) (kas, ką)* patirti (skausmą, alkį ir kitus nemalonius jausmus) • *žr.* **nekentėti**

kentėjimas *dkt. v. (1, 1)*

kẽpalas *dkt. v. (3ᵇ, 1)* atskiras duonos kepinys: *Dúoną per̃kame ne kilogrāmais, bet kepalaĩs.* o *dù kepalaĩ dúonos* o *Prãšom pùsę kẽpalo baltõs dúonos.*

kẽpenys *dgs. dkt. m. (3ᵇ, 9)* 1. didelis kūno vidaus organas, valantis kraują: *Alkohòlis keñkia kepenìms.* o *kepenų̃ lìgos* 2. šis gyvūnų organas, vartojamas maistui: *kepenų̃ paštètas*

kepinỹs *dkt. v. (3ᵇ, 3)* keptas miltų gaminys: *Pyrãgas yra kepinỹs.*

kepsnỹs *dkt. v. (4, 3)* keptos mėsos valgis: *Norė̃čiau suválgyti jáutienos kėpsnį su svogū́nais ir bulvėmis.*

kẽptas, keptà *bdv. (4, 1-6)* pagamintas kepant: *keptà mėsà* o *kẽptos bùlvės* o *kẽptas kum̃pis*

kèpti, kẽpa, kẽpė *vks. (1)* 1. *(kas, ką)* gaminti karštuose riebaluose arba orkaitėje: *Aš kepù pyrãgą.* o *kèpti vìštą [bùlves]* 2. *(kas)* būti gaminamam šiuo būdu: *Ar vištà jaũ kẽpa?* • *žr.* **iškepti, nekepti;** *plg.* **skrudinti, troškinti, virti**

kepìmas *dkt. v. (2, 1) (ko)*

keptùvė *dkt. m. (2, 8)* plokščias metalinis apvalus ppr. su rankena indas valgiui kepti; jame telpantis kiekis: *kèpti keptùvėje bùlves* o *iškèpti dvì keptùvės blynų̃*

keptuvė

kepuráitė *dkt. m. (1, 8)* nedidelė kepurė: *máudymosi kepuráitė*

kepùrė *dkt. m. (2, 8)* drabužis, dėvimas ant galvos: *Žiẽmą reĩkia dėvė́ti kepùrę.*

kepurė

kerãmika *vns. dkt. m. (1, 6)* 1. gaminiai (indai ir pan.) iš molio: *kerãmikos parodà* 2. daiktų gaminimo iš molio menas

Kernavẽ *vns. dkt. m. (3ᵇ, 8)* Lietuvos miestelis: *išvyka į Kernãvę* o *lankýtis Kernavėjè*

ker̃pa *esam. l. 3 asm. žr.* **kirpti**

ker̃pasi *esam. l. 3 asm. žr.* **kirptis**

ketìnti, ketìna, ketìno *vks. (1) (kas, + bendr.)* turėti mintyse kaip planą ar tikslą: *Ketinaũ važiúoti į káimą, bet sugẽdo mano*

automobìlis. ○ *Àš ketinù stóti į universitètą.* • *neig.* **neketìnti**
ketìnimas *dkt. v. (1, 1)*
keturì, kė́turios *skt. (3ᵇ) [2]* (**ketverì, kė̃tverios** *(3ᵇ) [1]* su dgs. dkt.) skaičius 4; *vart. žr.* **aštuoni**
kė́turiasdešimt *skt.* skaičius 40; *vart. žr.* **dešimt**
keturiasdešim̃tas, keturiasdešimtà *klnt. skt. (4) [4] žr.* **keturiasdešimt**; *vart. žr.* **dešimtas**
keturíese *prv.* keturių asmenų grupe; *vart. žr.* **aštuoniese**
keturiólika *skt. (1) [3]* skaičius 14; *vart. žr.* **aštuoniolika**
keturióliktas, keturiólikta *klnt. skt. (1) [4] žr.* **keturiolika**; *vart. žr.* **aštuonioliktas**
keturkam̃pis, keturkam̃pė *bdv. (2, 4–9)* kuris turi keturis kampus
ketverì, kė̃tverios *žr.* **keturi**
kė̃tvertas *dkt. v. (1, 1)* pažymys 4
ketvirtãdienis *dkt. v. (1, 3)* ketvirtoji savaitės diena; *vart. žr.* **antradienis**
ketviřtas, ketvirtà *klnt. skt. (4) [4] žr.* **keturi**; *vart. žr.* **aštuntas**
ketviřta *n.* (vartojamas išvardijant)
ketvirtàsis, ketvirtóji *įvr.*
ketvirtàsis dešim̃tmetis 30–39 amžiaus (2) metai (pvz., 1930–1939)
ketviřtis *dkt. v. (2, 3)* ketvirtoji (ko) dalis: *Dabař be ketviřčio* (be penkiolikos minučių) *šėšios válandos.* ○ *Prášom ketviřtį* (ketvirtąją dalį kepalo) *juodõs dúonos.* ○ *trỹs ketviřčiai* (3/4) ○ *ketviřtis ámžiaus* (25 metai)
kė́valas *dkt. v. (3ᵇ, 1)* išorinė kieta riešuto dalis • *plg.* **ankštis, lukštas**
kg *sutr. žr.* **kilogramas**
kiaũlė *dkt. m. (2, 8)* naminis gyvūnas, auginamas mėsai, riebalams • *žr.* **paršelis, paršiukas**

kiaulė

kiaulíena *vns. dkt. m. (1, 6)* kiaulės mėsa: *kiaulíenos kepsnỹs* ○ *Nupiřk kilogrãmą kiaulíenos.*

kiáuras, kiaurà *bdv. (3, 1–6)* **1.** su skyle, skylėmis: *kiaurà kišėnė* ○ *kiaurì bãtai* **2.** visas (su laiką reiškiančiais dkt.): *Lìjo kiáurą pãrą.* • (1) *žr.* **nekiauras**
kiaušiniẽnė *vns. dkt. m. (2, 8)* keptas patiekalas iš kiaušinių: *kiaušiniẽnė su svogūnais*
kiaušìnis *dkt. v. (2, 3)* **1.** apvalus ar pan. formos daiktas, iš kurio gali atsirasti kai kurių gyvūnų (paukščio, vabzdžio) jauniklis: *Žąsų̃ kiaušìniai (yra) didesnì negu vištų̃.* **2.** vištų ir kitų naminių paukščių kiaušinis, vartojamas maistui: *Pùsryčiams suválgiau net trìs kiaušiniùs.*
kibìras *dkt. v. (2, 1), t. p.* **kìbiras** *(3ᵇ, 1)* indas su rankena skysčiams nešti; jame telpantis kiekis: *Atnèšk kìbirą vandeñs.* • *žr.* **pilti kaip iš kibiro**

kibiras

kíek *prv.* **1.** koks skaičius ar kiekis: *Kíek kainúoja kilogrãmas dešrõs? – Dvìdešimt peñkis litùs (25 Lt).* ○ *Kíek bùs prie šim̃to pridė́jus dvìdešimt (100+20)? – Šim̃tas dvìdešimt (120).* ○ *Kíek žmonių̃ gali tilpti tamè teatrè? – Keli šimtaĩ.* ○ *Pasakýkite, kíek laĩko reikė̃s jū́sų láukti.* **2.** truputį: *Jis vėlúoja, gal dar paláukime (jo) kíek.* ○ *Gal ateĩtumėte kiek vėliaũ, dabař gýdytojas užsiė́męs.* ○ *Norė́čiau kiek pasiváikščioti.* **3.** labai daug (stebintis): *Õ, kiek žmonių̃ susirin̄ko!* ○ *Kiek knỹgų jis tùri!*
kiek nórs *prv.* truputis, truputį: *Gal dar lìko kiek nórs kavõs?*
kiẽkis *dkt. v. (2, 3)* tam tikras daiktų skaičius, tam tikra medžiagos dalis: *Tókio kiẽkio* (tiek) *pìnigų užtèks, kad galė́tumėte paválgyti restoranè.* ○ *Kókio kiẽkio* (kiek) *miltų̃ reĩkia pyrãgui iškèpti?*
kiekvíenas, kiekvienà *įv. (3) [6]* bet kuris iš visų; visi iš eilės skaičiuojant: *Anksčiaũ eĩdavau pasiváikščioti kiekvíeną diẽną* (visas dienas iš eilės). ○ *Kiekvienaĩs mẽtais per atóstogas važiúoju į káimą.* ○ *Ne kiekvíenas výras* (ne visi vyrai) *móka užsirìšti kaklãraištį.*
kiẽmas *dkt. v. (4, 1)* vieta prie namo: *Kiẽmo vidurýje áuga líepa.* ○ *Vaikaĩ žaĩdžia kiemè.*

kiẽmsargis *dkt. v. (1, 3)*, **kiẽmsargė** *dkt. m. (1, 8)* asmuo, kurio pareigos – tvarkyti kiemą

kienõ *savyb.* K. *žr.* **kas**

kíetas, kietà *bdv. laipsn. (3, 1–6)* kuris spaudžiant nekeičia formos, kurį sunku pjauti, lenkti ir pan.: *kíetas obuolỹs [sū́ris]* o *kietà dúona* o *Apýkaklė kietà, spáudžia kãklą.* o *Aš negaliù miegóti tokiojè kietojè lóvoje.* o *Mėsà dar kietà* (nepakankamai išvirusi). **kíeta** *n.*: *Gál jums kíeta gulė́ti?* o *Man čia kíeta sėdė́ti.* o *Kóks čia dáiktas? – Nežinaũ, kažkàs kíeta.*
• *prš.* **minkštas**; *žr.* **nekietas**
kietaĩ *prv.*
kietaĩ miegóti miegoti taip, kad sunku atsibusti
kietaĩ vìrtas (apie kiaušinį) toks, kurio trynys verdant pasidaro neskystas • *žr.* **minkštai virtas**

kietė́ti, kietė́ja, kietė́jo *vks. (1) (kas)* darytis kietam: *Dúona greĩtai kietė́ja.* • *neig.* **nekietė́ti**

kýla *esam. l. 3 asm. žr.* **kilti**

kìlęs, kìlusi *bdv. (dlv. [3]) (iš ko)* pagal kilmę priklausantis tam tikrai vietovei ar šeimai: *Iš kur̃ jis kìlęs? – Iš Klaĩpėdos.* o *Ji kìlusi iš káimo [iš turtìngos šeimõs].*

kìlimas[1] *dkt. v. (1, 1)* storo audinio gabalas grindims dengti: *márgas kìlimas*

kilìmas[2] *dkt. v. (2, 1) žr.* **kilti**

kilimė́lis *dkt. v. (2, 3)* nedidelis kilimas: *voniõs (kam̃bario) kilimė́lis* o *dùrų* (prieš buto ir pan. duris dedamas) *kilimė́lis* o *nusivalýti kójas į kilimė́lį*

kilmė̃ *vns. dkt. m. (4, 8)* priklausymas nuo gimimo kuriai nors tautai ar pan.: *lietùvių kilmė̃s amerikiẽtis*

kilminiñkas *dkt. v. (2, 1) gram.* linksnis, kuriuo atsakoma į klausimą „ko?" arba „kieno?": *„Brólio" yra daiktãvardžio „brólis" kilminiñkas.* • *sutr.* **K.**

kilogrãmas *dkt. v. (2, 1)* svorio vienetas (1000 gramų): *Prãšom pasakýti, kíek kainúoja kilogrãmas brãškių [bùlvių].* o *dù kilogrãmai (2 kg) cùkraus* o *dẽšimt kilogrãmų (10 kg) mìltų* • *sutr.* **kg**

kìlti, kýla, kìlo *vks. (1)* **1.** *(kas, kuo)* judėti aukštyn: *Į šẽštą aũkštą mes kýlome liftù.* **2.** *(kas)* palikti žemės paviršių pradedant skristi (apie orlaivius): *Óro úoste lė́ktùvai kilo ir tū̃pė.* **3.** *(kas)* prasidėti, atsirasti: *Gaĩsras kìlo netikė́tai.* o *Pamačiaũ, kad staigà ė́mė kìlti rū̃kas.* o *Kýla kláusimas, ką̃ darýti.* o *Klãsėje kìlo juõkas.* o *Man kìlo mintìs.* **4.** *(kas)* didėti: *Káinos kýla.* • *neig.* **nekìlti**; *žr.* **pakilti**; (1, 3, 4) *plg.* **kelti**; (1) *prš.* **leistis**; (2) *prš.* **tū́pti**
kilìmas *dkt. v. (2, 1)*

kim̃šti, kem̃ša, kim̃šo *vks. (1)* **1.** *(kas, ką, į ką)* dėti (ppr. netvarkingai) daug (ko minkšto): *kim̃šti drabùžius į lagamìną* **2.** *(kas, ką)* pildyti (ko minkšto): *kim̃šti pagálvę* **3.** *(kas, ką, kuo)* dėti (kamštį) į ką: *kim̃šti bùtelį kamščiù* • *žr.* **atkimšti, nekim̃šti, prikimšti, užkimšti**

kìnas *vns. dkt. v. (2, 1)* **1.** filmų kūrimo menas ir pramonė: *Ar jums patiñka lietùvių kìnas? o Ji – kìno ir teãtro ãktorė.* **2.** filmų rodymas: *Šį vãkarą eĩsiu į kìną.* o *Vãkar buvaũ kinè.*
kìno teãtras pastatas, kuriame rodomi filmai

kióskas *dkt. v. (2, 1)* nedidelis pastatas, kuriame prekiaujama smulkiomis prekėmis: *Atvirùkų gãlite nusipir̃kti spaudõs kioskè.* o *ledų̃ kióskas*

kirčiúotas, kirčiúota *bdv. (1, 1–6) gram.* tariamas pabrėžiant (apie skiemenį); turintis kir̃tį (apie žodį) • *sutr.* **kirč.**; *žr.* **nekirčiuotas**

kirčiuõtė *dkt. m. (2, 8) gram.* kirčiavimo paradigma: *Kíek kirčiuõčių tùri lietùvių kalbõs daiktãvardžiai?*

kirčiúoti, kirčiúoja, kirčiãvo *vks. (1) (kas, ką) gram.* pabrėžiant tarti žodžio skiemenį: *Žõdžio „sáulė" kirčiúojamas pìrmasis skiemuõ: sáu-lė.* • *žr.* **nekirčiuoti**

kirpė́jas *dkt. v. (1, 2),* **kirpė́ja** *dkt. m. (1, 7)* asmuo, kurio profesija – kirpti ir šukuoti plaukus

kirpyklà *dkt. m. (2, 6)* įmonė, kurioje žmonės kerpa, skuta ir pan.: *Eĩsiu kir̃ptis į kirpỹklą.*

kir̃pti, ker̃pa, kir̃po *vks. (1) (kas, ką)* **1.** žirklėmis šalinti ar trumpinti: *kir̃pti pláukus [bar̃zdą, ūsùs, nagùs]* **2.** žirklėmis skirti į dalis: *kir̃pti põpierių [áudinį]* • žr. **nekirpti, nusikirpti**

kirpìmas *dkt. v. (2, 1) (ko):* Plaukų kirpìmas kainúoja penkiólika litų.

kir̃ptis, ker̃pasi, kir̃posi *sgr. vks. (1)* **1.** *(kas, ką)* kirpti savo: *Aš kerpúosi nagùs.* ○ *Výras ker̃pasi ūsùs.* **2.** *(kas)* kreiptis į kirpėją, kad kirptų (plaukus): *Rytój aš eīsiu kir̃ptis.* • žr. **nesikirpti, nusikirpti**

kir̃tis *dkt. v. (2, 3) gram.* žodžio skiemens tarimas stipriau, pabrėžiant
kir̃čio žénklas *gram.* ženklas, rodantis, kuris skiemuo kirčiuotas: ˜, `, ´ yra kir̃čio ženklaĩ.

kir̃vis *dkt. v. (2, 3)* įrankis kapoti

kišėnė *dkt. m. (2, 8)* maišelis drabužyje smulkiems daiktams nešiotis: *kélnių kišėnė* ○ *įsidėti rãktą į švar̃ko kišėnę*

kirvis

kišenìnis, kišenìnė *bdv. (2, 4–9)* kišenėje nešiojamas: *kišenìnis laĩkrodis*

kišénpinigiai *dgs. dkt. v. (1, 3)* pinigai smulkioms išlaidoms: *Tėvas dãvė sū́nui kišénpinigių.*

kišénvagis *dkt. v. (1, 3),* **kišénvagė** *dkt. m. (1, 8)* asmuo, kuris vagia iš kišenių, rankinių ir pan.

kìškė *dkt. m. (2, 8)* kiškių patelė

kiškíena *vns. dkt. m. (1, 6)* kiškio mėsa

kìškis[1] *dkt. v. (2, 3)* nedidelis laukinis gyvūnas ilgomis ausimis

kìškis[2] *liep. n. vns. 2 asm.* žr. **kištis**

kiškiùkas *dkt. v. (2, 1)* kiškių jauniklis

kiškis

kìšti, kìša, kìšo *vks. (1) (kas, ką)* dėti į tarpą ar skylę: *kìšti piniginę į kišėnę* ○ *kìšti rãktą į spyną* • žr. **nekišti**

kìštis, kìšasi, kìšosi *sgr. vks. (1)* **1.** *(kas, ką)* kìšti į savo: *Kìškis piniginę į kišėnę.* **2.** *(kas, į ką)* dalyvauti kame, kai kiti to nepageidauja: *Ko tu kišíesi į mūsų pókalbį?* ○ *Jeigu tu dár kišiesi* (bus. l.) *į mūsų pókalbį, turėsi išeīti.* • žr. **įsikišti, nesikišti**

kištùkas *dkt. v. (2, 1)* daiktas laido (2) gale, kišamas į kištukinį lizdą, kad elektros prietaisas veiktų

kištùkinis *bdv. v. (1, 4)*
kištùkinis lìzdas daiktas su skylutėmis, pritvirtintas prie sienos, į kurį kišamas kištukas norint įjungti elektros prietaisą • žr. *t.p.* **lizdas**

kištukas

kištukinis lizdas

kitaĩp *prv.* kitu būdu, ne taip: *Mẽs padarýsime viską kitaĩp, ne taĩp, kaip jiẽ dãro.*

kìtas, kità *įv. (4) [6]* **1.** dar vienas (tos pačios rūšies): *Šie bãtai man netiñka, prãšom paródyti kitùs (batùs).* ○ *Jei jūs dabar̃ labai užsiėmęs, aš užeĩsiu pas jus kìtą kar̃tą.* ○ *Jei tàs restorānas mums nepatiks, eīsime į kìtą (restorãną).* **2.** tolesnis iš eilės: *Dabar̃ aš jums pateĩksiu kìtą pãvyzdį.* ○ *Šią savãitę atostogáusiu, o kìtą (savãitę) jau dirbsiu.* ○ *Jums reikės išlipti kitojè stotelėje.* **3.** tas, kuris lieka (liko): *Šiàs knygàs paimsiu dabar̃, o kitàs – rytój.* ○ *Pùsę dárbo jau padariaũ, o kìtą (pùsę) baĩgsiu vėliaũ.* • žr. **vienas kito**

kitóks, kitókia *įv. (1) [5]* ne toks, turintis kitų ypatybių; skirtingas: *Tóks sijõnas jums netiks, jums reikėtų kitókio.* ○ *Kiekvienojè šalyjè kitókie paprociaĩ.* ○ *Šiẽ saldaĩniai man neskãnūs, norė́čiau kitókių.*

kitur̃ *prv.* **1.** kitoje vietoje; į kìtą vietą: *Man nusibódo teñ váikščioti, eĩkime kitur̃.* ○ *Trejàs atóstogas praléidau Palangojè, kitaĩs mẽtais važiúosiu kur nórs kitur̃.* **2.** (*su prl.* **iš**) kitos vietos: *Jis atvỹko iš kitur̃, čià gyvẽna neseniaĩ.*

klaidà *dkt. m. (4, 6)* tai, kas padaryta (daroma) netaisyklingai ar sakoma neteisingai: *rašýbos [kirčiãvimo, tartiẽs] klaĩdos* ○ *darýti daũg klaidų* ○ *taisýti klaidàs* ○ *Jūs padarėte dìdelę klaĩdą, kad mẽtėte mókytis.* • žr. **korektūros klaida**

klaidìngas, klaidìnga *bdv. (1, 1–6)* kuris su klaidomis; neteisingas: *klaidìngas atsãkymas [sprendìmas]* ○ *klaidìnga informãcija*
klaidìngai *prv.* : *Tu manè klaidìngai supratai̇̃.* ○ *klaidìngai parašýtas žõdis*

Klaĩpėda *vns. dkt. m. (1, 6)* Lietuvos uostamiestis

klãsė *dkt. m. (2, 8)* **1.** mokymosi mokykloje metai; mokinių grupė, kuri mokosi kartu tais pačiais metais: *baĩgti pìrmą klãsę* ○ *Mano sūnùs yra penktõs klãsės mokinỹs.* ○ *Vãkar visà klãsė buvo teatrè.* **2.** kambarys, kuriame mokosi mokiniai: *Klãsėje yra dvìdešimt kėdžių̃.*

klasikìnis, klasikìnė *bdv. (2, 4–9)* **klasikìnė mùzika** muzikos kūriniai, sukurti seniau, bet vertinami ir dabar; panašaus stiliaus nauji muzikos kūriniai: *Ar jūs mė̃gstate klasikìnę mùziką? – Nè, man labiaũ patiñka džiãzas [ròkas].*

klaũptis, klaũpiasi, klaũpėsi *sgr. vks. (1) (kas)* keisti savo kūno padėtį taip, kad keliai remtųsi į žemę: *Klaũpkis ant kẽlių.*
● *žr.* **atsiklaupti, nesiklaupti**; *plg.* **klūpoti**

klausà *vns. dkt. m. (4, 6)* **1.** girdėjimo pojūtis: *Ausìs – klausõs òrganas.* **2.** sugebėjimas skirti muzikos garsus: *Berniùkas turi gẽrą klaũsą.*
klausõs aparãtas prietaisas, padedantis girdėti: *Jis prastaĩ gir̃di, todėl nešiója klausõs aparãtą.*

klausiamàsis, klausiamóji *įvr. dlv. [2]* **klausiamàsis sakinỹs** *gram.* sakinys, kuriuo klausiama ir kuris prasideda „ar", „gal" arba „kas" („ko" ir t. t.), „koks" („kokio" ir t. t.), „kiek", „kada", „kur" ir pan.

kláusimas *dkt. v. (1, 1)* **1.** kreipimasis, reikalaujantis atsakymo ar paaiškinimo: *Kokių̃ tùrite kláusimų?* ○ *Atsakýkite į mano kláusimą.* **2.** reikalas, problema: *Susirinkìmė svarstýsime mokỹklos statýbos kláusimą.*

klausýti, klaũso, klaũsė *vks. (3) (kas, ko)* **1.** stengtis girdėti: *Àš klausaũ, bet niẽko negirdžiù.* ○ *klausýti daĩnos [mùzikos, rãdijo]* ○ *Víenas kal̃ba, kìtas jo klaũso.* **2.** elgtis pagal kieno norą, patarimą, įsakymą: *Tė́vo ir̃ mótinos reĩkia klausýti.* ○ *Turė́tumei klausýti protìngo žmogaũs patarìmo.* ● *neig.* **neklausýti**
klaũsymas *dkt. v. (1, 1) (ko)*

klausýtis, klaũsosi, klaũsėsi *sgr. vks. (3) (kas, ko) žr.* **klausyti** (1): *Rytaĩs klausaũsi žinių̃ per rãdiją.* ● *žr.* **nesiklausyti**
klaũsymasis *dkt. v. (1, 1a) (ko)*

klausýtojas *dkt. v. (1, 2),* **klausýtoja** *dkt. m. (1, 7)* asmuo, kuris klauso radijo ar muzikos koncerte: *Klausýtojai (vyrai ir moterys) buvo paténkinti koncèrtu.* ● *plg.* **žiūrovas**

kláusti, kláusia, kláusė *vks. (1) (kas, ko, ko / + šs)* pavartoti klausimą norint, kad atsakytų: *Jei nežìnote, kaip nueĩti į viẽšbutį, kláuskite praeĩvių.* ○ *kláusti praeĩvių kẽlio* ○ *Sūnùs kláusia mótinos: „Ar galiù eĩti į kìną?"* ○ *Jis manę̃s kláusė, kadà àš grį̃šiu.* ○ *Žmonà kláusia výro, kodė̃l jis vėlaĩ parė́jo.* ● *neig.* **nekláusti**; *žr.* **paklausti**

klaustùkas *dkt. v. (2, 1)* skyrybos ženklas, rašomas klausiamojo sakinio gale (?)

klaviatūrà *dkt. m. (2, 6)* visi klavišai: *kompiùterio klaviatūrà* ● *žr. pieš.* **kompiuteris**

klavišas *dkt. v. (2, 1)* kiekviena iš pianino, kompiuterio ir pan. dalių, kurios spaudžiamos pirštais: *spáusti klavišùs* ○ *Pianìno klavišaĩ (yra) baltì ir juodì.*

klebõnas *dkt. v. (2, 1)* kunigas, kuris vadovauja parapijai

klebonijà *dkt. m. (2, 7)* namas, kuriame gyvena klebonas

klẽvas *dkt. v. (4, 2)* medis plačiais lapais

klevo lapai

klýdo *būt. l. 3 asm. žr.* **klysti**

klijaĩ *dgs. dkt. v. (4, 2)* skysta medžiaga daiktams ar jų dalims jungti, tvirtinti: *põpieriaus [tapètų] klijaĩ* ○ *pìlnas buteliùkas klijų̃*

klijúoti, klijúoja, klijãvo *vks. (1)* **1.** *(kas, ką)* jungti klijais: *klijúoti võką [knỹgos lapùs]* **2.** *(kas, ką, ant ko)* klijais tvirtinti: *klijúoti pãšto ženklą ant võko [skelbìmą ant síenos]* **3.** *(kas, ką, kuo)* tepant klijais dengti: *klijúoti síeną tapètais* ● *žr.* **neklijuoti, priklijuoti, užklijuoti**
klijãvimas *dkt. v. (1, 1) (ko)*

klìmatas *vns. dkt. v. (1, 1)* kurios nors vietovės įprasti orai: *šáltas [kár̃štas] klìmatas*

klýsti, klýsta, klýdo *vks. (1) (kas)* **1.** daryti klaidą: *Daũgelis klýsta rašýdami žõdį „šãla".* **2.** būti neteisiam: *Dabar̃ aštuntà*

kliudyti

valandà. – *Nè, jūs klýstate, dabar̃ jau pùsė devynių.* • *neig.* **neklýsti**; *žr.* **suklysti**

kliudýti, kliùdo, kliùdė *vks. (3)* **1.** *(kas, ką)* liesti, imti: *Ar tù kliudeĩ mano dáiktus?* **2.** *(kas, ką)* judant pro šalį paliesti (ką), pataikyti (į ką): *Automobìlis kliùdė mẽdį.* **3.** *(kas, kam, + bendr.)* trukdyti, būti kliūtimi: *Sugẽdęs automobìlis stóvi ant kẽlio. Jis kliùdo kitíems automobìliams važiúoti.* • *žr.* **nekliudyti**

kliū́tis *dkt. m. (1, 9)* **1.** daiktas, kuris yra prieš ką ir trukdo kam judėti toliau: *apeĩti [apvažiúoti] kliū́tį* **2.** tai, kas (kam) kliudo (3) ką daryti

klnt. *sutr. žr.* **kelintinis skaitvardis**

klóti, klója, klójo *vks. (1)* **1.** *(kas, ką)* tvarkyti einant miegoti ar atsikėlus: *klóti lóvą* (prieš miegą – tiesti paklodę, antklodę, dėti pagalvę; atsikėlus – nuimti paklodę ir t. t.) **2.** *(kas, ką, kuo)* dengti gulintį: *klóti vaĩką añtklode* • *žr.* **apkloti, nekloti, pakloti**; *plg.* **klotis**

klótis, klójasi, klójosi *sgr. vks. (1)* **1.** *(kas, ką)* kloti sau ar savo: *Klókis lóvą.* **2.** *(kas, kuo; kas, ką, kuo)* kloti save ar savo: *Klókis añtklode (kójas).* • *žr.* **apsikloti, nesikloti, pasikloti**; *plg.* **kloti**

klùbas¹ *dkt. v. (2, 1)* kiekviena iš dviejų žmogaus kūno dalies tarp kojų viršaus ir liemens pusių; *dgs.* pati ta kūno dalis: *móteris plačiaĩs [siauraĩs] klùbais* • *žr. pieš.* **kūnas**

klùbas² *dkt. v. (2, 1)* organizacija, kurios nariai yra žmonės, kurie domisi tais pačiais dalykais: *Šis koncer̃tas – kultū́ros klùbo renginỹs.* ○ *krepšìnio klùbas* • *žr.* **naktinis klubas**

klùmpė *dkt. m. (1, 8)* batas mediniu padu ar visas iš medžio
klùmpės *dgs.* tokių batų pora: *dėvė́ti klùmpes* ○ *dvėjos klùmpės*

klumpė

klū́poti, klū́po, klū́pojo *vks. (3) (kas)* keliais remtis į žemę • *neig.* **neklū́poti**; *plg.* **klauptis**

klū́pojimas *dkt. v. (1, 1)*

kmỹnas *dkt. v. (2, 1)* augalas ir jo pailgas grūdas, vartojamas kaip prieskonis: *dúona [sū́ris] su kmỹnais* ○ *kmỹnų arbatà*

knar̃kti, knar̃kia, knar̃kė *vks. (1) (kas)* miegant iš burnos ar nosies skleisti nemalonius garsus: *Tu gar̃siai knarkì, aš negaliù miegóti.* • *žr.* **neknarkti**

knygà *dkt. m. (2, 6)* **1.** rašytas ar spausdintas literatūros, mokslo ir pan. kūrinys, turintis sujungtų popieriaus lapų su viršeliu pavidalą: *nusipir̃kti [skaitýti] knỹgą* ○ *Šiojè knỹgoje yra trỹs šimtaĩ dù (302) pùslapiai.* ○ *įdomì [nuobodì] knygà* **2.** sujungti tušti popieriaus lapai ar blankai: *Parãšyk ką nórs svečių̃ knỹgoje.*

knygẽlė *dkt. m. (2, 8)* **1.** nedidelė, ppr. vaikiška knyga. **2.** nedidelė knyga tuščiais lapais ar blankais: *čẽkių knygẽlė* • *žr.* **užrašų knygelė**

knygýnas *dkt. v. (1, 1)* knygų parduotuvė

ko¹ *K. žr.* **kas**

kõ² *prv.* dėl kurios priežasties, kodėl: *Kõ tu šiañdien toks liū́dnas?* ○ *Kõ su manimì nesikalbì?*

kòdas *dkt. v. (2, 1) (t. p.* **miẽsto / šaliẽs kòdas***)* telefono numerio skaitmenų grupė, rodanti miestą, šalį, į kurią skambinama: *miestų̃ [šalių̃] telefòno kòdai* ○ *Kóks yrà Vìlniaus kòdas? – Aštuonì dù dù (8–22)* (skambinant Lietuvoje).

kodė̃l *prv.* dėl kurios priežasties: *Kodė̃l tu man ankščiaũ to nesakeĩ?* ○ *Tegù jis pasãko, kodė̃l pavėlãvo.* ○ *Àš nežinaũ, kodė̃l koncer̃tas neį̃vyko.*

ko gẽro matyt, tikriausiai: *Àš, ko gẽro, pér̃šalau.* ○ *Ko gẽro, mes pavėlúosime į́ tráukinį, iki išvỹkimo lìko tik dvìdešimt minùčių.*

kója *dkt. m. (1, 7)* **1.** kiekviena iš žmogaus ar gyvūno kūno dalių, kuriomis remiamasi į žemę stovint ar einama: *Žmogùs tùri dvì kójas, o šuõ – kẽturias.* ○ *Man skaũda kójas.* ○ *merginà ilgõmis kójomis* ○ *susižeĩsti kóją* **2.** pėda: *nusiplaúti kójas* ○ *Eĩnant per žvỹrą dùria kójas.* **3.** baldo dalis, kuria jis stovi: *stãlo [lóvos, kėdė̃s] kójos* • *(1) žr. pieš.* **kūnas**; *žr.* **nusivalyti / valytis kojas**

kójinė *dkt. m. (1, 8)* ant kojos maunamas drabužis: *nešióti kójines* ○ *Suplýšo kójinė.*

kokýbė vns. dkt. m. (1, 8) daikto (medžiagos) gerumo laipsnis: *gerõs [prastõs] kokýbės prẽkės*

kóks, kokià įv. (3) [5] **1.** (klausiant apie nežinomo daikto, asmens ir pan. savybes): *Kókio kam̃bario norė́tumėte – dviviẽčio ar ãtskiro?* ○ *Kokiẽ tie obuoliaĩ? – Sáldūs.* ○ *Kóks dabar óras? – Lỹja, šálta.* ○ *Kokià to põno pavardė̃? – Petráitis.* ○ *Kóks jū́sų ãdresas? – Antãkalnio g. 25.* ○ *Pakláuskite jo, kokiõs knỹgos jis norė́tų.* ○ *Ar žìnote, kokiẽ oraĩ bus savaĩtgalį?* ○ *Pasakýkite, kokių̃ dokumeñtų reĩkia nórint stóti į šią̃ mokỹklą.* **2.** (apytiksliai pasakant daiktų, laiko ir pan. kiekį): *Teñ bū́sime kokias kẽturias dienàs* (gal mažiau, gal daugiau). ○ *Man užtèktų kokių keturių̃ šim̃tų̃ lìtų* (gal tiek ir nereikėtų). ○ *Àš jo láukiau kokias dẽšimt minùčių* (apie 10 min.) **3.** koks nors: *Gal žiū́rime kokį̃ fìlmą?*

koks nórs įv. nesvarbu koks; bet koks: *Gal tùrite kokių nórs váistų nuo slogõs* (prašoma vaistinėje)?

kõl prv., jng. **1.** iki to laiko, kada: *Paláukite, kol aš baĩgsiu rašýti láišką.* ○ *Àš láuksiu tõl, kol man nusibõs.* ○ *Õl jūs pas mane atvažiúosite, aš spė́siu iškèpti vìštą.* ○ *Žiūrių̃ televìzorių, kol prãdeda skaudė́ti akìs.* **2.** (su prl. iki) kurio laiko: *Iki kõl jūs ketìnate bū́ti Lietuvojè? – Iki líepos trečiõsios.*

kol kàs šiuo metu: *Ši įstaiga kol kàs nepriìma naujų̃ darbúotojų.*

kolègija dkt. m. (1, 7) aukštoji mokykla, kuri nesuteikia bakalauro laipsnio

kolekcionúoti, kolekcionúoja, kolekcionãvo vks. (1) (kas, ką) rinkti, daryti (ko) rinkinį: *Jis kolekcionúoja senóvinius laĩkrodžius [pavéikslus].* • žr. **nekolekcionuoti**

kolekcionãvimas dkt. v. (1, 1) (ko): *pavéikslų kolekcionãvimas*

kománda dkt. m. (1, 6) kartu žaidžiančių sportininkų grupė: *futbolo kománda*

kompãktinis, kompãktinė bdv. (1, 4–9)
kompãktinis dìskas žr. **kompãktinė plokštelė**
kompãktinė plokštelė nedidelė kietos medžiagos plokštelė, kurioje įrašomi muzikos kūriniai ar informacija
kompãktinių plokštẽlių [dìskų] grotùvas aparatas, kuriuo galima atkurti kompaktinių plokštelių [diskų] įrašus

kompiùteris dkt. v. (1, 3) sudėtingas prietaisas informacijai tvarkyti • žr. **asmeninis kompiuteris**

kompiuteris

komplèktas dkt. v. (2, 1) vienos paskirties daiktų rinkinys: *virtùvės bal̃dų komplèktas* ○ *válgomųjų įrankių komplèktas* (peilis, šakutė, šaukštas ir pan.)

kompozìtorius dkt. v. (1, 5), **kompozìtorė** dkt. m. (1, 8) asmuo, kuris kùria muzikos kūrinius

koncèrtas dkt. v. (1, 1) viešas renginys, kuriame atliekami muzikos kūriniai: *Vãkar buvaũ koncèrte.* ○ *džiãzo [klasikìnės mùzikos] koncèrtas*

koncertúoti, koncertúoja, koncertãvo vks. (1) (kas) viešai atlikti muzikos kūrinius: *Palangojè šiañdien koncertuõs ròko grùpė.* • neig. **nekoncertúoti**

konfereñcija dkt. m. (1, 7) asmenų, kurie užsiima panašia veikla arba priklauso tai pačiai partijai, susirinkimas: *tarptautìnė konfereñcija* ○ *pártijos konfereñcija* • žr. **spaudos konferencija**

konkùrsas dkt. v. (1,1) renginys, kuriame varžomasi dėl premijos, pareigų ir pan.: *Jei nórite eĩti šias pãreigas, turė́site dalyváuti konkùrse.* ○ *Àš laimė́jau konkùrsą.* ○ *grõžio konkùrsas* (konkursas, kuriame renka gražiausią merginą ar moterį)

konsèrvai dgs. dkt. v. (1, 1) konservuoto maìsto gaminys: *žuvų̃ [mėsõs, vaĩsių] konsèrvai*

konservúoti, konservúoja, konservãvo vks. (1) (kas, ką) gaminti maistą taip, kad jis galėtų būti laikomas ilgai: *konservúoti mė̃są [žùvis, vaĩsius]* • žr. **nekonservuoti**

konstitùcija dkt. m. (1, 7) pagrindinis valstybės įstatymas: *Lietuvõs Respùblikos konstitùcija*

kontroliúoti, kontroliúoja, kontroliãvo vks. (1) (kas, ką / + šs) naudotis teise tikrinti; tikrinti • žr. **nekontroliuoti**

kopà dkt. m. (2, 6) ilga smėlio kalva (prie jūros): *Váikščioti po kopàs draũdžiama*.

kópėčios dgs. dkt. m. (1, 7) daiktas iš dviejų medžio (metalo) gabalų, sujungtų skersiniais, naudojamas lipti norint ką pasiekti

kòpija dkt. m. (1, 7) (ko) daiktas, padarytas taip, kad tiksliai (ką) atitiktų: *pavéikslo [skulptūros] kòpija* o *sutartiẽs (tèksto) kòpija* o *dokumeñto kòpija* o *Man reikẽs dviejų šio rãšto kòpijų*. • žr. **originalas**

skersinis

kopėčios

kopijuõklis dkt. v. (2, 3) žr. **kopijavimo aparatas**

kopijúoti, kopijúoja, kopijãvo vks. (1) (kas, ką) daryti ko kopiją (kopijas) • žr. **nekopijuoti**

kopijãvimas dkt. v. (1, 1) (ko)

kopijãvimo aparãtas aparatas tekstų, iliustracijų kopijoms daryti: *Ar jūs tùrite kopijãvimo aparãtą?* • žr. t. p. **kopijuoklis**

kopūstas dkt. v. (2, 1) daržovė su lapais, valgoma virta ir žalia: *kopūstų salõtos [sriubà]*

korektūrà dkt. m. (2, 6) spausdinant padarytų klaidų taisymas

korektūros klaidà klaida, padaryta spausdinant

korìdorius dkt. v. (1, 5) patalpa, iš kurios įeinama į kambarius, kabinetus, kupė: *Paláuk manęs korìdoriuje*. o *Dantų gýdytojo kabinètas yra korìdoriaus galè*.

kortà dkt. m. (2, 6) kieto popieriaus lapelis su tam tikrais ženklais, vartojamas tam tikriems žaidimams žaisti

kõrtos dgs. 1. tokių lapelių komplektas: *Nusipirkaũ kortàs*. 2. žaidimai, žaidžiami tokių lapelių komplektu: *Ar mókate lõšti kõrtomis?*

kortẽlė dkt. m. (2, 8) nedidelis popieriaus (ar plastmasės) lapelis su tam tikru tekstu • žr. **mokėjimo kortelė, telefono kortelė, vizitinė kortelė**

kósėti, kósi (kósti), kósėjo vks. (2) (kas) su tam tikru garsu staigiai iškvėpti orą: *Aš péršalau ir labaĩ kósiu [kósčiu]*. • neig. **nekósėti**

kósėjimas dkt. v. (1, 1)

kostiùmas dkt. v. (2, 1) viršutinis drabužis, susidedantis iš kelių dalių: *výriškas kostiùmas* (kelnės ir švarkas) o *móteriškas kostiùmas* (sijonas ir švarkas) • žr. **maudymosi kostiumas**

kaklaraištis
švarkas
kelnės
kostiumas

kosulỹs dkt. v. (3ᵃ, 3) kosėjimas: *váistai nuo kósulio*

kõšė dkt. m. (2, 8) tirštas valgis iš kruopų, bulvių ir pan.: *Ar válgysi bùlvių kõšės su píenu?* o *Vaikùs maitìna mãnų košè*. o *obuolių kõšė*

kótas dkt. v. (3, 1) 1. tam tikrų įrankių ir pan. dalis, už kurios laikoma: *kiȓvio [kastùvo, šẽpečio] kótas* o *vėliavos kótas* 2. kai kurių augalų (pvz., gėlių, kopūsto) stiebas; grybo dalis nuo žemės iki galvos: *rõžės (su) ilgaĩs [trumpaĩs, plonaĩs, storaĩs] kotaĩs* o *kopūsto [baravýko] kótas* • žr. pieš. **grėblys, grybas, kastuvas**

kotẽlis dkt. v. (2, 3) augalo dalis, kuri jungia vaisių ar lapą su stiebu: *Vỹšnios tùri ìlgus koteliùs*. o *lãpo kotẽlis*

kovà dkt. m. (4, 6) kovojimas: *kovà už láisvę*

kóvas dkt. v. (3, 1) trečiasis metų mėnuo: *Kóvą prasìdeda pavãsaris*. o *kóvo pirmóji (dienà)*

kovóti, kovója, kovójo vks. (1) (kas, su kuo / priẽš ką / už ką) 1. kariauti; ginklais ar pan. stengtis ką pasiekti ar nugalėti ką: *kovóti už sàvo tėvỹnės láisvę* 2. (kas, dėl ko) varžytis sporto rungtynėse: *Mūsų kománda kovójo dėl áukso medãlio*. • neig. **nekovóti**

kovójimas dkt. v. (1, 1)

kramtýti, kram̃to, kram̃tė vks. (3) (kas, ką) smulkinti dantimis: *kramtýti maĩstą* o *Kõšės nereĩkia kramtýti*. • žr. **nekramtyti**

kramtomasis, kramtomoji *įvr. dlv. [2]* **kramtomoji gumà** mėtų, vaisių ir pan. skonį turintis maisto gaminys, kuris tik kramtomas, bet neryjamas: *gabalėlis [pakėlis] kramtomosios gumõs*

krañkti, krañkia, krañkė *vks. (1) (kas)* skleisti tam tikrą garsą (apie varną) • žr. **nekrankti**
krankìmas *dkt. v. (2, 1): Girdžiù várnų krankìmą.*

krañtas *dkt. v. (4,1)* žemės plotas prie vandens telkinio: *ùpės [ẽžero, jū́ros] krañtas* o *Ẽžero krantuosè áuga mẽdžiai.* o *išlìpti iš vandeñs ant krañto*

krãpas *dkt. v. (2, 1)* malonaus kvapo prieskoninė daržovė, vartojama žalia ir džiovinta: *žuviẽnė su krãpais*

krãštas *dkt. v. (4, 1)* **1.** vieta, kurioje koks daiktas prasideda ar baigiasi; toliausia nuo vidurio vieta: *Eĩk kẽlio kraštù.* o *skarẽlės krãštas* o *Padėjaũ lėkštę ant stãlo krãšto, ir (ji) nukrìto.* **2.** kuri nors žemės (šalies) vieta; šalis: *gimtàsis krãštas* o *Apelsìnai áuga šiltuõsiuose kraštuosè.*

kraštiẽtis *dkt. v. (2, 3),* **kraštiẽtė** *dkt. m. (2, 8)* to paties Lietuvos krašto gyventojas: *Susitìko būrỹs kraštiẽčių.*

kraštìnė *dkt. m. (2, 8)* trikampio, stačiakampio šonas: *Trìkampis tùri trìs kraštìnes.*

kraštóvaizdis *dkt. v. (1, 3)* bendras vietovės vaizdas: *grãžūs kraštóvaizdžiai* • *plg.* **gamtovaizdis**

kraũjas *vns. dkt. v. (4, 2)* raudonas žmogaus ir gyvūnų kūno skystis: *Iš žaizdõs tẽka kraũjas.*

kráutuvė *dkt. m. (1, 8)* žr. **parduotuvė**

kregždė̃ *dkt. m. (4, 8), t. p.* **krègždė** *(2, 8)* mažas greitai skraidantis paukštis su smailiais sparnais: *krègždžių lìzdas*

kreidà *vns. dkt. m. (4, 6)* minkšta medžiaga, kuria rašoma, piešiama: *Mokiniaĩ klãsės lentojè rãšo (su) báltą kreidà.* o *kreidõs gabalėlis* o *spalvóta kreidà*

kreĩpti, kreĩpia, kreĩpė *vks. (1)* **kreĩpti dė̃mesį** *(į ką)* atidžiai žiūrėti ar klausyti • žr. **nekreipti**

kreĩptis, kreĩpiasi, kreĩpėsi *sgr. vks. (1) (kas, į ką)* **1.** sakyti ar rašyti kam: *Móteris gãtvėje kreĩpėsi į manè: „Prãšom pasakýti, kuř yra pãštas?"* o *Į nepažįstamą žmõgų kreĩpiamės „jū̃s".* **2.** eiti pas ką su prašymu ar kokiu reikalu: *Šiuõ reĩkalu kreĩpkitės į viršìninką.* o *Jei skaũda dañtį, kreĩpkis į dantìstą.* o *Jei dìngo jū́sų bagãžas, kreĩpkitės į stotiẽs administrãciją.* • žr. **nesikreipti**
kreipìmasis *dkt. v. (1, 1a) (kieno)*

kreĩvas, kreivà *bdv. (4, 1–6)* netiesus: *kreivà lìnija* • prš. **tiesus**

krẽmas *dkt. v. (2, 1)* **1.** saldus tirštas patiekalas iš grietinėlės, vaisių, šokolado ir pan. **2.** medžiaga odai tepti: *Pasitèpk véidą kremù.*

krepšẽlis *dkt. v. (2, 3)* nedidelis krepšys (1); jame telpantis kiekis

krẽpšininkas *dkt. v. (1, 1),* **krẽpšininkė** *dkt. m. (1, 8)* krepšinio žaidėjas: *Krẽpšininkai bū́na aukštì.*

krepšìnis *vns. dkt. v. (2, 3)* sportinis žaidimas, kuriame dvi komandos stengiasi įmesti kamuolį į viena kitos krepšį: *Ar tau patìnka žaĩsti krepšìnį?* o *Lietuvojè pirmõsios krepšìnio rungtỹnės įvỹko 1922 mẽtais Kaunè.*

krepšỹs *dkt. v. (4, 3)* **1.** daiktas kitiems daiktams sudėti ir nešti; jame telpantis kiekis: *krẽpšio rañkena* o *pìlnas krepšỹs pirkinių̃* **2.** prie lentos pritvirtintas metalinis žiedas su tinklu, į kurį krepšininkai meta kamuolį: *mèsti kãmuolį į krẽpšį* • (1) žr. **pintinė**

krepšys(2)

kriauklė̃ *dkt. m. (4, 8), t. p.* **kriáuklė** *(2, 8)* tam tikras dubuo su vandentiekio čiaupu ir vamzdžiu vandeniui šalinti: *Kriauklė̃ pilnà nešvarių̃ lėkščių̃.* o *Reĩkia valýti kriáuklę.*

čiaupas
kriauklė

kriáušė *dkt. m. (1, 8)* saldus ppr. sultingas vaisius; juos vedantis medis: *Šios kriáušės labaĩ skãnios.*

krienaĩ *dgs. dkt. v. (4, 1)* aštraus skonio, tyrės pavidalo prieskonis, valgomas su mėsos patiekalais arba kiaušiniais: *dešrėlės su krienaĩs*

krikščionýbė *vns. dkt. m. (1, 8)* krikščionių tikėjimas

krikščiónis *dkt. v. (1, 3)*, **krikščiónė** *dkt. m. (1, 8)* asmuo, tikintis Jėzaus Kristaus mokymu
krikščiónys *dgs. (1, 10)* žmonės, tikintys Jėzaus Kristaus mokymu: *krikščiónių tikėjimas*

krikštāmotė *dkt. m. (1, 8) (kieno)* moteris, kuri dalyvauja (ką) krikštijant ir vėliau rūpinasi (kuo): *Ji yra mano krikštāmotė.*

krìkštas *vns. dkt. v. (4, 1)* priėmimo į krikščionybę apeigos, ppr. atliekamos bažnyčioje
krìkšto tėvaĩ *žr.* **krikštatėviai**
krìkšto vañdas vardas, duodamas krikštijant • *žr.* **vardas**

krikštātėvis *dkt. v. (1, 3) (kieno)* vyras, kuris dalyvauja (ką) krikštijant ir vėliau rūpinasi (kuo): *Jis yra mano krikštātėvis.*
krikštātėviai *dgs.* krikštamotė ir krikštatėvis • *žr. t. p.* **krìkšto tėvai**

krikštýnos *dgs. dkt. m. (2, 6)* iškilmės po krikšto: *kviẽsti į vaĩko krikštýnàs*

krìkštyti, krìkštija, krìkštijo *vks. (1) (kas, ką)* atlikti krikštą: *krìkštyti vaĩką* • *žr.* **nekrìkštyti**

kriñta *esam. l. 3 asm. žr.* **kristi**

kryptìs *dkt. m. (4, 9)* judėjimo linija; vieta ar daiktas, prie kurio artėjama judant: *ródyti krỹptį* ○ *dviejų krypčių eĩsmas* ○ *Eĩkite miško kryptimì.* ○ *Kokià šiañdien vėjo kryptìs (iš kurios pusės pučia vėjas)?*

krìsti, kriñta, krìto *vks. (1) (kas)* **1.** leistis iš viršaus žemyn: *Nuo medžių kriñta lãpai.* ○ *Kriñta snaĩgės.* **2.** mažėti: *Šaltis jau kriñta.* ○ *Kriñta mėsos káinos.* • *neig.* **nekrìsti**; *žr.* **nukristi**; *plg.* **griūti**
krìtimas *dkt. v. (2, 1)*

Krìstus *dkt. v. (2, 4)*
• **Jėzus Kristus** *žr.* **Jėzus**

krìtika *vns. dkt. m. (1, 6)* **1.** kritikavimas: *vyriausýbės krìtika* ○ *Niẽkas nemėgsta krìtikos.* **2.** rašymas apie naujus meno kūrinius; vertinimas: *dailės [kìno, literatūros] krìtika*

krìtikas *dkt. v. (1, 1)*, **krìtikė** *dkt. m. (1, 8)* **1.** asmuo, kuris kritikuoja. **2.** asmuo, kuris rašo apie naujus meno kūrinius ir juos vertina

kritikúoti, kritikúoja, kritikãvo *vks. (1) (kas, ką)* sakyti, kad kas yra blogas, neteisingas, sakyti ko trūkumus • *žr.* **nekritikuoti**
kritikãvimas *dkt. v. (1, 1)*

krìto *būt. l. 3 asm. žr.* **kristi**

krituliaĩ *dgs. dkt. v. (3ᵇ, 3)* tai, kas krinta iš dangaus lietaus, sniego ir pan. pavidalu.

kryžẽlis *dkt. v. (2, 3)*, **kryžiùkas** *dkt. v. (2, 1)* nedidelis kryžius (1, 2)

krỹžius *dkt. v. (2, 5)* **1.** ženklas +. **2.** + pavidalo daiktas, taip pat kaip krikščionių religijos ženklas: *Kapinėsè stãtomi krỹžiai.*

krosnẽlė *dkt. m. (2, 8)* nedidelė krosnis • *žr.* **mikrobangų krosnelė**

krósnis *dkt. m. (1, 9)* statinys namo viduje patalpoms šildyti ir valgiui gaminti: *Krósnį kūrẽname málkomis.* ○ *Krósnyje keptà dúona labaĩ skanì.*

krovinỹs *dkt. v. (3ᵃ, 3)* vežami daiktai: *Suñkvežimis pìlnas krovinių.* ○ *vèžti króvinį*

krūmas *dkt. v. (1, 1)* augalas su daugeliu nuo pat žemės šakotų stiebų: *rõžių krūmas* ○ *Kiẽmo pakraštyjè pasodìnome dù serbeñtų ir trìs agrãštų krūmus.*

kruõpos *dgs. dkt. m. (2, 6)* maisto gaminys iš smulkintų grūdų: *miẽžių kruõpos* ○ *kruõpų košė*

krūtìnė *dkt. m. (2, 8)* viršutinė priekinė liemens dalis (nuo kaklo iki pilvo) • *žr.* **pieš. kūnas**

krūtìs *dkt. m. (4, 9)* viena iš dviejų apvalių moters kūno dalių, kuri gamina pieną kūdikiui maitinti: *maitìnti kūdikį krūtimì* • *dgs. K.* **krūtų**

krūvà *dkt. m. (4, 6)* kas sudėta į vieną vietą: *akmenų krūvos* ○ *krūvà sniẽgo*

Kūčios *dgs. dkt. m. (2, 7)* diena prieš Kalėdas; tos dienos vakare valgoma vakarienė: *Per Kūčiàs susìrenka visà šeimà.* ○ *Kūčioms gamìnama dvýlika patiekalų.*

kūdikis *dkt. v. (1, 3)* mažas vaikas (iki metų amžiaus): *Laĩkas maitìnti kūdikį.* o *Ji tùri trijų mėnesių kūdikį.* o *kūdikių drabùžiai [maĩstas]*

kukurūzas *dkt. v. (2, 1)* javas, vedantis geltonus grūdus; jo grūdas: *kukurūzų drìbsniai*

kulkà *dkt. m. (2, 6)* mažas metalo gabalėlis, kuris šaunamas iš šautuvo ir pan.: *Kulkà patáikė jam į kóją.*

kulkšnìs *dkt. m. (4, 9)* kojos dalis virš pėdos • *žr. pieš.* **kūnas**

kuĩnas *dkt. v. (4, 1)* **1.** pėdos (1) užpakalinė dalis; kojinės dalis prie tos vietos: *Naujì bãtai trìna kulnùs.* o *Suplýšo kójinių kulnaĩ.* **2.** bato dalis po ta vieta ar aplink tą vietą: *Nešióju batùs aukštaĩs kulnaĩs.* o *Nulūžo kulnas, reikės batùs taisýti.* • (1) *žr. pieš.* **kūnas**

kultūrà *dkt. m. (2, 6)* tai, kas sukurta tautos fiziniu ar protiniu darbu: *kultūros pamiñklas*

kultūrinis, kultūrinė *bdv. (1, 4–9)* susijęs su kultūra: *kultūriniai ryšiaĩ su ùžsienio šalimìs*

kumẽlė *dkt. m. (2, 8)* arklių patelė • *žr.* **arklys**

kumeliùkas *dkt. v. (2, 1)* arklių jauniklis

kum̃pis *dkt. v. (2, 3)* mėsos gaminys iš kiaulės kojos viršutinės dalies: *vìrtas [rūkýtas] kum̃pis* o *kiaušinienė [sumuštinis] su kumpiù*

kūnas *dkt. v. (1, 1)* fizinė žmogaus ar kito gyvūno sudėtis (kaulai, raumenys ir t. t.): *Galvà, kójos, rañkos yra kūno dalỹs.* o *rūpintis kūno švarà* • *žr.* **dangaus kūnas**

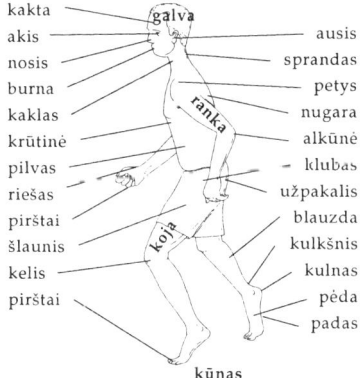

kakta, akis, nosis, burna, kaklas, krūtinė, pilvas, riešas, pirštai, šlaunis, kelis, pirštai, galva, ranka, koja, ausis, sprandas, petys, nugara, alkūnė, klubas, užpakalis, blauzda, kulkšnis, kulnas, pėda, padas

kūnas

kunigáikštis *dkt. v. (1, 3)* senovės Lietuvoje – karo vadas ir srities valdovas: *Vỹtautas – Lietuvõs didỹsis kunigáikštis.*

kunigaikštỹstė *dkt. m. (2, 8)* kunigaikščio valdoma sritis ar valstybė: *Lietuvõs didžióji kunigaikštỹstė*

kùnigas *dkt. v. (3ᵇ, 1)* asmuo, kuris rūpinasi tikinčiųjų dvasiniais reikalais: *Kùnigas laĩko pãmaldas.*

kuõ *[n. žr.* **kas**
kuo vardù (klausiant, koks kieno vardas): *Kuo vardù jūsų duktė? – Rasà.*

kupė̃ *dkt. m. (nelinksniuojamas)* atskira traukinio vagono patalpa: *Kelintojè kupė̃ važiãvote?*

kuprìnė *dkt. m. (2, 8)* krepšys, nešamas ant nugaros: *Mokiniaĩ nešiója kuprìnès.*

kur̃ *prv.* **1.** kurioje vietoje, į kurią vietą: *Kur̃ jūs gyvẽnate?* o *Kur̃ tu skubì?* o *Kur̃ padėjote mano skėtį?* o *Prãšom pasakýti, kur̃ yra Mindaugo gãtvė.* o *Gal žìnote, kur̃ jis išvažiãvo?* **2.** (su prl. **iš, nuo**) kurios vietos; (su prl. **per, pro**) kurią vietą: *Iš kur̃ jūs esate atvỹkęs?* o *Nuo kur̃ man pradėti skaitýti?* o *Per kur̃ tẽka Nerìs?* o *Pro kur̃ eĩsime?* **3.** kur nors: *Skam̃binau jam, bet niẽkas neatsìliepė, gal jis kur išėjęs.*

kur nórs *prv.* nesvarbu kur, bet kur: *Nueĩkime šiañdien vakarè kur nórs – į kìną ar teãtrą.* • *žr.* **daug kur**

kùras *vns. dkt. v. (2, 1)* medžiaga, kuriai degant gaminama šiluma ir pan.: *Añglys, málkos, gamtìnės dùjos – kùro rūšys.* • *žr.* **dyzelinis kuras**

kurčias, kurčià *bdv. (4, 2–7)* neturintis klausos; negirdintis: *Jis jau visái kurčias.* o *Mergáitė gìmė kurčià.* *žr.* **nekurčias**
kurčiãsis, kurčióji *įvr.*
kurtíeji *dkt.* kurti žmonės: *kurčiųjų mokyklà*

kūrė̃ *būt. l. 3 asm. žr.* **kurti**

kūrėjas *dkt. v. (1, 2),* **kūrėja** *dkt. m. (1, 7)* asmuo, kuris kùria ką nors mokslo, meno ar kitose srityse: *susitìkimas su šiuolaikìnės mùzikos kūrėjais*

kūrénti, kūrẽna, kūrẽno *vks. (1) (kas, ką, kuo)* deginant kurą šildyti: *Kuõ jūs kūrẽnate krósnį? – Málkomis [anglìmis].*

kūrýba *vns. dkt. m. (1, 6)* kūrimo veikla; tai, kas sukurta: *kūrýbos džiaūgsmas* ○ *Muziējuje gālite pamatýti mēnininkų kūrýbą.*

kūrìmas *dkt. v. (2, 1) žr.* **kurti**

kūrinỹs *dkt. v. (3ᵃ, 3)* tai, kas sukurta: *Parodojè yra daũg dailẽs kūrinių.* ○ *Koncèrte dainininkė atliko naũją kompozìtoriaus kū́rinį.*

kurìs, kurì *įv. (4) [4]* **1.** (klausiant apie išskiriamą ar pasirenkamą daiktą, asmenį ir pan.): *Kurì šiañdien savaĩtės dienà? – Pirmādienis.* ○ *Kurią mokỹklą lañko jūsų duktė̃?* ○ *Kuriõ pyragáičio tu norė́tum? – Anõ. (plg. Kókio pyragáičio norė́tum? – Su uogienè.)* ○ *Kurìs iš jū́sų žìno atsãkymą į kláusimą?* ○ *Kurì valandà? – Šẽšios.* ○ *Aš dar nežinaũ, kurią specialýbę pasirinkti.* **2.** (paaiškinant, patikslinant): *Štaĩ dokumeñtai, kurių jūs manęs prašėte.* ○ *Gė̃lės – tai augalaĩ, kuriẽ tùri gražiùs žíedus.* **3.** kuris nors: *Gál kuris iš jū́sų gãli man paskõlinti šim̃tą lìtų?* ○ *Galbū́t aš pas jus užeĩsiu kurią diẽną.* **kuris nórs, kuri nórs** *įv.* nesvarbu kuris, bet kuris: *Padúokite man kurį nórs iš tų žurnãlų.* ○ *Ar kuris nórs norė́tų eĩti kartù (su manimì)?*

kuròrtas *dkt. v. (1, 1)* vietovė, kurioje galima ilsėtis ir gydytis: *Drùskininkai yra Lietuvõs kuròrtas.* ○ *vỹkti į kuròrtą gýdytis*

kùrsai *dgs. dkt. v. (1, 1)* trumpas mokymas, kurį baigus įgyjamas tam tikras išsilavinimas: *Lankaũ lietùvių kalbõs kùrsus.* ○ *Kai baĩgsite kirpė́jų kùrsus, gáusite pažymėjimą.*

kùrsas *dkt. v. (1, 1)* **1.** aukštosios ar specialiosios vidurinės mokyklos vienerių metų programa; visi studentai, kurie mokosi šią programą: *Sūnùs mókosi ketvirtamè kùrse.* **2.** mokymo dalyko programa aukštojoje mokykloje: *Lietuvõs istòrijos kùrsą skaĩto jáunas dė́stytojas.*

kùrti, kùria, kū́rė *vks. (1) (kas, ką)* **1.** duoti pradžią, organizuoti: *kùrti pártiją* **2.** ką nauja daryti mokslo, meno, technikos ir kitose srityse: *Šiuo metù jis kùria mùziką televìzijos fìlmui.* • *žr.* **nekurti, sukurti**
kūrìmas *dkt. v. (2, 1) (ko)*

kurtíeji *žr.* **kurčias**

kvadrãtas *dkt. v. (2, 1)* stačiakampis, kurio visos kraštinės lygios

kvadrãtinis, kvadrãtinė *bdv. (1, 4–9)* kvadrãtinis mètras ploto vienetas, lygus plotui kvadrato, kurio kraštinės ilgis – vienas metras (1 m): *Mū́sų bùto plótas – septýniasdešimt kvadrãtinių mètrų (70 m²).* • *sutr.* **m²**

kvadratas

kvaĩlas, kvailà *bdv. laipsn. (4, 1–6)* neprotingas (apie žmogų); rodantis neprotingumą (apie elgesį, kalbą ir pan.): *Jìs man atródo kvaĩlas.* ○ *Taĩ labaĩ kvaĩlas põelgis.* ○ *Ką̃ gãlima atsakýti į tókį kvaĩlą kláusimą?* **kvailaĩ** *prv.*: *Jìs labaĩ kvailaĩ pasìelgė.* ○ *Pranešė́jas kalbė́jo kvailaĩ.*

kvailùmas *dkt. v. (2, 1) (kieno)*

kvãpas *dkt. v. (4, 1) (kieno)* savybė, kuri veikia uoslę: *Ši rõžė netùri kvãpo.* ○ *aštrùs svogū́nų kvãpas* ○ *bjaurùs [malonùs] kvãpas*

kvepalaĩ *dgs. dkt. v. (3ᵇ, 1)* malonaus kvapo skystis, kuriuo tepamas ir pan. kūnas, kad kvepė́tų: *Gavaũ dovanų̃ buteliùką brangių̃ kvepalų̃.*

kvepė́ti, kvẽpia, kvepė́jo *vks. (1) (kas, kuo)* skleisti malonų kvapą: *Kàs čia taip kvẽpia!* ○ *Kaip skaniaĩ tu kvepì!* ○ *Kambarỹs kvepė́jo gėlėmìs.* • *žr.* **nekvepėti**; *plg.* **dvokti**

kvė́pintis, kvė́pinasi, kvė́pinosi *sgr. vks. (1) (kas, kuo)* vartoti kvepalus: *Móterys mė́gsta kvė́pintis.* ○ *Kokiaĩs kvepalaĩs tu kvė́piniesi?* • *žr.* **nesikvepinti**

kvė́puoti, kvė́puoja, kvė́pavo *vks. (1) (kas)* įkvėpti ir iškvėpti: *Kambarỹje daug dū́mų, nerà kuo kvė́puoti.* ○ *Jìs suñkiai kvė́puoja.* • *neig.* **nekvė́puoti**
kvė́pavimas *dkt. v. (1, 1)*

kviẽsti, kviẽčia, kviẽtė *vks. (1)* **1.** *(kas, ką, į ką / pas ką / + bendr.)* prašyti ką ateiti ar vykti kartu: *Kviečiù tave pietų̃ [išgérti puodẽlio kavõs].* ○ *Jìs kviẽtė mane užeĩti pas jį̃ į svečiùs.* ○ *Ar tu kvietéi jį̃ į savo gìmtādienį?* **2.** *(kas, ką)* prašyti ar reikalauti atvykti: *Manè kviẽčia į polìciją [į teĩsmą].* ○ *Jus kviẽčia viršininkas.* ○ *Vaĩkas seřga,* *reĩkia kviẽsti gýdytoją.* • *žr.* **nekviesti, pakviesti**

kvietìmas *dkt. v. (2, 1) (ko)*

kvietìmas *dkt. v. (2, 1)* kortelė su užrašu, kad kas kviečiamas: *Gavaũ kvietìmą į koncèrtą.* ○ *Prāšom, jums kvietìmas į polìciją.* ○ *Ar jūs jau gãvote kvietimùs balsúoti?*

kvietìnis, kvietìnė *bdv. (2, 4–9)* iš kviečių pagamintas: *kvietìniai mìltai*

kvietỹs *dkt. v. (4, 3)* javas, iš kurio grūdų miltų kepamas pyragas, balta duona; jo grūdas: *maĩšas kviečių̃*

kvietys

kvìtas *dkt. v. (2, 1)* dokumentas, kuriuo patvirtinama, kad pinigai ar daiktai gauti ar atiduoti: *mókesčių kvìtai* ○ *Kvìtą išrāšo kāsininkė.*

L l

L, l aštuonioliktoji lietuvių kalbos abėcėlės raidė

l *sutr. žr.* **litras**

labà dienà, *t. p.* **lãbą diẽną** (sakoma sveikinantis dieną): *Labà dienà! Kaip gyvẽnate?*

labaĩ *prv.* **1.** *su bdv., dlv., prv.* ypač, nepaprastai: *Šiañdien labaĩ šìlta.* o *Šim̃tas lìtų – ar tai labaĩ daũg už tókį pir̃kinį?* o *Ji (yra) labaĩ gražì móteris.* o *Labaĩ jums dėkui [ãčiū].* **2.** *laipsn. su vks.* smarkiai: *Visi labaĩ nórime eĩti į spektãklį.* o *Vakarè óras dár labiaũ atšãlo.* o *Jis man labaĩ patiñka.* o *Šì knygà man labiaũ patiko negu tà.* o *Aš labaĩ mė́gstu saldainiùs, bet labiáusiai mė́gstu šokolãdą.* • *žr.* **nelabai**

labãnakt(is) (sakoma atsisveikinant vėlai vakare) • *žr.* **labos nakties**

lãbas (sakoma sveikinantis su artimu žmogumi): *Lãbas, kaip gyvenì?*

lãbas rýtas, *t. p.* **lãbą rýtą** (sakoma sveikinantis ryte)

lãbas vãkaras, *t. p.* **lãbą vãkarą** (sakoma sveikinantis vakare)

labdarà *vns. dkt. m.* (3^b, 6) pinigų ar daiktų davimas neturtingiems žmonėms; tokie pinigai ar daiktai: *labdarõs organizãcija* o *Bánkas skýrė dẽšimt tū́kstančių lìtų* (10 000 Lt) *lãbdarai.* o *labdarõs spektãklis* (už kurį gauti pinigai skiriami labdarai)

labõs naktiẽs *žr.* **labanakt(is)**

lagamìnas *dkt. v.* (2, 1) kelioninė uždaroma dėžė su rankena daiktams sudėti ir nešti: *Padė́kite lagamìnus į bagãžinę.*

laidà *dkt. m.* (4, 6) laiko tarpas radijuje ar televizijoje, skirtas kokiai nors temai: *žinių [mùzikos] laidà* o *Kókias televìzijos laidàs žiū̃rite?* o *įrašýti laĩdą į vaizdãjuostę*

laĩdas *dkt. v.* (4, 1) **1.** ilgas, plonas metalo gaminys elektros srovei tekėti, signalams perduoti ir kt.: *elèktros [telefòno] laidaĩ* **2.** tokio gaminio, dengto plastmase ar guma, gabalas – elektros prietaisų dalis: *televìzoriaus [lygintùvo, magnetofòno] laĩdas*

láidoti, láidoja, láidojo *vks.* (1) *(kas, ką)* dėti (mirusiojo kūną) į kapą • *žr.* **nelaidoti, palaidoti**

láidojimas *dkt. v.* (1, 1): *láidojimo pãslaugos [biùras]*

láidotuvės *dgs. dkt. m.* (1, 8) laidojimo apeigos: *Daũg žmonių̃ dalyvãvo jo láidotuvėse.*

laĩkas *dkt. v.* (4, 1) **1.** *vns.* dienų, mėnesių ir t. t. ėjimas: *Laĩkas bė́ga greĩtai.* o *Laĩkui bė́gant vìskas paaiškė̃s.* **2.** *vns.* tam tikras laiko tarpas, kuris turi pradžią ir pabaigą: *Kíek laĩko jums reikė̃s, kad baĩgtumėte dárbą? – Dviejų̃ dienų̃.* **3.** *vns.* tikslus laiko momentas: *Kíek dabar laĩko* (kiek dabar valandų)*? – Pùsė aštuonių̃.* **4.** *vns.* nustatytas ar tinkamas laiko tarpas kam atlikti: *Tau jau laĩkas eĩti gul̃ti.* o *Atsiprašaũ, bet mán jau laĩkas (eĩti)* (sakoma skubiai atsisveikinant). **5.** *vns.* laisvas laikas: *Ar turì laĩko pasikalbė́ti?* o *Man trū́ksta laĩko parašýti jums láišką.* **6.** *gram.* veiksmažodžio forma, kuri rodo, kada vyksta veiksmas. **7.** *dgs.* tam tikri istorijos metai: *Senaĩs laikaĩs televìzorių nebùvo.*

• *žr.* **būsimasis laikas, būtasis laikas, darbo laikas, esamasis laikas, metų laikas**

laikù *įn.* (vartojamas kaip prv.) nustatytu ar tinkamu laiko tarpu, nevėluojant: *Àš turbū́t atėjaũ ne laikù.* o *Norė́čiau, kad atlìktumėte šį dárbą laikù.* o *Jis visadà ateĩna į dárbą laikù.*

laikinaĩ *prv.* ne nuolatos, tik tam tikrą laiką: *Jis laikinaĩ eĩna viršininko pāreigas.*

laĩkinas, laikinà *bdv. (3ᵇ, 1–6)* kuris trunka ar yra tik tam tikrą laiką, nenuolatinis: *Šìs mano dárbas (yra) laĩkinas.* ○ *laĩkinas darbúotojas*

laikýti, laĩko, laĩkė *vks. (3)* **1.** *(kas, ką)* turėti ranka (rankoje, rankomis): *Ką̃ jis laĩko rañkoje? – Knỹgą.* ○ *Mótina laĩko kū̃dikį ant rañkų.* ○ *Tvirtaĩ laikýk krẽpšį už rañkenos!* **2.** *(kas, ką, kame / kur)* turėti padėjus: *Váistus laikýkite vėsiojė viẽtoje.* ○ *Drabužiùs laĩkome spintoje.* ○ *Pìnigus ji laĩko bánke.* **3.** *(kas, ką, kuo/kokiu)* manyti, kad kas yra kas/koks: *Visì laĩko jį̃ gerù gýdytoju.* ○ *Àš laikiaũ jį̃ draugù, bet jis mane išdãvė.* **4.** *(kas, ką)* atlikti tam tikras apeigas bažnyčioje: *Kùnigas laĩkė mišiàs.* • *žr.* **nelaikyti, palaikyti, sulaikyti**

laikýti *(ko)* **egzãminą/įskaitą** atsakyti į egzamino/įskaitos klausimus; atlikti egzamino/įskaitos užduotis: *Rytój jis laikỹs istòrijos egzãminą.* ○ *Àš laikiaũ vairãvimo egzãminą, bet man nepasisèkė.* • *žr.* **išlaikyti (1)**

laĩkymas *dkt. v. (1, 1) (ko)*

laikýtis, laĩkosi, laĩkėsi *sgr. vks. (3)* **1.** *(kas, ko/ už ko)* ranka turėti paėmus norint nepargriūti: *laikýtis turėklo [už turė̃klų]* **2.** *(kas, ko)* vykdyti ko reikalavimus: *laikýtis draũsmės [tvarkõs, eilẽs, eĩsmo taisỹklių]* • *žr.* **nesilaikyti**

kaip laikaĩsi (sakoma susitikus pažįstamą): *Sveĩkas! Kaip laikaĩsi?*

kaip laĩkosi... (klausiant apie kieno būseną, sveikatą): *Kaip laĩkosi jū́sų žmonà? – Ãčiū, geraĩ.*

laĩkymasis *dkt. v. (1, 1a) (ko): tradìcijų laĩkymasis*

laĩkraštis *dkt. v. (1, 3)* vienodais laiko tarpais spausdinamas sulenktų lapų pavidalo informacijos leidinys; tokio leidinio redakcija: *Ar tùrite šios dienõs laĩkraščių?* ○ *Àš skaičiuõ apie taĩ laĩkraštyje.* ○ *Jìs dìrba laĩkraštyje.*

laĩkrodis *dkt. v. (1, 3)* prietaisas, kuris rodo laiką: *rañkinis [síeninis] laĩkrodis* ○ *Mano laĩkrodis geraĩ eĩna.* ○ *Bókšto*

laikrodis

laĩkrodis mùša vãlandas. ○ *Laĩkrodis sustójo [skùba, vėlúoja].* ○ *laĩkrodžių taisyklà* • *žr.* **žadintuvas**

láimė *vns. dkt. m. (1, 8)* **1.** pasitenkinimo, džiaugsmo būsena: *patìrti láimę* **2.** sėkmė: *Linkiù tau láimės ir sveikãtos.*

laimė́ti, laimi, laimė́jo *vks. (2)* **1.** *(kas, ką)* gauti kaip prizą: *Kaimýnas lotèrijoje laimė́jo automobìlį.* **2.** *(kas, ką, prieš ką)* pasiekti pergalę: *laimė́ti rungtỹnės* ○ *Kókiu rezultatù jū̃s laimė́jote varžýbas?* • *žr.* **nelaimė́ti;** (2) *prš.* **pralaimė́ti**

laimė́jimas *dkt. v. (1, 1) (ko)*

laimìngai *prv.* **1.** jaučiant pasitenkinimą, džiaugsmą: *Jie ilgaĩ ir laimìngai gyvẽno.* **2.** sėkmingai: *Ãčiū Diẽvui, núotykis baĩgėsi laimìngai.* ○ *Ar jūs grį̃žote namõ laimìngai (ar jums nieko neatsitiko)?* • *žr.* **nelaimingai**

laimìngas, laimìnga *bdv. (1, 1–6)* **1.** *laipsn.* kuris jaučia malonumą ar rodo pasitenkinimą (apie žmogų): *Šiañdien àš jaučiúosi laimìngas.* ○ *Jis bùvo laimìngas, kad mes jį̃ aplañkėme.* **2.** *laipsn.* kuris kelia džiaugsmą ar pasitenkinimą: *Tiẽ mẽtai buvo laimingiáusi mano gyvẽnime.* **3.** kuris duoda sėkmę: *laimìngas lotèrijos biliẽtas* ○ *Ar trýlika (13) yra laimìngas skaĩčius?* • *žr.* **nelaimingas**

laimìngos kelionės (linkint tam, kuris vyksta į kelionę)

Laimìngų Naujū́jų mẽtų (sveikinant Naujųjų metų proga)

laipsn. *sutr. žr.* **laipsniuojamas**

láipsnis *dkt. v. (1, 3)* **1.** temperatūros, alkoholio stiprumo ir kt. matavimo vienetas: *Nãktį buvo trỹs láipsniai šalčio, o diẽną – dẽšimt láipsnių šilumos.* ○ *Šìs vỹnas turi vienúolika láipsnių stiprùmo.* **2.** tam tikra ypatybės ar reiškinio pakopa: *nudegìmo láipsnis* **3.** vardas, kuris žymi pasirengimo tam tikram darbui kokybę ar kieno svarbumą (ypač kariuomenėje): *Jis tùri mókslų dãktaro láipsnį.* ○ *áukštas kariniñko láipsnis* **4.** *gram.* kiekviena iš trijų būdvardžio ir prieveiksmio formų, kuriomis reiškiamas lyginimas • *žr.* **aukščiáusiasis laipsnis, aukštesnysis laipsnis**

laipsniúojamas, laipsniúojama *bdv. (1, 1–6)* kaitomas laipsniais: *Būdvardis „gra-*

žùs" yra laipsniúojamas, o bū́dvardis „auksìnis" – nelaipsniúojamas. • sutr. laipsn.

laipsniúoti, laipsniúoja, laipsniãvo vks. (1) (kas, ką) gram. kaityti laipsniais (būdvardžius ir prieveiksmius): Būdvardį „gražùs" reikia laipsniúoti taĩp: „gražùs, gražèsnis, gražiáusias". • žr. **nelaipsniuoti**
laipsniãvimas dkt. v. (1, 1): bū́dvardžių [príeveiksmių] laipsniãvimas

láiptai dgs. dkt. v. (1, 1) plokštės pastato viduje ar išorėje, skirtos lipti: Láiptais užlìpome į añtrą aũkštą. o **láiptų turė́klai**
láiptų aikštẽlė lygi vieta tarp aukštų pastate

láiptinė dkt. m. (1, 8) laiptų patalpa: įeĩti į láiptinę o Mes gyvẽname vienojè láiptinėje (mūsų butų durys yra toje pačioje laiptų patalpoje). o Šiamè namè yra dvì láiptinės, kiekvienojè láiptinėje yra po dvìdešimt bùtų.

láistyti, láisto, láistė vks. (3) (kas, ką, kuo) pilant vandenį daryti drėgną (žemę, kurioje kas auga): Rýtą aš láisčiau gėlès. • žr. **nelaistyti**, **palaistyti**
láistymas dkt. v. (1, 1) (ko)

laisvãlaikis dkt. v. (1, 3) laisvas laikas, kai nereikia dirbti: Laisvãlaikiu mė́gstu skaitýti knygàs. o Kaip jūs praléidžiate laisvãlaikį? o Aš daug dìrbu, visái neturiù laisvãlaikio.

laĩsvas, laisvà bdv. (4, 1–6) 1. nepriklausomas, galintis elgtis pagal savo norą: Dabař mes laisvì žmónės. o Lietuvà yra laisvà šalìs. 2. neribojamas: Įė́jimas į koncèrtą laĩsvas (nereikia mokėti). 3. neužimtas; neužsiėmęs: Ar viẽšbutyje yrà laisvų̃ viẽtų? o Šiañdien man laisvà dienà (nereikia dirbti). o Gýdytojas dabař (yra) laĩsvas, jis galės jus priim̃ti. o Minìstras visái netùri laĩsvo laĩko. • žr. **nelaisvas**
laisvaĩ prv.
laisvaĩ kalbė́ti kalbėti taisyklingai, gerai mokėti: Jis laisvaĩ kal̃ba lietùvių kalbà.

láisvė vns. dkt. m. (1, 8) 1. buvimas nepriklausomo nuo niekieno, galėjimas elgtis pagal savo norą: Vìsos taũtos nóri láisvės. o Už láisvę reikia kovóti. o dúoti vaikáms láisvę 2. buvimas neuždaryto: Jį paléido iš kalė́jimo į láisvę. o Paléisk paũkštį į láisvę, tegu skreñda. • žr. **nelaisvė**

laiškanešỹs dkt. v. (3⁴ᵃ, 3), **laiškanešė̃** dkt. m. (3⁴ᵃ, 8) asmuo, kurio pareigos – pristatyti paštą (3) • žr. **paštininkas**

láiškas dkt. v. (3, 1) 1. rašytas pranešimas, ppr. siunčiamas paštu ir dažniausiai voke: Parašýk man láišką. o Vãkar gavaũ iš jo láišką. o Išsiuñsk láiškus. o Ant stãlo gulė́jo kelì laiškaĩ. o Apie taĩ aš parašýsiu kitamè láiškè. 2. svogūno lapas: svogū́nų laiškų̃ salõtos • žr. **registruotas laiškas**

laĩvas dkt. v. (4, 1) transporto priemonė vežti žmonėms ir kroviniams vandeniu: Mes plaũkėme laivù iš Kaũno į Nìdą.

laivas

laivẽlis dkt. v. (2, 3) nedidelis laivas, valtis
laivýnas dkt. v. (1, 1) tam tikros paskirties laivų visuma: žvejýbos [prekýbos] laivýnas

laižýti, laĩžo, laĩžė vks. (3) (kas, ką) braukti liežuviu (per ką): Katė̃ laĩžo lẽteną. • žr. **nelaižyti**
laižymas dkt. v. (1, 1) (ko)

laižýtis, laĩžosi, laĩžėsi sgr. vks. (3) (kas, ką) laižyti savo: laižýtis lū́pas [pirštùs] • žr. **apsilaižyti, nesilaižyti**
laižymasis dkt. v. (1, 1a)

lãkas dkt. v. (2, 1) skystis, kuriuo tepamas paviršius, kad blizgėtų: bal̃dų [nagų̃] lãkas

lakštiñgala dkt. m. (1, 6) gražiai giedantis mažas pilkas paukštis: lakštiñgalų čiulbėjìmas o Lakštiñgalos gíeda nãktį.

lakštingala

làkti, lãka, lãkė vks. (1) (kas, ką) (apie gyvūnus) gerti skystį imant jį į snukį greitais liežuvio judesiais: Katė̃ lãka píeną. • žr. **nelakti**

lakū́nas dkt. v. (2, 1), **lakū́nė** dkt. m. (2, 8) asmuo, kuris valdo lėktuvą: lakū́no profèsija o Norė́čiau bū́ti lakūnù.

lakúoti, lakúoja, lakãvo vks. (1) (kas, ką) tepti laku: lakúoti nagùs • žr. **nelakuoti, nulakuoti**

lakúotis, lakúojasi, lakãvosi sgr. vks. (1) (kas, ką) lakuoti savo: Ką̃ tu dabar veikí? –

Lakúojuosi nagùs. • žr. **nesilakuoti, nusilakuoti**

lángas *dkt. v. (3, 1)* namo sienoje ar automobilyje esanti skylė su stiklais šviesai patekti; ją dengiantis stiklas: *Reikės valýti lángus.* ○ *dìdelis lángas* ○ *Per lángą matýti mìškas.* ○ *Uždarýk [atidarýk] lángą.*

langẽlis *dkt. v. (2, 3)* **1.** nedidelis langas. **2.** speciali nedidelė uždaroma skylė: *bánko kasõs langẽlis* **3.** stačiakampių formos raštas

langúotas, langúota *bdv. (1, 1–6)* su langeliais (3): *langúotas audinỹs [sijõnas]*

lankýti, lañko, lañkė *vks. (3) (kas, ką)* **1.** kuriam laikui ateiti pas ką: *Ligóninėje ji dažnaĩ mane lankýdavo.* **2.** mokytis kur: *Mano duktė̃ jau lañko mokyklą.* ○ *Ar lankýsite lietùvių kalbõs kùrsus?* • žr. **nelankyti**

lañkymas *dkt. v. (1, 1) (ko):* ligónių *[kùrsų] lañkymas*

lankýtis, lañkosi, lañkėsi *sgr. vks. (3) (kas)* kuriam laikui ateiti pas ką ar atvykti kur: *Aš nemė́gstu pas juos lankýtis.* ○ *Ji dažnaĩ lankýdavosi dailės parodosè [kavìnėse].* • žr. **nesilankyti**

lañkymasis *dkt. v. (1, 1a):* lañkymasis *parodosè [pas gìmines, pas draugùs]*

lankýtojas *dkt. v. (1, 2),* **lankýtoja** *dkt. m. (1, 7)* asmuo, kuris ką lanko ar kur lankosi: *Muziẽjuje buvo daũg lankýtojų.* ○ *parodõs lankýtojai*

lãpas *dkt. v. (2, 1)* **1.** įvairios formos iš stiebo ar šaknų augantį augalų dalis: *Pavãsarį mẽdžių lãpai spróksta, o rùdenį krìnta.* ○ *klẽvo [béržo] lãpai* ○ *kopūstų [salõtų] lãpai* **2.** plonas, ppr. stačiakampio formos popieriaus gabalas: *Sąsiuvinyje [yra] dvýlika lãpų.* ○ *išplė́šti dù lapùs* ○ *rašýti lapè*

lãpė *dkt. m. (2, 8)* plėšrus žvėris su smailiu snukiu ir ilga uodega: *Iš lãpių káilių siùva káilinius.*

lapė

lapẽlis *dkt. v. (2, 3)* nedidelis lapas
lãpinas *dkt. v. (3ᵇ, 1)* lapių patinas

lapiùkas *dkt. v. (2, 1)* lapių jauniklis

lãpkritis *dkt. v. (1, 3)* vienuoliktasis metų mėnuo: *lãpkričio pirmóji (dienà).* ○ *Tai atsitiko lãpkritį.*

lapúotas, lapúota *bdv. (1, 1–6)* turintis lapus: *lapúotas mẽdis*

lapuõtis *dkt. v. (2, 3)* lapuotas medis: *lapuõčių mìškas* ○ *Klevaĩ, beržaĩ, líepos yra lapuõčiai.*

lašaĩ *dgs. dkt. v. (4, 1)* vaistai, vartojami lašais: *akių̃ lašaĩ* ○ *Gal tùrite lašų̃ nuo slogõs.*

lãšas *dkt. v. (4, 1)* atskira apvali skysčio dalis: *Staigà pradė́jo lýti dideliaĩs lašaĩs.* ○ *rasõs lašaĩ*

lašė́ti, lãša, lašė́jo *vks. (1) (kas)* **1.** kristi lašais: *Nuo stógo lãša vanduõ.* ○ *Iš žaizdõs lãša kraũjas.* **2.** tekėti per skylę: *Iš čiáupo lãša vanduõ.* • žr. **nelašėti**

lašiniaĩ *dgs. dkt. v. (3ᵇ, 3)* po kiaulės oda esantis riebalų sluoksnis; tas sluoksnis kaip valgis: *rūkýti [sū́dyti] lašiniaĩ* ○ *válgyti lašinius*

lašišà *dkt. m. (2, 6)* stambi jūrų žuvis; jos mėsa: *rūkýta lašišà* ○ *sumuštinis su lašišà*

lašiša

laũkas *dkt. v. (4, 1)* **1.** vieta be medžių (skiriant nuo miško, gyvenvietės): *Už miẽsto prasìdeda laukaĩ.* **2.** didelis žemės plotas, kuriame kas auginama: *rugių̃ [avižų̃] laũkas* **3.** *vns.* vieta ne patalpoje, ne viduje (ppr. su prl. **į, iš, po**): *Eimè į laũką.* ○ *Nusiaũk batùs parė́jęs iš laũko.* ○ *Vaikaĩ bėgiója po laũką.* ○ *Aš paláuksiu jū́sų laukè.* ○ *Ar laukè lyja?* ○ *Laukè šilčiaũ negu vidujè.*

laukiamàsis *dkt. v. (įvr. dlv. [2])* patalpa, kurioje kas gali laukti, kol jį priims gydytojas ir pan.: *įeĩti į láukiamąjį*

laukìnis, laukìnė *bdv. (2, 4–9)* kuris gyvena ar auga neauginamas: *laukìnės ántys* ○ *laukìniai gyvū́nai* • plg. **naminis**

láukti, láukia, láukė *vks. (1) (kas, ko)* būti kur ar nedaryti nieko, kol kas atvyks ar

lauktis

atsitiks: *Aš láuksiu tavęs prie teātro.* ○ *Véltui láukiau svečių – jie neatvažiāvo.* ○ *Jūs láukiate autobùso?* ○ *Aš láukiau taksì dvìdešimt minùčių* (20 min.). ○ *Jūsų atsākymo láuksime iki pirmādienio.* • žr. **nelaukti, palaukti** **laukìmas** *dkt. v. (2, 1) (ko)*

láuktis, láukiasi, láukėsi *sgr. vks. (1) (kas, ko)* būti nėščiai: *Ji láukiasi (kūdikio).* • žr. **nesilaukti**

laũš *būs. l. 3 asm.* žr. **laužti**

láužas *dkt. v. (3, 1)* lauke deginama medžių, šakų krūva: *láužo liepsnà* ○ *Laužè išsìkepėme bùlvių.*

láužyti, láužo, láužė *vks. (3) (kas, ką)* daug kartų ar daugelyje vietų laužti: *láužyti šakàs* • žr. **nelaužyti**; *plg.* **sulaužyti**

láužti, láužia, láužė *vks. (1) (kas, ką)* jėga skirti į dalis ką kietą: *Jei láuši šāką, ji gāli lū̃žti.* ○ *láužti lãzdą* • žr. **nelaužti, nulaužti**; *plg.* **lūžti**

lazdà *dkt. m. (4, 6)* plonas medžio gabalas, skirtas remtis einant, mušti ir pan.: *Sēnas žmogùs eĩdamas rēmiasi lazdà.*

ledaĩ *dgs. dkt. v. (4, 1)* šaldytas saldumynas iš pieno ar grietinėlės ir įvairių priedų: *šokolādiniai ledaĩ* ○ *ledaĩ su brāškėmis* ○ *Ar nórite ledų̃?* ○ *válgyti ledùs*

lẽdas *dkt. v. (4, 1)* sušalęs vanduo; sušalusio vandens sluoksnis: *stóras ẽžero lẽdas* ○ *Žiẽmą čiuõžiame ùpės ledù.* ○ *lẽdo gabalė̃lis* ○ *Prāšom gė́rimo su ledù.*

lẽdo ritulỹs sportinis žaidimas, kurį ant ledo žaidžia dvi komandos

leidyklà *dkt. m. (2, 6)* įstaiga, kuri rengia spausdinti knygas ir pan.; tos įstaigos patalpos: *Vaikų̃ literatū̄ros leidỹkloje išléidžiama daũg knỹgų.* ○ *leidỹklos daĩlininkas [redāktorius]*

leidìmas *dkt. v. (2, 1)* teisė ką turė́ti, daryti; dokumentas, kuris rodo tą teisę: *Gavaũ leidìmą laikýti* (turėti namuose ir naudoti) *šáutuvą.* ○ *Be leidìmo įeĩti draũdžiama.* ○ *leidìmas dìrbti* • *plg.* **leidimas** (žr. **leisti**)

leidinỹs *dkt. v. (3ᵃ, 3)* tai, kas išleista (knyga, žurnalas ir pan.): *Mūsų leidyklà léidžia daũg įvairių leidinių̃: knỹgų, albùmų.*

léidžia *esam. l. 3 asm.* žr. **leisti**

léidžiama *n.* nedraudžiama, galima: *Ar čia léidžiama rūkýti [statýti automobìlį]?* • *prš.* **draudžiama**; *žr.* **neleidžiama**

léidžiasi *esam. l. 3 asm.* žr. **leistis**

léisti, léidžia, léido *vks. (1)* 1. *(kas, kam, + bendr.)* sutikti, kad kas ką darytų, nedrausti: *Ar jū̃s man léisite rūkýti kambaryjè?* ○ *Mótina léidžia vaikáms žaĩsti kiemè.* ○ *Prāšom léisti mane atóstogų.* 2. *(kas, ką)* rengti spausdinti; spausdinti: *Leidyklà leĩs añtrąjį rāštų tòmą.* ○ *Žodýnas bus léidžiamas Kaunè.* 3. *(kas, ką)* sudaryti ir skelbti: *léisti įstātymus* 4. *(kas, ką)* kur ar kaip būti kurį laiką: *Atóstogas smagiaĩ léisime prie jū̃ros.* ○ *Kaĩp jū̃s léidžiate laisvãlaikį?* 5. *(kas, ką, kam)* mokėti (pinigus) už ką: *léisti pìnigus pramogóms [maĩstui]* 6. žr. **švirkšti.** 7. *(kas, ką)* daryti, kad judėtų žemyn. 8. *(kas, ką, į ką / iš ko)* daryti, kad tekėtų: *léisti vándenį į võnią [iš võniõs]* • žr. **neleisti;** (5) žr. **išleisti;** (8) žr. **išleisti, prileisti;** (7) *prš.* **kelti** **leidìmas** *dkt. v. (2, 1) (ko)*: *pinigų̃ leidìmas*

léistis, léidžiasi, léidosi *sgr. vks. (1) (kas)* 1. judėti žemyn: *Léisimės láiptais ar liftù?* 2. judant žemyn darytis nematomam (apie sáulę, mė́nulį): *Greĩt sáulė leĩsis.* • žr. **nesileisti, nusileisti**

lė̃kštė *dkt. m. (2, 8), t. p.* **lė̃kštė** (4, 8) plokščias indas valgyti ir maistui tiekti; jame telpantis kiekis: *Sriùbą válgome iš gilių̃ lė̃kščių [lė̃kščių].*

—lėkštė —lėkštutė

lėkštẽlė, lėkštùtė *dkt. m. (2, 8)* nedidelė lė̃kštė: *puodẽlis su lėkštelè [lėkštùtè]*

lėktùvas *dkt. v. (2, 1)* oro transporto priemonė: *Į Pãlangą skrìsime lėktuvù.* ○ *Lėktùvas nùtūpė Vìlniaus óro uóste.*

lėktuvas

lėlė̃ *dkt. m. (4, 8)* 1. žmogaus pavidalo žaislas: *Mergáitės žaĩdžia su lėlė̃mis.* 2. maža žmogaus ar gyvūno figūra teatro vaidinimams: *Šeštādienį eĩsime į lėlių̃ teãtrą.*

lėlė

lelijà *dkt. m. (2, 7)* gėlė varpo pavidalo žiedais: *Daržėlyje žýdi báltos ir geltónos lelìjos.* • *žr.* **vandens lelija**

lelija

lémpa *dkt. m. (1, 6)* prietaisas šviesti: *Įjùnk [išjùnk] lémpą.* ○ *stalìnė lémpa*

lempùtė *dkt. m. (2, 8)* **1.** nedidelė lempa. **2.** *žr.* **elektros lemputė**: *įsùkti [išsùkti] lempùtę*

lemputė (2)

leñgvas, lengvà *bdv. laipsn. (4, 1–6)* **1.** nesunkus, sveriantis nedaug: *Pìlnas krepšỹs nerà leñgvas.* ○ *Ìmkite tą krẽpšį, kuris (yra) lengvèsnis.* **2.** nekeliantis sunkumų, nesudėtingas: *Norė́čiau ràsti leñgvą [lengvèsnį] dárbą.* ○ *Ši užduotis pati lengviáusia.*
leñgva *n.*: *Atlìkti šią užduotį nebùs leñgva.*
lengvaĩ *prv.*: *Ar lengvaĩ rãdote tą nãmą?*
• *prš.* **sunkus**; *žr.* **nelengvas**
lengvùmas *dkt. v. (2, 1)*

leñktas, lenktà *bdv. (4, 1–6)* netiesios formos: *stãlas lenktomìs kójomis*

leñkti, leñkia, leñkė *vks. (1) (kas, ką)* **1.** eiti (važiuoti) pro ką, kas eina (važiuoja) lėčiau: *Mašìną reikia leñkti iš kaĩrės pùsės.* ○ *Leñkti draudžiama.* **2.** daryti netiesų: *leñkti kóją* **3.** leisti žemyn (galvą) • *žr.* **aplenkti, nelenkti, nusilenkti, palenkti, sulenkti**

lenktỹnės *dgs. dkt. m. (2, 8)* varžymasis, norint nustatyti greičiausią: *automobìlių [žìrgų] lenktỹnės*

lent. *sutr. žr.* **lentelė** (3)

lentà *dkt. m. (4, 6)* **1.** pailga medinė plokštė: *grindų̃ leñtos* **2.** plokštė, kurioje mokiniai rašo ar piešia: *Lentojè rãšome kreidà.* • *žr.* **lyginimo lenta, skelbimų lenta**

lentẽlė *dkt. m. (2, 8)* **1.** nedidelė lenta (1). **2.** speciali nedidelė plokštė: *nãmo nùmerio lentẽlė (kurioje parašytas namo numeris)* ○ *virtùvės lentẽlė (daržovėms ir kt. pjaustyti)* **3.** eilutėmis ir stulpeliais popieriaus lape surašyta informacija: *pajamų̃ ir ìšlaidų lentẽlė* • (3) *sutr.* **lent.**; *žr.* **daugybos lentelė**

lentýna *dkt. m. (1, 6)* prie sienos ar spintos viduje pritvirtinta plokštė kam nors dėti; tos pačios paskirties baldas iš kelių plokščių: *Prie síenos stóvi knỹgų lentýnos.*

lė́salas *vns. dkt. v. (3ᵇ, 1)* paukščių maistas: *vištų̃ lė́salas* • *plg.* **ėdalas**

lė́sinti, lė́sina, lė́sino *vks. (1) (kas, ką)* duoti (kam) lesti: *lė́sinti balandžiùs [ántis]* • *žr.* **nelesinti**; *plg.* **šerti**

lèsti, lẽsa, lẽsė *vks. (1) (kas, ką)* imti, vartoti maistą (apie paukščius): *Ką lẽsa vìštos?* • *žr.* **nelesti**; *plg.* **ėsti**

lė́šos *dgs. dkt. m. (1, 6)* pinigai: *Aš neturiù lė́šų toliau mókytis.*

lėtaĩ *prv. laipsn.* mažu greičiu (eiti, važiuoti): *Važiúok lėtaĩ.* ○ *Gal galė́tum(ei) eĩti lė́čiaũ, aš pavargaũ.* • *prš.* **greitai**

lė́tas, lėtà *bdv. laipsn. (4, 1–6)* lėtai (ką) darantis; daromas ar atliekamas lėtai: *eĩti lėtaĩs žiñgsniais* • *prš.* **greitas**

lė́tena *dkt. m. (1, 6)* katės, šuns, meškos apatinė kojos dalis: *Kãtė laĩžo savo lė́tenas.* • *žr. pieš.* **katė**

liáudis *vns. dkt. m. (1, 9)* paprasti žmonės; visi šalies gyventojai
liáudies dainà tradicinė tam tikros tautos daina
liáudies mẽnas tradicinis tam tikros tautos menas
liáudies šõkis tradicinis tam tikros tautos šokis, paprastai atliekamas grupės šokėjų

liáutis, liáunasi, lióvėsi *sgr. vks. (1) (kas, + veik. r. būt. l. dlv. / + bendr.)* baigti kokį veiksmą, daugiau nedaryti: *Lióvėsi lìję [lýti].* ○ *Liáukis veřkęs [veřkti].* ○ *Aš lióviausi pas juos lankýtis [lañkęsis].* • *žr.* **nesiliauti**; *plg.* **baigti, nustoti**

lydekà *dkt. m. (2, 6)* plėšri žuvis; jos mėsa: *Pagavaũ trìs lydekàs.* ○ *kèpti lydẽką*

lydeka

liẽčia *esam. l. 3 asm. žr.* **liesti**
liẽčiasi *esam. l. 3 asm. žr.* **liestis**
liẽka *esam. l. 3 asm. žr.* **likti**

liemẽnė *dkt. m. (2, 8)* viršutinis drabužis be rankovių, kuris dengia liemenį: *megztà liemẽnė* ○ *apsirengti liemenè*

liemenė̃lė *dkt. m. (2, 8)* apatinis moterų drabužis, kuris dengia krūtis: *dėvė́ti liemenė̃lę [liemenė̃lė]* ○ *nedė́vėti liemenė̃lės*

liemuõ *dkt. v. (3ᵃ, 11)* **1.** žmogaus kūno dalis nuo kaklo iki klubų; drabužio dalis prie tos vietos; gyvūno kūno dalis nuo galvos iki užpakalio. **2.** žmogaus kūno dalis virš klubų ir žemiau krūtinės (nugaros): *móteris plónu líemeniu* **3.** žr. **kamienas**

líepa *dkt. m. (1, 6)* **1.** medis kvepiančiais žiedais: *Líepų žiedų̃ arbãtą gẽria nuo kósulio.* **2.** septintasis metų mėnuo: *Líepą žýdi líepos.*

liepos žiedai

liepiamàsis, liepiamóji *įvr. dlv. [2]*
liepiamóji núosaka *gram.* veiksmažodžio formos, kurios reiškia liepimą, raginimą: *„Eĩk" yra veiksmãžodžio „eĩti" liepiamõsios núosakos vienãskaitos antràsis asmuõ.* • *sutr.* **liep. n.**

liepsnà *dkt. m. (4, 6)* virš degančio daikto matoma smaili ugnies dalis: *láužo liẽpsnos* ○ *žvãkės liepsnà* • žr. pieš. **žvãkė**

liẽpti, liẽpia, liẽpė *vks. (1) (kas, kam, + bendr.)* sakyti, ppr. turint teisę, kad ką (pa)darytų: *Viršininkas liẽpė man atlìkti šį dárbą iki vãkaro.* ○ *Jùk aš liepiaũ tau nevėlúoti.* • žr. **neliẽpti**
liepìmas *dkt. v. (2, 1) (kieno, kam)*

líesas, liesà *bdv. laipsn. (3, 1–6)* **1.** neturintis riebalų sluoksnio (apie žmones, gyvulius): *Jo žmonà labai liesà.* ○ *Ji ne liesėsnė už manè.* ○ *Jū̃s per daũg líesas.* **2.** neturintis (daug) riebalų (apie mėsą, maistą, valgį): *líesas píenas* ○ *Vištíena liesėsnė už kiaulíeną.*
• *prš.* **riebùs**; žr. **nelíesas**

liesė́ti, liesė́ja, liesė́jo *vks. (1) (kas)* darytis liesesniam (1) • *neig.* **neliesė́ti**; žr. **suliesė́ti**

liẽsti, liẽčia, liẽtė *vks. (1)* **1.** *(kas, ką)* būti taip arti ko, kad nėra tarpo iki ko: *Ẽglės šakos liẽčia žẽmę.* **2.** *(kas, ką, kuo)* dėti (ranką, pirštą) ant ko: *liẽsti pė́tį (rañką)* • žr. **neliẽsti, paliẽsti**

liẽstis, liẽčiasi, liẽtėsi *sgr. vks. (1) (kas)* būti taip arti vienas kito, kad nėra tarpo: *Mes stovėjome artì vienas kìto, mū́sų pečiaĩ liẽtėsi.*
• žr. **nesiliẽsti; susiliẽsti**

lietìngas, lietìnga *bdv. (1, 1–6)* kuriame daug ar dažnai lyja (apie dieną, orą, metų laiką): *lietìngos rudeñs diẽnos* ○ *lietìngi oraĩ*
• *neig.* **nelietìngas**

líetpaltis *dkt. v. (1, 3)* plonas paltas iš vandens nepraleidžiančio audinio, dėvimas pavasarį, vasarą, rudenį: *Neapsìrengiau líetpalčio, bet pasiė̃miau skė̃tį.*

lietùs *dkt. v. (3, 4)* lašų pavidalo krituliai: *smarkùs [ìlgas, trum̃pas] lietùs* ○ *Líetui lyjant stovė́jome po medžiù.* ○ *Lietùs jaũ praė́jo.* ○ *Po lietaũs pradė́jo dýgti grỹbai.*

liežùvis *dkt. v. (2, 3)* burnoje (snukyje) esantis skonio organas, padedantis valgyti (ėsti) ir (žmonėms) kalbėti: *Kavà karštà, nenudèk liežùvio.*

lìftas *dkt. v. (2, 1)* kabina aukštame pastate žmonėms kilti ar leistis iš vieno aukšto į kitą: *Į televìzijos bókštą pakýlame liftù.* ○ *Lìftas sustójo penktamè aukštè.*

lýg *jng.* taip, kad verčia manyti (, kad): *Nãmas atródo, lýg niẽkas jamè negyvéntų* (atrodo, kad name niekas negyvena).

ligà *dkt. m. (4, 6)* buvimas nesveiko, sirgimas: *Grìpas yra ligà.* ○ *Neatėjaũ į pãskaitą dėl ligõs.* ○ *Jis sir̃go plaũčių ligà.* ○ *Nuõ šios ligõs váistų nėrà.*

lygiagretùs, lygiagretì *bdv. (4, 5–8)* (apie tiesias linijas) kuris visą ilgį yra vienodu atstumu nuo kito: *lygiagrẽčios lìnijos* ○ *Ši lìnija yra lygiagretì su šià.* • žr. **nelygiagretus**

lýgiai *prv.* tiksliai: *Prãšom ateĩti lýgiai vienúoliktą (vãlandą).* ○ *Laĩkrodis ródo lýgiai šešiàs (vãlandas).*

lygýbė *vns. dkt. m. (1, 8)* **1.** vienodų teisių turėjimas: *kovóti už žmonių̃ lygýbę* **2.** buvimas lygu: *lygýbės žénklas (=)*

lýginti, lýgina, lýgino *vks. (1)* **1.** *(kas, ką)* daryti (ko) paviršių lygų: *lýginti kė́lią* **2.** *(kas, ką, kuo)* daryti drabužius lygius, be raukšlių: *Lygintuvù lýginu skalbìnius.* **3.** *(kas, ką, su kuo)* žiūrėti ar galvoti, kuo daiktai skiriasi ir kuo panašūs: *lýginti* *jaunỹstę su pavãsariu* • žr. **nelyginti, palyginti**

lýginimas *dkt. v. (1, 1)* (1) *(ko)*; (3) *(ko, su kuo)*

lýginimo lentà tam tikras ilgas stalas lyginti (2)

lygintùvas *dkt. v. (2, 1)* elektros prietaisas drabužiams, patalynei lyginti: *lýginti lygintuvù* o *Lygintùvas sugẽdo.*

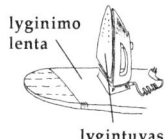

lýginimo lenta

lygintuvas

lýgiosios *dgs. dkt. m. [įvr. bdv.]* lygus rungtynių rezultatas: *Rungtỹnės baĩgėsi lygiõsiomis – 2:2.*

lỹgis *dkt. v. (2, 3)* aukščio, reikšmės, (ko) mokėjimo laipsnis: *aukščiáusiojo lỹgio susitikìmas* (valstybių vadovų) o *Į grupès mokiniaĩ skìrstomi pagal kalbõs mokėjimo lỹgį.*

ligóninė *dkt. m. (1, 8)* įstaiga, kurioje gydomi ligoniai ir sužeistieji: *gulėti ligóninėje* o *vaikų ligóninė* (kurioje gydomi vaikai)

ligónis *dkt. v. (1, 3),* **ligónė** *dkt. m. (1, 8)* asmuo, kuris serga: *Ligónis jau sveĩksta.* o *Kaip jaũčiasi ligónė?*
ligóniai *dgs.* sergantys asmenys: *Slaũgė prižiūri ligónius.*

ligótas, ligóta *bdv. (1, 1–6)* turintis ligų, nesveikas: *Mano mamà labai ligóta.* • *prš.* **sveikas**

lygumà *dkt. m. (3ᵃ, 6)* didelė lygi žemės vieta: *Lietuvojè yra ir lygumų, ir kalvų.* o *Važiãvome lýguma (Į̃n.).*

lýgus, lýgi *bdv. (3, 5–8)* **1.** *laipsn.* kurio nė viena vieta nėra aukštesnė ar žemesnė už kitą (apie daiktų paviršių); turintis tokį paviršių (apie daiktus): *Ta gãtvė labai lýgi.* o *lýgus laũkas* **2.** tokio pat dydžio; vienodas: *dvì lýgios dãlys* o *Sūnùs jau lýgus su tėvù.* o *Visì piliẽčiai turi lýgias téises.*
lýgu *n.: Trỹs padalýti iš trijų lýgu vienám (3:3=1).*

lìjo *būt. l. 3 asm. žr.* **lyti**

lijùndra *dkt. m. (1, 6)* lietus šąlant: *Per lijùndrą pavojìnga važiúoti.*

lìkti, liẽka, lìko *vks. (1)* **1.** *(kas, kame / kur)* būti ir toliau toje pat vietoje, neišvykti: *Aš víenas likaũ namiẽ.* o *Mes išėjome, o jis lìko.* **2.** *(kas; ko)* likti nesuvartotam; būti laisvam (apie vietą): *Lìko víenas obuolỹs.* o *Ar sriubõs [kavõs] dar lìko? o Automobìlyje lìks viẽtos ir jùms.* **3.** *(kas, koks)* būti ir toliau tokiam pat: *Jis lìko gývas avārijoje.* **4.** *(kas; kiek)* būti nesibaigus laikui: *Iki tráukinio išvykìmo lìko peñkios minùtės.* o *Kíek mums lìko láukti?* • *žr.* **nelikti**
lìk sveĩkas [sveikà], lìkite sveikì [sveĩkos] (sakoma atsisveikinant)

liñpa *esam. l. 3 asm. žr.* **lipti²**

lìnas *dkt. v. (4, 1)* augalas, iš kurio sėklų gaminamas aliejus, o iš stiebų – medžiaga audiniams: *Linaĩ Lietuvojè augìnami nuo senų laikų.* o *Linų žiedaĩ (yra) mėlyni.*

lìnija *dkt. m. (1, 7)* ilga ir siaura žymė ko paviršiuje: *tiesì lìnija (–)* o *kreivà lìnija (~)* • *plg.* **brūkšnys**

lininis, lininė *bdv. (2, 4–9)* pagamintas iš linų (apie audinį, siūlus ir pan.): *Pirkaũ lininių siū́lų.* o *lininė stáltiesė* o *Lininiai drabùžiai šiuo metù madìngi.*

liniúotas, liniúota *bdv. (1, 1–6)* su linijomis: *liniúotas sąsiuvinis*

liniuõtė *dkt. m. (2, 8)* siaura lentelė tiesioms linijoms brėžti ar matuoti

liñk *prl.* (su *dkt.* K. ir prv., reiškiant judėjimo kryptį): *eĩti mìško [pietų̃] liñk* o *Kur liñk mums važiúoti? – Ten liñk.*

linkėjimai *dgs. dkt. v. (1, 1)* sveikinimas linkint gerų dalykų (vartojamas t. p. kaip jst.): *Pérduok linkėjimus (mano) pùsbroliui!* o *Linkėjimai dėdei Algirdui!*

linkė́ti, liñki, linkėjo *vks. (2) (kas, kam, ko / + bendr.)* reikšti savo norą, kad kas kam atsitiktų, kad kas ką turėtų: *Linkiù jums greičiaũ pasveĩkti.* o *Mes liñkime jam gerõs sveikãtos.* o *Laĩškè jis man linkėjo sėkmės dárbè.* • *neig.* **nelinkėti**

liñksmas, linksmà *bdv. laipsn. (4, 1–6)* jaučiantis džiaugsmą; kuris mėgsta džiaugtis; keliantis džiaugsmą; reiškiantis džiaugsmą: *Vaĩkas gãvo gẽrą pažymį ir grį̃žo lìnksmas iš mokyklos.* o *Ji yra linksmà mergìna.* o *dainúoti liñksmą daĩną*
liñksma *n.: Ar vakarėlyje buvo liñksma?*

linksmaĩ *prv.: Linksmaĩ praléidome laĩką.* • *prš.* **liūdnas**; *žr.* **nelinksmas**
Linksmų̃ švenčių̃ Kalė̃dų (sakoma/rašoma sveikinant Kalė̃dų proga) • Rašoma be kirčio ženklų.

linksmùmas *dkt. v. (2, 1)*

lìnksmintis, lìnksminasi, lìnksminosi *sgr. vks.* (1) (*kas*) linksmai leisti laiką, džiaugtis pramogomis: *Jaunìmas šóka, lìnksminasi.* • *žr.* **nesilinksminti**

liñksnis *dkt. v. (2, 3) gram.* viena iš daiktavardžio, būdvardžio ir t.t. formų, rodanti jo santykį su kitais sakinio žodžiais

linksniúoti, linksniúoja, linksniãvo *vks. (1) (kas, ką) gram.* kaityti linksniais • *žr.* **nelinksniuoti**

linksniãvimas *dkt. v. (1, 1) (ko): būdvardžių linksniãvimas*

lìnktelėti, lìnktelėja, lìnktelėjo *vks.* (1) (*kas, ką / kuo*) truputį palenkti rodant pritarimą ar sveikinantis: *Pamãtęs manè, jis lìnktelėjo gálva [gálvą].* • *žr.* **nelinktelėti**

lìnktelėjimas *dkt. v. (1, 1)*

lióvėsi *būt. l. 3 asm. žr.* **liautis**

lìpdė *dkt. m. (2, 8)* ritiniais parduodama skaidri lipni juostelė klijuoti: *klijúoti suplýšusią knỹgą lìpdè* • *žr.* **lipnioji juostelė**

lipdùkas *dkt. v. (2, 1)* klijuojamas popieriaus lapelis su piešiniu ar užrašu: *lipdùkas ant automobìlio lángo*

lipnùs, lipnì *bdv. (4, 5–8)* kuris limpa; kuris padengtas limpančia medžiaga: *lipnùs sniẽgas* o *Nuo prãkaito rañkos pasidãro lìpnios.* • *neig.* **nelipnùs**

lipnùsis, lipnióji *įvr.*
lipnióji juostẽlė *žr.* **lìpdė**

lìpti[1]**, lìpa, lìpo** *vks. (1)* **1.** (*kas*) eiti, žengti aukštyn ar žemyn: *Lipù į añtrą áukštą.* o *Lipaũ į kálną ir pavargaũ.* o *Lìpkime į Gedìmino pìlį.* o *lìpti per lángą* **2.** (*kas, į ką / iš ko*) eiti į transporto priemonės vidų, iš transporto priemonės vidaus ir pan.: *Keleĩviai lìpa iš tráukinio.* o *Lìpk iš mašinos.* o *Atsiprašaũ, ar jū̃s lìpate?* (klausiama autobuse ar troleibuse, norint kad kiti praleistų) • *žr.* **įlìpti, išlìpti, nelìpti**[1]; (2) *plg.* **įlaipìnti, išlaipìnti**

lìpti[2]**, lim̃pa, lìpo** *vks. (1) (kas, prie ko)* darytis sujungtam su kuo, pritvirtintam prie ko: *Sniẽgas lim̃pa prie bãtų, prie drabùžių.* o *Kram̃tomoji gumà lim̃pa prie dantų̃.*
• *žr.* **nelìpti**[2]

lìs *būs. l. 3 asm. žr.* **lyti**

lìtas *dkt. v. (2, 1)* Lietuvos Respublikos piniginis vienetas: *Lìtą sudãro šim̃tasceñtų.* o *Už óbuolius sumokė́jau trìs lituś.* o *Paskõlink lìtą.* o *Ar mokė́site lìtais?* o *šim̃to lìtų* (100 Lt) *banknòtas* • *sutr.* **Lt**

lytė́jimas *vns. dkt. v. (1, 1)* sugebėjimas jausti daiktų paviršiaus savybes liečiant (ppr. pirštais)

literatūrà *dkt. m. (2, 6)* rašytų meno kūrinių visuma: *lietùvių literatū̃ros istòrija*

lýti, lỹja, lìjo *vks. (1) (– / kas)* kristi (apie lietų): *(Lietùs) lỹja vìsą diẽną.* o *Su sáule lìjo* (lijo ir švietė saulė). o *Smar̃kiai lỹja.* • *būs. l. 3 asm.* **lìs**; *neig.* **nelýti**; *žr.* **pìlti kaip iš kìbiro**

lytìs *dkt. m. (4, 9)* viena iš dviejų kiekvienos rūšies gyvūnų grupių – vyriškoji arba moteriškoji: *Kuriõs lytiẽs gìmė kū̃dikis? – Berniùkas [mergáitė].* o *Blánke po žõdžio „lytìs" įrašýkite „výras" arba „móteris".*

lìtras *dkt. v. (2, 1)* skysčio matavimo vienetas: *dù lìtrai* (2 l) *píeno* o *dẽšimt lìtrų* (10 l) *benzìno* • *sutr.* **l**

liūdesỹs *vns. dkt. v. (3ᵇ, 3)* liūdėjimo jausmas: *jaũsti liū̃desį*

liūdė́ti, liū̃di, liūdė́jo *vks. (2) (kas, dėl ko / + šs)* būti liūdnam: *Jis liū̃di dėl žmonõs mirtiẽs.* • *neig.* **neliūdė́ti**

liūdė́jimas *dkt. v. (1, 1)*

liùdijimas *dkt. v. (1, 1)* dokumentas, kuriuo kas patvirtinama: *gimìmo [sántuokos] liùdijimas*

liùdininkas *dkt. v. (1, 1),* **liùdininkė** *dkt. m. (1, 8)* asmuo, kuris matė (kokį) įvykį: *eĩsmo įvykio liùdininkai*

liùdyti, liùdija, liùdijo *vks. (1) (kas / už ką / priẽš ką / + šs)* teisme duoti parodymus: *Jis liùdijo priẽš manè [už manè].* o *Žmonà negãli liùdyti už sàvo výrą.* o *Ji liùdija, kad mãtė nusikaltė́lį.* • *neig.* **neliùdyti**

liùdytojas *dkt. v. (1, 2),* **liùdytoja** *dkt. m.*

(1, 7) asmuo, kuris liudija, kas įvyko: *Manè kviečia į teĩsmą liùdytoju.*

liũdnas, liūdnà *bdv. laipsn. (4, 1–6)* nelaimingas; nelinksmas: *Jis liũdnas, nes jam atsitiko neláimė.* o *liũdnos vaĩko ãkys* o *Nemėgstu liũdnų dainų̃.* o *Gavaũ liũdną žìnią, kad mìrė mano draũgė.* o *Šiañdien man labaĩ liūdnà dienà.*
liũdna *n.*: *Mán šiañdien liũdna.*
liūdnaĩ *prv.*: *liūdnaĩ žiūrė́ti*
• *prš.* **linksmas**; *žr.* **neliūdnas**
liūdnùmas *dkt. v. (2, 1)*

liũtas *dkt. v. (2, 1)* didelis plėšrus šiltųjų kraštų žvėris

liū́tis *dkt. m. (1, 9)* smarkus lietus: *Liū́tis su perkū́nija jau praėjo.* o *Nuo liū́čių prasidėjo pótvynis.*

lìzdas *dkt. v. (4, 1)* **1.** vieta, kurioje paukščiai (ir kai kurie vabzdžiai) deda kiaušinius ir veda jauniklius: *várnų lìzdas* **2.** *žr.* **kištukinis lizdas**: *įkìšti kištùką į lìzdą*

lõšti, lõšia, lõšė *vks. (1) (kas, ką̃, kuo, su kuo)* žaisti kortomis ir pan., dalyvauti loterijoje: *Jis mė́gsta lõšti kõrtomis.* o *lõšti lotèrijoje* • *žr.* **nelošti**
lošìmas *dkt. v. (2, 1)*

lotèrija *dkt. m. (1, 7)* žaidimas, kurio dalyviai perka bilietus ir pagal juos kai kurie laimi daiktų̃, pinigų̃ ir pan.: *lotèrijos bìlietas* o *laimė́ti lotèrijoje milijõną lìtų (1 mln. Lt)*

lóti, lója, lójo *vks. (1)* skleisti stiprius trumpus garsus (apie šunį): *Šuõ labai gaŕsiai lójo per vìsą nãktį.* • *neig.* **nelóti**
lojìmas *dkt. v. (2, 1): Girdžiù šunų̃ lojìmą.*

lóva *dkt. m. (1, 6)* baldas miegoti: *Atsìguliau į lóvą ir iš kar̃to užmigaũ.* o *siaurà [platì, minkštà, kietà] lóva*

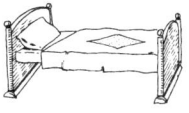

lova

Lt *sutr. žr.* **litas**

lùbos *dgs. dkt. m. (4, 6)* patalpos viršus: *žẽmos [áukštos] lùbos* o *Nepasíekiu lubų̃.*

lùkštas *dkt. v. (4, 1)* viršutinė kieta nevalgoma kiaušinio, svogū́no ir pan. dalis • *plg.* **kevalas**

lukštéṅti, lukštẽna, lukštẽno *vks. (1) (kas, ką̃)* šalinti (ko) kevalus, ankštis: *Lukštenù pupelès.* o *Àš lukštenaũ ríešutus, o jì juos válgė.* • *žr.* **nelukštenti**

lū́pa *dkt. m. (1, 6)* vienas iš dviejų burnos kraštų: *grãžios [plónos, raudónos] lū́pos*

lùpti, lùpa, lùpo *vks. (1) (kas, ką̃)* šalinti (ko) lùkštą ar žievę: *lùpti kiaušìnį [apelsìną, bùlves]* • *žr.* **nelupti, nulupti**; *plg.* **lukštenti**

lū̃š *būs. l. 3 asm. žr.* **lūžti**

lū́žti, lū́žta, lū́žo *vks. (1) (kas)* skirtis į dalis ppr. nuo smūgio ar laužiant: *Man lū́žo kója [rankà].* o *Šakà lū́žo, ir aš nukritaũ ant žẽmės.* • *būs. l. 3 asm.* **lū̃š**; *neig.* **nelū́žti**; *žr.* **nulūžti**; *plg.* **laužti**
lūžìmas *dkt. v. (2, 1) (ko): káulo lūžìmas*

M m

M, m devyvnioliktoji lietuvių kalbos abėcėlės raidė

m *sutr. žr.* **metras**

m. *sutr.* **1.** *žr.* **metai** (1) **2.** *žr.* **moteriškoji giminė**

m² *sutr. žr.* **kvadratinis metras**

madà *dkt. m. (4, 6)* drabužių dėvėjimo, elgesio ir pan. būdas, populiarus ar įprastas tam tikru laiku: *Naujáusia madà – siaũros suknẽlės.* ○ *Ar jũs dõmitės madà?* ○ *madų̃ žurnãlas* ○ *dėvė́ti pagal mãdą*

madìngas, madìnga *bdv. laipsn. (1, 1–6)* atitinkantis naujausią madą: *Ji nešiója madìngą skrỹbėlę.*
madìnga *n.*: *Šiuo metù madìnga dėvė́ti trumpùs sijonùs.*
madìngai *prv.*: *Ji visadà madìngai apsireñgusi.* • *žr.* **nemadingas**

magìstras *dkt. v. (2, 1),* **magìstrė** *dkt. m. (2, 8)* asmuo, turintis magistro laipsnį
magìstro láipsnis antrasis universiteto baigimo laipsnis

magnetofònas *dkt. v. (2,1)* prietaisas garsui įrašyti ir atkurti: *magnetofòno júosta* • *žr.* **vaizdo magnetofonas**

maĩstas *vns. dkt. v. (4,1)* tai, ką valgo žmonės (ėda gyvūnai, lesa paukščiai), kad gyventų: *Nupir̃k maĩsto (produktų) pietùms [saváitgaliui].* ○ *Šaldytùvė pilnà maĩsto.* ○ *maĩsto prẽkių parduotùvė* ○ *kūdikių maĩstas* • *plg.* **ėdalas, lesalas**

maĩšas *dkt. v. (4,1)* iš audinio, popieriaus, plastmasės ar kt. padarytas daiktas smulkiems daiktams ar medžiagoms laikyti; jame telpantis kiekis: *maĩšas rugių̃ [bùlvių, cùkraus]*

maišẽlis *dkt. v. (2, 3)* **1.** nedidelis maišas; jame telpantis kiekis: *Gal sudėtumėte daržóves į̃ maišẽlį?* ○ *Nusipirkaũ maišẽlį cùkraus ir maišẽlį mìltų.* **2.** popieriaus, plastmasės ar kitos medžiagos maišelis su rankenomis pirkiniams ir pan. nešti

maišýti, maĩšo, maĩšė *vks. (3)* **1.** *(kas, ką)* sukti skystį, medžiagą šaukštu ir pan.: *Vérdant kõšę, reĩkia maišýti.* **2.** *(kas, ką, su kuo)* dėti kartu, jungti į vieną: *maišýti degtìnę su sultimìs* • *žr.* **nemaišyti, sumaišyti**

maitìnti, maitìna, maitìno *vks. (1) (kas, ką)* duoti valgyti (ėsti, lesti): *Paũkščiai maitìna savo jaunikliùs.* ○ *maitìnti kūdikį̃* ○ *Šiamè restoranè skaniaĩ maitìna* (jame skanus maistas). • *žr.* **nemaitinti**

maitìntis, maitìnasi, maitìnosi *sgr. vks. (1) (kas, kuo)* valgyti (ėsti, lesti) (ką): *Aš nóriu suliesėti, tòdėl maitinúosi tik vaĩsiais ir daržóvėmis.* ○ *Kárvės maitìnasi žolè.* • *žr.* **nesimaitinti**

makarõnai *dgs. dkt. v. (2, 1)* įvairios formos džiovintos tešlos gaminys; iš jo pagamintas valgis: *Nupir̃k makarõnų.* ○ *Į̃ makarõnùs įdėk svíesto.*

maldà *dkt. m. (4, 6)* žodžiai, kuriais tikintieji kreipiasi į Dievą ar dievus: *Bažnýčioje kalbamos maldos.*

málkos *dgs. dkt. m. (1, 6)* medžių gabalai kurui: *Krósnį kurenù málkomis.* ○ *Šlãpios málkos nèdega.*

malonùs, malonì *bdv. laipsn. (4, 5–8)* **1.** rodantis kitiems gerumą, norą padėti: *Jis (yra) labaĩ malonùs žmogùs.* **2.** teikiantis pasitenkinimą; geras: *Šiañdien (yra) labaĩ malonùs óras.* ○ *Jì turi malõnų bálsą.* ○ *Šių̃ gėlių̃ kvãpas nėrà malonùs.*

malonù *n.* **1.** *Bū́tų labai malonù, kad jũs*

aplankýtumėte mane šeštādienį. **2.** (sakoma susipažįstant): *Prāšom susipažìnti, tai mano draũgė Irenà. – Labai malonù.*
malõniai *prv.*: *Rõžės kvėpia malõniai.*
• *žr.* **nemalonus**
bū́kite malonùs [malonì] (sakoma mandagiai prašant): *Bū́kite malonùs, uždarýkite lángą.*
malonùmas *dkt. v. (2, 1)*
máltas, maltà *bdv. (3, 1–6)* susmulkintas malant: *maltà kavà [mėsà]* ○ *maltì pipìrai*
málti, mā́la, mā́lė *vks. (1) (kas, ką)* smulkinti į miltus ar mažus gabalėlius tam tikrais prietaisais: *málti kā́vą [mė̃są]* • *žr.* **nemalti**
malū̃nas *dkt. v. (2, 1)* įmonė, kuri mala grūdus: *vèžti rugiùs į malū̃ną* • *žr.* **vėjo malūnas**
mamà *dkt. m. (4, 6)* motina (žodis, vartojamas vaikų ar kalbant su vaikais): *Mā́ma, nóriu válgyti.* ○ *Kuř tavo mamà, berniùk?*
mán *N. žr.* **aš**
mā̃nai *dgs. dkt. v. (2,1)* labai smulkios kviečių kruopos: *Mā̃nų kõšę vaikaĩ mė́gsta válgyti su cùkrumi.*
mandagùs, mandagì *bdv. laipsn. (4, 5–8)* kuris bendraudamas laikosi elgesio taisyklių; kuris rodo gerą elgesį: *Jis (yra) labai mandagùs.* ○ *Tos mergáitės yra mandāgios.* ○ *mandagùs atsákymas [prāšymas]*
mandagù *n.*: *Sakýti „tù" nepažį́stamam žmõgui nẽra mandagù.*
mandagiaĩ *prv.*: *mandagiaĩ pasisvéikinti*
mandagùmas *dkt. v. (2, 1)*: *Vaikùs reĩkia mókyti mandagùmo.*
• *žr.* **nemandagus**
manè *G. žr.* **aš**
manę̃s *K. žr.* **aš**
manyjè *Vt. žr.* **aš**
manimì *Įn. žr.* **aš**
manýti, mãno, mãnė *vks. (3)* **1.** *(kas, apie ką)* turėti kokią nuomonę: *Kã̄ tu apie ją̃ manaĩ? (plg. Apie kã̄ tu dabar galvóji?)* **2.** *(kas, + šs)* būti tikram, tikėti: *Manaũ, kad geraĩ mókytis yra svarbù.* ○ *Mes mā́nėme, kad spė́sime į́ tráukinį.* ○ *Jis mā́nė, kad aš melúoju*
• *neig.* **nemanýti**

mãnymas *dkt. v. (1, 1)*
(kieno) **mãnymu** *(kas)* māno: *Mano mãnymu, tu klýsti* (aš manau, kad tu klysti). ○ *Tavo mãnymu, jis neateĩs?* ○ *Jų̃ mãnymu, ji melāvo.*
mankštà *vns. dkt. m. (4, 6)* mankštinimasis: *darýti mañkštą rytaĩs* ○ *mankštõs pratìmai*
mankštìntis, mankštìnasi, mankštìnosi *sgr. vks. (1) (kas)* atlikti judesius, kuriais kūnas daromas ar palaikomas stiprus ir sveikas: *Aš mankštinúosi kiekvíeną rýtą, o tù (ar mankštiníesi)?* • *žr.* **nesimankštinti**
mankštìnimasis *dkt. v. (1, 1a)*
mãno[1] *savyb. K. žr.* **aš**: *Tai mãno páltas.* ○ *Šis dáiktas ne mãno.* ○ *Grąžìnkite mano dokumentùs.*
mãno[2] *esam. l. 3 asm. žr.* **manyti**
margarìnas *vns. dkt. v. (2, 1)* į sviestą panašus maisto produktas: *Daũg žmoniũ̃ mãno, kad margarìną válgyti sveikiaũ negu svíestą.*
márgas, margà *bdv. (3, 1–6)* kuris ne vienos spalvos: *Iš geltónų, raudónų ir mėlynų̃ gėliũ̃ padariaũ márgą púokštę.*
margùtis *dkt. v. (2, 3)* dažytas Velykų kiaušinis: *dažýti [daužýti] margùčius*
mãrios *dgs. dkt. m. (2, 7)* didelis natūralus ar dirbtinis vandens telkinys: *Kuřšių mãrios* ○ *Kaũno mãrios*
marškinė̃liai *dgs. dkt. v. (2, 3)* marškiniai be apykaklės trumpomis rankovėmis

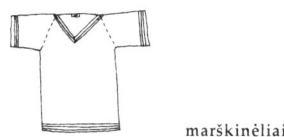
marškinė̃liai

marškiniaĩ *dgs. dkt. v. (3ᵃ, 3)* plono audinio vyriškas drabužis, ppr. dėvimas po kitu drabužiu (švarku, megztiniu): *Reñkis baltaĩs marškiniaĩs [báltus márškinius].* ○ *šiltì [plonì] marškiniaĩ*

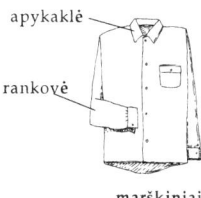
apykaklė
rankovė
marškiniai

o *marškinių apýkaklė* • žr. **naktiniai marškiniai**

maršrùtas *dkt. v. (2, 1)* numatytas vykimo iš vienos vietos į kitą kelias: *keliõnės maršrùtas* o *Traukinỹs vỹksta maršrutù Vìlnius–Klaĩpėda.*

martì *dkt. m. (4, 7)* sūnaus žmona: *Į svečiùs atvažiãvo sūnùs su marčià.*

mašinà *dkt. m. (2, 6)* **1.** prietaisas, atliekantis tam tikrą darbą: *Namuosè yra trỹs mašìnos: siuvìmo, mezgìmo ir skalbìmo.* **2.** žr. **automobilis**: *Atvažiavaĩ mašinà ar atėjaĩ pėsčias?*

mãtas *dkt. v. (2, 1)* matavimo vienetas: *ìlgio [svõrio, laĩko] mãtai*

matemãtika *vns. dkt. m. (1, 6)* skaičių ir formų mokslas: *mókytis matemãtikos*

matemãtikas *dkt. v. (1, 1)*, **matemãtikė** *dkt. m. (1, 8)* matematikos specialistas

matýt tikriausiai: *Mẽs, matýt, paklýdome.* o *Matýt, jis jau neateĩs.* • plg. **atrodo**

matýti, mãto, mãtė *vks. (3)* **1.** *(kas)* turėti regėjimą: *Jis mãto tik víena akimì.* o *Mano tėvas jau visái blogaĩ mãto.* **2.** *(kas, ką / + šs)* žiūrint suprasti ar pažinti: *Aš mačiaũ, kaip įvỹko ši avãrija.* o *Žiūrėk! Ar mataĩ tą automobìlį anãpus gãtvės?* o *Aš mataũ, kad teñ kažkàs parašýta, bet negaliù pérskaityti.* **3.** *(kas, ką)* (tik būt. l.) žiūrėti: *Ar mateĩ naũją fìlmą [pãrodą]?* **4.** *(kas)* (tik bendr.) būti matomam: *Ẽžero vanduõ skaidrùs, matýti dùgnas.* o *Nuo Gedimìno kálno matýti vìsas Vìlnius.* • žr. **nematyti**

mãtymas *dkt. v. (1, 1)*

matmuõ *dkt. v. (3ᵇ, 11)* matuojant nustatytas ko dydis: *Dėžės mãtmenys – mètras (1 m) ìlgio, pùsė mètro (0,5 m) plõčio ir trìsdešimt centimètrų (30 cm) aũkščio.* o *didelių matmenų dáiktas*

matúoti, matúoja, matãvo *vks. (1) (kas, ką, kuo)* nustatyti ko dydį (ìlgį, plõtį ir pan.): *matúoti kam̃bario aũkštį [plótą]* o *matúoti kẽlią kilomètrais* o *matúoti temperatū̃rą* • žr. **nematuoti**; plg. **matuotis**

matãvimas *dkt. v. (1, 1) (ko)*

matúotis, matúojasi, matãvosi *sgr. vks. (1) (kas, ką)* apsirengti, apsiauti ar apsiauti norint žinoti, ar tinka: *Aš matavaũsi tą suknẽlę, bet jì man per mažà.* o *Matúokis tuos júodus bateliùs, gál (jie tau) bus gerì.* • žr. **nesimatuoti**

matãvimasis *dkt. v. (1, 1a) (ko)*: *drabùžių matãvimosi kabinà* (parduotuvėje)

máudyti, máudo, máudė *vks. (3) (kas, ką)* prausti visą kūną vandens telkinyje ar inde su vandeniu: *máudyti kū̃dikį [ligónį]* • žr. **nemaudyti**

máudytis, máudosi, máudėsi *sgr. vks. (3) (kas)* **1.** maudyti save: *Einù máudytis į võnią.* **2.** vandenyje būti, plaukioti: *Eĩmė máudytis.* o *Jūroje dar šálta máudytis.* o *Jie kasdiẽn máudydavosi baseinè.* • žr. **nesimaudyti**

máudymasis *dkt. v. (1, 1a)*

máudymosi kostiùmas moteriškas drabužis maudytis (2)

máuti, máuna, móvė *vks. (1) (kas, kam, ką; kas, ką, kuo)* daryti, kad būtų ant ko (kojinės, kelnės, sijonas, pirštinės, žiedas); apmauti, numauti ar užmauti: *máuti vaĩkui kélnes [máuti vaĩką kélnėmis]* • žr. **nemauti**

máutis, máunasi, móvėsi *sgr. vks. (1) (kas, ką / kuo)* mauti sau; apsimauti, nusimauti ar užsimauti: *Máukis pirštines [pirštinėmis], laukè šálta.* • žr. **apsimauti, nesimauti, nusimauti, užsimauti**

mãzgas *dkt. v. (4, 1)* surišto siūlo ir pan. vieta: *kaklãraiščio mãzgas* o *bãtų raištẽlių mãzgas*

mažaĩ *prv. laipsn.* nedaug: *Į koncèrtą susirìnko mažaĩ žmonių.* o *Aš turiu mažiaũ pinigų̃ negu tù.* o *Jis sumokėjo mažiáusiai* (visi kiti sumokėjo daugiau). • žr. **nemažai**

mãžas, mažà *bdv. laipsn. (4, 1–6)* **1.** kuris nedidelių matmenų; nedidelis, palyginti su kitu tos pačios rūšies daiktu: *Ar Vìlnius jums atródo mãžas miẽstas?* o *maži obuoliaĩ* o *mãžos úogos* o *Mano kambarỹs (yra) labaĩ mãžas.* o *Šis automobìlis (yra) mažèsnis už anã.* o *Kurìs iš šių̃ kambãrių (yra) mažiáusias?* **2.** kuris nedidelio amžiaus, nesuaugęs: *Kai buvau mãžas, gyvenaũ káime.* o *Ar jūsų vaikaĩ dar mažì?* **3.** negausus: *Mūsų̃ šeimà (yra) mažà – àš, žmonà ir víenas vaĩkas.* o *Mūsų grùpė (yra) mažà – tik dẽšimt žmonių̃.* **4.** nesmarkus: *mãžas skaũsmas* • prš. **didelis**; žr. **nemažas**

maždaũg *prv.* apie: *Aš ten bū́siu maždaũg mė́nesį.*

važiúosite su mumìs? ○ Šios knỹgos ne mū́sų (savyb. K.). ○ Tai ne mū́sų reĩkalas. ○ Mū́sų grùpėje (grupėje, kurioje yra ir asmuo, kuris tai sako) (yra) dvìdešimt žmonių̃. ○ Mẽs ẽsame laimìngi. ○ Ir mẽs ẽsame laimìngos. ○ Mẽs pasiim̃sime sàvo dáiktus, o jū̃s pasiim̃kite sàvo.

mès² būs. l. 3 asm. žr. **mesti**

mėsà vns. dkt. m. (4, 6) maistui vartojamas gyvūnų kūnas: mėsõs vaĨgiai [parduotùvė] ○ Nóriu mėsõs, ne sriubõs.

mėsaĩnis dkt. v. (2, 3) plonas mėsos pjausnys, valgomas įdėtas tarp perpjautos bandelės pusių: Vaikaĩ mė́gsta mėsainiùs.

mèsti, mẽta, mẽtė vks. (1) 1. (kas, ką) ranka jėga paleisti judėti oru: Berniùkas mẽtė kāmuolį̃ per tvõrą. ○ mèsti ãkmenį 2. (kas, ką) nustoti dirbti ar mokytis kur: mèsti dárbą ○ Àš mečiaũ mokỹklą ir pradė́jau dìrbti. 3. (kas, + bendr.) nustoti (ką daryti): Kadà tu mèsi rūkýti? • žr. **įmesti, išmesti, nemesti, numesti, sumesti**; plg. **pamesti** **metìmas** dkt. v. (2, 1)

meškà dkt. m. (4, 6) stambus plėšrus žvėris, kuris žiemą miega: Seniaũ miškuosè buvo daũg meškų̃.

meška

meškerė̃ dkt. m. (3ᵇ, 8) nesudėtingas įtaisas žvejoti upėje ar ežere: Su mẽškere pagavaũ lydẽką.

meškerióti, meškeriója, meškeriójo vks. (1) (kas) žvejoti meškere: Jie vìsą diẽną meškeriójo. • neig. **nemeškerióti**

meškeriótojas dkt. v. (1, 2), **meškeriótoja** dkt. m. (1, 7) asmuo, kuris meškerioja: Priẽ ẽžero daũg meškeriótojų.

mėtà dkt. m. (2, 6) augalas, kurio lapai turi malonų kvapą, vartojamas gaminant maisto gaminius ir gėrimus: mė́tų arbatà

mẽtai dgs. dkt. v. (2, 1) 1. laiko tarpas, per kurį Žẽmė viẽną kar̃tą apsisuka aplink Sáulę; 365 ar 366 dienų laiko tarpas, kurį sudaro dvylika mėnesių ir kuris prasideda sausio pirmąją dieną ir baigiasi gruodžio trisdešimt pirmąją dieną: Àš gimiaũ tū́kstantis devynì šim̃tai septyniasdešimtaĩsiais (1970) mẽtais. ○ Praė́jusiais mẽtais buvo šaltà vãsara. 2. toks pats laiko tarpas, skaičiuojant nuo bet kurios dienos: Kíek mẽtų jū́sų dùkteriai? – Šešerì (mẽtai). ○ Mamà penkeriaĩs mẽtais jaunèsnė už tė́vą. ○ Brólis grį̃žo namõ po trejų̃ mẽtų. • (1) sutr. **m.** **mẽtų laĩkas** kiekviena iš keturių metų dalių: Pavãsaris, vãsara, ruduõ, žiemà yra mẽtų laikaĩ. • žr. **Naujieji metai**

metãlas dkt. v. (2, 1) blizganti kieta (rečiau skysta) medžiaga, kuri gerai praleidžia elektros srovę ir šilumą: Áuksas, sidãbras, geležìs yra metãlai.

metalìnis, metalìnė bdv. (2, 4–9) pagamintas iš metalo

mẽtas vns. dkt. v. (2, 1) 1. tam tikras laiko tarpas: Šiuo metù (dabar) mūsų įstaigai nereĩkia naujų̃ darbúotojų. 2. žr. **laikas** (4): Man jau mẽtas eĩti namõ. (ko) **metų̃ kai** (kas) vyksta: Pamokõs metù (per pãmoką) netriukšmáukite.

mẽtinės dgs. dkt. m. (1, 8) data (mėnuo ir diena), kurią prieš vienerius ar tam tikrą skaičių metų kas įvyko: gimìmo [mirtiẽs] mẽtinės ○ dvidešim̃tosios vestùvių mẽtinės

mė́tinis, mė́tinė bdv. (1, 4–9) turintis mėtų skonį: mė́tiniai saldaĩniai ○ mė́tinė kram̃tomoji gumà

mètras dkt. v. (2, 1) ilgio matavimo vienetas (100 centimetrų): nusipir̃kti dù mètrùs áudinio • sutr. **m**; žr. **kvadratinis metras**

mẽzga esam. l. 3 asm. žr. **megzti**

mẽzgė būt. l. 3 asm. žr. **megzti**

mezgė́jas dkt. v. (1, 2), **mezgė́ja** dkt. m. (1, 7) asmuo, kuris mezga

mezgìmas dkt. v. (2, 1) žr. **megzti**

miaũkti, miaũkia, miaũkė vks. (1) (kas) skleisti garsą (apie katę) • žr. **nemiaukti** **miaukìmas** dkt. v. (2, 1): Girdė́ti kačių̃ miaukìmas.

miegamàsis dkt. v. (įvr. dlv. [2]) kambarys miegoti: Miegamãjame stóvi dvì lóvos, spìnta ir véidrodis. ○ miẽgamojo baldaĩ

miẽgas vns. dkt. v. (4, 1) miegojimas: Vaĩkas nóri miẽgo.

miegóti, miẽga, miegójo vks. (1) (kas) ilsėtis užmerktomis akimis, ppr. naktį: Šiąnakt

mielai

aš geraĩ miegójau, niẽko nesapnavaũ. ○ *Jis miẽga lóvoje [ant sòfos].* ○ *miegóti aštúonias vãlandas* ○ *Ar jūs ankstì eĩnate miegóti?* ○ *miegóti ant nùgaros [ant pil̃vo]* • *neig.* **nemiegóti**; *žr.* **kietai miegoti**
miegójimas *dkt. v. (1, 1)*

mielaĩ *prv.* su noru, jaučiant pasitenkinimą: *Aš mielaĩ tau paskõlinčiau pinigų̃, dejà, neturiù.* ○ *Ãčiū už kvietìmą, mes mielaĩ ateĩsime.*

míelas, mielà *bdv. (3, 1–6)* **1.** *laipsn.* sukeliantis gerus jausmus; malonus: *Šis dárbas man labaĩ míelas.* ○ *Jūs ẽsate míelas mū́sų svečias.* **2.** (vartojamas kreipiantis į artimą asmenį laiško, kalbos pradžioje ir pan.): *Míelas Jõnai...* ○ *Mielà Jūrāte...* ○ *Mielà mãma...* • *žr.* **nemielas**
mielàsis *v.,* **mielóji** *m.* (kreipimasis į artimą asmenį): *Mielóji, gal išjùngtum(ei) rãdiją?* ○ *Mielàsis, nupir̃k man káilinius.*

miẽstas *dkt. v. (2, 1)* didelė gyvenvietė, prekybos, pramonės ir kultūros centras: *Vìlnius ir Kaũnas – didžiáusi Lietuvõs miẽstai.* ○ *Tėvaĩ gyvẽna káime, o àš – miestè.* • *sutr.* **mst.**

miestẽlis *dkt. v. (2, 3)* nedidelis miestas ar didelė kaimo gyvenvietė • *sutr.* **mstl.**

miestiẽtis *dkt. v. (2, 3),* **miestiẽtė** *dkt. m. (2, 8)* miesto gyventojas: *Anksčiaũ Lietuvojè kaimiẽčių buvo daugiaũ negu miestiẽčių.*

miežìnis, miežìnė *bdv. (2, 4–9)* pagamintas iš miežių̃: *miežìnis alùs* ○ *miežìnės kruõpos*

miẽžis *dkt. v. (2, 3)* vasarą augantis javas; jo grūdas: *Iš miežių̃ dãro ãlų.*

mygtùkas *dkt. v. (2, 1)* nedidelė prietaiso dalis, kurią reikia spausti pirštu, norint prietaisą įjungti, išjungti ar pan.: *dùrų skambùčio mygtùkas*

miežis

mikrobangų̃ krosnẽlė elektrinė orkaitė, kurioje maistas greitai pagaminamas ar šildomas

mylė́ti, mýli, mylė́jo *vks. (2) (kas, ką)* **1.** jausti meilę: *Àš tave mýliu, o tù ar mýli manè?* ○ *mylė́ti tėvùs [vaikùs, žmóną, výrą]*

2. vertinti: *Mylė́kite savo tėvỹnę.* • *žr.* **nemylė́ti**

milijõnas[1] *skt. (2) [5]* skaičius 1 000 000: *laimė́ti lotèrijoje milijõną [dù milijonùs] lìtų* • *sutr.* **mln.**

milijõnas[2]**, milijonà** *klnt. skt. (4) [4] žr.* **milijonas**[1]
milijonàsis, milijonóji *įvr.: milijonàsis miẽsto gyvéntojas*

mylìmasis, mylìmoji *dkt. (įvr. dlv. [2])* priešingos lyties mylimas asmuo: *láiškas mýlimajai [mylimájam]*

milimètras *dkt. v. (2, 1)* ilgio vienetas • *sutr.* **mm**

mil̃tai *dgs. dkt. v. (1, 1)* susmulkinti grūdai: *rugių̃ [kviečių̃] mil̃tai*

miltẽliai *dgs. dkt. v. (2, 3)* miltų pavidalo vaistai: *miltẽliai nuo galvõs skaũsmo* • *žr.* **skalbimo milteliai**

miltìnis, miltìnė *bdv. (2, 4–9)* pagamintas iš miltų: *Pùsryčiams kẽpame miltìniùs blynùs.*

min. *sutr. žr.* **minutė**

minė́jimas *dkt. v. (1,1) (ko)* renginys, skirtas kam minėti: *iškilmìngas Nepriklausomýbės dienõs minė́jimas*

minerãlinis, minerãlinė *bdv. (1, 4–9)* **minerãlinis vanduõ** vanduo, kuris gaunamas iš šaltinių ir kuriame yra naudingų medžiagų: *Ką̃ tu gérsi – sùltis ar minerãlinį vándenį?*

minė́ti, mìni, minė́jo *vks. (2) (kas, ką̃)* renginiais ar pan. rodyti kam pagarbą: *Minė́sime garsaũs dailinìnko šim̃to mẽtų sukaktį̀.* • *žr.* **neminė́ti**
minė́jimas *dkt. v. (1, 1) (ko)*

minià *dkt. m. (4, 7)* **1.** *vns.* daug žmonių vienoje vietoje: *Miniojè paklýdo mergáitė.* **2.** *dgs.* labai daug (žmonių): *Aikštėjè susirìnko mìnios žmonių̃.*

ministèrija *dkt. m. (1, 7)* vyriausybės įstaiga, valdanti kurią nors sritį; jos patalpos: *Žẽmės ū́kio ministèrija*

minìstras *dkt. v. (2, 1),* **minìstrė** *dkt. m. (2,8)* vyriausybės narys, kuris vadovauja ministerijai mìnistras pìrmininkas vyriausybės vadovas, mìnistrė pìrmininkė vyriausybės vadovė

mìnkštas, minkštà *bdv. laipsn. (3, 1–6)* kurio formai pakeisti nereikia daug jėgos, nekietas: *minkštà pagálvė [lóva]* • *prš.* **kietas**; *žr.* **neminkštas**
minkštaĩ *prv.*
minkštaĩ vìrtas (apie kiaušinį) virtas tiek laiko, kad trynys liktų skystas • *žr.* **kietai virtas**

mintìs *dkt. m. (4, 9)* tai, kas galvojama; tai, kas sugalvota: *Mano minčių niẽkas nežìno.*

mìnus *dll.* 1. atimties ženklas (–): *Dẽšimt mìnus penkì yra penkì.* 2. mažesnis už nulį (apie skaičius): *Šiañdien óro temperatūrà (yra) mìnus dẽšimt (–10) láipsnių.*

minùtė *dkt. m. (2, 8)* šešiasdešimtoji valandos dalis: *Laĩkrodžio rodỹklės ródo vãlandas, minùtes ir sekùndes.* ○ *Dabar̃ be dẽšimt minùčių dvýlikta valandà.* • *sutr.* **min.**

mìręs, mìrusi *bdv. (dlv. [3])* negyvas (apie žmogų): *Ar jos tėvaĩ jau mìrę?*
mìrusieji *dgs. įvr.* mirę žmonės

mir̃ti, mìršta, mìrė *vks. (1) (kas, nuo ko)* netekti gyvybės (apie žmogų): *Ji mìrė pérnai.* ○ *Kasmẽt nuo vėžio mìršta daũg žmonių.* • *žr.* **nemirti**; *plg.* **nugaišti**
mìrštu iš bãdo labai noriu valgyti: *Pirmiáusia paválgykim, aš mìrštu iš bãdo.*

mirtìs *dkt. m. (4, 9)* gyvybės pabaiga: *mótinos [tėvo] mirtìs* ○ *mirtiẽs liūdijimas*
mirtiẽs baus̃mė bausmė mirtimi už sunkius nusikaltimus

mìšios *dgs. dkt. m. (4, 7)* svarbiausios katalikų pamaldos: *dalyváuti mišiosè*

mìškas *dkt. v. (4, 1)* vieta, kur auga daug medžių: *Miškè gyvẽna žvėrys.* ○ *Važiúokime į miškų grybáuti [uogáuti].* ○ *Vasarą miškuosè (būna) saũsa.* ○ *Gẽra váikščioti po mìšką rùdenį.* ○ *spygliuočių [lapuočių] mìškas*

mìškininkas *dkt. v. (1, 1),* **mìškininkė** *dkt. m. (1, 8)* asmuo, kuris prižiūri ir tvarko miškus

mišraĩnė *dkt. m. (2, 8)* patiekalas iš supjaustytų daržovių, kiaušinių ir įvairių kt. maisto produktų su grietine, aliejumi ar pan.: *mišraĩnė su grỹbais [su žuvimì]*

mišrùs, mišrì *bdv. (4, 5–8)* ne vienos rūšies, ne iš vienodų sudarytas: *Šiojè parduotùvėje pardúodamos mišrios prẽkės.* ○ *Dabar̃ yra daũg mišrių šeimų (susituokia ne vienos tautybės žmonės).*

m-kla *sutr. žr.* **mokykla**

mln. *sutr. žr.* **milijonas**[1]

mm *sutr. žr.* **milimetras**

mobilùsis, mobilióji *įvr. bdv.*
mobilùsis telefònas telefonas, kurį galima nešiotis: *skam̃binti mobiliúoju telefonù*

močiùtė *dkt. m. (2, 8)* senelė

mókamas, mokamà *bdv. (3ᵃ, 1–6)* už kurį reikia mokėti; už kurį moka: *mókamas mókslas* ○ *mókamos atóstogos*
mokamà aikštẽlė automobilių statymo aikštelė, už stovėjimą kurioje reikia mokėti
mókamas tualètas tualetas, už naudojimąsi kuriuo reikia mokėti

mokėjimas[1] *dkt. v. (1, 1) žr.* **mokėti**[1]

mokėjimas[2] *dkt. v. (1, 1) žr.* **mokėti**[2]

mókestis *dkt. v. (1, 3)* nustatyto dydžio pinigų suma, mokama valstybei ar organizacijai: *mokėti mókesčius už bùtą [elẽktrą, šìldymą]* ○ *pãjamų [núomos] mókestis* ○ *Kóks to mókesčio dỹdis?*

mokėti[1], **móka, mokėjo** *vks. (1) (kas, ką, kuo, už ką)* duoti pinigų ar pan. už darbą, gaunamą daiktą ar paslaugas: *Kíek jums móka už dárbą?* ○ *Už pietùs mokėsime peñkiasdešimt lìtų (50 Lt).* ○ *Mokėsite grynaĩsiais (pinigaĩs) ar mokėjimo kortelè?* ○ *Kíek aš turiù mokėti už važiãvimą taksì?* ○ *mokėti mókesčius* • *žr.* **apmokėti, nemokėti**[1]**, sumokėti**
mokėjimas *dkt. v. (1, 1)*
mokėjimo kortẽlė banko išduota plastmasinė kortelė, kuri naudojama vietoje grynųjų pinigų

mokėti[2], **móka, mokėjo** *vks. (1)* 1. *(kas, + bendr.)* sugebėti ką daryti: *Ar jūs mókate dìrbti kompiùteriu?* ○ *Vaĩkas móka piẽšti [skaitýti, rašýti].* ○ *Jis móka pláukti [vairúoti automobìlį].* 2. *(kas, ką / kaip)* sugebėti kalbėti (kuria kalba): *Ar jūs mókate lietùviškai?*

mokykla

○ *Jis geraĩ móka lietùvių kal̃bą*. **3.** *(kas, ką)* būti išmokusiam ir atsiminti: *Mano mamà mokėjo daũg dainų.* • žr. **nemokėti**[2]

mokėjimas *dkt. v. (1, 1) (ko)*: *gēras lietùvių kalbõs mokėjimas*

mokyklà *dkt. m. (2, 6)* mokymo įstaiga; jos pastatas: *lankýti [baĩgti] mokỹklą* ○ *mókytis mùzikos mokỹkloje* ○ *Vāsarą remontãvo mūsų mokỹklą.* • sutr. **m-kla**; žr. **aukštesnioji mokykla, aukštoji mokykla, pagrindinė mokykla, pradinė mokykla, vidurinė mokykla**

mokinỹs *dkt. v. (3ᵃ, 3)*, **mokinė̃** *dkt. m. (3ᵃ, 8)* asmuo, kuris mokosi pradinėje, pagrindinėje, vidurinėje ar aukštesniojoje mokykloje: *Mokiniaĩ klaũsosi mókytojo.* ○ *Esu medicìnos mokỹklos mokinė̃.*

mókyti, móko, mókė *vks. (3) (kas, ką, ko | + bendr.)* daryti, kad mokėtų, atsimintų; būti mokytoju: *Ji mókė manè skam̃binti pianinù.* ○ *mókyti vaikùs matemãtikos [lietùvių kalbõs]* • žr. **nemokyti**; plg. **išmokti, mokėti**[2], **mokytis**

mókymas *dkt. v. (1, 1)*: *mókymas siū́ti* ○ *mókymo įstaiga*

mókytis, mókosi, mókėsi *sgr. vks. (3)* **1.** *(kas, ką / ko / + bendr.)* stengtis įgyti ko mokėjimą ar išmokti ką daryti: *Ji mókosi matemãtiką.* ○ *geraĩ mókytis* ○ *Ar nóri mókytis vairúoti?* **2.** *(kas)* lankyti mokyklą: *Ji mókosi pradìnėje mokỹkloje [universitètè].* • žr. **nesimokyti**

mókymasis *dkt. v. (1, 1a)*

mókytojas *dkt. v. (1, 2)*, **mókytoja** *dkt. m. (1, 7) (ko; kieno)* asmuo, kuris moko kokio dalyko; asmuo, kurio profesija – mokyti: *piešìmo [lietùvių kalbõs, istòrijos] mókytoja* ○ *Jis yra mano mókytojas.*

mókslas *dkt. v. (1, 1)* žinių, įgytų tiriant gamtą ir pan., sistema; jos atskira šaka: *gamtōs [visúomenės, tèchnikos] mókslai* ○ *mókslo láipsnis*

mókslininkas *dkt. v. (1, 1)*, **mókslininkė** *dkt. m. (1, 8)* asmuo, kuris dirba mokslo darbą

molìnis, molìnė *bdv. (2, 4–9)* pagamintas iš molio: *molìnis púodas* ○ *molìnė vazà*

mólis *vns. dkt. v. (1, 3)* gamtinė medžiaga, iš kurios gaminami indai, plytos ir pan.

momeñtas *dkt. v. (2, 1)* labai trumpas laiko tarpas • plg. **akimirka**

monetà *dkt. m. (2, 6)* nedidelė apvali metalo plokštelė, vartojama kaip pinigai: *auksìnės [sidabrìnės] monètos* ○ *víeno ceñto [lìto] monetà*

morkà *dkt. m. (2, 6)* daržovė, turinti pailgą oranžinę šaknį: *mõrkų sùltys*

morka

móteris *dkt. m. (1, 9) (vns. K.* **móters** *ir* **móteries,** *dgs. K.* **móterų)** priešingos vyrui lyties suaugęs žmogus: *ištekė́jusi [išsiskýrusi] móteris* • prš. **vyras** (1)

móteriškas, móteriška *bdv. (1, 1–6)* moterims dėvėti, vartoti ir pan. skirtas: *móteriškų drabùžių parduotùvė* ○ *móteriškas laĩkrodis* ○ *móteriški bãtai [kvepalaĩ]*

móteriškoji giminė̃ *gram.* viena iš daiktavardžio, įvardžio ir pan. giminių: *"Kė́dė" yra móteriškosios giminė̃s, o "dė́dė" – výriškosios giminė̃s daiktãvardis.* • sutr. **m.**

mótina *dkt. m. (1, 6)* moteris, kuri turi vaiką (vaikų): *mano mótina ir tė́vas* ○ *Vaikaĩ, klausýkite mótinos.*

motocìklas *dkt. v. (2, 1)* transporto priemonė su dviem ratais ir su varikliu: *Motocìklù važiãvome dvíese.* ○ *motocìklo avãrija*

motocìklininkas *dkt. v. (1, 1)*, **motocìklininkė** *dkt. m. (1, 8)* motociklo vairuotojas

móvė *būt. l. 3 asm. žr.* **mauti**

móvėsi *būt. l. 3 asm. žr.* **mautis**

mst. *sutr. žr.* **miestas**

mstl. *sutr. žr.* **miestelis**

mùgė *dkt. m. (2, 8)* **1.** prekybos renginys, ppr. su pramogomis: *pavãsario mùgė* (mugė, kurioje parduodami pavasarį dėvimi drabužiai ir pan.) ○ *Šìą sùknelę pirkaũ mùgėje.* **2.** didelė prekių paroda: *tarptautìnė knỹgų mùgė* ○ *baldų mùgė*

muĩlas *dkt. v. (4, 1)* medžiaga, vartojama praustis, plauti, skalbti: *Nusipláuk rankàs su muilù.* ○ *skýstas muĩlas* ○ *muĩlo gabalė̃lis*

muĩtas *dkt. v. (2, 1)* nustatytas mokestis už įvežamas ar išvežamas iš šalies prekes

muĩtinė *dkt. m. (1, 8)* įstaiga, tikrinanti vežamas prekes; tos įstaigos pastatas

muĩtininkas *dkt. v. (1, 1),* **muĩtininkė** *dkt. m. (1, 8)* muitinės tarnautojas

mumìs [*n. žr.* **mes**[1]

mumysè *Vt. žr.* **mes**[1]

mùms *N. žr.* **mes**[1]

mùs *G. žr.* **mes**[1]

mùsė *dkt. m. (2, 8)* nedidelis vabzdys su dviem sparnais

musė

mùsmirė *dkt. m. (1, 8)* nuodingas grybas: *žalióji mùsmirė*

mū́sų *K. žr.* **mes**[1]

musulmõnas *dkt. v. (2, 1),* **musulmõnė** *dkt. m. (2, 8)* asmuo, kuris laikosi islamo

mū̃šis *dkt. v. (2, 3)* kova tarp kariaujančių šalių kariuomenių: *Žálgirio mū̃šis įvýko 1410 mẽtais.*

mùšti, mùša, mùšė *vks. (1) (kas, ką)* **1.** daužyti ką, norint sukelti kam skausmą: *Kám tu jį mušì?* o *mùšti šùnį lazdà* o *Ar gãlima mùšti vaĩką už taĩ, kad jis nesimóko?* **2.** daužyti: *mùšti būgną* **3.** jėga paliesti, kad judėtų tam tikra kryptimi: *mùšti kamuoliùką*

raketè **4.** skleisti garsą tam tikrą valandą: *Laĩkrodis mùša deviñtą vãlandą.* • *žr.* **nemušti, sumušti, užmušti**

mušìmas *dkt. v. (2, 1)*

muštỹnės *dgs. dkt. m. (2, 8)* mušimasis; mušimosi atvejis: *Paaugliaĩ kẽlia muštỹnès.* o *Nepradė́k muštỹnių.* o *Naktìniame klubè kìlo muštỹnės.*

mùštis, mùšasi, mùšėsi *sgr. vks. (1) (kas; kas, su kuo)* vienam kitą ar vieniems kitus mušti: *Pẽtrai, kõ mušíesi su bróliu?* o *Berniùkai pradė́jo mùštis.* • *žr.* **nesimušti**

mušìmasis *dkt. v. (1, 1a)*

mūvė́ti, mū̃vi, mūvė́jo *vks. (2) (kas, ką / kuo)* būti apsimovusiam, nešioti: *mūvė́ti kélnes [kójines, žíedą]* • *žr.* **nemūvėti**

muziẽjus *dkt. v. (2, 5)* įstaiga, kurioje renkami, laikomi, rodomi kultūros dalykai: *Aplankýkite liáudies buitiẽs muziẽjų Rùmšiškėse.* o *giñtaro muziẽjus*

mùzika *vns. dkt. m. (1, 6)* garsų menas; tokio meno kūriniai: *Man patiñka klausýtis klasikìnės mùzikos.*

muzikántas *dkt. v. (1, 1),* **muzikántė** *dkt. m. (1, 8)* muzikos atlikėjas: *Muzikántai grója, jaunìmas šóka.* o *džiãzo muzikántas*

muzikìnis, muzikìnė *bdv. (2, 4–9)* **muzikìnis ceñtras** prietaisas, kuris susideda iš radijo aparato, magnetofono, kompaktìnių plokštelių grotuvo

N n

N, n dvidešimtoji lietuvių kalbos abėcėlės raidė

N. *sutr. žr.* **naudininkas**

n. *sutr. žr.* **negimininė forma**

nà *jst.* (sakoma raginant, reiškiant nepasitenkinimą ir pan.): *Nà, eimè greičiaũ!* ○ *Na kõ tu nóri?*
na ir kàs (reiškiant, kad tai, ką pasako kitas asmuo, jums yra nesvarbu): *Jis laimėjo lotèrijoje milijõną lìtų. – Na ir kàs?*

naftà *vns. dkt. m. (2, 6)* gerai deganti skysta gamtinė medžiaga, iš kurios gaminamas benzinas ir pan.

naftótiekis *dkt. v. (1, 3)* vamzdžių sistema naftai tiekti

nãgas *dkt. v. (4, 1)* **1.** plona kieta plokščia išauga ant piršto galo: *ilgì nagaĩ* ○ *rañkų [kójų] nagaĩ* ○ *kir̃pti nagùs* **2.** kieta smaili išauga paukščio ar gyvūno kojos gale: *Kãtės turi aštriùs nagùs.*

nagrinėti, nagrinėja, nagrinėjo *vks. (1) (kas, ką)* **1.** stengtis paaiškinti (ko) sudėtį: *nagrinėti sākinį* **2.** stengtis nustatyti (ko) priežastis, svarstyti: *Teĩsmas nagrinėja žmogžudỹstės bỹlą.* • *žr.* **nenagrinėti**
nagrinėjimas *dkt. v. (1, 1) (ko)*

naikìnti, naikìna, naikìno *vks. (1) (kas, ką)* **1.** daryti, kad išnyktų: *Dezodorántas naikìna nemalõnų kvãpą.* **2.** daryti negaliojantį: *naikìnti įstãtymą* • *žr.* **nenaikìnti, sunaikìnti**
naikìnimas *dkt. v. (1, 1) (ko)*

naktìnis, naktìnė *bdv. (2, 4–9)* naktį vykstantis: *naktìnis dárbas*
naktìniai marškiniaĩ drabužis, dėvimas lovoje

naktìnis klùbas vieta, kurioje galima vėlai vakare linksmintis, šokti, išgerti

naktìs *dkt. m. (4, 9)* paros dalis nuo vakaro iki ryto: *Nãktį žmónės miẽga.* ○ *Vãsarą trum̃pos nãktys.* ○ *Nãktį šviẽtė mėnùlis.* ○ *keliáuti trìs dienàs ir trìs naktìs* (dgs. G.) • *dgs. K.* **naktų̃**; *žr.* **labos nakties**

nakvýnė *dkt. m. (1, 8)* nakvojimo vieta; nakvojimas: *gáuti nakvýnę* ○ *priim̃ti į nakvýnę*

nakvóti, nakvója, nakvójo *vks. (1) (kas)* turėti vietą miegoti naktį; praleisti naktį miegant: *Mes dvì naktìs nakvójome viẽšbutyje.* • *neig.* **nenakvóti**
nakvójimas *dkt. v. (1, 1)*

namaĩ *dgs. dkt. v. (4, 1)* namas, butas, kuriame kas gyvena: *Užeĩk pas manè į namùs.* ○ *Grįžaũ į tėvų̃ namùs.* ○ *Čia užrašýtas mano namų̃ ãdresas ir telefòno nùmeris.* • *žr.* **póilsio namai, senẽlių namai, vaikų̃ namai**
namų̃ darbaĩ užduotys mokiniams atlikti namie
namų̃ šeiminiñkė moteris, kuri dirba savo šeimai namuose
namų̃ telefònas buto, namo, kuriame kas gyvena, telefono numeris: *Pasakýkite savo dárbo ir namų̃ telefòną.*

nãmas *dkt. v. (4, 1)* pastatas gyventi žmonėms: *Šiame namè yra kėturiasdešimt bùtų.* ○ *nusipir̃kti nãmą užmiestyje* ○ *neaukštì [naujì] namaĩ*

namiẽ *prv.* savo namuose: *Ar põnas Jõnas namiẽ?* ○ *Nebuvaũ namiẽ nuo vakar vãkaro.* ○ *Buvaũ pas jus užėjęs, bet neradaũ (jūsų) namiẽ.* • *žr.* **jauski(tė)s kaip namie**

namìnis, namìnė *bdv. (2, 4–9)* **1.** namuose auginamas, ne laukinis: *Šuõ – na-*

mìnis gyvū́nas. 2. gaminamas namuose: namìnis alùs o namìnė dúona • (1) plg. **laukinis**

namõ prv. į savo namus: Kadà tu pareĩsi namõ? o Po vakarė̃lio parėjaũ namõ tik paryčiaĩs. o Kuř einì? – Namõ.

narcìzas dkt. v. (2, 1) anksti pavasarį žýdinti daržẽlių gė́lė ilgu stiebu: baltíeji ir geltoníeji narcìzai

narcìzas

narỹs dkt. v. (4,3), **narė̃** dkt. m. (4, 8) asmuõ, kuris priklauso kokiai nors organizacijai, grupei ir pan.: pártijos [vyriausýbės] nariaĩ o draugìjos nārio pažymė́jimas

narkomãnas dkt. v. (2, 1), **narkomãnė** dkt. m. (2, 8) asmuõ, kuris vartoja narkotikus

narkòtikas dkt. v. (1, 1) medžiaga, vartojama norint patirti malonumą, tačiau labai kenkianti sveikatai

nar̃vas dkt. v. (4, 1) uždara vieta su strypais aplink gyvū́nams ar paũkščiams laikyti, kad nepabėgtų: liū́tų nar̃vas o uždarýti tìgrą į nar̃vą

narvẽlis dkt. v. (2,3) nedidelis narvas: Paũkštis tū̃pi narvẽlyje.

narvẽlis

našláitė¹ dkt. m. (1, 8) nedidelė laukų̃ ir daržẽlių gė́lė, kurios žiedas yra įvairių spalvų: našláičių púokštė

našláitė² žr. **našlaitis**

našláitis dkt. v. (1, 3) vieno ar abiejų tėvų netekęs berniukas, **našláitė** dkt. m. (1, 8) vieno ar abiejų tėvų netekusi mergaitė: Šis berniùkas yra našláitis, jis netùri mótinos. o Ji yra našláitė, užáugo vaikų̃ namuosè.

našláitė¹

našláičiai dgs. vieno ar abiejų tėvų netekę vaikai: globóti našláičius

našlỹs dkt. v. (4, 3) vyras, kurio žmona mirusi, **našlė̃** dkt. m. (4, 8) moteris, kurios vyras mir̃ęs

natūralùs, natūralì bdv. (4, 5–8) ne dirbtinis: natūralaũs šìlko [natūraliõs vìlnos] suknẽlė o natūralū̃s maĩsto priẽdai

naudà vns. dkt. m. (3, 6) tai, kas padeda, duoda pelno ir pan.: mókymosi naudà o Mankštà dúoda náudą (yra naudinga) sveikātai. o síekti naudõs

naudìngas, naudìnga bdv. laipsn. (1, 1–6) (kam) kuris duoda naudos; kuris gali būti naudojamas kam ir duoda gerų rezultatų: Jū́sų patarìmas buvo man labaĩ naudìngas. o Šìs vadovė́lis – naudìnga knygà. o Ar šis dáiktas kám naudìngas?
naudìnga n.: Mókytis yra ne tìk įdomù, bet ir naudìnga.
naudìngai prv.: naudìngai praléisti laĩką • žr. **nenaudingas**

naudinìnkas dkt. v. (2, 1) gram. linksnis, kuriuo atsakoma į klausimą „kam?": „Žmõgui" yra daiktãvardžio „žmogùs" naudinìnkas. • sutr. **N.**

naudóti, naudója, naudójo vks. (1) (kas, ką, kam) taikyti kaip priemonę kam pagaminti ir pan.: Nãmui šìldyti naudójame eléktros enèrgiją. • žr. **nenaudoti, panaudoti**; plg. **vartoti**

naudótis, naudójasi, naudójosi sgr. vks. (1) (kas, kuo) turėti kaip priemonę ką darýti: Per atóstogas gali naudótis (važinėti) màno automobiliù. • žr. **nesinaudoti, pasinaudoti**

naujãgimis dkt. v. (1, 3), **naujãgimė** dkt. m. (1, 8) neseniai gìmęs kūdikis

naũjas, naujà bdv. laipsn. (4, 2–7) kuris neseniai pastatytas, atsiradęs, įsigytas ir pan.: Gyvenù naujamè namè. o Man reikia nusipir̃kti naū́ją suknẽlę. o Šie marškiniaĩ dar bevéik naujì, aš jais dėvėjau tik dù kartùs. o Gal tùrite naujų̃ knỹgų (klausiama knygyne)? • prš. **senas**; žr. **nenaujas**; iš naujo **Naujíeji mẽtai** šveñtė pirmąją metų dieną (sausio 1), t. p. gruodžio trisdešimt pirmosios naktis: Kur šveñsi Naujúosius metùs? o Susitãrėme per Naujúosius metùs važiúoti į káimą. • žr. **Laimìngų Naujų̃jų metų̃**

naujíena *dkt. m. (1, 6)* nauja žinia: *pranèšti naujíenas* ○ *gẽros [blõgos, liñksmos, liũdnos] naujíenos*

nè *dll.* **1.** (neigiamai atsakant į klausimą, kuris pradedamas žodžiais **ar, gal**): *Ar baĩgėte rašýti? – Nè [Dar nè].* ○ *Gal gãlite paskõlinti man šim̃tą litų̃? – Nè [Deja, nè].* ○ *(Ar) Ateĩsi? – Nè.* **2.** (patvirtinant neigimą): *Tu nenóri válgyti? – Nè* (taip, aš nenoriu). **3.** (pasakant priešingą ar skirtingą dalyką): *Mokinỹs ne rãšo, o per lángą žiū̃ri.* ○ *Ji ne gražì, o bjaurì.* **4.** (neigiant žodžio reikšmę): *Dabar ne laĩkas pradė́ti mókytis* (prš. *Dabar laĩkas pradė́ti mókytis*). ○ *Jūs dìrbote ne véltui.* • (1) prš. **taip²**
ne dárbo dienà diena, kurią nereikia eiti į darbą, poilsio diena; diena, kai įstaigos, parduotuvės ir pan. uždarytos
ne tìk... bet ir (pasakant kitą apibūdinimą, dalyką ar pan.): *Čiurliónis yra ne tìk įžymùs daĩlininkas, bet ir kompozitorius.*
ne visái nepakankamai: *Dárbas ne visái baĩgtas.* ○ *Àš jus ne visái suprantù.*

ne- (priešdėlis. Su juo sudaromi priešingos reikšmės žodžiai ir žodžiai, kuriais neigiama žodžio reikšmė, pvz., *gražùs – negražùs, mokė́ti – nemokė́ti* ir t.t. Veiksmažodis, sudarytas su priešdėliu **ne-** iš veiksmažodžių, kurie vartojami su galininku *(ką)*, vartojamas su kilmininku *(ko)*, pvz., *rašýti láišką – nerašýti láiško*)

nẽ *dll.* (pabrėžiant neigimą): *Aš neturiù nẽ minùtės laĩsvo laĩko.* ○ *Jis manę̃s nẽ nepasvéikino su gimtãdieniu.* • plg. **nei**

neabejóti, neabejója, neabejójo *vks.* (1) *(kas, kuo / dėl ko / + šs)* neig. **abejoti**; būti tikram: *Neabejókite šių dokumeñtų tikrùmu [dėl šių dokumeñtų tikrùmo].* ○ *Neabejójau, kad tu ateĩsi.*

neadresúoti, neadresúoja, neadresãvo *vks.* (1) *(kas, ko, kam)* neig. **adresuoti**; nerašyti adreso: *Neadresúok láiško jam į Vìlnių, adresúok jį į Kaũną.*

neáiškiai *prv.* neig. **aiškiai**; nesuprantamai: *Jis kal̃ba neáiškiai.*

neáiškinti, neáiškina, neáiškino *vks.* (1) *(kas, kam, ko / + šs)* neig. **aiškinti**; nedaryti aiškaus, suprantamo: *Ar mokỹkloje jums šiõs užduotiẽs neáiškino?* ○ *Niẽkas mums neáiškino, kaĩp naudótis šiuo príetaisu.*

neáiškus, neáiški *bdv. laipsn. (3, 5–8)* neig. **aiškus**; nesuprantamas: *Šis dalỹkas man neáiškus [pàts neaiškiáusias].* ○ *Ar jums áiški šio žõdžio reikšmė̃? – Nè, neáiški.*
neáišku *n.*: *Ar tau áišku, ką jis norė́jo pasakýti? – Nè, neáišku.*

neaktyvùs, neaktyvì *bdv. (4, 5–8)* neig. **aktyvus**
neaktyviaĩ *prv.*

neankstývas, neankstýva *bdv. (1, 1–6)* neig. **ankstyvas**; gana vėlyvas: *Šiaĩs mẽtais pavãsaris (yra) neankstývas.*

neañkštas, neañkštà *bdv. (4, 1–6)* neig. **ankštas**; pakankamai erdvus: *Šie bùtai man neañkštì.*
neañkšta *n.*: *Ar jums neañkšta ten sėdė́ti?*

neapaũti, neapaũna, neàpavė *vks. (1) (kas, ko, kuo)* neig. **apauti**: *neapaũti vaĩko bãtais*

neapdeñgti, neapdeñgia, neàpdengė *vks. (1) (kas, ko, kuo)* neig. **apdengti** (1, 2): *neapdeñgti stãlo stáltiese*

neapdraũsti, neapdraũdžia, neàpdraudė *vks. (1) (kas, ko, nuo ko)* neig. **apdrausti**; nesudaryti draudimo sutarties: *Àš àpdraudžiau automobìlį, bet dar neàpdraudžiau nãmo.*

neapeĩti, neapeĩna, neapė́jo *vks. (1) (kas, ko)* neig. **apeiti**: *neapeĩti ẽžero*

neapgáuti, neapgáuna, neapgãvo *vks. (1) (kas, ko)* neig. **apgauti**: *Tikiúosi, jūs manę̃s neapgáusite.*

neapibarstýti, neapibar̃sto, neapibar̃stė *vks. (3) (kas, ko, kuo)* neig. **apibarstyti**: *Neapibar̃sčiau pyrãgo cùkrumi, pamiršáu.*

neapibeñdrinti, neapibeñdrina, neapibeñdrino *vks. (1) (kas, ko)* neig. **apibendrinti**; nepadaryti išvadų: *Konfereñcijos pranešìmų niẽkas neapibeñdrino.*

neapibū́dinti, neapibū́dina, neapibū́dino *vks. (1) (kas, ko)* neig. **apibūdinti**

neapýkanta *vns. dkt. m. (1, 6) (kam)* jausmas, kurį kas jaučia asmeniui, kurio nekenčia: *Jis tai pasãkė iš neapýkantos mán.* ○ *Aš nejaučiù jam neapýkantos.* ○ *jaũsti dìdelę neapýkantą*

neapiplė́šti, neapiplė́šia, neapiplė́šė *vks. (1) (kas, ko) neig.* **apiplėšti:** *Ar jį apiplė́šė? – Nè, jo neapiplė́šė.*

neapklóti, neapklója, neapklójo *vks. (1) (kas, ko, kuo) neig.* **apkloti**

neapkūnùs, neapkūnì *bdv. (4, 5–8) neig.* apkūnus; gana liesas: *Ji (yra) neapkūnì, gana liesà.*

neaplankýti, neaplañko, neaplañkė *vks. (3) (kas, ko) neig.* aplankyti; neateiti lankant: *Kodėl jūs mūsų neaplañkote?* ○ *Ar jis aplañkė ją ligóninėje? – Nè, (jìs jõs) neaplañkė.*

neapledìjęs, neapledìjusi *bdv. (dlv. [3]) neig.* apledijęs: *Šiañdien kẽlias (yra) neapledìjęs (plg. nėra apledìjęs).*

neapleñkti, neapleñkia, neàplenkė *vks. (1) (kas, ko) neig.* **aplenkti:** *Mes važiãvome greĩtai, bet vis tíek neàplenkėme to automobìlio.*

neapmáuti, neapmáuna, neapmóvė *vks. (1) (kas, kam, ko; kas, ko, kuo) neig.* **apmauti:** *Neapmóviau vaĩkui pirštìnių.* ○ *Neapmóviau vaĩko pirštìnėmis.*

neapmokė́ti, neapmóka, neapmokė́jo *vks. (1) (kas, ko) neig.* **apmokėti:** *Neapmokė́jau sąskaitos.*

neapmóvė *būt. l. 3 asm. žr.* **neapmauti**

neaprašýti, neaprãšo, neaprãšė *vks. (3) (kas, ko) neig.* **aprašyti**; neapibūdinti raštu: *Kodėl laiškè neaprašeĩ kelionės į užsienį?*

neapreñgti, neapreñgia, neàprengė *vks. (1) (kas, ko, kuo) neig.* **aprengti:** *Neàprengei vaĩko páltu, jam bus šálta.*

neaprìšti, neàpriša, neaprìšo *vks. (1) (kas, ko, kuo) neig.* **aprišti:** *Tu neaprišaĩ žaizdõs.*

neapsiaũti, neapsiaũna, neapsìavė *sgr. vks. (1) (kas; kas, ko / kuo) neig.* **apsiauti:** *vaĩkščioti neapsiãvus bãtų [bãtais]* ○ *Kodėl tu neapsiaunì, váikštai basà?*

neapsidraũsti, neapsidraũdžia, neapsìdraudė *sgr. vks. (1) (kas, ko) neig.* **apsidrausti.** *Dur neapsìdraudžiau automobìlio.*

neapsiklóti, neapsiklója, neapsiklójo *sgr. vks. (1) (kas, kuo; kas, ko, kuo) neig.* **apsikloti:** *miegóti neapsiklójus (kójų)*

neapsilaižýti, neapsilaĩžo, neapsilaĩžė *sgr. vks. (3) (kas; kas, ko) neig.* **apsilaižyti:** *neapsilaižýti lū́pų*

neapsimáuti, neapsimáuna, neapsimóvė *sgr. vks. (1) (kas, ko / kuo) neig.* **apsimauti:** *Kodėl tu neapsimáuni šiltų̃ kójinių, jei tau šálta kójoms?*

neapsiniáukęs, neapsiniáukusi, neapsiniáukę *bdv. (dlv. [3]) neig.* apsiniaukęs; giedras: *Šiañdien dangùs neapsiniáukęs.*

neapsireñgti, neapsireñgia, neapsìrengė *sgr. vks. (1) (kas; kas, ko / kuo) neig.* **apsirengti:** *Paláuk manę̃s, dar neapsìrengiau.* ○ *Tu dar nė kar̃to neapsìrengei naujõs suknẽlės [naujà suknẽlė].*

neapsirìšti, neapsìriša, neapsirìšo *sgr. vks. (1) (kas, ko, kuo) neig.* **apsirišti:** *Jei neapsirìši galvõs skarẽlė, sušálsi.*

neapsitèpti, neapsìtepa, neapsìtepė *sgr. vks. (1) (kas, ko, kuo) neig.* **apsitepti:** *Vaĩkas pats neapsìtepa sumuštìnio, aš turiu jam jį aptèpti.*

neapskaičiúoti, neapskaičiúoja, neapskaičiãvo *vks. (1) (kas, ko) neig.* **apskaičiuoti:** *neapskaičiúoti išlaidų̃*

neapsodìnti, neapsodìna, neapsodìno *vks. (1) (kas, ko, kuo) neig.* **apsodinti:** *Jie neapsodìno sodýbos ẽglėmis, jie ketìna apsodìnti ją obelìmis.*

neapšlakstýti, neapšlãksto, neapšlãkstė *vks. (3) (kas, ko, kuo) neig.* **apšlakstyti:** *Neapšlakščiaũ gėlių̃ vándeniu.*

neaptarnáuti, neaptarnáuja, neaptarnãvo *vks. (1) (kas, ko) neig.* **aptarnauti:** *Kodėl mū́sų taip ilgaĩ neaptarnáuja?* ○ *Lankýtojų jau neaptarnáujame.*

neaptar̃ti, neàptaria, neàptarė *vks. (1) (kas, ko, su kuo) neig.* **aptarti:** *Mes dar neàptarėme šio kláusimo.*

neaptaškýti, neaptãško, neaptãškė *vks. (3) (kas, ko, kuo) neig.* **aptaškyti:** *Sáugokis, kad automobìlis tavę̃s neaptaškýtų vándeniu.*

neaptèpti, neàptepa, neàptepė *vks. (1) (kas, ko, kuo) neig.* **aptepti:** *neaptèpti riekės sviestu*

neàpvagia *esam. l. 3 asm. žr.* **neapvogti**

neapvalùs, neapvalì *bdv. (4, 5–8) neig.*

apvalus: *Tas dáiktas neapvalùs, jis yra pailgas.*

neapvažiúoti, neapvažiúoja, neapvažiãvo *vks. (1) (kas, ko) neig.* **apvažiuoti:** *neapvažiúoti miẽsto*

neapvõgti, neàpvagia, neàpvogė *vks. (1) (kas, ko) neig.* **apvogti:** *Jis mėgino mane apvõgti, bet neàpvogė (manęs) – jam nepavỹko.*

neapžiūrė́ti, neapžiū́ri, neapžiūrė́jo *vks. (2) (kas, ko) neig.* **apžiūrėti** (1, 2): *Mẽs dar neapžiūrė́jome pavéikslų šiojè sālėje.* o *Gýdytojas ligónio neapžiūrė́jo.*

nearėštúoti, nearėštúoja, nearėštãvo *vks. (1) (kas, ko) neig.* **areštuoti:** *Polìcininkai vagiẽs nearėštãvo.*

neárti[1]**,** nèaria, nèarė *vks. (1) (kas, ko) neig.* **arti**[1]: *neárti žẽmės*

neartì[2] *prv. neig.* **arti**[2] (1, 2); gana toli: *Žiemà dar neartì.* o *Ar tolì reikės̃ eĩti? – Neartì.*

neartìmas, neartimà *bdv. (3ᵇ, 1–6) neig.* **artimas** (2); gana tolimas: *nearti̇̃mas kẽlias*

neasmenúoti, neasmenúoja, neasmenãvo *vks. (1) (kas, ko) neig.* **asmenuoti:** *neasmenúoti veiksmãžodžių*

neaštrùs, neaštrì *bdv. (4, 5–8) neig.* **aštrus** (1, 2): *Šis peĩlis neaštrùs, juo sunkù pjáustyti mėsą̃.*

neàtėmė *būt. l. 3 asm. žr.* **neatimti**

neatidarýtas, neatidarýta *bdv. (1, 1–6) neig.* **atidarytas** (1, 2); uždarytas: *Parduotùvė dar neatidarýta.*

neatidarýti, neatidãro, neatidãrė *vks. (3) (kas, ko) neig.* **atidaryti;** laikyti uždarytą (1, 2): *Niẽkaip neatidaraũ dùrų.* o *Kodėl neatidãrote lángo, čia káršta.*

neatideñgti, neatideñgia, neatideñgė *vks. (1) (kas, ko) neig.* **atidengti:** *neatideñgti púodo*

neatidúoti, neatidúoda, neatìdavė *vks. (1) (kas, ko) neig.* **atiduoti** (1, 2): *Jis neatidúoda man knýgos.* o *Kodėl neatìdavei drabùžių skalbti?*

neatidùs, neatidi̇̀ *bdv. (4, 5–8) neig.* **atidus:** *neatidùs vairúotojas*

neatidžiaĩ *prv.:* *Jūs neatidžiaĩ klaũsote, todėl negirdite, ką̃ mókytojas sãko.*

neatim̃ti, neàtima, neàtėmė *vks. (1) (kas, ko, iš ko) neig.* **atimti** (1, 2): *Polìcininkas neàtėmė téisių, bet skýrė baũdą.* o *Tu neàtėmei iš šim̃to penkiólikos.*

neatitìkti, neatitiñka, neatitìko *vks. (1) (kas, ko) neig.* **atitikti;** prieštarauti: *Jo pãsakojimas neatitìko tikróvės.*

neatkim̃šti, neàtkemša, neatkim̃šo *vks. (1) (kas, ko) neig.* **atkimšti:** *Kodėl tu neatkim̃šai bùtelio?*

neatkreĩpti, neatkreĩpia, neàtkreipė *vks. (1) (kas, ko) neig.* **atkreipti**
neatkreĩpti dė́mesio *(kas, į ką)* neskirti dėmesio: *Jie neàtkreipė dė́mesio į mū́sų pãstabas.*

neatkùrti, neàtkuria, neatkū́rė *vks. (1) (kas, ko) neig.* **atkurti** (1, 2)

neatláužti, neatláužia, neatláužė *vks. (1) (kas, ko) neig.* **atlaužti:** *neatláužti gabalėlio šokolãdo*

neatléisti, neatléidžia, neatléido *vks. (1)* 1. *(kas, ko, iš ko) neig.* **atleisti** (1): *Viršininkas jo neatléido iš dárbo.* 2. *(kas, kam, ko / už ką / + šs) neig.* **atleisti** (2): *Jis man neatléido įžeidimo.*

neatlìkti, neatliẽka, neatlìko *vks. (1) (kas, ko) neig.* **atlikti** (1, 2, 3): *Jū̃s neatlìkote dárbo.* o *Jis neatliẽka pagrindinio vaidmeñs.*

neatnèšti, neàtneša, neàtnešė *vks. (1) (kas, ko, kam) neig.* **atnešti:** *Laiškanẽšė man àtnešė laĩkraštį, bet neàtnešė láiško.*

neatrakìnti, neatrakìna, neatrakìno *vks. (1) (kas, ko) neig.* **atrakinti:** *Neatrakinù (negaliu atrakinti) spìntos.*

neatràsti, neatrañda, neatrãdo *vks. (1) (kas, ko) neig.* **atrasti:** *neatràsti naujõs planètos*

neatrem̃ti, neàtremia, neàtrėmė *vks. (1) (kas, ko) neig.* **atremti:** *neatrem̃ti kópėčių į síeną*

neatrìšti, neàtriša, neatrìšo *vks. (1) (kas, ko) neig.* **atrišti:** *Padė́k man, aš neàtrišu bãtų raištẽlio.*

neatsakýti, neatsãko, neatsãkė *vks. (3)* 1. *(kas, į ką) neig.* **atsakyti** (1): *Kodėl neatsãkėte į mano láišką (neparãšėte atsakymo)?* 2. *(kas, už ką) neig.* **atsakyti** (2); nebūti atsakingam: *Aš už tai neatsakaũ.*

neatsargùs, neatsargì *bdv. laipsn. (4, 5–8) neig.* **atsargus**: *Jis buvo neatsargùs, pargriùvo ir susiláužė rañką.*
neatsargiaĩ *prv.*: *Jeigu neatsargiaĩ pjáusi tuo peiliù, gali įsipjáuti.*
neatsargùmas *dkt. v. (2, 1)*
neatsègti, neàtsega, neàtsegė *vks. (1) (kas, ko) neig.* **atsegti**: *Neàtsegu (negaliu atsegti) sagõs.*
neatsiláužti, neatsiláužia, neatsiláužė *sgr. vks. (1) (kas, ko) neig.* **atsilaužti**: *neatsiláužti šokolãdo*
neatsimiñti, neatsìmena, neatsìminė *sgr. vks. (1) (kas, ko / + šs) neig.* **atsiminti**; *būti užmiršusiam*: *Aš neatsìmenu jo var̃do.* ○ *Ar tu neatsìmeni, kur̃ aš padėjau pìnigus?*
neatsirìšti, neatsìriša, neatsirìšo *sgr. vks. (1)* 1. *(kas, ko) neig.* **atsirišti** (1): *Tu dar neatsirišaĩ bãtų raištẽlių.* 2. *(kas) neig.* **atsirišti** (2)
neatsisègti, neatsìsega, neatsìsegė *sgr. vks. (1)* 1. *(kas, ko) neig.* **atsisegti** (1). 2. *(kas) neig.* **atsisegti** (2)
neatsiųsti, neatsiuñčia, neàtsiuntė *vks. (1) (kas, ko, kam) neig.* **atsiųsti**: *Jis neàtsiuntė man láiško.*
neatskìrti, neàtskiria, neatskýrė *vks. (1) (kas, ko, nuo ko) neig.* **atskirti** (1, 2): *neatskìrti žiùrkės nuo pelės*
neatsùkti, neàtsuka, neàtsuko *vks. (1) (kas, ko) neig.* **atsukti** (1, 2): *Kodėl neatsukaĩ čiáupo [dùjų]?* ○ *Po velnių, neàtsuku (negaliu atsukti) var̃žto!*
neatvèžti, neàtveža, neàtvežė *vks. (1) (kas, ko, kam) neig.* **atvežti**: *Kodėl neàtvežei man knýgos?*
neaugìnti, neaugìna, neaugìno *vks. (1) (kas, ko) neig.* **auginti** (1, 2): *Aš neaugìnu gėlių.* ○ *Kodėl neaugìni plaukų?*
neáuklėti, neáuklėja, neáuklėjo *vks. (1) (kas, ko) neig.* **auklėti**: *Tėvaĩ neáuklėja vaikų, todėl jie (vaikai) nusikaĩsta.*
neaukóti, neaukója, neaukójo *vks. (1) (kas, ko, kam) neig.* **aukoti** (1, 2): *neaukóti pinigų*
neaukštaĩ *prv. neig.* **aukštai**; *gana žemai*: *Lėktùvas skrìdo neaukštaĩ.*
neáukštas, neaukštà *bdv. (3, 1–6) neig.* **aukštas** (1, 2); *gana žemas*: *neáukštas výras [nãmas]* ○ *neáukštà móteris [tvorà]*
neaũti, neaũna, nèavė *vks. (1) (kas, ko, kuo; kas, kam, ko) neig.* **auti**: *Neaũk vaĩko šiltaĩs bãtais.*
neavėti, nèavi, neavėjo *vks. (2) (kas, ko / kuo) neig.* **avėti**: *Vãsarą káime aš nèaviu bãtų, váikštau bãsas.*
nebaĩgti, nebaĩgia, nèbaigė *vks. (1) (kas, ko / + bendr.) neig.* **baigti**: *Aš dar nèbaigiau dárbo.* ○ *Jis dar nèbaigė gérti kãvą.*
nebaĩsiai *prv. neig.* **baisiai** (1)
nebaisùs, nebaisì *bdv. (4, 5–8) neig.* **baisus**
nebaisù n.: *Ar tau nebaisù bū́ti vienám tamsiamè kambaryjè?*
nebálintas, nebálinta *bdv. (1, 1–6) neig.* **balintas**; *be pieno ar grietinėlės*: *Aš geriù tik nebálintą kãvą.*
nebarstýti, nebar̃sto, nebar̃stė *vks. (3) (kas, ko, kuo) neig.* **barstyti**: *nebarstýti úogų cùkrumi*
nebárti, nèbara, nèbarė *vks. (1) (kas, ko) neig.* **barti**: *Nebárkite jo, jis netýčia sudaũžė puodėlį.*
nebaũsti, nebaũdžia, nèbaudė *vks. (1) (kas, ko, už ką) neig.* **bausti**: *Šį kar̃tą jūsų nebaũsiu už greĩčio viršìjimą (sako policininkas).*
nebe- *priešdėlis. Su juo sudaromi žodžiai iš būdvardžių, prieveiksmių ir veiksmažodžių. Žodžiai su priešdėliu* **nebe-** *reiškia, kad kas jau nėra koks, kas ko jau nedaro ar kas jau nevyksta, pvz.*: *Jis nebejáunas (anksčiau buvo jáunas)*; *Aš jau neberū́kaũ (anksčiau rūkiau)*; *Nebelýja (anksčiau lijo)* • *plg.* **tebe-**
nebérti, nèberia, nèbėrė *vks. (1) (kas, ko) neig.* **berti**: *Neber̃k cùkraus.*
nebjaurùs, nebjaurì *bdv. (4, 5–8) neig.* **bjaurus** (1, 2); *gana malonus*
nebjaurù n.: *Ar tau nebjaurù žiūrė́ti tókį fìlmą?*
neblaivùs, neblaivì *bdv. (4, 5–8) neig.* **blaivus**; *girtas*: *Polìcija sulaĩkė neblaĩvų vairúotoją.*

neblizgė́ti, nèblizga, neblizgė́jo *vks. (1) (kas) neig.* **blizgėti**

neblogaĩ *prv. neig.* **blogai** (1); gana gerai: *Ji visái neblogaĩ siùva.*

neblõgas, neblogà *bdv. (4, 1–6) neig.* **blogas**; gana geras, vertingas ir pan.: *Jis (yra) neblõgas žmogùs, pàdeda kitíems.* o *Šiañdien óras (yra) neblõgas – nors sáulė nešviẽčia, tačiau nešálta.*

nebraižýti, nebraĩžo, nebraĩžė *vks. (3) (kas, ko) neig.* **braižyti:** *nebraižýti brė́žinio*

nebrángiai *prv. neig.* **brangiai**; gana mažai pinigų: *Mokė́jau nebrángiai už automòbìlį – tik trìs tū́kstančius dólerių [dvýlika tū́kstančių lìtų].*

nebrangùs, nebrangì *(3, 5–8) neig.* **brangus** (1); gana pigus: *Vãsarą vaĩsiai (yra) nebrángūs.*

nebraũkti, nebraũkia, nèbraukė *vks. (1) (kas, kuo, per ką) neig.* **braukti**

nèbrenda *esam. l. 3 asm. žr.* **nebristi**

nebrė́žti, nebrė́žia, nebrė́žė *vks. (1) (kas, ko) neig.* **brėžti:** *nebrė́žti lìnijos*

nebrìsti, nèbrenda, nebrìdo *vks. (1) (kas, per ką) neig.* **bristi:** *Nebrìsk per balą̃, sušlàpsi batùs.*

nebučiúoti, nebučiúoja, nebučiãvo *vks. (1) (kas, ko) neig.* **bučiuoti:** *Jis manę̃s nebučiuõs.*

nebudė́ti, nèbudi, nebudė́jo *vks. (2) (kas) neig.* **budėti:** *Aš šiañdien nèbudžiu, galė́sime nueĩti į koncèrtą.*

nebū́dingas, nebū́dinga *bdv. (1, 1–6) neig.* **būdingas**
nebū́dinga *n.: Vėlúoti jam nebū́dinga.*

nebū̃na *esam. l. 3 asm. žr.* **nebūti**

nebùs *būs. l. 3 asm. žr.* **nebūti**

nebū́ti, nerà (nebū̃na), nebùvo *vks. (1) 1. (kas) neig.* **būti** (1, 3, 5, 6, 7): *Jis nèrà gýdytojas, jis (yra) mókytojas.* o *Parodojè aš nebuvaũ.* o *Parduotùvė nėrà atidãroma aštuñtą vãlandą, ji (yra) atidãroma tik deviñtą (vãlandą).* **2.** *(ko) neig.* **būti** (2, 4): *Susirinkìmo vãkar nebùvo.* o *Viřšininko nėrà kabinetè.* o *Šaldytùvè nėrà trijų̃ kiaušìnių, teñ yra tik dù (kiaušìniai).* o *Mìškè nėrà grỹbų.*
nebuvìmas *dkt. v. (2, 1) (ko)*

nebūtinaĩ *prv. neig.* **būtinai** (1): *Ar būtinaĩ turiu ateĩti? – Nebūtinaĩ, gali neateĩti.*

nebū́tinas, nebū́tinà *bdv. (3ᵃ, 1–6) neig.* **būtinas:** *Šis dáiktas yra nebū́tinas keliõnėje.*
nebū́tina *n. (kam, + bendr.): Jums nebū́tina ten eĩti.*

nebuvìmas *dkt. v. (2, 1) žr.* **nebūti**

nebùvo *būt l. 3 asm. žr.* **nebūti**

necitúoti, necitúoja, necitãvo *vks. (1) (kas, ko) neig.* **cituoti:** *necitúoti stráipsnio [eilė́raščio]*

nečiřkšti, nečiřškia, nèčiřškė *vks. (1) (kas) neig.* **čirkšti**

nečiulp̃ti, nečiulp̃ia, nèčiulpė *vks. (1) (kas, ko) neig.* **čiulpti:** *Nečiulp̃k piřšto!*

nečiuõžti, nečiuõžia, nèčiuožė *vks. (1) (kas) neig.* **čiuožti:** *Aš nečiuožiù pačiū́žomis, nes jų̃ neturiù.*

nečiupinė́ti, nečiupinė́ja, nečiupinė́jo *vks. (1) (kas, ko) neig.* **čiupinėti:** *nečiupinė́ti áudinio*

nedainúoti, nedainúoja, nedainãvo *vks. (1) (kas, ko) neig.* **dainuoti:** *Tos dainõs nedainúokite, mán ji nepatiñka.*

nedalýti, nedalìja, nedalìjo *vks. (1) (kas, ko) neig.* **dalyti** (1, 2)

nedárbas *vns. dkt. v. (3, 1)* darbo (2) trūkumas: *Ar Lietuvojè didė́ja nedárbas?*

nedarbštùs, nedarbštì *bdv. (4, 5–8) neig.* **darbštus**

nedarýti, nedãro, nedãrė *vks. (3) 1. (kas, ko) neig.* **daryti** (1, 2): *Aš nedaraũ kėdė̃s, aš daraũ taburètę.* o *Ką̃ mes šiañdien darýsime? – Nedarýsime niẽko.* **2.** *(kas, kokio) neig.* **daryti** (4): *Skuřdas nedãro žmogaũs laimìngo.* **3.** *(kas, ko)* neatidaryti arba neuždaryti: *Nedarýk (neuždaryk) lángo, man káršta.* o *Nedarýk (neatidaryk) lángo, man šálta.*
nedarýti įtakos *(kam)* neveikti *(ko)*
nedárymas *dkt. v. (1, 1)*

nedaũg *prv. neig.* **daug** (1); gana mažai: *Turiu nedaũg pinigų̃, neužtèks iki atlýginimo (kol sumokės atlýginimą).*

nedaũgelis *dkt. v. (1, 3)* **1.** mažai žmonių: *Nedaũgelis tai supranta.* **2.** mažas skaičius, nedaug

nedáuginti, nedáugina, nedáugino *vks.* (1) *(kas, ko, iš ko) neig.* **dauginti**: *nedáuginti trijų̃ iš keturių̃*

nedaužýti, nedaũžo, nedaũžė *vks.* (3) *(kas, ko) neig.* **daužyti** (1, 2): *Nedaužýk dùrų, žaltỹ!*

nèdavė *būt. l. 3 asm. žr.* **neduoti**

nedažýti, nedãžo, nedãžė *vks.* (3) *(kas, ko) neig.* **dažyti**: *Nedažýsiu síenų, geriaũ dažýsiu grindìs.*

nedažnaĩ *prv. neig.* **dažnai**; *gana retai: Ar tu dažnaĩ eini į teãtrą? – Nè, nedažnaĩ.*

nedebesúotas, nedebesúota *bdv.* (1, 1–6) *neig.* **debesuotas**; *be debesų̃, giedras* **nedebesúota** *n.: Šiañdien nedebesúota, turbū́t nelìs.*

nèdeda *esam. l. 3 asm. žr.* **nedėti**

nedḗginti, nedḗgina, nedḗgino *vks.* (1) *(kas, ko) neig.* **deginti**: *Nedḗgink lémpos [elèktros].*

nedègti, nèdega, nèdegė *vks.* (1) **1.** *(kas) neig.* **degti** (1): *Ši mẽdžiaga nèdega.* **1.** *(kas, ko) neig.* **degti** (2): *Nedèk lémpos, dar šviesù.*

nedeklarúoti, nedeklarúoja, nedeklarãvo *vks.* (1) *(kas, ko) neig.* **deklaruoti**: *Jū̃s nedeklarãvote savo pajamų̃.*

nedemokrãtiškas, nedemokrãtiška *bdv.* (1, 1–6) *neig.* **demokratiškas**: *nedemokrãtiški rinkìmai*

nedeñgti, nedeñgia, nedeñgė *vks.* (1) *(kas, ko) neig.* **dengti** (1, 2): *Nedeñk stãlo spalvóta stáltiese.*

nedė́styti, nedė́sto, nedė́stė *vks.* (3) *(kas, ko) neig.* **dėstyti** (1, 2): *Ji nedė́sto lietùvių kalbõs, ji dė́sto matemãtiką.*

nedė́ti, nèdeda, nedė́jo *vks.* (1) *(kas, ko) neig.* **dėti**: *Nedė́k knỹgos ant šlãpio stãlo.*

nedėvė́ti, nedė́vi, nedėvė́jo *vks.* (2) *(kas, ko / kuo) neig.* **dėvėti**: *Aš nedė́viu juodų̃ drabùžių [juodaĩs drabùžiais].*

nedìdelis, nedìdelė *bdv.* (3ᵇ, 3–9) *neig.* **didelis** (1); *gana mažas: Mū́sų bùtas (yra) nedìdelis – tik dù kambariaĩ.*

nedìdinti, nedìdina, nedìdino *vks.* (1) *(kas, ko) neig.* **didinti**: *Šiẽmet atlýginimo nedìdins.* ○ *Nedìdink greĩčio!*

nedõminti, nedõmina, nedõmino *vks.* (1) *(ko, kas) neig.* **dominti**: *Manę̃s nedõmina kompiùteriai.*

nedõras, nedorà *bdv. laipsn.* (4, 1–6) *kuris meluoja, apgauna, nesąžiningas: Jis (yra) nedõras žmogùs.*
nedoraĩ *prv.: el̃gtis nedoraĩ*

nedosnùs, nedosnì *bdv.* (4, 5–8) *neig.* **dosnus**; *gana šykštus*
nedõsniai *prv.*

nedovanóti, nedovanója, nedovanójo *vks.* (1) **1.** *(kas, ko, kam) neig.* **dovanoti**; *neduoti dovanų̃: Jis man niẽko nedovanójo gimtãdienio próga.* **2.** *(kas, kam, už ką / + šs) neatleisti: Àš jam nedovanósiu už tai!*

nedrąsùs, nedrąsì *bdv. laipsn.* (4, 5–8) *neig.* **drąsus**; *kuris bijo ar varžosi: Ji (yra) patì nedrąsiáusia mergáitė klãsėje.*
nedrąsiai *prv.: nedrąsiai pabélsti į dùris*

nedraũdžiama *n. neig.* **draudžiama**; *leidžiama: Statýti automobìlį čia nedraũdžiama.* ○ *Rūkýti čia nedraũdžiama, gãlite rūkýti.*

nedrausmìngas, nedrausmìnga *bdv. laipsn.* (1, 1–6) *neig.* **drausmingas**; *kuris nesilaiko drausmės: nedrausmìngas mokinỹs*

nedraũsti, nedraũdžia, nèdraudė *vks.* (1) **1.** *(kas, kam, + bendr.) neig.* **drausti** (1): *Čia jums niẽkas nedraũdžia rūkýti.* **2.** *(kas, ko) neig.* **drausti** (2): *nedraũsti tuf̃to [automobìlio]*

nedrebė́ti, nèdreba, nedrebė́jo *vks.* (1) *(kas) neig.* **drebėti**

nedrė́kinti, nedrė́kina, nedrė́kino *vks.* (1) *(kas, ko) neig.* **drėkinti**: *nedrė́kinti skùduro*

neduĩkti, neduĩkia, nèdulkė *vks.* (1) (– / *kas) neig.* **dulkti**

neduobė́tas, neduobė́ta *bdv.* (1, 1–6) *neig.* **duobėtas**; *lygus: neduobė́tas kẽlias*

nedúoti, nedúoda, nèdavė *vks.* (1) *(kas, ko / + bendr., kam) neig.* **duoti**: *Aš nedúosiu tau tos knỹgos.*

nedúok Diẽve (sakoma bijant, kad kas atsitiks, ar ko labai nenorint): *Nedúok Diẽve netèkti dárbo!*

nedúoti atsãkymo neatsakyti (ppr. raštu)
nedúoti patarìmo nepatarti

nedùrti, nèduria, nedū́rė *vks. (1) (kas) neig.* durti (1, 2)

nedvõkti, nedvõkia, nèdvokė *vks. (1) (kas) neig.* dvokti

nedžiovìnti, nedžiovìna, nedžiovìno *vks. (1) (kas, ko) neig.* džiovinti (1, 2): *Nedžiovìnk šios suknẽlės sáulėje.* ○ *Aš nedžiovinù grỹbų, aš juos konservúoju.*

neė́da *esam. l. 3 asm. žr.* **neė́sti**

neė́dė *būt. l. 3 asm. žr.* **neė́sti**

neegzaminúoti, neegzaminúoja, neegzamināvo *vks. (1) (kas, ko, iš ko) neig.* egzaminuoti: *Šiañdien mū́sų neegzaminuõs, mes egzāminą laikýsime rytój.*

neeikvóti, neeikvója, neeikvójo *vks. (1) (kas, ko) neig.* eikvoti: *neeikvóti tuŕto*

nèėmė *būt. l. 3 asm. žr.* neimti

neenergìngas, neenergìnga *bdv. (1, 1–6) neig.* energingas

neerdvùs, neerdvì *bdv. (4, 5–8) neig.* erdvus; gana ankštas

neė́sti, neė́da, neė́dė *vks. (1) (kas, ko) neig.* ėsti: *Mano šuõ neė́da saldaĩnių.*

nefilmúoti, nefilmúoja, nefilmāvo *vks. (1) (kas, ko) neig.* filmuoti

nefiltrúoti, nefiltrúoja, nefiltrāvo *vks. (1) (kas, ko) neig.* filtruoti: *nefiltrúoti vandeñs*

neformulúoti, neformulúoja, neformulāvo *vks. (1) (kas, ko) neig.* formuluoti

nefotografúoti, nefotografúoja, nefotografāvo *vks. (1) (kas, ko) neig.* fotografuoti

negabùs, negabì *bdv. laipsn. (4, 5–8) (kam) neig.* gabus; neturintis gabumų: *Aš (esu) negabì mùzikai.*

negadìnti, negadìna, negadìno *vks. (1) (kas, ko) neig.* gadinti: *Nerū́kyk, negadìnk (savo / sau) sveikãtos.*

negaĩla *prv. (kam, ko) neig.* gaila (1): *Mán jo visái negaĩla.*

negalė́ti, negãli, negalė́jo *vks. (2) (kas, + bendr.) neig.* galėti (1, 3); nesugebėti; neturėti teisės ko daryti: *Šiañdien aš negaliù ateĩti į pãmoką, nes sergù.* ○ *Ar tu negalì uždarýti lángą?* ○ *Jū̃s negãlite išeĩti iš klãsės per pãmoką.*

ar negalė́tum(ėte) (sakoma mandagiai prašant) gal galėtumėte: *Ar negalė́tumėte man padė́ti?*

negãli bū́ti negaliu tikėti: *Negãli bū́ti, kad jis melãvo.*

negalė́jimas *dkt. v. (1, 1)*

negãlima *n. neig.* galima (1); nėra leidžiama (švelniau negu **draudžiama**); *vart. žr.* galima

negãlimas, negalimà *bdv. (3ᵇ, 1–6) neig.* galimas

negalúoti, negalúoja, negalãvo *vks. (1) (kas)* jausti, kad (kieno) sveikata yra blogesnė, sirgti: *Jis ir vė̃l negalúoja.*

negalãvimas *dkt. v. (1, 1) ppr. dgs.: ligónio negalãvimai*

negamìnti, negamìna, negamìno *vks. (1) (kas, ko) neig.* gaminti (1, 2): *Mes negamìname baldų̃.* ○ *Šiañdien aš tau negamìnsiu pùsryčių.*

neganà *prv. neig.* gana; neužtenka, mažai: *Ar dẽšimt lìtų (10 Lt) tau bus ganà? – Nè, neganà, man reĩkia penkiólikos lìtų (15 Lt).*

negarantúoti, negarantúoja, negarantãvo *vks. (1) (kas, ko / +šs) neig.* garantuoti: *Jis negarantãvo, kad grąžiñs man skõlą.*

negarbìngas, negarbìnga *bdv. (1, 1–6) neig.* garbingas: *negarbìngas põelgis*

negarsùs, negarsì *bdv. (4, 5–8) neig.* garsus (1, 2)

negaŕsiai *prv.: Ji kaĺba negaŕsiai.*

negą̃sdinti, negą̃sdina, negą̃sdino *vks. (1) (kas, ko, kuo) neig.* gąsdinti: *Negą̃sdink vaĩko baisiomìs pãsakomis!*

negáudyti, negáudo, negáudė *vks. (3) (kas, ko) neig.* gaudyti: *negáudyti žuvų̃*

negausùs, negausì *bdv. (4, 5–8) neig.* gausus: *negaũsūs parodõs lankýtojai*

negaũsiai *prv.* nedaug: *Žiūrõvų susirìnko negaũsiai.*

negáuti, negáuna, negãvo *vks. (1) (kas, ko) neig.* gauti (1, 2, 3, 4): *Jū̃s negãvote laĩško iš manę̃s?* ○ *Aš visuŕ ieškójau nusipiŕkti tokiõs suknẽlės, bet niẽkur negavaũ.*

negedė́ti, nègedi, negedė́jo *vks. (2) (kas, ko) neig.* gedėti: *Ji visái negedė́jo savo výro.*

negėdo *būt. l. 3 asm. žr.* **negesti**[1]

negeñda *esam. l. 3 asm. žr.* **negesti**[1]

negėra *n.* **1.** *neig.* **gera**; bloga: *Mán čia negėra*. **2.** taip, kad pykina: *Man pasidãrė negėra*.

negeraĩ *prv. neig.* **gerai**[1]: *Jis negeraĩ el̃giasi*.

negėras, negerà *bdv. (4, 1–6) neig.* **geras** (1); gana blogas: *Jis negėras žmogùs*.

negeřbti, negeřbia, nègerbė *vks. (1) (kas, ko) neig.* **gerbti**: *Niẽkas jo nègerbė*.

negė́rė *būt. l. 3 asm. žr.* **negerti**

negė́rinti, negė́rina, negė́rino *vks. (1) (kas, ko) neig.* **gerinti**

negérti, nègeria, negė́rė *vks. (1)* **1.** *(kas, ko) neig.* **gerti** (1, 2): *Kodė̃l nègeriate kavõs, ji atšãls*. ○ *Aš nègeriu degtìnės, tik vỹną*. **2.** *neig.* **gerti** (3): *Jis jau nègeria, mẽtė gérti*.

negesìnti, negesìna, negesìno *vks. (1) (kas, ko) neig.* **gesinti** (1, 2); palikti degti ar šviesti: *Negesìnk šviesõs [láužo]*.

negę̃sta *esam. l. 3 asm. žr.* **negesti**[2]

negèsti[1], **negeñda, negėdo** *vks. (1) (kas) neig.* **gesti**[1]; likti tinkamam vartoti: *Konsèrvai ilgaĩ negeñda*.

negę̃sti[2], **negę̃sta, negė̃so** *vks. (1) (kas) neig.* **gesti**[2]; toliau degti: *Láužas dar negę̃sta*.

negýdyti, negýdo, negýdė *vks. (3) (kas, ko, kuo) neig.* **gydyti**: *Aš jo negýdžiau šiais váistais*.

negiedóti, negíeda, negiedójo *vks. (1)* **1.** *(kas, ko) neig.* **giedoti** (1): *negiedóti giesmė̃s* **2.** *neig.* **giedoti** (2): *Gaidỹs dar negiedójo*.

negiliaĩ *prv. neig.* **giliai**; arti paviršiaus

ncgilùs, negilì *bdv. (4, 5–8) neig.* **gilus**: *Šis ẽžeras (yra) negilùs*. ○ *Mano kišẽnės negilios*. **negilù** *n..: Gulì brìsti toliau, čia negilù*.
• *plg.* **seklus**

negimdýti, negim̃do, negim̃dė *vks. (3) (kas, ko) neig.* **gimdyti**: *negimdýti vaikų̃*

negimininis, negimininė *bdv. (2, 4–9)* negimininė fòrma *gram.* būdvardžių, kelintinių skaitvardžių, įvardžių, dalyvių forma, kuri turi galūnę *-a, -ia, -u, -ę* ir yra vartojama ne su daiktavardžiais. Lietuvių kalbos gramatikose ji kartais vadinama **bevardė gìmine**
• *sutr.* **n.**

negìminiškas, negìminiška *bdv. (1, 1–6) neig.* **giminiškas**: *negìminiškos kaĺbos*

negìmti, negìmsta, nègimė *vks. (1) (kas) neig.* **gimti**: *Tadà aš buvau dar negìmęs*.

negýnė *būt. l. 3 asm. žr.* **neginti**

neginklúotas, neginklúota *bdv. (1, 1–6) neig.* **ginkluotas**; be ginklų: *Plėšikas buvo neginklúotas*.

negìnti, nègina, negýnė *vks. (1) (kas, ko, nuo ko) neig.* **ginti**: *negìnti šaliẽs nuo príešų*

negirdė́ti, negir̃di, negirdė́jo *vks. (2)* **1.** *(kas, ko) neig.* **girdėti** (1): *Atsiprašaũ, aš negirdžiù (to), ką jūs sãkote*. **2.** *(ko) neig.* **girdėti** (2): *Tu tyliai kalbì, negirdė́ti tavo baĺso*. **3.** *(kas, ko / apie ką / + šs) neig.* **girdėti** (3): *Jau mẽtai, kai apie jį̃ niẽko negirdė́jau*. ○ *Negirdė́jau, kad ji ištekė́jo*.

negýrė *būt. l. 3 asm. žr.* **negirti**

negìrtas, negirtà *bdv. (3, 1–6) neig.* **girtas**; blaivus: *Vairúotojas buvo negìrtas*.

negìrti, nègiria, negýrė *vks. (1) (kas, ko, už ką) neig.* **girti**: *„Negirk dienõs be vãkaro" yra lietùvių patarlė̃*.

negývas, negyvà *bdv. (3, 1–6) neig.* **gyvas** (1): *negývas žmogùs [šuõ, paũkštis]*

neglámžyti, neglámžo, neglámžė *vks. (3) (kas, ko) neig.* **glamžyti**: *Neglámžyk põpieriaus*.

neglobóti, neglobója, neglobójo *vks. (1) (kas, ko) neig.* **globoti**

negráužti, negráužia, negráužė *vks. (1) (kas, ko) neig.* **graužti**: *Šuõ negráužia káulo*.

negrãžinti, negrãžina, negrãžino *vks. (1) (kas, ko) neig.* **gražinti**; nepuošti

negrą́žinti, negrą́žina, negrą́žino *vks. (1) (kas, ko, kam) neig.* **grąžinti**: *Kodė̃l negrą́žini man knýgos [skolõs]?*

negražùs, negražì *bdv. laipsn. (4, 5–8) neig.* **gražus**; gana bjaurus: *Ji man negražì*. ○ *Jis (yra) negražùs, bet jo brólis dár negražèsnis*. ○ *Šis pavéikslas (yra) pàts negražiáusias*.

negražù n. nemandagu: *Kéiktis (yra) negražù.*
negražiaĩ prv.: *Tu rašaĩ labaĩ negražiaĩ.*
negrė́bti, negrė́bia, negrė́bė vks. (1) (kas, ko) neig. **grė́bti**: *negrė́bti lãpų*
negreĩt, t. p. **negreĩtai** prv. neig. **greit(ai)** (1, 2, 3): *Jis grį̃žo negreĩt, po savái̇̃tės.* ○ *Àš važiúoju negreĩtai, septýniasdešimt kilomètrų per vãlandą greičiù.*
negreĩtas, negreità bdv. (4, 1–6) neig. **greitas** (1, 2)
negrę̃žti, negrę̃žia, nègrę̃žė vks. (1) (kas, ko) neig. **grę̃žti**: *negrę̃žti skylė̃s*
negriáuti, negriáuna, negrióvė vks. (1) (kas, ko) neig. **griáuti** (1, 2): *negriáuti nãmo*
negriẽbti, negriẽbia, nègriebė vks. (1) (kas, ko / už ko) neig. **griẽbti**
negrieštaĩ prv. neig. **grieštai** (1, 3); gana švelniai: *Jis kalbė́jo negrieštaĩ.*
negríežtas, negriežtà bdv. (3, 1–6) neig. **gríežtas**: *Mū́sų mókytojas (yra) negríežtas.*
negrýnas, negrynà bdv. (3, 1–6) neig. **grynas** (2): *negrýnas óras*
negrióvė būt. l. 3 asm. žr. **negriauti**
negróti, negrója, negrójo vks. (1) (kas, ko, kuo) neig. **gróti**: *negróti mùzikos kū́rinio*
negrubùs, negrubì bdv. (4, 5–8) neig. **grubus**; lygus, nešiurkštus
negù jng. (vartojamas reiškiant lyginimą): *Šiañdien óras šiltèsnis negu vãkar.* ○ *Tàs pálṫas gražèsnis negu šìs.* • plg. **kaip, už**
negudrùs, negudrì bdv. (4, 5–8) neig. **gudrus**
neguldýti, negul̃do, negul̃dė vks. (3) (kas, ko) neig. **guldyti**: *Kodė̃l neguldaĩ vaikų̃, jau dẽšimt valandų̃ vãkaro.*
negulė́ti, nègulì, negulė́jo vks. (2) (kas) neig. **gulė́ti** (1, 2): *Kélkis, negulė́k.*
negul̃ti, nègula, nègulė vks. (1) (kas) neig. **gul̃ti** (1, 2): *Ankstì (àš) nègulu (neinu miegoti).*
neĩ jng. (ppr. **nei ... nei**) (jungiant neigiamas sakinio dalis ar sakinius): *Vaĩkas nei skaĩto, nei rãšo.* ○ *Nebùvo atė́jęs nei Jõnas, nei Pė́tras.* ○ *Šiañdien óras nei per šáltas, nei per kárštas.* ○ *Àš negalė́siu ateĩti nei šį̃, nei kìtą šeštãdienį.*

neįdė́ti, neį̃deda, neį̃dėjo vks. (1) (kas, ko, į ką) neig. **įdė́ti** (1, 2): *Tu neį̃dėjai knýgos į stálčių.*
neį̃domùs, neį̃domì bdv. laipsn. (4, 5–8) neig. **į̃domus**; kuris nekelia domėjimosi, nuobodus: *neį̃domùs fil̃mas*
neį̃domù n.: *Man neį̃domù, ką tu sakaĩ.*
neig. sutr. žodis su priešdėliu **ne-**
neįgalùs, neįgalì bdv. (4, 5–8) kuris turi fizinių trūkumų (neturi rankos, kojos, yra aklas ir pan.) • plg. **invalidas**
neįgalùsis, neįgalióji įvr.
neįgalíeji neįgalūs žmonės
neĩgiamas, neigiamà bdv. (3^b, 1–6) 1. kuriuo neigiama, prieštaraujama: *neĩgiamas atsãkymas* 2. mažesnis už nulį: *neigiamì skaĩčiai*
neĩgiamai prv.: *atsakýti neĩgiamai* (ne)
neigiamàsis, neigiamóji įvr.
neigiamàsis sakinỹs gram. sakinys, kuriuo neigiama: *„Jis nėrà gražùs" yra neigiamàsis sakinỹs, o „Jis yra negražùs" – teigiamàsis sakinỹs.*
neįgýti, neį̃gyja, neį̃gijo vks. (1) (kas, ko) neig. **įgyti**: *neįgýti įgū́džio* • būs. l. 3 asm. **neį̃gis**
neįgrū́sti, neį̃grūda, neį̃grūdo vks. (1) (kas, ko) neig. **įgrū́sti**: *neįgrū́sti knýgos į krẽpšį*
neĩgti, neĩgia, neĩgė vks. (1) (kas, ką / + šs) prieštarauti, nesutikti: *Tą fãktą jis neĩgia.* ○ *Jis neĩgia, kad vãkar ten bùvo.* • liep. n. **neĩk(ite)**; žr. **neneigti**
neigìmas dkt. v. (2, 1) (ko)
neįjùngti, neįjùngia, neįjùngė vks. (1) (kas, ko) neig. **įjungti**: *Kodė̃l neįjùngei šviesõs?*
neĩk(ite) liep. n. 1. žr. **neigti**. 2. žr. **neiti**
neįkálti, neį̃kala, neį̃kalė vks. (1) (kas, ko, į ką) neig. **įkalti**: *Neį̃kaliau viniẽs į síeną.*
neįkeĩsti, neį̃keičia, neį̃keitė vks. (1) (kas, ko) neig. **įkeisti**: *Aš neį̃keičiau bùto.*
neįkélti, neį̃kelia, neį̃kėlė vks. (1) (kas, ko, į ką) neig. **įkelti**
neįkìšti, neį̃kiša, neį̃kišo vks. (1) (kas, ko, į ką) neig. **įkìšti**: *neįkìšti rañkos į kišẽnę*

neįkùrti, neį̃kuria, neį̃kūrė vks. (1) (kas, ko) neig. **įkurti**: neįkùrti mokỹklos

neįlaipìnti, neįlaipìna, neįlaipìno vks. (1) (kas, ko, į ką) neig. **įlaipinti**: Keleĩvių į lėktùvą dar neįlaipìno.

neįléisti, neįléidžia, neįléido vks. (1) (kas, ko, į ką) neig. **įleisti**: Žmonà neįléido výro į namùs.

neilgaĩ prv. neig. **ilgai**; nedaug laiko: Ar ilgaĩ manę̃s láukei? – Nè, neilgaĩ, tik keliàs minutès.

neĩlgas, neilgà bdv. (3, 1–6) neig. **ilgas** (1, 2); gana trumpas: neilgà gãtvė [kelionė]

neĩlginti, neĩlgina, neĩlgino vks. (1) (kas, ko) neig. **ilginti**

neiliustrúoti, neiliustrúoja, neiliustrãvo vks. (1) (kas, ko) neig. **iliustruoti**: neiliustrúoti knỹgos

neįmèsti, neį̃meta, neį̃metė vks. (1) (kas, ko, į ką) neig. **įmesti** (1, 2): Aš neį̃mečiau láiško į pãšto dėžùtę, nes pamiršaũ.

neim̃ti, nèima, nèėmė vks. (1) (kas, ko) 1. neig. **imti** (1): Neim̃k tos knỹgos, ji (yra) màno. 2. neig. **imti** (4): Ar tavę̃s nèima miẽgas?

neį̃mùšti, neį̃muša, neį̃mušė vks. (1) neig. **įmušti**
neį̃mùšti įvarčio nepataikyti kamuoliu į vartus: Jis spýrė kãmuolį, bet įvarčio neį̃mušė.

neĩna esam. l. 3 asm. žr. **neiti**

neinformúoti, neinformúoja, neinformãvo vks. (1) (kas, ko, apie ką / + šs) neig. **informuoti**: Manę̃s jis neinformãvo apie rýtdienos susirinkìmą.

neįrašýti, neįrãšo, neįrãšė vks. (3) (kas, ko) neig. **įrašyti** (1, 2): Neįrašiaũ filmo į vaizdãjuoslę.

neįregistrúoti, neįregistrúoja, neįregistrãvo vks. (1) (kas, ko) neig. **įregistruoti**: neįregistrúoti sántuokos

neįreñgti, neįreñgia, neįreñgė vks. (1) (kas, ko) neig. **įrengti**; nepadaryti tinkamo naudoti: Šios mokỹklos pãtalpos dar neįreñgtos.

neįródyti, neįródo, neįródė vks. (3) (kas, ko / + šs) neig. **įrodyti**: Jū̃s neįródysite, kad aš kaltas.

neįsidė́ti, neįsìdeda, neįsidė́jo sgr. vks. (1) (kas, ko, į ką) neig. **įsidėti**: Aš neįsidė́jau pinigìnės į rankìnùką.

neįsidùrti, neįsìduria, neįsidū́rė sgr. vks. (1) (kas, ko) neig. **įsidurti**: Atsargiaĩ, neįsidùrk pir̃što (su) ãdata.

neįsigýti, neįsigỹja, neįsigìjo sgr. vks. (1) (kas, ko) neig. **įsigyti**: Ar jau įsigijaĩ automobìlį? – Nè, dar (automobìlio) neįsigijaũ.
• būs. l. 3 asm. **neįsigìs**

neįsijùngti, neįsijùngia, neįsijùngė sgr. vks. (1) 1. (kas, ko) neig. **įsijungti** (1): Kodė̃l neįsijùngi rãdijo? 2. (kas) neig. **įsijungti** (2)

neįsikìšti, neįsìkiša, neįsìkišo sgr. vks. (1) 1. (kas, ko, į ką) neig. **įsikišti** (1): neįsikìšti pinigìnės į kišẽnę 2. (kas, į ką) neig. **įsikišti** (2): Jis tylė́jo, neįsikìšo į mū́sų pókalbį.

neįsimylė́ti, neįsimýli, neįsimylė́jo sgr. vks. (2) (kas, ko) neig. **įsimylėti**: Ji jo neįsimylė́jo.

neįsipjáuti, neįsipjáuna, neįsipjóvė sgr. vks. (1) (kas, ko) neig. **įsipjauti**: Peĩlis (yra) aštrùs, neįsipjáuk pir̃što.

neįsivaizdúoti, neįsivaizdúoja, neįsivaizdãvo sgr. vks. (1) (kas, ko / + šs) neig. **įsivaizduoti**: Neįsivaizdúoju, kuriuõ keliù geriaũ važiúoti. ○ Daugumà žmonių neįsivaizdúoja gyvẽnimo be televìzoriaus.

neįspė́ti, neįspė́ja, neįspė́jo vks. (1) (kas, ko, apie ką / + šs) neig. **įspėti**: Kodė̃l tu manę̃s neįspė́jai apie pavõjų? ○ Jis mū́sų neįspė́jo, kad vėluõs.

neįsùkti, neį̃suka, neį̃suko vks. (1) (kas, ko) neig. **įsukti**: Kodė̃l tu neį̃sukai lempùtės?

neišbeř̃ti, neĩšberia, neĩšbėrė vks. (1) (kas, ko, iš ko) neig. **išberti**: neišbeř̃ti cùkraus

neišdãvė būt. l. 3 asm. žr. **neišduoti**

neišdė́styti, neišdė́sto, neišdė́stė vks. (3) (kas, ko) neig. **išdėstyti** (1, 2, 3)

neišdúoti, neišdúoda, neĩšdavė vks. (1) (kas, ko) neig. **išduoti** (1, 2, 3): Neišdúok draũgo [paslaptiẽs].

neišeĩti, neišeĩna, neišė́jo vks. (1) 1. (kas)

neig. išeiti (1, 2): *Profèsorius dar neišėjo, galì į jį kreĩptis.* **2.** *(kas, ko) neig.* **išeiti** (3): *Šio vadovėlio mes dar neišėjome.* **3.** *(kas, kam) nepavykti: Man uždavinỹs neišeĩna (aš negaliu jo išspręsti).*

neišėmė *būt. l. 3 asm. žr.* **neišimti**

neišgalvótas, neišgalvóta *bdv.* (1, 1–6) *neig.* **išgalvotas**; tikras

neišgą́sdinti, neišgą́sdina, neišgą́sdino *vks.* (1) *(kas, ko) neig.* **išgą́sdinti**; nesukelti (kam) baimės: *Nerė̃k, neišgą́sdink vaĩko.*

neišgélbėti, neišgélbėja (neišgélbsti), neišgélbėjo *vks. (1 / 2) (kas, ko) neig.* **išgelbėti**

neišgérti, neĩšgeria, neišgė́rė *vks. (1) (kas, ko) neig.* **išgerti**: *neišgérti váistų [taurė̃s vỹno]*

neišgir̃sti, neišgir̃sta, neišgir̃do *vks. (1) (kas, ko / + šs) neig.* **išgirsti**: *Neišgirdaũ sākinio pabaigõs.* ○ *Atsiprašaũ, neišgirdaũ, ką jū̃s sãkėte.*

neišgrę́žti, neišgrę́žia, neĩšgręžė *vks. (1) (kas, ko) neig.* **išgręžti**: *neišgrę́žti skylė̃s*

neišim̃ti, neĩšima, neĩšėmė *vks. (1) (kas, ko, iš ko) neig.* **išimti**: *Dar neišėmiau laĩkraščių iš pãšto dėžùtės.*

neišjùngti, neišjùngia, neišjùngė *vks. (1) (kas, ko) neig.* **išjungti**; palikti įjungtą: *Neišjùnk televìzoriaus, aš dar žiūrė́siu fìlmą.*

neiškàsti, neĩškasa, neĩškasė *vks. (1) (kas, ko) neig.* **iškasti**: *neiškàsti duobė̃s*

neiškélti, neĩškelia, neiškė́lė *vks. (1)* **1.** *(kas, ko, iš ko) neig.* **iškelti** (1): *Neiškélk vaĩko iš vežimė̃lio.* **2.** *(kas, ko) neig.* **iškelti** (2): *neiškélti svarbaũs kláusimo*

neiškèpti, neĩškepa, neĩškepė *vks. (1)* **1.** *(kas, ko) neig.* **iškepti** (1): *Pyrãgo dar neiškepiau.* **2.** *(kas) neig.* **iškepti** (2); nebaigti kepti: *Pyrãgas dar neiškẽpė.*

neišlaikýti, neišlaĩko, neišlaĩkė *vks. (3) (kas, ko) neig.* **išlaikyti** (1, 2): *Mokinỹs neišlaĩkė egzãmino.*

neišlaipìnti, neišlaipìna, neišlaipìno *vks. (1) (kas, ko, iš ko) neig.* **išlaipinti**: *neišlaipìnti keleĩvių*

neišléisti, neišléidžia, neišléido *vks. (1) (kas, ko) neig.* **išleisti** (1, 2, 3, 4): *Aš neišléidau nė šim̃to lìtų.* ○ *Kodė̃l tu neišléidai vandeñs iš voniõs?*

neišliẽka *esam. l. 3 asm. žr.* **neišlikti**

neišlýginti, neišlýgina, neišlýgino *vks. (1) (kas, ko) neig.* **išlyginti**: *Sugẽdo lygintùvas, todė̃l neišlýginau skalbinių̃.*

neišlìkti, neišliẽka, neišlìko *vks. (1)* **1.** *(ko) neig.* **išlikti** (1): *Neišlìko nė vienõs tavo núotraukos.* **2.** *(kas, koks) neig.* **išlikti** (2)

neišmèsti, neĩšmeta, neĩšmetė *vks. (1)* **1.** *(kas, ko) neig.* **išmesti** (1): *Aš neišmečiau senų̃ laiškų̃.* **2.** *(kas, ko, iš ko) neig.* **išmesti** (2): *Jo dar neišmẽtė iš mokỹklos.*

neišmìntingas, neišmìntinga *bdv. (1, 1–6) neig.* **išmintingas**: *neišmìntingas žmogùs*

neišmókti, neišmóksta, neišmóko *vks. (1) (kas, ko / + bendr.) neig.* **išmokti**: *Ji neišmóko pamokų̃, todė̃l gãvo blõgą pažymį̃.* ○ *Aš dar neišmókau vairúoti automobìlio [automobìlį].*

neišnèšti, neĩšneša, neĩšnešė *vks. (1) (kas, ko, iš ko) neig.* **išnešti**: *Aš neišnèšiu (būs. l.) šiùkšlių iš virtùvės.*

neišpìlti, neĩšpila, neišpýlė *vks. (1)* **1.** *(kas, ko, iš ko) neig.* **išpilti** (1). **2.** *(kas, ko) neig.* **išpilti** (2): *Atsargiaĩ, neišpìlk kavõs!*

neišpláuti, neišpláuna, neišplóvė *vks. (1) (kas, ko) neig.* **išplauti**: *Ji dar neišplóvė indų̃.*

neišplė́šti, neišplė́šia, neišplė́šė *vks. (1) (kas, ko) neig.* **išplėšti**: *neišplė́šti lãpo*

neišplóvė *būt. l. 3 asm. žr.* **neišplauti**

neišpur̃vinti, neišpur̃vina, neišpur̃vino *vks. (1) (kas, ko) neig.* **išpurvinti**: *Nusivalýk kójas, neišpur̃vink kìlimo.*

neišràsti, neĩšranda, neĩšrado *vks. (1) (kas, ko) neig.* **išrasti**: *Móksliniṇkai dar neĩšrado váistų nuo vėžio.*

neišrašýti, neišrãšo, neišrãšė *vks. (3) (kas, ko) neig.* **išrašyti** (1, 2): *neišrašýti recèpto [váisto]*

neišráuti, neišráuna, neišróvė *vks. (1) (kas, ko) neig.* **išrauti**: *Neišráunu (negaliu išrauti) mõrkos.*

neišréikšti, neišréiškia, neišréiškė *vks. (1) (kas, ko) neig.* **išreikšti**: *neišréikšti savo nóro*

neišriñkti, neìšrenka, neišriñko *vks. (1)* **1.** *(kas, ko, kam) neig.* **išrinkti** (1): *Aš dar neišrinkaũ tau dovanõs.* **2.** *(kas, ko, kuo) neig.* **išrinkti** (2): *Jo neišriñko prezidentù.*

neišróvė *būt l. 3 asm. žr.* **neišrauti**

neišsiim̃ti, neišsìima, neìšsiėmė *sgr. vks. (1) (kas, ko, iš ko) neig.* **išsiimti:** *neišsiim̃ti piniginės iš rankinùko*

neišsijùngti, neišsijùngia, neišsijùngė *sgr. vks. (1)* **1.** *(kas, ko) neig.* **išsijungti** (1): *Jis užmìgo neišsijùngęs lémpos.* **2.** *(kas) neig.* **išsijungti** (2): *Šis elektrìnis virdulỹs pàts neišsijùngia, jį reĩkia išjùngti.*

neišsikėpti, neišsìkepa, neìšsìkepė *sgr. vks. (1) (kas, ko) neig.* **išsikepti:** *Jis neišsìkepa* (nemoka išsikepti) *net kiaušiniẽnės.*

neišsimiegójęs, neišsimiegójusi *dlv. [3]* nepailsėjęs miegodamas: *Kodėl viršininkas šį rýtą toks pìktas? – Gal neišsimiegójęs?* ○ *Jaučiúosi neišsimiegójusi [neišsimiegójęs].*

neišsinèšti, neišsìneša, neìšsinešė *sgr. vks. (1) (kas, ko, iš ko) neig.* **išsinešti:** *Kodėl neišsìneši savo lagamìno iš mano kam̃bario?*

neišsipláuti, neišsipláuna, neišsiplóvė *sgr. vks. (1) (kas, ko) neig.* **išsiplauti:** *Jei paválgęs neišsipláusiu lėkštės, mamà bar̃s.*

neišsipur̃vinti, neišsipur̃vina, neišsipur̃vino *sgr. vks. (1) (kas, ko) neig.* **išsipurvinti:** *Atsargaĩ, neišsipur̃vink pálto!*

neišsiriñkti, neišsìrenka, neìšsiriñko *sgr. vks. (1) (kas, ko, iš ko) neig.* **išsirinkti:** *Aš dar neišsirinkaũ nė víeno pãtiekalo.*

neišsiskal̃bti, neišsiskal̃bia, neìšsìskalbė *sgr. vks. (1) (kas, ko) neig.* **išsiskalbti:** *Tu sakeĩ, kad išsiskal̃bsi márškinius, bet neišsiskalbei (marškinių).*

neišsitèpti, neišsìtepa, neìšsìtepė *sgr. vks. (1) (kas, ko, kuo) neig.* **išsitepti:** *Atsargaĩ, neišsìtėpkite suknėlės dažaĩs!* ○ *Ar aš neìšsitepiau véido uogienè.*

neišsių̃sti, neišsiuñčia, neìšsiuntė *vks. (1) (kas, ko) neig.* **išsiųsti:** *Atsiprašaũ, aš neìšsiunčiau láiško, pamiršaũ.*

neišsivalýti, neišsivãlo, neišsivãlė *sgr. vks. (3) (kas, ko) neig.* **išsivalyti:** *Aš dar neišsivaliaũ dantų.*

neišsivèžti, neišsìveža, neìšsivežė *sgr. vks. (1) (kas, ko) neig.* **išsivežti:** *Šių baldų̃ mes neišsivėsime, palìksime jùms.*

neišsivìrti, neišsivérda, neìšsìvirė *sgr. vks. (1) (kas, ko) neig.* **išsivirti:** *Aš neišsìviriau kavõs, gal tù man išvirtum.*

neišskaičiúoti, neišskaičiúoja, neišskaičiãvo *vks. (1) (kas, ko, iš ko) neig.* **išskaičiuoti:** *neišskaičiúoti mókesčių iš atlýginimo*

neišskal̃bti, neišskal̃bia, neìšskalbė *vks. (1) (kas, ko) neig.* **išskalbti:** *Kodėl neìšskalbei mano kójinių?*

neišskìrti, neìšskiria, neìšskýrė *vks. (1) (kas, ko) neig.* **išskirti** (1, 2)

neišskleĩsti, neišskleĩdžia, neìšskleidė *vks. (1) (kas, ko) neig.* **išskleisti:** *Niẽkaip neišskleidžiù* (negaliu išskleisti) *skėčio.*

neišspáusdinti, neišspáusdina, neišspáusdino *vks. (1) (kas, ko) neig.* **išspausdinti** (1, 2): *neišspáusdinti knỹgos*

neišspjáuti, neišspjáuna, neišspjóvė *vks. (1) (kas, ko) neig.* **išspjauti:** *Žiūrėkite, kad ligónis váistų neišspjáutų.*

neišsùkti, neìšsuka, neìšsùko *vks. (1) (kas, ko) neig.* **išsukti:** *Neìšsuk lempùtės.*

neištar̃ti, neìštaria, neìštarė *vks. (1) (kas, ko) neig.* **ištarti:** *neištar̃ti žõdžio*

neištèpti, neìštepa, neìštepė *vks. (1) (kas, ko, kuo) neig.* **ištepti:** *Neištèpk stáltiesės pãdažu.*

neištesė́ti, neìštesi, neìštesėjo *vks. (2) neig.* **ištesė́ti**
neištesė́ti pažado nepadaryti to, kas buvo pažadėta: *Tu neištesėjai pãžado.*

neištiẽsti, neištiẽsia, neìštiesė *vks. (1) (kas, ko) neig.* **ištiesti:** *neištiẽsti rañkos*

neištikimas, neištikimà *bdv. (3⁴ᵇ, 1–6) neig.* **ištikimas**

neištráukti, neištráukia, neìštráukė *vks. (1) (kas, ko) neig.* **ištraukti:** *Ar dantiẽs tau neištráukė?* ○ *Vélnias, neištráukiu* (negaliu ištraukti) *viniẽs!*

neištuõkti, neištuõkia, neìštuokė *vks. (1) (kas, ko) neig.* **ištuokti:** *Teĩsmas jų dar neištuokė.*

neišvalýti, neišvālo, neišvālė vks. (3) (kas, ko) neig. išvalyti (1, 2): Valýkloje man dar neišvālė švaŕko [kélnių].

neišvaŕdyti, neišvaŕdija, neišvaŕdijo vks. (1) (kas, ko) neig. išvardyti

neišveŕčia esam. l. 3 asm. žr. neišversti

neišvérda esam. l. 3 asm. žr. neišvirti

neišveŕsti, neišveŕčia, neìšvertė vks. (1) (kas, ko, į ką / iš ko) neig. išversti: neišveŕsti knýgos į lietùvių kaĺbą [iš lietùvių kalbõs]

neišvèžti, neišveža, neìšvežė vks. (1) (kas, ko) neig. išvežti (1, 2): Šiùkšlių dar neìšvežė.

neišvirti, neišvérda, neìšvirė vks. (1) 1. (kas, ko) neig. išvirti (1): Aš dar neìšviriau sriubõs. 2. (kas) neig. išvirti (2): Ar mėsà jau išvirė? – Nè, dar neìšvirė.

neišžióti, neišžiója, neišžiójo vks. (1) (kas, ko) neig. išžioti: neišžióti burnõs

neįtaŕti, neįtaria, neįtarė vks. (1) (kas, ko, + pdl. / + šs) neig. įtarti: Polìcija jo neįtarė pavõgus automobìlį.

neīti, neĩna, nė̃jo vks. (1) 1. (kas) neig. eiti (1–4): Ar tu eĩsi į parduotùvę? – Nè, neĩsiu. ○ Niẽkur neĩk, láuk manęs namiẽ. ○ Televìzorius neĩna, sugẽdo. 2. (kas, ko) neig. eiti (5): Šio dalýko mes dar nė̃jome.

neįtráukti, neįtráukia, neįtráukė vks. (1) (kas, ko, į ką) neig. įtraukti (1, 2): Kodėl jūs neįtráukėte mū́sų į sąrašą?

neįvaĩkinti, neįvaĩkina, neįvaĩkino vks. (1) (kas, ko) neig. įvaikinti

neįvèžti, neįveža, neįvežė vks. (1) (kas, ko) neig. įvežti: neįvèžti prēkių

neįvýkdyti, neįvýkdo, neįvýkdė vks. (3) (kas, ko) neig. įvykdyti: neįvýkdyti įsãkymo

neįžeĩsti, neįžeĩdžia, neĩžeidė vks. (1) (kas, ko) neig. įžeisti: Jis manęs neĩžeidė.

neįžymùs, neįžymì bdv. (4, 5–8) neig. įžymus; mažai kieno žinomas: Jis yra visái neįžymùs muzikántas.

neįžūlùs, neįžūlì bdv. (4, 5–8) neig. įžūlus: neįžū́lūs vaikaĩ
neįžūliaĩ prv.

nejaũ, nejaũgi dll. (reiškiant nustebimą ir kartu abejojimą): Nejaũ(gi) jūs dar nėsate bùvę šiamè muziẽjuje?! ○ Ji greitai ištekė̃s. – Nejaũgi?!

nejaukùs, nejaukì bdv. (4, 5–8) neig. jaukus; kuriame negera, nemalonu būti: nejaukùs kambarỹs
nejaukù n.: Kambaryjè šálta ir nejaukù.

nejáunas, nejaunà bdv. (3, 1–6) neig. jaunas; turintis gana daug metų: Ar jis jáunas? – Nè, nejáunas.

nejaũsti, nejaũčia, nèjautė vks. (1) (kas, ko) neig. jausti: nejaũsti skaũsmo

nejautrùs, nejautrì bdv. (4, 5–8) neig. jautrus (1): Po operãcijos óda pasidãrė nejautrì.

nė̃jo būt. l. 3 asm. žr. neiti

nejudė́ti, nèjuda, nejudė́jo vks. (1) (kas) neig. judėti: Vėjo nėrà, mẽdžių lãpai nèjuda.

nejùdinti, nejùdina, nejùdino vks. (1) (kas, ko) neig. judinti: Nejùdink stãlo, trukdaĩ man rašýti.

nejùngti, nejùngia, nejùngė vks. (1) (kas, ko) neig. jungti (1, 2): Nejùnk (neijunk arba neišjunk) šviesõs.

nejuokìngas, nejuokìnga bdv. (1, 1–6) neig. juokingas: Tavo pãsakojimas visiškai nejuokìngas.

nekabė́ti, nèkaba, nekabė́jo vks. (1) (kas) neig. kabėti

nekabìnti, nekabìna, nekabìno vks. (1) (kas, ko, ant ko) neig. kabinti: nekabìnti užúolaidų

nekainúoti, nekainúoja, nekainãvo vks. (1) (kas) neig. kainuoti: Bãtai nekainãvo nė šim̃to [dviejų šimtų̃] lìtų.

nekaĩp prv. prastai, nelabai gerai: Šiañdien aš nekaĩp jaučiúosi. ○ Kaĩp jauties? – Nekaĩp. ○ Nekaĩp išlaikiaũ egzãmìną, gavaũ septýnetą.

nekaitýti, nekaĩto, nekaĩtė vks. (3) (kas, ko) gram. neig. kaityti
bū́ti nekaĩtomam neveik. r. netūrėti formų̃: Daiktãvardis „taksì" (yra) nekaĩtomas liñksniais.

nekalbė́ti, nèkalba, nekalbė́jo vks. (1) 1. (kas, su kuo, apie ką / kaip / + šs) neig. kalbėti (1): Kodėl jūs tỹlite, nèkalbate su manimì? 2. (kas) neig. kalbėti (2). 3. (kas) *neig.* **kalbė́ti** (3): *Gaĩla, bet aš nèkalbu lietùviškai.* ○ *Atsiprašaũ, jūs nèkalbate ángliškai?*

nekalė́ti, nèkali, nekalė́jo *vks.* (2) *(kas) neig.* **kalė́ti**

nekaĨtas, nekaltà *bdv.* (4, 1–6) *neig.* **kaltas** (1, 2): *Jis (yra) nekaĨtas dėl šios avārijos.* **nekaltùmas** *dkt. v.* (2, 1) *(kieno):* įródyti savo nekaltùmą

nekálti, nèkala, nèkalė *vks.* (1) *(kas, ko) neig.* **kalti:** *nekálti viniẽs*

nekánda *esam. l. 3 asm. žr.* **nekąsti**

nekándo *būt. l. 3 asm. žr.* **nekąsti**

nekapóti, nekapója, nekapójo *vks.* (1) *(kas, ko) neig.* **kapoti:** *nekapóti málkų*

nekárštas, nekarštà *bdv.* (3, 1–6) *neig.* **karštas;** gana vėsus: *Kavà jau nekarštà, galì gérti.*
nekáršta *n.*: *Ar tau nekáršta taip šiltaĩ apsireñgusiai?*

nekartóti, nekartója, nekartójo *vks.* (1) *(kas, ko) neig.* **kartoti:** *Aš nekartósiu prāšymo [kláusimo].*

nekartùs, nekartì *bdv.* (3, 5–8) *neig.* **kartus** (1, 2)

nekàsti, nèkasa, nèkasė *vks.* (1) *(kas, ko) neig.* **kasti** (1, 2, 3): *„Nekàsk kitám duobės, nes pàts įkrìsi" – lietùvių patarlė.*

nekąsti, nekánda, nekándo *vks.* (1) **1.** *(kas, ko) neig.* **kąsti** (1): *Nekąsk óbuolio, jis labai kíetas.* **2.** *(kas) neig.* **kąsti** (2): *Mano šuõ gẽras, jis nekánda.*

nekeĩčia *esam. l. 3 asm. žr.* **nekeisti**

nekeĩstas, nekeistà *bdv.* (4, 1–6) *neig.* **keistas**
nekeĩsta *n.*: *Man nekeĩsta, kad jo dar nėrà, jis visadà vėlúoja.*

nekeĩsti, nekeĩčia, nèkeitė *vks.* (1) *(kas, ko) neig.* **keisti** (1, 2): *nekeĩsti kryptiẽs* ○ *Keityklà márkių į litùs nekeĩčia.*

nekẽlė *būt l. 3 asm. žr.* **nekelti**

nekélti, nèkelia, nekė́lė *vks.* (1) *(kas, ko) neig.* **kelti** (1–5): *Nekélk to lagamìno, jis labai sunkùs.* ○ *Jis nèkelia pagarbõs.*

nekélti ragẽlio neatsiliepti, kai skambina telefonu: *Aš skaṁbinau, bet niẽkas nekė́lė ragẽlio.*

nèkemša *esam. l. 3 asm. žr.* **nekimšti**

nekeñčia *esam. l. 3 asm.* **1.** *žr.* **nekentėti. 2.** *žr.* **nekęsti**

nekeñkti, nekeñkia, nèkenkė *vks.* (1) *(kas, kam) neig.* **kenkti:** *Tu manaĩ, kad riebùs maĩstas nekeñkia sveikãtai?*

nèkentė *būt. l. 3 asm. žr.* **nekęsti**

nekentė́ti, nekeñčia, nekentė́jo *vks.* (1) *(kas, ko) neig.* **kentėti:** *Greičiaũ ištráukite man tą dañtį, ilgiaũ aš nekentė́siu.* ○ *nekentė́ti bãdo*

nekèpti, nèkepa, nèkepė *vks.* (1) **1.** *(kas, ko) neig.* **kepti** (1): *Aš mėsõs nèkepu, aš ją vérdu.* **2.** *(kas) neig.* **kepti** (2): *Ar pyrãgas dar nèkepa? – Jau kẽpa, tuoj iškẽps.*

nèkerpa *esam. l. 3 asm. žr.* **nekirpti**

nekę̃sti, nekeñčia, nèkentė *vks.* (1) *(kas, ko, už ką / + šs)* labai nemėgti ko: *Aš jo nekenčiù už melãvimą.* ○ *Nekenčiù, kai man melúoja.*

nekiáuras, nekiaurà *bdv.* (3, 1–6) *neig.* **kiauras** (1)

nekíetas, nekietà *bdv.* (3, 1–6) *neig.* **kietas;** gana minkštas: *Ar tas obuolỹs kíetas? – Nè, nekíetas.*
nekíeta *n.*: *Ar tau nekíeta gulė́ti ant grindų̃?*

nekim̃šti, nèkemša, nekim̃šo *vks.* (1) *(kas, ko)* **1.** *neig.* **kimšti** (1): *nekim̃šti drabùžių į lagamìną* **2.** neatkimšti arba neužkimšti: *Nekim̃šk* (neužkim̃šk) *bùtelio, aš dar gérsiu.* ○ *Nekim̃šaũ* (neatkim̃šau) *bùtelio, niẽkas nenorė́jo gérti.*

nekirčiúotas, nekirčiúota *bdv.* (1, 1–6) *gram. neig.* **kirčiuotas:** *Žõdžio „bãtas" galū́nė (yra) nekirčiúota.* • *sutr.* **nekirč.**

nekirčiúoti, nekirčiúoja, nekirčiãvo *vks.* (1) *(kas, ko) gram. neig.* **kirčiuoti**

nekir̃pti, nèkerpa, nekir̃po *vks.* (1) *(kas, ko) neig.* **kirpti** (1, 2): *nekir̃pti plaukų̃*

nekìšti, nèkiša, nekìšo *vks.* (1) *(kas, ko) neig.* **kišti:** *Nekìšk pinigìnės į kišẽnę.*

neklijúoti, neklijúoja, neklijãvo *vks.* (1) *(kas, ko) neig.* **klijuoti** (1, 2, 3): *neklijúoti vóko*

nekliudýti, nekliùdo, nekliùdė vks. *(3)*
1. *(kas, ko) neig.* **kliudyti** (1, 2): *Aš nekliudžiaũ knỹgų.* o *Ar automobìlis jo nekliùdė?*
2. *(kas, kam, + bendr.) neig.* **kliudyti** (3): *Lietùs man nekliùdo važiúoti.*

neklóti, neklója, neklójo vks. *(1) (kas, ko) neig.* **kloti** (1, 2): *Neklók lóvos.*

neknar̃kti, neknar̃kia, nèknarkė vks. *(1) (kas) neig.* **knarkti**: *Ar tu neknarkì?*

nekóks, nekokià *įv. (3) [5]* (vartojamas kaip bdv.) prastas: *Šie bùtai (yra) nekokiẽ, jie greĩtai suplỹš.* o *Mano tévas (yra) labaĩ nekokiõs sveikãtos.*

nekolekcionúoti, nekolekcionúoja, nekolekcionãvo vks. *(1) (kas, ko) neig.* **kolekcionuoti**: *Aš nekolekcionúoju pãšto ženklų̃.*

nekonservúoti, nekonservúoja, nekonservãvo vks. *(1) (kas, ko) neig.* **konservuoti**: *nekonservúoti agur̃kų*

nekontroliúoti, nekontroliúoja, nekontroliãvo vks. *(1) (kas, ko / + šs) neig.* **kontroliuoti**

nekopijúoti, nekopijúoja, nekopijãvo vks. *(1) (kas, ko) neig.* **kopijuoti**

nekramtýti, nekram̃to, nekram̃tė vks. *(3) (kas, ko) neig.* **kramtyti**: *Šių vaistų nekramtýkite, juos reikia rýti.*

nekrañkti, nekrañkia, nèkrankė vks. *(1) (kas) neig.* **krankti**

nekreĩpti, nekreĩpia, nèkreipė vks. *(1) neig.* **kreipti**
nekreĩpti dė̃mesio *(į ką)* nežiūrėti ar neklausyti

nekrìkštyti, nekrìkštija, nekrìkštijo vks. *(1) (kas, ko) neig.* **krikštyti**: *nekrìkštyti vaĩko*

nekritikúoti, nekritikúoja, nekritikãvo vks. *(1) (kas, ko) neig.* **kritikuoti**: *nekritikúoti vyriausýbės*

nekur̃čias, nekurčià bdv. *(4, 2–7) neig.* **kurčias**; girdintis: *Nerė̃k, aš nekur̃čias.*

nekū̃rė būt. l. 3 asm. žr. **nekurti**

nekūrénti, nekūrėna, nekūrėno vks. *(1) (kas, ko, kuo) neig.* **kūrenti**: *nekūrénti židinio [krósnies]*

nekùrti, nèkuria, nekū̃rė vks. *(1) (kas, ko) neig.* **kurti** (1, 2): *nekùrti eilė̃raščių*

nekvaĩlas, nekvailà bdv. *(4, 1–6) neig.* **kvailas**; gana protingas: *Jis man atródo nekvaĩlas.*

nekvepė́ti, nèkvepia, nekvepė́jo vks. *(1) (kas) neig.* **kvepėti**: *Šios gėlės nèkvepia.*

nekviẽsti, nekviẽčia, nèkvietė vks. *(1) (kas, ko) neig.* **kviesti** (1, 2): *Manęs niẽkas nèkvietė į vakarė̃lį.* o *Viršininke, ar jūs mane kviẽtėte? – Nè, nèkviečiau.* o *Ar tavęs ten nèkvietė dìrbti?*

nelabaĩ prv. *neig.* **labai** (1, 2); ne ypač: *Ar labaĩ skaũda? – Nelabaĩ.* o *Jis nelabaĩ jáunas.* o *Mano tévaĩ nelabaĩ senì, jiems tik trupùtį daugiaũ kaip septýniasdešimt mė̃tų.* o *Aš nelabaĩ nóriu eĩti į tą koncèrtą, be to, turiu daũg dárbo.* o *Automobìlis kainãvo nelabaĩ daug.*

neláidoti, neláidoja, neláidojo vks. *(1) (kas, ko) neig.* **laidoti**: *Šiañdien jo neláidojo, láidos rytój.*

nelaikýti, nelaĩko, nelaĩkė vks. *(3)* **1.** *(kas, ko) neig.* **laikyti** (1, 2, 4): *Šių váistų nelaikýkite šviesiojè viẽtoje.* **2.** *(kas, ko, kuo / kokiu) neig.* **laikyti** (3): *Jo niẽkas nelaĩko tikrù draugù.*
nelaikýti egzãmino / įskaitos: *Aš dar nelaikiaũ ánglų kalbõs egzãmino.*

neláimė dkt. m. *(1, 8)* **1.** atsitikimas, kuris verčia kentėti ar padaro daug žalos: *Gaĩsras yra didelė neláimė.* o *Neláimėje man padė́jo draugaĩ.* **2.** nemalonus atsitikimas: *Man atsitiko neláimė – kažkàs pàvogė mano rankinùką.*

nelaimė́ti, nelaĩmi, nelaimė́jo vks. *(2)*
1. *(kas, ko) neig.* **laimėti** (1): *Lotèrijoje niẽko nelaimė́jau.* **2.** *(kas, ko, prieš ką) neig.* **laimėti** (2): *Mes nelaimė́sime rungtýnių.*

nelaimìngai prv. *neig.* **laimingai** (1)

nelaimìngas, nelaimìnga bdv. *laipsn. (1, 1–6) neig.* **laimingas** (1–3): *Sãko, kad trýlika yra nelaimìngas skaĩčius.*

nelaipsniúojamas, nelaipsniúojama bdv. *(1, 1–6) gram.* nekaitomas laipsniais: *Bū̃dvardis „medìnis" (yra) nelaipsniúojamas.*

nelaipsniúoti, nelaipsniúoja, nelaipsniãvo vks. *(1) (kas, ko) gram. neig.* **laipsniuoti**

neláistyti, neláisto, neláistė vks. *(3) (kas, ko, kuo) neig.* **laistyti**: *neláistyti gėlių*

nelaĩsvas, nelaisvà *bdv. (4, 1–6) neig.* **laisvas** (1): *nelaisvà šalìs*

neláisvė *vns. dkt. m. (1, 8)* laisvės netekusio žmogaus padėtis

nelaižýti, nelaĩžo, nelaĩžė *vks. (3) (kas, ko) neig.* **laižyti**: *Nelaižýk pir̃štų.*

nelàkti, nèlaka, nèlakė *vks. (1) (kas, ko) neig.* **lakti**: *Katẽ nèlaka píeno.*

nelakúoti, nelakúoja, nelakãvo *vks. (1) (kas, ko) neig.* **lakuoti**: *nelakúoti nagų̃*

nelankýti, nelañko, nelañkė *vks. (3) (kas, ko)* **1.** *neig.* **lankyti** (1): *nelankýti ligónio* **2.** *neig.* **lankyti** (2); nesimokyti kur: *Mano sūnùs dar nelañko mokỹklos.*

nelašė́ti, nèlaša, nelašė́jo *vks. (1) (kas) neig.* **lašėti** (1, 2)

neláukti, neláukia, neláukė *vks. (1) (kas, ko) neig.* **laukti**: *Neláuk manę̃s, aš neateĩsiu.*

neláužyti, neláužo, neláužė *vks. (3) (kas, ko) neig.* **laužyti**: *neláužyti mẽdžio šakų̃*

neláužti, neláužia, neláužė *vks. (1) (kas, ko) neig.* **laužti**: *Neláužk medẽlio.*

neléidžia *esam. l. 3 asm. žr.* **neleisti**

neléido *būt. l. 3 asm. žr.* **neleisti**

neléidžiama *n.* draudžiama, negalima: *Čia neléidžiama statýti automobìlį [automobìlio].*

neléisti, neléidžia, neléido *vks. (1)* **1.** *(kas, kam, + bendr.) neig.* **leisti** (1); drausti: *Kodẽl tu neléidi jam paim̃ti knỹgą?* **2.** *(kas, ko) neig.* **leisti** (2, 3, 4, 5, 6, 7, 8): *neléisti knỹgų̃ [į̃stãtymų]* ○ *Aš neléidžiu laisvãlaikio naktiniuose kliùbuose.* ○ *Jis neleĩs pinigų̃ pramogóms.*

neleñgvas, nelengvà *bdv. (4, 1–6) neig.* **lengvas** (1, 2); gana sunkus, sudėtingas
neleñgva *n.:* *Atlìkti šią̃ ùžduotį bus neleñgva.*
nelengvaĩ *prv.*

neleñkti, neleñkia, nèlenkė *vks. (1) (kas, ko) neig.* **lenkti** (1, 2, 3): *Neleñk to automobìlio!*

nelė́sinti, nelė́sina, nelė́sino *vks. (1) (kas, ko) neig.* **lesinti**: *nelė́sinti balañdžių*

nelèsti, nèlesa, nèlesė *vks. (1) (kas, ko) neig.* **lesti**: *Vištà nèlesė lẽsalo ir nugaĩšo.*

nelė́taĩ *prv. neig.* lėtai; gana greitai: *Kaip jis važiãvo? – Nelėtaĩ, daugiaũ kaip šēšiasdešimt kilomètrų per vãlandą greičiù.*

neliẽčia *esam. l. 3 asm. žr.* **neliesti**

neliẽka *esam. l. 3 asm. žr.* **nelikti**

neliẽpti, neliẽpia, nèliepė *vks. (1) (kas, kam, + bendr.) neig.* **liepti**: *Mókytoja mums nèliepė pérskaityti vìsàs knygàs.*

nelíesas, neliesà *bdv. (3, 1–6) neig.* **liesas** (1); gana apkūnus, riebus

neliẽsti, neliẽčia, nèlietė *vks. (1) (kas, ko)* **1.** neimti: *Neliẽsk mano daiktų̃!* **2.** *neig.* **liesti** (1, 2)

nelygiagretùs, nelygiagretì *bdv. (4, 5–8) neig.* **lygiagretus**

nelygýbė *vns. dkt. m. (1, 8) neig.* **lygybė** (1); neturėjimas vienodų̃ teisių̃

nelýginti, nelýgina, nelýgino *vks. (1)* **1.** *(kas, ko) neig.* **lyginti** (1, 2): *nelýginti drabùžių* **2.** *(kas, ko, su kuo) neig.* **lyginti** (3): *Nelýgink manę̃s su juõ, mes nepanãšūs.*

nelýgus, nelýgi *bdv. (3, 5–8) neig.* **lygus** (1, 2): *nelýgus paviršius* ○ *nelýgios dãlys*

nelìkti, neliẽka, nelìko *vks. (1)* **1.** *(kas) neig.* **likti** (1): *Aš nelìksiu namiẽ víenas, eĩsiu su jumìs.* **2.** *(ko) neig.* **likti** (2): *Gaĩla, bet tòrto tau nelìko.* **3.** *(kas, koks) neig.* **likti** (3): *Avãrijoje nelìko gývas nė víenas žmogùs.*

nelim̃pa *esam. l. 3 asm. žr.* **nelipti**²

neliñksmas, nelinksmà *bdv. (4, 1–6) neig.* **linksmas**; gana liūdnas
neliñksma *n. neig.* **linksma**: *Vakarėlyje man bùvo neliñksma.*
nelinksmaĩ *prv.*

nelinksniúoti, nelinksniúoja, nelinksniãvo *vks. (1) (kas, ko) gram. neig.* **linksniuoti**

nelìnktelėti, nelìnktelėja, nelìnktelėjo *vks. (1) (kas, ko / kuo) neig.* **linktelėti**: *Mane susitìkęs, jis net nelìnktelėjo gálva [galvõs].*

nelìpti¹**, nèlipa, nèlipo** *vks. (1) (kas) neig.* **lipti**¹ (1, 2): *Kodẽl tu nèlipi iš mašinõs? Aš toliaũ tavę̃s nevèšiu.*

nelìpti²**, nelim̃pa, nelìpo** *vks. (1) (kas, prie ko) neig.* **lipti**²: *Šis pãšto žénklas nelim̃pa prie vóko.*

neliūdnas, neliūdnà *bdv. (4, 1–6) neig.* liūdnas

nelõšti, nelõšia, nèlošė *vks. (1) (kas, ko, kuo, su kuo) neig.* **lošti:** *Aš nelošiù kõrtomis.* ○ *Aš su tavimì nelõšiu* (būs. l.).

nelukšténti, nelukštėna, nelukštėno *vks. (1) (kas, ko) neig.* **lukštenti:** *Nelukštėnk pupẽlių, palìk jas ánkštyse.*

nelùpti, nèlupa, nelùpo *vks. (1) (kas, ko) neig.* **lupti:** *nelùpti apelsìno [banãno]*

nemadìngas, nemadìnga *bdv. (1, 1–6) neig.* **madingas;** senõs madõs: *nemadìngi drabùžiai*
nemadìnga *n.: Nešióti siauràs kélnes dabař̃ nemadìnga.*
nemadìngai *prv.: Ji dėvi nemadìngai.*

nemaišýti, nemaĩšo, nemaĩšė *vks. (3)* **1.** *(kas, ko) neig.* **maišyti** (1): *Kodėl tu nemaišaĩ kõšės?* **2.** *(kas, ko, su kuo) neig.* **maišyti** (2): *Nemaišýk degtinės su sùltimis, bus neskanù.*

nemaitìnti, nemaitìna, nemaitìno *vks. (1) (kas, ko) neig.* **maitinti;** neduoti valgyti (ėsti, lesti): *Katė̃ nemaitìno kačiùkų.*

nemalonùmai *dgs. dkt. v. (2, 1)* nemalonūs rūpesčiai: *turė́ti daũg nemalonùmų*

nemalonùs, nemalonì *bdv. laipsn. (4, 5–8) neig.* **malonus** (1, 2); blogas: *Jis yra labaĩ nemalonùs žmogùs.* ○ *nemalonùs kvãpas*
nemalonù *n.: Man labai nemalonù girdė́ti tókius žodžiùs.*
nemalõniai *prv.*

nemálti, nèmala, nèmalė *vks. (1) (kas, ko) neig.* **malti:** *nemálti kavõs*

nemandagùs, nemandagì *bdv. laipsn. (4, 5–8) neig.* **mandagus;** kuris bendraudamas nesilaiko elgesio taisyklių: *Jis (yra) nemandagùs, susitìkęs nesisvéikina.*
nemandagù *n.: Nemandagù šiuřkščiai kalbė́ti su vyresniaĩs žmonėmìs.*
nemandagiaĩ *prv.: nemandagiaĩ el̃gtis*
nemandagùmas *dkt. v. (2, 1) (kieno)*

nematýti, nemãto, nemãtė *vks. (3)* **1.** *(kas) neig.* **matyti** (1); neturėti regėjimo: *Jis nemãto víena akimì.* **2.** *(kas, ko/ + šs) neig.* **matyti** (2): *Tu buvaĩ koncerte? Aš tavę̃s ten nemačiaũ.* ○ *Niẽkas nemãtė, kaĩp įvỹko avãrija.* **3.** *(kas, ko) neig.* **matyti** (3): *Jūs nemãtėte to filmo?* **4.** *(ko)* (tik bendr.) nebūti matomam: *Iš čià Gedimìno piliẽs nematýti.*

nematúoti, nematúoja, nematãvo *vks. (1) (kas, ko, kuo) neig.* **matuoti:** *nematúoti temperatū̃ros*

nemáudyti, nemáudo, nemáudė *vks. (3) (kas, ko) neig.* **maudyti:** *nemáudyti vaĩko*

nemáuti, nemáuna, nemóvė *vks. (1) (kas, ko) neig.* **mauti:** *Nemáuk vaĩkui pirštìnių – šiañdien šìlta.* ○ *nemáuti vaĩko kélnėmis* ○ *nemáuti žíedo ant pir̃što [nuo pir̃što]*

nemažaĩ *prv. neig.* **mažai;** gana daug: *Susirìnko nemažaĩ žmonių̃.*

nemãžas, nemažà *bdv. (4, 1–6) neig.* **mãžas** (1, 2, 3); gana didelis: *Màno kambarỹs (yra) nemãžas.* ○ *Mū́sų šeimà (yra) nemažà.*

nemãžinti, nemãžina, nemãžino *vks. (1) (kas, ko) neig.* **mažinti:** *nemãžinti atlýginimų*

nemedžióti, nemedžiója, nemedžiójo *vks. (1) (kas, ko) neig.* **medžioti:** *Jis nemedžiója ánčių.*

nemė́gstamas, nemė́gstamà *bdv. laipsn. (3ᵃ, 1–6) (kieno)* kurio (kas) nemė́gsta: *Cepelìnai yra mano nemė́gstamiáusias val̃gis.*

nemė́gti, nemė́gsta, nemė́go *vks. (1) (kas, ko / + bendr.) neig.* **mė́gti:** *Ar mė́gstate alų̃? – Nè, alaũs nemė́gstu.* ○ *Aš nemė́gstu grybáuti.*

nemègzti, nèmezga, nèmezgė *vks. (1) (kas, ko) neig.* **megzti:** *Aš nemègsiu tau megztìnio.*

nemèsti, nèmeta, nèmetė *vks. (1)* **1.** *(kas, ko) neig.* **mesti** (1, 2): *Nemèsk šiùkšlių ant šalìgatvio.* **2.** *(kas, + bendr.) neig.* **mesti** (3): *Tu dar nèmetei rūkýti?*

nèmezga *esam. l. 3 asm. žr.* **nemegzti**

nèmezgė *būt. l. 3 asm. žr.* **nemegzti**

nemiaũkti, nemiaũkia, nèmiaukė *vks. (1) (kas) neig.* **miaukti:** *Nemiaũk, kačiùk, aš tau dúosiu píeno.*

nemíelas, nemielà *bdv. (3, 1–6) neig.* **míelas** (1): *Šis dárbas man nemíelas.*

nemylė́ti, nemýli, nemylė́jo *vks. (2) (kas, ko) neig.* **mylėti** (1, 2); nejausti (kam) meilės: *Jis manę̃s nemýli.* ○ *Negalima nemylė́ti savo tėvýnės.*

neminėti, nèmini, neminėjo *vks. (2) (kas, ko) neig.* **minėti:** *neminėti sukaktiēs*

nemìnkštas, neminkštà *bdv. (3, 1–6) neig.* **minkštas;** gana kietas: *Mėsà neminkštà, dar neišvìrė.*

nemir̃ti, nemìršta, nèmirė *vks. (1) (kas) neig.* **mirti;** būti gyvam

nemókamai *prv.* veltui, nemokant: *Fìlmas bus ródomas nemókamai.* ○ *Ar peñsininkai gãli važiúoti autobùsais ir troleibùsais nemókamai?*

nemókamas, nemokamà *bdv. (3ᵃ, 1–6)* už kurį nėra mokama; už kurį nereikia mokėti: *léisti nemokamų̃ atóstogų* ○ *nemókamos pãslaugos*

nemokėti[1]**,** nemóka, nemokėjo *vks. (1) (kas, ko, kuo, už ką) neig.* **mokėti**[1]: *nemokėti mókesčių* ○ *Aš nemokėsiu grynaĩsiais, geriaũ mokėsiu mokėjimo kortelè.* ○ *Už šiuos batùs nemokėsiu šim̃to litų, jie tiek nevertì.*

nemokėti[2]**,** nemóka, nemokėjo *vks. (1) (kas, ko / + bendr.) neig.* **mokėti**[2] (1, 2, 3): *Aš nemóku plaũkti.* ○ *Jūs nemókate lietùviškai [lietùvių kalbõs, kalbėti lietùviškai]?*

nemókyti, nemóko, nemókė *vks. (3) (kas, ko, ko / + bendr.) neig.* **mokyti:** *nemókyti vaikų̃ matemãtikos* ○ *Jo niẽkas nemókė piẽšti.*

Nė́munas *vns. dkt. v. (3ᵇ, 1)* didžiausia Lietuvos upė: *máudytis Nemunè*

nemùšti, nèmuša, nèmušė *vks. (1) (kas, ko) neig.* **mušti** (1–4): *Nemùšk šuñs!* ○ *Nebijók, aš tavę̃s nemùšiu (būs. l.).*

nemū́vėti, nemū̃vi, nemū́vėjo *vks. (2) (kas, ko / kuo) neig.* **mū́vėti:** *Kodėl tu nemū́vi vestùvinio žíedo?*

nenagrinė́ti, nenagrinė́ja, nenagrinė́jo *vks. (1) (kas, ko) neig.* **nagrinė́ti** (1, 2): *Teĩsmas dar nenagrinė́jo bylõs.*

nenaikìnti, nenaikìna, nenaikìno *vks. (1) (kas, ko, kam) neig.* **naikìnti** (1, 2): *nenaikìnti dėmių̃ [nemalonaũs kvãpo]*

nenatūralùs, nenatūralì *bdv. (4, 5–8) neig.* **natūralus;** dirbtinis

nenaudìngas, nenaudìnga *bdv. (1, 1–6) neig.* **naudìngas**

nenaudóti, nenaudója, nenaudójo *vks. (1) (kas, ko, kam) neig.* **naudoti**

nenaũjas, nenaujà *bdv. (4, 2–7) neig.* **naujas;** gana senas: *Šis nãmas (yra) nenaũjas.* ○ *Į žỹgį eĩnant geriaũ apsiaũti nenaujaĩs bãtais, jie nespaũs.*

neneĩgti, neneĩgia, nèneigė *vks. (1) (kas, ko / + šs) neig.* **neigti:** *Jis nèneigė savo kalt̃ės.* ○ *Aš neneigiù, kad esu kaĩtas.* ● *liep. n.* **neneĩk(ite)**

nenérti[1]**,** nèneria, nenė́rė *vks. (1) (kas) neig.* **nerti**[1]: *Aš nenérsiu į baseĩną, bijaũ.*

nenérti[2]**,** nèneria, nenė́rė *vks. (1) (kas, ko) neig.* **nerti**[2]: *Ji neneȓs šãliko, ji mė̃gs (šãliką).*

nenervìngas, nenervìnga *bdv. (1, 1–6) neig.* **nervingas**

nenèrvinti, nenèrvina, nenèrvino *vks. (1) (kas, ko) neig.* **nervinti:** *Nekalbė́k nesą́monių, nenèrvink manę̃s!*

nenešióti, nenešiója, nenešiójo *vks. (1) (kas, ko) neig.* **nešioti** (1, 2): *Jis prastaĩ mãto, bet akinių̃ nenešiója.* ○ *Nenešiók šios suknẽlės, ji tau netiñka.*

nenèšti, nèneša, nènešė *vks. (1) (kas, ko) neig.* **nèšti** (1, 2): *Aš tau nenèšiu lagamìno, nèškis pàts.*

nenieżė́ti, nenieżti, nenieżė́jo *vks. (2) (kam, ko) neig.* **nieżėti:** *Man nenieżti nùgaros.*

nenorė́ti, nenóri, nenorė́jo *vks. (2) (kas, ko / + bendr. / + šs) neig.* **norė́ti;** nejausti noro: *Aš nenóriu tòrto (valgyti torto).* ○ *Jis nenóri ankstì kéltis.* ○ *Ji nenóri, kad tu išvažiúotum.* **ar nenorė́tum(ėte)** (sakoma siūlant): *Ar nenorė́tumėte ko nórs užką́sti?*

nenuáuti, nenuáuna, nenuãvė *vks. (1) (kas, ko, kam) neig.* **nuauti:** *nenuáuti vaĩkui bãtų*

nenubaũsti, nenubaũdžia, nènubaudė *vks. (1) (kas, ko, už ką) neig.* **nubausti:** *Polìcininkas jo nènubaudė už greĩčio viršìjimą.*

nenubraižýti, nenubraĩžo, nenubraĩžė *vks. (3) (kas, ko) neig.* **nubraižyti:** *nenubraižýti plãno*

nenubrė́žti, nenubrė́žia, nenubrė́žė *vks. (1) (kas, ko) neig.* **nubrėžti:** *Nenubrė́žiau tiesiõs lìnijos, nubrė́žiau kreĩvą.* ● *būs. l. 3 asm.* **nenubrė̃š**

nenudažýti, nenudãžo, nenudãžė *vks. (3) (kas, ko) neig.* **nudažyti**: *nenudažýti síenos baltaĩ*

nenudègti, nenùdega, nenùdegė *vks. (1) (kas, ko) neig.* **nudegti**: *Púodas kárštas, nenudèk rañkos!*

nenùėmė *būt. l. 3 asm. žr.* **nenuimti**

nenufotografúoti, nenufotografúoja, nenufotografãvo *vks. (1) (kas, ko) neig.* **nufotografuoti**: *Tu mūsų nenufotografavaĩ.*

nenugalė́ti, nenùgali, nenugalė́jo *vks. (2) (kas, ko) neig.* **nugalėti**: *Jie nenugalė́s mūsų krepšìnio komándos.*

nenuginklúoti, nenuginklúoja, nenuginklãvo *vks. (1) (kas, ko) neig.* **nuginkluoti**

nenuim̃ti, nenùima, nenùėmė *vks. (1) (kas, ko, nuo ko) neig.* **nuimti**: *Kodė́l nenùėmei iñdų nuo stãlo?*

nenukáinoti, nenukáinoja, nenukáinojo *vks. (1) (kas, ko) neig.* **nukainoti**: *Víenus batùs nukáinoja, o kitų̃ (bãtų) nenukáinoja.*

nenukélti, nenùkelia, nenukė́lė *vks. (1) (kas, ko) neig.* **nukelti**: *Nenukélk púodo nuo virỹklės, tegul dar vérda.*

nenukir̃pti, nenùkerpa, nenukir̃po *vks. (1) (kas, ko) neig.* **nukirpti** (1, 2): *nenukir̃pti kasų̃*

nenukir̃sti, nenùkerta, nenukir̃to *vks. (1) (kas, ko) neig.* **nukirsti**: *nenukir̃sti mẽdžio*

nenukreĩpti, nenukreĩpia, nenùkreipė *vks. (1) (kas, ko) neig.* **nukreipti**: *nenukreĩpti eĩsmo kità gatvè*

nenulakúoti, nenulakúoja, nenulakãvo *vks. (1) (kas, ko) neig.* **nulakuoti**: *nenulakúoti baĩdų*

nenuláužti, nenuláužia, nenuláužė *vks. (1) (kas, ko) neig.* **nulaužti**: *Šis klẽvas stiprùs, vė́jas jo nenulaũš.*

nenuléisti, nenuléidžia, nenuléido *vks. (1) (kas, ko) neig.* **nuleisti**: *nenuléisti vė́liavos*

nenulùpti, nenùlupa, nenulùpo *vks. (1) (kas, ko) neig.* **nulupti**: *Kodė́l (man) nenulupaĩ kiaušìnio [apelsìno]?*

nenumatýti, nenumãto, nenumãtė *vks. (3) (kas, ko) neig.* **numatyti** (1, 2): *Jie nenumãtė tokių̃ rezultãtų.* ○ *Mes nenumãtėme, kad taip gãli atsitìkti.*

nenumáuti, nenumáuna, nenumóvė *vks. (1) (kas, ko, kam) neig.* **numauti**: *nenumáuti vaĩkui pir̃štinių* ○ *Nenumáuk žíedo nuo pir̃što.*

nenumèsti, nenùmeta, nenùmetė *vks. (1) (kas, ko) neig.* **numesti**: *Nenumèsk lėkštùtės, sudaužýsi.*

nenumóvė *būt. l. 3 asm. žr.* **nenumauti**

nenunèšti, nenùneša, nenùnešė *vks. (1) (kas, ko) neig.* **nunešti**: *Nenunèšiu (būs. l.) drabùžių į valỹklą, neturiù laĩko.*

nenuobodùs, nenuobodì *bdv. (4, 5–8) (kam) neig.* **nuobodus**; gana įdomus: *Ar tau nenuobodùs šis fìlmas? – Nè.*
nenuobodù *n.*: *Vaikáms buvo nenuobodù, jie galė́jo žaĩsti.*
nenuobodžiaĩ *prv.*: *Jis kalbė́jo ilgaĩ, bet nenuobodžiaĩ.*

nenuodìngas, nenuodìnga *bdv. (1, 1–6) neig.* **nuodingas**: *Šiẽ grỹbai nenuodìngi, juos gãlima válgyti.*

nenuolatìnis, nenuolatìnė *bdv. (2, 4–9) neig.* **nuolatinis** (3); laikinas: *nenuolatìnis dárbas*

nenúomoti, nenúomoja, nenúomojo *vks. (1)* **1.** *(kas, ko, kam) neig.* **nuomoti** (1): *Ji nenúomoja bùto nepažįstamiems žmonė́ms.* **2.** *(kas, ko) neig.* **nuomoti** (2): *Aš nenúomoju bùto, turiù núosavą.*

nenuoširdùs, nenuoširdì *bdv. (4, 5–8) neig.* **nuoširdus**
nenuoširdžiaĩ *prv.*: *Ji šỹpsosi nenuoširdžiaĩ.*

nenupiẽšti, nenupiẽšia, nenùpiešė *vks. (1) (kas, ko) neig.* **nupiešti**: *Aš nenupiẽšiu (būs. l.) katės, nemóku piẽšti.*

nenupìnti, nenùpina, nenupýnė *vks. (1) (kas, ko) neig.* **nupinti**: *nenupìnti vainìko*

nenupir̃kti, nenùperka, nenupir̃ko *vks. (1) (kas, ko) neig.* **nupirkti**: *Kodė́l nenupirkaĩ sūnui naũjo pálto?*

nenupjáuti, nenupjáuna, nenupjóvė *vks. (1) (kas, ko) neig.* **nupjauti**: *nenupjáuti žolė́s*

nenupláuti, nenupláuna, nenuplóvė *vks. (1) (kas, ko) neig.* **nuplauti**: *nenupláuti lángo*

nenuplėšti, nenuplėšia, nenuplėšė *vks. (1) (kas, ko) neig.* **nuplėšti:** *nenuplėšti senų skelbimų*

nenupūsti, nenùpučia, nenùpūtė *vks. (1) (kas, ko) neig.* **nupūsti:** *Laikýk skrybėlę, kad vėjas jos tau nenupūstų.*

nenureñgti, nenureñgia, nenùrengė *vks. (1) (kas, ko) neig.* **nurengti**

nenurýti, nenurỹja, nenurìjo *vks. (1) (kas, ko) neig.* **nuryti;** nepajėgti nuryti: *Šių tablèčių aš nenuryjù, jos labai dìdelės.*

nenuródyti, nenuródo, nenuródė *vks. (3) (kas, kam, ko / + šs) neig.* **nurodyti:** *Jis man nenuródė, ką reĩkia darýti.*

nenusiaũti, nenusiaũna, nenusìavė *sgr. vks. (1) (kas, ko) neig.* **nusiauti:** *Kodėl tu nenusiaunì bãtų?*

nenusidažýti, nenusidãžo, nenusidãžė *sgr. vks. (3) (kas, ko) neig.* **nusidažyti:** *Nenusidažiaũ plaukų [lū̃pų].*

nenusiim̃ti, nenusìima, nenusìėmė *sgr. vks. (1) (kas, ko) neig.* **nusiimti:** *nenusiim̃ti skrybėlės*

nenusikir̃pti, nenusìkerpa, nenusikir̃po *sgr. vks. (1) (kas, ko) neig.* **nusikirpti** (1): *Nenusikirpaũ nagų.*

nenusilakúoti, nenusilakúoja, nenusilakãvo *sgr. vks. (1) (kas, ko) neig.* **nusilakuoti**

nenusimáuti, nenusimáuna, nenusimóvė *sgr. vks. (1) (kas, ko) neig.* **nusimauti:** *Nenusimáunu nuo pir̃što žíedo.*

nenusipir̃kti, nenusìperka, nenusipir̃ko *sgr. vks. (1) (kas, ko) neig.* **nusipirkti:** *Nenusipirkaũ naujų bãtų, o senì suplýšo.*

nenusipláuti, nenusipláuna, nenusiplóvė *sgr. vks. (1) (kas, ko) neig.* **nusiplauti**

nenusipraũsti, nenusipraũsia, nenusìprausė *sgr. vks. (1)* **1.** *(kas, ko) neig.* **nusiprausti** (1): *Nenusìprausei kãklo.* **2.** *(kas) neig.* **nusiprausti** (2)

nenusireñgti, nenusireñgia, nenusìrengė *sgr. vks. (1) (kas; kas, ko) neig.* **nusirengti:** *Nenusireñk švar̃ko, čia šálta.*

nenusiskùsti, nenusìskuta, nenusiskùto *sgr. vks. (1) (kas, ko) neig.* **nusiskusti:** *Výras nenusiskùto barzdõs.*

nenusišlúostyti, nenusišlúosto, nenusišlúostė *sgr. vks. (3) (kas, ko) neig.* **nusišluostyti:** *nenusišlúostyti akių [ãšarų]*

nenusivalýti, nenusivãlo, nenusivãlė *sgr. vks. (3) (kas, ko) neig.* **nusivalyti:** *Mamà pýksta, kad aš nenusivalaũ bãtų.*

nenuskìnti, nenùskina, nenùskynė *vks. (1) (kas, ko) neig.* **nuskinti:** *nenuskìnti gėlės*

nenustatýti, nenustãto, nenustãtė *vks. (3)* **1.** *(kas, ko) neig.* **nustatyti** (1, 2): *Pavėlavaũ į dárbą, nes vãkar nenustačiaũ žadintùvo.* ○ *Seĩmas dar nenustãtė, kokià bus mókesčių mokėjimo tvarkà.* **2.** *(kas, ko / + šs) neig.* **nustatyti** (3)

nenustẽbinti, nenustẽbina, nenustẽbino *vks. (1) (kas, ko, kuo / + ps.) neig.* **nustebinti:** *nenustẽbinti ko savo el̃gesiu*

nenušáuti, nenušáuna, nenušóvė *vks. (1) (kas, ko) neig.* **nušauti:** *Medžiótojas nenušóvė kiškio.*

nenùšlavė *būt. l. 3 asm. žr.* **nenušluoti**

nenušlúostyti, nenušlúosto, nenušlúostė *vks. (3) (kas, ko) neig.* **nušluostyti** (1, 2): *Šiañdien dar nenušlúosčiau dùlkių nuo baldų.*

nenušlúoti, nenušlúoja, nenùšlavė *vks. (1) (kas, ko) neig.* **nušluoti** (1, 2): *Aš nenùšlaviau láiptų, nes neturėjau laĩko.*

nenuteĩsti, nenuteĩsia, nenùteisė *vks. (1) (kas, ko) neig.* **nuteisti:** *Teĩsmas jo nenùteisė.*

nenutráukti, nenutráukia, nenutráukė *vks. (1) (kas, ko) neig.* **nutraukti** (1, 2): *nenutráukti paskaitõs* ○ *Nenutráuk vir̃vės.*

nenutrìnti, nenùtrina, nenutrýnė *vks. (1) (kas, ko) neig.* **nutrinti** (1, 2): *Nenutrìnkite sãkinio nuo lentõs, aš nespėjau (jo) užsirašýti.*

nenuvalýti, nenuvãlo, nenuvãlė *vks. (3) (kas, ko) neig.* **nuvalyti** (1, 2): *Atsiprašaũ, aš nenuvaliaũ dùlkių nuo stãlo.* ○ *Kodėl nenuvaleĩ stãlo?*

nenuvèžti, nenùveža, nenùvežė *vks. (1) (kas, ko, į ką) neig.* **nuvežti:** *Ar jūs nenuvėšite manę̃s į dárbą?*

nenužudýti, nenužùdo, nenužùdė *vks. (3) (kas, ko) neig.* **nužudyti;** palikti gyvà: *Bánko plėšìkai sargýbinių nenužùdė.*

neoperúoti, neoperúoja, neoperãvo *vks. (1) (kas, kam, ko) neig.* **operuoti**: *Jam neoperãvo skrañdžio, tik gýdė váistais.*

neorganizúoti, neorganizúoja, neorganizãvo *vks. (1) (kas, ko) neig.* **organizuoti**: *Šiais mētais neorganizúosime išvykos prie jū́ros.*

neõšti, neõšia, nèošė *vks. (1) (kas) neig.* **ošti**: *Jei vėjas nepū̃s, miškas neõš.*

nepaáiškinti, nepaáiškina, nepaáiškino *vks. (1) (kas, kam, ko / + šs) neig.* **paaiškinti**: *nepaáiškinti taisỹklės [pamokõs]* ○ *Niēkas man nepaáiškino, kaĩp įjùngti kompiùterį.*

nepabraũkti, nepabraũkia, nepàbraukė *vks. (1) (kas, ko) neig.* **pabraukti**: *nepabraũkti žõdžio*

nepabrė́žti, nepabrė́žia, nepabrė́žė *vks. (1) (kas, ko / + šs) neig.* **pabrė́žti**

nepabučiúoti, nepabučiúoja, nepabučiãvo *vks. (1) (kas, ko) neig.* **pabučiuoti**

nepačiupinė́ti, nepačiupinė́ja, nepačiupinė́jo *vks. (1) (kas, ko) neig.* **pačiupinė́ti**

nepadalýti, nepadalìja, nepadalìjo *vks. (1) (kas, ko) neig.* **padalyti** (1, 2): *nepadalýti šim̃to iš dviejų̃*

nepadarýti, nepadãro, nepadãrė *vks. (3)* 1. *(kas, ko) neig.* **padaryti** (1, 2): *Ar dùrų dar nepadareĩ?* 2. *(kas, ko; kas, ko, kokio) neig.* **padaryti** (3): *Avãrijos jis nepadãrė.* ○ *Turtas nepadãro žmogaũs laimìngo.*

nepadáuginti, nepadáugina, nepadáugino *vks. (1) (kas, ko, iš ko) neig.* **padauginti**

nepàdavė *būt. l. 3 asm. žr.* **nepaduoti**

nepàdeda *esam. l. 3 asm. žr.* **nepadėti**

nepadeñgti, nepadeñgia, nepàdengė *vks. (1) (kas, ko, kuo) neig.* **padengti**

nepadė́ti, nepàdeda, nepadė́jo *vks. (1)* 1. *(kas, ko) neig.* **padėti** (1, 2, 4): *Aš išlýginau drabužiùs, bet dar nepadė́jau jų į spìntą.* 2. *(kas, kam, kuo / + bendr.) neig.* **padėti** (3): *Man niēkas nepàdeda dìrbti.*

nepadìdinti, nepadìdina, nepadìdino *vks. (1) (kas, ko) neig.* **padidinti**: *Dejà, atlýginimo man nepadìdino.*

nepadúoti, nepadúoda, nepàdavė *vks. (1) (kas, kam, ko) neig.* **paduoti**: *nepadúoti knỹgos*

nepagamìnti, nepagamìna, nepagamìno *vks. (1) (kas, ko) neig.* **pagaminti**: *nepagamìnti baldų̃*

nepagarbiaĩ *prv. neig.* **pagarbiai**; negerbiant: *nepagarbiaĩ kalbėti su mótina*

nepagársinti, nepagársina, nepagársino *vks. (1) (kas, ko) neig.* **pagarsinti**: *nepagársinti rãdijo*

nepagáuti, nepagáuna, nepagãvo *vks. (1) (kas, ko) neig.* **pagauti** (1, 2): *Katė̃ pelės nepagãvo.*

nepageti̇̃bti, nepagerbia, nepàgerbė *vks. (1) (kas, ko) neig.* **pagerbti**

nepagìrti, nepàgiria, nepagýrė *vks. (1) (kas, ko) neig.* **pagirti**; nepasakyti giriamų̃ žodžių̃: *Jì buvo apsirengusi naują̃ suknelę̃, o tų̃ jos nepagýrei.*

nepagrą́žinti, nepagrą́žina, nepagrą́žino *vks. (1) (kas, ko) neig.* **pagražinti**; nepadaryti gražesnio: *Šis pãstatas miēsto nepagrą́žino.*

nepagrindìnis, nepagrindìnė *bdv. (2, 4–9) neig.* **pagrindinis**

nepaim̃ti, nepàima, nepàėmė *vks. (1) (kas, ko) neig.* **paimti** (1, 2): *Ar tù pàėmei mano skė̃tį? – Nè, àš jo nepàėmiau.*

nepakabìnti, nepakabìna, nepakabìno *vks. (1) (kas, ko, ant ko) neig.* **pakabinti**: *nepakabìnti pálto [pavéikslo]*

nepakañkamai *prv.* 1. *(ko)* tiek, kad trūksta: *Stalų̃ užtekňka, o kė̃džių tùrime nepakañkamai.* 2. per mažai: *Sriubà nepakañkamai sū́ri.*

nepakartóti, nepakartója, nepakartójo *vks. (1) (kas, ko / + šs) neig.* **pakartoti**: *Nepakartósiu žõdžių, kuriuos jis sãkė, nes neatsimenu.*

nepakeĩsti, nepakeĩčia, nepàkeitė *vks. (1) (kas, ko) neig.* **pakeisti** (1, 2): *Savo núomonės aš nepakeĩsiu.*

nepakélti, nepàkelia, nepakė́lė *vks. (1) (kas, ko) neig.* **pakelti** (1, 2, 3)
nepakélti ragẽlio neatsiliepti: *Skam̃binau ilgaĩ, bet niēkas nepakė́lė ragẽlio.*

nepaklóti, nepaklója, nepaklójo *vks. (1) (kas, ko) neig.* **pakloti**: *Ar dar nepaklójai lóvos, brangióji?*

nepakviẽsti, nepakviẽčia, nepàkvietė *vks. (1) (kas, ko) neig.* **pakviesti** (1, 2): *Vaĩkas susiȓgo, o tėvaĩ nepàkvietė gýdytojo.* ○ *Gaĩla, bet jis manęs nepàkvietė pietáuti į restorãną.*

nepaláidoti, nepaláidoja, nepaláidojo *vks. (1) (kas, ko) neig.* **palaidoti**

nepalaikýti, nepalaĩko, nepalaĩkė *vks. (3) (kas, ko) neig.* **palaikyti** (1, 2, 3): *Jis nepalaĩkė mūsų núomonės.*

nepaláistyti, nepaláisto, nepaláistė *vks. (3) (kas, ko) neig.* **palaistyti**: *Nepaláisčiau gėlių.*

nepaléisti, nepaléidžia, nepaléido *vks. (1) (kas, ko) neig.* **paleisti** (1, 2): *Jo dar nepaléido iš kalėjimo.*

nepaleñkti, nepaleñkia, nepàlenkė *vks. (1) (kas, ko) neig.* **palenkti**: *nepaleñkti galvõs*

nepalydėti, nepalỹdi, nepalydėjo *vks. (2) (kas, ko) neig.* **palydėti**

nepaliẽka *esam. l. 3 asm. žr.* **nepalikti**

nepaliẽsti, nepaliẽčia, nepàlietė *vks. (1) (kas, ko) neig.* **paliesti** (1, 2)

nepalýginti, nepalýgina, nepalýgino *vks. (1) (kas, ko, su kuo) neig.* **palyginti**[1]

nepalìkti, nepaliẽka, nepalìko *vks. (1) (kas, ko) neig.* **palikti** (1, 2, 3): *Nepalìksime tavęs víeno namuosè.* ○ *Nepalìk lángo atidarýto.* ○ *Niekadà nepaliekù iñdų neplautų̃, visadà juos išpláunu.* ○ *Nepalikaĩ dešrẽlių pùsryčiams, ką̃ aš válgysiu?*

nepamatýti, nepamãto, nepamãtė *vks. (3) (kas, ko / + šs) neig.* **pamatyti**: *Nè nepamačiaũ, kad jis išėjo.*

nepamèsti, nepàmeta, nepàmetė *vks. (1) (kas, ko) neig.* **pamesti**: *Aš nepàmečiau rãktų, jie bùvo mano kišenėje.*

nepamiȓšti, nepamiȓšta, nepamiȓšo *vks. (1) (kas, ko / + bendr. / + šs) neig.* **pamiršti** (1, 2): *Ar tu nepamiȓšai skẽčio?* ○ *Nè, aš nepamiȓšau nupiȓkti vỹno.* ○ *Nepamiȓšk, kad vãkare eĩsime į teãtrą.*

nepanašùs, nepanašì *bdv. (4, 5–8) (kas, į ką) neig.* **panašus**: *Sūnùs visái nepanašùs į tėvą.* **nepanašù** *n.* neatródo: *Nepanašù, kad lìs.*

nepanaudóti, nepanaudója, nepanaudójo *vks. (1) (kas, ko, kam) neig.* **panaudoti**: *Pinigų̃ dar niẽkam nepanaudójome.*

nepaneĩgti, nepaneĩgia, nepàneigė *vks. (1) (kas, ko / + šs) neig.* **paneigti**: *Šių̃ fãktų jis nepàneigė.*

nepapãsakoti, nepapãsakoja, nepapãsakojo *vks. (1) (kas, kam, ko / apie ką / + šs) neig.* **papasakoti**: *Kodėl tu mums nepapãsakoji kelionės įspūdžių?* ○ *Jis man nepapãsakojo apie savo kelionę.* ○ *Ar nepapãsakotum, kaĩp vỹko susirinkìmas?*

nepàprastas, nepaprastà *bdv. (3^b, 1–6) neig.* **paprastas** (2); kuris išsiskiria savo savybėmis: *nepàprastas žmogùs* *nepaprastaĩ prv.* labai

nepaprašýti, nepaprãšo, nepaprãšė *vks. (3) (kas, ko, ko / + bendr. / + šs) neig.* **paprašyti**: *Tu nepaprašeĩ (manęs), kad aš tavęs paláukčiau.*

neparagáuti, neparagáuna, neparagãvo *vks. (1) (kas, ko) neig.* **paragauti**: *Tu net neparagavaĩ màno kẽpto (dlv.) pyrãgo.*

neparašýti, neparãšo, neparãšė *vks. (3) (kas, ko / + šs) neig.* **parašyti**: *Man gėda, kad neparašiaũ tau láiško.*

nepardúoti, nepardúoda, nepar̃davė *vks. (1) (kas, kam, ko) neig.* **parduoti**: *Jis nepar̃davė savo automobìlio.* ○ *Šio pavéikslo aš niẽkam nepardúosiu.*

neparéikšti, nepareĩškia, nepareĩškė *vks. (1) (kas, kam, ko) neig.* **pareikšti**: *nepareĩkšti padėkõs [užúojautos, pagarbõs]* • *būs. l. 3 asm.* **nepareĩkš**

nepareñti, nepàremia, nepàrėmė *vks. (1) (kas, ko) neig.* **paremti**: *Įmonė žadėjo paremti spòrtininkus, bet jų̃ nepàrėmė.* ○ *nepareñti koncèrto*

nepareñgti, nepareñgia, nepàrengė *vks. (1) (kas, ko) neig.* **parengti** (1, 2): *Aš dar nepàrengiau pranešìmo konfereñcijai.*

nepargriáuti, nepargriáuna, nepargriõvė *vks. (1) (kas, ko) neig.* **pargriauti**: *Niẽkas jo nepargriõvė, jis pàts pargriùvo.*

neparnèšti, nepar̃neša, nepar̃nešė *vks. (1) (kas, ko) neig.* **parnešti**: *Atléisk, bet aš nepar̃nešiu (būs. l.) maĩsto iš parduotùvės, neturiù laĩko.*

neparódyti, neparódo, neparódė *vks. (3) (kas, kam, ko) neig.* **parodyti** (1, 2): *Aš pra-*

neparsinešti

šiaũ jį paródyti láišką, bet jìs jo (man) neparódė.

neparsinė̃šti, neparsìneša, neparsìnešė sgr. vks. (1) (kas, ko) neig. **parsinešti**: Lagamìnas (yra) sunkùs, aš jo neparsinèšiu (bū̃s. 1.).

neparuõšti, neparuõšia, nepàruošė vks. (1) (kas, ko) neig. **paruošti**: Piẽtų dar nepàruošiau.

neparū̃pinti, neparū̃pina, neparū̃pino vks. (1) (kas, kam, ko) neig. **parūpinti**

neparvèžti, nepar̃veža, nepar̃vežė vks. (1) (kas, ko) neig. **parvežti**: Niẽkas manę̃s nepar̃vežė namõ, turė́jau pàts parvažiúoti. • bū̃s. l. 3 asm. **neparvèš**

nepasakýti, nepasãko, nepasãkė vks. (3) 1. (kas, ko) neig. **pasakyti** (1). 2. (kas, kam, ko / + šs) neig. **pasakyti** (2): Ji nepasãkė man savo var̃do. ○ Kadà jis grį̃š? – Jis (man) nepasãkė. ○ Kodė̃l tu (man) nepasakeĩ, kad išvažiúoji?

ar nepasakýtum(ėte) (mandagiai klausiant) prašom pasakyti: Ar nepasakýtumėte, kadà išvỹksta traukinỹs?

nepãsakoti, nepãsakoja, nepãsakojo vks. (1) (kas, kam, ko / apie ką / + šs) neig. **pasakoti**: nepãsakoti keliõnės įspūdžių ○ Jis man niẽko nepãsakojo apie keliõnę. ○ Niẽkam nepãsakok, kad mateĩ mane kavìnėje.

nepasidarýti, nepasidãro, nepasidãrė sgr. vks. (3) 1. (kas, ko) neig. **pasidaryti** (1). 2. (kas, koks) neig. **pasidaryti** (2); likti tokiam pat: Tu nepasidareĩ gerèsnis. 3. (–; kam) neig. **pasidaryti** (3): Ar tau nepasidarỹs blõga (tavę̃s nepradė̃s pykinti), jei suválgysi tiek saldaĩnių?

nepasidė́ti, nepasìdeda, nepasidė́jo sgr. vks. (1) (kas, ko) neig. **pasidėti**: Aš dar nepasidė́jau lagamìno į bagãžo saugỹklą.

nepasíekti, nepasíekia, nepasíekė vks. (1) (kas, ko) neig. **pasiekti** (1, 2, 3): Aš nepasíekiu viršutìnės lentýnos, ji yra labaĩ aukštaĩ.

nepasiim̃ti, nepasìima, nepasìėmė sgr. vks. (1) (kas, ko) neig. **pasiimti** (1, 2): Ar turì rãktą? – Nè, rãkto aš nepasìėmiau.

nepasikeĩsti, nepasikeĩčia, nepasikeĩtė sgr. vks. (1) 1. (kas) neig. **pasikeisti** (1): Jis visái nepasikeitė, lìko toks pàt. 2. (kas, ko) neig. **pasikeisti** (2): Aš dar nepasìkeičiau dólerių į lìtus.

nepasiklóti, nepasiklója, nepasiklójo sgr. vks. (1) (kas, ko) neig. **pasikloti**: Jaũ laĩkas miegóti, o tu dar nepasiklójai lóvos.

nepasikviẽsti, nepasikviẽčia, nepasìkvietė sgr. vks. (1) (kas, ko) neig. **pasikviesti**: Kodė̃l tu jo nepasikvietì (esam. l. vns. 2 asm.) į svečiùs?

nepasilìkti, nepasiliẽka, nepasilìko sgr. vks. (1) 1. (kas) neig. **pasilikti** (1): Aš čià nepasilìksiu. 2. (kas, ko) neig. **pasilikti** (2): Ji nepasilìko senų̃ laiškų̃, sudẽgino juos.

nepasimatúoti, nepasimatúoja, nepasimatãvo sgr. vks. (1) (kas, ko) neig. **pasimatuoti**: Aš dar nepasimatavaũ šiõs suknẽlės.

nepasirašýti, nepasirãšo, nepasirãšė sgr. vks. (3) 1. (kas) neig. **pasirašyti** (1): Čià nėra jūsų̃ pãrašo, jūs nepasirãšėte. 2. (kas, ko) neig. **pasirašyti** (2): nepasirašýti sutartiẽs [įstãtymo, dokumeñtų, protokòlo]

nepasiriñkti, nepasìrenka, nepasiriñko sgr. vks. (1) (kas, ko) neig. **pasirinkti**: Dar nepasirinkaũ specialýbės.

nepasisèkti, nepasìseka, nepasisèkė sgr. vks. (1) (kam, + bendr. / + šs) neig. **pasisekti**: Tau nepasisèkė, kad negavaĩ biliẽto į koncèrtą. ○ Man nepasìsekė išlaikýti egzãmino [egzãminą].

nepasisekìmas dkt. v. (2, 1)

nepasiskõlinti, nepasiskõlina, nepasiskõlino sgr. vks. (1) (kas, ko, iš ko) neig. **pasiskolinti**: Nepasiskõlinau pinigų̃, draugaĩ man nepaskõlino.

nepasitáikyti, nepasitáiko, nepasitáikė sgr. vks. (3) (ko) neig. **pasitaikyti**: Aš norė́jau pas jus atvažiúoti, bet nepasitáikė prógos.

nepasiténkinimas vns. dkt. v. (1, 1) kuo nepatenkìnto žmogaũs būsena: jaũsti nepasiténkinimą • žr. **pasitenkinimas**

nepasitèpti, nepasìtepa, nepasìtepė sgr. vks. (1) (kas, ko, kuo) neig. **pasitepti**: nepasitèpti véido kremù

nepasitìkti, nepasitiñka, nepasitìko sgr. vks. (1) (kas, ko) neig. **pasitikti**: Tu manę̃s nepasitikaĩ stotyjè, kodė̃l?

nepasiū́lyti, nepasiū́lo, nepasiū́lė *vks. (3) (kas, kam, ko / + bendr.) neig.* **pasiūlyti**: *Jis nepasiū́lė mums kavõs.* ○ *Jis niekadà nepasiū́lo nueĩti į̃ koncèrtą.*

nepasiū́ti, nepàsiuva, nepasiùvo *vks. (1) (kas, ko) neig.* **pasiūti**: *Man dar nepasiùvo suknẽlės.* • *būs. l. 3 asm.* **nepasiū̃s**

nepaskélbti, nepaskélbia, nepaskélbė *vks. (1) (kas, kam, ko / apie ką̃ / + šs) neig.* **paskelbti**: *Varžýbų rezultãto dar niẽkas nepaskélbė.* ○ *Apie tą̃ į́vykį dar nepaskélbta spaudojè.* ○ *Ar dar nepaskélbė, kíek žmonių̃ žùvo avãrijoje?*

nepaskìrti, nepàskiria, nepaskýrė *vks. (1)* **1.** *(kas, ko, kuo) neig.* **paskirti** (1): *Naũjas minìstras dar (yra) nepaskìrtas.* ○ *Jo dar nepaskýrė ministrù.* **2.** *(kas, ko, kam) neig.* **paskirti** (2): *Teĩsmas jam nepaskýrė jokiõs bausmė̃s.*

nepaskõlinti, nepaskõlina, nepaskõlino *vks. (1) (kas, ko, kam) neig.* **paskolinti**: *Jis nepaskõlino man pinigų̃ automobìliui pir̃kti.*

nepaslaugùs, nepaslaugì *bdv. (4, 5–8) neig.* **paslaugus**: *Ta pardavė́ja visái nepaslaugì.*

nepasodìnti, nepasodìna, nepasodìno *vks. (1) (kas, ko) neig.* **pasodinti** (1, 2): *Kodė̃l tu nepasodinaĩ svẽčio?* ○ *Nepasodinaũ gė̃lės.*

nepaspáusti, nepaspáudžia, nepaspáudė *vks. (1) (kas, ko) neig.* **paspausti**: *Nepaspáudžiau mygtùko ir neįjùngiau lémpos.*

nepastatýti, nepastãto, nepastãtė *vks. (3) (kas, ko) neig.* **pastatyti** (1, 2, 3): *nepastatýti vãzos ant stãlo* ○ *Aš nepastačiaũ automobìlio aikštẽlėje, palikaũ jį prie namų̃.* ○ *Tėvaĩ stãto nãmą, bet dar nepastãtė.*

nepastebė́ti, nepàstebi, nepastebė́jo *vks. (2) (kas, ko / + šs) neig.* **pastebėti**: *Atsiprašaũ, aš tavę̃s nepàstebė́jau.* ○ *Jis nepastebė́jo, kad baĩgiasi benzìnas.*

nepasū́dyti, nepasū́do, nepasū́dė *vks. (3) (kas, ko) neig.* **pasūdyti**: *Nepasū́džiau mėsõs, ir ji sugẽdo.*

nepasùkti, nepàsuka, nepasùko *vks. (1)* **1.** *(kas) neig.* **pasukti** (1): *nepasùkti į̃ dẽšinę* **2.** *(kas, ko) neig.* **pasukti** (2): *nepasùkti čiáupo*

nepasvéikinti, nepasvéikina, nepasvéi-kino *vks. (1) (kas, ko) neig.* **pasveikinti**: *Tu nepykstì, kad nepasvéikinau tavę̃s gimtãdienio próga?*

nepasver̃ti, nepàsveria, nepàsvėrė *vks. (1) (kas, ko) neig.* **pasverti**: *Ar paštè siuñtinio nepàsvėrė?*

nepašálinti, nepašálina, nepašálino *vks. (1) (kas, ko) neig.* **pašalinti** (1, 2): *Šis valìklis dėmių̃ nepašálino.* ○ *Minìstro nepašálins iš pareigų̃.*

nepataisýti, nepataĩso, nepataĩsė *vks. (3) (kas, ko) neig.* **pataisyti**: *Gaĩla, bet jū́sų automobìlio dar nepataĩsėme.*

nepateĩkti, nepateĩkia, nepàteikė *vks. (1) (kas, ko) neig.* **pateikti**: *Jū̃s (mums) nepàteikėte reikalingų̃ dokumeñtų.*

nepaténkintas, nepaténkinta *bdv. (1, 1–6) (kuo / + šs) jaučiantis nemalonų jausmą, kad neį̃vyksta tai, ko bùvo siekiama ir pan.*: *Kuõ tu (esi) nepaténkintas?* ○ *Ji (yra) nepaténkinta savo dárbu.* ○ *Jis (yra) labai nepaténkintas, kad negãvo biliẽto į̃ krepšinio varžýbas.* • *žr.* **patenkintas**

nepatìkrinti, nepatìkrina, nepatìkrino *vks. (1) (kas, ko / + šs) neig.* **patikrinti**: *Méistras nepatìkrino automobìlio stabdžių̃.*

nepatìkslinti, nepatìkslina, nepatìkslino *vks. (1) (kas, ko) neig.* **patikslinti**; nepadaryti tikslesnio

nepatýręs, nepatýrusi *bdv. (dlv. [3])* neturintis patirties: *Tas vairúotojas dar nepatýręs, jis tik priẽš mė́nesį išmóko vairúoti.*

nepatìrti, nepàtiria, nepatýrė *vks. (1) (kas, ko) neig.* **patirti**: *nepatìrti neláimės*

nepatogùs, nepatogì *bdv. laipsn. (4, 5–8) (kam) neig.* **patogus** (1, 2, 3): *Šie bãtai (man) nepatogū̃s.* ○ *Tas laĩkas man nepatogùs, aš negalė́siu susitìkti su jumìs.*

nepatogù *n.. Mán sėdė́ti čia labaĩ nepatogù, kíeta.* ○ *Nepatogù skambìnti vėlaĩ.*

nepatvirtìnti, nepatvirtìna, nepatvirtìno *vks. (1)* **1.** *(kas, ko / + šs) neig.* **patvirtinti** (1): *Jis nepatvirtìno mano žõdžių.* **2.** *(kas, ko) neig.* **patvirtìnti** (2, 3): *nepatvirtìnti sutartiẽs*

nepavadìnti, nepavadìna, nepavadìno *vks. (1) (kas, ko, kuo) neig.* **pavadinti** (1, 2)

nepàvagia *esam. l. 3 asm. žr.* **nepavogti**

nepaváišinti, nepaváišina, nepaváišino *vks. (1) (kas, ko, kuo) neig.* **pavaišinti**: *Jis mūsų nepaváišino pietumìs.* ○ *Ji (yra) labai šykštì, niekadà nepaváišina manęs.*

nepavaizdúoti, nepavaizdúoja, nepavaizdãvo *vks. (1) (kas, ko) neig.* **pavaizduoti**

nepavar̃gęs, nepavar̃gusi *bdv. (dlv. [3]) neig.* **pavargęs**: *Aš visái nepavar̃gęs, galiù dìrbti.*

nepavartóti, nepavartója, nepavartójo *vks. (1) (ko, kas) neig.* **pavartoti** (1, 2): *nepavartóti žõdžio*

nepaveĩkti, nepaveĩkia, nepàveikė *vks. (1) (ko, kas) neig.* **paveikti**; *nepadaryti poveikio: Keĩsta, bet jo nepàveikė draũgo mirtìs.*

nepaveldė́ti, nepavéldi, nepaveldė́jo *vks. (2) (kas, ko, iš ko) neig.* **paveldėti**: *Šio nãmo aš nepaveldė́jau iš tėvų̃, aš jį̃ nusipirkaũ.*

nepavèžti, nepàveža, nepàvežė *vks. (1) (kas, ko) neig.* **pavežti**: *Tu manęs nepavèši iki namų̃?*

nepavydùs, nepavydì *bdv. (4, 5–8) neig.* **pavydus**: *Mano žmonà (yra) nepavydì, ji nemãno, kad aš mýliu kitàs móteris.*

nepavõgti, nepàvagia, nepàvogė *vks. (1) (kas, ko) neig.* **pavogti**: *Jis tvìrtina, kad nepàvogė pinigų̃.*

nepavojìngas, nepavojìnga *bdv. (1, 1–6) neig.* **pavojingas**; *nekeliantis pavojų: Ši ligà gyvýbei nepavojìnga.*

nepažãdinti, nepažãdina, nepažãdino *vks. (1) (kas, ko) neig.* **pažadinti**: *Tu manęs laikù nepažãdinai, aš pavėlavaũ į̃ pãskaitas.*

nepažeĩsti, nepažeĩdžia, nepàžeidė *vks. (1) (kas, ko) neig.* **pažeisti**

nepažymė́ti, nepažými, nepažymė́jo *vks. (2) (kas, ko) neig.* **pažymėti**: *nepažymė́ti geležinkelių žemėlapyje*

nepažìnti, nepažį́sta, nepažìno *vks. (1) (kas, ko)* **1.** *neig.* **pažinti** (1); *nemokė́ti, nesugebėti atskirti nuo kitų: Šio paũkščio aš nepažį́stu.* ○ *Atsiprašaũ, iš kar̃to jūsų nepažinaũ.* **2.** *(tik esam. l.) neig.* **pažinti** (2); *nebūti susipažinusiam: Mes jų nepažį́stame.*

nepelnìngai *prv. neig.* **pelningai**; *negaunant pelno: Šiẽmet į̃monė dìrbo nepelnìngai.*

nepelnìngas, nepelnìnga *bdv. (1, 1–6) neig.* **pelningas**; *kuris neduoda pelno: nepelnìngas veřslas*

nepérbraukti, nepérbraukia, nepérbraukė *vks. (1) (kas, kuo, ko / per ką) neig.* **perbraukti**

nepérduoti, nepérduoda, nepérdavė *vks. (1) (kas, ko) neig.* **perduoti** (1, 2): *Jis nepérdavė man jū́sų linkė́jimų.* ○ *Ar (per rãdiją) naujáusių žinių dar nepérdavė?*

nepéreiti, nepéreina, nepérėjo *vks. (1) (kas, ko / per ką) neig.* **pereiti**: *nepéreiti gãtvės*

nèperka *esam. l. 3 asm. žr.* **nepirkti**

nepérkelti, nepérkelia, nepérkėlė *vks. (1) (kas, ko) neig.* **perkelti** (1, 2, 3, 4): *nepérkelti vãzos nuo stãlo ant palángės* ○ *Jo nepérkėlė į̃ naujàs pãreigas.* ○ *nepérkelti skiemeñs į̃ kìtą eilùtę*

nepérpjauti, nepérpjauna, nepérpjovė *vks. (1) (kas, ko) neig.* **perpjauti**: *nepérpjauti óbuolio pusiáu*

nepérplėšti, nepérplėšia, nepérplėšė *vks. (1) (kas, ko) neig.* **perplėšti**: *Nepérplėšk knỹgos lãpo.*

nepérsiplėšti, nepérsiplėšia, nepérsiplėšė *sgr. vks. (1) (kas, ko) neig.* **persiplėšti**: *Atsargiaĩ, nepérsiplėšk suknẽlės į̃ vìnį!*

nepérsirengti, nepérsirengia, nepérsirengė *sgr. vks. (1) (kas; kas, ko / kuo) neig.* **persirengti**: *Paláuk manęs, aš dar nepérsirengiau suknẽlės.* • *liep. n.* **nepérsirenk(ite)**

nepérsiūti, nepérsiuva, nepérsiuvo *vks. (1) (kas, ko) neig.* **persiūti**

nepérskaityti, nepérskaito, nepérskaitė *vks. (3) (kas, ko) neig.* **perskaityti** (1, 2, 3): *Aš dar nepérskaičiau knỹgos.* ○ *Aš nepérskaitau (negaliu perskaityti), kàs čia parašýta.* ○ *nepérskaityti žõdžio*

nepéršokti, nepéršoka, nepéršoko *vks. (1) (kas, ko / per ką) neig.* **peršokti**: *Gali nešókti per tvõrą, tu jos [per ją] nepéršoksi.*

nepértraukti, nepértraukia, nepértraukė *vks. (1) (kas, ko) neig.* **pertraukti**: *Nepértraukite manęs, aš dar nèbaigiau kalbė́ti!*

nepérvažiuoti, nepérvažiuoja, nepérvažiavo *vks. (1) (kas, ko / per ką) neig.* **perva-**

žiuoti: *Nesustókite, kol nepérvažiuosite tìlto.*

nepérvesti, nepérveda, nepérvedė *vks. (1)* **1.** *(kas, ko, per ką) neig.* pervesti (1): *nepérvesti vaĩko per gãtvę* **2.** *(kas, ko, į ką) neig.* pervesti (2): *Ar pinigų į jūsų sąskaitą dar nepérvedė?*

nepiẽšti, nepiẽšia, nèpiešė *vks. (1) (kas, ko) neig.* piešti: *Ką tu ten pieši? – Àš niẽko nepiẽšiu.* ○ *Niẽko nepiẽšiu* (būs. l.).

nepigùs, nepigì *bdv. (4, 5–8) neig.* pigus; gana brangus: *Šis laĩkrodis (yra) nepigùs.* **nepigù** *n.: Atostogáuti užsienyje yra nepigù.*

nepỹkinti, nepỹkina, nepỹkino *vks. (1) (ko, – / kas) neig.* pykinti: *Ar lėktuvė jūsų nepỹkina?*

nepìktas, nepiktà *bdv. (4, 1–6) neig.* piktas (1, 2, 3)
nepiktaĩ *prv.: Mótina vaĩką bãrė, bet nepiktaĩ.*

nepìldyti, nepìldo, nepìldė *vks. (3) (kas, ko, ko) neig.* pildyti: *Dar nepìldyk bāko benzino, jis* (bakas) *dar pìlnas.*

nepýlė *būt. l. 3 asm. žr.* nepilti

nepìlnas, nepilnà *bdv. (3, 1–6) neig.* pilnas (1); kuriame yra vietos kam tilpti: *Bākas dar nepìlnas, dar gali pìlti benzino.*

nepìlti, nèpila, nepýlė *vks. (1) (kas, ko) neig.* pilti: *Nepìlk man vỹno į taũrę, aš daugiau negérsiu.*

nepìnti, nèpina, nepýnė *vks. (1) (kas, ko) neig.* pinti (1, 2): *nepìnti pintinės [kasų]*

nepiřkti, nèperka, nepiřko *vks. (1) (kas, ko) neig.* pirkti: *Šios knỹgos aš nepirkaũ, ją man dovanójo draũgė.*

nepjáustyti, nepjáusto, nepjáustė *vks. (3) (kas, ko) neig.* pjaustyti: *Nepjáustyk mėsõs, sumálk ją.*

nepjáuti, nepjáuna, nepjóvė *vks. (1)* **1.** *(kas, ko, kuo) neig.* pjauti: *nepjáuti žolės* **2.** *(kas)* būti neaštriam (apie peilį): *Šis peĩlis nepjáuna.*

neplàkti, nèplaka, nèplakė *vks. (1)* **1.** *(kas) neig.* plakti (1): *Jis* (yra) *negývas, jo širdìs nèplaka.* **2.** *(kas, ko) neig.* plakti (2): *neplákti grietinėlės*

neplatùs, neplatì *bdv. (4, 5–8) neig.* platus; gana siauras: *Šis tìltas (yra) neplatùs.*

nepláuti, nepláuna, neplóvė *vks. (1) (kas, ko, kuo) neig.* plauti: *Šiandien iñdų aš nepláusiu.* ○ *Tuo šampūnù ji galvõs neplaũs.*

neplė́šyti, neplė́šo, neplė́šė *vks. (3) (kas, ko) neig.* plėšyti: *Tos núotraukos (yra) màno – neplė́šyk jų.*

neplėšrùs, neplėšrì *bdv. (4, 5–8) neig.* plėšrus: *Kiškis yra neplėšrùs žvėrìs.*

neplė́šti, neplė́šia, neplė́šė *vks. (1) (kas, ko) neig.* plėšti: *Neplė́šk knỹgos lãpo.*

neplónas, neplonà *bdv. (3, 1–6) neig.* plonas (1–5); gana storas: *Ši mẽdžiaga (yra) neplonà* (plg. *Ši mẽdžiaga nerà plonà*).

neplóvė *būt. l. 3 asm. žr.* neplauti

nepopuliarùs, nepopuliarì *bdv. laipsn. (4, 5–8) neig.* populiarus; kurio nemėgsta daug žmonių: *Šis polìtikas yra pàts nepopuliariáusias.*

nepradė́ti, nepràdeda, nepradė́jo *vks. (1)* **1.** *(kas, ko / + bendr.) neig.* pradėti (1): *Mes dar nepradė́jome dárbo [dìrbti].* **2.** *(+ bendr.) neig.* pradėti (2): *Greičiaũ eĩmė namõ, kol nepradė́jo lýti.*

nepradùrti, nepràduria, nepradū́rė *vks. (1) (kas, ko) neig.* pradurti: *nepradùrti padangõs*

nepralaimė́ti, nepralaĩmi, nepralaimė́jo *vks. (2) (kas, ko) neig.* pralaimėti: *Maniaũ, kad pralaimė́sime rungtynès, bet nepralaimė́jome (rungtỹnių).*

nepraléisti, nepraléidžia, nepraléido *vks. (1) (kas, ko) neig.* praleisti (1, 2, 3, 4): *Šis audinỹs nepraléidžia vandeñs.*

nepranèšti, nepràneša, neprànešė *vks. (1) (kas, ko / apie ką / + šs) neig.* pranešti (1, 2): *Aš nepranèšiu apie įvykį polìcijai.* ○ *Jis neprànėšė, kad įvỹko avãrija.* ○ *Kodėl tu man neprànešei naujíenos?*

neprãstas, neprastà *bdv. (4, 1–6) neig.* prastas; gana geras: *Šis vỹnas (yra) neprãstas.*

neprašýti, neprãšo, neprãšė *vks. (3) (kas, ko, ko / + bendr. / + šs) neig.* prašyti: *Jis sãko, kad daugiaũ neprašỹs manęs pinigų.* ○ *neprašýti padėti* ○ *Aš neprašiaũ, kad tu čia pasilìktum.*

nepraũsti, nepraũsia, nèprausė *vks. (1) (kas, ko; kas, kam, ko) neig.* **prausti:** *nepraũsti vaĩko*

neprìdėti, neprìdeda, nepridėjo *vks. (1)* 1. *(kas, ko) neig.* **pridėti** (1): *Nepridėk pilnōs lėkštės obuolių, niẽkas jų neválgys.* 2. *(kas, ko, prie ko) neig.* **pridėti** (2, 3): *nepridėti dviejų prie trijų*

neprìėmė *būt. l. 3 asm. žr.* **nepriimti**

neprieĩti, neprieĩna, nepriėjo *vks. (1) (kas, ko / prie ko) neig.* **prieiti:** *Mes dar nepriėjome pãšto.*

nepriim̃ti, neprìima, neprìėmė *vks. (1)* 1. *(kas, ko) neig.* **priimti** (1, 2, 3, 5): *nepriim̃ti įstãtymo* ○ *Jis nepriẽmė dovanõs.* 2. *(kas, ko, į ką) neig.* **priimti** (4): *Manęs nepriẽmė į dárbą.*

neprikélti, neprìkelia, neprikėlė *vks. (1) (kas, ko) neig.* **prikelti:** *Tu manęs laikù neprikėlei, ir aš pavėlavaũ į dárbą.*

neprikim̃šti, neprìkemša, neprikim̃šo *vks. (1) (kas, ko, ko) neig.* **prikimšti:** *Neprikimšaũ pagálvės plùnksnų.*

nepriklaũsomas, nepriklaũsoma *bdv. (1, 1–6)* kuris nepriklauso nuo kitų: *nepriklaũsomos šãlys*

nepriklausomýbė *dkt. m. (1, 8)* buvimas nepriklausomo nuo kitų valstybių: *Taũtos gìna savo nepriklausomýbę.* ○ *Nepriklausomýbės dienõs šveñtė*

nepriklijúoti, nepriklijúoja, nepriklijãvo *vks. (1) (kas, ko, prie ko) neig.* **priklijuoti:** *Jūs nepriklijãvote pãšto žénklo prie vóko.*

nepriléisti, nepriléidžia, nepriléido *vks. (1) (kas, ko, ko) neig.* **prileisti:** *nepriléisti voniõs vandeñs*

neprinókęs, neprinókusi *bdv. (dlv. [3]) neig.* **prinokęs:** *Neválgyk neprinókusių kriáušių, nes skaudės pìlvą.*

nepripìldyti, nepripìldo, nepripìldė *vks. (3) (kas, ko) neig.* **pripildyti:** *Nepripìldžiau bāko benzino.*

nepripìlti, neprìpila, nepripýlė *vks. (1) (kas, ko, ko) neig.* **pripilti:** *nepripìlti stiklìnės sùlčių*

nepripū̃sti, neprìpučia, neprìpūtė *vks. (1) (kas, ko) neig.* **pripūsti:** *Negaliù važiúoti,* *neprìpūčiau padangõs.*

nepririšti, neprìriša, nepriríšo *vks. (1) (kas, ko, prie ko) neig.* **pririšti:** *Jeigu neprirìši šuñs prie mēdžio, jis (šuo) pabėgs.*

neprisimiñti, neprisìmena, neprisìminė *sgr. vks. (1) (kas, ko / + šs) neig.* **prisiminti:** *Jūs manęs neprisìmenate?* ○ *Neprisimenù, kuř padėjau rāktą.*

neprisipìlti, neprisìpila, neprisipýlė *sgr. vks. (1) (kas, ko, ko) neig.* **prisipilti:** *neprisipìlti bāko benzino [puodėlio kavõs]*

neprisisiū̃ti, neprisìsiuva, neprisisiùvo *sgr. vks. (1) (kas, ko) neig.* **prisisiūti:** *Neprisisiuvaũ sagõs ir (ją) pàmečiau.*

neprisiū̃ti, neprìsiuva, neprisiùvo *vks. (1) (kas, ko) neig.* **prisiūti:** *Ar neprisiū̃tum man sagõs (gal prisiūtum man sagą)?*

nepristatýti, nepristãto, nepristãtė *vks. (3) 1. (kas, ko) neig.* **pristatyti** (1): *Nepristatýk ant palángės daũg gėlių, kambaryjè bus tamsù.* 2. *(kas, ko) neig.* **pristatyti** (2, 3, 4): *Mes užsisãkėme maĩsto į namùs, bet jō mums dar nepristãtė.*

neprisùkti, neprìsuka, neprisùko *vks. (1) (kas, ko) neig.* **prisukti** (1, 2): *neprisùkti varžto*

nepritvìrtinti, nepritvìrtina, nepritvìrtino *vks. (1) (kas, ko, prie ko) neig.* **pritvirtinti:** *Nepritvìrtinai lentýnos prie síenos, ir ji (lentyna) nukrito.*

neprivãlomas, neprivãloma *bdv. (1, 1–6) neig.* **privalomas;** nebūtinas, kurį daryti nebūtina: *Šis mókymo dalỹkas yra neprivãlomas.*

neprivãloma *n.: Mókytis šio dalỹko yra neprivãloma.*

neprivažiúoti, neprivažiúoja, neprivažiãvo *vks. (1) (kas, ko / prie ko) neig.* **privažiuoti:** *Mes dar neprivažiãvome Vìlniaus.*

neprivef̃sti, nepriveřčia, neprìvertė *vks. (1) (kas, ko, + bendr.) neig.* **priversti:** *Nepriveřčiu vaĩko mókytis.*

neprižiūrėti, neprižiūri, neprižiūrėjo *vks. (2) (kas, ko) neig.* **prižiūrėti:** *Jūs neprižiūrite gėlių, nepaláistote jų.*

neprotìngas, neprotìnga *bdv. (1, 1–6) neig.* **protingas;** gana kvailas

neprotìngai *prv.*: *Jūs elgiatės neprotìngai.*
neprotingùmas *dkt. v.* (2, 1)
nèpučia *esam. l. 3 asm. žr.* **nepūsti**
nepùlti, nepúola, nepúolė *vks.* (1) *(kas, ko) neig.* **pulti**: *Šuõ manęs nepúolė, tik lójo.*
nepuõšti, nepuõšia, nèpuošė *vks.* (1) 1. *(kas, ko, kuo) neig.* **puošti** (1): *Aš nepuošiù [būs. l. nepuõšiu] bùto gėlėmìs.* 2. *(kas, ko) neig.* **puošti** (2): *Šie pavéikslai kam̃bario nepuõšia, jie yra negrãžūs.*
nepur̃kšti, nepur̃škia, nèpurškė *vks.* (1) *(kas, ko, kuo) neig.* **purkšti**: *Nepur̃kšk tiek daũg kvepalų.* ○ *nepur̃kšti síenos dažaĩs*
nepur̃vinas, nepurvinà *bdv.* (3ᵇ, 1–6) *neig.* **purvinas**: *Mano bãtai (yra) nepurvinì, švarūs.*
nepūsti, nèpučia, nèpūtė *vks.* (1) 1. *(kas) neig.* **pūsti** (1, 3): *Šiañdien vėjas nèpučia, šil̃ta.* 2. *(kas, ko) neig.* **pūsti** (2, 4): *nepūsti padangõs* • *būs. l. 3 asm.* **nepū̃s**
nerà *esam. l. 3 asm. žr.* **nebūti**
nerà už ką̃ (mandagūs žodžiai, sakomi dėkojančiam): *Ãčiū, kad par̃vežėte mane namõ. – Nerà už ką̃.*
nerãdo *būt. l. 3 asm. žr.* **nerasti**
neragáuti, neragáuja, neragãvo *vks.* (1) *(kas, ko) neig.* **ragauti**: *Tokių saldaĩnių aš dar neragavaũ.*
nerãginti, nerãgina, nerãgino *vks.* (1) *(kas, ko, + bendr.) neig.* **raginti**: *Vir̃šininkas nerãgino mū́sų dìrbti.*
nerakìnti, nerakìna, nerakìno *vks.* (1) *(kas, ko) neig.* **rakinti**; neatrakinti ar neužrakinti: *nerakìnti dùrų [spynõs]*
neramùs, neramì *bdv.* (4, 5–8) *neig.* **ramus** (1, 3): *Šiañdien jū́ra neramì, bangúota.*
nerãsti, nerañda, nerãdo *vks.* (1) *(kas, ko) neig.* **rasti** (1, 2): *Visur̃ ieškójau rãkto, bet jo neradaũ.* ○ *Ar tu neradaĩ mano piniginės?*
nerašýti, nerãšo, nerãšė *vks.* (3) 1. *(kas, ko) neig.* **rašyti** (1, 2): *nerašýti láiško draũgui* 2. *(kas) neig.* **rašyti** (3): *Šis tušinùkas nerãšo.*
neráuti, neráuna, neróvė *vks.* (1) *neig.* **rauti**: *Neráuk gėlė̃s, tegu áuga!*
neravėti, nèravi, neravėjo *vks.* (2) *(kas, ko) neig.* **ravėti**: *Neravėsiu dar̃žo, tingiu.*

neredagúoti, neredagúoja, neredagãvo *vks.* (1) *(kas, ko) neig.* **redaguoti**: *neredagúoti knýgos*
neregistrúotas, neregistrúota *bdv.* (1, 1–6) *neig.* **registruotas**
neregistrúoti, neregistrúoja, neregistrãvo *vks.* (1) *(kas, ko) neig.* **registruoti**: *neregistrúoti sántuokos*
nereguliúoti, nereguliúoja, nereguliãvo *vks.* (1) *(kas, ko) neig.* **reguliuoti**: *nereguliúoti eĩsmo*
nereikalìngas, nereikalìnga *bdv.* (1, 1–6) *(kam) neig.* **reikalingas**; kurio nereikia: *Ši knygà man nereikalìnga, gali ją im̃ti, jeigu tau jos reĩkia.*
neréikšti, neréiškia, neréiškė *vks.* (1) 1. *(kas, ko) neig.* **reikšti** (1). 2. *(kas, ko, kam) neig.* **reikšti** (2): *neréikšti pagarbõs [užúojautos]*
nereklamúoti, nereklamúoja, nereklamãvo *vks.* (1) *(kas, ko) neig.* **reklamuoti**: *nereklamúoti tabãko gaminių*
nerekomendúoti, nerekomendúoja, nerekomendãvo *vks.* (1) *(kas, ko, kam) neig.* **rekomenduoti**: *Manęs niẽkas nerekomendãvo, galbūt todėl aš negavaũ to dárbo.*
neremontúoti, neremontúoja, neremontãvo *vks.* (1) *(kas, ko) neig.* **remontuoti**: *neremontúoti bùto*
nerem̃ti, nèremia, nèrėmė *vks.* (1) *(kas, ko) neig.* **remti** (1, 2): *Mū́sų dárbo niẽkas nèremia.*
nereñgti, nereñgia, nereñgė *vks.* (1) 1. *(kas, ko) neig.* **rengti** (1): *Nereñk vaĩko striùkė.* 2. *(kas, ko) neig.* **rengti** (2, 3): *nereñgti įstãtymo [vestùvių]* 3. *(kas, ko, kam) neig.* **rengti** (4): *Manęs niẽkas nerengė egzãminui, aš pàts pasirengiaũ.*
nèrenka *esam. l. 3 asm. žr.* **nerinkti**
neretaĩ *prv. neig.* **retai**; gana dažnai: *Aš juos neretaĩ aplankaũ, beveĩk kas savaĩtę.*
nerẽtas, neretà *bdv.* (4, 1–6) *neig.* **retas** (1, 2); gana tankus ar dažnas
nerezervúoti, nerezervúoja, nerezervãvo *vks.* (1) *(kas, ko, kam) neig.* **rezervuoti**: *Atsiprašaũ, aš nerezervavaũ jums bilieto.*
nerežisúoti, nerežisúoja, nerežisãvo *vks.*

(1) (kas, ko) neig. **režisuoti**: *Jis sākė, kad šio spektāklio nerežisuōs.*

neribóti, neribója, neribójo *vks. (1) (kas, ko) neig.* **riboti**: *neribóti greĩčio*

neriebùs, neriebì *bdv. (3, 5–8) neig.* **riebus** (1, 2); *gana liesas: Aš galiu válgyti tik neríebią mėsą.*

neriēkti, neriēkia, nėriekė *vks. (1) (kas, ko) neig.* **riekti**: *neriēkti dúonos*

nerìjo *būt. l. 3 asm. žr.* **neryti**

nẽrimas *vns. dkt. v. (1, 1)* nemalonus jausmas, kurį sukelia baimė ar manymas, kad kas bloga atsitiks: *jaũsti nẽrimą*

nerimáuti, nerimáuja, nerimãvo *vks. (1) (kas, dėl ko)* jausti nerimą: *Aš nerimáuju dėl tavo sveikãtos.*

nerim̃tas, nerimtà *bdv. (4, 1–6) neig.* **rimtas** *nerimtaĩ prv.: kalbėti nerimtaĩ, juokáuti*

neriñkti, nėrenka, neriñko *vks. (1) (kas, ko) neig.* **rinkti** (1–7): *Seniaũ nerinkaũ pāšto ženklų, dabař pradėjau riñkti.*

neryškùs, neryškì *bdv. (4, 5–8) neig.* **ryškus** (1, 2): *neryškì šviesà* *nerỹškiai prv.: Lémpa šviẽčia nerỹškiai.*

nerìšti, nèriša, nerìšo *vks. (1) (kas, ko) neig.* **rišti** (1, 2, 3): *Aš nerìšiu* (būs. l.) *dovanõs, tù rišk.*

nerýti, nerỹja, nerìjo *vks. (1) (kas, ko) neig.* **ryti**: *Šių vaistų nerýkite, juos reikia čiul̃pti.*

neródyti, neródo, neródė *vks. (3) (kas, ko) neig.* **rodyti** (1–4): *Neródyk man núotraukų, aš nenóriu jų žiūrėti.*

neróvė *būt. l. 3 asm. žr.* **nerauti**

nértas, nertà *bdv. (3, 1–6)* pagamintas neriant[2]: *nértos užúolaidos* o *mūvėti nertomìs pirštinėmis*

nérti[1], nėria, nėrė *vks. (1) (kas)* šokti į vandenį ištiestomis rankomis ir galva žemyn: *Jis nėrė į ẽžerą [į baseĩną]. • žr.* **nenerti**[1]

nérti[2], nėria, nėrė *vks. (1) (kas, ką)* daryti jungiant siūlus vąšeliu: *nérti šãliką [palaidinùkę] • žr.* **nenerti**[2]

nerūgštùs, nerūgštì *bdv. (3, 5–8) neig.* **rūgštus** (1): *Ar šie obuoliaĩ rū́gštūs? – Nè, nerū́gštūs.*

nerūkýti, nerū̃ko, nerūkė *vks. (3) 1. (kas) neig.* **rūkyti** (1): *Čia nerū̃koma (draudžiama rūkyti)! o Prašom nerūkýti. o Aš jau nerūkaũ.* **2.** *(kas, ko) neig.* **rūkyti** (2, 3): *Aš nerūkaũ cigarėčių, bet rūkaũ cigarùs.*

neruõšti, neruõšia, nèruošė *vks. (1) (kas, ko) neig.* **ruošti**: *Šiañdien aš neruõšiu* (būs. l.) *vakariẽnės.*

nèrvas *dkt. v. (1, 1)* kiekviena iš siūlo pavidalo kūno dalių, kuriomis į smegenis perduodama informacija, ką kūnas jaučia, o iš smegenų – kaip kūnas turi veikti

nervìngas, nervìnga *bdv. laipsn. (1, 1–6)* kuris greitai nervinasi: *Jis pasidãrė nervìngas. • žr.* **nenervingas**

nèrvinti, nèrvina, nèrvino *vks. (1) (kas, ką)* daryti, kad (kas) nervintųsi: *Netriukšmáuk, tu mane nèrvini. • žr.* **nenervinti**

nèrvintis, nèrvinasi, nèrvinosi *vks. sgr. (1) (kas, dėl ko / + šs)* reikšti, rodyti blogą nuotaiką, jaudinimąsi dėl ko: *Kõ jūs nèrvinatės, dar spėsite į tráukinį. o Prieš egzãminą aš visadà labai nèrvinuosi. o Jis nèrvinasi dėl tõ, kad (jam) nesìseka dárbas. • žr.* **nesinervinti**

nès *jng.* kadangi: *Pasiim̃k skėtį, nes gali lýti. o Neparašiaũ tau láiško, nes buvau labaĩ užsìėmęs. •* **nes** nevartojamas sakinio pradžioje

nesakýti, nesãko, nesãkė *vks. (3)* **1.** *(kas, ko) neig.* **sakyti** (1): *Nesakýk man (žõdžio) „brangióji". 2. (kas, kam, ko / + šs) neig.* **sakyti** (2): *Ar jis nesãkė, kadà grĩ̃š? o Ji niekadà man nesãko tiesõs.*

nesáldintas, nesáldinta *bdv. (1, 1–6) neig.* **saldintas**; be cukraus: *Aš geriù tik nesáldintą kãvą.*

nesáldinti, nesáldina, nesáldino *vks. (1) (kas, ko, kuo) neig.* **saldinti**: *Kavõs man prãšom nesáldinti. o Nesáldink arbãtos cùkrumi, geriaũ sáldink ją medumì.*

nesaldùs, nesaldì *bdv. (3, 5–8) neig.* **saldus**: *Tas pyrãgaitis visai nesaldùs.*

nẽsame *esam. l. dgs. 1 asm. žr.* **nebūti**

nesąmonė *dkt. m. (1, 8)* kvailas ar prasmės neturintis, neteisingas dalykas: *kalbėti nesąmones o Tu tìngi mókytis. – Nesąmonė! Aš netìngiu, man nesìseka.*

nesapnúoti, nesapnúoja, nesapnãvo *vks. (1) (kas, ko / + šs) neig.* **sapnuoti:** *Šiąnakt nesapnavaũ jókio sāpno.* ○ *Ar tu niekadà nesapnúoji, kad esi mìręs?*

nẽsate *esam. l. dgs. 2 asm. žr.* **nebūti**

nesáugoti, nesáugo (nesáugoja), nesáugojo *vks. (3 / 1) (kas, ko) neig.* **saugoti** (1, 2): *Kodė̃l nesáugai sveikãtos, rūkaĩ?* ○ *Katẽ namų̃ nesáugo, namùs sáugo šuõ.*

nesaugùs, nesaugì *bdv. (4, 5–8) neig.* **saugus:** *nesaugùs greĩtis*

nesaũsas, nesausà *bdv. (4, 1–6) neig.* **sausas:** *Skalbiniaĩ dar nesausì, dar neišdžiū́vo.*

nesavarañkiškas, nesavarañkiška *bdv. (1, 1–6) neig.* **savarankiškas;** kuris priklauso nuo kitų pagalbos: *Berniùkas (yra) labaĩ nesavarañkiškas, pàts niẽko nenóri darýti.*

nesą́žiningas, nesą́žininga *bdv. (1, 1–6) neig.* **sąžiningas:** *Jìs (yra) nesą́žiningas žmogùs, jis mane apgãvo.*

nesègti, nèsega, nèsegė *vks. (1) (kas, ko, kuo) neig.* **segti:** *Nesèk lãpų sąvaržėlè, aš juos susègsiu segikliù.*

nesėkmė̃ *dkt. m. (4, 8)* nepasisekimas: *Neišlaikýti egzãmino – ar tai dìdelė nesėkmė̃?*

nesėkmìngas, nesėkmìnga *bdv. laipsn. (1, 1–6) neig.* **sėkmingas:** *Tai buvo patì nesėkmingiáusia dienà mano gyvẽnime – man pàvogė automobìlį, o žmonà pasãkė, kad nóri skìrtis.*

nesémti, nèsemia, nesėmė *vks. (1) (kas, ko, kuo) neig.* **semti:** *nesémti vandeñs kibirù*

nesẽnas, nesenà *bdv. (4, 1–6) neig.* **senas** (1–5); gana jaunas, naujas, šviežias: *Jì (yra) dar nesenà, jai dar tik kẽturiasdešimt mẽtų.* ○ *Šis paprotỹs (yra) nesẽnas.* ○ *Dúona (yra) nesenà, galì válgyti.*
nesenaĩ *prv.: Jis dar nesenuĩ atródo.*

neseniaĩ *prv. neig.* **seniai;** prieš nedaug laiko: *Aš neseniaĩ susitikaũ jį gãtvėje.* ○ *Ar seniaĩ tai bùvo? – Nè, neseniaĩ.*

nèserga *esam. l. 3 asm. žr.* **nesirgti**

nesė́ti, nesė́ja, **nesė́jo** *vks. (1) (kas, ko) neig.* **sėti:** *nesė́ti javų̃*

nesì *esam. l. vns. 2 asm. žr.* **nebūti**

nesiaũras, nesiaurà *bdv. (4, 1–6) neig.* **siauras;** gana platus: *nesiaurà gãtvė*

nesiaũti *(ne-si-au-),* **nesiaũna** *(ne-si-au-),* **nesìavė** *sgr. vks. (1) (kas, ko / kuo) neig.* **autis:** *Tų̃ bãtų [Tais bãtais] aš nesiaũsiu.*

nesibaĩgti, nesibaĩgia, nesìbaigė *sgr. vks. (1) (kas) neig.* **baigtis;** tęstis: *Paskaità dar nesìbaigė.*

nesibárti, nesìbara, nesìbarė *sgr. vks. (1)* 1. *(kas; kas, su kuo) neig.* **bartis** (1): *Mẽs nesìbarame, mes gar̃siai kal̃bamės.* 2. *(kas, ant ko) neig.* **bartis** (2): *Mama supỹko, bet nesìbarė ant manę̃s.*

nesibélsti, nesibéldžia, nesibéldė *sgr. vks. (1) (kas, į ką) neig.* **belstis:** *Ar čià tù béldeisi į dùris? – Nè, aš nesibéldžiau.*

nesibučiúoti, nesibučiúoja, nesibučiãvo *sgr. vks. (1) (kas; kas, su kuo) neig.* **bučiuotis:** *Jaunàsis nesibučiãvo su jaunąja.*

nesidarýti, nesidãro, nesidãrė *sgr. vks. (3)* 1. *(kas, ko) neig.* **darytis** (1): *Šiañdien vakariẽnės aš nesidarýsiu, vakariẽniáusiu restoranè.* 2. *(kas) neig.* **darytis** (3)

nesidažýti, nesidãžo, nesidãžė *sgr. vks. (3)* 1. *(kas, ko) neig.* **dažytis** (1): *nesidažýti lū́pų [plaukų̃, nagų̃]* 2. *(kas) neig.* **dažytis** (2): *Jì visái nesidãžo.*

nesìdeda *esam. l. 3 asm. žr.* **nesidėti**

nesiderė́ti, nesìdera, nesiderė́jo *sgr. vks. (1) (kas, su kuo, dėl ko) neig.* **derėtis:** *Dėl káinos su juo nesiderė́jau, sumokė́jau, kiek jis prãšė.*

nesidė́ti, nesìdeda, nesidė́jo *sgr. vks. (1) (kas, ko) neig.* **dėtis:** *Jū̃s nesìdedate salõtų, gal jos neskãnios?*

nesididžiúoti, nesididžiúoja, nesididžiãvo *sgr. vks. (1) (kas, kuo) neig.* **didžiuotis**

nesidomė́ti, nesidõmi, nesidomė́jo *sgr. vks. (2) (kas, kuo) neig.* **domėtis:** *Mùzika (Ją.) aš nesidomiù.*

nesidžiaũgti, nesidžiaũgia, nesìdžiaugė *sgr. vks. (1) (kas, kuo / dėl ko / + šs / + ps.) neig.* **džiaugtis;** nejausti džiaugsmo: *Kodė̃l tu nesidžiaugì dóvana, ar ji tau nepatiñka?* ○ *„Nesidžiaũk rãdęs, nevei̇̃k pamẽtęs" – lietùvių patarlė̃.*

nesíekti, nesíekia, nesíekė *vks. (1) (kas,*

nesielgti

ko) neig. **siekti** (1, 2, 3): *Ežero pakraštyjè vanduõ nesíekia kẽlių.* o *Mano núomone, jis net nesíekė pérgalės varžýbose.*

nesieĨgti, nesieĨgia, nesìelgė *sgr. vks. (1) (kas, su kuo, kaip) neig.* **elgtis:** *Niekadà taip nesieĨk su juo.*

nesifotografúoti, nesifotografúoja, nesifotografãvo *sgr. vks. (1) (kas) neig.* **fotografuotis**

nesigailė́ti, nesigaĩli, nesigailė́jo *sgr. vks. (2) (kas, ko / dėl ko / + šs / + dlv.) neig.* **gailė́tis**; nejausti kaltės: *Jis visái nesigaĩli tai padãręs [, kad tai padãrė].*

nesigýdyti, nesigýdo, nesigýdė *sgr. vks. (3) (kas, ko, kuo; kas, kur) neig.* **gydytis**: *Nesigýdžiau slogõs, ji saváime praẽjo.*

nesigiñčyti, nesigiñčija, nesigiñčijo *sgr. vks. (1) (kas, su kuo, dėl ko) neig.* **ginčytis**: *Nesigiñčykite (su juo)!*

nesigìnti, nesìgina, nesigýnė *sgr. vks. (1) (kas, nuo ko) neig.* **gintis**

nesigìrti, nesìgiria, nesigýrė *sgr. vks. (1) (kas, kuo) neig.* **girtis:** *Ar jis tau nesigýrė savo naujù automobiliù?*

nesiglámžyti, nesiglámžo, nesiglámžė *sgr. vks. (3) (kas) neig.* **glamžytis**: *Šis audinỹs nesiglámžo, jo nereĩkia lýginti.*

nesigrožė́ti, nesigróži, nesigrožė́jo *sgr. vks. (2) (kas, kuo) neig.* **grožė́tis**: *Ar gãlima nesigrožė́ti šiuo puikiù pavéikslu?*

nesiguĨti, nesìgula, nesìgulė *sgr. vks. (1) (kas) neig.* **gultis** (1, 2): *Aš niekadà nesìgulu ankstì (plg. Aš visadà gulúosi ankstì).*

nesiilgė́ti, nesiiĨgi, nesiilgė́jo *sgr. vks. (2) (kas, ko) neig.* **ilgė́tis**: *Ar tu nesiilgė́si manę̃s, kai aš išvažiúosiu?*

nesiilsė́ti, nesiìlsi, nesiilsė́jo *sgr. vks. (2) (kas) neig.* **ilsė́tis**: *Mes dar nesiìlsime, mes dar dìrbame.*

nesijáudinti, nesijáudina, nesijáudino *sgr. vks. (1) (kas, dėl ko) neig.* **jaudintis**: būti ramiam: *Nesijáudink dėl mano sveikãtos, aš visiškai sveikà.*

nesijaũsti, nesijaũčia, nesìjautė *sgr. vks. (1) (kas, kaip / koks) neig.* **jaustis**: *Aš nesijaučiù kaĨtas, kad pavėlavaũ į dárbą – sugėdo mano automobìlis.*

nesijuõkti, nesijuõkia, nesìjuokė *sgr. vks. (1)* **1.** *(kas) neig.* **juoktis** (1): *Aš nesijuokiù, nes filmas man nejuokìngas.* **2.** *(kas, iš ko) neig.* **juoktis** (2): *Nesijuõk iš kito žmogaũs neláimės.*

nesikalbė́ti, nesìkalba, nesikalbė́jo *sgr. vks. (1) (kas, apie ką, su kuo) neig.* **kalbė́tis**: *Jis su ja nesìkalba* (visai nebendrauja). o *Apie taĩ mes dar nesikalbė́jome.*

nesikartóti, nesikartója, nesikartójo *sgr. vks. (1) (kas) neig.* **kartotis**; įvykti tik vieną kartą

nesikasýti, nesikãso, nesikãsė *sgr. vks. (3) (kas, ko) neig.* **kasytis**: *nesikasýti galvõs*

nesikéikti, nesikéikia, nesikéikė *sgr. vks. (1) (kas) neig.* **keiktis**: *Nesikéik, negražù.*

nesikeĩsti, nesikeĩčia, nesìkeitė *sgr. vks. (1)* **1.** *(kas) neig.* **keistis** (1); būti tokiam pat: *Oraĩ dar nesikeĩčia, dar lìs.* **2.** *(kas, su kuo, kuo; kas, ko, į ką) neig.* **keistis** (2): *Nesikeĩskite lìtų į dólerius.*

nesikélti, nesìkelia, nesikė́lė *sgr. vks. (1) (kas) neig.* **keltis**; likti gulė́ti: *Jau šẽšios vãlandos, kodė́l tu nesìkeli?*

nesikiȓpti, nesìkerpa, nesikiȓpo *sgr. vks. (1)* **1.** *(kas, ko) neig.* **kirptis** (1): *nesikiȓpti nagų̃ [ū́sų, plaukų̃]* **2.** *(kas) neig.* **kirptis** (2): *Rytój aš dar nesikiȓpsiu.*

nesikìšti, nesìkiša, nesìkišo *sgr. vks. (1)* **1.** *(kas, ko) neig.* **kištis** (1): *nesikìšti pinigìnės į kišẽnę* **2.** *(kas, į ką) neig.* **kištis** (2): *Nesikìškite į mū́sų pókalbį.*

nesiklaũpti, nesiklaũpia, nesìklaupė *sgr. vks. (1) (kas) neig.* **klauptis**: *Klaũpkis! – Nesiklaũpsiu!*

nesiklausýti, nesiklaũso, nesiklaũsė *sgr. vks. (3) (kas, ko) neig.* **klausytis**: *Man atródo, kad tu nesiklausaĩ (to), ką aš tau sakaũ.* o *Vãkar aš nesiklausiaũ mùzikos.*

nesiklóti, nesiklója, nesiklójo *sgr. vks. (1)* **1.** *(kas, ko) neig.* **klotis** (1): *nesiklóti lóvos* **2.** *(kas, kuo; kas, ko, kuo) neig.* **klotis** (2): *Gali nesiklóti šiltesnè añtklode, jei tau nešálta.*

nesikreĩpti, nesikreĩpia, nesìkreipė *sgr. vks. (1) (kas, į ką) neig.* **kreiptis** (1, 2): *Jei tau skaũda rañką, kodėl (tu) nesikreipì į gýdytoją?*

nesikvėpinti, nesikvėpina, nesikvėpino *sgr. vks. (1) (kas, kuo) neig.* **kvepintis:** *Pigiaĩs kvepalaĩs aš nesikvėpinu.*

nesilaikýti, nesilaĩko, nesilaĩkė *sgr. vks. (3)* **1.** *(kas, ko / už ko) neig.* **laikytis** (1): *nesilaikýti už turėklų* **2.** *(kas, ko)* nevykdyti (ko) reikalavimų: *Jis nesilaĩko eĩsmo taisỹklių, eĩna per gãtvę ne pérėjoje.*

nesilaižýti, nesilaĩžo, nesilaĩžė *sgr. vks. (3) (kas, ko) neig.* **laižytis:** *nesilaižýti lū́pų [piřštų]*

nesilakúoti, nesilakúoja, nesilakãvo *sgr. vks. (1) (kas, ko) neig.* **lakuotis:** *Ji nesilakúoja nagų̃.*

nesilankýti, nesilañko, nesilañkė *sgr. vks. (3) (kas) neig.* **lankytis:** *Aš pas juos nesilankaũ.*

nesiláukti, nesiláukia, nesiláukė *sgr. vks. (1) (kas, ko) neig.* **lauktis:** *Ji dar nesiláukia (kū̃dikio).*

nesiléisti, nesiléidžia, nesiléido *sgr. vks. (1) (kas) neig.* **leistis** (1, 2): *Mes nesiléidome liftù, lìpome láiptais.* ○ *Sáulė dar nesiléidžia.*

nesiliáuti, nesiliáuna, nesilióvė *sgr. vks. (1) (kas, + / veik. r. būt. l. dlv. / + bendr.) neig.* **liautis:** *Ar nesiliáusi veřkti [veřkęs]?*

nesiliẽsti, nesiliẽčia, nesìlietė *sgr. vks. (1) (kas) neig.* **liestis:** *Mū́sų rañkos nesìlietė.*

nesilìnksminti, nesilìnksmina, nesilìnksmino *sgr. vks. (1) (kas) neig.* **linksmintis**

nesilióvė *būt. l. 3 asm. žr.* **liautis**

nesil̃pnas, nesilpnà *bdv. (4, 1–6) neig.* **silpnas** (1–7); gana tvirtas, sveikas, stiprus: *Jo širdìs dar (yra) nesilpnà.*

nesimaitìnti, nesimaitìna, nesimaitìno *sgr. vks. (1) (kas, kuo) neig.* **maitintis:** *Aš nesimaitinù tik vaĩsiais ir daržóvėmis, aš válgau ir mė̃są.*

nesimankštìnti, nesimankštìna, nesimankštìno *sgr. vks. (1) (kas) neig.* **mankštintis:** *Ar tu mankštiníesi rytaĩs? – Dejà, nesimankštinù.*

nesimatúoti, nesimatúoja, nesimatãvo *sgr. vks. (1) (kas, ko) neig.* **matuotis:** *Kodė̃l tu nesimatúoji tos suknẽlės, ji tau tìktų.*

nesimáudyti, nesimáudo, nesimáudė *sgr. vks. (3) (kas) neig.* **maudytis** (1, 2): *Aš šiañdien nesimáudžiau baseinè.*

nesimáuti, nesimáuna, nesimóvė *sgr. vks. (1) (kas, ko) neig.* **mautis;** neapsimauti, nenusimauti ar neužsimauti: *nesimáuti kójinių*

nesimel̃sti, nesimel̃džia, nesìmeldė *sgr. vks. (1) (kas) neig.* **melstis**

nesimókyti, nesimóko, nesimókė *sgr. vks. (3)* **1.** *(kas, ko / + bendr.) neig.* **mokytis** (1): *Šiẽmet mes nesimókysime fìzikos.* ○ *Aš nesimókiau vairúoti automobìlį, todė̃l ir nemóku.* **2.** *(kas) neig.* **mokytis** (2): *Jis nesimóko universitetè, jis dar mókosi vidurìnėje mokỹkloje.*

nesimóvė *būt. l. 3 asm. žr.* **nesimauti**

nesimùšti, nesìmuša, nesìmušė *sgr. vks. (1) (kas; kas, su kuo) neig.* **muštis:** *Vaikaĩ, nesimùškite!* ○ *Jónai, nesimùšk su Petrù!*

nesinaudóti, nesinaudója, nesinaudójo *sgr. vks. (1) (kas, kuo) neig.* **naudotis:** *Jis man siū́lė naudótis savo automobìliù, bet aš (juo) nesinaudójau, man jo nereikė́jo.*

nesinérvinti, nesinérvina, nesinérvino *sgr. vks. (1) (kas, dėl ko / + šs) neig.* **nervintis:** *Nesinérvink, išlaikýsi egzãminą.*

nesinešióti, nesinešiója, nesinešiójo *vks. (1) (kas, ko) neig.* **nešiotis:** *nesinešióti skė̃čio*

nesinèšti, nesìneša, nesìnešė *sgr. vks. (1) (kas, ko) neig.* **neštis:** *nesinèšti krẽpšio* ○ *Šiañdien aš dar nesinèšiu* (būs. l.) *knỹgų, tegu jos pabū̃na pas tavè.*

nesinúomoti, nesinúomoja, nesinúomojo *sgr. vks. (1) (kas, ko) neig.* **nuomotis:** *Jis bùto daugiaũ nesinúomos, piřks núosavą.*

nesipìlti, nesìpila, nesipýlė *sgr. vks. (1) (kas, ko, ko) neig.* **piltis:** *nesipìlti bãko benzìno*

nesipláuti, nesipláuna, nesiplóvė *sgr. vks. (1) (kas, ko) neig.* **plautis**[1]: *Jei nesipláusi rañkų priẽš valgį, gali susirgti.*

nesipraũsti, nesipraũsia, nesìprausė *sgr. vks. (1) (kas; kas, ko) neig.* **praustis:** *Aš jau atsikėliau, bet dar nesìpruusiau.* ○ *nesipraũsti véido*

nesipuõšti, nesipuõšia, nesìpuošė *sgr. vks. (1) (kas, kuo) neig.* **puoštis:** *Šiañdien aš nesipuõšiu* (būs. l.) *jokiaĩs papuošalaĩs.*

nesiregistruoti

○ *Sesuõ visadà puõšiasi, o aš nesipuošiù* (esam. l.).

nesiregistrúoti, nesiregistrúoja, nesiregistrãvo *sgr. vks. (1) (kas) neig.* **registruotis**: *Konfereñcijos dalỹviai dar nesiregistrúoja.*

nesireṁti, nesìremia, nesìrėmė *sgr. vks. (1)* **1.** *(kas, kuo, į ką) neig.* **remtis** (1): *Nesireṁkite į turẽklą, jis (yra) netvìrtas.* **2.** *(kas, kuo) neig.* **remtis** (2): *Nesireṁkite šia informãcija, ji klaidìnga.*

nesireñgti, nesireñgia, nesìrengė *sgr. vks. (1)* **1.** *(kas; kas, ko / kuo) neig.* **rengtis** (1): *Kodẽl tu nesirengì ta suknelè [tos suknẽlės]?* **2.** *(kas, kam) neig.* **rengtis** (3): *Aš dar nesirengiù egzãminui, manaũ, dar spėsiu pasireñgti.*

nesir̃gti, nèserga, nesir̃go *vks. (1) (kas) neig.* **sirgti** (1, 2); būti sveikam: *Jūs nèsergate jókia ligà, jūs esate vìsiškai sveĩkas.*

nesiribóti, nesiribója, nesiribójo *sgr. vks. (1) (kas, su kuo) neig.* **ribotis**: *Lietuvà nesiribója su Èstija.*

nesiriñkti, nesìrenka, nesiriñko *sgr. vks. (1)* **1.** *(kas) neig.* **rinktis** (1): *Svečiaĩ ilgaĩ nesìrenka.* **2.** *(kas, ko) neig.* **rinktis** (2): *Nesiriñk ilgaĩ suknẽlės, pir̃k bet kurią̃.*

nesirùngti, nesirùngia, nesirùngė *sgr. vks. (1) (kas, su kuo, dėl ko) neig.* **rungtis**

nesiruõšti, nesiruõšia, nesìruošė *sgr. vks. (1)* **1.** *(kas, + bendr.) neig.* **ruoštis** (1): *Nesiruõšiù niẽkur eĩti, praléisiu vãkarą namiẽ.* **2.** *(kas, kam, + bendr.) neig.* **ruoštis** (2): *nesiruõšti keliõnei*

nesirū́pinti, nesirū́pina, nesirū́pino *sgr. vks. (1) (kas, kuo / + šs) neig.* **rūpintis**; nekreipti į ką dėmesio: *Jis rū̃ko, gẽria, visái nesirū́pina savo sveikatà.*

nesisáugoti, nesisáugo (nesisáugoja), nesisáugojo *sgr. vks. (3 / 1) (kas, ko / + šs) neig.* **saugotis**: *Tu nesisáugojai, kad nepéršaltum, ir susir̃gaĩ gripù.*

nesisė́da *esam. l. 3 asm. žr.* **nesisė́sti**

nesisė́do *būt. l. 3 asm. žr.* **nesisė́sti**

nesisègti, nesìsega, nesìsegė *sgr. vks. (1) (kas, ko) neig.* **segtis**; neatsisegti arba neužsisegti: *Nesisèk švar̃ko, laukè šìlta.* ○ *nesisègti gėlės prie skrybėlės*

nesisèkti, nesìseka, nesìsekė *sgr. vks. (1) (kam, kas / + bendr.) neig.* **sektis**: *Man nesìseka matemãtika.* ○ *Šiañdien man labaĩ nesìseka dìrbti.*

nesisė́sti, nesisė́da, nesisė́do *sgr. vks. (1) (kas) neig.* **sėstis**; likti stovėti: *Aš prašiaũ jį sė́sti, bet jis nesisė́do.*

nesisiū́lyti, nesisiū́lo, nesisiū́lė *sgr. vks. (3) (kas, kam, + bendr.) neig.* **siūlytis**: *Jie nesisiū́lė bendradarbiáuti.*

nesiskìrti, nesìskiria, nesiskýrė *sgr. vks. (1)* **1.** *(kas, nuo ko / iš ko) neig.* **skirtis** (1); būti tokiam kaip kitas (ar kiti), būti vienodam: *Bróliai labai panãšūs, bevéik nesiskìria víenas nuo kìto.* **2.** *(kas, su kuo) neig.* **skirtis** (2); būti kartu: *Jie nùtarė nesiskìrti.* ○ *nesiskìrti su žmóna [výru]*

nesiskõlinti, nesiskõlina, nesiskõlino *sgr. vks. (1) (kas, ko) neig.* **skolintis**; neimti kaip skolą: *Aš iš jo nesiskõlinu pinigų̃.*

nesiskùndė *būt. l. 3 asm. žr.* **nesiskų́sti**

nesiskùndžia *esam. l. 3 asm. žr.* **nesiskų́sti**

nesiskùsti, nesìskuta, nesìskuto *sgr. vks. (1) (kas, ko, kuo) neig.* **skustis**: *Brangùsis, tu dar nesiskutaĩ?*

nesiskų́sti, nesiskùndžia, nesiskùndė *sgr. vks. (1) (kas, kuo) neig.* **skųstis**: *nesiskų́sti prastù aptarnãvimu*

nesistebė́ti, nesìstebi, nesistebė́jo *sgr. vks. (2) (kas, kuo / + šs) neig.* **stebėtis**: *Nesìstebiu, kad neišlaikeĩ egzãmino. Juk tu visái nesimókei.*

nesisténgti, nesisténgia, nesisténgė *sgr. vks. (1) (kas, + bendr.) neig.* **stengtis**: *Mūsų sūnùs tìngi, visái nesisténgia mókytis.*

nesisùkti, nesìsuka, nesìsuko *sgr. vks. (1) (kas) neig.* **suktis**; nejudėti aplink

nesisvečiúoti, nesisvečiúoja, nesisvečiãvo *sgr. vks. (1) (kas, pas ką) neig.* **svečiuotis**; nesilankyti kieno namuose kaip svečiui: *Aš pas juos niekadà nesisvečiavaũ.*

nesisvéikinti, nesisvéikina, nesisvéikino *sgr. vks. (1) (kas, su kuo) neig.* **sveikintis**; nieko nepasakyti, kai kas sveikinasi: *Gal jis pỹksta ant manę̃s, kad nesisvéikina?*

nesišìldyti, nesišìldo, nesišìldė *sgr. vks. (3) (kas, ko) neig.* **šildytis**: *Sriubõs dar nesišìldžiau, nenorė́jau válgyti.*

nesišypsóti, nesišỹpso, nesišypsójo sgr. vks. (3) (kas) neig. **šypsotis**: *Visì juõkiasi, o tù net nesišypsaĩ.*

nesišlãpinti, nesišlãpina, nesišlãpino sgr. vks. (1) (kas) neig. **šlapintis**

nesišlúostyti, nesišlúosto, nesišlúostė sgr. vks. (3) (kas, ko, kuo) neig. **šluostytis**: *Nesišlúostyk rañkų tuo rañkšluosčiu, jis nešvarùs.*

nesišukúoti, nesišukúoja, nesišukãvo sgr. vks. (1) (kas, ko) neig. **šukuotis**: *nesišukúoti plaukų̃*

nesitaškýti, nesitãško, nesitãškė sgr. vks. (3) (kas) neig. **taškytis**

nesitèpti, nesìtepa, nesìtepė sgr. vks. (1) **1.** (kas, ko, kuo; kas, ko, ant ko) neig. **teptis** (1): *nesitèpti svíesto ant dúonos* **2.** (kas) neig. **teptis** (2): *Šis drabùžis nesìtepa.* **3.** (kas, ko, kuo) neig. **teptis** (3): *Aš nesìtepu šiuo kremù, jis man netiñka.*

nesitę̃sti, nesitę̃sia, nesìtęsė sgr. vks. (1) (kas) neig. **tęstis** (1): *Manaū, susirinkìmas nesitę̃s ilgaĩ.*

nesitikė́ti, nesìtiki, nesitikė́jo sgr. vks. (2) (kas, ko | + šs | + bendr.) neig. **tikė́tis**; nemanyti, kad kas atsitiks, bus gauta: *Aš nesìtikiu laimė́ti lotèrijoje [,kad laimė́siu lotèrijoje].* ◦ *Mes nesitikė́jome paramõs.*

nesituõkti, nesituõkia, nesìtuokė sgr. vks. (1) (kas; kas, su kuo) neig. **tuoktis**: *Jie nesituõks bažnýčioje, tik sántuokų rū́muose.*

nesitū̃pti, nesìtupia, nesìtūpė sgr. vks. (1) (kas) neig. **tū̃ptis**

nesituštinti, nesituština, nesituštino sgr. vks. (1) (kas) neig. **tuštintis**

nesitvarkýti, nesitvar̃ko, nesitvar̃kė sgr. vks. (3) (kas, ko) neig. **tvarkytis** (1): *nesitvarkýti kam̃bario*

nesiū́lyti, nesiū́lo, nesiū́lė vks. (3) (kas, kam, ko | + bendr.) neig. **siū́lyti** (1, 2): *Nesiū́lyk man tòrto, aš neválgysiu.* ◦ *Aš jums nesiū́lau núomotis bùtą, aš siū́lau jį pir̃kti.*

nesiuñčia esam. l. 3 asm. žr. **nesiųsti**

nèsiuntė būt. l. 3 asm. žr. **nesiųsti**

nesiur̃bti, nesiur̃bia, nèsiurbė vks. (1) (kas, ko) neig. **siurbti**: *Nèsiurbiau dùlkių, tik nuvaliaũ drė́gnu skùduru.*

nesiųsti, nesiuñčia, nèsiuntė vks. (1) **1.** (kas, ko, kam) neig. **siųsti** (1): *nesiųsti láiško draũgei* **2.** (kas, ko, + bendr.) neig. **siųsti** (2): *Manęs nèsiuntė mókytis į užsíenį.*

nesiū́ti, nèsiuva, nesiùvo vks. (1) (kas, ko) neig. **siū́ti** (1, 2): *Ši siuvė́ja nèsiuva švarkų̃, siùva tik sijonùs.* • būs. l. 3 asm. **nesiū̃s**

nesivadìnti, nesivadìna, nesivadìno sgr. vks. (1) (kas) neig. **vadintis**; neturė́ti vardo, pavadinimo: *Ši naujà aikštė̃ dar niẽkaip nesivadìna (neturi pavadinimo).*

nesiváišinti, nesiváišina, nesiváišino sgr. vks. (1) (kas, kuo) neig. **vaišintis**: *Kodė̃l nesiváišinate pyragáičiais?*

nesivalýti, nesivãlo, nesivãlė sgr. vks. (3) (kas, ko) neig. **valytis**: *Jis nesivãlo dantų̃.* ◦ *Aš nesivaliaũ bãtų, nes jie buvo švarūs.*

nesivaržýti, nesivar̃žo, nesivar̃žė sgr. vks. (3) **1.** (kas, dėl ko) neig. **varžytis** (1): *Šios komándos jau nesivar̃žys dėl pirmõsios viẽtos.* **2.** (kas, ko) neig. **varžytis** (2): *Jis drąsùs, nesivar̃žo žmonių̃.*

nesivaržýmas dkt. v. (1, 1)

nesivažinė́ti, nesivažinė́ja, nesivažinė́jo sgr. vks. (1) (kas, kuo) neig. **važinė́tis**

nesìveja esam. l. 3 asm. žr. **nesivyti**

nesiver̃sti, nesiver̃čia, nesìvertė sgr. vks. (1) (kas, kuo) neig. **verstis** (1): *nesiver̃sti prekýba*

nesivèsti, nesìveda, nesìvedė sgr. vks. (1) (kas, ko) neig. **vestis** (1): *Tėvaĩ išė́jo į svẽčius vienì, vaikų̃ nesìvedė.*

nesivèžti, nesìveža, nesìvežė sgr. vks. (1) (kas, ko) neig. **vežtis**: *Į kelionę nesivèšiu lagamìno, mano daiktaĩ tilps krepšyjè.*

nesivýti, nesìveja, nesivìjo sgr. vks. (1) (kas, ko) neig. **vytis**: *Šuõ nesìvijo katės.*

nesižavė́ti, nesìžavi, nesižavė́jo sgr. vks. (2) (kas, kuo) neig. **žavė́tis**: *Aš visái nesižaviu šiuo pavéikslu.*

neskaičiúoti, neskaičiúoja, neskaičiãvo vks. (1) **1.** (kas) neig. **skaičiuoti** (1). **2.** (kas, ko) neig. **skaičiuoti** (2): *neskaičiúoti pinigų̃ [grąžõs]*

neskaidrùs, neskaidrì bdv. (4, 5–8) neig. **skaidrus**; per kurį nematyti: *Ė̃žero vanduõ neskaidrùs, nematýti dùgno.*

neskaityti

neskaitýti, neskaĩto, neskaĩtė *vks. (3) (kas, ko) neig.* **skaityti** (1, 2, 4): *Dabař vaikaĩ visái neskaĩto knỹgų.* ○ *Neskaičiaũ to stráipsnio.*

neskaĩbti, neskaĩbia, nèskalbė *vks. (1) (kas, ko, kuo) neig.* **skalbti:** *Neskaĩbk suknēlės šiais miltēliais, jie labai prastì.*

neskambė́ti, nèskamba, neskambė́jo *vks. (1) (kas) neig.* **skambėti** (1, 2)

neskam̃binti, neskam̃bina, neskam̃bino *vks. (1)* **1.** *(kas) neig.* **skambinti** (1, 3): *Prãšom man daugiau neskam̃binti.* **2.** *(kas, kuo, ko) neig.* **skambinti** (2): *neskam̃binti mùzikos kū́rinio pianinù*

neskanùs, neskanì *bdv. (4, 5–8) neig.* **skanus**; prasto skonio: *Kepsnỹs man buvo neskanùs.* ○ *Tos kriáušės labaĩ neskãnios.*
neskanù *n.: Jei tau neskanù, neválgyk.*
neskaniaĩ *prv.: neskaniaĩ pagamìntas pātiekalas*

neskaudė́ti, neskaũda, neskaudė́jo *vks. (1) (kam, ko) neig.* **skaudėti:** *Man neskaũda galvõs.*

neskélbti, neskélbia, neskélbė *vks. (1) (kas, ko / + šs) neig.* **skelbti:** *neskélbti asmenų̃, kurie laimė́jo lotèrijoje, pavardžių̃*

neskìnti, nèskina, neskýnė *vks. (1) (kas, ko) neig.* **skinti:** *Neskìnk tos gėlės, tegul áuga.*

neskýrė *būt. l. 3 asm. žr.* **neskirti**

neskìrstyti, neskìrsto, neskìrstė *vks. (3) (kas, ko) neig.* **skirstyti:** *neskìrstyti mokinių̃ į grupès*

neskìrti, nèskiria, neskýrė *vks. (1)* **1.** *(kas, ko) neig.* **skirti** (1). **2.** *(kas, ko, nuo ko) neig.* **skirti** (2): *neskìrti žiùrkės nuo pelės* **3.** *(kas, ko, kam) neig.* **skirti** (3): *Polìcija jam neskýrė baudõs.* **4.** *(kas, ko, kuo) neig.* **skirti** (4): *Jo neskiřs minìstrų̃.*

neskleĩsti, neskleĩdžia, nèskleidė *vks. (1) (kas, ko) neig.* **skleisti:** *Mėnùlis neskleĩdžia šilumõs, tik šviẽsą.*

neskolìngas, neskolìnga *bdv. (1, 1–6) (kam) neig.* **skolingas**; neturintis skolos: *Aš tau (esu) neskolìngas (plg. Aš tau nesù skolìngas).*

neskõlinti, neskõlina, neskõlino *vks. (1) (kas, ko, kam) neig.* **skolinti:** *Ji man neskõlina šim̃to lìtų.*

neskonìngas, neskonìnga *bdv. (1, 1–6) neig.* **skoningas**; kuris rodo kieno prastą skonį: *neskonìngas drabùžis*
neskonìngai *prv.: Ji dėvi neskonìngai.*

neskrìsti, nèskrenda, neskrìdo *vks. (1) (kas) neig.* **skristi** (1, 2): *Į̃ Parỹžių aš neskridaũ, važiavaũ tráukiniu.*

neskrùdinti, neskrùdina, neskrùdino *vks. (1) (kas, ko) neig.* **skrudinti:** *neskrùdinti pyrãgo riekėlių̃*

neskubė́ti, nèskuba, neskubė́jo *vks. (1)* **1.** *(kas, kur / + bendr.) neig.* **skubėti** (1): *Aš niẽkur nèskubu, turiù laĩko.* ○ *Jis nèskuba dìrbti.* **2.** *(kas) neig.* **skubėti** (2): *Ar jū́sų laĩkrodis nèskuba? – Taĩp, keliomìs minùtėmis skùba.*

neskubùs, neskubì *bdv. (4, 5–8) neig.* **skubus:** *Šis dárbas neskubùs, gãlite jį̃ baĩgti kìtą saváitę.*
neskubù *n.: Aš galiù paláukti, man neskubù.*

neskùsti, nèskuta, neskùto *vks. (1) (kas, ko) neig.* **skusti:** *Neskùsiu* (būs. l.) *bùlvių.*

neslaugýti, neslaũgo, neslaũgė *vks. (3) (kas, ko) neig.* **slaugyti:** *Nejaũgi tu neslaugeĩ savo seřgančio výro?*

neslė̃pti, nèslepia, nèslėpė *vks. (1) (kas, ko / + šs) neig.* **slėpti** (1, 2): *neslė̃pti jausmų̃* ○ *Jis nèslepia, kad ją̃ mýli.*

neslidùs, neslidì *bdv. (4, 5–8) neig.* **slidus:** *Šalìgatvis (yra) neslidùs, gali drą̃siai eĩti.*
neslidù *n.: Ar šiañdien laukè slidù? – Nè, neslidù.*

nesmagùs, nesmagì *bdv. (4, 5–8) neig.* **smagus**; nemalonus, keliantis prastą nuotaiką
nesmagù *n.: Mán ten bū́ti buvo nesmagù.*
nesmagiaĩ *prv.: jaũstis nesmagiaĩ, varžýtis*

nesmailùs, nesmailì *bdv. (4, 5–8) neig.* **smailus**

nesmarkùs, nesmarkì *bdv. (4, 5–8) neig.* **smarkus**; gana nedidelis: *Laukè šą̃la, bet šáltis nesmarkùs.*
nesmařkiai *prv.* nelabai: *Ar smařkiai užsigãvote? – Nè, nesmařkiai.*

nesmeĩgti, nesmeĩgia, nèsmeigė *vks. (1)*

(kas, ko) neig. **smeigti**: *nesmeĩgti pjaũsnio šakutè* • *liep. n.* **nesmeĩk(ite)**

nesmùlkinti, nesmùlkina, nesmùlkino *vks. (1) (kas, ko) neig.* **smulkinti**

nesmùlkus, nesmùlki *bdv. (3, 5–8) neig.* **smulkus** (1); *gana stambus nesmùlkiai prv.: Žùvį supjáustyk nesmùlkiai* (dideliais gabalais).

nesodìnti, nesodìna, nesodìno *vks. (1) (kas, ko) neig.* **sodinti** (1, 2): *Kodė̃l nesodìnate svečių̃ prie stãlo?* ◦ *Šiais mẽtais aš nesodinaũ darželyje rõžių.*

nesótus, nesóti *bdv. (3, 5–8) neig.* **sotus** (1, 2): *Aš trupùtį užkándau, bet jaučiúosi nesótus (plg. nesijaučiù sótus).*

nespalvìnti, nespalvìna, nespalvìno *vks. (1) (kas, ko, kuo, kaip) neig.* **spalvinti**: *nespalvìnti knygẽlės*

nespalvótas, nespalvóta *bdv. (1, 1–6) neig.* **spalvotas** (1, 2): *nespalvótas televìzorius [piešinỹs]*

nespáudė *būt. l. 3 asm.* **nespausti**

nespáudžia *esam. l. 3 asm. žr.* **nespausti**

nespáusdinti, nespáusdina, nespáusdino *vks. (1)* **1.** *(kas, ko, kuo) neig.* **spausdinti** (1): *nespáusdinti tèksto kompiùteriu* **2.** *(kas, ko) neig.* **spausdinti** (2): *nespáusdinti knỹgų*

nespáusti, nespáudžia, nespáudė *vks. (1)* **1.** *(kas, ko, kuo) neig.* **spausti** (1): *Nespáusk šiõ mygtùko, spáusk kìtą (mygtùką).* **2.** *(kas, kam) neig.* **spausti** (2): *Ar tau bùtai nespáudžia?*

nespìrti, nèspiria, nespýrė *vks. (1) (kas, ko / kam) neig.* **spirti**: *nespìrti kãmuolio į vartùs*

nespjáuti, nespjáuna, nespjóvė *vks. (1) (kas; kas, ko) neig.* **spjauti**: *nespjáuti maĩsto iš burnõs* ◦ *„Nespjáuk į vándenį, pačiám reikė̃s gérti" – lietùvių patarlė̃.*

nesprę̃sti, nespréndžia, nespréndė *vks. (1)* **1.** *(kas) neig.* **sprę̃sti** (1, 2): *Nesprę̃sk apie kitùs pagal savè.* **2.** *(kas, ko) neig.* **sprę̃sti** (3): *nesprę̃sti problèmų*

nesprogdìnti, nesprogdìna, nesprogdìno *vks. (1) (kas, ko) neig.* **sprogdinti**: *nesprogdìnti pãstato*

nestabdýti, nestãbdo, nestãbdė *vks. (3) (kas, ko) neig.* **stabdyti** (1, 2): *Kodė̃l tu nestabdaĩ automobìlio, man čia reĩkia išlìpti.* ◦ *Polìcininkas mū́sų nestãbdė.*

nestaigùs, nestaigì *bdv. (4, 5–8) neig.* **staigus** (1, 2): *nestaigùs pósūkis*

nestambùs, nestambì *bdv. (4, 5–8) neig.* **stambus**; *gana smulkus: nestambùs výras*

nestatýti, nestãto, nestãtė *vks. (3) (kas, ko) neig.* **statyti** (1, 2, 3): *Nestatýk stiklìnės ant palángės.* ◦ *Seniaũ nestatýdavau savo automobìlio šioje aikštẽlėje.*

nestebė́ti, nèstebi, nestebė́jo *vks. (2) (kas, ko / + šs) neig.* **stebė́ti**: *Aš nestebė́jau jos ir nemačiaũ, kuř̃ ji nuė́jo.*

nestiprùs, nestiprì *bdv. (4, 5–8) neig.* **stiprus** (1–7); *gana silpnas: Mano rañkos (yra) nestìprios, aš nepàkeliu lagamìno.* ◦ *Šis audinỹs [vỹnas] (yra) nestiprùs.*

nestipriaĩ *prv.: nestipriaĩ paspáusti*

nestóras, nestorà *bdv. (3, 1–6) neig.* **storas** (1–4); *gana plonas: nestorà lentà* ◦ *nestóras pieštùkas*

nestudijúoti, nestudijúoja, nestudijãvo *vks. (1) (kas, ko) neig.* **studijuoti**: *Ji nestudijúoja téisės, ji studijúoja medìciną.*

nestùmti, nèstumia, nestū́mė *vks. (1) (kas, ko) neig.* **stumti**: *Nestùmkite dùrų, tráukite (durìs).*

nesù *esam. l. vns. 1 asm. žr.* **nebūti**

nesudarýti, nesudãro, nesudãrė *vks. (3) (kas, ko) neig.* **sudaryti** (1, 3): *Mes nesudãrėme sutartiẽs.* ◦ *nesudarýti žõdžio fòrmos*

nesudaužýti, nesudaũžo, nesudaũžė *vks. (3) (kas, ko) neig.* **sudaužyti**: *Atsargiaĩ, nesudaužỹk puodẽlio.*

nesùdeda *esam. l. 3 asm. žr.* **nesudė́ti**

nesudẽginti, nesudẽgina, nesudẽgino *vks. (1) (kas, ko) neig.* **sudeginti**: *Aš nesudẽginau tavo laiškų̃.*

nesudė́ti, nesùdeda, nesudė́jo *vks. (kas, ko) (1)* **1.** *neig.* **sudė́ti** (1): *Tu dar nesudė́jai drabùžių į spìntą.* **2.** *neig.* **sudė́ti** (2): *Jū̃s nesudė́jote visų̃ skaĩčių.*

nesudė́tingas, nesudė́tinga *bdv. laipsn. (1, 1–6) neig.* **sudė́tingas** (1, 2); *gana pa-*

nesūdytas

prastas: *Tai (yra) nesudėtìngas uždavinỹs.*
o *nesudėtìngas príetaisas*

nesū́dytas, nesū́dyta *bdv. (1, 1–6) neig.*
sūdytas; be druskos: *nesū́dytas svíestas*

nesū́dyti, nesū́do, nesū́dė *vks. (3) (kas, ko) neig.* **sūdyti**: *nesū́dyti žuviẽs*

nesudõminti, nesudõmina, nesudõmino *vks. (1) (kas, ko, kuo) neig.* **sudominti**: *Jei nesudõminsite mokinių̃, jie nenorė̃s mókytis.*

nesudrė̃kinti, nesudrė̃kina, nesudrė̃kino *vks. (1) (kas, ko) neig.* **sudrė̃kinti**: *nesudrė̃kinti skùduro*

nesùėmė *būt. l. 3 asm. žr.* **nesuimti**

nesuformulúoti, nesuformulúoja, nesuformulãvo *vks. (1) (kas, ko) neig.* **suformuluoti**: *nesuformulúoti pageidãvimo*

nesugadìnti, nesugadìna, nesugadìno *vks. (1) (kas, ko) neig.* **sugadinti**: *Àš nesugadinaũ televìzoriaus, jis pàts sugẽdo.*

nesugalvóti, nesugalvója, nesugalvójo *vks. (1) (kas, ko / + šs), neig.* **sugalvoti**: *nesugalvóti atsãkymo* o *Nesugalvóju, ką̃ rytój veĩkti.*

nesugáuti, nesugáuna, nesugãvo *vks. (1) (kas, ko) neig.* **sugauti**: *Polìcija nesugãvo vagiė̃s.*

nesuglámžyti, nesuglámžo, nesuglámžė *vks. (3) (kas, ko) neig.* **suglamžyti**: *Prašom nesuglámžyti knỹgos lãpų.*

nesuglaũsti, nesuglaũdžia, nesùglaudė *vks. (1) (kas, ko) neig.* **suglausti**: *nesuglaũsti skė̃čio*

nesugrė́bti, nesugrė́bia, nesugrė́bė *vks. (1) (kas, ko) neig.* **sugrėbti**: *nesugrė́bti šiė́no*

nesugriáuti, nesugriáuna, nesugrióvė *vks. (1) (kas, ko) neig.* **sugriauti**: *Audrà nesugrióvė nãmo.*

nesuim̃ti, nesùima, nesùėmė *vks. (1) (kas, ko) neig.* **suimti**: *Polìcija nesùėmė bánko plėšìkų.*

nesujùngti, nesujùngia, nesujùngė *vks. (1) (kas, ko) neig.* **sujungti**

nesukélti, nesùkelia, nesukė́lė *vks. (1) (kas, ko) neig.* **sukelti**: *nesukélti nepasiténkinimo [vėžio]*

nesùkti, nèsuka, nesùko *vks. (1)* **1.** *(kas) neig.* **sukti** (1): *Nesùkite į̃ kaĩrę, sùkite į̃ dė-*

šìnę. **2.** *(kas, ko) neig.* **sukti** (2): *Nesùk varž̃to, jis gali nulùžti.* **3.** *(kas, ko) neig.* **sukti** (3): *Gegùtė nèsuka lìzdo.*

nesukùrti, nesùkuria, nesukū́rė *vks. (1) (kas, ko) neig.* **sukurti**: *Šiais mētais jis nesukū́rė nė víeno naũjo kū́rinio.*

nesulaikýti, nesulaĩko, nesulaĩkė *vks. (3) (kas, ko) neig.* **sulaikyti** (1, 2): *Plónas audinỹs nesulaĩko šilumõs.* o *nesulaikýti nusikaltė́lio*

nesuláužyti, nesuláužo, nesuláužė *vks. (3) (kas, ko) neig.* **sulaužyti**: *Nesuláužyk pieštùko.*

nesuleñkti, nesuleñkia, nesùlenkė *vks. (1) (kas, ko) neig.* **sulenkti** (1, 2): *Nesulenkiù (negaliu sulenkti) rañkos.*

nesultìngas, nesultìnga *bdv. (1, 1–6) neig.* **sultingas**: *Šios kriáušės neskãnios, jos visái nesultìngos.*

nesumaišýti, nesumaĩšo, nesumaĩšė *vks. (3) (kas, ko, su kuo) neig.* **sumaišyti**: *Jei nesumaišýsi vandeñs ir mìltų, negalė́si kèpti blỹnų.*

nesumálti, nesùmala, nesùmalė *vks. (1) (kas, ko) neig.* **sumalti**: *Kodė̃l nesùmalei mėsõs [kavõs]?*

nesumãžinti, nesumãžina, nesumãžino *vks. (1) (kas, ko) neig.* **sumažinti**: *nesumãžinti atlýginimo*

nesumèsti, nesùmeta, nesùmetė *vks. (1) (kas, ko) neig.* **sumesti**: *nesumèsti šakų̃ į̃ láužą*

nesumokė́ti, nesumóka, nesumokė́jo *vks. (1)* **1.** *(kas, už ką) neig.* **sumokėti** (1): *Jis man nesumokė́jo už dárbą.* **2.** *(kas, ko) neig.* **sumokėti** (2): *Jū̃s dar nesumokė́jote mókesčių.*

nesumùšti, nesùmuša, nesùmušė *vks. (1) (kas, ko) neig.* **sumušti**: *Manè apiplė́šė, bet nesùmušė (manę̃s).*

nesunkùs, nesunkì *bdv. (4, 5–8) neig.* **sunkus** (1, 2, 3); *gana lengvas*: *Jū̃s mãnote, kad pardavė́jos dárbas nesunkùs?* **nesunkù̃** *n.*: *Man nesunkù̃ kéltis ankstì.* **nesuñkiai** *prv.*: *Ar suñkiai rãdote mū́sų bùtą? – Nè, nesuñkiai.*

nesupažìndinti, nesupažìndina, nesupažìndino *vks. (1) (kas, ko, su kuo) neig.* **su-**

pažindinti (1, 2): *Mū́sų (jo ir manęs) niẽkas nesupažindino.* ○ *Kodė̃l nesupažindini manęs su savo seserimì?*

nesupìnti, nesùpina, nesupýnė *vks. (1) (kas, ko) neig.* **supinti**: *nesupìnti plaukų̃*

nesupjáustyti, nesupjáusto, nesupjáustė *vks. (3) (kas, ko) neig.* **supjaustyti**: *Àš dar nesupjáusčiau daržóvių.*

nesuplė́šyti, nesuplė́šo, nesuplė́šė *vks. (3) (kas, ko) neig.* **suplėšyti** (1, 2): *nesuplė́šyti suknẽlės*

nesuprañtamas, nesuprantamà *bdv. (3ᵇ, 1–6) (kam) neig.* **suprantamas**: *Jo kalbà (yra) man nesuprantamà.* ○ *nesuprantamì kláusimai*
nesuprañtamai *prv.*: *Jis kaĺba man nesuprañtamai.*

nesupràsti, nesuprañta, nesupràto *vks. (1) (kas, ko / + šs) neig.* **suprasti**: *Jis nesuprañta šio žõdžio.* ○ *Àš nesuprataũ, ką̃ jū̃s sãkėte.*

nesùpti, nèsupa, nèsupo *vks. (1) (kas, ko) neig.* **supti**: *Nãmo nèsupa tvorà.*

nesurašýti, nesurãšo, nesurãšė *vks. (3) (kas, ko / + šs) neig.* **surašyti**: *Jū̃s nesurãšėte visų̃ pavardžių̃.*

nesuremontúoti, nesuremontúoja, nesuremontãvo *vks. (1) (kas, ko) neig.* **suremontuoti**: *Màno automobìlio dar nesuremontãvo.*

nesureñgti, nesureñgia, nesùrengė *vks. (1) (kas, ko) neig.* **surengti**: *nesureñgti koncèrto*

nesuriñkti, nesùrenka, nesuriñko *vks. (1) (kas, ko) neig.* **surinkti** (1–4): *Tù nesurinkaĩ šiùkšlių nuo grindų̃.*

nesurìšti, nesùriša, nesurìšo *vks. (1) (kas, ko) neig.* **surišti**: *nesurìšti vir̃vės*

nesurūkýti, nesurū́ko, nesurū́kė *vks. (3) (kas, ko) neig.* **surūkyti**: *Vãkar àš nesurūkiaũ nė́ víenos cigarètės.*

nesū́rus, nesūrì *bdv. (3, 5–8) neig.* **sūrus**: *Sriubà (yra) nesūrì, galì válgyti.*
nesū́rų *n.*: *Nesū́rų, màn reikė́tų dár drùskos.*
nesūriaĩ *prv.*: *Jìs válgo nesū́riaĩ.*

nesusègti, nesùsega, nesùsegė *vks. (1) 1. (kas, ko) neig.* **susegti** (1): *nesusègti pálto* 2. *(kas, ko, kuo) neig.* **susegti** (2): *nesusègti põpieriaus lãpų sąvaržėlè*

nesusidė́ti, nesusìdeda, nesusidė́jo *sgr. vks. (1) (kas, ko) neig.* **susidėti** (2): *Po dviejų̃ valandų̃ išvỹks traukinỹs, o àš dar nesusidė́jau daiktų̃.*

nesusiglámžyti, nesusiglámžo, nesusiglámžė *sgr. vks. (3)* 1. *(kas) neig.* **susiglamžyti** (1): *Sijõnas nesusiglámžė, jo nereikė̃s lýginti.* 2. *(kas, ko) neig.* **susiglamžyti** (2): *Sténkis nesusiglámžyti sijõno.*

nesusìjęs, nesusìjusi *bdv. (dlv. [3]) neig.* **susijęs**; neturintis ryšio su kuo ar vienas su kitu: *Jū̃s mãnote, kad rūkymas ir plaũčių vė́žỹs yra nesusìję?*

nesusiláužyti, nesusiláužo, nesusiláužė *sgr. vks. (3) (kas, ko) neig.* **susilaužyti**: *nesusiláužyti kójos*

nesusimùšti, nesusìmuša, nesusìmušė *sgr. vks. (1)* 1. *(kas, ko) neig.* **susimušti** (1): *Nesusimùšk galvõs.* 2. *(kas; kas, su kuo) neig.* **susimušti** (2): *Jie bãrėsi, bet nesusìmušė.*

nesusipìnti, nesusìpina, nesusipýnė *sgr. vks. (1) (kas, ko) neig.* **susipinti**: *Tù nesusipýnei plaukų̃.*

nesusirìšti, nesusìriša, nesusìrišo *sgr. vks. (1) (kas, ko) neig.* **susirišti**: *Kodė̃l nesusirišaĩ šãliko? Péršalsi.*

nesusisègti, nesusìsega, nesusìsegė *sgr. vks. (1) (kas, ko) neig.* **susisegti**: *nesusisègti pálto*

nesusitìkti, nesusitiñka, nesusitìko *sgr. vks. (1)* 1. *(kas, ko) neig.* **susitikti** (1): *Àš jo seniaĩ nesusitinkù.* 2. *(kas; kas, su kuo) neig.* **susitikti** (2): *Mès nesusitiñkame, nepasìkalbame.* ○ *Ar tù su juo nesusitinkì?*

nesusitreñkti, nesusitreñkia, nesusìtrenkė *sgr. vks. (1) (kas, ko) neig.* **susitrenkti**: *Sáugokis, nesusitreñk galvõs į́ durìs.*

nesusižeĩsti, nesusižeĩdžia, nesusižeĩdė *sgr. vks. (1) (kas; kas, ko) neig.* **susižeisti**: *Avãrijoje niẽkas nesusižeĩdė.* ○ *Nesusižeĩsk pir̃što peiliù.*

nesusmùlkinti, nesusmùlkina, nesusmùlkino *vks. (1) (kas, ko) neig.* **susmulkinti**

nesustabdýti, nesustãbdo, nesustãbdė *vks.*

(3) (kas, ko) neig. **sustabdyti** *(1, 2): Policininkas mūsų nesustābdė.*
nesušáldyti, nesušáldo, nesušáldė *vks. (3) (kas, ko) neig.* **sušaldyti:** *nesušáldyti mėsõs*
nesušlam̃pa *esam. l. 3 asm. žr.* **nesušlapti**
nesušlāpinti, nesušlāpina, nesušlāpino *vks. (1) (kas, ko) neig.* **sušlapinti:** *Netaškyk vandeñs, nesušlāpink man suknẽlės.*
nesušlàpti, nesušlam̃pa, nesušlãpo *vks. (1)* **1.** *(kas) neig.* **sušlapti** *(1).* **2.** *(kas, ko) neig.* **sušlapti** *(2): Atsargiaĩ, čia balà, nesušlàpk kójų.*
nesutaupýti, nesutaũpo, nesutaũpė *vks. (3) (kas, ko) neig.* **sutaupyti:** *Per šiuos metùs nesutaupiaũ nė (víeno) lìto.*
nesuteĩkti, nesuteĩkia, nesùteikė *vks. (1) (kas, ko, kam) neig.* **suteikti:** *Bánkas nesùteikė man paskolõs.*
nesutìkti, nesutiñka, nesutìko *vks. (1)* **1.** *(kas, su kuo / + bendr.) neig.* **sutikti** *(1);* prieštarauti: *Aš nesutinkù su tavo núomone.* o *Tu nesutikaĩ mokėti baũdą?* **2.** *(kas, ko) neig.* **sutikti** *(2): Kodėl jie jūsų nesutìko stotyjè?*
nesutreñkti, nesutreñkia, nesùtrenkė *vks. (1) (kas, ko, kuo) neig.* **sutrenkti:** *Nesutreñk man galvõs dùrimis.*
nesutvarkýti, nesutvar̃ko, nesutvar̃kė *vks. (3) (kas, ko) neig.* **sutvarkyti** *(1, 2): Nesutvarkiaũ kam̃bario.*
nesutvárstyti, nesutvársto, nesutvárstė *vks. (3) (kas, ko) neig.* **sutvarstyti:** *nesutvárstyti žaizdõs [rañkos]*
nesutvìrtinti, nesutvìrtina, nesutvìrtino *vks. (1) (kas, ko) neig.* **sutvirtinti**
nesuválgyti, nesuválgo, nesuválgė *vks. (3) (kas, ko) neig.* **suvalgyti:** *Kàs nesuválgė savo sumuštinio?*
nesuvartóti, nesuvartója, nesuvartójo *vks. (1) (kas, ko) neig.* **suvartoti:** *Tu dar nesuvartójai anų váistų, kám perkì naujùs?*
nesuvynióti, nesuvyniója, nesuvyniójo *vks. (1) (kas, ko) neig.* **suvynioti** *(1, 2): Ar jūs man nesuvyniótumėte dovanõs (gal galėtumėte suvynioti dovaną)?*

nesuvókti, nesuvókia, nesuvókė *vks. (1) (kas, ko / +šs) neig.* **suvokti**
nesužeĩsti, nesužeĩdžia, nesùžeidė *vks. (1) (kas, ko) neig.* **sužeisti;** nepadaryti žaizdos: *nesužeĩsti rañkos*
nesužinóti, nesužìno, nesužinójo *vks. (3) (kas, ko / + šs) neig.* **sužinoti:** *nesužinóti tiesõs* o *Jis nesužinõs, kad tù tai padareĩ.*
nesvarbùs, nesvarbì *bdv. (4, 5–8) neig.* **svarbus;** neturintis didelės reikšmės: *nesvarbì priežastìs*
nesvarbù *n.: Nesvarbù, ar jis ateĩs, ar nè.*
nesvarstýti, nesvar̃sto, nesvar̃stė *vks. (3) (kas, ko / + šs) neig.* **svarstyti:** *nesvarstýti kláusimo*
nesveĩkas, nesveikà *bdv. laipsn. (4, 1–6)* **1.** *neig.* **sveikas** *(1);* sergantis; kurį reikia gydyti ar taisyti *(4): Mano dù dañtys (yra) nesveikì.* **2.** *neig.* **sveikas** *(2);* kenkiantis sveikatai: *nesveĩkas maĩstas*
nesveĩka *n.: Rūkýti (yra) nesveĩka.*
nesveikaĩ *prv.: nesveikaĩ maitìntis*
nesvéikinti, nesvéikina, nesvéikino *vks. (1) (kas, ko) neig.* **sveikinti:** *nesvéikinti draũgo gimtãdienio próga*
nesver̃ti, nèsveria, nèsvėrė *vks. (1)* **1.** *(kas, ko) neig.* **sverti** *(1): nesver̃ti mėsõs* **2.** *(kas, kiek) neig.* **sverti** *(2): Aš nèsveriu šim̃to kilogrãmų (100 kg).*
nešáldyti, nešáldo, nešáldė *vks. (3) (kas, ko) neig.* **šaldyti:** *nešáldyti alaũs*
nešālinti, nešālina, nešālino *vks. (1)* **1.** *(kas, ko) neig.* **šalinti** *(1): Šis valiklis nešālina dėmių.* **2.** *(kas, ko, iš ko) neig.* **šalinti** *(2): Jo dar nešālina iš pareigų.*
nešáltas, nešaltà *bdv. (3, 1–6) neig.* **šaltas;** gana šiltas: *Šiañdien óras (yra) nešáltas.*
nešálta *n.: Šiañdien (yra) visái nešálta.* o *Ar šiame kambaryjè tau nešálta miegóti?*
nešáudyti, nešáudo, nešáudė *vks. (3)* **1.** *(kas) neig.* **šaudyti** *(1).* **2.** *(kas, ko) neig.* **šaudyti** *(2): nešáudyti žvėrių*
nešaũkti, nešaũkia, nèšaukė *vks. (1)* **1.** *(kas) neig.* **šaukti** *(1): Nešaũk, aš nekur̃čias.* **2.** *(kas, ko) neig.* **šaukti** *(2, 3, 4): Nešaũk manę̃s, aš neateĩsiu.* o *nešaũkti susirinkìmo* o *Ar jūsų sūnaũs dar nešaũkia į kariúomenę?*

nešáuti, nešáuna, nešóvė *vks. (1) (kas) neig.* šauti: *Nešáukite, aš atidúosiu pìnigus!*

nėščià *bdv. m. (4, 7)* kuri laukiasi: *Léiskite tai nė̃ščiai móteriai atsisė́sti, jai sunkù stovė́ti.*

nešérti, nė̃šeria, nešė́rė *vks. (1) (kas, ko, kuo) neig.* šerti: *Jei nešérsi šuñs, jis nugaĩš.*

nešìkas *dkt. v. (2, 1),* **nešìkė** *dkt. m. (2, 8)* asmuo, kurio pareigos – nešti keleivių nešulius

nešykštùs, nešykštì *bdv. (4, 5–8) neig.* šykštus; gana dosnus

nešỹla *esam. l. 3 asm. žr.* **nešilti**

nešìldyti, nešìldo, nešìldė *vks. (3)* 1. *(kas, ko) neig.* šildyti (1): *Mūsų bùto dar nešìldo.* 2. *(kas) neig.* šildyti (2): *Šis šildytùvas visái nešìldo.*

nešiĺtas, nešiltà *bdv. (4, 1–6) neig.* šiltas (1, 2); gana šaltas: *Vanduõ voniojè jau (yra) nešiĺtas.* ○ *Šios pirštìnės (yra) nešiĺtos.* nešiĺta *n.: Šiañdien nešiĺta.* ○ *Kambaryjè man nešiĺta.*

nešióti, nešiója, nešiójo *vks. (1) (kas, ką)* 1. daug kartų ar nuolat nešti: *nešióti vaĩką ant rañkų* 2. dėvėti, avėti ir pan.: *Tą suknẽlę mieláī nešióčiau.* ○ *Šių bãtų negaliù nešióti – spáudžia.* ○ *Ji nešiója výro dovanótą žíedą ir áuskarus.* ○ *Ar tu nešiój áukinius?* ○ *Aš nešióju džìnsus.* • *žr.* **nenešioti** nešiójimas *dkt. v. (1, 1)*

nešiótis, nešiójasi, nešiójosi *sgr. vks. (1) (kas, ką)* nešioti, turėti su savimi: *Skė́tį visadà nešiójuosi.* • *žr.* **nesinešioti**

nešiuolaikìnis, nešiuolaikìnė *bdv. (2, 4–9) neig.* šiuolaikinis; nebūdingas dabarčiai

nešiurkštùs, nešiurkštì *bdv. (4, 5–8) neig.* šiurkštus (1); gana švelnus: *Tas audinỹs (yra) nešiurkštùs (plg. Tas audinỹs nėrà šiurkštùs).*

nešlakstýti, nešlãksto, nešlãkstė *vks. (3) (kas, ko, kuo) neig.* šlakstyti: *nešlakstýti griñdų vándeniu*

nešlãpinti, nešlãpina, nešlãpino *vks. (1) (kas, ko) neig.* šlapinti: *nešlãpinti skùduro*

nèšlavė *būt. l. 3 asm. žr.* **nešluoti**

nešlúoja *esam. l. 3 asm. žr.* **nešluoti**

nešlúostyti, nešlúosto, nešlúostė *vks. (3) (kas, ko, kuo) neig.* šluostyti (1, 2, 3): *Aš nešlúostau dùlkių kiekvíeną díeną, aš jas šlúostau tik savaĩtgaliais.* ○ *Aš iñdų nešlúostysiu, šlúostyk tu patì.*

nešlúoti, nešlúoja, nèšlavė *vks. (1) (kas, ko) neig.* šluoti (1, 2): *nešlúoti griñdų [šiùkšlių]*

nešnipinė́ti, nešnipinė́ja, nešnipinė́jo *vks. (1) (kas, ko) neig.* šnipinėti

nešókti, nešóka, nešóko *vks. (1)* 1. *(kas) neig.* šokti (1): *Geriaũ nešók per tvõrą, nepéršoksi.* 2. *(kas, ko, su kuo) neig.* šokti (2): *Su jumìs aš nešóksiu šio šõkio.*

nešóvė *būt. l. 3 asm. žr.* **nešauti**

nèšti, nẽša, nẽšė *vks. (1) (kas, ką)* 1. einant laikyti ranka (rankomis) ar rankose, ant pečių turėti: *nèšti krẽpšį* 2. eiti pas ką norint (ką) atiduoti: *nèšti senéliui dóvaną* ○ *Nèšiu* (būs. l.) *drabùžius į̃ skalbỹklą.* • *žr.* **atnešti, nenešti, nunešti, parnešti** nešìmas *dkt. v. (2, 1)*

nèštis, nẽšasi, nẽšėsi *sgr. vks. (1) (kas, ką / ko)* nešti pačiam ar savo: *Kur nešíesi savo lagamìną?* ○ *Aš nešù jam alaũs, o sáu nešúosi minerãlinio vandeñs.* • *žr.* **išsinešti, nesinešti, parsinešti**

nėštùmas *dkt. v. (2, 1)* nėščios moters būklė

neštùvai *dgs. dkt. v. (2, 1)* įtaisas ligoniui nešti dviese: *Ligónį nẽša (su) neštùvais.*

nešukúoti, nešukúoja, nešukãvo *vks. (1) (kas, ko, kam) neig.* šukuoti: *nešukúoti vaĩkui plaukų̃*

nešulỹs *dkt. v. (3ᵇ, 3)* kas nešama: *Mano nešuliaĩ nėrà suñkūs.* ○ *nešulių̃ [bagãžo] saugyklà* ○ *Padė́k man pakélti nešulį̃.*

nešvarà *vns. dkt. m. (4, 6)* švaros nebuvimas: *Pas ją̃ virtùvėje dìdelė nešvarà.*

nešvarùs, nešvarì *bdv. laipsn. (4, 5–8) neig.* švarus; purvinas: *Negérk iš šios stiklìnės, ji (yra) nešvarì.* ○ *Kur galė́čiau nusivalýti batùs? Jie (yra) nešvarū̃s.* ○ *Šis rañkšluostis dár nešvarèsnis negu tàs (plg. ne švarèsnis už tą̃).* nešvarù *n.: Nesė́skite čià, čià nešvarù.* nešvariaĩ *prv.: Nešvariaĩ išskalbeĩ drabùžius, man juos reikė̃s dár kartą skalbti.*

nešvelnùs, nešvelnì bdv. (4, 5–8) neig. švelnus (1, 2); gana šiurkštus

nešvę̃sti, nešveñčia, nèšventė vks. (1) (kas, ko) neig. švęsti: Aš nešvę̃siu gimtādienio [nešvenčiù gimtādienių].

nešviẽsti, nešviẽčia, nèšvietė vks. (1) 1. (kas) neig. šviesti (1): Ši lempùtė nešviẽčia. 2. (kas, ko, kuo) neig. šviesti (2). 3. (kas, ko) neig. šviesti (3)

nešviesùs, nešviesì bdv. (4, 5–8) neig. šviesus (1, 2, 3); gana tamsus
nešviesù n.: Kambaryjè jau nešviesù, reĩkia uždègti lémpą.

nèšvietė būt. l. 3 asm. žr. **nešviesti**

nešviẽžias, nešviežià bdv. (4, 2–7) neig. šviežias; gana senas (apie maistą): Neválgykite šio tòrto, jis (yra) nešviẽžias, gãlite apsinuõdyti.

nešvir̃kšti, nešvir̃kščia, nèšvirkštė vks. (1) (kas, ko, kam) neig. švirkšti: Sesẽlė dar nèšvirkštė váistų ligóniui.

nèt dll. (vartojama pabrėžiant): Aš papãsakojau jam juokìngą atsitikìmą, o jìs net nenusišypsójo. ○ Suválgyčiau trìs dìdžkukulius ir net daugiaũ. ○ Jis dìrba net po dárbo valandų̃. ○ Nusipirkaũ net dù skėčiùs, nes aš juos nuõlat pàmetu.

netáikyti, netáiko, netáikė vks. (3) (kas, ko) neig. taikyti

netaisyklìngas, netaisyklìnga bdv. (1, 1–6) neig. taisyklingas; daromas, vykstantis ir pan. ne pagal taisykles: netaisyklìnga tartìs
netaisyklìngai prv.: Jūs netaisyklìngai užpìldėte blánką.

netaisýti, netaĩso, netaĩsė vks. (3) (kas, ko) neig. taisyti (1, 2, 3, 4): netaisýti laĩkrodžio [automobìlio, suknẽlės, dantų̃]

netamsùs, netamsì bdv. (4, 5–8) neig. tamsus (1, 2); gana šviesus: Naktìs buvo netamsì, šviẽtė mẽnulis.
netamsù n.: Laukè dar netamsù.

netánkus, netánki bdv. (3, 5–8) neig. tankus; gana retas: netánkus mìškas

netapýti, netãpo, netãpė vks. (3) (kas, ko, kuo) neig. tapyti: netapýti pavéikslo

netar̃ti, nètaria, nètarė vks. (1) (kas, ko) neig. tarti: Mažì vaikaĩ kar̃tais nètaria gar̃so „r".

netaškýti, netãško, netãškė vks. (3) (kas, ko) neig. taškyti (1, 2): Netaškýk vandeñs ant grindų̃.

netaupýti, netaũpo, netaũpė vks. (3) (kas, ko) neig. taupyti (1, 2); daug leisti, daug vartoti: Aš netaupaũ pinigų̃. ○ Kodẽl jūs netaũpote elèktros?

neteĩgti, neteĩgia, nèteigė vks. (1) (kas, + šs) neig. teigti: Aš neteigiù, kad jis kal̃tas.
• liep. n. **neteĩk(ite)**

neteĩkti, neteĩkia, nèteikė vks. (1) 1. (kas, ko, kam) neig. teikti (1, 2): neteĩkti žiniãsklaidai informãcijos ○ Ta knygà neteĩkia man malonùmo, man nuobodù ją skaitýti. 2. (kas, kam, + bendr., ką / ko) neig. teikti (3): neteĩkti Seĩmui svarstýti įstãtymą [įstãtymo]

neteisẽtas, neteisẽta bdv. (1, 1–6) neig. teisėtas; padarytas ne pagal įstatymą: Neteisẽtas svẽtimo tur̃to paėmìmas yra vagỹstė.
neteisẽtai prv.: neteisẽtai įeĩti į kieno namùs

neteisìngas, neteisìnga bdv. (1, 1–6) neig. teisingas (1, 2): Šìs tèsto atsãkymas (yra) neteisìngas.
neteisìngai prv.: Jūs neteisìngai atsãkėte į dẽstytojo kláusimą.

neteĩsti, neteĩsia, nèteisė vks. (1) (kas, ko) neig. teisti: Teĩsmas nèteisė jo už vagỹstę, nes neįródė, kad jis kal̃tas.

neteisùs, neteisì bdv. (4, 5–8) ne teisus; klystantis: Jūs esate neteisùs tvìrtindamas, kad aš per mažaĩ dìrbu.

netekẽjusi bdv. m. (dlv. [3]) neturinti teisẽto vyro: Ji yra netekẽjusi móteris. • žr. **ištekẽjusi**

netekẽti, nèteka, netekẽjo vks. (1) 1. (kas, už ko) neig. tekẽti (1): Jì už jo netekẽs, ji jo nemýli. 2. (kas, iš ko) neig. tekẽti (2): Kraũjas jau nèteka, aš sutvárščiau žaĩzdą. 3. (kas, į ką) neig. tekẽti (3). 4. (kas) neig. tekẽti (4): Kai atsikẽliau, sáulė dar netekẽjo.

netèkti, neteñka, netẽko vks. (1) (kas, ko) nustoti turėjus: Avãrijoje jis netẽko rañkos. ○ netèkti sąmonẽs
netekìmas dkt. v. (2, 1)

nètelpa *esam. l. 3 asm. žr.* netilpti

netèpti, nètepa, nètepė *vks. (1)* **1.** *(kas, ko, ant ko) neig.* tepti (1): *Aš tau netèpsiu svíesto ant riekės, tèpkis pàts.* **2.** *(kas, ko, kuo) neig.* tepti (2). **3.** *(kas, ko) neig.* tepti (3): *netèpti drabùžių*

netę̃sti, netę̃sia, nètęsė *vks. (1) (kas, ko) neig.* tę̃sti: *Aš netę̃siu* (būs. l.) *stùdijų universitetè, neturiù pinigų̃.*

netýčia *prv. neig.* tyčia; atsitiktinai, neturint tikslo (ką padaryti): *Atsiprašaũ, aš netýčia taip padariaũ.* ○ *Jis netýčia sudaũžė puodėlį.*

netiẽkti, netiẽkia, nètiekė *vks. (1) (kas, ko, kam) neig.* tiekti (1, 2): *netiẽkti vandeñs [pùsryčių]*

netiesà *vns. dkt. m. (4, 6) neig.* tiesa¹; tai, kas neatitinka tikrovės: *Jū̃s sãkote netiẽsą, jū̃s melúojate.*

netiesióginis, netiesióginė *bdv. (1, 4–9) neig.* tiesioginis (1, 2)

netiẽsti, netiẽsia, nètiesė *vks. (1) (kas, ko) neig.* tiesti (1, 2): *netiẽsti paklõdės [kẽlio]*

netiesùs, netiesì *bdv. (4, 5–8) neig.* tiesus: *Šis kẽlias (yra) netiesùs, jamè daũg vìngių.*

netikė́tas, netikė́ta *bdv. (1, 1–6)* kuris atsitinka, atvyksta ir pan., kai nesitikima: *netikė́tas įvykis* ○ *Šeštãdienį atvažiãvo netikė́tų svečių̃* (svečių̃, kurie nebùvo iš anksto pranẽšę, kad atvyks).
netikė́tai *prv.* staiga, visiškai nelaukiant, nesitikint: *Netikė́tai užė̃jo svečių̃.*

netikė́ti, nètiki, netikė́jo *vks. (2)* **1.** *(kas, kuo / + šs) neig.* tikė́ti (1); manyti, kad kas yra netiesa: *Aš nètikiu jo pãsakojimu.* ○ *Jie nètiki, kad aš sakaũ tiẽsą.* **2.** *(kas, ką) neig.* tikė́ti (2): *Jis nètiki Diẽvą.*
netikė́jimas *dkt. v. (1, 1) (kuo)*

netìkras, netikrà *bdv. (4, 1–6) neig.* tikras (1); dirbtinis: *netikrõs ódos pãltas*

netìkrinti, nètikrina, netìkrino *vks. (1) (kas, ko) neig.* tìkrinti: *Mano lagamìno muĩtininkai netìkrino.* ○ *Gýdytojas mano akių̃ netìkrino.*

netikslùs, netikslì *bdv. (4, 5–8) neig.* tikslus (2): *Šis knýgos vertìmas (yra) labaĩ netikslùs, jamè daug klaĩdų̃.*
netiksliaĩ *prv.: netiksliaĩ išver̃sti sãkinį*

netìkti, netiñka, netìko *vks. (1)* **1.** *(kas, kam) neig.* tìkti (1, 2, 3): *Šiam dárbui jis netiñka.* ○ *Mán juodà spalvà netiñka.* ○ *Ar jums tiñka šie bãtai? – Labaĩ gaĩla, bet netiñka.* **2.** *(kas, prie ko) neig.* tikti (4): *Molìniai papuošalaĩ netiñka prie vakarìnės suknẽlės, ar nè?*

netil̃pti, nètelpa, netil̃po *vks. (1) (kas, kame / į ką) neig.* til̃pti: *Jos drabùžiai jau nètelpa vienojè spìntoje.* ○ *Dẽšimt žmonių̃ netil̃ps į víeną automobìlį.*

netiñka *esam. l. 3 asm. žr.* netikti

netiñkamas, netinkamà *bdv. laipsn. (3ᵇ, 1–6) (kam) neig.* tiñkamas; neturintis savybių, kurių reikia kam: *Gaĩla, bet jū̃s esate netiñkamas šiam dárbui, jū̃s netùrite áukštojo išsilãvinimo.*
netiñkamai *prv.: netiñkamai pasieľgti*

netýrė *būt. l. 3 asm. žr.* netirti

netir̃štas, netirštà *bdv. (4, 1–6) neig.* tir̃štas (1, 2): *netir̃štà sriubà*

netìrti, nètiria, netýrė *vks. (1) (kas, ko) neig.* tìrti: *netìrti nusikaltìmo*

netolì¹ *prv. neig.* toli (1, 2); gana arti: *Iki pãšto nuo čià netolì.* ○ *Ar tolì reikė̃s eĩti? – Nè, visái netolì.*

netoli² *prl.* (su K.) *žr.* arti²: *Mes gyvẽname netolì miẽsto ceñtro.*

netólimas, netolimà *bdv. (3ᵃ, 1–6) neig.* tólimas (1, 2); gana artimas: *netólimas kẽlias*

netransliúoti, netransliúoja, netransliãvo *vks. (1) (kas, ko) neig.* transliuoti: *Rãdijas netransliúoja Seĩmo pósėdžio.*

netráukti, netráukia, netráukė *vks. (1) (kas, ko) neig.* tráukti (1–4): *Netráukite dùrų̃, stùmkite (jas).* ○ *netráukti kam̃ščio*

netreñkti, netreñkia, nètrenkė *vks. (1) (kas) neig.* treñkti (1, 2, 3)

netrìnti, nètrina, netrýnė *vks. (1)* **1.** *(kas, ko, kuo) neig.* trìnti (1): *netrìnti véido rañkšluosčiu* **2.** *(kas, ko) neig.* trìnti (2): *Dar netrìnkite užduočių̃ lentojè.* **3.** *(kas) neig.* trìnti (3): *Ãčiū Diẽvui, bãtai nètrina.*

netriukšmáuti, netriukšmáuja, netriukšmãvo *vks. (1) (kas) neig.* triukšmauti; nekelti triukšmo: *Prašom netriukšmáuti, jū̃s trùkdote man dìrbti.*

netroškìnti, netroškìna, netroškìno *vks. (1)* **1.** *(kas, ko) neig.* **troškinti** (1): *Aš mėsõs netroškinù, man skanėsnė̃ keptà (mėsà).* **2.** *(ko) neig.* **troškinti** (2): *Manę̃s netroškina, aš nenóriu gérti.*

netrumpaĩ *prv. neig.* **trumpai** (1): *Mes bùvome pas jus netrumpaĩ – keliàs vãlandas.*

netrum̃pas, netrumpà *bdv. (4, 1–6) neig.* **trumpas** (1, 2, 3); gana ilgas: *Mū́sų pókalbis buvo netrum̃pas.*

netrum̃pinti, netrum̃pina, netrum̃pino *vks. (1) (kas, ko) neig.* **trumpinti**

netupė́ti, nètupi, netupė́jo *vks. (2) (kas) neig.* **tupėti** (1, 2)

netū̃pti, nètupia, nètūpė *vks. (1) (kas) neig.* **tūpti** (1, 2)

neturė́ti, netùri, neturė́jo *vks. (2) (kas, ko) neig.* **turėti** (1–3, 5, 6, 7): *Aš neturiù bùto.* o *Jis visái netùri atmintiẽs.* o *Jis netùri žmonõs, jis nevẽdęs.* o *Mes netùrime príešų.*
neturėjimas *dkt. v. (1, 1) (ko)*

neturtìngas, neturtìnga *bdv. laipsn. (1, 1–6) neig.* **turtingas**; kuris neturi ar turi mažai turto: *Ji dár neturtingèsnė negu àš (plg. Ji ne turtingèsnė už manè).*

netùščias, netùščià *bdv. (4, 2–7) neig.* **tuščias**; kuriame yra ko nors: *Šaldytùvas (yra) dar netùščias, jame yra kiaušìnių ir lašìnių.*

netvarkà *vns. dkt. m. (4, 6)* tvarkos nebuvimas: *Kambaryjè (yra) baisì netvarkà.* o *Nemė́gstu netvarkõs.*

netvarkìngas, netvarkìnga *bdv. laipsn. (1, 1–6) neig.* **tvarkingas**; kuriame nėra tvarkos; kuris nesirūpina išvaizda: *netvarkìngi drabùžiai* o *netvarkìngas bùtas [žmogùs]* o *Ji dár netvarkingèsnė negu àš.*
netvarkìngai *prv.: Tu sudėjai knygàs netvarkìngai.*

netvarkýti, netvar̃ko, netvar̃kė *vks. (3) (kas, ko) neig.* **tvarkyti** (1, 2): *netvarkýti bùto*

netvárstyti, netvársto, netvárstė *vks. (3) (kas, ko) neig.* **tvarstyti**: *netvárstyti žaizdõs [rañkos]*

netvìrtas, netvirtà *bdv. (3, 1–6) neig.* **tvirtas** (1, 2): *Šis tìltas netvìrtas, jį reikia remontúoti.*
netvirtaĩ *prv.: Jis pažadėjo ateĩti, bet netvirtaĩ – jei bus blõgas óras, jis neateĩs.*

netvìrtinti, netvìrtina, netvìrtino *vks. (1)* **1.** *(kas, ko, prie ko) neig.* **tvirtinti** (1): *netvìrtinti lentýnos prie síenos* **2.** *(kas, + šs) neig.* **tvirtinti** (2): *Aš netvìrtinu, kad jis melúoja.* **3.** *(kas, ko) neig.* **tvirtinti** (3, 4): *netvìrtinti įstātymo*

neúostyti, neúosto, neúostė *vks. (3) (kas, ko) neig.* **uostyti**: *neúostyti kvepalų̃* o *Ar tos rõžės kvẽpia? – Nežinaũ, aš jų̃ neúosčiau.*

neuždarýti, neuždãro, neuždãrė *vks. (3)* **1.** *(kas, ko) neig.* **uždaryti** (1, 2); palikti atidarytą; tęsti veiklą: *Neuždarýkite lángo, man káršta.* **2.** *(kas, ko, į ką) neig.* **uždaryti** (3): *Jo neuždãrė į kalė́jimą.*

neùždeda *esam. l. 3 asm. žr.* **neuždėti**

neuždègti, neùždega, neùždegė *vks. (1) (kas, ko) neig.* **uždegti** (1, 2): *Degtùkai drė́gni, aš jų̃ neùždegu.* • *liep. n.* **neuždèk(ite)**

neuždeñgti, neuždeñgia, neùždengė *vks. (1) (kas, ko, kuo) neig.* **uždengti** (1, 2): *neuždeñgti púodo dangčiù* • *liep. n.* **neuždeñk(ite)**

neuždė́ti, neùždeda, neuždė́jo *vks. (1) (kas, ko) neig.* **uždėti** (1, 2): *neuždė́ti dėžė̃s ant spìntos* **neuždė́ti añtspaudo** nepažymėti antspaudu

neuždìrbti, neuždìrba, neuždìrbo *vks. (1) (kas, ko / kiek ko) neig.* **uždirbti**: *Aš neuždìrbu tū́kstančio lìtų per mė́nesį.*

neùžėmė *būt. l. 3 asm. žr.* **neužimti**

neužgáuti, neužgáuna, neužgãvo *vks. (1) (kas, ko) neig.* **užgauti**: *Ar aš neužgavaũ tau rañkos?*

neužgesìnti, neužgesìna, neužgesìno *vks. (1) (kas, ko) neig.* **užgesinti** (1, 2); palikti toliau degti; neišjungti (šviesos): *Kodė̃l neužgesinaĩ šviesõs vonio̧jè? Tu netaupaĩ elèktros.*

neùžimtas, neužimtà *bdv. (3ᵇ, 1–6) neig.* **užimtas**; laisvas: *Ši vietà neužimtà, prašom sė́stis.*

neužim̃ti, neùžima, neùžėmė *vks. (1) (kas, ko) neig.* **užimti** (1–4): *Atsiprašaũ, põnia, bet aš neùžėmiau jū́sų viẽtos, čia màno vietà.* o *Gaĩla, mes neužim̃sime pirmõsios viẽtos pirmenýbėse.* o *Ši sofà neùžima daug viẽtos.*

neužjaũsti, neužjaũčia, neùžjautė *vks. (1) (kas, ko) neig.* **užjausti**: *Jis niekadà kitų̃ neužjaũčia.*

neužkálbinti, neužkálbina, neužkálbino vks. *(1) (kas, ko) neig.* **užkalbinti:** *Jis manęs neužkálbino.*

neužkélti, neùžkelia, neužkėlė vks. *(1) (kas, ko, ant ko) neig.* **užkelti:** *Neùžkeliu (nepajėgiu užkelti) dėžės ant spìntos.*

neužkim̃šti, neùžkemša, neužkim̃šo vks. *(1) (kas, ko) neig.* **užkimšti:** *Neužkim̃šk bùtelio, aš dar gérsiu.*

neužklijúoti, neužklijúoja, neužklijãvo vks. *(1) (kas, ko) neig.* **užklijuoti** *(1, 2): Neužklijavaĩ pãšto žénklo ant vóko.*

neužmáuti, neužmáuna, neužmóvė vks. *(1) (kas, ko, kam) neig.* **užmauti:** *neužmáuti žíedo ant pir̃što*

neužmérkti, neužmérkia, neužmérkė vks. *(1) (kas, ko) neig.* **užmerkti:** *Jei neužmérksi akių̃, neužmìgsi.*

neužmir̃šti, neužmir̃šta, neužmir̃šo vks. *(1) (kas, ko / + bendr. / + šs) neig.* **užmiršti:** *Aš neužmir̃šaũ tavo var̃do.* ○ *Jis neužmir̃šo pasvéikinti žmóną gimtãdienio próga.* ○ *Ar neužmiršaĩ, ką̃ reikia nupir̃kti?*

neužmùšti, neùžmuša, neùžmušė vks. *(1) (kas, ko) neig.* **užmušti:** *Jo neùžmušė, tik sùžeidė.*

neužpìldyti, neužpìldo, neužpìldė vks. *(3) (kas, ko) neig.* **užpildyti:** *Põne, jūs neužpìldėte blánko!*

neùžpučia *esam. l. 3 asm. žr.* **neužpūsti**

neužpùlti, neužpúola, neužpúolė vks. *(1) (kas, ko) neig.* **užpulti:** *Šuõ manęs neužpúolė.*

neužpū̃sti, neùžpučia, neùžpūtė vks. *(1) (kas, ko) neig.* **užpūsti:** *Vėjas neùžpūtė žvãkės.* • *būs. l. 3 asm.* **neužpū̃s**

neužrakìnti, neužrakìna, neužrakìno vks. *(1) (kas, ko) neig.* **užrakìnti:** *Õ, aš neužrakìnaũ dùrų!*

neužrašýti, neužrãšo, neužrãšė vks. *(3) (kas, ko) neig.* **užrašyti** *(1, 2): Ant vóko neužrãšiaũ pãšto ìndekso.*

neužregistrúoti, neužregistrúoja, neužregistrãvo vks. *(1) (kas, ko) neig.* **užregistruoti**

neužsakýti, neužsãko, neužsãkė vks. *(3) (kas, kam, ko) neig.* **užsakyti** *(1, 2): Atléiskite, bet mes jums dar neužsãkėme bìlietų.* ○ *Aš tau neužsakiaũ kavõs, gali užsisakýti pàts.*

neužsidègti, neužsìdega, neužsìdegė sgr. vks. *(1) 1. (kas) neig.* **užsidegti** *(1, 2); nepradėti degti, šviesti: Neĩk per gãtvę, dar neužsìdegė žalià šviesofòro šviesà.* **2.** *(kas, ko) neig.* **užsidegti** *(3): neužsidègti cigarètės [pýpkės]*

neužsidėti, neužsìdeda, neužsidėjo sgr. vks. *(1) (kas, ko, ant ko) neig.* **užsidėti:** *neužsidėti skrybėlės ant galvõs*

neužsìėmė *būt. l. 3 asm. žr.* **neužsiimti**

neužsiėmęs, neužsiėmusi *bdv. (dlv. [3]) neig.* **užsiėmęs;** *laisvas: Ar tu šiañdien užsiėmęs? – Nè, neužsiėmęs, gãlime eīti pasiváikščioti.*

neužsigáuti, neužsigáuna, neužsigãvo sgr. vks. *(1) (kas, ko) neig.* **užsigauti:** *Ar tu neužsigavaĩ kójos?*

neužsikélti, neužsìkelia, neužsikėlė sgr. vks. *(1) (kas, ko, ant ko) neig.* **užsikelti:** *neužsikélti kóją ant stãlo*

neužsimáuti, neužsimáuna, neužsimóvė sgr. vks. *(1) (kas, ko) neig.* **užsimauti:** *Mano pir̃štas ištìno, neužsimáunu žíedo.*

neužsirašýti, neužsirãšo, neužsirãšė sgr. vks. *(3) 1. (kas, ko, į ką / ant ko) neig.* **užsirašyti** *(1): Ar jūs neužsirãšėte mano telefòno?* **2.** *(kas, + bendr. / pas ką) neig.* **užsirašyti** *(2): Aš neužsirãšiaũ kalbėti susirinkìme.* ○ *Jei neužsirašýsi pas gýdytoją iš añksto, jis tavęs nepriim̃s.*

neužsirìšti, neužsìriša, neužsirìšo sgr. vks. *(1) (kas, ko) neig.* **užsirišti:** *Vaĩkas dar pats neužsìriša bãtų raištėlių*

neužsisakýti, neužsisãko, neužsisãkė sgr. vks. *(3) (kas, ko) neig.* **užsisakyti:** *Atsiprašaũ, aš neužsisakiaũ alaũs, aš užsisakiaũ vỹno.*

neužsùkti, neùžsuka, neužsùko vks. *(1) 1. (kas, pas ką / į ką) neig.* **užsukti** *(1): Kodė̃l jūs neùžsukate pas manè?* **2.** *(kas, ko) neig.* **užsukti** *(2, 3): Neužsukaĩ čiáupo, vanduõ lãša.*

neužter̃šti, neužter̃šia, neùžteršė vks. *(1) (kas, ko, kuo) neig.* **užteršti:** *neùžterštas óras*

neužtráukti, neužtráukia, neužtráukė *vks. (1) (kas, ko) neig.* **užtraukti;** palikti tarpą: *Neužtráuk striùkės užtrauktùko.*

neužtvérti, neùžtveria, neužtvḗrė *vks. (1) (kas, ko) neig.* **užtverti;** palikti laisvą įeiti, įvažiuoti: *Neužtvérkite kẽlio, pastatýkite mašìną kiek toliaũ.*

neužtvìndyti, neužtvìndo, neužtvìndė *vks. (3) (kas, ko) neig.* **užtvindyti:** *Vanduõ dar neužtvìndė kẽlio.*

neužúosti, neužúodžia, neužúodė *vks. (1) (kas, ko / +šs) neig.* **užuosti;** nejausti kvapo: *Ar užúodi, kaip skaniaĩ kvẽpia? ○ Aš neužúodžiu jókio kvãpo.*

nevadìnti, nevadìna, nevadìno *vks. (1) (kas, ko, kuo / kaip) neig.* **vadinti:** *Nevadìnkite jos profèsore, jai tai nepatiñka.*

nèvagia *esam. l. 3 asm. žr.* **nevogti**

nevaidìnti, nevaidìna, nevaidìno *vks. (1) (kas, ko) neig.* **vaidinti:** *nevaidìnti vaidmeñs*

nevairúoti, nevairúoja, nevairãvo *vks. (1) (kas, ko) neig.* **vairuoti:** *Aš nevairúoju automobìlio, mano výras (jį) vairúoja.*

neváišinti, neváišina, neváišino *vks. (1) (kas, ko, kuo) neig.* **vaišinti:** *neváišinti svečių kavà*

nevaizdúoti, nevaizdúoja, nevaizdãvo *vks. (1) (kas, ko) neig.* **vaizduoti**

nevaldýti, nevaĺdo, nevaĺdė *vks. (3) (kas, ko) 1. neig.* **valdyti** (1); neturėti savo valdžioje. *2. neig.* **valdyti** (2); negalėti naudotis: *Po avãrijos jis nevaĺdo rañkos.*

neválgyti, neválgo, neválgė *vks. (3) (kas, ko) neig.* **valgyti** (1, 2): *Aš neválgau apelsìnų (jų nemėgstu).*

neválgomas, neválgoma *bdv. (1, 1–6) neig.* **valgomas;** kurio negalima valgyti: *neválgomas grỹbas*

nevalýti, nevãlo, nevãlė *vks. (3) (kas, ko) neig.* **valyti** (1, 2): *nevalýti bãtų [dùlkių]*

nevarýti, nevãro, nevãrė *vks. (3) (kas, ko) neig.* **varyti**

nevartóti, nevartója, nevartójo *vks. (1) (kas, ko) neig.* **vartoti** (1, 2): *Aš šių váistų nevartóju. ○ Nevartókite keiksmãžodžių.*

nèveda *esam. l. 3 asm. žr.* **nevesti**

nèvedė *būt. l. 3 asm. žr.* **nevesti**

nevẽdęs *bdv. v. (dlv. [3])* neturintis žmonos: *Jis nevẽdęs, gyvẽna víenas [su draugè].*

neveikiamàsis, neveikiamóji *įvr. dlv. [2]* **neveikiamóji rū̃šis** *gram.* veiksmažodžio formos, kurios rodo, kad veiksmas atliekamas kitam asmeniui (daiktui): *Veiksmãžodžio „rašýti" neveikiamóji rū̃šis yra „būti rãšomam".*

• *sutr.* **neveik. r.**

neveiklùs, neveiklì *bdv. laipsn. (4, 5–8) neig.* **veiklus**

neveĩkti, neveĩkia, nèveikė *vks. (1)* **1.** *(kas) neig.* **veikti** (1); būti sugedusiam: *Vẽl telefònas neveĩkia. ○ Mano televìzorius neveĩkia, negaliù žiūrė́ti filmo.* **2.** *(kas, ko) neig.* **veikti** (2); nieko nedaryti, nedirbti: *Jis gùli, nieko neveĩkia.* **3.** *(kas, ko) neig.* **veikti** (3); nedaryti poveikio: *Manę̃s šis váistas neveĩkia.*

nevė́lu *n. neig.* **vėlu** (1, 2)

nevė́lus, nevėlì *bdv. (4, 5–8) neig.* **vėlus:** *Laĩkas dar (yra) nevė́lus, dar gãlite pabū́ti pas mus.*

nevémti, nèvemia, nevė́mė *vks. (1) (kas) neig.* **vemti**

nevérda *esam. l. 3 asm. žr.* **nevirti**

neveřkti, neveřkia, nèverkė *vks. (1) (kas) neig.* **verkti:** *Neveřk, aš tau padė́siu. ○ Aš niekadà neverkiù.*

neveřsti, neveřčia, nèvertė *vks. (1)* **1.** *(kas, ko) neig.* **versti** (1, 2, 3). **2.** *(kas, ko, + bendr.) neig.* **versti** (4, 5): *Neveřskite vaĩko grótí smuikù, jeigu jis to nenóri.* **3.** *(kas, ko, kuo) neig.* **versti** (6)

neveřtas, nevertà *bdv. (4, 1–6) neig.* **vertas** (1, 2): *Šis nãmas neveřtas milijõno lìtų. ○ Ji nevertà prèmijos.*

neveřta *n.: Neveřta žiūrė́ti tą filmą, jis neį́domùs.*

nevertìngas, nevertìnga *bdv. laipsn. (1, 1–6) neig.* **vertingas** (1, 2); neturintis vertės; nenaudingas

nevértinti, nevértina, nevértino *vks. (1) (kas, ko)* **1.** *neig.* **vertinti** (1): *Man atródo, kad jie nevértina mano núomonės.* **2.** *neig.* **vertinti** (2): *nevértinti rãšinio*

nevèsti, nèveda, nèvedė *vks. (1)* **1.** *(kas, ko) neig.* **vesti** (1, 2). **2.** *(kas; kas, ko) neig.* **vesti**

(3, 4, 5): *Jis dar nèvedė, jis tik ketìna vèsti.* ○ *Jõnas nevẽs Jūrãtės, jis turi kìtą draũgę.* ○ *Mūsų kãtė jau nèveda (jaunìklių).*

nevėsùs, nevėsì *bdv. (4, 5–8) neig.* **vėsus**: *Šiañdien óras nevėsùs, gana šìltas.*

nevèžti, nèveža, nèvežė *vks. (1) (kas, ko) neig.* **vèžti**: *Aš nevèšiu* (būs. l.) *tavę̃s į dárbą, mano automobìlis sugẽdo.*

nė víenas, nė vienà *įv. (3) [6]* niekas ar joks iš visų: *Man netiñka nė vienì tie bãtai* (prš. *Man tiñka visì tie bãtai*). ○ *Rinkaūsi suknẽlę, bet neìšsirinkaū nė vienõs.* ○ *Kurì merginà tau patiñka (iš tū̃)? – Nė vienà.* • prš. **visi**; **abu**

nevienódai *prv. neig.* **vienódai**: *Žodžiai „màno" ir „máno" (yra) rãšomi vienódai, tačiaũ tariamì nevienódai.*

nevienódas, nevienóda *bdv. (1, 1–6) neig.* **vienodas**; ne toks pat, ne tas pats, kitoks: *Man atródo, kad šie (du) bãtai (yra) nevienódo dỹdžio.*

nevienodùmas *dkt. v. (2, 1)*

nevýkdyti, nevýkdo, nevýkdė *vks. (3) (kas, ko) neig.* **vykdyti**: *nevýkdyti įsãkymo*

nevynióti, nevyniója, nevyniójo *vks. (1) (kas, ko) neig.* **vynioti** (1, 2): *nevynióti púokštės põpieriumi*

nevirš̃yti, nevirš̃ija, nevirš̃ijo *vks. (1) (kas, ko) neig.* **viršyti** (1, 2): *Aš nevirš̃ijau greĩčio, bet polìcininkas tvìrtina, kad viršìjau.* ○ *Ìšlaidos nevirš̃ijo pajamų̃.*

nevìrškinti, nevìrškina, nevìrškino *vks. (1) (kas, ko) neig.* **vìrškinti**: *nevìrškinti maĩsto*

nevìrti, nevérda, nèvirė *vks. (1)* **1.** *(kas) neig.* **virti** (1): *Arbatinùkas [vanduõ] dar nevérda.* **2.** *(kas, ko) neig.* **virti** (2, 3): *Nevìrsiu bùlvių, aš jas ìškėpsiu.*

nevisìškai *prv. neig.* **visìškai**

nevõgti, nèvagia, nèvogė *vks. (1) (kas, ko) neig.* **vogti**: *Jis sãko, kad nèvogė automobìlio.* • liep. n. **nevõk(ite)**

nežãdinti, nežãdina, nežãdino *vks. (1) (kas, ko) neig.* **žãdinti** (1, 2): *Nežãdinkite munę̃s ankstì.* ○ *Tas pãtiekalas nežãdina man apetìto.*

nežaĩsti, nežaĩdžia, nežaĩdė *vks. (1)* **1.** *(kas, (su) kuo / ko) neig.* **žaĩsti** (1): *Ji jau paauglẽ, jau nežaĩdžia (su) lėlémis.* **2.** *(kas, ko / kuo)*

niekas

neig. **žaĩsti** (2): *Ar jūs žaĩdžiate šachmãtais? – Labai gaĩla, bet nežaĩdžiù.* ○ *Fùtbolo aš nežaidžiù.*

nežemaĩ *prv. neig.* **žemai**: *Lėktùvas skrìdo nežemaĩ.*

nežẽmas, nežemà *bdv. (4, 1–6) neig.* **žemas** (1–3); gana aukštas

nežeñgti, nežeñgia, nèžengė *vks. (1) (kas) neig.* **žengti**

nežymė́ti, nežỹmi, nežymė́jo *vks. (2)* **1.** *(kas, ko, kuo) neig.* **žymė́ti** (1): *nežymė́ti klaidų̃ raudónu tušinukù* **2.** *(kas, ko) neig.* **žymė́ti** (2): *Šis žéñklas nežỹmi pérėjos, jis réiškia „sustóti draũdžiama".*

nežymùs, nežymì *bdv. (4, 5–8) neig.* **žymus** (1)

nežymù̃ n.

nežìnomas, nežìnoma *bdv. (1, 1–6) neig.* **žinomas**; apie kurį žino nedaugelis: *nežìnoma salà* ○ *nežìnomas atlikėjas*

nežinóti, nežìno, nežinójo *vks. (3) (kas, ko / ko, apie ką / + šs) neig.* **žinoti**: *Jis nežinójo atsãkymo į tą kláusimą.* ○ *Tu nežinaĩ jos var̃do?* ○ *Gal jūs žìnote, kur̃ viršìninkas? – Gaĩla, bet aš nežinaũ, kur̃ jis yrà.*

nežiūrė́ti, nežiūri, nežiūrė́jo *vks. (2)* **1.** *(kas, į ką) neig.* **žiūrė́ti** (1): *Jis nežiūrė́jo į mane, todėl ir nemãtė (manę̃s).* **2.** *(kas, ko) neig.* **žiūrė́ti** (2): *Aš nežiūriù filmų̃ apie méilę.*

nežudýti, nežùdo, nežùdė *vks. (3) (kas, ko) neig.* **žudyti**: *nežudýti žmonių̃*

Nidà *vns. dkt. m. (2)* Lietuvos miestas prie Baltijos jūros ir Kuršių marių: *atostogáuti Nidoje*

niekadà *prv.* jokiu laiku; nė vieno karto: *Aš niekadà nepamirš̃iu jū́sų* (visada jus atsìminsiu). ○ *Niekadà nesakýk „nè".* ○ *Jis niekadà nèra bùvęs Parỹžiuje.*

niẽkaip *prv.* jokiu iš būdų: *Niẽkaip negaliù atrakìnti dùrų.*

niẽkas *įv. (2) [3]* joks (žmogus) (savyb. K. niekieno); joks daiktas, dalykas: *Kai tu čia ėjaĩ, ar niẽkas nemãtė?* ○ *Aš niẽko nenóriu matýti.* ○ *Kõ nóri válgyti? – Niẽko.* ○ *Tas dáiktas niẽkieno.* ○ *Niẽkam nereikìa to pãsakoti.* ○ *Ką̃ tu skaitaĩ? – Niẽko.* ○ *Tas vaĩkas niẽkuo nesidõmi.*

niekù gývu *prv.* jokiu būdu: *Niekù gývu ten neĩsiu.*

niẽkieno *savyb. K. žr.* **niekas**

niẽkur *prv.* jokioje vietoje; į jokią vietą: *Niẽkur nerandù tos knýgos.* ○ *Šiañdien niẽkur neĩsiu.* ○ *Kuř norė́tum nuvažiúoti? – Niẽkur.*

niežė́ti, niẽžti, niežė́jo *vks.* (2) *(kam, ką)* kelti norą kasytis: *Man niẽžti nósį [gálvą].* • *žr.* **neniežėti**

nóras *dkt. v. (1, 1)* fizinis ar dvasinis poreikis turėti ką, gauti, daryti ką, kad būtų malonu: *Nejaučiù nóro válgyti.* ○ *Aš sutikaũ važiúoti, bet be nóro.* ○ *Jis tą dárbą atlìko sàvo nóru* (niekas jam neliepė).

norė́ti, nóri, norė́jo *vks.* (2) *(kas, ko | + bendr. | + šs)* jausti norą: *Ar nórite válgyti?* ○ *Aš nóriu šiõ óbuolio.* ○ *Vaĩkas nóri miẽgo.* ○ *Norė́čiau, kad jūs netriukšmáutumėte.* • *žr.* **nenorėti**

gál norė́tum(ėte) (sakoma siūlant): *Gal norė́tumėte ledų̃?*

nórs[1] *jng.* neatsižvelgiant į tai, kad: *Nors ir lỹja, vis tíek eĩsiu pasiváikščioti.* ○ *Man buvo šálta, nors buvau apsirẽngęs šiltaĩ.*

nórs[2] *dll.* jei ne daugiau; ne mažiau kaip: *Paláuk nors trupùtį.* ○ *Dúok nors dù litùs.*

nósinė *dkt. m. (1, 8)* plono audinio ir pan. gabalas nosiai, veidui ir kt. šluostytis: *Nepamir̃šk įsidė́ti nósinės į kišẽnę.*

nósis *dkt. m. (1, 9)* tarp kaktos ir viršutinės lūpos esanti veido dalis, kuria kvėpuojama ir uostoma: *Jos nósis (yra) ilgà.* ○ *susiláužyti nósį* ○ *Jam iš nósies bėgo kraũjas.*

notãras *dkt. v. (2, 1),* **notãrė** *dkt. m. (2, 8)* teisininkas, kurio pareigos – sudaryti, tvirtinti įvairius dokumentus: *notãrų biùras* ○ *Šią sùtartį reĩkia patvìrtinti pas notãrą.* ○ *Reĩkia kreĩptis į notãrą.*

Nr., nr. *sutr. žr.* **numeris**

nuáuti, nuáuna, nùavė *vks.* (1) *(kas, ką, kam)* padaryti, kad kieno kojų nedengtų (batai): *Nuáuk senẽliui batùs, jam sunkù pačiám nusiáuti.* • *žr.* **nenuauti**

nubaũsti, nubaũdžia, nùbaudė *vks.* (1) *(kas, ką, už ką)* paskirti bausmę ar baudą: *Vãkar polìcininkas nùbaudė mane už greĩčio viršìjimą.*

bū́ti nubaustám *neveik. r. (kas, už ką, kuo)*: *Jei važiúosite be bìlieto, gãlite bū́ti nùbaustas* (jums gali reikėti sumokėti baudą).
• *žr.* **nenubausti**

nubraižýti, nubraĩžo, nubraĩžė *vks.* (3) *(kas, ką)* padaryti braižant: *nubraižýti plãną* • *žr.* **nenubraižyti**

nubrė́žti, nubrė́žia, nubrė́žė *vks.* (1) *(kas, ką)* padaryti brėžiant: *nubrė́žti tiẽsią lìniją* • *bū́s. l. 3 asm.* **nubrė̃š**; *žr.* **nenubrėžti**

nudažýti, nudãžo, nudãžė *vks.* (3) *(kas, ką)* pakeisti ko spalvą dažais: *Kam̃bario síenas nudãžėme baltaĩ.* • *žr.* **nenudažyti**

nudègti, nùdega, nudègė *vks.* (1) *(kas, ką)* jausti skausmą ar susižeisti nuo ugnies, karščio ar pan.: *Nuo virỹklės neim̃k púodo rañką, nudègsi!* ○ *Arbatà (yra) karštà, liežùvį nùdegiau.* • *žr.* **nenudegti**

nudegìmas *dkt. v. (2, 1): váistai nuo nudegìmo*

nueĩti, nueĩna, nuė́jo *vks.* (1) 1. *(kas, į ką)* einant nuvykti: *Pirmiáusia mes nueĩsime į muziẽjų.* ○ *Nueĩk į parduotùvę (nupir̃kti) dúonos.* 2. *(kas)* einant pasišalinti: *Ar jis dar stóvi teñ, ar jau nuė́jo?* • *neig.* **nenueiti**

nùėmė *būt. l. 3 asm. žr.* **nuimti**

nufotografúoti, nufotografúoja, nufotografãvo *vks.* (1) *(kas, ką)* padaryti nuotrauką fotoaparatu: *Gal galė́tumėte mus nufotografúoti?* • *žr.* **nenufotografuoti**

nugaĩšti, nugaĩšta, nugaĩšo *vks.* (1) *(kas)* netekti gyvybės (apie gyvūnus): *Mano šuõ nugaĩšo.* • *neig.* **nenugaĩšti**; *plg.* **mirti**

nugalė́ti, nùgali, nugalė́jo *vks.* (2) *(kas, ką)* laimėti (rungtynes su kuo ir pan.): *Mū́sų mokỹklos kománda tikraĩ nugalė́s jū́sų mokỹklos komándą.* • *žr.* **nenugalėti**

nugalė́jimas *dkt. v. (1, 1) (ko)*

nùgara *dkt. m. (1, 6)* žmogaus ar gyvūno liemens dalis nuo sprando iki užpakalio; drabužio dalis prie tos dalies: *Man skaũda nùgarą.* ○ *Ant nùgaros jis nėšėsi kuprìnę.* ○ *Megztìnio nùgara (yra) per siaurà.*

nuginklúoti, nuginklúoja, nuginklãvo *vks.* (1) *(kas, ką)* atimti (iš ko) ginklą: *nuginklúoti príešą* • *žr.* **nenuginkluoti**

nuginklãvimas *dkt. v. (1, 1) (ko): nusikaltė́lių nuginklãvimas*

nugrim̃zti, nugrim̃zta, nugrim̃zdo *vks. (1) (kas)* nusileisti žemyn nuo vandens paviršiaus į dugną: *Jei įmèsi ãkmenį į vándenį, jis* (akmuo) *nugrim̃s.* • *neig.* **nenugrim̃zti**

nuim̃ti, nùima, nùėmė *vks. (1) (kas, ką, nuo ko)* imant pašalinti nuo ko: *Nuim̃k puodẽlį nuo stãlo.* • *žr.* **nenuimti**

nukáinoti, nukáinoja, nukáinojo *vks. (1) (kas, ką)* sumažinti (ko) kainą: *nukáinotos prēkės* • *žr.* **nenukainoti**

nukélti, nùkelia, nukėlė *vks. (1) (kas, ką, nuo ko)* keliant pašalinti nuo ko: *Nukélk ou púodą nuo virỹklės.* • *žr.* **nenukelti**

nukentėti, nukeñčia, nukentėjo *vks. (1) (kas, nuo ko)* patirti nelaimę, nuostolį, žalą ar pan.: *Jie nukentėjo nuo gaĩsro – sùdegė jų nãmas.* o *Avãrijoje nukentėjo automobìlio vairúotojas – jam lū́žo kója.* • *neig.* **nenukentėti**

nùkerta *esam. l. 3 asm. žr.* **nukirsti**

nukir̃pti, nùkerpa, nukir̃po *vks. (1) (kas, ką)* **1.** kerpant pašalinti: *nukir̃pti pláukus [ū́sùs]* **2.** pašalinti kieno plaukus pagal tam tikrą šukuoseną: *Kàs tave taip gražiaĩ nukir̃po?* • *žr.* **nenukirpti**

nukir̃sti, nùkerta, nukir̃to *vks. (1) (kas, ką)* kirviu atskirti: *Šią saũsą mẽdžio šãką reĩkia nukir̃sti.* • *žr.* **nenukirsti**

nukreĩpti, nukreĩpia, nùkreipė *vks. (1) (kas, ką)* pasukti: *Jis nùkreipė akìs į scèną.* o *nukreĩpti eĩsmą kità gatvè* • *žr.* **nenukreipti**

nukrìsti, nukriñta, nukrìto *vks. (1) (kas)* **1.** krintant pasišalinti nuo ko arba atsirasti kur: *Rùdenį nukriñta mẽdžių lãpai.* o *Obuolỹs nukrìto nuo obels.* o *Pieštùkas nukrìto ant žẽmės.* **2.** sumažėti: *Temperatūrà nukrìto.* • *neig.* **nenukrìsti**

nulakúoti, nulakúoja, nulakãvo *vks. (1) (kas, ką)* padengti lako sluoksniu: *nulakúoti nagùs* • *žr.* **nenulakuoti**

nuláužti, nuláužia, nuláužė *vks. (1) (kas, ką)* laužiant atskirti: *Kodẽl tu nuláužei mẽdžio šãką?* o *nuláužti kėdės kóją* • *būs. l. 3 asm.* **nulaũš**; *žr.* **nenulaužti**

nulèisti, nulèidžia, nulèido *vks. (1) (kas, ką)* padaryti, kad (kas) būtų žemiau: *pakélti ir nuléisti rañką* • *žr.* **nenuleisti**

nulìpti, nùlipa, nulìpo *vks. (1) (kas, nuo ko)* nueiti žemyn; ant ko stovėjus žengti žemyn: *nulìpti nuo kálno [nuo taburètės]* • *neig.* **nenulìpti**

nùlis *dkt. v. (2, 3)* **1.** skaičius 0. **2.** taškas tarp + ir – (matuojant temperatūrą): *Temperatūrà laukè apiè nùlį.*

nulùpti, nùlupa, nulùpo *vks. (1) (kas, ką)* pašalinti žievę, lukštą: *Nulùpk man apelsìną [banãną, kiaušìnį].* • *žr.* **nenulupti**

nulū́žti, nulū́žta, nulū́žo *vks. (1) (kas)* lūžtant tapti atskirtam: *Nulū́žo bãto kul̃nas.* o *Kėdės kója, atródo, greĩtai nulū́š.* • *neig.* **nenulū́žti**

numatýti, numãto, numãtė *vks. (3)* **1.** *(kas, ką / + šs)* manyti, kad kas atsitiks, ir būti tam pasirengusiam: *Tokiõs neláimės niẽkas negalėjo numatýti.* o *numatýti problemàs* **2.** *(kas, ką)* iš anksto apytiksliai nustatyti: *numatýti išlaidàs [keliõnės maršrùtą]* • *žr.* **nenumatyti**

numáuti, numáuna, numóvė *vks. (1) (kas, ką, kam)* padaryti, kad kieno rankų, kojų nedengtų (kelnės, kojinės, pirštinės ir pan.); padaryti, kad nebūtų užmautas: *numáuti žiẽdą [kélnes, pirštines, kepùrę]* • *žr.* **nenumauti**

nùmeris *dkt. v. (1, 3)* skaičius, kuris rodo ko vietą eilėje ir pan.: *Mano nãmo nùmeris dešimtas, bùto – peñktas.* o *Keliñto nùmerio batùs nešiói?* • *sutr.* **Nr., nr.**; *žr.* **automobìlio numeris [numeriai], telefono numeris**

numeriùkas *dkt. v. (2, 1)* nedidelis ženklas su skaičiumi: *drabùžinės numeriùkas*

numèsti, nùmeta, nùmetė *vks. (1) (kas, ką)* paleisti ką kristi: *Netýčia ant grindų̃ nùmečiau vãzą, ir ji sudùžo.* • *žr.* **nenumesti**

numóvė *būt. l. 3 asm. žr.* **numauti**

nunèšti, nùneša, nùnešė *vks. (1) (kas, ką)* nešti ir atiduoti (padėti): *Nunèšk drabùžiùs į skalbỹklą [į valỹklą].* • *žr.* **nenunešti**

nuõ *prl.* (su K.) **1.** (pasakant vietą (daiktą), ant kurios (kurio) daikto nelieka atliekant veiksmą ar įvykstant veiksmui): *Puodẽlis nukrìto nuo stãlo ir sudùžo.* o *Nusimóviau nuo pirštoštoš žiẽdą.* o *Nusiim̃k nuo galvõs kepùrę.* **2.** (pradedant kuriuo laiku):

Aš čia gyvenù nuo pérnai. ○ *Parduotùvė dìrba nuo aštuonių̃ valandų̃.* **3.** (pradedant kuria vieta): *Atstùmas nuo Vìlniaus iki Kaũno (yra) šim̃tas kilomètrų.* **4.** dėl: *Daũg žmonių̃ mìršta nuo vėžio.* **5.** (pasakant paskirtį): *váistai nuo kósulio* ○ *akiniaĩ nuo sáulės* **6.** (pasakant asmenį (grupę asmenų), kuris (kurie) ką siunčia ir pan.): *Šis láiškas (yra) nuo mano brólio.* ○ *Pérduok jam linkėjimus nuo manę̃s.* **7.** (po vks. **saugoti, slėpti** ir pan.): *sáugoti tur̃tą nuo vagių̃* **8.** (pasakant daiktų skirtumą): *Kuo skìriasi katẽ nuo tìgro?* **9.** (pasakant mažiausią kainą): *Televìzorių káina – nuo šešių̃ šim̃tų lìtų (600 Lt).* **10.** (po vks. **priklausyti**): *Jū́sų atlýginimas priklausỹs nuo to, kaip jūs sugebėsite dìrbti.*

nuobodùs, nuobodì *bdv. laipsn. (4, 5–8) (kam)* kuris nekelia domėjimosi; neįdomus: *Ši knygà man (yra) nuobodì.* ○ *Kàs gãli klausýtis tokiõs nuobodžiõs paskaitõs!* ○ *Jis yra gēras žmogùs, bet labaĩ nuobodùs.*
nuobodù *n.*: *Man nuobodù skaitýti šią knỹgą.* ○ *Ar tamè vakarėlyje tau buvo nuobodù?*
nuobodžiaĩ *prv.*: *Jis mėgsta kalbėti ilgaĩ ir nuobodžiaĩ.* ○ *Atóstogas praléidau nuobodžiaĩ.*

• *žr.* **nenuobodus**

nuodaĩ *dgs. dkt. v. (4, 1)* **1.** medžiaga, kuri gali sukelti ligą ar mirtį: *Ji išgė́rė nuodų̃ ir mìrė.* **2.** nuodingas tam tikrų gyvūnų kūno skystis: *gyvãčių nuodaĩ*

núodėmė *dkt. m. (1, 8)* religijos taisyklių pažeidimas: *Võgti (yra) núodėmė.*

nuodìngas, nuodìnga *bdv. laipsn. (1, 1–6)* turintis nuodų: *nuodìngi grỹbai* ○ *nuodìngos dùjos* • *žr.* **nenuodingas**

núogas, nuogà *bdv. (3, 1–6)* be drabužių: *máudytis jū́roje nuogám [núogai]*

núolaida *dkt. m. (1, 6)* kainos sumažinimas; to sumažinimo dydis: *Šie váistai (yra) pardúodami su núolaida [be núolaidos].*

nuõlat, nuolatõs *prv.* labai dažnai ar visą laiką: *Man nuõlat skaũda gálvą.* ○ *Jam nuolatõs trū́ksta pinigų̃.*

nuolatìnis, nuolatìnė *bdv. (2, 4–9)* **1.** kuris trunka ilgai ar dažnai būna: *Nusibódo tas nuolatìnis galvõs skaũsmas.* **2.** kuris lankosi kur nuolat: *Aš esu nuolatìnis šios bibliotèkos skaitýtojas.* ○ *Jis pasidãrė nuolatìnis mū́sų svẽčias (dažnai lankosi).* **3.** kurį kas turi ilgą laiką: *nuolatìnis dárbas*
nuolatìnis bìlietas bilietas, kuris galioja ppr. mėnesį
nuolatìnė gyvẽnamoji vietà vieta, kurioje asmuo dažniausiai gyvena

nuolatõs *prv. žr.* **nuolat**

núoma *dkt. m. (1, 6)* nuomojimas: *automobìlio núoma* ○ *kam̃bario [bùto] núomos mókestis*

núomininkas *dkt. v. (1, 1),* **núomininkė** *dkt. m. (1, 8)* asmuo, kuris nuomojasi ką: *nãmo [bùto] núomininkas* • *plg.* **nuomotojas**

núomonė *dkt. m. (1, 8)* **1.** kieno mintys apie ką: *Pasakýkite savo núomonę apie filmą.* ○ *viešóji [visúomenės] núomonė* **2.** vertinimas: *Jis yra gerõs núomonės apie savè.* (kieno) **núomone** (kas) mãno: *Màno núomone (aš manau), jis neateĩs.*

núomoti, núomoja, núomojo *vks. (1)* **1.** *(kas, ką, kam)* duoti laikinai naudotis už tam tikrą mokestį: *núomoti kam̃barį studeñtėms* **2.** *žr.* **nuomotis** • *žr.* **nenuomoti**
núomojimas *dkt. v. (1, 1)*: *automobìlių núomojimas*

núomotis, núomojasi, núomojosi *sgr. vks. (1) (kas, ką)* imti laikinai naudotis už tam tikrą mokestį: *Aš núomojuosi bùtą senãmiestyje.* • *žr.* **nesinuomoti**

núomotojas *dkt. v. (1, 2),* **núomotoja** *dkt. m. (1, 7)* asmuo, kuris nuomoja ką • *plg.* **nuomininkas**

núopelnas *dkt. v. (1, 1)* tai, ką kas padarė gera, svarbaus: *núopelnai valstýbei*

núorašas *dkt. v. (1, 1)* kopija, padaryta rašant: *dokumeñto núorašas*

núosaka *dkt. m. (1, 6)*
• *žr.* **liepiamoji nuosaka, tariamoji nuosaka, tiesioginė nuosaka**

núosavas, nuosavà *bdv. (3ᵃ, 1–6)* esantis kieno turtu: *Jis turi núosavą nãmą.* ○ *Aš važinėju (savo) núosavu automobiliù, o jis – tarnýbiniu.* ○ *Tai mano núosavas bùtas.*

nuosavýbė *vns. dkt. m. (1, 8) (kieno)* tai,

kas kam priklauso: *Šis automobilis – mano nuosavýbė.*

núosprendis *dkt. v. (1, 3)* teismo sprendimas skirti bausmę nusikaltėliui: *Teĩsmas paskélbė núosprendį.* ○ *núosprendžio vykdymas*

nuostabùs, nuostabì *bdv. laipsn. (4, 5–8)* kuris labai puikus, kuris kelia žavėjimąsi: *Iš kur jūs gãvote šią nuostãbią knỹgą?* ○ *Jis àtnešė man púokštę nuostabių̃ gėlių̃.* ○ *Keliõnė buvo nuostabì.*
nuostabù *n.* (sakoma reiškiant žavėjimąsi ir pan.): *Tai nuostabù!*
nuostabiaĩ *prv.*: *Nuostabiaĩ praléidau atóstogas.*

núostolis *dkt. v. (1, 3)* daiktų ar pinigų netekimas; jo vertė: *Pótvynis padãrė daug núostolių.* ○ *Núostolis – milijõnas litų̃.*

nuoširdùs, nuoširdì *bdv. laipsn. (4, 5–8)* kuris nemeluoja (ką darydamas); kuris nėra melas (apie žodžius ir pan.): *Mano draũgas yra labai nuoširdùs žmogùs.* ○ *nuoširdūs linkėjimai*
nuoširdžiaĩ *prv.*: *Nuoširdžiaĩ jus užjaučiù.*
nuoširdùmas *dkt. v. (2, 1)*
• *žr.* **nenuoširdus**

núotaika *dkt. m. (1, 6)* (kieno) jausmų būklė tam tikru laiku: *Šiañdien jos núotaika (yra) gerà.* ○ *bū̃ti prastõs [gerõs] núotaikos*

núotykis *dkt. v. (1, 3)* įvykis, kuris yra keistas ar įdomus: *Papãsakok keliõnės núotykius.*

núotrauka *dkt. m. (1, 6)* nufotografuotas vaizdas: *vestùvių núotrauka* ○ *keliõnių núotraukos* ○ *Núotraukoje jis gražiaĩ atródo.*
• *žr.* **fotografija** (2)

nùperka *esam. l. 3 asm. žr.* **nupirkti**

nupiẽšti, nupiẽšia, nùpiešė *vks. (1) (kas, ką)* pieštuku ar dažais pavaizduoti: *Mergáitė nùpiešė kãtę.* • *žr.* **nenupiešti**

nupìnti, nùpina, nupýnė *vks. (1) (kas, ką)* padaryti pinant: *nupìnti pintìnę* • *žr.* **nenupinti**

nupir̃kti, nùperka, nupir̃ko *vks. (1) (kas, ką / ko)* perkant gauti: *Nupir̃k dúonos ir kiaušìnių.* ○ *Aš nupirkaũ tau naujùs batùs.*
• *žr.* **nenupirkti**

nupjáuti, nupjáuna, nupjóvė *vks. (1) (kas,* *ką)* pjaunant atskirti ar pašalinti: *Nupjáuk virvės gãlą.* ○ *nupjáuti žolę* • *žr.* **nenupjauti**

nupláuti, nupláuna, nuplóvė *vks. (1) (kas, ką)* vandeniu ar pan. padaryti švarų (ko) paviršių: *nupláuti automobìlį* • *žr.* **nenuplauti**

nuplė́šti, nuplė́šia, nuplė́šė *vks. (1) (kas, ką)* plėšiant atskirti: *Kas nuo lentõs nuplė́šė skelbìmą?* • *žr.* **nenuplėšti**

nuplìkti, nupliñka, nuplìko *vks. (1) (kas)* pasidaryti plikam: *Jis jau visái nuplìko.*
• *neig.* **nenuplìkti**

nuplóvė *būt. l. 3 asm. žr.* **nuplauti**

nupū̃sti, nùpučia, nùpūtė *vks. (1) (kas, ką)* oro srove pašalinti: *nupū̃sti nuo stãlo dùlkes.* ○ *Vėjas nùpūtė man skrỹbėlę.* • *žr.* **nenupūsti**

nureñgti, nureñgia, nùrengė *vks. (1) (kas, kam, ką; kas, ką)* padaryti, kad kieno kūno nedengtų drabužis (drabužiai): *Nureñk vaĩkui pálta, čia šìlta.* ○ *Nureñk vaĩką, čia šìlta.* • *žr.* **nenurengti**

nurìmti, nurìmsta, nurìmo *vks. (1) (kas)* **1.** pasidaryti ramiam: *Kū̃dikis ver̃kė, paskui nurìmo.* **2.** baigtis, praeiti: *Dantiẽs skaũsmas nurìmo.* ○ *Audrà seniaĩ nurìmo.* • *neig.* **nenurìmti**

nurýti, nurỹja, nurìjo *vks. (1) (kas, ką)* ryjant padaryti, kad maistas, gėrimas patektų iš burnos į skrandį: *Kramtomosios gumõs nereĩkia nurýti.* • *būs. l. 3 asm.* **nurìs**; *žr.* **nenuryti**

nuródyti, nuródo, nuródė *vks. (3) (kas, kam, ką / + šs)* pasakyti, suteikti informaciją: *Šiamè Vìlniaus plãne nuródyti visì muziẽjai.* • *žr.* **nenurodyti**

nusiáuti (nu-si au-), **nusiáuna** (nu-si-au-), **nusiãvė** *sgr. vks. (1) (kas, ką)* nauti savo: *Nusiáuk batùs.* • *žr.* **nenusiauti**

nusibósti, nusibósta, nusibódo *sgr. vks. (1) (kam, kas / + bendr.)* pasidaryti neįdomu (neįdomiam): *Jam nusibódo šis dárbas.* ○ *Man nusibódo dìrbti.* • *neig.* **nenusibósti**

nusidažýti, nusidãžo, nusidãžė *sgr. vks. (3) (kas, ką)* nudažyti savo: *Ji nusidãžė pláukus juodaĩ.* • *žr.* **nenusidažyti**

nusiė́mė *būt. l. 3 asm. žr.* **nusiimti**

nusifotografúoti, nusifotografúoja, nusifotografãvo *sgr. vks. (1) (kas)* būti nufotografuotam: *Mes nusifotografãvome prie Trãkų piliẽs.* • *neig.* **nenusifotografúoti**

nusiginklúoti, nusiginklúoja, nusiginklãvo *sgr. vks. (1) (kas)* (apie valstybę) sumažinti kariuomenę, ginklų skaičių • *neig.* **nenusiginklúoti**
nusiginklãvimas *dkt. v. (1, 1)*

nusiim̃ti, nusìima, nusìėmė *sgr. vks. (1) (kas, ką)* nuimti savo ar sau: *Nusiim̃k kepùrę.* ○ *Ar galì nusiim̃ti nuo kėdės páltą?* • *žr.* **nenusiimti**

nusikal̃sti, nusikal̃sta, nusikal̃to *sgr. vks. (1) (kas, kam; kas)* pažeisti ką; padaryti nusikaltimą: *Jis nusikal̃to įstãtymams.* • *neig.* **nenusikal̃sti**

nusikal̃tėlis *dkt. v. (1, 3)*, **nusikal̃tėlė** *dkt. m. (1, 8)* asmuo, padaręs nusikaltimą: *Nusikal̃tėlis buvo sulaikýtas ir nùteistas.*

nusikaltìmas *dkt. v. (2, 1)* įstatymo pažeidimas: *Vagỹstė yra nusikaltìmas.* ○ *Jį nùbaudė už kãro* (kare padarytus) *nusikaltimùs.* ○ *žiaurūs nusikaltìmai*

nusikéikti, nusikéikia, nusikéikė *sgr. vks. (1) (kas)* pavartoti keiksmažodį: *Jis užsigãvo kóją ir nusikéikė.* • *neig.* **nenusikéikti**

nusikir̃pti, nusìkerpa, nusikir̃po *sgr. vks. (1)* **1.** *(kas, ką)* nukirpti savo (plaukus): *Aš nusikir̃psiu kasàs.* **2.** *(kas)* būti nukirptam (2): *Rytój ji eis nusikir̃pti.* • *žr.* **nenusikirpti**

nusilakúoti, nusilakúoja, nusilakãvo *sgr. vks. (1) (kas, ką)* nulakuoti savo: *Nusilakúok nagùs raudonaĩ.* • *žr.* **nenusilakuoti**

nusiléisti, nusiléidžia, nusiléido *sgr. vks. (1) (kas)* **1.** leidžiantis pasišalinti iš kur ar atsirasti kur: *Į pìrmą áukštą nusiléidome liftù.* **2.** judant žemyn tapti nematomam (apie saulę, mėnulį): *Sáulė jau nusiléido už miško.* • (1) *žr.* **nutūpti**; (2) *žr.* **patekėti**; *neig.* **nenusiléisti**
nusileidìmas *dkt. v. (2, 1)*

nusileñkti, nusileñkia, nusìlenkė *sgr. vks. (1) (kas, kam)* palenkti galvą ar liemenį rodant pagarbą ar sveikinantis: *Ãktoriai nusìlenkė žiūrõvams.* • *neig.* **nenusileñkti**

nusimáuti, nusimáuna, nusimóvė *sgr. vks. (1) (kas, ką)* numauti savo ar sau: *nusimáuti kélnes [kójines, pir̃štines, žíedą]* • *žr.* **nenusimauti**; *plg.* **užsimauti**

nusimiñti, nusìmena, nusìminė *sgr. vks. (1) (kas, + šs)* pasidaryti liūdnam: *Kõ tu tóks nusimìnęs?* ○ *Jis pavėlãvo į tráukinį ir labaĩ nusìminė.* ○ *Ji nusìminė, kad negãvo láiško.* • *neig.* **nenusimiñti**
nusiminìmas *dkt. v. (2, 1)*

nusimóvė *būt. l. 3 asm. žr.* **nusimauti**

nusipel̃nęs, nusipel̃niusi *bdv. (dlv. [3]) (kam)* kuris turi nuopelnų

nusipelnýti, nusipel̃no, nusipel̃nė *sgr. vks. (3) (kas, ko)* būti geram ar blogam, kad gautų ką: *Jis nusipel̃nė pagarbõs [bausmės].* • *neig.* **nenusipelnýti**

nusipir̃kti, nusìperka, nusipir̃ko *sgr. vks. (1) (kas, ką)* nupirkti sau: *Nusipir̃kčiau naũją automobìlį, bet trū́ksta pinigų̃.* ○ *Nusipirkaũ dù biliètus į teãtrą.* • *žr.* **nenusipirkti**; *plg.* **nupirkti**

nusipláuti, nusipláuna, nusiplóvė *sgr. vks. (1) (kas, ką)* nuplauti sau ar savo: *Vaikaĩ, nusipláukite rankàs.* ○ *Nusiplóviau būto lángus.* ○ *Aš tau nenuplóviau óbuolio, tu pàts nusipláuk.* • *žr.* **nenusiplauti**

nusipraũsti, nusipraũsia, nusìprausė *sgr. vks. (1)* **1.** *(kas, ką)* prausiant padaryti švarų (savo): *Šáltu vándeniu nusìprausiau véidą.* **2.** *(kas)* prausiant padaryti švarų savo kūną ar jo dalis: *Ar tu jau nusìprausei?* ○ *Aš jau nusìprausiau, einu miegóti.* • *žr.* **nenusiprausti**

nusireñgti, nusireñgia, nusìrengė *sgr. vks. (1) (kas; kas, ką)* nurengti save ar savo: *Nusireñkite páltus ir palìkite juos drabužìnėje.* • *žr.* **nenusirengti**

nusiskùsti, nusìskuta, nusìskuto *sgr. vks. (1) (kas, ką)* pašalinti (savo) plaukus: *Nusiskùsk bar̃zdą.* • *žr.* **nenusiskusti**

nusispjáuti, nusispjáuna, nusispjóvė *sgr. vks. (1) (kas)* pašalinti seiles iš burnos: *Jis nusispjóvė ir nuėjo.* • *neig.* **nenusispjáuti**

nusišypsóti, nusišỹpso, nusišypsójo *sgr. vks. (3) (kas)* padaryti, kad šypsena būtų matoma veide: *Ji man nusišypsójo.* • *neig.* **nenusišypsóti**

nusišlúostyti, nusišlúosto, nusišlúostė *sgr. vks. (3) (kas, ką)* nušluostyti (1, 2) pačiam ar savo: *nusišlúostyti akìs [ãšaras]* • *žr.* **nenusišluostyti**

nusišnỹpšti, nusišnỹpščia, nusìšnypštė *sgr. vks. (1) (kas)* pūsti orą per nósį šalinant skystį iš jos: *Nusišnỹpšk į nósinę.* • *neig.* **nenusišnỹpšti**

nusivalýti, nusivãlo, nusivãlė *sgr. vks. (3) (kas, ką)* nuvalyti savo ar pačiam: *Nusivalýk batùs.*
nusivalýti kójas nuvalyti savo kojas: *Priẽš įeĩdamas į kam̃barį, nusivaliaũ kójas.* • *žr.* **nenusivalyti**; *plg.* **nuvalyti**

nusivìlti, nusìvilia, nusivýlė *sgr. vks. (1) (kas, kuo)* pasidaryti liūdnam ar nepatenkintam dėl to, kad (kas) nėra toks, kokio tikėtasi, ar nepadarė to, kas buvo tikėta: *nusivìlti draugù* • *neig.* **nenusivìlti**
nusivylìmas *dkt. v. (2, 1)*

nusižeñgti, nusižeñgia, nusìžengė *sgr. vks. (kas, kam) žr.* **pažeisti**: *nusižeñgti taisỹklėms* • *neig.* **nenusižeñgti**
nusižengìmas *dkt. v. (2, 1)*

nusižudýti, nusižùdo, nusìžudė *sgr. vks. (3) (kas)* nužudyti save • *neig.* **nenusižudýti**
nusižùdymas *dkt. v. (1, 1)* • *žr.* **savižudybė**

nuskę̃sti, nuskę̃sta, nuskeñdo *vks. (1) (kas)* žūti skęstant: *Berniùkas nuskeñdo ežerè.* • *neig.* **nenuskę̃sti**

nuskìnti, nùskina, nuskýnė *vks. (1) (kas, ką)* nutraukti ar nulaužti nuo augalo (žiedą, lapą, vaisių): *Nuskýniau tau báltą rõžę.* ○ *Nùskink man dù óbuolius.* • *žr.* **nenuskinti**

nuskrìsti, nùskrenda, nuskrìdo *vks. (1) (kas)* 1. skrendant pasišalinti: *Várna nuskrìdo nuo tvorõs.* 2. nuvykti ar pasiekti skrendant: *Lėktùvas į Pãlangą nùskrenda per vãlandą.* • *neig.* **nenuskrìsti**

nuspręsti, nuspréndžia, nuspréndė *vks. (1) (kas, + bendr. / + šs)* pasirinkti, ką daryti: *Àš nuspréndžiau neĩti į kìną.* ○ *Nusprę́sk, kuř̃ važiúosime atostogáuti.* • *neig.* **nenuspręsti**

nustatýti, nustãto, nustãtė *vks. (3)* 1. *(kas, ką)* padaryti, kad kas veiktų tam tikru bū-du ar tam tikru laiku: *nustatýti žadintùvą* 2. *(kas, ką)* padaryti galiojantį: *nustatýti tvark̃ą* 3. *(kas, ką / + šs)* po tyrimo paskelbti, kad kas yra tiesa; po matavimo, skaičiavimo pasakyti ko dydį, skaičių ar kad kas yra koks (kas): *Teĩsmas nustãtė, kad jìs nekal̃tas.* ○ *nustatýti varžýbų laimėtoją* • *žr.* **nenustatyti**
nustãtymas *dkt. v. (1, 1)*

nustėbinti, nustẽbina, nustẽbino *vks. (1) (kas, ką, kuo / + ps.)* padaryti tai, ko kas nesitiki: *Jìs nustẽbino manè dovanódamas gėlių̃.* ○ *nustẽbinti visùs gerù lietùvių kalbõs mokė́jimu* • *žr.* **nenustėbinti**

nustèbti, nusteñba, nustẽbo *vks. (1) (kas, + dlv.)* parodyti, kad (kam) netikėta kas atsitiko: *Jìs nustẽbo manè pamãtęs – jis mãnė, kad àš esu išvažiãvęs į užsíenį.* • *neig.* **nenustèbti**
nustebìmas *dkt. v. (2, 1)*

nustóti, nustója, nustójo *vks. (1) (kas, + bendr. / + dlv.)* baigti: *Vìsą nãktį kažkàs triukšmãvo, bet pagaliaũ nustójo.* ○ *Lietùs jaũ nustójo lýti.* ○ *Nustókite visi kartù kalbėti [kalbė́ję].* ○ *Nustók rė̃kti [rė̃kęs]!* • *neig.* **nenustóti**

nušálti, nušąla, nušãlo *vks. (1) (kas)* tapti negyvam nuo šalčio (apie augalus) • *neig.* **nenušálti**

nušáuti, nušáuna, nušóvė *vks. (1) (kas, ką)* nužudyti šaunant: *nušáuti kìškį medžióklėje* • *žr.* **nenušauti**

nùšlavė *būt. l. 3 asm. žr.* **nušluoti**

nušlúostyti, nušlúosto, nušlúostė *vks. (3) (kas, ką)* 1. nuvalyti braukiant: *nušlúostyti véidą [stãlą]* 2. pašalinti braukiant (kuo): *Nušlúosčiau dùlkes drėgnù skudurù.* • *žr.* **nenušluostyti**

nušlúoti, nušlúoja, nùšlavė *vks. (1) (kas, ką)* 1. šluojant padarytų švarų: *Nušlúok kiẽmą!* 2. šluojant pašalinti nuo ko: *nušlúoti lapùs nuo šalìgatvio* • *žr.* **nenušluoti**

nušóvė *būt. l. 3 asm. žr.* **nušauti**

nutar̃ti, nùtaria, nùtarė *vks. (1) (kas, + bendr. / + šs)* po svarstymo visiems sutikti su kokiu sprendimu: *Nùtarėme baĩgti dárbą per dù mė́nesius.* • *neig.* **nenutar̃ti**

nuteĩsti, nuteĩsia, nùteisė *vks. (1) (kas, ką, + bendr.)* skirti bausmę teisme: *Jį nùteisė kalėti dvejùs metùs.* • *žr.* **nenuteisti**

nutiřpti, nutiřpsta, nutiřpo *vks. (1)* **1.** *(kas)* pavirsti vandeniu, išnykti (apie sniegą): *Sniẽgas jau nutiřpo.* **2.** *(kas, kam)* pasidaryti sunkiai judinamam: *Ilgaĩ sėdėjau ir man nutiřpo kója.* • *neig.* **nenutiřpti**

nutráukti, nutráukia, nutráukė *vks. (1) (kas, ką)* **1.** padaryti, kad nevyktų, nesitęstų: *Dėstytojas nutráukė pāskaitą.* **2.** padaryti, kad (ko dalis) atsiskirtų nuo visumos ar nebūtų ant ko: *Netýčia nutráukiau bātų raištėlį.* • *žr.* **nenutraukti**
nutraukìmas *dkt. v. (2, 1) (ko)*

nutrìnti, nùtrina, nutrýnė *vks. (1) (kas, ką)* **1.** pašalinti trinant: *Nutrìnk ùžrašą nuo lentõs.* **2.** trinant (3) padaryti žaizdą: *Naujì bātai man nutrýnė kóją.* • *žr.* **nenutrinti**

nutrū́kti, nutrū́ksta, nutrū́ko *vks. (1) (kas)* pasidaryti nutrauktam (2): *Virvė nutrū́ko.* • *neig.* **nenutrū́kti**

nutū̃pti, nùtupia, nùtūpė *vks. (1) (kas)* nusileisti: *Paũkštis nùtūpė ant palángės.* ○ *Lėktùvas nùtūpė óro úoste.* • *neig.* **nenutū̃pti**

nuvalýti, nuvālo, nuvālė *vks. (3) (kas, ką)* **1.** valant pašalinti: *Nuvalýk dùlkes nuo stā́lo.* **2.** padaryti švarų: *Nuvalýk stā́lą.* • *žr.* **nenuvalyti**; *plg.* **nusivalyti**

nuvažiúoti, nuvažiúoja, nuvažiāvo *vks. (1) (kas)* **1.** važiuojant nuvykti: *Mes nuvažiúosime į Klaĩpėdą per kēturias vālandas.* **2.** važiuojant pasišalinti • *neig.* **nenuvažiúoti**

nuvèžti, nùveža, nùvežė *vks. (1) (kas, ką, ką)* vežant pristatyti: *Nuvèžkite mane į óro úostą.* • *būs. l. 3 asm.* **nuvèš**; *žr.* **nenuvežti**

nuvỹkti, nuvỹksta, nuvỹko *vks. (1) (kas, į ką)* vykstant atsirasti kur: *Nuvykaũ į Pā́langą atostogáuti.* ○ *Buvau nuvỹkęs kelióms dienóms į Kaũną.* • *neig.* **nenuvỹkti**

nužudýti, nužùdo, nužùdė *vks. (3) (kas, ką)* padaryti negyvą: *Plėšikai jį apiplė́šė ir nužùdė.* • *žr.* **nenužudyti**
nužùdymas *dkt. v. (1, 1)*

O o

O, o dvidešimt pirmoji lietuvių kalbos abėcėlės raidė

õ¹ *jst.* (vartojamas reiškiant džiaugsmą, (ne)pasitenkinimą ir pan.): *Õ, kaip čia gražù!* o *Õ, mums pasìsekė!* o *Õ, man vẽl reikės ankstì kéltis!*
o Diẽve [Viẽšpatie] (vartojama reiškiant nustebimą, nerimą ir pan.): *O Diẽve, kokià neláimė – aš nespėsiu į tráukinį!*

õ² *jng.* (vartojamas jungiant sakinio dalį ar sakinį, kuriuo pasakoma kas priešinga ar skirtinga): *Aš jau baigiaũ rašýti, o Pėtras nè* (nebaigė). o *Mán patiñka kãtės, o jám – šùnys.* o *Aš ateīsiu ne rytój, o porýt.* o *Aš ateīsiu rytój, o Pėtras – pirmãdienį.*

obelìs *dkt. m. (3ᵃ, 9) (vns. K.* **obelɪ̃s** *ir* **obelɪ̃ẽs**, *dgs. K.* **obelų̃**) vaismedis, vedantis obuolius: *Sodè áuga óbelys ir kriáušės.*

obuolỹs *dkt. v. (3ᵃ, 3)* apvalus vaisius žalia, raudona arba geltona žieve: *Aš mėgstu rū́gščius, o ne sáldžius óbuolius.* o *Prãšom kilogrãmą obuolių̃.* o *obuolių̃ sùltys*

obuolys

óda *vns. dkt. m. (1, 6), t. p.* **odà** *(4, 6)* **1.** viršutinis žmogaus ar gyvūno kūno sluoksnis: *Vaĩko óda (yra) švelnì, lýgi.* **2.** medžiaga iš kai kurių gyvūnų odos, naudojama drabužiams, batams ir pan. siūti: *Šios pirštìnės pagamìntos iš ódos [iš odõs].*

odìnis, odìnė *bdv. (2, 4–9)* pagamintas iš odos: *odìnis dir̃žas*

ói *jst.* (sakoma, kai skauda, grožintis ar stebintis ir pan.): *Ói, kaip skaũda dañtį!* o *Ói, tu mane išgą̃sdinai!*

omlètas *dkt. v. (2, 1)* keptas patiekalas iš kiaušinių: *Iškepiau omlètą su sū́riu.* o *Paváišinsiu tave omletù.*

òpera *dkt. m. (1, 6)* **1.** dramos kūrinys su muzika, kurio tekstas dainuojamas: *Kompozìtorius sukū́rė naũją òperą.* **2.** *vns.* tokių kūrinių visuma kaip meno rūšis: *Ar mėgstate òperą?*

operãcija *dkt. m. (1, 7)* gydymo pjaunant kūną tam tikrais įrankiais veiksmai: *darýti širdiẽs operãciją*

operãcinė *dkt. m. (1, 8)* ligoninės patalpa, kurioje daromos operacijos

operúoti, operúoja, operãvo *vks. (1) (kas, kam, ką)* daryti operaciją: *Jam operuõs skrañdį.* • *žr.* **neoperuoti**

oránžinis, oránžinė *bdv. (1, 4–9)* kuris apelsino spalvos; kaip apelsino (apie spalvą): *Nusipirkaũ oránžinį švar̃ką.* o *Sieną nudãžė orãnžine spalvà.*

óras *vns. dkt. v. (3, 1)* **1.** dujos, esančios aplink Žẽmę, kuriomis kvėpuojama: *grýnas [užter̃štas] óras* **2.** erdvė viršuj žemės, dangus: *Lėktùvas pakilo į órą.* **3.** *(t. p. dgs.* **oraĩ**) dujų, esančių aplink Žẽmę, būsena tam tikru laiku: *Lietuvojè žiẽmą dažnaĩ bū́na šiltì oraĩ.* o *Šiañdien gražùs óras, sáulėta.*

óro pãštas laiškų, siuntinių ir pan. vežimas lėktuvais ir pan.

óro transpòrtas keleivių, krovinių ir pan. vežimas oru

óro úostas vieta, kurioje yra lėktuvams ir keleiviams skirti pastatai ir įrengimai: *Kaĩp nuvažiúoti į óro úostą?* o *Nuo óro úosto iki viẽšbučio važiavaũ taksì.*

orų̃ prognòzė būsimo oro (būsimų orų)

spėjimas (ir jo aprašymas): *Ar girdėjai [skaitei] orų prognozę?*

òrganas *dkt. v. (1, 1)* **1.** gyvūno ar augalo tam tikros paskirties dalis: *kvėpãvimo [vìrškinimo] òrganai* **2.** organizacija, įstaiga, atliekanti tam tikros paskirties darbus: *valdymo [teĩsmo, finánsų] òrganai*

organizãcija *dkt. m. (1, 7)* **1.** sutvarkymas į sistemą: *Nuo dárbo organizãcijos priklaũso dárbo sėkmė̃.* **2.** grupė žmonių, turinti tam tikrą tikslą: *studeñtų [rašýtojų] organizãcija*

organizãtorius *dkt. v. (1, 5)*, **organizãtorė** *dkt. m. (1, 8)* asmuo, kuris organizuoja: *suvažiãvimo organizãtoriai*

organizúoti, organizúoja, organizãvo *vks. (1) (kas, ką)* (su)rengti, daryti, kad įvyktų: *Organizúosime lietùvių kalbõs kùrsus.* ○ *organizúoti išvyką prie jū́ros* • žr. **neorganizuoti**

organizãvimas *dkt. v. (1, 1) (ko)*

originãlas *dkt. v. (2, 1)* dokumentas, paveikslas ir pan., kurio daromos ar gali būti daromos kopijos, vertimas

órkaitė *dkt. m. (1, 8)* uždaroma vieta viryklėje maistui kepti ar šiltai laikyti: *Ìškepiau órkaitėje žą̃sį.* ○ *įjùngti [išjùngti] órkaitę*

orkèstras *dkt. v. (2, 1)* didelė kartu grojančių muzikantų grupė

órlaivis *dkt. v. (1, 3)* lėktuvas arba sraigtasparnis

õšti, õšia, õšė *vks. (1) (kas)* skleisti garsą, panašų į „š": *Õšia jū́ra [vė́jas, mìškas].* • žr. **neošti**

ošìmas *dkt. v. (2, 1)*: *pušų̃ ošìmas*

ožỹs *dkt. v. (3, 3)* ožkų patinas: *dù ožiaĩ ir trỹs ožkos*

ožiùkas *dkt. v. (2, 1)* jaunas, mažas ožys

ožkà *dkt. m. (3, 6)* naminis gyvūnas, auginamas pienui, vilnoms ir mėsai: *Ožkõs píeną gérti sveĩka.*

ožkiùkas *dkt. v. (2, 1)* ožkų jauniklis

ožka

P p

P, p dvidešimt antroji lietuvių kalbos abėcėlės raidė
p. *sutr.* **1.** *žr.* **ponas, ponia 2.** *žr.* **puslapis**
paaiškė́ti, paaiškė́ja, paaiškė́jo *vks.* (1) (kas) pasidaryti aišku, pasirodyti: *Visì ją įtarė, tačiau paaiškė́jo, kad jì nekaltà.* • *neig.* **nepaaiškė́ti**
paáiškinti, paáiškina, paáiškino *vks.* (1) (kas, kam, ką / + šs) padaryti aiškų ar aiškesnį: *Paáiškinkite man šią užduotį, aš nesupratau̇̃.* ○ *Prašom paáiškinti, kaĩp veĩkia šis príetaisas.* ○ *Jis negalėjo man paáiškinti, ką̃ réiškia šis žõdis.* • *žr.* **aiškinti, nepaaiškinti**
paáiškinimas *dkt.* v. (1, 1)
paauglỹs *dkt.* v. (3ᵇ, 3) 13–17 metų berniukas, **paauglė̃** *dkt.* m. (3ᵇ, 8) 13–17 metų mergaitė: *Ji turi sū́nų pā́auglį.*
paaugliaĩ *dgs.* 13–17 metų berniukai ir mergaitės: *knygà paaugliáms*
pabaigà *dkt.* m. (3ᵇ, 6) laikas arba vieta, kur kas baigiasi, kur baigiama ką daryti: *Greĩtai bus mė́nesio pabaigà.* ○ *žiūrė́ti filmą nuo pradžiõs iki pabaigõs* ○ *Grį̃šiu rugsė́jo pabaigojè.* ○ *stráipsnio [knỹgos] pabaigà* • *prš.* **pradžia**; *plg.* **galas**
pabė́gti, pabė́ga, pabė́go *vks.* (1) (kas) įgyti laisvę pasišalinus; pasišalinti bėgant, kai kas kitas nori sulaikyti. *pabė́gti iš kalė́jimo* • *neig.* **nepabė́gti**
pabélsti, pabéldžia, pabéldė *vks.* (1) (kas, į ką) kiek belsti, belstis: *Pabélsk stipriaũ, gal kas nórs išgir̃s.* • *neig.* **nepabélsti**
pablogė́ti, pablogė́ja, pablogė́jo *vks.* (1) (kas) pasidaryti blogesniam: *Oraĩ [sveikatà] pablogė́jo.* • *neig.* **nepablogė́ti**
pabrángti, pabrángsta, pabrángo *vks.* (1) (kas) pasidaryti brangesniam: *Rùdenį pabrañgs šildymas.* • *neig.* **nepabrángti**

pabraũkti, pabraũkia, pàbraukė *vks.* (1) (kas, ką) nubrėžti liniją (po žodžiu): *Pabraũkite žodžiùs, kirčiúojamus paskutìniame skiemenyjè.* • *žr.* **nepabraukti**
pabrė́žti, pabrė́žia, pabrė́žė *vks.* (1) (kas, ką / + šs) išskirti iš visumos (tai, kas svarbu): *Ji pabrė́žė beñdro dárbo svar̃bą.* ○ *Dė́stytojas paskaitojè pabrė́žė, kad svarbù išmókti taisyklìngai kirčiúoti.* • *žr.* **nepabrėžti**
pabučiúoti, pabučiúoja, pabučiãvo *vks.* (1) (kas, ką) paliesti lūpomis reiškiant meilę ar pagarbą: *Jis pabučiãvo savo žmóną.* • *žr.* **bučiuoti, nepabučiuoti, pasibučiuoti**
pabučiãvimas *dkt.* v. (1, 1)
pabū́na *esam.* l. 3 asm. *žr.* **pabū́ti**
pabùsti, pabuñda, pabùdo *vks.* (1) (kas) nustoti miegoti: *Jis jau pabùdo, bet dar neatsikė́lė.* ○ *Nãktį pabundù ir negaliù užmìgti.* • *neig.* **nepabùsti**
pabū́ti, pabū́na, pabùvo *vks.* (1) (kas) kurį laiką būti: *Dar pabū́k pas mùs, neĩk namõ.* • *neig.* **nepabū́ti**
pacieñtas *dkt.* v. (2, 1), **pacieñtė** *dkt.* m. (2, 6) asmuo, kuris gydosi pas gydytoją ar ligoninėje: *Ši dantìstė turi daũg pacieñtų.*
pačiupinė́ti, pačiupinė́ja, pačiupinė́jo *vks.* (1) (kas, ką) truputį čiupinėti: *Ji pačiupinė́jo áudinį.* ○ *Pačiupinė́k, koks švelnùs káilis.* • *žr.* **nepačiupinėti**
pačiū́žos *dgs. dkt.* m. (1, 6) batai su metalinėmis dalimis, pritvirtintomis prie pado, važinėtis ledu: *Žiẽmą mė́gstu čiuõžti pačiū́žomis.*
padalýti, padalìja, padalìjo *vks.* (1) **1.** (kas, ką, kam) atlikti dalijimą: *padalýti pìnigus visíems po lýgiai* **2.** (kas, ką, iš ko) atlikti dalybos veiksmą: *Padalýk šim̃tą iš penkių̃.* • *žr.* **dalyti, nepadalyti**
padalìjimas *dkt.* v. (1, 1) (ko)

pãdalyvis dkt. v. (1, 3) gram. nekaitoma veiksmažodžio forma, kuri baigiasi -(i)ant, -int arba -(i)us: „Eĩnant", „tùrint", „dãvus, mãčius" yra pãdalyviai. • sutr. **pdl.**

padangà dkt. m. (3ᵇ, 6) transporto priemonės rato guminė dalis: *atsarginė automobìlio padangà* ○ *Man reĩkia vienõs naujõs padangõs.* ○ *dvìračio pãdangos*

padarýti, padãro, padãrė vks. (3) **1.** (kas, ką) pagaminti: *Àš pàts padariaũ šį stãlą.* ○ *Padarýk man sumuštìnį su dešrà.* **2.** (kas, ką) baigti daryti: *Ar jau padareĩ namų dárbus?* ○ *Ji vìską padarýdavo laikù.* **3.** (kas, ką; kas, ką, kokį) sukelti kokios ypatybės ar reiškinio buvimą: *Àš padariaũ klaĩdą.* ○ *padarýti avãriją* ○ *Ar pinigaĩ padãro žmõgų laimìngą?* • žr. **nepadaryti**

pãdas dkt. v. (2, 1) **1.** pėdos apačia. **2.** bato apačia, išskyrus kulną • (1) žr. pieš. **kūnas**

padaugėti, padaugėja, padaugėjo vks. (1) (ko) pasidaryti daugiau: *Šiẽmet padaugėjo nusikaltìmų.* ○ *Miškuosè padaugėjo žvėrių.* • neig. **nepadaugėti**; plg. **padidėti**

padáuginti, padáugina, padáugino vks. (1) (kas, ką, iš ko) atlikti daugybos veiksmą: *Padáugink penkìs iš šešių* (5x6). • žr. **nepadauginti**

pàdave būt. l. 3 asm. žr. **paduoti**

padavėjas dkt. v. (1, 2), **padavėja** dkt. m. (1, 7) restorano ar kavinės darbuotojas, kuris aptarnauja lankytojus (atneša valgį, gėrimus): *Padavėjas àtnešė dvì taurès šampãno.*

pãdažas dkt. v. (3ᵇ, 1) ppr. skystas patiekalų priedas su prieskoniais: *pomidòrų pãdažas* ○ *mėsà su pãdažu* ○ *įvaĩrūs padažaĩ*

pàdeda esam. l. 3 asm. žr. **padėti**

padėkà dkt. m. (3ᵇ, 6) padėkojimas: *padėkõs láiškas*

padėkóti, padėkója, padėkójo vks. (1) (kas, kam, už ką / + šs) pareikšti dėkingumą, sakyti dėkui: *Norėčiau (jums) padėkóti, kad pàrvežėte mane namõ.* ○ *padėkóti už pagálbą* • žr. **dėkoti**; neig. **nepadėkóti**
padėkójimas dkt. v. (1, 1)

padeñgti, padeñgia, pàdengė vks. (1) (kas, ką, kuo) padaryti, kad ko sluoksnis būtų ant (ko) paviršiaus • žr. **nepadengti**

padėti, pàdeda, padėjo vks. (1) **1.** (kas, ką) padaryti, kad būtų tam tikroje vietoje: *Vãzą padėjau ant palángės.* ○ *Padėk drabužiùs į spìntą.* **2.** (kas, ką) duoti laikyti, saugoti: *Pìnigus reĩkia padėti į bánką.* **3.** (kas, kam, kuo / + bendr.) daryti ką kam ar su kuo tai, ko kas vienas negali padaryti: *Ji padėjo man pareñgti pãmokas.* ○ *Gal galėčiau jums (kuo nórs) padėti?* ○ *Gal (tu) padėtumei (man) ràsti tą knỹgą?* **4.** (kas, ką) parašyti (tašką): *Sãkinio gãle padėk tãšką.* • žr. **nepadėti**

padėti ragẽlį nutraukti nebaigtą pokalbį telefonu: *Ji neturėjo laĩko kalbėtis ir padėjo ragẽlį.*
padėjimas dkt. v. (2, 1)

padėtìs dkt. m. (3ᵇ, 9) **1.** tai, kaip kas padėtas, stovi, guli ir pan.: *stovėjimo padėtìs* ○ *pakeĩsti pãdėtį* (pvz., sėdėti, paskui atsistoti) **2.** dalykai, kurie atsitinka tam tikru laiku ar tam tikroje vietoje; reikalų būklė: *Mano brólio padėtìs yra sunkì – jis netẽko dárbo.* ○ *šaliẽs polìtinė padėtìs*

padidėti, padidėja, padidėjo vks. (1) (kas) pasidaryti didesniam: *Atlýginimai pérnai padidėjo, o šiẽmet sumažėjo.* • neig. **nepadidėti**; plg. **padaugėti**
padidėjimas dkt. v. (1, 1) (ko)

padìdinti, padìdina, padìdino vks. (1) (kas, ką) padaryti didesnį: *padìdinti greĩtį [atlýginimą]* • žr. **didinti, nepadidinti**
padìdinimas dkt. v. (1, 1) (ko)

padúoti, padúoda, pàdavė vks. (1) (kas, kam, ką) paimti ir duoti: *Gal galì man padúoti tą knỹgą?* ○ *Padúok man kójines, brangióji.*
padúoti rañką (kam) sveikinantis ištiesti, kad (kas) paspaustų
• žr. **nepaduoti**

pàėmė būt. l. 3 asm. žr. **paimti**

paėmìmas dkt. v. (2, 1) žr. **paimti**

pagaĩ prl. (su G.) remiantis (kuo), laikantis (ko): *Jis buvo nùteistas pagal įstatymą.* ○ *Pãmokos vỹksta pagal tvarkãraštį.* ○ *Gãlite eĩgtis pagal savo nórą.* ○ *dárbas pagal sùtartį*

pagálba vns. dkt. m. (1, 6) padėjimas, parama: *Man reĩkia jūsų pagálbos.* ○ *Ligóniui* *būtinà skubì gýdytojo pagálba.* • *žr.* **greitoji pagalba, pirmoji pagalba**

pagaliaũ *prv.* po ilgo laiko: *Pagaliaũ ir àš išmókau vairúoti automobìlį.* o *Pagaliaũ lietùs lióvėsi.*

pagaliùkas *dkt. v. (2, 1)* mažas plonas medžio gabalėlis

pagálvė *dkt. m. (1, 8)* plunksnų (ar ko kito) prikimštas maišelis galvai padėti gulint lovoje

pagalvė

pagalvėlė *dkt. m. (2, 8)* nedidelė pagalvė, dedama ant sofos ir pan., nugarai remti: *megztà pagalvėlė*

pagalvóti, pagalvója, pagalvójo *vks. (1) (kas, apie ką / +šs)* kurį laiką galvoti (stengiantis prisiminti, prieš nusprendžiant): *Pagalvókite, paskuĩ atsakýkite.* o *Mes pagalvósime, ar mums veřta ten eĩti.* • *neig.* **nepagalvóti**

pagamìntas, pagamìnta *dlv. [4]* gautas gaminant: *Iš kõ (kokios medžiagos) pagamìntas šis dáiktas? – Iš mẽdžio [iš plastmãsės].*

pagamìnti, pagamìna, pagamìno *vks. (1) (kas, ką)* gauti gaminant • *žr.* **nepagaminti**

pagarbà *vns. dkt. m. (3ᵇ, 6)* tai, ką kas jaučia asmeniui, kurį laiko doru, teisingu, nusipelniusiu ir pan.: *Àš jaučiù jam pãgarbą.*

pagarbiaĩ *prv.* su pagarba: *kreĩptis į̃ ką pagarbiaĩ* • *žr.* **nepagarbiai**
Pagarbiai (rašoma laiško pareigūnui ir pan. pabaigoje)

pagársinti, pagársina, pagársino *vks. (1) (kas, ką)* padaryti stipresnio garso: *Pagársink rãdiją [televìzorių].* • *žr.* **nepagarsinti**

pagáuti, pagáuna, pagãvo *vks. (1) (kas, ką)* **1.** rankomis sulaikyti judantį daiktą: *Àš mečiaũ kãmuolį, o jìs jį̃ pagãvo.* **2.** rasti ir sulaikyti: *Polìcija pagãvo vãgį.* • *žr.* **nepagauti**
pagavìmas *dkt. v. (2, 1) (ko)*

pageidáuti, pageidáuja, pageidãvo *vks. (1) (kas, ko)* norėti: *Kõ pageidáusite [pageidáutumėte]?* (taip klausia lankytojų kavinėje, restorane, parduotuvėje ir pan.) • *neig.* **nepageidáuti**
pageidãvimas *dkt. v. (1, 1) (ko, kieno): Tóks buvo tėvų̃ pageidãvimas.* o *pageidãvimų koncèrtas* (radijo, televizijos koncertas pagal klausytojų pageidavimus) • *plg.* **noras**

pageřbti, pageřbia, pàgerbė *vks. (1) (kas, ką)* pareikšti (kam) pagarbą: *pageřbti mìrusiuosius* • *žr.* **nepagerbti**
pagerbìmas *dkt. v. (2, 1): mìrusiųjų pagerbìmas*

pagìrti, pàgiria, pagýrė *vks. (1) (kas, ką, už ką̃ / +šs)* pasakyti (apie ką ar dėl ko) giriamus žodžius: *Mókytoja manè pagýrė, kad àš geraĩ atlikaũ užduotį.* o *Jìs pagýrė manò naũją šukúoseną* (pasakė, kad ji graži). • *žr.* **nepagirti**
pagyrìmas *dkt. v. (2, 1)*

pagyvẽnęs, pagyvẽnusi *bdv. (dlv. [3])* vidutinio amžiaus: *Ji yra pagyvẽnusi mótėris.* o *Pagyvẽnusiems (žmonė́ms) sunkù rãsti dárbą.*

pagražė́ti, pagražė́ja, pagražė́jo *vks. (1) (kas)* pasidaryti gražesniam • *neig.* **nepagražė́ti**

pagrãžinti, pagrãžina, pagrãžino *vks. (1) (kas, ką)* padaryti gražesnį • *žr.* **nepagražinti**

pagrindìnis, pagrindìnė *bdv. (2, 4–9)* didesnio dydžio, svarbumo ir pan.: *Važiúokite pagrindiniù keliù, niẽkur nesùkite.* o *pagrindìnės nãmo dùrys* o *Tai yra mano pagrindìnis dárbas.*
pagrindìnė mokyklà dešimties klasių mokykla
pagrindìnis sakinỹs *gram.* sudėtinio sakinio dalis, prie kurios jungiamas šalutinis sakinys: *„Àš norė́čiau" yra sudėtinio sãkinio „Àš norė́čiau, kad jis ateĩtų" pagrindìnis sakinỹs.*

paĩlgas, pailgà *bdv. (3, 1–6)* kurio ilgis didesnis už plotį: *paĩlgas kambarỹs [stãlas]*

pailsė́ti, paĩlsi, pailsė́jo *vks. (2) (kas)* **1.** kurį laiką ilsėtis: *Àš pavargaũ, pailsė́siu kelià minùtės.* **2.** po ilsėjimosi jaustis geriau: *Ar jau pailsė́jote po kelionė̃s?* • *neig.* **nepailsė́ti**

paim̃ti, pàima, pàėmė *vks. (1)* **1.** *(kas, ką, už ko)* ranka ar rankomis imti laikyti: *Jis pàėmė mane už rañkos.* o *Paim̃k krẽpšį už rañkenos.* **2.** *(kas, ką)* pasidaryti turinčiam: *Àš paim̃siu dù saldainiùs.* o *Kàs pàėmė mano ùžrašus?* • *žr.* **nepaimti**; *plg.* **pasiimti**
paėmìmas *dkt. v. (2, 1) (ko)*

pājamos *dgs. dkt. m. (3ᵇ, 6)* pinigai, kuriuos ppr. nuolat gauna asmuo ar įstaiga už darbą ir pan.: *pājamos iš žėmės ūkio* ○ *Jo pājamos – trỹs tūkstančiai lìtų (3000 Lt) per mėnesį.* ○ *pajamų mókestis* • prš. **išlaidos**

pajė̃gti, pajė̃gia, pàjėgė *vks. (1) (kas, + bendr.)* turėti fizinės jėgos; mokėti, sugebėti ką (pa)daryti: *Aš dar pajėgiù nèšti lagamìną.* ○ *Jis tikraĩ pajė̃gs atlìkti tą dárbą.* • neig. **nepajė̃gti**

pajū́ris *dkt. v. (1, 3)* vieta prie jūros: *Paváikščiokime pajū́riu.* ○ *Pajū́ryje radaũ giñtaro.* ○ *Palangà – pajū́rio miẽstas.*

pakabìnti, pakabìna, pakabìno *vks. (1) (kas, ką, ant ko)* pritvirtinti (ko) viršutinę dalį prie ko: *Pakabìnk pavéikslą ant síenos.* ○ *pakabìnti páltą ant kabỹklos* • žr. **nepakabinti**

pakalbė́ti, pàkalba, pakalbė́jo *vks. (1) (kas, su kuo, apie ką / dėl ko)* kalbėti kuria tema ar kuriuo tikslu: *Dabař mes pakalbė́sime su jumìs apie taĩ, kaĩp jūs praléidote atóstogas.* ○ *Pakalbė́k su viřšininku dėl atlýginimo.* • neig. **nepakalbė́ti**

pakal̃nė *dkt. m. (2, 8)* vieta kalno (kalvos) apačioje

pakalnùtė *dkt. m. (2, 8)* gėlė mažais baltais kvepiančiais, į varpą panašiais žiedais: *pakalnùčių púokštė*

pakañkamai *prv.* **1.** *(ko)* tiek, kad užtenka: *Pinigų̃ dabař turiù pakañkamai.* ○ *Dar tùrime pakañkamai laĩko, kad spė́tume į tráukinį.* **2.** ne per mažai: *Vanduõ pakañkamai kárštas.* • žr. **nepakankamai**

pakalnutė

pakartóti, pakartója, pakartójo *vks. (1) (kas, ką / + šs)* padaryti ar pasakyti dar kartą: *Prãšom pakartóti kláusimą, aš (jo) neišgirdaũ.* ○ *Pakartók, ką pasãkė mókytoja.* • žr. **nepakartoti**

pakeĩsti, pakeĩčia, pàkeitė *vks. (1)* **1.** *(kas, ką)* padaryti kitokį: *Jie pàkeitė keliõnės maršrùtą.* ○ *Jūs tikraĩ pakeĩsite savo núomonę.* **2.** *(kas, ką / kuo / į ką)* vietoje vieno paimti ir duoti kitą: *Gal gãlite (man) pakeĩsti šią suknẽlę kità, šì kažkuõ ištèptà.* ○ *Bibliotėkoje pàkeičiau knygàs.* ○ *Pakeĩskite man dólerius į litùs.* • žr. **nepakeisti**
pakeitìmas *dkt. v. (2, 1)*

pakelė̃ *dkt. m. (3ᵇ, 8)* vieta prie kelio, kelio pakraštys: *sustóti pakelėjè*

pakė́lė *būt. l. 3 asm.* žr. **pakelti**

pakēlis *dkt. v. (2, 3)* prekių ppr. popierinė dėžutė ar maišelis: *arbãtos [cigarẽčių, sausaĩnių] pakēlis*

pakeliuĩ *prv.* **1.** keliaujant; vykstant: *Ei̇̃name namõ, pakeliuĩ užsùksime į parduotùvę.* ○ *Jie išvažiãvo, dabař yra pakeliuĩ į Kaũną.* **2.** *(kam)* (reikėti eiti, važiuoti ir pan.) ta pačia kryptimi: *Jeigu jùms pakeliuĩ* (jeigu jūs turite vykti ta pačia kryptimi), *važiúokite kartù.* ○ *Gaĩla, bet mums ne pakeliuĩ.*

pakélti, pàkelia, pakė́lė *vks. (1) (kas, ką)* **1.** padaryti, kad būtų aukštesnėje padėtyje: *pakélti rañką* **2.** paimti nuo paviršiaus į aukštesnę padėtį: *pakélti pōpierių [lagamìną] nuo grindų̃* **3.** padaryti didesnį: *Man pakė́lė atlýginimą.* • žr. **nepakelti**
pakélti ragẽlį atsiliepti: *Skam̃bina, pakélkite ragẽlį!*
pakėlìmas *dkt. v. (2, 1) (ko)*

pakeñkti, pakeñkia, pàkenkė *vks. (1) (kas, kam)* padaryti žalą: *Rūkymas pakeñks tavo sveikãtai.* • neig. **nepakeñkti**

pakètas *dkt. v. (2, 1)* suvyniotų daiktų ryšulys: *knỹgų pakètas*

pakìlti, pakỹla, pakìlo *vks. (1) (kas)* **1.** kylant (1) pasiekti: *Lìftù pakìlome į deviñtą aũkštą.* **2.** baigti kilti (2): *Lėktùvas jau pakìlo.* **3.** pasidaryti didesniam, stipresniam: *Kíek pakil̃s maĩsto prėkių káinos.* ○ *Nãktį vaĩkui pakìlo temperatū̀rà.* **4.** prasidėti: *Vãkarè pakìlo stiprùs vėjas.* • neig. **nepakìlti**
pakilìmas *dkt. v. (2, 1)*

paklausýti, paklaũso, paklaũsė *vks. (3)* **1.** *(kas, ko / + šs)* pasistengti išgirsti: *Paklausýkite, ką aš jums pasakýsiu.* **2.** *(kas, ko)* pasielgti, kaip (kas) nori: *Aš paklausiaũ mótinos ir nėjaũ į šókius.* • neig. **nepaklausýti**

paklaũsti, paklaũsia, paklaũsė *vks. (1) (kas, ką / ko, ko / + šs)* pasakyti (kam) klausimą: *Paklaũskite tos mótèrs, kaĩp nueĩti į teãtrą.* ○ *paklaũsti praeĩvio kẽlio* ○ *Aš pa-*

kláusiu, kíek dabar valandų. ○ *Jis pakláusė, kuõ aš vardù.* • *neig.* **nepakláusti**

paklýsti, paklýsta, paklýdo *vks. (1) (kas, kame)* negalėti rasti, kur reikia eiti (važiuoti): *Paklýdau miškè.* • *neig.* **nepaklýsti;** *žr.* **pasiklysti**

paklõdė *dkt. m. (2, 8)* plono audinio gabalas, tiesiamas ant lovos: *Reĩkia nusipir̃kti paklõdžių.* ○ *švarì paklõdė* ○ *skal̃bti paklodès*

paklóti, paklója, paklójo *vks. (1) (kas, ką)* baigti kloti (1): *Aš paklósiu tau lóvą.* • *žr.* **nepakloti**

pakópa *dkt. m. (1, 6)* tam tikras veiklos lygis ar laiko tarpas

pakraštỹs *dkt. v. (3^b, 3)* vieta prie krašto: *eĩti kẽlio pãkraščiu* ○ *miẽsto pakraštỹs*

pakviẽsti, pakviẽčia, pàkvietė *vks. (1) (kas, ką)* 1. paprašyti atvykti: *Sugẽdo televìzorius, reĩkia pakviẽsti méistrą.* ○ *pakviẽsti gýdytoją [polìciją]* 2. paprašyti vykti kartu: *Jis pàkvietė mane į teãtrą [piẽtų į restorãną].* 3. pasakyti, kad kas nori kalbėti su kuo: *Prãšom pakviẽsti põnią Õną* (sakoma kreipiantis telefonu). • *žr.* **nepakviesti**

palaidìnė *dkt. m. (2, 8)* plono audinio vyriškas švarkas

palaidinùkė *dkt. m. (2, 8)* moteriškas drabužis, kuris dengia viršutinę kūno dalį

paláidoti, paláidoja, paláidojo *vks. (1) (kas, ką)* įdėti (mirusiojo kūną) į kapą • *žr.* **nepalaidoti**

palaikýti, palaĩko, palaĩkė *vks. (3) (kas, ką)* 1. kurį laiką laikyti: *Palaikýk mano krẽpšį, kol aš susirìšiu bãtų raištẽlį.* 2. daryti, kad liktų, kad toliau būtų kas, koks: *palaikýti švãrą [švãrų]* 3. pritarti (kam): *Aš palaikaũ jū́sų núomonę.* • *žr.* **nepalaikyti**

paláistyti, paláisto, paláistė *vks. (3) (kas, ką)* pilti vandens (ant ko), kad augtų. *Paláisčiau gėlès.* • *žr.* **nepalaistyti**

Palangà *vns. dkt. m. (3^b, 6)* Lietuvos miestas prie Baltijos jūros: *važiúoti į Pãlangą* ○ *atostogáuti Palangojè*

palángė *dkt. m. (1, 8)* 1. plokštė lango apačioje: *Ant palángės stóvi kambarìnės gėlės.* 2. vieta prie lango lauke: *Palángėje žýdi daržẽlio gėlės.*

palapìnė *dkt. m. (2, 8)* nešiojama iš tam tikro audinio padaryta tam tikra patalpa laikinai gyventi lauke: *pastatýti dvì palapìnes* ○ *turìstų palapìnė*

palatà *dkt. m. (2, 6)* ligoninės patalpa ligoniams

paláukti, paláukia, paláukė *vks. (1) (kas, ko)* kurį laiką būti laukiant: *Paláuk manęs, aš tuõj ateĩsiu.* • *neig.* **nepaláukti**

paléisti, paléidžia, paléido *vks. (1)* 1. *(kas, ką)* nustoti laikyti ranka (rankomis), rankoje (rankose): *Paléisk mano rañką.* 2. *(kas, ką, iš ko)* nustoti laikyti (kame): *paléisti ką̃ iš kalė́jimo* • *žr.* **nepaleisti**

paleñkti, paleñkia, pàlenkė *vks. (1) (kas, ką)* truputį lenkti žemyn: *paleñkti gálvą* • *žr.* **nepalenkti**

palydė́ti, palỹdi, palydė́jo *vks. (2) (kas, ką)* einant kartu parodyti kelią; eiti kartu su kuo: *Aš tave palydė́siu iki autobùsų stotẽlės.* • *žr.* **nepalydė́ti**

palydõvas *dkt. v. (2, 1),* **palydõvė** *dkt. m. (2, 8)* 1. asmuo, kuris aptarnauja lėktuvo keleivius. 2. asmuo, kuris tikrina bilietus ir prižiūri tvarką traukinyje

paliẽka *esam. l. 3 asm. žr.* **palikti**

paliẽsti, paliẽčia, pàlietė *vks. (1) (kas, ką)* 1. uždėti (ranką, pirštą) ant ko: *Kažkàs pàlietė man pẽtį.* 2. padaryti, kad priartėtų prie ko taip, kad liestųsi • *žr.* **nepaliesti**

palýgink *liep. n. vns. 2 asm. žr.* **palyginti**[1] • *sutr. plg.*

palýginti[1], palýgina, palýgino *vks. (1) (kas, ką, su kuo)* pažiūrėti ar pagalvoti, kuo daiktai skiriasi ir kuo panašūs: *Palýginkite šių dviejų žõdžių réikšmes.* • *žr.* **nepalyginti**

palýginti[2] *prv.* 1. jei palygìntume (su kitais): *Jis yra mãžas, palýginti su kitaĩs vaikaĩs.* 2. gana: *Ji yra palýginti jaunà.*

palikìmas *vns. dkt. v. (2, 1)* 1. po kieno mirties gaunamas turtas: *tė́vo palikìmas* 2. praeities paminklai, reiškiniai: *kultū́ros [literatū̃ros] palikìmas*

palìkti, paliẽka, palìko *vks. (1)* 1. *(kas, ką)* neleisti kam vykti kartu, nesivesti, nesivežti ko su savimi; nustoti būti, gyventi kur: *Tėvaĩ išėjo į svečiùs, o vaĩką víeną namuosè paliko.* ○ *Palikaũ dáiktus sáugojimo kãmeroje.* ○ *Dar priẽš kãrą palikaũ sãvo gimtąjį krãštą.* ○ *Jis paliko sãvo šeĩmą.* **2.** *(kas, ką, kokį)* nekeisti ko būklės: *Palìk lángą atidarýtą.* ○ *Palìkite puodėlį nepláutą.* **3.** *(kas, ko)* nesuvartoti viso: *Palìk maĩsto rýtdienai.* • žr. **nepalikti**

palinkė́ti, paliñki, palinkė́jo *vks. (2) (kas, ko)* pasakyti linkėjimus: *palinkė́ti sėkmė̃s* • neig. **nepalinkė́ti**

palýti, palỹja, palìjo *vks. (1) (–)* truputį lyti: *Vãkar palìjo.* • neig. **nepalýti**

páltas *dkt. v. (1, 1)* ilgas viršutinis drabužis: *Apsireñkite [nusireñkite] páltą.* ○ *dėvė́ti grãžų páltą [gražiù páltu]*

paltas

palū́kanos *dgs. dkt. m. (1, 6)* už skolinamus ar banke laikomus pinigus gaunamas pinigų kiekis procentais: *Šiame bánke mókamos trijų̃ pròcentų palū́kanos.* ○ *Gavaũ pãskolą už penkìs pròcentus palū́kanų.*

pãmaldos *dgs. dkt. m. (3ᵇ, 6)* viešos bažnyčios apeigos: *Sekmãdieniais bažnýčioje vỹksta pãmaldos.* ○ *Turìstai negãli lankýtis šioje bažnýčioje pamaldų̃ mẽtu.*

pamatýti, pamãto, pamãtė *vks. (3) (kas, ką / + šs)* suvokti žiūrint, pastebėti: *Aš pamačiaũ jį gãtvėje (plg. Aš mačiaũ, kaip jis ėjo gatvè).* ○ *Pažiūrėjau per lángą ir pamačiaũ, kad nustójo lýti.* • žr. **nepamatyti**

pamėgìnti, pamėgìna, pamėgìno *vks. (1) (kas, + bendr.)* pasistengti (ką padaryti): *Aš pamėgìnsiu péršokti per tvõrą.* • neig. **nepamėgìnti**

pamèsti, pàmeta, pàmetė *vks. (1) (kas, ką)* nustoti ką turėjus, netyčia ko netekti: *Vãkar kažkuř pàmečiau ir raktùs, ir piniginę.* ○ *Kõ íeškote, gal ką pàmetėte?* • žr. **nepamesti**

pamiñklas *dkt. v. (2, 1)* **1.** daiktas, pastatytas, kad žmonės prisimintų kokį asmenį ar įvykį: *Gedimìno pamiñklas (paminklas Lietuvos didžiajam kunigaikščiui Gediminui)* ○ *Pastãtė pamiñklą žùvusiems už láisvę.* **2.** senovinis pastatas ar tam tikra vieta, saugoma dėl istorinės vertės ir pan.: *Trãkų pilìs – Lietuvõs istòrijos pamiñklas.*

pamir̃šti, pamir̃šta, pamir̃šo *vks. (1)* **1.** *(kas, ką / + bendr. / + šs)* neturėti mintyse, neatsiminti: *Jis pamir̃šo jos var̃dą.* ○ *Tu vėl pamiršaĩ nupir̃kti dúonos.* ○ *Aš pamiršaũ, kad šiandien vỹks paskaità.* **2.** *(kas, ką, kur)* netyčia palikti: *Pamiršaũ namiẽ rãktą.* ○ *Jūs turbū́t pamiršote skė̃tį kavìnėje.* • žr. **nepamiršti**

pamokà *dkt. m. (3ᵇ, 6)* vienam dalykui skirtas mokymosi laikas (mokykloje – 45 minutės): *Kasdiẽn mokiniaĩ turi po penkiàs, šešiàs pãmokas.* ○ *Per pãmoką netriukšmáukite.* ○ *Po pãmokų grįžaũ namõ.* ○ *istòrijos pamokà*

pamóksłas *dkt. v. (1, 1)* kunigo kalba, kurią jis sako tikintiesiems pamaldų metu: *sakýti pamókslą* ○ *klausýtis pamókslo*

pãmotė *dkt. m. (1, 8)* moteris, kurią yra vedęs kieno tėvas ir kuri nėra motina: *Jos mótina (yra) mìrusi, ji turi pãmotę.*

pãmušalas *dkt. v. (3⁴ᵇ, 1)* audinys, kuris dengia drabužio vidaus pusę: *skylė̃ švar̃ko pãmušale*

panašùs, panašì *bdv. laipsn. (4, 5–8) (kas, į ką)* kuris turi vienodų savybių su kuo, beveik toks pat: *Sū́nus (yra) labaĩ panašùs į tė́vą.* ○ *Aš turiù panãšią suknẽlę, tik kitókios spalvõs.* ○ *Mū́sų problèmos yra panãšios.* ○ *Žiùrkė (yra) panašì į pẽlę, tačiau ji didèsnė.*
panašù *n.* atrodo: *Panašù, kad lìs.* – *Panašù, kad mes jau nespė́sime į tráukinį.*
panašiaĩ *prv.*: *Mes abù panašiaĩ mãnome.*
• žr. **nepanašus; ir panašiai**

panaudóti, panaudója, panaudójo *vks. (1) (kas, ką, kam)* daryti ką su kuo ar skirti kuriam tikslui: *Šiuos pìnigus panaudósime mokỹklos remòntui.* • žr. **nepanaudoti;** plg. **pasinaudoti, pavartoti**

paneĩgti, paneĩgia, pàneigė *vks. (1) (kas, ką / + šs)* pasakyti, kad (kas) yra netiesa: *paneĩgti įródymus* ○ *Jis pàneigė, kad pãvogė automobìlį.* • žr. **nepaneigti**

panẽlė *dkt. m. (2, 8) (žodis, sakomas prieš netekėjusios jaunos moters, merginos vardą ar pavardę): Prãšom pakviẽsti panẽlę Jū́ratę.*
panẽle... Š. (sakoma mandagiai kreipiantis į netekėjusią jauną moterį, merginą): *Panẽle Jū́rate, jums skaĩmbina.*

Panevėžỹs *vns. dkt. v. (3⁴ᵇ, 3)* Lietuvos miestas: *Pãnevėžio drãmos teãtras* o *važiúoti į Pãnevėžį* o *gyvénti Panevėžyjè*

papāsakoti, papāsakoja, papāsakojo *vks. (1) (kas, kam, ką / apie ką / + šs)* pasakyti (apie tai), kas įvyko ir pan.: *Papāsakok man apie savo kelionę.* • žr. **nepapasakoti**

papìldomas, papìldoma *bdv. (1, 1–6)* kuris duodamas, skiriamas, pridedamas kaip priedas prie pagrindinio: *Šeštādieniais būna kėletas papildomų reisų į Klaipėdą.* o *Mano sūnui reikia papildomų matemātikos pamokų.*
papildomai *prv.*: *Kreipėmės į Vyriausybę, kad skirtų papildomai pinigų mokyklos statybai.*

paplūdimỹs *dkt. v. (3⁴ᵇ, 3)* jūros, ežero, upės kranto dalis, tinkama poilsiui: *Palangojė yra puikūs smėlėtas paplūdimỹs.* o *Eimė į pāplūdimį.* o *žaisti paplūdimyjè*

paprastaĩ *prv.* daugeliu atvejų, dažniausiai: *Paprastaĩ aš keliúosi šėštą vãlandą.* o *Paprastaĩ mes atostogāujame kaime, bet šiaĩs mėtais važiúosime į Nidą.*

pàprastas, paprastà *bdv. laipsn. (3ᵇ, 1–6)* **1.** nesudėtingas: *Tai (yra) pàprastas dárbas.* **2.** niekuo neišsiskiriantis:*Jis yra pàprastas žmogùs.* • *plg.* **sudėtingas**; *žr.* **nepaprastas**

paprašyti, paprãšo, paprãšė *vks. (3) (kas, ką / ko, ko / + bendr. / + šs)* pasakyti prašymą: *Aš paprašiaū tėvo [tėvą] pinigų, bet jis nėdavė.* o *Paprašỹkite, kad jie netriukšmáutų.* • žr. **nepaprašyti**

pāprika *dkt. m. (1, 6)* žalia, geltona, oranžinė ar raudona prieskoninė daržovė: *salōtos su pāprikomis*

paprotỹs *dkt. v. (3ᵇ, 3)* tai, kaip (tam tikrōs tautōs ar grupės) žmonės paprastai elgiasi tam tikrais atvejais: *Mes gerbiame savo tautōs pāpročius.* o *vestūvių papročiaĩ*

pāpuošalas *dkt. v. (3⁴ᵇ, 1)* daiktas, skirtas puošti ar puoštis: *Mėgstu nešióti gintarinius pāpuošalus.* o *eglùtės papuošalaĩ*

papuřkšti, papuřkškia, pàpurškė *vks. (1) (kas, ko)* truputį purkšti: *Jis pàpurškė man į véidą kažkókio skỹsčio.* • *neig.* **nepapuřkšti**

parà *dkt. m. (4, 6)* dvidešimt keturių valandų laiko tarpas; diena ir naktis: *nemiegóti visą pārą* o *Kelionė trùko dvi parās (48 valandas).*

paradigmà *dkt. m. (2, 6) gram.* formų sąrašas kaip pavyzdys kitų žodžių formoms sudaryti

paragáuti, paragáuja, paragāvo *vks. (1) (kas, ko)* truputį valgyti norint sužinoti skonį: *Paragáuk kėpsnio [tòrto].* • žr. **neparagauti**

paraidžiuĩ *prv. žr.* **pasakyti paraidžiui**

paramà *vns. dkt. m. (3ᵇ, 6)* pagalbos teikimas, rėmimas: *Man reikės jūsų paramōs.* o *teikti pāramą neturtingiems žmonėms*

parāpija *dkt. m. (1, 7)* teritorija, kuri turi savo bažnyčią ir kunigą

pārašas *dkt. v. (3ᵇ, 1)* pasirašyta kieno pavardė: *Šiamè dokumentė nėrà jūsų pārašo.* o *Be viršininko pārašo šis dokumeñtas negaliója.*

parašýti, parãšo, parãšė *vks. (3) (kas, ką / + šs)* baigti rašyti; sudaryti, sukurti rašant: *Ar jau parãšėte prāšymą?* o *Parašỹk man laišką.* o *Rašytojas parãšė naūją drãmą.* o *Parašỹk, ką tu veikeĩ per atóstogas.* • žr. **neparašyti**

pardavėjas *dkt. v. (1, 2)*, **pardavėja** *dkt. m. (1, 7)* **1.** parduotùvės darbuotojas, parduodantis prekes: *Jì dirba pardavėja.* **2.** *(ko)* kas ką parduoda, kuo prekiauja: *ledų [laĩkraščių] pardavėjas*

pardúoti, pardúoda, pardãvė *vks. (1) (kas, kam, ką)* duoti už pinigus: *Ar tu jau pardãvei savo automobìlį?* o *Jis pardãvė man televìzorių už dù šimtùs litų (200 Lt).* o *Aš pardúodu šią knỹgą. Gal nóri piřkti?* o *brañgiai [pigiaĩ] pardúoti baldùs [gėlės].* • žr. **neparduoti**; *plg.* **pirkti**
pardavìmas *dkt. v. (2, 1) (ko)*

parduotùvė *dkt. m. (2, 8)* pastatas ar patalpa, kuriuose parduodamos prekės: *Užeikime į maĩsto (prèkių) parduotùvę.* o *Žaislų parduotùvėje nupirkaũ dùkteriai lėlę.* o *Ar parduotùvė atidarỹta [jau uždarỹta]?* o *bātų [indų, audinių] parduotùvė* • žr. *t. p.* **krautuvė**

pareiga

pareigà *dkt. m. (3ᵇ, 6)* tai, ką žmogus turi daryti dėl to, kad tai yra jo darbas, arba dėl to, kad tai būtina, privaloma pagal įstatymą, paprotį ir pan.: *piliẽčių téisės ir pāreigos* o *Jaučiù pāreigą jam padė́ti.*

pāreigos *dgs. dkt. m. (3ᵇ, 6)* darbas: *paskìrti į pāreigas [pareigóms]* o *pašãlinti iš pareigų̃* o *dirèktoriaus pāreigos* • *žr.* **eiti pareigas**

pareigū́nas *dkt. v. (2, 1),* **pareigū́nė** *dkt. m. (2, 8)* valstybinės įstaigos tam tikras pareigas turintis tarnautojas: *Kreĩpkitės į polìcijos pareigū́ną.*

paréikšti, paréiškia, paréiškė *vks. (1) (kas, kam, ką)* pasakyti ar parodyti: *paréikšti pādė́ką [užúojautą, pãgarbą]* • *žr.* **nepareikšti**

pareĩti, pareĩna, parė́jo *vks. (1) (kas)* einant grį̃žti namo: *Keliñtą vãlandą tu pareisi?* o *Àš pareinù iš dárbo septiñtą vãlandą.* • *neig.* **nepareiti**

paremti, pàremia, pàrėmė *vks. (1) (kas, ką)* duoti pinigų remiant: *Šì įmonė dažnaĩ pàremia spòrtininkus.* • *žr.* **neparemti**

pareñgti, pareñgia, pàrengė *vks. (1) (kas, ką)* **1.** atlikti: *Pareñk namų̃ dárbus.* **2.** padaryti tinkamą: *pareñgti knỹgą spáudai* • *žr.* **neparengti;** *plg.* **pasirengti**

pargriáuti, pargriáuna, pargrióvė *vks. (1) (kas, ką)* jėga padaryti, kad (kas) pargriūtų: *Jis pargrióvė mane ant žẽmės.* • *žr.* **nepargriauti**

pargriū́ti, pargriū́na, pargriùvo *vks. (1) (kas)* stovėjus, ėjus netyčia išsitiesti ant žẽmės: *Pargriuvaũ ir užsigavaũ nùgarą.* • *būs. l. 3 asm.* **pargriùs;** *neig.* **nepargriū́ti**

paryčiaĩ *dgs. dkt. v. (3ᵇ, 3)* paros laikas prieš rytą: *Ìš vakarė́lio grį̃žome paryčiaĩs.*

párkas *dkt. v. (1, 1)* poilsiui skirtas prižiūrimas žemės plotas, kuriame auga įvairūs medžiai, krūmai ir kt. augalai: *Ar buvaĩ Palangõs párke?* o *Eĩmė pasiváikščioti į [po] párką.*

párkeris *dkt. v. (1, 3)* metalinis rašalo pildomas rašiklis: *rašýti párkeriu*

parlameñtas *dkt. v. (2, 1)* kai kurių valstybių svarbiausias įstatymus rengiantis ir tvirtinantis valdžios organas, kurį renka valstybės piliečiai balsuodami • *žr.* **Seimas**

parnèšti, par̃neša, par̃nešė *vks. (1) (kas, ką)* atnešti namo: *Par̃nešk dúonos iš parduotùvės.* o *Tė́vas par̃nešė vaikáms saldaĩnių.* • *žr.* **neparnešti**

parodà *dkt. m. (3ᵇ, 6)* viešas (meno kūrinių, prekių ir pan.) rodymas; vieta, kur tai rodoma: *Vìlniuje atidarýta naujà dailė̃s parodà.* o *Aplankýkime knỹgų párodą.* o *parodų̃ rū́mai*

paródymas *dkt. v. (1, 1)* ppr. dgs. asmens, kuris liudija teisme, teiginys: *liùdytojų paródymai*

paródyti, paródo, paródė *vks. (3) 1. (kas, kam, ką / + šs)* duoti pamatyti ar pažiūrėti: *Prãšom paródyti man tuõs batùs* (prašoma parduotuvėje). o *Paródyk (man), ką̃ turì rañkoje.* o *Paródžiau jam sãvo núotraukas.* **2.** *(kas, ką, kam)* pateikti, duoti, leisti tikrinti: *Prãšom paródyti bìlietus.* • *žr.* **neparodyti, rodyti**

parsinèšti, parsìneša, parsìnešė *sgr. vks. (1) (kas, ką)* parnešti sau ar pačiam: *Sãvo dáiktus àš parsinėšiu* (būs. l.) *pàts.* o *Vakariẽnei parsinešiau píeno ir bandẽlių.* • *žr.* **neparsinešti;** *plg.* **parnešti**

paršẽlis *dkt. v. (2, 3),* **paršiùkas** *dkt. v. (2, 1)* kiaulių jauniklis; jo mėsa: *kiaũlė sù paršẽliais* o *kẽptas paršẽlis*

pártija *dkt. m. (1, 7)* politinė organizacija: *pártijos programà*

pártneris *dkt. v. (1, 3),* **pártnerė** *dkt. m. (1, 8)* **1.** kiekvienas iš dviejų asmenų, kurie kartu šoka, žaidžia ir pan.: *šõkio pártnerė* **2.** asmuo, kuris kartu su kitais dalyvauja versle: *Jis yra mãno veřslo pártneris.*

paruõšti, paruõšia, pàruošė *vks. (1) (kas, ką)* baigti ruošti: *Àš jaũ pàruošiau vakariẽnę, àš visadà ją paruošiù laikù.* o *Ar tù mùms paruõši* (būs. l.) *pùsryčius?* • *žr.* **neparuošti**

parū́pinti, parū́pina, parū́pino *vks. (1) (kas, kam, ką)* padaryti, kad (kas) turėtų (ką), ko reikia: *parū́pinti bìlietą į koncèrtą [šeimai maistō]* • *žr.* **neparūpinti**

parvažiúoti, parvažiúoja, parvažiãvo *vks. (1) (kas)* atvažiuoti namo: *Kadà, brangùsis, parvažiúosi?* • *neig.* **neparvažiúoti**

parvežti, par̃veža, par̃vežė *vks. (1) (kas, ką)* atvežti namo: *Aš parvešiu tavè savo automobiliù.* • *žr.* **neparvežti**

pàs *prl.* (su G.) **1.** (kieno) namuose, įstaigoje ar šalyje: *Pas mùs Lietuvojè žiẽmos būna nešáltos.* ○ *Pas manè (namiẽ) kãbo kėletas puikių pavéikslų.* ○ *Aš gyvenù pas tėvùs.* ○ *Kuř tu buvaĩ? – Pas dantìstą.* **2.** į (kieno) namus, įstaigą: *Aš einù pas dantìstą.* ○ *Prãšom užeĩti pas viřšininką.* ○ *Šeštãdienį riñksimės pas jùs.* ○ *važiúoti į káimą pas seneliùs*

pasàk *prl.* (su K.) kaip (kas) sako, kaip (kame) rašoma: *Pasak jõ, gyvẽnimas gerėja.*

pãsaka *dkt. m. (1, 6)* tautosakos ar literatūros kūrinys apie burtus, raganas, velnius ir pan.: *Pãsakos turi laimìngą pãbaigą.* ○ *pãsakų knygà*

pasakýti, pasãko, pasãkė *vks. (3)* **1.** *(kas, ką)* ištarti (žodį ir pan.): *Ką̃ tu pasakeĩ? – Aš pasakiaũ „lãbas".* **2.** *(kas, kam, ką / + šs)* žodžiais perduoti, pranešti: *Pasakýkite (man) savo vařdą ir pãvardę.* ○ *Pasakýk, kíek dabař valandų̃.* ○ *Gal galėtumėte (man) pasakýti, keliñtą vãlandą atvỹksta traukinỹs?* ○ *Jis pasãkė, kad šiañdien grį̃š vėlaĩ.*
pasakýti paraidžiuĩ pasakyti tariant po vieną raidę atskirai: *Pasakýkite savo pãvardę paraidžiuĩ.* • *žr.* **nepasakyti**

pãsakoti, pãsakoja, pãsakojo *vks. (1) (kas, kam, ką / apie ką / + šs)* kalbėti kam apie kokį įvykį, būseną, jausmus: *Pãsakok, ką̃ ten mateĩ, ką̃ girdėjai.* • *žr.* **nepasakoti**
pãsakojimas *dkt. v. (1, 1) (kieno, apie ką)*

pãsas *dkt. v. (4, 1)* dokumentas, kuriame yra asmens nuotrauka ir kurį reikia turėti vykstant į užsienį: *Prãšom paródyti pãsą.* ○ *Lietuvõs Respùblikos piliẽčio pãsas* ○ *Pasè turi bū́ti núotrauka.*

pasáulis *dkt. v. (1, 3)* **1.** Žemės planeta: *pasáulio žemė̃lapis* ○ *kelionė aplink pasáulį* ○ *Į šveñtę atvỹko lietùviai iš vìso pasáulio.* ○ *Tai yra aukščiáusias kálnas pasáulyje.* **2.** atskira gyvenimo, reiškinių sritis: *gyvū́nų pasáulis* ○ *sudėtìngas žmogaũs jausmų̃ pasáulis* ○ *mẽno [mókslo, spòrto] pasáulis*
pasáulio šalỹs kiekviena iš keturių krypčių, padedančių suvokti buvimo vietą: *Yra kẽturios pasáulio šalỹs: šiáurė, piẽtūs, rytaĩ, vakaraĩ.*

pasibélsti, pasibéldžia, pasibéldė *sgr. vks. (1) (kas, į ką)* kiek belstis: *Pasibéldžiau į lángą.* • *neig.* **nepasibélsti**

pasibučiúoti, pasibučiúoja, pasibučiãvo *sgr. vks. (1) (kas; kas, su kuo)* pabučiuoti vienam kitą: *Jie* (jis ir ji) *pasibučiãvo.* ○ *Vỹras pasibučiãvo su žmóna.* • *neig.* **nepasibučiúoti**

pasidarýti, pasidãro, pasidãrė *sgr. vks. (3)* **1.** *(kas, ką)* sau pagaminti, paruošti: *Šiañdien pasidariaũ skanių̃ salõtų.* **2.** *(kas, koks)* įgyti kokią ypatybę: *Miẽstas pasidãrė gražèsnis.* ○ *Tu pasidareĩ daũg gerèsnis* (negu buvai anksčiau). **3.** *(– / kam)* atsirasti kokiai ypatybei: *Laukè pasidãrė tamsù.* ○ *Man pasidãrė blõga* (mane pradėjo pykinti). • *žr.* **nepasidaryti**

pasidė́ti, pasìdeda, pasidė́jo *sgr. vks. (1) (kas, ką)* padėti savo ar sau: *Neprisìmenu, kuř pasidė́jau skė̃tį.* ○ *Gãlite pasidė́ti dáiktus čià.* • *žr.* **nepasidė́ti, padėti**

pasíekti, pasíekia, pasíekė *vks. (1) (kas, ką)* **1.** ištiesus ranką galėti paliesti, paimti: *Ar pasíeksi lubàs?* **2.** atvykti į: *Laĩvas pasíekė krañtą.* ○ *Kaũną pasíeksime per pusantrõs valandõs.* **3.** įgyti stengiantis laimėti: *Tu savo tìkslą tikraĩ pasíeksi.* ○ *pasíekti pérgalę [gerų̃ rezultãtų, laimė́jimų]* • *žr.* **nepasiekti**

pasielg̃ti, pasiel̃gia, pasiel̃gė *sgr. vks. (1) (kas, su kuo, kaip)* ką padaryti ar pasakyti tam tikru būdu esant kartu su kitais žmonėmis: *Jis labaĩ nemandagiaĩ pasìelgė – kreĩpėsi į viřšininką „tù".* • *neig.* **nepasiel̃gti**
pasielg̃ìmas *dkt. v. (2, 1)*

pasiė̃mė *būt. l. 3 asm. žr.* **pasiimti**

pasieniẽtis *dkt. v. (2, 3),* **pasieniẽtė** *dkt. m. (2, 8)* valstybės sieną saugantis policininkas: *Mus sulaĩkė pasieniẽčiai.*

pasíenis *dkt. v. (1, 3)* vieta prie valstybės sienos: *Lietuvõs pasíenis* ○ *Pasíenio polìcija tìkrina keleĩvių pasùs ir bagãžą.*

pasigir̃sti, pasigir̃sta, pasigir̃do *sgr. vks. (1)* **1.** *(kas)* būti girdimam: *Staigà pasigir̃do telefõno skambùtis.* ○ *Gãtvėje pasigir̃do šū́viai.* **2.** *(kam, + šs)* manyti, kad girdi: *Ar tu ką sakeĩ, ar man tik pasigir̃do?* ○ *Man pasigir̃do, kad tu šaukeĩ.* • *neig.* **nepasigir̃sti**

pasiim̃ti, pasìima, pasìėmė *sgr. vks. (1) (kas, ką)* **1.** ką savo, sau ar su savimi paimti: *Pasiim̃k savo dáiktus.* **2.** vežtis, vestis ir pan. kartu: *Jei važiúosime prie júros, pasiim̃sime ir vaikùs.* • *žr.* **nepasiimti, paimti**

pasikalbė́ti, pasìkalba, pasikalbė́jo *sgr. vks. (1) (kas, su kuo, apie ką / dėl ko)* truputį kalbėtis kuria tema ar kuriuo tikslu: *Mes dažnaĩ pasìkalbame apie mẽną.* ○ *Pasikalbė́k su viršininku dėl atlýginimo.* • *neig.* **nepasikalbė́ti**

pasikeĩsti, pasikeĩčia, pasìkeitė *sgr. vks. (1)* **1.** *(kas)* pasidaryti kitokiam: *Pasìkeitė vėjo kryptìs.* ○ *Tavo elgesỹs labaĩ pasìkeitė.* ○ *Tu labaĩ pasìkeitei.* **2.** *(kas, ką)* pakeisti (1) sau: *Pasìkeičiau dólerius į litùs.* • *žr.* **nepasikeisti, pakeisti**
pasikeitìmas *dkt. v. (2, 1)*

pasiklýsti, pasiklýsta, pasiklýdo *sgr. vks. (1) (kas, kur) žr.* **paklysti**: *Dideliamè miestè galima greĩtai pasiklýsti.* ○ *Man atródo, mes pasiklýdome. Aš nežinaũ, kuř eĩti.* • *neig.* **nepasiklýsti**

pasiklóti, pasiklója, pasiklójo *sgr. vks. (1) (kas, ką)* pakloti savo ar sau: *Ar jau pasiklójai lóvą?* • *žr.* **nepasikloti**

pasikviẽsti, pasikviẽčia, pasìkvietė *sgr. vks. (1) (kas, ką)* pakviesti pas save ar su savimi: *Aš pasìkviečiau ją į svečiùs.* • *žr.* **nepasikviesti, pakviesti**

pasileñkti, pasileñkia, pasìlenkė *sgr. vks. (1) (kas)* palenkti savo kūną: *Jis pasìlenkė ir pakėlė nuo žẽmės monẽtą.* ○ *Kai pasilenkiù, man skaũda nùgarą.* • *neig.* **nepasileñkti**

pasilìkti, pasiliẽka, pasìliko *sgr. vks. (1)* **1.** *(kas)* būti tam tikroje vietoje, neišvykti: *Jeigu gãlima, aš pasilìksiu pas jùs kẽletą dienų̃.* **2.** *(kas, ką)* palikti sau: *Ar pasilikaĩ sriubõs?* ○ *Tą núotrauką gali pasilìkti prisiminìmui.* • *žr.* **nepasilikti, palikti**

pasimãtymas *dkt. v. (1, 1)* susitikimas, dėl kurio vietos ir laiko susitarta iš anksto: *Vakarè eĩsiu į pasimãtymą su naujà pažį́stama.* • *žr.* **iki pasimatymo**

pasimatýti, pasimãto, pasimãtė *sgr. vks. (3) (kas, su kuo)* susitikti: *Ar (mes) galė́tume šį̃ vãkarą pasimatýti?* ○ *Susìtarėme su juo pasimatýti restoranè.* • *neig.* **nepasimatýti**

pasimatúoti, pasimatúoja, pasimatãvo *sgr. vks. (1) (kas, ką)* apsirengti, apsiauti ir pan. norint žinoti, ar tinka: *Norė́čiau pasimatúoti tą̃ žãlią suknẽlę.* ○ *Aš pasimatavaũ tuos batùs, bet jie man netiñka.* • *žr.* **matuotis, nepasimatuoti**
pasimatãvimas *dkt. v. (1, 1) (ko)*

pasinaudóti, pasinaudója, pasinaudójo *sgr. vks. (1) (kas, kuo)* panaudoti sau: *Dėkóju, kad galė́jau pasinaudóti jūsų bibliotekà.* ○ *Man reĩkia paskam̃binti. Ar galė́čiau pasinaudóti jūsų telefonù?* • *neig.* **nepasinaudóti**; *žr.* **panaudoti**

pasipuõšti, pasipuõšia, pasìpuošė *sgr. vks. (1)* **1.** *(kas, kuo)* užsidėti ir pan. papuošalus: *Šiañdien aš pasipuõšiu* (būs. l.) *naujà apýranke.* **2.** *(kas)* apsirengti geriausius savo drabužius: *Eidamì į koncèrtą, teãtrą, žmónės pasipuõšia.* • *neig.* **nepasipuõšti**

pasipur̃kšti, pasipur̃škia, pasìpurškė *sgr. vks. (1) (kas)* papurkšti savo kūną: *Pasipur̃kšk dezodorántu.* • *neig.* **nepasipur̃kšti**

pasirašýti, pasirãšo, pasirãšė *sgr. vks. (3)* **1.** *(kas)* parašyti savo pavardę: *Prãšom čià pasirašýti.* **2.** *(kas, ką)* parašu patvirtinti: *pasirašýti sùtartį [į̃statymą, dokumentùs, protokòlą] žr.* **nepasirašyti**
pasirãšymas *dkt. v. (1, 1) (ko)*

pasireñgti, pasireñgia, pasìrengė *sgr. vks. (1) (kas, kam)* atlikti tai, ką reikia: *Aš geraĩ pasìrengiau egzãminui* (išmokau tai, ką reikia). ○ *Jei nórite išlaikýti egzãminą, pasireñkite geriaũ.* • *neig.* **nepasireñgti**
pasirengìmas *dkt. v. (2, 1) (kam)*

pasiriñkti, pasìrenka, pasìrinko *sgr. vks. (1) (kas, ką)* iš kelių ar daugelio išskirti sau tinkamą: *Nežinaũ, kókią specialýbę man pasiriñkti.* ○ *Padavėjas mums pasiū́lė patiekalų̃. Mes pasiriñkome kiauliẽnos kẽpsnį su grỹbais.* • *žr.* **nepasirinkti**
pasirinkìmas *dkt. v. (2, 1) (ko):* Šioje parduotùvėje dìdelis prẽkių pasirinkìmas.

pasiródyti, pasiródo, pasiródė *sgr. vks. (3)* **1.** *(kas)* pasidaryti matomam: *Sáulė pasiródė iš už debesiẽs.* **2.** *(–, + šs)* paaiškėti: *Pasiródė, kad jis melãvo.* • *neig.* **nepasiródyti**

pasiruõšti, pasiruõšia, pasìruošė *sgr. vks. (1) (kas, kam)* baigti ruoštis: *Ar jūs jau pasì-*

ruošėte egzāminui (atsakėte į egzamino klausimus ir dėstytojas gali jus egzaminuoti)? ○ *Aš jau pasiruošiau keliōnei* (nusipirkau bilietą, susidėjau daiktus ir t.t.). • *neig.* **nepasiruõšti**
pasiruošìmas *dkt. v. (2, 1) (kieno, kam)*

pasisèkti, pasìseka, pasìsekė *sgr. vks. (1) (kam, + bendr. / +šs)* gerai, laimingai kam baigtis; sugebėti, (kam) pavykti ką padaryti: *Man pasìsekė išlaikýti egzāminą.* ○ *Tau pasìsekė, kad gavaĩ bìlietą į lėktùvą.* ○ *Nežinaũ, ar jam pasisèks įstóti į universitètą.* • *žr.* **nepasisekti**
pasisekìmas *dkt. v. (2, 1)*

pasiskõlinti, pasiskõlina, pasiskõlino *sgr. vks. (1) (kas, ką, iš ko)* paimti kaip skolą ar kuriam laikui: *Aš pasiskõlinau iš jo šim̃tą litų (100 Lt).* ○ *Pasiskõlink vadovėlį iš draũgo.* • *žr.* **nepasiskolinti, skolintis;** *plg.* **paskolinti**

pasisténgti, pasisténgia, pasisténgė *sgr. vks. (1) (kas)* stengtis padaryti ką: *Aš nežinaũ, ar galėsiu tau padėti, bet aš pasisténgsiu.* ○ *Pasisténk rytój nepavėlúoti į pāskaitą.* • *neig.* **nepasisténgti**

pasisvéikinti, pasisvéikina, pasisvéikino *sgr. vks. (1) (kas, su kuo)* pasakyti kam ar vienas kitam sveikinimosi žodžius (pvz., „laba diena", „sveikas" ir pan.) • *neig.* **nepasisvéikinti**

pasišālinti, pasišālina, pasišālino *sgr. vks. (1) (kas, iš ko)* einant (važiuojant ir pan.) palikti patalpą, vietą: *Vairúotojas pasišālino iš avārijos viẽtos.* • *neig.* **nepasišālinti**

pasitáikyti, pasitáiko, pasitáikė *sgr. vks. (3) (kas)* būti (apie progą): *Pasitáikius prógai, aš pas tave užsùksiu.* • *žr.* **nepasitaikyti**

pasitar̃ti, pasìtaria, pasìtarė *sgr. vks. (1) (kas, su kuo, dėl ko)* pasikalbėti norint sužinoti kieno nuomonę: *Priẽš pir̃kdamas naũją automobìlį, pasitar̃k su savo žmóna.* • *neig.* **nepasitar̃ti**
pasitarìmas *dkt. v. (2, 1)*

pasitenkinimas *vns. dkt. v. (1, 1)* kuo patenkinto žmogaus būsena: *Skaniaĩ paválgęs jaučiù pasiténkinimą.* ○ *Tą knỹgą skaičiaũ su dìdeliu pasiténkinimu.* • *žr.* **nepasitenkinimas**

pasitèpti, pasìtepa, pasìtepė *sgr. vks. (1) (kas, ką, kuo)* patepti savo: *Pasitèpk véidą kremù.* • *žr.* **nepasitepti**

pasitikė́ti, pasìtiki, pasitikėjo *sgr. vks. (2) (kas, kuo)* manyti, kad kas yra doras, sako (atitinka) tiesą ir pan.: *Àš juo [jo žõdžiais] pasìtikiu.* • *neig.* **nepasitikė́ti**

pasitìkti, pasitiñka, pasitìko *sgr. vks. (1) (kas, ką)* sutikti ką atvykstantį: *Aš atvažiúosiu į óro úostą tavę̃s pasitìkti.* • *žr.* **nepasitikti**

pasiū́lyti, pasiū́lo, pasiū́lė *vks. (3) (kas, kam, ką / ko / + bendr.)* pasakyti, kad padarys ar duos ką, jei kas to norės: *Ji pasiū́lė man pyragáitį.* • *žr.* **nepasiūlyti**

pasiū́ti, pàsiuva, pasiùvo *vks. (1) (kas, ką)* pagaminti siuvant: *Kostiùmą pasiùvo per trìs dienàs.* ○ *Ar suknẽlę per dvì dienàs pasiū́s?* • *žr.* **nepasiūti**

pasiváikščioti, pasiváikščioja, pasiváikščiojo *sgr. vks. (1) (kas)* kiek vaikščioti: *Eimè pasiváikščioti.* ○ *Tokià grãži dienà. Gal pasiváikščiokime po pár̃ką?* • *neig.* **nepasiváikščioti**

pasyvùs, pasyvì *bdv. laipsn. (4, 5–8)* neveiklus
pasyviaĩ *prv.*

paskaità *dkt. m. (3ᵇ, 6)* kalbėjimas tam tikra tema grupei žmonių, ypač dėstant aukštojoje mokykloje: *Studeñtai turi lankýti daũg paskaitų̃.* ○ *Lietuvõs istòrijos pãskaitas skaĩtė profèsorius.* ○ *paskaità apie mė́ną*

paskam̃binti, paskam̃bina, paskam̃bino *vks. (1) (kas, kam)* susisiekti telefonu: *Aš tau rytój paskam̃binsiu.* ○ *Bū́tinai paskam̃bink(ite).* • *neig.* **nepaskam̃binti**

paskélbti, paskélbia, paskélbė *vks. (1) (kas, kam, ką / apie ką / + šs)* viešai pasakyti; pranešti per žiniasklaidą: *Per televìziją paskélbė apie Seĩmo rinkìmus.* ○ *Teãtro dirèktorius žiūrõvams paskélbė, kad spektãklis neį́vyks.* ○ *paskélbti var̃žybų rezultãtą* • *žr.* **nepaskelbti**
paskelbìmas *dkt. v. (2, 1) (ko): Lietuvõs nepriklausomýbės paskelbìmas*

paskìrti, pàskiria, paskýrė *vks. (1)* 1. *(kas,*

ką, kuo) duoti (darbą ar pareigas): *Jį paskýrė ambasãdoriumi Lãtvijoje.* ○ *Ar jau paskìrtas naũjas minìstras?* **2.** *(kas, ką, kam)* duoti atlikti ir pan.: *paskìrti kam baũsmę [ùžduotį]* • žr. **nepaskirti, skirti**
paskyrìmas *dkt. v. (2, 1) (ko, kuo)*

paskirtìs *vns. dkt. m. (3ᵇ, 9)* (daikto) naudojimo sritis: *Kokià šio peĩlio paskirtìs? – Tai peĩlis mėsai pjáustyti.* ○ *įvairiõs paskirtiẽs buitiẽs prẽkės*

paskolà *dkt. m. (3ᵇ, 6)* pinigai, kuriuos kas skolina, ppr. su palūkanomis: *Gavaũ bánke pãskolą mẽtams.* ○ *Man reĩkia paskolõs nãmo statýbai.*

paskõlinti, paskõlina, paskõlino *vks. (1) (kas, ką, kam)* duoti kuriam laikui kaip skolą: *Gal galì man paskõlinti dù šimtùs litų (200 Lt)?* ○ *Aš jam paskõlinau knỹgą iki pirmãdienio.* • žr. **nepaskolinti, skolinti**; plg. **pasiskolinti**

paskuĩ¹ *prv.* vėliau: *Pirmà eĩsime į kìną, o paskuĩ į restorãną.* ○ *Pareñk pãmokas, paskuĩ galėsi žiūrėti televizorių.*

pãskui² *prl.* (su G.) už (ko), po (ko): *Aš eĩsiu pìrmas, o jūs (eikite) pãskui manè.* ○ *Važiúokite pãskui tą mašìną.* • plg. **po, už**

paskutìnis, paskutìnė *bdv. (2, 4–9)* kuris yra eilės gale; po kurio nėra kito: *paskutìnis knỹgos pùslapis* ○ *Atsiprašaũ, kàs paskutìnis (klausiama eilėje)?* ○ *Gãlite ateĩti paskutìnį mėnesio šeštãdienį.* ○ *Suválgykime po paskutìnį sumuštìnį.*

paslaptìs *dkt. m. (3ᵇ, 9)* tai, ką kas slepia nuo kitų: *Aš negaliù jums tõ pasakýti, taĩ yra (mano) paslaptìs.* ○ *valstýbės pãslaptys*

paslaugà *dkt. m. (3ᵇ, 6)* veiksmas, kuriuo padedama kam: *Gal padarýtum(ei) man vieną pãslaugą – nunèštum(ei) į skalbỹklą drabužiùs?* ○ *Aš jam daũg paslaugų padariaũ.*
pãslaugos *dgs.*: *Téisininko paslaugų dažnaĩ reĩkia.* ○ *Pãštas teĩkia daũg paslaugų.* ○ *paslaugų įmõnės*

paslaugùs, paslaugì *bdv. laipsn. (4, 5–8)* kuris nori kitiems padėti ar padeda su noru • žr. **nepaslaugus**

pasodìnti, pasodìna, pasodìno *vks. (1) (kas, ką)* **1.** paprašyti ar duoti atsisėsti. **2.** baigti sodinti (2): *Prie nãmo pasodìnome kelìs medžiùs.* • žr. **nepasodinti, sodinti**

paspáusti, paspáudžia, paspáudė *vks. (1) (kas, ką)* vieną kartą spausti: *Jei nórite įjùngti rãdiją, paspáuskite šį mygtùką.*
paspáusti rañką pasveikinti paduodant ranką
• žr. **nepaspausti**

pastà *vns. dkt. m. (2, 6)*
• žr. **dantų pasta**

pastabà *dkt. m. (3ᵇ, 6)* **1.** tai, ką kas pasako vertindamas: *Manè įžeĩdė jos pastabà, kad aš neturiù skõnio.* **2.** papildomas teksto paaiškinimas

pãstatas *dkt. v. (3ᵇ, 1)* tai, kas padaryta statant (namas ir pan.): *Prie ùpės stãtomi naujì pastataĩ: gyvẽnamieji namaĩ ir prekýbos ceñtras.* ○ *Šiam pãstatui trūksta tik stógo.* ○ *Kàs šių pastatų savinìnkas?*

pastatýti, pastãto, pastãtė *vks. (3) (kas, ką)* **1.** padėti, kad stovėtų: *Pastatýk stiklìnę ant stãlo.* **2.** palikti stovėti: *Automobìlį pastačiaũ aikštẽlėje.* **3.** baigti statyti (3) • žr. **nepastatyti**

pastebėti, pàstebi, pastebėjo *vks. (2) (kas, ką / + šs)* suvokti žiūrint; atkreipti dėmesį: *Visì pàstebi jos grõžį.* ○ *Ar pastebėjai, kaip pasikeĩtė Vìlnius? – Taĩp, jis pagražėjo.* • žr. **nepastebėti**

pastráipa *dkt. m. (1, 6)* teksto dalis, prasidedanti eilute, kurios pirmas žodis rašomas (parašytas) truputį toliau nuo lapo krašto

pasūdyti, pasūdo, pasūdė *vks. (3) (kas, ką)* įberti druskos ar apibarstyti druska: *Nedėk daugiau drùskos į sriùbą, aš jau ją pasūdžiau.* • žr. **nepasūdyti**

pasùkti, pàsuka, pasùko *vks. (1)* **1.** *(kas, kur)* pakeisti (ėjimo, važiavimo ir pan.) kryptį: *Kai prieĩsite sánkryžą, pasùkite į dẽšinę.* ○ *Jis pasùko į šalìkelę ir sustójo.* **2.** *(kas, ką)* truputį sukti (2) • žr. **nepasukti**

Pasvalỹs *vns. dkt. v. (3ᵇ, 3)* miestas Lietuvos šiaurėje: *Pãsvalio apýlinkės*

pasvéikinti, pasvéikina, pasvéikino *vks. (1) (kas, ką)* pasakyti ar parašyti sveikinimą (kam): *Nepamìršk pasvéikinti savo draugùs Kalėdų próga.* • žr. **nepasveikinti**

pasveĩkti, pasveĩksta, pasveĩko *vks. (1) (kas)* pasidaryti sveikam: *Ačiū Diẽvui, pasveikaũ po grìpo.* ○ *Ar ligónis jau pasveĩko?* • *neig.* **nepasveĩkti**

pasvérti, pàsveria, pàsvėrė *vks. (1) (kas, ką)* sveriant nustatyti svorį: *Pàsvėriau tą rỹšulį, jis svẽria šešiólika kilogrãmų.* • *žr.* **nepasverti**

pašãlinti, pašãlina, pašãlino *vks. (1) (kas, ką)* **1.** padaryti, kad nebūtų: *Šiuo valiklių lengvaĩ pašãlinsite drabùžių dėmès.* **2.** neleisti toliau lankyti, mokytis ar dirbti: *Ją pašãlino iš pareigų [iš universitèto].* • *žr.* **nepašãlinti**

pašalpà *dkt. m. (3ᵇ, 6)* pagalba pinigais, valstybės teikiama neturtingiems: *Gavaũ šim̃tą lìtų pašalpõs.* ○ *skìrti pãšalpą* • *žr.* **bedarbio pašalpa**

pašnekõvas *dkt. v. (2, 1),* **pašnekõvė** *dkt. m. (2, 8)* asmuo, su kuriuo kalbama: *Jìs (yra) įdomùs pašnekõvas.*

pãštas *dkt. v. (2, 1)* **1.** laiškų, siuntinių ir pan. rinkimo ir pristatymo adresatams sistema: *siųs̃ti láišką paštù* ○ *pãšto pãslaugos* **2.** įstaiga, kuri teikia pašto paslaugas; jos patalpos: *Nueĩk į pãštą ir išsiųs̃k láišką.* ○ *Paštè nusipirkaũ võką.* **3.** adresato gaunami laiškai ir pan.: *Ar jau àtnešė šios dienõs pãštą?*
pãšto dėžùtė 1. dėžė gatvėje ar pašte, į kurią dedami siunčiami laiškai. **2.** prie namo sienos ir pan. pritvirtinta kam priklausanti dėžutė, į kurią laiškanešys deda kam skirtus laiškus ir pan.
pãšto iñdeksas skaičių grupė, kuri reiškia tam tikrą gyvenamąją vietą, rašoma adresuojant: *Koks jūsų pãšto iñdeksas? – Dù nùlis dù devynì (2029).*
pãšto žénklas nedidelis popieriaus lapelis, kurį reikia klijuoti ant voko siunčiant laišką: *nusipir̃kti pãšto žénklą*
• *žr.* **elektroninis paštas, oro paštas**

paštètas *dkt. v. (2, 1)* patiekalas iš smulkintos mėsos, žuvies ir pan., kurį galima tepti ant duonos: *paukštíenos [kepenų̃] paštètas*

pãštininkas *dkt. v. (1, 1),* **pãštininkė** *dkt. m. (1, 8)* pašto tarnautojas • *žr.* **laiškanešys**

pàt *dll.* (vartojama pabrėžiant): *Iškylãvome iki pàt vãkaro.* ○ *Sijõnas ìlgas, iki pàt žẽmės.*

patáikyti, patáiko, patáikė *vks. (3) (kas, kuo, į ką)* metant ar spiriant padaryti, kad kur atsirastų, kad ką liestų, ar netyčia kliudyti metant ir pan.: *Jis patáikė kãmuoliu tiẽsiai į var̃tùs.* ○ *Mečiaũ ãkmenį ir patáikiau į lángą.* • *neig.* **nepatáikyti**

pataisýti, pataĩso, pataĩsė *vks. (3) (kas, ką)* padaryti vėl tinkamą naudoti; taisant padaryti geresnį: *Kàs man galėtų pataisýti televìzorių [bãtùs]?* • *žr.* **nepataisyti**

pãtalynė *vns. dkt. m. (1, 8)* tai, kuo klojama lova (paklodės, antklodės, užvalkalai ir pan.)

patalpà *dkt. m. (3ᵇ, 6)* pastato dalis, kuri turi savo sienas, lubas, grindis ir pan.: *parduotùvės pãtalpos* ○ *Šioje patalpojè mažaĩ viẽtos.*

patarìmas *dkt. v. (2, 1) (kieno, kam)* nuomonė, ką kas turi daryti tam tikru atveju: *Mums reĩkia jūsų patarìmo, kur nueĩti šį vãkarą.* ○ *Gýdytojas (jums) duõs patarìmą, ką jūs turė́tumėte válgyti.*

patarlė̃ *dkt. m. (3ᵇ, 8)* trumpas sakinys, kurį žmonės dažnai sako ir kuriuo mokoma, patariama: *„Ankstì kė́lęs (atsikė́lęs) ir ankstì vẽdęs nesigailė́si" yra lietùvių patarlė̃.* ○ *Pasakýkite keliàs pãtarles.*

patar̃ti, pàtaria, pàtarė *vks. (1) (kas, kam, + bendr.)* siūlyti ką daryti tam tikru atveju: *Jis (man) pàtarė kreĩptis į teĩsmą.* ○ *Gýdytojas man pàtarė mèsti rūkýti.* • *neig.* **nepatar̃ti**

pateĩkti, pateĩkia, pàteikė *vks. (1) (kas, ką)* duoti tam tikru tikslu: *Polìcininkas prãšo pateĩkti vairúotojo teisès.* ○ *Norė́damas gáuti pãsą, tùrite pateĩkti šiuõs dokumeñtùs.* • *žr.* **nepateikti**
pateikìmas *dkt. v. (2, 1) (ko)*

patekė́ti, pàteka, patekė́jo *vks. (1) (kas)* pasidaryti matomam (apie sáulę, mė́nulį): *Sáulė rýtą pàteka, o vakarè nusiléidžia.* • *neig.* **nepatekė́ti**
patekėjimas *dkt. v. (1, 1):* **sáulės patekė́jimas**

patèkti, pateñka, patẽko *vks. (1) (kas, į ką / kur)* įeiti, nueiti ar kitais būdais atsirasti kur: *Àš pàmečiau rãktą ir nežinaũ, kaip patèkti į namùs.* ○ *Kaĩp jūs čia patẽkote?*
patèkti į bė́dą turėti nemalonumų: *Draũgas patẽko į bė́dą.*

patelė

• *neig.* **nepatėkti**
patekìmas *dkt. v. (2, 1)*

patēlė *dkt. m. (2, 8)* moteriškosios lyties gyvūnas: *Kumēlė – arklių patēlė.* • *žr.* **patinas**

paténkintas, paténkinta *bdv. (1, 1–6) (kuo / + šs)* laimingas, kad (į)vyksta tai, ko buvo siekiama, atlikus ką pagal norą, tikslą ir pan.: *Aš esu labaĩ paténkintas, kad gavaũ nusipiřkti tą knỹgą.* ○ *Profèsorius paténkintas mano atsãkymu.* ○ *Ar jūs paténkintas savo dárbu?* ○ *Mes ēsame paténkinti savo mókymosi rezultãtais.* • *žr.* **nepatenkintas**

patĕvis *dkt. v. (1, 3)* vyras, kuris yra vedęs kieno motiną ir kuris nėra tėvas: *Mano tėvas mìręs, aš turiu patėvį.*

patì *žr.* **pats**

pãtiekalas *dkt. v. (3^{4b}, 1)* **1.** tam tikru būdu pagamintas maistas: *Kókio pãtiekalo norėtum? – Salõtų.* ○ *mėsõs [žuvų̃, daržóvių] patiekalaĩ* ○ *Vaikáms labai patiko saldíeji patiekalaĩ.* ○ *šaltíeji [karštíeji] patiekalaĩ* **2.** atskira valgio dalis: *Užsisakėme pietùs iš keturių̃ patiekalų̃.*

patìkrinti, patìkrina, patìkrino *vks. (1) (kas, ką / + šs)* baigti tikrinti; pažiūrėti, ar kas yra pagal taisykles, kokia kieno būklė ir pan.: *Gýdytojas patìkrino ligónio sveikãtą.* ○ *Patìkrink, ar geraĩ uždareĩ lángą.* • *žr.* **nepatikrinti**
patìkrinimas *dkt. v. (1, 1)*: *prēkių [sveikãtos] patìkrinimas*

patìkslinti, patìkslina, patìkslino *vks. (1) (kas, ką)* padaryti tikslesnį: *patìkslinti dúomenis* • *žr.* **nepatikslinti**

patìkti, patiñka, patìko *vks. (1) (kam, kas / + bendr.)* kelti kam malonius jausmus, būti kam gražiam, maloniam ir pan.: *Ta merginà jam labaĩ patìko.* ○ *Man patiñka klausýtis mùzikos.* ○ *Kurì suknēlė tau labiaũ patiñka?* ○ *Ar ekskùrsija jums patìko?* • *neig.* **nepatìkti**

pãtinas *dkt. v. (3^b, 1)* vyriškosios lyties gyvūnas: *Gaidỹs – vištų̃ pãtinas.* • *žr.* **patelė**

patýręs, patýrusi *bdv. (dlv. [3])* turintis didelę patirtį: *Jis yra patýręs gýdytojas [advokãtas].* • *žr.* **nepatyręs**

patìrti, pàtiria, patýrė *vks. (1) (kas, ką)* būti tam tikros būsenos, jausti: *Jis patýrė daũg nesėkmių̃.* ○ *patìrti džiaũgsmą* • *žr.* **nepatirti**
patyrìmas *dkt. v. (2, 1) (ko)*

patirtìs *vns. dkt. m. (3^b, 9)* žinios, mokėjimas, įgytas ką veikiant, dirbant: *Aš tai žinaũ iš patirtiẽs.* ○ *turėti dárbo pãtirtį*

patogùmai *dgs. dkt. v. (2, 1)* tai, kas daro žmogaus buitį patogią: *Gyvenù butè be patogùmų: nèrà nei centrìnio šìldymo, nei káršto vandeñs.* ○ *Šio viẽšbučio kambariaĩ su visaĩs patogùmais.*

patogùs, patogì *bdv. laipsn. (4, 5–8)* **1.** kuris sukelia malonius fizinius pojūčius: *Ši lóva (yra) labai patogì, joje gẽra miegóti.* ○ *Apsiaũkite patogiùs batùs, nes reikės daũg váikščioti.* ○ *Reikėtų̃ nusipiřkti patogèsnę kėdę, nes ant šiõs sėdėdamas pavargstù.* **2.** kuriame yra tai, kas reikalinga buičiai, kuriuo lengva naudotis ir pan.: *Jų̃ bùtas nedìdelis, bet patogùs.* ○ *Gyvẽname labaĩ patogiojè viẽtoje: artì parduotùvė, pãštas, troleibùsų stotẽlė.* **3.** tinkamas: *Ar susitikìmo laĩkas jums patogùs?* ○ *Gãlite ateĩti jums patogiù laikù.*
patogù *n.* **1.** gera, malonu: *Ar jums čia sėdėti patogù?* ○ *Prãšom sėsti teñ, kur jums patogiaũ.* ○ *Patogiáusia bus teñ, prie lángo.* **2.** tinka; mandagu: *Ar patogù skam̃binti taip vėlaĩ?*

• *žr.* **nepatogus**

pàts, patì *įv. [9]* **1.** (pabrėžiant, kad kas, o ne kas kitas ką daro ar turi ką padaryti): *Jis pàts vairúoja automobìlį.* **2.** vienas, be kitų pagalbos ir pan.: *Aš pàts padarýsiu tą dárbą.* ○ *Ar pãtys parvažiúosite, ar jus parvèžti?* ○ *Jos išmõks pãčios (savarankiškai).* **3.** (su aukšč. l. bdv.): *Ji (yra) man patì gražiáusia.* ○ *Kókio vỹno norėtumei? – Patiẽs geriáusio.*

patvìrtinti, patvìrtina, patvìrtino *vks. (1)* **1.** *(kas, ką / + šs)* pasakyti, kad (kas) yra tiesa: *Ar jūs gãlite patvìrtinti jos žodžiùs?* ○ *Jis patvìrtino, kad avãrijos nemãtė.* **2.** *(kas, ką, kuo)* padaryti ženklą (pasirašyti ar uždėti antspaudą), kuris rodo, kad dokumentas ar parašas yra tikras: *Notãrė patvìrtino jo pãrašą.* ○ *Studeñto pažymėjimą reĩkia patvìrtinti añtspaudu.* **3.** *(kas, ką)* padaryti galiojantį: *Seĩmas patvìrtino sùtartį su Rùsija.*

• *žr.* **nepatvirtinti**

patvirtinimas *dkt. v. (1, 1) (ko):* dokumeñtų patvìrtinimas

paukščiùkas *dkt. v. (2, 1)* **1.** paukščių jauniklis. **2.** mažas paukštis. **3.** ženklas √

paukštíena *vns. dkt. m. (1, 6)* paukščių mėsa: *Vištíena yra paukštíena.* ○ *paukštíenos patiekalaĩ*

paukštýnas *dkt. v. (1, 1)* įmonė, kurioje auginami naminiai paukščiai: *Visadà perkù Vìlniaus paukštýno vištíeną [kiaušiniùs].*

paũkštis *dkt. v. (2, 3)* gyvūnas su plunksnomis ir sparnais: *Pavāsarį paũkščiai sùka lizdùs.* ○ *namìniai [laukìniai] paũkščiai* ○ *Rùdenį daũgelis paũkščių skreñda į šiltúosius kraštùs.* ○ *medžióti paũkščiùs*

pav. *sutr. žr.* **paveikslas**

pavadìnimas *dkt. v. (1, 1)* **1.** daikto vardas: *Ši aikštė dar netùri pavadìnimo.* ○ *mėnesių [gėlių] pavadìnimai* **2.** knygos ir pan. antraštė: *Ar prisìmenate to filmo [tos knỹgos] pavadìnimą?*

pavadìnti, pavadìna, pavadìno *vks. (1) (kas, ką, kuo)* **1.** duoti pavadinimą: *Šią gãtvę pavadìno įžymaũs mókslininko vardù.* **2.** pasakyti, kad kas yra kas: *Jì pavadìno manè melagè.* • *žr.* **nepavadinti**

pàvagia *esam. l. 3 asm. žr.* **pavogti**

paváišinti, paváišina, paváišino *vks. (1), t. p.* **pavaišìnti,** pavaišìna, pavaišìno *(kas, ką, kuo)* vaišinant duoti; sumokėti už (kieno) valgį ir gėrimus (restorane ir pan.): *Kuõ galėčiau jus paváišinti?* ○ *Paváišink svečiùs kavà su pyragáičiais.* ○ *Šiañdien aš jus paváišinsiu pietumìs.* ○ *Jìs paváišino manè alumì [bokalù alaũs].* • *žr.* **nepavaišinti**

pavaizdúoti, pavaizdúoja, pavaizdãvo *vks. (1) (kas, ką)* parodyti vaizdu, vaizdais: *Šiamè paveikslè pavaizdúota Trãkų pilìs.* • *žr.* **nepavaizduoti**

pavakarẽ *dkt. m. (3⁴ᵇ, 8)* paros laikas po pietų prieš vakarą: *Grį̃šiu namõ pãvakare.* ○ *Atėjo ir pavakarẽ, o jo dar nėrà.* ○ *Gal užeĩsiu pas jùs kurių nórs pãvakarę.*

paválgyti, paválgo, paválgė *vks. (3) (kas)* **1.** gauti valgio: *Kur̃ galėtume greĩtai paválgyti?* ○ *Nueĩkime į kavìnę paválgyti pie-* tų. **2.** baigti valgyti: *Jū̃s jau paválgėte?* • *neig.* **nepaválgyti**

pavardẽ *dkt. m. (3ᵇ, 8)* asmens šeimos pavadinimas: *Pasakýkite savo var̃dą ir pãvardę.* ○ *Kokià jū́sų pavardẽ?* ○ *Jo var̃das – Jõnas, o pavardẽ – Petráitis.* • Šeimos vyrų pavardės yra vienodos; ištekėjusių ir netekėjusių šeimos moterų pavardės skiriasi, pvz., tėvas ir sūnus – Jonáitis, motina – Jonáitienė, duktė – Jonáitytė; *žr.* **mergautinė pavardė**; *plg.* **vardas**

pavar̃gęs, pavar̃gusi *bdv. (dlv. [3])* kuris neturi jėgos toliau ką daryti, kuriam reikia pailsėti: *Aš esù pavar̃gusi po keliõnės.* ○ *Jìs atródo pavar̃gęs.* ○ *Jaučiúosi pavar̃gęs, todėl einù miegóti.*

pavar̃gti, pavar̃gsta, pavar̃go *vks. (1) (kas)* imti jaustis pavargusiam: *Mẽs ilgaĩ ėjome ir pavar̃gome.* ○ *Tù jau pavargaĩ, pailsėk.* • *neig.* **nepavar̃gti**

pavartóti, pavartója, pavartójo *vks. (1) (kas, ką)* **1.** kurį laiką vartoti (1). **2.** pasakyti kalbant (žodžius): *Jìs pavartójo žõdį, kurio aš nesupratau̇.* • *žr.* **nepavartoti**

pavãsaris *dkt. v. (1, 3)* metų laikas tarp žiemos ir vasaros; pagal kalendorių – kovo, balandžio, gegužės mėnesiai: *šiltà pavãsario dienà* ○ *Pavãsarį žýdi žibuõklės.*

pavéikslas *dkt. v. (1, 1)* piešimo ar tapybos kūrinys: *Ar mãtėte Čiurliónio pavéikslus?* ○ *Ant síenos nėra nė víeno pavéikslo.* • *sutr.* **pav.**

paveĩkti, paveĩkia, pàveikė *vks. (1) (ką, kas)* padaryti poveikį (kam): *Jį labaĩ pàveikė draũgo mirtìs.* • *žr.* **nepaveikti**

paveldėti, pavéldi, paveldėjo *vks. (2) (kas, ką, iš ko)* gauti mirusiam asmeniui priklausiusį turtą: *Šį nãmą aš paveldėjau iš tėvų.* • *žr.* **nepaveldėti**

paveldėjimas *dkt. v. (1, 1) (ko):* turto paveldėjimas

pavėlúoti, pavėlúoja, pavėlãvo *vks. (1) (kas, į ką)* atvykti vėliau, negu reikia: *Mẽs pavėlãvome į koncer̃tą.* • *neig.* **nepavėlúoti**

pavėlãvimas *dkt. v. (1, 1) (kieno)*

pavèžti, pàveža, pàvežė *vks. (1) (kas, ką)* nu-

pavidalas

vežti savo automobiliu: *Pavėžk mane į stotį. – Gerai, aš tave pavėšiu.* • žr. **nepavežti**

pavìdalas *dkt. v. (1, 1)* išvaizda, forma: *Tie auskaraī yra žíedo pavìdalo.*

pavýdas *vns. dkt. v. (2, 1)* nemalonus jausmas dėl kito asmens sėkmės ir pan.: *ìma [kylą] pavýdas*

pavydė́ti, pavýdi, pavydė́jo *vks. (2) (kas, kam, ko)* jausti pavydą: *Kõ tu jam pavýdi: pinigų̃ ar garbė̃s?* o *Jí visíems pavýdi turĩto [sėkmė̃s].* • *neig.* **nepavydė́ti**

pavyduliáuti, pavyduliáuja, pavyduliãvo *vks. (1) (kas, kam, ko)* pykti manant, kad tas, kurį myli, ką kitą myli labiau: *Mano výras pavyduliáuja manę̃s Pētrui.* • *neig.* **nepavyduliáuti**

pavydùs, pavydì *bdv. laipsn. (4, 5–8)* kuris pavydi ar pavyduliauja: *pavydùs žmogùs [výras]* o *pavydì žmonà* • *žr.* **nepavydus**

pavỹkti, pavỹksta, pavỹko *vks. (1) (kam, + bendr. / + šs)* sugebėti padaryti tai, ko kas nori; pasisekti: *Ar tau pavỹko išlaikýti egzãminus?* o *Jam pavỹko, kad per avãriją lìko gývas.* • *neig.* **nepavỹkti**

pavir̃sti, pavir̃sta, pavir̃to *vks. (1) (kas, kuo)* pasidaryti kuo: *Kaĩ šãla, vanduõ pavir̃sta ledù.* • *neig.* **nepavir̃sti**

pavir̃šius *dkt. v. (2, 5)* **1.** daikto išorės pusė: *šiurkštùs stãlo pavir̃šius* o *Žẽmės pavir̃šius* **2.** vandens viršus

pavyzdỹs *dkt. v. (3ᵇ, 3) (ko)* vienas iš daiktų ar atvejų, kuriuo galima paaiškinti, apibūdinti kitus panašius daiktus ar atvejus: *Pratìmą atlìkite pagal šį pãvyzdį.* o *Prãšom pasakýti šio žõdžio vartójimo pavyzdžių̃.*

pãvyzdžiui (pasakant pavyzdį to, apie ką kalbama): *Mes galė́tume šiañdien kur nórs nueĩti, pãvyzdžiui, į kìną.* o *Šį dárbą galė́tų atlìkti kas nórs iš jūsų, pãvyzdžiui, Jõnas.* • *sutr.* **pvz.**

pavõgti, pàvagia, pàvogė *vks. (1) (kas, ką)* paimti vagiant: *pavõgti pinigus* • *žr.* **nepavogti**

pavojìngas, pavojìnga *bdv. laipsn. (1, 1–6)* keliantis pavojų: *Šis kẽlias pavojìngas, jame atsitiñka daũg avãrijų.* o *Sugedęs maistas pavojìngas sveikãtai.*

pavojìnga *n.*: *Eĩti per gãtvę ne pėrėja yra pavojìnga.* o *Vakaraĩs váikščioti vienám (yra) labaĩ pavojìnga.* o *Válgyti nešvíežią maĩstą pavojìnga.*

• *žr.* **nepavojingas**

pavõjus *dkt. v. (2, 5)* galimà nelaimė̃: *Visur̃ pìlna pavõjų.* o *pavõjaus signãlas* o *Įspė́kite jį̃ apie pavõjų.*

pãžadas *dkt. v. (3ᵇ, 1) (kieno)* sakymas, kad (kas) ką padarys: *Nètikiu tavo pãžadu nupir̃kti man dvìratį.*

pažadė́ti, pàžada, pažadė́jo *vks. (1) (kas, kam, + bendr. / + šs)* pasakyti pažadą: *Aš pàžadu, kad nupir̃ksiu tau ledų̃.* o *Jis man pažadė́jo niekadà nemelúoti.* • *neig.* **nepažadė́ti**

pažãdinti, pažãdina, pažãdino *vks. (1) (kas, ką)* padaryti, kad kas atsibustų: *Nãktį mane pažãdino triùkšmas laukè.* o *Pažãdinkite mane rytój ankstì [šẽštą vãlandą].* • *žr.* **nepažadinti**; *plg.* **prikelti**

pažeĩsti, pažeĩdžia, pàžeidė *vks. (1) (kas, ką)* **pažeĩsti įstãtymą [taisỹklę]** atlikti veiksmą, kuris ne pagal įstatymą [taisyklę] • *žr.* **nepažeisti**

pažeidìmas *dkt. v. (2, 1) (ko)*: *eĩsmo taisỹklių pažeidìmas*

pažymà *dkt. m. (3ᵇ, 6)* dokumentas, kuriame kas nors patvirtinama: *Atnèškite pãžymą apie šeimõs sùdėtį.* o *sveikãtos pažymà*

pažymė́jimas *dkt. v. (1, 1)* dokumentas, kuriuo patvirtinama, kas yra asmuo ar kad jis įgijo tam tìkrą išsilavìnimą ar teisę: *studeñto [vairúotojo] pažymė́jimas* o *kùrsų baĩgimo pažymė́jimas*

pažymė́ti, pažỹmi, pažymė́jo *vks. (2) (kas, ką)* tam tikrais ženklais padaryti, kad kas išsiskirtų iš kitų panašių daiktų ar aplinkos, parašyti ir pan. kokį ženklą prie (ant ko): *Mókytoja mano klaidàs pažymė́jo raudónu pieštukù.* o *Žẽmėlapyje (yra) pažymė́ti miẽstai, kalnaĩ, ežeraĩ ir t.t.* o *pažymė́ti pãvardes paukščiùkù* • *žr.* **nepažymė́ti**

pažymỹs *dkt. v. (3ᵇ, 3)* skaičius, kuris rodo, kaip vertinamas kieno ko mokėjimas, žinios: *pažymių̃ knygẽlė* (kurioje rašomi pažymiai) o *Gáunu gerùs pãžymius iš lietùvių kalbõs.* o *Ar peñketas yra gẽras pažymỹs?*

pažìnti, pažį́sta, pažìno *vks. (1) (kas, ką)* **1.** žinoti, kas yra asmuo ar daiktas, apie kurį kalbama; mokėti atskirti: *Ar pažį́state šį áugalą?* o *Mókysimės pažìnti raidès.* o *Ar geraĩ pažį́sti šią viẽtą?* o *Aš pažinaũ tave iš bal̃so [iš drabùžių].* **2.** (tik esam. l.) būti susipažinusiam: *Aš jį pažį́stu jau labaĩ seniaĩ.* • *žr.* **nepažinti**

pažį́stamas, pažį́stama *bdv. (1, 1–6), t. p.* **pažį́stamas, pažįstamà** (*3ᵃ, 1–6*) (vartojamas kaip dkt.) asmuo, kurį kas pažįsta ir su kuriuo bendrauja: *Į̃ gimtãdienį ateĩs kẽletas draugų̃ ir pažį́stamų.* o *Ji (yra) mano pažį́stama.* o *Linkė́jimai draugáms ir pažį́stamiems!*

pažiūrà *dkt. m. (3ᵇ, 6) (kieno, į ką)* manymas apie ką: *Kokià jū́sų pažiūrà į šiuolaikìnę mùziką?*

pažiūrė́ti, pažiūri, pažiūrė́jo *vks. (2) (kas, į ką)* **1.** nukreipti savo akis į ką ar kuria kryptimi: *Pažiūrė́k čia. Ar mataĩ tą̃ nãmą?* o *pažiūrė́ti į́ véidrodį* **2.** ieškoti informacijos (knygoje ir pan.): *Jei nežìnote, ką̃ reĩškia šis žõdis, pažiūrė́kite žodýne.* • *neig.* **nepažiūrėti** **pažiūrė́jimas** *dkt. v. (1, 1)*

pdl. *sutr. žr.* **padalyvis**

pėdà *dkt. m. (3, 6)* **1.** kojos dalis, kuria žmogus remiasi į žẽmę, kai stovi; kojìnės dalis prie tos vietos: *Kójinių pė́dos suplýšo.* **2.** šios kojos dalies žymė̃ žẽmės paviršiuje ir pan.: *Smė́lyje matýti kažkienõ pė́dos.* • (1) *žr. pieš.* **kūnas**

pedãlas *dkt. v. (2, 1)* transporto priemonės, prietaiso dalis, kurią reikia spausti koja, kad transporto priemonė̃, prietaisas veiktų̃: *dvìračio pedãlai* o *automobìlio stabdžių̃ pedãlas*

pė́dkelnės *dgs. dkt. m. (1, 8)* moteriškos kojìnės, kurios dengia ir apatìnę kū́no dalį̃ iki juosmens

peĩlis *dkt. v. (2, 3)* įrankis pjauti ar pjaustyti: *aštrùs peĩlis*

peilis

peiliùkas *dkt. v. (2, 1)* **1.** nedìdelis peĩlis. **2.** *žr.* **skutimosi peiliukas**

pelė̃ *dkt. m. (4, 8)* **1.** smulkus pìlkas gyvūnas ilga uodega: *Rūsyjè (yra) daũg pelių̃.* o *Kãtė pagãvo pẽlę.* **2.** kompiuterio dalis, judinama ranka • (2) *žr. pieš.* **kompiuteris**

pelė (1)

pelė́da *dkt. m. (1, 6)* plėšrùs paukštis, kuris skraido naktį ir gaudo peles ir kitus mažus gyvūnus

pelẽkas *dkt. v. (3ᵇ, 1)* žuvų̃ kūno dalis, padedanti plaukti: *ẽšerio pelekaĩ*

pelėda

pelenaĩ *dgs. dkt. v. (3ᵇ, 1)* pìlkos spalvos mìlteliai, kurie matomi kam sudegus: *cigarẽtės [láužo] pelenaĩ*

pelenìnė *dkt. m. (2, 8)* nedìdelis indas tabako gaminių pelenams: *Jei nórite rūkýti, atnešiu jums pelenìnę.*

pélkė *dkt. m. (1, 8)* nuolat šlapiõs žẽmės plotas: *Spañguolės áuga pélkėse.*

pel̃nas *vns. dkt. v. (4, 1)* pinigų̃ suma, gaunama pardavus ką brangiau negu tai iš tikrųjų kainuoja; pinigų̃ suma, kuri lieka iš į̃staigos pajamų atėmus išlaidas: *gáuti daũg [mažaĩ] pel̃no* o *pel̃no mókestis*

pelnìngai *prv. laipsn.* gaunant pelno: *pelnìngai pardúoti* • *žr.* **nepelningai**

pelnìngas, pelnìnga *bdv. laipsn. (1, 1–6)* kuris duoda pelno: *pelnìngas veršlas* • *žr.* **nepelningas**

penkerì, peñkerios *žr.* **penki**

peñketas *dkt. v. (1, 1)* pažymys 5

penkì, peñkios *skt. (4) [2]* (**penkerì, peñkerios** (*3ᵇ*) *[1] su dgs. dkt.*) skaičius 5; *vart. žr.* **aštuoni**

penkiasdẽšimt *skt.* skaičius 50; *vart. žr.* **dešimt**

penkiasdešimtas, penkiasdešimtà *klnt. skt. (4) [4]; vart. žr.* **dešimtas**

penkíese *prv.* penkių̃ asmenų grupè; *vart. žr.* **aštuoniese**

penkióliktas, penkiólikta *klnt. skt. (1) [4]; vart. žr.* **aštuonioliktas**

penktādienis *dkt. v. (1, 3)* penktoji savaitės diena; *vart. žr.* **antradienis**

peñktas, penktà *klnt. skt. (4) [4]; vart. žr.* **aštuntas**

peñsija *dkt. m. (1, 7)* pinigų suma, kurią valstybė ar įstaiga kas mėnesį moka asmeniui, kuris negali dirbti dėl amžiaus, ligos ir pan.: *gáuti [skìrti] peñsiją* ○ *Ji negáuna peñsijos.* • *žr.* **invalidumo pensija, senatvės pensija**

peñsininkas *dkt. v. (1, 1),* **peñsininkė** *dkt. m. (1, 8)* asmuo, kuris gauna pensiją: *Mano tėvaĩ (yra) peñsininkai.* ○ *peñsininko pažymėjimas*

peř¹ *prl.* (su G.) **1.** iš vienos (ko) pusės į kitą: *Per gãtvę eĩkite pėrėjoje.* ○ *Pérvažiavome per vìsą miẽstą.* ○ *Gãlite išeĩti per šiàs durìs.* ○ *Per síeną vìskas girdė́ti.* **2.** trunkant ne ilgiau kaip: *Per mė́nesį baĩgsiu šį dárbą.* ○ *Per metùs jis išmóko lietùvių kaļbą.* **3.** nuo ko pradžios iki pabaigos: *Neužmigaũ per vìsą nãktį.* **4.** (kaip dažnai): *Váistus prãšom gérti trìs kartùs per diẽną.* ○ *Ji uždìrba tū́kstantį lìtų (1000 Lt) per mė́nesį.* **5.** daugiau kaip: *Sumokė́jau per šimtą lìtų.* ○ *Mano žmónai jau per kė́turiasdešimt (mẽtų).* **6.** ko priemonėmis: *Per rãdiją pranẽšė, kad šiañdien lìs.* **7.** ko metu: *Pavojìnga greĩtai važiúoti per líetų [per rū̃ką].*

peř² *dll.* (vartojama su bdv. ir prv.) labiau, negu reikia ar kas nori ir pan.: *Ar arbatà ne per saldì?* ○ *Šis sijõnas man per siaũras.* ○ *Jū̃s per dažnaĩ vėlúojate į dárbą.* ○ *Šis bùtas mums per mãžas.*

per daũg daugiau, negu reikia: *Jū̃s man dúodate per daũg pinigų̃.*

pérbraukti, pérbraukia, pérbraukė *vks. (1) (kas, kuo, ką / per ką)* braukiant paliesti: *pérbraukti pláukus rankà* ○ *pérbraukti rankà per pláukus* • *žr.* **neperbraukti**

pérdegti, pérdega, pérdegė *vks. (1) (kas)* sugesti ir nustoti veikti (apie elektros prietaisus): *Elèktros lempùtė pérdegė, įsùk naũją.* • *neig.* **nepérdegti**

pérduoti, pérduoda, pérdavė *vks. (1)* **1.** *(kas, kam, ką / + šs)* paduoti kam ar pasakyti kam tai, ką duoda ar nori pasakyti jam kitas žmogus: *Pérduok šį láišką Prānui.* ○ *Prãšom pérduoti linkėjimus žmónai.* ○ *Pérduok jái, kad aš grįšiu rytój.* **2.** *(kas, ką, per ką)* padaryti, kad kas gautų informaciją ir pan. tam tikromis priemonėmis: *pérduoti signãlą* ○ *perdúoti žiniàs per rãdiją* • *žr.* **nepérduoti**

pérdavimas *dkt. v. (1, 1)*

péreiti, péreina, pérėjo *vks. (1) (kas, ką / per ką)* einant iš vienos ko pusės patekti į kitą pusę: *péreiti tìltą* ○ *Péreikite (per) gãtvę pėrėjoje.* • *žr.* **nepereiti**

pérėja *dkt. m. (1, 7)* pažymėta gatvės ir pan. vieta, kurioje ją galima pereiti: *Eĩkime pérėja (Į́n.).* ○ *požeminė pérėja*

pérgalė *dkt. m. (1, 8)* priešo ar asmens, su kuriuo varžomasi, nugalėjimas; laimėjimas (rungtynėse ir pan.): *Vieníems pérgalė, kitíems – pralaimėjimas.* ○ *pasíekti pérgalę* ○ *krẽpšininkų pérgalė* • *prš.* **pralaimėjimas**

peřka *esam. l. 3 asm. žr.* **pirkti**

pérkelti, pérkelia, pérkėlė *vks. (1)* **1.** *(kas, ką)* pakelti ir padėti į kitą vietą: *Pérkelk tą vãzą nuo stãlo ant palángės.* **2.** *(kas, ką, į ką)* padaryti, kad tai, kas buvo vienoje vietoje, būtų ir kitoje. **3.** *(kas, ką, į ką)* duoti (kitas pareigas) toje pačioje įstaigoje ar organizacijoje: *Manè pérkels į kitàs pãreigas.* **4.** *(kas, ką, į ką)* parašyti atskiriant žodį eilutės pabaigoje: *Kaĩp pérkelti žõdį „óras"?* • *žr.* **neperkelti**

Perkū́nas *vns. dkt. v. (1, 1)* lietuvių griaustinio ir žaibų dievas

perkū́nas (keiksmažodis): *Perkū́nas! Vėl mūsų krẽpšininkai pralaimė́jo!*

perkū́nija *vns. dkt. m. (1, 7) žr.* **griaustinis:** *Aš bijaũ perkū́nijos.* ○ *Perkū́nija jau praėjo.*

pérnai *prv.* **1.** praėjusiais metais: *Pérnai aš atostogavaũ Palangojè.* **2.** praėjusių metų: *pérnai vãsarą [rùdenį, rugsėjį]*

perònas *dkt. v. (2, 1)* geležinkelio stoties aikštelė keleiviams įlipti į traukinį (išlipti iš traukinio): *Aš tavęs láuksiu peronè.* ○ *Eĩname į peròną.* ○ *Traukinỹs išvỹksta iš trẽčiojo peròno.*

pérpjauti, pérpjauna, pérpjovė *vks. (1) (kas, ką)* pjaunant padaryti atskirtą į dvi dalis: *pérpjauti óbuolį pusiáu* • *žr.* **neperpjauti**

pérplėšti, pérplėšia, pérplėšė *vks. (1) (kas, ką)* plėšiant padalyti į dalis ar padaryti skylę: *Kas pérplėšė knýgos lãpą?* • žr. **neperplėšti**; *plg.* **persiplėšti**

perpùs *prv.* du kartus (mažiau): *Ši gãtvė perpùs siaurèsnė už anã.* ○ *Šis kẽlias perpùs trumpèsnis (plg. dvìgubai ilgèsnis).* ○ *Mán dãvė perpùs mažiaũ (plg. dvìgubai daugiaũ) pinigų̃.* • *plg.* **dvìgubai**

pérsiplėšti, pérsiplėšia, pérsiplėšė *sgr. vks.* (1) *(kas, ką)* netyčia perplėšti savo: *Aš pérsiplėšiau sijõną.* • žr. **nepersiplėšti**

pérsirengti, pérsirengia, pérsirengė *sgr. vks.* (1) *(kas; kas, ką / kuo)* apsirengti (kitus drabužius, kitais drabužiais): *Aš išsitepiau suknẽlę, man reikia pérsirengti.* ○ *Pérsirenk kìtą suknẽlę [kìtà suknelè].* • žr. **nepersirengti**
pérsirengimas *dkt. v.* (1, 1): *pérsirengimo kabinà* (paplūdimyje)

pérsiūti, pérsiuva, pérsiuvo *vks.* (1) *(kas, ką)* (pa)taisyti drabužį, kad tiktų: *Pérsiūkite man šią suknẽlę, ji man per dìdelė.* • žr. **nepersiūti**

pérskaityti, pérskaito, pérskaitė *vks.* (3) *(kas, ką)* **1.** baigti skaityti: *Ar tu jau pérskaitei knỹgą, kurią̃ aš tau daviaũ?* **2.** skaitant ištarti: *Pérskaitykite šį̃ žõdį.* **3.** sugebėti suvokti tai, kas parašyta • žr. **neperskaityti**

pér̃šalti, pér̃šąla, pér̃šalo *vks.* (1) *(kas)* sušalti ir dėl to susirgti: *Aš pér̃šalau keliõnėje.* ○ *Mažì vaikaĩ greĩtai pér̃šąla.* • *neig.* **nepér̃šalti**; žr. **sušalti**
pér̃šalimas *dkt. v.* (1, 1): *váistai nuo pér̃šalimo*

pér̃šokti, pér̃šoka, pér̃šoko *vks.* (1) *(kas, ką / per ką)* šokant (1) patekti į kitą ko pusę: *Katė̃ pér̃šoko per tvõrą.* • žr. **neperšokti**

pértrauka *dkt. m.* (1, 6) veiksmo nutrūkimas kuriam laikui; laikas, kurį̃ nutrūkiama veikla: *Knỹgą skaičiaũ su pértraukomis.* ○ *darýti pértraukų* ○ *Per pertraukã mokiniaĩ eĩna į valgyklą.*
kavõs pértrauka trumpas poilsis, kada geriama kava
pietų̃ pértrauka laikas, kurį̃ įstaiga nedirba, kad jos darbuotojai galėtų̃ pailsėti, pavalgyti pietus: *Maĩsto parduotùvė dìrba be pietų̃ pértraukos.*

pértraukti, pértraukia, pértraukė *vks.* (1) *(kas, ką)* pasakyti ką, kai (kas) kalba: *Atsiprašaũ, kad jus pértraukiau.* • žr. **nepertraukti**

pérvažiuoti, pérvažiuoja, pérvažiavo *vks.* (1) *(kas, ką / per ką)* važiuojant iš vieno ko pusės patekti į kitą: *Kai pérvažiuosite (per) tìltą, pamatýsite sánkryžą.* • žr. **nepervažiuoti**

pérvesti, pérveda, pérvedė *vks.* (1) **1.** *(kas, ką, per ką)* padėti kam pereiti: *pérvesti per gãtvę ãkląjį̃* **2.** *(kas, ką, į ką)* iš vienos sąskaitos padėti į kitą nepaimant grynųjų: *Aš pérvesiu pìnigus į jū́sų sąskaĩtą.* • žr. **nepervesti**
pérvedimas *dkt. v.* (1, 1): *mokė́ti pérvedimu* (pervedant pinigus iš sąskaitos į sąskaitą)

pė́sčias, pėsčià *bdv.* (3, 2–7) (vartojama po *vks.* **eiti, vaikščioti** ir pan.) kojomis (einantis, vaikščiojantis): *Mano automobìlis sugẽdo, ir aš namõ grį̃žau pė́sčias.* ○ *Ar eĩsime pėstì, ar važiúosime?* ○ *Pė́sčià ten nenuẽīsi, labai tolì.*
pėsčiāsis, pėsčiōji *įvr.* (vartojamas kaip *dkt.*)
pėstíeji *dgs.* žmonės, kurie vaikščioja pėsti: *Šãligatvis skìrtas pėstíesiems.* ○ *Avãrijoje sužeistì dù pėstíeji.* ○ *pėsčiųjų̃ pérėja*

petỹs *dkt. v.* (4, 10) žmogaus kū̃no dalis nuo kaklo iki rankos; drabužio dalis prie tos vietos: *užsigáuti pẽtį* ○ *nešióti kùprinę ant pečių̃* ○ *siaurì [platū̃s] pečiaĩ* • žr. *pieš.* **kū̃nas**

pianìnas *dkt. v.* (2, 1) didelis muzikos instrumentas su juodais ir baltais klavišais: *Išgirdaũ pianìno garsùs.* ○ *Gal jū̃s skam̃binate pianinù?*

pianìstas *dkt. v.* (2, 1), **pianìstė** *dkt. m.* (2, 8) muzikantas, kuris skambina pianinu

píenas *vns. dkt. v.* (1, 1) baltas moterų̃ ir kai kurių̃ gyvū́nų patelių̃ kū̃no skystis kū́dikiams (jaunikliams) maitinti; toks gyvū́nų patelių̃ (karvių̃, ožkų̃) skystis, vartojamas kaip maistas: *Kū́dikiui mótinos píenas yra pàts svarbiáusias maĩstas.* ○ *Píeną gérti sveĩka.* ○ *Vakariẽnės válgėme bùlves su píenu.* ○ *rū́gštus píenas* ○ *bùtelis [stìklinė] píeno*

piẽnė *dkt. m.* (2, 1) augalas geltonais žiedais: *Piẽnės žýdi pavãsarį.*

piẽnė

piešinys *dkt. v. (3ᵇ, 3)* tai, kas nupiešta • *sutr.* **pieš.**

piẽšti, piẽšia, piẽšė *vks. (1) (kas, ką)* pieštuku ar kuo kitu vaizduoti: *Vaĩkas piẽšia nãmą [mẽdį].* ○ *Tu gražiaĩ pieši.* ○ *Dabar aš piẽšiu* (būs. l.) *sáulę.* • *žr.* **nepiešti**
piešìmas *dkt. v. (2, 1): mókytis piešìmo*

pieštùkas *dkt. v. (2, 1)* plonas, ppr. medinis rašymo, piešimo įrankis smailiu galu su juodos ar kitos spalvos vidurine dalimi: *Vaikáms nupirkaũ spalvótų pieštùkų.* ○ *Pieštukù gãlima piẽšti, gãlima rašýti.*

pieštukas

pietáuti, pietáuja, pietãvo *vks. (1) (kas)* valgyti pietus: *Šiandien su draugaĩs pietáusiu restoranè.* ○ *Keliñtą vãlandą jūs pietáujate?* ○ *Ar tù jau pietavaĩ?* • *neig.* **nepietáuti**

piẽtryčiai *dgs. dkt. v. (1, 3)* kryptis tarp pietų ir rytų: *piẽtryčių vė́jas*

piẽtūs *dgs. dkt. v. (4, 4)* **1.** pagrindinis dienos valgis, ppr. valgomas viduryje dienos: *Kuř jūs válgote pietùs? – Namiẽ [restoranè].* ○ *Kviečiù tave pietų̃.* ○ *Pietùms išviriau mėsõs.* **2.** dienos vidurys: *Dárbą baĩgėme po pietų̃.* ○ *Per pietùs snigo.* **3.** pasaulio šalis, kurioje saulė yra vidurdienį: *Pùčia pietų̃ vė́jas.* ○ *Kẽlias sùka į pietùs.* **4.** šios pasaulio šalies kryptimi esanti vietovė: *pietų̃ Aukštaitijà* • (3, 4) *prš.* **šiaurė**

piẽtvakariai *dgs. dkt. v. (1, 3)* kryptis tarp pietų ir vakarų

píeva *dkt. m. (1, 6)* žemės plotas, kuriame auga žolė: *váikščioti po píevas* ○ *píevų gėlės*

pievãgrybis *dkt. v. (1, 3)* auginamas grybas; šių grybų visus metus galima nusipirkti parduotuvėse: *kepsnỹs su pievãgrybiais*

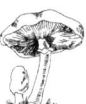
pievagrybis

pìgti, pìnga, pìgo *vks. (1) (kas)* darytis pigesniam • *neig.* **nepìgti**

pigùs, pigì *bdv. laipsn. (4, 5–8)* kurio kaina yra nedidelė, už kurį reikia nedaug mokėti: *Nusipirkaũ pìgų laĩkrodį.* ○ *Rùdenį vaĩsiai (yra) pìgūs.* ○ *Anojè parduotuvėjè mėsà pigèsnė (negu šiojè).* ○ *gyvénti pigiamè viẽšbutyje*

pigù *n.: Ar tojè kavìnėje pigù* (kainos nedidelės)? ○ *Atostogáuti prie jū́ros nėrà pigù.* ○ *Eĩsime válgyti teñ, kur pigiaũ.*

pigiaĩ *prv.: piřkti pigiaĩ* (nedaug sumokėti) • *prš.* **brangus**; *žr.* **nepigus**

pikántiškas, pikántiška *bdv. (1, 1–6)* pagamintas su aštriais prieskoniais (apie patiekalus); maloniai aštrus (apie skonį): *pikántiškos salõtos* ○ *Teñ galė́si paválgyti pikántiškų patiekalų̃ [valgių̃].* ○ *Tos mėsõs pikántiškas skõnis.*

pỹkinti, pỹkina, pỹkino *vks. (1) (ką, – / kas)* kelti norą vemti: *Apsinuõdijau maistù, manè pỹkina.* ○ *Aš negaliù skrìsti, lėktuvè manè visadà pỹkina.* ○ *Ją̃ pỹkino bjaurùs kvãpas.* • *žr.* **nepykinti**
pỹkinimas *dkt. v. (1, 1)*

pìktas, piktà *bdv.* **1.** *(4, 1–6)* jaučiantis ar rodantis pyktį: *Kõ tu šiañdien pìktas?* ○ *Tė́vas parė́jo namõ pìktas.* **2.** kuris greitai ima pykti: *pìktas žmogùs* **3.** (apie šunį) kuris puola: *Atsargiaĩ, tas šuõ (yra) pìktas!*
piktaĩ *prv.: Kodė̃l taip piktaĩ žiū̃rite į manè?* • *žr.* **nepiktas**
piktùmas *dkt. v. (2, 1)*

pỹkti, pỹksta, pỹko *vks. (1) (kas, ant ko, dėl ko / + šs)* jausti pyktį, didelį nepasitenkinimą: *Ar tu labaĩ pykstì, kad pavėlavaũ?* ○ *Ji pỹksta ant manę̃s, kad aš neparašiaũ jai láiško.* • *neig.* **nepỹkti**; *žr.* **supykti**

pỹktis *vns. dkt. v. (2, 3)* stiprus nemalonus jausmas, ppr. kartu su noru padaryti ką bloga: *veřkti [daužýti lėkštès] iš pỹkčio*

pìktžolė *dkt. m. (1, 8)* augalas, kuris auga nesėtas ir kuris trukdo augti daržovėms, javams, darželiо gėlėms: *Rùgiagėlė yra pìktžolė ir kartù gražì gėlė̃.* ○ *ráuti pìktžoles*

pìldyti, pìldo, pìldė *vks. (3) (kas, ką, ko)* daryti pilną: *pìldyti automobìlio bãką benzìno* • *žr.* **nepildyti**; *plg.* **pilti**

pýlė *būt. l. 3 asm. žr.* **pilti**

pýlėsi *būt. l. 3 asm. žr.* **piltis**

pìliakalnis *dkt. v. (1, 3), t. p.* **piliãkalnis** aukšta kalva, ant kurios senovėje buvo pilis: *pìliakalnio viršū̃nė*

pilietýbė *dkt. m. (1, 8)* asmens priklausymas valstybei ir su tuo susijusios jo teisės ir pareigos: *Jis gāvo Lietuvõs Respùblikos pilietýbę.* ○ *pilietýbės įstātymas*

piliẽtis *dkt. v. (2, 3)*, **piliẽtė** *dkt. m. (2, 8)* asmuo, kuris turi pilietybę: *piliẽčių téisės ir pāreigos* ○ *Lietuvõs Respùblikos piliẽčio pāsas*

pilìs *dkt. m. (4, 9)* tvirtas aukštas senovinis pastatas: *Piliẽs síenos (yra) akmenìnės.* ○ *Trãkų salõs pilyjè gyvẽno Lietuvõs kunigáikščiai.* ○ *Gedimìno pilìs*

pìlkas, pilkà *bdv. (3, 1–6)* kuris pelenų, apsiniaukusio dangaus spalvos; kaip pelenų (apie spalvą): *Mė́gstu pilkõs spalvõs drabužiùs.* ○ *Jo ākys (yra) pìlkos.*

pìlnas, pilnà *bdv. (3, 1–6) (ko)* **1.** kuriame yra ko tiek, kiek gali tilpti (apie indus ir pan.): *Prisipýliau pìlną bā́ką (benzìno).* ○ *Suválgiau dvì pìlnas lė́kštės sriubõs.* ○ *Dėžė̃ jau pilnà, daugiaũ niẽko nedė̃k į ją.* ○ *Pripìlk puodė̃lį pìlną, ne pùsę.* ○ *Šìs autobùsas pìlnas, mẽs į jį̃ neįlìpsime.* **2.** kuriame yra ko daug: *Parduotùvė pilnà žmonių̃.* ○ *Sãlė pilnà žiūrõvų.* • *žr.* **nepilnas**

pìlna *n. (ko)* daug: *Parduotùvėje pìlna žmoniū̃.*

pìlnatis *dkt. m. (1, 9), t. p.* **pilnatìs** *(3ᵃ, 9)* laikas, kai danguje matomas visas mė́nulis: *Kadà prasidė̃s pìlnatis?*

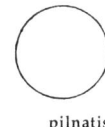
pilnatis

pìlti, pìla, pýlė *vks. (1) (kas, ką / ko)* daryti, kad tekėtų (2): *pìlti kãvą į puodė̃lį* ○ *pìlti vỹną iš bùtelio į taũrę* ○ *pìlti grietinė̃lės į kãvą* • *žr.* **įpilti, išpilti, nepìlti, pripìlti**
pìlti kaip iš kibìro labai smarkiai lyti: *Šiañdien rýtą pýlė kaip iš kibìro.*

pìltis, pìlasi, pýlėsi *sgr. vks. (1) (kas, ką, ko)* pilti sau: *Prāšom pìltis kavõs.* • *žr.* **įsipìlti, nesipìlti, prisipìlti**

pi̇̃lvas *dkt. v. (4, 1)* **1.** kūno dalis, kurioje yra skrandis ir žarnos: *Man skaũda pi̇̃lvą.* **2.** priekìnė žmogaus ar apatìnė keturias kojas turinčio gyvū́no liemens dalis: *gulė́ti ant pi̇̃lvo* • (1) *žr. pieš.* **kūnas**

pýnė *būt. l. 3 asm. žr.* **pinti**

pìñga *esam. l. 3 asm. žr.* **pigti**

pinigaĩ *dgs. dkt. v. (3ᵇ, 1)* mokė́jimo[1] priemonė: *Àš uždìrbu [turiù] daũg pinigų̃.* ○ *Výras pỹksta ant žmonõs, kad ji léidžia pinigus drabùžiams.* • *žr.* **grynieji (pinigai), smulkūs (pinigai)**

pinigìnė *dkt. m. (2, 8)* dė́klas pinigams nešiotis: *Pàmečiau pinigìnę.* ○ *paim̃ti pinigų̃ iš pinigìnės* ○ *odìnė pinigìnė*

pinigìnis, pinigìnė *bdv. (2, 4–9)* pinigų: *Lietuvõs Respùblikos pinigìnis víenetas – lìtas.*

pìnti, pìna, pýnė *vks. (1) (kas, ką)* **1.** daryti iš daugelio plonų dalių jas jungiant tam tikru būdu: *pìnti krẽpšį [vainìką]* **2.** jungti atskiras ilgas plaukų dalis į vieną storesnę: *pìnti pláukus* • *žr.* **nepìnti;** (1) **nupìnti;** (2) **supìnti**

pintìnė *dkt. m. (2, 8)* krẽpšys, padarytas pinant; jame telpantis kiekis: *Parsìnešiau pintìnę grỹbų.*

pipìras *dkt. v. (2, 1)* šiltųjų kraštų prieskonis, turintis aštrų skonį: *Įdė̃k pipìrų į sriùbą.* ○ *maltì pipìrai*

pýpkė *dkt. m. (1, 8)* įtaisas smulkiam tabakui rūkyti: *užsidègti pýpkę* ○ *rūkýti pýpkę*

pyragáitis *dkt. v. (1, 3)* nedìdelis saldus pyragas: *Prāšom pyragáitį ir kavõs.* ○ *Labaĩ nóriu to pyragáičio su brãškėmis.*

pyrãgas *dkt. v. (2, 1)* kepinys iš kviẽčių miltų, riebalų, kiaušìnių: *Iškepiau svečiáms pyrãgą su obuoliaĩs [su kopū́stais].*

pirkė́jas *dkt. v. (1, 2)*, **pirkė́ja** *dkt. m. (1, 7)* asmuo, kuris perka: *Parduotùvėje šiuo metù nedaũg pirkė́jų.* ○ *Pirkė́ja piktaĩ kalbė́jo su pardavė́ja.*

pirkinỹs *dkt. v. (3ᵇ, 3)* daiktas, kurį kas perka ar nusipirko: *Sumokė́kite už pir̃kinius.* ○ *Pirkiniáms išléidau daũg pinigų̃.*

pir̃kti, per̃ka, pir̃ko *vks. (1) (kas, ką / ko)* įgyti už pinigus: *pir̃kti dóvaną [gė́lių] žmónai* ○ *Àš pirkaũ šią sùknelę už dù šim̃tus litų̃ (200 Lt).* ○ *Kuř̃ jū́s pir̃kote šią knỹgą?* ○ *pir̃kti degalų̃* • *žr.* **nepir̃kti, nupir̃kti**
pirkìmas *dkt. v. (2, 1) (ko)*

pirmà *prv.* **1.** prieš (darant ką kita): *Pirmà nusipláuk rankàs, paskuĩ válgysi.* **2.** anksčiau: *Pirmà čia bùvo aikštė̃, dabař̃ – teãtro pãstatas.* • žr. **visų pirma**

pirmãdienis *dkt. v. (1, 3)* pirmoji savaitės diena • *vart. žr.* **antradienis**

pìrmas, pirmà *klnt. skt. (3) [4]* kuris eilėje yra prieš visus kitus: *Jìs atė̃jo pìrmas, o paskuĩ ir kitì.* ○ *Àš pìrmą kar̃tą važiúoju į užsíenį.* ○ *Ji gyvẽna pirmamè aukštè, o àš – antramè.* **pirmàsis, pirmóji** *įvr.: Pirmãjame šio nãmo aukštè yra kirpyklà.* ○ *Taĩ atsitìko kóvo pìrmąją (diẽną).* ○ *Šiañdien (yra) gegužė̃s pirmóji (dienà).*

pirmóji pagálba pagalba sužeistam ar susirgusiam žmogui prieš atvykstant gydytojui: *Ar mókate suteĩkti pìrmąją pagálbą?*

pirmenýbės *dgs. dkt. m. (1, 8)* daugelio sportininkų ar komandų varžybos dėl pirmos vietos: *krepšinio [tèniso] pirmenýbės*

pirmiáusia *prv. žr.* **pirma** (1)

pìrmininkas *dkt. v. (1, 1)*, **pìrmininkė** *dkt. m. (1, 8)* asmuo, kuris vadovauja parlamentui, organizacijai, susirinkimui: *Seĩmo pìrmininkas* • *žr.* **ministras pirmininkas**

pirmininkáuti, pirmininkáuja, pirmininkãvo *vks. (1) (kas)* būti pirmininku

pir̃štas *dkt. v. (2, 1)* kiekviena iš penkių rankos ar kojos galo dalių: *rañkų [kójų] pir̃štai* ○ *máuti žíedą añt pir̃što [nuo pir̃što]* ○ *ródyti pirštù* ○ *Àš susižeidžiaũ pir̃štą.* • *žr.* **pieš. kū́nas**

pir̃štinė *dkt. m. (1, 8)* ant rankos pirštų maunamas drabužis: *Apsimóviau [nusimóviau] pir̃štines.* ○ *mūvė́ti megztomìs [odìnėmis] pir̃štinėmis* ○ *Pàmečiau víeną pir̃štinę.*

pirštinės

pistolètas *dkt. v. (2, 1)* šaunamasis ginklas trumpu vamzdžiu: *šáudyti pistolètù*

pistoletas

pjausnỹs *dkt. v. (4, 3)* plonas mėsos kepsnys: *jáutienos pjausnỹs* ○ *užsisakýti [suválgyti] pjaũsnį*

pjáustyti, pjáusto, pjáustė *vks. (3) (kas, ką)* smulkinti pjaunant: *pjáustyti daržóves [mė̃są, žùvį] peiliù* • *žr.* **nepjaustyti, supjaustyti**

pjáuti, pjáuna, pjóvė *vks. (1) (kas, ką, kuo)* skirti į dalis ar daryti trumpesnį aštriu įrankiu: *peiliù pjáuti óbuolį pusiáu* ○ *pjáuti žõlę* • *žr.* **įsipjauti, nepjauti, nupjauti, perpjauti**

pjovìmas *dkt. v. (2, 1)*

plačiáusias, plačiáusia *aukšč. l. žr.* **platus**

plãktas, plaktà *bdv. (4, 1–6)* pagamintas plakant: *plaktà grietinėlė*

plàkti, plãka, plãkė *vks. (1)* **1.** *(kas)* skleisti garsą tam tikrais laiko tarpais (apie širdį): *Išsigandaũ, ir širdìs man pradė́jo smarkiaũ plàkti.* **2.** *(kas, ką)* labai greitai maišyti (gaminant patiekalą): *plàkti grietinė̃lę* • *žr.* **neplakti**

plaktùkas *dkt. v. (2, 1)* metalinis įrankis kalti: *Vìnį kãla plaktukù.*

plaktukas

plaktùvas *dkt. v. (2, 1)* prietaisas plakti (2)

plãnas *dkt. v. (4, 1)* **1.** vietos ar pan. nedidelis brėžinys: *pãstato plãnas* ○ *Pažiūrė́kime į miẽsto plãną.* **2.** kuriam laikui numatytos darbo, veiklos užduotys: *parengti dárbo plãną* **3.** numatyti veiksmai: *Kokiẽ tavo ateitiẽs planaĩ?*

planetà *dkt. m. (2, 6)* didelis dangaus kūnas, kuris juda aplink Saulę ar kitą žvaigždę: *Norė́tume žinóti, kuriosè planètose yra gyvýbė.*

plastmãsė *vns. dkt. m. (2, 8)* lengva dirbtinė medžiaga: *Šie iñdai pagamìnti iš plastmãsės.*

plastmãsinis, plastmãsinė *bdv. (1, 4–9)* pagamintas iš plastmasės: *plastmãsiniai iñdai*

platùs, platì *bdv. (4, 5–8)* **1.** *laipsn.* turintis didelį atstumą tarp kraštų, šonų ir pan.: *Nerìs nėrà platì ùpė, Nẽmunas (yra) platèsnis.* ○ *Šis tìltas pakañkamai platùs.* ○ *Šiai knỹgai reĩkia plačiõs lentýnos.* ○ *Tà lóva platèsnė negu šì.* **2.** turintis per didelį plotį:

Šis sijõnas man per platùs. • prš. **siauras**; žr. **neplatus**

platùmas *dkt. v. (2, 1) (ko)* • žr. **plotis**

plaũčiai *dgs. dkt. v. (2, 3)* krūtinėje esantis, iš dviejų dalių susidedantis kvėpavimo organas: *Sirgaũ plaũčių uždegimù.* o *Rūkymas gãli sukélti plaũčių vėžį.*
plaũtis *dkt. v. (2, 3)* viena plaučių pusė: *Jam operãvo dẽšinį plaũtį.*

pláukas *dkt. v. (3, 1)* siūlo pavidalo išauga ant žmogaus ar kito gyvūno odos: *žìlas pláukas* o *Padavėjau, žiūrėkite – sriubojè pláukas!*
plaukaĩ *dgs.* visos ant žmogaus galvos odos augančios tokios išaugos: *šukúoti [dažýti, nusikiȓpti] pláukus* o *Jos plaukaĩ (yra) šviẽsūs [tam̃sūs, ilgì, trumpì].*

plaukìkas *dkt. v. (2, 1)*, **plaukìkė** *dkt. m. (2, 8)* asmuo, kuris plaukia (1); plaukimo sportininkas

pláukioti, **pláukioja**, **pláukiojo** *vks. (1) (kas)* plaukti įvairiomis kryptimis: *pláukioti baseinè [váltimi po ẽžerą]* • neig. **nepláukioti**

plaũkti, **plaũkia**, **plaũkė** *vks. (1)* **1.** *(kas)* judėti vandeniu: *Ar móki plaũkti?* o *Žùvys [ántys] plaũkia.* **2.** *(kas)* keliauti vandeniu; vykti laivu: *Kuȓ plaũkia šis laĩvas?* o *Iš Klaĩpėdos mes plaũkėme į Nìdą laivù.* • neig. **neplaũkti**
plaukìmas *dkt. v. (2, 1)*; t.p. sporto šaka: *plaukìmo varžýbos*

pláuti, **pláuna**, **plóvė** *vks. (1) (kas, ką, kuo)* daryti švarų vandeniu arba vandeniu su muilu, plovikliais ir pan.: *pláuti grindìs [indùs, daržóves, drabužiùs]* o *Tas šampū̃nas skìrtas gálvai pláuti.* o *Kuõ jū̃s pláunate lángus?* • žr. **neplauti, plautis¹**; plg. **skalbti**
plovìmas *dkt. v. (2, 1)*

pláutis¹, **pláunasi**, **plóvėsi** *sgr. vks. (kas, ką)* plauti savo ar sau: *Vaĩkas nenóri rañkų pláutis.* • žr. **nesiplauti**

pláutis² *dkt. v. (2, 3)* žr. **plaučiai**

plėšìkas *dkt. v. (2, 1)*, **plėšìkė** *dkt. m. (2, 8)* asmuo, kuris apiplėšia (ką): *Polìcininkai sugãvo bánko plėšìkus.*

plė́šyti, **plė́šo**, **plė́šė** *vks. (3) (kas, ką)* plėšiant skirti į daug dalių: *plė́šyti põpierių [láišką]* • žr. **neplė́šyti**

plėšrùs, plėšrì *bdv. (4, 5–8)* (apie žvėris ir paukščius) kuris žudo kitus gyvūnus ir jais maitinasi: *Vil̃kas yra plėšrùs žvėrìs, o vãnagas – plėšrùs paũkštis.*

plė́šti, **plė́šia**, **plė́šė** *vks. (1) (kas, ką)* staigiu rankų judesiu (jėga) skirti į dalis ar dalį nuo visumos: *Plė́šk núotrauką pusiáu.* o *plė́šti knýgos lãpą* • žr. **išplė́šti, neplė́šti, nuplė́šti, perplė́šti**; *plg.* **plýšti, apiplė́šti**

plg. *sutr.* žr. **palygink**

plìkas, plikà *bdv. (4, 1–6)* neturintis plaukų: *Jis jau visái plìkas.* o *Výrai bìjo tàpti plikì.*
plikaĩ *prv.*: *Jį̃ nukiȓpo plikaĩ.*

plìkšala *dkt. m. (1, 6)* šaltis be sniego

plìkti, **pliñka**, **plìko** *vks. (1) (kas)* darytis plikam • neig. **neplìkti**; žr. **nuplìkti**
plikìmas *dkt. v. (2, 1)*: *Ar yra váistų nuo plikìmo?*

plýšti, **plýšta**, **plýšo** *vks. (1) (kas)* skirtis į dalis plėšiamam ar savaime: *Knýgos greĩtai plýšta.* o *Bãtai [drabùžiai, audinỹs] plýšta.* • būs. l. 3 asm. **plýš**; neig. **neplýšti**; žr. **suplýšti**; plg. **plė́šti**

plytà *dkt. m. (2, 6)* nedidelis stačiakampis gaminys iš molio, naudojamas statybai: *Namùs stãto iš plýtų.*

pliùs *dll.* **1.** sudėties ženklas (+): *Dù plius dù yra keturì.* **2.** (pasakant, kad skaičius yra didesnis už nulį): *Óro temperatūrà – pliùs dvìdešimt (+20) láipsnių.*

plojìmai *dgs. dkt. v. (2, 1)* daugelio žmonių plojimas vienu metu: *garsūs plojìmai*

plojìmas *dkt. v. (2, 1)* žr. **ploti**

plókščias, plókščià *bdv. (3, 2–7)* kurio paviršius yra lygus, tiesus; lygus ir tiesus (apie paviršių): *To nãmo stógas plókščias.* o *plókštì ãkmenys*

plõkštė *dkt. m. (2, 8)* plokščias, plonas kietos medžiagos gaminys: *metãlo [mẽdžio] plõkštė*

plokštẽlė *dkt. m. (2, 8)* **1.** nedidelė plokštė. **2.** skritulio pavidalo daiktas su garso įrašu: *Tai mano mėgstamà plokštẽlė.* o *plokštẽlių parduotùvė* • žr. **kompaktìnė plokštẽlė**

plokštẽlių grotùvas prietaisas plokštelių įrašams atkurti

plokštumà *dkt. m. (3ᵃ, 6)* plokščia vieta; plokščias paviršius

plónas, plonà *bdv. laipsn. (3, 1–6)* **1.** turintis nedidelį atstumą tarp priešingų paviršių: *plonà medžiagà [añtklodė]* o *plonì marškiniaĩ* (iš plono audinio) o *plónas dažų slúoksnis* o *plónas sąsiuvinis* o *plonà knygà* o *plónos lū́pos* **2.** kurio skersmuo yra mažas ar palyginti mažas: *Šie siū́lai labai plonì.* o *Man reĩkia plonesnė̃s ā́datos.* o *plonì, ilgì pir̃štai* **3.** neapkūnus: *Ta merginà labai aukštà ir plonà.* **4.** (apie balsą) kaip vaiko. **5.** (apie rašiklį) kuriuo rašomos plonos linijos: *plónas tušinùkas*

plonaĩ *prv.* **1.** nešiltais drabužiais: *Jūs plonaĩ apsirengęs, sušálsite.* **2.** brėžiant (rašant) ploną liniją: *Šis tušinùkas rãšo plonaĩ.*
• *prš.* **storas**; *žr.* **neplonas**

plótas *dkt. v. (1, 1)* **1.** atskira žemės ir pan. paviršiaus dalis: *dìdelis žẽmės plótas* **2.** *vns.* tam tikros vietos ar žemės ploto dydis: *Mano kam̃bario plótas – dvìdešimt kvadrãtinių mètrų (20 m²).*

plóti, plója, plójo *vks. (1) (kas, kam)* mušant ranka į ranką rodyti, kad kas patinka: *Žiūrõvai ilgaĩ plójo aktoriams.* • *neig.* **neplóti**
plojìmas *dkt. v. (2, 1)*

plõtis *vns. dkt. v. (2, 3)* daikto matmuo nuo vieno jo šono iki kito: *Stãlo plõtis – mètras (1 m).* o *Nusipir̃kau (víeną) mètrą (1 m) pusañtro mètro (1,5 m) plõčio áudinio.*

plóvė *būt. l. 3 asm. žr.* **plauti**

plóvėsi *būt. l. 3 asm.* **plautis**[1]

plovyklà *dkt. m. (2, 6)* ko plovimo vieta: *automobìlių plovyklà*

plovìklis *dkt. v. (2, 3)* skystis plauti indams, automobiliams ir pan.

plovìmas *dkt. v. (2, 1) žr.* **plauti**

plū̃gas *dkt. v. (2, 1)* geležinis įtaisas arti

plùnksna *dkt. m. (1, 6)* kiekviena iš paukščio odą dengiančių išaugų: *gaĩdžio plùnksnos* o *žąsų plùnksnų pagálvė*

plunksna

põ *prl. (su K., G., Įn.)* **1.** (su Įn.) ko apačioje ar į ko apačią: *Mes stovėjome po medžiù.* o *Šakùtė nukrito po stalù.* o *Padė́k dė̃žę po lóva.* **2.** (su G.) įvairiose (visose) ko dalyse: *Vaikaĩ bėgiója po kiẽmą.* o *Vìsą dìeną váikščiojau po Vìlnių.* o *keliáuti po pasáulį* **3.** (su K.) praėjus (kuriam laikui): *Po pietų̃ eĩsiu pasiváikščioti.* o *Jis grį̃š po mė́nesio.* o *Atlýginimą gáusiu po trijų̃ dienų̃.* o *Jis baĩgs universitètą po (víenerių) mẽtų.* **4.** (su K.) toliau (eilėje) negu: *Jū̃s ėsate sąrašè priẽš manè ar po manę̃s?* **5.** už kiekvieną; kiekvienam; kiekviename: *Nupir̃kau dù biliẽtus į koncèrtą po šim̃tą lìtų.* o *Aš jums dúosiu po užduotį (kiekvienam skirtingą).*

po apačia po viršutiniu drabužiu: *Šálta, reñkis megztìnį po apačia.*

po kíek kiek kainuoja: *Po kíek tos kriáušės?*

po velnių̃ (keiksmažodis): *Po velnių̃, pamir̃šau namiẽ rāktą!*

póbūdis *vns. dkt. v. (1, 3)* daiktą, veiksmą ar reiškinį apibūdinančios ypatybės: *Kókio póbūdžio literatū̃rą jis skaĩto? – Grõžinę.*

póbūvis *dkt. v. (1, 3)* tam tikra proga rengiamas susitikimas kartu linksmintis (valgyti, gerti, šokti ir pan.): *Kviẽčiù į póbūvį.* o *Šeštãdienį mes eĩsime į póbūvį.* o *Póbūvis baĩgėsi paryčiaĩs.* o *gimtãdienio [Naujū̃jų mẽtų] póbūvis*

pódukra *dkt. m. (1, 6)* žmonos ar vyro duktė: *Turiù sū́nų ir pódukrą.*

póelgis *dkt. v. (1, 3) (kieno)* pasielgimas: *nedõras póelgis*

poètas *dkt. v. (2, 1)*, **poètė** *dkt. m. (2, 8)* poezijos kūrėjas: *Poètai skaĩtė savo eilė́raščius.* o *susitikìmas su poetù [poetè]*

poèzija *vns. dkt. m. (1, 7)* eilėraščiai kaip grožinės literatūros rūšis: *Vakaraĩs mė́gstu skaitýti poèziją.* o *poèzijos knygà*

poilsiáuti, poilsiáuja, poilsiãvo *vks. (1) (kas)* leisti poilsį: *Vìsą savaĩtgalį poilsiãvome.* o *Kuř važiúosi poilsiáuti: prie jū́ros ar į kaĩmą?* • *neig.* **nepoilsiáuti**
poilsiãvimas *dkt. v. (1, 1)*

poilsiãvietė *dkt. m. (1, 8)* vieta, į kurią daug žmonių vyksta ilsėtis: *Ar yrà poilsiãviečių prie Vìlniaus?*

póilsis *vns. dkt. v. (1, 3)* ilsėjimosi laikas; ilsėjimasis: *Negãlima dìrbti be póilsio.*

póilsio dienà žr. **ne darbo diena**: *Sekmādienis – póilsio dienà.*

pójūtis *dkt. v. (1, 3)* tai, kas suvokiama kiekvienu iš penkių žmogaus ar gyvūno sugebėjimų (regėjimu, skoniu, klausa, uosle, lytėjimu)

pókalbis *dkt. v. (1, 3)* kalbėjimas su kuo; tokio kalbėjimosi atvejis: *įdomùs [neįdomùs] pókalbis* ○ *pókalbis telefonù* ○ *Aš prisìmenu aną mūsų pókalbį.*

polìcija *vns. dkt. m. (1, 7)* valstybės organizacija, kurios paskirtis – rūpintis žmonių saugumu ir tvarka viešosiose vietose; tokios organizacijos patalpos; joje dirbantys pareigūnai: *tarnáuti [dìrbti] polìcijoje* ○ *pasíenio polìcija* ○ *kreĩptis į polìciją* ○ *Kviēsiu polìciją, jei nenustósite triukšmáuti.* • žr. **kelių policija**

polìcininkas *dkt. v. (1, 1)*, **polìcininkė** *dkt. m. (1, 8)* policijos tarnautojas

poliklìnika *dkt. m. (1, 6)* gydymo įstaiga, kuri teikia medicinos pagalbą į ją atvykstantiems ar namie esantiems ligoniams; jos patalpos: *Pàkviečiau poliklìnikos gýdytoją į namùs.* ○ *užeĩti [paskam̃binti] į poliklìniką*

polìtika *vns. dkt. m. (1, 6)* (vyriausybės ir pan.) numatyti veiksmai ar tikslai tam tikroje srityje; valstybės reikalų tvarkymas: *vidaũs [ùžsienio] polìtika*

polìtikas *dkt. v. (1, 1)*, **polìtikė** *dkt. m. (1, 8)* politikos veikėjas: *naują polìtikų kartà*

polìtinis, polìtinė *bdv. (1, 4–9)* susijęs su politika

pomidòras *dkt. v. (2, 1)* apvali ppr. raudona daržovė; jas vedantis augalas: *Pomidòrai dar žalì, neprinókę.* ○ *Suválgiau dù pomidorùs.* ○ *pomidòrų pãdažas [sùltys]*

pomidoras

põnas *dkt. v. (2, 1)* (žodis, sakomas prieš vyro vardą, pavardę ar pareigas): *Prãšom šį láišką pérduoti põnui Petráičiui.*
põne... Š. (sakoma mandagiai kreipiantis į vyrą): *Põne, prãšom pasakýti, kíek dabar valandų?* ○ *Põne [põnas] pìrmininke, atsakýkite į mano kláusimą.* ○ *Põne [põnas] Jõnai, nepỹkite.* • sutr. **p.**

ponià *dkt. m. (4, 7)* (žodis, sakomas prieš ištekėjusios ar vyresnės moters vardą, pavardę ar pareigas): *Šiañdien poniõs Onõs gimtãdienis.*
põnia... Š. (sakoma mandagiai kreipiantis į moterį): *Kaĩp jūs, põnia Birùte, gyvẽnate?* ○ *Prãšom, põnios, váišintis.* • sutr. **p.**

popierìnis, popierìnė *bdv. (2, 4–9)* padarytas iš popieriaus: *popierìnis maišẽlis* ○ *popierìnės gėlės [servetėlės]*

põpierius *vns. dkt. v. (1, 5)* plona medžiaga rašyti, piešti, spausdinti ir pan.: *Põpieriaus lapè užrašýk savo var̃dą ir pãvardę.* ○ *põpierius laiškáms [laiškų põpierius]* ○ *tualètinis [vyniójamasis] põpierius*

popiẽt *prv.* po pietų (2)

pópietė *dkt. m. (1, 8)* laikas nuo pietų iki vakaro: *Sekmãdienio pópietę buvaũ párke.* ○ *Vìsą pópietę lijo.*

põpiežius *dkt. v. (1, 5)* svarbiausias Katalikų bažnyčios asmuo, jos vadovas

populiarùs, populiarì *bdv. laipsn. (4, 5–8)* kurį mėgsta daug žmonių: *populiarùs muzikántas [rašýtojas]* ○ *Ši knygà dabar̃ yra labaĩ populiarì.* ○ *populiariáusias rašýtojas* • žr. **nepopuliarus**

porà *dkt. m. (3, 6)* **1.** du vienos rūšies daiktai, vartojami kartu: *bãtų porà* (batai) ○ *dvì póros pirštìnių* (dvejos pirštinės) *ir vieną porà kójinių* (vienerios kojinės) **2.** du žmonės, kurie kartu gyvena, kartu leidžia laiką ar ką atlieka kartu ir pan.: *Sālėje šóko tìk kēlios póros.*
poromìs *dgs. Įn.* po du

póreikis *dkt. v. (1, 3)* tai, ko reikia; jautimas, kad ko reikia

pórinis, pórinė *bdv. (1, 4–9)* sudarytas iš dviejų vienodų dalių

porýt *prv.* kitą dieną po rytojaus: *Užcĩkite porýt.* ○ *Automobìlis bus suremontúotas porýt.*

pósakis *dkt. v. (1, 3)* žodis ar žodžių grupė: *Pósakis „Pìla kaip iš kibìro" réiškia „smar̃kiai lỹja".*

pósėdis *dkt. v. (1, 3)* įstaigos vadovų, tarybos ir pan. susirinkimas: *valdýbos pósėdis* ○ *pósėdžio protokòlas* • plg. **susirinkimas**

pósūkis *dkt. v. (1, 3)* krypties pakeitimas važiuojant: *darýti pósūkį į kaĩrę [į dẽšinę]*

pósūnis *dkt. v. (1, 3)* žmonos ar vyro sūnus: *Jis vienódai mýli ir sàvo sū́nų, ir pósūnį.*

pótvynis *dkt. v. (1, 3)* vandens lygio kilimas; užtvindymas: *Nemunè pavãsarį prasidėjo pótvynis.*

póveikis *vns. dkt. v. (1, 3)* tai, kas atsitinka, kai vienas daiktas ar pan. veikia kitą: *Ar jautì šių váistų póveikį?* ○ *rū́kymo póveikis sveikãtai*

požemìnis, požemìnė *bdv. (2, 4–9)* įrengtas po žeme: *požemìnė pérėja* ○ *požemìnis garãžas*

pózymis *dkt. v. (1, 3)* daikto ar reiškinio ypatybė, pagal kurią jis atskiriamas nuo kitų: *ligõs pózymiai*

pózižiūris *dkt. v. (1, 3) (kieno, į ką)* tai, ką kas māno apie ką: *Kóks jūsų pózižiūris į šiuolaikìnį jaunìmą?*

ppr. *sutr. žr.* **paprastai**

pr. *sutr. žr.* **prospektas**

pradėti, pràdeda, pradėjo *vks. (1)* 1. *(kas, ką / + bendr.)* imti ką daryti, duoti pradžią: *Kadà jūs pràdedate dárbą?* ○ *Jis pradėjo studijúoti téisę, bet nèbaigė.* ○ *Pradė́kime dainúoti iš naũjo!* ○ *Dárbą pradėjome laikù.* 2. *(+ bendr.)* pasidaryti matomam, juntamam (apie gamtos reiškinius): *Pradėjo témti [lýti, snìgti, žaibúoti].* • *žr.* **nepradėti, prasidėti;** *prš.* **baigti, liautis, nustoti**

pradìnis, pradìnė *bdv. (2, 4–9)*
pradìnė mokyklà mokykla, kurioje mokosi vaikai nuo septynerių metų ir kurią sudaro keturios klasės
pradìnis išsilãvinimas išsilavinimas, kuris įgyjamas baigus pradinę mokyklą

pradùrti, pràduria, pradū́rė *vks. (1) (kas, ką)* duriant padaryti skylę kame: *pradùrti pãdangą* • *žr.* **nepradurti**

pradžià *dkt. m. (4, 7)* laikas arba vieta, kada ar kur kas prasideda: *spektãklio pradžià* ○ *Knýgos pradžiojè yra turinỹs.* • *prš.* **galas, pabaiga**

praeĩti, praeĩna, praẽjo *vks. (1)* 1. *(kas, ką / pro ką)* priartėjus prie ko eiti tolyn: *Mes praẽjome grãžų nãmą.* 2. *(kas)* baigtis (apie gamtos reiškinius, laiką, ligą ir pan.): *Lietùs jau praẽjo.* ○ *Praeĩs dvì sąváitės, ir mes vėl susitìksime (susitiksime po dviejų sąvaičių).* • *neig.* **nepraeĩti**

praeitìs *vns. dkt. m. (3ᵇ, 9)* tai, kas atsitiko prieš dabartį ar seniai, praėjęs laikas: *Papãsakok apie savo prãeitį.* ○ *Domiúosi savo tautõs praeitimì.* ○ *praeitiẽs kultū́ros pamiñklai*

praeĩvis *dkt. v. (2, 3)*, **praeĩvė** *dkt. m. (2, 8)* asmuo, kuris eina pro (ką) gatvėje: *Paklãusiau praeĩvio, kur̃ yra muziẽjus.*

praẽjęs, praẽjusi *bdv. (dlv. [3])* kuris buvo prieš šį (apie savaitės dieną, savaitę, mėnesį, metus ir t. t.): *Praẽjusią sąváitę aš atostogavaũ, o šią sąváitę dìrbu.*

prãkaitas *vns. dkt. v. (3ᵇ, 1)* skystis, kuris atsiranda ant odos, kai karšta, išsigandus ir pan.: *prãkaito lašaĩ* ○ *Nusišlúostyk prãkaitą nuo kaktõs.*

prakaitúotas, prakaitúota *bdv. (1, 1–6)* drėgnas (šlapias) nuo prakaito: *prakaitúotos rañkos* ○ *prakaitúoti marškiniaĩ*

prakaitúoti, prakaitúoja, prakaitãvo *vks. (1) (kas)* darytis drėgnam (šlapiam) nuo prakaito (apie kūną, odą): *Kambarýjè buvo káršta, ir mes visì prakaitãvome.* • *neig.* **neprakaitúoti**

prãktika *vns. dkt. m. (1, 6)* 1. veikla (o ne mintys ir pan.): *Teòrijos žinìàs reĩkia táikyti prãktikoje.* 2. veikla profesijos įgūdžiams įgyti: *Aš atlikaũ mókytojo prãktiką – víeną mė́nesį dìrbau mokỹkloje.* • *(1) žr.* **teorija**

prãktinis, prãktinė *bdv. (1, 4–9)* susijęs su praktika: *prãktinė užduotìs*

pralaimėjimas *dkt. v. (1, 1) (kieno)* nesėkmė (varžybose ir pan.): *krepšìnio komándos pralaimėjimas* • *prš.* **pergalė**

pralaimėti, pralaimì, pralaimėjo *vks. (2) (kas, ką)* patirti nesėkmę: *Dviratininkų komándà pralaimėjo lenktynès.* ○ *pralaimėti rinkimùs [kãrą, konkùrsą]* • *prš.* **laimėti;** *žr.* **nepralaimėti**

praléisti, praléidžia, praléido *vks. (1) (kas, ką)* 1. leisti (kam) eiti, važiuoti: *Praléiskite* *mane, aš labaĩ skubù.* ○ *Sùkdamas į kaĩrę, praléisk automobiliùs, kurie važiúoja iš príekio.* **2.** būti kur tam tikrą laiką, ką veikti tuo laiku: *Vãsarą [atóstogas] praléidau keliáudamas po kálnus.* ○ *Saváitgalį praléidome įdõmiai – bùvome miẽsto šveñtėje.* **3.** nesulaikyti: *Šis audinỹs praléidžia vándenį.* **4.** nepasakyti ar neparašyti: *praléisti žõdį [raĩdę]* • žr. **nepraleisti**

pramogà *dkt. m. (3ᵇ, 6)* veikla, kuri yra maloni; renginys, skirtas linksmintis: *Mùzika, šõkiai, spòrtas – puĩkios prãmogos.* ○ *pramogų ceñtras*

pramogìnis, pramogìnė *bdv. (2, 4–9)* skirtas pramogai: *pramogìnė mùzika*

prãmonė *vns. dkt. m. (1, 8)* veikla, susijusi su prekių ar medžiagų joms gaminti gamyba; tam tikra tos veiklos sritis: *prãmonės gaminiaĩ* ○ *maĩsto [píeno] prãmonė*

pranešìmas *dkt. v. (2, 1)* dokumentas ar kalba, kuria kas pranešama: *pareñgti pranešìmą apie bánko veĩklą* ○ *pranešìmas iš įvykio viẽtos*

pranèšti, pràneša, prànešė *vks. (1)* **1.** *(kas, ką / apie ką / + šs)* paskelbti, duoti informaciją per žiniasklaidą: *Per rãdiją prànešė, kad rytój lìs.* ○ *Apie taĩ jau (yra) prànešta spaudojè.* **2.** *(kas, kam, ką / apie ką / + šs)* suteikti informaciją apie ką: *Aš tau pranèšiu, kadà grįšiu.* ○ *Pranèšk man savo naũją ãdresą.* ○ *Apie tą įvykį prànešiau polìcijai.* • žr. **nepranèšti**; *plg.* **paskelbti**

prasidė́ti, prasìdeda, prasidė́jo *sgr. vks. (1) (kas)* atsitikti ar pradėti vykti; turėti pradžią; būti pradžioje: *Keliñtą vãlandą prasidė̃s paskaità?* ○ *Ruduõ jau prasidė́jo.* ○ *Šiojè viẽtoje gãtvė prasìdeda, o teñ – baĩgiasi.* ○ *Žõdis „bė́gti" prasìdeda raidè „b".* • *prš.* **baigtis**; *neig.* **neprasidė́ti**

prasmė̃ *dkt. m. (1, 8)* **1.** tai, ką reiškia pasakytas žodis ar sakinys. **2.** *vns.* tikslas: *Kokià prasmė̃ jai skambìnti? Juk jos nėrà namiẽ.* ○ *Nėrà prasmė̃s jo láukti. Jis tikraĩ neateĩs.*

prãstas, prastà *bdv. laipsn. (4, 1–6)* negeras, nemalonus, netinkamas; netinkamai atliekantis savo darbą: *Nevažiúokite tuo keliù, jis labaĩ prãstas.* ○ *Šiais mẽtais (yra) prastà vãsara.* ○ *Jos sveikatà (yra) prastà.* ○ *Jis yra prãstas gýdytojas [mókytojas].* **prastaĩ** *prv.:* *Šis dárbas àtliktas prastaĩ.* ○ *Jis prastaĩ mókosi.*
• *prš.* **geras**; *plg.* **blogas**

prãšymas *dkt. v. (1, 1) (kieno)* raštas, kuriuo ko prašoma: *pateĩkti prãšymą gáuti vìzą [priĩmti į dárbą, léisti atóstogų]*

prašýti, prãšo, prãšė *vks. (3) (kas, ką / ko, ko / + bendr. / + šs)* kreiptis į ką ir pareikšti norą, kad kas ką darytų (ko nedarytų), ką duotų ir pan.: *Jis prãšo čià nerūkýti.* ○ *Vaĩkas mótiną prãšo saldaĩnių.* ○ *prašýti draugų̃ pagálbos [tėvų̃ patarìmo]* ○ *prašýti žõdžio* (prašyti leisti ką pasakyti) ○ *Visì labaĩ prãšė, kad jis grį̃žtų.* ○ *Prašýčiau jo nebárti.* • žr. **neprašýti, paprašýti**

prãšom *jst.* **1.** (mandagaus kreipimosi žodis): *Prãšom pasakýti, keliñtą vãlandą išvỹksta autobùsas į Kaũną.* ○ *Prãšom padúoti tą knỹgą.* ○ *Prãšom netriukšmáuti.* ○ *Prãšom kilogrãmą dešrõs* (prašoma parduotuvėje). **2.** (žodis, sakomas ką duodant, su kuo sutinkant ir pan.): *Prãšom, štaĩ jūsų knygà.* ○ *Ar galiù pas jus užeĩti? – Žìnoma, prãšom.*

pratarmė̃ *dkt. m. (3ᵇ, 8)* knygos dalis, kurioje paaiškinama, kas joje rašoma

pratìmas *dkt. v. (2, 1)* **1.** veiksmai kūno ar proto savybėms gerinti: *darýti mankštõs pratimùs* ○ *pratimaĩ ātminčiai gẽrinti* **2.** klausimai, į kuriuos turi atsakyti mokinys (studentas ir pan.), kad geriau ką išmoktų: *gramãtikos [kartójimo] pratimaĩ*

praũsti, praũsia, praũsė *vks. (1) (kas, ką; kas, kam, ką)* plauti (kūną ar jo dalį): *praũsti vaĩką [vaĩkui rañkàs]* • žr. **nepraũsti**
prausìmas *dkt. v. (2, 1) (ko, kieno)*

praũstis, praũsiasi, praũsėsi *sgr. vks. (kas; kas, ką)* prausti savo (kūną ar jo dalį): *Ar tu jau prauseĩsi šiañdien?* ○ *Praũskis (su) muilù rañkàs ir véidų.* • žr. **nesìprausti, nusìprausti**
prausìmasis *dkt. v. (1, 1a) (kieno)*

prẽkė *dkt. m. (2, 8)* daiktas, skirtas parduoti; perkamas daiktas: *Į parduotùvę àtvežė naujų̃ prẽkių.* ○ *sumokė́ti už prẽkės* ○ *Tuȓguje prẽkės pigèsnės negu parduotùvėje.*

prekiáuti, prekiáuja, prekiãvo *vks. (1) (kas, kuo, su kuo)* pirkti ir parduoti prekes:

prekyba

Lietuvà prekiáuja su daũgeliu šaliũ. ○ *prekiáuti maĩsto prodùktais [daržóvėmis ir vaĩsiais]* • neig. **neprekiáuti**

prekiãvimas *dkt. v. (1, 1) (kuo)*

prekýba *vns. dkt. m. (1, 6)* veikla, susijusi su prekių pirkimu ir pardavimu: *mókytis prekýbos mokỹkloje* ○ *knỹgų [baĩdų] prekýba* ○ *užsienio prekýba*
prekýbos ceñtras didelė parduotuvė

prekýbininkas *dkt. v. (1, 1)*, **prekýbininkė** *dkt. m. (1, 8)* prekybos darbuotojas

prekýstalis *dkt. v. (1, 3)* stalas (parduotuvėje), prie kurio prekiaujama: *Pardavėja stóvi už prekýstalio, o pirkėjas priẽš prekýstalį.*

prèmija *dkt. m. (1, 7)* dovana pinigais ar daiktais už darbą ar kūrinį: *Valstýbės prèmija* ○ *skìrti [gáuti] prèmiją*

prezideñtas *dkt. v. (2, 1)*, **prezideñtė** *dkt. m. (2, 8)* renkamas valstybės vadovas: *Žiẽmą įvỹks prezideñto rinkìmai.*

prezidentūrà *dkt. m. (2, 6)* prezidento įstaiga; jos patalpos: *Prezidentū́roje vỹko spaudõs konfereñcija.*

priartė́ti, priartė́ja, priartė́jo *vks. (1) (kas, prie ko)* ateiti (atvažiuoti ir pan.) arčiau ar arti: *Laĩvas priartė́jo prie kran̄to.* • neig. **nepriartė́ti**

pridė́ti, prìdeda, pridė́jo *vks. (1)* **1.** *(kas, ko)* dedant padaryti pilną ko: *Pridė́k lėkštę obuolių̃.* ○ *Lentýnos pridė́tos knỹgų.* **2.** *(kas, ką, prie ko)* padidinti skaičių: *Priẽ trijų̃ pridė́k šešìs.* **3.** *(kas, ką, prie ko)* duoti ar pateikti papildomai: *Prie prãšymo pridė́kite pažymėjimo kòpiją.* • žr. **nepridė́ti**

priẽ *prl.* (su K.) **1.** arti ko: *Sėdime prie stãlo.* ○ *Jis stóvi prie lángo.* ○ *Atostogáusime prie ẽžero.* **2.** artyn ko: *Priẽikite prie prekýstalio.* ○ *Važiúokime prie ùpės.* **3.** (padidinant ko kiekį): *Prie trijų̃ pridė́k šešìs.* **4.** (pateikiant su kuo papildomai): *Prie prãšymo pridėkite pažymėjimo kòpiją.* **5.** (liečiant ką): *priklijúoti pãšto žénklą prie vóko* **6.** (tvirtinant ant ko paviršiaus): *sègti sègę prie palaidinùkės* **7.** (pasakant, kad kas tinka): *Prie vỹno tiñka sū́ris.* ○ *Prie kavõs tiñka pyragáičiai.*

príebalsė *dkt. m. (1, 8) gram.* raidė, kuria žymimas priebalsis: *„B", „c", „d" ir t. t. yra príebalsės.*

príebalsis *dkt. v. (1, 3) gram.* kalbos garsas, kuris nėra balsis • žr. **balsis**

príedas *dkt. v. (2, 1)* tai, kas duodama papildomai; tai, kas parduodama, išleidžiama su kuo: *atlýginimo príedas* ○ *Šeštãdienį šis laĩkraštis bū́na su príedais.*

prieĩti, prieĩna, priẽjo *vks. (1) (kas, ką / prie ko)* einant priartėti: *Kai prieĩsite tą̃ nãmą [prie to nãmo], tadà sùkite į̃ dẽšinę.* ○ *Prieĩk arčiaũ.* • žr. **neprieiti**

príekinis, príekinė *bdv. (1, 4–9)* esantis priekyje: *príekinė (automobìlio) sėdỹnė* ○ *príekiniai dañtys* ○ *príekinis (automobìlio) stìklas* • prš. **užpakalinis**

príekis *dkt. v. (1, 3)* daikto ar gyvūno kūno pusė, kuri yra ta kryptimi, kuria jis paprastai juda ar žiūri; svarbiausia daikto pusė; toje pusėje esanti vieta: *suknẽlės [sijõno] príekis* ○ *Nãmo príekis dar visái gražùs.* ○ *automobìlio príekis* ○ *Sėdė́jome autobùso príekyje.* ○ *Jìs ė́jo príekyje, o mẽs – užpakalyjè.* ○ *Eĩkite į̃ príekį.* • prš. **užpakalis** (1)

príelinksnis *dkt. v. (1, 3) gram.* žodis, vartojamas su daiktavardžiu ar įvardžiu parodyti jų ryšiui su kitu žodžiu: *„į̃", „ìš", „priẽ", „põ" yra príelinksniai.* • sutr. **prl.**

priè̃mė *būt. l. 3 asm. žr.* **priimti**

priemiestìnis, priemiestìnė *bdv. (2, 4–9)* važiuojantis į̃ priemiestį̃: *priemiestìnis traukinỹs [autobùsas]*

príemiestis *dkt. v. (1, 3)* gyvenvietė miesto pakraštyje: *príemiesčio viẽšbutis*

priė́mimas *dkt. v. (2, 1)* **1.** *vns.* laikas, kuriuo pareigūnas ar gydytojas priima: *Priė́mimo vãlandos – nuo dviejų̃ iki keturių̃.* **2.** svečių vaišinimas tam tikra proga: *Mìnistrą pakviẽtė į̃ priė́mimą ambasãdoje.*

príemonė *dkt. m. (1, 8)* įrankis, prietaisas ar koks daiktas kam atlikti: *Párkeris, tušinùkas, pieštùkas – rãšymo príemonės.* ○ *transpòrto príemonės* (automobilis, autobusas ir pan.)

príesaga *dkt. m. (1, 6) gram.* žodžio dalis, esanti tarp šaknies ir galūnės: *Daiktãvardis „puodẽlis" turi priẽsagą „-el-".* • Su priesagomis sudaromi nauji žodžiai. Paprastai priesaga pasakoma kartu su galūne, pvz., daiktavardžiai su priesaga *„-elis".*

prieskonìnis, prieskonìnė *bdv.* (2, 4–9) vartojamas kaip prieskonis: *prieskonìnės daržóvės*

príeskonis *dkt. v.* (1, 3) augalas, jo sėklos ar lapai, turintys tam tikrą skonį ir kvapą, vartojami valgiui padaryti skanesniam: *Pipìras yra aštrùs príeskonis.* ○ *Be príeskonių valgis neskanùs.*

priẽš *prl.* (su G.) **1.** (ko) priekyje: *Prieš tą namą auga medis.* ○ *Jūs stokite prieš manè.* **2.** anksčiau negu: *Grįšime prieš keturias (valandas)* (anksčiau negu ketvirtą valandą). ○ *Jis čia gyveno prieš dvejus metus.* ○ *Susitiksime prieš pietus.* **3.** nesutinkant su kuo: *Aš balsuosiu prieš šį pasiūlymą.*

príešas *dkt. v.* (1, 1) asmuo, kuris nekenčia kito asmens; kiekvienas iš (kelių) asmenų, kurie nekenčia vienas kito: *Jis turi daug príešų.* ○ *Jis man nei príešas, nei draugas.* ○ *Jie yra príešai.*

príešdėlis *dkt. v.* (1, 3) *gram.* žodžio dalis, esanti prieš šaknį: *Veiksmažodis „apreñgti" turi príešdėlį „ap-".* • Su priešdėliais sudaromi nauji žodžiai.

príešingas, príešinga *bdv.* (1, 1–6) **1.** (kalbant apie dvi daikto puses) kitas: *Pamatęs manè, jis pėrėjo į príešingą gatvės pùsę.* **2.** visiškai skirtingas: *„Júodas" ir „báltas" turi príešingas réikšmes.*
príešinga *n.*
príešingai *prv.*: *Man atródo, kad jūs nemėgstate klasikinės mùzikos. – Príešingai, ji man labaĩ patiñka.*

príeškambaris *dkt. v.* (1, 3) patalpa, iš kurios įeinama į buto kambarius: *Paltą ir skrybėlę palikaũ príeškambaryje.*

priešpiẽt *prv.* prieš pietus (2)

príešpilnis *dkt. v.* (1, 3) laikas po jaunaties, kai matoma mėnulio dalis

priešpilnis

prieštaráuti, prieštaráuja, prieštarãvo *vks.* (1) (kas, kam) nesutikti (su kuo): *Aš prieštaráuju jūsų siūlymui.* ○ *Tai prieštaráuja žaidimo taisyklėms.* • *neig.* **neprieštaráuti**
prieštaravimas *dkt. v.* (1, 1)

príetaisas *dkt. v.* (1, 1) dirbtinis, ppr. sudėtingas daiktas, skirtas tam tikram darbui atlikti: *elèktros príetaisai* (prietaisai, kurie veikia naudodami elektrą) ○ *Lygintùvas yra príetaisas drabùžiams lýginti.*

príevarta *vns. dkt. m.* (1, 6) jėgos vartojimas; vertimas ką daryti: *Šiuolaikiniuose filmuose daug príevartos.*

príeveiksmis *dkt. v.* (1, 3) *gram.* žodis, vartojamas su veiksmažodžiu, būdvardžiu, pasakant vietą, laiką, būdą ir pan.: *„Rytój", „čià", „niekadà", „gražiaĩ" yra príeveiksmiai.* • *sutr.* **prv.**

priežastìs *dkt. m.* (3ᵃ, 9) tai, kas ką sukelia, dėl ko kas įvyksta: *Šios ligõs priežastìs nėrà áiški.* ○ *Dėl svarbių priežasčių turėjau išvýkti.* ○ *Polìcija nustatė avãrijos príežastį – vairuotojas buvo neblaivùs* (avarija įvyko dėl to, kad vairuotojas buvo neblaivus).

príežodis *dkt. v.* (1, 3) trumpas sakinys, kuriuo reiškiama liaudies išmintis: *„Nėrà namų be dūmų" yra príežodis.* ○ *Jis mėgsta vartóti príežodžius.*

priim̃ti, prìima, prìėmė *vks.* (1) **1.** (kas, ką) sutikti ką paimti; neprieštarauti kam: *priim̃ti prãšymą [siūlymą, dovaną, pagálbą]* **2.** (kas, ką) padaryti galiojantį, patvirtinti: *Seĩmas prìėmė naują įstãtymą.* **3.** (kas, ką) skirti dėmesį, pagalbą tam, kuris atvyko, lankosi: *Lankýtojus mes priim̃sime nuo devintõs valandõs.* ○ *Gýdytojas priim̃s visus ligónius.* **4.** (kas, ką, į ką) leisti kuo užsiimti, būti ko nariu: *Ar tave priim̃s į dárbą?* ○ *Práną prìėmė į universitètą.* ○ *Ją prìėmė į pártiją.* **5.** (kas, ką) vaišinti: *Šeimiñkai svečiùs prìėmė svetaĩnėje.* • *žr.* **nepriim̃ti**
priėmìmas *dkt. v.* (2, 1): *priėmìmo į áukštąją mokýklą sąlygos*

prikélti, prìkelia, prikélė *vks.* (1) (kas, ką) pažadinti: *Manè prikėlė automobìlio signãlas.* ○ *Rytój prikélk manè anksti.* • *žr.* **neprikelti**

prikim̃šti, prìkemša, prikim̃šo *vks.* (1) (kas, ką, ko) pripildyti (ko minkšto): *prikim̃šti pagálvę plùnksnų* • *žr.* **neprikim̃šti**

priklausýti, priklaũso, priklaũsė *vks.* (3) **1.** (kas, kam) būti (kieno) nuosavybe: *Ar šis nãmas priklaũso jùms?* **2.** (kas, kam) būti (ko) nariu: *Jis priklaũso šiai pártijai.* **3.** (kas, nuo ko) būti susijusiam • *neig.* **nepriklausýti**
priklaũsymas *dkt. v.* (1, 1) (ko, kieno, kam)

priklijúoti, priklijúoja, priklijãvo *vks. (1) (kas, ką, prie ko)* pritvirtinti klijuojant: *priklijúoti pãšto žénklą prie vóko* • *žr.* **nepriklijuoti**

priléisti, priléidžia, priléido *vks. (1) (kas, ką, ko)* pripildyti leidžiant (8): *Priléisk võnią vandeñs, eĩsiu praũstis.* • *žr.* **neprileisti**

prinókęs, prinókusi *bdv. (dlv. [3])* kurį jau galima skinti ir valgyti (apie uogas, vaisius ir pan.): *Šiẽ obuoliaĩ dar nėrà prinókę.* • *prš.* **žalias** (2); *žr.* **neprinokęs**

prinókti, prinóksta, prinóko *vks. (1) (kas)* pasidaryti tinkamam skinti ir valgyti (apie uogas, vaisius): *Žémuogės jau prinóko.* • *neig.* **neprinókti**

pripìldyti, pripìldo, pripìldė *vks. (3) (kas, ką, ko)* padaryti pilną: *pripìldyti bãką (benzìno)* • *žr.* **nepripildyti**

pripìlti, prìpila, prìpylė *vks. (1) (kas, ką, ko)* pripildyti (skysčio): *pripìlti bãką benzìno į* ○ *Àš pripýliau tau puodẽlį kavõs.* • *žr.* **nepripilti**

pripũsti, prìpučia, prìpūtė *vks. (1) (kas, ką)* pučiant pripildyti oro: *Ar prìpūtei pãdangą? – Prìpūčiau.* • *žr.* **nepripūsti**

pririšti, prìriša, prirìšo *vks. (1) (kas, ką, prie ko)* pritvirtinti rišant: *pririšti vìrvę prie mẽdžio* • *žr.* **nepririšti**

prisiminìmas *dkt. v. (2, 1) ppr. dgs.* tai, ką kas prisimena: *prisiminìmų vãkaras* ○ *malõnūs prisiminìmai*

prisimiñti, prisìmena, prisìminė *sgr. vks. (1) (kas, ką / + šs)* atsiminti tai, kas buvo, vyko anksčiau; atsiminti žmones, su kuriais (kas) bendravo: *Ar tu prisìmeni, kaip šveñtėme tavo gimtãdienį?* ○ *Àš prisìmenu mokỹklos draugùs.* ○ *Tik prisimiñti negaliù, kur̃ aš vãkar buvaũ*.* • *žr.* **neprisiminti**

prisipažìnti, prisipažį́sta, prisipažìno *sgr. vks. (1) (kas, + dlv. / + šs)* pareikšti, kad (kas) yra tiesa: *Jìs prisipažìno melãvęs [padãręs nusikaltìmą].* ○ *Jìs prisipažìno, kad melãvo [padãrė nusikaltìmą].* • *neig.* **neprisipažinti**

prisipìlti, prisìpila, prisipýlė *sgr. vks. (1) (kas, ką, ko)* pripilti sau: *Ar prisipýlei (bãką) benzìno?* ○ *Prãšom prisipìlti (taurės) vỹno.* • *žr.* **neprisipilti**

prisisiū́ti, prisìsiuva, prisisiùvo *sgr. vks. (1) (kas, ką)* prisiūti sau: *Prisisiū́k sãgą.* • *žr.* **neprisisiūti**

prisistatýti, prisistãto, prisistãtė *sgr. vks. (3) (kas, kam)* pasakyti savo vardą, pavardę, pareigas ir pan.: *Prãšom prisistatýti.* • *neig.* **neprisistatyti**
prisistãtymas *dkt. v. (1, 1) (kieno, kam)*

prisiū́ti, prìsiuva, prisiùvo *vks. (1) (kas, ką)* pritvirtinti siuvant: *prisiū́ti sãgą* • *žr.* **neprisiūti**

pristatýti, pristãto, pristãtė *vks. (3)* **1.** *(kas, ko)* daug pastatyti: *Añt palángės pristatýta gėlių̃.* **2.** *(kas, ką)* atnešti ar atvežti: *Užsakýtą maĩstą pristãto į namùs.* **3.** *(kas, kam, ką)* supažindinant pasakyti (kieno) vardą, pavardę, pareigas ar kt.: *Viršininkas pristãtė mums naũją darbúotoją.* **4.** *(kas, ką, kam)* parodyti ir pateikti informacijos (apie ką): *Į̃monė pristãto naujùs gãminius.* • *žr.* **nepristatyti**
pristãtymas *dkt. v. (1, 1) (ko, kieno, kam)*

prisùkti, prìsuka, prisùko *vks. (1) (kas, ką)* **1.** sukant padaryti, kad veiktų: *Ar prisukaĩ laĩkrodį?* **2.** sukant pritvirtinti: *Prisùk varžtą.* • *žr.* **neprisukti**; *plg.* **atsukti** (1)

pritar̃ti, prìtaria, prìtarė *vks. (1) (kas, kam)* manyti ir sakyti, kad (kas) yra tinkamas, geras ir pan.: *Àš prìtariu jū́sų pasiū́lymui.* • *neig.* **nepritar̃ti**
pritarìmas *dkt. v. (2, 1) (kieno, kam)*

pritvìrtinti, pritvìrtina, pritvìrtino *vks. (1) (kas, ką, prie ko)* padaryti, kad nejudėtų; tvirtai sujungti: *Pritvìrtink kėdės kója.* ○ *Šią lentýną pritvirtinau prie síenos.* • *žr.* **nepritvirtinti**

privalė́ti, privãlo, privalė́jo *vks. (3) (kas, + bendr.)* būtinai turėti ką (pa)daryti: *Vaikaĩ privãlo rūpintis tėvaĩs.* ○ *Rytój jūs privãlote iš čia išvỹkti.* • *neig.* **neprivalėti**

privãlomas, privãloma *bdv. (1, 1–6)* kurį daryti būtina
privãlomasis, privãlomoji *įvr.: privãlomasis gyvýbės draudìmas* ○ *privãlomoji kãro tarnýba*

---
* Eilutė iš Andriaus Mamontovo eilėraščio „Atsimenu tai".

privãloma *n.*: *Ar privãloma apsidraũsti automobìlį?* • *žr.* **neprivalomas**

privatùs, privatì *bdv.* (4, 5–8) priklausantis asmeniui, nuosavas: *privatì parduotùvė*

privažiúoti, privažiúoja, privažiãvo *vks.* (1) *(kas, ką / prie ko)* važiuojant priartėti: *Kadà mes privažiúosime Vìlnių?* ○ *Automobìlis privažiãvo prie nãmo.* • *žr.* **neprivažiuoti**

priveřsti, priveřčia, prìvertė *vks.* (1) *(kas, ką, + bendr.)* padaryti, kad (kas) (pa)darytų tai, ko nenori: *Jie prìvertė mane atidúoti visùs pìnigus.* ○ *priveřsti vaikùs mókytis* • *žr.* **nepriversti**

prìzas *dkt. v.* (2, 1) tai, kas duodama laimėjusiam rungtynes, varžybas: *laimė́ti prìzą*

prižiūrė́ti, prižiū̃ri, prižiūrė́jo *vks.* (2) *(kas, ką)* rūpintis (kuo), atsakyti už (ką): *Prižiūrė́k tvar̃ką namiẽ.* ○ *Ji prižiū̃ri mū́sų vaikùs.* ○ *Par̃kas yra labaĩ geraĩ prižiū́rimas.* • *žr.* **neprižiūrėti**

prl. *sutr. žr.* **prielinksnis**

prõ *prl.* (su G.) iki (ko) ir toliau: *Jis praė́jo pro manè tylė́damas.* ○ *Pro čià* (pro šią vietą) *autobùsai nevažiúoja.*

problemà *dkt. m.* (2, 6) **1.** sunkus klausimas: *mókslo problemà* **2.** tai, kas kelia rūpesčių: *Ji turi daũg problẽmų – jos mótina ser̃ga, o výras netẽko dárbo.* ○ *peñsininkų problẽmos* ○ *Problemàs reikia spręsti.*

pròcentas *dkt. v.* (1, 1) šimtoji dalis: *Už jį balsãvo peñkiasdešimt šeši pròcentai* (56%) *rinkė́jų.* ○ *Bánkas móka 2 pròcentus* (2%) *palū́kanų.*

procèsas *dkt. v.* (2, 1) visi susiję veiksmai, kuriais kas daroma: *mókymo procèsas*

prodùktas *dkt. v.* (2, 1) tai, kas pagaminta, gaminys: *prãmonės prodùktai* ○ *Válgykite daugiaũ píeno prodùktų.*

prof. *sutr. žr.* **profesorius**

profèsija *dkt. m.* (1, 7) užsiėmimas, kuriam reikia tam tikro išsilavinimo: *mókytojo [téisininko] profèsija*

profèsorius *dkt. v.* (1, 5), **profèsorė** *dkt. m.* (1, 8) aukščiausias aukštosios mokyklos dėstytojo laipsnis; asmuo, kuris turi tą laipsnį: *Jis yra universitèto profèsorius.* • *sutr.* **prof.**

próga *dkt. m.* (1, 6) tinkamas (kam daryti) atvejis; aplinkybės: *Pasitáikius prógai, bū́tinaĩ aplankýsiu jus.* ○ *Ką jam dovanóti gimtãdienio próga?* ○ *Naudódamasis próga, dėkóju visíems už pagálbą.*

prognòzė *dkt. m.* (2, 8) remiantis tam tikromis žiniomis sakymas, kad kas įvyks ar kas bus koks • *žr.* **orų prognozė**

programà *dkt. m.* (2, 6) **1.** dalykų, kuriuos reikia mokėti, turinys: *lietùvių kalbõs egzãmino programà* ○ *sudarýti mókymo prográmą* ○ *mókytis pagal prográmą* **2.** numatomų veiksmų sąrašas; veiksmai, kuriuos tikimasi atlikti: *pártijos programà* **3.** spektaklio ar koncerto atlikėjų, kūrinių, televizijos, radijo laidų sąrašas: *televìzijos [rãdijo, koncèrto] programà*

prokuratūrà *dkt. m.* (2, 6) valstybės įstaiga, prižiūrinti, kaip taikomi įstatymai; jos patalpos: *Mane kviẽčia į prokuratū́rą.*

prokurò ras *dkt. v.* (2, 1), **prokuròrė** *dkt. m.* (2, 8) teisininkas, kurio pareigos – prižiūrėti, kaip taikomi įstatymai, ir atstovauti valstybei teisme: *Ji dìrba prokurorè.* ○ *Kreĩpkis į prokurò rą.*

prospèktas *dkt. v.* (2, 1) plati, tiesi, ilga miesto gatvė: *Susitìkome Gedimìno prospèktè.* • *sutr.* **pr.**

prõtas *vns. dkt. v.* (2, 1) žmogaus sugebėjimas galvoti, suprasti: *Jis (yra) dìdelio prõto žmogùs.*

prótėviai *dgs. dkt. v.* (1, 3) praeities kartos (asmenys, iš kurių kas kilęs, ppr. kurie gyveno prieš daug metų): *gyvénti prótėvių žẽmėje*

protìngas, protìnga *bdv. laipsn.* (1, 1–6) kuris turi daug proto; kuris rodo kieno protą (apie elgesį, kalbą ir pan.): *Jis (yra) labaĩ protìngas (žmogùs).* ○ *Tai labaĩ protìnga kalbà.* • *žr.* **neprotingas**

prõtinis, prõtinė *bdv.* (1, 4–9) susijęs su protu: *prõtinis ir fìzinis dárbas*

protokòlas *dkt. v. (2, 1)* dokumentas, kuriame aprašomas koks nors susirinkimas, įvykis ir pan.: *Protokòlą rãšo susirinkìmo sekretõrius.*

prozà *vns. dkt. m. (2, 6)* grožinė literatūra, parašyta ne kaip eilėraštis: *Leidyklà išléido keliàs pròzos knygàs.*

pròzininkas *dkt. v. (1, 1)*, **pròzininkė** *dkt. m. (1, 8)* prozos kūrėjas

prš. *sutr.* priešingos reikšmės žodis

prv. *sutr. žr.* **prieveiksmis**

ps. *sutr. žr.* **pusdalyvis**

pùblika *vns. dkt. m. (1, 6)* žmonės, susirinkę klausyti, žiūrėti: *Pùblika svéikino koncèrto atlikėjus.* ○ *Spektãklis pùblikai nepatìko.*

pùčia *esam. l. 3 asm. žr.* **pūsti**

pūgà *dkt. m. (4, 6)* stiprus vėjas su sniegu: *Prasidėjo [baĩgėsi] pūgà.*

puikù *jst.* labai gerai: *Aš ateĩsiu pas tavè. – Puikù!*

puikùs, puikì *bdv. (4, 5–8)* labai geras, gražus: *Jū́sų bùtas (yra) tikraĩ puikùs.* ○ *Jìs (yra) puikùs žmogùs.* ○ *puikùs koncèrtas* **puĩkiai** *prv.*: *Tù šiañdien puĩkiai atródai.* ○ *Jū̃s dìrbote puĩkiai.* ○ *Šią̃ ùžduotį jūs atlìkote puĩkiai.* ○ *Kaĩp gyvenì? – Ãčiū, puĩkiai.*

pùlti, púola, puólė *vks. (1) (kas, ką̃)* mėginti sužeisti ar pan.: *Atsargiaĩ, tàs šuõ gali pùlti!* • *žr.* **nepulti**
puolìmas *dkt. v. (2, 1)*

pum̃puras *dkt. v. (3ᵇ, 1)* augalo stiebo dalis, iš kurios išsiskleidžia lapas ar žiedas: *béržo [rõžių] pumpuraĩ*

púodas *dkt. v. (1, 1)* indas maistui ir pan. virti; jame telpantis kiekis: *Prìpilk púodą vandeñs.* ○ *Išpláuk púodus.* ○ *Ìšviriau púodą bùlvių.*

puodas

puodėlis *dkt. v. (2, 3)*, **puodùkas** *dkt. v. (2, 1)* nedidelis puodas (ppr. su rankena) gerti; jame telpantis kiekis: *Išgérk puodėlį píeno.* ○ *Prã-*
puodelis
šom dù puodukùs kavõs (sakoma už(si)sakant). • Palyginkite: *arbãtos puodèlis* (puodelis arbatai gerti); *puodėlis arbãtos* (kiekis)

púokštė *dkt. m. (1, 8)* kartu surištos ar į vazą sudėtos skintos gėlės: *rõžių púokštė* ○ *Ìmk víeną šių̃ púokščių.*

puokštė

púola *esam. l. 3 asm. žr.* **pulti**

púolė *būt. l. 3 asm. žr.* **pulti**

puolìmas *dkt. v. (2, 1) žr.* **pulti**

puõšti, puõšia, puõšė *vks. (1)* **1.** *(kas, ką, kuo)* daryti gražesnį pridedant tam skirtų daiktų: *Ką̃ dabař veiki? – Puošiù eglùtę.* ○ *Puošiu* (būs. l.) *bùtą gėlėmìs [pavéikslais].* **2.** *(kas, ką)* (turėti ypatybę) daryti gražesnį: *Gėlės ir pavéikslai puõšia kam̃barį.* • *žr.* **nepuošti**
puošìmas *dkt. v. (2, 1) (ko)*

puõštis, puõšiasi, puõšėsi *sgr. vks. (1) (kas, kuo)* puošti save: *puõštis auskaraĩs [segè]* ○ *Puošiuosi* (esam. l.) *karõliais.* ○ *Puošiuosi* (būs. l.) *grandinėlè.* • *žr.* **nesipuošti**
puošìmasis *dkt. v. (1, 1a)*

pupẽlė *dkt. m. (2, 8)* pailga maistui vartojama sėkla; jas vedantis augalas: *Aš mėgstu pupẽlių sriùbą [sriùbą su pupẽlėmis].* ○ *pupẽlių salõtos* • *žr.* **kavos pupelės**

pupelės

puřkšti, puřškia, puřškė *vks. (1) (kas, ką, kuo)* daryti, kad kristų (ant ko) purslais (dažant ir pan.): *puřkšti síeną dažaĩs* • *žr.* **nepurkšti, papurkšti**

purkšti

puřslai *dgs. dkt. v. (2, 1)* labai maži skysčio lašeliai, kurie juda oru: *vandeñs puřslai*

puřvas *vns. dkt. v. (4, 1)* medžiaga, kuri daro kitus daiktus nešvarius, pvz., šlapia žemė, dulkės ir pan.

pur̃vinas, purvinà *bdv. (3ᵇ, 1–6)* išteptas purvu, nešvarus: *Nusivalýk batùs, nes jie (yra) purvinì.* o *Mano rañkos (yra) pur̃vinos, kur̃ galė́čiau nusipláuti?* o *Automobìlis pur̃vinas, reĩkia važiúoti į plovỹklą.*

pùs *būs. l. 3 asm. žr.* **pūti**

pū̃s *būs. l. 3 asm. žr.* **pūsti**

pusañtro, pusantrõs *skt.* (tik K.), **pusantrų̃** *dgs.* vienas ir pusė (1,5): *Nupir̃k pusañtro kilogrãmo dešrõs.* o *Skaitỹkloje buvaũ pusantrõs valandõs.* o *Mès jo láukėme pusantrõs valandõs.* o *Vaĩkui jau (yra) pusantrų̃ mė́tų.* • Taip pat sudaromi skt. iš kitų klnt. skt. nuo **trečias** iki **dešimtas**, pvz., **pustrẽčio, pustrečiõs** (2,5), **pusketvir̃to, pusketvir̃tõs** (3,5) ir t. t.)

pùsbrolis *dkt. v. (1, 3)* (kieno) dėdės ar tetos sūnus; *dgs.* brolių ar seserų sūnūs vienas kitam: *Susipažìnk: Jõnas – mano pùsbrolis.* o *Àš ir Jõnas ė́same pùsbroliai.*

pùsdalyvis *dkt. v. (1, 3) gram.* veiksmažodžio forma, kaitoma skaičiais ir giminėmis: *„Eĩdamas", „eidamà" yra pùsdalyviai.* • *sutr.* **ps.**

pùsė *dkt. m. (2, 8)* **1.** viena iš dviejų lygių dalių: *padarýti pùsę dárbo* o *pir̃kti pùsę kẽpalo dúonos* o *Stãlo plõtis – pùsė mètro.* **2.** kiekvienas iš plokščių daikto paviršių; prie šio paviršiaus esanti vieta: *Automobìlių stovė́jimo aikštẽlė yra kitojè nãmo pùsėje.* **3.** vienas iš dviejų plokščio daikto paviršių: *Pãšto ženklą̃ reĩkia klijúoti šiojè vóko pùsėje.* o *rašýti abiejosè põpieriaus lãpo pùsėse* **4.** vieta, kryptis nuo ko vidurio, centro: *Širdìs yra kairėjè (krūtinės) pùsėje.* **pùsė pirmõs / dviejų̃ / trijų̃** ir t. t. (pasakant laiką) 00.30 ar 12.30 / 01.30 ar 13.30 / 02.30 ar 14.30 ir t. t.

pusiáu *prv.* **1.** į dvi lygias dalis: *dalýti pìnigus [pyragáitį] pusiáu* **2.** ne visai: *Úogos dar pusiáu prinókusios.* **3.** beveik: *Mesà jau pusiáu išvìrusi.*

pùskojinė *dkt. m. (1, 8)* kojinė iki kelių; kojinė, dengianti kulkšnis: *vaĩkiškos [výriškos] pùskojinės*

puskojinė

pùslapis *dkt. v. (1, 3)* viena popieriaus, laikraščio, knygos lapo pusė: *Šiojè knỹgoje yra dù šimtaĩ peñkiasdešimt (250) pùslapių.* o *Pratìmas yra dvidešimtãjame pùslapyje.* • *sutr.* **p.**

pùslitris *dkt. v. (1, 3)* pusė litro

pùsryčiai *dgs. dkt. v. (1, 3)* pirmas dienos valgis: *paválgyti pùsryčius* o *Pùsryčiams išgė́riau kavõs puodẽlį.*

pùsryčiauti, pùsryčiauja, pùsryčiavo *vks. (1) (kas)* valgyti pusryčius: *Keliñtą vãlandą jūs pùsryčiaujate?* • *neig.* **nepùsryčiauti**

pùsseserė *dkt. m. (1, 8)* (kieno) dėdės ar tetos duktė; *dgs.* brolių ar seserų dukterys viena kitai: o *Jì yra mano pùsseserė.* o *Àš ir jì ė́same pùsseserės.*

pū̃sti, pùčia, pū̃tė *vks. (1)* **1.** *(kas)* judėti oro srovei: *Pū̃tė stipriùs vė́jas.* **2.** *(kas, ką)* pildant oro daryti tvirtą: *pū̃sti automobìlio pãdangą* **3.** *(kas)* versti judėti (orą) per burną ar nosį. **4.** *(kas, ką)* verčiant judėti oro srovę per burną groti (tam tikrais instrumentais): *pū̃sti trimìtą* • *būs. l. 3 asm.* **pū̃s**; *žr.* **nepū̃sti**; (2) **pripū̃sti**

pùsvalandis *dkt. v. (1, 3)* pusės valandos laiko tarpas (30 min.): *Ateĩkite po pùsvalandžio.* o *Láukiau tavę̃s pùsvalandį.*

pušýnas *dkt. v. (1, 1)* pušų miškas

pušìs *dkt. m. (4, 9)* spygliuotas visą laiką žalias medis: *Pajū́ryje áuga pū́šys.* o *pušų̃ kvãpas*

pū̃tė *būt. l. 3 asm. žr.* **pūsti**

pū́ti, pū́va, pùvo *vks. (1) (kas)* gesti (apie vaisius, daržoves ir pan.) • *būs. l. 3 asm.* **pùs**; *neig.* **nepū́ti**; *žr.* **supū́ti**

pušìs

pùtos *dgs. dkt. m. (2, 6)* balta ir pan. medžiaga, atsirandanti ant skysčio paviršiaus: *alaũs pùtos*

putóti, putója, putójo *vks. (1) (kas)* darytis su putomis: *Šampãnas putója.* • *neig.* **neputóti**

pvz. *sutr. žr.* **pavyzdžiui**

R r

R, r dvidešimt trečioji lietuvių kalbos abėcėlės raidė

radiãtorius *dkt. v. (1, 5)* patalpų šildymo sistemos dalis, ppr. tvirtinama prie sienos: *Radiãtoriai dar šaltì.*

rãdijas *dkt. v. (1, 2)* **1.** tam tikras garsų perdavimo ir gavimo oru būdas: *rãdijo aparãtas* **2.** aparatas, kuriuo galima girdėti tokius garsus: *Įjùngiau rãdiją.* **3.** tokiu būdu perduodami garsai (kalba, muzika): *klausýtis rãdijo* ○ *klausýti žinių per rãdiją* **4.** įstaiga, kuri tokiu būdu perduoda garsus (kalbą, muziką); tos įstaigos patalpos: *Jõnas dìrba rãdijuje.*

radinỹs *dkt. v. (3ᵇ, 3)* vieno pamestas ir kito rastas daiktas
radinių biùras įstaiga, kurioje laikomi rasti daiktai

rãdo *būt. l. 3 asm. žr.* **rasti**

rãgana *dkt. m. (1, 6)* pasakų veikėja, kuri, naudodamasi burtais, daro kitiems bloga

rãgas *dkt. v. (4, 1)* kieta, smaili išauga gyvūno kaktoje: *kárvės [bríedžio] ragaĩ* • *žr. pieš.* **briedis**

ragáuti, ragáuja, ragãvo *vks. (1) (kas, ką)* dėti į burną (ko) gabalėlį ar truputį (ko) išgerti, norint sužinoti, koks (ko) skonis: *Prãšom ragáuti pyrãgo.* ○ *Ar jaũ ragãvote sū́rio [vỹno]?* • *žr.* **neragauti, paragauti**
ragãvimas *dkt. v. (1, 1) (ko)*

ragẽlis *dkt. v. (2, 3)* telefono aparato dalis, į kurią kalbama ir kuria klausoma • *žr. t. p.* **telefono ragelis; padėti ragelį, pakelti ragelį;** *žr. pieš.* **telefonas**

rãginti, rãgina, rãgino *vks. (1) (kas, ką, + bendr.)* sakyti, kad kas ką (greičiau) darytų: *Mótina rãgina vaikùs eĩti miegóti.* ○ *Viršininkas rãgina dìrbti.* • *žr.* **neraginti**
rãginimas *dkt. v. (1, 1) (ko)*

raĩdė *dkt. m. (2, 8), t. p.* **raĩdė̃** *(4, 8)* kalbos garso ženklas: *Lietùvių kalbõs abėcėlėje yra trìsdešimt dvì (32) raĩdės.* ○ *dìdžiosios raĩdės (A, B, C ir t. t.)* ○ *mãžosios raĩdės (a, b, c ir t. t.)* ○ *Kíek raĩdžių yra žõdyje „chòras"? – Šẽšios (6).*

raištẽlis *dkt. v. (2, 3)* siauras raištis: *Susirìšk bãtų raišteliùs.*

raĩštis *dkt. v. (2, 3)* siūlų, audinio ir kt. gaminys kam rišti

raĩtas, raità *bdv. (4, 1–6)* sėdintis ant arklio: *raĩtas polìcininkas*

rajònas *dkt. v. (2, 1)* **1.** Lietuvos teritorijos vienetas, kuriam vadovauja savivaldybė: *Lietuvojè yra kẽturiasdešimt keturì rajõnai.* **2.** didelio miesto teritorijos vienetas, kuriam vadovauja seniūnija: *Kuriamè Vìlniaus rajonè gyvenì?*

rakẽtė *dkt. m. (2, 8)* daiktas, naudojamas kamuoliukui mušti žaidžiant tenisą: *mùšti kamuoliùką rakẽtė*

rakìnti, rakìna, rakìno *vks. (1) (kas, ką)* atrakinti arba užrakinti: *rakìnti durìs [bùtą]* • *žr.* **atrakinti, nerakinti, užrakinti**

rãktas *dkt. v. (2, 1)* tam tikros formos metalo gabalėlis durims su spyna rakinti: *Sáugok namų̃ raktùs.* ○ *Pamėčiau spìntos rãktą.* ○ *Aš neturiù šių̃ dùrų rãkto.*

ramùnė *dkt. m. (2, 8)* laukų gėlė baltais žiedais: *ramùnių púokštė* ○ *skìnti ramùnės*

ramunė

ramùs, ramì *bdv. laipsn. (4, 5–8)* **1.** kuris nejuda (apie vandenį, orą): *Jūra šiandien (yra) ramì, galime eiti maudytis.* ○ *Óras (yra) ramùs, vėjo nėrà.* **2.** kuriame nėra triukšmo: *Gyvenù ramiojè gatvėje [ramiamè rajonè].* **3.** kuris nesijaudina; kuris neverkia (apie kūdikį) • *žr.* **neramus**

rañda *esam. l. 3 asm. žr.* **rasti**

rañką *dkt. m. (2, 6)* **1.** kiekviena iš dviejų žmogaus kūno viršutinių judančių dalių, kurios prasideda nuo peties ir baigiasi pirštais: *susiláužyti rañką* **2.** šios kūno dalies galas su pirštais: *laikýti rañkoje gėlės* ○ *Be pirštinių šálta rañkoms.* • *žr. pieš.* **kūnas rañkomis** *(dgs. Įn.)* nenaudojant mašinos: *skalbti rañkomis* ○ *siūti suknélę rañkomis* **rañkų dárbo** pagamintas rankomis, ne mašina: *rañkų dárbo megztìnis*

rañkena *dkt. m. (1, 6), t. p.* **rankenà** *(3ᵇ, 6)* daikto dalis, padaryta tam, kad jį būtų galima paimti, atidaryti ir pan.: *dùrų [kibìro] rañkena* ○ *Šio krepšèlio rañkenos (yra) trumpos.*

rañkinė *dkt. m. (1, 8)* nedidelis krepšys nešioti piniginei, raktams ir pan.: *výriškos [móteriškos] rañkinės* • *plg.* **rankinukas**

rañkininkas *dkt. v. (1, 1),* **rañkininkė** *dkt. m. (1, 8)* rankinio žaidėjas

rañkinis¹ *vns. dkt. v. (1, 3)* sporto žaidimas, kai rankomis stengiamasi įmesti kamuolį į vartus: *Mano sūnùs žaĩdžia rañkinį.*

rañkinis², rañkinė *bdv. (1, 4–9)* nešiojamas (2) ant rankos; nešamas ranka: *rañkinis laĩkrodis* ○ *rañkinis bagãžas*

rankinùkas *dkt. v. (2, 1)* moteriška rankinė: *madìngas rankinùkas* ○ *rankinùko dirželis* • *plg.* **rankinė**

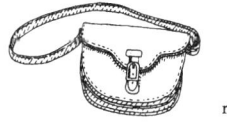
rankinukas

rankóvė *dkt. m. (1, 8)* drabužio dalis, kuri dengia ranką: *marškiniaĩ trumpomìs rankóvėmis* ○ *Apsirenk suknélę ilgomìs rankóvėmis.* ○ *pérsiplėšti rankóvę* • *žr. pieš.* **marškiniai**

rañkšluostis *dkt. v. (1, 3)* pailgas audinio gabalas kūnui šluostyti: *Nusipláuk rankàs ir nusišlúostyk (su) rañkšluosčiu.*

rasà *vns. dkt. m. (4, 6)* maži vandens lašai, kurie atsiranda ant augalų naktį: *Rýtą žolė buvo šlapià nuo rasõs.*

ràsti, rañda, rãdo *vks. (1) (kas, ką)* **1.** ieškant gauti (tai, kas buvo pamesta ar nežinoma ir pan.): *Ar radaĩ rãktą?* ○ *Vãkar pàmečiau skėtį, o šiañdien radaũ.* **2.** neieškant pamatyti (ppr. tai, kas kito asmens pamesta): *Jis rãdo autobusè pìniginę.* ○ *Kur̃ tu radaĩ mano knýgą?* • *žr.* **nerasti**

rãšalas *dkt. v. (3ᵇ, 1)* skystis rašyti: *Ar tùrite rãšalo?*

rãšalinė *dkt. m. (2, 8)* rašalo indelis

rašýba *vns. dkt. m. (1, 6)* nustatyta žodžių rašymo raidėmis tvarka: *mókytis rašýbos* ○ *mokė́ti rašýbą* ○ *rašýbos taisỹklės*

rašìklis *dkt. v. (2, 3)* rašymo įrankis: *Pár̃keris, tušinùkas, pieštùkas yra rašìkliai.*

rašinỹs *dkt. v. (3ᵇ, 3)* **1.** parašytas tekstas. **2.** (mokiniams kaip užduotis duodamas atlikti) kūrinys raštu tam tikra tema: *Mokiniaĩ rãšė rašinį̃ apie vãsaros atóstogas.*

rašýsena *vns. dkt. m. (1, 6)* rašymo būdas: *gražì rašýsena*

rašýti, rãšo, rãšė *vks. (3)* **1.** *(kas; kas, ką)* daryti popieriuje ar kur kitur ženklus (raides, skaitmenis ir pan.): *Mergaĩtė jaũ móka rašýti.* ○ *rašýti tušinukù [pieštukù]* ○ *rašýti kreidà lentojè [ant lentõs]* ○ *Mókytoja áiškino, kaĩp rãšomas žõdis „drąsà".* ○ *Jūs̃ gražiaĩ rãšote (jūsų rašysena graži).* **2.** *(kas, ką)* sudaryti kokį tekstą, kurti mokslo, literatūros, muzikos ar kt. kūrinį: *Kám tu rašaĩ láišką?* ○ *rašýti atsãkymą [strãipsnį, pranešìmą]* ○ *rašýti romãną [òperą]* ○ *rašýti vadovėlį* **3.** *(kas)* būti tinkamam rašyti (1): *Ar šis tušinùkas rãšo?* **4.** *(kas, kaip)* (apie rašiklį) daryti kokią liniją: *Šis párkeris storaĩ rãšo.* • *žr.* **įrašyti, nerašyti, parašyti, surašyti, užrašyti**

rašymas *dkt. v. (1, 1) (ko)*

rašýtojas *dkt. v. (1, 2),* **rašýtoja** *dkt. m. (1, 7)* asmuo, kuris kuria grožinės literatūros kūrinius: *Ji yra garsì rašýtoja.*

rãšomasis, rãšomoji *įvr. dlv. [2]*
rãšomasis stãlas stalas su stalčiais, prie kurio sėdint rašoma, skaitoma ir pan.

rãštas *dkt. v. (2, 1)* **1.** tam tikram reikalui parašytas tekstas: *išsiųsti rãštų į ministèrijų* ○ *Aš gavaũ rãštą iš polìcijos.* **2.** linijos, formos, spaĨvos audinio ir pan. paviršiuje: *gražùs tapètų rãštas*
raštù *(vns. Įn.)* rašant: *Lietùvių kalbõs egzãminą laikiaũ raštù ir žodžiù.*

rãštinė *dkt. m. (1, 8)* įstaigos skyrius, kuriame tvarkomi dokumentai, raštai; to skyriaus patalpos

rãtas *dkt. v. (2, 1)* transporto priemonės ir pan. apvali dalis, kuria ji juda žemės paviršiumi: *Automobìlis turi kẽturis ratùs, o dvìratis – dù.*

ratẽlis *dkt. v. (2, 3)*, **ratùkas** *dkt. v. (2, 1)* nedidelis ratas

raudónai, *t. p.* **raudonaĩ** *prv.* raudona spalva (dažyti, tepti); raudonos spalvos drabužiais (rengtis, dėvėti): *dažýtis lúpas raudónai* ○ *Tą vãkarą ji buvo apsireñgusi raudónai.*

raudónas, raudóna *bdv. (1, 1–6), t. p.* **raudónas, raudonà** *(3, 1–6)* kuris kraujo spalvos; kaip kraujo (apie spalvą): *Aš mė́gstu raudónas rožès.* ○ *Jos lúpos (yra) raudónos.* ○ *dėvė́ti raudóną suknẽlę [raudóna suknelė]*

raugìntas, raugìnta *bdv. (1, 1–6)* **1.** pagamintas su prieskoniais tam tikru būdu ir įgijęs rūgštų skonį: *raugìnti kopū́stai [agur̃kai]* **2.** *žr.* **rū́gštus** *(2):* **raugìntas píenas**

raukšlė̃ *dkt. m. (4, 8)* **1.** nelygi odos vieta: *Jos veidè nėrà nė vienõs raukšlė̃s.* ○ *Senẽlės véidas pìlnas raukšlių̃.* **2.** nelygi drabužio vieta, atsiradusi sulenkiant ir pan.: *lýginti sijõno raukšlès*

raumuõ *dkt. v. (3ᵇ, 11)* kiekviena iš kūno dalių, kuri judina galūnes ar kitas kūno dalis: *Jis turi stipriùs raũmenis.* ○ *kójos raũmenys* ○ *raumenų̃ skaũsmas*

ráuti, ráuna, róvė *vks. (1) (kas, ką)* traukti su šaknimis: *ráuti piktžolès [mor̃kàs]* • *žr.* **išráuti, neráuti**

ravė́ti, rãvi, ravė́jo *vks. (2) (kas, ką)* rauti piktžoles (iš ko): *ravė́ti daržą̃* • *žr.* **neravė́ti**

razinà *dkt. m. (2, 6)* džiovinta vynuogė: *pyrãgas su razìnomis*

recèptas *dkt. v. (2, 1)* **1.** gydytojo duodamas dokumentas, pagal kurį vaistinėje perkami ar nemokamai gaunami vaistai: *Šie váistai parduodamì be recèpto [su recèptù].* **2.** tam tikro patiekalo sudėtis, gaminimo būdas; jo aprašymas: *Kóks šio pãtiekalo recèptas?* ○ *kèpti pyrãgą pagal recèptą*

rečiaũ *prv. aukšt. l. žr.* **retaĩ:** *Jis ateĩna pas mus rečiaũ negu tù.* • *prš.* **dažniaũ**

rečiáusiai *prv. aukšč. l. žr.* **retaĩ:** *Jis ateĩna pas mus rečiáusiai (iš visų̃).* • *prš.* **dažniáusiai** (1)

redagúoti, redagúoja, redagãvo *vks. (1) (kas, ką)* rengti spaudai (tekstą) sprendžiant, kurias jo dalis palikti, kurias praleisti, taisant, tikrinant ir pan. • *žr.* **neredaguoti**

redagãvimas *dkt. v. (1, 1) (ko): knỹgos redagãvimas*

redãkcija *dkt. m. (1, 7)* įstaiga, kurioje rengiami spaudai žurnalai, laikraščiai; tos įstaigos patalpos: *Dìrbu „Respùblikos" redãkcijoje.* ○ *žurnãlo „Móteris" redãkcija*

redãktorius *dkt. v. (1, 5)*, **redãktorė** *dkt. m. (1, 8)* **1.** asmuo, kuris redaguoja. **2.** asmuo, kuris vadovauja redakcijai

refòrma *dkt. m. (1, 6)* sistemos ir pan. pakeitimas, kurio tikslas – padaryti ją geresnę: *šviẽtimo refòrma*

regė́jimas *vns. dkt. v. (1, 1)* sugebėjimas matyti: *Mano regė́jimas (yra) sìlpnas.* ○ *Akìs – regė́jimo òrganas.*

registrãcija *dkt. m. (1, 7)* rašymas į sąrašą: *keleĩvių registrãcija* ○ *registrãcijos vietà*

registratū̀ra *dkt. m. (2, 6)* įstaigos skyrius, kuriame atliekama registracija: *Prãšom užeĩti į registratū̀rą.* ○ *Blánką gáusite registratū̀roje.*

registrúotas, registrúota *bdv. (1, 1–6)* **registrúotas láiškas** laiškas, kuris pašte registruojamas ir už tam tikrą mokestį suteikiama garantija, kad jis nedings: *siųsti registrúotą láišką*

registrúoti, registrúoja, registrãvo *vks. (1) (kas, ką)* rašyti į sąrašą, į dokumentus: *registrúoti sántuoką* ○ *Jau registrúojami ke-*

leĩviai, kurie skreñda į Pãlangą. • žr. **neregistruoti, užregistruoti**
registrãvimas *dkt. v. (1, 1) (ko): keleĩvių registrãvimas*

registrúotis, registrúojasi, registrãvosi *sgr. vks. (1) (kas)* rašyti savo pavardę į sąrašą, į dokumentus: *Šiuo metų registrúojasi konfereñcijos dalỹviai.* • žr. **nesiregistruoti, užsiregistruoti**
registrãvimasis *dkt. v. (1, 1a)*

reguliúoti, reguliúoja, reguliãvo *vks. (1) (kas, ką)* tvarkyti: *reguliúoti eĩsmą* • žr. **nereguliuoti**

reĩkalas *dkt. v. (3^b, 1)* tai, dėl ko reikia ką daryti; dalykas: *Turiù miestè svarbių reikalų.* ○ *aptar̃ti dárbo reĩkalus su viršininku* ○ *šeimõs [veršlo] reikalaĩ*

reikaláuti, reikaláuja, reikalãvo *vks. (1)* **1.** *(kas, iš ko, ko /+ bendr. / + šs)* versti ką duoti, atlikti: *Jis reikalãvo grąžinti (jam) skõlą.* ○ *Ji reikaláuja iš manęs pinigų.* ○ *Aš reikaláuju, kad jūs baĩgtumėte remòntą rytój.* **2.** *(kas, ko)* kam reikėti ko: *Toks põelgis reikaláuja drąsõs* (tokiam poelgiui reikia drąsos). • neig. **nereikaláuti**

reikalãvimas *dkt. v. (1, 1)* tai, ko kas reikalauja: *Prãšom pasakýti savo reikalãvimus.* ○ *taisỹklių reikalãvimai* (tai, ką reikia daryti pagal taisykles)

reikalìngas, reikalìnga *bdv. laipsn. (1, 1–6) (kam)* kurio reikia, būtinas: *Augalámis (yra) reikalìnga šviesà.* ○ *Šis darbúotojas mums (yra) labaĩ reikalìngas.* ○ *Mán ta knygà (yra) reikalìnga.* • žr. **nereikalingas**

reikė́ti, reĩkia, reikė́jo *vks. (1)* **1.** *(kam, ko)* turėti poreikį: *Man reĩkia naujų bãtų.* ○ *Jam labaĩ reĩkia pinigų.* **2.** *(kam, + bendr./ kokiam/ + šs)* būti būtina, privaloma ir pan., turėti: *Tau reĩkia išmókti lietùvių kal̃bą.* ○ *Tau rcikė́jo bū́ti atsargesniám.* ○ *Jau vėlù, mums reĩkia eĩti namõ.* ○ *Reĩkia, kad tu greičiáu išmõktum vairúoti.* • neig. **nereikė́ti**

reikmuõ *dkt. v. (3^b, 11)* daiktas, būtinas kam nors daryti, atlikti: *Įstaigai reĩkia daũg rãšymo reikmenų.* ○ *Dantų̃ šepetė̃lis, šùkos yra tualèto reĩkmenys.*

reikšmė̃ *dkt. m. (3, 8)* **1.** tai, ką žmogus turi suprasti klausydamas ar skaitydamas žodį, matydamas ženklą ir pan.: *Kokià šio žõdžio reikšmė̃?* ○ *Žodýne áiškinamos žõdžių réikšmės.* **2.** svarbumas: *didelės reikšmė̃s įvykis*

réikšti, réiškia, réiškė *vks. (1)* **1.** *(kas, ką)* turėti reikšmę: *Atsiprašaũ, ką̃ réiškia žõdis „rùpūžė"?* ○ *Nesuprantù, ką réiškia tas žénklas.* **2.** *(kas, ką, kam)* rodyti, ppr. žodžiais: *réikšti méilę [pãgarbą, pãdėką, užúojautą]* ○ *réikšti nepasiténkinimą* • žr. **nereĩkšti**
reiškìmas *dkt. v. (2, 1) (ko):* mìnčių reiškìmo bū̃dai

reĩsas *dkt. v. (2, 1)* transporto priemonės vykimas tam tikru maršrutu: *Iš Vìlniaus į Kaũną per diẽną yra daũg autobùsų reĩsų.* ○ *Vỹksime šešióliktos valandõs reisù.*

réiškė *būt. l. 3 asm.* žr. **reĩkšti**

réiškia *esam. l. 3 asm.* žr. **reĩkšti**

reiškìmas *dkt. v. (2, 1)* žr. **reĩkšti**

reiškinỹs *dkt. v. (3^a, 3)* tai, kas vyksta, yra matoma: *Perkū́nija, žaĩbas yra gamtõs reiškiniaĩ.* ○ *Kaĩp jūs áiškintumėte šį́ réiškinį?*

reklamà *dkt. m. (2, 6)* tai, kas naudojama prekėms ir pan. reklamuoti (skelbimas laikraštyje, radijo ar televizijos laida ir pan.): *Televìzija ródo muĩlo reklãmą.* ○ *Reklamõs spáusdina visì laĩkraščiai.* ○ *Šiai prẽkei trū́ksta reklãmos.*

reklamúoti, reklamúoja, reklamãvo *vks. (1) (kas, ką)* viešai pranešti apie prekes, paslaugas ir pan., kad jas pirktų, jomis naudotųsi: *reklamúoti muĩlą [dãžus, pãšto pãslaugas]* • žr. **nereklamuoti**

rekomendúoti, rekomendúoja, rekomendãvo *vks. (1) (kas, ką, kam)* siūlyti kaip vertingą, gerą: *Mán jį́ rekomendãvo kaip puĩkų specialìstą.* • žr. **nerekomenduoti**

rė̃kti, rė̃kia, rė̃kė *vks. (1) (kas)* kalbėti labai garsiu balsu, šaukti: *Kõ jūs rė̃kiate, aš jus geraĩ girdžiù.* • neig. **nerė̃kti**
rėkìmas *dkt. v. (2, 1)*

relìgija *dkt. m. (1, 7)* tikėjimas dievais (Dievu): *krikščiónių [musulmõnų] relìgija*

relìginis, relìginė *bdv. (1, 4–9)* susijęs su religija

rė́mai *dgs. dkt. v. (1, 1)* kietas paveikslo, akinių stiklų ir pan. kraštas: *medìniai pavéikslo rė́mai*

rė̃mė *būt. l. 3 asm. žr.* **remti**

rėmė́jas *dkt. v. (1, 2)*, **rėmė́ja** *dkt. m. (1, 7)* asmuo ar organizacija, kurie pinigais ar pan. padeda ką padaryti, organizuoti: *Dainų̃ šveñtės organizãtoriams padė́jo turtìngi rėmė́jai.*

rėmė́liai *dgs. dkt. v. (2, 3)* nedideli rėmai (ppr. sakoma apie akinių rėmus)

rė̃mėsi *būt. l. 3 asm. žr.* **remtis**

remòntas *dkt. v. (1, 1)* namų, mašinų ir kitokių didelių daiktų taisymas: *Dėl remònto negãlima važiúoti tuo keliù.* ○ *tìlto [bùto] remòntas*

remontúoti, remontúoja, remontãvo *vks. (1) (kas, ką)* atlikti remontą, taisyti: *Jis labai geraĩ remontúoja automobiliùs.* ○ *remontúoti namùs [keliùs, tìltus]* • *žr.* **neremontuoti, suremontuoti**

rem̃ti, rėmia, rė̃mė *vks. (1)* 1. *(kas, ką)* kam pritarti: *Mes rem̃sime jūsų siū́lomą kandidãtą.* 2. *(kas, ką, kuo)* būti ko rėmėju: *Daũg kas juos rẽmia pinigaĩs.* • *žr.* **neremti**
rėmìmas *dkt. v. (2, 1)*

rem̃tis, rėmiasi, rė̃mėsi *sgr. vks. (1)* 1. *(kas, kuo, į ką)* savo svorį laikyti ant ko: *rem̃tis kójomis į žẽmę* ○ *Skaũda kóją, eĩdamas turiu rem̃tis lazdà.* 2. *(kas, kuo)* laikyti (ką) pakankama informacija ką teigiant: *Kuõ rem̃damasis jūs tvìrtinate, kad aš pàvogiau pìnigus?* ○ *rem̃tis móksklo duomenimìs* • *žr.* **nesiremti**

renginỹs *dkt. v. (3ᵇ, 3)* kas rengiama, organizuojama: *Vãsarą Vìlniuje vỹksta daũg renginių̃: koncèrtų, dainų̃ šveñčių, įvairių̃ mùgių.*

reñgti, reñgia, reñgė *vks. (1)* 1. *(kas, ką)* daryti, kad kieno kūną dengtų (kūno nedengtų) drabužis (drabužiai); aprengti ar nurengti: *reñgti vaĩką megztiniù* 2. *(kas, ką)* kurti, sudaryti, daryti tinkamą (įstatymą, dokumentą): *reñgti įstatymą [strái̇́psnį]* 3. *(kas, ką)* organizuoti: *reñgti vestùves* 4. *(kas, ką, kam)* mokyti: *reñgti mókinį egzãminui* • *žr.* **aprengti, nerengti, nurengti**; *plg.* **rengtis**
rengìmas *dkt. v. (2, 1) (ko)*: *įstatymo rengìmas*

reñgtis, reñgiasi, reñgėsi *sgr. vks. (1)* 1. *(kas; kas, ką / kuo)* rengti save: *Reñkis megztìnį [megztiniù], šálta.* ○ *Reñkis greičiaũ!* ○ *Kuõ tu šiañdien reñgsiesi?* 2. *(kaip/kuo)* dėvėti: *Ji reñgiasi madìngai.* 3. *(kas, kam)* mokytis to, kas būtina, ko reikia (kam): *reñgtis egzãminams [konkùrsui]* • *žr.* **nesirengti, pasirengti**
rengìmasis *dkt. v. (1, 1a)*

reñka *esam. l. 3 asm. žr.* **rinkti**

repertuãras *dkt. v. (2, 1)* kūriniai, kuriuos kas moka atlikti ar atlieka tam tikrą laiką: *teãtro grúodžio mė́nesio repertuãras* ○ *To spektãklio nėrà teãtro repertuarè.* ○ *Šios atlikė́jos repertuãras labaĩ įvairùs.*

rẽplės *dgs. dkt. m. (2, 8)* metalinis įrankis kam traukti, pvz., vinims, dantims ir pan.: *Prãšom padúoti man rẽples.*

replės

reportãžas *dkt. v. (2, 1)* žurnalisto pranešimas, kuriame perduodama informacija iš įvykio vietos: *reportãžas iš teĩsmo sãlės*

respùblika *dkt. m. (1, 6)* valstybė, kurią valdo jos piliečių išrinktas parlamentas ir prezidentas: *Lietuvõs Respùblika*

restorãnas *dkt. v. (2, 1)* vieta, kur galima pirkti patiekalus, gėrimus ir ten juos valgyti, gerti: *Tamè restoranè dar nebuvaũ.* ○ *restorãno padavė́jas*

retaĩ *prv. laipsn.* nedažnai: *Aš retaĩ čia užeinù.* ○ *Jis retaĩ mus aplañko.* • *prš.* **dažnai**; *žr.* **rečiau, rečiausiai**

rẽtas, retà *bdv. laipsn. (4, 1–6)* 1. kuris su nemažais tarpais: *rẽtas mìškas* ○ *retì krū́mai [plaukaĩ]* ○ *Jos dañtys (yra) retì.* ○ *Tas audinỹs (yra) rẽtas.* ○ *rẽtos šukõs* 2. kuris atsitinka nemažais laiko tarpais: *Tai labaĩ rẽtas atsitìkimas.* • (1) *prš.* **tankus**; (2) *prš.* **dažnas**

rẽtkarčiais *prv.* nelabai dažnai: *Aš aplankaũ juos rẽtkarčiais.* ○ *Rẽtkarčiais užeinù į knygýną.*

rezervúoti, rezervúoja, rezervãvo *vks. (1) (kas, ką, kam)* pagal užsakymą iš anksto palikti kam laisvą ar neparduotą kitiems: *rezervúoti viẽtą viẽšbutyje* ○ *Prašaũ man víenai* *saváitei rezervúoti kam̃barį.* ○ *Dẽšimt bìlietų rezervúokite spektãklio režisiẽriui.* • *žr.* **nerezervuoti**

rezultãtas *dkt. v. (2, 1)* **1**. tai, kas gaunama po tam tikro veiksmo, kas įvyksta dėl kokios priežasties: *tyrìmų rezultãtai* **2**. žinios apie tai, kaip kas (varžybos, egzaminas ir pan.) baigėsi: *egzãminų rezultãtai* ○ *Prànešė rungtỹnių rezultãtą – nùlis nùlis (0 : 0).*

režisiẽrius *dkt. v. (2, 5),* **režisiẽrė** *dkt. m. (2, 8)* asmuo, kuris režisuoja: *Kàs šio spektãklio režisiẽrius?* ○ *Nesù mãčiusi nė víeno šios režisiẽrės režisúoto spektãklio.*

režisúoti, režisúoja, režisãvo *vks. (1) (kas, ką)* vadovauti spektaklio, filmo ir pan. kūrimui • *žr.* **nerežisuoti**

ribà *dkt. m. (4, 6)* **1**. linija, kuri skiria ką; vieta ar laikas, kur kas baigiasi ir prasideda kas kitas: *miẽsto rìbos* **2**. didžiausias ar mažiausias galimas ar leidžiamas laipsnis: *svõrio [greĩčio] rìbà*

ribótas, ribóta *bdv. (1, 1–6)* tam tikro leistino dydžio, kiekio: *Bìlietų skaĩčius (yra) ribótas, visíems gãli neužtèkti.*

ribóti, ribója, ribójo *vks. (1) (kas, ką)* nustatyti ribą (ribas): *Miestè greĩtis (yra) ribójamas.* • *žr.* **neriboti**
ribójimas *dkt. v. (1, 1) (ko): greĩčio ribójimas*

ribótis, ribójasi, ribójosi *sgr. vks. (1) (kas, su kuo)* turėti bendrą ribą: *Šiáurėje Lietuvà ribójasi su Lãtvija.* • *žr.* **nesiriboti**

riebalaĩ *dgs. dkt. v. (3ᵃ, 1)* gyvūnų kūno ar augalų medžiaga; iš jos gaminamas maisto produktas: *kèpti žùvį riebaluosè* ○ *Nevartókime daũg riebalų̃.* ○ *augalìniai [gyvulìniai] riebalaĩ*

riebùs, riebì *bdv. laipsn. (3, 5–8)* **1**. kuriame daug riebalų: *Àš neválgau riebiõs mėsõs.* **2**. turintis storą riebalų sluoksnį: *Nusipirkaũ riẽbią vìštą.* ○ *Mū́sų šuõ pasidãrė riebùs.*
riebiaĩ *prv.* riebų maistą: *Nesveĩka válgyti riebiaĩ.*
• *prš.* **liesas**; *žr.* **neriebus**

riedė́ti, riẽda, riedė́jo *vks. (1) (kas)* **1**. judėti sukantis: *Kamuolỹs riẽda nuo kãlno.* **2**. važiuoti: *Riẽda dvìratis [automobìlis, traukinỹs].* • *neig.* **neriedėti**

riẽdlentė *dkt. m. (1, 8)* lentelė su ratukais važinėtis stovint: *riẽdlenčių spòrtas*

riedùtis *dkt. v. (2, 3)* batas su ratukais
riedùčiai *dgs.* tokių batų pora

riedučiai

riekė̃ *dkt. m. (4, 8)* plonas duonos ar pyrago gabalas: *Suválgiau dvì riekès dúonos.*

riekẽlė *dkt. m. (2, 8)* nedidelė riekė: *dúonos riekẽlė* ○ *Suválgiau dvì pyrãgo riekelès.* • *plg.* **griežinėlis**

riẽkti, riẽkia, riẽkė *vks. (1) (kas, ką)* pjauti (duoną, pyragą) • *žr.* **neriekti**

riestaĩnis *dkt. v. (2, 3)* apvalus kepinys su skyle viduryje: *Válgyk riestaĩnių su píenu.* ○ *Ar mė́gsti riestainiùs?*

ríešas *dkt. v. (3, 1)* rankos sąnarys • *žr. pieš.* **kūnas**

ríešutas *dkt. v. (3ᵃ, 1)* kai kurių medžių vaisius su kevalu ir valgomu vidumi

riešutai

rỹja *esam. l. 3 asm. žr.* **ryti**
rìjo *būt. l. 3 asm. žr.* **ryti**

rim̃tas, rimtà *bdv. (4, 1–6)* kuris nejuokauja; kuriuo galima pasitikėti: *rim̃tas žmogùs*
rimtaĩ *prv.: Àš rimtaĩ kalbù, nejuokáuju.*

rinkà *dkt. m. (2, 6)* prekių pirkimo, pardavimo, keitimosi sritis: *vidaũs [ùžsienio] rinkà* ○ *riñkos káina*

rinkė́jas *dkt. v. (1, 2),* **rinkė́ja** *dkt. m. (1, 7)* asmuo, kuris dalyvauja rinkimuose: *rinkė́jų sąrašaĩ*

rinkìmai *dgs. dkt. v. (2, 1)* organizuotas balsavimas rinkti atstovams, nariams ir pan.: *Grúodžio mė́nesį vỹks prezidẽnto rinkìmai.* ○ *reñgti rinkimùs*
rinkìmų apýlinkė rinkimų reikalui sudaromas teritorijos vienetas

rinkinỹs *dkt. v. (3ᵇ, 3)* **1**. grupė ppr. vienos rūšies ar paskirties daiktų ir pan.: *atvirùkų [eilė́raščių] rinkinỹs* **2**. surinktì, ppr. per tam tikrą laiką, panašūs daiktai (paveikslai ir pan.): *Jis turi vertìngą pavéikslų riñkinį.*

riñkti, reñka, riñko vks. (1) **1.** (kas, ką) imti ir dėti į vieną vietą: *riñkti úogas [grybùs, ríešutus]* **2.** (kas, ką) sudaryti (ko) rinkinį: *Jis riñko pãšto žénklus ir senóvines monetàs.* **3.** (kas, ką) iš įvairių asmenų, įvairių vietų imti, gauti: *riñkti mókesčius [aukàs, pãrašus, liáudies dainàs]* **4.** (kas, ką, kam, iš ko) ieškoti ko tinkamo iš kelių ar daugelio: *Renkù mãmai dóvaną.* **5.** (kas, ką, kuo) balsuojant skirti: *riñkti atstovùs [deputatùs] ○ Ką̃ tautà riñks prezidentù?* **6.** (kas, ką) sukti telefono diską arba spausti telefono mygtukus reikiama tvarka: *riñkti (telefòno) nùmerį* **7.** (kas, ką) spaudžiant kompiuterio klavišus daryti, kad kas būtų matomas kompiuterio ekrane: *riñkti tẽkstą kompiùteriu* • žr. **išrinkti, nerinkti, surinkti**
rinkìmas dkt. v. (2, 1) (ko)

rinktìnė dkt. m. (2, 8) grupė ar komanda, sudaryta iš geriausių sportininkų, atstovaujanti šaliai ir pan.: *Lietuvõs krepšìnio rinktìnė ○ rinktìnės trèneris*

riñktis, reñkasi, riñkosi sgr. vks. (1) **1.** (kas, kur) daugeliui ateiti į vieną vietą: *Aikštėje [į áikštę] riñkosi žmonių̃ minià. ○ Į konferènciją visì riñkosi laikù. ○ Kõ ten žmónės reñkasi?* **2.** (kas, ką, iš ko) iš kelių ar daugelio rinkti ką tinkamą sau arba pačiam: *Parduotùvėje aš renkúosi suknẽlę. ○ Riñkis víeną iš šių̃ knỹgų. ○ Pãtiekalus aš riñksiuosi pàts.* • žr. **nesirinkti, pasirinkti, susirinkti**

ryšiaĩ dgs. dkt. v. (4, 3) **1.** informacijos perdavimo per atstumą sistema: *Telefònas yra ryšių̃ príemonė.* **2.** bendravimas tam tikroje srityje: *prekýbos ryšiaĩ*

ryšỹs dkt. v. (4, 3) **1.** santykis tarp susijusių dalykų: *Ar yra ryšỹs tarp rū́kymo ir plaũčių vėžio (ar rūkymas ir plaučių vėžys yra susiję)?* **2.** informacijos perdavimo per atstumą būdas: *Nutrū́ko rãdijo ryšỹs. ○ telefòno [pãšto] ryšỹs*

ryškùs, ryškì bdv. laipsn. (4, 5–8) **1.** gerai matomas: *rỹškios raĩdės ○ rỹškūs ženklaĩ* **2.** šviesus: *ryškì šviesà*
rỹškiai prv.: *Rỹškiai šviẽčia lémpa.* • žr. **neryškus**

rìšti, rìša, rìšo vks. (1) **1.** (kas, ką, kuo) tvirtinti virve ir pan., jungti: *rìšti dóvaną juostelè* **2.** (kas, ką) tvirtinti sujungiant galus: *rìšti skarẽlę [kaklãraištį]* **3.** (kas, ką, kuo) dengti sujungiant (ko) galus: *rìšti rañką [žaĩzdą] tvárčiu* • žr. **aprišti, atrišti, nerišti, surišti**

rìštis, rìšasi, rìšosi sgr. vks. (1) (kas, ką) rišti (2, 3) ką savo ar pačiam: *Rišaũsi bãtų raišteliùs, ir jie nutrū́ko. ○ Rìšiuosi* (būs. l.) *gálvą skarẽlė, šiañdien šálta. ○ rìštis kaklãraištį* • žr. **nesirišti, užsirišti**

ryšulỹs dkt. v. (3ᵇ, 3) tai, kas rišant ar vyniojant sudėta kartu: *laĩkraščių ryšulỹs ○ nèšti rỹšulį skalbinių̃ į skalbỹklą*

rytaĩ dgs. dkt. v. (3, 1) **1.** pasaulio šalis, kur teka sáulė: *Pùčia rytų̃ vė́jas. ○ Sùksime į rýtus.* **2.** šios pasaulio šalies kryptimi esanti vietovė: *Lietuvõs rytuosè yra daũg ežerų̃ ir miškų̃.* • prš. **vakarai**

rýtas dkt. v. (3, 1) paros dalis po nakties prieš dieną: *Į dárbą einù anksti rýtą. ○ Aš jį susitinkù kas rýtą. ○ Rùdenį rytaĩs būna ganà vėsù.* • žr. **labas rytas**

rýtdiena dkt. m. (1, 6) diena, kuri bus rytoj: *Aš negaliù šiañdien grąžinti knỹgos, gãlite paláukti iki rýtdienos.*

rýti, rỹja, rìjo vks. (1) (kas, ką) daryti, kad maistas judėtų iš burnos į skrandį • žr. **neryti, nuryti**

ritinỹs dkt. v. (3ᵇ, 3) **1.** vamzdžio pavidalo figūra; tokios formos daiktas: *Suválgėme visą̃ dešrõs rìtinį.* **2.** tai, kas padaryta vyniojant (2): *áudinio ritinỹs ○ tualètinio põpieriaus ritinỹs*

ritinys (2)

rytój prv. kitą dieną po šios: *Aš ateĩsiu ne šiañdien, o rytój. ○ Rytój vakarè eĩsime į koncèrtą.*

ritulỹs dkt. v. (3ᵇ, 3)
• žr. **ledo ritulys**

rỹžiai dgs. dkt. v. (2, 3) kruopos iš šiltųjų kraštų augalo pailgų grūdų: *rỹžių kõšė su svíestu ○ kilogrãmas rỹžių*

rodyklė̃ dkt. m. (2, 8) **1.** judanti matavimo prietaiso dalis, kuri rodo (kiekį, greitį ir pan.): *Vienà laĩkrodžio rodýklė ródo vãlandas, kità – minùtes.* **2.** ženklas, rodantis kryptį (→). **3.** abėcėlinis žodžių sąrašas knygos gale: *pavardžių̃ rodýklė*

ródyti, ródo, ródė vks. (3) **1**. (kas, ką, kam) leisti žiūrėti, duoti pamatyti, daryti matomą: *Ar jis ródė tau savo núotrauką?* **2**. (kas, ką, kam) rankų judesiais, ženklais aiškinti: *ródyti (kám) kẽlią* o *kẽlio ródomieji ženklaĩ* **3**. (kas, ką / + šs) tam tikra padėtimi žymėti arba tam tikrais ženklais informuoti: *Laĩkrodžio rodỹklės ródo pùsę trijų.* o *Termomètras ródo, kad vaĩkas tùri temperatū́ros.* o *Vãkar termomètras ródė dvìdešimt aštúonis láipsnius šalčio.* **4**. (kas, ką, kam) reikšti jausmus: *ródyti méilę [neapýkantą, pãgarbą]* • žr. **nerodyti**
ródymas dkt. v. (1, 1) (ko)

rogùtės dgs. dkt. m. (2, 8) daiktas, kuriuo galima važiuoti sniegu: *važinė́tis rogùtėmis*

ròkas vns. dkt. v. (2, 1) šiuolaikinės muzikos rūšis: *ròko muzikántas* o *Eĩsime į̃ ròko koncèrtą.* o *Jū̃s dõmitės rokù?*

romãnas dkt. v. (2, 1) didelis prozos kūrinys: *Jis skaĩto núotykių romanùs.*

ropóti, ropója, ropójo vks. (1) (kas) **1**. judėti paviršiumi remiantis rankomis ir keliais: *Vaĩkas dar nevaĩkšto, tik ropója.* **2**. judėti paviršiumi (apie vabzdžius): *Kažkoks vãbalas ropója per grindìs.*
• neig. **neropóti**
ropójimas dkt. v. (1, 1)

róvė būt. l. 3 asm. žr. **rauti**

rõžė dkt. m. (2, 8) darželių krūmas su dygliuotais stiebais, gražiais kvepiančiais žiedais; jo žiedas: *Prie nãmo áuga daug rõžių.* o *Jis man dovanójo trìs rõžes.* o *Õ, kaip kvė̃pia šios rõžės!*

rõžė

rõžinis, rõžinė bdv. (1, 4–9) šviesiai raudonas (apie spalvą); šviesiai raudonos spalvos: *Àš mė́gstu dėvė́ti šią rõžinę sukne̋lę.*

rudaĩ prv. ruda spalva (dažyti, tepti); rudos spalvos drabužiais (rengtis, dėvėti): *Láiptinės síenas dažýsime rudaĩ.* o *dėvė́ti rudaĩ*

rùdas, rudà bdv. (4, 1–6) kuris kaštono vaisiaus spalvos; toks kaip kaštono vaisiaus (apie spalvą): *rudì dažaĩ* o *Jo automobìlis (yra) šviẽsiai [tam̃siai] rùdas.*

ruduõ dkt. v. (3^b, 11) metų laikas tarp vasaros ir žiemos; pagal kalendorių – rugsėjo, spalio ir lapkričio mėnesiai: *Šiaĩs mė́tais ruduõ (yra) šáltas.* o *Rùdenį dažnaĩ lỹja.*

rùgiagėlė dkt. m. (1, 8) laukų gėlė mėlynais žiedais; rugiuose auganti piktžolė: *rùgiagėlių púokštė*

rugiagėlė

rugìnis, rugìnė bdv. (2, 4–9) pagamintas iš rugių grūdų (miltų): *Ar mė́gstate rugìnę dúoną?*

rugỹs dkt. v. (4, 3) javas, iš kurio grūdų pagamintų miltų kepama juoda duona: *Lietuvojè augìnama daũg rugių̃.* o *sė́ti rugiùs*

rū́gpienis dkt. v. (1, 3) rūgštus pienas: *Vakariẽnei válgėme bùlves su rū́gpieniu.*

rugys

rugpjū́tis dkt. v. (1, 3) aštuntasis metų mėnuo: *rugpjū́čio pirmóji (dienà)* o *Atostogáusiu rugpjū́tį.*

rugsė́jis dkt. v. (1, 3) devintasis metų mėnuo: *rugsė́jo pirmóji (dienà)* o *Važiúosiu teñ rugsė́jį.*

rū́gštùs, rūgštì bdv. (3, 5–8) **1**. laipsn. turintis citrinos skonį; kaip citrinos (apie skonį): *Šiẽ obuoliaĩ (yra) rū́gštūs.* o *Slỹvos (yra) dar labaĩ rū́gščios.* o *Tàs vỹnas (yra) rūgštaũs skõnio.* **2**. įgijęs tam tikrą rūgštų skonį: *rūgštùs píenas*
rū́gštų n.: *Neválgysiu citrìnos, man (per) rū́gštų.*
• žr. **nerūgštus**

rū̃kas dkt. v. (4, 1) labai smulkios vandens dalys ore, kurios trukdo matyti: *Vakarè bùvo dìdelis [tiršta̧s] rū̃kas.* o *Per rū̃ką pavojinga važiúoti.*

rūkýtas, rūkýta bdv. (1, 1–6) pagamintas rūkant (2): *rūkýta dešrà [žuvìs]* o *rūkýtas kum̃pis*

rūkýti, rū̃ko, rū̃kė vks. (3) **1**. (kas) įtraukti, įkvėpti tabako dūmus: *Ar čià gãlima rūkýti?* o *Ar jū̃s rū̃kote?* **2**. (kas, ką) vartoti (tabako gaminius): *Jis rū̃ko cigarùs [cigarètes].* **3**. (kas, ką) laikyti dūmuose, kad įgytų tam tikrą skonį ir ilgiau negestų: *rūkýti mėsą [žùvį, sū́rį]* • žr. **nerūkyti**

rū̃kymas *dkt. v. (1, 1)*

rū̃kti, rū̃ksta, rū̃ko *vks. (1) (kas)* kilti (apie dūmus); skleisti dūmus: *Láužas nèdega, tik dū̃mai rū̃ksta.* • neig. **nerū̃kti**

rū́mai *dgs. dkt. v. (1, 1)* didelis įvairios paskirties pastatas: *universitèto [ministèrijos] rū́mai* ○ *sántuokų [spòrto] rū́mai*

Rùmšiškės *dgs. dkt. m. (1, 8)* Lietuvos miestelis, kuriame yra liaudies buities muziejus

rungtỹnės *dgs. dkt. m. (2, 8)* dviejų sporto komandų rungimasis: *Šiañdien eĩsime į fùtbolo rungtynės.* ○ *Rungtỹnių rezultātas – nùlis nùlis (0 : 0).*

rùngtis, rùngiasi, rùngėsi *sgr. vks. (1) (kas, su kuo, dėl ko)* varžytis, kovoti (2): *Fùtbolo komándos rùngėsi dėl pirmõsios viẽtos.* • žr. **nesirungti**

rungìmasis *dkt. v. (1, 1a)*

ruõšti, ruõšia, ruõšė *vks. (1) (kas, ką)* gaminti (valgį): *Kas jums ruõšia pùsryčius?* • žr. **neruošti, paruošti**

ruõštis, ruõšiasi, ruõšėsi *sgr. vks. (1)* **1.** *(kas, + bendr.)* ketinti ką daryti: *Jis jau ruõšėsi válgyti, bet staigà pasigiřdo telefòno skambùtis.* **2.** *(kas, kam, + bendr.)* iš anksto atlikti būtinus darbus: *Brólis ruõšiasi varžýboms.* ○ *Reikė́tų ruõštis keliõnei.* ○ *Vaikaĩ, ruõškitės miegóti!* • žr. **nesiruošti**; (2) plg. **rengtis** (3)

rū̃pestis *dkt. v. (1, 3)* tai, kas kelia nerimą, verčia jaudintis: *Aš turiù daũg rū̃pesčių.*

rūpė́ti, rū̃pi, rūpė́jo *vks. (2) (kam, kas/ + šs)* būti svarbu: *Jam vìskas rū̃pi.* ○ *Man labaĩ rūpė́jo, kaip tau sẽkasi keliõnėje.* • neig. **nerūpėti**

rūpýba *vns. dkt. m. (1, 6)* valstybės rūpinimasis tais, kurie yra neįgalūs ir pan.; pagalbos jiems teikimas: *rūpýbos darbúotojai* • žr. t. p. **socialinė rūpyba**

rū́pintis, rū́pinasi, rū́pinosi *sgr. vks. (1) (kas, kuo / + šs)* skirti kam dėmesio: *Ji labiáusiai rū́pinasi namaĩs ir vaikaĩs.* ○ *Tau reikė́tų labiaũ rū́pintis savo sveikatà.* ○ *Aš rū́pinuosi, kad tu gáutum dárbą.* • žr. **nesirūpinti**

rūpinimasis *dkt. v. (1, 1a) (kuo)*

rùpūžė *dkt. m. (1, 8)* panašus į varlę gyvūnas: *Aš bijaũ rùpūžių.*

rùpūže Š. (keiksmažodis): *Rùpūže tu!*

rupūžė

rū̃sỹs *dkt. v. (4, 3)* patalpa po pastatu: *Užrakink rū̃sio dùris.* ○ *Rū̃syje laĩkome įvairiùs senùs dáiktus.*

rū́šis *dkt. m. (1, 9)* **1.** daiktų vertės, kokybės laipsnis: *gerõs rū́šies mėsà* ○ *prastõs rū́šies mìltai* **2.** daiktų ir pan., kurie visi turi tam tikrus požymius, grupė: *vỹno [augalų̃] rū́šys* **3.** gram. žr. **neveikiamoji rūšis, veikiamoji rūšis**

rūtà *dkt. m. (2, 6)* darželių gėlė smulkiais žaliais lapais: *rū̃tų vainìkas*

rutulỹs *dkt. v. (3ᵇ, 3)* apvali figūra; tokios formos daiktas: *Žẽmės rutulỹs* ○ *stiklìnis rutulỹs* ○ *rùtulio fòrmos vazà*

rūta

S s

S, s dvidešimt ketvirtoji lietuvių kalbos abėcėlės raidė

sagà *dkt. m. (4, 6)* ppr. apvalus metalo, plastmasės ir pan. gabalėlis, siuvamas prie drabužio jo dalims sujungti ar puošti: *Atsisèk marškinių sãgą.* ○ *švar̃kas su metalinėmis sagomìs*

sagtìs *dkt. m. (4, 9)* daiktas dirž(eli)o galams sujungti; t. p. daiktas batams puošti: *Sagčių bū́na įvairių fòrmų.* ○ *bãtai su sagtimìs* ○ *atsègti sãgtį*

sájunga *dkt. m. (1, 6)* **1**. susitarimas bendradarbiauti, padėti: *sudarýti sájungą* **2**. asmenų, visuomenės grupių ar valstybių organizacija, turinti bendrą tikslą: *Studeñtai įkū́rė sájungą.* ○ *Euròpos Sájunga*

sájungininkas *dkt. v. (1, 1)*, **sájungininkė** *dkt. m. (1, 8)* sąjungos (1) dalyvis

sakinỹs *dkt. v. (3ᵇ, 3) gram.* žodžių grupė, kuri reiškia tam tikrą mintį: *Parašýkite po kelìs sākinius apie sàvo atóstogas.* • Rašant sakinys pradedamas didžiąja raide, o baigiamas tašku, klaustuku, šauktuku arba daugtaškiu. • *žr.* **klausiamasis sakinys, neigiamasis sakinys, pagrindinis sakinys, sudėtinis sakinys, šalutinis sakinys, šaukiamasis sakinys, teigiamasis sakinys**

sakýti, sãko, sãkė *vks. (3)* **1**. *(kas, ką)* tarti *(žodžius ir pan.): Ar jū̃s girdite, ką jis sãko?* ○ *Ką̃ taip tỹliai sakaĩ?* ○ *Kai nórite atsiprašýti, sakýkite „atsipraša͂u".* **2**. *(kas, kam, ką / + šs)* žodžiais reikšti, kalbėti: *Kàs tau sãkė tókius žodžiùs?* ○ *Visadà sakýkite tiẽsą.* ○ *Kàs sãkė, kad jis išvažiãvo?* • *žr.* **nesakyti, pasakyti**; *tiesą sakant*

sãkymas *dkt. v. (1, 1)*

salà *dkt. m. (4, 6)* žemės plotas, kurį supa vanduo: *Ignalìnos ežeruosè (yra) daũg salų̃.*

saldaĩnis *dkt. v. (2, 3)* saldus gaminys iš cukraus, kakavos ir pan.: *mėtinis saldaĩnis* ○ *šokolãdiniai saldaĩniai* ○ *Vaíšinkitės saldaĩniais.* ○ *Ar mėgstate saldainiùs?*

sáldintas, sáldinta *bdv. (1, 1–6)* į kurį įdėta cukraus (apie arbatą, kavą ir pan.) • *žr.* **nesaldintas**

sáldinti, sáldina, sáldino *vks. (1) (kas, ką, kuo)* daryti saldų ar saldesnį: *Arbãtą sáldinu cùkrumi arba medumì.* • *žr.* **nesáldinti**

saldumýnai *dgs. dkt. v. (1, 1)* saldus maistas (saldainiai, sausainiai, tortai, ledai ir pan.): *Vaikaĩ labaĩ nóri saldumýnų.*

saldùs, saldì *bdv. laipsn. (3, 5–8)* turintis cukraus, medaus skonį; kaip medaus, cukraus (apie skonį): *Ar šiẽ obuoliaĩ sáldūs?* ○ *Ji gẽria labaĩ sáldžią arbãtą.*
saldù *n.: Nedė́k daug cùkraus, bus per saldù.*
saldžiaĩ *prv.* saldų maistą: *válgyti saldžiaĩ* • *žr.* **nesaldus**
saldùmas *dkt. v. (2, 1)*

saldžių̃ sapnų̃ (linkėjimas einančiam miegoti)

sãlė *dkt. m. (2, 8)* didelė patalpa, kur gali susirinkti žmonės: *koncèrtų [spòrto, šókių] sãlė*

sąlyga *dkt. m. (1, 6)* **1**. tai, kas turi būti atlikta, įvykti ir pan., kad galėtų būti atliktas, įvykti ir pan. kitas dalykas; reikalavimas: *priėmimo į aukštą́sias mokyklàs są́lygos* ○ *kélti sąlygas* **2**. *dgs.* aplinkybės: *Kaliniaĩ gyvẽno baisiomìs są́lygomis.*
su sąlyga, kad jei: *Aš tau paskõlinsiu pinigų̃, bet su sąlyga, kad rytój man grąžinsi.*

salotà *dkt. m. (2, 6)* daržovė, kurios lapai valgomi žali: *Salõtos – ankstývos daržóvės.*

salõtos *dgs. dkt. m. (2, 6)* valgis iš daržovių

sąmonė

su priedais: *kopūstų salōtos su aliėjumi* o *Burokėlių salōtos tiñka prie mėsōs patiekalų*.

sąmonė *vns. dkt. m. (1, 8)* sugebėjimas suprasti, kas vyksta: *Ligónis netėko sąmonės*.

sámtis *dkt. v. (1, 3)* įrankis sriubai ir pan. semti; jame telpantis kiekis: *Nerandù sámčio.* o *Suválgiau trìs sámčius sriubōs*.

sąnarỹs *dkt. v. (3ª, 3)* kūno dalis tarp kaulų: *kẽlio [alkū́nės] sąnarỹs* o *Skaũda pir̃štų sąnarius.* o *sąnarių uždegìmas*

sanatòrija *dkt. m. (1, 7)* gydymo įstaiga, kurioje gydomi sveikstantys ligoniai; tos įstaigos pastatas: *vỹkti į sanatòriją* o *gýdytis sanatòrijoje*

sándėlis *dkt. v. (1, 3)* pastatas ar patalpa kam sudėti, laikyti: *prēkių sándėlis*

sandėliùkas *dkt. v. (2,1)* nedidelis sandėlis bute: *Sandėliukè laĩkome ne kasdiēn reikalìngus dáiktus*.

sángrąžinis, sángrąžinė *bdv. (1, 4–9) gram.* (apie veiksmažodžius) žymintis, kad veiksmas skirtas asmeniui, kuris jį atlieka; (apie įvardžius) žymintis apie asmens santykį su juo pačiu: *"Praũstis" yra sángrąžinis veiksmãžodis, o "savę̃s" yra sángrąžinis įvardis*. • sutr. **sgr.**

sánkryža *dkt. m. (1, 6)* vieta, kur susijungia keliai: *Atsargiaĩ važiúok per sánkryžą.* o *Sánkryžoje įvỹko avārija.* o *Priẽ sánkryžos sustójome*.

sántaupos *dgs. dkt. m. (1, 6)* sutaupyti pinigai: *Savo sántaupas laikaũ bánke.* o *Jis turi daũg sántaupų.* o *Už sántaupas pir̃ksiu automobìlį*.

santèchnikas *dkt. v. (1, 1)* asmuo, kurio darbas – tvarkyti vandentiekį, vonios prietaisus ir pan.: *kviẽsti santèchniką*

sántykiai *dgs. dkt. v. (1, 3)* ryšių turėjimas, bendravimas: *Aš nutráukiau su juo visùs sántykius.* o *sántykiai tarp šalių̃*

sántykis *dkt. v. (1, 3)* ryšys tarp daiktų, reiškinių

sántuoka *dkt. m. (1, 6)* nustatyta tvarka sudaryta vyro ir moters sąjunga: *registrúoti sántuoką* o *sántuokos pažymėjimas* o *sántuokų rū́mai*

sāpnas *dkt. v. (4, 1)* miegant matomi vaizdai: *Sapnavaũ keĩstą sāpną.* o *Jis sãko, kad dažnaĩ sapnúoja mirùsią mótiną*. • žr. **saldžių sapnų**

sapnúoti, sapnúoja, sapnãvo *vks. (1) (kas, ką / +šs)* matyti, girdėti, jausti miegant: *Šiąnakt sapnavaũ grãžų sāpną.* o *Ar tu sapnúoji, kad skrendì?* o *Kaĩp miegójai, ką sapnavaĩ?* • žr. **nesapnuoti**

sąrašas *dkt. v. (3ª, 1)* tam tikra tvarka surašyti žodžiai, vardai ir pan.: *siunčiamų daiktų sąrašas* o *rinkėjų sąrašaĩ* o *Jū́sų pavardė yra sąrašo galè*.

sárgas *dkt. v. (3, 1)*, **sárgė** *dkt. m. (1, 8)* asmuo, kurio pareigos – saugoti: *dìrbti sárgu sándėlyje* o *mokýklos sárgė*

sargýbinis *dkt. v. (1, 3)*, **sargýbinė** *dkt. m. (1, 8)* asmuo (ppr. karys, policininkas), kurio pareigos – saugoti ką nuo pavojaus, užpuolimo ir pan.: *ginklúotas sargýbinis*

sąsiuvinis *dkt. v. (1, 3)* tam tikras skaičius sujungtų tuščių popieriaus lapų su viršeliais: *Man reikia sąsiuvinio.* o *piešìmo sąsiuvinis* o *plónas [stóras] sąsiuvinis* o *rašýti sąsiuvinyje*

sąskaita *dkt. m. (1, 6)* **1.** pirktų prekių, suvalgytų patiekalų ir pan. sąrašas, kuriame nurodoma, kiek reikia už juos mokėti: *Padavė́jau, prãšom atnèšti sąskaitą.* o *Apmokė́jau sąskaitą restoranè.* **2.** pinigų suma, laikoma banke: *Mano sąskaitoje yra dēšimt tū́kstančių lìtų (10 000 Lt)*. • žr. **atidaryti sąskaitą, uždaryti sąskaitą**

sáu *N.* žr. **savę̃s**

saugà *vns. dkt. m. (4, 6)* saugumas

saugōs dir̃žas diržas, pritvirtintas prie automobilio, lėktuvo ir pan. sėdynės, kurį asmuo užsisega, kad būtų saugesnis avarijos atveju: *Keleĩviai, prãšom užsisègti saugōs dir̃žùs*

saugyklà *dkt. m. (2, 6)* vieta ar patalpa ppr. vertingiems daiktams saugoti ar laikyti: *Bibliotekà turi dìdelę knỹgų saugỹklą.* o *bagãžo saugyklà* o *bánko saugyklà*

sáugoti, sáugo (sáugoja), sáugojo *vks. (3 / 1) (kas, ką)* **1.** daryti, kad kas būtų saugus, liktų, nedingtų: *sáugoti gamtą [kalbą, pa-*

pročius] ○ *sáugoti sveikãtą* ○ *Sáugok vaĩką, kad nepéršaltų.* **2.** stebėti, kad kam kas neatsitiktų: *Šuõ sáugo namùs.* • žr. **nesaugoti**
sáugojimas *dkt. v. (1, 1) (ko): bagãžo sáugojimo patalpà*
sáugotis, sáugosi (sáugojasi), sáugojosi *sgr. vks. (3 / 1) (kas, ko / + šs)* saugoti save: *Sáugokis tráukinio!* ○ *Sáugokitės, kiemè piktas šuõ!* ○ *Sáugokis, kad nesusir̃gtum gripù.*
• žr. **nesisaugoti**
saugùs, saugì *bdv. laipsn. (4, 5–8)* nejaučiantis pavojaus; nepavojingas; kuriame nėra pavojaus: *Namiẽ jaučiúosi saugùs.* ○ *Pìnigus reikia laikýti saugiojè viẽtoje.* ○ *Važiúok saugiù greičiù.* • žr. **nesaugus**
saugùmas *dkt. v. (2, 1): Reikia rū́pintis dárbo [eĩsmo] saugumù.*
sáulė *dkt. m. (1, 8)* **1.** (t. p. **Sáulė**) dangaus kūnas, aplink kurį sukasi Žẽmė: *Rýtą sáulė tẽka, o vakarè léidžiasi.* ○ *Sáulė šviẽčia ir šìldo.* **2.** to dangaus kūno spinduliai, šviesa: *Nesveĩka ilgaĩ bū́ti sáulėje.*

saulė́gręža *dkt. m. (1, 6)* aukštas augalas dideliais geltonais žiedais, iš kurio sėklų gaminamas aliejus; jo sėkla: *dúona su saulė́gręžomis*

saulė́gręža

saulė́tas, saulė́ta *bdv. (1, 1–6), t. p.* **sáulėtas, sáulėta 1.** kurią (kurį) šviečia saulė: *saulė́ta dienà* ○ *saulė́tas rýtas* **2.** kuriame dažnai būna saulės šviesos: *saulė́tas kambarỹs* • (1) *prš.* **apsiniaũkęs**
saulė́ta *n.: Šiañdien saulė́ta [sáulėta].*
sausaĩnis *dkt. v. (2, 3)* nedidelis saldus kepinys: *Mamà iškepė̃ sausaĩnių.* ○ *Mė́gstu sausainiùs su aguõnomis.* ○ *váišinti arbatà su sausaĩniais*
saũsas, sausà *bdv. laipsn. (4, 1–6)* neturintis vandens ar kito skysčio, nedrė́gnas, nešlapias: *Ar marškiniaĩ jau saũsì [kélnės saũsos]?* ○ *Neseniaĩ lìjo, bet žẽmė vė̃l saũsà.* ○ *Šìs suolẽlis (yra) saũsas, gali sė́stis.* • *prš.* **drėgnas, šlapias**; žr. **nesausas**
saũsis *dkt. v. (2, 3)* pirmasis metų mėnuo: *saũsio pirmóji (dienà)* ○ *Àš esù gìmęs saũsį.*
saũskelnės *dgs. dkt. m. (1, 8)* kūdikių vienkartinis kelnaičių pavidalo drabužis

sausumà *vns. dkt. m. (3ᵇ, 6)* žemė (ne vanduo, ne oras): *išlìpti iš vandeñs į saũsumą*
sav. *sutr.* žr. **savaitė**
sáváime *prv.* be kieno pagalbos: *Šaldytùvas įsijùngia ir išsijùngia sáváime.* ○ *Tai sáváime suprañtama (to nereikia aiškinti).*
savaĩtė *dkt. m. (1, 8)* septynių dienų laiko tarpas, kuris prasideda nuo pirmadienio arba nuo bet kurios kitos dienos: *Jì išvažiãvo savaĩtei į káimą.* ○ *Vìsą savaĩtę lìjo.* ○ *Dù kartùs per savaĩtę einù į baseĩną.* ○ *Paskutìnė savaĩtės dienà yra sekmãdienis.* • sutr. **sav.**
savaĩtgalis *dkt. v. (1, 3)* dvi paskutinės savaitės dienos, šeštadienis ir sekmadienis: *Savaĩtgaliais tvarkaũsi namiẽ.* ○ *Savaĩtgaliui važiúosime prie jū́ros.* ○ *Kaĩp praléidai savaĩtgalį? – Puĩkiai.*
savanõris *dkt. v. (2, 3),* **savanõrė** *dkt. m. (2, 8)* **1.** asmuo, kuris siūlosi padėti dirbti kokį darbą be atlyginimo. **2.** asmuo, kuris savo noru stoja į kariuomenę
savarankìškas, savarankìška *bdv. laipsn. (1, 1–6)* kuris nepriklauso nuo kitų pagalbos: *Jis yra labaĩ savarankìškas.*
savarankìškai *prv.: Prãšom atlìkti ùžduotį savarankìškai.*
• žr. **nesavarankiškas**
sąvaržė̃lė *dkt. m. (2, 8)* sulenktos vielos gabalėlis atskiriems popieriaus lapams susegti: *Nupir̃k dė̃žutę sąvaržė̃lių.* ○ *Susèk tuos lapùs sąvaržė̃le [sąvaržė̃lėmis].*
savę̃s *sgr. įv. [2]* (žymint asmens santykį su juo pačiu): *Jis dìrba savę̃s negailė́damas (dirba daug).* ○ *Tą̃ knỹgą jū̃s gãlite pasilìkti sáu.* ○ *Pasiim̃kite kiekvíenas sãvo dáiktus.* ○ *Ar tàu paskõlinti skė̃tį? – Nè, ãčiū, àš turiù sãvo.* ○ *Tù privalaĩ rū́pintis sãvo sveikatà.* ○ *Rū́pinkis sãvo, o ne mãno reikalaĩs.*
savýbė *dkt. m. (1, 8)* tai, kas būdinga asmeniui ar daiktui
savýbinis, savýbinė *bdv. (1, 4–9)* *savýbinis kilminiñkas gram.* įvardžio forma, kuri rodo priklausymą: *„Niẽkieno“ yra įvardžio „niẽkas“ savýbinis kilminiñkas.*
• sutr. **savyb. K.**
savyjè *Vt.* žr. **savęs**

savimì *[n. žr.* **savęs**

savinìnkas *dkt. v. (2, 1),* **savinìnkė** *dkt. m. (2, 8) (ko)* asmuo, kuris turi (ką) kaip nuosavybę: *Kàs šio nãmo [automobìlio] savinìnkas?* ○ *tàpti bánko savinìnkù*

savìtarna *vns. dkt. m. (1, 6)* prekyba, kai pirkėjas pats pasiima norimas prekes: *savìtarnos parduotùvė [valgyklà]*

savivaldýbė *dkt. m. (1, 8)* tam tikro teritorijos vieneto valdymo organas; jo patalpos: *Savivaldýbė nustãto viẽtos mókesčių dỹdį.* ○ *Vìlniaus miẽsto [rajòno] savivaldýbė*

savižudýbė *dkt. m. (1, 8)* nusižudymas: *Padaugėjo savižudýbių.*

sàvo *savyb. Į. žr.* **savęs**

sąžinė *vns. dkt. m. (1, 8)* jausmas, kad reikia atsakyti už savo poelgius: *turėti są̃žinę*

sąžiningas, sąžininga *bdv. (1, 1–6)* kuris turi sąžinę, doras: *Jis labai są̃žiningas žmogùs.* • *žr.* **nesąžiningas**
sąžiningùmas *dkt. v. (2, 1)*

scenà *dkt. m. (2, 6)* teatro, koncertų salėje įrengta aikštelė vaidinti ir pan.

seánsas *dkt. v. (1, 1)* kino filmo rodymo laikas ir trukmė: *aštuonióliktos valandõs seánsas* ○ *Seánsas prasìdeda pùsę septynių (18.30).* ○ *Po šiõ seánso bùs dár dù.*

sė́da *esam. l. 3 asm. žr.* **sė́sti**

sė́dasi *esam. l. 3 asm. žr.* **sė́stis**

sėdė́ti, sė́di, sėdė́jo *vks. (2)* **1.** *(kas, ant ko)* remtis apatine liemens dalimi į kėdę, žemę ir pan. ir laikyti viršutinę kūno dalį tiesią: *sėdė́ti ant kėdė̃s [žẽmės]* ○ *Jì sėdė́jo fòtelyje, o àš ant taburẽtės.* **2.** *(kas, kur)* būti kur uždarytam: *Jis sė́di kalėjime.* • *neig.* **nesėdė́ti**; *plg.* **sė́sti**
sėdėjimas *dkt. v. (1, 1) (kieno)*

sėdỹnė *dkt. m. (2, 8)* vieta sėdėti: *Autobùsas buvo (su) kietomìs sėdỹnėmis.* ○ *dvìračio sėdỹnė* ○ *sėdė́ti ant užpakalìnės automobìlio sėdỹnės*

sė́do *būt. l. 3 asm. žr.* **sė́sti**

sė́dosi *būt. l. 3 asm. žr.* **sė́stis**

sẽgė[1] *dkt. m. (2, 8)* papuošalas, segamas prie drabužio: *gintarìnė sẽgė*

sẽgė[2] *būt. l. 3 asm. žr.* **segti**

segìklis *dkt. v. (2, 3)* prietaisas popieriaus lapams susegti viela

sègti, sẽga, sẽgė *vks. (1) (kas, ką, kuo)* saga, smeigtuku, adata, sagtimi ar pan. jungti, tvirtinti: *sègti sãgą [švar̃ką]* ○ *sègti sidabrìnę sẽgę* ○ *Kai segiaũ diržą, lū̃žo sagtìs.* • *liep. n.* **sèk(ite)**; *žr.* **nesegti; susegti**

sègtis, sẽgasi, sẽgėsi *sgr. vks. (1) (kas, ką)* pačiam ar sau ką segti: *švar̃ką sègtis* (užsisegti arba atsisegti) • *liep. n.* **sèki(tė)s**; *žr.* **nesisegti, susisegti**

segtùvas *dkt. v. (2, 1)* popierinis ir pan. aplankas su įtaisu popieriaus lapams susegti: *Dokumeñtai yrà šiamè segtùve.* ○ *Ar nematei mano segtùvo?*

séilės *dgs. dkt. m. (1, 8)* skystis, kuris yra burnoje

Seĩmas *vns. dkt. v. (4, 1)* Lietuvos Respublikos parlamentas: *Rùdenį vỹks Seĩmo rinkìmai.* ○ *Jį̃ išrìnko į Seĩmą.* ○ *Seĩmo narỹs*

sek. *sutr. žr.* **sekùndė**

sė́kla *dkt. m. (1, 6)* maža kieta augalo dalis, iš kurios gali augti naujas toks augalas: *obuolių̃ sė́klos* ○ *sė́klų parduotùvė*

seklùs, seklì *bdv. laipsn. (4, 5–8)* negilus (apie upę, ežerą ir pan.): *seklùs ẽžeras* • *prš.* **gilus**

sekmãdienis *dkt. v. (1, 3)* septintoji (paskutinė) savaitės diena; vart. žr. **antradienis**

sėkmė̃ *dkt. m. (4, 8)* pasisekimas, laimė: *palinkė́ti sėkmė̃s* ○ *Šiañdien neturiù sėkmė̃s, nesìseka.* ○ *Gyvẽnime bū̃na ir sėkmių̃, ir nesėkmių̃.*
sėkmė̃s (sakoma linkint, kad sektųsi)

sėkmìngas, sėkmìnga *bdv. laipsn. (1, 1–6)* vykstantis su sėkme: *Kelionė̃ buvo sėkmìnga.*
sėkmìngai *prv.: Parvažiãvome sėkmìngai.* • *žr.* **nesėkmìngas**

sekretõrius *dkt. v. (2, 5),* **sekretõrė** *dkt. m. (2, 8)* **1.** darbuotojas, kuris tvarko įstaigos ar asmens raštus: *Reikalìngas teĩsmo sekretõriaus par̃ašas.* **2.** kas rašo susirinkimo ir pan. protokolą: *pósėdžio sekretõrė*

sèktis, sẽkasi, sẽkėsi *sgr. vks. (1) (kam, kas + bendr.)* turėti sėkmę: *Jai gerai̇̃ sẽkasi pieštì.* ○ *Jam sẽkasi ir dárbas, ir mókymasis.* • *žr.*

nesisekti, pasisekti kaip sēkasi? (klausiama susitikus pažįstamą)

sekùndė dkt. m. (1, 8) laiko vienetas, viena šešiasdešimtoji minutės dalis: *Spòrto varžýbose svarbì kiekvienà sekùndė.* • sutr. **sek.**

sḗmė būt. l. 3 asm. žr. **semti**

seminãras dkt. v. (2, 1) grupės žmonių susirinkimas, skirtas kartu svarstyti mokslo, darbo ir pan. klausimus: *Vãkar įvỹko seminãras.* ○ *dalyváuti seminarè*

sémti, sẽmia, sḗmė vks. (1) (kas, ką, kuo) imti kuo skystį arba skystą medžiagą: *Puodeliù iš válties sḗmiau vándenį.* ○ *sémti sriùbą sámčiu* • žr. **nesemti**

senãmiestis dkt. v. (1, 3) senoji miesto dalis: *Senãmiesčio gãtvės (yra) siaũros.* ○ *Man patiñka váikščioti po Vìlniaus senãmiestį.* ○ *Prezidentūrà yra senãmiestyje.*

sẽnas, senà bdv. (4, 1–6) **1.** laipsn. turintis daug metų (amžiaus): *Jis dar nėrà sẽnas.* ○ *Senám žmõgui sunkù ràsti dárbą.* ○ *Mū́sų šuõ (yra) jau sẽnas.* **2.** ilgai dėvėtas; seniai pastatytas ir pan.: *sẽnas nãmas* ○ *senì drabùžiai* **3.** laipsn. esantis ilgą laiką: *Tai yra sẽnas paprotỹs.* **4.** prieš tai buvęs, ne dabartinis: *senà madà* **5.** netekęs gerųjų savybių, nešviežias: *Neválgykite sẽno maĩsto.* ○ *Šis svíestas sẽnas, kartùs.*

senàsis, senóji įvr.: *Aš žinaũ tik sẽnąjį jū́sų ã́dresą.*

senaĩ prv.: *Jis senaĩ* (kaip senas) *atródo.*
• žr. **nesenas;** (1) prš. **jaunas;** (2, 3, 4) prš. **naujas;** (5) prš. **šviežias**

senãtvė vns. dkt. m. (2, 8) žmogaus amžiaus dalis, kai jis yra senas: *Gãlima mókytis ir senãtvėje.* • plg. **jaunỹstė, vaikỹstė**
senãtvės pẽnsija pensija, kuri mokama tam tikro amžiaus žmogui

senẽlis dkt. v. (2, 3) tėvo ar motinos tėvas, **senẽlė** dkt. m. (2, 8) tėvo ar motinos motina • žr. **Kalė́dų Senẽlis**
senẽliai dgs. tėvo ar motinos tėvai: *Manè augìno senẽliai.* ○ *Aplankiaũ senelių̃.*

seniaĩ prv. prieš daug laiko: *Ar seniaĩ jis parė́jo?* ○ *Tai atsitìko labaĩ seniaĩ.* ○ *Koncèrtas seniaĩ baĩgėsi.* • žr. **neseniai**

seniaũ prv. anksčiau: *Seniaũ čia áugo mẽdžiai.*

sẽnis dkt. v. (2, 3) senas vyras, **sẽnė** dkt. m. (2, 8) sena moteris

seniū́nas dkt. v. (2, 1), **seniū́nė** dkt. m. (2, 8) seniūnijos vadovas: *Ją̃ išriñko seniū́nė.*

seniūnìja dkt. m. (2, 7) mažiausias Lietuvos Respublikos teritorijos vienetas; jo valdymo organo patalpos: *Kreĩpkitės į seniū́niją.*

senóvė vns. dkt. m. (1, 8) tolima praeitis: *Senóvėje žmónės sunkiaũ dìrbo.* ○ *Ką̃ tu žinaĩ apie Lietuvõs senóvę?*

senóvinis, senóvinė bdv. (1, 4–9) likęs nuo senovės, ne šiais laikais gamintas, statytas ir pan.: *senóvinis laĩkrodis* ○ *Mano mamà turi senóvinį žíedą.*

sénti, sénsta, sẽno vks. (1) (kas) **1.** darytis senam: *Visì žmónės sénsta.* **2.** darytis nešviežiam: *Žuviẽs prodùktai labai greitai sénsta.* • neig. **nesénti**

septýnetas dkt. v. (1, 1) pažymys 7

septynì, septýnios skt. (3) [2] (septynerì, septýnerios (3ᵃ) [1] su dgs. dkt.) skaičius 7; vart. žr. **aštuoni**

septýniasdešimt skt. skaičius 70; vart. žr. **dešimt**

septyniasdešiñtas, septyniasdešim̃tà klnt. skt. (4) [4] žr. **septyniasdešimt;** vart. žr. **dešimtas**

septyníese prv. septynių asmenų grupe; vart. žr. **aštuoniese**

septyniólika skt. (1) [3] skaičius 17; vart. žr. **aštuoniolika**

septynióliktas, septyniólikta klnt. skt. (1) [4] žr. **septyniolika;** vart. žr. **aštuonioliktas**

septiñtas, septintà klnt. skt. (4) [4] žr. **septyni;** vart. žr. **aštuntas**

serbeñtas dkt. v. (2, 1) smulki raudona, juoda ir kt. spalvos uoga; jas vedantis krūmas: *Raudoníeji serbeñtai – rū́gščios úogos.* ○ *juodų̃jų serbeñtų vỹnas* ○ *Čia áuga geltonãsis serbeñtas.* ○ *válgyti serbentùs*

seŕga esam. l. 3 asm. žr. **sirgti**

servetėlė *dkt. m. (2, 8)* nedidelis audinio ar popieriaus gabalas padėti valgymo reikmenims, šluostytis valgant ir pan.: *Padėjau ant stãlo lininės servetėlės.* o *spalvótos popierìnės servetėlės* o *šlúostytis lū́pas servetėle*

sesẽlė *dkt. m. (2, 8)* medicinos specialistė, padedanti gydytojui: *Mano draūgė dìrba ligóninėje seselè.* o *Pakviẽskite seselę.* o *Seselė švir̃kščia váistus.* • *žr. t. p.* **medicinos sesuo**

sèsija *dkt. m. (1, 7)* **1.** parlamento, teismo ir pan. vienodais laiko tarpais įvykstantis susirinkimas: *Pavãsarį prasidės Seĩmo sèsija.* **2.** egzaminai aukštosiose ir aukštesniosiose mokyklose; tų egzaminų metas: *Prasidėjo pavãsario sèsija.*

sė́sti, sė́da, sė́do *vks. (1) (kas)* pasidaryti sėdinčiam: *Prašom sė́sti šalia manę̃s.* o *Sė́skime ant to súolo, aš pavargaū stovė́ti.* • *neig.* **nesė́sti**; *plg.* **sėdė́ti**

sė́stis, sė́dasi, sė́dosi *sgr. vks. (1) (kas) žr.* **sė́sti**: *Sė́skis į fòtelį [ant kėdės].* o *Sė́skitės prie stãlo, válgysime.* • *žr.* **atsisė́sti**; **nesisė́sti**

sesuõ *dkt. m. (3ᵇ, 12)* moteriškosios lyties asmuo kitiems savo tėvų vaikams: *Jì yra mano sesuõ.* o *Jis gãvo láišką iš savo sesers̃.* o *Aš turiù dvì sẽseris ir víeną brólį.* • *žr.* **medicinos sesuo**

sė́ti, sė́ja, sė́jo *vks. (1) (kas, ką)* berti (ko) sėklas į žẽmę: *sė́ti rugiùs [aguonàs]* • *žr.* **nesė́ti**; plg. **sodinti (2)**

sezònas *dkt. v. (2, 1)* metų dalis, kuriai būdingas ar kurios metu vyksta tam tikras reiškinys, veikla, atliekamas darbas ir pan.: *Rùdenį prasìdeda teãtro sezònas.* o *Šiuo metù pardúodamos žiemõs sezòno prẽkės.* o *Vãsarą prasidė̃s keliõnių sezònas.* o *Palangojè geriáusia atostogáuti ne sezòno metù.*

sgr. *sutr. žr.* **sangrąžinis**

siaũras, siaurà *bdv. laipsn. (4, 1–6)* turintis mažą ar palyginti mažą atstumą tarp šonų, kraštų ir pan.: *Senãmiesčio gãtvės (yra) siaũros.* o *siaũros dùrys* o *Šis kẽlias ne siaurèsnis už aną̃.* o *suknẽlė siauromìs rankóvėmis* o *Jai patiñka siaurì sijõnai.* o *siaurà lóva* • *prš.* **platus**; *žr.* **nesiauras**

sidãbras *vns. dkt. v. (2, 1)* baltas brangus metalas: *sidãbro monetà* o *Iš sidãbro dãromi papuošalaĩ.*
sidãbro medãlis medalis, duodamas laimėjusiam antrąją vietą

sidabrìnis, sidabrìnė *bdv. (2, 4–9)* pagamintas iš sidabro: *sidabrìniai šáukštai*

síekti, síekia, síekė *vks. (1)* **1.** *(kas, ką / ko)* stengtis paliesti, paimti (tai, kas yra toliau): *Síekiau knỹgos lentýnoje, bet nepasíekiau.* o *síekti rañką lubàs* **2.** *(kas, ką)* būti tokio ilgio, aukščio ir pan., kad liestų: *Ùpė (yra) negilì, vanduõ síekia keliùs.* **3.** *(kas, ko)* stengtis įgyti, gauti: *síekti pirmõsios víetos varžýbose* o *Žmogùs vìsą gyvẽnimą síekia láimės.* • *žr.* **nesíekti**; *plg.* **pasíekti**
siekìmas *dkt. v. (2, 1) (ko):* **taikõs siekìmas**

síena *dkt. m. (1, 6)* **1.** pastato ar patalpos dalis, kuri nėra stogas, lubos ar grindys; jos paviršius: *Šio nãmo síenos (yra) medìnės.* o *Ant síenos kãba laĩkrodis.* o *Už síenos triukšmáuja vaikaĩ.* **2.** valstybės teritorijos riba: *Nãktį pérvažiavome Lietuvõs ir Lénkijos síeną.*

síeninis, síeninė *bdv. (1, 4–9)* kabinamas ant sienos: *Príeškambaryje pakabìnome síeninį laĩkrodį.*

signãlas *dkt. v. (2, 1)* garso ar šviesos ženklas žiniai perduoti, įspėti ir pan.: *Išgir̃dome pavõjaus signãlą.* o *automobìlio signãlas*

signãlinis, signãlinė *bdv. (1, 4–9)* skirtas signalui perduoti: *Užsìdegė signãlinė lempùtė.*

sijõnas *dkt. v. (2, 1)* moterų drabužis, dengiantis kūną nuo juosmens žemyn: *Apsìrengiau naujų̃ sijonų̃.* o *Dabar̃ madìngi trumpì sijõnai.*

sil̃kė *dkt. m. (2, 8)* jūrų žuvis, maistui vartojama ppr. sūdyta; jos mėsa: *sil̃kių patiekalaĩ* o *válgyti silkès* o *riebì [liesà] sil̃kė*

sijonas

sil̃pnas, silpnà *bdv. laipsn. (4, 1–6)* **1.** turintis mažai jėgos; netvirtas: *Màno rañkos sil̃pnos, sunkaũs krẽpšio negaliù nèšti.* **2.** ku-

rį lengva perplėšti, nutraukti ir pan.: *Šis audinỹs sil̃pnas, greĩtai plýšta.* **3.** ne visai sveikas: *Jo ãkys sil̃pnos.* ○ *Mano tėvo silpnà širdìs.* **4.** nesmarkus: *Pùčia sil̃pnas vėjas.* **5.** turintis per daug vandens (apie kavą, arbatą); turintis mažai laipsnių (apie svaigiuosius gėrimus): *silpnà kavà [arbatà]* ○ *Tas vỹnas sil̃pnas, tik vienúolika láipsnių.* **6.** nelabai jaučiamas: *sil̃pnas kvepalų̃ kvãpas* **7.** nelaimintis varžybų ir pan.: *Mū́sų fùtbolo kománda dar ganà silpnà.* • prš. **stiprus, tvirtas**; žr. **nesilpnas**
silpnaĩ prv. prastai: *Senẽlis jau silpnaĩ mãto.*
silpnùmas dkt. v. (2, 1)
silpnė́ti, silpnė́ja, silpnė́jo vks. (1) (kas) darytis silpnesniam • neig. **nesilpnė́ti**
simpãtija vns. dkt. m. (1, 7) (kam) malonus jausmas kitam asmeniui: *Aš jaučiù jam simpãtiją.* ○ *Jie jaũčia vienas kitám simpãtiją.*
sinagogà dkt. m. (2, 6) pastatas, į kurį eina melstis žydai: *Ar Vìlniuje yrà sinagògų?*
sir̃gti, ser̃ga, sir̃go vks. (1) **1.** (kas) būti nesveikam: *Aš vãkar sirgaũ, todė̃l neatėjaũ į pãskaitą.* **2.** (kas, kuo) patirti (tam tikrą ligą): *Jis ser̃ga plaũčių uždegimù.* • žr. **nesirgti, susirgti**
sirgìmas dkt. v. (2, 1)
sistemà dkt. m. (2, 6) grupė dalių, turinčių panašią paskirtį ir veikiančių kartu; sudarantys visumą tam tikros veiklos būdai: *nervų̃ sistemà* ○ *šìldymo sistemà* ○ *mókymo sistemà*
siū́las dkt. v. (1, 1) ilgas, plonas gaminys iš medvilnės, šilko ir pan., iš kurių gaminamas audinys arba kurie naudojami megzti ar siūti: *stiprū̃s linìniai siū́lai* ○ *Mezgù megztìnį iš vilnõnių siū́lų.* ○ *Nutrū́ko siū́las.* • žr. pieš. **adata**
siū́lyti, siū́lo, siū́lė vks. (3) (kas, kam, ką / ko / ı bendr.) **1.** sakyti, kad imtų ir pan.: *Jis siū́lo mums kavõs [válgyti].* ○ *Tur̃guje man siū́lė pomidòrų.* ○ *Jai siū́lė dárbą, bet jis jai nepatìko.* **2.** sakyti, kad (kas) yra geras, tinkamas ar kad reikėtų ką daryti: *Siū́lau paragáuti šio pyrãgo, jis labaĩ skanùs.* • žr. **nesiū́lyti, pasiū́lyti**
siū́lymas dkt. v. (2, 1): *siū́lymas váišintis*
siū́lytis, siū́losi, siū́lėsi sgr. vks. (3) (kas, kam + bendr.) pačiam siūlyti savo pagalbą, paslaugas ir pan.: *Jis siū́losi mums padė́ti.* • žr. **nesisiū́lyti**
siū́lymasis dkt. v. (1, 1a) (kieno): *siū́lymasis draugáuti*
siuñčia esam. l. 3 asm. žr. **siųsti**
siuñtė būt. l. 3 asm. žr. **siųsti**
siuntė́jas dkt. v. (1, 2), **siuntė́ja** dkt. m. (1, 7) asmuo, kuris siunčia (laišką, siuntinį)
siuntìmas dkt. v. (2, 1) dokumentas, kuriuo patvirtinama, kad asmuo kur siunčiamas: *Poliklìnikos gýdytojas man dãvė siuntìmą į ligóninę.*
siuntinỹs dkt. v. (3^b, 3) siunčiamų (ppr. paštu) daiktų ryšulys: *Gavaũ siuntìnį iš namų̃.* ○ *Siuñtinio iš jūsų dar negavaũ.*
siurblỹs dkt. v. (4, 3) prietaisas, kuriuo siurbiama • žr. **dulkių siurblys**
siur̃bti, siur̃bia, siur̃bė vks. (1) (kas, ką) traukti (orą ar skystį) tam tikru prietaisu; valyti dulkių siurbliu: *siur̃bti nãftą* ○ *siur̃bti dùlkes* ○ *Šeštãdienį siur̃bsiu grindìs (dulkes nuo grindų).* • žr. **nesiurbti**
sių̃sti, siuñčia, siuñtė vks. (1) **1.** (kas, ką, kam) daryti, kad gautų paštu ir pan., kad kam kitas ką pasakytų ir pan.: *Láišką dėdei į užsíenį siunčiaũ óro paštù.* ○ *sių̃sti svéikinimo telegrãmą [siuñtinį, pìnigus, kvietìmą į vestuvès]* ○ *Siunčiù jums linkė́jimus nuo Jõno.* **2.** (kas, ką / + bendr.) liepti kur vykti, eiti kokiu reikalu: *Greičiaũ sių̃skite ką nórs gýdytojo! Reĩkia jį į ligóninę sių̃sti.* ○ *Jį siuñtė mókytis į Vìlnių.* • žr. **nesiųsti**
siuntimas dkt. v. (2, 1) (ko): *prẽkių siuntìmas*
siū́ti, siùva, siùvo vks. (1) **1.** (kas, ką) siūlais ir adata jungti, tvirtinti: *siū́ti sãgą* **2.** (kas, ką, kum) gamìnti drabužius, avalynę: *siū́ti sukne̋lę [kostiùmą, sijõną, márškinius, káilinius, batùs]* ○ *Ar mókate siū́ti? – Dejà, nemóku.* • būs. l. 3 asm. **siū̃s**; žr. **nesiū́ti, pasiū́ti**
siuvìmas dkt. v. (2, 1) (ko)
siuvė́jas dkt. v. (1, 2), **siuvė́ja** dkt. m. (1, 7) asmuo, kurio darbas – siūti drabužius
siuvyklà dkt. m. (2, 6) siuvimo įmonė:

*móteriškų ir výriškų drabùžių siuvyklà ○ Siuvýkloje dárbo netrúksta.

siùvo *būt. l. 3 asm. žr.* **siūti**

skaičiúoti, skaičiúoja, skaičiãvo *vks. (1)* **1.** *(kas)* sakyti skaičius iš eilės: *Skaičiúok iki trisdešimt.* **2.** *(kas, ką)* nustatyti ko skaičių, kiekį: *Grąžą skaičiúokite prie kasõs.* ○ *skaičiúoti pinigus* ○ *Pãjamas skaičiúosime mẽtų pabaigojè.* • *žr.* **apskaičiuoti, neskaičiuoti**

skaičiãvimas *dkt. v. (1, 1) (ko): pajamų ir išlaidų skaičiãvimas*

skaĩčius *dkt. v. (2, 5)* **1.** *1, 2, 3 ir t. t. yra skaĩčiai.* **2.** *vns.* daiktų, kuriuos galima skaičiuoti, kiekis: *viẽtų sãlėje skaĩčius*

skaidrùs, skaidrì *bdv. (4, 5–8)* per kurį galima matyti: *Stìklas yra skaidrùs.* • *žr.* **neskaidrus**

skaityklà *dkt. m. (2, 6)* bibliotekos patalpa, kurioje lankytojai skaito: *Susitìksime prie skaitỹklos dùrų.* ○ *Studeñtai daug laĩko praléidžia skaitỹkloje.*

skaitìklis *dkt. v. (2, 3)* prietaisas, kuriuo matuojamas ko suvartojimo kiekis: *elèktros [dùjų] skaitìklis* ○ *šálto [káršto] vandeñs skaitìklis*

skaitýti, skaĩto, skaĩtė *vks. (3)* **1.** *(kas, ką)* žiūrėti į ką parašytą ar spausdintą ir suvokti: *mokėti skaitýti* ○ *Àš skaitaũ lietùviškai, bet kalbėti (lietùviškai) nemóku.* ○ *skaitýti knỹgą [láišką, skelbìmą]* **2.** *(kas, ką)* sakyti parašytus ar spausdintus žodžius kitiems: *Prãšom skaitýti nuo čià.* ○ *Jū̃s skaĩtote labaĩ tylìai.* **3.** *(kas, apie ką, kame)* (tik būt. l.) sužinoti iš to, kas parašyta ar išspausdinta: *Apie tą įvykį skaičiaũ laĩkraštyje.* **4.** *(kas, ką, kam)* dėstyti (paskaitą ir pan.): *Jis skaĩtė mums pranešimą apie Lietuvõs istòriją.* ○ *Kàs jums skaĩto pãskaitas?* • *žr.* **neskaityti, perskaityti**

skaitýtojas *dkt. v. (1, 2),* **skaitýtoja** *dkt. m. (1, 7)* asmuo, kuris skaito knygas, laikraščius, žurnalus: *Bibliotèkoje daũg skaitýtojų.* ○ *skaitýtojo pažymėjimas*

skaitmuõ *dkt. v. (3ᵇ, 11)* kiekvienas iš ženklų nuo 0 iki 9, kuris reiškia skaičių: *Parašýkite skaĩtmenį „trỹs" (3) ir „keturì" (4).*

skaĩtvardis *dkt. v. (1, 3) gram.* žodis, kuris reiškia skaičių: *„Víenas", „dù", „šim̃tas" yra skaĩtvardžiai.* • *sutr.* **skt.**; *žr.* **kelintinis skaitvardis**

skalbyklà *dkt. m. (2, 6)* skalbimo įmonė; jos patalpos: *Skalbỹkloje skaĺbia mãšinos.* ○ *nèšti skaĺbinius į̃ skalbỹklą* ○ *parnèšti skaĺbinius iš skalbỹklos*

skalbìklis *dkt. v. (2, 3)* priemonė skalbti (skalbimo milteliai, skystis)

skalbiniaĩ *dgs. dkt. v. (3ᵇ, 3)* tai, ką reikia skalbti ar kas išskalbta: *Skalbiniaĩ išdžiū́vo.* ○ *lýginti skaĺbinius*

skalbìnių dėžė̃ dėžė nešvariems drabužiams dėti

skalbìnių spaustùkas daiktas šlapiems skalbiniams tvirtinti prie virvės

skaĺbti, skaĺbia, skaĺbė *vks. (1) (kas, ką, kuo)* plauti (drabužį): *Skaĺbsiu márškinius rañkomis, ne mašinà.* ○ *Kuõ jū̃s skaĺbiate rañkšluosčius? – Skalbìmo miltẽliais.* • *žr.* **išskalbti, neskalbti**; *plg.* **plauti**

skalbìmas *dkt. v. (2, 1) (ko):* drabùžių skalbìmas ○ *Šeštādienis man skalbìmo dienà.*

skalbìmo mašinà prietaisas skalbti

skalbìmo miltẽliai miltų pavidalo medžiaga, vartojama skalbti: *Nupir̃k skalbìmo miltẽlių.*

skambė́ti, skam̃ba, skambė́jo *vks. (1) (kas)* **1.** skleisti tam tikrą garsą: *Ar girdì, kaip skam̃ba varpaĩ Kãtedros aikštėjè?* ○ *Skam̃ba telefònas, turiu atsiliẽpti.* **2.** būti girdimam (apie muziką, balsą ar pan.): *Skam̃ba dainà.* • *žr.* **neskambėti**

skam̃binti, skam̃bina, skam̃bino *vks. (1)* **1.** *(kas, kam)* (mėginti) kalbėti telefonu: *Jei negalì parašýti láiško, tai skam̃bink man.* ○ *Àš tau skam̃binau dù kartùs, bet tu neatsiliẽpei.* ○ *Kàs čià skam̃bina?* ○ *Àš jums skam̃binu iš taksofòno.* **2.** *(kas, kuo, ką)* groti pianinu ir pan. **3.** *(kas)* daryti, kad skambėtų (durų skambutis): *Kažkàs skam̃bina į̃ dùris.* • *žr.* **neskambinti, paskambinti**

skambùtis *dkt. v. (2, 3)* prietaisas garso signalams duoti; to prietaiso signalas: *dùrų skambùčio mygtùkas* ○ *Pasigir̃do telefòno skambùtis.*

skanùs, skanì *bdv. laipsn. (4, 5–8)* turintis malonų skonį (apie maistą); malonus

(apie kvapą): *Tamè restoranè skãnūs patiekalaĩ.* ○ *Norė́čiau ko nórs skanaũs.* ○ *skãnios kriáušės*
skanù *n.*: *Ar skanù* (klausiant apie patiekalo skonį)?
skaniaĩ *prv.*: *skaniaĩ paválgyti* ○ *Kàs čia taip skaniaĩ kvẽpia?*
• *žr.* **neskanus**

skarà *dkt. m. (4, 6)* audinio ir pan. gabalas pečiams dengti: *megztà skarà*

skardà *dkt. m. (4, 6)* labai plona metalo plokštė; iš jos pagamintas indas kepti

skardìnė *dkt. m. (2, 8)* iš skardos pagamintas indas; jame telpantis kiekis: *alaũs skardìnė*

skarẽlė *dkt. m. (2, 8)* nedidelė skara galvai ar kaklui dengti: *šilkìnė skarẽlė* ○ *rìštis skarẽlė [skarẽlę]*

skaudė́ti, skaũda, skaudė́jo *vks. (1) (kam, ką)* jausti kurios nors kūno dalies ar vietos skausmą: *(Man) skaũda gálvą [kóją, rañką ir t. t.].* ○ *Ar gérklę labaĩ skaũda?* ○ *Váikščiojau su skaũdama (kurią skaudė́jo) kója.* ○ *Nuo ìlgo skaitymo (jam) skaudė́davo akìs.* • *žr.* **neskaudė́ti**
skaudė́jimas *dkt. v. (1, 1) (ko)*

skaudùs, skaudì *bdv. laipsn. (4, 5–8)* nemalonus, sukeliantis nemalonius jausmus; sunkus: *Tai labaĩ skaudì neláimė.*
skaudù *n.*: *Man labaĩ skaudù, kad tu taĩp ìlgaĩ neparašaĩ láiško.* ○ *Skaudù, kai draũgas tave išdúoda.*

skaũsmas *dkt. v. (4, 1)* nemalonus pojūtis sergant, susižeidus ir pan.: *Išgérk váistų nuo galvõs skaũsmo.* ○ *dantiẽs skaũsmas*

skelbìmas *dkt. v. (2, 1)* tekstas, kuriuo kas skelbiama; lapas su tokiu tekstu: *skaitýti laĩkraštyje skelbìmus*
skelbìmų lentà lenta (2), prie kurios tvirtinami skelbimai

skélbti, skélbia, skélbė *vks. (1) (kas, ką / + šs)* viešai pasakyti; pranešti per žiniasklaidą, informuoti: *Teisė́jas skélbia núosprendį.* ○ *Per televìziją vìsiems skélbiamos lotèrijos laimė́tojų pãvardės.* ○ *Per rãdiją skélbia rungtỹnių rezultatùs.* ○ *Laĩkraštyje skélbiama, kad šeštãdienį įvỹks koncèrtas.* • *žr.* **neskelbti, paskelbti**

skeñdo *būt. l. 3 asm. žr.* **skęsti**

skersaĩ *prl. (su K.)* iš vienos ko pusės į kitą: *eĩti skersaĩ gãtvės* • *plg.* **išilgai**

skeřsgatvis *dkt. v. (1, 3)* siaura gatvė, kuri jungia gatves: *senãmiesčio skeřsgatviai* ○ *Gyvẽnu Piliẽs skeřsgatvyje.*

skersìnis *dkt. v. (2, 3)* strypas, kuris jungia kopėčių dalis, vartų (2) stulpus ir pan.: *kópėčių skersìnis* • *žr. pieš.* **kopėčios**

skersmuõ *dkt. v. (3^b, 11)* linija nuo vienos apskritimo pusės į kitą per jo vìdurį; tos linijos ilgis

skę́sti, skę̃sta, skeñdo *vks. (1) (kas)* leistis žemyn vandenyje: *Akmuõ skę̃sta, o plùnksna – nè.* • *neig.* **neskę́sti**; *žr.* **nuskę́sti**

skė̃tis *dkt. v. (2, 3)* įtaisas dengti nuo lietaus arba saulės: *Neturiù skė̃čio, o laukè lỹja.* ○ *išskleĩsti [suglaũsti] skė̃tį*

skė̃tis

skiemuõ *dkt. v. (3^b, 11)* gram. žodžio dalis: *Žõdis „mamà" turi dù skiẽmenis: „mà-mà".*

skylė̃ *dkt. m. (4, 8)* savaime atsiradęs ar padarytas tarpas: *Megztìnio rankóvėje yra kẽlios skỹlės.* ○ *Síenoje atsirãdo skylė̃.*

skylė́tas, skylė́ta *bdv. (1, 1–6)* kuris su skylėmis, kiauras: *skylė́ta kišẽnė*

skylùtė *dkt. m. (2, 8)* nedidelė skylė: *ãdatos skylùtė*

skìnti, skìna, skýnė *vks. (1) (kas, ką)* laužti, traukti nuo augalo: *Kám tu skinì tas gėlès?* ○ *Nereĩkia skìnti gė́lių, tegu áuga.* ○ *Aš skìnu óbuolius ir dedù į dė́žę.* ○ *Vãkar skýnėme slyvàs.* • *žr.* **neskinti, nuskinti**

skýrė *būt. l. 3 asm. žr.* **skirti**

skýrėsi *būt. l. 3 asm. žr.* **skirtis**

skyrýba *vns. dkt. m. (1, 6) gram.* to, kas parašyta, dalijimas į sakinius ir pan. tam tikrais ženklais: *Kablẽlis, tãškas, klaustùkas, šauktùkas yra skyrýbos ženklaĩ.*

skyrýbos *dgs. dkt. m. (1, 6)* santuokos nutraukimas teisme: *Ji nóri skyrýbų, bet výras nesutiñka skìrtis.*

skỹrius *dkt. v. (2, 5)* **1.** įstaigos, įmonės ir

kt. dalis: *savivaldýbės kultūros skỹrius* ○ *Parduotùvės daržóvių skỹriuje nupiřk kopū̃stą.* ○ *Užeĩkite į ligóninės širdiẽs ligų̃ skỹrių.* **2.** knygos, laikraščio, straipsnio dalis: *Šiojè knỹgoje yra dēšimt skỹrių.* ○ *Paskutìniame laĩkraščio pùslapyje yra skelbìmų skỹrius.* • žr. **traumatologijos skyrius**

skìrstyti, skìrsto, skìrstė *vks.* (3) *(kas, ką)* dalyti į grupes: *skìrstyti studeñtùs į grupès po trìs* • žr. **neskirstyti, suskirstyti**

skìrtas, skirtà *bdv.* (3, 1–6) turintis kokią paskirtį: *Kám skìrtas šis dáiktas?* ○ *Tie daiktaĩ skirtì dovanóti.*

skìrti, skìria, skýrė *vks.* (1) **1.** *(kas, ką)* dalyti į dalis, daryti atskirą, nesujungtą: *Kam̃barius skìria síenos.* ○ *Ùpė skìria miẽstą į dvì dalìs.* ○ *skìrti žõdžių jùnginį kablēliais* **2.** *(kas, ką, nuo ko)* matyti (ko ir ko) vienodùmą ar nevienodùmą, pažinti, žinoti: *Žvìrblį nuo kregždė̃s visì skìria.* ○ *Aš jį skiriù iš bal̃so.* **3.** *(kas, ką, kam)* duoti, nustatyti: *skìrti baũdą [baũsmę]* ○ *Skìrkite laĩką, kadà aš galė́čiau užeĩti.* **4.** *(kas, ką, kuo)* duoti pareigas: *Jį̃ žada skìrti ministrù.* • žr. **neskìrti**; (1, 2) žr. **atskirti**; (3, 4) žr. **paskirti**

skirtìngas, skirtìnga *bdv.* (1, 1–6) nevienodas; ne vienos rūšies, ne tas pats, ne toks pat: *Jie atvažiãvo visì skirtìngu laikù.* ○ *Mū́sų núomonės skirtìngos.* ○ *Kodė̃l jūs* (tu ir jis) *apsigyvēnote skirtìnguose viẽšbučiuose?* **skirtìnga** *n.*

skirtìngai *prv.*: *Mēs mā́nome skirtìngai.* ○ *Visì žmónės eĨgiasi skirtìngai.*

skìrtis, skìriasi, skýrėsi *sgr. vks.* (1) **1.** *(kas, nuo ko / iš ko)* būti kitokiam negu kitas (ar kiti), būti nevienodam: *Šis dáiktas skìriasi nuo tõ.* ○ *Jis skìriasi iš kitų̃.* **2.** *(kas, su kuo)* nutraukti santuoką ar draugystę: *Jis skìriasi su žmóna.* ○ *Jie* (jis ir ji) *skìriasi.* **3.** *(kas)* darytis nesujungtam • žr. **išsiskirti, nesiskirti**

skìrtumas *dkt. v.* (1, 1) tai, kuo vienas daiktas nepanašus į kitą; laipsnis ar kiekis, kuriuo daiktai nėra vienodi: *káinos [ámžiaus] skìrtumas*

skýstas, skystà *bdv.* (3, 1–6) **1.** kuris turi savybę tekėti, kurį galima pilti: *skýstas muĩlas* **2.** *laipsn.* kuriame daug skysčio ir mažai kitų medžiagų: *skystà sriubà*

skỹstis *dkt. v.* (2, 3) medžiaga, kuri nėra kieta, ne dujos, kuri turi savybę tekėti: *Vanduõ yra skỹstis.*

skleĩsti, skleĩdžia, skleĩdė *vks.* (1) *(kas, ką)* duoti iš savęs, daryti matomą, juntamą, girdimą (šviesą, kvapą, garsą ir pan.): *Sáulė skleĩdžia švíesą ir šilumą.* ○ *Gė̃lės skleĩdė malõnų kvāpą.* • žr. **neskleisti**

skliaustēliai *dgs. dkt. v.* (2, 3) rašybos ženklas ( ) arba [ ]

skliñdis *dkt. v.* (2, 3) keptuvėje kepamas plonas apskritas valgis iš miltų̃: *Prāšom válgyti skliñdžių.* ○ *skliñdžiai su uogienè [su grietinè]* ○ *kèpti skliñdžiùs* • žr. *t. p.* **blynas**

skolà *dkt. m.* (4, 6) paimti pinigai ar koks daiktas, kuriuos reikia grąžinti: *grąžìnti skõlą* ○ *dìdelė [nedìdelė] skolà*

skolìngas, skolìnga *bdv.* (1, 1–6) *(kam)* kuris turi skolą: *Jis man (yra) skolìngas šim̃tą litų.* ○ *Kíek aš jums (esu) skolìngas* (kiek turiu jums sumokėti)? • žr. **neskolingas**

skoliniñkas *dkt. v.* (2, 1), **skoliniñkė** *dkt. m.* (2, 8), *t. p.* **skõlininkas** (1, 1), **skõlininkė** (1, 8) asmuo, kuris skolingas

skõlinti, skõlina, skõlino *vks.* (1) *(kas, ką, kam)* duoti kaip skolą: *Jis visadà skõlina man knygàs [pinigų̃].* • žr. **neskõlinti, paskolinti**

skõlintis, skõlinasi, skõlinosi *sgr. vks.* (1) *(kas, ką)* imti kaip skolą: *skõlintis pinigų̃* ○ *Aš skõlinuosi iš tavę̃s šį tušinùką, greĩtai grąžìnsiu.* • žr. **nesiskolinti, pasiskolinti**

skonìngas, skonìnga *bdv.* (1, 1–6) kuris rodo kieno gerą skonį (2), gražiai padarytas: *skonìnga suknēlė* ○ *skonìngi drabùžiai*
skonìngai *prv.*: *skonìngai apsireñgusi móteris* ○ *skonìngai sutvarkýtas bùtas* • žr. **neskoningas**

skõnis *vns. dkt. v.* (2, 3) **1.** pojūtis, pagal kurį žmogus skiria maistą; ypatybė, kuri sukelia tą pojūtį: *nejaũsti skõnio* ○ *Pipirai yra kartaũs skõnio.* **2.** mokėjimas pasirinkti, kas tinka: *Ji reñgiasi su skoniù.* ○ *Jis visái netùri skõnio.*

skraidýti, skraĩdo, skraĩdė *vks.* (3) *(kas)* skristi įvairiomis kryptimis, iš vienos vietos į kitą; galėti skristi: *Sodè skraĩdo bìtės.* • *neig.* **neskraidýti**

skrañdis *dkt. v. (2, 3)* maišelio pavidalo kūno organas, kuriame virškinamas suvalgytas maistas: *Man skaūda skrañdį.* o *skrañdžio operācija*

skreñda *esam. l. 3 asm. žr.* **skristi**

skrybėlė̃ *dkt. m. (3ᵃ, 8)* tam tikros formos kepurė: *Mano výras nešiója skrýbėlę.* o *Vãsarą dėvė́k šiaudìnę skrýbėlę.* o *skrybėlių̃ parduotùvė*

skrybėlė̃

skrȳdis *dkt. v. (2, 3)* atskiras skridimo atvejis; lėktuvo reisas: *Skrȳdžio trukmė̃ – septýnios vãlandos.*

skrìsti, skreñda, skrìdo *vks. (1)* **1.** *(kas)* judėti oru: *Mataĩ, paũkštis skreñda.* o *Aukštaĩ skreñda lėktùvas.* **2.** *(kas, kuo, kur)* vyktì oro transportu: *Iš Palangõs namõ skrìsime ar važiúosime autobusù?* o *Ar jū̃s skreñdate šiuo lėktuvù?* o *Jis dažnaĩ skrìsdavo į̃ Parỹžių.* • *žr.* **neskristi**

skridìmas *dkt. v. (2, 1)*

skritulỹs *dkt. v. (3ᵇ, 3)* apskrita plokščia figūra; tokio pavidalo daiktas: *Plokštẽlė yra skrìtulio pavìdalo dáiktas.*

skrùdintas, skrùdinta *bdv. (1, 1–6)* pagamintas skrudinant: *skrùdinta dúona* o *skrùdintos pyrãgo riekẽlės*

skrùdinti, skrùdina, skrùdino *vks. (1) (kas, ką)* kepti be riebalų̃: *skrùdinti saulė́grąžas [kavõs pupelès]* • *žr.* **neskrudinti**

skrùdinimas *dkt. v. (1, 1)*

skrudintùvas *dkt. v. (2, 1)* prietaisas skrudinti

skrúostas *dkt. v. (1/3, 1)* viena iš veido pusių: *bučiúoti į̃ skrúostą*

skruzdė̃lė *dkt. m. (3ᵇ, 8)* mažas vabzdys, kuris gyvena ant žẽmės būriais

skruzdė̃lė

skruzdėlýnas *dkt. v. (1, 1)* skruzdėlių̃ lizdas

skt. *sutr. žr.* **skaitvardis**

skubė́ti, skùba, skubė́jo *vks. (1)* **1.** *(kas, kur / + bendr. / + šs)* greitai ką daryti, greitai eiti (norint spėti): *Kur̃ taip skùbate?* o *Skubù namõ [į̃ dárbą].* o *Skubù, kad nepavėlúočiau į̃ tráukinį.* o *Aš skubù užsirašýti taĩ, ką̃ sãko dėstytoja.* **2.** *(kas)* rodyti daugiau laiko, negu yra iš tikrųjų, per greitai eiti (apie laikrodį): *Mano laĩkrodis skùba.* o *Jū́sų laĩkrodis skùba dviẽm minùtėmis [dvì minùtės].* • *žr.* **neskubėti;** (2) *prš.* **vėluoti**

skubė́jimas *dkt. v. (1, 1)*

skubùs, skubì *bdv. (4, 5–8)* kurį reikia atlikti ar kam pristatyti greičiau negu per įprastą laiką arba anksčiau negu kitą: *Turiù skubaũs dárbo.* o *Gamyklà gãvo skùbų užsãkymą.* o *skubì telegramà*

skubù *n.*: *Ar tai skubù* (klausiant, ar greit ką reikia atlikti)?

skubiaĩ *prv.*: *Kai gáusiu tavo láišką, skubiaĩ rašýsiu atsãkymą.* o *Norė́čiau, kad páltą išvalýtumėte skubiaĩ.*

• *žr.* **neskubus**

skùduras *dkt. v. (3ᵇ, 1)* audinio gabalas kam valyti ir pan.: *šlúostyti grindìs šlapiù skùduru*

skùlptorius *dkt. v. (1, 5),* **skùlptorė** *dkt. m. (1, 8)* skulptūrų kūrėjas

skulptūrà *dkt. m. (2, 6)* žmonių, gyvūnų ir pan. figūrų darymo iš akmens, metalo, molio ir t. t. menas; šio meno kūrinys: *lietùvių liáudies skulptūrà* o *skulptūros parodà* o *skulptūrų párkas*

skuñdas *dkt. v. (2, 1)* raštas ar žodžiai, kuriais reiškiamas nepasitenkinimas: *rašýti skundùs polìcijai*

skùndėsi *būs. l. 3 asm. žr.* **skųstis**

skùndžiasi *esam. 3 asm. žr.* **skųstis**

skur̃das *vns. dkt. v. (2, 1)* neturtingo žmogaus padėtis. *Daũg žmonių̃ gyvẽna skurdè, jiems trū́ksta maĩsto, drabùžių.*

skùsti, skùta, skùto *vks. (1) (kas, ką)* šalinti žievę peiliu: *Skutaũ mõrką ir įsipjóviau pir̃što.* • *žr.* **neskusti, nuskusti;** *plg.* **lupti**

skùstis, skùtasi, skùtosi *sgr. vks. (1) (kas, ką, kuo)* šalinti plaukus nuo savo veido ir pan. pjaunant juos kuo aštriu; daryti lygų, be plaukų (veidą ir pan.): *Ar skùtatės peiliùkais, ar elektrìnių skustuvų̃?* o *skùstis bar̃zdą* o *Aš skutúosi penkiàs minutès.* o

Skùskis kiekvíeną rýtą. • žr. **nesiskusti, nusiskusti**

skutìmasis *dkt. v. (1, 1a)*: *skutìmosi príemonės* ○ *Prieš skutìmąsi pasitèpk véidą kremù.*
skutìmosi peiliùkas plona metalo plokštelė su aštriais ašmenimis, vartojama skustis

skústis, skúndžiasi, skúndėsi *sgr. vks. (1) (kas, kuo)* reikšti nepasitenkinimą, kreiptis su skundu: *Aš skúsiuosi polìcijai, jei jūs triukšmáusite.* • žr. **nesiskųsti**

skustùvas *dkt. v. (2, 1)* įrankis ar prietaisas plaukams šalinti nuo veido ir pan.: *Ar tu skutíesi elektriniù skustuvù?*

skvèras *dkt. v. (2, 1)* nedidelė miesto aikštė, kurioje ppr. auga medžiai ir gėlės: *Skverè žýdi tùlpės.*

slaptà *prv.* taip, kad kiti nežinotų, nematytų: *slaptà klausýtis telefòno pókalbių* ○ *susitìkti slaptà*

slāptas, slaptà *bdv. (4, 1–6)* daromas taip, kad kiti nematytų, nežinotų; toks, apie kurį nepranešama kitiems: *slāptas balsãvimas* ○ *slāptas susitikìmas* • *neig.* **neslāptas**

slaūgė *dkt. m. (2, 8)* medicinos darbuotoja, kuri prižiūri ligonius: *Ji dìrba slaugė ligóninėje.* ○ *Pakviēsk slaūgę.*

slaugýti, slaūgo, slaūgė *vks. (3) (kas, ką)* prižiūrėti ligonį: *Dvì savàites slaugiaũ seȓgančią mótiną.* • žr. **neslaugyti**

slėnis *dkt. v. (2, 3)* žemės vieta tarp kalnų ar kalvų, kuria ppr. teka upė: *Dubýsos slėnis*

slḗpti, slėpia, slėpė *vks. (1)* **1.** *(kas, ką)* dėti (ką) kur ar dengti kuo, kad kas nematytų, nežinotų, nerastų ir pan.: *Ji slėpia véidą po skrýbėle.* ○ *Slėpkite pìnigus.* **2.** *(kas, ką | + šs)* nerodyti, nesakyti, norint, kad kiti nežinotų: *slėpti jausmùs [savo núomonę]* • žr. **neslėpti**

slìdė *dkt. m. (2, 8)* viena iš dviejų siaurų ilgų lentų judėti sniegu: *Sulúžo vienà slìdė.*
slìdės *dgs.* tokių lentų pora: *piȓkti slìdės* ○ *Žiūrėk, nesuláužyk slìdžių.*

slidinėti, slidinėja, slidinėjo *vks. (1) (kas)* judėti slidėmis: *Eīsime slidinėti, jei bus sniēgo.* • *neig.* **neslidinėti**

slidinėjimas *dkt. v. (1, 1)*; t. p. sporto šaka: *slidinėjimo varžýbos*

slìdininkas *dkt. v. (1, 1),* **slìdininkė** *dkt. m. (1, 8)* asmuo, kuris slidinėja; slidinėjimo sportininkas: *slìdininkų kománda*

slýdo *būt. l. 3 asm.* žr. **slysti**

slidùs, slidì *bdv. laipsn. (4, 5–8)* ant kurio sunku stovėti ar važiuoti neslystant: *Žiēmą keliaĩ bū̃na slidū̃s.* ○ *Gãtvės miestè (yra) slìdžios, nevažiúok greĩtai.*
slidù *n.: Šiañdien lijùndra, labai slidù, eīk atsargiaĩ.*
• žr. **neslidus**

slýsti, slýsta, slýdo *vks. (1) (kas)* savaime judėti lygiu paviršiumi: *Kójos slýsta eīnant per lēdą.* ○ *Automòbilio rãtai slýsta, kai važiúojate sldžiù keliù.* • *neig.* **neslýsti**

slyvà *dkt. m. (2, 6)* nedidelis pailgas arba apvalus geltonos, raudonos ir kt. spalvos vaisius su kauliuku; tokius vaisius vedantis medis: *Ar mė́gsti slyvàs?* ○ *džiovìntos slývos*

slogà *vns. dkt. m. (4, 6)* liga, kai iš nosies teka skystis, skauda galvą ir pan.: *susiȓgti slogà* ○ *váistai nuo slogõs* ○ *gýdytis slõgą*

slúoksnis *dkt. v. (1, 3)* kokios nors medžiagos ištisinis plokščias telkinys, ppr. vienas iš kelių: *Viršùtinis dažų slúoksnis džiū́sta ilgiáusiai.* ○ *trijų slúoksnių tòrtas*

smagùs, smagì *bdv. laipsn. (4, 5–8)* malonus, keliantis gerą nuotaiką, linksmas: *Vakarėlis buvo smagùs, geraĩ praléidome laĩką.* ○ *Ta dainà (yra) labaĩ smagì.*
smagù *n.: Smagù pas jus bū́ti.*
smagiaĩ *prv.: Labaĩ smagiaĩ praléidome laĩką [atóstogas].*
• žr. **nesmagus**

smailùs, smailì *bdv. laipsn. (4, 5–8)* kurio vienas galas daug plonesnis už kitą: *smailì ãdata* ○ *bãtai smailiaĩs kulnaĩs* ○ *Gal tùrite smaĩlų (plonai rašantį) pieštùką?* • žr. **nesmailus**

smarkùs, smarkì *bdv. laipsn. (4, 5–8)* didelis, stiprus (apie vėją, šaltį ir pan.): *Pùčia smarkùs vė́jas.* ○ *smarkì audrà* ○ *smarkùs šaĩtis*
smaȓkiai *prv.: Smaȓkiai lýja [šą̃la, skaūda].*

○ *smar̃kiai užsigáuti rañką*
• žr. **nesmarkus**

smė̃genys *dgs. dkt. m. (3ᵇ, 11)* organas, kuris yra galvoje ir nuo kurio priklauso galvojimas, veiksmai: *smegenų̃ operãcija* ○ *smegenų̃ sutrenkìmas*

smeĩgti, smeĩgia, smeĩgė *vks. (1) (kas, ką)* ką smailų stumti į ką norint paimti ar prie ko tvirtinti: *Smeĩk grybùs (su) šakutè ir válgyk.* ○ *smeĩgti į áudinį smeigtùką* • žr. **nesmeigti**

smeigtùkas *dkt. v. (2, 1)* mažas metalinis daiktas su smailia dalimi popieriui, audiniui ir pan. pritvirtinti

smėlė́tas, smėlė́ta *bdv. (1, 1–6)* kurį dengia smėlis; kuris turi daug smėlio: *smėlė́tas ùpės kráñtas* ○ *smėlė́tos kalvos*

smė̃lis *vns. dkt. v. (2, 3)* medžiaga iš smulkių žemės dalių: *smė̃lio kõpos* ○ *Palangõs paplūdimyjè puikùs smė̃lis.*

smirdė́ti, smìrdi, smirdė́jo *vks. (2) (kas, kuo)* skleisti nemalonų kvapą: *Atsiprašaũ, kàs čia taip smìrdi?* ○ *Parduotùvėje smirdė́jo senà žuvimì.* • prš. **kvepė́ti**; neig. **nesmirdė́ti**; žr. **dvokti**

smõgti, smõgia, smõgė *vks. (1) (kas)* trenkti: *smõgti į gálvą* • liep. n. **smõk(ite)**; neig. **nesmõgti** (būt. l. 3 asm. **nèsmogė**) **smogìmas** *dkt. v. (2, 1)*

smū̃gis *dkt. v. (2, 3)* smogimas: *smū̃gis į gálvą*

smuĩkas *dkt. v. (2, 1)* keturių stygų muzikos instrumentas: *Mano dukte̋ grója smuikù.*

smuĩkininkas *dkt. v. (1, 1),* **smuĩkininkė** *dkt. m. (1, 8)* muzikantas, kuris groja smuiku

smuikas

smulkinti, smulkina, smulkino *vks. (1) (kas, ką)* daryti smulkų ar smulkesnį; dalyti į smulkias dalis • žr. **nesmulkinti**

smulkmena *dkt. m. (1, 6)* nesvarbus dalykas: *Ji visadà ginčijasi dėl smulkmenų̃.*

smulkus, smulkì *bdv. laipsn. (3, 5–8)*
1. labai mažas, palyginti su kitais tos pačios rūšies daiktais: *Čia parašyta labai smulkiomìs raĩdėmis.* 2. kuris susideda iš labai mažų dalių: *smulkus cùkrus*

smulkiai *prv.: smulkiai supjáustyti mėsą*
• prš. **stambus**; žr. **nesmulkus**

smulkūs (pinigaĩ) mažos vertės pinigai: *Gal turi smulkių (pinigų̃)?* ○ *Grąžą gavaũ smulkiaĩs (pinigaĩs)* (pvz., vieno lito banknotais ir centais).

snaĩgė *dkt. m. (2, 8)* mažas krintančio sniego gabalėlis

snãpas *dkt. v. (4, 1)* kieta paukščio galvos priekinė dalis; paukščio burna: *Paũkštis lẽsa snapù.* ○ *Gañdro snãpas (yra) ìlgas.* ○ *aštrùs snãpas*

snáusti, snáudžia, snáudė *vks. (1) (kas)* būti beveik miegančiam: *Kãtinas snáudžia priẽš sáulę.* ○ *Jis atsisėdo žiūrėti televizoriaus ir snáudžia.* • neig. **nesnáusti**

sniẽgas *vns. dkt. v. (4, 1)* baltos minkštos medžiagos pavidalo krituliai; jų sluoksnis: *kriñta [tìrpsta] sniẽgas* ○ *daũg sniẽgo* ○ *valýti sniẽgą nuo šaligatvio* ○ *brìsti per sniẽgą*

snìgti, snìnga, snìgo *vks. (1) (kas / –)* kristi sniegui: *Lietùs lỹja, sniẽgas sniñga.* ○ *Vìsą vãkarą snìgo.* ○ *Šią sãvaitę sniñga visojè Lietuvojè.* ○ *Pãvakare pradė́jo snìgti.* ○ *Kaĩp gražiai sniñga!* • neig. **nesnìgti**

snùkis *dkt. v. (2, 3)* gyvulio, žvėries galvos priekinė dalis; gyvulio, žvėries burna: *Šérno didelis snùkis.* ○ *šuõ smailiù snukiù*

sociãlinis, sociãlinė *bdv. (1, 4–9)*
  sociãlinis draudìmas draudimas, iš kurio gauti pinigai panaudojami pensijoms mokėti ir pan.: *sociãlinio draudìmo mókestis*
  sociãlinė rū́pyba valstybės pagalbos teikimas neturtingiems, neįgaliems ir pan.

sóčiai *prv.* žr. **sotus**

sõdas *dkt. v. (2, 1)* žemės plotas, kuriame auga vaismedžiai, vaiskrūmiai ir pan.; jame augantys vaismedžiai ir vaiskrūmiai: *Prie namų̃ tùrime dìdelį sõdą.* ○ *Pavãsarį sõdai gražiaĩ žýdi.* ○ *Šiẽmet sõduose daũg obuolių̃.* • žr. **zoologijos sodas**

sodýba *dkt. m. (1, 6)* kaimo namas su visais ūkiniais pastatais, sodu ir pan.: *Sodýbos galè áuga ẽglės.* ○ *Sodýboje yra daržas, sõdas, ūkìniai pastataĩ.*

sodiniñkas *dkt. v. (1, 1),* **sodininkė**

sodìnti, sodìna, sodìno vks. (1) (kas, ką) 1. kviesti sėsti, duoti vietą sėsti: *Sodìnk svečiùs prie stãlo.* 2. augalo sėklas arba augalo šaknis dėti į žemę, kad augtų: *Pavãsarį sodìnsime bùlves.* o *sodìnti óbelį [ąžuolą, pomidorùs]* • žr. **nesodinti, pasodinti**; (2) *plg.* **sėti**

sodìnimas dkt. v. (1, 1): *Dabař bùlvių sodìnimo mẽtas.*

sofà dkt. m. (2, 6) minkštas platus suolas su atramomis nugarai ir rankoms: *Sėskis ant sõfos.*

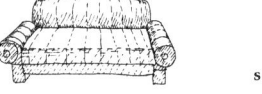
sofa

solìstas dkt. v. (2, 1), **solìstė** dkt. m. (2, 8) asmuo, kuris vienas atlieka muzikos kūrinį ar šokį: *Koncèrte dainãvo kėletas solìstų.* o *solìstės [solìsto] repertuãras*

sóstinė dkt. m. (1, 8) miestas, kuris yra valstybės valdymo centras: *Kernavė̃ – pirmóji Lietuvõs sóstinė.* o *atvỹkti į sóstinę* o *gyvénti sóstinėje*

sótus, sóti bdv. (3, 5–8) 1. kuris pavalgė ir daugiau valgyti nenori: *Válgyk dár mėsõs. – Ãčiū, aš jau sótus.* 2. kurio reikia nedaug valgyti, kad būtum sotus: *Mėsà yra sótus maĩstas.*
sóčiai prv.: *sóčiai paválgyti*
• žr. **nesotus**

spãlis dkt. v. (2, 3) dešimtasis metų mėnuo: *spãlio pirmóji (dienà)* o *Spãlį bus màno gimtãdienis.*

spalvà dkt. m. (4, 6) matoma daiktų savybė, pagal kurią žmogus juos skiria (pvz., raudoną gėlę nuo baltos gėlės): *Kokiõs spalvõs šis dáiktas? – Raudonõs.* o *žaliõs spalvõs drabùžiai* o *Mėgstu júodą spal̃vą.*

spal̃vinti, spal̃vina, spal̃vino vks. (1) (kas, ką, kuo, kaip) daryti kokios spalvos, spalvotą: *Vaĩkas spal̃vina knygẽlę pieštùkais.* o *Šią gėlę aš spal̃vinsiu raudónai.* • žr. **nespalvinti**

spal̃vinimas dkt. v. (1, 1): *spal̃vinimo knygẽlės*

spalvótas, spalvóta bdv. (1, 1–6) 1. perduodantis daiktų spalvas: *spalvótas kìnas* o *spalvótas televìzorius* 2. turintis spalvą (ppr. ne tik baltą, juodą ar pilką): *Nupir̃k bálto ir spalvóto põpieriaus.* o *spalvóta núotrauka* • žr. **nespalvotas**

spanguolė̃ dkt. m. (1, 8) raudona rūgšti uoga; jas vedantis pelkių augalas

spar̃nas dkt. v. (4, 1) paukščių, vabzdžių kūno dalis, padedanti skristi

spanguolė

spaudà vns. dkt. m. (4, 6) 1. laikraščiai, žurnalai; tai, kas juose spausdinama: *Spaudojè daũg rãšoma apie rinkimùs.* o *skaitýti spaũdą* o *spaudõs kióskas* o *Girdėjau per rãdiją spaudõs ãpžvalgą.* 2. spausdinimas: *pareñgti knỹgą spaũdai*
spaudõs konfereñcija renginys, kuriame ppr. aukštas pareigūnas teikia informaciją žurnalistams ir atsako į jų klausimus: *Minìstras Pirmininkas sùrengė spaudõs konfereñciją.*

spáudė būt. l. 3 asm. žr. **spausti**

spaudìmas dkt. v. (2, 1) žr. **spausti**

spáudžia esam. l. 3 asm. žr. **spausti**

spáusdinti, spáusdina, spáusdino vks. (1) 1. (kas, ką, kuo) daryti raidžių ir pan. žymes ant popieriaus: *spáusdinti kompiùteriu* 2. (kas, ką) daryti daug teksto kopijų: *Šiuo metù spáusdinama daũg knỹgų.* • žr. **nespausdinti**

spáusdinimas dkt. v. (1, 1) (ko): *knỹgų spáusdinimas*

spausdintùvas dkt. v. (2, 1) prietaisas, kuriuo spausdinama kompiuterio informacija

spáusti, spáudžia, spáudė vks. (1) 1. (kas, ką, kuo) stipriai stumti: *Spáusk dùrų mygtùką pirštù.* 2. (kas, kam) būti per ankštam: *Man šie bãtai spáudžia.* • žr. **nespausti**
spaudìmas dkt. v. (2, 1)

spaustùkas dkt. v. (2, 1)
• žr. **skalbìnių spaustukas**

specialýbė dkt. m. (1, 8) tam tikra mokymosi ar darbo sritis: *Jì pasirìnko akių̃ gýdytojo specialýbę.* o *Kokià jūsų specialýbė?*

specialìstas *dkt. v. (2, 1)*, **specialìstė** *dkt. m. (2, 8)* asmuo, kuris turi tam tikros specialybės išsilavinimą: *Mūsų įstaigai trūksta finánsų specialìstų.* ○ *Jis yra puikùs lietùvių kalbõs specialìstas.*

speciālùs, speciālì *bdv. (4, 5–8)* skirtas tam tikram tikslui

spėja *esam. l. 3 asm. žr.* **spėti**[1], **spėti**[2]

spėjo *būt. l. 3 asm. žr.* **spėti**[1], **spėti**[2]

spektãklis *dkt. v. (2, 3)* teatro ar cirko vaidinimas: *Kàs šio spektãklio režisiẽrius?* ○ *Spektãklis prasidės šėštą vãlandą.* ○ *Po spektãklio eĩsime vakarieniáuti.* ○ *Ar mateĩ tą spektãklį?* ○ *spektãklis vaikáms*

spėti[1], **spėja, spėjo** *vks. (1) (kas, + šs)* nežinant mėginti atsakyti teisingai; tikėti, kad kas įvyks: *Spėk, kóks bus rytój óras.* ○ *Spėkite, ką̃ aš turiù rañkoje.* ○ *Aš nežinójau, tik spėjau, kad tu ateĩsi.* • *neig.* **nespėti**
spėjìmas *dkt. v. (2, 1)*

spėti[2], **spėja, spėjo** *vks. (1) (kas, į ką̃ / + bendr.)* atlikti ką laiku, nepavėluoti: *Spėjau ateĩti į dárbą laikù.* ○ *Ar tu spėsi į tráukinį?* ○ *Kaĩp tu visuř ir vìską spėji!* • *neig.* **nespėti**

spyglỹs *dkt. v. (4, 3)* **1**. adatos pavidalo lapas: *ėglės [pušiẽs] spygliaĩ* **2**. *žr.* **dyglys**: *Rõžės stíebas (yra) su spygliaĩs.* ○ *ėžio spygliaĩ* ○ *įsidùrti į spỹglį*

spygliúotas, spygliúota *bdv. (1, 1–6)* turintis spyglius: *spygliúotas mẽdis* • *plg.* **dygliuotas**

spygliuõtis *dkt. v. (2, 3)* spygliuotas medis: *spygliuõčių miškas* ○ *Pušìs ir ėglė yra spygliuõčiai.*

spynà *dkt. m. (4, 6)* įtaisas durims užrakinti: *Paim̃k rãktą ir užrakìnk spỹną.* ○ *Nesugadìnk spynõs.* • *plg.* **užraktas**

spyna

spindėti, spiñdi, spindėjo *vks. (2) (kas)* būti labai šviesiam: *Dangujè spindėjo žvaĩgždės.* • *neig.* **nespindėti**
spindėjimas *dkt. v. (1, 1)*

spindulỹs *dkt. v. (3[b], 3)* siaura šviesos linija: *sáulės spinduliaĩ*

spìnta *dkt. m. (1, 6)* didelis baldas su durimis, lentynomis ir pan. drabužiams ir pan. laikyti: *Uždarýk spìntos durìs.* ○ *trejų̃ dùrų spìnta* ○ *Drabužiùs sudėk į spìntą.* ○ *Spìntoje trū́ksta viẽtos naujíems drabùžiams.*

spintẽlė *dkt. m. (2, 8)* nedidelė spinta: *virtùvės [voniõs] spintẽlė*

spìrti, spìria, spýrė *vks. (1) (kas, ką / kam)* mušti koja: *spìrti kāmuolį į vartùs* ○ *spìrti šùniui* • *žr.* **nespirti**

spjáuti, spjáuna, spjóvė *vks. (1) (kas; kas, ką)* šalinti seiles, skystį ar maistą iš burnos • *žr.* **nespjauti, nusispjauti**

spòrtas *dkt. v. (1, 1)* ppr. fizinė veikla, skirta kūno savybėms gerinti ar su kuo varžytis pagal tam tikras taisykles: *Ar mėgstate spòrtą?* ○ *spòrto varžýbos* ○ *spòrto mokyklà*

spòrtbatis *dkt. v. (1, 3)* batas, avimas sportuojant
spòrtbačiai *dgs.* tokių batų pora

spòrtininkas *dkt. v. (1, 1)*, **spòrtininkė** *dkt. m. (1, 8)* asmuo, kuris užsiima sportu: *Aš nesù spòrtininkė, bet spòrtą mėgstu.*

spòrtinis, spòrtinė *bdv. (1, 4–9)* susijęs su sportu: *spòrtinis automobìlis* ○ *spòrtiniai žaidìmai*

sportúoti, sportúoja, sportãvo *vks. (1) (kas)* daryti sporto pratimus: *Kad būtum stiprùs, turi sportúoti.* ○ *Jis daũg sportúoja.* • *neig.* **nesportúoti**

sprándas *dkt. v. (3, 1)* užpakalinė kaklo dalis: *Man skaũda sprándą.* ○ *Kačiùką paim̃k už sprándo.* • *žr. pieš.* **kūnas**

sprendìmas *dkt. v. (2, 1)* tai, ką kas nusprendė

sprė́sti, sprendžia, sprendė *vks. (1)* **1**. *(kas, + šs)* nutarti: *Spręskime, ką toliaũ darýsime.* **2**. *(kas, apie ką, +šs)* daryti išvadą; turėti nuomonę: *Iš kõ tu sprendi, kad šiañdien lìs?* ○ *sprė́sti apie kitùs pagal savè* **3**. *(kas, ką)* rasti tinkamą būdą padaryti taip, kad nebūtų: *sprė́sti problèmą* • *žr.* **nespręsti**
sprendìmas *dkt. v. (2, 1)*: *problèmos sprendìmas*

sprogdìnti, sprogdìna, sprogdìno *vks. (1) (kas, ką)* daryti, kad sprogtų: *Nusikaltė-*

liai sprogdina pāstatus, automobiliùs. • žr. **nesprogdinti**
sprogdìnimas *dkt. v. (1, 1)*

sprogmuõ *dkt. v. (3ᵃ, 11)* medžiagos, kuri sprogsta, gabalas; sprogdinimo įtaisas: *Parduotùvėje buvo rāstas sprogmuõ.* o *sprogmenų sándėlis* o *Jo automobìlyje kažkàs padėjo spró̃gmenį.*

spró̃gti, spró̃gsta, spró̃go *vks. (1) (kas)* **1.** su garsu ir jėga plyšti: *Girdėjai, kažkàs spró̃go.* o *Spró̃go automobìlio padangà.* o *Nelíesk to dáikto, gāli spró̃gti.* **2.** pavasarį darytis su lapais: *Mẽdžiai jau spró̃gsta.* • *neig.* **nespró̃gti**
sprogìmas *dkt. v. (2, 1)*

spūstìs *dkt. m. (4, 9)* ilga automobilių eilė, kuri juda labai lėtai: *patèkti į spū́stį*

sráigė *dkt. m. (1, 8), t. p.* **sraigė̃** *(2, 8)* mažas minkštas lėtai judantis vandens ir sausumos gyvūnas

sraigė

sraigtãsparnis *dkt. v. (1, 3)* orlaivis, kuris kyla aukštyn neriedėjęs

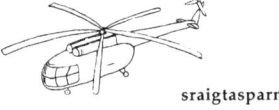
sraigtasparnis

sritìs *dkt. m. (4, 9)* **1.** tam tikra teritorijos dalis: *Lietuvojè yra kẽturios etnogrãfinės sritys: Aukštaitijà, Žemaitijà, Suvalkijà ir Dzūkijà.* **2.** dalykas, kuriam skiriama veikla: *mẽno sritis* o *Universitetè dėsto įvairių mókslo sričių specialistai.*

sriubà *dkt. m. (4, 6)* skystas virtas valgis, ppr. valgomas šiltas: *Kokiõs sriubõs válgysime?* o *Norė́čiau daržóvių sriubõs.* o *svogū́nų sriubà*

sróvė̃ *dkt. m. (4, 8)* **1.** vandens ar oro judėjimas: *smarkì ùpės sróvė̃* **2.** elektros judėjimas: *Išjùngiau elèktros sróvę.*

st. *sutr. žr.* **stotis**

stabdýti, stãbdo, stãbdė *vks. (3) (kas, ką)* **1.** daryti, kad stotų (2): *Stabdýkite automo-*

bìlį, man čia reĩkia išlìpti. **2.** ženklu liepti sustoti: *Žiūrė́k, polìcininkas tave stãbdo.* • *žr.* **nestabdyti, sustabdyti**
stãbdymas *dkt. v. (1, 1) (ko)*

stabdžiaĩ *dgs. dkt. v. (4, 3)* daiktas, kuriuo stabdomas automobilis: *Tavo automobìlio stabdžiaĩ (yra) gerì.* o *Õ, stabdžiaĩ neveĩkia, ką darýti?!* o *taisýti stabdžiùs*

stačiãkampis¹ *dkt. v. (1, 3)* keturkampė figūra, kurios kampai yra 90°

stačiakampis¹

stačiakam̃pis², stačiakam̃pė *bdv. (2, 4–9)* turintis 90° kampus: *stačiakam̃pis stãlas*

stačiatikýbė *vns. dkt. m. (1, 8)* rytų krikščionių tikėjimas

stačiãtikis *dkt. v. (1, 3),* **stačiãtikė** *dkt. m. (1, 8)* asmuo, kuris laikosi stačiatikybės

stadiònas *dkt. v. (2, 1)* didelė sporto aikštė su vietomis žiūrovams: *stadiòno vartaĩ* o *Kíek žmonių telpa šiamè stadionè?*

staigà *prv.* kai nėra tikimasi; labai greitai: *Staigà pasigirdo sprogìmas.* o *Jis išvažiãvo staigà, nieko nepranė́šęs.* o *Buvo giedrà, staigà pradėjo lýti.*

staigùs, staigì *bdv. (4, 5–8)* **1.** įvykstantis staiga: *staigùs núomonės pakeitìmas* o *staigì mirtìs* **2.** kuriame reikia greitai keisti kryptį: *Teñ yra labaĩ staigùs pósūkis, važiúok lėčiaũ.*
staĩgiai *prv.*: *Tojè viẽtoje staĩgiai sùk į dẽšinę.*

stãlas *dkt. v. (4, 1)* baldas su plokščiu viršumi kam padėti, ppr. su keturiomis kojomis (2): *Sėsk priẽ stãlo.* o *Obuolỹs nukrìto po stalù.* o *apvalùs válgomojo stãlas* • *žr.* **rašomasis stalas**

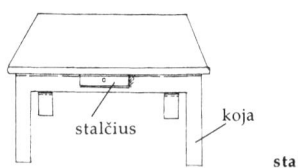
stalas

stálčius *dkt. v. (1, 5)* dėžės pavidalo stalo, spintos ir pan. dalis: *įdė́ti ką į stálčių*

stalẽlis *dkt. v. (2, 3),* **staliùkas** *dkt. v. (2, 1)* nedidelis stalas

stalìnis, stalìnė *bdv. (2, 4–9)* statomas, laikomas ant stalo: *stalìnė lémpa* ○ *stalìnis kalendõrius*

stãlius *dkt. v. (2, 5)* asmuo, kurio amatas – daryti baldus ir kitus medinius daiktus pastatams (pvz., duris, langų rėmus ir t. t.)

stáltiesė *dkt. m. (1, 8)* audinio ar kitos medžiagos gabalas stalui dengti: *lininė stáltiesė*

stambùs, stambì *bdv. laipsn. (4, 5–8)* turintis didelius matmenis, vertę ir pan., palyginti su kitais tos pačios rūšies daiktais: *Jis yra stambùs výras.* ○ *Geriaũ vienà stambì negu kēlios smùlkios žùvys.* ○ *Turiù tik stambių pinigų* (pvz., 100 Lt, 200 Lt banknotų).
stam̃biai *prv.:* stam̃biai supjáustyti daržóves • **prš. smulkus**; *žr.* **nestambus**

statýba *dkt. m. (1, 6)* pastatų ir pan. statymo verslas ar veikla: *nãmo statýba* ○ *Viẽšbučio statýba trùko ilgaĩ.* ○ *statýbos inžiniẽrius*

statýbininkas *dkt. v. (1, 1),* **statýbininkė** *dkt. m. (1, 8)* asmuo, kurio profesija – statyti pastatus: *Jis dìrba statýbininku.*

statinỹs *dkt. v. (3ᵇ, 3)* tai, kas padaryta statant (pastatas, tiltas ir pan.)

statìstika *vns. dkt. m. (1, 6)* skaičiai, kurie duoda informaciją apie ką: *Statìstika ródo, kad móterys gyvẽna ilgiaũ negu výrai.*

statýti, stãto, stãtė *vks. (3) (kas, ką)* **1.** dėti ką taip, kad stovėtų: *Stiklìnę statýk ant stãlo.* ○ *Spìntą statýsime prie síenos.* **2.** palikti stovėti: *Automobìlį galì statýti tojè nemokamojè aikštẽlėje.* ○ *Jis stãto savo automobìlį prie namų.* **3.** daryti (pastatą ir pan.) iš tam tikrų dalių ir medžiagų: *Nãmus stãto iš plýtų.* ○ *Vìlniuje stãtoma daũg naujų pastatų.* ○ *Aš stačiaũ savo nãmą peñkerius metùs.* • *žr.* **nestatyti**
stãtymas *dkt. v. (1, 1) (ko):* nãmo stãtymas

stebėti, stēbi, stebėjo *vks. (2) (kas, ką / + šs)* žiūrėti su dėmesiu (į ką): *Jai patiñka sėdėti prie lángo ir stebėti, kas vỹksta kiemè.* ○ *Jūs stebėkite, kadà jis grĩš namõ.* ○ *Aš nemėgstu, jei mane kas stẽbi.* • *žr.* **nestebėti**; *plg.* **pastebėti**

stebėtis, stēbisi, stebėjosi *sgr. vks. (2) (kas, kuo / + šs)* būti nustebusiam dėl ko, reikšti nustebimą: *Stebiúosi tavo sugebėjimais.* ○ *Jis stēbisi, kad aš geraĩ móku vairúoti automobìlį.* • *žr.* **nesistebėti**
stebėjimasis *dkt. v. (1, 1a) (kuo)*

sténgtis, sténgiasi, sténgėsi *sgr. vks. (1) (kas, + bendr.)* naudoti (savo) fizinę jėgą ar protą, norint ką (gerai) (pa)daryti: *Vaĩkas sténgiasi mókytis.* ○ *Aš sténgiausi pakélti suñkią dėžę, bet negalėjau (pakélti).* ○ *Sténkis nevėlúoti į dárbą.* • *žr.* **nesistengti**

stíebas *dkt. v. (3, 1)* pagrindinė virš žẽmės esanti augalo dalis, iš kurios auga šakos: *Agrą́stų stiebaĩ (yra) su spygliaĩs.* ○ *rõžių stiebaĩ*

stygà *dkt. m. (2/4, 6)* siūlo pavidalo metalinė muzikos instrumento dalis: *Smuĩkas tùri kēturias stygàs.* ○ *Nutrū́ko gitãros stýgos.*

stýginis, stýginė *bdv. (1, 4–9)* kuris su stygomis: *stýginiai mùzikos instrumeñtai*

stiklaĩnis *dkt. v. (2, 3)* stiklinis ppr. dangteliu uždaromas indas; jame telpantis kiekis: *stiklaĩnis agurkų* ○ *Išpláuk stiklainiùs.*

stìklas *dkt. v. (4, 1)* **1.** kieta medžiaga, per kurią matyti šviesa; tos medžiagos gaminys: *Langáms reikia plóno stìklo.* ○ *Kažkàs sudaũžė automobìlio žibiñto stìklą.* **2.** automobilio langas: *príekinis [užpakalìnis] stìklas*

stiklìnė *dkt. m. (2, 8)* nedidelis stiklinis indas gerti; jame telpantis kiekis: *Išgėriau pìlną stiklìnę vandeñs.* ○ *Stiklìnė sudùžo.*

stiklìnis, stiklìnė *bdv. (2, 4–9)* pagamintas iš stiklo: *stiklìniai iñdai*

stìlius *dkt. v. (2, 5)* **1.** ko darymo būdas: *rãšymo stìlius* **2.** forma, rūšis: *įvairių stìlių drabùžiai*

stipeñdija *dkt. m. (1, 7)* pinigų suma, kurią gali gauti studentai studijų metu per mėn. ir pan.: *Ne visì studeñtai gáuna stipeñdiją.* ○ *Jam paskirtà stipeñdija.* ○ *Jis gáuna šim̃to lìtų (100 Lt) stipeñdiją.*

stiprùs, stiprì *bdv. laipsn. (4, 5–8)* **1.** turintis daug jėgos: *Jis (yra) stiprùs výras.* ○ *Tavo rañkos (yra) stìprios.* **2.** kuriam perplėšti, nutraukti ir pan. reikia daug jėgos: *Tai labaĩ stiprùs audinỹs [siū́las].* ○ *stiprì vìrvė* **3.** sveikas; kuris negreitai suserga: *Jū́sų širdìs (yra) labaĩ stìpri.* ○ *Mano ãkys (yra) dar stìprios.* **4.** smarkus: *Jo baĩsas stiprùs.* ○ *Pùčia stiprùs vė́jas.* **5.** (apie gėrimus, vaistus ir pan.) kuriame yra daug medžiagų, kurios teikia skonį ar kitaip veikia: *Jū̃s gėriate labai stìprią kãvą.* ○ *Degtìnė man per stiprùs gėrimas.* ○ *Tos cigarètės labai stìprios.* **6.** kuris labai jaučiamas: *stiprùs kvãpas [nóras]* **7.** laimintis varžybas ir pan.: *stiprì kománda*
stipriaĩ *prv.* **1.** naudojant daug jėgos: *stipriaĩ stùmti* **2.** smarkiai
• *prš.* **silpnas**; *žr.* **nestiprus**
stiprùmas *dkt. v. (2, 1)*

stìrna *dkt. m. (1, 6)* laukinis gyvūnas, kuris maitinasi žole

stógas *dkt. v. (3, 1)* pastato, automobilio viršaus išorės pusė:

stirna

Mū́sų nãmo stógas (yra) plókščias. ○ *Statýbininkai deñgia stógą.*

stója *esam. l. 3 asm. žr.* **stoti**

stojamàsis, stojamóji *įvr. dlv. [2]*
stojamàsis egzãminas egzaminas, laikomas stojant (ppr. į aukštąją mokyklą): *Kadà prasìdeda stojamíeji egzãminai?*

stójo *būt. l. 3 asm. žr.* **stoti**

stóras, storà *bdv. laipsn. (3, 1–6)* **1.** turintis didelį atstumą tarp priešingų paviršių: *storà lentà* ○ *Šis audinỹs (yra) labaĩ stóras.* ○ *Šio nãmo síenos (yra) stóros.* ○ *stóras sniẽgo [dažų̃] slúoksnis* **2.** kurio skersmuo yra didelis ar palyginti didelis: *stóras mẽdis* ○ *Man reĩkia stóro siū́lo ir storõs ãdatos.* **3.** žemas (apie balsą): *Jis kaĨba stóru balsù.* **4.** storai rašantis
storaĩ *prv.* **1.** storu sluoksniu: *storaĩ aptèpti dúonos riẽkę svíestu* **2.** keletu drabužių, šiltai: *Kam taip storaĩ apsìrengei, juk laukè šĩlta.* **3.** brėžiant plačią liniją: *Šis tušinùkas storaĩ rãšo.*
• *prš.* **plonas**; *žr.* **nestoras**

stotẽlė *dkt. m. (2, 8)* vieta prie kelio (gatvės), kurioje sustoja viešojo transporto priemonės, kad žmonės galėtų įlipti ar išlipti: *autobùsų [taksì, troleibùsų] stotẽlė* ○ *Aš tavęs paláuksiu stotẽlėje.*

stóti, stója, stójo *vks. (1) (kas)* **1.** darytis stovinčiam (tam, kuris sėdėjo, gulėjo ir pan.): *Stók ir eĩname.* **2.** liautis judėjus: *Stók! Kur einì?* ○ *Mataĩ, traukinỹs jau stója.* **3.** darytis ko nariu ir pan.: *Vãsarą stósiu į universitètą.* ○ *Jis žãda stóti į pártiją.* • *neig.* **nestóti**; (1) *žr.* **atsistoti**, (2) *žr.* **sustoti**, (3) *žr.* **įstoti**

stotìs *dkt. m. (4, 9)* vieta (ir pastatai toje vietoje), kurioje sustoja traukiniai, autobusai: *Susitìksime stotyjè.* ○ *Atsiprašaũ, kuriuõ troleibusù galė́čiau nuvažiúoti į autobùsų stõtį?* • *sutr.* **st.**; *žr.* **autobusų stotis, geležinkelio stotis**

stovė́ti, stóvi, stovė́jo *vks. (2) (kas)* **1.** tiesiu liemeniu remtis kojomis į žẽmę, į grindìs: *Man sunkù stovė́ti, ar aš galiù atsisė́sti?* **2.** nejudėti: *Ko jū̃s stóvite, kodė̃l neĩnate?* **3.** neveikti: *Mano laĩkrodis stóvi.* **4.** būti kur (apie daiktus): *Prie síenos stóvi spintà.* ○ *Mano automobìlis stóvi aikštẽlėje.* ○ *Stãlas stóvi prie lángo.* • *neig.* **nestovė́ti**
stovė́jimas *dkt. v. (1, 1)*

stráipsnis *dkt. v. (1, 3)* rašinys tam tikra tema laikraštyje ir pan.: *Kàs šio stráipsnio áutorius?* ○ *Skaičiaũ stráipsnį apie rinkimùs.*

straublỹs *dkt. v. (4, 3)* ilga dramblio nosis: *Dramblỹs jùdina straũblį.* • *žr. pieš.* **dramblys**

streĩkas *dkt. v. (4, 1)* darbo nutraukimas siekiant tam tikrų tikslų: *Prasidė́jo mókytojų streĩkas.*

streikúoti, streikúoja, streikãvo *vks. (1) (kas)* nutraukti darbą siekiant tam tikrų tikslų: *Mókytojai ruõšiasi streikúoti.* ○ *Pérnai autobùsų vairúotojai streikãvo dėl mãžo atlýginimo.* • *neig.* **nestreikúoti**

strỹpas *dkt. v. (2, 1)* ilgas metalo ir pan. gabalas: *geležìnis strỹpas*

striùkė *dkt. m. (2, 8)* trumpas viršutinis drabužis: *Jis apsirengęs odìnę striùkę.* ○ *striùkė su užtrauktukù*

stùburas *dkt. v. (3^b, 1)* kaulų eilė nugaros

viduryje: *Jam lū́žo stùburas.* ○ *stùburo sutrenkìmas*

studeñtas *dkt. v. (2, 1)*, **studeñtė** *dkt. m. (2, 8)* asmuo, kuris mokosi aukštojoje mokykloje: *Jis mókosi universitetè, jis yra universitėto studeñtas.* ○ *trẽčio kùrso studeñtė*

stùdijos *dgs. dkt. m. (1, 7)* mokymasis aukštojoje mokykloje; jo laikas: *Tais mẽtais aš pradėjau stùdijas universitetè.* ○ *Stùdijos Vìlniaus universitetè man labaĩ patìko.*

studijúoti, studijúoja, studijãvo *vks. (1) (kas, ką)* mokytis aukštojoje mokykloje tam tikrų mokymo dalykų: *Universitetè jis studijúoja téisę [medìciną, kalbàs].* • *žr.* **nestudijuoti**

stuĩpas *dkt. v. (4, 1)* pailgas medžio ar kitos medžiagos gabalas, ppr. vartojamas kam pritvirtinti: *stuĩpas iš akmeñs* ○ *elèktros stulpaĩ* (stulpai, prie kurių pritvirtinti laidai elektrai tiekti)

stulpẽlis *dkt. v. (2, 3)* 1. nedidelis stulpas. 2. vienas po kitu surašytų skaičių ir pan. eilė: *surašýti skaičiùs stulpeliù*

stùmti, stùmia, stū́mė *vks. (1) (kas, ką)* jėga versti judėti tolyn nuo savęs: *Stùmkite dùris.* • *žr.* **nestumti**; *plg.* **traukti**

sù *prl.* (su Įn.) 1. (pasakant, kad kas yra kartu, toje pačioje vietoje ar daro ką kartu): *Aš ateĩsiu su Petrù* (aš ir Petras ateisime kartu). ○ *Atvỹks Jõnas su žmóna.* ○ *Ar tu eĩsi su mumìs į koncèrtą?* ○ *Su kuõ tu norė́tum praléisti atóstogas?* 2. (po vks. **draugauti, rungtyniauti, susipažinti, susitikti, varžytis** ir pan.): *Šiañdien Lietuvõs fùtbolo rinktìnė rungtyniáuja su Rùsijos rinktinè.* 3. turintis (ką): *spìnta su trejomìs dùrimis* ○ *bùtas su patogùmais* 4. kuriame (kas, ko) yra: *púodas su vándeniu* ○ *vazà su gėlėmìs* 5. (po vks. **(pa)lyginti**, *hdv.* **lygus**): *Sūnùs jau lýgus su tėvu.* 6. (po vks. **skìrtis, tuõktis**): *Jis skìriasi su žmóna.* 7. (po vks. **sutìkti**): *Aš sutinkù su jūsų núomone.* 8. (pasakant, kokiu įrankiu atliekamas veiksmas): *rašýti (su) tušinukù* ○ *pjáuti (su) peiliù* 9. (reiškiant ką): *kalbė́ti su pãgarba*

suáugęs, suáugusi *bdv. (dlv. [3])* turintis daugiau kaip 18 metų amžiaus: *Jis jau suáugęs výras.*

suáugusieji *dkt.* suaugę žmonės: *suáugusiųjų švietìmas* ○ *Tą̃ fìlmą gãli žiūrė́ti tik suáugusieji.*

sudarýti, sudãro, sudãrė *vks. (3)* 1. *(kas, ką)* parengti, susitarti dėl (ko) sąlygų: *sudarýti sùtartį* 2. *(ką, kas)* būti dalimis: *Knỹgą sudãro trỹs skỹriai.* ○ *Komìsiją sudãro dẽšimt narių̃ ir pìrmininkas.* 3. *(kas, ką)* padaryti iš dalių: *sudarýti sākinį [žõdžio fòrmą]* • *žr.* **nesudaryti**

sudaužýti, sudaũžo, sudaũžė *vks. (3) (kas, ką)* padaryti, kad sudužtų: *Atsiprašaũ, aš netýčia sudaužiaũ puodẽlį.* • *žr.* **nesudaužyti**

sùdeda *esam. l. 3 asm. žr.* **sudė́ti**

sùdedamas, sudedamà *dlv. (3^{4b}) [2] žr.* **sudė́ti**

sudedamàsis, sudedamóji *įvr. [2]* **sudedamóji dalìs** kiekviena iš dalių, iš kurių susideda visuma: *Riebalaĩ yra sudedamóji maĩsto dalìs.* ○ *sùdedamosios príetaiso dãlys*

sudẽginti, sudẽgina, sudẽgino *vks. (1) (kas, ką)* padaryti, kad sudegtų: *Sudẽginau senùs láiškus.* • *žr.* **nesudeginti**

sudègti, sùdega, sùdegė *vks. (1) (kas)* būti sunaikintam ugnies: *Nors gaĩsrininkai ir gesìno, nãmas visìškai sùdegė.* • *neig.* **nesudègti**

sudė́ti, sùdeda, sudė́jo *vks. (1) (kas, ką)* 1. padėti (daug daiktų) vienoje vietoje: *Sudė́kite knygàs į lentýną.* 2. skaičiuojant jungti: *Sudė́kite dù (2) ir trìs (3).* ○ *Sudė́ję šim̃tą (100) ir peñkiasdešimt (50) gáusime šim̃tą peñkiasdešimt (150).* • *žr.* **nesudėti**

sudėtìngas, sudėtìnga *bdv. laipsn. (1, 1–6)* 1. kurį sunku suprasti, aiškinti, ne paprastas: *Tai yra sudėtìngas kláusimas [sudėtìnga problemà].* 2. kurį sudaro daug susijusių dalių: *sudėtìngas príetaisas* • *žr.* **nesudėtìngas**

sudėtìnis, sudėtìnė *bdv. (2, 4–9)* **sudėtìnis laĩkas** *gram.* veiksmažodžio forma, sudaryta iš veiksmažodžio „bū́ti" formos ir dalyvio: *„Esù mãtęs", „buvaũ grį̃žęs", „bū́siu parãšęs"* yra sudėtìniai veiksmãžodžių „matýti", „grį̃žti", „parašýti" laikaĩ.

sudėtinis sakinỹs *gram.* sakinys, kuris susideda iš dviejų ar daugiau sakinių

sudėtìs *vns. dkt. m. (3ᵇ, 9)* **1.** dalys, iš kurių kas susideda: *mẽdžiagos sudėtìs* ○ *šeimõs sudėtìs* (visi asmenys, kurie sudaro šeimą: vyras, žmona, vaikai) **2.** veiksmas, kuriuo sudedami skaičiai: *sudėtiẽs žénklas* (+)

sudiẽ, sudiẽv *jst.* (sakoma atsisveikinant)

sū́dytas, sū́dyta *bdv. (1, 1–6)* pagamintas su druska: *sū́dyta žuvìs* ○ *sū́dytas svíestas*

sū́dyti, sū́do, sū́dė *vks. (3) (kas, ką)* dėti druskos (į ką, ant ko): *sū́dyti sriùbą [mė̃są]* • *žr.* **nesū́dyti**

sudōminti, sudōmina, sudōmino *vks. (1) (kas, ką, kuo)* sukelti domėjimąsi: *sudōminti vaikùs įdomiù pãsakojimu* • *žr.* **nesudominti**

sudrėkìnti, sudrėkìna, sudrėkìno *vks. (1) (kas, ką)* padaryti drėgną: *sudrėkìnti skùdurą* • *žr.* **nesudrėkìnti**

sudrė̃kti, sudrė̃ksta, sudrė̃ko *vks. (1) (kas)* pasidaryti drėgnam: *Drabùžiai sudrė̃ko nuo prãkaito.* • *neig.* **nesudrė̃kti**

sudùžti, sudùžta, sudùžo *vks. (1) (kas)* nuo trenkimo išsiskirti į dalis (apie stiklą, indus ir pan.), virsti šukėmis: *Sudùžo puodėlis [taurė̃].* • *būs. l. 3 asm.* **sudùš**; *neig.* **nesudùžti**

sùėmė *būt. l. 3 asm. žr.* **suimti**

suformulúoti, suformulúoja, suformulãvo *vks. (1) (kas, ką)* tiksliai išreikšti žodžiais: *suformulúoti prãšymą* • *žr.* **nesuformuluoti**

sugadìnti, sugadìna, sugadìno *vks. (1) (kas, ką)* padaryti, kad sugestų: *Kàs sugadìno tavo automobìlį?* • *žr.* **nesugadinti**
sugadìnimas *dkt. v. (1, 1) (ko)*

sugalvóti, sugalvója, sugalvójo *vks. (1) (kas, ką / + šs)* galvojant sukurti: *sugalvóti gùdrų plãną* ○ *Negaliù sugalvóti, ką̃ rytój veĩkti.* • *žr.* **nesugalvoti**

sugáuti, sugáuna, sugãvo *vks. (1) (kas, ką)* suimti, sulaikyti: *Polìcija jau sugãvo automobìlių vagìs.* • *žr.* **nesugauti**

sugebėti, sùgeba, sugebėjo *vks. (1) (kas, + bendr.)* pajėgti, mokėti (ką daryti): *Jis sùgeba dìrbti ir mókytis kartù.* ○ *Nežinaũ, ar sugebė́siu šį̃ dárbą atlìkti.* • *neig.* **nesugebėti**
sugebėjimas *dkt. v. (1, 1) (ką daryti)*

sugèsti, sugeñda, sugẽdo *vks. (1) (kas)* **1.** pasidaryti netinkamam vartoti: *Salõtos sugẽdo.* ○ *Tas tòrtas jau sugẽdęs, neválgyk jo.* **2.** pasidaryti netinkamam naudoti: *Laĩkrodis sugẽdo, reikė̃s taisýti.* ○ *Sugẽdo automobìlio stabdžiaĩ.* • *neig.* **nesugèsti**

sugýti, sugỹja, sugìjo *vks. (1) (kas)* pasidaryti sveikam (apie sužeistą kūno dalį); gyjant išnykti (apie žaizdą): *Ar tavo kója jau sugìjo?* • *būs. l. 3 asm.* **sugìs**; *neig.* **nesugýti**

sugyvéntinis *dkt. v. (1, 3),* **sugyvéntinė** *dkt. m. (1, 8)* asmuo, su kuriuo kas gyvena nesusituokęs: *Jis turi sugyvéntinę.* • Paprastai šie žodžiai vartojami teismo dokumentuose ar kalbant (rašant) apie neturtingus asmenis. Kitais atvejais sakoma: „Ji gyvena su draugu" arba „Jis gyvena su drauge".

suglámžyti, suglámžo, suglámžė *vks. (3) (kas, ką)* glamžant padaryti nelygų, netiesų: *Ji suglámžė láišką ir išmetė į šiùkšlių dėžę.* • *žr.* **nesuglamžyti**

suglaũsti, suglaũdžia, sùglaudė *vks. (1) (kas, ką)* padaryti neišskleistą: *Suglaũsk skė̃tį.* • *prš.* **išskleisti**; *žr.* **nesuglausti**

sugrė̃bti, sugrė̃bia, sugrė̃bė *vks. (1) (kas, ką)* grėbiant padaryti, kad būtų vienoje vietoje: *sugrė̃bti mẽdžių lapùs* • *žr.* **nesugrė̃bti**

sugriáuti, sugriáuna, sugrióvė *vks. (1) (kas, ką)* padaryti, kad sugriūtų: *sugriáuti nãmą [tìltą]* • *žr.* **nesugriauti**

sugriū́ti, sugriū̃na, sugriùvo *vks. (1) (kas)* baigti griūti (apie statinius): *Sẽnas nãmas sugriùvo.* • *būs. l. 3 asm.* **sugriùs**; *neig.* **nesugriū́ti**

suimti, sùima, sùėmė *vks. (1) (kas, ką)* areštuoti: *Polìcija sùėmė vãgį [nusikaĨtėlį].* • *žr.* **nesuimti**

sujùngti, sujùngia, sujùngė *vks. (1) (kas, ką)* padaryti be tarpo, neatskirtą: *Tìltas sujùngė ùpės krantùs.* • *žr.* **nesujungti**

sukaktìs *dkt. m. (3ᵇ, 9)* laiko tarpas nuo kurio nors įvykio: *Šiañdien mūsų vestùvių dvejų mẽtų sukaktìs.* • *žr. t. p.* **jubiliejus**

sukaktùvės *dgs. dkt. m. (2, 8)* sukakties minėjimo šventė: *dalyváuti draũgo vestùvių sukaktùvėse*

sukélti, sùkelia, sukėlė *vks. (1) (kas, ką)* būti ko priežastimi: *Rūkymas gãli sukélti plaũčių vėžį.* ○ *sukélti nepasiténkinimą* • *žr.* **nesukelti**

suknẽlė *dkt. m. (2, 8)* viršutinis moteriškas vienos dalies drabužis (sijonas ir palaidinukė kartu): *apsireñgti gražià suknelè* ○ *Šveñtėms man reĩkia naujõs suknẽlės.*

sùkti, sùka, sùko *vks. (1)* **1.** *(kas)* keisti (judėjimo) kryptį: *Sùkite į dešinę.* ○ *Sùk už kam̃po, teñ bus parduotùvė.* **2.** *(kas, ką)* daryti, kad judėtų aplink (t. p. tvirtinant ir pan.): *sùkti grietìnę šáukštu* ○ *sùkti var̃žtą [elèktros lem̃putę]* **3.** *(kas, ką)* daryti (lizdą): *Paũkščiai pavāsarį sùka lizdùs.* • *žr.* **nesukti**

sùktis, sùkasi, sùkosi *sgr. vks. (1) (kas)* judėti aplink: *Žẽmė sùkasi aplink Sáulę.* • *žr.* **nesisukti**

sukùrti, sùkuria, sukū́rė *vks. (1) (kas, ką)* padaryti ką nors nauja meno ir pan. srityje: *Rašýtojas sukū́rė naũją rõmaną.* • *žr.* **nesukurti**

sulaikýti, sulaĩko, sulaĩkė *vks. (3) (kas, ką)* **1.** neleisti dingti: *Ši mẽdžiaga geraĩ sulaĩko šilumą.* **2.** neleisti judėti ar išeiti: *Polìcija sulaĩkė nusikaltẽlį.* ○ *Manè polìcininkas sulaĩkė už greĩčio viršìjimą.* • *žr.* **nesulaikyti**

suláužyti, suláužo, suláužė *vks. (3) (kas, ką)* padaryti, kad sulū́žtų: *Suláužiau pieštùką.* • *žr.* **nesulaužyti**

suleñkti, suleñkia, sùlenkė *vks. (1) (kas, ką)* **1.** padaryti netiesų: *suleñkti kóją [rañką]* **2.** padaryti, kad (ko) viena paviršiaus dalis dengtų kitą: *suleñkti põpieriaus lãpą* • *prš.* **ištiesti**; *žr.* **nesulenkti**

suliesė́ti, suliesė́ja, suliesė́jo *vks. (1) (kas)* pasidaryti liesniam: *Ji yra apkūnì ir labaĩ nóri suliesė́ti.* • *neig.* **nesuliesėti**

sultìngas, sultìnga *bdv. laipsn. (1, 1–6)* kuris turi daug sulčių (apie vaisius, uogas): *sultìngos úogos* ○ *sultìngi obuoliaĩ* • *žr.* **nesultingas**

sultinỹs *dkt. v. (3ᵇ/3ᵃ, 3)* skystis, kuriame virė mėsa, grybai ar daržovės: *grỹbų [daržóvių] sultinỹs* ○ *Sriùbai išvìrti reikia lìtro* (1 l) *mėsõs sultìnio [sùltinio].*

sùltys *dgs. dkt. m. (1, 9)* augaluose esantis skystis: *Prāšom stìklinę mõrkų sùlčių.* ○ *bùtelis slỹvų sùlčių* ○ *Ar mė́gstate apelsìnų sùltis?*

sulū́žti, sulū́žta, sulū́žo *vks. (1) (kas)* pasidaryti atskirtam į (dvi) dalis: *Pieštùkas sulū́žo.* • *būs. l. 3 asm.* **sulū̃š**; *neig.* **nesulū́žti**

sumà *dkt. m. (4, 6)* skaičius, gaunamas sudėjus skaičius; tam tikras pinigų kiekis: *Už tókią sùmą nieko nenusipir̃ksi.*

sumaišýti, sumaĩšo, sumaĩšė *vks. (3) (kas, ką, su kuo)* sudėti kartu ir padaryti vieną medžiagą: *sumaišýti vándenį ir mìltus* • *žr.* **nesumaišyti**

sumálti, sùmala, sùmalė *vks. (1) (kas, ką)* susmulkinti malant: *Kãvą aš jau sùmaliau.* ○ *Ar sùmalei mė̃są?* • *žr.* **nesumalti**

sumažė́ti, sumažė́ja, sumažė́jo *vks. (1)* **1.** *(kas)* pasidaryti mažesniam: *Triùkšmas sumažė́jo.* ○ *Išgérkite šiuos váistus, ir temperatūrà sumažė̃s.* **2.** *(ko)* pasidaryti mažiau: *Ežeruosè sumažė́jo žuvų̃.* • *neig.* **nesumažėti**

sumažė́jimas *dkt. v. (1, 1)*: *pelno sumažė́jimas*

sumãžinti, sumãžina, sumãžino *vks. (1) (kas, ką)* padaryti mažesnį: *sumãžinti greitį* • *žr.* **nesumažinti**

sumãžinimas *dkt. v. (1, 1)*: *mókesčių sumãžinimas*

sumèsti, sùmeta, sùmetė *vks. (1) (kas, ką)* metant padaryti, kad būtų vienoje vietoje; visus (visas) įmesti: *Sausàs šakàs sùmečiau į láužą.* • *žr.* **nesumesti**

sumokė́ti, sumóka, sumokė́jo *vks. (1)* **1.** *(kas, už ką)* duoti tiek, kiek reikia pinigų už gaunamą daiktą ar paslaugą: *Sumokė́jau už šìldymą [elèktrą].* ○ *Kíek (pinigų̃) tu sumokė́jai už šią suknẽlę?* **2.** *(kas, ką)* nelikti skolingam ko: *Ar mókesčius valstýbei sumokė́jote?* ○ *sumokė́ti baũdą* • *žr.* **nesumokėti**

sumùšti, sùmuša, sùmušė *vks. (1) (kas, ką)* padaryti žalą sveikatai mušant; sužeisti mušant: *Plėšikas ne tik àtėmė iš móters pìnigus, bet ir sùmušė ją.* • *būs. l. 3 asm.* **sumùš**; *žr.* **nesumušti**; *plg.* **susimušti**
sumušìmas *dkt. v. (2, 1):* stùburo [galvõs] sumušìmas

sumuštìnis *dkt. v. (2, 3)* sviestu tepta duonos riekė, ant kurios uždėta dešros, sūrio ar pan.: *Į keliõnę pasiim̃k sumuštìnių.* ○ *sumuštìnis su sū́riu* ○ *Dúok man dù sumuštìniùs.*

sunaikìnti, sunaikìna, sunaikìno *vks. (1) (kas, ką)* padaryti, kad išnyktų, nebūtų: *Gaĩsras sunaikìno vìsą sodýbą.* • *žr.* **nesunaikinti**
sunaikìnimas *dkt. v. (1, 1)*

sunkùs, sunkì *bdv. laipsn. (4, 5–8)* **1.** kuris sveria daug: *sunkùs lagamìnas [akmuõ]* **2.** didelis: *sunkùs nusikaltìmas* **3.** sudėtingas: *Taĩ labaĩ sunkùs dárbas.* ○ *Turiu atlìkti suñkią užduotį.*
sunkù *n.: Sunkù gyvénti, kai neturì pinigų̃.* ○ *Ar jums nebū́tų sunkù uždarýti durìs?* ○ *Man labaĩ sunkù kéltis ankstì.*
suñkiai *prv.: Jis suñkiai ser̃ga.* ○ *Statýbininkai dìrba suñkiai.* ○ *Gyvẽname suñkiai.*
• *prš.* **lengvas**; *žr.* **nesunkus**
sunkùmas *dkt. v. (2, 1)*

suñkvežimis *dkt. v. (1, 3)* didelis automobilis kroviniams vežti: *Reĩkia suñkvežimio baĩdams vèžti.*

sūnùs *dkt. v. (3, 4)* vyriškosios lyties vaikas savo tėvams: *Štaĩ mano sūnaũs núotrauka.* ○ *Turiu dù sū́nus ir víeną dùkterį.* ○ *Abù mano sū́nūs mókosi universitetè.*

súolas *dkt. v. (3, 1)* ilgas baldas keliems sėdėti: *Ant suolų̃ párke sė́di peñsininkai.* ○ *Suolaĩ su atramomìs yra patogesnì.*

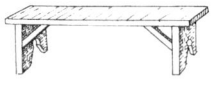
suolas

suolėlis *dkt. v. (2, 3),* **suoliùkas** *dkt. v. (2, 1)* nedidelis suolas

supažìndinti, supažìndina, supažìndino *vks. (1) (kas, ką, su kuo)* **1.** padaryti ką pažįstamą su kuo (pasakant pavardę ir pan.): *Gal galėtum supažìndinti mane su juõ?* ○ *Mùs (pvz., ją ir mane) supažìndino mano sesuõ.* **2.** padaryti žinantį ką: *supažìndinti su taisỹklėmis* • *žr.* **nesupažìndinti**; *plg.* **susipažinti**

supỹkti, supỹksta, supỹko *vks. (1) (kas, ant ko, dėl ko / + šs)* pradėti pykti: *Aš supykstù, jei man melúoja.* ○ *Dėl kõ tu taip supykaĩ?* ○ *Aš nepasisvéikinau su juo, todė̃l jis ir supỹko ant manę̃s.* • *neig.* **nesupỹkti**

supìnti, sùpina, supýnė *vks. (1) (kas, ką)* pinant (2) padaryti (kasą), baigti pinti (2): *Supìnk mergáitei pláukus.* • *žr.* **nesupinti**

supjáustyti, supjáusto, supjáustė *vks. (3) (kas, ką)* peiliu susmulkinti: *Supjáustyk daržóves ir padarýk salõtų.* • *žr.* **nesupjaustyti**

suplė́šyti, suplė́šo, suplė́šė *vks. (3) (kas, ką)* **1.** susmulkinti plėšant: *Kodėl tu suplė́šei tą núotrauką?* **2.** padaryti skylėtą: *suplė́šyti drabužiùs [batùs]* • *žr.* **nesuplėšyti**

suplýšti, suplýšta, suplýšo *vks. (1) (kas)* pasidaryti skylėtam: *Mano bãtai [švar̃kas, kójinė] suplýšo.* • *būs. l. 3 asm.* **suplỹš**; *neig.* **nesuplýšti**

suprañta *esam. l. 3 asm. žr.* **suprasti**

suprañtama *n.* aišku, žinoma: *Suprañtama, mes padarýsime, ką žadė́jome.*

suprañtamas, suprantamà *bdv. (3ᵇ, 1–6) (kam)* kurį lengva suprasti: *Jo kalbà man suprantamà.*
suprañtamai *prv.: Dė́stytoja vìską áiškina suprañtamai.* ○ *Čia parašýta áiškiai, suprañtamai.*
• *žr.* **nesuprantamas**

supràsti, suprañta, suprãto *vks. (1) (kas, ką / + šs)* žinoti, ką kas reiškia, žinoti ko (kurios kalbos žodžių) reikšmę: *Ar suprantì šį́ pósakį? ○ Jis suprañta, ką aš jam sakaũ.* ○ *Aš suprantù ángliškai, bet nemóku kalbė́ti.* ○ *Geraĩ, kad tu supratai̇̃ savo klaĩdą.*
• *žr.* **nesuprasti**
supratìmas *dkt. v. (2, 1) (ko)*

sùpti, sùpa, sùpo *vks. (1) (kas, ką)* būti visose ko pusėse: *Nãmą sùpa tvorà.* • *žr.* **nesupti**

surašýti, surãšo, surãšė *vks. (3) (kas, ką / + šs)* visus išvardyti raštu tam tikra tvarka arba vieną po kito: *Surašýkite pósėdžio dalỹvių pãvardes.* ○ *Surašiaũ, kõ reĩkia nupir̃kti saváitgaliui.* • žr. **nesurašyti**

surãšymas *dkt. v. (1, 1) (ko):* Vỹksta gyvéntojų surãšymas.

sūrẽlis *dkt. v. (2, 3)* nedidelis sūris: *varškė̃s sūrẽlis su šokoladù*

suremontúoti, suremontúoja, suremontãvo *vks. (1) (kas, ką)* baigti (ko) remontą, baigti taisyti: *Ar jums laikù suremontãvo bùtą?* • žr. **nesuremontuoti**

sureñgti, sureñgia, sùrengė *vks. (1) (kas, ką)* padaryti, kad kas įvyktų: *sureñgti koncèrtą [konfereñciją, mùgę]* • *liep. n.* **sureñk(ite)**; žr. **nesurengti**

suriñkti, sùrenka, suriñko *vks. (1) (kas, ką)* **1.** paimti po vieną ir visus (visas) sudėti į vieną vietą: *Surinkaũ nuo žẽmės visùs óbuolius.* **2.** baigti rinkti (6): *suriñkti telefòno nùmerį* **3.** jungiant dalis padaryti: *suriñkti žaĩslą [spìntą]* **4.** spaudžiant kompiuterio klavišus padaryti matomą kompiuteryje: *suriñkti tèkstą kompiùteriu* • žr. **nesurinkti**

sū́ris *dkt. v. (1, 3)* minkštas arba kietas pieno gaminys: *Nupir̃k (kilogrãmą) sū́rio.* ○ *Parduotùvėje yra įvairių rū̃šių sū́rio.* ○ *rūkýtas sū́ris su kmỹnais*

surìšti, sùriša, surìšo *vks. (1) (kas, ką)* **1.** sujungti rišant: *surìšti vir̃vę [júostą]* **2.** rišant padaryti: *surìšti púokštę* • žr. **nesurišti**

surū́gti, surū́gsta, surū́go *vks. (1) (kas)* pasidaryti tirštesniam ir rūgščiam (ppr. apie pieną) • *būs. l. 3 asm.* **surū̃gs**; žr. **nesurū́gti**

surūkýti, surū́ko, surū́kė *vks. (3) (kas, ką)* suvartoti rūkant: *Kíek cigarẽčių tu surūkaĩ per diẽną?* ○ *Kaĩp greĩtai tu surūkeĩ cigarètę!* • žr. **nesurukyti**

sūrùs, sūrì *bdv. laipsn. (3, 5–8)* turintis druskos skonį; į kurį įdėta per daug druskos; toks kaip druskos (apie skonį): *Sriubà sūrì, negaliù válgyti.*
sūrù *n.:* *Mán per sūrù, neválgysiu.*
sūriaĩ *prv.* sūrų maistą: *Kodė̃l tu válgai taip sūriaĩ?* ○ *Àš (ne)mė́gstu (válgyti) sūriaĩ.*
• žr. **nesū́rus**

susègti, sùsega, sùsegė *vks. (1)* **1.** *(kas, ką)* sujungti sagomis ir pan. (drabužio dalis), sagtimi (diržo galus); padaryti, kad jungtų drabužio ir pan. dalis: *Sùsek vaĩkui pálta [sãgą].* **2.** *(kas, ką, kuo)* sutvirtinti (popierių) sąvaržėlėmis ir pan.: *Sùsegiau dokumentùs sąvaržėlè [segikliù].* • žr. **nesusegti**

sùserga *esam. l. 3 asm.* žr. **susirgti**

susidarýti, susidãro, susidãrė *sgr. vks. (3) (kas)* atsirasti; įgyti pavidalą: *Kasojè susidãro eĩlės.* • *neig.* **nesusidarýti**

susidė́ti, susìdeda, susidė́jo *sgr. vks. (1)* **1.** *(kas, iš ko)* būti sudarytam: *Mū́sų bùtas susìdeda iš trijų̃ kambariu̇̃, virtùvės, voniõs ir priéškambario.* ○ *Šìs telefòno nùmeris susìdeda iš šešių̃ skaitmenų̃ (pvz., 47 00 61).* **2.** *(kas, ką)* sudėti (1) savo ar pačiam: *Susidė́k knygàs į lentýną.* • žr. **nesusidė́ti**

susiglámžyti, susiglámžo, susiglámžė *sgr. vks. (3)* **1.** *(kas)* pasidaryti suglamžytam: *Sijõnas susiglámžė, reikė̃s lýginti.* **2.** *(kas, ką)* netyčia suglamžyti savo: *Susiglámžei sijõną.* • žr. **nesusiglámžyti**

susiglaũsti, susiglaũdžia, susìglaudė *sgr. vks. (1) (kas)* pasidaryti be tarpo: *Gė̃lės žíedas susìglaudė.* • *neig.* **nesusiglaũsti**

susìjęs, susìjusi *bdv. (dlv. [3])* turintis ryšį su kuo ar vienas su kitu: *Tie dalỹkai yra susìję.* ○ *Ar taĩ (yrà) susìję su manimì?* • žr. **nesusìjęs**

susijùngti, susijùngia, susijùngė *sgr. vks. (1) (kas, su kuo)* iš kelių pasidaryti vienam: *Susijùngė dvì ãkcinės bendrõvės.* ○ *Šiojè viẽtoje susijùngia dù keliaĩ.* • *neig.* **nesusijùngti**

susijungìmas *dkt. v. (2, 1)*

susiláužyti, susiláužo, susiláužė *sgr. vks. (3) (kas, ką)* patirti ko lūžimą: *Vãkar griuvaũ ir susiláužiau rañką.* • žr. **nesusiláužyti**

susimùšti, susìmuša, susìmušė *sgr. vks. (1)* **1.** *(kas, ką)* netyčia sumušti savo: *Griuvaũ ir susìmušiau kójȧ́.* ○ *Jìs susìmušė gálvą į spìntos dùris.* **2.** *(kas; kas, su kuo)* imti muštis: *Gãtvėje susìmušė dù výrai.* ○ *Jõnas susìmušė su Petrù.* • žr. **nesusimùšti**

susipažìnti, susipažį́sta, susipažìno *sgr. vks. (1) (kas, su kuo)* **1.** pasidaryti pažįstamam su kuo: *Àš susipažinaũ su juõ pér-*

nai vāsarą. ○ *Norėčiau susipažinti su ja, bet niẽkas mūsų nesupažindina.* ○ *Susipažink(ite), mano draũgė Irenà* (sakoma supažindinant). **2.** pasidaryti žinančiam apie ką: *Parodojė gãlite susipažinti su naujáusiais šio dailininko kūriniaĩs.* • neig. **nesusipažìnti**; plg. **supažindinti**

susipìnti, susìpina, susipýnė *sgr. vks. (1) (kas, ką)* supinti savo ar pačiam: *susipìnti pláukus* • žr. **nesusipinti**

susirašinėti, susirašinėja, susirašinėjo *sgr. vks. (1) (kas, su kuo)* rašyti vienas kitam laiškus: *Mes* (pvz., aš ir ji) *susirašinėjame jau dvejì mẽtai.* ○ *Aš norėčiau susirašinėti su jumìs.* • neig. **nesusirašinėti**
susirašinėjimas *dkt. v. (1, 1): Aš nutráukiau susirašinėjimą su juo.*

susìrenka *esam. l. 3 asm.* žr. **susirinkti**

susir̃gti, sùserga, susir̃go *vks. (1) (kas, kuo)* pradėti sirgti: *Mano sūnùs susir̃go plaũčių uždegimù.* • neig. **nesusir̃gti**
susirgìmas *dkt. v. (2, 1)*

susirinkìmas *dkt. v. (2, 1)* renginys, į kurį (kas) susirenka svarstyti tam tikrus klausimus: *Susirinkìmas prasìdeda šẽštą vãlandą.* ○ *Kviẽčiame atvỹkti į tėvų* (mokinių tėvų ir motinų) *susirinkìmą.* ○ *susirinkìmo pìrmininkas* ○ *Aš negalėjau dalyváuti grùpės susirinkìme.* • žr. t. p. **posėdis**

susirinkti, susìrenka, susiriñko *sgr. vks. (1) (kas)* ateiti keliems ar daugeliui į vieną vietą ppr. tam tikru tikslu: *Į mùgę susiriñko daũg žmonių.* ○ *Čia susiriñkome svarstýti bendrų reikalų.* • neig. **nesusiriñkti**

susirišti, susìriša, susirìšo *sgr. vks. (1) (kas, ką)* surišti pačiam ar savo: *Susirìšk šãliką [bãtų raišteliùs].* • žr. **nesusirišti**

susisègti, susìsega, susìsegė *sgr. vks. (1) (kas, ką)* susegti pačiam ar savo: *Susisèk páltą [sãgą].* • žr. **nesusisegti**

susisíekti, susisíekia, susisíekė *sgr. vks. (1) (kas, su kuo)* pasiekti tam tikra transporto ar ryšių priemone: *Keliaĩ blogì, sunkù susisíekti su káimu.* ○ *Dabar̃ telefonù gãlima susisíekti su tolimiáusiais pasáulio miẽstais.* • neig. **nesusisíekti**
susisiekìmas *dkt. v. (2, 1): susisiekìmas autobùsais*

susitar̃ti, susìtaria, susìtarė *sgr. vks. (1) (kas, su kuo, dėl ko / + bendr. / + šs)* kartu su kuo padaryti sprendimą: *Mes* (pvz., jis ir aš) *susitar̃ėme susitìkti prie teãtro.* ○ *Aš susitar̃siu su juo, kad (jis) ateĩtų rytój.* ○ *Mums* (pvz., tau ir man) *reikėtų susitar̃ti dėl dárbo ùžmokesčio.* • neig. **nesusitar̃ti**
susitarìmas *dkt. v. (2, 1): susitarìmas susitìkti*

susitikìmas *dkt. v. (2, 1)* renginys, skirtas su kuo susitikti (2) ir kalbėtis: *kandidãtų susitikìmas su rinkėjais* ○ *Einù į susitikìmą su rašýtoju.*

susitìkti, susitiñka, susitìko *sgr. vks. (1)* **1.** *(kas, ką)* pamatyti ateinant, artėjant: *Kiekvíeną rýtą aš jį susitinkù.* **2.** *(kas; kas, su kuo)* bendrauti būnant vienoje vietoje: *Mes labaĩ retaĩ susitiñkame.* ○ *Mums reikėtų susitìkti.* ○ *Kandidãtas išvỹko susitìkti su rinkėjais.* • žr. **nesusitìkti**
susitikìmas *dkt. v. (2, 1): netikėtas susitikìmas*

susitreñkti, susitreñkia, susìtrenkė *sgr. vks. (1) (kas, ką)* netyčia sutrenkti savo: *Griuvaũ ir susìtrenkiau nùgarą [gálvą].* ○ *Jis susìtrenkė gálvą į dùris.* • žr. **nesusitrenkti**

susituõkti, susituõkia, susìtuokė *sgr. vks. (1) (kas, su kuo)* tapti vyru ir žmona, įregistruoti santuoką: *Jie* (jis ir ji) *susìtuokė priẽš metùs.* ○ *Onà su Jonù po saváitės susituõks.* • neig. **nesituõkti**; plg. **ištekėti, vesti**

susižeĩsti, susižeĩdžia, susìžeidė *sgr. vks. (1) (kas; kas, ką)* netyčia sužeisti save ar ką savo: *Aš susižeĩdžiau rañką aštriù peiliù.* ○ *Ar labaĩ susižeĩdėte?* ○ *Paródyk, kur̃ susižeĩdei.* ○ *Vaikaĩ žaisdamì dažnaĩ susižeĩdžia akìs.* • žr. **nesusižeĩsti**

susmùlkinti, susmùlkina, susmùlkino *vks. (1) (kas, ką)* padaryti smulkų ar smulkesnį • žr. **nesusmulkinti**

sustabdýti, sustãbdo, sustãbdė *vks. (3) (kas, ką)* **1.** padaryti, kad sustotų: *Sustabdýk automobìlį, aš čia išlìpsiu.* **2.** rodant ženklą padaryti, kad sustotų: *Polìcininkas sustãbdė mus ir paprãšė paródyti dokumeñtùs.* • žr. **nesustabdyti**

sustóti, sustója, sustójo *vks. (1) (kas)* nustoti judėti (eiti, bėgti, važiuoti ir pan.):

Automobìlis sustójo priẽ nãmo. o *Jìs ė̃jo, o paskuĩ sustójo.* • neig. **nesustóti**

sušā̃la *esam. l. 3 asm. žr.* **sušalti**

sušáldyti, sušáldo, sušáldė *vks.* (3) *(kas, ką)* padaryti, kad sušaltų (norint ilgiau išlaikyti): *sušáldyti mė̃są [úogas]* • *žr.* **nesušaldyti**

sušálti, sušā̃la, sušãlo *vks.* (1) *(kas)* **1.** patirti žemos temperatūros poveikį: *Jū̃s plonaĩ apsireñgęs, sušálsite.* o *Labaĩ sušalaũ, norė́čiau karštõs arbãtos.* o *Kaĩ sušąlì, lìpk į́ kárštą võnią.* **2.** pavirsti ledu; pasidaryti kietam nuo šalčio: *Vanduõ kibirè sušãlo.* • *neig.* **nesušálti**; *plg.* **peršalti**

sušalìmas *dkt. v.* (2, 1): *susir̃gti nuo sušalìmo*

sušìlti, sušỹla, sušìlo *vks.* (1) *(kas)* **1.** pasidaryti šiltam ar šiltesniam: *Óras [sriubà] sušìlo.* **2.** patirti šilumos poveikį: *Laukè šálta, užeĩkime į́ kavìnę sušìlti.*• *neig.* **nesušìlti**

sušlam̃pa *esam. l. 3 asm. žr.* **sušlapti**

sušlãpinti, sušlãpina, sušlãpino *vks.* (1) *(kas, ką)* padaryti šlapią: *sušlãpinti skùdurą* • *žr.* **nesušlapinti**

sušlàpti, sušlam̃pa, sušlãpo *vks.* (1) **1.** *(kas)* pasidaryti šlapiam: *Nuo lietaũs sušlãpo bãtai.* **2.** *(kas, ką)* netyčia sušlapinti savo: *Ėjaũ per liẽtų ir sušlapaũ kójas.* • *žr.* **nesušlapti**

sutartìs *dkt. m.* (3ᵇ, 9) susitarimas; jį patvirtinantis dokumentas: *bendradarbiãvimo sutartìs* o *pasirašýti sùtartį su Rùsija* o *sutartiẽs tèkstas* o *Sùdãrėme núomos sùtartį dvejíems mẽtams*

sutaupýti, sutaũpo, sutaũpė *vks.* (3) *(kas, ką)* **1.** taupant sudėti: *Jis sutaũpė trìs tū́kstančius lìtų (3000 Lt).* o *Per kíek laĩko gãlima sutaupýti pinigų̃ automobìliui?* **2.** *(kam)* nereikėti (iš)leisti, naudoti: *Jei vỹksi lėktuvù, sutaupýsi laĩko.* o *Aš pirkaũ tą laĩkrodį su núolaida, sutaupiaũ kẽlis lìtus.* • *žr.* **nesutaupyti**

suteĩkti, suteĩkia, sùteikė *vks.* (1) *(kas, ką, kam)* duoti ką naudotis, turėti; duoti patirti: *Bánkas sùteiks jùms pãskolą.* o *Vaikaĩ suteĩkia daũg džiaũgsmo.* o *suteĩkti kam malonùmą* o *Prašýk, jis neatsisakỹs suteĩkti tau*

pagálbą. o *Jam bùvo sùteiktas profèsoriaus var̃das.* • *žr.* **nesuteikti**

suteikìmas *dkt. v.* (2, 1)

sutémti, sutémsta, sutė́mo *vks.* (1) (–) pasidaryti tamsu: *Jau sutė̃mo, uždèk šviẽsą.* • *neig.* **nesutémti**

sutìkti, sutiñka, sutìko *vks.* (1) **1.** *(kas, su kuo / + bendr. / + šs)* būti tos pačios, vienodos nuomonės; neprieštarauti: *Šiuõ kláusimu àš sutinkù su tavimì.* o *Jū̃s turbū̃t sutìksite su manimì, kad taĩ svarbùs dalỹkas.* o *Àš sutinkù mokė́ti baũdą.* o *Jis sutìko palaũkti, kol àš galė́siu atidúoti skõlą.* **2.** *(kas, ką)* priimti ką atvykstantį: *Aš sutìksiu jus stotyjè.* o *Tù sutìk svečiùs, o àš einù pérsirengti (žmona sako vyrui).* • *žr.* **nesutikti**

sutikìmas *dkt. v.* (2, 1): *iškilmìngas svečiõ sutikìmas* o *sutikìmas dìrbti dárbą*

sutr. *sutr. žr.* **sutrumpinimas**

sutreñkti, sutreñkia, sùtrenkė *vks.* (1) *(kas, ką, kuo)* užgauti trenkiant: *Jis sùtrenkė mán gálvą dùrimis.* • *žr.* **nesutrenkti**

sutrenkìmas *dkt. v.* (2, 1) *(ko)*: *galvõs sutrenkìmas*

sutrum̃pinimas *dkt. v.* (1, 1) žodžio dalis, rašant vartojama vietoje viso žodžio: *Sutrum̃pinimas „dkt.“ réiškia daiktãvardį.*

sutvarkýti, sutvar̃ko, sutvar̃kė *vks.* (3) *(kas, ką)* **1.** padaryti tvarkingą: *sutvarkýti kam̃barį* **2.** padaryti ką laikantis nustatytos tvarkos: *sutvarkýti keliõnės dokumentùs* • *žr.* **nesutvarkyti**

sutvar̃kymas *dkt. v.* (1, 1)

sutvárstyti, sutvársto, sutvárstė *vks.* (3) *(kas, ką)* aprišti tvarsčiu: *Sutvársčiau rañką [žaĩzdą].* • *žr.* **nesutvarstyti**

sutvìrtinti, sutvìrtina, sutvìrtino *vks.* (1) *(kas, ką)* padaryti tvirtą; sujungti • *žr.* **nesutvirtinti**

sutvìrtinimas *dkt. v.* (1, 1) *(ko)*

suválgyti, suválgo, suválgė *vks.* (3) *(kas, ką)* valgant padaryti, kad neliktų; suvartoti valgant: *Aš suválgiau dvì lė́kštes sriubõs [trìs pyragáičius].* o *Kàs suválgė màno sumuštìnį?* • *žr.* **nesuvalgyti**

suvartóti, suvartója, suvartójo *vks.* (1) *(kas, ką)* vartojant padaryti, kad neliktų: *Ar jaũ suvartójai váistus, kuriuõs tau priẽš*

mėnesį išrāšė gýdytojas? • žr. **nesuvartoti**
suvartójimas *dkt. v. (1, 1) (ko)*
suvynióti, suvyniója, suvyniójo *vks. (1) (kas, ką)* 1. vyniojant padaryti ritinio pavidalo. 2. apdengti iš visų pusių popieriumi ir pan.: *suvynióti dóvaną* • žr. **nesuvynioti**
suvókti, suvókia, suvókė *vks. (1) (kas, ką / + šs)* suprasti: *suvókti tiēsą* • žr. **nesuvokti**
sužeistàsis, sužeistóji *dkt. (įvr. dlv. [4])* sužeistas asmuo: *Sùžeistąjį nùvežė į ligóninę.*
sužeĩsti, sužeĩdžia, sùžeidė *vks. (1) (kas, ką)* padaryti žaizdą: *Jis mėtė ākmenį ir sùžeidė man rañką (ākmeniu).* • žr. **nesužeisti**
sužeidìmas *dkt. v. (2, 1) (ko)*: *kãklo [akiẽs] sužeidìmas*
sužinóti, sužìno, sužinójo *vks. (3) (kas, ką / + šs)* pasidaryti žinančiam: *sužinóti naujíeną* ○ *Aš sužinósiu, kàs tai padãrė.* • žr. **nesužinoti**
svaigùsis, svaigióji *įvr. bdv.*
svaigíeji gėrimai gėrimai, turintys alkoholio • *plg.* **gaivieji gėrimai**
svajõnė *dkt. m. (2, 8)* mintyse sukurtas vaizdas ar dalykas, tikėjimas, kad kas gera įvyks: *svajõnė nuvỹkti į Parỹžių*
svajóti, svajója, svajójo *vks. (1) (kas, apie ką / + bendr. / + šs)* turėti svajonę (svajonių): *svajóti apie āteitį* ○ *Aš svajóju nuvỹkti į Parỹžių.* ○ *Jis svajójo tàpti āktoriumi.* • *neig.* **nesvajóti**
svarbà *vns. dkt. m. (4, 6)* svarbumas
svarbùs, svarbì *bdv. laipsn. (4, 5–8)* turintis didelę reikšmę: *Tas įvykis yra labaĩ svarbùs.* ○ *Direktorius išvỹkęs į svarbų susitikìmą.* ○ *Jūsų núomonė mums yra svarbì.*
svarbù *n.*: *Svarbù iš añksto žinóti, kã reikės darýti.* ○ *Svarbù, kad vaĩkas pàts norėtų mókytis.* ○ *Galì ir neateĩti, tai nėrà svarbù.*
• žr. **nesvarbus**
svarbùmas *dkt. v. (2, 1) (ko)*
svarstỹklės *dgs. dkt. m. (2, 8)* prietaisas sverti: *Pardavėja dėda mėsą ant svarstỹklių.*
svarstýti, svar̃sto, svar̃stė *vks. (3) (kas, ką / + šs)* galvoti ar kalbėti apie ką, vertinant galimus sprendimo būdus: *Mes susiriñkome svarstýti dárbo reikalų.* ○ *Aš svarstaũ, gál mums šeštādienį nuėjus [nueĩti] į koncèrtą.* ○ *Mes vìsą vãlandą svar̃stėme, kã toliaũ darýti.* • žr. **nesvarstyti**
svar̃stymas *dkt. v. (1, 1) (ko)*

svẽčias *dkt. v. (4, 2)* 1. asmuo, lankantis ką jo namuose: *Vakarè pas mus ateĩs (kėletas) svečių.* ○ *Sutìk svẽčią.* 2. asmuo, dalyvaujantis kur su kvietimu: *susirìnkimo [vestùvių] svečiaĩ*
eĩti į svečiùs *(pas ką)* eiti į kieno namus kaip svečiui (1): *Rytój eĩsime į svečiùs pas Jõną.*
bū́ti svečiuosè *(pas ką)* svečiuotis: *Vãkar buvau svečiuosè pas savo draũgę.*
svečiúotis, svečiúojasi, svečiãvosi *sgr. vks. (1) (kas, pas ką)* lankytis kieno namuose kaip svečiui (1): *Šią vāsarą svečiavaũsi pas gìmines kāime.* ○ *Aš dažnaĩ pas juos svečiúojuosi.* • žr. **nesisvečiuoti**
sveĩkas, sveikà *bdv. laipsn. (4, 1–6)* 1. kuris neserga ar jau neserga, kuris turi gerą sveikatą (apie žmones, gyvūnus); kuris yra geros būklės (apie organus ir pan.): *Jis yra sveĩkas žmogùs.* ○ *Ar jūsų duktė̃ jau sveikà?* ○ *Šiañdien jaučiúosi sveĩkas.* ○ *Mano visi dañtys sveikì.* ○ *Man nereĩkia akinių, mano ākys sveĩkos.* ○ *Ar jūsų širdìs sveikà?* 2. naudingas sveikatai: *Reĩkia válgyti sveĩką maĩstą.* ○ *Pajū́ryje óras (yra) sveĩkas plaũčiams.*
sveĩka *n.*: *Píeną gérti (yra) sveĩka, o rūkýti nėrà sveĩka.*
sveikaĩ *prv.* 1. kaip sveikas: *Jis sveikaĩ atródo.* 2. maistu, kuris naudingas sveikatai: *Aš maitinúosi sveikaĩ, válgau daũg daržóvių.*
• žr. **nesveikas**
sveĩkas [sveikà, sveikì, sveĩkos] (sakoma sveikinantis su artimu žmogumi (artimais žmonėmis): *Sveĩkas! Kaĩp gyvenì?* ○ *Sveikì, užeĩkite.* ○ *Sveĩkos, panẽlės!*
Sveikì sulaũkę Naujų̃jų mẽtų [šveñtų Kalẽdų, šveñtų Velýkų] (sveikinimas Naujųjų metų [Kalėdų, Velykų] proga)
• žr. **lik sveikas [sveika], likite sveiki [sveikos]**
sveikatà *vns. dkt. m. (2, 6)* 1. gera kūno būklė: *Sveikãtą reĩkia sáugoti.* ○ *Rūkymas keñkia sveikãtai.* 2. tam tikra kieno kūno

būklė: *Kokià ligónio sveikatà?* ○ *Jis yra gerõs [silpnõs, stipriõs] sveikãtos.*

į sveikãtą 1. (sakoma asmeniui su kuriuo kas geria, laikant rankoje taurę) **2.** (sakoma tam, kuris čiaudi)

svéikinimas *dkt. v. (1, 1)* **1.** žodžiai (žodis), kuriuos (kurį) reikia sakyti ką susitikus: *„Lãbas" „labà dienà"* yra *svéikinimo žõdžiai.* **2.** *ppr. dgs.* geri linkėjimai: *Põne Jõnai, prašom pérduoti mano svéikinimus savo žmónai.* ○ *svéikinimo telegramà*

svéikinti, svéikina, svéikino *vks. (1) (kas, ką)* sakyti ar rašyti kam malonius žodžius, gerus linkėjimus ir pan.: *Svéikinu tave gimtãdienio próga.* ○ *Jis kasmẽt svéikina mane Kalė̃dų próga.* • *žr.* **nesveikinti** **svéikinimas** *dkt. v. (1, 1)*

svéikintis, svéikinasi, svéikinosi *sgr. vks. (1) (kas, su kuo)* sakyti kam sveikinimo žodžius (atlikti sveikinimo veiksmą) susitikus: *svéikintis padúodant rañką* ○ *Su kuõ tu svéikinaisi? – Su savo pažį́stamu.* • *žr.* **nesisveikinti**
svéikinimasis *dkt. v. (1, 1a)*

sveĩkti, sveĩksta, sveĩko *vks. (1) (kas)* darytis sveikam: *Mano mamà ilgaĩ siȓgo, bet dabaȓ jau sveĩksta.* • *neig.* **nesveĩkti**

svérti, svẽria, svė́rė *vks. (1)* **1.** *(kas, ką)* nustatyti ko svorį tam tikrais prietaisais: *Pardavėja svẽria dẽšrą svarstỹklėmis.* **2.** *(kas, kiek)* būti tam tikro svorio: *Kíek tu sverì?* ○ *Pérnai aš svė́riaũ mažiaũ negu šiẽmet.* ○ *Tàs lagamìnas svẽria dvìdešimt kilogrãmų (20 kg).* • *žr.* **nesverti, pasverti**

svetaĩnė *dkt. m. (2, 8)* kambarys, kuriame priimami svečiai: *Prãšom į svetaĩnę.* ○ *svetaĩnės baĩdai*

svẽtimas, svetimà *bdv. (3ᵇ, 1–6)* kuris priklauso kitam (kitiems): *Negãlima im̃ti svetimų̃ daiktų̃.* ○ *svetimà kalbà* (kalba, kuri nėra gimtoji)

svíestas *vns. dkt. v. (1, 1)* pieno gaminys – iš grietinės gaunami riebalai: *sumuštìnis su svíestu ir sū́riu* ○ *Prãšom pakė́lį svíesto.* ○ *Tė̃pkis ant dúonos svíesto.*

svíestinė *dkt. m. (1, 8)* indas sviestui laikyti ir tiekti

svogū̃nas *dkt. v. (2, 1)* aštraus skonio prieskoninė daržovė: *Į̃dėk į sriùbą svogū̃nų.* ○ *svogū̃nų laiškaĩ [sriubà]*

svõris *vns. dkt. v. (2, 3)* daikto sunkumas, matuojamas kilogramais (kg), gramais (g), tonomis (t) ir t. t.: *Mano svõris – peñkiasdešimt kilogrãmų (50 kg).* ○ *Kóks šio lagamìno svõris? – Dvìdešimt kilogrãmų.*

Š š

Š, š dvidešimt penktoji lietuvių kalbos abėcėlės raidė

Š. *sutr. žr.* **šauksmininkas**

šachmãtai *dgs. dkt. v.* (2, 1) žaidimas dviem asmenims tam tikromis figūromis; to žaidimo figūros: *žaīsti šachmãtais* ○ *nusipirkti šachmatùs*

šachmãtininkas *dkt. v.* (1, 1), **šachmãtininkė** *dkt. m.* (1, 8) asmuo, kuris žaidžia šachmatais, šachmatų žaidėjas

šakà *dkt. m.* (4, 6) **1.** augalo stiebo išauga: *Vėjas nuláužė béržo šãką.* ○ *Paūkštis tũpi ant mẽdžio šakõs.* **2.** kokios nors veiklos atskira dalis, sritis: *Krepšinis – populiarì spòrto šakà.*

šaknìs *dkt. m.* (4, 9) **1.** augalo dalis, kuri yra po žeme: *ìlgos [stóros] šãknys* **2.** *gram.* žodžio dalis be priesagos, priešdėlio ir galūnės: *Žõdžiai „šakà" ir „šakùtė" tùri beñdrą šãknį „šak-".* • *dgs. K.* **šaknų̃**

šakótas, šakóta *bdv.* (1, 1–6) turintis daug šakų: *šakótas ąžuolas* • *neig.* **nešakótas**

šakùtė *dkt. m.* (2, 8) įrankis, kuriuo valgomas neskystas valgis: *Priẽ lėkščių pàdėk peĩliùs ir šakutès.* ○ *Kèpsnį válgome peĩliù ir šakutè.* ○ *dẽšimt šakùčių*

šakùtė

šą̃la *esam. l. 3 asm. žr.* **šalti**

šaldỹklė *dkt. m.* (2, 8) metalinė dėžė maisto produktams (mėsai, vaisiams) sušaldyti, kad juos būtų galima ilgai išlaikyti

šáldytas, šáldyta *bdv.* (1, 1–6) sušaldytas, kad negęstų (apie maistą): *šáldyta žuvìs* ○ *šáldytos daržóvės* ○ *šáldyti vaĩsiai* ○ *Patiekalaĩ iš šáldytos mėsõs nėrà tokiẽ skanū̃s kaip iš šviežiõs.* • *neig.* **nešáldytas**

šáldyti, šáldo, šáldė *vks.* (3) *(kas, ką)* daryti šaltą, šaltesnį; daryti, kad atšaltų, sušaltų: *šáldyti ãlų šaldytùvė* • *žr.* **nešáldyti, sušáldyti**
šáldymas *dkt. v.* (1, 1) *(ko)*: *píeno šáldymas*
šáldymo kãmera šaldytuvo dalis, kurioje maistas sušaldomas, kad negęstų

šaldytùvas *dkt. v.* (2, 1) spintelės pavidalo metalinė dėžė maistui šaltai laikyti: *Sudė́k svíestą, píeną į̃ šaldytùvą.* ○ *Šaldytùvė yrà sū́rio ir dešrõs.*

šalià *prl.* (su K.) prie ko šono; netoli: *Jū̃s gãlite sėstì šalià manę̃s.* ○ *Jie̋ gyvẽna šalià párko.*

šalìgatvis *dkt. v.* (1, 3) tam tikromis plokštėmis dengtas takas prie gatvės pėstiesiems: *Neskubė́dami ė́jome šalìgatviu.* ○ *siaũras [platùs] šalìgatvis*

šãlikas *dkt. v.* (1, 1) pailgas audinio gabalas ar megzta juosta, dėvimi aplink kaklą, ant galvos ar ant pečių: *Žiẽmą dėviù šãliką.* ○ *šìlkinis [vìlnõnis] šãlikas*

šalìkelė *dkt. m.* (1, 8) kelio pakraštys: *Automobìlis sustójo šalikelėjè.* ○ *eĩti šalìkele*

šálinti, šálina, šálino *vks.* (1) **1.** *(kas, ką)* daryti, kad nebūtų: *šálinti automobìlio gedìmus* (taisyti automobilį) ○ *šálinti dė́mes* (valyti) **2.** *(kas, ką, iš ko)* atleisti, pašalinti: *Jį̃ reĩkia šálinti iš varžýbų [iš dárbo].* • *žr.* **nešálinti**

šalìs *dkt. m.* (4, 9) žemės plotas, kuriame gyvena žmonės, valdomi vienos valdžios; valstybė: *Iš kuriõs šaliẽs atvỹkote? Lietuvà (yrà) nedìdelė šalìs.* ○ *vỹkti į̃ kìtą šãlį* • *žr. t. p.* **krãštas**; *žr.* **pasáulio šalìs**

šálmas *dkt. v. (3, 1)* apsauginė kietos medžiagos kepurė: *Motociklininkai tùri dėvėti šálmus.*

šalnà *dkt. m. (4, 6)* oras rudenį ar pavasarį, kai temperatūra yra žemesnė už nulį: *Šiąnakt buvo šalnà, nušãlo daržẽlio gėlės.*

šáltas, šaltà *bdv. laipsn. (3, 1–6)* **1.** kuris yra žemos temperatūros: *Šiañdien óras (yra) šáltas.* ○ *Šiẽmet buvo gana šaltà vãsara.* ○ *Arbatà jau šaltà, negérsiu.* **2.** kuriame nėra šilta; kuriuo dėvint ir pan. būna šalta: *Mūsų bùtas (yra) labaĩ šáltas.* ○ *Ši striùkė (yra) (per) šaltà.* ○ *Šis kambarỹs (yra) šalčiáusias, jo langaĩ į šiáurę.* • (1) *prš.* **šiltas, karštas**; (2) *prš.* **šiltas**; *žr.* **nešaltas**

šálta *n.* **1.** šaltas oras: *Jeigu rytój bus šálta, nevažiúosiu.* ○ *Žiẽmą dažnaĩ būna šálta.* ○ *Šiañdien šalčiau negu vãkar.* **2.** *(kam, + bendr.)* (pasakant žemos oro temperatūros sukeliamą pojūtį): *Tu plonaĩ apsirengęs, ar tau nešálta?* ○ *Man šálta miegóti šiamè kambaryjè, jis (yra) nešildomas.* • *žr.* **nešalta**

šaltaĩ *prv.* vietoje, kurioje šalta: *Padėk mėsą šaltaĩ, kad nesugestų.*

šaltùmas *dkt. v. (2, 1)*

šálti, šąla, šãlo *vks. (1)* **1.** *(kas / –)* darytis šaltesniam, šaltam, šalčiau; kietėti nuo šalčio, virsti ledu: *Laukè šą̃la.* ○ *Nãktį šãlo.* ○ *Rytój šal̃s.* ○ *Ežerè vanduõ šą̃la.* **2.** *(kas)* jausti žemos temperatūros poveikį: *Mano pirštinės (yra) plónos, todėl rañkos šą̃la.* ○ *Ko šąli laukè, eik į kam̃barį.* • *neig.* **nešálti**; *žr.* **nušalti, sušalti**

šaltibarščiai *dgs. dkt. v. (1, 3)* šalta burokėlių sriuba, valgoma su bulvėmis

šaltìnis *dkt. v. (2, 3)* **1.** vieta, kurioje iš žemės teka vanduo: *šaltìnio vanduõ* **2.** tai, iš kur kas gaunama: *informãcijos šaltìnis*

šal̃tis *dkt. v. (2, 3)* šaltas oras; žema temperatūra: *dìdelis šal̃tis* ○ *Šiañdien buvo penkì laĩpsniai šal̃čio (-5°).* ○ *Šal̃čiai trùko dvì dienàs.*

šalutìnis, šalutìnė *bdv. (2, 4–9)* nepagrindinis: *Sùkite į šalutìnį kẽlią.*
šalutìnis sakinỹs *gram.* sakinys, kuris yra kito sakinio dalis: *„Kad ateĩs" yra sudėtinio sakinio „Jis pasãkė, kad ateĩs" šalutìnis sakinỹs.* • *sutr.* **šs**

šampãnas *dkt. v. (2, 1)* Prancūzijoje pagamintas nestiprus putojantis vynuogių vynas: *Išgérkime po taũrę šampãno.* ○ *Vaĩšink svečiùs šampanù.* • Šampanu vadinamas ir kitoks (kitose šalyse gaminamas) putojantis vynas

šampū̃nas *dkt. v. (2, 1)* tam tikras skystis plaukams ir pan. plauti: *Kókiu šampū̃nu pláuni gálvą?* ○ *Nupir̃k šampū̃no.*

šárka *dkt. m. (1, 6)* į varną panašus paukštis baltomis ir juodomis plunksnomis

šarka

šáudyti, šáudo, šáudė *vks. (3)* **1.** *(kas)* daug kartų šauti: *šáudyti į órą* ○ *Išgirdaũ, kad kažkàs šáudo.* **2.** *(kas, ką)* žudyti šaunant: *šáudyti kiškiùs medžióklėje* • *žr.* **nešáudyti**

šáudymas *dkt. v. (1, 1),* t. p. sporto šaka: *šáudymo varžýbos*

šaukiamàsis, šaukiamóji *įvr. dlv. [2]*
šaukiamàsis sakinỹs sakinys, ištariamas tam tikru būdu, ppr. reiškiant jausmus, liepiant, šaukiant

šauksminiñkas *dkt. v. (2, 1)* gram. linksnis, kuriuo reiškiamas kreipimasis: *„Põne, põnia" yra daiktãvardžių „põnas, ponià" šauksminiñkai.* • *sutr.* **Š.**

šáukštas *dkt. v. (1, 1)* įrankis valgiui semti; jame telpantis kiekis: *Im̃k šáukštą ir válgyk sriùbą.* ○ *medìnis [sidabrìnis] šáukštas* ○ *Suválgiau kelìs šáukštus kõšės.*

šaukštas

šaukštēlis *dkt. v. (2, 3)* nedidelis šaukštas cukrui dėti į kavos, arbatos puodelį; jame telpantis kiekis: *sidabrìnis šaukštēlis* ○ *Įdėk man dù šaukštelius cùkraus.*

šaũkti, šaũkia, šaũkė *vks. (1)* **1.** *(kas)* rėkti: *Ko taip garsiai šauki?* ○ *Tylėk, ganà šaũkti.* **2.** *(kas, ką)* kviesti, prašyti ar liepti atvykti: *Jūs manè šaũkėte?* **3.** *(kas, ką)* pranešti, kad (kas) įvyks ir liepti dalyvauti (kame): *Rei-*

šauktukas

kia šaũkti visų narių susirinkimą. **4.** *(kas, ką)* reikalauti, kad (kas) įstotų: *Jį šaũkia į kariúomenę.* • *žr.* **nešaukti**

šauktùkas *dkt. v. (2, 1)* ženklas, rašomas šaukiamojo sakinio pabaigoje (!)

šáuna *esam. l. 3 asm. žr.* **šauti**

šaunamàsis *įvr. dlv. v. [2]* **šaunamàsis giñklas** ginklas, iš kurio šaunama: *Pistolètas yra šaunamàsis giñklas.* ○ *Polìcija jį sulaĩkė už netéisėtą šáunamojo giñklo nešiójimą.*

šaunù *jst. žr.* **puiku**

šáuti, **šáuna**, **šóvė** *vks. (1) (kas, į ką)* daryti, kad kulka greitai judėtų iš šaunamojo ginklo į ką: *Jis trìs kartùs šóvė į kiškį, bet nepatáikė.* • *neig.* **nešáuti**; *žr.* **nušauti** **šovìmas** *dkt. v. (2, 1)*

šáutuvas *dkt. v. (1, 1)* laikomas rankose šaunamasis ginklas ilgu vamzdžiu: *Turiù [piřksiu] šáutuvą.* ○ *leidìmas laikýti šáutuvą*

šeimà *dkt. m. (4, 6)* **1.** (kieno) tėvai, seneliai, broliai, seserys ir t. t.: *Mū́sų šeimà yra labai dìdelė: tėvaĩ, keturì bróliai ir vienà sesuõ.* ○ *Per Kalė́das susìrenka visà mū́sų šeimà.* **2.** vyras su žmona ir jų vaikai, gyvenantys vienuose namuose: *Atvažiãvo duktė̃ su šeimà.* ○ *Kodė̃l (yra) mažaĩ laimìngų šeimų̃?*

šeiminiñkas *dkt. v. (2, 1)*, **šeiminiñkė** *dkt. m. (2, 8)* **1.** savininkas: *Kàs šio šuñs šeiminiñkas?* **2.** asmuo, kuris savo namuose priima svečius: *Svečiùs pasitìko šeiminiñkas.* ○ *Ãčiū šeiminiñkei už váišes.* **šeiminiñkai** *dgs.* šeimininkas ir šeimininkė
• *žr.* **namų šeimininkė**

šeñ *prv.* čia (pasakant kryptį): *Eik šeñ!* ○ *Duok šeñ peĩlį!*

šepetėlis *dkt. v. (2, 3)* nedidelis šepetys
• *žr.* **dantų šepetėlis**

šepetỹs *dkt. v. (3ᵇ, 3)* įrankis valyti, šluoti ir pan.: *bãtų [drabùžių] šepetỹs* ○ *šlúoti grindìs šẽpečiu*

šėrė *būt. l. 3 asm. žr.* **šerti**

šeřkšnas *vns. dkt. v. (4, 1)* baltas miltelių pavidalo sluoksnis, kuris būna ant daiktų lauke ar ant žemės paviršiaus, kai oro temperatūra yra žemesnė už nulį: *Medžiùs deñgia šeřkšnas.*

šermùkšnis *dkt. v. (2, 3)* lapuotas medis, vedantis raudonas uogas; jo uoga: *šermùkšnių uogiẽnė*

šermukšnių kekė

šérnas *dkt. v. (3, 1)* gana didelis į kiaulę panašus laukinis gyvūnas: *Šernaĩ ė́da bùlves.* ○ *Miškuosè (yra) daũg šernų̃.* ○ *medžióti šérnus*

šernas

šerníena *vns. dkt. m. (1, 6)* šerno mėsa: *Aš nemė́gstu šerníenos.*

šérti, **šẽria**, **šė́rė** *vks. (1) (kas, ką, kuo)* duoti maisto gyvuliui: *Árklius šẽria avižomis.* ○ *šérti šùnį [kãtę]* • *žr.* **nešerti**; *plg.* **lesinti** **šė́rimas** *dkt. v. (2, 1) (ko)*

šešė́lis *dkt. v. (1, 3)* tamsus pavidalas, matomas už ko, kai šviečia saulė, mėnulis ir pan.

šešėlis

šẽšetas *dkt. v. (1, 1)* pažymys 6

šešì, šẽšios *skt. (4) [2] (šešerì, šẽšerios su dgs. dkt. (3ᵇ) [1])* skaičius 6; *vart. žr.* **aštuoni**

šešiasdešimt *skt.* skaičius 60; *vart. žr.* **dešimt**

šešiasdešim̃tas, šešiasdešimtà *klnt. skt. (4) [4] žr.* **šešiasdešimt**; *vart. žr.* **dešimtas**

šešíese *prv.* šešių asmenų grupė; *vart. žr.* **aštuoniese**

šešiólika *skt. (1) [3]* skaičius 16; *vart. žr.* **aštuoniolika**

šešióliktas, šešiólikta *klnt. skt. (1) [4] žr.* **šešiolika**; *vart. žr.* **aštuonioliktas**

šeštãdienis *dkt. v. (1, 3)* šeštoji savaitės diena; *vart. žr.* **antradienis**

šėštas, šeštà *klnt. skt. (4) [4] žr.* **šeši**; *vart. žr.* **aštuntas**

šì *įv. žr.* **šis**

šiā̃nakt *prv.* šią naktį: *Šiā̃nakt pūtė smarkùs vėjas.* ○ *Šiā̃nakt sapnavaũ baisų̃ sāpną.* ○ *Keliñtą vãlandą tu šiā̃nakt grį̃ši?*

šiañdien *prv.* **1.** dieną, kuri yra dabar (kai kas sakoma, rašoma): *Šiañdien šáltas óras.* ○ *Kadà tu šiañdien pareĩsi namõ?* ○ *Aš važiúosiu į̃ káimą, bet ne šiañdien, o rytój.* **2.** (vartojamas kaip dkt. su prl. **iki, nuo**) šios dienos: *Nuo kadà viršininkas atostogáuja? – Nuo šiañdien.* ○ *Iki šiañdien jis nespėjo atlìkti dárbo.* **3.** (vartojamas kaip bdv.) šios dienos: *Ateĩsiu šiañdien vakarè.* ○ *Šiañdien rýtą snigo.*

šiàpus *prl.* (su K.) šioje ko pusėje: *Mẽs gyvẽname šiàpus Neriẽs, o jiẽ anàpus.* • *prš.* **anapus**

šiáudas *dkt. v. (3, 1)* javo stiebas tuščiu viduriu: *Rùgio šiáudas (yra) ìlgas.* ○ *Kadáise šiaudaĩs deñgdavo stógus.*

šiaudė̃lis *dkt. v. (2, 3)* plonas vamzdelis skysčiams gerti: *Geriù sùltis per šiaudė̃lį.*

šiaudìnis, šiaudìnė *bdv. (2, 4–9)* pagamintas iš šiaudų̃: *šiaudìnė skrybėlė̃*

Šiauliaĩ *dgs. dkt. v. (4, 3)* Lietuvos miestas: *vỹkti į̃ Šiauliùs* ○ *gyvénti Šiauliuosè*

šiáurė *vns. dkt. m. (1, 8)* **1.** pasaulio šalis, kuri yra priešinga pietums (3): *Vėjas pùčia iš šiáurės.* ○ *Ė̃jome į̃ šiáurės pùsę.* ○ *Šiáurėje Lietuvà ribójasi su Lãtvija.* **2.** šios pasaulio šalies kryptimi esanti vietovė: *Pasvalỹs yra Lietuvõs šiáurėje.* • *prš.* **pietūs** (3, 4) **šiáurės rytaĩ 1.** kryptis tarp šiaurės ir rytų. **2.** ta kryptimi esanti vietovė **šiáurės vakaraĩ 1.** kryptis tarp šiaurės ir vakarų. **2.** ta kryptimi esanti vietovė

šiek tíek *prv.* nedaug, truputį: *Gáunu stipeñdiją ir šiek tíek pinigų̃ iš tėvų̃.* ○ *Ar galėtumei dar šiek tíek manę̃s paláukti?*

šiẽmet *prv.* šiais metais: *Šiẽmet mano sūnùs baĩgė mokỹklą.* ○ *Šiẽmet atostogáusiu rùdenį, o kitaĩs mẽtais – vãsarą.* ○ *Pérnai buvo šaltà žiemà, o šiẽmet (yra) nešaltà.*

šiẽnas *vns. dkt. v. (4,1)* džiovinta žolė pašarui: *Žiẽmą kárvės, árklius šẽria šienù.*

šienáuti, šienáuja, šienãvo *vks. (1) (kas)* pjauti žolę šienui • *neig.* **nešienáuti**

šykštùs, šykštì *bdv. laipsn. (4, 5–8)* kuris gaili duoti: *Nebū́k toks šykštùs, dúok jam trupùtį pinigų̃.* ○ *Jis (yra) pàts šykščiáusias iš visų̃ žmonių̃, kuriuõs aš pažį́stu.* • *prš.* **dosnus**; *žr.* **nešykštus**

šỹla *esam. l. 3 asm. žr.* **šilti**

šìldymas *dkt. v. (1, 1)* šilumos tiekimas patalpoms šildyti: *šìldymas dùjomis [elektrà]* ○ *centrìnis šìldymas* ○ *sumokė́ti už šìldymą*

šìldyti, šìldo, šìldė *vks. (3)* **1.** *(kas, ką)* daryti šiltesnį, šiltą: *Šìldyk vándenį, eĩsiu praũstis.* ○ *šìldyti pãtalpas* **2.** *(kas)* skleisti arba sulaikyti šilumą: *Ar šis šildytùvas geraĩ šìldo?* ○ *Vilnõnės kójinės geraĩ šìldo.* • *žr.* **nešildyti**

šìldytis, šìldosi, šìldėsi *sgr. vks. (3) (kas, ką)* šildyti sau ar savo: *Šìldžiausi sriùbą ir kẽpsnį.* ○ *Prie láužo šìldėmės rankàs.* • *žr.* **nesišildyti**

šildytùvas *dkt. v. (2, 1)* prietaisas šildyti: *Jei tau šálta, įsijùnk šildytùvą.* ○ *elektrìnis šildytùvas*

šil̃kas *vns. dkt. v. (4, 1)* minkštas švelnus audinys iš plonų siūlų, kuriuos daro tam tikri vabzdžiai: *Šil̃ko siū́lai (yra) labaĩ plonì.* ○ *šil̃ko suknelė̃*

šilkìnis, šilkìnė *bdv. (2, 4–9)* pagamintas iš šilko: *puõštis šilkìnė skarelè*

šil̃tas, šiltà *bdv. laipsn. (4, 1–6)* **1.** kuris gana aukštos temperatūros, nešaltas, bet nekarštas: *Išgérk šil̃to píeno [šil̃tõs arbãtos].* ○ *Ir rùdenį bū̃na šil̃tų dienų̃.* ○ *Gẽra máudytis šil̃toje voniojė̃ su šiltù vandeniu.* ○ *Vãkar bùvo šiltèsnis óras negu šiañdien.* ○ *Vãsara yra šilčiáusias mẽtų laĩkas.* **2.** kuriame šilta; kuriuo dėvint ir pan. nebūna šalta: *Mū́sų bùtas (yra) labaĩ šil̃tas.* ○ *Žiẽmą reĩkia šil̃tų pirštìnių.* • *prš.* **šaltas**; *žr.* **nešiltas**

šil̃ta *n.* **1.** šiltas oras: *Šiañdien šil̃ta.* ○ *Nevažiúokime į̃ mìšką uogáuti, paláukime, kada bus šilčiaũ.* **2.** *(kam, + bendr.)* (pasakant šilumos sukeliamą pojūtį): *Kambarýje šil̃ta, gẽra.* ○ *Man (per) šil̃ta čià miegóti, reĩkia atidarýti lángą.*

šiltaĩ *prv.* **1.** šiltoje vietoje: *Padė́k sriùbą šiltaĩ.* **2.** šiltais drabužiais: *Apsireñk šiltaĩ, laukè šálta.*

šiltàsis, šiltóji *įvr.*

šiltíeji kraštaĩ kraštai, kuriuose yra šiltas klimatas: *Rùdenį daugumà paũkščių išskrenda į šiltúosius kraštùs.*

šiltùmas *dkt. v. (2, 1)*

šìlti, šỹla, šìlo *vks. (1) (kas / –)* darytis šiltesniam, šiltam, šilčiau: *Šiañdien (óras) jau šỹla.* o *Lygintùvas greĩtai šĩlo.* o *Jau šỹla, greĩt ateĩs vãsara.* • *neig.* **nešìlti**; *žr.* **sušìlti**; *plg.* **šìldyti**

šiĨtnamis *dkt. v. (1, 3)* ppr. šildomas statinys augalams auginti: *Vienamè šiĨtnamyje augìname pomidorùs, agurkùs, kitamè – rõžes.* o *ŠiĨtnamiuose augalaĩ augìnami visaĩs mẽtų laikaĩs.*

šilumà *vns. dkt. m. (3^b, 6)* **1.** jautimas ko šilto; šiltumas: *sáulės šilumà* **2.** teigiama oro temperatūrà; vidutinė teigiama temperatūrà: *Šiañdien yra dẽšimt láipsnių šilumõs (+10°).* o *Pliùs trìsdešimt láipsnių (+30°) šilumõs – tai jau ne šilumà, o karštis.* **3.** energija, tiekiama patalpoms šìldyti: *šilumõs skaitìklis* o *Reikė̃s daũg mokė́ti už šìlumą.*

šim̃tas^1 *skt. (4) [5]* skaičius 100: *Man trū́ksta šim̃to litų̃.* o *Paskõlink šim̃tą litų̃.* o *Mano senẽlė gyvẽno daugiaũ kaip šim̃tą mẽtų.* o *dù šimtaĩ (200)* o *Mẽtai tùri trìs šim̃tus šēšiasdešimt penkiàs (365) dienàs.*

šim̃tas^2, šim̃tà *klnt. skt. (4) [4] žr.* **šim̃tas^1**

šim̃tàsis, šim̃tóji *įvr.*: *Pròcentas – šim̃tóji dalìs.* o *Cen̄tas – šim̃tóji lìto dalìs.*

šim̃tmetis *dkt. v. (1, 3)* šim̃to mẽtų laikas, amžius (2): *šim̃tmečio pabaigà*

šỹpsena *dkt. m. (1, 6)* šypsójimasis: *Jo veidè retaĩ pamatýsi šỹpseną.* o *Ji mė́gsta juokáuti be šỹpsenos.*

šypsótis, šỹpsosi, šỹpsójosi *sgr. vks. (3) (kas)* būti pakẽlusiam lū́pų kam̃pus rodant džiaũgsmą ar dėl ko nors juokingo: *Man patiñka, kai tu šypsaĩsi.* o *linksmaĩ [nuoširdžiaĩ] šypsótis* o *Jie šypsójosi vienas kitám.* • *žr.* **nesišỹpsoti**

šypsójimasis *dkt. v. (1, 1a)*

širdìs *dkt. m. (3, 9)* **1.** organas, kuris verčia tekė́ti kraũją po kū́ną: *Jo širdìs (yra) stiprì.* o *Širdìs smar̃kiai plãka.* o *Šìrdį kar̃tais skaũda.* o *Mamà turė́jo širdiẽs lìgą.* **2.** dvasinis pasaulis, jausmai: *Jis yra gerõs širdiẽs žmogùs.* o *širdiẽs nẽrimas*

iš širdiẽs nuoširdžiai: *kalbė́ti iš širdiẽs*

ne prie širdiẽs *(kas)* nepatinka: *Šis výras man ne prie širdiẽs.*

šį̃ryt *prv.* šį̃ rýtą: *Šį̃ryt pavėlavaũ į dárbą.*

šìs, šì *įv. [4]* **1.** kuris yra arčiaũ: *Gal jums paródyti tą̃ sùknelę? – Nè, bus gerà ir šì.* o *Šį̃ šeštãdienį eĩsime į kìną, o kìtą (šeštãdienį) – į teãtrą.* **2.** apie kurį̃ kalbama: *Ar jums reĩkia šios knỹgos?* o *Jū̃s netiñkate šiam dárbui.* o *Šì savaĩtė man labaĩ sunkì.* o *Šiaĩs mẽtais važiúosiu atostogáuti prie jū́ros.* o *Ar jis gyvẽna šiamè namè?* o *Šiẽ laĩkraščiai vãkar dienõs.* o *Šiosè píevose daũg gėlių̃.* **3.** (vartojamas prieš išvardijimą): *Egzãmino neišlaĩkė šiẽ studeñtai: Jõnas, Pẽtras ir Algimañtas.*

šiuo metù dabar: *Šiuo metù turiù daũg laĩsvo laĩko.*

šiùkšlės *dgs. dkt. m. (2, 8)* nereikalingi smulkūs daiktai: *Ant grindų̃ ir ant stãlo pìlna šiùkšlių.*

šiùkšlių dė̃žė dė̃žė šiùkšlėms dė́ti

šiukšlýnas *dkt. v. (1, 1)* vieta šiùkšlėms dė́ti; šiùkšlių krūvà: *Už nãmo – šiukšlýnas.*

šiuolaikìnis, šiuolaikìnė *bdv. (2, 4–9)* būdingas dabarčiai; šių laikų̃: *šiuolaikìnis mókslas [mẽnas]* o *šiuolaikìnės mãdos* o *Ji yra šiuolaikìnė mergìna (elgiasi, reñgiasi pagal naũją mãdą).* • *žr.* **nešiuolaikìnis**

šiurkščiaĩ *prv. laipsn.* **1.** nemandagiai: *Kodė́l šiurkščiaĩ kalbì su mótina?* **2.** smarkiai: *Jūs šiurkščiaĩ pažeidėte eĩsmo taisỹkles.*

šiurkštùs, šiurkštì *bdv. laipsn. (4, 5–8)* **1.** turintis nelygų pavir̃šių: *Nuo vandeñs ir šálčio rañkos dãrosi šiur̃kščios.* o *šiurkštì véido óda* o *šiurkštaũs áudinio pál̃tas* **2.** nemandagus: *Jis (yra) šiurkštùs žmogùs.* o *Nemalonù girdė́ti šiur̃kštų atsãkymą.* **3.** didelis (apie klaĩdą ir pan.): *Tai (yra) labaĩ šiurkštì kalbõs klaidà.* • *(1) prš.* **švelnùs**; *žr.* **nešiurkštùs**; *plg.* **grubùs**

šlakstýti, šlãksto, šlãkstė *vks. (3) (kas, ką, kuo)* truputį pìlti ant ko: *šlakstýti grindìs vándeniu [kẽpsnį vynù]* • *žr.* **apšlakstýti**, **nešlakstýti**

šlāpdriba vns. dkt. m. (1, 6) sniegas su lietumi: *Šiañdien bjaurùs óras, šlāpdriba.* ○ *Per šlāpdribą sunkù vairúoti automobìlį.*

šlāpias, šlapià bdv. (4, 2–7) kuris turi savyje ar savo paviršiuje vandens: *Šis rañkšluostis (yra) šlāpias.* ○ *Tavo plaukaĩ dar (yra) šlapì, neĩk į laũką.* ○ *nušlúostyti šlāpią stãlą (šlapią stalo paviršių)* ○ *Po lietaũs žolė̃ (yra) šlapià.* ○ *Nesė́sk ant šlãpio súolo, sušlãpsi sijõną.* ○ *Smar̃kiai lìjo, parė́jaũ namõ šlãpias.* ○ *Neim̃k põpieriaus šlapiomìs rañkomis.* ○ *valýti grindìs šlapiù skudùru*
šlāpia n.: *Lỹja, laukè šlāpia.* ○ *Nedė́k čia knỹgos, čia šlāpia.*
• *prš.* **sausas**; *neig.* **nešlāpias**; *žr.* **drėgnas**

šlapìmas vns. dkt. v. (2, 1) iš kūno šalinamas skystis: *šlapìmo tyrìmas*

šlāpinti, šlāpina, šlāpino vks. (1) *(kas, ką)* daryti šlapią: *šlāpinti skudùrą* • *žr.* **nešlāpinti**

šlāpintis, šlāpinasi, šlāpinosi sgr. vks. (1) *(kas)* leisti šlapimą iš kūno: *Vaĩkas nóri šlāpintis.* ○ *dažnaĩ šlāpintis* • *žr.* **nesišlāpinti**
šlāpinimasis dkt. v. (1, 1a)

šlaunìs dkt. m. (4, 9) kojos dalis nuo kelio iki klubo: *Tos móters šlaũnys (yra) stóros.* ○ *Po mankštõs man skaũda šlaunìs* (dgs. G.).
• *dgs.* K. **šlaunų̃**; *žr. pieš.* **kū́nas**

šlãvė būt. l. 3 asm. *žr.* **šluoti**

šlepẽtė dkt. m. (2, 8) kambaryje avimas batas
šlepẽtės dgs. tokių batų pora: *Namiẽ nešiójame šlepẽtės.* ○ *Apsiaũk (tariama apsi-aũk) šlepẽtės.* ○ *Man reĩkia naujų̃ šlepẽčių.*

šlepẽtės

šliaũžti, šliaũžia, šliaũžė vks. (1) *(kas)* judėti visu kūnu liečiant žemės paviršių: *Žiūrė́k, gyvãtė šliaũžia!* • būs. l. 3 asm. **šliaũš**; *žr.* **nešliaũžti**

šlúoja esam. l. 3 asm. *žr.* **šluoti**

šlúostyti, šlúosto, šlúostė vks. (3) *(kas, ką, kuo)* **1.** valyti braukiant: *šlúostyti stãlą [grindìs]* **2.** šalinti braukiant: *Dùlkes šlúostau drėgnù skudùru.* **3.** daryti sausą: *Ji plóvė indùs, o aš (juos) šlúosčiau.* • *žr.* **nešluostyti**

šlúostytis, šlúostosi, šlúostėsi sgr. vks. (3) *(kas, ką, kuo)* šluostyti save, savo, nuo savo (savęs): *rañkšluosčiu šlúostytis kãktą [rankàs, véidą]* ○ *Nósine šlúosčiausi ãšaras.*
• *žr.* **nesišlúostyti**

šlúota dkt. m. (1, 6) surištos plonos šakos ir pan. šluoti

šluota

šlúoti, šlúoja, šlãvė vks. (1) *(kas, ką)* **1.** šluota, šepečiu valyti (grindis ir pan.): *Gãtvę prie namų̃ kasdiẽn šlúojame.* **2.** šluota, šepečiu šalinti: *šlúoti šiukšlès [lapùs]* • *žr.* **nešluoti**

š. m. sutr. šių metų

šnìpas dkt. v. (4, 1), **šnìpė** dkt. m. (2, 8) asmuo, kuris šnipinėja: *Jis bùvo tõs šaliẽs šnìpas.* ○ *Polìcija sulaĩkė šnìpą.*

šnipinė́ti, šnipinė́ja, šnipinė́jo vks. (1) *(kas, ką)* už atlyginimą stengtis gauti informaciją apie valstybės, įstaigos ir pan. paslaptis: *Jis mus šnipinė́jo.* • *žr.* **nešnipinė́ti**
šnipinė́jimas dkt. v. (1, 1): *bausmė̃ už šnipinė́jimą*

šokė́jas dkt. v. (1, 2), **šokė́ja** dkt. m. (1, 7) šokių atlikėjas; kas šoka (2): *balẽto šokė́jai* ○ *Sãlėje šóko tik kẽlios šokė́jų póros.*

šõkis dkt. v. (2, 3) tam tikri kūno, kojų, rankų judesiai pagal muziką; tiems judesiams atlikti skirta muzika: *Kókius šókius jū̃s mókate šókti?* • *žr.* **liáudies šokis**
šõkiai dgs. vakaras (2) linksmintis šokant: *eĩti į šókius*

šokolãdas vns. dkt. v. (2, 1) saldus gaminys iš kakavos ir priedų: *Neválgyk daũg šokolãdo.* ○ *kár̃štas šokolãdas* (gėrimas)

šokolãdinis, šokolãdinė bdv. (1, 4–9) pagamintas iš šokolado ar su šokoladu: *šokolãdinių saldaĩnių dėžùtė*

šókti, šóka, šóko vks. (1) **1.** *(kas)* kojomis stumti save į orą: *šókti į tólį [į aũkštį, atgãl]* ○ *šókti į duõbę [iš tráukinio, per tvõrą]* **2.** *(kas,* *ką, su kuo*) pagal muziką atlikti tam tikrus judesius: *Aš norėčiau mókytis šókti.* ○ *Ji šóko su juõ víeną šókį.* • žr. **nešokti**

šokìmas dkt. v. (2, 1)

šónas dkt. v. (1, 1) **1.** dešinė ar kairė liemens pusė: *Man skaũda šóną.* ○ *Giñklą nešiója prie šóno.* **2.** viena iš daikto pusių, kuri nėra priekis, užpakalis, viršus ar apačia: *Automobìlis viřto ant šóno.*

šóvė būt. l. 3 asm. žr. **šauti**

šovìmas dkt. v. (2, 1) žr. **šauti**

šs sutr. žr. **šalutinis sakinys**

štaĩ dll. **1.** (rodant daiktą ar vietą, kuri yra čia, netoli): *Štaĩ jūsų skėtis.* ○ *Eĩkite prie štai tõ nãmo.* ○ *Pasirašýkite štai čià.* **2.** (reiškiant nustebimą): *Tai štaĩ koks tù!* ○ *Štaĩ ką tu padareĩ!*

šùkė dkt. m. (2, 8) sudužusio daikto dalis: *suriñkti nuo grindų́ puodėlio šukès*

šùkos dgs. dkt. m. (2, 6) įrankis plaukams šukuoti: *Turiu retàs ir tánkias šukàs.*

šukos

šukúosena dkt. m. (1, 6) plaukų kirpimo ar šukavimo būdas: *Man patiñka tavo naują šukúoseną.* ○ *madìnga šukúosena*

šukúoti, šukúoja, šukãvo vks. (1) (*kas, ką, kam*) šukomis ar šepečiu tvarkyti (plaukus): *šukúoti vaĩkui pláukus* • žr. **nešukuoti**

šukãvimas dkt. v. (1, 1)

šukúotis, šukúojasi, šukãvosi sgr. vks. (1) (*kas, ką*) pačiam šukuoti savo (plaukus): *Tu ilgaĩ šukúojiesi, pavėlúosime į teãtrą.* • žr. **nesišukuoti**

šulinỹs dkt. v. (3ᵇ, 3) įrengta gili duobė vandeniui gauti: *Išgė́riau stiklìnę šùlinio vandeñs.* ○ *gilū̃s šuliniaĩ*

šuniùkas dkt. v. (2, 1) šunų jauniklis

šuõ dkt. v. (4, 11) naminis gyvulys su keturiomis kojomis, kurį žmonės augina saugoti namams, medžioti ir pan.:

šuo

Pradė́jo lóti káimo šùnys. ○ *Jis nemė́gsta kambarìnių šunų̃.*

šúolis dkt. v. (1, 3) pakilimas nuo žemės šokant

šúolis į aũkštį sportininko šokimas stengiantis šokti kiek galima aukščiau

šúolis į tõlį sportininko šokimas stengiantis šokti kiek galima toliau

šū̃vis dkt. v. (2, 3) vienas šovimas ginklu; šovimo garsas: *Prie mìško išgirdaũ šū̃viùs, matýt, kažkàs medžiójo.*

švarà vns. dkt. m. (4, 6) švarumas: *Reĩkia rūpìntis kū̃no švarà.* ○ *Jos virtùvėje trū́ksta švarõs.* • žr. **nešvara**

švar̃kas dkt. v. (4, 1) ppr. susegamas ir su apykakle viršutinis drabužis ilgomis rankovėmis, dengiantis liemenį: *Eĩdamas į svečiùs apsireñk švar̃ką.* ○ *švar̃ko sagà* ○ *Dabař (yra) madìngi trumpì [ilgì] móteriški švarkaĩ.* • žr. pieš. **kostiumas**

švarùs, švarì bdv. laipsn. (4, 5–8) kuriame ar ant kurio paviršiaus nėra purvo, dulkių, dėmių, šiukšlių ir pan.: *Ji visadà dė̃vi švariaĩs drabùžiais.* ○ *Gal galė́tum dúoti švãrų rañkšluostį?* ○ *Bãtai turi bū́ti švarū̃s.* ○ *švarì gãtvė*

švarù n.: *Kaĩp pas jus švarù!*

švariaĩ prv.: *švariaĩ išplautì drabùžiai.*

• žr. **nešvarus, purvinas**

švarùmas dkt. v. (2, 1)

švelnùs, švelnì bdv. laipsn. (4, 5–8) **1.** turintis lygų paviršių, kurį malonu liesti: *Ta suknẽlė (yra) iš švelnaũs áudinio.* ○ *Pasiváikščiojus laukè óda dãrosi švelnèsnė.* ○ *Jos rañkos (yra) švelnios.* ○ *švelnùs káilis [šilkas]* **2.** malonus: *Jis kal̃ba švelniù balsù.* **3.** nedidelis (apie bausmę): *Jám buvo paskirtà švelnì bausmė̃.*

švel̃niai prv. **1.** maloniai: *Jis kalbėjo švel̃niai.* **2.** nesmarkiai: *Nusikal̃tėlis buvo nùbaustas švel̃niai.*

• žr. **nešvelnus**; (1) prš. **šiurkštus**

šveñčia esam. l. 3 asm. žr. **švęsti**

šventàsis dkt. v. [įvr. bdv.], **šventóji** dkt. m. [įvr. bdv.] asmuo, po mirties Krikščionių (ypač Katalikų) bažnyčios paskelbtas daug nusipelnęs tikėjimui: *Šveñtojo Kazìmiero bažnýčia* ○ *Šveñtosios Kotrýnos* *bažnýčia* • Rašant vartojamas sutr. Šv. arba šv., pvz., Šv. Ignoto gatvė, šv. Jurgis

šventė[1] *dkt. m. (2, 8), t. p.* **šventės** *dgs.* **1.** diena, kurią minimas koks nors įvykis ar svarbus religijos dalykas: *Nepriklausomýbės dienà – valstýbinė šveñtė.* o *Kalėdų šveñtės* **2.** koks nors iškilmingas, linksmas renginys: *dainų̃ šveñtė*

šventė[2] *būt. l. 3 asm. žr.* **švęsti**

švę̃sti, šveñčia, šveñtė *vks. (1) (kas, ką)* minėti kokį įvykį; turėti šventes: *Šveñčiame Kalė̃dàs.* o *Šiañdien šveñčiù gimtãdienį.* o *Kadà švę̃sime tavo jubiliẽjų?* • *žr.* **nešvę̃sti**

šventìmas *dkt. v. (2, 1) (ko)*

šviẽčia *esam. l. 3 asm. žr.* **šviesti**

šviesà *dkt. m. (4, 6)* **1.** *vns.* tai, kas daro daiktus matomus: *sáulės šviesà* o *Kambaryjè trū̃ksta šviesõs.* o *Sė́sk prie lángo, ten daugiaũ šviesõs.* o *Ateĩk čià, į̃ šviẽsą.* o *Šviesojè vìskas geriaũ matýti.* **2.** šviečiantis daiktas (lemputė, žibintas ir pan.): *Į̃junk automobìlio šviesàs.* o *Nevažiúok be šviesų̃.* o *Šviesofòro šviẽsos nèdega.* • (1) *prš.* **tamsa**

šviẽsiai *prv.* **1.** *laipsn.* ryškia šviesa: *Šviẽsiai dẽga lémpa.* **2.** su baltu atspalviu, neryškiai: *šviẽsiai mė́lynas [raudónas, rùdas, žãlias, geltónas ir t. t.]* **3.** šviesios spalvos drabužiais: *apsireñgti šviẽsiai* • (2, 3) *prš.* **tamsiai**

šviesofòras *dkt. v. (2, 1)* žibintas (su raudona, geltona ir žalia šviesomis) eismui reguliuoti: *Prie šviesofòro sustók.* o *Užsidègė žalià šviesofòro šviesà, gali eĩti per gãtvę.*

šviẽsti, šviẽčia, šviẽtė *vks. (1)* **1.** *(kas)* skleisti šviesą: *Sáulė šviẽčia ir šìldo.* o *Elèktros lempùtė mažà, bet rỹškiai šviẽčia.* **2.** *(kas,*

ką, kuo) daryti, kad būtų šviesu: *šviẽsti kẽlią žibintuvėliù* **3.** *(kas, ką)* mokyti: *šviẽsti žmónes* • *žr.* **nešviesti; švietimas**

šviestùvas *dkt. v. (2, 1)* įtaisas šviesti: *Parduotùvėje yra įvairiáusių šviestùvų.*

šviesùs, šviesì *bdv. laipsn. (4, 5–8)* **1.** turintis daug ar palyginti daug šviesos: *Mū́sų kambarỹs (yra) labai šviesùs.* o *Vãsarą nãktys bū̃na šviẽsios.* o *Šios gė̃lės geraĩ áuga tik šviesiojè viẽtoje.* **2.** skleidžiantis daug šviesos: *Šì lémpa (yra) labaĩ šviesì.* **3.** su baltu atspalviu, neryškus (apie spalvą); neryškios spalvõs (apie daiktus): *šviesì suknẽlė* o *šviesių̃ spalvų̃ tapètai* **šviesù** *n.: Mū́sų kambarỹje šviesù.* o *Eĩkime teñ, kur šviesiaũ.* o *Šviesiáusia prie lángo.* o *Vienúolika valandų̃ vãkaro, o dar šviesù.* • *prš.* **tamsus**; *žr.* **nešviesus**

šviẽtė *būt. l. 3 asm. žr.* **šviesti**

švietìmas *vns. dkt. v. (2, 1)* mokymo sistema: *šviẽtimo ministèrija* o *šviẽtimo refòrma*

šviẽžias, šviežià *bdv. laipsn. (4, 2–7)* ką tik ar neseniai pagamintas (apie maistą): *Ar tos dešrẽlės šviẽžios?* o *Jei nenóri apsinuodýti, válgyk tik šviẽžią maĩstą.* o *Nupir̃k bandẽlių, bet tik šviežių̃.* • *prš.* **senas** (5); *žr.* **nešviežias**

švir̃kščia *esam. l. 3 asm. žr.* **švirkšti**

švir̃kštas *dkt. v. (2, 1)* įtaisas vaistams ir pan. leisti: *švir̃kšto ãdata* o *vienkartìnis švir̃kštas* o *nemókamai dalýti švir̃kštùs narkomãnams*

švir̃kštas

švir̃kšti, švir̃kščia, švir̃kštė *vks. (1) (kas, ką, kam)* leisti švirkštu: *Jám kas trìs vãlandas švir̃kščia váistus.* • *žr.* **nešvirkšti**

T t

T, t dvidešimt šeštoji lietuvių kalbos abėcėlės raidė

t *sutr. žr.* **tona**

t. *sutr. žr.* **tomas**

tabãkas *vns. dkt. v.* (2, 1) tokio augalo džiovinti lapai, vartojami rūkyti: *Tu rūkaĩ stìprų tabãką.* o *tabãko dū́mai* o *tabãko gaminiaĩ* (cigaretės, cigarai)

tablètė *dkt. m.* (2, 8) mažas kietas apskritas arba pailgas vaistų gaminys: *Gýdytojas išrãšė tablẽčių nuo galvõs skaũsmo.*

taburètė *dkt. m.* (2, 8) kieta kėdė be atramos: *sėdė́ti ant taburètės* o *pir̃kti taburètės* o *Mums reĩkia dviejų̃ taburèčių.*

taburètė

tačiaũ *jng.* (pasakant ką priešinga): *Jis man kažką̃ sãko, tačiau aš niẽko negirdžiù.* o *Aš palaũksiu, tačiau tu pasisténk ateĩti greičiaũ.*

tadà *prv.* **1.** tuo laiku: *Ar tu galė́si man paskam̃binti kìtą sekmãdienį? – Nè, tadà aš negalė́siu.* **2.** po to (, kai): *Kadà mes eĩsime į̃ kìną? – Tadà, kai baĩgsiu šį̃ dárbą.* **3.** tuo atveju: *Jei nespė́sime į̃ tráukinį, ką̃ tada darýsime?* **4.** jei tai tiesa: *Jis sãko, kad prastaĩ jaučiasi. – Tada kodė́l jis nesikreĩpia į̃ gýdytoją?* **5.** (vartojamas kaip dkt. su prl. **iki, nuo**) to laiko: *Nuo tadà mes nesusitìkome.* o *Ar galì baĩgti šį̃ dárbą iki pirmãdienio? – Iki tadà aš nespė́siu.*

taĩ[1] *įv.* **1.** (klausiant nežinomo daikto ar dalyko pavadinimo): *Kàs tai? – Obuolỹs [dùrys].* **2.** (vartojami linksniai K. **tõ**, N. **tám**, G. **taĩ**, Įn. (su) **tuõ**; žymint pasakytą dalyką, jo turinį): *Taĩ, ką̃ tu pasakeĩ, yra netiesà.* o *Aš to tau neatléisiu.* o *Jis nėrà tam pasiruõšęs.* o *Aš geraĩ atsìmenu taĩ.* o *Viršininkas nebùs tuo paténkintas.* o *Aš su tuo nesutinkù.*

taĩ[2] *jng.* (vartojamas kaip jng. **jei... tai, kai... tai** dalis): *Jeigu nelìs, tai eĩsiu, o jei lìs, tai nè.* o *Kai pradė́jo lýti pirmãdienį, tai lìjo vìsą saváitę.*

tai yrà (sakoma paaiškinant): *Šį̃ filmą gali žiūrė́ti tik suáugusieji, tai yra žmónės, vyresnì kaip aštuoniólikos mẽtų.* • Rašant ppr. vartojamas sutrumpinimas **t. y.**

taĩgi *dll.* (pasakant išvadą) todėl: *Nežinójome, kuř eĩti: į̃ kìną ar į̃ teãtrą. Taĩgi nuspréndėme lìkti namiẽ.*

taikà *vns. dkt. m.* (4, 6) padėtis, kai nėra karo: *Vìsos taũtos nóri gyvénti taikojè.* o *Šios valstýbės pasirãšė taikõs sùtartį.* • *prš.* **karas**

táikyti, táiko, táikė *vks.* (3) (kas, ką) naudoti praktikoje: *Šias žiniàs galė́site táikyti savo darbè.* o *táikomoji dailė́* (dailė, kurios kūriniai naudojami puošti pastatams, butams ir pan.) • *žr.* **netaikyti**

táikymas *dkt. v.* (1, 1): taisyklės táikymas

taĩp[1] *prv.* **1.** tuo būdu: *Rašýkite prãšymą taĩp* (ir pasakoma, kaip). o *Įjunk televìzorių taĩp* (ir parodoma, kaip). **2.** (su vks., prv.) smarkiai, labai: *Man taĩp skaũda.* o *Kuř tu buvaĩ taip ilgaĩ?* o *Iki muziẽjaus – du kilomètrai, taip tolì aš neĩsiu.* • *žr.* **ir taip toliau**

taĩp[2] *dll.* (teigiamai atsakant į klausimą, kuris prasideda **ar, gal,** tvirtinant): *Ar galiù įeĩti? – Taĩp, prãšom.* o *Gal nórite kavõs? – Taĩp.* • *prš.* **ne** (1)

taip pàt[1] *prv.* tokiu pat būdu: *Šiañdien vìską darýsime taip pàt* (kaip vakar).

taip pàt² *dll.* ir, papildomai: *Jõnas baĩgė dárbą, aš taip pàt (baigiaũ dárbą).* ○ *Par̃nešiau iš parduotùvės dúonos, dešrõs, taip pàt nupirkaũ píeno.* • *sutr.* **t. p.**

taisyklà *dkt. m. (2, 6)* dirbtuvė, kur taisomi sugedę ir pan. daiktai: *laĩkrodžių [ãvalynės, baĩdų] taisyklà* ○ *nunèšti televìzorių į taisỹklą*

taisỹklė *dkt. m. (2, 8)* teiginys, nustatantis ko tvarką, kurios privaloma laikytis: *Išmókau rašýbos taisyklès.* ○ *eĩgesio [mandagùmo] taisỹklės*
taisỹklės *dgs.* nustatyta tvarka: *Būtina laikýtis eĩsmo taisỹklių.* ○ *Pàžeidžiau žaidìmo taisyklès.*

taisyklìngas, taisyklìnga *bdv. laipsn. (1, 1–6)* daromas, vykstantis ir pan. pagal taisykles: *Jū́sų tartìs (yra) labai taisyklìnga.*
taisyklìngai *prv.* pagal taisykles: *Mókysimės taisyklìngai kalbė́ti ir rašýti.*
• *žr.* **netaisyklingas**

taisýti, taĩso, taĩsė *vks. (3) (kas, ką)* **1.** daryti vėl tinkamą naudoti šalinant gedimus, trūkumus: *Mano automobìlį jau reikia taisýti.* ○ *taisýti batùs [laĩkrodį, televìzorių, tìltą, kẽlią]* **2.** pakeisti siuvant: *Suknẽlė man mažà, reikės taisýti.* **3.** šalinti klaidas: *Jū́sų tar̃tį bū́tina taisýti.* ○ *Stráipsnį dar gãlite taisýti.* ○ *Mókytoja taĩso mokinių rãšinius.* **4.** daryti sveiką: *taisýti dantìs* • *žr.* **netaisyti**
taĩsymas *dkt. v. (1, 1)*

tãkas *dkt. v. (4, 1)* **1.** siauras kelias vaikščioti pėstiesiems: *eĩti takù per sõdą [per píevą]* ○ *Miškè (yra) daũg takų̃.* ○ *kalnų̃ takaĩ* ○ *tãkas prie ùpės* **2.** specialios paskirties kelias: *Prie kẽlio yra padarýti dvìračių takaĩ.* ○ *lėktùvų kilimo ir tū́pimo tãkas* ○ *bė́gimo tãkas*

taksì *dkt. v. (nelinksniuojamas)* automobilis su vairuotoju važiuoti už mokestį, kurio dydis priklauso nuo važiavimo trukmės ir kelio ilgio: *Kuř taksì stotẽlė?* ○ *Į óro úostą važiavaũ taksì.* ○ *pakviẽsti taksì telefonù* ○ *Sustabdýk taksì.*

taksìstas *dkt. v. (2, 1)*, **taksìstė** *dkt. m. (2, 8)* taksi vairuotojas: *Mano brólis dìrba taksistù.*

taksofònas *dkt. v. (2, 1)* mažas statinys su telefono aparatu; viešas telefono aparatas: *Aš jums skam̃binu iš taksofòno.*

talònas *dkt. v. (2, 1)*
• *žr.* **įlaipinimo talonas**

talpà *vns. dkt. m. (4, 6)* medžiagos ar daiktų kiekis, kuris telpa į indą, patalpą ir pan.: *Šis bùtelis yra pusañtro lìtro (1,5 l) talpõs.* ○ *Kokiõs talpõs automobìlio benzìno bãkas?*

tam̃pa *esam. l. 3 asm. žr.* **tapti**

tamsà *vns. dkt. m. (4, 6)* šviesos nebuvimas: *Tamsojè niẽko nemataũ.* • *prš.* **šviesa**

tam̃siai *prv.* **1.** nešviesaus atspalvio: *tam̃siai raudónas [mė́lynas, žãlias, geltónas, pìlkas, rùdas ir t. t.]* **2.** tamsios spalvos drabužiais: *apsireñgęs tam̃siai* • *prš.* **šviesiai**

tamsùs, tamsì *bdv. laipsn. (4, 5–8)* **1.** kuriame nėra šviesos; kuriame mažai šviesos: *Rudeñs nãktys (yra) tam̃sios.* ○ *Màno dárbo stãlas stóvi gana tamsojè viẽtoje.* **2.** kuris labiau panašus į juodą (apie spalvą); tokios spalvos (apie daiktus): *Mataĩ, koks tamsùs debesìs! Jos plaukaĩ (yra) tam̃sūs.* ○ *Jis apsireñgęs tamsiaĩs drabùžiais.* ○ *Rudà yra tamsì spalvà.*
tamsù *n.* nėra ar mažai šviesos: *Miškè tamsù.* ○ *Labai tamsù, baisù vaikščioti gãtvėmis.*
• *prš.* **šviesus**; *žr.* **netamsus**

tam tìkras, tam tikrà *bdv. (4, 1–6)* kuris gali būti pasakytas, bet tiksliai nepasakomas: *Jū̃s gáusite tam tìkrą sùmą pinigų̃.* ○ *Šiam dárbui reĩkia tam tìkrų príemonių.*

tánkus, tánki *bdv. laipsn. (3, 5–8)* kurio dalys yra arti viena kitos: *Tavo plaukaĩ (yra) tánkūs.* ○ *Įėjome į tánkų mìšką.* ○ *Norė́čiau nusipir̃kti tankesnės šukàs.* • *prš.* **retas**; *žr.* **netankus**

tapètai *dgs. dkt. v. (2, 1)* popierius kambarių sienoms klijuoti: *nusipir̃kti gražiùs tapetùs* ○ *klijúoti svetaĩnę šviesiaĩs tapètais*

tapýba *vns. dkt. m. (1, 6)* tapymo menas; šio meno kūriniai: *mókytis tapýbos* ○ *tapýbos paródà*

tapýti, tãpo, tãpė *vks. (3) (kas, ką, kuo)* piešti įvairių spalvų dažais: *Jis mė́go tapýti gamtõs vaizdùs.* ○ *tapýti teptukù [dažaĩs]* ○ *tapýti ant síenų* • *žr.* **netapyti**

tapýtojas *dkt. v. (1, 2)*, **tapýtoja** *dkt. m. (1, 7)* asmuo, kuris tapo paveikslus

tàpti, tam̃pa, tãpo *vks. (1) (kas, kuo / kokiam)*

pasidaryti kuo / kokiam: *Mótina nóri, kad vaĩkas tàptų gerù žmogumì.* ○ *Atródo, kad ji tàps puikià balèto šokėja.* ○ *tàpti mókytoju [gýdytoju, rašýtoju]* ○ *Kàs pasakỹs, kaĩp tàpti turtìngam?* • *neig.* **netàpti**

tariamàsis, tariamóji *įvr. dlv. [2]* **tariamóji núosaka** *gram.* veiksmažodžio formos, kuriomis pasakoma, kad veiksmas yra (buvo) pageidaujamas, galimas su sąlyga ar be jos, bet iš tikrųjų nevyksta (nevyko): „Eĩčiau", „bū́čiau ė̃jęs" yra veiksmažodžio „eĩti" tariamõsios núosakos vienãskaitos pirmàsis asmuõ.

tarýba *dkt. m. (1, 6)* **1.** paskirta ar išrinkta grupė asmenų, kuri tvarko organizacijos, įstaigos valdymo reikalus: *Mókslo tarýba* ○ *Euròpos Tarýba* **2.** renkamas miesto ar rajono valdžios organas: *Vìlniaus miẽsto tarýba*

tarnáuti, tarnáuja, tarnãvo *vks. (1) (kas, kur)* **1.** būti tarnautoju, turėti tarnautojo pareigas: *Mano brólis ankščiaũ tarnãvo muĩtinėje.* **2.** atlikti karo tarnybą: *Jos sūnùs tarnáuja pasíenyje.* • *neig.* **netarnáuti** **tarnãvimas** *dkt. v. (1, 1): tarnãvimas kariúomenėje*

tarnáutojas *dkt. v. (1, 2),* **tarnáutoja** *dkt. m. (1, 7)* kas dirba ppr. ne rankų darbą įstaigoje: *bánko tarnáutojas*

tarnýba *dkt. m. (1, 6)* **1.** tarnautojo pareigos: *Gavaũ tarnýbą ministèrijoje.* **2.** įmonė, kuri teikia tam tikras paslaugas: *informãcijos tarnýba* • *žr.* **karo tarnyba**

tarnýbinis, tarnýbinė *bdv. (1, 4–9)* susijęs su tarnyba: *tarnýbiniai reikalaĩ* ○ *tarnýbinis automobìlis*

taR̃p *prl. (su K.)* **1.** vietoje ar į vietą, kuri skiria (ką ir ką): *Spìntą pastãtėme tarp lángo ir dùrų.* **2.** supamas (ko): *Nãmas stóvi tarp mẽdžių.* **3.** laiku nuo ko iki ko: *Aš ateĩsiu tarp dvýliktos ir pirmõs valandõs* (12–13 val.). **4.** (pasakant daiktų, asmenų ir pan. santykį): *Tarp šių̃ daiktų̃ yra daũg beñdra* (šie daiktai turi vienodų savybių). ○ *Jie nesusìtaria tarp savę̃s* (pvz., jis nesusitaria su ja ir ji nesusitaria su juo).

tárpas *dkt. v. (1, 1)* **1.** tuščia vieta, skirianti daiktus ar jų dalis: *Padarýk didesniùs tárpus tarp suolų̃.* **2.** tam tikra laiko dalis: *Praė̃jo mė́nuo, nemãžas laĩko tárpas.* ○ *Víenu tárpu man labaĩ sẽkėsi.*

tarpmiestìnis, tarpmiestìnė *bdv. (2, 4–9)* **1.** vykstantis tarp miestų: *tarpmiestìnis susisiekìmas* ○ *Užsakýkite tarpmiestìnį telefòno pókalbį.* ○ *Kíek reikės mokė́ti už tarpmiestiniùs pókalbius?* **2.** tarpmiestinio susisiekimo: *tarpmiestìnis autobùsas*

tarptautìnis, tarptautìnė *bdv. (2, 4–9)* kuris susijęs su daugiau kaip viena valstybe; kuriame dalyvauja daugiau kaip viena valstybė: *tarptautìnė sutartìs*

tar̃ti, tãria, tãrė *vks. (1) (kas, ką)* sudaryti garsus ar iš garsų: *tar̃ti gar̃są [skíemenį, žõdį]* ○ *Žõdyje „áugti" „g" (yra) tãriamas „k".* • *žr.* **netarti, ištarti** **tarìmas** *dkt. v. (2, 1) (ko): taisyklìngas tarìmas*

tartìs *vns. dkt. m. (4, 9)* kalbos garsų tarimo būdas: *Mókomės taisyklìngos tartiẽs.*

tàs, tà *įv. [4]* **1.** (nurodant daiktą, asmenį ir pan., apie kurį kalbama): *Kàs tas žmogùs, su kuriuõ tu pasisvéikinai?* ○ *Ta gėlė̃ (yra) labaĩ gražì.* ○ *Gal galė́tum(ei) padúoti tą knỹgą?* ○ *Aš tos suknẽlės nepir̃ksiu.* ○ *Kàs yra tame namè? – Parduotùvė.* ○ *Toje dėžùtėje yra mano papuošalaĩ.* ○ *Tuosè kambariuosè (yra) daũg viẽtos.* ○ *Tosè šalysè áuga apelsìnai.* ○ *Tų̃ žmonių̃ aš nepažį́stu.* **2.** (nurodant daiktą, asmenį ir pan., kuris yra toliau, ne šis): *Tàs kambarỹs (yra) šiltèsnis negu šis.*

tas pàts, ta patì *įv. [9]* ne kitas; vienas[3] (3): *Mū́sų vaikaĩ lañko tą pãčią mokỹklą.* ○ *Aš dù kartùs žiūrė́jau tą pãtį fìlmą.*

tãškas *dkt. v. (4, 1)* **1.** apskrita maža žymė: *rãšalo taškaĩ* ○ *baltà suknẽlė mėlynais taškaĩs* **2.** skyrybos ženklas (.), rašomas sakinio pabaigoje: *padė́ti tãšką* **3.** sportinio žaidimo ir pan. vertinimo vienetas: *laimė́ti rungtỹnės dviẽm taškaĩs*

taškýti, tãško, tãškė *vks. (3)* **1.** *(kas, ką, kuo)* daryti, kad (ko) lašai kristų (ant ko) ir darytų (ką) šlapią: *Jis pláukiojo baseinè ir tãškė mus vándeniu.* **2.** *(kas, ką)* daryti, kad (ko) lašai kristų ar kiltų: *taškýti vándenį* • *žr.* **netaškyti**

taškýtis, tãškosi, tãškėsi *sgr. vks. (3) (kas)* maudytis taškant (2) vandenį: *Vaikaĩ mė́gsta taškýtis baseinè.* • *žr.* **nesitaškyti**

táu N. žr. **tu**

taukaĩ dgs. dkt. v. (3, 1) gyvūnų riebalai: *Kiaūlių taukaĩ (yra) baltì.* ○ *Geriù žuvų táukus.*

taupýti, taũpo, taũpė vks. (3) (kas, ką) **1.** stengtis ne(iš)leisti (pinigų), laikyti (pinigus) atsargai: *Jis taũpė, taũpė ir nusipiřko nãmą.* ○ *Taupýk pìnigus keliõnei.* **2.** stengtis ko daug nevartoti: *Aš taupaũ elèktros enèrgiją.* • žr. **netaupyti, sutaupyti**
taũpymas dkt. v. (1, 1) (ko): *šilumõs taũpymas*

Tauragė̃ vns. dkt. m. (3^b) Lietuvos miestas: *važiúoti į Taũragę*

taurė̃ dkt. m. (4, 8) stiklinis indas gėrimams gerti; jame telpantis kiekis: *Į taurės ji pripýlė vỹno.* ○ *Išgérsiu šampãno taũrę.*

taurė   taurelė

taurẽlė dkt. m. (2, 8) nedidelė taurė; joje telpantis kiekis: *išgérti taurẽlę degtìnės*

tautà dkt. m. (4, 6) didelė žmonių grupė, turinti bendrą kalbą, istoriją, kultūrą ir pan.: *Lietùvių tautà nuo senõvės gyvẽna prie Báltijos jū́ros.*

tautýbė dkt. m. (1, 8) priklausymas kuriai tautai: *Vìlniuje gyvẽna įvairių̃ tautýbių žmonių̃.* ○ *Kokiõs jis tautýbės? – Lietùvis.*

tautìnis, tautìnė bdv. (2, 4–9) būdingas kuriai tautai: *lietùvių tautìniai drabùžiai*

tautósaka vns. dkt. m. (1, 6) tam tikrõs tautõs daĩnos, pãsakos ir pan.: *lietùvių tautósaka*

tautósakininkas dkt. v. (1, 1), **tautósakininkė** dkt. m. (1, 8) asmuo, kuris renka ar tiria tautosaką

tavè G. žr. **tu**

tavę̃s K. žr. **tu**

tavyjè Vt. žr. **tu**

tavimì Įn. žr. **tu**

tàvo savyb. K. žr. **tu**

te- priešdėlis. Su juo sudaromos liepiamosios nuosakos 3 asmens formos, pvz., *terãšo, tesisuka, tenegrį̃žta.*

teãtras dkt. v. (2, 1) **1.** spektãklių atlikimas; pastatas, kuriame atliekami spektakliai: *drãmos [òperos, mùzikos] teãtras* ○ *Su vaikaĩs bùvome lėlių̃ teatrè.* ○ *teãtro drabužìnė* **2.** vns. veikla, susijusi su spektaklių atlikimu, dramos kūrinių kūrimu ir pan.: *šiuolaikìnis Lietuvõs teãtras* • žr. **kino teatras**

tebe- priešdėlis. Su juo sudaromi veiksmažodžiai, kurie reiškia, kad veiksmas tęsiasi, pvz., *Jis teberãšo* (rašė anksčiau ir dabar rašo). ○ *Aš tave tebemýliu* (mylėjau anksčiau ir dabar myliu). • plg. **nebe-**

tebė̃rà (veiksmažodžio **tebebū́ti** esamojo laiko 3 asmuo. Kiti asmenys: **tebesù, tebesì, tebẽsame, tebẽsate**): *Nors ji jau nejaunà, tačiau tebėrà gražì.* • žr. **būti**

tèchnika vns. dkt. m. (1, 6) tam tikroje veikloje ar srityje naudojamos mašinos, prietaisai ir pan.: *buitiẽs tèchnika* ○ *žẽmės ū́kio tèchnika*

tèchninis, tèchninė bdv. (1, 4–9) susijęs su technika

tegù(l) dll. (pasakant, kad jis (ji, jie, jos) turi ar gali ką (pa)daryti): *Tegu jis ateĩna rytój.* ○ *Netrukdýkite jam, tegu jis skaĩto laĩkraštį.* ○ *Nežãdink vaĩko, tegul miẽga.*

teĩgiamai prv. pritariant: *atsakýti į kláusimą teĩgiamai* (taip) • prš. **neigiamai**

teĩgiamas, teigiamà bdv. (3^b, 1–3) **1.** kuriuo teigiama, pritariama: *Jis dãvė teĩgiamą atsãkymą* (sutiko). **2.** didesnis už nulį: *teigiamà temperatūrà* • prš. **neigiamas**
teigiamàsis, teigiamóji įvr.
teigiamàsis sakinỹs gram. sakinys, kuris nėra klausiamasis, neigiamasis, šaukiamasis: *„Aš eĩsiu" yra teigiamàsis sakinỹs, o „Aš neĩsiu" – neigiamàsis sakinỹs.*

teiginỹs dkt. v. (3^b, 3) kas teigiama, tvirtinama: *mókslo teiginiaĩ*

teĩgti, teĩgia, teĩgė vks. (1) (kas, + šs) be abejojimo ką sakyti, tvirtinti: *Jis teĩgia, kad yra nekaltas.* • prš. **neigti**; neig. **neteĩgti**
teigìmas dkt. v. (2, 1)

teĩkti, teĩkia, teĩkė vks. (1) **1.** (kas, ką, kam)

teisė

duoti: *teĩkti pagálbą [informãciją]* **2.** *(kas, ką, kam)* būti jausmų priežastimi: *teĩkti džiaũgsmą [malonùmą]* **3.** *(kas, kam, + bendr., ką)* siūlyti, rekomenduoti: *teĩkti Seĩmui priim̃ti įstãtymą* • žr. **neteikti, pateikti**
teikìmas *dkt. v. (2, 1): pagálbos teikìmas* ○ *Įstãtymas priìmtas pirmù teikimù.*

téisė *dkt. m. (1, 8)* **1.** laisvė ką daryti, turėti ar gauti: *Žmogùs turi téisę pasiriñkti, kuř gyvénti.* ○ *Valstýbė turi garantúoti žmonių téisę į sveikãtos ãpsaugą.* ○ *Kas dìrba, tùri téisę į póilsį.* **2.** *vns.* įstatymų visuma: *téisės mókslas* ○ *studijúoti téisę*

teisėjas *dkt. v. (1, 2)*, **teisėja** *dkt. m. (1, 7)* **1.** teisininkas, kuris nagrinėja ir sprendžia bylas teisme. **2.** asmuo, kuris prižiūri, kaip laikomasi žaidimo taisyklių: *tèniso [krepšìnio, fùtbolo] teisėjas*

teisėjáuti, teisėjáuja, teisėjãvo *vks. (1) (kas, kam)* būti teisėju (2) • *neig.* **neteisėjáuti**

téisės *dgs. dkt. m. (1, 8)* žr. **vairuotojo pažymėjimas**: *Prãšom pateĩkti téises.*

teisėsauga *vns. dkt. m. (1, 6)* prižiūrėjimas, kaip laikomasi įstatymų

teisėtas, teisėta *bdv. (1, 1–6)* padarytas pagal įstatymą; leidžiamas įstatymo: *teisėta sutartìs*
teisėtai *prv.: teisėtai įsigýti tuřtą*
• žr. **neteisėtas**

teisìngas, teisìnga *bdv. (1, 1–6)* **1.** kuris sako tiesą, doras: *Jis yra teisìngas žmogùs.* **2.** kuris atitinka tiesą: *Kurìs atsãkymas teisìngas?*
teisìngai *prv.: Jūs atsãkėte teisìngai.* ○ *Mano laĩkrodis eina teisìngai.*
• žr. **neteisingas**; (2) prš. **klaidingas**
teisingùmas *dkt. v. (2, 1)*

téisininkas *dkt. v. (1, 1)*, **téisininkė** *dkt. m. (1, 8)* teisės (2) specialistas

téisinis, téisinė *bdv. (1, 4–9)* susijęs su teise (2)

teĩsmas *dkt. v. (4, 1)* įstaiga, kurioje nagrinėjamos bylos, sprendžiama, kokią bausmę skirti ir pan.; jos patalpos: *Jį kviẽtė į teĩsmą.* ○ *Vãkar buvaũ teismè.*

teĩsti, teĩsia, teĩsė *vks. (1) (kas, ką)* nagrinėti (kieno) bylą teisme: *Jį teĩsė jau ne pirmą kartą.* ○ *teĩsti už žmogžudỹstę* • žr. **neteisti**

teisùs, teisì *bdv. (4, 5–8)* (vartojamas kalbant tik apie žmones) kuris māno ar elgiasi teisingai: *Jūs esate teisùs.* ○ *Tu buvai teisì nesutikdamà su jo núomone.* ○ *Jis buvo teisùs taip sakýdamas.* ○ *Nežinaũ, kurìs iš jūsų yra teisùs, kurìs klỹsta.* • žr. **neteisus**
teisùmas *dkt. v. (2, 1)*

tekėti, tẽka, tekėjo *vks. (1)* **1.** *(kas, už ko)* tuoktis (apie moterį): *Ar tekėsi už manęs* (vyras klausia, ar moteris sutinka tuoktis su juo)? **2.** *(kas, iš ko)* bėgti skysčiui, vandeniui: *Kraũjas tekėjo iš žaizdõs.* ○ *Iš akių tẽka ãšaros.* **3.** *(kas, į ką)* srove judėti: *Ùpė tẽka į jū́rą.* **4.** *(kas)* kilti saulei, mėnuliui: *Sáulė tẽka.* • žr. **netekėti**; (1) žr. **ištekėti**; (4) prš. **leistis**
tekėjimas *dkt. v. (1, 1): Išėjaũ iš namų̃ dar priẽš sáulės tekėjimą.*

tèkstas *dkt. v. (2, 1)* **1.** *vns.* žodžiai knygoje ir pan., skiriant nuo piešinių, brėžinių ir pan.: *Vaĩkiškose knỹgose daũg piešinių ir mažaĩ tèksto.* **2.** kieno pasakyti ar parašyti žodžiai: *dainõs [svéikinimo telegrãmos] tèkstas*

tel. *sutr.* žr. **telefono numeris**

telefònas *dkt. v. (2, 1)*
1. aparatas, kuriuo naudojantis galima kalbėtis su kuo nors, kas yra kitoje vietoje: *Tu labai ilgaĩ kalbì telefonù.* ○ *Skam̃ba telefònas, pakélkite (telefòno)*

telefonas

ragẽlį. ○ *mókestis už telefòno põkalbį* **2.** žr. **telefono numeris**
telefòno kortẽlė tam tikros vertės kortelė, kuria naudojantis galima skambinti taksofonu
telefòno nùmeris skaičių (skaitmenų) grupė, kuri rodo, kuriuos skaičius reikia surinkti, norint kam paskambinti: *Pasakýk man savo telefòno nùmerį.* • *sutr.* **tel.**
telefòno ragẽlis žr. **ragelis**
telefònų knygà knyga, kurioje surašytos žmonių pavardės (įstaigų pavadinimai), jų adresai ir telefono numeriai: *Jei nežinaĩ jos telefòno nùmerio, pažiūrėk telefònų knỹgoje.*
• žr. **darbo telefonas, namų telefonas**

telegrãfas *dkt. v. (2, 1)* **1**. pranešimų perdavimas elektros arba radijo signalais: *Pérdaviau žìnią telegrafù.* **2**. ryšių įstaiga, kuri perduoda telegramas; tos įstaigos patalpos: *Užeĩk į telegrãfą.*

telegramà *dkt. m. (2, 6)* telegrafu perduodamas pranešimas; blankas su tokiu pranešimu: *Per gimtãdienį jis àtsiuntė man svéikinimo telegrãmą.* ○ *Ar negavaĩ mano (siųstõs) telegrãmos?* ○ *Pasvéikink jį telegramà.* ○ *skubì [užúojautos] telegramà*

televìzija *vns. dkt. m. (1, 7)* vaizdų ir garsų perdavimas radijo ryšiu arba laidais; (ir dgs.) įstaiga, perduodanti ir rengianti vaizdo programas; tos įstaigos patalpos: *Tą filmą ródė per televìziją.* ○ *Ankščiaũ jis dìrbo televìzijoje.* ○ *Manè pàkvietė į televìzijos laĩdą.*

televìzorius *dkt. v. (1, 5)* televìzijos aparatas: *televìzoriaus ekrãnas* ○ *Įjùnk [išjùnk] televìzorių.*

telkinỹs *dkt. v. (3ᵇ, 3)* didelis ko kiekis vienoje vietoje, tam tikrame plote: *Vandenýnas – didžiáusias vandeñs telkinỹs.* ○ *giñtaro [nãftos] telkiniaĩ*

telpa *esam. l. 3 asm. žr.* **tilpti**

Telšiaĩ *dgs. dkt. v. (3, 3)* Lietuvos miestas: *važiúoti į Télšius* ○ *gyvénti Telšiuosè*

temà *dkt. m. (2, 6)* tai, apie ką (bus) parašyta, kalbama ir pan.: *Šios paskaitõs temà: „Šiuolaikìnė lietùvių literatūrà".* ○ *Man nusibódo kalbėti apie politìką, pakeĩskime tèmą.*

temperatūrà *dkt. m. (2, 6)* **1**. šiltumo ar šaltumo laipsnis: *kū́no [óro] temperatūrà* ○ *temperatū́ros matãvimas* **2**. karštis (2): *Vaĩkas turi temperatū́ros.* ○ *Šie váistai mãžina temperatū́rą.*

témti, témsta, tḗmo *vks. (1) (–)* darytis tamsu: *Žiẽmą ankstì témsta.* • *neig.* **netémti**

teñ *prv.* **1**. (nurodant toliau esančią vietą ar kryptį į ją): *Nèškite dáiktus teñ.* ○ *Čià nedė́k knýgos, padė́k ją teñ.* ○ *Aš teñ nevažiúosiu.* **2**. (su prl. **iki, iš, nuo**) tos vietos; (su prl. **pro**) tą vietą: *Iki teñ bus dẽšimt kilomètrų kẽlio.* ○ *Iš teñ sunkù išvažiúoti.* ○ *Nuo teñ dar bus penkì kilomètrai kẽlio.* ○ *Gãlite eĩti pro teñ.*

teñ ir atgaĩ (kelionei) nuvỹkti kur ir grį̃žti: *Nusipir̃k bìlietą teñ ir atgaĩ.*

ten pàt *prv.* toje pačioje vietoje; į tą pačią vietą: *Padė́k knýgą ten pàt, kur ji anksčiaũ bùvo.*

tènisas *vns. dkt. v. (1, 1)* dviejų arba keturių žaidėjų sportinis žaidimas aikštėje ar prie stalo mušant raketè per tinklą kamuoliùką: *Eĩmė žaĩsti tènisą.* ○ *tèniso kamuoliùkas* ○ *laũko [stãlo] tènisas*

tènisininkas *dkt. v. (1, 1)*, **tènisininkė** *dkt. m. (1, 8)* teniso žaidėjas

teològas *dkt. v. (2, 1)*, **teològė** *dkt. m. (2, 8)* teologijos specialistas

teològija *vns. dkt. m. (1, 7)* mokslas, kuris nagrinėja tikėjimo teiginius: *teològijos fakultètas* ○ *studijúoti teològiją*

teòrija *dkt. m. (1, 7)* mokslo teiginių sistema: *naujà fìzikos teòrija* • *plg.* **praktika** (1)

tḗpalas *dkt. v. (3ᵇ, 1)* įvairios paskirties tepama medžiaga: *automobìlių tḗpalas* ○ *tèpti batùs batų̃ tḗpalu*

tèpti, tèpa, tèpė *vks. (1)* **1**. *(kas, ką / ko, ant ko)* dėti ant ko kokios nors minkštos, skystos ar tirštos medžiagos sluoksnį: *Mamà man ant dúonos tḗpė svíesto.* ○ *tèpti klijùs ant põpieriaus* **2**. *(kas, ką, kuo)* dengti ką minkšta, skysta ar tiršta medžiaga: *Tepù riẽkę svíestu.* ○ *tèpti síeną dažaĩs [nagùs lakù]* **3**. *(kas, ką)* darỹti nešvarų: *Dažaĩ tèpa drabužiùs.* • *žr.* **netepti**

tèptis, tèpasi, tèpėsi *sgr. vks. (1)* **1**. *(kas, ką, kuo; kas, ką / ko, ant ko)* dėti, tepti sau: *Tèpkis (ant pyrãgo) medaũs.* ○ *Tepúosi riẽkę svíestu.* **2**. *(kas)* darỹtis nešvariam: *Virtùvėje stáltiesės greĩtai tèpasi.* ○ *Baltì drabùžiai labaĩ tèpasi.* **3**. *(kas, ką, kuo)* tepti savo: *Tèpkis véidą krèmu.* • *žr.* **nesitepti**

teptùkas *dkt. v. (2, 1)* įrankis tepti (1) dažaĩs ir pan., dažyti, tapyti: *Dailinìnkas tãpo teptukù.* ○ *Nupir̃k teptùką, dažýsiu grindìs.*

teritòrija *dkt. m. (1, 7)* kam priklausantis žemės plotas: *Lietuvõs Respùblikos teritòrija*

termomètras *dkt. v. (2, 1)* prietaisas temperatū́rai matúoti: *Kíek (láipsnių) ródo termomètras?* ○ *laũko termomètras*

tèstas *dkt. v. (2, 1)* užduotis, pagal kurios atlikimo rezultatus nustatomas ko mokėjimo ir pan. lygis: *lietùvių kalbõs tèstas* ○ *Tèstas buvo labaĩ suñkùs.*

tę̃sti, tę̃sia, tę̃sė *vks. (1) (kas, ką)* toliau ką daryti: *Ar tę̃site savo kal̃bą?* ○ *Prãšom tę̃sti dárbą [pókalbį, pãmoką].* ○ *Tę̃sčiau keliõnę, bet trū́ksta pinigų̃.* ○ *Aš nóriu tę̃sti mókslą kitaĩs mẽtais.* • *žr.* **netę̃sti**

tę̃stis, tę̃siasi, tę̃sėsi *sgr. vks. (1) (kas)* 1. būti be pertraukos, trukti: *Susirinkìmas tę̃sėsi dvì vãlandas.* ○ *Ligà tę̃sėsi net trìs sãvaites.* 2. nesibaigti: *Šis mìškas tę̃siasi šešìs kilomètrùs (6 km).* ○ *Píeva tę̃sėsi iki mìško.* • *žr.* **nesitę̃sti**

tetà *dkt. m. (4, 6)* tėvo ar motinos sesuo: *Aplankiaũ tẽtą.* ○ *Turiu daũg tetų̃ ir dė̃džių.*

tė̃tė *dkt. v. (2, 8),* **tė̃tis** *dkt. v. (2, 3)* (maloniai vadinant tėvą): *Mano tė̃tė (yra) labaĩ gẽras.* ○ *Tė̃te [Tė̃ti], parnèšk ledų̃.* ○ *Jei tu mùšiesi, aš skų́siuosi tė̃tei [tė̃čiui].*

tėvaĩ *dgs. dkt. v. (4, 1)* tėvas ir motina: *Aš gyvenù su tėvaĩs.* ○ *Važiúoju pas tėvùs.* ○ *Dažnaĩ lankaũsi tėvų̃ namuosè.* • *žr.* **krikšto tėvai**

tė́vas *dkt. v. (3, 1)* vyras, kuris turi vaiką: *Jis man ne tė́vas, o patė́vis.*

tėvỹnė *dkt. m. (2, 8)* kraštas, kuriame kas gimė, kuriame gyveno kieno seneliai, tėvai: *Mano tėvỹnė – Lietuvà.*

t. y. *sutr. žr.* **tai yra**

týčia *prv.* turint tikslą (ką daryti), ne atsitiktinai: *Jū́s man týčia vìsko nesãkote.* ○ *Aš žinaũ, jis týčia taip padãrė, jis norė́jo, kad aš supýkčiau.* • *žr.* **netýčia**

tiẽ *dgs. V. žr.* **tas**

tíek *prv.* 1. tą kiekį, to kiekio: *Aš dúosiu jums tū́kstantį lìtų (1000 Lt), ar užtèks? – Tíek man neužtèks.* ○ *Galiù jums pasakýti tik tíek.* ○ *Sumokė́siu tíek, kiek prašýsite.* 2. (vartojamas pabrėžiant prv.): *Kodė̃l tu man dúodi tiek mažaĩ pinigų̃?* ○ *Tiek daũg žmonių̃ susirìnko!*

tiek pàt *prv.* vienodai: *Jám tiek pàt mẽtų kaip mán.*

tiek tõ nesvarbu: *Tiek tõ, gali grąžìnti skõlą ir vėliaũ.*

tiẽkti, tiẽkia, tiẽkė *vks. (1) (kas, ką, kam)* 1. daryti, kad kas ką gautų nuolat: *Ši įmonė̃ tiẽkia vándenį visám miẽstui.* ○ *Dùjos tiẽkiamos vam̃zdžiais.* 2. dėti ant stalo: *tiẽkti pùsryčius* • *žr.* **netiẽkti**

tiekìmas *dkt. v. (2, 1) (ko):* vandeñs [dùjų] tiekìmas

tíems *dgs. N. žr.* **tas**

tiesà[1] *vns. dkt. m. (4, 6)* tai, kas atitinka tikrovę, kas tikrai yra atsitikę ir pan.: *Aš nežinaũ tiesõs apie tą į́vykį.* ○ *Jū́s sãkote tiẽsą.* ○ *Tai (yra) tiesà.* • *prš.* **melas**; *žr.* **netiesa**

tiẽsą sãkant (sakoma prisipažį́stant): *Tiẽsą sãkant, aš nežinaũ, kur yra tà gãtvė.* ○ *Tiẽsą sãkant, vãkar aš jums melavaũ.* • *žr.* **iš tiesų̃**

tiesà[2] (vartojama, kai norima ką papildomai pasakyti): *Tiesà, kaip gyvúoja tavo tėvaĩ?* ○ *Tiesà, pamiršaũ tau pasakýti, kad skam̃bino tavo draũgė.*

tiẽsiai *prv.* 1. nesukant: *Eĩkite tiẽsiai iki tõ nãmo, paskuĩ pasùkite į̃ dẽšinę.* 2. neužsukant kitur: *Iš stotiẽs važiúokite tiẽsiai į viẽšbutį.* 3. neipylus, neįdėjus į kitą indą: *gérti ãlų tiẽsiai iš bùtelio* ○ *válgyti jogùrtą tiẽsiai iš indẽlio*

tiesióginis, tiesióginė *bdv. (1, 4–9)* 1. kuris yra, vyksta neužsukant ar nenutupiant kur, tiesiai: *Tai yra tiesióginis kẽlias į̃ tą miẽstą.* ○ *tiesióginis lė́ktuvo reĩsas Vìlnius – Rỹgą* 2. be asmens, priežasties ir pan., esančių tarp: *tiesióginis ryšỹs [póveikis]* • *žr.* **netiesióginis**

tiesióginė núosaka *gram.* veiksmažodžio formos, kuriomis pasakoma, kad veiksmas vyksta, vyko (vieną ar kelis kartus) arba vyks: „Dìrbu", „dìrbau", „dìrbsiu", „dìrbsime" yra veiksmažodžio „dìrbti" tiesióginės núosakos fòrmos.

tiẽsti, tiẽsia, tiẽsė *vks. (1) (kas, ką)* 1. daryti tiesų ar lygų: *tiẽsti rankàs [nùgarą]* ○ *tiẽsti paklõdę* 2. įrengti: *tiẽsti kẽlią* • *žr.* **netiẽsti**

tiesìmas *dkt. v. (2, 1) (ko):* geležìnkelio tiesìmas

tiesùs, tiesì *bdv. (4, 5–8)* be kampų̃, be posūkių, nevingiuotas; vienos krypties per visą ilgį: *Šis kẽlias yra tiesùs.* ○ *Važiãvome tiesià gãtve.* ○ *Tamè párke áuga tiesū́s mẽdžiai.* ○ *Jos nósis tiesì [kójos tiẽsios].*

• *prš.* **kreivas**; *žr.* **netiesus**

tìgras *dkt. v. (2, 1)* didelis plėšrus į katę panašus šiltųjų kraštų žvėris, kurio kailis yra geltonas su juodomis juostomis

tigras

tìgrė *dkt. m. (2, 8)* tigrų patelė: *Zoològijos sodè mačiaũ tìgrę su tigriukù*.

tigriùkas *dkt. v. (2, 1)* tigrų jauniklis

tìk, tiktaĩ *prv.* niekas (nieko, niekam ir t. t.) daugiau kaip, ne anksčiau kaip, ne daugiau kaip: *Į susirinkìmą atėjo tìk kelì žmónės*. o *Aš niẽkam to nesakiaũ, tìk táu.* o *Tas televìzorius kainúoja tìk tū́kstantį lìtų*. o *Aš grį̃šiu tìk vakarè*. o *Šìs fìlmas tìk suáugusiems*.

tikė́jimas *dkt. v. (1, 1)* religìnės pažiūros; jų sistema: *tikė́jimo láisvė* o *krikščióniu̅ tikė́jimas*

tikė́ti, tikì, tikė́jo *vks. (2)* **1.** *(kas, kuo / + šs)* manyti, kad kas yra tiesa ar kas sako tiesą: *Ar tu tikì jos pāsakojimu?* o *Aš tikiù, kad tu pasveĩksi*. o *Nenóriu tuo tikė́ti*. **2.** *(kas, ką)* manyti, kad (kas) yra iš tikrųjų: *Tikiù Diẽvą*. • žr. **netikė́ti**
tikė́jimas *dkt. v. (1, 1) (kuo)*

tikė́tis, tìkisi, tikė́josi *sgr. vks. (2) (kas, ko / + šs / + bendr.)* norė́ti ko ir tikė́ti, kad tai atsitiks: *Jì konkùrse tikė́josi sėkmė̃s*. o *Tikė́kimės, kad vìskas geraĩ baĩgsis*. o *Tikiúosi, kad jū́sų sveikatà gerė́ja*. o *Ar galiù tikė́tis jus pamatýti?* o *Negãvome paramõs, kurios tikė́jomės*. • žr. **nesitikė́ti**

tìkintysis *dkt. v.*, **tìkinčioji** *dkt. m. (įvr. dlv. [1])* asmuo, kuris tiki Dievą
tìkintieji *dgs.* asmenys, kurie tiki Dievą

tikraĩ *prv.* **1.** (sakoma patvirtinant ar pabrėžiant): *Aš tikraĩ ateĩsiu*. o *Šiañdien tikraĩ šálta*. **2.** (sakoma reiškiant nustebimą): *Jìs niẽko nežinójo apie taĩ. – Tikraĩ?!*

tìkras, tikrà *bdv. (4, 1–6)* **1.** ne dirbtinis: *Ar šì sukne̋lė tìkro šìlko?* o *tìkro áukso žíedas* **2.** kuriuo nereikia abejoti: *Tai tìkras dalỹkas*. o *Gavaũ iš jo tìkrų žìnių apie taĩ*. **3.** *(kas, kuo / + šs)* neabejojantis: *Aš esù tìkras, kad jis nekaltas*. o *Kodė̃l tù nesì tìkras jo nuoširdumù?* o *Jìs buvo tìkras, kad nespė̃s baĩgti dárbo*. • žr. **netikras**
tikrùmas *dkt. v. (2, 1)*

tikriáusiai *prv.* beveik tikrai: *Mẽs atostogáusime prie jū́ros, tikriáusiai Palangojè*. o *Aš tikriáusiai grį̃šiu vėlaĩ*. o *Parduotùvė tikriáusiai jaũ uždarýta*.

tìkrinti, tìkrina, tìkrino *vks. (1) (kas, ką)* žiūrė́ti ar tìrti (ką) norint žinoti, ar kas yra pagal taisyklès, kokia kieno būklė ir pan.: *Pasíenyje tìkrina dokumentùs*. o *Grąžą tìkrinkite prie kasõs*. o *tìkrinti sveikãtą* • žr. **netìkrinti, patìkrinti**
tìkrinimas *dkt. v. (1, 1) (ko): sveikãtos tìkrinimas*

tikróvė *vns. dkt. m. (1, 8)* tai, kas yra iš tiesų̃, o ne įsivaizduojama ar išgalvota

tìkslas *dkt. v. (4, 1)* tai, ką norima pasiekti, ko siekiama: *Mū́sų kelionė̃s tìkslas – aplankýti Vìlniaus įžymýbes*. o *Kuriám tìkslui tu tai darai?* o *Žmogùs negali gyvénti be tikslų̃*. o *Tai (yra) nedõras tìkslas*.

tikslùs, tikslì *bdv. laipsn. (4, 5–8)* **1.** pasakomas mažiausiais vienetais; ne didesnis ir ne mažesnis kaip: *Pasakýkite tìkslų tráukinio išvỹkimo laĩką*. o *Tìkslùs šio dáikto svōris – dù kilogrãmai trỹs šimtaĩ peñkiasdešimt dù grãmai (2 kg 352 g)*. **2.** kuris visiškai atitinka (ką): *tikslùs knỹgos vertìmas* o *tìkslì dokumeñto kòpija*
tiksliaĩ *prv.*
• žr. **netìkslus**

tiktaĩ *prv.* žr. **tik**

tìkti, tiñka, tìko *vks. (1)* **1.** *(kas, kam)* atitikti reikalavimus, sąlygas: *Ar aš tinkù šiam dárbui?* **2.** *(kas, kam)* atrodyti gražiai: *Šì spalvà jums labaĩ tiñka*. **3.** *(kas, kam)* būti geram: *Šie bātai man ne visái tiñka, jie (yra) trupùtį per siaurì*. **4.** *(kas, prie ko)* būti tokio skonio (spalvos, pavidalo), kad galima vartoti (dėvėti) kartu: *Šis vỹnas tiñka prie kėpsnio*. o *Ar raudóna palaidinùkė tiks prie žãlio sijõno?* • žr. **netìkti**

tylà *vns. dkt. m. (4, 6)* nebuvimas garsų, triukšmo: *vãkaro tylà* o *nutráukti tỹlą*
tylõs! (prašant netriukšmauti)
tylõs minùtė mirusiojo pagerbimas atsistojant ir kurį laiką tylint

tylėti, tỹli, tylėjo *vks. (2) (kas)* nekalbėti: *Jis kalbėjo, o kitì tylėjo, nepasākė nė víeno žõdžio.* • *žr.* **netylėti**
tylėjimas *dkt. v. (1, 1) (kieno)*

tilpti, telpa, tilpo *vks. (1) (kas / kame / į ką)* turėti vietos ko viduje: *Drabùžiai telpa šioje spìntoje.* ○ *Šioje dėžėjè tilps dvìdešimt knýgų.* ○ *Maišėlyje tilpo kilogrāmas saldaĩnių.* ○ *Stadionè telpa kēturiasdešimt tū́kstančių (40 000) žmonių.* ○ *Kíek kilogrāmų cùkraus telpa į maišą?* • *žr.* **netilpti**

tìltas *dkt. v. (1, 1)* statinys, kuris jungia kelią per upę ir pan.: *Privažiãvome siaũrą tìltą.* ○ *tìlto turėklai* ○ *Ėjome per tìltą.*

tylùs, tylì *bdv. laipsn. (4, 5–8)* **1.** negarsus: *Jis kal̃ba tyliù balsù.* **2.** be triukšmo: *Gyvenù tylioję gātvėje.* ○ *Kokià tylì naktìs!*
tylù *n.*: *Kaĩp čia tylù!* ○ *Eĩkime, kur tyliaũ.* ○ *Tyliáusia bū̃na paryčiaĩs.*
tỹliai *prv.*: *Kodėl taip tỹliai kalbì?* ○ *Durìs uždarýk tỹliai.*
• (1) *prš.* **garsus**; (2) *prš.* **triukšmingas**

tingėti, tìngi, tingėjo *vks. (2) (kas, + bendr.)* nenorėti daryti, dirbti, veikti; nenorėti niekuo užsiimti: *Šiañdien labai tìngiu mókytis.* ○ *Eĩk dìrbti, užteñka tingėti!* • *neig.* **netingėti**

tinginỹs *dkt. v. (3ᵃ, 3)*, **tinginė̃** *dkt. m. (3ᵃ, 8)* asmuo, kuris tingi: *Eĩk dìrbti, tinginỹ [tìngine]!*

tiñka *esam. l. 3 asm. žr.* **tikti**

tiñkamas, tinkamà *bdv. laipsn. (3ᵇ, 1–6) (kam)* turintis savybes, kurių reikia kam (asmeniui, tam tikram tikslui ir pan.): *Dabar̃ yra tiñkamas laĩkas daržóvėms sodìnti.* ○ *Ji yra tinkamà tam dárbui.* • *žr.* **netinkamas**

tiñklas *dkt. v. (4, 1)* **1.** iš siūlų padarytas daiktas žuvims gaudyti: *gáudyti žuvìs tinklù [tinklaĩs]* **2.** iš siūlų padarytas daiktas sportiniams žaidimams

tiñklininkas *dkt. v. (1, 1)*, **tiñklininkė** *dkt. m. (1, 8)* tinklinio žaidėjas

tinklìnis *vns. dkt. v. (2, 3)* sportinis žaidimas, kai dvi komandos muša kamuolį rankomis per tinklą: *tinklìnio rungtỹnės*

tìnti, tìnsta, tìno *vks. (1) (kas)* darytis didesniam, storesniam (nuo sumušimo ir pan.): *Aš susìmušiau kė́lį, ir jis pradėjo tìnti.* • *neig.* **netìnti**

tỹrė¹ *dkt. m. (2, 8)* skysta košė: *daržóvių tỹrė kū̃dikiams* ○ *obuolių̃ tỹrė*

týrė² *būt. l. 3 asm. žr.* **tirti**

tyrìmai *dgs. dkt. v. (2, 1)* organo ar viso kūno būklės nustatymas medicinos įstaigoje: *Gýdytoja mane siuñtė atlìkti tyrimùs.*

tyrìmas *dkt. v. (2, 1) žr.* **tirti**

tirpti, tirpsta, tirpo *vks. (1) (kas)* **1.** virsti vandeniu (apie sniegą ir pan.): *Óras šiltas, todėl sniẽgas tirpsta.* **2.** vandenyje, skystyje tapti skystu: *Cùkrus [druskà] tirpsta.* • *neig.* **netirpti**; *žr.* **nutirpti**

tirštas, tirštà *bdv. laipsn. (4, 1–6)* **1.** kuris silpnai teka (2), nėra skystas: *tirštà sriubà* ○ *Padariaũ tirštą pādažą.* **2.** per kurį sunku matyti: *Mataĩ, koks tirštas rūkas.* ○ *tirštas dùlkių debesìs* • *žr.* **netirštas**; (1) *prš.* **skystas**

tirti, tìria, týrė *vks. (1) (kas, ką)* stengtis gauti daugiau informacijos apie (ką), aiškinti ko priežastis ir pan.: *tirti nusikaltìmą* ○ *tirti ligónio sveikātą* • *žr.* **netirti**
tyrìmas *dkt. v. (2, 1) (ko)*: *kraũjo tyrìmas*

tõ *vns. K. žr.* **tas**

todėl *prv.* dėl to: *Aš vãkar sirgaũ, todėl negalėjau ateĩti į pãskaitą.* ○ *Šių́ paũkščių yra mažaĩ, todėl juos medžióti draũdžiama.*
todėl, kad kadangi; nes: *Kodėl tu nevažiavaĩ į ekskùrsiją? – Todėl, kad nenorėjau.*

tóks, tokià *įv. (3) [5]* **1.** tos rūšies, kaip tas: *Ar tu norėtum tokių̃ suknėlės?* ○ *Reĩkia pir̃kti tókius batùs, kurie yra patogūs.* ○ *Kám gāli patìkti tóks maĩstas (kaip šis)?* **2.** (su bdv.) labai: *Jis (yra) dar tóks jáunas.* ○ *Tie pyragáičiai tokiẽ skānūs.* **3.** (vartojamas pasakant, kad kas priklauso grupei, rūšiai): *Žvìrblis – tai toks paũkštis.* ○ *Lydekà – tai tokia žuvìs.*
toks pàt, tokia pàt ne kitoks: *Šie daiktaĩ yra tokie pàt, jie nesìskiria.*

tõl *prv.* iki to laiko: *Jis tõl skaĩtė, kol užmìgo.* ○ *Tõl váikščiojome, kol pavar̃gome.* ○ *Aš tavęs láuksiu tõl, kol tu ateĩsi.* • *žr.* **iki tol**

tolèsnis, tolèsnė *bdv. aukšt. laipsn. (4, 3–9)* kuris bus vėliau: *Susitar̃sime dėl tolèsnio dárbo [bendradarbiãvimo].*

tolì *prv. laipsn.* **1.** didelį atstumą; dideliu atstumu: *Vãkar váikščiodami nuėjome tolì, o šiañdien dár toliaũ.* o *Jis stovėjo tolì nuo manęs.* o *Vìlnius yra gana tolì nuo jū́ros.* **2.** po didelio laiko tarpo: *Vãsara dar tolì.* **3.** (su prl. **iš**) vietos, kuri yra toli: *Ar iš tolì atvỹkote?* o *Iš tolì nepažinaũ jū́sų.* • prš. **artì**; žr. **netoli**

toliaũ *prv.* **1.** aukšt. l. žr. **toli**. **2.** tęsiant: *Prãšom skaitýti toliaũ.* o *Ar jūs reñgiatės mókytis toliaũ?* • žr. **ir taip toliau**

tólimas, tolimà *bdv. laipsn. (3ᵃ, 1–6)* **1.** kuris yra toli: *tólimas krãštas* **2.** kuris buvo prieš didelį laiko tarpą ar bus po didelio laiko tarpo: *tolimà praeitìs [ateitìs]*

tolỹn *prv.* toliau (pasakant kryptį): *Eĩk tolỹn.* o *Laĩvas plaũkia tolỹn nuo krañto.*

tòmas *dkt. v. (2, 1)* literatūros kūrinio dalis, išleista atskira knyga; viena iš (grupės) susijusių knygų, sudarančių visumą: *Romãną išléido trimìs tòmais.* o *„Lietùvių kalbõs žodýną" sudarỹs dvìdešimt tòmų.*

tomìs *dgs. Įn.* žr. **ta**

tóms *dgs. N.* žr. **ta**

tonà *dkt. m. (2, 6)* svorio vienetas – 1000 kilogramų: *peñkios tònos žuvų̃* • sutr. **t**

tòrtas *dkt. v. (1, 1)* ppr. kelių sluoksnių saldus kepinys ar kitoks saldus gaminys, kurio viršus puošiamas: *Prãšom dár gabalė̃lį tòrto.* o *Gimtãdieniui nupir̃k šokolãdinį tòrtą.* o *ledų̃ tòrtas*

tõs[1] *vns. K.* žr. **ta**

tõs[2] *dgs. V.* žr. **ta**

tosè *dgs. Vt.* žr. **ta**

t. p. sutr. žr. **taip pat**[2]

tradìcija *dkt. m. (1, 7)* papročių ir pan. perdavimas vienos kartos kitai ir jų laikymasis; perduodami vienos kartos kitai papročiai ir pan.: *Tai labaĩ senà tradìcija.* o *Mū́sų mokỹklos tradìcija – susitìkti visíems mokiniáms kas dẽšimt mẽtų.*

tradìcinis, tradìcinė *bdv. (1, 4–9)* susijęs su tradicija: *Kiaušìniai – tradìcinis Velỹkų val̃gis.*

Trãkai *dgs. dkt. v. (2, 1)* Lietuvos miestas:

Trãkų pilìs o *Važiúosime į Trakùs.* o *lankýtis Trãkuose*

trãktorininkas *dkt. v. (1, 1),* **trãktorininkė** *dkt. m. (1, 8)* asmuo, kuris vairuoja traktorių

trãktorius *dkt. v. (1, 5)* transporto priemonė, naudojama žemės ūkio darbams ir pan.: *Trãktoriais ãria žẽmę.* o *nusipir̃kti trãktorių* (vns. G.) o *Ū̃kininkams reĩkia trãktorių* (dgs. K.).

transliúoti, transliúoja, transliãvo *vks. (1) (kas, ką)* perduoti radijo, televizijos laidas: *Rãdijas mùziką transliúoja vìsą pãrą.* • žr. **netransliuoti**

transliãvimas *dkt. v. (1,1) (ko): laidõs transliãvimas*

transpòrtas *dkt. v. (1, 1)* krovinių ar žmonių vežimas; tokio vežimo priemonės: *Man reĩkia transpòrto baldams iš parduotùvės parvèžti.* • žr. **oro transportas**

traškùčiai *dgs. dkt. v. (2, 3)* žr. **bulvių̃ traškùčiai:** *Ar mėgstate traškùčiùs?*

traškùtis *dkt. v. (2, 3)* mažas riestainis: *traškùčiai su aguõnomis* o *Pùsryčiams suválgiau dù traškùčiùs.*

traukinỹs *dkt. v. (3ᵃ, 3)* geležinkelių transporto priemonė: *Į Kaũną važiúosiu trãukiniu.* o *Į Vìlniaus geležìnkelio stõtį atvỹksta daũg traukinių̃.* o *traukinių̃ tvarkãraštis* • žr. **greitasis traukinys**

tráukti, tráukia, tráukė *vks. (1) (kas, ką)* **1.** versti judėti paskui save: *Arklỹs tráukia vežìmą.* **2.** jėga, ppr. rankomis, versti judėti į save arba jėgos kryptimi: *tráukti kójinę ant kójos* o *Tu tráuk, o àš stùmsiu.* o *tráukti kė́dę priẽ stãlo* o *tráukti bãtą nuõ kójos* **3.** jėga šalinti: *Šį dañtį reĩkia tráukti.* o *tráukti kam̃štį iš bùtelio* **4.** imti, pasirinkti vieną iš kelių: *tráukti egzãmino [lotèrijos] biliẽtą* • žr. **netraukti**

traukìmas *dkt. v. (2, 1) (ko)*

trauktìnė *dkt. m. (2, 8)* svaigusis gėrimas, pagamintas su uogomis ar vaistažolėmis: *spanguolių̃ trauktìnė*

traumatològijos skyrius ligoninės skyrius, kuriame gydomi avarijose ir pan. sužeisti žmonės

trẽčias, trečià *klnt. skt. (4) [4] žr.* **trys**: *Aš čia gyvenù jau treti mẽtai.*

trẽjetas *dkt. v. (1, 1)* pažymys 3

trejì, trẽjos *skt. (4) [1] žr.* **trys**

trèneris *dkt. v. (1, 3),* **trènerė** *dkt. m. (1, 8)* asmuo, kuris rengia sportininkus varžyboms: *rinktìnės [komándos] trènerė*

treñkti, treñkia, treñkė *vks. (1)* **1.** *(kas, kuo)* stipriai smogti sukeliant garsą: *treñkti rankà į stãlą* ○ *Ji treñkė dùrimis ir išẽjo.* **2.** *(kas)* kelti didelį garsą (apie perkūniją): *Griaustìnis treñkė.* **3.** *(kas, kam)* mušti: *treñkti rankà kam į véidą* • *žr.* **netrenkti**

trenkìmas *dkt. v. (2, 1)*

trikampis[1] *dkt. v. (1, 3)* trikam̃pė figūra

trikam̃pis[2], **trikam̃pė** *bdv. (2, 4–9)* kuris su trimis kampais

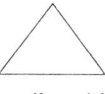
trikampis[1]

trýlika *skt. (1) [3]* skaičius 13; *vart. žr.* **aštuoniolika**

trýliktas, trýlikta *klnt. skt. (1) [4] žr.* **trylika**; *vart. žr.* **aštuonioliktas**

trimìtas *dkt. v. (2, 1)* muzikos instrumentas, kuriuo grojama pučiant: *pū̃sti trimìtą* ○ *trimìto gar̃sas*

trimìtininkas *dkt. v. (1, 1),* **trimìtininkė** *dkt. m. (1, 6)* muzikantas, kuris pučia trimìtą

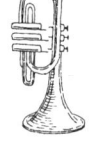
trimitas

trynỹs *dkt. v. (4, 3)* geltonoji kiaušinio dalis

trìnti, trìna, trýnė *vks. (1)* **1.** *(kas, ką, kuo)* daug kartų braukti spaudžiant ranka ar kito daikto paviršiumi: *trìnti kū́ną drė́gnu rañkšluosčiu* **2.** *(kas, ką)* naikinti tai, kas parašyta ir pan.: *trìnti nuo leñtōs užduotis* **3.** *(kas)* judant ir liečiant kūną kelti skausmą: *Aš negaliù greĩtai eĩti, man víenas bãtas (kója) trìna.* • *žr.* **netrinti, nutrinti**

trintùkas *dkt. v. (2, 1)* gumos gabalėlis tam, kas parašyta (ppr. pieštuku), trinti (2): *trìnti trintukù*

trỹs *skt. (4) [2]* (**trejì, trẽjos** (4) [1] su dgs. dkt.) skaičius 3: *Dabar̃ trỹs vãlandos.* ○ *Man reĩkia trijų̃ lìtų.* ○ *Dúok man trìs óbuolius.* ○ *To maĩsto užtèks trìms dienóms.* ○ *Jie atẽjo su savo trimìs vaikaĩs.* ○ *Daiktaĩ tìlps trijuosè lagamìnuose [trijosè dėžėsè].* ○ *Praẽjo trejì mẽtai.* ○ *Mū́sų kománda laimẽjo trejàs rungtỹnes.*

trìsdešimt *skt.* skaičius 30; *vart. žr.* **dvìdešimt**

trìsdešim̃tas, trìsdešimtà *klnt. skt. (4) [4] žr.* **trisdešimt**; *vart. žr.* **dešimtas**

trisè *prv.* trijų̃ asmenų grupė; *vart. žr.* **aštuoniese**

triùkšmas *vns. dkt. v. (4, 1)* smarkūs ir ppr. nemalonūs garsai: *Gãtvėje (yra) dìdelis triùkšmas.* ○ *Šiojè kavìnėje (yra) (per) daũg triùkšmo, eĩmė į kìtą.*

triukšmáuti, triukšmáuja, triukšmávo *vks. (1) (kas)* kelti triukšmą: *Prieš pãmoką mokiniaĩ triukšmáuja.* ○ *Kõ jū̃s triukšmáujate?* • *žr.* **netriukšmauti**

triukšmìngas, triukšmìnga *bdv. laipsn. (1, 1–6)* kuriame daug triukšmo: *Aš gyvenù labaĩ triukšmìngoje gãtvėje, netolì geležìnkelio stotiẽs.* • *žr.* **netriukšmìngas**; *prš.* **tylus** (2)

triùšė *dkt. m. (2, 8)* triušių patelė

triušíena *vns. dkt. m. (1, 6)* triušio mėsa: *Válgėme troškìntą triušíeną.*

triùšis *dkt. v. (2, 3)* nedidelis naminis gyvūnas švelniu kailiu; jo mėsa ar kailis: *augìnti triušiùs* ○ *kèpti triùšį* ○ *triùšio kailiniaĩ*

triušis

triušiùkas *dkt. v. (2, 1)* triušių jauniklis

troleibùsas *dkt. v. (2, 1)* elektrinė miesto transporto priemonė: *Į dárbą važiúoju troleibusù.* ○ *troleibùsų stotẽlė*

troškinỹs *vns. dkt. v. (3ᵃ, 3)* patiekalas – mėsos gabaliukai, troškinti su daržovėmis ir prieskoniais: *jáutienos troškinỹs* ○ *užsisakýti tróškinį*

tróškintas, tróškinta *bdv. (1, 1–6)* pagamintas troškinant (1): *tróškinta žuvìs [mėsà]*

tróškinti, tróškina, tróškino *vks. (1)* **1.** *(kas, ką)* virti mažame skysčio kiekyje: *Púode*

troškinù bùlves ir mė̃są. **2.** *(ką)* kelti (kam) norą gerti: *Válgiau silkės, dabař (mane) troškìna.* • žr. **netroškinti**
troškìnimas *dkt. v. (1, 1) (ko):* daržóvių troškìnimas
troškulỹs *vns. dkt. v. (3ᵃ, 3)* noras gerti (1): *jaũsti tróškulį*
trukdýti, trùkdo, trùkdė *vks. (3) (kas, kam, + bendr.)* neleisti ko daryti, kliudyti: *Tu kalbì ir trukdaĩ (man) dìrbti.* • neig. **netrukdýti**
trùkdymas *dkt. v. (1, 1)*
trukmė̃ *vns. dkt. m. (4, 8)* laikas, kurį kas vyksta, tęsiasi: *Spektãklio trukmė̃ – valandà.*
trùkti, truñka, trùko *vks. (1) (kas)* tęstis, vykti nustatytą laiką: *Kíek laĩko trùks paskaità? – Kẽturiasdešimt penkiàs minutès.* ○ *Keliõnė teñ ir atgaĩ truñka šešiàs vãlandas.* • būs. l. 3 asm. **trùks**; *neig.* **netrùkti**
trū́kti, trū́ksta, trū́ko *vks. (1)* **1.** *(kas)* savaime ar veikiamam jėgos (ko) daliai (ar dalims) tapti atskirtai (atskirtoms) nuo visumos: *Viřvė̃ trū́ko pusiáu.* ○ *Diřžas trū́ko.* **2.** *(ko, kam)* pakankamai nebūti: *(Ar) tau pinigų̃ užtéñka, ar trū́ksta?* ○ *Dar trū́ksta víeno lìto grąžõs.* ○ *Jam trū́ksta prõto* (jis nėra protingas). • būs. l. 3 asm. **trū́ks**; *neig.* **netrū́kti**
trū́kumas *dkt. v. (1, 1)* **1.** *vns.* pakankamo (ko) kiekio nebuvimas: *prẽkių [pinigų̃, laĩko, maĩsto, dė̃mesio] trū́kumas* **2.** daikto ar žmogaus savybė, kuri daro jį ne tokį gerą, tinkamą ir pan.: *Kóks yra pagrindìnis šios knỹgos trū́kumas?* ○ *Visì žmónės turi trū́kumų.* • *(2) plg.* **yda**
trumpaĩ *prv. laipsn.* **1.** neilgą laiką: *Kalbė́jomės trumpaĩ.* ○ *Aš ten buvaũ trumpaĩ.* **2.** (pasakant) tik svarbiausius dalykus: *Trumpaĩ apibū́dink šį dalỹką.* ○ *Kalbė́kite trumpaĩ.*
trumpaĩ kalbant (sakoma apibendrinant tai, kas buvo anksčiau kalbėta): *Trumpaĩ kalbant, atėjaũ pasiskõlinti pinigų̃.*
trum̃pas, trumpà *bdv. laipsn. (4, 1–6)* **1.** turintis nedidelį ar per mažą ilgį: *trumpà viřvė̃* ○ *Jos plaukaĩ (yra) trumpì.* ○ *trum̃pas páltas* ○ *Ši suknẽlė (yra) man (per) trumpà.* **2.** turintis nedidelę trukmę: *Koncèrtas buvo labaĩ trum̃pas.* ○ *Jų põkalbis buvo trum̃pas.* **3.** susidedantis iš nedaugelio garsų (raidžių), žodžių ir pan.: *Koks yra trumpiáusias lietùvių kalbõs žõdis?* ○ *trum̃pas apsãkymas*
• prš. **ìlgas**; žr. **netrumpas**
trumpàsis, trumpóji *įvr.*
trumpàsis balsis *gram.* balsis, tariamas trumpai: *Lietùvių kalbõs trumpíeji balsiai žymimì šiomis raĩdėmis: a, e, i, u.*
trumpė́ti, trumpė́ja, trumpė́jo *vks. (1) (kas)* darytis trumpesniam: *Nuo Jõninių diẽnos prãdeda trumpė́ti.* • neig. **netrumpė́ti**
trum̃pinti, trum̃pina, trum̃pino *vks. (1) (kas, ką)* daryti trumpesnį: *trum̃pinti sijõną* • žr. **netrumpinti**
truñka *esam. l. 3 asm.* žr. **trukti**
trùpmena *dkt. m. (1, 6)* skaičius, kuris yra skaičiaus dalis: *Vienà antrójì (1 / 2), trỹs šẽštosios (3 / 6), peñkios šim̃tosios (5 / 100 arba 0,05) yra trùpmenos.* • žr. **dešimtainė trupmena**
trupùtis *dkt. v. (2, 3)* mažas ko kiekis: *Lìko trupùtis píeno (plg. Lìko kelì obuoliaĩ).* ○ *Paláukite trupùtį.* ○ *Neláuksiu nė trupùčio.* ○ *Jis dãvė man trupùtį pinigų̃ (plg. Jis dãvė man kelìs litùs).*
tù *įv. [1]* (pasakant asmenį, kuriam aš ką sakau ar rašau): *Ar tu nóri arbãtos?* ○ *Àš eĩsiu, o tù?* ○ *Aš tavę̃s neláuksiu.* ○ *Ar jis tau sãkė, kadà grį̃š?* ○ *Jis tikraĩ tave mýli.* ○ *Norė́čiau susitìkti su tavimì.* ○ *Ar ši knygà tãvo?* ○ *Tavo dáiktus àš pàėmiau.* • žr. *t. p.* **jū̃s** (2)
tų̃ *dgs. K.* **1.** žr. **tas 2.** žr. **ta**
tualètas *dkt. v. (2, 1)* **1.** *vns.* asmens išorės sutvarkymas: *Tualèto reĩkmenys – muĩlas, šùkos ir t. t.* **2.** patalpa su tam tikrais prietaisais, į kuriuos galima šlapintis, tuštintis: *Prãšom pasakýti, kuř čia tualètas?* • žr. **mokamas tualetas**
tū́kstantas, tū́kstanta *klnt. skt. (1) [4]* žr. **tūkstantis**
tū́kstantasis, tū́kstantoji *įvr.:* *Grãmas yra tū́kstantoji kilogrãmo dalis.*
tū́kstantis *skt. (1) [6]* skaičius 1000: *(Víenas) tū́kstantis lìtų.* ○ *Trū́ksta dviejų̃ tū́kstančių lìtų (2000 Lt).* ○ *Stadiõnė telpa dẽšimt*

tū́kstančių (10 000) *žmonių.* ○ *Į̃ koncèrtą susirińko tū́kstančiai* (labai daug) *žmonių.* ○ *Jis gìmė tū́kstantis devynì šimtaĩ septýniasdešimt antraĩsiais* (1972) *mẽtais.* ○ *Bánke gavaũ tū́kstančio penkių̃ šimtų̃ lìtų* (1500 Lt) *paskolą.*

tùlpė *dkt. m. (1, 8)* darželių gėlė, kuri žydi pavasarį: *Párke žýdi daug tùlpių.* ○ *geltónos [raudónos] tùlpės*

tulpė

tùnelis *dkt. v. (1, 3)* kelio dalis po žeme: *Traukinỹs įvažiãvo į̃ tùnelį.*

tunelis

tuõj, tuojaũ *prv.* labai greitai: *Àš tuoj ateĩsiu.* ○ *Kadà prasidė̃s koncèrtas? – Tuõj.*

tuõktis, tuõkiesi, tuõkėsi *sgr. vks. (1) (kas; kas, su kuo)* registruoti santuoką: *Mes tuõksimės bažnýčioje.* ○ *Rytój Jõnas su Marýte tuõkiasi.* • žr. **nesituokti, susituokti**
tuokìmasis *dkt. v. (1, 1a)*

tuõs *dgs. G.* žr. **tas**

tuosè *dgs. Vt.* žr. **tas**

tupė́ti, tùpi, tupė́jo *vks. (2) (kas)* **1.** būti ant sulenktų kojų (apie paukščius, gyvūnus): *Katė̃ tùpi prie dùrų.* **2.** (apie žmones) būti padėtyje, kai kojos sulenktos, o užpakalis yra arti žemės ir pan.: *Ilgaĩ tupė́jau, dabar̃ skaũda kójas.* • žr. **netupėti**
tupė́jimas *dkt. v. (1, 1)*

tùpia *esam. l. 3 asm.* žr. **tūpti**

tùpiasi *esam. l. 3 asm.* žr. **tūptis**

tū́pti, tùpia, tū́pė *vks. (1) (kas)* **1.** leistis ant sulenktų kojų: *Tū́pk čià.* ○ *Tū́piaũ ir plýšo kélnės.* **2.** skridus leistis žemyn: *Lėktùvas tùpia Vìlniaus óro úoste.* • žr. **netū́pti, nutū́pti**; plg. **tupė́ti**

tū́ptis, tùpiasi, tū̃pėsi *sgr. vks. (1) (kas)* tūpti: *Tū́pkis už to krū́mo.* • žr. **atsitū́pti, nesitū̃pti**

turbū̃t *dll.* tikriausiai: *Àš turbū̃t ateĩsiu* (aš manau, kad ateisiu, bet nesu tuo tikras). ○ *Jìs turbū̃t nenóri, kad aš ateĩčiau.* ○ *Jū̃s turbū̃t jau bùvote tamè muziẽjuje.*

turė̃klai *dgs. dkt. v. (2, 1)* laiptų ir pan. apsauginė tvora: *láiptai be turė̃klų*

turė́ti, tùri, turė́jo *vks. (2)* **1.** *(kas, ką / ko)* būti savininku; galėti (kuo) naudotis: *Jìs tùri dù namùs ir trìs automobiliùs.* ○ *Ar tu turi daũg pinigų̃?* ○ *Jìs tùri daũg laĩsvo laĩko.* **2.** *(kas, ką)* (pasakant, kad kas yra ko dalis): *Jis turi ìlgą nósį.* ○ *Šuõ turi kẽturias kójas.* ○ *Mẽdis turi stíebą, šakàs, lapùs.* ○ *Šìs krepšỹs turi ìlgas rañkenas.* **3.** *(kas, ką)* rodyti kaip būdo savybę: *Jis turi gẽrą ãtmintį ir puĩkų bal̃są.* ○ *Ji turi gẽrą šìrdį.* **4.** *(kas, kiek ko)* būti sudarytam, susidėti: *Valandà turi šẽšiasdešimt minùčių.* ○ *Mẽtai turi dvýlika mė́nesių.* **5.** *(kas, ką / ko)* patirti: *Vaĩkas turi karščio.* ○ *Ateĩk į̃ šį̃ spektãklį, turė̃si malonùmo.* ○ *turė́ti pasisekìmą* **6.** *(kas, ką)* būti įgijusiam: *Jis turi áukštąjį išsilãvinimą.* **7.** *(kas, ką)* (pasakant santykį tarp asmenų): *Jìs turi žmóną.* ○ *Ji turi dùkterį.* ○ *Àš turiu gẽrą viršininką.* ○ *Mes turime daũg draugų̃.* ○ *Ar jū̃s tùrite príešų̃?* **8.** *(kas, + bendr.)* privalėti: *Tù turì išlaikýti egzãminą.* ○ *Jū̃s tùrite su juo susitìkti.* ○ *Turė̃si jos atsiprašýti.*
• žr. **neturė́ti**
turė́jimas *dkt. v. (1, 1) (ko)*

turgãvietė *dkt. m. (1, 8)* vieta, kurioje vyksta turgus: *turgãvietės teritòrija*

tur̃gus *dkt. v. (2, 4)* pastatas, aikštė ar vieta prekiauti, ypač maisto produktais; toks prekiavimas: *Eĩmė į̃ tur̃gų pir̃kti daržóvių.* ○ *Tur̃guje visos prẽkės (yra) pigèsnės.* ○ *Vìlniuje yra kelì tur̃gūs.* ○ *Parsinešiau iš tur̃gaus šviežių̃ kiaušìnių.*

turinỹs *dkt. v. (3ᵇ, 3)* **1.** tai, apie ką rašoma knygoje, sakoma kalboje: *Papãsakok šios knỹgos tùrinį.* **2.** sąrašas knygoje, kuriame išvardyta, iš ko knyga susideda: *Kur̃ knỹgos turinỹs?*

turìstas *dkt. v. (2, 1)*, **turìstė** *dkt. m. (2, 8)* asmuo, kuris keliauja pramogos tikslais: *Vìlniuje vãsarą lañkosi daũg turìstų.*

tur̃tas *vns. dkt. v. (2, 1)* tai, kas yra kieno nuosavybė: *Jis turi daũg tur̃to.* ○ *valstýbės tur̃tas* ○ *tur̃to draudìmas*

turtìngas, turtìnga *bdv. laipsn. (1, 1–6)* kuris turi daug turto: *Ji yra labaĩ turtìnga móteris.* ○ *turtìngas krãštas* • žr. **neturtìngas**

tùščias, tuščià *bdv. (4, 2–7)* kuriame nieko nėra: *Kabinėtas (yra) tùščias, (jame) niẽko nėrà.* o *Vakaraĩs miẽsto gãtvės (bū̃na) tùščios.* o *Ant stãlo stóvi dù tuštì puodė̃liai.* o *Šaldytùvas (yra) jau bevéik tùščias.* • prš. **pilnas**; žr. **netuščias**

tušinùkas *dkt. v. (2, 1)* toks rašymo įrankis: *Aš rašaũ tušinukù.* o *Gal gãlite paskõlinti savo tušinùką?*

tùštintis, tùštinasi, tùštinosi *sgr. vks. (1) (kas)* šalinti iš savo kūno panaudotas maisto medžiagas • žr. **nesituštinti**
tùštinimasis *dkt. v. (1, 1a)*

tvarkà *vns. dkt. m. (4, 6)* **1.** daiktų išdėstymo būdas, nustatyta veiksmų eilė: *Surašýkite pãvardes abėcėlės tvarkà (pagal abėcėlę).* o *vìzos gavìmo tvarkà* **2.** padėtis, kurioje laikomasi įstatymų ir taisyklių: *Polìcija prižiū̃ri tvar̃ką gãtvėse.* **3.** būklė, kurioje daiktai išdėstyti tinkamai ar laikomasi nustatytos veiksmų eilės: *Kambaryjè nėrà tvarkõs.* o *Tãvo spìntoje trū́ksta tvarkõs.* o *Jos namuosè puikì tvarkà ir švarà.*

tvarkãraštis *dkt. v. (1, 3)* sąrašas, kuriame išvardyta, kada kas vyksta: *Mes dar netùrime paskaitų̃ tvarkãraščio.* o *Jei nežinaĩ, kadà atvỹksta traukinỹs iš Klaĩpėdos, pažiūrė́k į traukinių̃ atvykìmo ir išvykìmo tvarkãraštį.*

tvarkìngas, tvarkìnga *bdv. laipsn. (1, 1–6)* kuriame yra gera tvarka; kuris rūpinasi savo išvaizda; kuris rodo rūpinimąsi išvaizda: *Jos kambarỹs (yra) tvarkìngas.* o *Jo ùžrašai [drabùžiai] tvarkìngi.*
tvarkìngai *prv.: Sudė́k dáiktus tvarkìngai.* o *tvarkìngai apsirengęs výras*
• žr. **netvarkingas**

tvarkýti, tvar̃ko, tvar̃kė *vks. (3) (kas, ką)* **1.** daryti tvarkingą: *Vìsą diẽną tvarkiaũ bùtą.* **2.** rūpintis kuo: *Jìs geraĩ tvar̃ko įstaigos reĩkalus.* • žr. **netvarkyti**, **sutvarkyti**
tvar̃kymas *dkt. v. (1, 1) (ko): dokumeñtų tvar̃kymas*

tvarkýtis, tvar̃kosi, tvar̃kėsi *sgr. vks. (3)* **1.** *(kas, ką)* tvarkyti savo: *tvarkýtis kam̃barį* **2.** *(kas)* daryti tvarką: *Jì puĩkiai tvar̃kosi su dokumeñtais.* • žr. **nesitvarkyti**

tvárstis *dkt. v. (1, 3)* audinio gabalas žaizdai apriši: *Vaistìnėje nupir̃k tvárščių.* o *Šio tvárščio neužtèks žaizdai sutvárstyti.*

tvárstyti, tvársto, tvárstė *vks. (3) (kas, ką)* rišti tvarsčiu: *tvárstyti žaĩzdą [rañką]* • žr. **netvarstyti**, **sutvarstyti**

tvártas *dkt. v. (1, 1)* pastatas gyvuliams laikyti: *kiaũlių tvártas* o *Šiame tvárte telpa dẽšimt kárvių.*

tvenkinỹs *dkt. v. (3ᵇ, 3)* dirbtinis vandens telkinys: *Párko tvenkinyjè pláukioja gulbė̃.* o *Tvenkiniuosè augìnami kárpiai.*

tvìrtas, tvirtà *bdv. laipsn. (3, 1–6)* **1.** kurį sunku sugriauti, sulaužyti: *Šis tìltas (yra) (dar) tvìrtas.* **2.** kurį sunku pakeisti: *Jis yra tvìrto bū́do žmogùs.* o *Mano núomonė yra tvirtà.*
tvirtaĩ *prv.: Aš tau tvirtaĩ pàžadu, kad ateĩsiu.*
• žr. **netvirtas**

tvìrtinti, tvìrtina, tvìrtino *vks. (1)* **1.** *(kas, ką, prie ko)* daryti, kad būtų tam tikroje padėtyje ir nejudėtų: *Spìntelę tvìrtink prie síenos.* **2.** *(kas, + šs)* teigti: *Jis tvìrtino, kad niẽko nemãtė.* **3.** *(kas, ką)* daryti ženklą (pasirašyti ar uždėti antspaudą), kuris rodo, kad dokumentas ir pan. yra tikras: *Notãras tvìrtina asmeñs parãšą.* **4.** *(kas, ką)* daryti galiojantį: *tvìrtinti įstãtymą [sùtartį]* • žr. **netvirtinti**
tvìrtinimas *dkt. v. (1, 1): sutartiẽs tvìrtinimas*

tvorà *dkt. m. (4, 6)* sienos pavidalo statinys aplink namą, žemės plotą ir pan.: *Nãmą sùpo aukštà tvorà.* o *lìpti per tvõrą* o *Už tvorõs lója šuõ.*

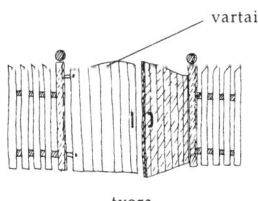

tvora

U u, Ų ų, Ū ū

U, u dvidešimt septintoji lietuvių kalbos abėcėlės raidė

Ų, ų dvidešimt aštuntoji lietuvių kalbos abėcėlės raidė

Ū, ū dvidešimt devintoji lietuvių kalbos abėcėlės raidė

UAB sutr. žr. **uždaroji akcinė bendrovė**

ū̃gis vns. dkt. v. (2, 3) žmogaus aukštis: Mano brólis (yra) áukštas, o àš (esu) mãžo ū̃gio.

ugnìs vns. dkt. m. (4, 9) nuo degančio daikto kylančios karštos šviečiančios dujos: šildytis prie ugniẽs o Krósnyje užgẽso ugnìs.

ū́kininkas dkt. v. (1, 1), **ū́kininkė** dkt. m. (1, 8) ūkio savininkas: Šis ū́kininkas augina daug kiaũlių. o ū́kininko darbaĩ

ūkininkáuti, ūkininkáuja, ūkininkãvo vks. (1) (kas) turėti ūkį ir jį tvarkyti: Jei bū́čiau jaunèsnis, pradė́čiau ūkininkáuti. • neig. **neūkininkáuti**

ū́kinis, ū́kinė bdv. (1, 4–9) skirtas ūkiui; ūkio: Tvártas yra ū́kinis pāstatas.

ū́kis dkt. v. (1, 3) žemės plotas su pastatais, naudojamas javams ir gyvuliams auginti: Pirkaũ dìdelį ū́kį. o Ū́kyje dìrba ir tėvaĩ, ir vaikaĩ. • žr. **žemės ūkis**

Ukmergė̃ vns. dkt. m. (3ᵇ, 8) Lietuvos miestas: važiúoti į Pãnevėžį per Ùkmergę

ungurỹs dkt. v. (3ᵇ, 3) į gyvatę panaši žuvis; jos mėsa: Uñgurius gáudo Kuršių̃ mãriose. o Nemunè taip pàt yrà ungurių̃. o rūkýtas ungurỹs

ungurys

universitètas dkt. v. (2, 1) aukštoji mokykla su įvairių specialybių skyriais: Vìlniaus universitètas įkùrtas tū́kstantis penkì šimtaĩ septýniasdešimt devintaĩsiais (1579) mētais. o Baĩgęs vidùrinę mokỹklą, įstójau į universitètą. o Àš mókausi universitetè.

úodas dkt. v. (3, 1) mažas vabzdys, kuris įgelia ir geria žmonių ir gyvulių kraują: Prie bãlų daug uodų̃. o Uodaĩ zỹzia.

uodegà dkt. m. (3ᵃ, 6) **1.** išauga ant kai kurių gyvūnų užpakalio; gyvūno užpakalis: Šis šuõ yra be uodegõs. o Gražì gaĩdžio uodegà. o nupjáuti šil̃kės úodegą **2.** šukusena – surišti ilgi plaukai

úoga dkt. m. (1, 6) nedidelis sultingas augalo vaisius su sėklomis ar kauliuku: dìdelė [mažà] úoga o válgyti úogas o Eĩsime į mìšką riñkti úogų. o Mėlỹnių úogos yra mė́lynos. o Vỹšnių úogos yra su kauliùkais. o virti uogiẽnę iš úogų

uogáuti, uogáuja, uogãvo vks. (1) (kas) rinkti uogas: Einù į mìšką uogáuti. • neig. **neuogáuti**

uogiẽnė dkt. m. (2, 8) gaminys iš uogų, vaisių, virtų su cukrumi: bráškių [aviẽčių] uogiẽnė o bandẽlės su uogiene

uoslė̃ vns. dkt. m. (4, 8) sugebėjimas jausti kvapus: Jìs netùri uoslės̃. o Šuõ turi gẽrą úoslę.

uostãmiestis dkt. v. (1, 3) miestas prie jūros, kuriame yra uostas: Klaĩpėda yra Lietuvõs uostãmiestis.

úostas dkt. v. (1, 1) prie kranto įrengta vieta laivams stovėti: Àtplaukėme į Klaĩpėdos úostą. o prekýbos úostas • žr. **oro uostas**

úostyti, úosto, úostė vks. (3) (kas, ką) mėginti jausti (ko) kvapą: Šuõ úosto káulą. o úostyti gėlès [kvēpalus] • žr. **neuostyti**

úošvis *dkt. v. (1, 3)* žmonos ar vyro tėvas, **úošvė** *dkt. m. (1, 8)* žmonos ar vyro motina: *Úošvis ir žéntas turi beñdrą veŕslą.* ○ *Úošvė marčiõs nemylėjo.*
uošviaĩ *dgs. (4, 3)* žmonos ar vyro tėvai

ùpė *dkt. m. (2, 8)* didelė gamtinė vandens srovė: *Nẽmunas – didžiáusia Lietuvõs ùpė.* ○ *Gyvenù ant ùpės kranto.* ○ *Šioje ùpeje pavojinga máudytis, ji labaĩ gilì.* ○ *platì ùpė* ○ *plaũkti upè*

upẽlis *dkt. v. (2, 3)* maža upė: *Per píevą tẽka upẽlis.*

upẽtakis *dkt. v. (1, 3)* vertinga žuvis, gyvenanti upėse; jos mėsa

ū̃sas *dkt. v. (2, 1) ppr. dgs.* gyvūnų ilgesnis plaukas ant snukio / galvos: *júodas kātinas baltaĩs ū̃sais* ○ *Vėžỹs jùdina ūsùs.*
ū̃sai *dgs.* plaukai virš vyro viršutinės lūpos: *Nusiskùsk ūsùs.*

Utenà *vns. dkt. m. (3ᵇ, 6)* Lietuvos miestas: *ekskùrsija į̃ Ùteną*

ùž *prl.* (su K. ir G.) **1.** (su K.) kitoje (ko) pusėje; į̃ kitą (ko) pusę: *Knygà nukrìto ùž spintẽlės.* ○ *Viršìninkas sẽdi ùž stãlo.* ○ *Ùž to nãmo yra aikštẽlė.* **2.** (su K.) (pasakant atstumą nuo ko): *Ta pardúotùvė yra ùž šim̃to mètrų.* ○ *Kaũnas yra ùž šim̃to kilomètrų nuo Vìlniaus.* **3.** (su K.) (pasakant, kas liečiama ranka laikant, imant): *Laikýkitės ùž turẽklų.* ○ *Im̃kite krẽpšį ùž rañkenos.* **4.** (su G.) (pasakant asmenį ar daiktą, su kuriuo lyginama): *Jis jaunèsnis ùž manè.* ○ *Jìs rãšo gražiaũ ùž tavè (plg. negu tù).* ○ *Šiẽ batai gražèsni ùž tuõs (plg. negu tiẽ).* **5.** (su G.) (pasakant priežastį): *Manè nubaúdė ùž eĩsmo taisỹklių pažeidìmą.* ○ *Jìs pỹksta ùž taĩ, kad neatsakiaũ į̃ jo láišką.* **6.** (su G.) (pasakant į̃ pinigus keičiamą daiktą ar paslaugas): *Kàs sumokė̃s ùž pietùs?* ○ *Kíek reikės mokė́ti ùž bìlietą?* ○ *Sumokėk ùž bùtą (ùž bùto šildymą, ùž elèktrą ir pan.).* **7.** (su G.) (sumokant (kiek) pinigų): *Pirkaũ televìzorių ùž tū́kstantį lìtų.* **8.** (su G.) (žymint remiamą asmenį ar dalyką): *Balsúokite ùž šį̃ kandidãtą.* ○ *kovóti ùž žmonių téisęs* **9.** (pasakant vyro, su kuriuo tuokiamasi, vardą ar pavardę): *Ji ištekėjo ùž Mãriaus.*

užáugti, užáuga, užáugo *vks. (1) (kas)* tapti suaugusiam (apie vaiką): *Kuõ tu nóri bū́ti, kai užáugsi?* • *neig.* **neužáugti**

uždaras, uždarà *bdv. (3ᵇ, 1–6)* be tarpo: *ùždaras iñdas*
uždarasis, uždaróji *įvr.*
uždaróji ãkcinė beñdrovė akcinė bendrovė, kuri neparduoda savo akcijų kitiems • *sutr.* **UAB**

uždarbis *dkt. v. (1, 3)* uždirbti pinigai: *Dìrbau daũg, o ùždarbį gavaũ mãžą.* • *žr.* **alga, atlyginimas, užmokestis**

uždarýti, uždãro, uždãrė *vks. (3)* **1.** *(kas, ką)* pašalinti tarpą: *Uždarýk lángą, vẽjas pùčia.* ○ *Prãšom uždarýti durìs.* ○ *uždarýti órkaitę* **2.** *(kas, ką)* baigti (įstaigos ir pan.) darbą: *Parduotùvę uždãro aštuñtą vãlandą vãkaro (20 val.).* ○ *Muziẽjus uždãromas šeštą vãlandą.* ○ *Valgyklà jau uždarýta.* **3.** *(kas, ką, į̃ ką)* padaryti, kad kas būtų (kame) ir negalėtų išeiti (išskristi): *Jį̃ uždãrė į̃ kalẽjimą.* ○ *uždarýti paũkštį į̃ narvą* • *žr.* **neuždaryti**; (1, 2) *prš.* **atidaryti**

uždãrymas *dkt. v. (1, 1) (ko)*: *parodõs [konferèncijos, suvažiãvimo] uždãrymas*

uždarýti sąskaitą pasiimti visus pinigus, kurie buvo sąskaitoje • *žr.* **atidaryti sąskaitą**

uždavinỹs *dkt. v. (3⁴ᵇ, 3)* darbas, kurį reikia atlikti; dalykas, kurį reikia spręsti, tvarkyti: *Jū́sų uždavinỹs – geraĩ mókytis.*

ùždeda *esam. l. 3 asm. žr.* **uždėti**

uždegìmas *dkt. v. (2, 1)* liga, kurios požymis – aukšta kūno ar tam tikros jo dalies temperatūra: *plaũčių uždegìmas* ○ *Ilgaĩ sirgaũ akių̃ uždegimù.*

uždègti, ùždega, ùždegė *vks. (1) (kas, ką)* **1.** padaryti, kad (kas) pradėtų degti: *Ùždėk laũžą.* ○ *Uždegiaũ degtùką.* **2.** įjungti (šviesą): *Uždèkite lémpą.* • *prš.* **užgèsinti**; *žr.* **neuždegti**; *plg.* **užsidegti**

uždeñgti, uždeñgia, uždeñgė *vks. (1) (kas, ką, kuo)* **1.** padėti ant (ko) viršaus: *uždeñgti púodą dangčiù* **2.** padėti ant (ko) viršaus, kad (kas) nebūtų matomas • *liep. n.* **uždeñk(ite)**; *žr.* **neuždengti**

uždėti, ùždeda, uždėjo *vks. (1)* **1.** *(kas, ką, ant ko)* padėti ant ko viršaus: *Uždė́k dė́žę ant spìntos.* ○ *Jìs uždėjo rañką man ant pe-*

uždirbti

tiẽs. 2. *(kas, ką, kam)* dengti (kieno galvą kepure ir pan.): *Uždė́k vaĩkui kepùrę.* • žr. **neuždėti**
uždėti añtspaudą pažymėti antspaudu
uždìrbti, uždìrba, uždìrbo *vks. (1) (kas, ką, kiek ko)* dirbant gauti: *Àš uždìrbu dù tū́kstančius lìtų (2000 Lt) per mė́nesį.* ○ *Jì uždìrba pakañkamai pinigų̃.* ○ *Kíek uždìrbu, tíek ir išléidžiu, niẽko nesutaupaũ.* • žr. **neuždirbti**
užduotìs *dkt. m. (3ᵇ, 9)* tai, ką kas turi išmokti, atlikti: *Mokiniaĩ gãvo ùžduotį parašýti rãšinį apie atóstogas.* ○ *Nespė́jau atlìkti visų̃ užduočių̃* (atlikau ne visas).
užeĩti, užeĩna, užė́jo *vks. (1)* **1.** *(kas, pas ką)* trumpai aplankyti ką ar ateiti pas ką netikėtai: *Užeĩkite pas mùs kada nórs.* **2.** *(kas, į ką)* įeiti: *Jìs užė́jo į̃ parduotùvę.* ○ *Prãšom užeĩti į̃ kam̃barį [į̃ vìdų].* • *neig.* **neužeĩti**; (1) *plg.* **užsukti** (1)
ùžėmė *būt. l. 3 asm. žr.* **užimti**
užgáuti, užgáuna, užgãvo *vks. (1) (kas, ką)* sukelti skausmą (mušant, trenkiant): *Tù užgavaĩ mán rañką.* • žr. **neužgauti**; *plg.* **užsigauti**
Ùžgavėnės *dgs. dkt. m. (1, 8)* šventė žiemos pabaigoje: *Per Ùžgavėnes kẽpa blynùs.* ○ *švę̃sti Ùžgavėnes*
užgesìnti, užgesìna, užgesìno *vks. (1) (kas, ką)* **1.** padaryti, kad nustotų degti: *Gaĩsrininkai užgesìno gaĩsrą.* ○ *Nepamir̃šk užgesìnti láužo.* **2.** išjungti (šviesą): *Užgesìnk šviẽsą.* • *prš.* **uždegti**; žr. **neužgesinti**; *plg.* **užgesti**
užgèsti, užgę̃sta, užgęsо *vks. (1) (kas)* **1.** nustoti degti: *Láužas [ugnìs] užgę̃sо.* **2.** nustoti šviesti: *Lémpa užgę̃sо.* • *prš.* **užsidegti**; *neig.* **neužgęsti**
ùžimtas, užimtà *bdv. (3ᵇ, 1–6)* kuris yra nelaisvas: *Visì viẽšbučio kambariaĩ (yra) ùžimtì.* • *prš.* **laisvas**; žr. **neužimtas**
užim̃ti, užìma, ùžėmė *vks. (1)* **1.** *(kas, ką)* padaryti nelaisvą: *Atsiprašaũ, jū̃s ùžėmėte màno viẽtą.* **2.** *(kas, ką, kam)* palikti laisvą: *Àš užim̃siu táu viẽtą prie lángo.* **3.** *(kas, ką)* varžantis, kovojant laimėti: *Kàs ùžėmė pir̃mąją viẽtą krepšìnio varžýbose?* **4.** *(kas, ką)* (kam) reikėti (ko): *Šì spìnta ùžima daũg viẽtos.* • žr. **neužimti**
užjaũsti, užjaũčia, ùžjautė *vks. (1) (kas, ką,*

dėl ko) rodyti dėmesį ar teikti pagalbą nelaimę patyrusiam žmogui; reikšti užuojautą: *Jis visadà kitus užjaũčia.* ○ *Nuoširdžiaĩ jus užjaučiù dėl mótinos mirtiẽs.* • žr. **neužjausti**
užjautìmas *dkt. v. (2, 1)*
užkálbinti, užkálbina, užkálbino *vks. (1) (kas, ką)* pasakyti ką norint pradėti pokalbį su kuo: *Jìs mane užkálbino: „Atsiprašaũ, gal pasakýtumėte, kíek dabar̃ valandų̃?"* • žr. **neužkalbinti**
užkánda *esam. l. 3 asm. žr.* **užkąsti**
užkandìnė *dkt. m. (1, 8)* nedidelė valgykla: *Pùsryčiauju užkandìnėje.*
ùžkandis *dkt. v. (1, 3)* patiekalas, valgomas prieš pagrindinį: *pasiriñkti ùžkandžius*
užkándo *būt. l. 3 asm. žr.* **užkąsti**
užkąsti, užkánda, užkándo *vks. (1) (kas, ko)* (kiek) pavalgyti: *Esù álkanas, rýtą nespė́jau užkąsti.* ○ *Užkandìnėje užkándau bandẽlių.* ○ *Užkąsk nórs trupùtį.* • *neig.* **neužkąsti**
užkélti, užkelia, užkė́lė *vks. (1) (kas, ką, ant ko)* keliant padėti ant ko: *užkélti dė́žę ant spìntos [kóją ant stãlo]* • žr. **neužkelti**
užkim̃šti, užkem̃ša, užkim̃šo *vks. (1) (kas, ką)* uždaryti kamščiu: *užkim̃šti bùtelį* • *prš.* **atkimšti**; žr. **neužkimšti**
užklijúoti, užklijúoja, užklijãvo *vks. (1)* **1.** *(kas, ką)* klijuojant padaryti be tarpo: *užklijúoti võką* **2.** *(kas, ką, ant ko)* priklijuoti ant ko viršaus: *užklijúoti ant võko pãšto ženklą* • žr. **neužklijuoti**
užkliū́ti, užkliū̃va, užkliùvo *vks. (1) (kas, už ko)* paliesti ką taip, kad trukdytų toliau judėti: *Jì užkliùvo už akmeñs ir pargriùvo.* • *būs. l. 3 asm.* **užkliùs**; *neig.* **neužkliū́ti**
užlìpti, užlìpa, užlìpo *vks. (1)* **1.** *(kas, į̃ ką, ant ko)* lipant aukštyn patekti: *Mès užlìpome į̃ trẽčią áukštą.* ○ *Ar tù užlìpsi ant Gedìmino kálno?* **2.** *(kas, ant ko)* netyčia atsistoti ant ko: *Tù užlipaĩ mán ant kójos!* • *neig.* **neužlipti**
užmáuti, užmáuna, užmõvė *vks. (1) (kas, ką)* maunant padaryti, kad kas būtų ant ko, dengtų ką: *užmáuti žíedą ant pir̃što* • žr. **neužmauti**; *plg.* **užsimauti**

užmérkti, užmérkia, užmérkė (1) (kas, ką) padaryti, kad vokas (vokai) dengtų akį (akis) • žr. **neužmerkti**

užmiẽga esam. l. 3 asm. žr. **užmigti**

užmiestìnis, užmiestìnė bdv. (2, 4–9) susijęs su užmiesčiu: *užmiestìnis autobùsas* ○ *užmiestìnis pókalbis telefonù*

ùžmiestis dkt. v. (1, 3) vieta, kuri yra tam tikru atstumu nuo miesto: *Àš gyvenù ùžmiestyje.* ○ *Paskam̃binau telefonù į ùžmiestį.*

užmìgti, užmiẽga, užmìgo vks. (1) (kas) pradėti miegoti: *Káršta, negaliù užmìgti.* ○ *Tìk paryčiaĩs užmigaũ.* • liep. n. **užmìk(ite)**; neig. **neužmìgti**

užmir̃šti, užmir̃šta, užmir̃šo vks. (1) (kas, ką / + bendr. / + šs) nustoti atsiminti: *Àš užmiršaũ tavo telefòno nùmerį.* ○ *Tù užmiršaĩ išsiųsti láišką.* ○ *Jìs užmir̃šo vìską, ką mokėjo.* • žr. **neužmir̃šti**

ùžmokestis dkt. v. (1, 3) pinigų suma, mokama už ką: *dárbo ùžmokestis* ○ *Darbiniñkai šį mė́nesį negãvo (dárbo) ùžmokesčio.* • žr. **alga, atlyginimas, uždarbis**

užmóvė būt. l. 3 asm. žr. **užmauti**

užmùšti, užmuša, užmušė vks. (1) (kas, ką) mušant nužudyti: *Mė́tė į žvìrblį ãkmenį ir ùžmušė (žvìrblį).* • žr. **neužmùšti**

užpakalìnis, užpakalìnė bdv. (2, 4–9) esantis užpakalyje: *užpakalìnės árklio kójos* ○ *Išė́jaũ pro užpakalìnės dùris.* • prš. **priekinis**

ùžpakalis dkt. v. (1, 3) 1. vns. vieta, esanti už ko ar ko gale: *Mẽs ė̃jome príekyje, o jiẽ užpakalyjè.* ○ *Mė́gstu važiúoti autobùso ùžpakalyje.* 2. žmogaus liemens apatinė nugaros dalis; gyvūno liemens galas • prš. **priekis**; (2) žr. pieš. **kūnas**

ùžpernai prv. metais, kurie buvo prieš praėjusius: *Pérnai atostogavaũ Nidojè, o ùžpernai – Palangojè.* ○ *Àš neatsìmenu, kas įvỹko ùžpernai.*

užpìldyti, užpìldo, užpìldė vks. (3) (kas, ką) įrašyti (į ką) tai, ką reikia: *Užpìldykite šią ankė̃tą.* ○ *Užpìldžiau čẽkį.* • žr. **neužpildyti**

užporýt prv. dieną vėliau negu poryt: *Rytój aš eĩsiu į kìną, porýt – į koncèrtą, o už-* *porýt aš niẽkur neĩsiu, pas manè ateĩs svečių̃.*

ùžpučia esam. l. 3 asm. žr. **užpūsti**

užpùlti, užpúola, užpúolė vks. (1) (kas, ką) pamėginti sužeisti, (ką) atimti ir pan.: *Jìs užpúolė manè ir àtėmė pìnigus.* • žr. **neužpulti**

užpuolìmas dkt. v. (2, 1)

užpū́sti, ùžpučia, užpū́tė vks. (1) (kas, ką) pučiant užgesinti: *Ùžpūčiau žvãkę.* • būs. l. 3 asm. **ùžpū̃s**; žr. **neužpū́sti**

užrakìnti, užrakìna, užrakìno vks. (1) (kas, ką) uždaryti užraktu: *užrakìnti dùris [automobìlį]* • prš. **atrakìnti**; žr. **neužrakinti**

ùžraktas dkt. v. (1, 1) įtaisas atrakinti ir užrakinti: *Sugẽdo ùžraktas.* ○ *Pataisiaũ ùžraktą.*

ùžrašai dgs. dkt. v. (1, 1) t. p. **užrašaĩ** (3ᵇ, 1) sąsiuvinis, kuriame užrašomos pastabos, tam tikra informacija ir pan.: *paskaitų̃ [keliõnės] ùžrašai [užrašaĩ]*

ùžrašų (užrašų̃) knygẽlė nedidelė knyga adresams, telefonų numeriams ir pan. surašyti: *Pàmečiau ùžrašų knygẽlę.*

ùžrašas dkt. v. (1 / 3ᵇ, 1) kas užrašyta, norint atsiminti, pranešti ir pan.: *Pérskaityk pamiñklo ùžrašą.* ○ *Nesuprantù to ùžrašo.* • plg. **įrašas** (1)

užrašýti, užrãšo, užrãšė vks. (3) 1. (kas, ką, į ką) pažymėti raštu: *Visàs svéikinimo kalbàs užrãšėme į knỹgą.* 2. (kas, ką, ant ko) parašyti ant (ko) viršaus: *Añt siuñtinio [vóko] užrãšiau ãdresą.* • žr. **neužrašyti**

užrãšymas dkt. v. (1, 1) (ko)

užregistrúoti, užregistrúoja, užregistrãvo vks. (1) (kas, ką) įtraukti į sąrašą, įrašyti: *Užregistrãvome gáutus láiškus.* ○ *Ar užregistrãvote vìsus konfereñcijos dalyviùs?* • žr. **neužregistruoti**

užsãkymas dkt. v. (1, 1) susitarimas ką padaryti ar gauti: *Jõ kostiùmas siū́tas pagal užsãkymą.* ○ *Siuvyklà priė̃mė skùbių užsãkymą.* ○ *Užsãkymas nebùvo àtliktas laikù.*

užsakýti, užsãko, užsãkė vks. (3) 1. (kas, kam, ką) iš anksto susitarti, kad ką padarytų (duotų, atvežtų ar pan.): *Vakarìenę restoranè jùms užsãkėme deviñtai vãlandai.* ○ *Svečiáms (iš añksto) užsakýkite lėktùvo bì-*

užsidègti

lietus ir kam̃barius viẽšbutyje. **2.** *(kas, kam, ką / ko) restorane, viešbutyje ar pan.* prašyti atnešti valgių ir gėrimų: *Gal jums užsakýti šampāno?* • žr. **neužsakyti**

užsidègti, užsìdega, užsìdegė *sgr. vks. (1)* **1.** *(kas)* pradėti degti: *Atsargiaĩ, nuo žvākės gãli užsidègti užúolaidos!* **2.** *(kas)* pradėti šviesti: *Užsìdegė žalià šviesofòro šviesà.* **3.** *(kas, ką)* uždegti savo ar sau: *Jis užsìdegė cigarètę ir užgesìno degtùką.* • *liep. n.* **užsidèk(ite)**; žr. **neužsidegti**; (1, 2) *prš.* **užgesti**

užsidėti, užsìdeda, užsidėjo *sgr. vks. (1) (kas, ką, ant ko)* dengti savo galvą (kepure); dėti aplink savo kaklą (karolius ir pan.): *Užsidėk (ant galvõs) skrýbėlę.* ○ *užsidėti karoliùs* • žr. **neužsidėti**

užsiẽmė *būt. l. 3 asm. žr.* **užsiimti**

užsiẽmęs, užsiẽmusi *bdv. (dlv. [3]) (kuo)* kuris turi daug darbo; *(ką)* darantis ar veikiantis: *Aš dabař esu užsiẽmęs, negaliù kalbėti telefonù.* • žr. **neužsiẽmęs**

užsiėmìmas *dkt. v. (2, 1)* darbas, veikla: *Man atródo, kad augìnti gėlès yra puikùs užsiėmìmas.*

užsieniẽtis *dkt. v. (2, 3),* **užsieniẽtė** *dkt. m. (2, 8)* užsienio gyventojas: *Vāsarą Vìlniuje lañkosi daug užsieniẽčių.*

užsieninis, užsieninė *bdv. (2, 4–9)* užsienyje pagamintas, sukurtas: *Ne vìsos užsienìnės prēkės yra gerèsnės už lietùviškas.* ○ *Žiūrėjau užsieninį filmą.*

ùžsienis *dkt. v. (1, 3)* bet kuri svetima valstybė: *Jis grį̃žo iš ùžsienio.* ○ *Mano sesuõ mókosi užsienyje.* ○ *Ùžsienio lietùviai grį̃žta į tėvỹnę.* ○ *Ùžsienio reikalų̃ ministèrija* (ministerija, kuri rūpinasi bendradarbiavimu ir pan. su užsienio šalimis)

užsigáuti, užsigáuna, užsigãvo *sgr. vks. (1) (kas, ką)* netyčia užgauti savo: *Užsigavaũ pirštą [gálvą, kóją].* • žr. **neužsigauti**

užsiim̃ti, užsìima, užsièmė *sgr. vks. (1) (kas, kuo)* turėti kokį darbą, profesiją, verstis kuo: *Kuõ jūs užsiimate?* ○ *Jis užsiim̃s náftos verslù.* • *neig.* **neužsiim̃ti**

užsikélti, užsìkelia, užsikėlė *sgr. vks. (1) (kas, ką, ant ko)* užkelti savo: *Jis sėdi užsikėlęs kójas ant stãlo.* • žr. **neužsikelti**

užsimáuti, užsimáuna, užsimóvė *sgr. vks. (1) (kas, ką)* užmauti sau: *užsimáuti žíedą* • žr. **neužsimauti**

užsimérkti, užsimérkia, užsimérkė *sgr. vks. (1) (kas)* padaryti užmerktas savo akis: *Jis užsimérkė ir tuõj užmìgo.* • *neig.* **neužsimérkti**; *plg.* **atsimerkti**

užsirašýti, užsirãšo, užsirãšė *sgr. vks. (3)* **1.** *(kas, ką, į ką / ant ko)* užrašyti savo ar sau: *Ar užsirašeĩ mano ãdresą ir telefòno nùmerį į savo ùžrašų knygẽlę?* ○ *Mokiniaĩ ant sąsiuvinių̃ užsirãšo pãvardes.* **2.** *(kas, bendr. / + pas ką)* būti įtrauktam į lankytojų, dalyvių ir pan. sąrašą: *Ar jūs ēsate užsirãšęs šiañdien kalbėti pósėdyje?* ○ *užsirašýti pas dantų̃ gýdytoją* • žr. **neužsirašyti**

užsiregistrúoti, užsiregistrúoja, užsiregistrãvo *sgr. vks. (1) (kas)* užsirašyti į sąrašą: *Ar visì konfereñcijos dalỹviai užsiregistrãvo?* • *neig.* **neužsiregistrúoti**

užsirìšti, užsirìša, užsirìšo *sgr. vks. (1) (kas, ką)* rišti sau: *Užsirìšk bãtų raišteliùs.* ○ *Jis nemóka užsirìšti kaklãraiščio.* • žr. **neužsirišti**

užsisakýti, užsisãko, užsisãkė *sgr. vks. (3) (kas, ką)* užsakyti sau: *užsisakýti laĩkraščių [žurnãlų]* ○ *Kãvą ir pùsryčius jis užsisãkė į kam̃barį.* ○ *Kuř galėčiau užsisakýti vizìtinių kortēlių?* • žr. **neužsisakyti**

užsisègti, užsìsega, užsìsegė *sgr. vks. (1)* susegti sau: *Užsisèkite saugõs diržùs.* • *neig.* **neužsisègti**

užsùkti, ùžsuka, užsùko *vks. (1)* **1.** *(kas, pas ką / į ką)* einant pro šalį, trumpai užeiti: *Kadà pas mus užsùksi?* ○ *Užsukaũ į parduotùvę píeno.* **2.** *(kas, ką)* pasukant išjungti: *Vanduõ bėga, užsùk čiáupą.* ○ *užsùkti dujàs* **3.** *(kas, ką)* sukant padaryti, kad nejudėtų: *Užsùk stiklaĩnio dangtẽlį.* ○ *užsùkti varžtą* • žr. **neužsukti**; (2, 3) *prš.* **atsukti**

užtèkti, ùžteňka, ùžteko *vks. (1) (ko, kam)* (ko) būti ar turėti pakankamai, gana, netrūkti: *Šių̃ pinigų̃ (mums) ùžteks tik iki kìtos sãvaitės.* ○ *Saldaĩnių ùžteko vìsiems.* ○ *Ar (tau) ùžteks drąsõs pasakýti tiẽsą?* • *neig.* **neužtèkti**

užteřšti, užteřšia, ùžteřšė *vks. (1) (kas, ką, kuo)* padaryti nešvarų, nesveiką, pavojingą sveikatai (orą, vandenį, maistą ir pan.): *Miestè óras (yra) ùžterštas automobìlių dū́jomis.* • žr. **neužteršti**

užteršìmas *dkt. v. (2, 1) (ko)*

užtráukti, užtráukia, užtráukė *vks. (1) (kas, ką)* traukiant pašalinti tarpą; padaryti ką uždengtą, uždarytą: *Užtráukiau (lángo) užúolaidas.* ○ *Užtráuk pinìginės užtrauktùką, nes iškrìs monètos.* • žr. **neužtraukti**

užtrauktùkas *dkt. v. (2, 1)* įtaisas drabužių ir pan. dalims sujungti: *sijõno [striùkės] užtrauktùkas* ○ *pinìginė su užtrauktukù*

užtvérti, ùžtveria, užtvė́rė *vks. (1) (kas, ką)* trukdyti (kuo) eiti, važiuoti: *užtvérti gãtvę* ○ *Automobìlis užtvė́rė kẽlią į kiẽmą.* • žr. **neužtverti**

užtvìndyti, užtvìndo, užtvìndė *vks. (3) (kas, ką)* padaryti, kad (kas) būtų padengtas didelio kiekio vandens: *Nẽmunas pótvynio metù užtvìndo dìdelius žẽmės plótus.* • žr. **neužtvindyti**

užúodė *būt. l. 3 asm. žr.* **užuosti**

užúodžia *esam. l. 3 asm. žr.* **užuosti**

užúojauta *vns. dkt. m. (1, 6)* nelaimėje kam nors žodžiu ar veiksmu rodomas dėmesys: *Réiškiu nuoširdžią užúojautą dėl mótinos mirtiẽs.* ○ *užúojautos láiškas*

užúolaida *dkt. m. (1, 6)* audinio gabalas langui uždengti: *Jau tamsù, užtráuk užúolaidas.* ○ *Virtùvėje kabìnsiu báltą užúolaidą.*

užuolaida

užúosti, užúodžia, užúodė *vks. (1) (kas, ką / + šs)* imti jausti (ko) kvapą: *Užúodžiau dū́mų kvãpą.* ○ *Šuõ užúodė dešrą̃.* ○ *Ar užúodžiate, kaip skaniaĩ kvẽpia?* • žr. **neužuosti**; *plg.* **uostyti**

ùžvakar *prv.* dieną prieš vakar: *Ùžvakar ir vãkar lìjo, šiañdien lỹja ir rytój turbū́t lìs.*

užvalkalas *dkt. v. (3⁴ᵇ, 1)* maišo pavidalo gaminys iš audinio pagalvei, antklodei dengti: *margì [baltì] pagálvių užvalkalaĩ*

V v

V, v trisdešimtoji lietuvių kalbos abėcėlės raidė

V. *sutr. žr.* **vardininkas**

v. *sutr. žr.* **vyriškoji giminė**

vãbalas *dkt. v. (3^b, 1)* vabzdys kietais sparnais: *Per grindìs ropója kažkoks vãbalas.*

vabzdỹs *dkt. v. (4, 3)* mažas gyvūnas, kuris turi šešias kojas: *Skrùzdėlės, uodaĩ yra vabzdžiaĩ.*

vadìnasi (pasakant išvadą) taigi: *Šis gýdytojas negãli manęs priimti. Vadìnasi, aš turiu kreĩptis į kìtą gýdytoją.*

vadìnti, vadìna, vadìno *vks. (1) (kas, ką, kuo / kaip)* sakyti kieno vardą, pavadinimą ir pan.; sakyti, kad kas yra kas: *Kaĩp jus vadìnti?* o *Ją vadìno profèsore.* o *Kaĩp šį príetaisą vadìnti?* o *Kodėl tu vadinì mane melagè?* • *žr.* **nevadinti**

vadìntis, vadìnasi, vadìnosi *sgr. vks. (1) (kas)* turėti vardą, pavardę, pavadinimą ar pan.: *Jis vadìnasi Algirdas.* o *Kaĩp vadìnasi tas filmas [ši gãtvė]?* o *Ar ši kompiùterio dalìs vadìnasi pelė?* • *žr.* **nesivadinti**

vadõvas *dkt. v. (2, 1),* **vadõvė** *dkt. m. (2, 8)* asmuo, kuris tvarko, yra atsakingas: *Neleñgva dìrbti įstaigos vadovù.* o *dárbo vadõvas* o *ekskùrsijos vadõvė*

vadováuti, vadováuja, vadovãvo *vks. (1) (kas, kam)* būti (ko) vadovu: *vadováuti įstaigai* • *neig.* **nevadováuti**

vadovãvimas *dkt. v. (1, 1) (kam)*

vadovėlis *dkt. v. (2, 3)* knyga mokytis tam tikro dalyko: *Nupirkaũ vaĩkui reikalìngus vadovėliùs.* o *Vadovėliai turi būti parašýti áiškiai, suprañtamai.* o *lietùvių kalbõs [istòrijos] vadovėlis*

vãgia *esam. l. 3 asm. žr.* **vogti**

vagìs *dkt. v. / m. (4, 10)* asmuo, kuris vagia, ppr. nevartodamas jėgos: *Kažkóks vagìs pàvogė mano piniginę.* o *Polìcija sulaĩkė automobìlių vagìs* (dgs. G.). o *Sáugokis vagiẽs.*

vagỹstė *dkt. m. (2, 8)* slaptas neteisėtas svetimo daikto paėmimas: *Dabar̃ būna daũg vagỹsčių.* o *Už vagỹstę jis sėdi kalėjime.*

vagònas *dkt. v. (2, 1)* kiekviena iš traukinio dalių keleiviams ar kroviniams vežti: *Kelintamè vagonè tu važiavaĩ?*

vaidýba *vns. dkt. m. (1, 6)* vaidinimo menas: *Jis studijúoja vaidýbą.*

vaidýbinis, vaidýbinė *bdv. (1, 4–9)* susijęs su vaidyba: *Per televìziją ródomi vaidýbiniai ir dokumeñtiniai filmaĩ.* • *plg.* **dokumentinis**

vaidìnimas *dkt. v. (1, 1)* dramos ir pan. kūrinio atlikimas: *cìrko vaidìnimai* o *rãdijo vaidìnimas* • *žr.* **spektaklis**

vaidìnti, vaidìna, vaidìno *vks. (1) (kas, ką)* vaizduoti scenoje, kine, atlikti vaidmenį: *Teatrè ji dažniáusiai vaidìndavo pagrindiniùs vaĩdmenis.* o *Jis puĩkiai vaidìno karãlių.* • *žr.* **nevaidinti**

vaidìnimas *dkt. v. (1, 1)*

vaidmuõ *dkt. v. (3^b, 11)* **1.** dramos kūrinio, filmo ar pan. veikėjas, jo žodžiai, veiksmai: *Ji gãvo pagrindìnį vaĩdmenį.* o *Kàs yra to vaidmeñs atlikėjas?* **2.** *vns.* įtaka, svarbumas: *Didėja žiniãsklaidos vaidmuõ polìtikoje.*

vaikáitis *dkt. v. (1, 3),* **vaikáitė** *dkt. m. (1, 8) žr.* **anūkas**

vaikáičiai *dgs. žr.* **anūkai**

vaĩkas *dkt. v. (4, 1)* **1.** sūnus ar duktė: *Mano brólis turi penkìs vaikùs: dù sūnus ir trìs dùk-*

teris. o *Mótinos džiaũgiasi savo vaikaĩs.* o *Ar jū́sų vaikaĩ jau dideli̇̀?* **2.** nesuaugęs žmogus; berniukas ar mergaitė: *Kiemè žaĩdė daug vaikų̃.* o *vaikų̃ mùzikos mokyklà*
vaikų̃ darželis įstaiga, kurioje prižiūrimi vaikai, kurie dar nelanko mokyklos: *Jo sūnùs dar nelañko mokỹklos, jis lañko vaikų̃ darželi̇̀.*
vaikų̃ namaĩ valstybės įstaiga, kurioje gyvena ir mokosi našlaičiai: *Jis užáugo vaikų̃ namuosè.*

vaikìnas *dkt. v. (2, 1)* jaunas nevedęs vyras: *Mérginoms patiñka drą̄sūs vaikìnai.* o *Mano sesuõ eis į̃ pasimãtymą su vaikinù.*

vaikỹstė *vns. dkt. m. (2, 8)* žmogaus gyvenimo dalis, kurią jis yra vaikas: *Vaikỹstę aš praléidau káime.* • *plg.* **jaunỹstė, senatvė**

vaĩkiškas, vaĩkiška *bdv. (1, 1–6)* skirtas vaikams dėvėti, vartoti ir pan.: *vaĩkiški drabùžiai* o *vaĩkiškas vežimėlis*

váikščioti, váikščioja, váikščiojo *vks. (1) (kas)* **1.** žingsniu judėti iš vienos vietos į kitą: *Tỹliai váikščiok, dar visi miẽga.* o *Aš mėgstu váikščioti po párką.* **2.** sugebėti eiti: *Mano duktė̃ jau váikščioja.* • *neig.* **neváikščioti**

vainìkas *dkt. v. (2, 1)* iš gėlių, lapų ir pan. padaryta ppr. apskrita juosta: *Vainikùs pìna iš ą́žuolo lãpų.* o *láidotuvių vainìkas iš ẽglės šakų̃*

vaĩras *dkt. v. (4, 1)* įtaisas transporto priemonės judėjimo krypčiai keisti: *Tvirtaĩ laikýk automobìlio vaĩrą.* o *sùkti vaĩrą* o *dvìračio vaĩras*

vairúoti, vairúoja, vairãvo *vks. (1) (kas, ką)* valdyti transporto priemonę: *Ar tavo mamà móka vairúoti automobìli̇̀?* • *žr.* **nevairúoti**

vairãvimas *dkt. v. (1, 1) (ko): (automobìlių) vairãvimo kùrsai*

vairúotojas *dkt. v. (1, 2),* **vairúotoja** *dkt. m. (1, 7)* asmuo, kuris vairuoja: *Brólis dìrba vairúotoju, jis vairúoja troleibùsą.*
vairúotojo pažymėjimas dokumentas, kuris duoda teisę vairuoti transporto priemonę • *žr. t. p.* **teisė̃s**

vaĩsius *dkt. v. (2, 5)* **1.** medžio ar krūmo sultinga ppr. valgoma dalis, kurioje yra sėklos: *Obuoliaĩ, slỹvos, kriáušės yra vaĩsiai.* o *Vaĩsiai dar žalì.* o *Válgykime daugiaũ vaĩsių ir daržóvių.* o *vaĩsių sùltys* o *džiovìnti vaĩsiai* **2.** bet kurio augalo dalis, iš kurios gali augti naujas augalas: *Gìlė yra ą́žuolo vaĩsius.*

vaĩskrūmis *dkt. v. (1, 3)* vaisius vedantis krūmas: *Vaĩskrūmius geriáusia sodìnti rùdenį.*

vaĩsmedis *dkt. v. (1, 3)* vaisius vedantis medis: *Kriáušės, óbelys, slỹvos yra vaĩsmedžiai.*

váistas *dkt. v. (1, 1), t. p.* **vaĩstas** *(4, 1)* medžiaga, vartojama gydyti: *Geriù [vartóju] váistus [vaistùs] nuo péršalimo.* o *Gýdytojas išrãšė váistų tabletėmis ir miltẽliais.* o *šviřkšti váistus*

vaistãžolė *dkt. m. (1, 8)* augalas, vartojamas vaistams gaminti arba kaip vaistas: *vaistãžolių arbatà*

váistinė *dkt. m. (1, 8), t. p.* **vaĩstinė** įstaiga, kurioje parduodami (kartais ir gaminami) vaistai; jos patalpos: *Nepamiřšk užeĩti į̃ váistinę ir nupiřkti váistų.*

váistininkas *dkt. v. (1, 1),* **váistininkė** *dkt. m. (1, 8), t. p.* **vaĩstininkas, vaĩstininkė** vaistinės darbuotojas: *Ji dìrba váistininke.*

váišės *dgs. dkt. m. (1, 8)* vaišinimas; tai, kuo vaišinama: *Ar jū̃s dalyváusite váišėse?* o *Váišės buvo puĩkios.*

váišinti, váišina, váišino *vks. (1), t. p.* **vaišìnti, vaišìna, vaišìno** *(kas, ką, kuo)* duoti nemokamai valgyti ir gerti; sumokėti už maistą ir gėrimus: *váišinti draugùs alumì* o *Eĩmė į̃ kãvinę, aš jus váišinu [vaišinù].* • *žr.* **neváišinti**

váišinimas *dkt. v. (1, 1), t. p.* **vaišìnimas:** *svečių̃ váišinimas*

váišintis, váišinasi, váišinosi *sgr. vks. (1), l. p.* **vaišìntis, vaišìnasi, vaišìnosi** *(kas, kuo)* imti vaišių: *Prãšom váišintis pyragáičiais.* • *žr.* **nesiváišinti**

vaivórykštė *dkt. m. (1, 8)* įvairių spalvų juosta danguje: *Kai lỹja ir šviẽčia sáulė, atsirañda vaivórykštė.*

vaizdãjuostė *dkt. m. (1, 8)* juosta vaizdui ir garsui įrašyti; tai, kas joje įrašyta: *žiūrėti vaizdãjuostę* o *vaizdãjuosčių núoma*

283

vaĩzdas *dkt. v. (4, 1)* **1**. tai, kas matoma žiūrint: *Per autobùso lángą mačiaũ gražiùs Aukštaitìjos vaizdùs.* **2**. tai, kas vaizduojama: *atvirùkai su Vìlniaus vaizdaĩs*
vaĩzdo magnetofònas prietaisas vaizdui ir garsui įrašyti ir atkurti

vaizdúoti, vaizdúoja, vaizdãvo *vks. (1) (kas, ką)* rodyti vaizdu, vaizdais: *Romanė vaizdúojamas kelių šeimų gyvẽnimas.* • *žr.* **nevaizduoti, pavaizduoti**
vaizdãvimas *dkt. v. (1, 1) (ko)*

vajè *jst.* (vartojamas reiškiant nustebimą): *Vajè, koks gražùs dáiktas!* o *Vajè, kaĩp tau nesìseka!*

vãkar *prv.* **1**. dieną prieš šiandien, praėjusią dieną: *Vãkar buvau kinè.* o *Jis grįžo iš užsienio tik vãkar.* o *Aš vãkar jums skam̃binau.* **2**. (su prl. **iki, nuo**) praėjusios dienos: *Iki vãkar jis dar nebùvo baĩgęs dárbo.* o *Nerūkaũ nuo vãkar.* **3**. (vartojamas kaip bdv.) praėjusios dienos: *Vakar rýtą atsikėliau ankstì, o šįryt vėlaĩ.* o *Vakar vakarè mes bùvome svečiuose.*

vakaraĩ *dgs. dkt. v. (3ᵇ, 1)* **1**. pasaulio šalis, kur leidžiasi saulė: *Vėjas pùčia iš vakarų̃.* **2**. šios pasaulio šalies kryptimi esanti vietovė: *Lietuvõs vakaruosè yra Báltijos júra.* • *prš.* **rytai**

vãkaras *dkt. v. (3ᵇ, 1)* **1**. paros dalis po dienos prieš naktį: *Laukiau tavęs iki vėlaũs vãkaro.* o *Vakarè pradėjo lýti.* o *Žiemõs vakaraĩs ankstì témsta.* **2**. vakare (1) vykstantis ppr. iškilmingas renginys: *poèzijos [mùzikos] vãkaras* • *žr.* **labas vakaras**

vakarėlis *dkt. v. (2, 3)* jaunimo susirinkimas kartu linksmintis, ppr. vakare: *liñksmas vakarėlis* o *sureñgti gimtãdienio vakarėlį*

vakarienė *dkt. m. (2, 8)* valgis vakare: *Šeimà válgo vakarìenę.* o *Po vakarìenės vaikaĩ eina miegóti.*

vakarieniáuti, vakarieniáuja, vakarieniãvo *vks. (1) (kas)* valgyti vakarienę: *Keliñtą vãlandą mes vakarieniáusime?* • *neig.* **nevakarieniáuti**

vakarýkštis, vakarýkštė *bdv. (1, 4–9)* vakar dienos: *Gal tùrite vakarýkščių laĩkraščių?*

vakarìnis, vakarìnė *bdv. (2, 4–9)* **1**. vykstantis vakare: *vakarìnis spektãklis* **2**. vakare išvykstantis ar atvykstantis: *Aš išvažiúosiu vakarìniù tráukiniu.* **3**. vakare puoštis dėvimas: *ilgà vakarìnė suknẽlė* o *vakarìniai drabùžiai*

val. *sutr. žr.* **valanda**

valandà *dkt. m. (3ᵇ, 6)* **1**. laiko vienetas – 60 minučių: *Dìrbame aštúonias vãlandas per diẽną.* o *Po valandõs eĩsiu į dárbą.* o *Pyrãgą kepiaũ visą vãlandą.* **2**. laiko momentas: *Kíek dabar valandų̃?* – *Peñkios (vãlandos) trisdešimt (minùčių)* (pusė šešių) o *Koncèrtas prasidės aštuñtą vãlandą* (20.00). • *sutr.* **val.**

valdýba *dkt. m. (1, 6)* įstaigos ar organizacijos valdymo organas: *veršlininkų są́jungos valdýba*

valdýti, vaĩdo, vaĩdė *vks. (3) (kas, ką)* **1**. turėti savo valdžioje: *Valstýbę vaĩdo vaĩdančioji pártija.* o *Kadáise Lietuvą vaĩdė kunigáikščiai.* **2**. sugebėti naudotis: *Aš nemóku valdýti giñklo.* • *žr.* **nevaldyti**
vaĩdymas *dkt. v. (1, 1) (ko): valstýbės vaĩdymas*

valdõvas *dkt. v. (2, 1),* **valdõvė** *dkt. m. (2, 8)* asmuo, kuris valdo valstybę

valdžià *dkt. m. (4, 7)* **1**. teisė ar galėjimas kontroliuoti kitus; politinis vadovavimas: *Jis labaĩ nóri valdžiõs.* o *valstýbinė valdžià* **2**. asmenys, turintys tokią teisę: *kreĩptis į vaĩdžią* o *miẽsto valdžiõs atstõvai*

valgiãraštis *dkt. v. (1, 3)* patiekalų, gėrimų, kuriuos galima užsisakyti, sąrašas: *restorãno valgiãraštis* o *Padavėja neãtneša valgiãraščio.*

valgyklà *dkt. m. (2, 6)* vieta mokykloje, įstaigoje ir pan., kur galima pavalgyti, ppr. pigiai: *Šiañdien pietáusiu valgỹkloje.*

vaĩgis *dkt. v. (2, 3)* **1**. maistas, paruoštas suvalgyti ppr. vienu kartu: *Vaĩgį gamìname virtùvėje.* o *Paìmk vaĩgio kelìonei.* **2**. maisto vartojimas: *Prieš vaĩgį reikia pláutis rankàs.*

válgyti, válgo, válgė *vks. (3) (kas, ką)* **1**. imti į burną, kramtyti ir ryti: *Man skaũda dañtį, aš negaliù válgyti.* o *Jis sėdi prie stãlo ir válgo óbuolį.* **2**. vartoti valgį, maistą: *Pùsryčius válgau, pùsryčiauju.* o *Ką dúosi válgyti?*

○ *Ji válgo tik vištíeną ir žùvį, kiaulíenos neválgo.* • *žr.* **nevalgyti**; *plg.* **ėsti, lesti**
válgymas *dkt. v. (1, 1) (ko)*

válgomas, válgoma *bdv. (1, 1–6)* kurį galima valgyti: *Ar šis grỹbas (yra) válgomas?* • *žr.* **nevalgomas**

válgomasis, válgomoji *įvr.* 1. kurį galima valgyti: *válgomieji grỹbai* 2. prie kurio valgoma: *válgomasis stãlas* 3. su kuriuo valgoma: *válgomieji įrankiai* (peiliai, šakutės ir pan.)

válgomasis *dkt. v. (įvr. bdv.), t.p.* **valgomàsis** kambarys, kuriame valgoma: *Válgomajame [Valgomãjame] stóvi dìdelis stãlas ir šẽšios kẽdės.*

valià *dkt. m. (2, 7)* sugebėjimas pasirinkti, ką reikia daryti, ir priversti save tai padaryti: *Ji visái netùri vãlios – negãli mèsti rūkýti.* ○ *stipriõs [silpnõs] vãlios žmogùs*

valyklà *dkt. m. (2, 6)* drabužių valymo įmonė; jos patalpos: *Iš valỹklos parsìnešiau švariùs drabužiùs.*

valìklis *dkt. v. (2, 3)* priemonė (skystis) valyti: *langų̃ [drabùžių] valìklis* ○ *valýti kìlimą valìkliu*

valiõ *jst.* (šaukiama džiaugiantis kuo): *Valiõ, mūsų kománda laimėjo!* ○ *Dárbą baĩgėme, valiõ!*

valýti, vãlo, vãlė *vks. (3) (kas, ką)* 1. daryti švarų: *valýti kìlimą* ○ *Abù kostiumùs nùnešiau valýti į valỹklą.* 2. šalinti: *valýti dùlkes nuo spìntos [sniẽgą nuo šalìgatvio]* • *žr.* **išvalyti, nevalyti, nuvalyti**
vãlymas *dkt. v. (1, 1) (ko): vandeñs vãlymas*

valýtis, vãlosi, vãlėsi *sgr. vks. (3) (kas, ką)* valyti savo: *valýtis batùs [dantìs]*
valýtis kójas braukti batų padus į kilimėlį prie durų: *Vaikaĩ, valýkitės kójas!* • *žr.* **nesivalyti**

valytùvas *dkt. v. (2, 1)* 1. mašina ar prietaisas valyti: *sniẽgo valytùvas* 2. daiktas, kuris valo lietaus lašus ir pan. nuo automobilio stiklo

valiutà *dkt. m. (2, 6)* šalyje vartojami pinigai: *Jungtìnių Amèrikos Valstijų̃ valiutà yra dòleris.*
valiùtos keityklà vieta, kurioje vienos šalies pinigai keičiami į kitos šalies pinigus, kur perkama ir parduodama valiuta

valstýbė *dkt. m. (1, 8)* šalis ir jos valdžia: *Lietuvõs valstýbė buvo sukurtà trýliktajame ámžiuje.* ○ *valstýbės síena [hìmnas, vėliava, įmonė]* ○ *valstýbės paramà mėnininkams*

valstýbinis, valstýbinė *bdv. (1, 4–9)* susijęs su valstybe, valstybės: *valstýbinis bánkas* ○ *valstýbinė kalbà*

váltis *dkt. m. (1, 9)* nedidelis laivas, kuris verčiamas judėti irklais: *válties dùgnas* ○ *Váltimi plaūkėme per ẽžerą.*

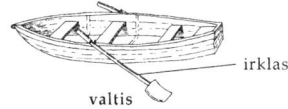
valtis / irklas

vamzdẽlis *dkt. v. (2, 3)* mažas vamzdis

vamzdis *dkt. v. (2, 3)* apvalus, pailgas tuščiu viduriu daiktas: *dùjų vamzdžiai* ○ *vandéntiekio vamzdis* ○ *Vanduõ tẽka vamzdžiù.*

vãnagas *dkt. v. (3ᵇ, 1)* plėšrus paukštis trumpu lenktu snapu

vanagas

vandenýnas *dkt. v. (1, 1)* labai didelis vandens telkinys: *plaũkti per vandenýną*

vandéntiekis *vns. dkt. v. (1, 3)* vamzdžių sistema vandeniui tiekti: *vandéntiekio avārija*

vanduõ *vns. dkt. v. (3ᵃ, 11)* upių, ežerų ir pan. skystis: *Dúok man stìklinę vandeñs.* ○ *Gėrėme šáltą šaltìnio vándenį.* ○ *Jūros vanduõ yra sūrùs.* • *žr.* **mineralinis vanduo**
vandeñs lelijà vandens augalas didelais baltais ar geltonais žiedais: *nuskìnti vandeñs lelìją*

var̃das *dkt. v. (4, 1)* 1. asmens pavadinimas, duodamas gimus: *Jo var̃das – Výtautas.* ○ *Aš turiu dù vardùs.* 2. bet kurio daikto ar reiškinio pavadinimas: *Nežinaũ šios gėlės var̃do.* ○ *mėnesių var̃daĩ* ○ *miẽstų [ežerų̃] vardaĩ* • *žr.* **kuo** *(kas)* **vardu, krikšto vardas**; *plg.* **pavardė**

vardãžodis *dkt. v. (1, 3) gram.* daiktavar-

vardinės

dis, būdvardis ar skaitvardis: *vardãžodžių linksniãvimas*

vardìnės *dgs. dkt. m. (2, 8)* šventė, kurią tą pačią metų dieną švenčia visi vienodą vardą turintys žmonės: *Mano var̃das Pẽtras, aš švenčiù vardìnės birželio dvìdešimt deviñtąją.*

vardiniñkas *dkt. v. (2, 1) gram.* linksnis, kuriuo atsakoma į klausimą „kas?": „*Nãmas*" *yra vienāskaitos vardiniñkas, o* „*namaĩ*" – *daugìskaitos vardiniñkas.* • *sutr.* **V.**

vargõnai *dgs. dkt. v. (2, 1)* muzikos instrumentas su daugeliu vamzdžių, kuriuo grojama ppr. bažnyčioje: *gróti vargõnais*

vargõnininkas *dkt. v. (1, 1)*, **vargõnininkė** *dkt. m. (1, 8)* muzikantas, kuris groja vargonais

varìklis *dkt. v. (2, 3)* transporto priemonių dalis, kuri verčia jas judėti: *automobìlio varìklis* o *Išjùngiau varìklį.* o *remontúoti varìkliùs*

varýti, vãro, vãrė *vks. (3) (kas, ką)* versti judėti kuria kryptimi: *Gývulius vãrė į laũką.* • *žr.* **nevaryti**
varýti iš prõto *(ką)* labai smarkiai nervinti ar versti jaudintis: *Triùkšmas gãtvėje vãro mane iš prõto.*
vãrymas *dkt. v. (1, 1) (ko)*

varlẽ *dkt. m. (4, 8)* mažas gyvūnas, kuris gyvena balose, drėgnose vietose: *žalià varlẽ*

varlė

várna *dkt. m. (1, 6)* nemažas paukštis pilkomis ir juodomis plunksnomis: *Ant tvorõs tùpi várna.*

varnėnas *dkt. v. (1, 1)* paukštis juodomis plunksnomis, kuris lesa uogas: *Varnėnai lėsa vyšniàs.*

varna

Vaȓniai *dgs. dkt. v. (2, 3)* Lietuvos miestas: *važiúoti į Varniùs* o *gyvénti Vaȓniuose*

varniùkas *dkt. v. (2, 1)* varnų jauniklis

várpa *dkt. m. (1, 6)* javo dalis, kurioje yra grūdai: *rugių várpos*

vaȓpas *dkt. v. (4, 1)* metalinis tuščiu viduriu daiktas, kuris daužomas skleidžia garsą: *Skaḿba varpaĩ.* o *varpų mùzika*

varškẽ *vns. dkt. m. (3, 8)* minkštas baltas pieno gaminys: *Norė́čiau varškė̃s.* o *pyrãgas su várške* o *varškė̃s sū́ris*

varškė̃tis *dkt. v. (2, 3)* keptas ar virtas patiekalas su varške ar varškės įdaru: *varškė̃čiai su uogienè*

vart. *sutr.* vartojama(s); vartojimas

vaȓtai *dgs. dkt. v. (2, 1)* **1.** durys tvoroje: *Uždarýk kiẽmo vartùs.* o *siaurì [plãtūs] vaȓtai* o *Prie vaȓtų tùpi šuõ.* **2.** tam tikrų sportinių žaidimų aikštelės dalis: *fùtbolo vaȓtai* o *spìrti [mèsti] kãmuolį į vartùs* • *(1) žr. pieš.* **tvora**

vaȓtininkas *dkt. v. (1, 1)*, **vaȓtininkė** *dkt. m. (1, 8)* kai kurių sportinių žaidimų žaidėjas, kuris turi sustabdyti kamuolį, kad jis nepatektų į vartus

vartóti, vartója, vartójo *vks. (1) (kas, ką)* **1.** gerti ar valgyti (maistą, vaistus): *Šiuos váistus reikia vartóti prieš valgį.* o *Vartókime dáugiaũ daržóvių.* **2.** sakyti kalbant (žodžius): *Jis kalbėdamas vartója daug man nesuprantamų žodžių.* • *žr.* **nevartoti**
vartójimas *dkt. v. (1, 1) (ko)*

varžýbos *dgs. dkt. m. (1, 6)* sportininkų ar jų komandų rungimasis, norint nustatyti geriausius: *Prasidėjo miẽsto šachmãtininkų varžýbos.* o *dvejos varžýbos*

varžýtis, varžosi, varžėsi *sgr. vks. (3)* **1.** *(kas, dėl ko)* stengtis laimėti varžybas, konkursą: *varžýtis dėl pirmõsios vietos* **2.** *(kas, ko)* jaustis nedrąsiam, kai yra nepažįstamų žmonių: *Vaikas varžosi svečių.* • *žr.* **nesivaržyti**
varžymasis *dkt. v. (1, 1a)*

varžtas *dkt. v. (2, 1)* tam tikra metalinė vinis, kuri tvirtinama sukant

varžtelis *dkt. v. (2, 3)* nedidelis varžtas

vãsara *dkt. m. (1, 6)* metų laikas tarp pavasario ir rudens; pagal kalendorių – birželis, liepa, rugpjūtis: *Vãsara – šilčiáusias metų laĩkas.* o *Atostogáusiu vãsarą.*

vasarìnis, vasarìnė *bdv. (2, 4–9)* dėvimas vasarą: *Nusipirkaũ vasarìnę suknẽlę.*

vasãris *dkt. v. (2, 3)* antrasis metų mėnuo: *Tai atsitiko vasãrį.* ○ *Vasãris (yra) trum̃pas mė́nuo.*

vąšẽlis *dkt. v. (2, 3)* įrankis lenktu galu, naudojamas nerti²: *nérti vąšeliù*

vatà *vns. dkt. m. (4, 6)* minkšta lengva balta medžiaga, gaminama iš medvilnės: *nusivalýti véidą vatõs gabalė̃liù*

vazà *dkt. m. (2, 6)* indas kambariams puošti ar gėlėms, vaisiams dėti: *gė́lių vazà* ○ *Vãzoje yra obuolių̃, prãšom válgyti.*

važiãvimas *dkt. v. (1, 1) žr.* važiuoti

važinė́ti, važinė́ja, važinė́jo *vks. (1) (kas)* nuolat ar dažnai važiuoti: *Jis kasdiẽn važinė́ja į dárbą iš Kaũno į Vìlnių.* • *neig.* **nevažinė́ti**

važinė́tis, važinė́jasi, važinė́josi *sgr. vks. (1) (kas, kuo)* judėti (automobiliu, dviračiu, riedučiais, riedlente, rogutėmis) pramogos tikslais: *važinė́tis rogùtėmis nuo kálno* • *žr.* **nesivažinė́ti**

važiúoti, važiúoja, važiãvo *vks. (1) (kas)* **1.** judėti žemės paviršiumi (apie transporto priemonę): *Automobìlis pradė́jo važiúoti.* **2.** automobiliu (dviračiu, autobusu, traukiniu) vykti: *Iki savivaldýbės važiúokite antrúoju (2) troleibusù.* ○ *Į tą̃ miẽstą geriaũ važiúoti autobusù negu tráukiniu.* ○ *Važiãvome dvì parás, kol pasíekėme Parỹžių.* • *neig.* **nevažiúoti**; *žr.* **atvažiuoti, išvažiuoti, įvažiuoti, nuvažiuoti, parvažiuoti, pervažiuoti, privažiuoti**

važiãvimas *dkt. v. (1, 1)*

vẽda *esam. l. 3 asm. žr.* **vesti**

vẽdasi *esam. l. 3 asm. žr.* **vestis**

vẽdė *būt. l. 3 asm. žr.* **vesti**

vẽdėsi *būt. l. 3 asm. žr.* **vestis**

vedė́jas *dkt. v. (1, 2)*, **vedė́ja** *dkt. m. (1, 7)* asmuo, kuris vadovauja įstaigos skyriui ar kokiam renginiui: *televìzijos laidõs vedė́ja*

vẽdęs *bdv. v. (dlv. [3])* susituokęs, turintis žmoną (apie vyrą): *Ar jū̃s vẽdęs?* ○ *Šis výras jau seniaĩ vẽdęs.* • *žr.* **nevedęs**; *plg.* **ištekėjusi**

véidas *dkt. v. (3, 1)* priekinė žmogaus galvos dalis: *gražùs [apvalùs] véidas* ○ *Praũskis véidą šáltu vándeniu.* • *plg.* **snukis**

veidrodė̃lis *dkt. v. (2, 3)* mažas veidrodis: *automobìlio veidrodė̃lis*

véidrodis *dkt. v. (1, 3)* tam tikro stiklo gabalas, kuriame galima matyti save: *žiūrė́ti į véidrodį* ○ *šukúotis priẽš véidrodį* ○ *Parduotùvėje (yra) daug véidrodžių.*

veikė́jas *dkt. v. (1, 2)*, **veikė́ja** *dkt. m. (1, 7)* **1.** asmuo, kuris vaizduojamas knygoje ir pan.: *pagrindìnis fìlmo veikė́jas* **2.** asmuo, kuris dalyvauja tam tikroje veikloje: *polìtikos veikė́jas*

veikiamàsis, veikiamóji *įvr. dlv. [2]* **veikiamóji rū́šis** *gram.* veiksmažodžio formos, kurios rodo, kad kas pats atlieka veiksmą: *„Rãšo" yra veiksmãžodžio „rašýti" veikiamõsios rū́šies fòrma, o „yra rãšomas" – neveikiamõsios rū́šies fòrma.* • *sutr.* **veik. r.**

veiklà *vns. dkt. m. (4, 6)* veikimas, darbas; užsiėmimas: *užsiim̃ti naudìnga veiklà* ○ *nutráukti įmonės veĩklą*

veiklùs, veiklì *bdv. laipsn. (4, 5–8)* kuris su noru dalyvauja veikloje: *veiklùs žmogùs* • *žr.* **neveiklus**

veĩksmas *dkt. v. (4, 1)* **1.** tai, ką kas daro: *Tùrime atsakýti už sãvo veiksmùs.* **2.** dramos ir pan. dalis: *dviejų̃ veiksmų̃ spektãklis*

veiksmãžodis *dkt. v. (1, 3) gram.* žodis, kuriuo pasakomas veiksmas ar būsena: *Žõdžiai „rašýti", „rãšo", „lýja", „miẽga" yra veiksmãžodžiai.* • *sutr.* **vks.**

veĩkti, veĩkia, veĩkė *vks. (1)* **1.** *(kas)* būti nesugedusiam, galėti būti naudojamam pagal paskirtį (apie prietaisus): *Šaldytùvas veĩkia geraĩ.* ○ *Ar telefònas veĩkia?* **2.** *(kas, ką)* užsiimti kuo, dirbti, daryti: *Ką̃ veikì? – Skaitaũ knỹgą.* ○ *Ką̃ jū̃s rytój veĩksite? – Eĩsime į kìną.* **3.** *(kas, ką)* ką daryti kitoki, keisti: *Triùkšmas veĩkia sveikãtą (daro ją blogèsnę).* ○ *Mùzika veĩkia núotaiką (daro ją gerèsnę arba blogèsnę).* • *žr.* **neveikti, paveikti**

veikìmas *dkt. v. (2, 1) (ko)*

vė́jas *dkt. v. (1, 2)* oro srovė: *Šiañdien pùčia stiprùs vė́jas.* ○ *vakarų̃ [rytų̃, pietų̃, šiáurės] vė́jas*

vėjo malūnas aukštas pastatas su ilgomis plokščiomis dalimis, kurios sukasi pučiant vėjui

vėjasi *esam. l. 3 asm. žr.* **vytis**

vėjúotas, vėjúota *bdv. (1, 1–6)* toks, kai pučia stiprus vėjas: *vėjúota dieną* ○ *vėjúotas vãkaras*

vėjo malūnas

vė̃l *prv.* 1. dar kartą: *Jūs vė̃l atėjote ne laikù.* 2. taip, kaip anksčiau: *Vė̃l lỹja* (buvo nustoję). ○ *Man vė̃l pradėjo skaudėti dañtį.*

vėlaĩ *prv.* 1. po įprasto, nustatyto ar pan. laiko: *Šįryt atsikėliau vėlaĩ.* ○ *Gaila, bet jūs kreipėtės į gydytoją per vėlaĩ.* 2. tam tikro laiko tarpo pabaigoje: *Šiõs gėlės žỹdi vėlaĩ rùdenį.* ○ *Agurkùs reikia sodinti vėlaĩ pavãsarį.* ○ *Grįžau iš teatro vėlaĩ vakarè.* • *prš.* **anksti**; *neig.* **nevėlaĩ**

vėlèsnis, vėlèsnė *bdv. (4, 3–9)* 1. *aukšt. l. žr.* **vėlus**: *Jei į šį tráukinį nespėsiu, grįšiu velesniù (tráukiniu).* 2. vykstantis vėliau: *velesnì įvykiai* ○ *Vėlesniaĩs mėtais jo sveikatà pasidãrė gerèsnė.* • *prš.* **ankstesnis**

vėliaũ *prv.* 1. *aukšt. l. žr.* **vėlai**: *Aš atsikėliau vėlaĩ, o tu dár vėliaũ.* 2. po tam tikro laiko, paskui: *Jūs tai galėsite padarýti vėliaũ.* ○ *Jis baĩgė vidurinę mokỹklą, vėliaũ mókėsi universitetè.*

vėliáusiai *prv. aukšč. l. žr.* **vėlai**: *Prãnas atėjo vėliáusiai* (vėliau negu visi kiti).

vėliava *dkt. m. (1, 6)* tam tikros formos ir spalvos (spalvų) audinio gabalas, vartojamas kaip ženklas: *Lietuvõs valstýbės vėliava (yra) trijų spalvų: geltónos, žaliõs ir raudónos.*

Velýkos *dgs. dkt. m. (1, 6)* krikščionių šventė kovo ar balandžio mėnesį: *Per Velýkas dažome kiaušiniùs.* ○ *Velýkoms kėpėme pyragùs.* • *žr.* **Sveiki sulaukę švențų Velykų**

Vėlinės *dgs. dkt. m. (1, 8)* lapkričio antroji – diena, kurią reiškiama pagarba mirusiesiems (lankomi jų kapai ir pan.).

vėlývas, vėlýva *bdv. laipsn. (1, 1–6)* vėlai prasidedantis, vykstantis, žydintis ir pan.: *Tos gėlės yra vėlývos, jos žỹdi rugpjūtį.* ○ *Atėjo vėlývas svėčias.* ○ *Šiaĩs mėtais žiemà (yra) vėlýva.* • *prš.* **ankstyvas**

vėlyvàsis, vėlyvóji *įvr.: Grįšiu vėlyvúoju tráukiniu.*

vélnias *dkt. v. (3, 2)* pasakų veikėjas su ragais ir uodega, darantis blogus darbus **vélnias** (keiksmažodis): *Vélnias, kaip užsigavaũ kóją!*

velniaĩ griêbtų (keiksmažodis): *Velniaĩ griẽbtų, pamiršaũ namiẽ rãktą!* • *žr. t. p.* **po velnių**

véltui *prv.* 1. nenaudingai; be norimo rezultato: *Jūs véltui léidžiate laĩką, galėtumėte mókytis arba dìrbti.* ○ *Koncèrtas neįvỹks, vadinasi, mes čia véltui atėjome.* 2. nemokamai: *Šią diẽną kavinėje galėsite válgyti véltui.*

vėlù *n.* 1. vėlus laikas: *Kai grįžaũ namõ, bùvo jau vėlù.* ○ *Õ, jau vėlù, reĩkia skubėti namõ.* 2. praėjęs tinkamas laikas: *Ar nebùs vėlù, jei aš atnèšiu prašymą pirmãdienį?* ○ *Jau vėlù ką nors darýti.* • *neig.* **nevėlù**

vėlúoti, vėlúoja, vėlãvo *vks. (1)* 1. *(kas, į ką / + bendr.)* atvykti kur ar daryti ką vėliau negu reikia: *Labaĩ skubù, vėlúoju į tráukinį.* ○ *Kodėl tu kasdiẽn vėlúoji į pāmokas?* ○ *Ji vėlúoja parašýti strãipsnį.* 2. *(kas, kiek)* rodyti mažiau laiko, negu yra iš tikrųjų (apie laikrodį): *Mano laĩkrodis trupùtį [dviẽm minùtėmis, dvì minùtės] vėlúoja.* • *neig.* **nevėlúoti**; (1) *žr.* **pavėluoti**; (2) *prš.* **skubėti (2)**

vėlùs, vėlì *bdv. (4, 5–8)* artėjantis prie pabaigos (apie metų, paros laiką): *Bùvo jau vėlùs rudúo, lãpkričio mėnuo.* ○ *Susitikaũ jį vėlų pavãsarį, gegužės pabaigojè.* ○ *Grįžome iš koncèrto vėlų vãkarą, vienúoliktą vãlandą (23 val.).* ○ *Jau vėlùs laĩkas* (vakaras, naktis), *reĩkia eĩti namõ.* • *žr.* **nevėlus**

vémti, vémia, vėmė *vks. (1) (kas)* šalinti per burną maistą iš skrandžio: *Mane pỹkina, aš tuoj vémsiu.* ○ *Kodėl tu vemì, gal apsinuõdijai?* • *žr.* **nevemti**

vėmìmas *dkt. v. (2, 1)*

verándą *dkt. m. (1, 6)* aikštelė su grindimis ir stogu prie išorinės namo sienos: *nãmas su verándą* ○ *Verándoje stóvi du suolaĩ.*

verčia *esam. l. 3 asm. žr.* **versti**

verčiaũ *prv.* geriau: *Verčiaũ būčiau nėjęs į koncèrtą, man jis nepatiko.*

vérda *esam. l. 3 asm. žr.* **virti**

ver̃kti, ver̃kia, ver̃kė *vks. (1) (kas)* būti tokios būsenos, kai ašaros teka iš akių dėl skausmo, nelaimės, nesėkmės ir pan.: *Vaĩkas ver̃kė iš skaũsmo.* ○ *Žiūrė́dama fìlmą verkiaũ.* • *žr.* **neverkti**

ver̃slas *dkt. v. (2/4, 1)* gamybos, prekybos ir pan. veikla: *Jis išvažiãvo į užsíenį ver̃slo reikalaĩs.* ○ *prekýbos [pramogų̃] ver̃slas*

ver̃slininkas *dkt. v. (1, 1),* **ver̃slininkė** *dkt. m. (1, 8)* asmuo, kuris užsiima verslu

ver̃sti, ver̃čia, ver̃tė *vks. (1)* 1. *(kas, ką)* griauti ant žemės: *Vė́jas ver̃čia medžiùs.* 2. *(kas, ką)* vieną pusę keisti kita: *ver̃sti knỹgos lapùs* 3. *(kas, ką, į ką / iš ko)* vienos kalbos žodžius (tekstą) pateikti kita kalba: *Ji ver̃čia (knygàs) iš prancū̃zų kalbõs į liẽtùvių kal̃bą.* 4. *(kas, ką, + bendr.)* liepti kam daryti ką nenorint; daryti, kad kas ką darytų (kai to nenori): *ver̃sti vaĩką mókytis* 5. *(kas, ką, + bendr.)* jėga keisti kieno padėtį, kryptį: *ver̃sti vált̃į judė́ti atgal̃* 6. *(kas, ką, kuo)* daryti kito pavidalo, kitos būsenos: *ver̃sti vándenį garaĩs* • (3) *žr.* **išversti**; *žr.* **neversti, antra vertus, viena vertus**

vertìmas *dkt. v. (2, 1) (ko): vertìmas vaĩko mókytis* ○ *vertìmo pãslaugos*

ver̃stis, ver̃čiasi, ver̃tėsi *sgr. vks. (1)* 1. *(kas, kuo)* turėti kokį verslą: *Jie ver̃čiasi kavõs [knỹgų, baldų̃] prekýba.* 2. *(kas)* gyventi: *Jie suñkiai ver̃čiasi* (neturi pinigų). • *žr.* **nesiversti**; (1) *plg.* **užsiimti**

veršíena *vns. dkt. m. (1, 6)* veršio mėsa: *veršíenos kepsnỹs*

ver̃šis *dkt. v. (2, 3)* karvių jauniklis: *Tùrime kárvę ir dù veršiùs.*

ver̃tas, vertà *bdv. (4, 1–6)* 1. turintis vertę: *Šis nãmas ver̃tas milijóno lìtų.* 2. *laipsn.* tinkamas, geras: *Tas žmogùs ver̃tas pagarbõs.*

ver̃ta *n.: Šią knỹgą ver̃ta pérskaityti, ji labaĩ įdomì.*

• *žr.* **nevertas**

vertė̃ *dkt. m. (4, 8)* 1. daikto ar dalyko savybė, kuri daro jį norimą, tinkamą, naudingą ir pan.: *Šis dáiktas vertė̃s netùri.* 2. pinigų kiekis, kuriuo gali būti pakeistas daiktas: *Šiõ nãmo vertė̃ – milijõnas lìtų,* bet jis sumokėjo už jį tik aštúonis šim̃tùs tū́kstančių (lìtų).

vertė́jas *dkt. v. (1, 2),* **vertė́ja** *dkt. m. (1, 7)* asmuo, kuris verčia (3): *Mums reikės vertė́jo iš rùsų kalbõs.*

vertìmas *dkt. v. (2, 1)* 1. *žr.* **versti**. 2. originalo tekstas ar kieno kalba, pateiktà kita kalba: *gẽras romãno vertìmas*

vertìngas, vertìnga *bdv. laipsn. (1, 1–6)* 1. turintis didelę vertę: *vertìnga prẽkė* 2. naudingas: *vertìngas patarìmas* • *žr.* **nevertingas**

vértinti, vértina, vértino *vks. (1) (kas, ką)* 1. manyti, kad (kas) turi vertę, reikšmę: *Mes labaĩ vértiname jū́sų núomonę.* 2. spręsti, kokia kieno ar ko vertė: *Žmogùs (yra) vértinamas pagal põelgius.* ○ *Dė́stytojas vértina studeñto žiniàs.* • *žr.* **nevertinti**

vértinimas *dkt. v. (1, 1):* neteisìngas vértinimas

vèsti, vẽda, vẽdė *vks. (1)* 1. *(kas, ką)* einant kartu padėti eiti ar rodyti kelią: *Aš už rañkos vedžiaũ ãklą̃jį per gãtvę.* ○ *Į kùrią kavìnę tu mane vedì pietáuti?* 2. *(kas, ką)* tvarkyti, vadovauti: *vèsti televìzijos laĩdą* 3. *(kas; kas, ką)* tuoktis, susituokti (apie vyrą): *Jis vẽdė mano pùsseserę.* 4. *(kas; kas, ką)* duoti vaisių (dgs. K.): *Šiẽmet óbelys geraĩ vẽda.* 5. *(kas; kas, ką)* turėti (jauniklių): *Katė̃ vẽda (jaunikliùs) kẽturis kartùs per mẽtus.* • *žr.* **nevesti**

vedìmas *dkt. v. (2, 1) (ko)*

vèstis, vẽdasi, vẽdėsi *sgr. vks. (1) (kas, ką)* (leisti) eiti kartu: *Eidamì į svečiùs jie visadà vẽdasi vaikùs.* ○ *Ar tu vèsiesi mane į kìną?* • *žr.* **nesivesti**

vestùvės *dgs. dkt. m. (2, 8)* tuokimosi apeigos ir vaišės: *reñgti vestuvès* ○ *Po vestùvių jauníeji išvažiãvo į keliõnę.* ○ *Dalyvavaũ draũgės vestùvėse.*

vestùvinis, vestùvinė *bdv. (1, 4–9)* skirtas vestuvėms: *vestùvinė sukñelė*

vėsùs, vėsì *bdv. laipsn. (4, 5–8)* nelabai šaltas, bet nešiltas: *Šiañdien vėsùs óras.* ○ *vėsì dienà* ○ *Pùčia vėsùs vėjas.*

vėsù *n.: Kambarýje vėsù.*

• *žr.* **nevėsus**

vèš *būs. l. 3 asm. žr.* **vežti**

vėšis būs. l. 3 asm. žr. **vežtis**

vežìmas[1] *dkt. v. (2, 1)* arklių traukiama važiavimo priemonė; joje telpantis kiekis: *vèžti šiẽną vežimù*

vežìmas[2] *dkt. v. (2, 1)* žr. **vèžti**

vežimė̃lis *dkt. v. (2, 3)* daiktas su ratukais kam vežti: *Sudė́kite bagãžą į̃ vežimė̃lį.* ○ *parduotùvės vežimė̃lis* ○ *vaĩkiškas vežimė̃lis*

vežimė̃liai

vėžỹs *dkt. v. (3, 3)* **1.** nedidelis vandens gyvūnas, kuris išvirtas pasidaro raudonas; jo mėsa: *gáudyti vė́žius* ○ *virtì vėžiaĩ su krãpais* **2.** labai pavojinga liga: *Jis sir̃go plaũčių vėžiu.* ○ *Daug žmonių̃ mìršta nuo vė́žio.*

vėžys (1)

vèžti, vẽža, vẽžė *vks. (1) (kas, ką̃)* transporto priemone keisti daiktų, žmonių buvimo vietą: *Šiõs prẽkės vẽžamos iš užsieniõ.* ○ *Vaĩkas susir̃go, vėšiu į ligóninę.* • žr. **at-vèžti, nevèžti, nuvèžti, parvèžti**

vežimas *dkt. v. (2, 1)*

vèžtis, vẽžasi, vẽžėsi *sgr. vks. (1) (kas, ką̃)* važiuojant turėti; vežti savo ar sau: *Šį̃ krẽpšį aš vė́šiuosi* (būs. l.) *su savimì.* • žr. **nesivèžti**

viadùkas *dkt. v. (2, 1)* tiltas per kelią: *važiúoti viadukù*

vidùrdienis *dkt. v. (1, 3)* dienos vidurys (12 val.): *Vidùrdienį óras atšìlo.*

vidurìnis, vidurìnė *bdv. (2, 4–9)* esantis viduryje: *Teñ stóvi trỹs namaĩ. Dešinėjè – parduotùvė, kairėjè – kìno teãtras, o vidurìniame namè gyvenù àš.*

vidurìnė mokyklà mokykla, kurią sudaro dvylika klasių ir kurią baigus galima stoti į aukštąją mokyklą

vidurìnis išsilãvinimas išsilavinimas, įgyjamas baigus vidurinę mokyklą

vidurỹs *dkt. v. (3ᵇ, 3)* **1.** vieta, kuri yra vienodu atstumu nuo kraštų ar nuo pradžios ir galo: *Miško viduryjè yra ẽžeras.* ○ *eĩti gãtvės vidurių̃* **2.** momentas ar laikas, kuris skiria tam tikrą laiko tarpą pusiau: *Líepa – vãsaros vidurỹs.* ○ *Žiūrė́jau fìlmą iki vìdurio, paskuĩ išjùngiau televìzorių.*

vidùrnaktis *dkt. v. (1, 3)* nakties vidurys (24 val.): *lìnksmintis iki vidùrnakčio*

vidùs *dkt. v. (4, 4)* priešinga išorei daikto dalis: *nãmo [iñdo] vidùs*

vidutìnis, vidutìnė *bdv. (2, 4–9)* nelabai didelis ir nelabai mažas: *Jis yra vidutìnio ámžiaus žmogùs.* ○ *Pyrãgui reĩkia kelių̃ vidutìnio dỹdžio obuolių̃.* ○ *Jos svõris yra vidutìnis.*

vielà *dkt. m. (4, 6)* ilgas plonas gaminys iš metalo, kurį galima lengvai lenkti

víenąkart *prv.* vieną kartą: *Ji paskambìno man tik víenąkart, daugiaũ neskambìno.* ○ *Àš ten buvaũ víenąkart.*

víenas[1], **víena** *skt. (3) [1]* (**víeneri, víenerios** *(3ᵃ) [1]* su dgs. dkt.) skaičius 1: *Prãšom víeną (bùtelį) píeno.* ○ *Trū́ksta víeno lìto.* ○ *Tą̃ dárbą gãli atlìkti víenas žmogùs.* ○ *Tamè namè yra tik víenerios dùrys.* ○ *Vaĩkui dar tik víeneri mẽtai.* • žr. **pìrmas**

víenas[2], **víena** *bdv. (3, 1–6)* be kitų: *Ateĩsiu pas tavè, kai tu bū́si namiẽ víenas.* ○ *Mė́gstu váikščioti víena.* ○ *Jis gyvẽna ne víenas, su draugè.* ○ *Nepalìkite vaikų̃ víenų namuosè.*

víenas[3], **víena** *įv. (3) [6]* **1.** tam tikras; *dgs.* tam tikras (ko) skaičius: *Turiù jums víeną gẽrą žìnią.* ○ *Jis yra víenas iš mano draugų̃.* ○ *Vieni nóri eĩti į̃ kìną, kitì – į̃ koncèrtą.* ○ *Víenas vaĩkas nóri žiūrė́ti víeną fìlmą, kìtas – kìtą.* **2. vienas kìto [kitám, kìtą** ir t. t.] (pasakant, kad kiekvienas iš dviejų ar daugiau asmenų daro, jaučia tą patį kitam iš jų): *Jie nekeñčia víenas kìto.* ○ *Jos nepatìnka víena kìtai.* ○ *Mes mýlime víenas kìtą.* ○ *Mus supažìndino víeną su kitù.* ○ *Jie nemė́gsta víeni kitų̃.* **3.** tas pats, bendras: *Mes abù gyvẽname víenamè viẽšbutyje.* ○ *Mes ẽsame kìlę iš víeno miẽsto [káimo], iš víenõs šaliẽs.* ○ *Gyvẽname visì víenamè kambarỹje.*

vienãskaita *vns. dkt. m. (1, 6) gram.* žodžio forma, kurią galima vartoti su žodžiu „vienas": *Daiktãvardis „kélnės" netùri vienãskaitos.* ○ *„Esù" yra veiksmãžodžio „bū́ti" vienãskaitos fòrma, o „ẽsame" – daũgiskaitos (fòrma).* • *sutr.* **vns.**

vienaskaitìnis, vienaskaitìnė *bdv. (2, 4–9) gram.* vartojamas tik vienaskaita: *„Píenas", „méilė", „sáulė" yra vienaskaitìniai daiktāvardžiai.* • *sutr.* **vns.**

víena veȓtus vertinant vienu požiūriu: *Víena veȓtus, automobìliai yra naudìngi, añtra veȓtus, jie labaĩ teŕšia órą.* • *žr.* **antra vertus**

vienerì, víenerios *žr.* **vienas¹**

víenetas *dkt. v. (1, 1)* **1.** pažymys **1:** *gáuti víenetą iš matemãtikos* **3.** dydis ar kiekis, kuriuo kas matuojama: *Mètras yra ilgio víenetas.*

vienguñgis *dkt. v. (2, 3)* nevedęs vyras, **vienguñgė** *dkt. m. (2, 8)* netekėjusi moteris

vienguñgiai *dgs.:* Susitìko dù vienguñgiai (du nevedę vyrai arba nevedęs vyras ir netekėjusi moteris).

víenišas, vieniša̧ *bdv. (3ᵃ, 1–6)* **1.** liūdnas todėl, kad neturi draugų: *Jaučiúosi vienišã.* **2.** *m.* turinti vaiką, bet neturinti vyro (2): *pašalpà vienišóms mótinoms*

vienkartìnis, vienkartìnė *bdv. (2, 4–9), t. p.* **vienkaȓtis, vienkaȓtė** naudojamas tik vieną kartą; galiojantis tik vieną važiavimą (apie bilietą): *vienkartìniai iñdai* ○ *Turiù kelìs vienkartiniùs [vienkarčiùs] bìlietus.*

víenkiemis *dkt. v. (1, 3)* sodyba, esanti toliau nuo kitų sodybų: *Jis gyvẽna ne gyvénvietėje, o víenkiemyje.* ○ *Vaikaĩ atostogáuja víenkiemyje pas senelius̀.*

vienódai *prv.* taip pat; Žõdžiai „mès" ir „mẽs" rãšomi vienódai, tačiau tariamì nevienódai. ○ *Jūs abù eĩgiatės vienódai blogaĩ.* • *žr.* **nevienodai**

vienódas, vienóda *bdv. (1, 1–6)* toks pat, tas pats: *Mūsų pãvardės (yra) vienódos – àš Petráitis, ir jìs Petráitis. Šios suknẽlės (yra) vienódo dỹdžio – kẽturiasdešimt añtro.*

vienodùmas *dkt. v. (2, 1)*
• *žr.* **nevienodas**

vienúolika *skt. (1) [3]* skaičius 11; *vart. žr.* **aštuoniolika**

vienúoliktas, vienúolikta *klnt. skt. (1) [4]*; *vart. žr.* **aštuonioliktas**

vienuolýnas *dkt. v. (1, 1)* vienuolių organizacija; tai organizacijai priklausantys pastatai: *stóti į vienuolýną* ○ *Vìlniuje seniaũ buvo daũg vienuolýnų.*

vienuõlis *dkt. v. (2, 3),* **vienuõlė** *dkt. m. (2, 8)* tam tikros religinės organizacijos narys: *vienuõlių drabùžiai* ○ *Vienuõlės lañko ligónius.*

vienviẽtis, vienviẽtė *bdv. (2, 4–9)* skirtas vienam asmeniui: *Užsakýkite vienviẽtį kañbarį.* ○ *Vienviẽčio kañbario negavaũ.* ○ *vienviẽtė palãta*

viešaĩ *prv.* visiems; kad žinotų visi ar daugelis: *Tas dalỹkas paskélbtas viešaĩ.*

viẽšas, viešà *bdv. (4, 1–6)* kuriame gali dalyvauti visi, kas nori: *viẽšas rengińỹs* **viešàsis, viešóji** *įvr.* skirtas naudotis visiems: *viešãsis tualètas*

viẽšbutis *dkt. v. (1, 3)* namas, kuriame gali laikinai apsigyventi iš kitur atvykę žmonės: *Aš gyvenù viẽšbutyje, kuris yra miẽsto centrè.* ○ *Kóks jū́sų viẽšbučio kañbario nùmeris?*

viešnià *dkt. m. (4, 7)* į svečius atvykusi moteris: *Pas mùs atėjo viešnià.* • *plg.* **svečias**

vietà *dkt. m. (2, 6)* **1.** tam tikras plotas ar erdvė, kur kas yra (vyksta, įvyko) ar turi būti: *Kuriojè viẽtoje įvỹko avārija?* ○ *Padė́k puodèlį į viẽtą.* ○ *Màno dárbo vietà (yra) prie lángo.* **2.** *vns.* tuščias plotas ar erdvė (kam įdėti, tilpti ir pan.): *Mū́sų bùte mažaĩ viẽtos.* ○ *Tai knỹgai trū́ksta viẽtos lentýnoje.* **3.** sėdynė ar tuščia erdvė teatre, transporto priemonėje ir pan.: *Traukinyjè nė́ra viẽtų.* ○ *Teatrè sė́dėjau penktõs eĩlės dešimtojè viẽtoje.* **4.** padėtis, kurią kas užima varžybose ir pan.: *Mū́sų fùtbolininkų kománda ùžėmė trẽčiąją viẽtą.* • *žr.* **gimimo vieta**

vietininkas *dkt. v. (1, 1) gram.* linksnis, kuriuo atsakoma į klausimus „kame?", „kur?": *„Šalyjè", „šalysè" yra daiktãvardžio „šalìs" vietininkas.* • *sutr.* **Vt.**

viẽtoj(e) *prl.* (su K.) (pakeičiant ką): *Tu gali neĩti į koncèrtą, àš eisiu viẽtoj(e) tavę̃s.*

vietóvė *dkt. m. (1, 8)* tam tikras žemės paviršiaus plotas: *kalvóta vietóvė* ○ *Šiojè vietóvėje daũg ežerų̃.*

vieversỹs *dkt. v. (3ᵃ, 3)* mažas laukų paukštis: *vieversio čiulbėjimas*

vìjosi *būt. l. 3 asm. žr.* **vytis**

výkdyti, výkdo, výkdė *vks. (3) (kas, ką)* daryti, kad (kas) būtų atliktas: *výkdyti įsakymą [užduotį]* • *žr.* **įvykdyti, nevykdyti**

výkdymas *dkt. v. (1, 1) (ko)*: užduotiẽs *výkdymas*

vỹkti, vỹksta, vỹko *vks. (1) (kas)* **1.** eiti, važiuoti, skristi, plaukti kur, keliauti: *Atostogáuti vỹksime į užsienį.* ○ *Kuř tu vykstì?* **2.** būti (tam tikram renginiui): *Seĩmo pósėdžiai vỹkdavo kiekvíeną dieną.* ○ *Kadà vỹks krepšìnio varžýbos?* • *neig.* **nevỹkti**; (1) *žr.* **atvykti, išvykti, nuvykti**; (2) *žr.* **įvykti**

vil̃kas *dkt. v. (4, 1)* į šunį panašus plėšrus žvėris: *Ar léidžiama medžióti vilkùs?*

vilkė̃ *dkt. m. (1, 8)* vilkų patelė

vilkiùkas *dkt. v. (2, 1)* vilkų jauniklis

vilkas

vìlna *dkt. m. (1, 6) ppr. dgs.* drabužiams gaminti naudojami kai kurių gyvulių plaukai: *aviū̃ vilnos* ○ *Gražì, baltà ožkū̃ vilna.*

Vìlnius *vns. dkt. v. (1, 5)* Lietuvos sostinė

vilnõnis, vilnõnė *bdv. (2, 4–9)* pagamintas iš vilnų: *Žiẽmą nešióju vilnonės kójines.* ○ *vilnõnis audinỹs*

viltìs *dkt. m. (3, 9)* tikėjimas, kad įvyks tai, ko norima: *Aš neturiù viltiẽs, kad jis pasveĩks.* ○ *Tùrime vilčių̃, kad mū́sų sū́nus įstõs į universitètą.*

vỹnas *dkt. v. (2, 1)* nestiprus svaigusis gėrimas iš vynuogių ar kitų vaisių sulčių: *Mano tėvas dãro obuolių̃ vỹną.* ○ *Išgérkime po taũrę raudónojo vỹno.* ○ *Anykščių̃ vỹno gamyklà*

vìngis *dkt. v. (1, 3)* lenkta kelio ar upės dalis: *kẽlio [ùpės] vìngis*

vingiúotas, vingiúota *bdv. (1, 1–6)* su vingiais: *vingiúotas kẽlias* • *prš.* **tiesus**; *neig.* **nevingiúotas**

vyniójamasis, vyniójamoji *įvr. dlv. [2]* **vyniójamasis põpierius** popierius kam vynióti: *suvynióti dóvaną į vyniójamąjį põpierių*

vynióti, vyniója, vyniójo *vks. (1) (kas, ką)* **1.** daryti ritinio pavidalo: *vynióti kìlimą* **2.** dengti visas ko puses (popieriumi ir pan.): *vynióti dóvaną* • *žr.* **nevynioti, suvynioti**

vinìs *dkt. m. (4, 9)* smailus plonas metalo gabalėlis kam pakabinti ar sutvirtinti: *Pavéikslas kãba ant viniẽs.* ○ *Į̃kaliau vìnį į síeną.*

vinis

vỹnuogė *dkt. m. (1, 8)* sultingas šiltųjų kraštų augalo vaisius: *Vỹnuogės bū̃na rū́gščios arba sáldžios.* ○ *vỹnuogių kẽkė [sùltys]* ○ *Iš vỹnuogių dãro vỹną.*

violètinis, violètinė *bdv. (1, 4–9)* kuris žibuoklių spalvos; toks kaip žibuoklių (apie spalvą): *violètinė suknẽlė*

vynuogių kekė

výras *dkt. v. (1, 1)* **1.** priešingos moteriai lyties suaugęs žmogus: *Į̃ mùgę susirin̂ko výrai, móterys, vaikaĩ.* ○ *Tu jau suáugęs, jau výras.* **2.** šios lyties žmogus moteriai, kurią jis yra vedęs: *Mano duktė̃ turi gẽrą výrą.* ○ *Ji netùri výro [skìriasi su výru].*

vir̃balas *dkt. v. (3ᵇ, 1)* įrankis megzti

virdulỹs *dkt. v. (3ᵃ, 3)* puodas vandeniui virti: *elektrìnis virdulỹs* ○ *Nusipirkaũ naũją virdulį̃.*

virė̃jas *dkt. v. (1, 2)*, **virė̃ja** *dkt. m. (1, 7)* asmuo, kuris gamina valgį ar kurio profesija – gamìnti val̃gio: *Aš prastà virė̃ja, nemóku gamìnti val̃gio.* ○ *Jis dìrba virė̃ju restoranè.*

vyrèsnis, vyrèsnė *bdv. (4, 3–9)* **1.** turintis daugiau metų (apie žmones): *Jis vyrèsnis už manè dvejaĩs mėtais.* **2.** turintis aukštesnes pareigas, didesnę valdžią: *Kurìs iš jų vyrèsnis?*

vyresnỹsis, vyresnióji *įvr.* **1.** kuris yra vyresnis: *Susipažìnkite, tai mano vyresnióji sesuõ.* **2.** kurio pareigos ar laipsnis aukštesnis

vyriáusias, vyriáusia *bdv. (1, 2–7)* **1.** turintis daugiausia metų: *Šeimojè aš esu vyriáusias vaĩkas.* **2.** turintis aukščiausias pareigas, didžiausią valdžią: *Kurìs iš tų pareigū́nų vyriáusias?*

vyriáusiasis, vyriáusioji įvr. **1.** kuris yra vyriausias: *Vyriáusioji mano sesuõ jau ištekė́jusi.* **2.** kurio pareigos ar laipsnis aukščiausias

vyriausýbė dkt. m. *(1, 8)* grupė asmenų, kuriuos valstybės parlamentas skiria tvarkyti valstybės reikalus, rūpintis, kad būtų laikomasi įstatymų ir t. t.: *Sudarýta naujà vyriausýbė.* ○ *Šios vyriausýbės dárbas (yra) vértinamas geraĩ.*

výriškas, výriška bdv. *(1, 1–6)* skirtas vyrams dėvėti, vartoti: *výriški drabùžiai [kvepalaĩ]*
výriškoji giminė̃ gram. viena iš daiktavardžio, įvardžio ir pan. giminių ● *sutr.* **v.**

virỹklė dkt. m. *(2, 8)* prietaisas, ant kurio verdama: *dùjinė [elektrìnė] virỹklė*

vir̃sti, vir̃sta, vir̃to vks. *(1)* **1.** *(kas)* griūti: *Automobìlis vir̃to ant šóno.* **2.** *(kas, kuo)* darytis: *Kai šą̃la, vanduõ vir̃sta ledù.* ● *neig.* **nevir̃sti**

vir̃š prl. (su K.) aukščiau negu (kas): *Virš stãlo kãba lémpa.* ○ *Lėktùvas skrénda virš miẽsto.* ● Nevartokite **virš**, kai norite pasakyti **daugiau kaip**, pvz.: *Jis gãvo daugiaũ kaip tū́kstantį lìtų* (ne *virš tū́kstančio lìtų*) *atlýginimo.*

viršẽlis dkt. v. *(2, 3)* ppr. dgs. knygos, sąsiuvinio kietesnis viršutinis (ir apatinis) lapas: *storì knỹgos viršẽliai* ○ *spalvótas albùmo viršẽlis* ○ *knygà minkštaĩs [kietaĩs] viršẽliais*

viršinink̃as dkt. v. *(1, 1)*, **viršìninkė** dkt. m. *(1, 8)* **1.** kai kurių įstaigų vadovas: *stotiẽs [pãšto] viršinink̃as* **2.** *(kieno)* asmuo, kuris vadovauja (kieno) darbui: *Ji yra mano viršìninkė.*

vir̃šyti, viršija, viršijo vks. *(1) (kas, ką)* **1.** padaryti daugiau, negu leidžiama, nustatyta, numatyta: *Mane polìcininkas nùbaudė už taĩ, kad viršìjau greĩtį* (važiavau greičiau, negu leidžiama). **2.** būti didesniam negu: *Išlaidos viršijo pā́jamas.* ● *žr.* **nevir̃šyti**
viršìjimas dkt. v. *(1, 1) (ko):* greĩčio viršìjimas

vir̃škinti, vir̃škina, vir̃škino vks. *(1) (kas,* ką) keisti suvalgytą maistą taip, kad jį galėtų naudoti kūnas: *Dešrà yra suñkiai vir̃škinamas maĩstas.* ● *žr.* **nevir̃škinti**
vir̃škinimas dkt. v. *(1, 1)*

viršū̃nė dkt. m. *(1, 8)* viršutinės dalies smailusis galas: *Užlìpome į kálno viršū̃nę.* ○ *Sẽno mẽdžio viršū̃nėje yra daũg várnų lìzdų.*

viršùs dkt. v. *(4, 4)* **1.** aukščiau esanti ko nors dalis ar tos dalies paviršius: *Padė́k tą vãzą ant lentýnos viršaũs.* ○ *Tėvaĩ gyvẽna nãmo apačiojè, mẽs – viršujè.* **2.** išorės pusė: *bãto viršùs* ● *(1) prš.* **apačia**; *(2) prš.* **vidus**

viršutìnis, viršutìnė bdv. *(2, 4–9)* **1.** esantis viršuje: *Knygà (yra) padėtà viršutìnėje lentýnoje.* **2.** nešiojamas ant kitų drabužių: *Švar̃kas yra viršutìnis drabùžis, o kelnáitės – apatìnis.* ● *prš.* **apatìnis**

vìrtas, virtà bdv. *(1, 1–6)* pagamintas verdant: *Ar šis kiaušìnis vìrtas, ar žãlias?* ○ *virtà jáutiena* ● *neig.* **nevìrtas**; *žr.* **kietaĩ vìrtas, minkštaĩ vìrtas, žãlias**

vìrti, vérda, vìrė vks. *(1)* **1.** *(kas)* (apie skystį ar indą, kuriame tas skystis yra) pasiekti temperatūrą, kurioje skystis virsta dujomis: *Píenas [púodas] vérda.* **2.** *(kas, ką)* gaminti verdančiame vandenyje: *vìrti bùlves [kãvą]* ○ *Mė̃są vìrsime ar kèpsime?* **3.** *(kas, ką)* gaminti valgį: *Kàs iš jū́sų móka vìrti?* ○ *Pietùs mums vìrdavo mamà.* ● *žr.* **nevìrti**; *plg.* **kèpti**
virìmas dkt. v. *(2, 1) (ko): daržóvių virìmas garuosè*

vir̃to būt. l. 3 asm. *žr.* **vir̃sti**

virtùvė dkt. m. *(2, 8)* kambarys namuose ar patalpa restorane ir pan. valgiui gaminti: *Virtùvėje móterys praléidžia daũg laĩko.*

virvė̃ dkt. m. *(2, 8)* iš linų ar ko kito padarytas ilgas tvirtas daiktas kam rišti: *rìšti maĩšą virvè*

vìs prv. nuolat; be pertraukos: *Kõ tu vìs skùndiesi?* ○ *Vìs lỹja ir lỹja.*

visadà prv. visais kartais: *Jis visadà vėlúoja.* ○ *Kai atvažiúoju į Vìlnių, visadà aplankaũ Gedimìno pìlį.*

Vìsaginas vns. dkt. v. *(1, 1)* Lietuvos miestas: *gyvénti Vìsagine*

visái *prv.* **1.** labai: *Tas siū́las (yra) visái plónas.* ○ *Mėsà (yra) dar visái žalià.* ○ *Lagamìnas (yra) visái leñgvas.* **2.** pakankamai: *Tie bãtai (yra) visái gerì.* ○ *Man ta suknẽlė (yra) visái gražì.* **3.** (su neig. vks.) nė trupučio: *Jis visái nesportúoja.* ○ *Aš visái ant jū́sų nepykstù.* • *žr.* **ne visai**

vìsas, visà *įv. (4) [6]* **1.** nepadalytas į dalis: *Prãšom man vìsą kẽpalą (dúonos).* ○ *Aš išgḗriau vìsą stiklìnę, o jis tik pùsę.* ○ *Nesuválgyk víenas vìso tòrto.* ○ *Vìsą laĩką lỹja.* ○ *Visàs atóstogas praléidau káime.* **2.** visi (ko) dalyviai, nariai: *visà klãsė* (visi klasės mokiniai) **visì, vìsos** *dgs.* neišskiriant nė vieno: *Jie atė̃jo visì.* ○ *Aš paim̃siu visùs šiuos óbuolius.* ○ *Tu sumokė́k už visùs bìlietus.*
viso gẽro [lãbo] (sakoma atsisveikinant)
visų̃ pirmà pirmiausia
• *žr.* **dėl visa ko, iš viso**

visatà *vns. dkt. m. (2, 6)* Žemė ir visos kitos planetos ir žvaigždės: *Žẽmė (yra) labaĩ mažà visãtos dalìs.*

vỹsis *būs. l. 3 asm. žr.* **vytis**

vìsiškai *prv.* visai: *Jis jau vìsiškai plìkas.* ○ *Aš vìsiškai su jumìs sutinkù.* • *žr.* **nevisiškai**

vìskas *įv. (1) [3]* visi daiktai ar dalykai kartu: *Man vìskas ten patìko.* ○ *Jái viẽšbutyje vìskas nepatiñka (plg. niẽkas nepatiñka).* ○ *Õ, aš jau vìską pamiršaũ, ką jūs man sãkėte.* ○ *Vìsko ir aš neprìsimenu.* ○ *Ji su vìskuo sutiñka (plg. Ji su niẽkuo nesutiñka).*

výskupas *dkt. v. (3ᵃ, 1)* aukštas (3) krikščionių kunigas, kuris prižiūri didelės teritorijos bažnyčias (parapijas)

vis tíek *prv.* neatsižvelgiant į tai, kad: *Nors ta suknẽlė (yra) brangì, aš vis tíek ją pir̃ksiu.*

visumà *vns. dkt. m. (3ᵇ, 6)* visos dalys kartu: *daliẽs ir visumõs sántykis*

visúomenė *vns. dkt. m. (1, 8)* visi žmonės kartu; visi žmonės, gyvenantys tam tikroje šalyje

visur̃ *prv.* **1.** visose vietose; į visas vietas: *Vìlniuje aš jau visur̃ lankiaũsi.* ○ *Jis važiúoja visur̃, kur jį kviẽčia.* **2.** (su prl. **iš, nuo**) visų vietų: *Susirìñko žmónės iš visur̃.* ○ *Nuvalýk dùlkes nuo visur̃.*

viščiùkas *dkt. v. (2, 1)* vištų jauniklis

vyšnià *dkt. m. (2, 7)* tamsiai raudona uoga su apvaliu kauliuku; vaismedis, vedantis tokias uogas: *Prãšom válgyti vỹšnių.* ○ *vỹšnių uogiẽnė* ○ *skìnti vyšniàs*

vištà *dkt. m. (2, 6)* naminis paukštis, auginamas kiaušiniams ir mėsai; jo mėsa: *vištų̃ kiaušìniai* ○ *Iškèpk vìštą.* • *žr.* **gaidys, viščiukas**

višta

vištíena *vns. dkt. m. (1, 6)* vištos mėsa: *keptà vištíena* ○ *vištíenos kepsnỹs*

Vỹtis *vns. dkt. v. (2, 3)* Lietuvos valstybės herbe vaizduojamas raitas žmogus: *medãlis su Vyčiù*

výtis, vė̃jasi, vìjosi *sgr. vks. (1) (kas, ką)* bėgti (važiuoti) paskui ką norint pagauti, sulaikyti: *Šuõ vė̃jasi kãtę.* ○ *Polìcininkai vìjosi plė́šiką.* • *būs. l. 3 asm.* **vỹsis**; *žr.* **nesivyti**

vizà *dkt. m. (2, 6)* pase žymimas leidimas įvažiuoti į kurią užsienio valstybę ir joje būti: *Gavaũ Itãlijos vìzą.* ○ *Neturiù Rùsijos vìzos, negaliù važiúoti į Rùsiją.*

vizìtas *dkt. v. (2, 1)* lankymasis, ppr. valstybės pareigūno: *Prezideñtas išvỹko dviejų̃ dienų̃ vizìto į Lénkiją.*

vizìtinis, vizìtinė *bdv. (1, 4–9)*
vizìtinė kortẽlė kortelė, kurioje parašyta asmens vardas, pavardė, pareigos, adresas

vks. *sutr. žr.* **veiksmažodis**

vns. *sutr.* **1.** *žr.* **vienaskaita.** **2.** *žr.* **vienaskaitinis**

võgti, vãgia, võgė *vks. (1) (kas, ką)* neteisėtai slapta imti svetimą daiktą (svetimus daiktus): *Bū́kite atsargùs, troleibùsuose vãgia.* ○ *võgti pìnigus [automobìliùs]* • *žr.* **nevogti**
vogìmas *dkt. v. (2, 1)*

vókas *dkt. v. (3, 1)* **1.** oda akies viršuje ir apačioje, akį uždengianti ir atidengianti: *dažýtis vókus* ○ *patèpti vókus krèmù* **2.** popierinis maišelis laiškui: *Įdė́jau láišką į vó-*

ką. o *Klijúok ant vóko pãšto žénklą.* o *Man reĩkia dviejų̃ vokų̃, turiu išsių̃sti dù láiškus.*
• (1) žr. pieš. **akis**

vonià *dkt. m. (4, 7)* **1**. didelis indas maudytis sėdint ar gulint: *Mano vaĩkas mė́gsta máudytis voniojè.* **2**. patalpa, kurioje yra šis indas: *Eĩk iš voniõs!* o *uždarýti võnią* (vonios duris)

vóras *dkt. v. (3, 1)* nedidelis gyvūnas, kuris daro tinklą ir gaudo mažus vabzdžius: *Voraĩ gáudo musès.*

vorātinklis *dkt. v. (1, 3)* voro daromas tinklas

voratinklis

voras

võs *dll.* **1**. (su neig. vks.) beveik: *Àš vos nepargriuvaũ.* **2**. sunkiai, beveik ne: *Jis kal̃ba tỹliai, aš jį̃ vos girdžiù* (aš jo beveik negirdžiu).

voveráitė *dkt. m. (1, 8)* geltonas valgomas grybas: *sū́dytos voveráitės*

voverė̃ *dkt. m. (3ᵃ, 8)* nedidelis medžiuose gyvenantis gyvūnas ilga uodega

voveraitė

voverė

Vt. *sutr. žr.* **vietininkas**

Z z

Z, z trisdešimt pirmoji lietuvių kalbos abėcėlės raidė

Zarasaĩ *dgs. dkt. v. (3ᵇ, 1)* Lietuvos miestas: *išvyka į Zārasus* ○ *lankýtis Zarasuosè*

zýlė *dkt. m. (1, 8)* mažas paukštis geltonomis ir juodomis plunksnomis

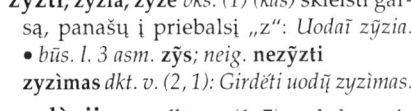

zylė

zỹzti, zỹzia, zỹzė *vks. (1) (kas)* skleisti garsą, panašų į priebalsį „z": *Uodaĩ zỹzia.* • *būs. l. 3 asm.* **zỹs**; *neig.* **nezỹzti**

zyzìmas *dkt. v. (2, 1): Girdė́ti uodų̃ zyzìmas.*

zoològija *vns. dkt. m. (1, 7)* mokslas apie gyvūnus

zoològijos sõdas parkas, kur narvuose yra daug įvairių laukinių gyvūnų, kad žmonės galėtų juos matyti

Ž ž

Ž, ž trisdešimt antroji lietuvių kalbos abėcėlės raidė

žãdinti, žãdina, žãdino *vks. (1) (kas, ką)* **1.** daryti, kad (kas) atsibustų: *Kas rýtą mane žãdina žadintùvas.* **2.** daryti labiau jaučiamą: *Alùs žãdina apetìtą.* • *žr.* **nežadinti, pažadinti**

žadintùvas *dkt. v. (2, 1)* laikrodis, kurį galima nustatyti skambėti tam tikru laiku: *Negirdė́jau žadintùvo* (negirdėjau, kai jis skambėjo), *kietaĩ miegójau.*

žaĩbas *dkt. v. (4, 1)* šviesos juosta danguje, ppr. kartu su griaustiniu: *Išgirdaũ griaustìnį ir pamačiaũ žaĩbą.* ○ *Bijaũ žaibų̃ ir perkū́nijos.*

žaibúoti, žaibúoja, žaibãvo *vks. (1) (– | kas)* žaibui (žaibams) būti matomam (matomiems): *Žaĩbas žaibúoja.* ○ *Mataĩ, kaip smar̃-*

kiai žaibúoja. ○ *Žaibāvo, bet negriáudė.* • neig. **nežaibúoti**
žaibāvimas *dkt. v. (1, 1)*

žaidėjas *dkt. v. (1, 2),* **žaidėja** *dkt. m. (1, 7)* asmuo, kuris žaidžia sportinius žaidimus: *krepšìnio žaidėjas, arba krẽpšininkas*

žaidìmas *dkt. v. (2, 1)* pramogai skirtos varžybos pagal tam tikras taisykles: *spòrtiniai žaidìmai* ○ *televìzijos žaidìmas*

žaīslas *dkt. v. (4, 1)* daiktas, skirtas vaikams žaisti: *žaislų parduotùvė* ○ *Tėvaĩ vaikáms peřka žaislų.* ○ *Lėlė̃ – mėgstamiáusias mergáičių žaīslas.*

žaīsti, žaīdžia, žaīdė *vks. (1)* **1.** *(kas, (su) kuo / ką)* (ypač apie vaikus) atlikti veiksmus pramogai: *Vaikaĩ kiemè žaīsdavo (su) kãmuoliu.* ○ *Mergáitės žaĩdžia (su) lėlėmìs.* ○ *Vaikaĩ, eĩkite žaīsti!* ○ *žaīsti žaidìmą* **2.** *(kas, ką / kuo)* dalyvauti sportiniame žaidime; užsiimti sportiniu žaidimu: *žaīsti krepšìnį [tinklìnį, fùtbolą]* ○ *žaīsti šachmãtais* • žr. **nežaīsti**

žaizdà *dkt. m. (4, 6)* sužeista kūno vieta: *gilì žaizdà* ○ *Iš žaizdõs bė́ga kraũjas.* ○ *tvárstyti žaĩzdą* ○ *Žaĩzdos baĩgia gýti.*

žalà *vns. dkt. m. (4, 6) (kam) (ko)* gadinimas; juo padaromas nuostolis

žaliaĩ *prv.* žalia spalva (dažyti, tepti); žalios spalvos drabužiais (dėvėti, rengtis): *Tvorà (yra) nudažýta žaliaĩ.* ○ *Ji (yra) apsirengùsi žaliaĩ.*

žãlias, žalià *bdv. (4, 2–7)* **1.** kuris žolės, medžių lapų pavasarį ir vasarą spalvos; kaip žolės ir pan. (apie spalvą): *Vãsarą mẽdžių lãpai būna žalì, o rùdenį – geltóni, raudóni ir pan.* ○ *Síena (yra) nudažýta žalià spalvà.* ○ *Nusipirkaũ žaliõs spalvõs márškinius.* ○ *tamsiaĩ žãlias automobìlis* **2.** neprinokęs: *Obuoliaĩ (yra) dar žalì.* ○ *Úogos (yra) dar žãlios.* **3.** nevìrtas, nekeptas ar pakankamai neišvirę̃s, neiškepę̃s: *Mėsà (yra) dar visái žalià.* ○ *Kas sveikiaũ – žãlios ar virtos daržóvės?*

žãliava *dkt. m. (1, 6)* medžiaga, iš kurios gaminamos kitos medžiagos ar daiktai: *Naftà yra žãliava, iš jõs gamìnamas benzìnas.*

žaliùžės *dgs. dkt. m. (2, 8)* užuolaidos iš plokštelių arba audinio juostų: *įsigýti žaliùžes*

žaltỹs *dkt. v. (3, 3)* panašus į gyvatę nenuodingas gyvūnas: *Nebijók žálčio.*
žaltỹ Š. (keiksmažodis): *Žaltỹ, kaip nesìseka!*

žandìkaulis *dkt. v. (1, 3)* kiekvienas iš dviejų žmogaus ar gyvūno galvos kaulų, kuriame yra dantys: *suláužyti žandìkaulį*

žarnà *dkt. m. (3, 6)* **1.** vamzdelio pavidalo virškinimo sistemos dalis, kuri prasideda nuo skrandžio: *Žárnos yra pilvè.* ○ *žarnų̃ uždegìmas* **2.** guminis ar plastmasinis vamzdelis vandeniui ir pan. leisti

žąsíena *vns. dkt. m. (1, 6)* žąsies mėsa

žą̃sinas *dkt. v. (3ᵇ, 1)* žąsų patinas

žąsìs *dkt. m. (4, 9)* laukinis ir naminis vandens paukštis; jo mėsa: *Aukštaĩ skrìdo žąsų̃ būrỹs.* ○ *kèpti žą̃sį*

žąsiùkas *dkt. v. (2, 1)* žąsų jauniklis

žavė́tis, žãvisi, žavė́josi *sgr. vks. (2) (kas, kuo)* žiūrėti į ką ar galvoti apie ką su malonumu ir pagarba: *Àš žaviúosi jo mokė́jimu dìrbti šį dárbą.* ○ *žavė́tis Čiurliónio paveĩkslais* • žr. **nesižavė́ti**
žavė́jimasis *dkt. v. (1, 1a) (kuo)*

žemaĩ *prv. laipsn.* vietoje, kuri yra mažu atstumu nuo apačios (pvz., žemės): *Lėktùvas skreñda žemaĩ.* • prš. **aukštaĩ;** žr. **nežemaĩ**

žẽmas, žemà *bdv. laipsn. (4, 1–6)* **1.** turintis nedidelį aukštį: *Stãlas (yra) žẽmas, nepatogù ant jo rašýti.* ○ *Nerìes krantaĩ (yra) žemì.* ○ *bãtai žemaĩs kulnaĩs* ○ *Krū̃mai paprastaĩ būna žemesnì už medžiùs.* **2.** (apibūdinant tam tikrus garsus, balsą): *Jis kal̃ba žemù balsù.* **3.** mažas (apie kainą ir pan.): *žẽmos káinos* • prš. **aukštas;** žr. **nežẽmas**

žemdirbỹs *dkt. v. (3ᵃ, 3),* **žemdirbė̃** *dkt. m. (3ᵃ, 8)* asmuo, kuris užsiima žemės ūkiu: *Lietuvà bùvo žemdirbių̃ krãštas.*

žẽmė *vns. dkt. m. (2, 8)* **1.** (**Žẽmė**) dangaus kūnas, kuriame gyvena žmonės: *Žẽmė sùkasi aplink Sáulę.* ○ *Aplink Žẽmę sùkasi Mė́nulis.* **2.** (ir dgs.) to dangaus kūno paviršiaus sluoksnis; tą sluoksnį sudaranti medžiaga: *Augalų šáknys áuga žẽmėje.* o *kàsti žẽmę [žemès]* **3**. paviršius, kuriuo vaikščiojama: *Atsìguliau ant žẽmės po obelimì.* o *Obuolỹs nukrìto ant žẽmės.* o *sėdė́ti ant žẽmės*

žẽmės drebė́jimas staigus stiprus žẽmės (2) judėjimas: *Per žẽmės drebė́jimą sugriùvo daũg pastatų̃.*

žẽmės ū́kis veikla, susijusi su gyvulių, javų ir pan. auginimu: *žẽmės ū́kio darbaĩ*

žemė́lapis *dkt. v.* (1, 3) tam tikros Žẽmės teritorijos paviršiaus vaizdas popieriuje linijomis ir ženklais: *Pasáulio žemė́lapyje ràsk Líetuvą.* o *Po Vìlnių váikščiojau pagal žemė́lapį.*

žemỹn *prv.* į žemesnę vietą ar padėtį: *nusiléisti žemỹn liftù*

žemýnas *dkt. v.* (1, 1) kiekvienas iš septynių didelių Žẽmės plotų: *Lietuvà yra Euròpos žemýne.* o *Ãfrika yra žemýnas.*

žémuogė *dkt. m.* (1, 8) maža raudona sultinga miškų uoga; jas vedantis augalas: *Žémuogės – labaĩ skãnios úogos.* o *žémuogių uogíenė*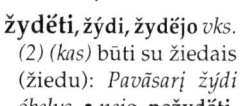
žémuogė

žeñgti, žeñgia, žeñgė *vks.* (1) *(kas)* kelti koją ir statyti ją į kitą vietą: *žeñgti į príekį [atgaĨ]* • *liep. n.* **žeñk(ite)**; *žr.* **nežeñgti**

žengìmas *dkt. v.* (2, 1)

žéñklas *dkt. v.* (3, 1) daiktas, piešinys, veiksmas ir pan., turintis žinomą reikšmę: + *yra sudėtiẽs žéñklas.* • *žr.* **kelio ženklas, kirčio ženklas, pašto ženklas**

žéntas *dkt. v.* (3, 1) dukters vyras: *Atvažiãvo duktė̃ su žéntu ir sūnùs su marčià.* o *Úošvė nemė́go žénto.*

žiaurùs, žiaurì *bdv. laipsn.* (4, 5–8) kuriam patinka kelti kitiems skausmą (apie žmogų); būdingas tokiam žmogui; rodantis žiaurumą: *žiaurùs žmogùs [elgesỹs]* o *žiaurì žmogžudỹstė*

žiaūriai *prv.: žiaūriai eĨgtis su gyvūnais*

žiaurùmas *dkt. v.* (2, 1)

žibiñtas *dkt. v.* (2, 1) įtaisas su lempa: *gãt-*

vės žibiñtai o *Kažkàs sudaũžė mano automòbilio žibintùs.*

žibintùvẽlis *dkt. v.* (2, 3) nedidelis nešiojamas žibintas

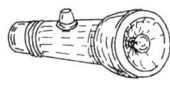
žibintùvẽlis

žibuõklė *dkt. m.* (2, 8) miškų gėlė, kuri žydi anksti pavasarį: *Žibuõklės – pavãsario gėlės.* o *Mė́lyni [violètiniai] žibuõklių žiedaĩ.*

žydė́ti, žýdi, žydė́jo *vks.* (2) *(kas)* būti su žiedais (žiedu): *Pavāsarį žýdi óbelys.* • *neig.* **nežydė́ti**

žibuõklė

žydė́jimas *dkt. v.* (1, 1): *obelų̃ žydė́jimas*

židinỹs *dkt. v.* (3ᵇ, 3) patalpoje įrengta vieta ugniai kūrenti: *Jaukùs kambarỹs su žìdiniu.*

žiebtùvẽlis *dkt. v.* (2, 3) daiktas cigaretėms uždegti: *dùjinis žiebtùvẽlis*

žíedas¹ *dkt. v.* (3, 1) augalo dalis, iš kurios auga vaisius: *Piẽnių žiedaĩ (yra) geltóni.* o *líepų žiedų̃ arbatà* o *Rõžės žíedas malõniai kvẽpia.*

žíedas² *dkt. v.* (3, 1) **1**. rankos piršto papuošalas: *Nešióju sidabrìnį žíedą.* **2**. apskritimo pavidalo daiktas. **3**. apskritimo pavidalo kelias ar sankryža: *Dabar̃ važiúosime žíedu, o paskuĩ sùksime į dẽšinę.*

žiemà *dkt. m.* (4, 6) metų laikas tarp rudens ir pavasario; pagal kalendorių – gruodis, sausis, vasaris: *Baĩgėsi šáltà žiemà.* o *Žiemõs vakaraĩ (yra) ìlgi.*

žiẽmą vãsarą visus metus

žiemìnis, žiemìnė *bdv.* (2, 4–9) žiemą dėvimas: *Žiẽmą dėviù žiemìnį pálta [žieminiù pálu].*

žievẽ *dkt. m.* (4, 8) **1**. medžio stiebo ar šaknies paviršiaus sluoksnis: *Žiẽmą kìškiai gráužia mẽdžių žiẽvę.* o *Béržo žievẽ (yra) baltà.* **2**. vaisiaus paviršiaus sluoksnis: *Apélsinų žievẽ (yra) storà.* o *nulùpti banãno žiẽvę* o (2) *plg.* **lukštas, kevalas**

žievẽlė *dkt. m.* (2, 8) *žr.* **žievẽ** (2)

žỹgis *dkt. v.* (2, 3) kelionė pėstiems ar

dviračiais: *eīti į žỹgį* o *dvìračių žỹgis per Líetuvą*

žìlas, žilà *bdv. (4, 1–6)* kuris pasidarė baltas (apie plaukus); kuris turi tokius plaukus, ppr. dėl amžiaus: *Mano plaukaĩ (yra) jau visái žilì.* o *Nẽrà nė víeno žìlo pláuko.* o *Ji (yra) jau žilà.* o *Mano senẽlis (yra) jau visái žìlas.* • neig. **nežìlas**

žymà *dkt. m. (4, 6)* ant dokumentų dedamas nedidelis tam tikras ženklas ar įrašas: *dokumeñto gavìmo žymà*

žymė̃ *dkt. m. (4, 8)* tai, kas matoma ko paviršiuje: *Smė̃lyje matýti pėdų̃ žỹmės.* o *purvinų̃ batų̃ žỹmės ant grindų̃*

žymė̃klis *dkt. v. (2, 3)* **1.** įtaisas ar rašiklis žymėti: *Sugẽdo troleibùso biliẽtų žymė̃klis.* **2.** žymė kompiuterio ekrane, kurios vietą galima keisti: *kompiùterio žymė̃klis*

žymė́ti, žỹmi, žymė́jo *vks. (2)* **1.** *(kas, ką, kuo)* daryti kokį ženklą, žymę: *piẽštukù žymė́ti klaidàs* **2.** *(kas, ką)* būti ko ženklu: *Šis ženklas žỹmi pérėją.* • žr. **nežymė́ti, pažymė́ti**

žymė́jimas *dkt. v. (1, 1) (ko)*

žymùs, žymì *bdv. laipsn. (4, 5–8)* **1.** matomas: *žỹmios dė̃mės ant švar̃ko* **2.** žr. **įžymus**: *žymùs rašýtojas*

žymù *n.*

• žr. **nežymus**

žiñgsnis *dkt. v. (2, 3)* žengimo judesys; atstumas tarp pėdų einant, bėgant: *Výras eĩna dideliaĩs žiñgsniais, žmonà – smulkiaĩs.* o *Žeñk dù žiñgsniùs į príekį.*

žinià *dkt. m. (4, 7)* pranešimas apie įvykius, reikalus, informacija: *Gal turì žinių̃ apie jo sveikãtą?* o *Gavaũ žìnią, kad reĩkia grį̃žti namõ.* o *netikė́ta žinià apie senẽlio mir̃tį*

žinios *dgs.* **1.** pranešimai apie naujus įvykius, ypač per radiją, televiziją: *televìzijos vãkaro žìnios* **2.** mokėjimas: *Mokìnių žìnios vértinamos pažymiaĩs.*

žiniãsklaida *vns. dkt. m. (1, 6)* informavimo priemonės – spauda, radijas, televizija: *žiniãsklaidos atstõvas* o *Žiniãsklaidoje (yra) daũg žinių̃ apie rinkimùs.*

žìnoma be abejo, tikrai: *Žìnoma, àš ateĩsiu.* o *Ar nóri ten nuvažiúoti? – Taĩp, žìnoma.* o *Tau tàs fìlmas nepatìko? – Žìnoma, nè.*

žìnomas, žìnoma *bdv. (1, 1–6)* apie kurį daug kas žino: *Jìs yrà žìnomas žmogùs.* o *Šiañdien koncertúoja žìnomas atlikė́jas.*

• žr. **nežìnomas**

žinóti, žìno, žinójo *vks. (3) (kas, ką / ką̃ apie ką / + šs)* turėti informacijos, duomenų, žinių apie ką: *Jìs žìno mano var̃dą (žìno, koks mãno var̃das).* o *Àš žinaũ atsãkymą į tą́ kláusimą.* o *Ką̃ jū̃s žìnote apie Líetuvą? Ar jū̃s žìnote, kur̃ nusipir̃kti biliẽtą į koncèrtą?* o *Jeigu àš žinóčiau, kur̃ jis yrà, tai pasakýčiau.* • žr. **nežinóti**

žinójimas *dkt. v. (1, 1)*

žinùtė *dkt. m. (2, 8)* trumpas pranešimas

žìrgas *dkt. v. (3, 1)* arklys, skirtas ne darbui, o pramogai: *žir̃gų lenktỹnės*

žìrklės *dgs. dkt. m. (1, 8)* įrankis kirpti: *Man reĩkia žìrklių áudiniui kir̃pti.* o *Turiu dvejàs žìrkles.*

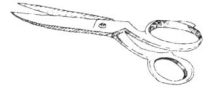

žìrklės

žirniẽnė *vns. dkt. m. (2, 8)* žirnių sriuba

žìrnis *dkt. v. (1, 3)* žalia arba geltona apskrita sėkla, valgoma žalia ar virta; jas vedantis augalas: *žirnių̃ sriubà* o *lukšténti žìrnius*

žìrnis

žiūrė́ti, žiū̃ri, žiūrė́jo *vks. (2)* **1.** *(kas, į ką)* būti nukreipusiam akis į ką, norint (ką) matyti: *Į ką̃ tù žiūrì? – Į paũkštį [į dangų̃, į kãminą].* o *Žiūrė́kite – teñ kažkàs dẽga!* o *žiūrė́ti į laĩkrodį [į véidrodį]* **2.** *(kas, ką)* stebėti ką rodomą: *Ar jaũ žiūrė́jai šią́ pãrodą?* o *žiūrė́ti fìlmą [spektãklį]* • žr. **nežiūrė́ti, pažiūrė́ti**

žiurėk(ite) *liep. n.* **1.** (nurodant kitą teksto vietą). **2.** (įspėjant): *Žiūrė́k, kìtą kar̃tą nevėlúok!* • (1) sutr. **žr.**

žiùrkė *dkt. m. (1, 8)* į pelę panašus, bet didesnis už ją gyvūnas

žiurkė́nas *dkt. v. (1, 1)* į pelę panašus gyvūnas, kurį žmonės augina namuose

žiurkė́nas

žiūrõvas *dkt. v.* (2, 1), **žiūrõvė** *dkt. m.* (2, 8) asmuo, kuris žiūri kiną, spektaklį ir pan.: *Spektãklio žiūrõvai sėdasi į savo vietàs.* ○ *Į kiną atėjo daũg žiūrõvų.* ○ *televìzijos žiūrõvai* • *plg.* **klausytojas**

žmogùs *dkt. v.* (4, 4), **žmónės** *dgs.* (3, 8) vyras, moteris, vaikas; bet kuris asmuo: *Jis (yra) protìngas, gerõs širdiẽs žmogùs.* ○ *Šio žmogaũs nepriėmė į dárbą.* ○ *Dainų šveñtėje dalyvãvo daũg žmonių.*

žmogžudỹstė *dkt. m.* (2, 8) žmogaus nužudymas: *Padaugėjo žmogžudỹsčių.* ○ *Jį nùteisė už žmogžudỹstę.*

žmonà *dkt. m.* (3, 6) moteris vyrui, kuris yra ją vedęs: *Jis turi grãžią žmóną.* ○ *Výras klaũso žmonõs.* ○ *Į svečiùs jis atvỹko su žmóna.*

žmónės *dgs. žr.* **žmogus**

žmonijà *vns. dkt. m.* (2, 7) visi pasaulio žmonės

žodýnas *dkt. v.* (1, 1) knyga, kurioje tam tikra tvarka pateikti žodžiai su paaiškinimais, vertimu į kitą kalbą ir kt.: *Žodýnai pàdeda mókytis svetimų kalbų.*

žõdinis, žõdinė *bdv.* (1, 4–9) išreikštas, perduodamas žodžiais: *Daviaũ žõdinį sutikìmą.* ○ *Pãsakos – žõdinė tautõs kūrýba.*

žõdis *dkt. v.* (2, 3) **1.** mažiausias reikšmę turintis kalbos vienetas: *Yra žõdžių, tùrinčių daũg reikšmių.* ○ *svetimõs kalbõs žõdžiai* **2.** minčių reiškimas, kalbėjimas: *Aš atsimiñsiu tavo žodžiùs.* ○ *Reikė́tų mažiaũ žõdžių, daugiaũ darbų.*

žõdžio láisvė asmens teisė kalbėti, ką jis nori

žodžiù *įn.* kalbant, ne raštu: *egzāminas žodžiù*

žolė̃ *vns. dkt. m.* (4, 8) **1.** žemi žali augalai minkštu stiebu: *Kárvė ė́da žõlę.* ○ *Po lietaũs dýgsta žolė̃.* **2.** vieta, kur auga tokie augalai: *Prãšom neváikščioti per žõlę.* ○ *sėdė́ti [gulė́ti] ant žolė̃s*

žr. *sutr. žr.* **žiūrėk(ite)** (1)

žudìkas *dkt. v.* (2, 1), **žudìkė** *dkt. m.* (2, 8) asmuo, kuris žudo ar nužudė: *Žudìkai galì bū́ti baudžiamì mirtiẽs bausmè.*

žudýti, žùdo, žùdė *vks.* (3) *(kas, ką)* daryti negyvą: *Jie ne tik plė́šė, bet ir žùdė žmónes.*
• *žr.* **nežudyti, nužudyti**

žùdymas *dkt. v.* (1, 1)

žurnãlas *dkt. v.* (2, 1) knyga su plonais minkštais viršeliais, išleidžiama vienodais laiko tarpais: *mė́nesinis žurnãlas* ○ *Žurnalè radaũ įdõmų stráipsnį.*

žurnalìstas *dkt. v.* (2, 1), **žurnalìstė** *dkt. m.* (2, 8) asmuo, kurio profesija – rašyti straipsnius, rengti laidas žiniasklaidai: *Žurnalìstai visuř lañkosi.* ○ *Preziden̄tas susitìko su žurnalìstais.*

žū́ti, žūva (žū́sta), žùvo *vks.* (1) *(kas)* mirti tam tikromis aplinkybėmis (pvz., avarijoje, gaisre ir pan.): *Jis žùvo karè.* ○ *Avãrijose žūva daũg žmonių.* • *būs. l. 3 asm.* **žùs**; *neig.* **nežūti**

žuvìmas *dkt. v.* (2, 1)

žuvė́dra *dkt. m.* (1, 6) paukštis ilgais siaurais sparnais, kuris gyvena prie vandens telkinių

žuvė́dra

žuviẽnė *dkt. m.* (2, 8) žuvų sriuba

žuvìs *dkt. m.* (4, 9) gyvūnas, kuris gyvena vandenyje; jo mėsa: *Žuvìs (dgs. G.) gáudo mė́škere arba tinklù.* ○ *rūkýta žuvìs* ○ *žuvų taukaĩ*

žùvo *būt. l. 3 asm. žr.* **žūti**

žvaigždė̃ *dkt. m.* (4, 8) **1.** dangaus kūnas, naktį danguje matomas kaip šviesus taškas: *Rugpjūtį dangujè mãtome daũg žvaigždžių.* ○ *Pamačiaũ kriñtančią žvaĩgždę.* **2.** garsus tam tikroje srityje asmuo: *balèto [ròko] žvaigždė̃*

žvãkė *dkt. m.* (2, 8) tam tikros medžiagos gaminys su siūlu viduryje, kuris degdamas šviečia: *uždègti [užpū̃sti] žvãkę*

žvakìdė *dkt. m.* (2, 8) daiktas, į kurį statoma žvakė

žvakùtė *dkt. m.* (2, 8) nedidelė žvakė

žvejýba *vns. dkt. m.* (1, 6) žvejojimas, žuvų

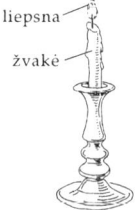
liepsna
žvakė
žvakìdė

gaudymo verslas: *Pajūrio gyvéntojai veřčiasi žvejýba.* ○ *žvejýbos laĩvas*

žvejỹs *dkt. v. (4, 3),* **žvejẽ** *dkt. m. (4, 8)* asmuo, kuris žvejoja, verčiasi žvejyba: *Žvejaĩ žvejója jūroje.*

žvejóti, žvejója, žvejójo *vks. (1) (kas)* gaudyti žuvis: *Ar mė́gsti žvejóti?* ○ *Jis žvejójo vìsą diẽną.* • *neig.* **nežvejóti**
žvejójimas *dkt. v. (1, 1): Žvejójimas man yra geriáusias póilsis.*

žvėríena *vns. dkt. m. (1, 6)* žvėries mėsa

žvė́ris *dkt. v. (3, 10)* laukinis gyvūnas keturiomis kojomis: *Miškuosè yra daũg žvėrių̃.* ○ *nušáuti žvė́rį*

žvil̃gsnis *dkt. v. (2, 3)* trumpas pažiūrėjimas

žvỹras *vns. dkt. v. (2, 1)* smėlis su smulkiais akmenimis: *Žvỹro reĩkia statýboms.*

žvìrblis *dkt. v. (1, 3)* nedidelis rudomis ir pilkomis plunksnomis paukštis, kuris gyvena kaimuose prie namų, miestuose: *Ką̃ lė̃sa žvìrbliai?*

žvirblis

Priedai

Daiktavardžių linksniavimas

Čia ir toliau skaičius skliausteliuose – kirčiuotė.

1 paradigma
vaĩkas (4), lángas (3)

	Vienaskaita		Daugiskaita	
V.	vaĩkas	lángas	vaikaĩ	langaĩ
K.	vaĩko	lángo	vaikų̃	langų̃
N.	vaĩkui	lángui	vaikáms	langáms
G.	vaĩką	lángą	vaikùs	lángus
Įn.	vaikù	lángu	vaikaĩs	langaĩs
Vt.	vaikè	langè	vaikuosè	languosè
Š.	vaĩke	lánge	vaikaĩ	langaĩ

1a paradigma
grožėjimasis (1)

Vienaskaita

V.	grožėjimasis
K.	grožėjimosi
N.	grožėjimuisi
G.	grožėjimąsi
Įn.	grožėjimusi
Vt.	grožėjimesi

2 paradigma
kẽlias (4), vėjas (1)

	Vienaskaita		Daugiskaita	
V.	kẽlias	vėjas	keliaĩ	vėjai
K.	kẽlio	vėjo	kelių̃	vėjų
N.	kẽliui	vėjui	keliáms	vėjams
G.	kẽlią	vėją	keliùs	vėjus
Įn.	keliù	vėju	keliaĩs	vėjais
Vt.	kelyjè	vėjuje	keliuosè	vėjuose
Š.	kelỹ	vėjau	keliaĩ	vėjai

3 paradigma
peĩlis (2), mokinỹs (3ª)

	Vienaskaita		Daugiskaita	
V.	peĩlis	mokinỹs	peĩliai	mokiniaĩ
K.	peĩlio	mókinio	peĩlių	mokinių̃
N.	peĩliui	mókiniui	peĩliams	mokiniáms
G.	peĩlį	mókinį	peiliùs	mókinius
Įn.	peiliù	mókiniu	peĩliais	mokiniaĩs
Vt.	peĩlyje	mokinyjè	peĩliuose	mokiniuosè
Š.	peĩli	mokinỹ	peĩliai	mokiniaĩ

4 paradigma

sūnùs (3), viršùs (4)

	Vienaskaita		Daugiskaita	
V.	sūnùs	viršùs	sū́nūs	viršūs
K.	sūnaũs	viršaũs	sūnų̃	viršų̃
N.	sū́nui	viršui	sūnùms	viršùms
G.	sū́nų	viršų	sū́nus	viršùs
Įn.	sūnumì	viršumì	sūnumìs	viršumìs
Vt.	sūnujè	viršujè	sūnuosè	viršuosè
Š.	sūnaũ	viršaũ	sū́nūs	viršūs

5 paradigma

ámžius (1), vaĩsius (2)

	Vienaskaita		Daugiskaita	
V.	ámžius	vaĩsius	ámžiai	vaĩsiai
K.	ámžiaus	vaĩsiaus	ámžių	vaĩsių
N.	ámžiui	vaĩsiui	ámžiams	vaĩsiams
G.	ámžių	vaĩsių	ámžius	vaisiùs
Įn.	ámžiumi	vaĩsiumi	ámžiais	vaĩsiais
Vt.	ámžiuje	vaĩsiuje	ámžiuose	vaĩsiuose
Š.	ámžiau	vaĩsiau	ámžiai	vaĩsiai

6 paradigma

rankà (2), dainà (4), pastabà (3ᵇ)

	Vienaskaita			Daugiskaita		
V.	rankà	dainà	pastabà	rañkos	daĩnos	pãstabos
K.	rañkos	dainõs	pastabõs	rañkų	dainų̃	pastabų̃
N.	rañkai	daĩnai	pãstabai	rañkoms	dainóms	pastabóms
G.	rañką	daĩną	pãstabą	rankàs	dainàs	pãstabas
Įn.	rankà	dainà	pãstaba	rañkomis	dainomìs	pastabomìs
Vt.	rañkoje	dainojè	pastabojè	rañkose	dainosè	pastabosè
Š.	rañka	daĩna	pãstaba	rañkos	daĩnos	pãstabos

7 paradigma

valdžià (4), martì (4), siuvė́ja (1)

	Vienaskaita			Daugiskaita		
V.	valdžià	martì	siuvė́ja	vaĩdžios	marčios	siuvė́jos
K.	valdžiõs	marčiõs	siuvė́jos	valdžių̃	marčių̃	siuvė́jų
N.	vaĩdžiai	marčiai	siuvė́jai	valdžióms	marčióms	siuvė́joms
G.	vaĩdžią	marčią	siuvė́ją	valdžiàs	marčiàs	siuvė́jas
Įn.	valdžià	marčià	siuvė́ja	valdžiomìs	marčiomìs	siuvė́jomis
Vt.	valdžiojè	marčiojè	siuvė́joje	valdžiosè	marčiosè	siuvė́jose
Š.	vaĩdžia	martì	siuvė́ja	vaĩdžios	marčios	siuvė́jos

8 paradigma
gėlė̃ (4), mokinė̃ (3ᵃ)

	Vienaskaita		Daugiskaita	
V.	gėlė̃	mokinė̃	gėlės	mókinės
K.	gėlė̃s	mokinė̃s	gėlių̃	mokinių̃
N.	gė̃lei	mókinei	gėlė̃ms	mokinė̃ms
G.	gė̃lę	mókinę	gėles	mókines
Įn.	gėlè	mókine	gėlėmìs	mokinėmìs
Vt.	gėlėjè	mokinėjè	gėlėsè	mokinėsè
Š.	gė̃le	mókine	gė̃lės	mókinės

9 paradigma
širdìs (3), naktìs (4)

	Vienaskaita		Daugiskaita	
V.	širdìs	naktìs	šìrdys	nãktys
K.	širdiẽs	naktiẽs	širdžių̃	naktų̃
N.	šìrdžiai	nãkčiai	širdìms	naktìms
G.	šìrdį	nãktį	šìrdis	naktìs
Įn.	širdimì	naktimì	širdimìs	naktimìs
Vt.	širdyjè	naktyjè	širdysè	naktysè
Š.	širdiẽ	naktiẽ	šìrdys	nãktys

10 paradigma
vagìs (4), debesìs (3ᵇ)

	Vienaskaita		Daugiskaita	
V.	vagìs	debesìs	vãgys	dẽbesys
K.	vagiẽs	debesiẽs	vagių̃	debesų̃
N.	vãgiui	dẽbesiui	vagìms	debesìms
G.	vãgį	dẽbesį	vagìs	dẽbesis
Įn.	vagimì	debesimì	vagimìs	debesimìs
Vt.	vagyjè	debesyjè	vagysè	debesysè
Š.	vagiẽ	debesiẽ	vãgys	dẽbesys

11 paradigma
akmuõ (3ᵇ), šuõ (4)

	Vienaskaita		Daugiskaita	
V.	akmuõ	šuõ	ãkmenys	šùnys
K.	akmeñs	šuñs	akmenų̃	šunų̃
N.	ãkmeniui	šùniui	akmenìms	šunìms
G.	ãkmenį	šùnį	ãkmenis	šunìs
Įn.	ãkmeniu	šunimì / šuniù	akmenimìs	šunimìs
Vt.	akmenyjè	šunyjè	akmenysè	šunysè
Š.	akmeniẽ	šuniẽ	ãkmenys	šùnys

12 paradigma

sesuõ (3ᵇ), **duktė̃** (3ᵇ)

	Vienaskaita		Daugiskaita	
V.	sesuõ	duktė̃	sẽserys	dùkterys
K.	seser̃s	dukter̃s	seserų̃	dukterų̃
N.	sẽseriai	dùkteriai	seserìms	dukterìms
G.	sẽserį	dùkterį	sẽseris	dùkteris
Įn.	seserimì / sẽseria	dukterimì / dùkteria	seserimìs	dukterimìs
Vt.	seseryjè	dukteryjè	seserysè	dukterysè
Š.	seseriẽ	dukteriẽ	sẽserys	dùkterys

Būdvardžių linksniavimas

1 paradigma

báltas (3), **gẽras** (4), **álkanas** (3ᵃ), **laĩkinas** (3ᵇ)

Vienaskaita

V. ir Š.	báltas	gẽras	álkanas	laĩkinas
K.	bálto	gẽro	álkano	laĩkino
N.	baltám	gerám	alkanám	laikinám
G.	báltą	gẽrą	álkaną	laĩkiną
Įn.	báltu	gerù	álkanu	laĩkinu
Vt.	baltamè	geramè	alkanamè	laikinamè

Daugiskaita

V. ir Š.	baltì	gerì	alkanì	laikinì
K.	baltų̃	gerų̃	alkanų̃	laikinų̃
N.	baltíems	geríems	alkaníems	laikiníems
G.	báltus	gerùs	álkanus	laĩkinus
Įn.	baltaĩs	geraĩs	alkanaĩs	laikinaĩs
Vt.	baltuosè	geruosè	alkanuosè	laikinuosè

2 paradigma

žãlias (4), **pė́sčias** (3), **vyriáusias** (1), **naũjas** (4)

Vienaskaita

V. ir Š.	žãlias	pė́sčias	vyriáusias	naũjas
K.	žãlio	pė́sčio	vyriáusio	naũjo
N.	žaliám	pėsčiám	vyriáusiam	naujám
G.	žãlią	pė́sčią	vyriáusią	naũją
Įn.	žaliù	pėsčiu	vyriáusiu	naujù
Vt.	žaliamè	pėsčiamè	vyriáusiame	naujamè

Daugiskaita

V. ir Š.	žalì	pėstì	vyriáusi	naujì
K.	žalių̃	pėsčių̃	vyriáusių	naujų̃
N.	žalíems	pėstíems	vyriáusiems	naujíems

G.	žaliùs	pėsčius		vyriáusius	naujùs
Įn.	žaliaĩs	pėsčiaĩs		vyriáusiais	naujaĩs
Vt.	žaliuosè	pėsčiuosè		vyriáusiuose	naujuosè

3 paradigma

dìdelis (3ᵇ), **kairỹs** (4), **ankstèsnis** (4)

	Vienaskaita			Daugiskaita		
V.	dìdelis	kairỹs	ankstèsnis	dìdeli	kairì	ankstesnì
K.	dìdelio	kaĩrio	ankstèsnio	didelių̃	kairių̃	ankstesnių̃
N.	dideliám	kairiám	ankstesniám	dideĺiems	kairíems	ankstesníems
G.	dìdelį	kaĩrį	ankstèsnį	dìdelius	kairiùs	ankstesniùs
Įn.	dìdeliu	kairiù	ankstesniù	dideliaĩs	kairiaĩs	ankstesniaĩs
Vt.	dideliamè	kairiamè	ankstesniamè	dideliuosè	kairiuosè	ankstesniuosè
Š.	dìdeli	kairỹ	ankstèsni	dìdeli	kairì	ankstesnì

4 paradigma

asmenìnis (2), **vakarýkštis** (1), **namìnis** (2)

Vienaskaita

V.	asmenìnis	vakarýkštis	namìnis
K.	asmenìnio	vakarýkščio	namìnio
N.	asmenìniam	vakarýkščiam	namìniam
G.	asmenìnį	vakarýkštį	namìnį
Įn.	asmeniniù	vakarýkščiu	naminiù
Vt.	asmenìniame	vakarýkščiame	namìniame
Š.	asmenìni	vakarýkšti	namìni

Daugiskaita

V. ir Š.	asmenìniai	vakarýkščiai	namìniai
K.	asmenìnių	vakarýkščių	namìnių
N.	asmenìniams	vakarýkščiams	namìniams
G.	asmeniniùs	vakarýkščius	naminiùs
Įn.	asmenìniais	vakarýkščiais	namìniais
Vt.	asmenìniuose	vakarýkščiuose	namìniuose

5 paradigma

áiškus (3), **gražùs** (4), **panašùs** (4), **nuostabùs** (4)

Vienaskaita

V. ir Š.	áiškus	gražùs	panašùs	nuostabùs
K.	aiškaũs	gražaũs	panašaũs	nuostabaũs
N.	aiškiám	gražiám	panašiám	nuostablám
G.	áiškų	grãžų	panãšų	nuostãbų
Įn.	áiškiu	gražiù	panašiù	nuostabiù
Vt.	aiškiamè	gražiamè	panašiamè	nuostabiamè

Daugiskaita

V. ir Š.	áiškūs	grãžūs	panãšūs	nuostãbūs
K.	aiškių̃	gražių̃	panašių̃	nuostabių̃
N.	aiškíems	gražíems	panašíems	nuostabíems

G.	áiškius	gražiùs	panašiùs	nuostabiùs
Įn.	aiškiaĩs	gražiaĩs	panašiaĩs	nuostabiaĩs
Vt.	aiškiuosè	gražiuosè	panašiuosè	nuostabiuosè

6 paradigma
baltà (3), gerà (4), alkanà (3ª), laikinà (3ᵇ)

Vienaskaita

V. ir Š.	baltà	gerà	alkanà	laikinà
K.	baltõs	gerõs	alkanõs	laikinõs
N.	báltai	gẽrai	álkanai	laĩkinai
G.	báltą	gẽrą	álkaną	laĩkiną
Įn.	bálta	gerà	álkana	laĩkina
Vt.	baltojè	gerojè	alkanojè	laikinojè

Daugiskaita

V. ir Š.	báltos	gẽros	álkanos	laĩkinos
K.	baltų̃	gerų̃	alkanų̃	laikinų̃
N.	baltóms	geróms	alkanóms	laikinóms
G.	báltas	geràs	álkanas	laĩkinas
Įn.	baltomìs	geromìs	alkanomìs	laikinomìs
Vt.	baltosè	gerosè	alkanosè	laikinosè

7 paradigma
žalià (4), pėsčià (3), vyriáusia (1), naujà (4)

Vienaskaita

V. ir Š.	žalià	pėsčià	vyriáusia	naujà
K.	žaliõs	pėsčiõs	vyriáusios	naujõs
N.	žãliai	pė̃sčiai	vyriáusiai	naũjai
G.	žãlią	pė̃sčią	vyriáusią	naũją
Įn.	žalià	pė̃sčia	vyriáusia	naujà
Vt.	žaliojè	pėsčiojè	vyriáusioje	naujojè

Daugiskaita

V. ir Š.	žãlios	pė̃sčios	vyriáusios	naũjos
K.	žalių̃	pėsčių̃	vyriáusių	naujų̃
N.	žalióms	pėsčióms	vyriáusioms	naujóms
G.	žaliàs	pė̃sčias	vyriáusias	naujàs
Įn.	žaliomìs	pėsčiomìs	vyriáusiomis	naujomìs
Vt.	žaliosè	pėsčiosè	vyriáusiose	naujosè

8 paradigma
áiški (3), gražì (4), panašì (4), nuostabì (4)

Vienaskaita

V. ir Š.	áiški	gražì	panašì	nuostabì
K.	aiškiõs	gražiõs	panašiõs	nuostabiõs
N.	áiškiai	grãžiai	panãšiai	nuostãbiai
G.	áiškią	grãžią	panãšią	nuostãbią
Įn.	áiškia	gražià	panašià	nuostabià
Vt.	aiškiojè	gražiojè	panašiojè	nuostabiojè

310

Daugiskaita

V. ir Š.	áiškios	grãžios	panãšios	nuostãbios
K.	aiškių̃	gražių̃	panašių̃	nuostabių̃
N.	aiškióms	gražióms	panašióms	nuostabióms
G.	áiškias	gražiàs	panašiàs	nuostabiàs
Įn.	aiškiomìs	gražiomìs	panašiomìs	nuostabiomìs
Vt.	aiškiosè	gražiosè	panašiosè	nuostabiosè

9 paradigma

dìdelė (3ᵇ), kairė̃ (4), ankstèsnė (4), namìnė (2)

Vienaskaita

V.	dìdelė	kairė̃	ankstèsnė	namìnė
K.	didelė̃s	kairė̃s	ankstesnė̃s	namìnės
N.	dìdelei	kaĩrei	ankstèsnei	namìnei
G.	dìdelę	kaĩrę	ankstèsnę	namìnę
Įn.	dìdele	kairè	ankstesnè	naminè
Vt.	didelėjè	kairėjè	ankstesnėjè	namìnėje
Š.	dìdele	kaĩre	ankstèsne	namìne

Daugiskaita

V. ir Š.	dìdelės	kaĩrės	ankstèsnės	namìnės
K.	didelių̃	kairių̃	ankstesnių̃	namìnių
N.	didelė̃ms	kairė̃ms	ankstesnė̃ms	namìnėms
G.	dìdeles	kairès	ankstesnès	naminès
Įn.	didelėmìs	kairėmìs	ankstesnėmìs	namìnėmis
Vt.	didelėsè	kairėsè	ankstesnėsè	namìnėse

Įvardžiuotinių būdvardžių linksniavimas

jaunàsis, jaunóji

	Vienaskaita		Daugiskaita	
V. ir Š.	jaunàsis	jaunóji	jauníeji	jáunosios
K.	jáunojo	jaunõsios	jaunų̃jų	jaunų̃jų
N.	jaunájam	jáunajai	jauníesiems	jaunósioms
G.	jáunąjį	jáunąją	jaunúosius	jauną́sias
Įn.	jaunúoju	jaunąja	jaunaĩsiais	jaunõsiomis
Vt.	jaunãjame	jaunõjoje	jaunuõsiuose	jaunõsiose

gaivùsis, gaivióji

	Vienaskaita		Daugiskaita	
V. ir Š.	gaivùsis	gaivióji	gaivíeji	gaĩviosios
K.	gaĩviojo	gaiviõsios	gaivių̃jų	gaivių̃jų
N.	gaiviájam	gaĩviajai	gaivíesiems	gaiviósioms
G.	gaĩvųjį	gaĩviąją	gaiviúosius	gaivią́sias
Įn.	gaiviúoju	gaiviąja	gaiviaĩsiais	gaiviõsiomis
Vt.	gaiviãjame	gaiviõjoje	gaiviuõsiuose	gaiviõsiose

didỹsis, didžióji

	Vienaskaita		Daugiskaita	
V. ir Š.	didỹsis	didžióji	didíeji	dìdžiosios
K.	dìdžiojo	didžiõsios	didžiųjų	didžiųjų
N.	didžiájam	dìdžiajai	didíesiems	didžiósioms
G.	dìdįjį	dìdžiąją	didžiúosius	didžiąsias
Įn.	didžiúoju	didžiąja	didžiaĩsiais	didžiõsiomis
Vt.	didžiãjame	didžiõjoje	didžiuõsiuose	didžiõsiose

Įvardžių linksniavimas

1

V. (kas?)	àš	tù	mẽs	jū̃s
K. (ko?)	manę̃s	tavę̃s	mū́sų	jū́sų
Savyb. K. (kieno?)	màno	tàvo	mū́sų	jū́sų
N. (kam?)	mán	táu	mùms	jùms
G. (ką?)	manè	tavè	mùs	jùs
Įn. (kuo?)	manimì	tavimì	mumìs	jumìs
Vt. (kame?)	manyjè	tavyjè	mumysè	jumysè

V.	jìs	jì	jiẽ	jõs
K.	jõ	jõs	jų̃	jų̃
Savyb. K.	jõ	jõs	jų̃	jų̃
N.	jám	jái	jíems	jóms
G.	jį̃	ją̃	juõs	jàs
Įn.	juõ	jà	jaĩs	jomìs
Vt.	jamè	jojè	juosè	josè

2

V.	–
K.	savę̃s
Savyb. K.	sàvo
N.	sáu
G.	savè
Įn.	savimì
Vt.	savyjè

3

V.	kàs	niẽkas	vìskas
K.	kõ	niẽko	vìsko
Savyb. K.	kienõ	niẽkieno	–
N.	kám	niẽkam	vìskam
G.	ką̃	niẽką	vìską
Įn.	kuõ	niẽkuo	vìskuo
Vt.	kamè	–	–

4

	Vienaskaita		Daugiskaita		Vienaskaita		Daugiskaita	
V.	kurìs	kurì	kuriẽ	kuriõs	tàs	tà	tiẽ	tõs
K.	kuriõ	kuriõs	kurių̃	kurių̃	tõ	tõs	tų̃	tų̃
N.	kuriám	kuriái	kuríems	kurióms	tám	tái	tíems	tóms
G.	kurį̃	kurią̃	kuriuõs	kuriàs	tą̃	tą̃	tuõs	tàs
Įn.	kuriuõ	kurià	kuriaĩs	kuriomìs	tuõ	tà	taĩs	tomìs
Vt.	kuriamè	kuriojè	kuriuosè	kuriosè	tamè	tojè	tuosè	tosè

Kaip kurìs, kurì linksniuojama kažkurìs, kažkurì; šìs, šì, kaip tàs, tà – anàs, anà.

5

	Vienaskaita		Daugiskaita	
V.	kóks	kokià	kokiẽ	kókios
K.	kókio	kokiõs	kokių̃	kókių
N.	kokiám	kókiai	kokíems	kokióms
G.	kókį	kókią	kókius	kókias
In.	kókiu	kókia	kokiaĩs	kokiomìs
Vt.	kokiamè	kokiojè	kokiuosè	kokiosè

V.	tóks	tokià	tokiẽ	tókios
K.	tókio	tokiõs	tokių̃	tókių
N.	tokiám	tókiai	tokíems	tokióms
G.	tókį	tókią	tókius	tókias
In.	tókiu	tókia	tokiaĩs	tokiomìs
Vt.	tokiamè	tokiojè	tokiuosè	tokiosè

Taip pat linksniuojama: **jóks, jokià; kažkóks, kažkokià; kitóks, kitókia; nekóks, nekokià**.

6

	Vienaskaita		Daugiskaita	
V.	kìtas	kità	kitì	kìtos
K.	kìto	kitõs	kitų̃	kitų̃
N.	kitám	kìtai	kitíems	kitóms
G.	kìtą	kìtą	kitùs	kitàs
In.	kitù	kità	kitaĩs	kitomìs
Vt.	kitamè	kitojè	kituosè	kitosè

V.	vìsas	visà	visì	vìsos
K.	vìso	visõs	visų̃	visų̃
N.	visám	vìsai	visíems	visóms
G.	vìsą	vìsą	visùs	visàs
In.	visù	visà	visaĩs	visomìs
Vt.	visamè	visojè	visuosè	visosè

V.	víenas	vienà	vienì	víenos
K.	víeno	vienõs	vienų̃	vienų̃
N.	vienám	víenai	vieníems	vienóms
G.	víeną	víeną	víenus	víenas
In.	víenu	víena	vienaĩs	vienomìs
Vt.	vienamè	vienojè	vienuosè	vienosè

Taip pat linksniuojama: **kiekvíenas, kiekvienà; nė víenas, nė vienà**.

7

V.	kelì	kẽlios	kelerì	kẽlerios
K.	kelių̃	kelių̃	kelerių̃	kelerių̃
N.	kelíems	keliómis	keleríems	keleriómis
G.	kelìs	kelìas	kẽlerius	kẽlerias
Įn.	keliaĩs	keliomìs	keleriaĩs	keleriomìs
Vt.	keliuosè	keliosè	keleriuosè	keleriosè

8

V.	abù	abì	abejì	ãbejos
K.	abiejų̃	abiejų̃	abejų̃	abejų̃
N.	abíem	abíem	abejíems	abejóms
G.	abù	abì	ãbejus	ãbejas
Įn.	abiẽm	abiẽm	abejaĩs	abejomìs
Vt.	abiejuosè	abiejosè	abejuosè	abejosè

9

	Vienaskaita		Daugiskaita	
V.	(tas) pàts	(ta) patì	(tie) pãtys	(tos) pãčios
K.	(to) patiẽs	(tos) pačiõs	(tų̃) pačių̃	(tų̃) pačių̃
N.	(tam) pačiám	(tai) pãčiai	(tiems) patíems	(toms) pačióms
G.	(tą̃) pãtį	(tą̃) pãčią	(tuos) pačiùs	(tas) pačiàs
Įn.	(tuo) pačiù	(ta) pačià	(tais) pačiaĩs	(tomis) pačiomìs
Vt.	(tame) pačiamè	(toje) pačiojè	(tuose) pačiuosè	(tose) pačiosè

Skaitvardžių linksniavimas

1

V.	víenas	vienà	vienerì	víenerios
K.	víeno	vienõs	vienerių̃	vienerių̃
N.	vienám	víenai	vieneríems	vieneriómis
G.	víeną	víeną	víenerius	víenerias
Įn.	víenu	víena	vieneriaĩs	vieneriomìs
Vt.	vienamè	vienojè	vieneriuosè	vieneriosè

Kaip **vienerì, víenerios** linksniuojama ir **ketverì, kẽtverios; penkerì, peñkerios; šešerì, šẽšerios; septynerì, septýnerios; aštuonerì, aštúonerios; devynerì, devýnerios.**

V.	dù	dvì	dvejì	dvẽjos
K.	dviejų̃	dviejų̃	dvejų̃	dvejų̃
N.	dvíem	dvíem	dvejíems	dvejóms
G.	dù	dvì	dvejùs	dvejàs
Įn.	dviẽm	dviẽm	dvejaĩs	dvejomìs
Vt.	dviejuosè	dviejosè	dvejuosè	dvejosè

Kaip **dvejì, dvẽjos** linksniuojama ir **trejì, trẽjos.**

2

V.	trỹs *(v.)*	trỹs *(m.)*	keturì	kẽturios
K.	trijų̃	trijų̃	keturių̃	keturių̃
N.	trìms	trìms	keturíems	keturióms
G.	trìs	trìs	kẽturis	kẽturias
Įn.	trimìs	trimìs	keturiaĩs	keturiomìs
Vt.	trijuosè	trijosè	keturiuosè	keturiosè

Kaip **keturì, kẽturios** linksniuojama ir **penkì, peñkios; šešì, šẽšios; septynì, septýnios; aštuonì, aštúonios; devynì, devýnios.**

3

V.	vienúolika
K.	vienúolikos
N.	vienúolikai
G.	vienúolika
Įn.	vienúolika
Vt.	vienúolikoje

Kaip **vienúolika** linksniuojama ir **dvýlika, trýlika, keturiólika, penkiólika, šešiólika, septyniólika, aštuoniólika, devyniólika.** Šių žodžių galininko galūnė **-a**, o ne **-ą**.

4

	Vienaskaita		Daugiskaita	
V.	añtras	antrà	antrì	añtros
K.	añtro	antrõs	antrų̃	antrų̃
N.	antrám	añtrai	antríems	antróms
G.	añtrą	añtrą	antrùs	antràs
Įn.	antrù	antrà	antraĩs	antromìs
Vt.	antramè	antrojè	antruosè	antrosè

5

	Vienaskaita	Daugiskaita
V.	šim̃tas	šimtaĩ
K.	šim̃to	šimtų̃
N.	šim̃tui	šimtáms
G.	šim̃tą	šimtùs
Įn.	šimtù	šimtaĩs
Vt.	šimtè	šimtuosè

6

	Vienaskaita	Daugiskaita
V.	tū́kstantis	tū́kstančiai
K.	tū́kstančio	tū́kstančių
N.	tū́kstančiui	tū́kstančiams
G.	tū́kstantį	tū́kstančius
Įn.	tū́kstančiu	tū́kstančiais
Vt.	tū́kstantyje	tū́kstančiuose

Dalyvių linksniavimas

1

VEIKIAMOSIOS RŪŠIES ESAMOJO LAIKO DALYVIAI
turįs / tùrintis, tùrinti, dirbąs / dìrbantis, dìrbanti

Vienaskaita

V.	turįs / tùrintis	tùrinti	dirbąs / dìrbantis	dìrbanti
K.	tùrinčio	tùrinčios	dìrbančio	dìrbančios
N.	tùrinčiam	tùrinčiai	dìrbančiam	dìrbančiai
G.	tùrintį	tùrinčią	dìrbantį	dìrbančią
Įn.	tùrinčiu	tùrinčia	dìrbančiu	dìrbančia
Vt.	tùrinčiame	tùrinčioje	dìrbančiame	dìrbančioje

Daugiskaita

V.	turį / tùrintys	tùrinčios	dirbą / dìrbantys	dìrbančios
K.	tùrinčių	tùrinčių	dìrbančių	dìrbančių
N.	tùrintiems	tùrinčioms	dìrbantiems	dìrbančioms
G.	tùrinčius	tùrinčias	dìrbančius	dìrbančias
Įn.	tùrinčiais	tùrinčiomis	dìrbančiais	dìrbančiomis
Vt.	tùrinčiuose	tùrinčiose	dìrbančiuose	dìrbančiose

Dalyviai **dirbąs, dirbą** gali būti kirčiuojami taip: **dìrbąs, dìrbą** arba **dirbąs, dirbą**.

2

NEVEIKIAMOSIOS RŪŠIES ESAMOJO LAIKO DALYVIAI
rãšomas, rãšoma, gìriamas, giriamà

Vienaskaita

V.	rãšomas	rãšoma	gìriamas	giriamà
K.	rãšomo	rãšomos	gìriamo	giriamõs
N.	rãšomam	rãšomai	giriamám	gìriamai
G.	rãšomą	rãšomą	gìriamą	gìriamą
Įn.	rãšomu	rãšoma	gìriamu	gìriama
Vt.	rãšomame	rãšomoje	giriamamè	giriamojè

Daugiskaita

V.	rãšomi	rãšomos	giriamì	gìriamos
K.	rãšomų	rãšomų	giriamų̃	giriamų̃
N.	rãšomiems	rãšomoms	giriamíems	giriamóms
G.	rãšomus	rãšomas	gìriamus	gìriamas
Įn.	rãšomais	rãšomomis	giriamaĩs	giriamomìs
Vt.	rãšomuose	rãšomose	giriamuosè	giriamosè

3

VEIKIAMOSIOS RŪŠIES BŪTOJO KARTINIO LAIKO DALYVIAI
rãšęs, rãšiusi

Vienaskaita		Daugiskaita	
V. rãšęs	rãšiusi	rãšę	rãšiusios
K. rãšiusio	rãšiusios	rãšiusių	rãšiusių
N. rãšiusiam	rãšiusiai	rãšiusiems	rãšiusioms
G. rãšiusį	rãšiusią	rãšiusius	rãšiusias
Įn. rãšiusiu	rãšiusia	rãšiusiais	rãšiusiomis
Vt. rãšiusiame	rãšiusioje	rãšiusiuose	rãšiusiose

4

NEVEIKIAMOSIOS RŪŠIES BŪTOJO KARTINIO LAIKO DALYVIAI
rašýtas, rašýta, ìšskalbtas, išskalbtà

Vienaskaita

V. rašýtas	rašýta	ìšskalbtas	išskalbtà
K. rašýto	rašýtos	ìšskalbto	išskalbtõs
N. rašýtam	rašýtai	išskalbtám	ìšskalbtai
G. rašýtą	rašýtą	ìšskalbtą	ìšskalbtą
Įn. rašýtu	rašýta	ìšskalbtu	ìšskalbta
Vt. rašýtame	rašýtoje	išskalbtamè	išskalbtojè

Daugiskaita

V. rašýti	rašýtos	išskalbtì	ìšskalbtos
K. rašýtų	rašýtų	išskalbtų̃	išskalbtų̃
N. rašýtiems	rašýtoms	išskalbtíems	išskalbtóms
G. rašýtus	rašýtas	ìšskalbtus	ìšskalbtas
Įn. rašýtais	rašýtomis	išskalbtaĩs	išskalbtomìs
Vt. rašýtuose	rašýtose	išskalbtuosè	išskalbtosè

nė̃štas, neštà, láuktas, lauktà

Vienaskaita

V. nė̃štas	neštà	láuktas	lauktà
K. nė̃što	neštõs	láukto	lauktõs
N. neštám	nė̃štai	lauktám	láuktai
G. nė̃štą	nė̃štą	láuktą	láuktą
Įn. neštù	neštà	láuktu	láukta
Vt. neštamè	neštojè	lauktamè	lauktojè

Daugiskaita

V. neštì	nė̃štos	lauktì	láuktos
K. neštų̃	neštų̃	lauktų̃	lauktų̃
N. neštíems	neštóms	lauktíems	lauktóms
G. neštùs	neštàs	láuktus	láuktas
Įn. neštaĩs	neštomìs	lauktaĩs	lauktomìs
Vt. neštuosè	neštosè	lauktuosè	lauktosè

Įvardžiuotinių dalyvių linksniavimas

1

VEIKIAMOSIOS RŪŠIES ESAMOJO LAIKO DALYVIAI

rāšantysis, rāšančioji, tìkintysis, tìkinčioji

Vienaskaita

V.	rāšantysis	rāšančioji	tìkintysis	tìkinčioji
K.	rāšančiojo	rāšančiosios	tìkinčiojo	tìkinčiosios
N.	rāšančiajam	rāšančiajai	tìkinčiajam	tìkinčiajai
G.	rāšantįjį	rāšančiąją	tìkintįjį	tìkinčiąją
Įn.	rāšančiuoju	rāšančiąja	tìkinčiuoju	tìkinčiąja
Vt.	rāšančiajame	rāšančiojoje	tìkinčiajame	tìkinčiojoje

Daugiskaita

V.	rāšantieji	rāšančiosios	tìkintieji	tìkinčiosios
K.	rāšančiųjų	rāšančiųjų	tìkinčiųjų	tìkinčiųjų
N.	rāšantiesiems	rāšančiosioms	tìkintiesiems	tìkinčiosioms
G.	rāšančiuosius	rāšančiąsias	tìkinčiuosius	tìkinčiąsias
Įn.	rāšančiaisiais	rāšančiosiomis	tìkinčiaisiais	tìkinčiosiomis
Vt.	rāšančiuosiuose	rāšančiosiose	tìkinčiuosiuose	tìkinčiosiose

2

NEVEIKIAMOSIOS RŪŠIES ESAMOJO LAIKO DALYVIAI

válgomasis, válgomoji, miegamàsis, miegamóji

Vienaskaita

V.	válgomasis	válgomoji	miegamàsis	miegamóji
K.	válgomojo	válgomosios	miēgamojo	miegamõsios
N.	válgomajam	válgomajai	miegamájam	miēgamajai
G.	válgomąjį	válgomąją	miēgamąjį	miēgamąją
Įn.	válgomuoju	válgomąja	miegamúoju	miegamája
Vt.	válgomajame	válgomojoje	miegamájame	miegamõjoje

Daugiskaita

V.	válgomieji	válgomosios	miegamíeji	miēgamosios
K.	válgomųjų	válgomųjų	miegamūjų	miegamūjų
N.	válgomiesiems	válgomosioms	miegamíesiems	miegamósioms
G.	válgomuosius	válgomąsias	miegamúosius	miegamąsias
Įn.	válgomaisiais	válgomosiomis	miegamaīsiais	miegamõsiomis
Vt.	válgomuosiuose	válgomosiose	miegamuõsiuose	miegamõsiose

3

VEIKIAMOSIOS RŪŠIES BŪTOJO KARTINIO LAIKO DALYVIAI
suáugusysis, suáugusioji, vėdusysis

Vienaskaita

V.	suáugusysis	suáugusioji	vėdusysis
K.	suáugusiojo	suáugusiosios	vėdusiojo
N.	suáugusiajam	suáugusiajai	vėdusiajam
G.	suáugusįjį	suáugusiąją	vėdusįjį
Įn.	suáugusiuoju	suáugusiąja	vėdusiuoju
Vt.	suáugusiajame	suáugusiojoje	vėdusiajame

Daugiskaita

V.	suáugusieji	suáugusiosios	vėdusieji
K.	suáugusiųjų	suáugusiųjų	vėdusiųjų
N.	suáugusiesiems	suáugusiosioms	vėdusiesiems
G.	suáugusiuosius	suáugusiąsias	vėdusiuosius
Įn.	suáugusiaisiais	suáugusiosiomis	vėdusiaisiais
Vt.	suáugusiuosiuose	suáugusiosiose	vėdusiuosiuose

4

NEVEIKIAMOSIOS RŪŠIES BŪTOJO KARTINIO LAIKO DALYVIAI
skaitýtasis, skaitýtoji, būtàsis, būtóji

Vienaskaita

V.	skaitýtasis	skaitýtoji	būtàsis	būtóji
K.	skaitýtojo	skaitýtosios	bū́tojo	bū́tosios
N.	skaitýtajam	skaitýtajai	būtájam	bū́tajai
G.	skaitýtąjį	skaitýtąją	bū́tąjį	bū́tąją
Įn.	skaitýtuoju	skaitýtąja	būtúoju	bū́tąja
Vt.	skaitýtajame	skaitýtojoje	būtájame	bū́tõjoje

Daugiskaita

V.	skaitýtieji	skaitýtosios	būtíeji	bū́tosios
K.	skaitýtųjų	skaitýtųjų	būtū́jų	bū́tūjų
N.	skaitýtiesiems	skaitýtosioms	būtíesiems	bū́tósioms
G.	skaitýtuosius	skaitýtąsias	būtúosius	bū́tąsias
Įn.	skaitýtaisiais	skaitýtosiomis	būtaĩsiais	bū́tõsiomis
Vt.	skaitýtuosiuose	skaitýtosiose	būtuõsiuose	bū́tõsiose

Vardažodžių, įvardžių, dalyvių kirčiavimas

-   nekirčiuotas skiemuo
- (-) nekirčiuotas antras įnagininko ar vietininko galūnės skiemuo
- ˵   kirčiuotas skiemuo (˜ arba ́, arba ̀)
- (́) kirčiuotas antras įnagininko ar vietininko galūnės skiemuo

Kirčiuotas būna tik vienas žodžio skiemuo.

1 kirčiuotė

Pavyzdžiai

́ -	́ -	- ́ -	- ̀ -	̃ - -	- ̀ - -
2 1	2 1	3 2 1	3 2 1	3 2 1	4 3 2 1
vár-na	vě-jas	kai-mý-nas	lai-mìn-gas	vã-sa-ra	is-tò-ri-ja

́ - -	- ̃ - -	́ - - -	̃ - - - -	- - ́ -	̀ - - -
3 2 1	4 3 2 1	4 3 2 1	5 4 3 2 1	4 3 2 3	3 2 1
vál-go-mas	pa-vã-sa-ris	są́-siu-vi-nis	pã-sa-ko-ja-mas	ka-ra-líe-nė	Rù-si-ja

- - - ̃ - -
5 4 3 2 1
Por-tu-gā-li-ja

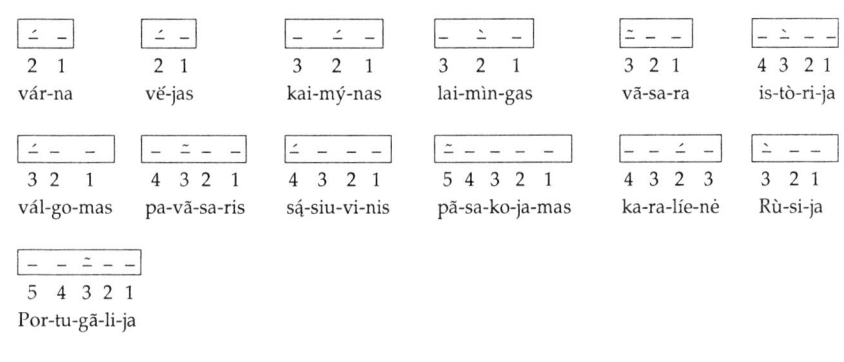

2 kirčiuotė

Pavyzdžiai

- ̀	̀ -	̃ -	̃ -	- - ̀	- ̀ -
ran-kà	bì-tė	smė̃-lis	tuř-gus	kul-tū-rà	plak-tù-kas

- - - - ̀	- ̀ -	- - ̃ -	- - ̀ -	- - - ̀
li-te-ra-tū-rà	me-dì-nis	va-ka-riẽ-nė	va-ka-rì-nis	Pran-cū-zi-jà

	Vienaskaita	Daugiskaita
V.	– – – ´̃ ´	– – – ´̃ ´
K.	– – – ´̃ –	– – – ´̃ –
N.	– – – ´̃ –	– – – ´̃ –
G.	– – – ´̃ –	– – – – ´
In.	– – – ´̃ ´ (–)	– – – ´̃ – (–)
Vt.	– – – ´̃ ´ (–)	– – – ´̃ – (–)
Š.	– – – ´̃ –	– – – ´̃ –

3 kirčiuotė

Pavyzdžiai

bér-žas	šál-tas	šal-tà	aikš-tě̃	gal-và	žal-tỹs	víe-nas	sep-ty-nì

sep-tý-nios	Kai-šia-dó-rys (dgs.)	mìnkš-tas	gìr-tas	áiš-kus	šir-dìs

	Vienaskaita	Daugiskaita
V.	– – ´ ´̃	– – ´ ´̃
K.	– – ´ ´̃	– – – ´̃
N.	– – ´ ´	– – – ´
G.	– – ´ –	– – ´ –
In.	– – – ´ (´̃)	– – – ´̃ (´̃)
Vt.	– – – ´̃ (´̃)	– – – – (´̃)
Š.	– – ´ ´̃	– – ´ ´̃

3ᵃ kirčiuotė

Pavyzdžiai

skry-bė-lẽ	lei-di-nỹs	áu-ga-las	ál-ka-nas	to-li-mà	tó-li-mas

aš-tuo-ne-rì	aš-túo-ne-rios	láu-kia-mas	lau-kia-mà	juos-muõ	Lie-tu-và

	Vienaskaita	Daugiskaita
V.	– ´ – ´̃	– ´ – ´̃
K.	– ´ – ´̃	– – – ´̃
N.	– ´ – ´	– – – ´
G.	– ´ – –	– ´ – –
In.	– ´ – – (´̃)	– – – ´̃ (´̃)
Vt.	– – – ´̃ (´̃)	– – – – (´̃)
Š.	– ´ – ´̃	– ´ – ´̃

3⁴ᵃ kirčiuotė

Pavyzdžiai

laiš-ka-ne-šỹs   laiš-ka-ne-šě̃

	Vienaskaita					Daugiskaita			
V.	–	–	–	῀		´	–	–	῀
K.	´	–	–	–		–	–	–	῀
N.	´	–	–	–		–	–	–	´
G.	´	–	–	–		´	–	–	–
Įn.	´	–	–	–		–	–	–	῀ (´)
Vt.	–	–	–	– (´)		–	–	–	– (´)
Š.	´	–	–	῀		´	–	–	῀

3ᵇ kirčiuotė

Pavyzdžiai

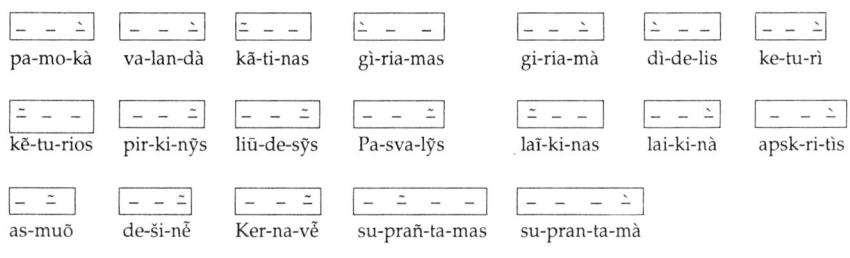

pa-mo-kà   va-lan-dà   kã-ti-nas   gìria-mas   gi-ria-mà   dì-de-lis   ke-tu-rì

kẽ-tu-rios   pir-ki-nỹs   liū-de-sỹs   Pa-sva-lỹs   laĩ-ki-nas   lai-ki-nà   apsk-ri-tìs

as-muõ   de-ši-nė̃   Ker-na-vė̃   su-prañ-ta-mas   su-pran-ta-mà

	Vienaskaita					Daugiskaita			
V.	–	ˋ	–	ˋ		–	ˋ	–	ˋ
K.	–	ˋ	–	῀		–	–	–	῀
N.	–	ˋ	–	´		–	–	–	´
G.	–	ˋ	–	–		–	ˋ	–	–
Įn.	–	ˋ	–	– (´)		–	–	–	῀ (´)
Vt.	–	–	–	ˋ (´)		–	–	–	– (´)
Š.	–	ˋ	–	ˋ		–	ˋ	–	ˋ

3⁴ᵇ kirčiuotė

Pavyzdžiai

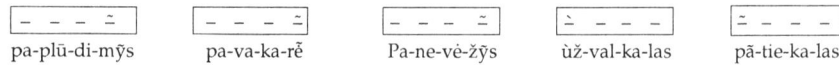

pa-plū-di-mỹs   pa-va-ka-rė̃   Pa-ne-vė-žỹs   ùž-val-ka-las   pā́-tie-ka-las

	Vienaskaita	Daugiskaita
V.	˜ – – ˜	˜ – – ˜
K.	˜ – – ˜ m.	– – – ˜
N.	˜ – – –	– – – ´
G.	˜ – – –	˜ – – –
Įn.	˜ – – –	– – – ˜ (˜)
Vt.	– – – ˜ (˜)	– – – – (˜)
Š.	˜ – – ˜	˜ – – ˜

4 kirčiuotė
Pavyzdžiai

˜ –	– ˜	– ˜	– ˜	– ˜	˜ –	– ˜	– ˜
laĩ-kas	dai-nà	ka-tė̃	ru-gỹs	a-kìs	gė̃-ras	ge-rà	gra-žùs

– ˜	˜ –	– ˜	˜ –	– ˜	– – ˜	– – ˜	– ˜ –
gra-žì	kė̃p-tas	kep-tà	kì-tas	ki-tà	man-da-gùs	man-da-gì	anks-tès-nis

– ˜ –	– – – ˜	– – – ˜ –	– – ˜
anks-tès-nė	su-pran-ta-mès-nis	su-pran-ta-mès-nė	A-ly-tùs

	Vienaskaita	Daugiskaita
V.	– – – ˜ ˜	– – – ˜ ˜
K.	– – – ˜ ˜	– – – – ˜
N.	– – – ˜ ´	– – – – ´
G.	– – – ˜ –	– – – – ´
Įn.	– – – – ˜ (˜)	– – – – ˜ (˜)
Vt.	– – – – ˜ (˜)	– – – – – (˜)
Š.	– – – ˜ ˜	– – – ˜ ˜

Būdvardžių ir prieveiksmių laipsniavimas

VYRIŠKOSIOS GIMINĖS BŪDVARDŽIAI

	aukšt. l.	aukšč. l.
blõg**as**	blog**èsnis**	blog**iáusias**
bál**tas**	balt**èsnis**	bal**či̇́áusias**
graž**ùs**	graž**èsnis**	graž**iáusias**
plat**ùs**	plat**èsnis**	pla**či̇́áusias**

MOTERIŠKOSIOS GIMINĖS BŪDVARDŽIAI

	aukšt. l.	aukšč. l.
blogà	blogèsnė	blogiáusia
baltà	baltèsnė	balčiáusia
gražì	gražèsnė	gražiáusia
platì	platèsnė	plačiáusia

NEGIMININĖ FORMA

	aukšt. l.	aukšč. l.
blõga	blogiaũ	blogiáusia
gražù	gražiaũ	gražiáusia
šálta	šalčiaũ	šalčiáusia

PRIEVEIKSMIAI

	aukšt. l.	aukšč. l.
blogaĩ	blogiaũ	blogiáusiai
prastaĩ	prasčiaũ	prasčiáusiai
áiškiai	aiškiaũ	aiškiáusiai

Veiksmažodžių asmenavimas

1 ASMENUOTĖ

Esam l. 3 asm. galūnė -(i)a
dìrbti, nedìrbti, nèšti, nenèšti, skaĩbti, neskaĩbti

Tiesioginė nuosaka

Esamasis laikas

Vienaskaita

1	aš	dìrbu	nedìrbu	nešù	nènešu	skalbiù	neskalbiù
2	tu	dìrbi	nedìrbi	nešì	nèneši	skalbì	neskalbì
3	jis, ji	dìrba	nedìrba	nẽša	nèneša	skaĩbia	neskaĩbia

Daugiskaita

1	mes	dìrbame	nedìrbame	nẽšame	nènešame	skaĩbiame	neskaĩbiame
2	jūs	dìrbate	nedìrbate	nẽšate	nènešate	skaĩbiate	neskaĩbiate
3	jie, jos	dìrba	nedìrba	nẽša	nèneša	skaĩbia	neskaĩbia

Būtasis kartinis laikas

Vienaskaita

1	aš	dìrbau	nedìrbau	nešiaũ	nènešiau	skalbiaũ	nèskalbiau
2	tu	dìrbai	nedìrbai	nešeĩ	nènešei	skalbeĩ	nèskalbei
3	jis, ji	dìrbo	nedìrbo	nẽšė	nènešė	skaĩbė	nèskalbė

Daugiskaita

1	mes	dìrbome	nedìrbome	nẽšėme	nènešėme	skalbėme	nèskalbėme
2	jūs	dìrbote	nedìrbote	nẽšėte	nènešėte	skalbėte	nèskalbėte
3	jie, jos	dìrbo	nedìrbo	nẽšė	nènešė	skalbė	nèskalbė

Būtasis dažninis laikas

Vienaskaita

1	aš	dìrbdavau	nedìrbdavau	nẽšdavau	nènešdavau	skalbdavau	neskalbdavau
2	tu	dìrbdavai	nedìrbdavai	nẽšdavai	nènešdavai	skalbdavai	neskalbdavai
3	jis, ji	dìrbdavo	nedìrbdavo	nẽšdavo	nènešdavo	skalbdavo	neskalbdavo

Daugiskaita

1	mes	dìrbdavome	nedìrbdavome	nẽšdavome	nènešdavome	skalbdavome	neskalbdavome
2	jūs	dìrbdavote	nedìrbdavote	nẽšdavote	nènešdavote	skalbdavote	neskalbdavote
3	jie, jos	dìrbdavo	nedìrbdavo	nẽšdavo	nènešdavo	skalbdavo	neskalbdavo

Būsimasis laikas

Vienaskaita

1	aš	dìrbsiu	nedìrbsiu	nèšiu	nenèšiu	skalbsiu	neskalbsiu
2	tu	dìrbsi	nedìrbsi	nèši	nenèši	skalbsi	neskalbsi
3	jis, ji	dir̃bs	nedir̃bs	nèš	nenèš	skalbs	neskalbs

Daugiskaita

1	mes	dìrbsime	nedìrbsime	nèšime	nenèšime	skalbsime	neskalbsime
2	jūs	dìrbsite	nedìrbsite	nèšite	nenèšite	skalbsite	neskalbsite
3	jie, jos	dir̃bs	nedir̃bs	nèš	nenèš	skalbs	neskalbs

Tariamoji nuosaka

Vienaskaita

1	aš	dìrbčiau	nedìrbčiau	nèščiau	nenèščiau	skalbčiau	neskalbčiau
2	tu	dìrbtum(ei)	nedìrbtum(ei)	nèštum(ei)	nenèštum(ei)	skalbtum(ei)	neskalbtum(ei)
3	jis, ji	dìrbtų	nedìrbtų	nèštų	nenèštų	skalbtų	neskalbtų

Daugiskaita

1	mes	dìrbtu(mė)me	nedìrbtu(mė)me	nèštu(mė)me
2	jūs	dìrbtumėte	nedìrbtumėte	nèštumėte
3	jie, jos	dìrbtų	nedìrbtų	nèštų

1	mes	nenèštu(mė)me	skalbtu(mė)me	neskalbtu(mė)me
2	jūs	nenèštumėte	skalbtumėte	neskalbtumėte
3	jie, jos	nenèštų	skalbtų	neskalbtų

Liepiamoji nuosaka

Vienaskaita

2	tu	dìrbk	nedìrbk	nèšk	nenèšk	skalbk	neskalbk
3	jis, ji	tegu dìrba, tedìrba	tegu nedìrba, tenedìrba	tegu nèša, tènèša	tegu nenèša, tenenèša	tegu skalbia, teskalbia	tegu neskalbia, teneskalbia

Daugiskaita

1	mes	dìrbkime	nedìrbkime	nèškime	nenèškime	ska̅lbkime	neska̅lbkime
2	jūs	dìrbkite	nedìrbkite	nèškite	nenèškite	ska̅lbkite	neska̅lbkite
3	jie, jos	tegu dìrba, tedìrba	tegu nedìrba, tenedìrba	tegu nèša, tènėša	tegu nènèša, tenènèša	tegu ska̅lbia, teska̅lbia	tegu neska̅lbia, teneska̅lbia

2 ASMENUOTĖ

Esam. 1. 3 asm. galūnė -i
žiūrėti, nežiūrėti, mylėti, nemylėti

Tiesioginė nuosaka

Esamasis laikas

Vienaskaita

1	aš	žiūriù	nežiūriù	mýliu	nemýliu
2	tu	žiūrì	nežiūrì	mýli	nemýli
3	jis, ji	žiūri	nežiūri	mýli	nemýli

Daugiskaita

1	mes	žiūrime	nežiūrime	mýlime	nemýlime
2	jūs	žiūrite	nežiūrite	mýlite	nemýlite
3	jie, jos	žiūri	nežiūri	mýli	nemýli

Būtasis kartinis laikas

Vienaskaita

1	aš	žiūrėjau	nežiūrėjau	mylėjau	nemylėjau
2	tu	žiūrėjai	nežiūrėjai	mylėjai	nemylėjai
3	jis, ji	žiūrėjo	nežiūrėjo	mylėjo	nemylėjo

Daugiskaita

1	mes	žiūrėjome	nežiūrėjome	mylėjome	nemylėjome
2	jūs	žiūrėjote	nežiūrėjote	mylėjote	nemylėjote
3	jie, jos	žiūrėjo	nežiūrėjo	mylėjo	nemylėjo

Būtasis dažninis laikas

Vienaskaita

1	aš	žiūrėdavau	nežiūrėdavau	mylėdavau	nemylėdavau
2	tu	žiūrėdavai	nežiūrėdavai	mylėdavai	nemylėdavai
3	jis, ji	žiūrėdavo	nežiūrėdavo	mylėdavo	nemylėdavo

Daugiskaita

1	mes	žiūrėdavome	nežiūrėdavome	mylėdavome	nemylėdavome
2	jūs	žiūrėdavote	nežiūrėdavote	mylėdavote	nemylėdavote
3	jie, jos	žiūrėdavo	nežiūrėdavo	mylėdavo	nemylėdavo

Būsimasis laikas

Vienaskaita

1	aš	žiūrė**siu**	nežiūrė**siu**	mylė**siu**	nemylė**siu**
2	tu	žiūrė**si**	nežiūrė**si**	mylė**si**	nemylė**si**
3	jis, ji	žiūrė**s**	nežiūrė**s**	mylė**s**	nemylė**s**

Daugiskaita

1	mes	žiūrė**sime**	nežiūrė**sime**	mylė**sime**	nemylė**sime**
2	jūs	žiūrė**site**	nežiūrė**site**	mylė**site**	nemylė**site**
3	jie, jos	žiūrė**s**	nežiūrė**s**	mylė**s**	nemylė**s**

Tariamoji nuosaka

Vienaskaita

1	aš	žiūrė**čiau**	nežiūrė**čiau**	mylė**čiau**	nemylė**čiau**
2	tu	žiūrė**tum(ei)**	nežiūrė**tum(ei)**	mylė**tum(ei)**	nemylė**tum(ei)**
3	jis, ji	žiūrė**tų**	nežiūrė**tų**	mylė**tų**	nemylė**tų**

Daugiskaita

1	mes	žiūrė**tu(mė)me**	nežiūrė**tu(mė)me**	mylė**tu(mė)me**	nemylė**tu(mė)me**
2	jūs	žiūrė**tumėte**	nežiūrė**tumėte**	mylė**tumėte**	nemylė**tumėte**
3	jie, jos	žiūrė**tų**	nežiūrė**tų**	mylė**tų**	nemylė**tų**

Liepiamoji nuosaka

Vienaskaita

2	tu	žiūrė**k**	nežiūrė**k**	mylė**k**	nemylė**k**
3	jis, ji	tegu žiūri, težiūri	tegu nežiūri, tenežiūri	tegu mýli, temýli	tegu nemýli, tenemýli

Daugiskaita

1	mes	žiūrė**kime**	nežiūrė**kime**	mylė**kime**	nemylė**kime**
2	jūs	žiūrė**kite**	nežiūrė**kite**	mylė**kite**	nemylė**kite**
3	jie, jos	tegu žiūri, težiūri	tegu nežiūri, tenežiūri	tegu mýli, temýli	tegu nemýli, tenemýli

3 ASMENUOTĖ

Esam. l. 3 asm. galūnė -**o**

mókyti, nemókyti, skaitýti, neskaitýti

Tiesioginė nuosaka

Esamasis laikas

Vienaskaita

1	aš	mók**au**	nemók**au**	skait**aũ**	neskait**aũ**
2	tu	mók**ai**	nemók**ai**	skait**aĩ**	neskait**aĩ**
3	jis, ji	mók**o**	nemók**o**	skaĩt**o**	neskaĩt**o**

Daugiskaita

1	mes	mók**ome**	nemók**ome**	skaīt**ome**	neskaīt**ome**
2	jūs	mók**ote**	nemók**ote**	skaīt**ote**	neskaīt**ote**
3	jie, jos	mók**o**	nemók**o**	skaīt**o**	neskaīt**o**

Būtasis kartinis laikas
Vienaskaita

1	aš	mók**iau**	nemók**iau**	skaič**iaũ**	neskaič**iaũ**
2	tu	mók**ei**	nemók**ei**	skaite**ĩ**	neskaite**ĩ**
3	jis, ji	mók**ė**	nemók**ė**	skaīt**ė**	neskaīt**ė**

Daugiskaita

1	mes	mók**ėme**	nemók**ėme**	skaīt**ėme**	neskaīt**ėme**
2	jūs	mók**ėte**	nemók**ėte**	skaīt**ėte**	neskaīt**ėte**
3	jie, jos	mók**ė**	nemók**ė**	skaīt**ė**	neskaīt**ė**

Būtasis dažninis laikas
Vienaskaita

1	aš	móky**davau**	nemóky**davau**	skaitý**davau**	neskaitý**davau**
2	tu	móky**davai**	nemóky**davai**	skaitý**davai**	neskaitý**davai**
3	jis, ji	móky**davo**	nemóky**davo**	skaitý**davo**	neskaitý**davo**

Daugiskaita

1	mes	móky**davome**	nemóky**davome**	skaitý**davome**	neskaitý**davome**
2	jūs	móky**davote**	nemóky**davote**	skaitý**davote**	neskaitý**davote**
3	jie, jos	móky**davo**	nemóky**davo**	skaitý**davo**	neskaitý**davo**

Būsimasis laikas
Vienaskaita

1	aš	móky**siu**	nemóky**siu**	skaitý**siu**	neskaitý**siu**
2	tu	móky**si**	nemóky**si**	skaitý**si**	neskaitý**si**
3	jis, ji	móky**s**	nemóky**s**	skaitý**s**	neskaitý**s**

Daugiskaita

1	mes	móky**sime**	nemóky**sime**	skaitý**sime**	neskaitý**sime**
2	jūs	móky**site**	nemóky**site**	skaitý**site**	neskaitý**site**
3	jie, jos	móky**s**	nemóky**s**	skaitý**s**	neskaitý**s**

Tariamoji nuosaka
Vienaskaita

1	aš	móky**čiau**	nemóky**čiau**	skaitý**čiau**	neskaitý**čiau**
2	tu	móky**tum(ei)**	nemóky**tum(ei)**	skaitý**tum(ei)**	neskaitý**tum(ei)**
3	jis, ji	móky**tų**	nemóky**tų**	skaitý**tų**	neskaitý**tų**

Daugiskaita

1	mes	móky**tu(mė)me**	nemóky**tu(mė)me**	skaitý**tu(mė)me**	neskaitý**tu(mė)me**
2	jūs	móky**tumėte**	nemóky**tumėte**	skaitý**tumėte**	neskaitý**tumėte**
3	jie, jos	móky**tų**	nemóky**tų**	skaitý**tų**	neskaitý**tų**

Liepiamoji nuosaka

Vienaskaita

2	tu	mókyk	nemókyk	skaitýk	neskaitýk
3	jis, ji	tegu móko,	tegu nemóko,	tegu skaĩto,	tegu neskaĩto,
		temóko	tenemóko	teskaĩto	teneskaĩto

Daugiskaita

1	mes	mókykime	nemókykime	skaitýkime	neskaitýkime
2	jūs	mókykite	nemókykite	skaitýkite	neskaitýkite
3	jie, jos	tegu móko,	tegu nemóko,	tegu skaĩto,	tegu neskaĩto,
		temóko	tenemóko	teskaĩto	teneskaĩto

Veiksmažodžių *bū́ti, nebū́ti* asmenavimas

Tiesioginė nuosaka

Esamasis laikas

Vienaskaita

1	aš	esù	nesù
2	tu	esì	nesì
3	jis, ji	yrà (bū̃na)	nėrà (nebū̃na)

Daugiskaita

1	mes	ēsame	nēsame
2	jūs	ēsate	nēsate
3	jie, jos	yrà (bū̃na)	nėrà (nebū̃na)

Būtasis kartinis laikas

Vienaskaita

1	aš	buvaũ	nebuvaũ
2	tu	buvaĩ	nebuvaĩ
3	jis, ji	bùvo	nebùvo

Daugiskaita

1	mes	bùvome	nebùvome
2	jūs	bùvote	nebùvote
3	jie, jos	bùvo	nebùvo

Būtasis dažninis laikas

Vienaskaita

1	aš	bū́davau	nebū́davau
2	tu	bū́davai	nebū́davai
3	jis, ji	bū́davo	nebū́davo

Daugiskaita

1	mes	bū́davome	nebū́davome
2	jūs	bū́davote	nebū́davote
3	jie, jos	bū́davo	nebū́davo

Būsimasis laikas

Vienaskaita

1	aš	bū́siu	nebū́siu
2	tu	bū́si	nebū́si
3	jis, ji	bùs	nebùs

Daugiskaita

1	mes	bū́sime	nebū́sime
2	jūs	bū́site	nebū́site
3	jie, jos	bùs	nebùs

Tariamoji nuosaka

Vienaskaita

1	aš	bū́čiau	nebū́čiau
2	tu	bū́tum(ei)	nebū́tum(ei)
3	jis, ji	bū́tų	nebū́tų

Daugiskaita

1	mes	bū́tu(mė)me	nebū́tu(mė)me
2	jūs	bū́tumėte	nebū́tumėte
3	jie, jos	bū́tų	nebū́tų

Liepiamoji nuosaka

Vienaskaita

2	tu	bū́k	nebū́k
3	jis, ji	tegu bū̃na, tebū̃na	tegu nebū̃na, tenebū̃na

Daugiskaita

1	mes	bū́kime	nebū́kime
2	jūs	bū́kite	nebū́kite
3	jie, jos	tegu bū̃na, tebū̃na	tegu nebū̃na, tenebū̃na

Sangrąžinių veiksmažodžių asmenavimas

1 ASMENUOTĖ

nèštis, nesinèšti, kalbė̃tis, nesikalbė̃ti, registrúotis, nesiregistrúoti

Tiesioginė nuosaka

Esamasis laikas

Vienaskaita

1	aš	nešúosi	nesìnešu	kalbúosi	nesìkalbu
2	tu	nešíesi	nesìneši	kalbíesi	nesìkalbi
3	jis, ji	nẽšasi	nesìneša	kaĨbasi	nesìkalba

1	aš	registrúojuosi	nesiregistrúoju
2	tu	registrúojiesi	nesiregistrúoji
3	jis, ji	registrúojasi	nesiregistrúoja

Daugiskaita

1	mes	nẽšamės	nesìnešame	kaĨbamės	nesìkalbame
2	jūs	nẽšatės	nesìnešate	kaĨbatės	nesìkalbate
3	jie, jos	nẽšasi	nesìneša	kaĨbasi	nesìkalba

1	mes	registrúojamės	nesiregistrúojame
2	jūs	registrúojatės	nesiregistrúojate
3	jie, jos	registrúojasi	nesiregistrúoja

Būtasis kartinis laikas

Vienaskaita

1	aš	nešiaũsi	nesìnešiau	kalbė́jausi	nesikalbė́jau
2	tu	nešeĩsi	nesìnešei	kalbė́jaisi	nesikalbė́jai
3	jis, ji	nẽšėsi	nesìnešė	kalbė́josi	nesikalbė́jo

1	aš	registravaũsi	nesiregistravaũ
2	tu	registravaĩsi	nesiregistravaĩ
3	jis, ji	registrãvosi	nesiregistrãvo

Daugiskaita

1	mes	nẽšėmės	nesìnešėme	kalbė́jomės	nesikalbė́jome
2	jūs	nẽšėtės	nesìnešėte	kalbė́jotės	nesikalbė́jote
3	jie, jos	nẽšėsi	nesìnešė	kalbė́josi	nesikalbė́jo

1	mes	registrãvomės	nesiregistrãvome
2	jūs	registrãvotės	nesiregistrãvote
3	jie, jos	registrãvosi	nesiregistrãvo

Būtasis dažninis laikas

Vienaskaita

1	aš	nèšdavausi	nesinėšdavau	kalbėdavausi	nesikalbėdavau
2	tu	nèšdavaisi	nesinėšdavai	kalbėdavaisi	nesikalbėdavai
3	jis, ji	nèšdavosi	nesinėšdavo	kalbėdavosi	nesikalbėdavo
1	aš	registrúodavausi	nesiregistrúodavau		
2	tu	registrúodavaisi	nesiregistrúodavai		
3	jis, ji	registrúodavosi	nesiregistrúodavo		

Daugiskaita

1	mes	nèšdavomės	nesinėšdavome	kalbėdavomės	nesikalbėdavome
2	jūs	nèšdavotės	nesinėšdavote	kalbėdavotės	nesikalbėdavote
3	jie, jos	nèšdavosi	nesinėšdavo	kalbėdavosi	nesikalbėdavo
1	mes	registrúodavomės	nesiregistrúodavome		
2	jūs	registrúodavotės	nesiregistrúodavote		
3	jie, jos	registrúodavosi	nesiregistrúodavo		

Būsimasis laikas

Vienaskaita

1	aš	nèšiuosi	nesinėšiu	kalbėsiuosi	nesikalbėsiu
2	tu	nèšiesi	nesinėši	kalbėsiesi	nesikalbėsi
3	jis, ji	nèšis	nesinėš	kalbėsis	nesikalbės
1	aš	registrúosiuosi	nesiregistrúosiu		
2	tu	registrúosiesi	nesiregistrúosi		
3	jis, ji	registruōsis	nesiregistruōs		

Daugiskaita

1	mes	nèšimės	nesinėšime	kalbėsimės	nesikalbėsime
2	jūs	nèšitės	nesinėšite	kalbėsitės	nesikalbėsite
3	jie, jos	nèšis	nesinėš	kalbėsis	nesikalbės
1	mes	registrúosimės	nesiregistrúosime		
2	jūs	registrúositės	nesiregistrúosite		
3	jie, jos	registruōsis	nesiregistruōs		

Tariamoji nuosaka

Vienaskaita

1	aš	nèščiausi	nesinėščiau	kalbėčiausi	nesikalbėčiau
2	tu	nèštumeisi	nesinėštum(ei)	kalbėtumeisi	nesikalbėtum(ei)
3	jis, ji	nèštųsi	nesinėštų	kalbėtųsi	nesikalbėtų
1	aš	registrúočiausi	nesiregistrúočiau		
2	tu	registrúotumeisi	nesiregistrúotumei		
3	jis, ji	registrúotųsi	nesiregistrúotų		

Daugiskaita

1	mes	nèštu(mė)mės	nesinėštu(mė)me	kalbė́tu(mė)mės	nesikalbė́tu(mė)me
2	jūs	nèštumėtės	nesinėštumėte	kalbė́tumėtės	nesikalbė́tumėte
3	jie, jos	nèštųsi	nesinėštų	kalbė́tųsi	nesikalbė́tų

1	mes	registrúotu(mė)mės	nesiregistrúotu(mė)me		
2	jūs	registrúotumėtės	nesiregistrúotumėte		
3	jie, jos	registrúotųsi	nesiregistrúotų		

Liepiamoji nuosaka

Vienaskaita

2	tu	nèškis	nesinėšk	kalbė́kis	nesikalbė́k
3	jis, ji	tegu nėšasi, tesìneša	tegu nesìneša, tenesìneša	tegu kaĺbasi, tesìkalba	tegu nesìkalba, tenesìkalba

2	tu	registrúokis	nesiregistrúok		
3	jis, ji	tegu registrúojasi, tesiregistrúoja	tegu nesiregistrúoja, tenesiregistrúoja		

Daugiskaita

1	mes	nèškimės	nesinėškime	kalbė́kimės	nesikalbė́kime
2	jūs	nèškitės	nesinėškite	kalbė́kitės	nesikalbė́kite
3	jie, jos	tegu nėšasi, tesìneša	tegu nesìneša, tenesìneša	tegu kaĺbasi, tesìkalba	tegu nesìkalba, tenesìkalba

1	mes	registrúokimės	nesiregistrúokime		
2	jūs	registrúokitės	nesiregistrúokite		
3	jie, jos	tegu registrúojasi, tesiregistrúoja	tegu nesiregistrúoja, tenesiregistrúoja		

máutis, nesimáuti, džiaũgtis, nesidžiaũgti

Tiesioginė nuosaka

Esamasis laikas

Vienaskaita

1	aš	máunuosi	nesimáunu	džiaugiúosi	nesìdžiaugiu
2	tu	máuniesi	nesimáuni	džiaugíesi	nesìdžiaugi
3	jis, ji	máunasi	nesimáuna	džiaũgiasi	nesìdžiaũgia

Daugiskaita

1	mes	máunamės	nesimáuname	džiaũgiamės	nesidžiaũgiame
2	jūs	máunatės	nesimáunate	džiaũgiatės	nesidžiaũgiate
3	jie, jos	máunasi	nesimáuna	džiaũgiasi	nesidžiaũgia

Būtasis kartinis laikas

Vienaskaita

1	aš	móviausi	nesimóviau	džiaugiaūsi	nesìdžiaugiau
2	tu	móveisi	nesimóvei	džiaugeīsi	nesìdžiaugei
3	jis, ji	móvėsi	nesimóvė	džiaūgėsi	nesìdžiaugė

Daugiskaita

1	mes	móvėmės	nesimóvėme	džiaūgėmės	nesìdžiaugėme
2	jūs	móvėtės	nesimóvėte	džiaūgėtės	nesìdžiaugėte
3	jie, jos	móvėsi	nesimóvė	džiaūgėsi	nesìdžiaugė

Būtasis dažninis laikas

Vienaskaita

1	aš	máudavausi	nesimáudavau	džiaūgdavausi	nesidžiaūgdavau
2	tu	máudavaisi	nesimáudavai	džiaūgdavaisi	nesidžiaūgdavai
3	jis, ji	máudavosi	nesimáudavo	džiaūgdavosi	nesidžiaūgdavo

Daugiskaita

1	mes	máudavomės	nesimáudavome	džiaūgdavomės	nesidžiaūgdavome
2	jūs	máudavotės	nesimáudavote	džiaūgdavotės	nesidžiaūgdavote
3	jie, jos	máudavosi	nesimáudavo	džiaūgdavosi	nesidžiaūgdavo

Būsimasis laikas

Vienaskaita

1	aš	máusiuosi	nesimáusiu	džiaūgsiuosi	nesidžiaūgsiu
2	tu	máusiesi	nesimáusi	džiaūgsiesi	nesidžiaūgsi
3	jis, ji	maūsis	nesimaūs	džiaūgsis	nesidžiaūgs

Daugiskaita

1	mes	máusimės	nesimáusime	džiaūgsimės	nesidžiaūgsime
2	jūs	máusitės	nesimáusite	džiaūgsitės	nesidžiaūgsite
3	jie, jos	maūsis	nesimaūs	džiaūgsis	nesidžiaūgs

Tariamoji nuosaka

Vienaskaita

1	aš	máučiausi	nesimáučiau	džiaūgčiausi	nesidžiaūgčiau
2	tu	máutumeisi	nesimáutum(ei)	džiaūgtumeisi	nesidžiaūgtum(ei)
3	jis, ji	máutųsi	nesimáutų	džiaūgtųsi	nesidžiaūgtų

Daugiskaita

1	mes	máutu(mė)mės	nesimáutu(mė)me	džiaūgtu(mė)mės	nesidžiaūgtu(mė)me
2	jūs	máutumėtės	nesimáutumėte	džiaūgtumėtės	nesidžiaūgtumėte
3	jie, jos	máutųsi	nesimáutų	džiaūgtųsi	nesidžiaūgtų

Liepiamoji nuosaka

Vienaskaita

2	tu	máukis	nesimáuk	džiaũkis	nesidžiaũk
3	jis, ji	tegu máunasi, tesimáuna	tegu nesimáuna, tenesimáuna	tegu džiaũgiasi, tesidžiaũgia	tegu nesidžiaũgia, tenesidžiaũgia

Daugiskaita

1	mes	máukimės	nesimáukime	džiaũkimės	nesidžiaũkime
2	jūs	máukitės	nesimáukite	džiaũkitės	nesidžiaũkite
3	jie, jos	tegu máunasi, tesimáuna	tegu nesimáuna, tenesimáuna	tegu džiaũgiasi, tesidžiaũgia	tegu nesidžiaũgia, tenesidžiaũgia

2 ASMENUOTĖ

žavėtis, nesižavėti, ilsėtis, nesiilsėti

Tiesioginė nuosaka

Esamasis laikas

Vienaskaita

1	aš	žaviúosi	nesìžaviu	ilsiúosi	nesiı́lsiu
2	tu	žavíesi	nesìžavi	ilsíesi	nesiı́lsi
3	jis, ji	žãvisi	nesìžavi	ìlsisi	nesiı́lsi

Daugiskaita

1	mes	žãvimės	nesìžavime	ìlsimės	nesiı́lsime
2	jūs	žãvitės	nesìžavite	ìlsitės	nesiı́lsite
3	jie, jos	žãvisi	nesìžavi	ìlsisi	nesiı́lsi

Būtasis kartinis laikas

Vienaskaita

1	aš	žavėjausi	nesižavėjau	ilsėjausi	nesiilsėjau
2	tu	žavėjaisi	nesižavėjai	ilsėjaisi	nesiilsėjai
3	jis, ji	žavėjosi	nesižavėjo	ilsėjosi	nesiilsėjo

Daugiskaita

1	mes	žavėjomės	nesižavėjome	ilsėjomės	nesiilsėjome
2	jūs	žavėjotės	nesižavėjote	ilsėjotės	nesiilsėjote
3	jie, jos	žavėjosi	nesižavėjo	ilsėjosi	nesiilsėjo

Būtasis dažninis laikas

Vienaskaita

1	aš	žavėdavausi	nesižavėdavau	ilsėdavausi	nesiilsėdavau
2	tu	žavėdavaisi	nesižavėdavai	ilsėdavaisi	nesiilsėdavai
3	jis, ji	žavėdavosi	nesižavėdavo	ilsėdavosi	nesiilsėdavo

Daugiskaita

1	mes	žavė́davomės	nesižavė́davome	ilsė́davomės	nesiilsė́davome
2	jūs	žavė́davotės	nesižavė́davote	ilsė́davotės	nesiilsė́davote
3	jie, jos	žavė́davosi	nesižavė́davo	ilsė́davosi	nesiilsė́davo

Būsimasis laikas

Vienaskaita

1	aš	žavė́siuosi	nesižavė́siu	ilsė́siuosi	nesiilsė́siu
2	tu	žavė́siesi	nesižavė́si	ilsė́siesi	nesiilsė́si
3	jis, ji	žavė̃sis	nesižavė̃s	ilsė̃sis	nesiilsė̃s

Daugiskaita

1	mes	žavė́simės	nesižavė́sime	ilsė́simės	nesiilsė́simės
2	jūs	žavė́sitės	nesižavė́site	ilsė́sitės	nesiilsė́site
3	jie, jos	žavė̃sis	nesižavė̃s	ilsė̃sis	nesiilsė̃s

Tariamoji nuosaka

Vienaskaita

1	aš	žavė́čiausi	nesižavė́čiau	ilsė́čiausi	nesiilsė́čiau
2	tu	žavė́tumeisi	nesižavė́tum(ei)	ilsė́tumeisi	nesiilsė́tum(ei)
3	jis, ji	žavė́tųsi	nesižavė́tų	ilsė́tųsi	nesiilsė́tų

Daugiskaita

1	mes	žavė́tu(mė)mės	nesižavė́tu(mė)me	ilsė́tu(mė)mės	nesiilsė́tu(mė)me
2	jūs	žavė́tumėtės	nesižavė́tumėte	ilsė́tumėtės	nesiilsė́tumėte
3	jie, jos	žavė́tųsi	nesižavė́tų	ilsė́tųsi	nesiilsė́tų

Liepiamoji nuosaka

Vienaskaita

2	tu	žavė́kis	nesižavė́k	ilsė́kis	nesiilsė́k
3	jis, ji	tegu žãvisi, tesižãvi	tegu nesižãvi, tenesižãvi	tegu ìlsisi, tesiìlsi	tegu nesiìlsi, tenesiìlsi

Daugiskaita

1	mes	žavė́kimės	nesižavė́kime	ilsė́kimės	nesiilsė́kime
2	jūs	žavė́kitės	nesižavė́kite	ilsė́kitės	nesiilsė́kite
3	jie, jos	tegu žãvisi, tesižãvi	tegu nesižãvi, tenesižãvi	tegu ilsisi, tesiìlsi	tegu nesiìlsi, tenesiìlsi

domėtis, nesidomėti, gailėtis, nesigailėti

Tiesioginė nuosaka

Esamasis laikas

Vienaskaita

1	aš	domiúosi	nesidomiù	gailiúosi	nesigailiù
2	tu	domíesi	nesidomì	gailíesi	nesigailì
3	jis, ji	dõmisi	nesidõmi	gaĩlisi	nesigaĩli

Daugiskaita

1	mes	dõmimės	nesidõmime	gaĩlimės	nesigaĩlime
2	jūs	dõmitės	nesidõmite	gaĩlitės	nesigaĩlite
3	jie, jos	dõmisi	nesidõmi	gaĩlisi	nesigaĩli

Būtasis kartinis laikas

Vienaskaita

1	aš	domėjausi	nesidomėjau	gailėjausi	nesigailėjau
2	tu	domėjaisi	nesidomėjai	gailėjaisi	nesigailėjai
3	jis, ji	domėjosi	nesidomėjo	gailėjosi	nesigailėjo

Daugiskaita

1	mes	domėjomės	nesidomėjome	gailėjomės	nesigailėjome
2	jūs	domėjotės	nesidomėjote	gailėjotės	nesigailėjote
3	jie, jos	domėjosi	nesidomėjo	gailėjosi	nesigailėjo

Būtasis dažninis laikas

Vienaskaita

1	aš	domėdavausi	nesidomėdavau	gailėdavausi	nesigailėdavau
2	tu	domėdavaisi	nesidomėdavai	gailėdavaisi	nesigailėdavai
3	jis, ji	domėdavosi	nesidomėdavo	gailėdavosi	nesigailėdavo

Daugiskaita

1	mes	domėdavomės	nesidomėdavote	gailėdavomės	nesigailėdavome
2	jūs	domėdavotės	nesidomėdavote	gailėdavotės	nesigailėdavote
3	jie, jos	domėdavosi	nesidomėdavo	gailėdavosi	nesigailėdavo

Būsimasis laikas

Vienaskaita

1	aš	domėsiuosi	nesidomėsiu	gailėsiuosiu	nesigailėsiu
2	tu	domėsiesi	nesidomėsi	gailėsiesi	nesigailėsi
3	jis, ji	domėsis	nesidomės	gailėsis	nesigailės

Daugiskaita

1	mes	domėsimės	nesidomėsime	gailėsimės	nesigailėsime
2	jūs	domėsitės	nesidomėsite	gailėsitės	nesigailėsite
3	jie, jos	domėsis	nesidomės	gailėsis	nesigailės

Tariamoji nuosaka

Vienaskaita

1	aš	domė́čiausi	nesidomė́čiau	gailė́čiausi	nesigailė́čiau
2	tu	domė́tumeisi	nesidomė́tum(ei)	gailė́tumeisi	nesigailė́tum(ei)
3	jis, ji	domė́tųsi	nesidomė́tų	gailė́tųsi	nesigailė́tų

Daugiskaita

1	mes	domė́tu(mė)mės	nesidomė́tu(mė)me	gailė́tu(mė)mės	nesigailė́tu(mė)me
2	jūs	domė́tumėtės	nesidomė́tumėte	gailė́tumėtės	nesigailė́tumėte
3	jie, jos	domė́tųsi	nesidomė́tų	gailė́tųsi	nesigailė́tų

Liepiamoji nuosaka

Vienaskaita

2	tu	domė́kis	nesidomė́k	gailė́kis	nesigailė́k
3	jis, ji	tegu dõmisi, tesidõmi	tegu nesidõmi, tenesidõmi	tegu gaĩlisi, tesigaĩli	tegu nesigaĩli, tenesigaĩli

Daugiskaita

1	mes	domė́kimės	nesidomė́kime	gailė́kimės	nesigailė́kime
2	jūs	domė́kitės	nesidomė́kite	gailė́kitės	nesigailė́kite
3	jie, jos	tegu dõmisi, tesidõmi	tegu nesidõmi, tenesidõmi	tegu gaĩlisi, tesigaĩli	tegu nesigaĩli, tenesigaĩli

3 ASMENUOTĖ
valýtis, nesivalýti, mókytis, nesimókyti

Tiesioginė nuosaka

Esamasis laikas

Vienaskaita

1	aš	valaũsi	nesivalaũ	mókausi	nesimókau
2	tu	valaĩsi	nesivalaĩ	mókaisi	nesimókai
3	jis, ji	vãlosi	nesivãlo	mókosi	nesimóko

Daugiskaita

1	mes	vãlomės	nesivãlome	mókomės	nesimókome
2	jūs	vãlotės	nesivãlote	mókotės	nesimókote
3	jie, jos	vãlosi	nesivãlo	mókosi	nesimóko

Būtasis kartinis laikas

Vienaskaita

1	aš	valiaũsi	nesivaliaũ	mókiausi	nesimókiau
2	tu	valeĩsi	nesivaleĩ	mókeisi	nesimókei
3	jis, ji	vãlėsi	nesivãlė	mókėsi	nesimókė

Daugiskaita

1	mes	vãlėmės	nesivãlėme	mókėmės	nesimókėme
2	jūs	vãlėtės	nesivãlėte	mókėtės	nesimókėte
3	jie, jos	vãlėsi	nesivãlė	mókėsi	nesimókė

Būtasis dažninis laikas

Vienaskaita

1	aš	valýdavausi	nesivalýdavau	mókydavausi	nesimókydavau
2	tu	valýdavaisi	nesivalýdavai	mókydavaisi	nesimókydavai
3	jis, ji	valýdavosi	nesivalýdavo	mókydavosi	nesimókydavo

Daugiskaita

1	mes	valýdavomės	nesivalýdavome	mókydavomės	nesimókydavome
2	jūs	valýdavotės	nesivalýdavote	mókydavotės	nesimókydavote
3	jie, jos	valýdavosi	nesivalýdavo	mókydavosi	nesimókydavo

Būsimasis laikas

Vienaskaita

1	aš	valýsiuosi	nesivalýsiu	mókysiuosi	nesimókysiu
2	tu	valýsiesi	nesivalýsi	mókysiesi	nesimókysi
3	jis, ji	valýsis	nesivalỹs	mókysis	nesimókys

Daugiskaita

1	mes	valýsimės	nesivalýsime	mókysimės	nesimókysime
2	jūs	valýsitės	nesivalýsite	mókysitės	nesimókysite
3	jie, jos	valýsis	nesivalỹs	mókysis	nesimókys

Tariamoji nuosaka

Vienaskaita

1	aš	valýčiausi	nesivalýčiau	mókyčiausi	nesimókyčiau
2	tu	valýtumeisi	nesivalýtum(ei)	mókytumeisi	nesimókytum(ei)
3	jis, ji	valýtųsi	nesivalýtų	mókytųsi	nesimókytų

Daugiskaita

1	mes	valýtu(mė)mės	nesivalýtu(mė)me	mókytu(mė)mės	nesimókytu(mė)me
2	jūs	valýtumėtės	nesivalýtumėte	mókytumėtės	nesimókytumėte
3	jie, jos	valýtųsi	nesivalýtų	mókytųsi	nesimókytų

Liepiamoji nuosaka

Vienaskaita

2	tu	valýkis	nesivalýk	mókykis	nesimókyk
3	jis, ji	tegu vãlosi, tesivãlo	tegu nesivãlo, tenesivãlo	tegu mókosi, tesimóko	tegu nesimóko, tenesimóko

		Daugiskaita			
1	mes	valýkimės	nesivalýkime	mókykimės	nesimókykime
2	jūs	valýkitės	nesivalýkite	mókykitės	nesimókykite
3	jie, jos	tegu vãlosi, tesivãlo	tegu nesivãlo, tenesivãlo	tegu mókosi, tesimóko	tegu nesimóko, tenesimóko

Padalyviai ir pusdalyviai

Padalyviai

Esamasis laikas

nẽša – nẽšant
kaĺba – kaĺbant
àtveža – àtvežant
išskaĺbia – išskaĺbiant
kaĺbasi – kaĺbantis
nesìkalba – nesìkalbant
týli – týlint
sãko – sãkant
skaĩto – skaĩtant
prãšo – prãšant

Būtasis kartinis laikas

nẽšė – nẽšus
kalbėjo – kalbė́jus
àtvežė – atvė́žus
ìšskalbė – išskaĺbus
kalbė́josi – kalbė́jusis
nesikalbėjo – nesikalbė́jus
tylė́jo – tylė́jus
sãkė – sãkius
skaĩtė – skaĩčius
prãšė – prãšius

Pusdalyviai

Vienaskaita

rašýti – rašýdamas, rašýdama
tylė́ti – tylė́damas, tylė́dama
nèšti – nèšdamas, nešdamà
gìrti – gìrdamas, girdamà
nejaũsti – nejaũsdamas, nejausdamà
kalbė́tis – kalbė́damasis, kalbė́damasi
jaũstis – jaũsdamasis, jaũsdamasi
nesikalbė́ti – nesikalbė́damas, nesikalbė́dama
nesijaũsti – nesijaũsdamas, nesijausdamà

Daugiskaita

rašýdami, rašýdamos
tylė́dami, tylė́damos
nešdamì, nèšdamos
girdamì, gìrdamos
nejausdamì, nejaũsdamos
kalbė́damiesi, kalbė́damosi
jaũsdamiesi, jaũsdamosi
nesikalbė́dami, nesikalbė́damos
nesijausdamì, nesijaũsdamos

Spalvos

baltà	oránžinė	rudà
juodà	pilkà	žalià
geltóna	raudóna	violètinė
mėlyna	rõžinė	

Gyvuliai ir žvėrys

avìs	kiaũlė	šuõ
arklỹs	kìškis	tìgras
beždžiõnė	lãpė	triùšis
bríedis	liũtas	veršis
dramblỹs	meškà	vil̃kas
ežỹs	ožkà	voverė̃
jáutis	pelė̃	žiùrkė
kárvė	stìrna	žiurkė́nas
katė̃	šérnas	

Paukščiai

ántis	kalakùtas	varnė́nas
balañdis	kregždė̃	vieversỹs
gaidỹs	lakštiñgala	vištà
gañdras	pelė́da	zylė́
gegùtė	šárka	žąsìs
genỹs	vãnagas	žuvė́dra
gul̃bė	várna	žvìrblis

Žuvys

ešerỹs	ménkė
kárpis	sil̃kė
lašišà	ungurỹs
lydekà	upėtakis

Vabzdžiai

bìtė	skruzdėlė̃
drugỹs	úodas
mùsė	vóras

Kiti gyvūnai

gyvãtė	varlė̃
rùpūžė	vėžỹs
sraĩgė	žaltỹs

Gėlės

aguonà	našláitė	rõžė
bijūnas	narcìzas	rùgiagėlė
gvazdìkas	pakalnùtė	rūtà
jurgìnas	piēnė	tùlpė
lelijà	ramùnė	žibuõklė

Medžiai ir krūmai

alyvà	ēglė	líepa
ážuolas	kaštõnas	pušìs
béržas	klēvas	šermùkšnis

Uogos ir vaisiai

agrāstas	citrinà	slyvà
aviētė	kriáušė	spañguolė
apelsìnas	mėlynė	vynuogė
banãnas	obuolỹs	vyšnià
brãškė	ríešutas	žémuogė
brùknė	serbeñtas	

Grybai

baravýkas
mùsmirė
pievãgrybis
voveráitė

Daržovės ir prieskoniai

agur̃kas	krienaĩ	pupēlė
bùlvė	mėtà	ridikėlis
burokėlis	morkà	salotà
česnãkas	pãprika	svogūnas
kmynas	petrãžolė	žìrnis
kopūstas	pipìras	
krãpas	pomidòras	

Javai

avižà	kukurūzas	rýžis
grìkis	lìnas	rugỹs
kvietỹs	miēžis	saulēgrąža

Drabužiai ir jų dalys

apýkaklė	kostiùmas	piřštinė
berètė	liemēnė	pižamà
diřžas	liemenėlė	pùskojinė
glaũdės	líetpaltis	rankóvė
júosta	marškinėliai	sijõnas
kailiniaĩ	marškiniaĩ	skarà
kaklāraištis	megztìnis	skarėlė
kāspinas	naktìniai marškiniaĩ	skrybėlė
kelnáitės	nósinė	suknēlė
kélnės	palaidìnė	šālikas
kepùrė	palaidinùkė	švařkas
kišēnė	páltas	
kójinė	pėdkelnės	

Avalynė

basùtės	spòrtbačiai
bātai	šlepētės
klùmpės	

Priešingos reikšmės žodžiai

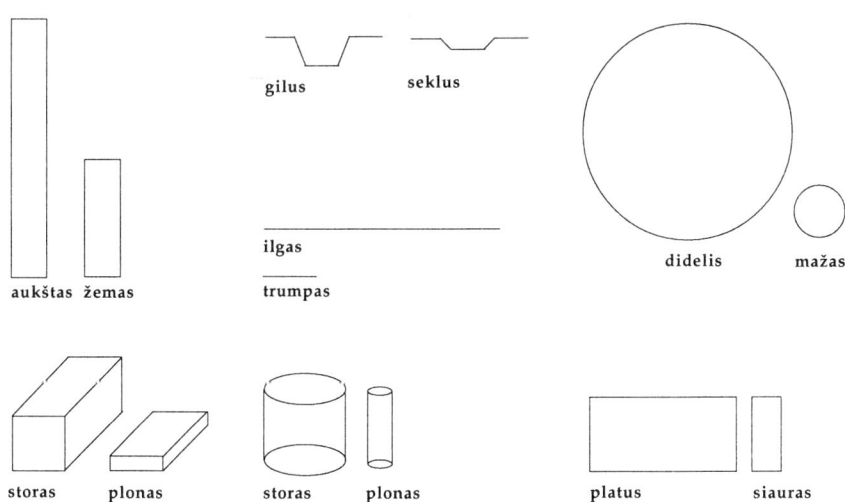

gilus seklus

ilgas / trumpas

didelis mažas

aukštas žemas

storas plonas

storas plonas

platus siauras

Skaičiai

trys	trečias
1 – víenas, -à	pìrmas, -à
2 – dù, dvì	añtras, -à
3 – trỹs	trẽčias, -ià
4 – keturì, kẽturios	ketviȓtas, -à
5 – penkì, peñkios	peñktas, -à
6 – šešì, šẽšios	šẽštas, -à
7 – septynì, septýnios	septiñtas, -à
8 – aštuonì, aštúonios	aštuñtas, -à
9 – devynì, devýnios	deviñtas, -à
10 – dẽšimt	dešim̃tas, -à
11 – vienúolika	vienúoliktas, -a
12 – dvýlika	dvýliktas, -a
13 – trýlika	trýliktas, -a
14 – keturiólika	keturióliktas, -a
15 – penkiólika	penkióliktas, -a
16 – šešiólika	šešióliktas, -a
17 – septyniólika	septynióliktas, -a
18 – aštuoniólika	aštuonióliktas, -a
19 – devyniólika	devynióliktas, -a
20 – dvìdešimt	dvidešim̃tas, -à
21 – dvìdešimt víenas, -à	dvìdešimt pìrmas, -à
30 – trìsdešimt	trisdešim̃tas, -à
40 – kẽturiasdešimt	keturiasdešim̃tas, -à
50 – peñkiasdešimt	penkiasdešim̃tas, -à
60 – šẽšiasdešimt	šešiasdešim̃tas, -à
70 – septýniasdešimt	septyniasdešim̃tas, -à
80 – aštúoniasdešimt	aštuoniasdešim̃tas, -à
90 – devýniasdešimt	devyniasdešim̃tas, -à
100 – šim̃tas	šim̃tas, -à
101 – šim̃tas víenas, -à	šim̃tas pìrmas, -à
200 – dù šimtaĩ	dušim̃tas, -à
201 – dù šimtaĩ víenas, -à	dù šimtaĩ pìrmas, -à
300 – trỹs šimtaĩ	trišim̃tas, -à
400 – keturì šimtaĩ	keturiašim̃tas, -à
500 – penkì šimtaĩ	penkiašim̃tas, -à
600 – šešì šimtaĩ	šešiašim̃tas, -à
700 – septynì šimtaĩ	septyniašim̃tas, -à
800 – aštuonì šimtaĩ	aštuoniašim̃tas, -à
900 – devynì šimtaĩ	devyniašim̃tas, -à
1000 – tū́kstantis	tū́kstantas, -a
1001 – tū́kstantis víenas, -à	tū́kstantis pìrmas, -à
2000 – dù tū́kstančiai	dutū́kstantas, -a
3000 – trỹs tū́kstančiai	tritū́kstantas, -a
10 000 – dẽšimt tū́kstančių	dešimttū́kstantas, -a
1 000 000 – milijõnas	milijõnas, -à

Trupmenos

1/2 vienà antróji = 0,5 (peñkios dešiṁtosios)
1/3 vienà trečióji
1/4 vienà ketvirtóji = 0,25 (dvìdešimt peñkios šiṁtosios)
5/6 peñkios šēštosios
2 1/2 dù [dvì] ir vienà antróji

   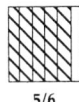 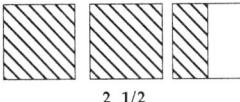

1/2　　　1/3　　　1/4　　　5/6　　　　2 1/2

Dešimtainės trupmenos

0,1　　– vienà dešimtóji
0,25　– dvìdešimt peñkios šiṁtosios
0,11　– vienúolika šimtū́jų
0,001 – vienà tū́kstantoji
0,025 – dvìdešimt peñkios tū́kstantosios
0,013 – trýlika tū́kstantųjų

Savaitės dienos

| pirmãdienis | trečiãdienis | penktãdienis | sekmãdienis |
| antrãdienis | ketvirtãdienis | šeštãdienis | |

Mėnesiai

saũsis	balañdis	líepa	spãlis
vasãris	gegužė̃	rugpjū́tis	lãpkritis
kóvas	biržẽlis	rugsė́jis	grúodis

Metų laikai

| pavãsaris | vãsara | ruduõ | žiemà |

Kaip pasakyti laiką, paklausti laiko

6:00   šēšios vālandos (rýto)
18:00   šēšios vālandos (vãkaro) *arba*
           aštuoniólika valandų

15:00   trỹs vālandos *arba*
           penkiólika valandų

8:15   aštúonios (vālandos) penkiólika (minùčių) *arba*
           penkiólika (minùčių) po aštuonių

9:45   devýnios (vālandos) kēturiasdešimt peñkios
           (minùtės) *arba* be penkiólikos (minùčių)
           dēšimt (valandų)

15:40   trỹs (vālandos) kēturiasdešimt (minùčių) *arba*
           penkiólika (valandų) kēturiasdešimt (minùčių)
           arba dēšimt minùčių po pùsės keturių

16:30   šešiólika (valandų) trìsdešimt (minùčių) *arba*
           pùsė penkių (vãkaro)

12:10   dvýlika (valandų) dēšimt (minùčių) *arba*
           dēšimt po dvýlikos [dvýliktos]

7:35   septýnios (vālandos) trìsdešimt peñkios
           (minùtės) *arba* be dvìdešimt penkių (minùčių)
           aštúonios (vālandos)

8:25  aštúonios (vãlandos) dvìdešimt peñkios (minùtės) *arba* be penkių̃ (minùčių) pùsė devynių̃

11:03 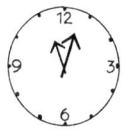 vienúolika (valandų̃) trỹs (minùtės) *arba* trỹs (minùtės) po vienúolikos [vienúoliktos]

Klausimas: Kíek valandų̃? / Kíek laĩko? / Kelintà / Kurì valandà?
Atsakymas: Šẽšios vãlandos. / Pùsė šešių̃. / Be penkių̃ (minùčių) dẽšimt ir t.t.

Datos

Aš gimiau 1967 m. rugpjūčio 23 d. *arba* Aš gimiau 1967 07 23.
Koncertas įvyks gegužės dvidešimt penktąją *arba* Koncertas įvyks gegužės 25 d.

Kada?

Tai atsitiko **1999 m. vasario 5 d.** *arba*
Tai atsitiko: **tū́kstantis devynì šimtaĩ devýniasdešimt devintaĩsiais mẽtais** (Į̃n.),
  tū́kstantis devynì šimtaĩ devýniasdešimt devintų̃jų vasā́rį (G.),
  tū́kstantis devynì šimtaĩ devýniasdešimt devintų̃jų vasā́rio peñktąją (diḗną) (G.).
Koncertas įvyks **vãsarą** (G.), **pirmãdienį** (G.).

Adresas

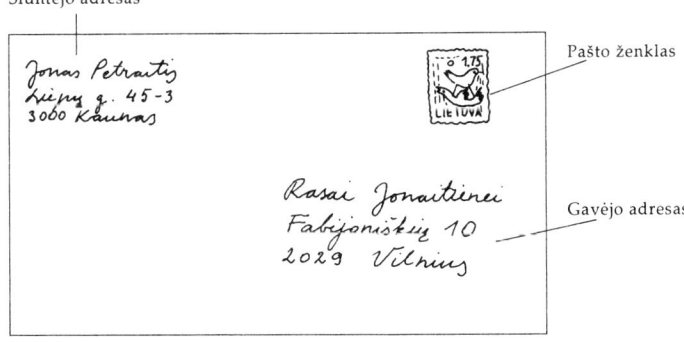

Lietuvių vardai

Čia ir toliau skliausteliuose pirmas skaičius – kirčiuotė, antras – linksniavimo paradigma.

Moterų vardai	Vyrų vardai
Aldonà (2, 6)	Algìmantas (1,1)
Angèlė (2, 8)	Ãlgirdas (1, 1)
Astà (2, 6)	Arū́nas (1, 1)
Barborà (2, 6)	Aũdrius (2, 5)
Birùtė (2, 8)	Gedimìnas (2, 1)
Danùtė (2, 8)	Giñtaras (1, 1)
Ẽglė (2, 8)	Gìntautas (1, 1)
Elenà (2, 6)	Jõnas (2, 1)
Giẽdrė (2, 8)	Juõzas (2, 1)
Gražinà (2, 6)	Jùrgis (1, 3)
Ievà (4, 6)	Kazỹs (4, 3)
Irenà (2, 6)	Kęstùtis (2, 3)
Jūrãtė (2, 8)	Mãrius (2, 5)
Kotrynà (2, 6)	Mìndaugas (1, 1)
Láima (1, 6)	Paũlius (2, 5)
Marijà (2, 7)	Pẽtras (2, 1)
Marýtė (1, 8)	Póvilas (1, 1)
Mìlda (1, 6)	Prãnas (2, 1)
Onà (4, 6)	Rìmas (2, 1)
Ramùnė (2, 8)	Saũlius (2, 5)
Rasà (4, 6)	Sìmas (2, 1)
Rimà (2, 6)	Stasỹs (4, 3)
Rūtà (2, 6)	Šarū́nas (1, 1)
Sáulė (1, 8)	Váldas (1, 1)
Sigùtė (2, 8)	Vìdmantas (1, 1)
Snieguõlė (2, 8)	Výtautas (1, 1)
Vidà (2, 6)	Žygìmantas (1, 1)
Žemýna (1, 6)	Žìlvinas (1, 1)

Lietuvių pavardės

vyras (tėvas, sūnus)	motina (žmona)	duktė
Vitkáuskas (1, 1)	Vitkáuskienė (1, 8)	Vitkauskáitė (1, 8)
Morkū́nas (1, 1)	Morkū́nienė (1, 8)	Morkū́naitė (1, 8)
Jonáitis (1, 3)	Jonáitienė (1, 8)	Jonaitýtė (1, 8)
Šimónis (1, 3)	Šimónienė (1, 8)	Šimonýtė (1, 8)
Gilỹs (4, 3)	Gilíenė (1, 8)	Gilýtė (1, 8)
Bačiùlis (2, 3)	Bačiulíenė (1, 8)	Bačiulýtė (1, 8)
Sakãlis (2, 3)	Sakalíenė (1, 8)	Sakalýtė (1, 8)
Bùtkus (2, 4)	Butkíenė (Bùtkuvienė) (1, 8)	Butkùtė (2, 8)
Laũcius (2, 5)	Laucíenė (Laũciuvienė) (1, 8)	Lauciùtė (2, 8)
Antanãvičius (1, 5)	Antanãvičienė (1, 8)	Antanavičiū́tė (2, 8)

Šeima: Jonáičiaī (4, 3), Šimoniaī (4, 3), Morkūnaī (4, 1) ir t.t.
Keli asmenys ta pačia pavarde: Jonáičiai, Šimóniai, Morkūnai, Bùtkai ir t.t.
Pvz.: Mūsų įstaigoje dirba du Jonáičiai.
Į svečius ateis Jonaičiaī (Jonaitis, jo žmona (ir vaikai).

Lietuvos etnografinės sritys ir jų gyventojų pavadinimai

Aukštaitijà (2, 7)	aukštaītis (2, 3), aukštaītė (2, 8)	aukštaīčiai
Dzūkijà (2, 7)	dzūkas (2, 1), dzūkė (2, 8)	dzūkai
Suvalkijà (2, 7)	suvalkiētis (2, 3), suvalkiētė (2, 8)	suvalkiēčiai
Žemaitijà (2, 7)	žemaītis (2, 3), žemaītė (2, 8)	žemaīčiai

Lietuvos miestai ir jų gyventojų pavadinimai

Akmēnė (2, 8)	akmenìškis (2, 3), akmenìškė (2, 8)
Alytùs (4, 4)	alytìškis, alytìškė
Anykščiaī *dgs.* (3, 3)	anykštěnas (1, 1), anykštěnė (1, 8)
Bìrštonas (1, 1)	birštonìškis, birštonìškė
Bìržai dgs. (1, 1)	biržiētis (2, 3), biržiētė (2, 8)
Drùskininkai *dgs.* (1, 1)	druskininkiētis, druskininkiētė
Gargždaī *dgs.* (3, 1)	gargždìškis, gargždìškė
Ignalinà (2, 6)	ignaliniētis, ignaliniētė
Jonavà (3ᵇ, 6)	jonavìškis, jonavìškė
Jõniškis (1, 3)	joniškiētis, joniškiētė
Jùrbarkas (3ª, 1)	jurbarkìškis, jurbarkìškė
Kaišiadórys *dgs.* (3, 10)	kaišiadorìškis, kaišiadorìškė
Kaũnas (4, 1)	kaunìškis, kaunìškė; kauniētis, kauniētė
Kėdáiniai *dgs.* (1, 3)	kėdainìškis, kėdainìškė
Kelmė (2, 8)	kelmìškis, kelmìškė
Klaīpėda (1, 6)	klaipėdìškis, klaipėdìškė
Kretingà (3ᵇ, 6)	kretingìškis, kretingìškė
Kùpiškis (1, 3)	kupiškěnas, kupiškěnė
Lazdìjai *dgs.* (2, 2)	lazdijìškis, lazdijìškė
Marijámpolė (1, 8)	marijampoliētis, marijampoliētė
Mažeīkiai *dgs.* (2, 3)	mažeikìškis, mažeikìškė
Molėtai *dgs.* (1, 1)	molėtìškis, molėtìškė
Pakrúojis (1, 3)	pakruojìškis, pakruojìškė
Palangà (3ᵇ, 6)	palangìškis, palangìškė
Panevėžỹs (3⁴ᵇ, 3)	panevėžìškis, panevėžìškė
Pasvalỹs (3ᵇ, 3)	pasvaliētis, pasvaliētė
Plùngė (1, 8)	plungìškis, plungìškė
Príenai *dgs.* (1, 1)	prienìškis, prienìškė
Radvìliškis (1, 3)	radviliškiētis, radviliškiētė
Raséiniai *dgs.* (1, 3)	raseinìškis, raseinìškė
Rõkiškis (1, 3)	rokiškěnas, rokiškěnė

Skuõdas (2, 1)	skuodìškis, skuodìškė
Šakiaĩ dgs. (4, 3)	šakìškis, šakìškė
Šalčininkai dgs. (1, 1)	šalčininkiẽtis, šalčininkiẽtė
Šiauliaĩ dgs. (4, 3)	šiaulìškis, šiaulìškė
Šilãlė (2, 8)	šilalìškis, šilalìškė
Šilùtė (2, 8)	šilutìškis, šilutìškė
Šìrvintos dgs. (3ᵃ, 6)	šìrvintiškis, šìrvintiškė
Švenčiónys dgs. (3, 10)	švenčionìškis, švenčionìškė
Tauragė̃ (3ᵇ, 8)	tauragìškis, tauragìškė
Telšiaĩ dgs. (3, 3)	telšìškis, telšìškė
Trãkai dgs. (2, 1)	trakìškis, trakìškė
Ukmergė̃ (3ᵇ, 8)	ukmergìškis, ukmergìškė
Utenà (3ᵇ, 6)	utenìškis, utenìškė
Varėnà (3, 6)	varėnìškis, varėnìškė
Vilkavìškis (2, 3)	vilkaviškiẽtis, vilkaviškiẽtė
Vìlnius (1, 5)	vilnìškis, vilnìškė; vilniẽtis, vilniẽtė
Vìsaginas (1, 1)	visaginiẽtis, visaginiẽtė
Zarasaĩ dgs. (3ᵇ, 1)	zarasìškis, zarasìškė

Pasaulio šalys

šiáurė	rytaĩ	šiáurės rytaĩ	piẽtryčiai
piẽtūs	vakaraĩ	šáurės vakaraĩ	piẽtvakariai

Žemynai

Áfrika (1, 6)	Austrãlija (1, 7)	Europà (2, 6)	Šiáurės Amèrika (1, 6)
Antarktidà (2, 6)	Ãzija (1, 7)	Piẽtų Amèrika (1, 6)	

Valstybės (ar jų dalys) ir jų gyventojų pavadinimai

Valstybė (jos dalis)	Gyventojas (vyras, moteris)	Visi gyventojai
Afganistãnas (2, 1)	afgãnas (2, 1), afgãnė (2, 8)	afgãnai
Aĩrija (1, 7)	aĩris (2, 3), aĩrė (2, 8)	aĩriai
Albãnija (1, 7)	albãnas (2, 1), albãnė (2, 8)	albãnai
Ánglija (1, 7)	ánglas (1, 1), ánglė (1, 8)	ánglai
Argentinà (2, 6)	argentiniẽtis (2, 3), argentiniẽtė (2, 8)	argentiniẽčiai
Armė́nija (1, 7)	armė́nas (1, 1), armė́nė (1, 8)	armė́nai
Austrãlija (1, 7)	austrãlas (2, 1), austrãlė (2, 8)	austrãlai
Áustrija (1, 7)	áustras (1, 1), áustrė (1, 8)	áustrai
Azerbaidžãnas (2, 1)	azerbaidžaniẽtis (2, 3), azerbaidžaniẽtė (2, 8)	azerbaidžaniẽčiai
Baltarùsija (1, 7)	baltarùsis (2, 3), baltarùsė (2, 8)	baltarùsiai
Beĩgija (1, 7)	beĩgas (2, 1), beĩgė (2, 8)	beĩgai
Brazìlija (1, 7)	brazìlas (2, 1), brazìlė (2, 8)	brazìlai
Bulgãrija (1, 7)	bulgãras (2, 1), bulgãrė (2, 8)	bulgãrai
Čèkija (1, 7)	čèkas (2, 1), čèkė (2, 8)	čèkai

Čìlė (2, 8)	čiliẽtis (2, 3), čiliẽtė (2, 8)	čiliẽčiai
Dãnija (1, 7)	dãnas (2, 1), dãnė (2, 8)	dãnai
Didžiõji Britãnija (1, 7)	brìtas (2, 1), brìtė (2, 8)	brìtai
Egìptas (2, 1)	egiptiẽtis (2, 3), egiptiẽtė (2, 8), arãbas (2, 1), arãbė (2, 8)	egiptiẽčiai, arãbai
Èstija (1, 7)	èstas (2, 1), èstė (2, 8)	èstai
Filipìnai (dgs. 2, 1)	filipiniẽtis (2, 3), filipiniẽtė (2, 8)	filipiniẽčiai
Graĩkija (1, 7)	graĩkas (2, 1), graĩkė (2, 8)	graĩkai
Grùzija (1, 7)	gruzìnas (2, 1), gruzìnė (2, 8)	gruzìnai
Ìndija (1, 7)	ìndas (1, 1), ìndė (1, 8)	ìndai
Islándija (1, 7)	islándas (1, 1), islándė (1, 8)	islándai
Irãnas (2, 1)	iraniẽtis (2, 3), iraniẽtė (2, 8)	iraniẽčiai
Ispãnija (1, 7)	ispãnas (2, 1), ispãnė (2, 8)	ispãnai
Itãlija (1, 7)	itãlas (2, 1), itãlė (2, 8)	itãlai
Izraèlis (2, 3)	žỹdas (2, 1), žỹdė (2, 8)	žỹdai
Japònija (1, 7)	japònas (2, 1), japònė (2, 8)	japònai
JAV (Jungtìnės Amèrikos Valstìjos) (2, 7)	amerikiẽtis (2, 3), amerikiẽtė (2, 8)	amerikiẽčiai
Kanadà (2, 6)	kanadiẽtis (2, 3), kanadiẽtė (2, 8)	kanadiẽčiai
Kìnija (1, 7)	kìnas (2, 1), kìnė (2, 8)	kìnai
Korė́ja (1, 7)	korė́jiẽtis (2, 3), korė́jiẽtė (2, 8)	korė́jiẽčiai
Kroãtija (1, 7)	kroãtas (2, 1), kroãtė (2, 8)	kroãtai
Kubà (2, 6)	kubiẽtis (2, 3), kubiẽtė (2, 8)	kubiẽčiai
Lãtvija (1, 7)	lãtvis (2, 3), lãtvė (2, 8)	lãtviai
Lénkija (1, 7)	lénkas (1, 1), lénkė (1, 8)	lénkai
Lietuvà (3ª, 6)	lietùvis (2, 3), lietùvė (2, 8)	lietùviai
Mèksika (1, 6)	meksikiẽtis (2, 3), meksikiẽtė (2, 8)	meksikiẽčiai
Moldovà (2, 6)	moldãvas (2, 1), moldãvė (2, 8)	moldãvai
Mongòlija (1, 7)	mongòlas (2, 1), mongòlė (2, 8)	mongòlai
Norvègija (1, 7)	norvègas (2, 1), norvègė (2, 8)	norvègai
Olándija (1, 7)	olándas (1, 1), olándė (1, 8)	olándai
Pakistãnas (2, 1)	pakistaniẽtis (2, 3), pakistaniẽtė (2, 8)	pakistaniẽčiai
Portugãlija (1, 7)	portugãlas (2, 1), portugãlė (2, 8)	portugãlai
Prancūzijà (2, 7)	prancū̃zas (2, 1), prancū̃zė (2, 8)	prancū̃zai
Rumùnija (1, 7)	rumùnas (2, 1), rumùnė (2, 8)	rumùnai
Rùsija (1, 7)	rùsas (2, 1), rùsė (2, 8)	rùsai
Seȓbija (1, 7)	seȓbas (2, 1), seȓbė (2, 8)	seȓbai
Slovãkija (1, 7)	slovãkas (2, 1), slovãkė (2, 8)	slovãkai
Slovė́nija (1, 7)	slovė́nas (1, 1), slovė́nė (1, 8)	slovė́nai
Súomija (1, 7)	súomis (1, 3), súomė (1, 8)	súomiai
Škòtija (1, 7)	škòtas (2, 1), škòtė (2, 8)	škòtai
Švèdija (1, 7)	švèdas (2, 1), švèdė (2, 8)	švèdai
Šveicãrija (1, 7)	šveicãras (2, 1), šveicãrė (2, 8)	šveicãrai
Tailándas (1, 1)	tailandiẽtis (2, 3), tailandiẽtė (2, 8)	tailandiẽčiai
Tunìsas (2, 1)	tunisiẽtis (2, 3), tunisiẽtė (2, 8)	tunisiẽčiai
Tuȓkija (1, 7)	tuȓkas (2, 1), tuȓkė (2, 8)	tuȓkai
Ukrainà (2, 6)	ukrainas (2, 1), ukrainė (2, 8), ukrainiẽtis (2, 3), ukrainiẽtė (2, 8)	ukrainai, ukrainiẽčiai
Veñgrija (1, 7)	veñgras (2, 1), veñgrė (2, 8)	veñgrai
Vietnãmas (2, 1)	vietnamiẽtis (2, 3), vietnamiẽtė (2, 8)	vietnamiẽčiai
Vokietijà (2, 7)	vókietis (1, 3), vókietė (1, 8)	vókiečiai

Sostinės, miestai

Ámsterdamas (1, 1)	Kaìras (2, 1)	Prahà (2, 6)
Ankarà (2, 6)	Kaliningrãdas (2, 1)	Reīkjavikas (1, 1)
Atěnai *dgs.* (1, 1)	Kanberà (2, 6)	Rygà (4, 6)
Bagdãdas (2, 1)	Kìjevas (1, 1)	Rio de Žaneīras (2, 1)
Bakù (*nelinksniuojamas*)	Kišiniòvas (2, 1)	Romà (2, 6)
Bankòkas (2, 1)	Kopenhagà (2, 6)	San Francìskas (2, 1)
Belgrãdas (2, 1)	Krókuva (1, 6)	Sankt Peterbùrgas (1, 1)
Berlýnas (1, 1)	Leĩpcigas (1, 1)	Santjãgas (2, 1)
Bèrnas (1, 1)	Liepója (1, 7)	Seùlas (2, 1)
Bonà (2, 6)	Lisabonà (2, 6)	Sòfija (1, 7)
Bratislavà (2, 6)	Liublianà (2, 6)	Stambùlas (2, 1)
Briùselis (1, 3)	Lòndonas (1, 1)	Stòkholmas (1, 1)
Budapèštas (2, 1)	Los Ándželas (1, 1)	Šanchãjus (2, 5)
Buènos Áirės *dgs.* (1, 8)	Madrìdas (2, 1)	Tãlinas (1, 1)
Bukarèštas (2, 1)	Manilà (2, 6)	Tártu (*nelinksniuojamas*)
Čikagà (2, 6)	Marsèlis (2, 3)	Tbilìsis (2, 3)
Dèlis (2, 3)	Maskvà (4, 6)	Teherãnas (2, 1)
Dùblinas (1, 1)	Milãnas (2, 1)	Tel Avìvas (2, 1)
Gaŕdinas (3[b], 1)	Mìnskas (1, 1)	Tiranà (2, 6)
Hagà (2, 6)	Miùnchenas (1, 1)	Tòkijas (1, 2)
Hanòjus (2, 5)	Neãpolis (1, 3)	Tunìsas (2, 1)
Havanà (2, 6)	Niujòrkas (1, 1)	Ulan Bãtoras (1, 1)
Hèlsinkis (1, 3)	Odesà (2, 6)	Váršuva (1, 6)
Islamabãdas (2, 1)	Óslas (2, 1)	Vãšingtonas (1, 1)
Jerevãnas (2, 1)	Otavà (2, 6)	Víena (1, 6)
Jerùzalė (1, 8)	Parỹžius (2, 5)	Zãgrebas (1, 1)
Kabùlas (2, 1)	Pekìnas (2, 1)	Ženevà (2, 6)

Piniginiai vienetai

ceñtas (2, 1)	kapeikà (2, 6)	márkė (1, 8)
dóleris (1, 3)	kronà (2, 6)	rùblis (2, 3)
eūras (2, 1)	lãtas (2, 1)	svãras (2, 1) stèrlingų
fránkas (1, 1)	lìtas (2, 1)	zlòtas (2, 1)

Kalbos

Kalba	Koks, kokia? (šios kalbos žodis, knyga šia kalba) (bdv. 1, 1–6)	Kaip? (kalbėti šia kalba, mokėti, suprasti šią kalbą ir pan.) (prv.)
ánglų kalbà	ángliškas, ángliška	ángliškai
baltarùsių kalbà	baltarùsiškas, baltarùsiška	baltarùsiškai
bulgãrų kalbà	bulgãriškas, bulgãriška	bulgãriškai

čèkų kalbà	čèkiškas, čèkiška	čèkiškai
dãnų kalbà	dãniškas, dãniška	dãniškai
èstų kalbà	èstiškas, èstiška	èstiškai
ispãnų kalbà	ispãniškas, ispãniška	ispãniškai
itãlų kalbà	itãliškas, itãliška	itãliškai
japònų kalbà	japòniškas, japòniška	japòniškai
kìnų kalbà	kìniškas, kìniška	kìniškai
lãtvių kalbà	lãtviškas, lãtviška	lãtviškai
lénkų kalbà	lénkiškas, lénkiška	lénkiškai
lietùvių kalbà	lietùviškas, lietùviška	lietùviškai
norvègų kalbà	norvègiškas, norvègiška	norvègiškai
portugãlų kalbà	portugãliškas, portugãliška	portugãliškai
prancūzų kalbà	prancūziškas, prancūziška	prancūziškai
rumùnų kalbà	rumùniškas, rumùniška	rumùniškai
rùsų kalbà	rùsiškas, rùsiška	rùsiškai
súomių kalbà	súomiškas, súomiška	súomiškai
švèdų kalbà	švèdiškas, švèdiška	švèdiškai
ukrainiẽčių kalbà	ukrainiẽtiškas, ukrainiẽtiška	ukrainiẽtiškai
veñgrų kalbà	veñgriškas, veñgriška	veñgriškai
vókiečių kalbà	vókiškas, vókiška	vókiškai

Ženklai

.	taškas (rašomas sakinio pabaigoje arba po sutrumpinimo)
?	klaustukas
!	šauktukas
...	daugtaškis
,	kablelis (rašomas skiriant žodžius, sakinius, taip pat dešimtainėse trupmenose, pvz., 0,05)
;	kabliataškis
„ "	kabutės (rašomos cituojant)
~ ` ´	kirčio ženklai
( ) [ ]	skliausteliai
–	minusas; brūkšnys; trupmenos ženklas (pvz., $\frac{1}{2}$)
-	brūkšnelis (rašomas po skiemens perkeliant žodį į kitą eilutę)
:	dalybos ženklas; dvitaškis; rezultato santykis (pvz., 0:0)
×	daugybos ženklas
+	pliusas
=	lygu
%	procentas
→	rodyklė
°C	temperatūros laipsniai (pvz., 30°C)
√	paukščiukas
/	trupmenos ženklas

Literatūra

Babickienė Z., Bareikytė A. *Lithuanian Pictorial Dictionary = Lietuviškas paveikslėlių žodynas.* Vilnius: Baltos lankos, 1996.

Dabartinės lietuvių kalbos gramatika / red. V. Ambrazas. Vilnius: Mokslo ir enciklopedijų leidykla, 1994.

Dabartinės lietuvių kalbos žodynas / vyr. red. S. Keinys. 3-iasis patais. ir papild. leid. Vilnius: Mokslo ir enciklopedijų leidykla, 1993.

Gaivenis K., Lyberis A., Šernas V. *Mokyklinis lietuvių - rusų kalbų žodynas.* 2-asis leid. Kaunas: Šviesa, 1995.

Kanceliarinės kalbos patarimai / parengė P. Kniūkšta. Vilnius: Mokslo ir enciklopedijų leidybos institutas, 1998.

Lietuvių kalbos tarties žodynas / sudarė V. Vitkauskas. Vilnius: Mokslas, 1985.

Lietuvių kalbos žodynas: mokyklai ir namams / red. A. Klimas, S. Barzdukas. Chicago: JAV LB Švietimo taryba, 1974.

Mokomasis lietuvių kalbos rašybos ir kirčiavimo žodynas / sudarė P. Kniūkšta, A. Lyberis. 5-asis leid. Kaunas: Šviesa, 1997.

Piesarskas B. *Mokomasis lietuvių - anglų kalbų žodynas.* 2-asis leid. Kaunas: Šviesa, 1992.

Slenkstis / parengė E. Narbutas, J. Pribušauskaitė, M. Ramonienė, S. Skapienė, L. Vilkienė. Strasbourg: Council of Europe, 1997.

Sližienė N. *Lietuvių kalbos veiksmažodžių junglumo žodynas:* 2 t. T. 1: A-M. Vilnius: Mokslo ir enciklopedijų leidykla, 1994; T. 2(1): N-R. Vilnius: Mokslo ir enciklopedijų leidybos institutas, 1998.

Stundžia B. *Lietuvių kalbos kirčiavimas:* mokytojo knyga. Vilnius: Baltos lankos, 1996.

Vietovardžių kirčiavimo žodynas / sudarė M. Razmukaitė, V. Vitkauskas. Vilnius: Kultūra, 1994.

Žilinskienė V., Grumadienė L. *Valstybinės kalbos mokėjimo kvalifikacinių kategorijų lietuvių-rusų kalbų minimalusis žodynas*: trečioji kvalifikacinė kategorija. Vilnius: Nacionalinių tyrimų centras, 1999.

Rodyklė

A

LIETUVIŲ KALBA	ENGLISH	FRANÇAIS	DEUTSCH	JĘZYK POLSKI	РУССКИЙ ЯЗЫК
abėcėlė	alphabet	alphabet	Alphabet	alfabet	алфавит
abėcėlinis, -ė	alphabetical	alphabétique	alphabetisch	alfabetyczny, -a, -e	алфавитный, -ая, -ое
abeji, abejos	both	tous (toutes) les deux	beide	oboje, obie	оба, обе
abejóti	doubt (v)	douter	zweifeln	wątpić	сомневаться
abipus	on both sides	de deux côtés	beiderseits	po obu stronach	с обеих сторон; по обе стороны (чего-либо)
abù, abi	both	tous (toutes) les deux	beide	obaj, oboje, obie	оба, обе
ãctas	vinegar	vinaigre	Essig	ocet	уксус
ãčiū	thanks, thank you	merci	danke	dziękuję	спасибо
ãdata	(sewing) needle	aiguille	Nadel	igła	игла
administrãcija	administration	administration	Administration	administracja	администрация
administrãtorius, -ė	administrator	administrateur, -rice	Administrator, -in	administrator, -rka	администратор
ãdresas	address (n)	adresse	Anschrift	adres	адрес
adresãtas, -ė	addressee	destinataire	Empfänger	adresat, odbiorca	адресат
adresúoti	address (v)	adresser	adressieren	adresować	адресовать
advokãtas, -ė	attorney, lawyer	avocat, -e	Rechtsanwalt, -anwältin	adwokat, -tka	адвокат
afišà	poster	affiche	Anschlag	afisz	афиша
agrãstas	gooseberry	groseille à maquerau	Stachelbeere	agrest	крыжовник
aguonà	poppy, poppyseed	pavot	Mohn	mak	мак
agurkas	cucumber	concombre	Gurke	ogórek	огурец
aikštė̃	(town) square; (playing) field	place	Platz	plac	1. площадь 2. поле
aikštẽlė	playground, (tennis) court	terrain (de jeux), court (de tennis)	kleiner Platz	placyk	площадка
aiškiai	clearly, distinctly	clairement	klar, deutlich	jasno	ясно; понятно
aiškinti	explain	expliquer	erklären	objaśniać	объяснять; разъяснять; толковать
áišku	clear; of course	bien sûr, assurément	klar, verständlich, einleuchtend	jasne	ясно; понятно

áiškus, -i	clear	clair, -e	naheliegend	jasny, -a, -e; wyraźny, -a, -e	ясный, -ая, -ое; понятный, -ая, -ое
akadèmija	academy	académie	Akademie	akademia	академия
ãkcija	1. share 2. action	action	1. Aktie 2. Aktion	akcja	акция
ãkcininkas, -ė	shareholder	actionnaire	Aktionär, -in	akcjonariusz, -szka	акционер
ãkcinė bendrõvė	joint-stock company	société anonyme	Aktiengesellschaft	spółka akcyjna	акционерное общество
akimirka, akimirksnis	instant, moment	instant, moment	Augenblick	okamgnienie	мгновение
akiniaĩ	glasses	lunettes	Brille	okulary	очки
akìs	eye	œil	Auge	oko	глаз
aklãgatvis	dead-end street	impasse	Sackgasse	ślepa ulica	тупик
ãklas, -à	blind	aveugle	blind	ślepy, -a, -e	слепой, -ая, -ое
akmuõ	stone	pierre	Stein	kamień	камень
akordeõnas	accordion	accordéon	Akkordeon	akordeon	аккордеон
aktyvùs, -ì	active	actif, -ve	aktiv	aktywny, -a, -e	активный, -ая, -ое
ãktorius, -ė	actor, actress	acteur, -rice	Schauspieler, -in	aktor, -rka	актер, актриса
akvarèlė	watercolour	aquarelle	Aquarell	akwarela	акварель
albùmas	album	album	Album	album	альбом
alėja	avenue	avenue	Allee	aleja	аллея
algà	salary, wage	salaire	Lohn, Gehalt	uposażenie	зарплата; оклад
aliẽjus	(vegetable) oil	huile	Öl	olej	(растительное) масло
alìnė	beer bar, pub	brasserie	Bierstube	piwiarnia	пивная
aliõ	hello	allô	hallo	halo	алло
alyvà¹	lilac	lilas	Flieder	bez	сирень
alyvà²	olive (tree)	olive	Olive	oliwka, olej	маслина
alyvà³	oil (lubricant)	huile	Schmieröl	olej (maszynowy)	машинное масло
álkanas, -à	hungry	avoir faim	hungrig	głodny, -a, -e	голодный, -ая, -ое
álkis	hunger	faim	Hunger	głód	голод
alkohòlikas, -ė	alcoholic (n)	alcoolique	Alkoholiker, -in	alkoholik, -iczka	алкоголик, -ичка
alkohòlis	alcohol	alcool	Alkohol	alkohol	алкоголь
alkū́nė	elbow	coude	Ellenbogen	łokieć	локоть
alùdė	beer bar, pub	brasserie	Bierstube	piwiarnia	пивная
alùs	beer, ale	bière	Bier	piwo	пиво
ãmatas	craft	métier	Handwerk	rzemiosło	ремесло

LIETUVIŲ KALBA	ENGLISH	FRANÇAIS	DEUTSCH	JĘZYK POLSKI	РУССКИЙ ЯЗЫК
amatiniñkas, -ė	craftsman, craftswoman	artisan	Handwerker, -in	rzemieślnik, -iczka	ремесленник
ambasadà	embassy	ambasade	Botschaft	ambasada	посольство
ambasãdorius, -ė	ambassador	ambassadeur, -rice	Botschafter, -in	ambasador, -rka	посол
ámpulė	ampoule	ampoule	Ampulle	ampuła	ампула
ámžius	age	âge	1. Alter 2. Jahrhundert	wiek	1. возраст 2. век
anàpus	across, on the other side of	de l'autre côté(de)	jenseits	po tamtej stronie	по ту сторону, за
anàs, anà	that	celui-ci, celui-là; celle-ci, celle-là	jener, jene, jenes	tamten, tamta	тот, та, то
ančiùkas	duckling	caneton	Entenküken	kaczę	утёнок
añglys	coal	charbon de terre, houille	Kohle	węgiel	уголь
animãcinis filmas	animated film	dessin animé	Trickfilm, Zeichenfilm	film rysunkowy	мультипликационный фильм
anýta	mother-in-law (husband's mother)	belle-mère	Schwiegermutter	teściowa	свекровь
anketà	form, questionnaire	questionnaire	Fragebogen	ankieta	анкета
anksčiaũ	1. earlier 2. before	1. plus tôt, avant 2. antérieurement	früher	wcześniej	1. раньше 2. прежде
ankstèsnis, -ė	former, previous	antérieur, -e	früherer	wcześniejszy, -a, -e	прежний, -яя, -ее
anksti	early (adv)	tôt, de bonne heure	früh	wcześnie	рано
ankstývas, -a	early (adj)	hâtif, -ve	frühzeitig	wczesny, -a, -e	ранний, -яя, -ее; скороспелый, -ая, -ое
ankštas, -à	cramped, tight	étroit, -e	schmal, eng	ciasny, -a, -e	тесный, -ая, -ое
ánkštis	pod	gousse	Hülse	strąk	стручок
ant	1. on, onto 2. at, with	sur	auf; an	na	на
añtakis	eyebrow	courcil	Augenbraue	brew	бровь
antíena	duck (meat)	du canard	Entenfleisch	kacze mięso	утятина
añtinas	drake	canard	Enterich	kaczor	селезень
ántis	duck	cane	Ente	kaczka	утка
añtklodė	blanket	couverture	Decke	kołdra	одеяло
antrãdienis	Tuesday	mardi	Dienstag	wtorek	вторник
antraẽilis, -ė	secondary	1. secondaire 2. subalterne	zweitrangig	1. drugorzędny, -a, -e 2. dodatkowy, -a, -e	1. второстепенный, -ая, -ое 2. дополнительный, -ая, -ое

añtras, -à	second	deuxième	der/die/das zweite	drugi, -a, -ie	второй, -ая, -ое
añtraštė	heading, title (n)	titre	Überschrift	tytuł	заглавие
antraštinis, -ė	title (adj)	de titre	überschriftlich	tytułowy, -a, -e	заглавный, -ая, -ое
añtspaudas	(rubber) stamp	cachet	Stempel	pieczęć	печать
anū̃kai	grandchildren	petits-enfants	Enkelkinder	wnuki	внуки
anū̃kas	grandson	petit-fils	Enkel	wnuk	внук
anū̃kė	granddaughter	petite-fille	Enkelin	wnuczka	внучка
apačià	bottom (n)	dessous, bas	Unterteil, unten	spód	низ
apalpti	faint (v)	s'évanouir	ohnmächtig werden	zemdleć	упасть в обморок
aparãtas	apparatus, machine, set	appareil	Apparat	aparat	аппарат
apatinis, -ė	1. bottom (adj)	1. inférieur, -e	1. der/die/das untere	1. dolny, -a, -e	нижний, -яя, -ее
	2. worn next to the body	2. de dessous	2. Unter-	2. spodni, -a, -ie	
apaũti	put on (shoes)	chausser	anziehen	obuć	обуть
apdeñgti	cover (v)	1. couvrir	bedecken	1. okryć	накрыть
		2. enchausser		2. pokryć	
apdraũsti	insure	assurer	versichern	ubezpieczyć	застраховать
ãpeigos	ceremony, ritual	cérémonie	Ritual, Zeremonie	obrzędy	обряд, церемония, ритуал
apeĩti	go around, circumvent	faire le tour de, contourner	herumgehen, umgehen	obejść	обойти
apelsìnas	orange (n)	orange	Apfelsine	pomarańcza	апельсин
apetìtas	appetite	appétit	Appetit	apetyt	аппетит
apgáuti	cheat, deceive	tromper	betrügen	oszukać	обмануть
apibarstýti	sprinkle	saupoudrer	bestreuen	obsypać	о(б)сыпать
apibeñdrinti	generalize	généraliser	verallgemeinern	uogólnić	обобщить
apibū̃dinti	characterize, describe	caractériser	beschreiben, charakterisieren	scharakteryzować	(о)характеризовать, определить, описать
apiẽ	about	1. de, à 2. environ	1. über, von 2. etwa, um	1. o 2. koło	о(об); около
apýkaklė	collar	col	Kragen	kołnierz	воротник
apýlanka	bypass, detour	détour	Umweg	objazd	объезд
apýlinkė	environs	environs	Umgebung	okolica	окрестности
apiplė́šti	rob	dévaliser	berauben	obrabować	ограбить
apýrankė	bracelet	bracelet	Armband	bransoletka	браслет

LIETUVIŲ KALBA	ENGLISH	FRANÇAIS	DEUTSCH	JĘZYK POLSKI	РУССКИЙ ЯЗЫК
apytikslis, -ė	approximate	approximatif, -ive	annähernd	przybliżony, -a, -e	приблизительный, -ая, -ое; примерный, -ая, -ое; неточный, -ая, -ое
apklóti	cover (v) with a sheet, blanket	couvrir	zudecken	okryć	накрыть, укрыть
apkūnùs, -ì	corpulent	rebondi, -e; corpulent, -e	beleibt, korpulent	otyły, -a, e	тучный, -ая, -ое; полный, -ая, -ое
ãplankas	folder	carton, chemise	Ordner, Aktenordner, Aktenmappe	teczka, okładka	папка
aplankýti	visit (v)	visiter	besuchen	odwiedzić	посетить
apledíjęs, -usi	icy	couvert de glace	mit Glateis bedeckt, zu Glateis geworden	oblodzony, -a, e	оледенелый, -ая, -ое
apleñkti	overtake	devancer	überholen	wyprzedzić	обогнать
aplink¹	(a)round	autour	um... herum	dokoła	вокруг
aplink²	around; taking a roundabout route	autour de	1. ringsum 2. herum, ringsherum	dokoła	1. вокруг 2. кругом, вокруг
aplinkà	environment, surroundings	environnement, ambiance	Umgebung, Umwelt	środowisko	среда
aplinkýbė	circumstance	circonstance	Umstand	okoliczność	обстоятельство
apmáuti	put on (trousers, etc.)	mettre (un pantalon, etc.)	anziehen	włożyć	надеть
apmokė́ti	pay	payer	bezahlen	opłacić	оплатить
ãprašas	list	inventaire	Verzeichnis	opis	опись, описание
aprãšymas	description	description	Beschreibung	opis, opisanie	описание
aprašýti	describe (in writing)	décrire	beschreiben	opisać	описать
apreñgti	dress (v)	habiller, vêtir	anziehen	ubrać	одеть
apríšti	bind; tie up	bander	binden, umbinden	obwiązać	обвязать, забинтовать
apsãkymas	story	récit	Erzählung	opowiadanie	рассказ
apsaugà	protection; security	protection	Schutz	ochrona	охрана
apsáuginis, -ė	protective	protecteur, -trice	schützend (Creme)	ochronny, -a, e	защитный, -ая, -ое
apsiáuti	put on (shoes)	se chausser	anziehen (Schuhe)	obuć się	обуть
apsidraũsti	insure oneself	s'assurer	sich versichern	ubezpieczyć się	застраховаться
apsigyvénti	settle, take up residence	s'établir, se domicilier	sich ansiedeln	zamieszkać	поселиться

apsiklóti	cover oneself (with a sheet, blanket)	se couvrir	sich bedecken	okryć się	накрыться
apsilaižýti	lick oneself	se pourlécher	sich (D) die Lippen belecken	oblizać się	облизаться/облизываться
apsimáuti	put on (trousers, etc.)	mettre (un pantalon, etc.)	sich anziehen	włożyć	надеть
apsiniáukęs, -usi, -ę	cloudy, gloomy	gris (ciel), -e	bewölkt, trübe	zachmurzony, -a, -e	пасмурный, -ая, -ое; хмурый, -ая, -ое
apsinuõdyti	have food poisoning	s'empoisonner	sich vergiften	zatruć się	отравиться
apsipir̃kti	shop (v)	faire des courses	einkaufen	zrobić zakupy	сделать необходимые покупки
apsirengti	dress (oneself)	s'habiller, se vêtir	sich anziehen	ubrać się	одеться
apsirìšti	put on (a scarf, etc.)	mettre (une écharpe, etc.)	sich umbinden	obwiązać się	надеть
apsisukti	turn (oneself) round	1. faire le tour 2. faire demi-tour	1. sich umdrehen 2. umkehren	1. obrócić się 2. okręcić się	обернуться, оборачиваться
apsitèpti	get dirty	mettre une couche	sich (D) beschmieren	smarować (sobie)	намазать
apskaičiuoti	calculate, add up	faire le compte	berechnen	obliczyć	рассчитать, посчитать
apskaità	accounting	compte détaillé	Berechnung	obliczenie, rachunek	учёт
apskritaĩ	in general	en général	überhaupt	w ogóle	вообще
ãpskritas, -à	round	rond, -e	rund	okrągły, -a, -e	круглый, -ая, -ое
apskritìmas	circle	circonférence	Kreis	okrąg	окружность
apskritìs	district	district	Kreis	powiat, okręg	область
apsnū́dęs, -usi	dozing	ensommeillé, -e	schläfrig, dösig	ospały, -a, -e	сонный, -ая, -ое
apsodìnti	plant (v)	planter	bepflanzen	obsadzić	обсадить; засадить
apšlakstýti	sprinkle	asperger	besprutzen	opryskać	обрызгать
aptarnáuti	serve, wait on	servir	bedienen	obsłużyć	обслужить
aptar̃ti	discuss	discuter	besprechen	omówić	обсудить
aptaškýti	splatter	éclabousser	besprenkeln, bespritzen	obryzgać	обрызгать
aptèpti	smear (v)	mettre une couche	beschmieren	posmarować	обмазать
apvalùs, -ì	round	rond-, -e	rund	okrągły, -a, -e	круглый, -ая, -ое
apvažiúoti	bypass, ride about, around	faire le tour (de)	umfahren	objechać	объехать
apvõgti	rob	dévaliser, voler	bestehlen	okraść	обокрасть

LIETUVIŲ KALBA	ENGLISH	FRANÇAIS	DEUTSCH	JĘZYK POLSKI	РУССКИЙ ЯЗЫК
apžiūrėti	examine, look over	visiter; examiner	1. sich (D) ansehen 2. untersuchen (Patienten)	obejrzeć	осмотреть
apžvalgà	survey, review (n)	1. connaissance 2. revue	1. Aussicht 2. Übersicht	oglądanie; przegląd	обзор; обозрение
apžvalginis, -ė	survey, review (adj)	1. de découverte 2. revue	1. Besichtigungs- 2. Übersichts-	oglądowy, -a, -e; przeglądowy, -a, -e	обзорный, -ая, -ое
ar¹	used to introduce a question to be answered with yes or no	est-ce que		czy	ли
ar²	1. whether 2. or				1. ли 2. или
arbà	or	ou	1. ob 2. oder	albo, lub	или, либо
arbatà	tea	thé	Tee	herbata	чай
arbatinùkas	teapot	théière	Teekanne	czajniczek	чайник
arbãtpinigiai	tip (n)	pourboire	Trinkgeld	napiwek	чаевые
arbãžolės	tea leaves	thé	Tee(blätter)	herbata	чай
architèktas, -ė	architect	architecte	Architekt, -in	architekt, -tka	архитектор
architektūrà	architecture	architekture	Architektur	architektura	архитектура
archỹvas	archives	archives	Archiv	archiwum	архив
arčiaũ	closer, nearer	plus près de violon	näher	bliżej	ближе
areštinė̃	jail (lockup)	pocéder à une arrestation	Arrestzelle, Arrestlokal	pomieszczenie dla aresztowanych	помещение для арестованных
areštúoti	arrest (v)		verhaften	aresztować	арестовать
arklỹs	horse	cheval	Pferd	koń	лошадь, конь
artė́ti	approach, get nearer	approcher	sich nähern	zbliżać się	приближаться; близиться
árti¹	plough (v)	labourer	pflügen	orać	пахать
arti²	near, close (adv)	proche	nah(e)	blisko	1. близко, около 2. скоро
arti³	close to, near (prep)	près de	nah(e)	blisko	около, возле
artìmas, -à	near; close (adj)	proche; voisin, -e	nah; nicht weit	bliski, -a, -ie; niedaleki, -a, -ie	близкий, -ая, -ое; ближний, -яя, -ее

artỹn	nearer	plus près	näher	bliżej	ближе
asisteñtas, -ė	assistant	assistant, -e	Assistent, -in	asystent, -tka	ассистент
asmenìnis, -ė	personal	personnel, -le	persönlich, privat	osobisty, -a, -e; prywatny, -a, -e	личный, -ая, -ое
asmeniškai	personally	personnellement	persönlich	osobiście	лично
asmenuõtė	conjugation	conjugaison	Konjugation	koniugacja	спряжение
asmenúoti	conjugate	conjuguer	konjugieren	koniugować	спрягать
asmuõ	person	personne	Person	osoba	лицо
ąsõtis	jug, pitcher	cruche	Krug	dzban	кувшин
àš	I	moi	ich	ja	я
ãšara	tear (n)	larme	Träne	łza	слеза
ašigalis	pole	pôle	Nordpol, Südpol	biegun	полюс
ãšmenys	blade	tranchant	Schneide	ostrze	лезвие
aštrùs, -ì	1. sharp 2. hot (spicy)	1. aigu, -e 2. épicé, -e	1. scharf 2. scharf, beißend	ostry, -a, -e	острый, -ая, -ое
aštuñtas, -à	eighth	huitième	der/die/das achte, achtens	ósmy, -a, -e	восьмой, -ая, -ое
aštuonerì, -erios	eight	huit	acht	ośmioro, osiem	восемь
aštúonetas	eight (as a grade)	huit	Acht	ósemka	восьмёрка, восемь
aštuonì, -ios	eight	huit	acht	ośmiu, osiem	восемь
aštuoniasdešimt	eighty	quatre-vingt	achtzig	osiemdziesiąt	восемьдесят
aštuoniasdešimtas, -à	eightieth	quatre-vingtième	der/die/das achtzigste	osiemdziesiąty, -a, -e	восьмидесятый, -ая, -ое
aštuoniẽse	in a group of eight	à huit	zu acht	w ośmioro	ввосьмером
aštuoniólika	eighteen	dix-huit	achtzehn	osiemnaście	восемнадцать
aštuonióliktas, -a	eighteenth	dix-huitième	der/die/das achtzehnte	osiemnasty, -a, -e	восемнадцатый, -ая, -ое
ataskaità	account, report	compte rendu	Rechenschaft	sprawozdanie	отчёт
ateĩti	come (on foot)	venir, arriver	kommen	przyjść	прийти; наступить
ateitìs	future	avenir	Zukunft	przyszłość	будущее
atestãtas	certificate, diploma	certificat, diplôme	Zeugnis, Reifezeugnis, Abiturzeugnis	świadectwo, atestat	аттестат
atgal̃	back(wards)	en arrière	zurück	z powrotem	назад, обратно
atgalìnis, -ė	back, return (adj)	de retour	Rück-	powrotny, -a, -e	обратный, -ая, -ое
atidarýtas, -a	open (adj)	ouvert, -e	offen, geöffnet	otwarty, -a, -e	открытый, -ая, -ое
atidarýti	open (v)	ouvrir	aufmachen, öffnen	otwierać	открыть

LIETUVIŲ KALBA	ENGLISH	FRANÇAIS	DEUTSCH	JĘZYK POLSKI	РУССКИЙ ЯЗЫК
atidarytuvas	opener	tournevis	Öffner, Dosenöffner, Flaschenöffner	otwieracz	консервный нож
atideñgti	uncover	découvrir	aufdecken	odsłonić	открыть
atidúoti	give away/back	1. rendre 2. mettre	1. zurückgeben 2. abgeben	oddać	отдать
atidùs, -i	attentive	attentif, -ve	aufmerksam	uważny, -a, -e	внимательный, -ая, -ое
atim̃ti	1. take away 2. subtract	1. prendre 2. retrancher	1. wegnehmen 2. abziehen, subtrahieren	1. odebrać 2. odjąć	1. отнять, отобрать 2. вычесть
atimtis	subtraction	soustraction	Subtraktion	odejmowanie	вычитание
atitìkti	correspond	être conforme	entsprechen	odpowiadać	соответствовать
atkim̃šti	open (a bottle)	déboucher	entkorken	odkorkować	откупорить
atkimštùkas	bottle opener	décapsuleur	Entkorker	otwieracz	штопор
akreĩpti dėmesį	draw smb's attention	attirer l'attention	Aufmerksamkeit lenken	zwrócić uwagę	обратить внимание
atkùrti	1. restore 2. reproduce	1. relever 2. restituer	1. wiederherstellen 2. reproduzieren	odtworzyć	воссоздать
atláužti	break off	casser	abbrechen	ułamać	отломить
atléisti	1. dismiss 2. excuse, forgive	1. renvoyer 2. pardonner	1. entlassen 2. verzeihen	1. zwolnić 2. wybaczyć	1. уволить 2. простить
atlýginimas	wage, salary	rétribution	Lohn, Gehalt	wynagrodzenie	заработная плата, оплата
atlikėjas, -a	performer	exécutant, -e; interprète	Darsteller, -in	wykonawca, -wczyni	исполнитель, -ница
atlìkti	1. do, execute 2. perform 3. serve (a sentence)	1. faire 2. exécuter, interpréter 3. purger (sa peine)	1. ausführen, erledigen, schaffen 2. spielen 3. absitzen (Strafe)	1. załatwić 2. wykonać 3. odbyć (karę)	1. выполнить 2. исполнить 3. отбыть (наказание)
atmintìs	memory	mémoire	Gedächtnis	pamięć	память
atmosferà	atmosphere	atmosphère	Atmosphäre	atmosfera	атмосфера
atnèšti	bring (by carrying)	apporter	bringen	przynieść	принести
atostogáuti	be on holiday (Brit.), vacation (Am.)	être en congé, en vacances	auf Urlaub sein, Ferien haben	być na urlopie, na wakacjach	находиться в отпуске, на каникулах
atóstogos	holiday (Brit.), vacation (Am.)	congé, vacances	Urlaub, Ferien	urlop, wakacje	отпуск, каникулы
atpìgti	get cheaper	baisser de prix	wohlfeil werden	potanieć	подешеветь
atplaũkti	arrive (by ship)	arriver (en bateau)	ankommen (mit Schiff)	przypłynąć	приплыть

atradimas	discovery	découverte	Entdeckung	odkrycie	открытие
atrakìnti	unlock	ouvrir avec une clef	aufschließen	otworzyć	отпереть
atramà	back, support (n)	appui	Lehne	oparcie, podpora	опора, подпора; спинка (дивана)
atràsti	discover	découvrir	entdecken	odkryć	найти, открыть
atremti	lean	appuyer	lehnen	oprzeć	опереть, подпереть, прислонить
atrišti	untie, undo	délacer	aufbinden	rozwiązać	отвязать
atródyti	look, seem	paraître, sembler	aussehen	wyglądać; wydawać się	выглядеть; казаться
atródo	it looks as if, it appears	il paraît que	es scheint, anscheinend	wydaje się	кажется
atsakìklis	answering machine	répondeur téléphonique	Anrufbeantworter	sekretarka automatyczna	автоответчик
atsakymas	answer, reply, response	réponse	Antwort	odpowiedź	ответ
atsakìngas, -a	responsible	responsable	verantwortlich	odpowiedzialny, -a, -e	ответственный, -ая, -ое
atsakýti	1. answer (v)	1. répondre	1. antworten	odpowiedzieć	1. ответить
	2. be responsible	2. être résponsable	2. verantworten, zuständig sein		2. отвечать (на что-либо)
atsargà	reserve, store (n)	1. stock	1. Vorrat, Reserve	1. zapas	1. запас
		2. prudence	2. Vorsicht	2. ostrożność	2. осторожность
atsargiaĩ!	careful!	prenez garde!	Vorsicht!	ostrożnie!	осторожно!
atsargìnis, -ė	spare, replacement (adj)	de rechange, de secours	Ersatz-, Auswechsel-	zapasowy, -a, -e	запасной, -ая, -ое
atsargùs, -ì	careful	prudent, -e	vorsichtig	ostrożny	осторожный, -ая, -ое
atsègti	unbutton, unfasten, unzip	déboutonner, dégrafer	aufknöpfen	odpiąć	расстегнуть
atsibùsti	wake up	se réveiller	aufwachen, erwachen	obudzić się	просыпаться
atsigulti	1. lie down	1. s'allonger	1. sich legen, sich hinlegen	położyć się	лечь
	2. go to bed	2. se coucher	2. schlafen gehen		
atsikélti	get up	se lever	aufstehen	wstać	встать, подняться
atsiklaũpti	kneel down	se mettre à genoux	niederknien	uklęknąć	встать на колени
atsiláužti	break off (for oneself)	se couper (un bout)	abbrechen	odłamać się	отломить
atsiliẽpti	answer (the phone), respond	répondre	sich melden, antworten	odezwać się	ответить
atsimérkti	open one's eyes	ouvrir les yeux	die Augen öffnen	otworzyć oczy	открыть глаза
atsimiñti	remember	se souvenir	sich erinnern	wspomnieć	вспомнить

365

LIETUVIŲ KALBA	ENGLISH	FRANÇAIS	DEUTSCH	JĘZYK POLSKI	РУССКИЙ ЯЗЫК
atsiprašaũ	excuse me, I beg your pardon, sorry	excusez-moi, s'il vous plaît	Verzeihung, Entschuldigung	przepraszam	простите, извините
atsiprašýti	apologize	s'excuser	sich entschuldigen	przeprosić	извиниться, (по)просить прощения
atsirãsti	be found, turn up	1. paraître 2. être retrouver, se retrouver	1. erscheinen, wachsen (Pilze) 2. sich finden	pojawić się	1. появиться 2. найтись
atsireṁti	lean, lie back (against)	s'appuyer	sich lehnen	oprzeć się	опереться
atsirìšti	untie, get untied	se délier, se défaire	1. losbinden, losmachen 2. sich losbinden	rozwiązać się	развязать(ся)
atsisakýti	refuse	refuser, se refuser	ablehnen, verzichten	odmówić	отказаться
atsisègti	unbutton, unfasten, unzip	se déboutonner, se dégrafer	1. aufknöpfen (Mantel) 2. aufgehen (Handtasche)	rozpiąć (sobie); odpiąć się	отстегнуть(ся)
atsisė́sti	sit down	s'asseoir	sich setzen	usiąść	сесть
atsiskaitýti	pay, settle up	payer; s'acquitter	abrechnen, die Rechnung machen	rozliczyć się	рассчитаться
atsiskìrti	be separated	se separer	sich trennen	odłączyć się	отделиться
atsistóti	stand up	se lever	aufstehen	wstać	встать
atsiveĩkinti	say goodbye	dire adieu	sich verabschieden	pożegnać się	проститься/ прощаться
atsitikìmas	happening	événement	Vorfall	wypadek, zdarzenie	случай, происшествие
atsitìkti	happen, take place	arriver, se passer	geschehen, passieren, vorfallen	zdarzyć się	случиться, произойти
atsitiktinaĩ	accidentally, by chance	par hasard	zufällig	przypadkowo	случайно
atsitū̃pti	crouch, squat down	s'accroupir	sich hocken	kucnąć	сесть на корточки
atsiųsti	send	envoyer	zusenden, zuschicken	przysłać	прислать
atsižvel̃gti	take into consideration	prendre en considération	berücksichtigen, Rücksicht nehmen	uwzględnić	учесть; принять во внимание
atskiraĩ	apart, separately	séparement	gesondert, getrennt	oddzielnie	отдельно
ãtskiras, -à	separate	séparé, -e	gesondert, einzeln	oddzielny, -a, -e	отдельный, -ая, -ое
atskìrti	1. distinguish 2. separate	1. distinguer 2. séparer	1. unterscheiden 2. trennen	1. odróżnić 2. oddzielić	1. отличить, различить 2. отделить
atskrìsti	arrive (by plane)	arriver par avion	ankommen, anfliegen	przylecieć	прилететь
ãtspalvis	shade (of a colour)	nuance	Schattierung	odcień	оттенок

atstóvas, -ė atstováuti	representative represent	représentant, -e représenter	Vertreter vertreten, repräsentieren	przedstawiciel, -lka reprezentować	представитель, -ница представлять
atstùmas	distance	distance	Entfernung	odległość	расстояние
atsùkti	1. unscrew 2. turn on	1. dévisser 2. ouvrir	1. abschrauben 2. aufdrehen	odkręcić	1. отвинтить, открутить 2. открыть
atsuktùvas	screwdriver	tournevis	Schraubenzieher	śrubokręt	отвёртка
atšálti	get cold	se refroidir	erkalten, kalt werden	ochłodnąć	1. (с)делаться холоднее, похолодать 2. остыть/остывать
atšìlti	get warm, warm up	se faire plus chaud	wärmer werden	ocieplić się	потеплеть, (с)делаться теплее
atvažiúoti	arrive (on wheels)	arriver, venir	ankommen	przyjechać	приехать
ãtvejis	case, instance	cas	Fall	przypadek	случай
atvė́sti	cool off	fraîchir	abkühlen	ochłodnąć	похолодать
atvèžti	bring (on wheels)	amener, apporter	anfahren, bringen	przywieźć	привезти
atvỹkti	arrive, come (by any means)	arriver, venir	ankommen	przybyć	прибыть
ãtviras, -à	open	ouvert, -e	offen	otwarty, -a, -e	открытый, -ая, -ое
atvirlaĩškis	postcard	carte postale	Postkarte	pocztówka	открытка
atvirùkas	card, postcard	carte postale	Postkarte, Ansichtskarte, Kunstpostkarte	widokówka	открытка
audinỹs	cloth, material, tissue	tissu	Stoff	tkanina	ткань
audrà	storm	orage, tempête	Sturm	burza	буря
áugalas	plant (n)	plante, végétal	Pflanze	roślina	растение
augalìnis, -ė	vegetable (adj)	végétal, -e	pflanzlich	roślinny, -a, -e	растительный, -ая, -ое
augìnti	grow, raise	1. élever, cultiver 2. faire pousser	1. züchten (Tiere, Pflanzen); erziehen (Kinder) 2. wachsen lassen (Bart)	1. wychowywać; uprawiać 2. zapuścić (brodę)	1. выращивать 2. растить, отпускать
áugti	grow	pousser, croître	wachsen	rosnąć	расти
aukà	1. sacrifice 2. donation 3. casualty, victim	1. offrande 2. aumône 3. victime	1. Opfer 2. Spende 3. Opfer	ofiara	1. жертвоприношение 2. пожертвование, милостыня 3. жертва

LIETUVIŲ KALBA	ENGLISH	FRANÇAIS	DEUTSCH	JĘZYK POLSKI	РУССКИЙ ЯЗЫК
áuklė	nursemaid, nanny	bonne d'enfants	Kinderfrau	niańka	няня
áuklėti	bring up, rear	élever	erziehen	wychowywać	воспитывать
áuklėtojas, -a	teacher	éducateur, -trice	Erzieher, -in	wychowawca, -czyni	воспитатель, -ница
aukóti	1. sacrifice	1. sacrifier	1. opfern	ofiarowywać	1. приносить в жертву
	2. donate	2. faire l'aumône	2. spenden		2. жертвовать
áuksas	gold	or	Gold	złoto	золото
auksinis, -ė	golden	d'or	golden	złoty, -a, -e	золотой, -ая, -ое
aukščiáusiasis láipsnis	superlative degree	superlatif	Superlativ	stopień najwyższy	превосходная степень
aukštaĩ	high (adv)	haut	oben	wysoko	высоко
áukštas¹, -à	high, tall (adj)	haut, -e; (prix) élevés	hoch; groß	wysoki, -a, -ie	высокий, -ая, -ое
aũkštas²	floor, storey	étage	Stock	piętro	этаж
aukštesnỹsis láipsnis	comparative degree	comparatif	Komparativ	stopień wyższy	сравнительная степень
aukštỹn	up	en haut	nach oben, hinauf	wzwyż	вверх
aũkštis	height	hauteur	Höhe	wysokość	высота
ausinės	earphones, headphones	casque d'écoute	Kopfhörer	słuchawki	наушники
ausinùkas	personal stereo	baladeur	Player	walkman	плеńер
ausìs	ear	oreille	Ohr	ucho	ухо
aũskaras	earring	boucle d'oreille	Ohrring	kolczyk	серьга
aušrà	dawn (n)	aube	Morgenröte	zorza	заря
áušti¹	get cool	se refroidir	kühl werden	ostudzać się	стыть, остывать
aũšti²	dawn (v)	poindre	tagen, dämmern	świtać	светать, рассветать
aũti	put on (shoes)	chausser	Schuhe anziehen	obuwać	обувать
aũtis	put on (shoes) (on oneself)	se chausser	sich (D) Schuhe anziehen	obuwać się	обуваться
autobùsas	bus	autobus	Autobus	autobus	автобус
automãtinis, -ė	automatic	automatique	automatisch	automatyczny, -a, -e	автоматический, -ая, -ое
automobìlis	car, automobile	automobile	Auto	samochód, auto	автомобиль
áutorius, -ė	author	auteur	Autor, -in	autor, -rka	автор
ãvalynė	footwear	chaussure	Schuhwerk	obuwie	обувь
avãrija	accident, breakdown	accident	Havarie, Unfall	awaria	авария
avėti	wear (shoes)	chausser	Schuhe tragen	nosić (obuwie)	носить (обувь)
aviena	mutton	viande de mouton	Hammelfleisch	baranina	баранина
aviẽtė	raspberry (bush and berry)	framboise	Himbeere	malina	малина

LIETUVIŲ KALBA	ENGLISH	FRANÇAIS	DEUTSCH	
ãvinas	ram	mouton	Hammel	baran
avìs	sheep, ewe	brébis	Schaf	owca
avižà	oat (plant or one grain)	avoine	Hafer	owies
avìžinis, -ė	oat (adj)	d'avoine	Hafer-	owsiany, -a, -e
ą́žuolas	oak	chêne	Eiche	dąb

				РУССКИЙ ЯЗЫК
				баран
				овца
				овёс
				овсяный, -ая, -ое
				дуб

B

LIETUVIŲ KALBA	ENGLISH	FRANÇAIS	DEUTSCH	JĘZYK POLSKI	РУССКИЙ ЯЗЫК
bãdas	starvation, famine	famine	Hungersnot	głód	голод
badáuti	1. starve 2. be on a diet	1. souffrir la faim 2. être à la diète	1. hungern 2. Diät halten	głodować	голодать
bagãžas	baggage, luggage	bagage	Gepäck, Handgepäck	bagaż	багаж
bagãžinė	trunk (of a car)	coffre de voiture	Gepäckraum	bagażnik	багажник
baigiamàsis egzãminas	final examination	examen de fin d'études	Abschlussprüfung	egzamin końcowy	выпускной экзамен
baĩgti	end, finish, complete, graduate	finir, terminer	absolvieren, abschließen	kończyć, ukończyć	окончить, завершить
baĩgtis	come to an end, be over, end	se terminer	enden, zu Ende sein	kończyć się	окончиться, завершиться
baĩmė	fear	peur	Angst	strach	страх
baĩsiai	1. terribly 2. awfully	1. affreusement 2. fort, beaucoup	1. schrecklich 2. sehr	strasznie	страшно
baisùs, -ì	frightening, fearsome	effrayant, -e	1. grausam; furchtbar 2. heftig	straszny, -a, -e	страшный, -ая, -ое
bakaláuras, -ė	bachelor (university degree)	personne ayant achevé le premier cycle d'études universitaires	Bakkalaureus	bakalarz	бакалавр
bãkas	tank	bac	Tank	bak	бак
balà	puddle; marsh, bog	mare	Pfütze	błoto	лужа
balañdis	1. dove 2. April	1. colombe 2. avril	1. Taube 2. April	1. gołąb 2. kwiecień	1. голубь 2. апрель

LIETUVIŲ KALBA	ENGLISH	FRANÇAIS	DEUTSCH	JĘZYK POLSKI	РУССКИЙ ЯЗЫК
baĩdas	piece of furniture	meuble	Möbelstück	mebel	мебель
baletas	ballet	ballet	Ballett	balet	балет
bãlintas, -a	with milk or cream	au lait, au crème	mit Milch	pobielony, -a, -e	с молоком, со сливками
balkònas	balcony	balcon	Balkon	balkon	балкон
bal̃sas	1. voice 2. vote 3. ballot	voix; vote	Stimme	głos	голос
baĩsė	vowel (letter)	voyelle-lettre	Vokal (Buchstabe)	samogłoska (litera)	гласная буква
balsis	vowel (sound)	voyelle	Vokal	samogłoska	гласный звук
balsúoti	vote (v)	voter	abstimmen	głosować	голосовать
baltaĩ	(in) white	en blanc	weiß	biało	в белый цвет, в белом
báltas, -à	white	blanc, -che	weiß	biały, -a, -e	белый, -ая, -ое
báltymas	egg white	blanc d'œuf	Eiweiß	białko	белок
banãnas	banana	banane	Banane	banan	банан
bandẽlė	bun, roll	petit pain, brioche	Brötchen	bułka	булочка
bangà	wave	vague	Welle	fala	волна
banguótas, -a	wavy	houleux, -euse	bewegt (Wasser)	falisty, -a, -e	волнистый, -ая, -ое
bánkas	bank	banque	Bank	bank	банк
banknòtas	banknote	billet de banque	Banknote, Geldschein	banknot	банкнот
bãras	bar	bar	Bar	bar	бар
baravýkas	boletus	cèpe	Steinpilz	borowik	белый гриб, боровик
barstýti	sprinkle	éparpiller	streuen	sypać, posypywać	(по)сыпать
bárti	scold	gronder	schimpfen	ganić	ругать
bártis	quarrel (v)	se quereller	sich zanken	kłócić się	ругаться
barzdà	beard	barbe	Bart	broda	борода
bãsas, -à	barefoot(ed)	nu-pieds	barfüßig, barfuß	bosy, -a, -e	босой, -ая, -ое; босиком
baseĩnas	basin, swimming pool	bassin, piscine	Schwimmhalle, Schwimmbecken	basen	бассейн
basùtė	sandal	nu-pied, sandale	Sandalette	sandał damski	босоножка
bãtas	shoe	chaussure, soulier	Schuh, Stiefel	but	ботинок
batònas	baguette	baguette (du pain)	Weißbrot	baton	батон
baudà	fine (penalty)	amende	Strafe, Geldstrafe, Geldbuße	kara, mandat	штраф
bausmė̃	punishment	châtiment, peine	Strafe	kara	наказание

baũsti	punish	punir, châtier	strafen, bestrafen	karać	наказывать; штрафовать
bažnýčia	church	église	Kirche	kościół	костёл
bè	without, besides	sans; moins	1. ohne 2. vor 3. außer	1. bez 2. za 3. oprócz	1., 2. без 3. кроме
be ābejo	no doubt, surely	sans doute	ohne Zweifel, zweifellos	na pewno	без сомнения
bedařbis, -ė	unemployed person	chômeur, -euse	der/die Arbeitslose	bezrobotny, -a	безработный, -ая
bėgikas, -ė	runner	coureur, -euse	Läufer, -in	biegacz, -czka	бегун, бегунья
bėgióti	run	courir	herumlaufen	biegać	бегать
bė́gti	run	courir	laufen, rennen	biec	бежать; течь
bélsti	knock	frapper	klopfen	pukać, stukać	стучать
bélstis	knock	frapper	klopfen	stukać, pukać	стучать(ся)
benãmis, -ė	homeless person	sans-abri	der/die Obdachlose	bezdomny, -a, -e	бездомный, -ая, -ое
bendrãbutis	hostel, dormitory	habitation collective	Wohnheim	bursa, hotel robotniczy	общежитие
bendradarbiáuti	cooperate	collaborer	mitarbeiten, zusammenwirken	współpracować	сотрудничать
bendradařbis, -ė	workmate (Brit.), coworker (Am.)	collaborateur, -trice; confrère	Mitarbeiter -in; Kollege, Kollegin	współpracownik, -iczka	сотрудник, -ица
bendraĩ	together	en commun	gemeinsam, zusammen	wspólnie	вместе
beñdras, -à	1. common (shared) 2. total	1. commun, -ne 2. total, -e	1. gemeinsam 2. ganz	1. wspólny, -a, -e 2. ogólny, -a, -e	общий, -ая, -ее
bendrãtis	infinitive	infinitif	Infinitiv	bezokolicznik	инфинитив
bendráuti	associate	fréquenter	verkehren	współżyć, obcować, komunikować się	общаться
bendróvė	company	société	Gesellschaft	spółka	общество
benzìnas	gas, gasoline (Am.), petrol (Brit.)	essence	Benzin	benzyna	бензин
beretė	beret	béret	Barett	beret	берет
berniùkas	boy	garçon	Junge	chłopiec, chłopczyk	мальчик
beřti	pour, sprinkle	répandre	streuen, schütten	sypać	сыпать
béržas	birch	bouleau	Birke	brzoza	берёза
bèt	but	mais	aber, sondern	ale	но
bet kadà	at any time	n'importe quand	zu jeder Zeit	byle kiedy	в любое время
bet kaĩp	in any way	n'importe comment	beliebig	byle jak	как попало

LIETUVIŲ KALBA	ENGLISH	FRANÇAIS	DEUTSCH	JĘZYK POLSKI	РУССКИЙ ЯЗЫК
bet kàs	anybody, anything	n'importe qui	jeder Beliebige, x-beliebig, jeder	byle kto	любой, -ая, -ое; каждый, -ая, -ое; всякий, -ая, -ое
bet kíek	any number/amount	n'importe combien	beliebig, nach Belieben	ile bądź	сколько угодно
bet kóks, bet kokià	any, any kind of	n'importe quel, n'importe quelle	beliebig, jeder/jede Beliebige	byle jaki, byle jaka	любой
bet kuř	anywhere	n'importe où	beliebig	byle gdzie	куда (где) угодно
bet kurìs, bet kurì	any	n'importe quel, n'importe quelle	beliebig, jeder/jede Beliebige	byle który, byle która	любой, -ая, -ое; каждый, -ая, -ое; всякий, -ая, -ое
bevéik	almost	presque	beinahe, fast	prawie	почти
beždžiõnė	monkey	singe	Affe	małpa	обезьяна
bibliotekà	library	bibliothèque	Bibliothek	biblioteka	библиотека
bibliotekiniñkas, -ė	librarian	bibliothécaire	Bibliothekar, -in	bibliotekarz, -arka	библиотекарь
bičiùlis, -ė	friend, pal	ami, -e; copain, copine	Freund, -in	przyjaciel, -ciółka	приятель, -ница
bijóti	be afraid	avoir peur, craindre	Angst haben, fürchten, sich fürchten	bać się	бояться; опасаться
bijūnas	peony	pivoine	Päonie, Pfingstrose	piwonia	пион
bylà	case	affaire, procès	Akte, Prozess	sprawa	дело
biliètas	ticket	billet	Karte, Theaterkarte	bilet	билет
biržẽlis	June	juin	Juni	czerwiec	июнь
bìtė	bee	abeille	Biene	pszczoła	пчела
bitiniñkas, -ė	beekeeper	apiculteur	Imker, -in	pszczelarz, -arka	пчеловод
biudžètas	budget	budget	Budget	budżet	бюджет
biùras	bureau, office	bureau, service	Büro	biuro	бюро
bjaurùs, -ì	ugly, bad, nasty	vilain, -e; mauvais, -e	1. hässlich, abscheulich, garstig 2. schlecht	brzydki, -a, -ie	гадкий, -ая, -ое; мерзкий, -ая, -ое; противный, -ая, -ое
blaivùs, -ì	sober	sobre	nüchtern	trzeźwy, -a, -e	трезвый, -ая, -ое
blakstíena	eyelash	cil	Wimper	rzęsa	ресница
blánkas	form, blank	formulaire	Formblatt, Formular	blankiet, formularz	бланк
blauzdà	lower leg	mollet	Wade	goleń	голень
blỹnas	pancake	crêpe	Pfannkuchen	blin, placek	блин
blynẽlis	blintz, crêpe	crêpe	Plinse	placek	блинчик
blizgė́ti	glitter, shine	briller	glänzen, blitzen, glitzern	błyszczeć	блестеть; сверкать

blogaĩ	bad, badly, wrong	mal, mauvais	schlecht, schlimm	źle	плохо
blõgas, -à	bad, wrong	mauvais, -e	schlecht	zły, -a, -e; niedobry, -a, -e	плохой, -ая, -ое
bokãlas	beer glass	chope	Pokal	kufel	бокал
bókštas	tower	tour	Turm	wieża	башня
botãnika	botany	botanique	Botanik, Pflanzenkunde	botanika	ботаника
braižýti	draw	tracer	zeichnen	kreślić	чертить
brangenýbė	valuable thing	bijou	Kostbarkeit	drogocenność	драгоценность
brángiai	expensively	a prix fort	teuer	drogo, kosztownie	дорого
brángti	rise in price	enchérir	teurer werden	drożeć	дорожать
brangùs, -ì	1. expensive, costly 2. dear	cher, chère	1. teuer, kostbar 2. lieb	drogi, -a, -ie; kosztowny, -a, -e	дорогой, -ая, -ое
brangùsis, -ióji	darling, dear	chéri, -e	lieber, liebe	kochany, -a, -e	дорогой, дорогая
brãškė	strawberry	fraise	Erdbeere	truskawka	клубника
braũkti	run (one's hand, etc.) along	nettoyer	streichen	ciągnąć	вытирать
brėžinỹs	draft	dessin linéaire	Zeichnung	rysunek techniczny	чертёж
brė́žti	draw	tracer	zeichnen	kreślić	чертить
briedė̃	female moose	femelle d'élan	Elchkuh	łosica	лосиха
briediena	venison	du élan	Hirschfleisch	mięso łosia	лосятина
briẽdis	moose	élan	Hirsch, Elchbulle	łoś	лось
briedžiùkas	young moose	petit élan	Elch-/Hirschkalb	łoszak	лосёнок
brìsti	wade	guéer	waten	brnąć	брести
brólis	brother	frère	Bruder	brat	брат
brònza	bronze	bronze	Bronze	brąz	бронза
brùknė	cowberry	airelle rouge	Preiselbeere	brusznica	брусника
brūkšnẽlis	hypher	petit tiret	Bindestrich	łącznik	знак переноса
brūkšnỹs	dash, line	ligne, tiret	Strich	1. kreska, linia 2. myślnik	1. черта, линия 2. тире
bučinỹs	kiss (n)	baiser	Kuss	pocałunek	поцелуй
bučiúoti	kiss (v)	embrasser, baiser	küssen	całować	целовать
bučiúotis	kiss (each other)	s'embrasser	(sich) küssen	całować się	целоваться
bū́das	1. nature, character 2. means, way	1. tempérament 2. manière, mode	1. Charakter 2. Mittel; Art, Weise	1. usposobienie 2. sposób	1. характер 2. способ
budė́ti	watch, be on duty	être de service	wachen	dyżurować	дежурить

LIETUVIŲ KALBA	ENGLISH	FRANÇAIS	DEUTSCH	JĘZYK POLSKI	РУССКИЙ ЯЗЫК
budėtojas, -a	person on duty	personne de service	der/die Wachhabende, der/die Diensthabende	dyżurny, -na	дежурный, -ая
būdingas, -a	characteristic, typical	caractéristique	kennzeichnend	charakterystyczny, -a, -e	характерный, -ая, -ое
budizmas	Buddhism	bouddhisme	Buddhismus	buddyzm	буддизм
būdvardis	adjective	adjectif	Adjektiv	przymiotnik	имя прилагательное
būgnas	drum	tambour	Trommel	bęben	барабан
būgnininkas, -ė	drummer	tambourineur, -euse	Trommler, -in	dobosz; perkusista	барабанщик, -ица
buitis	everyday life	vie courante	Alltagsleben	byt	быт
būklė	condition, state	état, situation	Zustand	stan	состояние
bulvė	potato	pomme de terre	Kartoffel	ziemniak	картофель
bulvinis, -ė	potato (adj)	de pommes de terre	Kartoffel-	ziemniaczany, -a, -e	картофельный, -ая, -ое
būrys	group	groupe	Schar, Gruppe	gromada; rząd	группа; стая
burna	mouth	bouche	Mund	usta	рот
burokėlis	beet	betterave rouge	rote Bete	burak ćwikłowy	бурачок
burtai	charm, magic	magie, sortilège	Zauberei	czary	колдовство, чары
būsena	state (of being), condition	état	Zustand	stan	состояние
būsimas, -à	future (adj)	futur, -e; prochain, -e	(zu)künftig	przyszły, -a, -e	будущий, -ая, -ее
būsimàsis laĩkas	future tense	futur	Futurum	czas przyszły	будущее время
būstas	home	logement	Wohnraum	pomieszczenie	жилое помещение, жилище, квартира
bùtas	apartment (Am.), flat (Brit.)	appartement	Wohnung	mieszkanie	квартира
bùtasis laĩkas	past tense	passé	Vergangenheitstempus	czas przeszły	прошедшее время
bùtelis	bottle	bouteille	Flasche	butelka	бутылка
buteliùkas	small bottle	fiole	Fläschchen	buteleczka	бутылочка
bū́ti	be	être, exister	sein, war, gewesen	być, znajdować się	быть
būtýbė	being, creature	être	Wesen	istota	существо
būtinaĩ	1. necessarily 2. certainly	1. absolument 2. certainement	1. unbedingt 2. bestimmt, zweifellos	koniecznie	обязательно
bū́tinas, -à	necessary	nécessaire	notwendig, nötig, unentbehrlich	konieczny, -a, -e	необходимый, -ая, -ое

C

LIETUVIŲ KALBA	ENGLISH	FRANÇAIS	DEUTSCH	JĘZYK POLSKI	РУССКИЙ ЯЗЫК
centas	cent	cent	Cent	cent	цент
centimetras	centimetre	centimètre	Zentimeter	centymetr	сантиметр
centras	centre	centre	Zentrum, Mitte	centrum	центр
centrinis, -ė	central	central, -e	zentral	centralny, -a, -e	центральный, -ая, -ое
cepelinas	a type of Lithuanian potato dish	plat lituanien	Litauische Kartoffelkugel, Kartoffelkloß	cepelin (litewskie danie)	цеппелин (блюдо литовской кухни)
cerkvė	Orthodox church	église orthodoxe	Kirche	cerkiew	церковь
charakteris	character	caractère	Charakter	charakter	характер
chemija	chemistry	chimie	Chemie	chemia	химия
chèmikas, -ė	chemist	chimiste	Chemiker, -in	chemik, -iczka	химик
chirùrgas, -ė	surgeon	chirurgien	Chirurg	chirurg	хирург
chòras	choir, chorus	choeur	Chor	chór	хор
cigāras	cigar	cigare	Zigarre	cygaro	сигара
cigaretė	cigarette	cigarette	Zigarette	papieros	сигарета
cirkas	circus	cirque	Zirkus	cyrk	цирк
citatà	quotation	citation	Zitat	cytat	цитата
citrinà	lemon	citron	Zitrone	cytryna	лимон
cituoti	quote	citer	zitieren	cytować	цитировать
cukrinė	sugar bowl	sucrier	Zuckerdose	cukiernica	сахарница
cukrus	sugar	sucre	Zucker	cukier	сахар

Č

LIETUVIŲ KALBA	ENGLISH	FRANÇAIS	DEUTSCH	JĘZYK POLSKI	РУССКИЙ ЯЗЫК
čėkis	cheque	chèque, bon de caisse	Scheck	czek	чек
česnakas	garlic	ail	Knoblauch	czosnek	чеснок
čià	here	ici	hier, da	tu	здесь
čiáudėti	sneeze (v)	éternuer	niesen	kichać	чихать

LIETUVIŲ KALBA	ENGLISH	FRANÇAIS	DEUTSCH	JĘZYK POLSKI	РУССКИЙ ЯЗЫК
čiaupas	faucet, tap	robinet	Hahn	kran	кран
čirkšti	chirp	gazouiller	zwitschern	ćwierkać, cierkać	чирикать
čiulbėti	chirp, sing (of bird)	gazouiller	zwitschern, singen	śpiewać, ćwierkać	щебетать
čiulpinukas	lollipop	bonbon à sucée	Lutschbonbon	lizak	леденец
čiulpti	suck	sucer	lutschen; saugen	ssać	сосать
čiulptukas	dummy (Brit.), pacifier (Am.)	tétine	Schnuller, Lutscher	smoczek	соска
čiuožėjas, -a	skater	patineur, -euse	Schlittschuläufer, -in	łyżwiarz, -iarka	конькобежец
čiuožti	skate (v)	glisser, patiner	Schlittschuh laufen	ślizgać się	кататься на коньках
čiupinėti	feel, finger, touch (v)	palper	betasten, befühlen	obmacywać	щупать
čiurkšlė	jet (of water, etc.)	courant	Strom	struga	струя
čiužinys	mattress	matelas	Matratze	materac	матрас

D

LIETUVIŲ KALBA	ENGLISH	FRANÇAIS	DEUTSCH	JĘZYK POLSKI	РУССКИЙ ЯЗЫК
dabar	now	maintenant, à présent	jetzt, nun	teraz, obecnie	сейчас
dabartinis, -ė	present, current	actuel, -le; moderne	jetzig, gegenwärtig	teraźniejszy, -a, -e	нынешний, -яя, -ее; современный, -ая, -ое
dabartis	the present	présent	Gegenwart	teraźniejszość	современность
daiktas	thing	chose	Ding, Gegenstand, Sache	rzecz, przedmiot	вещь, предмет
daiktavardis	noun	substantif	Substantiv, Hauptwort	rzeczownik	имя существительное
dailė	art (fine arts)	art, beaux-arts	Kunst	sztuka	искусство
dailininkas, -ė	artist, painter	artiste, peintre	Künstler, -in	malarz, malarka	художник, -ица
daina	song	chanson	Lied	pieśń	песня
dainininkas, -ė	singer	chanteur, -euse	Sänger, -in	śpiewak, -aczka	певец, -ица
dainuoti	sing	chanter	singen	śpiewać	петь
daktaras, -ė	doctor	1. docteur 2. médicin	1. Doktor 2. Arzt	1. doktor 2. lekarz	1. доктор 2. врач
dalelė	little part	parcele	Teilchen	cząstka	частица, долька
dalelytė	particle	particule	Partikel	partykula	частица

376

dalgis	scythe	faux	Sense	kosa	коса
dalýba	division	division	Division, Teilen	dzielenie	деление
dalỹkas	1. matter, thing	1. chose, affaire	1. Gegenstand, Sache	1. rzecz, sprawa	1. дело, вещь
	2. subject	2. matière	2. Fach	2. przedmiot	2. предмет
dalis	part	partie	Teil	część	часть
dalýti	divide	partager; diviser	teilen; dividieren	rozdzielać; dzielić	делить; разделить
dalyváuti	be present, take part	participer	teilnehmen	uczestniczyć, brać udział	участвовать, принимать участие
dalỹvis¹, -ė	participant	participant, -e	Teilnehmer, -in	uczestnik, -iczka	участник, -ница
dalỹvis²	participle	participe	Partizip	imiesłów	причастие
dangóraižis	skyscraper	gratte-ciel	Wolkenkratzer	drapacz chmur	небоскрёб
dangtẽlis	small cover, lid	couvercle	Verschluss, Deckel, Kappe	pokrywka	крышка
dangtis	cover, lid	couvercle	Deckel	pokrywa	крышка
dangùs	sky	ciel	Himmel	niebo	небо
dantis	tooth	dent	Zahn	ząb	зуб
dantistas, -ė	dentist	dentiste	Zahnarzt, -ärztin	dentysta, -tka	зубной врач
dantų pastà	toothpaste	pâte dentifrice	Zahnpaste	pasta do zębów	зубная паста
dár	1. still, yet	encore	noch	jeszcze	ещё
	2. more, else				
	3. still, even				
dárbas	work, job	travail	Arbeit	praca, robota	работа; труд
darbdavỹs, -ė̃	employer	employeur, -euse	Arbeitgeber, -in	pracodawca, -wczyni	работодатель
darbiniñkas, -ė	worker, workman	travailleur, -euse	Arbeiter, -in	robotnik, -ica	рабочий, -ая
dárbo biržà	employment office	bourse du travail	Arbeitsamt	giełda pracy	биржа труда
darbótvarkė	agenda	ordre du jour	Tagesordnung	porządek dzienny	повестка дня
darbóvietė	workplace	lieu de travail	Arbeitsstelle	miejsce pracy	место работы
darbštùs, -ì	hard-working, industrious	travailleur, -euse	fleißig, arbeitsam	pracowity, -a, -e	трудолюбивый, -ая, -ое
darbúotojas, -a	worker (office, etc.)	employé, -e	der/die Werktätige, Arbeiter, -in	pracownik, -ica	работник, -ница
darýti	do, make	faire	machen, tun	robić	делать

LIETUVIŲ KALBA	ENGLISH	FRANÇAIS	DEUTSCH	JĘZYK POLSKI	РУССКИЙ ЯЗЫК
darýtis	1. make (for oneself), get 2. go on (happen) 3. become	1. se faire 2. se passer 3. devenir, se faire	1. sich(D) etwas machen 2. los sein 3. werden	robić się; dziać się	1. готовить для себя 2. происходить 3. становиться
dar̃žas	kitchen garden (Brit.), vegetable garden (Am.)	potager	Gemüsegarten	ogród	огород
darželis	1. flower-garden 2. kindergarten	1. jardinet 2. école maternelle	1. Blumengarten 2. Kindergarten	1. ogródek 2. przedszkole	1. палисадник 2. детский сад
daržininkas, -ė	marketgardener (Brit.), truck farmer (Am.)	maraîcher, -ère	Gärtner, -in	ogrodnik, -iczka	огородник, -ица
daržóvė	vegetable	légume	Gemüse	warzywo	овощь
datà	date	date	Datum	data	дата
daũg	many, much	beaucoup	viel	dużo, wiele	много
daũgelis	many, much	quantité, beaucoup	viele	mnóstwo, wielu	многие
daugė́ti	increase	s'accroître	sich vermehren; anschwellen	przybywać	становиться больше
daugiaaũkštis	multi-storey	à plusieurs étages	vielstöckig	wielopiętrowy	многоэтажный
daugiaũ	more	plus; davantage	mehr	więcej	больше
daugiáusia	mostly	le plus	am meisten, meistens	najwięcej	больше всего
daugýba	multiplication	multiplication	Multiplikation, Vervielfältigung	mnożenie	умножение
daugýbė	a lot of, plenty	multitude	Mehrzahl	mnóstwo	множество
daúginti	multiply	multiplier	multiplizieren	mnożyć, pomnażać	умножать
daugiskaita	plural (n)	pluriel	Plural	liczba mnoga	множественное число
daugiskaitinis, -ė	plural (adj)	pluriel, -elle	Pluraletantum (nur in Mehrzahl vorkommend)	używany (-a, -e) tylko w liczbie mnogiej	употребляемый (-ая, -ое) только во множественном числе
daũgtaškis	dots	points de suspension	Auslassungspunkte	wielokropek	многоточие
daugumà	most, majority	majorité	Mehrzahl, Mehrheit	większość	большинство
daužýti	1. break 2. pound, bang	1. briser 2. frapper	1. zerschlagen 2. schlagen	1. rozbijać 2. kołatać	1. бить, разбивать 2. стучать
dažaĩ	dye, paint (n)	couleurs	Farbe	farba	краска
dažýti	dye, paint (v)	peindre	färben; anstreichen	farbować, malować	красить

dažýtis	dye (hair); polish, paint (nails); make oneself up, use cosmetics	teindre; vernir; se maquiller	sich schminken, Make-up auftragen	malować się, farbować się	краситься
dažýtojas, -a	painter	peintre en bâtiments	Maler, Tüncher	farbiarz, -iarka; malarz, -rka	маляр
dažnaĩ	often	souvent	oft, häufig	często	часто
dažniaũ	more often	plus souvent	häufiger, öfter	częściej	чаще
dažniáusiai	1. most often 2. as a rule, usually, mostly	le plus souvent	1. am häufigsten, am öftesten 2. meistens	najczęściej	чаще всего
debesìs	cloud	nuage	Wolke	chmura	облако, туча
debesúotas, -a	cloudy	nuageux, -euse	wolkig, bewölkt	pochmurny, -a, -e	облачный, -ая, -ое
dėdė̃	uncle	oncle	Onkel	wuj, stryj	дядя
degalaĩ	fuel	carburant	Brennstoff	paliwo	горючее
degalìnė	petrol station (Brit.), gas station (Am.)	poste d'essence, station-service	Tankstelle	stacja benzynowa	бензозаправочная станция
dèginti	burn	brûler	brennen	palić	жечь
dègti	1. burn 2. shine	brûler; allumer	1., 3. brennen 2. leuchten	palić się; zapalać	1., 3. гореть 2. светить
degtìnė	vodka	eau-de-vie, vodka	Branntwein, Schnaps	wódka	водка
degtùkas	match	allumette	Streichholz	zapałka	спичка
dejà	unfortunately	hélas	leider	niestety	увы, к сожалению
dėkìngas, -a	thankful, grateful	reconnaissant, -e	dankbar	wdzięczny, -a, -e	благодарный, -ая, -ое
deklarãcija	declaration	déclaration	Erklärung	deklaracja	декларация
deklarúoti	declare	déclarer	erklären	deklarować	декларировать
dė̃klas	case	étui	Futteral, Etui	pochwa, futerał	футляр
dekoratývinis, -ė	decorative	décoratif, -ve	dekorativ, -e	dekoratywny, -a, -e	декоративный, -ая, -ое
dėkóti	thank	remercier	danken	dziękować	благодарить
dė̃kui	thanks, thank you	merci	danke	dziękuję	благодарю, спасибо
dė̃l	because of; for	à cause de; pour	wegen; um willen	z powodu; dla	из-за (чего); по причине; вследствие; ради; насчет
delčià	waning moon	décroît	abnehmender Mond	ostatnia faza Księżyca	ущербная луна
dėlionė̃	jigsaw puzzle	puzzle	Puzzle	układanka, puzzle	мозаика
dėmė̃	1. stain 2. blemish, spot	tache	1. Fleck, Klecks 2. Fleck(en)	plama	пятно

LIETUVIŲ KALBA	ENGLISH	FRANÇAIS	DEUTSCH	JĘZYK POLSKI	РУССКИЙ ЯЗЫК
dėmesio!	attention!	attention!	Achtung!	uwaga!	внимание!
dėmesys	attention	attention	Aufmerksamkeit	uwaga	внимание
demokratija	democracy	démocratie	Demokratie	demokracja	демократия
demokratinis, -ė	democratic	démocratique	demokratisch	demokratyczny, -a, -e	демократический, -ая, -ое
demokratiškas, -a	democratic	démocratique	demokratisch	demokratyczny, -a, -e	демократичный, -ая, -ое
dengti	cover (v)	couvrir; recouvrir	decken, bedecken	przykrywać; pokrywać	1. покрывать 2. накрывать
deputatas, -ė	member of parliament	député	der/die Abgeordnete, der/die Deputierte	deputowany, -ana	депутат
derėtis	bargain, negotiate	négocier	feilschen, verhandeln	targować się, pertraktować	торговаться; вести переговоры
derybos	negotiations	négociations	Verhandlungen	pertraktacje, układy	переговоры
derlius	crop, harvest	récolte	Ernte	urodzaj	урожай
dėstyti	teach, lecture	enseigner, exposer	1. unterrichten, lehren 2. erklären	wykładać	1. преподавать 2. излагать
dėstytojas, -a	teacher, lecturer, instructor	enseignant, -e	Hochschullehrer, -in	wykładowca, -wczyni	преподаватель
dešimt	ten	dix	zehn	dziesięć	десять
dešimtainė trupmena	decimal fraction	fraction décimale	Dezimalzahl	ułamek dziesiętny	десятичная дробь
dešimtas, -à	tenth	dixième	der/die/das zehnte	dziesiąty, -a, -e	десятый, -ая, -ое
dešimtmetis	decade	dix ans	Jahrzehnt	dziesięciolecie	десятилетие
dešinė	right (side) (n)	droite	Rechte (Hand)	prawa, prawa strona	правая сторона
dešinys, -ė	right (side)	droit, -e	recht	prawy, -a, -e	правый, -ая, -ое
dešra	sausage	saucisson	Wurst	kiełbasa	колбаса
dešrelė	small sausage	saucisse	Würstchen	parówka	сосиска
dėti	put, lay	mettre, placer	legen (Buch), stellen (Vase), nehmen (Zucker)	kłaść	класть, ставить
dėtis	put (for oneself)	mettre, prendre	tun, nehmen	włożyć (sobie)	положить (себе)
dėvėti	wear	porter	tragen	nosić	носить
devyneri, -erios	nine	neuf	neun	dziewięć, dziewięcioro	девять
devynetas	nine (as a grade)	neuf	neun	dziewiątka	девятка, девятка
devyni, -ios	nine	neuf	neun	dziewięć	девять
devyniasdešimt	ninety	quatre-vingt-dix	neunzig	dziewięćdziesiąt	девяносто

devyniasdešimtas, -à	ninetieth	quatre-vingt-dixième	der/die/das neunzigste	dziewięćdziesiąty, -a, -e	девяностый, -ая, -ое
devyniese	in a group of nine	à neuf	zu neunt	dziewięciu	вдевятером
devyniólika	nineteen	dix-neuf	neunzehn	dziewiętnaście	девятнадцать
devynióliktas, -a	nineteenth	dix-neuvième	der/die/das neunzehnte	dziewiętnasty, -a, -e	девятнадцатый, -ая, -ое
deviñtas, -à	ninth	neuvième	der/die/das neunte	dziewiąty, -a, -e	девятый, -ая, -ое
dezodorántas	deodorant	déodorant	Deodorant	dezodorant	дезодорант
dėžė̃	box	caisse, boîte	Kiste, Kasten	pudło	ящик; коробка
dėžùtė	little box	petite boîte	Schachtel, Dose	pudełko	коробочка
dìdelis, -ė	big, large	grand, -e	groß	duży, -a, -e; wielki, -a, -ie	1. большой, -ая, -ое 2. важный, -ая, -ое 3. велик, -а, -о; большой, -ая, -ое
didèsnis, -ė	bigger, larger	plus grand, -e	größer	większy, -a, -e	больший, -ая, -ее
didė́ti	increase, get bigger	grandir	zunehmen, wachsen, sich vergrößern	powiększać się	увеличиваться
didìnti	increase, enlarge, magnify, make bigger	agrandir	vergrößern, vermehren	powiększać	увеличивать; усиливать
dỹdis	size	dimension; mesure	Größe	wielkość, rozmiar	величина; размер
didỹsis, didžióji	great, grand; capital (letter)	le grand, la grande	groß	wielki, -a, -ie	большой, -ая, -ое; великий, -ая, -ое; прописная (буква)
didumà	most	la plus grande partie	Großteil	większość	бо́льшая часть (чего-либо)
didvyris, -ė	hero, heroine	héros, héroïne	Held, -in	bohater, -rka	герой, героиня
didžiáusias, -ia	biggest, largest	le plus grand, la plus grande	der/die/das größte	największy, -a, -e	наибольший, -ая, -ое
didžiùlis, -ė	vast, huge	énorme	übergroß, enorm	wielki, -a, -ie; ogromny, -a, -e	огромный, -ая, -ое
didžiúotis	be proud	être fier, -ère	stolz sein	pysznić się	гордиться
didžkukulis	see *cepelinas*	plat lituanien	Litauische Kartoffelkugel, Kartoffelkloß	cepelin (litewskie danie)	цеппелин (блюдо литовской кухни)
dienà	day	jour, journée	Tag	dzień	день
dieninis, -ė	day, daytime (adj)	du (de) jour	Tages-	dzienny, -a, -e	дневной, -ая, -ое
diẽvas, Diẽvas	god, God	dieu	Gott	bóg, Bóg	бог, Бог

LIETUVIŲ KALBA	ENGLISH	FRANÇAIS	DEUTSCH	JĘZYK POLSKI	РУССКИЙ ЯЗЫК
dyglỹs	thorn, spike, prickle	piquant	Dorn, Stachel	kolec, cierń	колючка
dygliúotas, -a	prickly	piquant, -e	dornig, stachlig	kolczasty, -a, -e; ciernisty, -a, -e	колючий, -ая, -ее
dýgti	germinate, sprout	germer	keimen	kiełkować, rosnąć	прорастать; всходить
dykumà	desert (n)	désert	Wüste	pustynia	пустыня
diñgti	disappear	disparaître	verschwinden	przepaść	исчезнуть, пропасть
diplòmas	diploma	diplôme	Diplom	dyplom	диплом
dìrbti	work (v)	travailler	arbeiten; tätig sein	pracować	работать
dirbtìnis, -ė	artificial	artificiel, -le	künstlich	sztuczny, -a, -e	искусственный, -ая, -ое
dirbtùvė	workshop	atelier	Werkstatt	pracownia	мастерская
diréktorius, -ė	director; head-master, head-mistress (Brit.), principal (Am.)	directeur, -trice	Direktor, -in	dyrektor, -rka	директор
dirvóžemis	soil	sol	Ackerboden	gleba, grunt	почва
diržas	belt	ceinture	Gürtel, Riemen	pas, rzemień	ремень
diržẽlis	strap	petite ceinture	Armband	pasek	ремешок
dìskas	disc	disque	Scheibe	dysk	диск
diskẽlis	floppy disc	disquette	Diskette	dyskietka	дискета
dyzeliniai degalaĩ	diesel fuel	gazole	Dieselbrennstoff	olej napędowy	дизельное топливо
doceñtas, -ė	associate professor	chargé de cours	Dozent, -in	docent	доцент
dokumeñtas	document	document	Dokument	dokument	документ
dokumeñtinis filmas	documentary	documentaire	Dokumentarfilm	dokumentalny film	документальный фильм
domėtis	be interested	s'intéresser	sich interessieren	interesować się	интересоваться
domìnti	interest (v)	intéresser	interessieren	interesować	интересовать
dóras, -à	virtuous, honest	honnête	sittlich, moralisch	zacny, -a, -e; uczciwy, -a, -e	порядочный, -ая, -ое
dorýbė	virtue	vertu	Tugend	zaleta	положительная черта
dosnùs, -ì	generous	généreux, -euse	freigebig, großzügig	hojny, -a, -e; szczodry, -a, -e	щедрый, -ая, -ое
dovanà	gift, present	présent, cadeau	Geschenk	prezent, dar	подарок
dovanóti	1. give (as a gift) 2. excuse, forgive	1. faire présent 2. pardonner	1. schenken 2. verzeihen, entschuldigen, vergeben	1. darować 2. przebaczyć	1. (по)дарить 2. простить

drabužinė	cloakroom	vestiaire	Kleiderablage, Garderobe	szatnia	гардероб
drabužis	article of clothing	vêtement	Kleid, Gewand	odzież, ubranie	одежда
drama	drama	drame	Drama	dramat	драма
dramblỹs	elephant	éléphant	Elefant	słoń	слон
drąsà	bravery, courage, boldness, daring	courage	Mut, Kühnheit, Tapferkeit	odwaga	смелость, храбрость
drąsùs, -ì	brave, courageous, bold	courageux, -euse	kühn, tapfer, mutig	śmiały, -a, -e	смелый, -ая, -ое; храбрый, -ая, -ое
draudimas	insurance	assurance	Versicherung	ubezpieczenie	страхование
draudžiama	prohibited, forbidden	interdit	verboten	zabroniono, zakazane	запрещено, запрещается
draũgas, -ė̃	friend	ami, -e; camarade	Freund, -in; Kamerad, -in; Kollege, Kollegin	przyjaciel, -ciółka; kolega, koleżanka	друг, товарищ
draugáuti	be friends	être ami, fréquenter	befreundet sein	przyjaźnić się;	дружить
draũgė	together (with)	ensemble	zusammen	razem	вместе; совместно
draugijà	association	société	Gesellschaft, Verein	towarzystwo	общество
draugỹstė	friendship	amitié	Freundschaft, Kameradschaft	przyjaźń	дружба
drausmė̃	discipline	discipline	Disziplin, Zucht	dyscyplina	дисциплина
drausmìngas, -a	disciplined	discipliné, -e	diszipliniert	zdyscyplinowany, -a, -e	дисциплинированный, -ая, -ое
draũsti	1. forbid 2. insure	1. défendre 2. assurer	1. verbieten 2. versichern	1. zabraniać, zakazywać 2. ubezpieczyć	1. запрещать 2. страховать
drebė́ti	shake, tremble	trembler, frissonner	zittern	trząść się, drżeć	дрожать
drebùčiai	jelly	gelée	Gelee	galareta	желе
drė́gnas, -à	damp, moist	humide	feucht, nass	wilgotny, -a, -e	сырой, -ая, -ое; влажный, -ая, -ое
drėkìnti	moisten, irrigate	humidifier	feucht machen, anfeuchten, netzen	wilżyć	увлажнять
drė̃kti	become damp, moist	devenir humide	feucht werden	moczyć się	сыреть, становиться влажным
dribsniai	flakes; breakfast cereal	flocons	Flocken	płatki	хлопья
drugỹs	butterfly, moth	papillon	Schmetterling	motyl	бабочка, мотылёк
druskà	salt	sel	Salz	sól	соль
druskìnė	salt cellar (Brit.), salt shaker (Am.)	solière	Salzdose	solniczka	солонка

LIETUVIŲ KALBA	ENGLISH	FRANÇAIS	DEUTSCH	JĘZYK POLSKI	РУССКИЙ ЯЗЫК
dù, dvì	two	deux	zwei	dwa, dwie, dwoje	два, две
dubenėlis	bowl	petit plat	kleine Schüssel	miska	миска
dubuõ	basin	plat	Schüssel	misa	миска, таз
dùgnas	bottom	fond	Grund, Boden	dno	дно
dùjinis, -ė	gas (adj)	de (à) gaz	Gas-	gazowy, -a, -e	газовый, -ая, -ое
dùjos	gas (n)	gaz	Gas	gaz	газ
dùkart	twice	deux fois	zweimal	dwukrotnie	дважды, два раза
duktė̃	daughter	fille	Tochter	córka	дочь
dùlkės	dust	poussière	Staub	pył, kurz	пыль
dulkė́tas, -a	dusty	poussiéreux, -euse	staubig	zakurzony, -a, -e	пыльный, -ая, -ое
dùlkti	drizzle (v)	bruiner	sprühen (es sprüht); nieseln (es nieselt)	siąpić, mżyć	моросить, накрапывать
dū́mai	smoke (n)	fumée	Rauch, Qualm	dym	дым
duobė̃	hole, pit	fosse	Grube	jama	яма, выбоина (дороги)
duobė́tas, -a	bumpy	cahoteux, -euse	uneben, holprig	wyboisty, -a, -e	ухабистый, -ая, -ое
dúomenys	data	information	Angaben	dane	данные
dúona	bread	pain	Brot, Schwarzbrot, Weißbrot	chleb	хлеб
duoninė̃	bread bin (Brit.), bread box (Am.)	boîte pour pain	Brotkorb	pojemnik na chleb	хлебница
dúoti	give	donner	geben	dać, dawać	дать/давать
dùrelės	(small) door	portière	Türchen	drzwiczki	дверцы
dùrininkas, -ė	doorman, porter	portier, -ère	Pförtner, Portier	portier, -rka	швейцар
dùrys	door	porte	Tür	drzwi	дверь
dùrti	1. poke, stab 2. prick	1. percer 2. piquer	stechen	kłuć	колоть
dùšas	shower	douche	Dusche, Duschraum, Brause, Brausebad	prysznic	душ
dutū́kstantas, -a	two thousandth	deux-millième	zweitausend	dwutysięczny, -a, -e	двухтысячный, -ая, -ое
dùžti	break, shatter	se casser	zerbrechen	tłuc się	разбиваться
dvãsinis, -ė	spiritual	spirituel, -le	geistig	duchowy, -a, -e	духовный, -ая, -ое
dvẽjetas	two (as a grade)	deux	Zwei	dwójka	двойка
dvejì, dvẽjos	two	deux	zwei	dwoje, dwa, dwie	двое, два
dvìdešimt	twenty	vingt	zwanzig	dwadzieścia	двадцать

LIETUVIŲ KALBA	ENGLISH	FRANÇAIS	DEUTSCH	JĘZYK POLSKI	РУССКИЙ ЯЗЫК
dvidešimtas, -à	twentieth	vingtième	der/die/das zwanzigste	dwudziesty, -a, -e	двадцатый, -ая, -ое
dvíese	in a group of two	à deux	zu zweit	we dwoje	вдвоём
dvigubaĩ	double (adv)	le double	doppelt	podwójnie	вдвойне
dvigubas, -a	double (adj)	double	doppelt	podwójny, -a, -e	двойной, -ая, -ое
dvýlika	twelve	douze	zwölf	dwanaście	двенадцать
dvyliktas, -a	twelfth	douzième	der/die/das zwölfte	dwunasty, -a, -e	двенадцатый, -ая, -ое
dviratininkas, -ė	bicyclist	cycliste	Radfahrer, -in	rowerzysta, -tka	велосипедист, -стка
dviratis	bicycle	bicyclette	Fahrrad	rower	велосипед
dvitaškis	colon	deux points	Doppelpunkt	dwukropek	двоеточие
dvivietis, -ė	two-seat	biplace	zweisitzig	dwumiejscowy, -a, -e	двухместный, -ая, -ое
dvõkti	stink (v)	puer	stinken	cuchnąć	вонять
džemas	jam	marmelade	Marmelade	marmolada	мармелад, джем
džiaũgsmas	joy	joie	Freude	radość	радость
džiaũgtis	be happy, enjoy	se réjouir	sich freuen	cieszyć się	радоваться
džiãzas	jazz	jazz	Jazz	dżez	джаз
džinsai	jeans	jean	Jeans	dżynsy	джинсы
džiovintas, -a	dried	sec, sèche	getrocknet	suszony, -a, -e	сушёный, -ая, -ое
džiovinti	dry (v)	sécher	trocknen	suszyć	сушить
džiūti	dry (v)	sécher, se dessécher	trocknen	schnąć, suszyć się	сохнуть
džiūvėsis	piece of dried bread, rusk	biscotte	Zwieback	suchar	сухарь

E, Ę, Ė

LIETUVIŲ KALBA	ENGLISH	FRANÇAIS	DEUTSCH	JĘZYK POLSKI	РУССКИЙ ЯЗЫК
ėdalas	food (for animals)	pâtée	Futter	karma, pokarm	корм
ėduonis	tooth decay	carie	Karies	karies	кариес
ėglė̃	fir	sapin	Tanne	świerk	ель
eglùtė	2. Christmas tree	2. arbre de Noël	2. Tannenbaum	2. choinka	ёлка
egzãminas	examination	examen	Prüfung, Examen	egzamin	экзамен
egzaminúoti	examine	examiner	prüfen, examinieren	egzaminować	экзаменовать
egzempliõrius	copy (n)	exemplaire	Exemplar	egzemplarz	экземпляр
ei	hey	ha, holà	hallo	ej, hej	эй

LIETUVIŲ KALBA	ENGLISH	FRANÇAIS	DEUTSCH	JĘZYK POLSKI	РУССКИЙ ЯЗЫК
eikvóti	waste, squander	prodiguer	verschwenden, vergeuden	trwonić	тратить, растрачивать
eilė̃	1. line, queue, row 2. turn	1. rang, file 2. tour	1. Reihe 2. Reihenfolge	1. rząd 2. kolejność	1. ряд 2. очередь
eilė́raštis	poem	vers, poésie	Gedicht	wiersz	стихотворение
eilùtė	line (of writing)	ligne (du texte)	Zeile	linijka; werset	строка, строчка
eĩsmas	traffic	circulation	Verkehr	ruch	движение
eĩti	go (on foot)	aller, venir; marcher; se suivre	1. gehen, vergehen 2. durchnehmen	1. iść 2. pełnić (obowiązki)	идти, проходить
ekològija	ecology	écologie	Ökologie	ekologia	экология
ekonòmika	economy, economics	économie	Wirtschaft Ökonomie	ekonomika	экономика
ekonomìstas, -ė	economist	économiste	Wirtschaftler, -in	ekonomista, -tka	экономист
ekrãnas	screen	écran	Filmleinwand, Bildschirm	ekran	экран
ekskùrsija	excursion	excursion	Ausflug, Exkursion	wycieczka	экскурсия
elektrà	electricity	électricité	Elektrizität	elektryczność	электричество
elèktrikas, -ė	electrician	électricien	Elektriker	elektryk	электрик
elektrìnė	power station	centrale électrique	Kraftwerk, Elektrizitätswerk	elektrownia	электростанция
elektrìnis, -ė	electric(al)	électrique	elektrisch	elektryczny, -a, -e	электрический, -ая, -ое
elektròninis paštas	E-mail	e-mail	e-mail Post	poczta elektroniczna, e-mail	электронная почта
elgesỹs	behaviour	comportement	Benehmen, Betragen	zachowanie, postępowanie	поведение
elgetà	beggar	mendiant, -e	Bettler	żebrak, -aczka	нищий
elgetáuti	beg	mendier	betteln	żebrać	нищенствовать, побираться
el̃gtis	behave	se conduire	sich benehmen, sich betragen	zachować się, postępować	вести себя
emòcija	emotion	émotion	Emotion	emocja	эмоция
emòcinis, -ė	emotional	affectif, -ve	emotional	emocjonalny, -a, -e	эмоциональный, -ая, -ое
enèrgija	energy	énergie	Tatkraft, Energie	energia	энергия

LIETUVIŲ KALBA	ENGLISH	FRANÇAIS	DEUTSCH		
energingas, -a	energetic	énergique	energisch, tatkräftig	energiczny, -a, -e	энергичный, -ая, -ое
erdvė	space	espace	Raum, Luftraum	przestrzeń	пространство
erdvùs, -ì	spacious	spacieux, -se	geräumig, weit	przestronny, -a, -e	просторный, -ая, -ое
ėriùkas	lamb	agneau	Lamm	jagnię	ягнёнок
esamàsis laĩkas	present tense	présent	Präsens	czas teraźniejszy	настоящее время
ė́sti	eat (of animals)	manger (sur animaux), brouter	fressen	jeść, żreć	есть (о животных)
ešerỹs	bass	perche	Barsch	okoń	окунь
etnogrãfija	ethnography	éthnographie	Ethnografie	etnografia	этнография
etnogrãfinis, -ė	ethnographic	éthnographique	ethnografisch	etnograficzny, -a, -e	этнографический, -ая, -ое
ẽžeras	lake	lac	See	jezioro	озеро
ežỹs	hedgehog	hérisson	Igel	jeż	ёж

F

LIETUVIŲ KALBA	ENGLISH	FRANÇAIS	DEUTSCH	JĘZYK POLSKI	РУССКИЙ ЯЗЫК
fãksas	fax	fax, télécopie	Fax	faks	факс
faksogramà	fax	télégraphie fac-similé	Telekopie	faksogram	факсограмма
fãktas	fact	fait	Tatsache	fakt	факт
fakultètas	faculty (of a European university)	faculté	Fakultät	fakultet, wydział	факультет
figūrà	figure	figure, silhouette	Figur, Gestalt	figura	фигура
filharmònija	philharmonic society	philharmonie	Philharmonie	filharmonia	филармония
fìlmas	film (n)	film	Film	film	фильм
filmúoti	film (v)	filmer	filmen	filmować	снимать, на кино(видео)плёнку
fìltras	filter (n)	filtre	Filter	filtr	фильтр
filtrúoti	filter (v)	filtrer	filtern	filtrować	фильтровать
finánsai	finances	finances	Finanzen	finanse	финансы
firmà	business, firm	firme	Firma	firma	фирма
fìzika	physics	physique	Physik	fizyka	физика
fìzikas, -ė	physicist	physicien, -ne	Physiker, -in	fizyk	физик
fìzinis, -ė	physical, manual	physique	physisch, körperlich	fizyczny, -a, -e	физический, -ая, -ое

LIETUVIŲ KALBA	ENGLISH	FRANÇAIS	DEUTSCH	JĘZYK POLSKI	РУССКИЙ ЯЗЫК
flomāsteris	felt-tip pen	stylo-feutre	Filzstift	pisak	фломастер
fontānas	fountain	fontaine	Springbrunnen	fontanna	фонтан
fòrma	form	forme	Form	forma	форма
formulúoti	formulate	formuler	formulieren	formułować	формулировать
fòtelis	armchair	fauteuil	Sessel, Lehnstuhl	fotel	кресло
fotoaparãtas	camera	appareil photographique	Fotoapparat	aparat fotograficzny	фотоаппарат
fotogrãfas, -ė	photographer	photographe	Fotograf	fotograf	фотограф
fotogrãfija	1. photography 2. photograph (n)	photographie	1. Fotografie 2. Foto	fotografia	фотография
fotografúoti	photograph (v)	photographier	fotografieren, knipsen	fotografować	фотографировать
fotografúotis	be photographed	se faire prendre en photo	sich fotografieren lassen	fotografować się	фотографироваться
fùtbolas	football, soccer	football	Fußball	piłka nożna, futbol	футбол
futbolinínkas, -ė	football player, soccer player	footballeur	Fußballspieler	piłkarz, -arka; futbolista	футболист, -тка

G

LIETUVIŲ KALBA	ENGLISH	FRANÇAIS	DEUTSCH	JĘZYK POLSKI	РУССКИЙ ЯЗЫК
gãbalas	piece	morceau	Stück	kawał	кусок
gabalė̃lis, gabaliùkas	small piece	petit morceau	Stückchen	kawałek	кусочек
gabùmas	talent	talent	Begabung, Talent	zdolność	способность, талант
gabùs, -ì	talented	doué, -e	fähig, begabt, talentiert	zdolny, -a, -e	способный, -ая, -ое
gadìnti	damage, ruin, spoil	gâter	1. beschädigen 2. verderben	psuć, niszczyć	портить, повреждать
gaidỹs	cock (Brit.), rooster (Am.)	coq	Hahn	kogut	петух
gaĩla	it is a pity, too bad	c'est dommage	schade	żal, szkoda	жаль, жалко
gailestìs	pity, mercy, compassion	pitié	Mitleid	żal, litość	жалость
gailė́ti	1. feel sorry for, pity, mourn, regret 2. begrudge	1. avoir pitié 2. ne vouloir pas donner	1. bedauern, bemitleiden 2. scheuen	żałować, litować się	жалеть

gailėtis	be sorry, regret	regretter	bedauern	żałować, kajać się	сожалеть
gaisras	fire	incendie	Brand, Feuer	pożar	пожар
gaisrinė	fire station	administration publique des pompiers	Feuerwehr	remiza strażacka	пожарное депо
gaisrininkas, -ė	fireman	pompier	Feuerwehrmann	strażak	пожарник
gaivieji gėrimai	refreshments (non-alcoholic drinks)	rafraîchissants	Erfrischungsgetränke	napój chłodzący	прохладительные напитки
gal	maybe, perhaps	peut-être	vielleicht	może	может, может быть
galas	end	bout, fin	Ende, Schluss	koniec	конец
galbūt	maybe, perhaps	peut-être	vielleicht	być może	может быть
galèrija	gallery	galerie	Galerie	galeria	галерея
galėti	be able, can, may	pouvoir	können; dürfen	móc, potrafić	мочь
galimas, -à	possible	possible	möglich	możliwy, -a, -e	возможный, -ая, -ое
galininkas	accusative case	accusatif	Akkusativ	biernik	винительный падеж
galióti	be valid	être en vigueur, être valide	gelten	być ważnym	быть действительным, иметь силу
galūnė	1. limb 2. ending	1. membre 2. terminaison	1. Glied 2. Endung	1. końcyzna 2. końcówka	1. конечность 2. окончание
galva	head	tête	Kopf, Haupt	głowa	голова
galvóti	think	penser	denken	myśleć	думать, размышлять
gamyba	production (industrial)	production	Production, Herstellung	produkcja	производство
gamyklà	plant	usine	Werk, Betrieb	zakład, fabryka	завод
gaminỹs	product	produit	Produkt, Erzeugnis	wyrób	изделие
gaminti	make, produce	1. produire 2. cuisiner	1. herstellen, produzieren 2. zubereiten	1. produkować 2. przygotowywać	1. изготовлять, производить 2. готовить
gamtà	nature	nature	Natur	przyroda	природа
gamtinis, -ė	natural	naturel, -le	naturgemäß	przyrodniczy, -a, -e	природный, -ая, -ое
gamtóvaizdis	landscape	paysage	Landschaft	krajobraz	пейзаж
ganà	1. enough 2. fairly, quite, rather	assez	1. genug 2. ziemlich	dość, dosyć	довольно, достаточно, хватит
gañdras	stork	cigogne	Storch	bocian	аист
garántija	guarantee (n)	garantie	Garantie	gwarancja	гарантия

LIETUVIŲ KALBA	ENGLISH	FRANÇAIS	DEUTSCH	JĘZYK POLSKI	РУССКИЙ ЯЗЫК
garantúoti	guarantee (v)	garantir	garantieren	gwarantować	гарантировать
gãras	steam (n)	vapeur	Dampf	opary	пар
garãžas	garage	garage	Garage	garaż	гараж
garbė̃	honour	honneur	Ehre, Ruhm	honor	честь, почет
garbìngas, -a	honorable	respectable	ehrenhaft, ehrlich	zaszczytny, -a, -e	достойный, -ая, -ое; уважения; почстный, -ая, -ое
gar̃sas	sound (n)	son, ton	Laut, Ton	dźwięk	звук
garstýčios	mustard	moutarde	Senf	gorczyca, musztarda	горчица
garsùs, -ì	1. loud	1. sonore	1. laut	1. głośny, -a, -e	1. громкий, -ая, -ое
	2. famous	2. célèbre	2. berühmt	2. słynny, -a, -e	2. известный, -ая, -ое
garúoti	steam (v)	se vaporiser	dampfen	parować	испаряться
gąsdìnti	frighten	faire peur	schrecken, ängstigen	straszyć	пугать
gãtvė	street	rue	Straße	ulica	улица
gáudyti	catch	essayer de saisir; pêcher	fangen, haschen	łowić, łapać	ловить
gausùs, -ì	numerous	abondant, -e	zahlreich, reichlich	obfity, -a, -e	обильный, -ая, -ое
gáuti	get, receive	recevoir; obtenir; se procurer	bekommen, erhalten	dostać/dostawać; otrzymać/otrzymywać	получить/получать, доставать/доставать
gavė́jas, -a	recipient	destinataire	Empfänger, -in, Adressat, -in	odbiorca	получатель, -ница
gė́da	shame (n)	honte	Scham, Schande	wstyd	стыд, позор
gedė́ti	mourn	être en deuil	trauern	być w żałobie	скорбеть
gedulas	mourning	deuil	Trauer	żałoba	траур
gedulìngas, -a	funeral (adj), mournful	funèbre	trauervoll	żałobny, -a, -e	траурный, -ая, -ое
gegutė̃	cuckoo	coucou	Kuckuck	kukułka	кукушка
gegužė̃	May	mai	Mai	maj	май
gėlė̃	flower	fleur	Blume	kwiat	цветок
geležìnis, -ė̃	iron (adj)	de fer, en fer	eisern	żelazny, -a, -e	железный, -ая, -ое
geležìnkelis	railway	chemin de fer	Eisenbahn	kolej	железная дорога
geležìs	iron (n)	fer	Eisen	żelazo	железо
gėlýnas	flower garden	parterre	Blumenbeet	kwietnik	цветник
gėlinìnkas, -ė̃	florist	fleuriste	Blumenzüchter	kwiaciarz, -iarka	цветовод

geltónai	(in) yellow	en jaune	gelb	(na)żółto	в жёлтый цвет, в жёлтом
geltónas, -a	yellow	jaune	gelb	żółty, -a, -e; płowy, -a, -e	жёлтый, -ая, -ое
genỹs	woodpecker	pic	Specht	dzięcioł	дятел
geogrãfas, -ė	geographer	géographe	Geograf, -in	geograf	географ
geogrãfija	geography	géographie	Geografie, Erdkunde	geografia	география
geogrãfinis, -ė	geographic	géographique	geografisch	geograficzny, -a, -e	географический, -ая, -ое
gẽra	it is good	il fait bon	gut	dobrze	хорошо
geraĩ¹	well (adv)	bien	gut	dobrze	хорошо
geraĩ²	okay	bon, -ne	gut	dobrze	хорошо
gẽras, -à	good, kind	bon, -ne	gut	dobry, -a, -e	хороший, -ая, -ое
gerbiamas, -à	honourable	respecté, -e	geehrt, verehrt	szanowny, -a, -e	уважаемый, -ая, -ое
gerbti	respect (v)	respecter	achten, ehren	szanować	уважать, почитать
gerėti	get better	s'améliorer	sich verbessern, besser werden	poprawiać się	улучшаться
geriaũ	better (adv)	mieux	besser	lepiej	лучше
gėrimas	drink (n)	boisson	Getränk, Trunk, Trank	napój	напиток
gerinti	improve, make better	améliorer	verbessern	polepszać	улучшать
gerklė̃	throat	gorge	Kehle	gardło	горло
gerõkai	rather	assez	ziemlich	dość dobrze, znacznie	заметно
gérti	drink (v)	boire	trinken	pić	пить
gesìnti	extinguish, put out	éteindre	löschen	gasić	гасить, тушить
gèsti¹	go out (of a fire)	s'éteindre	erlöschen, ausgehen	gasnąć	гаснуть; глохнуть
gèsti²	decay, spoil	se gâter	faulen, verkommen, verderben	psuć się	портиться
gýdyti	cure, treat	soigner	heilen, behandeln	leczyć	лечить
gýdytis	undergo a cure/treatment	se soigner	sich behandeln (lassen)	leczyć się	лечиться
gýdytojas, -a	doctor	médecin	Arzt	lekarz, lekarka	врач
giedóti	sing (a hymn)	chanter	singen	śpiewać	петь
giedrà	nice weather	beau temps	heiteres Wetter	pogoda	ясная погода
giẽdras, -à	clear, nice	serein, -e	heiter, klar, hell	jasny, -a, -e; pogodny, -a, -e	ясный, -ая, -ое
giesmė̃	hymn	chant cantique	Gesang, Lied	pieśń; śpiew	песнопение, песнь

LIETUVIŲ KALBA	ENGLISH	FRANÇAIS	DEUTSCH	JĘZYK POLSKI	РУССКИЙ ЯЗЫК
gilė	acorn	gland	Eichel	żołądź	жёлудь
giliai	deeply	profondément	tief	głęboko	глубоко
gilùs, -ì	deep	profond, -e	tief	głęboki, -a, -e	глубокий, -ая, -ое
gimdýti	bear, give birth (people)	accoucher	gebären	rodzić	рожать
giminaĩtis, -ė	relative	parent (proche, éloigné)	der/die Verwandte	krewniak, -iaczka	родственник, -ница
giminė	1. family	1. famille	1. Verwandtschaft	1. rodzina; ród	1. род, родня
	2. relative	2. parent	2. der/die Verwandte	2. krewny, -a, -e	2. родственник 3. род
	3. gender	3. genre	3. Genus, Geschlecht	3. rodzaj	
giminiškas, -a	kindred, related	apparenté	verwandtschaftlich	pokrewny, -a, -e	родственный, -ая, -ое
gimtãdienis	birthday	anniversaire d'une naissance	Geburtstag	dzień urodzin	день рождения
gimtàsis, -óji	native	natal, -e	heimatlich	rodzinny, -a, -e	родной, -ая, -ое
gìmti	be born	naître	geboren werden	rodzić się, urodzić się	родиться
gimtinė	native place	pays natal	Heimat, Vaterland	ojczyzna	родина
gìnčas	quarrel (n)	dispute	Streit	spór	спор
ginčytis	argue, quarrel	se disputer	streiten, sich streiten	spierać się	спорить
gynyba	defence (Brit.), defense (Am.)	défence	Verteidigung	obrona	защита, оборона
gìnklas	weapon	arme	Waffe	broń	оружие
ginkluotas, -a	armed	armé, -e	bewaffnet	zbrojny, -a, -e	вооружённый, -ая, -ое
giñtaras	amber (n)	ambre jaune	Bernstein	bursztyn	янтарь
gintarìnis, -ė	amber (adj)	en ambre jaune	Bernstein-	bursztynowy, -a, -e	янтарный, -ая, -ое
giñti	defend	défendre	verteidigen, schützen	bronić	защищать
gintis	defend oneself	se défendre	sich wehren, sich verteidigen	bronić się	защищаться
girà	kvas (kind of sour drink)	kvas, boisson fermenté	Kwass	kwas chlebowy	квас, хлебный квас
girdėti	hear	entendre	hören, vernehmen	słyszeć, słychać	слышать
gìrtas, -à	drunk	ivre	betrunken, besoffen	pijany, -a, -e	пьяный, -ая, -ое
girtáuti	drink (as an alcoholic)	boire (boissons fortes)	trinken, saufen	oddawać się pijaństwu	выпивать
gìrti	compliment, praise (v)	louer, louanger	loben	chwalić	хвалить
gìrtis	boast (v)	se vanter	prahlen	chwalić się	хвастаться
girtuõklis, -ė	drunkard	ivrogne, -esse	Säufer, -in, Trinker, -in	pijak, -aczka	пьяница
gitarà	guitar	guitare	Gitarre	gitara	гитара

gýti	heal, recover	se cicatricer, guérir	heilen, genesen	goić się, zdrowieć	заживать, выздоравливать
gývas, -à	1. alive 2. lively	1. vivant, -e 2. vif, -ve	1. lebendig (er blieb am Leben) 2. lebhaft, munter, lebendig	1. żywy, -a, -e 2. ruchliwy, -a, -e	1. живой, -ая, -ое 2. бойкий, -ая, -ое; оживлённый, -ая, -ое
gyvãtė	snake	serpent	Schlange	żmija	змея
gyvẽnamasis, -oji	living (quarters)	habitable	bewohnt, bewohnbar	mieszkalny, -a, -e	жилой, -ая, -ое
gyvẽnimas	life	vie	Leben	życie	жизнь
gyvẽnti	live	1. vivre 2. habiter	1. leben 2. wohnen, leben	1. żyć 2. mieszkać	жить
gyvéntojas, -a	inhabitant, resident	habitant, -e	Bewohner, Einwohner	mieszkaniec, -nka	житель, -ница
gyvénvietė	settlement	habitation, cité	Siedlung	osiedle	посёлок, селение
gyvýbė	life	vie	Leben	życie, żywot	жизнь
gyvùlinis, -ė	animal (adj)	animal, -e	tierisch	zwierzęcy, -a, -e	животный, -ая, -ое
gyvulỹs	(domestic) animal	animal (domestique), bête	Vieh, Haustier	zwierzę	животное (домашнее)
gyvū́nas	animal	animal	Tier	żywe stworzenie	животное
gyvúoti	live	exister, vivre	sein, leben	żyć, istnieć	существовать
glãmžyti	crumple, wrinkle	froisser	knittern, knüllen	miąć	комкать, мять
glámžytis	be crumpled, wrinkled	se froisser	knittern	miąć się	мяться
glaũdės	swimming trunks	maillot de bain	Badehose	kąpielówki	плавки
globà	guardianship	tutelle	Vormundschaft	opieka	опека
globė́jas, -a	guardian	tuteur, -trice	Vormund	opiekun, -nka	опекун, -ша
globóti	be the guardian of	prendre soin	bevormunden	opiekować się	опекать
globótinis, -ė	ward (of a guardian)	protégé, -e	Mündel	podopieczny, -na	подопечный, -ая, -ое
gràfika	graphics	art graphique	Grafik	grafika	графика
gràfikas¹	schedule	graphique	Zeitplan	grafik, rozkład	график
gràfikas², -ė	graphic artist	dessinateur, -trice	Grafiker, -in	grafik, -iczka	график
grãmas	gram(me)	gramme	Gramm	gram	грамм
gramãtika	grammar	grammaire	Grammatik	gramatyka	грамматика
grandinė̃	chain	chaîne	Kette	łańcuch	цепь
grandinė̃lė	small chain	chaînette	Kette	łańcuszek	цепочка
grasìnti	threaten	menacer	drohen	grozić	угрожать
graũžti	gnaw	grignoter, ronger	nagen	gryźć, obgryzać	грызть

LIETUVIŲ KALBA	ENGLISH	FRANÇAIS	DEUTSCH	JĘZYK POLSKI	РУССКИЙ ЯЗЫК
grąžà	change (money)	reste, monnaie	Rest, Restgeld	reszta	сдача
gražėti	become / grow more beautiful	embellir	schöner werden	pięknieć	хорошеть
gražìnti	adorn, beautify	embellir	verschönern, verzieren	upiększać	украшать
grąžìnti	give back, return	rendre	zurückgeben	zwrócić	вернуть, возвратить
grąžtas	drill	foret	Bohrer	wiertło	сверло
gražùs, -ì	beautiful, handsome, nice	beau, belle; joli, -e	schön, hübsch	piękny, -a, -e; ładny, -a, -e	красивый, -ая, -ое
grėblỹs	rake (n)	râteau	Harke, Rachen	grabie	грабли
grėbti	rake (v)	râteler	harken, rachen	grabić (siano)	грести, грабить (сено)
greičiaũ	rather, sooner	plus vite, plutôt	schneller, rascher	szybciej, prędzej	быстрее, скорее
greičiáusiai	1. soonest, most quickly 2. probably	1. le plus vite 2. sûrement, probablement	1. am ehesten, am schnellsten 2. höchstwahrscheinlich	prawdopodobnie, zapewne	1. быстрее всех 2. скорее всего, вероятно
greĩt(ai)	1. soon 2., 3. fast, quickly	1. bientôt 2. rapidement 3. vite	1. bald, gleich, sofort 2., 3. schnell	szybko, prędko	1. скоро 2.., 3. быстро
greĩtas, -à	fast, quick	rapide	schnell, rasch, eilig, flink, hastig	szybki, -a, -ie; prędki, -a, -ie	скорый, -ая, -ое; быстрый, -ая, -ое
greitàsis traukinỹs	express train	train rapide	Schnellzug	pociąg pośpieszny	скорый поезд
greitóji pagálba	first aid	premiers secours	Erste Hilfe	pogotowie ratunkowe	скорая помощь
greĩtis	speed	vitesse	Schnelligkeit, Geschwindigkeit	szybkość	скорость
greĩtkelis	highway, motorway	autoroute	Autobahn	autostrada	автострада
grę̃žti	drill (v)	percer, vriller	bohren	wiercić	сверлить
griaũsti	thunder (v)	tonner	donnern	grzmieć	греметь
griaustìnis	thunder (n)	tonnerre	Donner	grzmot	гром
griáuti	1. knock down 2. tear down	1. renverser 2. détruire	1. umwerfen 2. abreißen; zerstören, vernichten	burzyć	1. валить 2. разрушать
grỹbas	mushroom	champignon	Pilz	grzyb	гриб
grybáuti	gather mushrooms	ramasser des champignons	Pilze sammeln	zbierać grzyby	собирать грибы
griẽbti	grab, seize	saisir	greifen, ergreifen, fassen	chwytać	хватать, схватить

grietinė	sour cream	crème aigre	saure Sahne	сметана
grietinėlė	cream	crème fraîche	süße Sahne	сливки
griežinėlis	round slice	rouelle, lèche	Rolle	ломтик
griežtai	1., 2. strictly 3. severely	sévèrement, catégoriquement	streng	строго, сурово
griežtas, -à	1., 2. strict 3. severe	sévère; rigoureux, -euse; catégorique	streng; hart	строгий, -ая, -ое; суровый, -ая, -ое
grìkis	buckwheat (plant or one grain) (n)	sarrasin	Buchweizen	гречиха
grìkinis, -ė	buckwheat (adj)	de sarrasin	Buchweizen-	гречневый, -ая, -ое; гречишный, -ая, -ое
grim̃zti	sink (v)	s'enfoncer	sinken	тонуть
grýnas, -à	1. pure 2. fresh (air)	pur, -e; fin, -e	rein	чистый, -ая, -ое
griñdys	floor	plancher	Fußboden	пол
grynieji (pinigaī)	cash	argent comptant	bares Geld	наличные (деньги)
gripas	influenza	grippe	Grippe	грипп
griūti	1. fall down, collapse 2. be in a state of ruin	1. tomber 2. crouler	1. fallen, stürzen 2. verfallen	1. падать 2. рушиться
griuvėsiai	ruins	ruines	Trümmer, Ruine	развалины
grį̃žti	go back, return	rentrer	zurückkehren	вернуться
gróti	play (a musical instrument)	jouer, musiquer	spielen	играть (на музыкальных инструментах)
grotùvas	(record, etc.) player	tourne-disques	CD-Player, Recorder, Plattenspieler	проигрыватель
grožė́tis	admire	admirer	bewundern	любоваться
grožinė literatūrà	fiction	belles lettres	schöne Literatur	художественная литература
grõžis	beauty	beauté	Schönheit	красота
grubùs, -ì	coarse, rough	rude; raboteux, -euse	grob	грубый, -ая, -ое
grū́das	(one) grain	grain	Korn	зерно
grúodis	December	décembre	Dezember	декабрь
grùpė	group	groupe	Gruppe	группа
gudrùs, -ì	1. clever 2. cunning, sly	ingénieux, -euse; rusé, e	1. klug 2. schlau	1. умный, -ая, -ое 2. хитрый, -ая, -ое

LIETUVIŲ KALBA	ENGLISH	FRANÇAIS	DEUTSCH	JĘZYK POLSKI	РУССКИЙ ЯЗЫК
gulbė	swan	cygne	Schwan	łabędź	лебедь
gulbinas	cob (male swan)	cygne (mâle)	Schwan	łabędź (samiec)	лебедь
gulbiukas	cygnet	petit cygne	Schwanküken	mały łabędź	лебедёнок
guldyti	lay down, put to bed, put up for the night	coucher	legen	kłaść, układać	класть, укладывать
gulėti	lie	être couché, -e	liegen	leżeć	лежать
gulti	1. lie down	se coucher	1. sich legen	1. kłaść się	лечь/ложиться
	2. go to bed		2. schlafen gehen	2. położyć się	
gultis	1. lie down	se coucher	1. sich legen	1. kłaść się	лечь/ложиться
	2. go to bed		2. schlafen gehen	2. położyć się	
gumà	rubber (n)	caoutchouc	Gummi	guma	резина
gumėlė	elastic/rubber band	bracelet élastique en caoutchouc	Gummiringband aus Gummi	gumka	резинка
guminis, -ė	rubber (adj)			gumowy, -a, -e	резиновый, -ая, -ое
gūsis	blast, gust	bouffée	Windstoß	poryw	порыв
gvazdikas	carnation	œillet	Nelke	goździk	гвоздика

H

LIETUVIŲ KALBA	ENGLISH	FRANÇAIS	DEUTSCH	JĘZYK POLSKI	РУССКИЙ ЯЗЫК
hèrbas	coat of arms, state seal	armoiries	Wappen	herb	герб
himnas	national anthem	hymne	Hymne	hymn	гимн

I, Į, Y

LIETUVIŲ KALBA	ENGLISH	FRANÇAIS	DEUTSCH	JĘZYK POLSKI	РУССКИЙ ЯЗЫК
į	in, into, to, at	à, dans, en	in; zu; nach; auf; an	do, na, w	в, к(ко), на, по, об, о
įbeřti	pour in, sprinkle in	verser	einschütten	wsypać/wsypywać	насыпать
ýda	vice, defect, fault	défaut	Laster	wada	недостаток, порок
įdaras	filling	farce (de nourriture)	Füllung	nadzienie	начинка

įdègti	get a suntan	être hâlé, -e	braun werden	загореть
įdė́ti	put in	mêttre, introduire	1. hineinlegen 2. einschütten; legen	положить
įdomùs, -ì	interesting	intéressant, -e	interessant	интересный, -ая, -ое
įeĩti	enter, come/go in	entrer	eintreten, hineingehen	войти/входить
įė́jimas	entrance, way in	entrée	Eingang	вход
ieškóti	look for, search for	chercher	suchen	искать, разыскивать
įgaliójimas	letter of attorney	procuration	Bevollmächtigung, Vollmacht	доверенность
įgélti	bite, sting (v)	piquer	stechen	ужалить
įgim̃tas, -à	inborn, congenital	congénital, -e	angeboren	врождённый, -ая, -ое
įgýtas, -à	acquired	acquis, -e	erworben, gewonnen	приобретённый, -ая, -ое
įgýti	acquire, gain	acquérir, contracter	erwerben, gewinnen	приобрести
įgrū́sti	shove in, thrust in	fourrer	einstopfen, einstecken	запихнуть, втолкнуть
įgūdis	skill	acquis	Fertigkeit	навык
įjùngti	switch on, turn on	embrayer, brancher	einschalten	включить
įkálti	hammer in	enfoncer	einschlagen, einhämmern	вбить
įkaltis	a piece of evidence	indice	Beweis, Indiz	улика
įką́sti	bite (v)	mordre	beißen	укусить
įkeĩsti	mortgage, pawn (v)	engager	eintauschen	заложить
įkélti	put in (by lifting)	faire monter	heben	поднять и положить выше
iki¹	as far as, till, until, up to	jusque	bis	до
iki²	bye	à bientôt	bis bald, bis nachher	пока
iki pasimãtymo	goodbye	à bientôt	auf Wiedersehen	до свидания
įkyrė́ti	annoy	importuner, ennuyer	überdrüssig werden	надоесть
įkìšti	stick in	fourrer	einstecken	всунуть, засунуть
ìkrai	caviar	caviar	Kaviar	икра
ìkras	roe (fish egg)	œuf de poisson	Laich	икра, икринка
įkrìsti	fall into	tomber (dedans)	fallen, hineinfallen	упасть
įkùrti	found, establish	fonder	gründen, begründen	основать
įkvė̃pti	breathe in, inhale	aspirer	einatmen	вдохнуть
ýla	awl	poinçon	Ahle	шило

LIETUVIŲ KALBA	ENGLISH	FRANÇAIS	DEUTSCH	JĘZYK POLSKI	РУССКИЙ ЯЗЫК
įlaipinti	cause to board	faire monter	einsteigen lassen	wsadzić/wsadzać	посадить (на автобус и т.п.)
įleisti	let in	laisser entrer	einlassen	wpuścić/wpuszczać	впустить
ilgai	long (adv)	longtemps	lange	długo	долго
ilgas, -à	long (adj)	long-, -ue	lang	długi, -a, -ie	1. длинный, -ая, -ое 2. долгий, -ая, -ое
ilgàsis balsis	long vowel (sound)	voyelle longue	Langvokal	długa samogłoska	долгий гласный
ilgėti	lengthen, get longer	s'allonger	länger werden	wydłużać się	становиться длиннее, удлиняться
ilgėtis	long for, miss	languir	sich sehnen	tęsknić	тосковать
ilginti	lengthen, make longer	allonger	verlängern, länger machen	przedłużać	удлинять/удлинить
ilgis	length	longueur	Länge	długość	длина
įlipti	climb in; get on	monter	1. hochklettern 2. einsteigen	1. wspiąć się/wspinać się 2. wejść/wchodzić	влезть, влезать, подняться/подниматься
iliustrãcija	illustration	illustration	Illustration	ilustracja	иллюстрация
iliustrúoti	illustrate	illustrer	illustrieren, bebildern	ilustrować	иллюстрировать
ilsėtis	rest (v)	se reposer	ausruhen, sich erholen	odpoczywać	отдыхать
įmèsti	throw in(to)	jeter	hineinwerfen, einwerfen	wrzucić/wrzucać	1. бросить, кинуть 2. опустить
įmoka	installment payment	payement	Einzahlung	wpłata, składka	взнос
įmonė	enterprise	entreprise	Betrieb, Unternehmen	zakład	предприятие
im̃ti	take; get; begin	prendre; avoir; se mettre à faire	nehmen	brać, wziąć	1. брать 2. взять 3. начать/начинать
įmùšti į var̃tį	score a goal	marquer un but	ein Tor schießen	wbić gola	забить гол
įnagininkas	instrumental case	instrumental	Instrumental	narzędnik	творительный падеж
indãplovė	dishwasher	lave-vaisselle	Geschirrspülmaschine	zmywarka do naczyń	посудомоечная машина
iñdas	dish	récipient	Geschirr, Gefäß	naczynie	посуда
iñdeksas	index	index	Index	indeks	индекс
indėliniñkas, -ė	depositor	déposant, -e	Einleger	właściciel, -lka (wkładu)	вкладчик, -чица
indėlis	small jar	petit récipient	kleiner Behälter aus Glas/Plastik	naczyńko	ёмкость небольшого объёма
indėlis	deposit	dépôt	Einlage	wkład	вклад
induizmas	Hinduism	hindouisme	Induismus	hinduizm	индуизм
informãcija	information	information	Auskunft, Information	informacja	информация

informācinis, -ė	information (adj), reference (adj)	d'information	Informations-	informacyjny, -a, -e	информационный, -ая, -ое
informúoti	inform	informer	benachrichtigen, informieren	informować	информировать
inkstai	kidneys	reins	Nieren	nerki	почки
institùtas	institute	institut	Institut	instytut	институт
instrùkcija	instruction	instructions	Anleitung, Instruktion	instrukcja	инструкция
instrumeñtas	instrument	instrument	Werkzeug	instrument	инструмент
invãlidas, -ė	disabled person	invalide	der/die Behinderte	inwalida, -dka	инвалид
invalidumo peñsija	disability pension	pension d'invalidité	Behindertenrente	renta inwalidzka	пенсия по инвалидности
inžiniẽrius, -ė	engineer	ingénieur	Ingenieur, -in	inżynier	инженер
ýpač	especially, particularly	surtout	besonders, vor allem	szczególnie; zwłaszcza	особенно
ypatýbė	quality, characteristic	particularité	Besonderheit, Eigenschaft	właściwość, cecha	особенность
ypatingas, -a	especial, particular	particulier, -ère	besonder-, eigenartig	szczególny, -a, -e	особенный, -ая, -ое
įpìlti	pour in	verser	eingießen, einschenken	nalać	налить
įprastas, -à	usua.	habituel, -le	gewöhnlich, üblich	zwykły, -a, -e	обычный, -ая, -ое
įprotis	habit	habitude	Gewohnheit	zwyczaj	привычка
ir¹	and	et	und	i, oraz	и
ir²	also, as well, too	aussi	auch	i, też	и, тоже, также
įrankis	tool	instrument	Werkzeug	narzędzie	инструмент; столовый прибор
įrašas	record (n)	inscription; enregistrement	1. Notiz, Eintragung 2. Aufnahme	1. wpis 2. nagranie	запись
įrašýti	1. enter (by writing) 2. record (v)	1. inscrire 2. enregistrer	1. einschreiben, eintragen 2. aufnehmen	1. wpisać 2. nagrać	1. вписать, записать 2. записать
įregistrúoti	regis:er	enregistrer	anmelden, eintragen	zarejestrować	зарегистрировать
įrengimai	equipment, machinery	équipement	Einrichtung, Ausrüstung	urządzenie	оборудование
įreñgti	equip, install	aménager	einrichten, ausrüsten	urządzić	оборудовать, обустроить
įgi	also, as well, too	aussi, de même	auch, ebenso, ebenfalls	też, także, również	тоже, также
ìrklas	oar, paddle (n)	rame	Ruder	wiosło	весло
irklúoti	row, paddle (v)	ramer	rudern	wiosłować	грести

LIETUVIŲ KALBA	ENGLISH	FRANÇAIS	DEUTSCH	JĘZYK POLSKI	РУССКИЙ ЯЗЫК
irkluotojas, -a	oarsman, rower, paddler	rameur, -euse	Ruderer, -in	wioślarz, -arka	гребец
įrodymas	proof	preuve	Beweis	dowód	доказательство
įrodyti	prove	prouver	beweisen	udowodnić/udowadniać	доказать
įsakymas	order (n)	ordre	Befehl	rozkaz	приказ
įsakyti	order (v)	commander	befehlen	rozkazać	приказать
įsidėti	put in (for oneself)	mètre (dans)	(hinein)legen; (hin)einstecken	włożyć	положить (себе)
įsidurti	prick oneself	se piquer	sich (D) einstechen	uktuć się	уколоться
įsigyti	acquire, gain	acquérir	erwerben	nabyć	(при)обрести
įsijungti	turn on, switch on (for oneself)	brancher; mettre en marche; s'embrancher	(sich) einschalten	włączyć się / włączać się	включить(ся)
įsikišti	1. put in, stick in (for oneself) 2. interfere	1. se mettre, fourrer 2. se mêler	1. einstecken 2. sich einmischen	1. wsunąć sobie 2. wmieszać się	1. всунуть 2. вмешаться
įsilaužti	break in, burglarize	cambrioler	einbrechen	włamać się	вломиться
įsimylėti	fall in love	s'éprendre, tomber amoureux, -euse	sich verlieben	zakochać się	влюбиться
įsipilti	pour in (for oneself)	se verser	sich (D) einschenken	nalać/nalewać sobie	налить (себе)
įsipjauti	cut oneself, (one's finger, etc.)	se couper	sich (D) schneiden	zaciąć się	порезаться
įsivaizduoti	imagine	imaginer	sich (D) vorstellen	wyobrazić/wyobrażać sobie	представить/представлять себе
įsižeisti	take offence	se vexer	sich beleidigt fühlen	obrazić się	обидеться
įskaita	course credit	colloque	Vorprüfung	zaliczenie	зачёт
islāmas	Islam	islam	Islam	islam	ислам
įspėti	warn	avertir, mettre en garde	warnen	ostrzec	предупредить/предупреждать
įspūdingas, -a	impressive	imposant, -e	eindrucksvoll	imponujący, -a, -e	впечатляющий, -ая, -ое
įspūdis	impression	impression	Eindruck	wrażenie	впечатление
įstaiga	institution, office	institution, bureau	Anstalt, Behörde	urząd	учреждение
įstatymas	law	loi	Gesetz	prawo, ustawa	закон
istorija	history	histoire	Geschichte	historia	история

istorikas, -ė	historian	historien, -ne	Geschichtsforscher, -in	historyk, -yczka	историк
istorinis, -ė	historic(al)	historique	historisch	historyczny, -a, -e	исторический, -ая, -ое
įstoti	enter, join	entrer, adhérer	beitreten, eintreten	wstąpić	вступить, поступить
įsukti	screw in	visser	einschrauben	wkręcić	вкрутить
iš	from, out of, of, by	de	aus; von; vor; in; durch	z, ze	из, с (со), от
išalkti	get hungry	avoir faim	hungrig werden	zgłodnieć	проголодаться
iš anksto	in advance	d'avance	im voraus	zawczasu, z góry	заранее
išauga	growth	excroissance	(harter) Auswuchs	narośl	вырост
išaušti	dawn (v)	faire grand jour	dämmern	rozwidnić się (rozwidniać się)	рассвести
išberti	pour out	verser	schütten	rozsypać / razsypywać	высыпать
išdavikas, -ė	traitor	traître, -esse	Verräter, -in	zdrajca, zdrajczyni	предатель, -ница
išdėstyti	1. arrange 2. teach, instruct 3. state	exposer; résumer	1. auslegen 2. erklären 3. darlegen	wyłożyć / wykładać	1. разложить, выложить 2., 3. изложить
išdygti	sprout, germinate	pousser	Keime treiben	wyrosnąć / wyrastać	прорасти, пустить ростки
išduoti	1. betray 2. tell (a secret) 3. give	trahir; délivrer	1., 2. verraten 3. ausgeben, ausstellen	zdradzić / zdradzać; wydać / wydawać	1. предать 2., 3. выдать/выдавать
išdžiūti	get dry, dry up	se dessécher	austrocknen	wyschnąć	высохнуть
iš eilės	in order, in turn	à tour de rôle; de suite	1. der Reihe nach 2. ununterbrochen	po kolei	по очереди
išeiti	go out, leave	sortir; quitter; finir	hinausgehen, weggehen	wyjść / wychodzić; przerobić / przerabiać	1. выйти/выходить 2. уйти 3. пройти (окончить/изучать)
išeivija	diaspora, emigration	les émigrés	Emigration	emigracja	эмиграция
išeivis, -ė	emigrant	émigré, -e	Emigrant, -in, Auswanderer, -in	emigrant, -tka	эмигрант
išėjimas	exit (n), way out	sortie	Ausgang	wyjście	выход
išgalvotas, -a	fictional, imaginary	inventé, -e	erfunden	wymyślowy, -a, -e	вымышленный, -ая, -ое; выдуманный, -ая, -ое
išgąsdinti	frighten, scare	faire peur	erschrecken	wystraszyć	испугать, напугать
išgelbėti	save	sauver	retten	uratować	спасти
išgerti	drink (v)	boire	(aus)trinken	wypić	выпить
išgirsti	hear	entendre	hören, vernehmen	usłyszeć	услышать

LIETUVIŲ KALBA	ENGLISH	FRANÇAIS	DEUTSCH	JĘZYK POLSKI	РУССКИЙ ЯЗЫК
išgręžti	drill (v)	percer	(aus)bohren	wywiercić	высверлить
išilgaĩ	along	en longueur	längs, entlang	podłużnie	вдоль
išimti	take out	tirer	herausnehmen	wyjąć/wyjmować	вынуть
išjungti	turn/switch off	debrancher, éteindre	ausschalten	wyłączyć/wyłączać	выключить
iškaba	sign(board)	enseigne	Schild	szyld	вывеска
iš kar̃to	right away	tout d'un coup	sofort, gleich	od razu	сразу
iškàsti	dig out	creuser	ausgraben	wykopać	выкопать
iškélti	1. take out (by lifting) 2. raise	lever; prendre; soulever	1. heben 2. anschneiden, aufwerfen, anregen (Frage, Problem)	1. podnieść/podnosić 2. podnieść (kwestię)	1. поднять, достать 2. поднять (вопрос)
iškèpti	bake, cook, fry, roast	faire rotir	backen; (aus)braten	upiec/piec; upiec się/piec się	1. испечь 2. испечься
iškyla	picnic (n)	pique-nique	Ausflug, Picknick	wycieczka	пикник
iškylauti	picnic (v)	pique-niquer	Ausflug machen	być na wycieczce	быть на пикнике
iškilmės	celebration	célébration	Feier, Feierlichkeiten	uroczystości	торжество
iškilmìngas, -a	ceremonial, solemn	solennel, -le	feierlich, festlich	uroczysty, -a, -e	торжественный, -ая, -ое
iškristi	fall out	tomber	herausfallen	wypaść	выпасть
iškvė̃pti	breathe out, exhale	expirer	ausatmen, aushauchen	wydychać	выдохнуть
išlaidos	expenses	dépenses, frais	Ausgaben Aufwand	wydatki	расходы, затраты
išlaikýti	1. pass 2. keep, preserve	1. passer (examen) 2. maintenir	1. bestehen, ablegen 2. halten	1. zdać/zdawać (egzamin) 2. utrzymać	1. сдать (экзамен) 2. сохранить/сохранять
išlaipinti	cause to disembark, drop off	débarquer	aussteigen lassen	wysadzić/wysadzać	высадить
išléisti	1. spend 2. publish 3. see off 4. let out	dépenser; publier; laisser	1. ausgeben 2. herausgeben 3. begleiten 4. hinauslassen	1. roztrwonić; 2. wydać/wydawać; 3. wypuścić	1. потратить, истратить 2. выпустить, издать 3. проводить 4. спустить (воду)
išlýginti	iron (v)	repasser	bügeln	wyprasować	выгладить
išlìkti	remain, survive	rester; se conserver	erhalten bleiben, bleiben	zachować się/zachowywać się; pozostać/pozostawać	остаться, сохраниться

išlipti	climb out, get out	descendre	aussteigen	1. wyleźć/wyłazić się 2. wysiąść/wysiadać	1. вылезти, слезть 2. выйти
išmalda	alms	aumône	Almosen	jałmużna	милостыня
išmèsti	throw out	jeter; lancer; exclure	1. hinauswerfen 2. entlassen, feuern	wyrzucić/wyrzucać	1. выбросить, выкинуть 2. выгнать
išmintingas, -a	wise	sage	vernünftig, weise	mądry, -a, -e	мудрый, -ая, -ое
išmintis	wisdom	sagesse	Weisheit	mądrość	мудрость
išmókti	learn	apprendre	erlernen, lernen	wyuczyć się	выучить(ся), научиться
iš naũjo	anew	de nouveau	neu	na nowo	снова, заново
išnèšti	carry out	emporter	heraustragen	wynieść	вынести
išnỹkti	disappear	disparaître	verschwinden	zniknąć	исчезнуть
išorė̃	exterior, outside	extérieur	Äußeres	zewnętrzna strona	внешний вид, внешняя сторона, внешность, наружность
išpìlti	1. pour out 2. spill	verser; répandre	1. ausgießen 2. verschütten	wylać/wylewać	вылить/выливать, пролить/проливать
išplaũkti	depart (by ship)	partir (en bateau)	fahren (mit Schiff)	wypłynąć	выплыть/выплывать, отплыть/отплывать, уплыть/уплывать
išpláuti	wash (dishes, floor)	laver	waschen	wyprać	вымыть
išplė́šti	tear out	arracher	ausreißen	wyrwać	вырвать
išpur̃vinti	make dirty	salir	beschmutzen	zabłocić/błocić	испачкать
išradìmas	invention	invention	Erfindung	wynalazek	изобретение
išràsti	invent	inventer	erfinden	wynaleźć	изобрести/изобретать
išrašas	excerpt	extrait	Auszug	wypis	выписка
išrašýti	1. write out, fill out 2. prescribe	faire un extrait	1. ausfüllen; ausschreiben 2. verschreiben	wypisać/wypisywać	выписать
išráuti	pull out (by the roots)	déraciner	reißen	wyrwać/wyrywać	вырвать
išréikšti	express (v)	exprimer	ausdrücken, äußern	wyrazić/wyrażać	выразить
išriñkti	1. select, pick out 2. elect	1. choisir 2. élire	1. aussuchen 2. wählen	wybrać/wybierać	1. выбрать 2. избрать
išsigą̃sti	be frightened	avoir peur	erschrecken	wystraszyć się	испугаться
išsiim̃ti	take out (something of one's own, for oneself)	tirer	herausnehmen	wyjąć/wyjmować (sobie)	вынуть

LIETUVIŲ KALBA	ENGLISH	FRANÇAIS	DEUTSCH	JĘZYK POLSKI	РУССКИЙ ЯЗЫК
išsijungti	turn off, switch off	se débrayer; se débrancher	sich ausschalten	wyłączyć się/wyłączać się	выключить(ся)
išsikelti	move (change residence)	déménager	umziehen, übersiedeln	przenieść się/przenosić się	выселиться/выселяться, переселиться/переселяться, переехать/переезжать
išsikepti	cook, bake	faire rotir	backen; braten	upiec (sobie)	испечь (себе, самому)
išsilavinimas	education	instruction	Ausbildung	wykształcenie	образование
išsimiegoti	get enough sleep	dormir assez	ausschlafen	wyspać się	выспаться
išsinešti	carry out	emporter avec soi	heraustragen	wynieść/wynosić (sobie)	вынести (самому), уносить (с собой)
išsiplauti	wash	se laver	waschen	umyć (sobie)	вымыть (для себя)
išsipurvinti	make o.s. dirty	se salir	sich beschmutzen	zabłocić się	выпачкаться, испачкаться
išsirinkti	choose	se choisir	aussuchen, auswählen	wybrać/wybierać (sobie)	выбрать (себе, самому)
išsiskalbti	wash, launder (for oneself)	se laver	waschen	wyprać/wypierać (sobie)	выстирать (себе, самому)
išsiskyręs, -usi	divorced	divorcé, -e	geschieden	rozwiedziony, -na	разведённый, -ая
išsiskirti	1. stand out, be distinguished 2. divorce, separate	1. se distinguer 2. divorcer	1. sich unterscheiden 2. sich scheiden lassen	1. wyróżnić się/wyróżniać się 2. rozwieść się/rozwodzić się	1. выделиться/выделяться 2. развестись, разойтись
išsiskleisti	open (v)	1. s'ouvrir, s'épanouir 2. ouvrir (le parapluie)	1. aufblühen 2. sich öffnen	1. rozkwitnąć 2. otworzyć (parasol)	раскрыться/раскрываться
išsitepti	make o.s. dirty	se salir	schmutzig werden, sich beschmutzen, sich beschmieren	wymazać się/wymazywać się	вымазаться, выпачкаться
išsitiesti	stretch (o.s.) out	se redresser; s'étendre	sich aufrichten, sich ausstrecken	wyprostować się/wyprostowywać się	выпрямиться
išsituokti	divorce (v)	divorcer	sich scheiden lassen	rozwieść się/rozwodzić się	развестись
išsiųsti	mail (v)	envoyer	absenden	wysłać/wysyłać	выслать, отправить
išsivalyti	clean, brush (one's teeth)	nettoyer, se brosser	reinigen, säubern	wyczyścić (sobie)	почистить (себе)

išsivèžti	take away, remove (for oneself) (by car, truck, etc.)	emmener avec soi	hinausfahren, fortschaffen	wywieźć/wywozić (ze sobą)	вывезти/вывозить (с собой)
issivirti	cook for o.s.	se préparer un plat	sich (D) kochen	ugotować/gotować (sobie)	сварить (себе)
išsižióti	open one's mouth	ouvrir la bouche	den Mund aufmachen/öffnen	rozdziawić	раскрыть рот
išskaičiuoti	deduct	calculer	abrechnen, abziehen	sie/rozdziawiać się wyliczyć/wyliczać	высчитать/высчитывать
išskalbti	wash, launder	laver	waschen	wyprać/wypierać	постирать, выстирать
isskirti	1. single out 2. divorce (v)	1. distinguer 2. séparer	1. bevorzugen, aussondern 2. scheiden, trennen	1. rozróżnić/rozróżniać 2. rozwieść/rozwodzić	1. выделить 2. развести
išskýrus	except	excepté, sauf	außer	wyłącznie	кроме
išskleisti (skėti)	open (an umbrella)	ouvrir (le parapluie)	öffnen, aufspannen	otworzyć (parasol)	раскрыть (зонтик)
išskristi	depart (by airplane)	s'envoler; partir en avion	abfliegen	wylecieć/wylatywać	вылететь, улететь
išspáusdinti	print (v)	imprimer	1. drucken 2. veröffentlichen	wydrukować	1. напечатать 2. опубликовать
išspjauti	spit out	cracher	ausspucken	wypluć	выплюнуть
issúkti	unscrew	dévisser	ausschrauben	wykręcić	вывернуть
ištárti	pronounce	prononcer	aussprechen	wymówić	произнести
ištekėjusi	married (of a woman)	mariée	verheiratet	zamężna	замужняя
ištekėti	1. drain away 2. marry (of a woman)	1. s'écouler 2. se marier	1. ausfließen 2. heiraten	1. wyciec 2. wyjść za mąż	1. вытечь 2. выйти замуж
ištepti	make dirty, smear	salir	schmutzig machen, beflecken	wymazać/wymazywać	выпачкать
ištesėti pāžadą	keep a promise	tenir sa promesse	Versprechen halten	dotrzymać obietnicy	сдержать обещание
ištiesti	stretch out, extend	étendre	ausbreiten, ausstrecken	wyciągnąć/wyciągać	выпрямить/выпрямлять, расправить/расправлять
iš tiesų	really, indeed	en effet, vraiment	wirklich	naprawdę	действительно
ištikimas, -à	faithful	difèle	treu	wierny, -a, -e	верный, -ая, -ое; преданный, -ая, -ое
iš tikrųjų	really	en vérité	in der Tat, wirklich	faktycznie, rzeczywiście	на самом деле
ištinti	swell	être enflé, -e	schwellen	spuchnąć	распухнуть, опухнуть
ištisinis, -ė	continuous, unbroken	total, -e	ganz	zwarty, -a, -e	непрерывный, -ая, -ое
ištrauka	excerpt	extrait, fragment	Auszug	urywek	отрывок

LIETUVIŲ KALBA	ENGLISH	FRANÇAIS	DEUTSCH	JĘZYK POLSKI	РУССКИЙ ЯЗЫК
ištraukti	pull out	tirer	ausziehen	wyciągnąć/wyciągać	вытащить/вытаскивать
ištuoka	divorce (n)	divorce	Ehescheidung	rozwód	развод
ištuõkti	divorce (v)	annuler le mariage	trennen, die Ehe scheiden	rozwieść/rozwodzić, udzielić rozwodu	развести
išvada	conclusion	conclusion	Schlussfolgerung	wniosek	вывод
išvaizda	appearance	apparence	Aussehen	wygląd	внешность, наружность
išvalýti	clean (v)	nettoyer, brosser	reinigen, säubern, putzen	wyczyścić/wyczyszczać	почистить, вычистить
išvar̃dyti	name (v)	énumérer	aufzählen, nennen	wymienić/wymieniać	перечислить, назвать
išvažiuoti	leave (by car, bus, etc.)	partir, quitter	abfahren, abreisen	wyjechać/wyjeżdżać	1. выехать 2. уехать
išvéngti	avoid	éviter	ausweichen, entgehen, vermeiden	uniknąć/unikać	избежать
išver̃sti	translate	traduire	übersetzen, übertragen	przetłumaczyć	перевести
išvèžti	take away, remove (by car, etc.); export	emmener	ausführen, ausfahren	wywieźć/wywozić	вывезти
išvyka	excursion, outing	excursion	Ausflug, Exkursion	wycieczka	экскурсия, поездка
išvỹkti	depart, leave	partir, quitter	abreisen	odjechać, odjeżdżać	уехать/уезжать, отправиться/отправляться
išvirkščias, -ià	inside out	à l'envers	verkehrt	wywrócony na lewą stronę	вывернутый наизнанку
išvìrti	cook (v)	faire cuire	kochen	ugotować (się)	сварить(ся)
iš viso	total, in all	en général	ganz, insgesamt	zupełnie	всего
iššiõti	open (one's mouth)	ouvrir (la bouche)	den Mund aufmachen/öffnen	rozdziawiać	открыть рот
įtaisas	device, gear	mécanisme, dispositif	Gerät	urządzenie	устройство, приспособление
įtaka	influence (n)	influence	Einfluss, Einwirkung	wpływ	влияние
įtariamàsis, -óji	suspect (n)	soupçonné, -e	der/die Verdächtige	podejrzany, -a, -e	подозреваемый, -ая, -ое
įtarimas	suspicion	soupçon	Verdacht	podejrzenie	подозрение
įtar̃ti	suspect (v)	soupçonner	verdächtigen	podejrzewać	подозревать
įtartinas, -à	suspicious	suspect, -e	verdächtig	podejrzany, -a, -e	подозрительный, -ая, -ое
įtėviai	foster parents	parents adoptifs	Adoptiveltern	przybrani rodzice	приёмные родители

įtráukti	1. include 2. draw in, pull in	1. inscrire 2. humer	1. hineinziehen, eintragen 2. einatmen	wciągnąć / wciągać	1. включить, внести 2. вдохнуть
įvadas	introduction	introduction	Einleitung	wprowadzenie, wstęp	введение
įvaikinti	adopt	adopter	adoptieren	adoptować	усыновить, удочерить
įvaikis	adopted child	adopté	Adoptivkind	przybrane dziecko	приёмный ребёнок
įvairùs, -ì	various, different	divers, -e; variés, -e	verschieden, mannigfaltig	różny, -a, -e	разнообразный, -ая, -ое; разный, -ая, -ое
įvardis	pronoun	pronom	Pronomen, Fürwort	zaimek	местоимение
įvardžiúotinis, -ė	pronominal	pronominal, -e	pronominal	zaimkowy, -a, -e	местоименный, -ая, -ое
įvartis	goal	but	Tor (schuss)	gol, bramka	гол
įvažiúoti	drive in	entrer	einfahren	wjechać / wjeżdżać	въехать
įvèžti	bring in (by car, etc.); import	importer	einfahren, importieren, einführen	wwieźć / wwozić	ввезти
įvýkdyti	carry out, accomplish, fulfil, execute	executer, accomplir	durchführen, ausführen, erfüllen, vollziehen	wykonać, wykonywać	выполнить
įvykis	event	événement	Ereignis	wypadek, wydarzenie	событие, происшествие
įvýkti	happen, occur, take place	se passer, arriver; avoir lieu	1. passieren, geschehen 2. stattfinden	1. wydarzyć się 2. odbyć się / odbywać się	произойти, состояться
įžeisti	insult, offend	offenser	beleidigen, kränken	obrazić / obrażać	оскорбить
įžymýbė	celebrity; point of interest	célébrité	Sehenswürdigkeit (Gegenstand); Berühmtheit (Mensch)	znakomitość	знаменитость; достопримечательность
įžymùs, -ì	famous, notable	célèbre	berühmt, bedeutend, hervorragend	słynny, -a, -e; wybitny, -a, -e	знаменитый, -ая, -ое; известный, -ая, -ое
įžūlùs, -ì	cheeky, insolent, impudent	insolent, -e	frech	arogancki, -a, -ie	наглый, -ая, -ое; дерзкий, -ая, -ое

J

LIETUVIŲ KALBA	ENGLISH	FRANÇAIS	DEUTSCH	JĘZYK POLSKI	РУССКИЙ ЯЗЫК
jaũ	already	déjà	schon, bereits	już	уже
jáudintis	be moved, be upset; be excited	s'émouvoir	sich aufregen	wzruszać się, przejmować się	волноваться
jaukùs, -ì	comfortable, cosy	confortable, agréable	behaglich, gemütlich	przytulny, -a, -e	уютный, -ая, -ое
jáunas, -à	young	jeune	jung	młody, -a, -e	молодой, -ая, -ое
jaunãsis	(bride)/groom	marié	Bräutigam	pan młody	жених
jáunatis	new moon	nouvelle lune	Neumond	nów	новолуние
jaunèsnis, -ė	younger	plus jeune	jünger	młodszy, -a, -e	моложе
jauniáusias, -ia	youngest	le (la)plus jeune	am jüngsten, der/die/das jüngste	najmłodszy, -a, -e	самый молодой, -ая, -ое
jauniẽji	bride and groom	jeunes mariés	Brautleute	para młoda	молодые, молодожёны
jauniklis, -ė	young (of a mammal or bird)	jeune animal, oiseau	Junges	młodzik	детёныш, птенец
jaunimas	youth, young people	jeunes gens	Jugend	młodzież	молодёжь
jaunỹstė	youth	jeunesse	Jugend	młodość	молодость
jaunóji	bride	mariée	Braut	panna młoda	невеста
jaunuõlis, -ė	youth, young man	jouvenceau, -elle	junger Mann	chłopak, dziewczyna	молодой человек, девушка
jaũsmas	feeling	sentiment	Gefühl	uczucie	чувство
jaũsti	feel	sentir	fühlen, empfinden	czuć	чувствовать, ощущать
jaũstis	feel	se sentir	sich fühlen	czuć się	чувствовать себя
jaustùkas	interjection	interjection	Interjektion	wykrzyknik	междометие
jáutiena	beef	bœuf	Rindfleisch	wołowina	говядина
jáutis	ox	bœuf	Ochse, Stier	wół	бык
jautrùs, -ì	sensitive	sensible; susceptible	feinfühlig; empfindlich	wrażliwy, -a, -e; czuły, -a, -e	чувствительный, -ая, -ое
jãvas	cereal (plant)	blé	Getreide	zboże	злак, зерновая культура
jėgà	force, strength	force	Kraft	siła	сила
jéi; jéigu	if	si	wenn, falls	jeśli	если
jì	she	elle	sie (feminin Sn)	ona	она
jiẽ	they (masculine)	ils	sie (maskulin Pl)	oni	они
jìs	he	il	er	on	он

jogùrtas	yogurt	yaourt	Joghurt	jogurt	йогурт
jóks, jokià	no, any	aucun, -e	kein, keine	żaden, -na, -ne	никакой, -ая, -ое
Joninės	Midsummer Day	Saint Jean	Johannisfest, Johannistag sie (feminin Pl)	noc świętojańska	праздник Ивана Купалы
jõs	they (feminine)	elles			они
jóti	ride (a horse)	aller à cheval	reiten	jechać konno	ехать верхом
jubiliãtas, -ė	person celebrating a jubilee	personne en l'honneur de qui est célébrée une fête	Jubilar, -in	jubilat, -tka	юбиляр
jubiliėjinis, -ė	jubilee (adj)	d'anniversaire	Jubiläums-	jubileuszowy, -a, -e	юбилейный, -ая, -ое
jubiliėjus	jubilee (n)	anniversaire, jubilé	Jubiläum	jubileusz	юбилей
judaĩzmas	Judaism	judaïsme	Judaismus	judaizm	иудаизм
judesỹs	motion, movement	mouvement	Bewegung	ruch	движение
judėti	move	remuer; bouger	sich bewegen	ruszać (się)	двигаться
judìnti	move	faire bouger	bewegen, rühren, in Bewegung setzen	ruszać	двигать
jùk	indeed	pourtant	doch; ja; denn	przecież	ведь
jungiklis	switch (n)	interrupteur	Schalter	wyłącznik	выключатель
junginỹs	combination	composé	Verbindung	zestawienie, związek	сочетание, соединение
jùngti	1. join, connect, combine 2. turn, switch (on or off)	réunir; assembler; mettre en circuit	1. verbinden, vereinigen 2. ein- / ausschalten	łączyć	1. соединять 2. включать
jungtùkas	conjunction	conjonction	Konjunktion, Bindewort	spójnik	союз
juodaĩ	(in) black	au noir	schwarz	czarno	в чёрный цвет; в чёрном
júodas, -à	black	noir, -e	schwarz	czarny, -a, -e	чёрный, -ая, -ое
juõkas	1. laughter 2. joke (n)	1. rire 2. plaisanterie	1. Lachen, Gelächter 2. Scherz	1. śmiech 2. żart	1. смех 2. шутка
juokáuti	joke (v)	plaisanter	scherzen	żartować	шутить
juokìngas, -a	amusing, funny	drôle	komisch, lächerlich	śmieszny, -a, -e	смешной, -ая, -ое
juõktis	laugh	rire	lachen	śmiać się	смеяться
juosmuõ	waist	taille	Taille	talia	поясница, талия
juostà	1. strip, band, sash 2. tape 3. lane 4. strip	ceinture; voie de circulation; rayure	Band; Streifen	pas; taśma	1., 2. лента 3., 4. полоса

LIETUVIŲ KALBA	ENGLISH	FRANÇAIS	DEUTSCH	JĘZYK POLSKI	РУССКИЙ ЯЗЫК
juostelė	small band, tape (printer ribbon)	lacet; pellicule	schmales Band; schmaler Streifen	tasiemka	ленточка, лента
juostúotas, -a	striped	à rayures	gestreift	pasiasty, -a, -e	полосатый, -ая, -ое
jūra	sea	mer	Meer, See	morze	море
jūreivis, -ė	sailor, seaman	marin	Matrose, Seemann	marynarz	моряк
jurginas	dahlia	dahlia	Dahlie, Georgine	georginia	георгин
jūs	you (pl)	vous	ihr, Sie	wy	вы
jūsų	your, yours	votre; vos	seine	wasz, wasza, wasze	ваш, ваша, ваше
juvelýras, -ė	jeweller	bijoutier	Juvelier	jubiler, -rka	ювелир

K

LIETUVIŲ KALBA	ENGLISH	FRANÇAIS	DEUTSCH	JĘZYK POLSKI	РУССКИЙ ЯЗЫК
ką	what	qui; quoi; que; plaît-il	was	co	что, кого
kabėti	hang	pendre	hängen	wisieć	висеть
kabyklà	rack	portemanteau	Kleiderbügel, Kleiderhaken	wieszak	вешалка
kabinà	booth	cabine	Kabine	kabina	кабина
kabinėtas	office; classroom	cabinet	Kabinett, Sprechzimmer	gabinet	кабинет
kabìnti	hang	pendre	hängen	wieszać	вешать
kablẽlis	comma	virgule	Komma, Beistrich	przecinek	запятая
kabliãtaškis	semicolon	point-virgule	Semikolon, Strichpunkt	średnik	точка с запятой
kabùtės	quotation marks	guillemets	Anführungsstriche	cudzysłów	кавычки
kačiùkas	kitten	chaton	Kätzchen	kotek	котёнок
kàd	that	que	dass, damit	że; żeby	что, чтобы
kadà	when	quand	wann	kiedy; gdy	когда
kadà nórs	some day, some time, ever	un jour	irgendwann	kiedykolwiek	когда-нибудь
kadáise	once	autrefois	einst, einmal, früher	kiedyś	когда-то
kadángi	because	parce que	weil, da	gdyż, ponieważ	так как; ввиду того, что
kaĩ	when	alors que	als; wenn	kiedy, gdy	когда

kai kadà	sometimes	parfois	manchmal	czasem	иногда
kai kàs	someone, something	quelqu'un	irgendwer	ktoś	кое-кто
kai kuř	somewhere	par endroits	irgendwo	gdzieniegdzie	кое-где
kai kuriẽ, kai kuriõs	some	quelques uns	irgendwelche	niektórzy, niektóre	некоторые
káilis	fur coat	manteau de fourrure	Pelzmantel	kożuch	шуба
	fur	fourrure	Fell, Pelz	futro, skóra	мех, шкура
káimas	1. country	1. campagne	1. Land	wieś	деревня, село
	2. village	2. village	2. Dorf		
kaimiẽtis, -ė	villager	paysan, -ne; villageois, -e	Dörfler, -in	wieśniak, -iaczka	деревенский житель, деревенская жительница
kaimýnas, -ė	neighbour	voisin, -e	Nachbar, -in	sąsiad, -dka	сосед, -ка
kaimýninis, -ė	neighbouring	voisin, -e	nachbarlich	sąsiedni, -nia, -nie	соседний, -яя, -ее
káina	price	prix	Preis	cena	цена
kainúoti	cost (v)	coûter	kosten	kosztować	стоить
kaĩp	1., 2. how 3., 4., 5. like, as; than	comment; comme; que	1., 2., 3, 6. wie 4. für 5. als	jak, jako	как
kaĩp nórs	somehow	d'une façon ou d'une autre	irgendwie	jakkolwiek	как-нибудь
kairė̃	left (hand) (n)	gauche	Linke (Hand)	lewa strona	левая сторона
kairỹs, -ė̃	left (hand) (adj)	gauche	der/die Linke	lewy, -a, -e	левый, -ая, -ое
kaitýti	inflect	être variable	beugen, flektieren	odmieniać	изменять (по падежам)
kajùtė	cabin	cabine	Kajüte	kajuta	каюта
kakavà	cocoa	cacao	Kakao	kakao	какао
kaklãraištis	(neck)tie	cravate	Krawatte, Halsbinde	krawat	галстук
kãklas	neck	cou	Hals	szyja; szyjka	шея
kaktà	forehead	front	Stirn	czoło	лоб
kalakučiùkas	turkey poult	dindonneau	Puterküken	indyczę	индюшонок
kalakùtas	turkey	dindon	Truthahn	indyk	индюк
kalakùtė	turkey hen	dinde	Truthenne	indyczka	индейка
kalakutíena	turkey (meat)	du dindon	Puterfleisch	mięso indyka	индюшечье мясо
kalbà	language, speech	langue; langage	Sprache, Rede	język; mowa	язык, речь
kalbė́ti	speak, talk	parler	sprechen, reden	mówić	говорить
kalbė́tis	converse, talk	converser	sprechen, sich unterhalten	rozmawiać	разговаривать
kalbiniñkas, -ė	linguist	linguiste	Sprachwissenschaftler	lingwista, -tka	языковед

LIETUVIŲ KALBA	ENGLISH	FRANÇAIS	DEUTSCH	JĘZYK POLSKI	РУССКИЙ ЯЗЫК
kalė	bitch	chienne	Hündin	suka	сука
Kalėdos	Christmas	Noël	Weihnachten, Weihnachtsfest	Boże Narodzenie	Рождество
kalėjimas	prison	prison	Gefängnis	więzienie	тюрьма
kalendõrius	calendar	calendrier	Kalender	kalendarz	календарь
kalėti	be imprisoned	être en prison	im Gefängnis sitzen	siedzieć w więzieniu	сидеть в тюрьме
kalinỹs, -ė̃	prisoner	détenu, -e	der/die Gefangene, Häftling	więzień, więźniarka	заключённый, -ая
kálnas	mountain	montagne	Berg	góra	гора
káltas, -à	guilty	coupable	schuldig	winny, -a, -e	виноватый, -ая, -ое; виновный, -ая, -ое
kaltė̃	guilt, sense of guilt	faute, culpabilité	Schuld	wina	вина
kálti	hammer (v)	enfoncer	schlagen	kuć	вбивать
kaltiniñkas, -ė	culprit	coupable	der/die Schuldige	winowajca, -jczyni	виновник, -ница
kalvà	hill	colline	Hügel, Anhöhe	wzgórze	холм
kálvis	blacksmith	forgeron	Schmied	kowal	кузнец
kalvótas, -a	hilly	montueux, -euse	hügelig	pagórkowaty, -a, -e	холмистый, -ая, -ое
kám	why	pourquoi faire	wem; wozu	komu, czemu	зачем
kambarìnis, -ė	indoor	de chambre	Zimmer-	doniczkowy, -a, -e (kwiat)	комнатный, -ая, -ое
kambarỹs	room	chambre	Zimmer	pokój	комната
kãmera	cell; camera	cellule; caméra	Zelle; Kammer; Kamera	cela; kamera	камера
kamíenas	trunk (of a tree)	tronc	Stamm	pień	ствол
kãminas	chimney	cheminée	Schornstein	komin	(дымовая) труба
kam̃pas	corner	coin	Ecke	róg	угол
kamščiãtraukis	corkscrew	tire-bouchon	Korkenzieher	korkociąg	штопор
kam̃štis	1. cork, plug 2. traffic jam	bouchon	1. Korken, Pfropfen 2. Stau	korek	пробка
kamuolỹs	ball	ballon	Ball	piłka	мяч
kamuoliùkas	little ball	bille	Ball, Tennisball	piłeczka	мячик
kanalizãcija	sewerage	canalisation	Kanalisation	kanalizacja	канализация
kandidãtas, -ė	candidate	candidat, -e	Kandidat, -in	kandydat, -tka	кандидат
kañklės	zither	luth	Zither	gęśle	канклес

kañklininkas, -ė	zither player	joueur, -euse de luth	Zitherspieler, -in	gęślarz	исполнитель, играющий на канклес
kankórėžis	cone (pine, etc.)	cône	Tannenzapfen	szyszka	шишка
kãpas	grave	tombeau	Grab	grób	могила
kãpinės	cemetery	cimetière	Friedhof	cmentarz	кладбище
kapóti	chop	fendre	zerstückeln	rąbać	рубить
karalíenė	queen	reine	Königin	królowa	королева
karalỹstė	kingdom	royaume	Königreich	królestwo	королевство
karãlius	king	roi	König	król	король
kãras	war	guerre	Krieg	wojna	война
kariáuti	be at war, fight	mener une guerre	Krieg führen, kämpfen	walczyć	воевать
karinínkas, -ė	officer	officier	Offizier	oficer	офицер
karỹs	soldier	soldat	Soldat	żołnierz	воин
kariúomenė	army	armée	Armee	wojsko	армия
karõliai	necklace	collier	Halskette	korale	бусы
kárpis	carp	carpe	Karpfen	karp	карп
kar̃štas	coffin	cercueil	Sarg	trumna	гроб
kárštas, -à	hot	chaud, -e	heiß	gorący, -a, -e	горячий, -ая, -ее
kar̃štis	heat	chaleur; fièvre	Hitze	gorąco; gorączka	жара, жар
kartà	generation	génération	Generation	pokolenie	поколение
kar̃tais	sometimes	1. quelquefois 2. peut-être	1. manchmal, zuweilen 2. zufällig; vielleicht	1. czasami 2. czy	иногда
kar̃tas	time	fois	Mal	1. raz 2. jednocześnie	раз
kartóti	repeat	répéter	wiederholen	powtarzać	повторять
kartótis	repeat	se répéter	sich wiederholen	powtarzać się	повторяться
kartù	together	1. ensemble 2. en même temps	1. zusammen 2. gleichzeitig	1. razem 2. jednocześnie	вместе
kartùs, -ì	bitter	amer, -ère	bitter	gorzki, -a, -ie	горький, -ая, -ое
karūnà	crown	couronne	Krone	korona	корона
kárvė	cow	vache	Kuh	krowa	корова
kàs	who, what	1. qui 2. quest-ce qui; que; qui 3. quelqu'un	1., 2. wer, was 3. jemand; etwas; jeder, jedes, jede	kto, co	кто, что
kasà 1	braid, plait	tresse	Zopf	warkocz	коса
kasà 2	cashier's office/window	caisse	Kasse	kasa	касса

LIETUVIŲ KALBA	ENGLISH	FRANÇAIS	DEUTSCH	JĘZYK POLSKI	РУССКИЙ ЯЗЫК
kasdien	daily, every day	chaque jour	täglich, jeden Tag	codziennie	каждый день, ежедневно
kasetė	cassette	cassette	Kassette	kaseta	кассета
kasininkas, -ė	cashier, teller	caissier, -ère	Kassierer, -in	kasjer, -rka	кассир
kasytis	scratch oneself	se gratter	kratzen, sich kratzen	drapać się	чесать(ся)
kasmet	yearly, every year	chaque année	jährlich	co rok	ежегодно
kas nors	somebody, something	quelqu'un	jemand, irgendwer, etwas	ktoś	кто-нибудь, что-нибудь
kasti	dig	bêcher; creuser	graben	kopać, ryć	копать, рыть
kąsti	bite	mordre	beißen	gryźć	кусать
kastinys	dish made of sour cream	certain beurre	Sahnesoße	danie z bitej śmietany	жемайтийское блюдо из сметаны
kastuvas	spade	bêche	Spaten	łopata	лопата
kaštonas	chestnut	chataignier; marron	Kastanie	kasztan	каштан
katalikas, -ė	Catholic	catholique	Katholik	katolik, -iczka	католик, -ичка
katė	cat	chatte	Katze	kotka	кошка
katedra	1. department (at a university) 2. cathedral	1. chaire 2. cathédrale	1. Lehrstuhl 2. Dom, Kathedrale	katedra	кафедра
ką tik	just	il y a juste un instant	eben	dopiero co	только что
kātinas	tomcat	chat	Kater	kot	кот
kaulas	bone	os	Knochen	kość	кость
kaulėlis, kauliukas	stone, pit	noyau	Knöchlein	kostka; pestka	косточка
kava	coffee	café	Kaffee	kawa	кофе
kavinė	café	café	Kaffeehaus, Café	kawiarnia	кафе
kavinukas	coffeepot	cafétière	Kaffeekanne	imbryczek	кофейник
kažkadà	once (at some unknown time)	autrefois	einst	kiedyś	когда-то
kažkàs	somebody, something	quelqu'un	irgendwer, jemand, etwas	ktoś	кто-то, что-то
kažkíek	some	on ne sait combien	irgendwieviel	nie wiadomo ile	немного
kažkóks, -ià	some	un; une; certain, -e	irgendein	jakiś, -aś, -ieś	какой-то, какая-то, какое-то
kažkuř	somewhere	quelque part	irgendwo, irgendwohin	gdzieś	где-то
kažkuris, -ì	one	quelqu'un; une	irgendwelcher	któryś, -aś, -eś	какой-то, какая-то, какое-то

kėdė	chair	chaise	Stuhl	krzesło	стул
kefyras	kefir	kéfir	Kefir	kefir	кефир
keiksmažodis	swearword	juron	Fluchwort	przekleństwo	ругательство
keiktis	swear, curse	jurer, pester	fluchen	kląć, przeklinać	ругаться
keistai	strangely	étrangement	merkwürdig	dziwnie	странно
keistas, -à	strange	étrange; singulier, -ère	sonderbar, seltsam, merkwürdig	dziwny, -a, -e; osobliwy, -a, -e	странный, -ая, -ое
keisti	change	changer	1. ändern, verändern 2. tauschen, wechseln	zmieniać; wymieniać	изменять
keistis	change	changer	1. sich verändern 2. wechseln	zmieniać się; wymieniać się	изменяться
keityklà	(currency) exchange	bureau de change	Geldtausch, Wechselstube, Geldwechsel	kantor wymiany	обменный пункт
kẽkė	cluster, bunch	grappe	Traube	kiść	гроздь, кисть
keleĩvis, -ė̃	passenger	passager, -ère	der/die Reisende, Fahrgast	pasażer, -rka	пассажир
keleri, kẽlerios	how many; some, a few, several	combien; quelque	einige	ile; kilku, kilka, kilkoro	несколько
kẽletas	some, a few	quelques	einige, ein paar	kilku	несколько
keli, kẽlios	how many; some, a few, several	combien; quelques	1. wieviele 2. einige	ile; kilku, kilka	несколько
kẽlias	1. road 2., 3. way	chemin	1., 2. Weg, Straße 3. Weg, Entfernung	droga	дорога
keliáuti	travel	voyager	reisen	podróżować	путешествовать
kẽliese	in a group of several individuals	combien	einige	ilu	сколько (о людях)
kėlinỹs	half (of a game)	mi-temps	Hälfte	połowa	тайм
keliñtas, -à	which	quel, -le	der/die/das wievielte	który, -a	который, -ая, -ое
keliñtinis skaĩtvardis	ordinal numeral	adjectif numéral	Ordinalzahl	liczebnik porządkowy	порядковое числительное
kelionė̃	journey, trip	voyage	Reise, Fahrt	podróż	путешествие
kelióninis, -ė̃	travel (adj)	de route	Reise-	podróżny, -a	дорожный, -ая, -ое
kẽlis	knee	genou	Knie	kolano	колено
kelnáitės	(under) pants, knickers	culotte	Schlüpfer	spodenki	трусики

LIETUVIŲ KALBA	ENGLISH	FRANÇAIS	DEUTSCH	JĘZYK POLSKI	РУССКИЙ ЯЗЫК
kélnės	trousers, pants	pantalon	Hose	spodnie	брюки, штаны
kéltas	ferry	traille, bac	Fähre	prom	паром
kélti	lift, raise	lever; traverser; augmenter	1. heben 2. übersetzen (Fluss) 3. trennen 4. hervorrufen 5. erhöhen	podnosić; przeprawiać; przenosić	1. поднимать 2. перевозить (на лодке) 3. переносить 4. вызывать (ужас и т.п.) 5. повышать (зарплату)
kéltis	get up	se lever	aufstehen	wstawać, budzić się	вставать
keñkti	harm, damage (v)	nuire	schaden, schädigen	szkodzić	вредить
kentėti	suffer	souffrir	leiden	cierpieć	терпеть, страдать
kẽpalas	loaf (of bread)	miche	Laib	bochenek	буханка
kẽpenys	liver	foie	Leber	wątroba	печень
kepinỹs	baked goods	pâtisserie, pâté	Gebäck	wyrób piekarski	выпечка
kepsnỹs	roast (n)	rôti	Braten	pieczeń	жаркое, жареное (мясо)
kẽptas, -à	baked, roasted	cuit, -e; rôti, -e; frit, -e	gebraten	pieczony, -a, -e	печёный, -ая, -ое; жареный, -ая, -ое
kèpti	bake, fry, roast	cuire, rôtir, frire	backen; braten	piec; smażyć	печь, жарить
keptùvė	frying pan	poêle à frire	Pfanne	patelnia	сковорода
kepuráitė	little cap	chapeau	Hut	czapeczka	шапочка
kepùrė	cap	chapeau	Mütze	czapka	шапка
kerãmika	ceramics	céramique	Keramik	ceramika	керамика
ketìnti	intend, be about	avoir l'intention	beabsichtigen, vorhaben	zamierzać	намереваться
keturì, kẽturios	four	quatre	vier	cztery, cztery	четыре
kẽturiasdešimt	forty	quarante	vierzig	czterdzieści	сорок
keturiasdešim̃tas, -à	fortieth	quarantième	der/die/das vierzigste	czterdziesty, -a, -e	сороковой, -ая, -ое
keturíese	in a group of four	à quatre	zu viert	we czworo	вчетвером
keturiólika	fourteen	quatorze	vierzehn	czternaście	четырнадцать
keturióliktas, -a	fourteenth	quatorzième	der/die/das vierzehnte	czternasty, -a, -e	четырнадцатый, -ая, -ое
keturkam̃pis, -ė	quadrangular	carré, -e	viereckig	czworokątny, -a, -e	четырёхугольный, -ая, -ое
ketverì, kẽtverios	four	quatre	vier	cztery, cztery	четыре
kẽtvertas	four (a grade)	quatre	vier	czwórka	четвёрка
ketvir̃tadienis	Thursday	jeudi	Donnerstag	czwartek	четверг
ketvir̃tas, -à	fourth	quatrième	der/die/das vierte	czwarty, -a, -e	четвёртый, -ая, -ое

ketvirtis	quarter	quart, quartier	Viertel	kwadrans; ćwiartka	четверть
kėvalas	(nut) shell	écale	Schale	skorupa	скорлупа
kiaulė	pig	cochon, truie	Schwein	świnia	свинья
kiauliena	pork	du porc	Schweinefleisch	wieprzowina	свинина
kiauras, -à	1. containing a hole or holes 2. whole, entire	1. troué, -e; percé, -e 2. tout, -e	1. löcherig 2. ganz	1. dziurawy, -a, -e 2. cały, -a, -e	1. дырявый, -ая, -ое 2. весь, целый
kiaušinienė	omelet(te)	œufs sur le plat, omelette	Rührei, Setzei, Omelett	jajecznica	яичница
kiaušinis	egg	œuf	Ei	jajko	яйцо
kibiras	bucket, pail	seau	Eimer	wiadro	ведро
kíek	1., 3. how many/much 2. a little, some	1. combien 2. un peu 3. combien de	1. wieviel, was 2. ein bisschen, ein wenig 3. wie viele	ile; nieco, trochę	1., 3. сколько 2. немного
kiẽkis	amount, quantity	qantité	Menge, Anzahl	ilość	количество
kiek nórs	a little, some	un peu	ein bisschen	trochę	сколько-нибудь
kiekvíenas, -à	each, every(one)	chacun, -e	jeder, jede, jedes	każdy, -a, -e	каждый, -ая, -ое
kiẽmas	yard	cour	Hof	podwórze	двор
kiẽmsargis, -ė	grounds keeper	concierge	Hofwächter	dozorca, dozorczyni	дворник
kietas, -à	hard; tough	dur, -e	hart, fest	twardy, -a, -e	твёрдый, -ая, -ое; жёсткий, -ая, -ое
kietėti	harden; become stale	durcir	hart werden	twardnieć	твердеть
kilęs, -usi	native to	issu, -e	gebürtig	(być) rodem	родом (из)
kilimas	carpet	tapis	Teppich	dywan	ковёр
kilimėlis	mat	petit tapis	kleiner Teppich	dywanik	коврик
kilmė̃	origin, descent	origine	Herkunft, Abstammung	pochodzenie	происхождение
kilmininkas	genitive case	genitif	Genitiv	dopełniacz	родительный падеж
kilogrãmas	kilogram(me)	kilogramme	Kilogramm	kilogram	килограмм
kìlti	1., 4. rise 2. take off 3. arise	monter; décoller; s'élever	1., 2., 4. steigen 3. ausbrechen (Brand)	wznosić się; powstawać; pochodzić	1., 2. подниматься 3. возникнуть/возникать 4. повышаться, расти
kimšti	1., 2. stuff (v) 3. cork (v)	bourrer; boucher	1., 2. stopfen; füllen 3. verkorken	wpychać; nadziewać; zatkać	1. запихивать 2. набивать 3. закупоривать (пробкой)
kinas	cinema, movie	cinéma	Kino	kino	кино

LIETUVIŲ KALBA	ENGLISH	FRANÇAIS	DEUTSCH	JĘZYK POLSKI	РУССКИЙ ЯЗЫК
kióskas	kiosk, stall, stand	pavillon, kiosque	Kiosk	kiosk	киоск
kirčiúotas, -a	stressed, accented	accentué, -e	betont	akcentowany, -a, -e	ударный, -ая, -ое
kirčiuõtė	accent paradigm	paradigme des accents	Akzentparadigma	akcentuacja	акцентная парадигма
kirčiúoti	stress, accent (v)	accentuer	betonen	akcentować	расставлять ударение
kirpėjas, -a	hairdresser; barber	coiffeur, -euse	Friseur	fryzjer, -rka	парикмахер
kirpyklà	hairdresser's, barbershop	salon de coiffure	Frisiersalon	zakład fryzjerski	парикмахерская
kir̃pti	cut (with scissors)	couper	scheren, schneiden	strzyc; kroić	стричь
kir̃ptis	cut; have one's hair cut	couper; se faire couper	sich scheren/schneiden lassen	strzyc się	стричься
kir̃tis	stress, accent	accent	Betonung, Akzent	akcent	ударение
kir̃vis	axe	hache	Axt	siekiera	топор
kišẽnė	pocket	poche	Tasche	kieszeń	карман
kišeninis, -ė	pocket (adj)	de poche	Taschen-	kieszonkowy, -a, -e	карманный, -ая, -ое
kišenpinigiai	allowance, pocket-money	argent de poche	Taschengeld	kieszonkowe	карманные деньги
kišénvagis, -ė	pickpocket	pickpocket	Taschendieb	kieszonkowiec	карманник
kiškė̃	female hare	hase	Häsin	zajęczyca	зайчиха
kiškíena	hare meat	du lièvre	Hasenfleisch	zajęcze mięso	зайчатина
kiškìs	hare	lièvre	Hase	zając	заяц
kiškiùkas	young hare	levreau	Häschen	zajączek	зайчонок
kìšti	poke, thrust	fourrer	stecken	wpychać, wsuwać	совать, засовывать
kìštis	1. poke, thrust, stick 2. interfere	1. fourrer 2. se mêler	1. stecken 2. sich einmischen	1. ingerować, mieszać się 2. wtrącać się	вмешиваться
kištùkas	plug	fiches	Stecker	wtyczka	штепсельная вилка, штепсель
kištùkinis lìzdas	socket	prise	Steckdose	gniazdo (elektryczne)	розетка
kitaĩp	differently	autrement	anders, sonst	inaczej	иначе
kìtas, kità	1. other, another 2. next 3. the rest (of)	autre, l'autre; suivant, -e	der/die/das andere; der/die/das nächste	inny, -a, -e; drugi, -a, -ie	1., 3. другой, -ая, -ое 2. следующий, -ая, -ее
kitóks, kitókia	different	différent, -e	anders, ander-	inny, -a	другой, -ая, -ое; иной, -ая, -ое

kitur̃	elsewhere, somewhere else	ailleurs	anderswo; anderswohin	gdzie indziej	в другом месте
klaidà	mistake, error	faute, erreur	Fehler, Irrtum	błąd	ошибка
klaidìngas, -a	incorrect, wrong	incorrect, -e	fehlerhaft; falsch	błędny, -a, -e	ошибочный, -ая, -ое; неправильный, -ая, -ое
klãsė	class	classe	Klasse	klasa	класс
klasikinė mùzika	classical music	musique klassique	klassische Musik	muzyka klasyczna	классическая музыка
klaũptis	kneel	s'agenouiller	niederknien	klękać	становиться на колени
klausà	hearing	ouïe; oreille	Gehör	słuch	слух
klausiamàsis sakinỹs	interrogative sentence	phrase interrogative	Fragesatz	zdanie pytające	вопросительное предложение
kláusimas	1. question 2. matter	1. question 2. problème	1. Frage 2. Problem	1. pytanie 2. problem	вопрос
klausýti	1. listen 2. obey	1. écouter 2. obéir	1. zuhören 2. hören (auf)	1. słuchać 2. być posłusznym	1. слушать 2. слушаться
klausýtis	listen	prêter l'oreille	hören	słuchać	слушать
klausýtojas, -a	listener	auditeur, -trice	Hörer, Zuhörer	słuchacz, -czka	слушатель, -ница
kláusti	ask	demander	fragen	pytać	спрашивать
klaustùkas	question mark	point d'interrogation	Fragezeichen	pytajnik	вопросительный знак
klaviatūrà	keyboard	clavier	Klaviatur	klawiatura	клавиатура
klãvišas	key	touche	Taste	klawisz	клавиша
klebõnas	monsignor	curé	Pfarrer	proboszcz	настоятель костёла
klebonijà	rectory	presbytère	Pfarrhaus	plebania	дом настоятеля костёла
klẽvas	maple	érable	Ahorn	klon	клён
klìjai	glue (n)	colle	Leim, Klebstoff	klej	клей
klijúoti	glue, stick (v)	coller	kleben	kleić	клеить
klìmatas	climate	climat	Klima	klimat	климат
klýsti	be mistaken, be wrong	faire erreur; se tromper	1. Fehler machen 2. sich irren, nicht recht haben	1. popełniać błąd 2. mylić się	ошибаться
kliudýti	touch; hinder	1. toucher 2. accrocher 3. empêcher	1. anrühren 2. streifen, stoßen 3. im Wege stehen, hindern	dotykać, ruszać; przeszkadzać	1. трогать 2. задеть/задевать 3. препятствовать
kliūtìs	obstacle	obstacle	1. Hindernis 2. Störung	przeszkoda	препятствие; помеха

LIETUVIŲ KALBA	ENGLISH	FRANÇAIS	DEUTSCH	JĘZYK POLSKI	РУССКИЙ ЯЗЫК
klóti	1. make (a bed) 2. cover	1. faire le lit 2. couvrir	1. Bett machen 2. bedecken	słać; kłaść	1. стелить 2. накрывать
klótis	1. make (a bed) for oneself 2. cover for oneself	1. se faire le lit 2. se couvrir	1. Bett machen 2. sich bedecken, sich zudecken	słać; pokrywać się	1. стелить (себе) 2. накрываться
kliùbas¹	hip	hanche	Schenkel, Hüfte	biodro	бедро
kliùbas²	club	club	Klub	klub	клуб
klùmpė	clog, sabot	sabot	Holzschuh	drewniak	клумпы
klū́poti	kneel	être à genoux	niederknien, auf den Knien sein	klęczeć	стоять на коленях
kmỹnas	caraway (seed and plant)	cumin	Kümmel	kminek	тмин
knaŕkti	snore	ronfler	schnarchen	chrapać	храпеть
knygà	book	livre	Buch	książka	книга
knygẽlė	small book	livret	Büchlein	książeczka	книжка
knygýnas	bookshop	librairie	Buchhandlung	księgarnia	книжный магазин
kõ²	why	que, pourquoi	weshalb, warum	dlaczego	почему
kõdas	code	code	Kode	kod	код
kodėl	why	pourquoi	warum, weshalb	dlaczego	почему
ko gẽro	maybe, probably	j'ai peur que	vielleicht	zapewne	скорее всего
kója	foot, leg	jambe, pied	Fuß, Bein	noga	нога
kójinė	stocking	bas	Strumpf	pończocha	чулок
kokýbė	quality	qualité	Qualität	jakość	качество
kóks, kokià	1. what, what kind of 2. some, about 3. some, any	quel, -le; quelque	1. welcher, was für ein, wie 2. etwa, ungefähr 3. irgendwelcher, – welche, – welches	jaki; jaka; jakiś, jakaś	1. какой, -ая, -ое 2. ... 3. какой-нибудь, какая-нибудь, какое-нибудь
koks nórs	some, any	quelque	irgendwelcher, – welche, – welches	jakikolwiek	какой-нибудь, какая-нибудь, какое-нибудь
kõl	while; till, until	jusqu'à	bis, solange	jak długo; dopóki	пока
kolègija	(European) college	collège	Kolleg	koledż	колледж
kolekcionúoti	collect	collectionner	sammeln	kolekcjonować	коллекционировать

kol kàs	for the time being	pour l'instant	vorläufig	na razie	пока что
kománda	team	équipe	Mannschaft	drużyna	команда
kompãktinis diskas	compact disc, CD	disque compact	CD=Compactdisc	CD, dysk kompaktowy	компактный диск
kompãktinė plokštẽlė	compact disc	disque compact	Compactdisc	CD, dysk kompaktowy	компактный диск
kompãktinių plokštẽlių [dìskų] grotùvas	compact disc player, CD player	tourne-disques	CD-Spieler/Player	odtwarzacz CD, adapter, gramofon	проигрыватель
kompiùteris	computer	ordinateur	Computer	komputer	компьютер
komplèktas	set (n)	ensemble	Garnitur; Satz, Set	komplet	комплект
kompozìtorius, -ė	composer	compositeur, -trice	Komponist, -in	kompozytor, -rka	композитор
koncèrtas	concert	concert	Konzert	koncert	концерт
koncertúoti	give a concert	donner un concert	konzertieren	koncertować	концертировать
konferènčija	conference	conférence	Konferenz	konferencja	конференция
konkùrsas	competition	concours	Wettbewerb	konkurs	конкурс
konsèrvai	canned/tinned food	conserves	Konserve	konserwy	консервы
konservúoti	preserve	conserver	konservieren	konserwować	консервировать
konstitùcija	constitution	constitution	Verfassung	konstytucja	конституция
kontroliúoti	control, check	contrôler	kontrollieren	kontrolować	контролировать
kopà	dune	dune	Düne	wydma	дюна
kópėčios	(step)ladder	échelle	Leiter	drabina	лестница
kópija	copy (n)	copie	Kopie	kopia	копия
kopijãvimo aparãtas	copier	appareil de copie	Kopierer, Kopiergerät	kopiarka	копировальный аппарат
kopijúoklis	copier	appareil de copie	Kopiergerät	kopiarka	копировальный аппарат
kopijúoti	copy (v)	copier	kopieren	kopiować	копировать
kopūstas	cabbage	chou	Kohl	kapusta	капуста
korektūrà	proofreading	correction des épreuves	Korrektur	korektura	корректура
koridõrius	corridor	couloir	Korridor	korytarz	коридор
kortà	(playing) card	carte à jouer	(Spiel) karte	karta	карта
kortẽlė	card	carte	Karte	kartka	карточка
kósėti	cough (v)	tousser	husten	kaszleć	кашлять
kostiùmas	suit	costume	Anzug; Kostüm	garnitur	костюм
kosulỹs	cough (n)	toux	Husten	kaszel	кашель

LIETUVIŲ KALBA	ENGLISH	FRANÇAIS	DEUTSCH	JĘZYK POLSKI	РУССКИЙ ЯЗЫК
košė	oatmeal, cooked cereal, mashed potatoes (bulvių k.), apple sauce (obuolių k.)	purée, bouillie	Brei	kasza	каша, пюре
kótas	1. handle 2. stem	1. manche 2. pédoncule	1. Griff 2. Stiel	1. trzon 2. głąb	1. рукоятка, черенок, древко 2. черешок, ножка
kotẽlis	stem	pédoncule	Federhalter	ogonek	черешок
kovà	struggle (n)	lutte	Kampf	walka	борьба
kóvas	March	mars	März	marzec	март
kovóti	fight, struggle (v)	lutter	kämpfen	walczyć	бороться
kramtýti	chew	mâcher	kauen	gryźć	жевать
kramtomoji gumà	chewing gum	chewing-gum	Kaumgummi	guma do żucia	жевательная резина
kráňkti	caw (of a crow)	croasser	krächzen	krakać	каркать
krañtas	bank, shore	bord	Ufer, Strand	brzeg	берег
krãpas	dill	aneth	Dill	koper	укроп
kráštas	1. border, edge 2. land	1. bord 2. pays	1. Rand 2. Land	1. skraj 2. kraj	1. край, берег 2. край
kraštietis, -ė	person of the same region	personne de la même région	Landsmann, -männin	rodak, -aczka	земляк, -ячка
kraštinė	side	coté	Seite	bok	сторона
kraštovaizdis	landscape	paysage	Landschaft	krajobraz	ландшафт
kraũjas	blood	sang	Blut	krew	кровь
kráutuvė	shop	magasin	Kaufladen, Geschäft	sklep	магазин
kregždė	swallow (bird)	hirondelle	Schwalbe	jaskółka	ласточка
kreidà	chalk	craie	Kreide	kreda	мел
kreĩpti dėmesį	direct one's attention	faire attention	die Aufmerksamkeit (auf etwas) richten	zwrócić uwagę	обращать внимание
kreĩptis	1. address, turn to 2. go to	s'adresser	sich wenden	zwracać się	обратиться/обращаться
kreĩvas, -à	crooked, curved	tortueux, -euse; courbe	schief, krumm	krzywy, -a, -e	кривой, -ая, -ое
krẽmas	cream	crème	Creme	krem	крем
krepšẽlis	bag	petit panier	Beutel	koszyk; torebka	сумка, сумочка
krepšininkas, -ė	basketball player	basketteur, -euse	Basketballspieler	koszykarz, -arka	баскетболист, -тка

krepšinis	basketball	basket	Basketball	koszykówka	баскетбол
krepšỹs	bag, basket	panier	Korb	kosz	1. сумка 2. корзина
kriauklė̃	sink (n)	évier	Waschbecken	muszla	раковина
kriáušė	pear (fruit and tree)	poire; poirier	Birne; Birnbaum	grusza	груша
krienaĩ	horseradish	raifort	Meerrettich	chrzan	хрен
krikščionýbė	Christianity	christianisme	Christentum	chrześcijaństwo	христианство
krikščiónis, -ė	Christian (n)	chrétien, -ne	Christ	chrześcijanin, -anka	христианин, -ианка
krikštãmotė	godmother	marraine	Taufpatin	chrzestna	крёстная мать
krikštas	baptism, christening	baptême	Taufe	chrzest	крещение
krikštãtėvis	godfather	parrain	Taufpate	chrzestny	крёстный отец
krikštýnos	christening party	baptême (fête)	Taufe	chrzciny	крестины
krikštýti	baptize, christen	baptiser	taufen	chrzcić	крестить
kryptis	direction	direction, coté	Richtung	kierunek	направление
krìsti	fall, drop	tomber	fallen	padać, opadać	падать
krìtika	criticism	critique	Kritik	krytyka	критика
krìtikas, -ė	critic	critique	Kritiker, -in	krytyk	критик
kritikúoti	criticize	critiquer	kritisieren	krytykować	критиковать
krituliaĩ	precipitation	précipitations atmosphériques	Niederschläge	opady	осадки
kryžẽlis, kryžiùkas	small cross	petit croix	kleines Kreuz	krzyżyk	крестик
krỹžius	cross	croix	Kreuz	krzyż	крест
krosnẽlė	small oven	poêle	kleiner Ofen	piecyk	печка
krósnis	stove, oven	four, poêle	Ofen	piec	печь
krovinỹs	load (n)	charge	Ladung, Fracht	ładunek	груз
krū́mas	bush	arbuste	Busch, Strauch	krzew	куст
kruõpos	groats	gruau	Grütze	krupa	крупа
krūtìnė	chest	poitrine; gorge	Brust	pierś	грудь
krūtìs	breast	sein	Büste, Brust	pierś, biust	грудь
krūvà	pile, heap	amas	Haufen	kupa	куча, груда
Kū̃čios	Christmas Eve	Réveillon	Weihnachtsabend, Heiliger Abend	Wigilia	сочельник
kū́dikis	baby	bébé	Baby, Säugling	niemowlę	младенец
kukurū̃zas	maize (Brit.), corn (Am.)	maïs	Mais	kukurydza	кукуруза
kulkà	bullet	balle	Kugel	kula	пуля
kulkšnìs	ankle	cheville	Knöchel	kostka	лодыжка, щиколотка

LIETUVIŲ KALBA	ENGLISH	FRANÇAIS	DEUTSCH	JĘZYK POLSKI	РУССКИЙ ЯЗЫК
kulnas	heel	talon	1. Ferse 2. Absatz	pięta	1. пятка 2. каблук
kultūrà	culture	culture	Kultur	kultura	культура
kultūrinis, -ė	cultural	culturel, -le	kulturell	kulturalny, -a, -e; kulturowy, -a, -e	культурный, -ая, -ое
kumẽlė	mare	jument	Stute	kobyła	кобыла
kumeliùkas	foal, colt	poulain	Fohlen	źrebię	жеребёнок
kum̃pis	ham	jambon	Schinken	szynka	окорок; ветчина
kū́nas	body	corps	Körper, Leib	ciało	тело
kunigáikštis	duke, prince	prince	Fürst, -in	książę	князь
kunigaikštỹstė	duchy, principality	principauté	Fürstentum	księstwo	княжество
kùnigas	(Catholic) priest, (Protestant) minister	prêtre	Priester, Pfarrer	ksiądz	ксёндз, священник
kuõ vardù?	what is ... name?	comment s'appelle..?	wie heißt ... ?	jak ... się nazywa?	как... зовут?
kupė̃	compartment	coupé (du wagon)	Abteil	przedział	купе
kuprìnė	rucksack, satchel, schoolbag	sac à dos	Rucksack	plecak; tornister	рюкзак, ранец
kur̃	where	où	wo, wohin	gdzie	где, куда
kùras	fuel	combustible	Brennstoff, Feuerung	paliwo	топливо
kurčias, -à	deaf	sourd, -e	taub	głuchy, -a, -e	глухой, -ая, -ое
kūrė́jas, -a	creator (author, composer, etc.)	créateur, -trice	Schöpfer, -in	twórca	создатель, творец
kū́renti	heat (v)	chauffer	heizen	palić	топить (печь)
kūrýba	creation; works	création	Schaffen, Schöpfung	twórczość	творчество
kūrinỹs	work (n)	œuvre	Werk, Schöpfung	utwór	произведение
kurìs, kurì	1. what, which 2. who, which 3. (some) one, some	quel, -le; quelqu'un, quelqu'une; un, une	1. welcher, welche, welches 2. der, die, das 3. irgendwelcher, – welche, – welches	który, która; jakiś, jaka	который, -ая, -ое
kur̃ nórs	somewhere	quelque part	irgendwo, irgendwohin	gdzieś	где-нибудь, где-либо; куда-нибудь, куда-либо
kurõrtas	resort (n)	station climatique	Kurort	uzdrowisko	курорт
kùrsai	courses	cours	Kurse	kursy	курсы

LIETUVIŲ KALBA	ENGLISH	FRANÇAIS	DEUTSCH	JĘZYK POLSKI	РУССКИЙ ЯЗЫК
kùrsas	1. school year (freshman, etc.) 2. course	cours	1. Kursus, Lehrgang, Studienjahr 2. Vorlesungskurs	1. rok 2. kurs	курс
kùrti	1. found 2. create	créer	1. organisieren, gründen 2. schaffen	1. zakładać 2. tworzyć	1. учреждать, основывать 2. творить, создавать
kvadrãtas	square (figure)	carré	Quadrat	kwadrat	квадрат
kvadrãtinis mètras	square metre	mètre carée	Quadratmeter	metr kwadratowy	квадратный метр
kvaĩlas, -à	foolish, stupid	sot, -te	dumm	głupi, -a, -ie	глупый, -ая, -ое
kvãpas	smell, scent	odeur	Geruch, Duft	zapach	запах
kvepalaĩ	perfume	parfum	Parfüm	perfumy	духи
kvepė́ti	smell (sweet) (v)	répandre une odeur	duften, riechen	pachnieć	пахнуть, благоухать
kvė́pintis	perfume oneself	se parfumer	sich parfümieren	perfumować się	душиться, пользоваться духами
kvė́puoti	breathe	respirer	atmen	oddychać	дышать
kviẽsti	1. invite 2. call, summon	1. inviter 2. appeler	1. einladen 2. auffordern, rufen	zapraszać	приглашать
kvietìmas	invitation	invitation	Einladung	zaproszenie	приглашение
kvietìnis, -ė	wheaten	de blé	Weizen-	pszenny, -a, -e	пшеничный, -ая, -ое
kvietỹs	wheat (plant or one grain)	blé	Weizen	pszenica	пшеница
kvitas	recept	quittance	Quittung	kwit	квитанция

L

LIETUVIŲ KALBA	ENGLISH	FRANÇAIS	DEUTSCH	JĘZYK POLSKI	РУССКИЙ ЯЗЫК
labà dienà	good afternoon	bonjour	guten Tag	dzień dobry	добрый день
labaĩ	very (much)	très; beaucoup	sehr	bardzo	очень
labãnakt(is)	good night	bonne nuit	gute Nacht	dobranoc	спокойной ночи
lãbas	hello	salut	hallo	cześć	привет
lãbas rýtas	good morning	bonjour	guten Morgen	dzień dobry	доброе утро
lãbas vãkaras	good evening	bonsoir	guten Abend	dobry wieczór	добрый вечер
labdarà	charity	bienfaisance	Spende, Wohltat	dobroczynność	благотворительность
labõs naktiẽs	good night	bonne nuit	Gute Nacht	dobranoc	спокойной ночи

LIETUVIŲ KALBA	ENGLISH	FRANÇAIS	DEUTSCH	JĘZYK POLSKI	РУССКИЙ ЯЗЫК
lagaminas	suitcase	valise	Koffer	walizka	чемодан
laidà	broadcast	emission	Sendung	audycja	передача
laĩdas	cord, flex, wire	fil	Leitung, Draht	przewód	провод
láidoti	bury	enterrer	beerdigen, bestatten, begraben	grzebać, chować	хоронить
láidotuvės	funeral	enterrement	Beerdigung, Bestattung, Begräbnis	pogrzeb	похороны
laĩkas	time	temps	Zeit	czas; pora	время
laikinaĩ	temporarily	provisoirement	zeitweilig	tymczasowo	временно
laĩkinas, -à	temporary	provisoire	zeitweilig, vorübergehend	tymczasowy, -a, -e	временный, -ая, -ое
laikýti	hold; keep; say (Mass)	tenir; officier	1, 2. halten 2. halten (für) 4. (ab)halten (Gottesdienst)	1. trzymać 2. przechowywać 3. uważać 4. odprawiać (mszę)	1. держать 2. хранить 3. считать 4. служить (службу в церкве)
laikýti egzãminą	take an examination	subir un examen	eine Prüfung ablegen	zdawać egzamin	сдавать экзамен
laikýtis	1. hold on; 2. obey, follow, keep, observe	1. se tenir 2. observer	1. sich festhalten 2. sich halten	1. trzymać się 2. przestrzegać	1. держаться 2. придерживаться
laĩkraštis	(news)paper	journal	Zeitung	gazeta	газета
laĩkrodis	clock, watch	montre	Uhr, Taschenuhr, Armbanduhr	zegar	часы
láimė	happiness, good fortune	bonheur	Glück	szczęście	счастье
laimė́ti	win	1. gagner 2. remporter	gewinnen	1. wygrać 2. osiągnąć	1. выиграть 2. победить
laimìngai	1. happily 2. successfully	1. heureux 2. bien	glücklich	szczęśliwie	счастливо
laimìngas, -a	1, 2. happy 3. lucky	heureux, -euse	glücklich	szczęśliwy, -a, -e	счастливый, -ая, -ое
laimìngos kelionės	bon voyage, farewell	bon voyage	gute Reise	szczęśliwej podróży	счастливого пути
láipsnis	degree	degré; grade	Grad, Rang; Steigerungsstufe	stopień	1. градус 2.–4. степень
laipsniúojamas, -a	having comparative and superlative degrees	variable à degrés; graduel, le	steigerungsfähig	odmieniany przez stopnie	изменяемый по степеням сравнения

	inflect (an adj.) for degree	changer de degrés	steigern	stopniować	изменять по степеням сравнения
laipsniúoti					
láiptai	stairs	escalier	Treppe	schody	лестница
láiptinė	staircase	cage d'escalier	Treppenhaus	klatka schodowa	подъезд
láistyti	water (v)	arroser	begießen	podlewać	поливать
laisvãlaikis	leisure	loisir	Freizeit	czas wolny	досуг, свободное время
laĩsvas, -à	free; unoccupied; vacant	libre; vacant, -e	frei	wolny, -a, -e; swobodny, -a, -e	свободный, -ая, -ое
laĩsvė	freedom	liberté	Freiheit	wolność; swoboda	свобода
laiškanešỹs, -ė̃	postman, postwoman	facteur	Briefträger, -in	listonosz, -szka	почтальон
laĩškas	letter	lettre	Brief	list	письмо
laĩvas	ship	bateau	Schiff	statek	корабль
laivẽlis	boat	barque	Boot, Kahn	łódka	лодка
laivýnas	fleet	flotte	Flotte	flota	флот
laižýti	lick	lécher	lecken	lizać	лизать
laižýtis	lick (one's lips, etc.)	se lécher	sich lecken	lizać się	облизывать(ся)
lãkas	varnish (n)	vernis	Lack	lakier	лак
lakštiñgala	nightingale	rossignol	Nachtigall	słowik	соловей
lãkti	lap (v)	laper	lecken	chłeptać	лакать
lakū́nas, -ė	pilot	aviateur, -trice	Flieger, -in	lotnik	лётчик, -ница
lakúoti	varnish (v)	vernir	lackieren, mit Lack bedecken	lakierować	покрыть лаком, лакировать
lakúotis	polish (one's nails)	vernir	lackieren	lakierować się	покрыть лаком, лакировать (себе)
lángas	window	fenêtre	Fenster	okno	окно
langẽlis	little window; check (pattern)	guichet; carreau	Klappfenster	okienko	окошко
langúotas, -a	checked	à careaux	kariert	kraciasty, -a, -e	клетчатый, -ая, -ое
lankýti	1. visit 2. attend	visiter; fréquenter	besuchen	1. odwiedzać 2. uczęszczać	1. навещать 2. посещать
lankýtis	visit	rendre visite	zu Besuch sein	odwiedzać, bywać	посещать, навещать
lankýtojas, -a	visitor	visiteur, -euse	Besucher, -in	odwiedzający, -ca	посетитель, -ница
lãpas	1. leaf 2. sheet, page	feuille	1. Blatt, Laub 2. Bogen	1. liść 2. kartka	лист
lãpė	fox, vixen	renard	Fuchs	lis	лиса
lapẽlis	little leaf, sheet	petite feuille	kleines Blatt	listek	листочек

LIETUVIŲ KALBA	ENGLISH	FRANÇAIS	DEUTSCH	JĘZYK POLSKI	РУССКИЙ ЯЗЫК
lãpinas	male fox	renard	Fuchs	lis (samiec)	лис
lapiùkas	kit, fox cub	renardeau	Fuchsjunges	lisek	лисёнок
lãpkritis	November	novembre	November	listopad	ноябрь
lapúotas, -a	leafy	feuillé, -e	laubig	liściasty, -a, -e	лиственный, -ая, -ое
lapúotis	leaf-bearing tree	arbre feuillé	Laubbaum	drzewo liściaste	лиственное дерево
lašaĩ	drops	gouttes	Tropfen (Arznei)	krople	капли
lãšas	drop (n)	goutte	Tropfen	kropla	капля
lašėti	1. drip	dégoutter, goutter	tropfen	1. kapać	капать
	2. leak			2. przeciekać	
lašiniaĩ	bacon	lard	Speck	słonina	сало
lašišà	salmon	saumon	Lachs	łosoś	лосось
laũkas	1., 2. field	champ(s); dehors	Feld	pole	1., 2. поле
	3. open air, outdoors				3. улица
laukiamàsis	waiting room	salle d'attente	Wartezimmer	poczekalnia	приёмная, зал ожидания
laukìnis, -ė	wild	sauvage	wild	dziki, -a, -ie; polny, -a, -e	дикий, -ая, -ое
laũkti	wait, expect	attendre	warten	czekać	ждать
laũktis	expect (a baby)	être enceinte	erwarten	być w ciąży	быть беременной
laũžas	campfire	feu de bois	Lagerfeuer	ognisko	костёр
láužyti	break	casser	brechen	łamać	ломать
laũžti	break	casser	brechen	łamać	ломать
lazdà	cane, walking stick	bâton	Stock	laska	палка
ledaĩ	ice cream	glace	Speiseeis	lody	мороженное
lẽdas	ice	glace	Eis	lód	лёд
lẽdo ritulỹs	ice hockey	hockey	Hockey	hokej	хоккей
leidyklà	publishing house	éditions	Verlag	wydawnictwo	издательство
leidìmas	permission	permis	Erlaubnis	przepustka	разрешение, пропуск
leidinỹs	publication	publication	Ausgabe	wydanie	издание
léidžiama	allowed, permitted	it est permis	erlaubt	wolno; dozwolono	разрешаться

léisti	1. allow, let, permit 2. publish 3. enact 4., 5. spend 6. inject 7. lower 8. let	1. permettre 2. publier 3. adopter 4. passer 5. dépenser 6. injecter 7. baisser 8. remplir	1. lassen, erlauben 2. herausgeben 3. verabschieden, erlassen 4. verbringen 5. ausgeben 6. Spritze geben 7. senken, herablassen 8. hinauslassen, ablassen	1. pozwalać 2. wydawać, publikować 3. wydawać (ustawy) 4. spędzić (czas) 5. roztrwonić 6. wstrzykiwać 7., 8. puścić/puszczać	1. разрешать/разрешить 2. издавать, выпускать 3. издавать 4. проводить время 5. тратить 6. делать укол 7. опускать 8. выпускать, спускать
léistis	1. go down 2. set (of the sun, moon)	1. descendre 2. se coucher (du soleil, de la lune)	1. herabsteigen, heruntersteigen 2. untergehen (Sonne)	1. schodzić 2. zachodzić	1. спускаться 2. заходить (о светилах)
lėkštė	plate	assiette	Teller	talerz	тарелка
lėkštėlė, lėkštùtė	saucer	soucoupe	Untertasse	talerzyk	блюдце
lėktùvas	airplane	avion	Flugzeug	samolot	самолёт
lėlė̃	1. doll 2. puppet	1. poupée 2. marionnette	Puppe	lalka	кукла
lelijà	lily	lis	Lilie	lilia	лилия
lémpa	lamp	lampe	Lampe	lampa	лампа
lempùtė	1. little lamp 2. electric bulb	1. petite lampe 2. ampoule électrique	Glühbirne	1. lampeczka 2. żarówka	лампочка
leñgvas, -à	1. light 2. easy	1. léger, -ère 2. facile	leicht	lekki, -a, -ie; łatwy, -a, -e	лёгкий, -ая, -ое
leñktas, -à	curved	courbe	beugsam	gięty, -a, -e	изогнутый, -ая, -ое
leñkti	1. pass 2., 3. bend	doubler, dépasser; courber	1. überholen 2. biegen, beugen 3. senken (Kopf)	1. wyprzedzać 2. giąć 3. chylić	1. обгонять 2. согнуть 3. опускать (голову)
lenktỹnės	race	course	Wettlauf, Rennen	wyścigi	гонки
lentà	1. board 2. blackboard	1. planche	1. Brett 2. Tafel	1. deska 2. tablica	доска
lentẽlė	1. little board 2. plate board 3. table	planchette; table	1. kleine Tafel 2. Schildchen, Plakette 3. Tabelle	deseczka; tabela	1. дошечка 2. табличка 3. таблица
lentýna	shelf	tablette; rayon	Regal, Gestell	półka	полка
lẽsalas	food (for birds)	mangeaille	(Vogel) Futter	karma (dla ptaków)	корм (для птиц)

LIETUVIŲ KALBA	ENGLISH	FRANÇAIS	DEUTSCH	JĘZYK POLSKI	РУССКИЙ ЯЗЫК
lesinti	feed (birds)	donner à manger (aux oiseaux)	füttern	karmić (ptaki)	кормить (птиц)
lèsti	peck, eat (birds)	picorer	picken	dziobać	клевать
lėšos	money, means, funds	réssources	Geldmittel	środki (finansowe)	средства
lėtaĩ	slowly	lentement	langsam	powoli	медленно
lė́tas, -à	slow	lent, -e	langsam	powolny, -a, -e	медленный, -ая, -ое
lėtenà	paw	patte	Pfote	łapa	лапа
liáudis	(common) people, folk	peuple	Volk	lud, naród	народ
liáudies dainà	folk song	chanson populaire	Volkslied	pieśń ludowa	народная песня
liáudies mẽnas	folk art	art populaire	Volkskunst	sztuka ludowa	народное исскуство
liáudies šõkis	folk dance	danse populaire	Volkstanz	taniec ludowy	народный танец
liáutis	stop	cesser	aufhören	przestać	перестать/переставать; прекратить/прекращать
lydekà	pike	brochet	Hecht	szczupak	щука
liemẽnė	vest, waistcoat	gilet	Weste	kamizelka	жилет
liemenė̃lė	brass	soutien-gorge	Büstenhalter	stanik	бюстгалтер
liemuõ	1. torso	1. torse	1. Rumpf	1. tułów	1. туловище;
	2. waist	2. taille	2. Taille	2. kibić, talia	2. талия
	3. trunk, stem	3. tronc	3. Stamm	3. pień	3. ствол
líepa	1. linden	1. tilleul	1. Linde	1. lipa	1. липа
	2. July	2. juillet	2. Juli	2. lipiec	2. июль
liepiamóji núosaka	imperative mood	móde impératif	Imperativ	tryb rozkazujący	повелительное наклонение
liepsnà	flame	flamme	Flamme	płomień	пламя
liẽpti	tell (order)	donner un ordre	befehlen, heißen	kazać, polecić	велеть
líesas, -à	1. thin	maigre	mager, hager	chudy, -a, -e	1. худой, -ая, -ое
	2. lean				2. постное (мясо), обезжиренный, -ая, -ое
liesė́ti	get thin	maigrir	abmagern, abnehmen	chudnąć	худеть
liẽsti	touch (v)	toucher	berühren, tasten	dotykać	трогать, прикасаться
liẽstis	touch (each other)	se toucher	sich berühren	dotykać się	(сопри)касаться
lietìngas, -a	rainy	pluvieux, -euse	regnerisch	deszczowy, -a, -e	дождливый, -ая, -ое
liẽtpaltis	raincoat	imperméable	Regenmantel	płaszcz, prochowiec	плащ
lietùs	rain (n)	pluie	Regen	deszcz	дождь
liežùvis	tongue	langue	Zunge	język; ozór	язык
lìftas	elevator	ascenseur	Fahrstuhl, Aufzug	winda	лифт

lýg	as if	comme	wie; als ob	словно
ligà	illness, disease	maladie	Krankheit	болезнь
lygiagretus, -i	parallel	parallèle	parallel	параллельный, -ая, -ое
lýgiai	exactly, just	exactement	genau; Punkt	ровно
lygybė	equality	1. égalité	1. Gleichheit	равенство
		2. signe égal	2. Gleichheitszeichen	
lýginimo lentà	ironing board	planche à repasser	Bügeltisch	гладильная доска
lýginti	1. make level	1. aplanir	1. ebnen (Weg)	1. ровнять, выравнивать
	2. iron	2. repasser	2. bügeln,plätten	2. гладить
	3. compare	3. comparer	3. vergleichen	3. сравнивать, сличать
lygintùvas	iron	fer à repasser	Bügeleisen	утюг
lýgiosios	draw, tie	match nul	Unentschieden	ничья
lýgis	level	niveau	Niveau	уровень
ligóninė	hospital	hôpital	Krankenhaus, Lazarett	больница
ligónis, -ė	patient	malade	der/die Kranke	больной, -ая
ligótas, -a	sick, unhealthy	maladif, -ve	krank; kränklich	больной, -ая, -ое; болезненный, -ая, -ое
lygumà	plain	plaine	Ebene, Flachland	равнина
lýgus, -i	1. even, level, smooth	1. lisse; plat, -e	1. eben, flach, glatt	1. ровный, -ая, -ое
	2. equal	2. égal, -e	2. gleich, gleichartig	2. равный, -ая, -ое
lijùndra	freezing rain	giboulée	Glatteis	гололедица
lìkti	1., 3., 4. stay, remain	rester	bleiben	остаться/оставаться
	2. be left			
lìnas	flax	lin	Flachs, Leinen	лён
lìnija	line	ligne	Linie	линия
lìninis, -ė	linen	de lin	leinen	льняной, -ая, -ое
liniúotas, -a	lined	réglé, -e	liniert	линованный, -ая, -ое
liniúotė	ruler	règle	Lineal	линейка
lìnk	toward(s)	vers	nach, zu	по направлению к
linkėjimai	greetings, regards	souhaits	Glückwunsch	пожелания
linkėti	wish (for someone else)	souhaiter	wünschen	желать
lìnksmas, -à	merry, happy, funny	gai, -e	lustig, heiter	весёлый, -ая, -ое; радостный, -ая, -ое
linksmintis	enjoy oneself	s'amuser	sich amüsieren, sich vergnügen	веселиться, развлекаться
liñksnis	case (grammatical)	cas	Kasus, Fall	падеж

LIETUVIŲ KALBA	ENGLISH	FRANÇAIS	DEUTSCH	JĘZYK POLSKI	РУССКИЙ ЯЗЫК
linksniuoti	decline	décliner	deklinieren	deklinować	склонять
linktelėti	nod	s'incliner	nicken	kiwnąć	кивнуть
lipdė	adhesive tape	autocollant	Klebblatt -streifen	taśma klejąca	клейкая лента
lipdukas	sticker	autocollant	Klebbild	nalepka	наклейка
lipniõji juostẽlė	adhesive tape	autocollant	Klebband	taśma klejąca	клейкая лента
lipnùs, -ì	sticky	gluant, -e	zäh, klebrig	lepki, -a, -ie	липкий, -ая, -ое
lìpti¹	1. climb 2. get on or off (a bus, etc.)	monter	1. steigen, klettern 2. aussteigen	1. włazić, wchodzić 2. wysiadać, wsiadać	1. подниматься, лезть 2. входить (в автобус и т.п.), выходить (из автобуса и т.п.)
lìpti²	stick (v)	se coller	kleben, klebrig sein	lepić się	липнуть, прилипать
lìtas	litas	litas	Litas	lit	лит
lytėjìmas	touch (n)	toucher	Berührung	dotykanie	прикосновение, касание
literatūrà	literature	littérature	Literatur	literatura	литература
lýti	rain (v)	pleuvoir	regnen	deszcz pada	дождь идёт
lytìs	sex	sexe	Geschlecht	płeć	пол
lìtras	litre	litre	Liter	litr	литр
liūdesỹs	grief, sadness, sorrow	tristesse	Traurigkeit, Trauer, Kummer	smutek	грусть, печаль, скорбь
liūdėti	grieve	être triste	trauern, traurig sein	smucić się, być smutnym	грустить, печалиться, скорбить
liudijìmas	certificate	certificat	Bescheinigung, Ausweis	zaświadczenie	удостоверение, свидетельство
liudiniñkas, -ė	witness	témoin oculaire	Zeuge, Zeugin	świadek	свидетель, -ница; очевидец
liùdyti	testify	être témoin	zeugen	świadczyć	свидетельствовать
liùdytojas, -a	witness	témoin	Zeuge, Zeugin	świadek	свидетель, -ница
liũdnas, -à	sad	triste	traurig, betrübt	smutny, -a, e	грустный, -ая, -ое; печальный, -ая, -ое
liũtas	lion	lion	Löwe	lew	лев
liūtìs	shower	averse	Wolkenbruch, Platzregen	ulewa	ливень
lìzdas	nest	nid	Nest	gniazdo	гнездо
lõšti	play (gamble)	jouer	spielen	grać	играть
lotèrija	lottery	loterie	Lotterie	loteria	лотерея
lóti	bark (v)	aboyer	bellen	szczekać	лаять

lóva	bed	lit	Bett	кровать
lùbos	ceiling	plafond	Decke	потолок
lùkštas	shell, skin	coquille	Schale	шелуха, кожура
lukšténti	shell (v)	écosser, écaler	knabbern (Kerne), knacken (Nüsse), aushülsen (Erbsen)	шелушить, лущить
lúpa	lip	lèvre	Lippe	губа
lùpti	peel (v)	peler, éplucher, écaler	schälen	чистить (картофель)
lúžti	break	se casser	brechen	ломаться

M

LIETUVIŲ KALBA	ENGLISH	FRANÇAIS	DEUTSCH	JĘZYK POLSKI	РУССКИЙ ЯЗЫК
madà	fashion	mode	Mode	moda	мода
madìngas, -a	fashionable	à la mode	modisch, modern	modny, -a, -e	модный, -ая, -ое
magìstras, -ė	master (degree holder)	personne ayant achevé le deuxième cycle des études universitaires	Magister	magister	магистр
magnetofònas	tape-recorder	magnétophone	Tonbandgerät	magnetofon	магнитофон
maĩstas	food	nourriture	Nahrung, Essen	żywność	пища
maĩšas	sack, bag	sac	Sack	worek	мешок
maišẽlis	small sack, bag	petit sac	Beutel	1. woreczek 2. torebka	мешочек
maišýti	1. stir 2. mix	1. mélanger 2. mêler	1. mischen, mengen, rühren 2. stören	mieszać	1. мешать 2. смешивать
maitìnti	feed	nourrir	ernähren	karmić; odżywiać	кормить
maitìntis	feed (oneself)	se nourrir	sich ernähren, sich verpflegen	odżywiać się	питаться
makarónai	noodles, macaroni	macaroni	Nudeln	makaron	макароны
maldà	prayer	prière	Gebet	modlitwa	молитва
málkos	firewood	bois	Brennholz	drwa	дрова

LIETUVIŲ KALBA	ENGLISH	FRANÇAIS	DEUTSCH	JĘZYK POLSKI	РУССКИЙ ЯЗЫК
malonùs, -ì	1. kind 2. nice, pleasant	agréable	angenehm, freundlich	przyjemny, -a, -e	приятный, -ая, -ое
máltas, -à	ground, minced	moulu, -e	gemahlen	mielony, -a, -e	молотый, -ая, -ое
málti	grind, mince	moudre	mahlen	mleć	молоть
malūnas	mill	moulin	Mühle	młyn	мельница
mamà	mamma, mum	maman	Mama, Mutti	mama, matka	мама
mánai	semolina	semoule	Grieß	manna	манная крупа
mandagùs, -ì	polite	poli, -e	höflich	grzeczny	вежливый, -ая, -ое
manýti	think, suppose	1. estimer 2. penser, croire	meinen, denken	1. myśleć 2. uważać, sądzić	думать, полагать
mankštà	exercise (n)	gymnastique	Turnen, Gymnastik	gimnastyka	зарядка
mankštìntis	exercise (v)	faire la gymnastique	trainieren, Übungen machen	gimnastykować się	делать зарядку, разминку
màno	my, mine	mon, ma	mein	mój, moja, moje	мой, моя, моё
margarìnas	margarine	margarine	Margarine	margaryna	маргарин
márgas, -à	multicolored	bigarrée, -e	bunt	pstry, -a, -e	пёстрый, -ая, -ое
margùtis	Easter egg	œuf de Pâques	Osterei	pisanka (jajko)	пасхальное яйцо
mários	sea	mer; golfe	Meer, See; Haff	morze; zalew	море
marškinėliai	T-shirt	T-shirt	T-Shirt	koszulka	майка
marškìniai	shirt	chemise	Hemd	koszula	рубашка, сорочка
maršrùtas	route	itinéraire	Marschroute	marszruta	маршрут
martì	daughter-in-law	belle-fille	Schwiegertochter	synowa	невестка
mašinà	1. machine 2. car	1. machine 2. voiture	1. Maschine 2. Auto	1. maszyna 2. samochód	машина
mãtas	measure (n)	mesure	Maß	miara	мера
matemãtika	mathematics	mathématiques	Mathematik	matematyka	математика
matemãtikas, -ė	mathematician	mathématicien, -ne	Mathematiker, -in	matematyk, -yczka	математик
matýt	apparently	apparemment	offenbar	chyba	видимо, очевидно
matýti	see	voir	sehen	widzieć	1.-3. видеть 4. виден, видна, видно
matmuõ	measurement, dimension	dimension	Dimension	wymiar, miara	измерение, размер
matúoti	measure (v)	mesurer	messen	mierzyć	мерить, измерять

matuotis	try on (clothing, shoes, etc.)	se mesurer	anprobieren	mierzyć	примерять
máudymosi kostiumas	swimsuit	maillot de bain	Bikini, Badeanzug	kostium kąpielowy	купальный костюм
máudyti	bathe	baigner	baden	kąpać	купать
máudytis	bathe (oneself); swim	se baigner	baden	kąpać się	купаться
máuti	put on (trousers, etc.)	mettre (un pantalon, etc.)	anziehen	wkładać	надевать
máutis	put on (trousers, for oneself, etc.)	mettre (un pantalon, etc.)	sich (D) anziehen	wkładać, ubierać się	надевать (перчатки, брюки, чулки)
mãzgas	knot	nœud	Knoten	węzeł	узел
mažaĩ	few, little	peu	wenig	mało	мало
mãžas, -à	little, small	petit, -e	klein	mały, -a, -e	маленький, -ая, -ое
maždaũg	about, roughly	environ	ungefähr	mniej więcej	примерно, около
mažė́ti	decrease, get smaller	diminuer; décroître	1. nachlassen (Schmerz) 2. sich verringern	maleć, zmniejszać się	уменьшаться
mãžinti	decrease, reduce, make smaller	diminuer, réduire	verringern; lindern (Schmerz)	zmniejszać	уменьшать
medãlis	medal	médaille	Medaille	medal	медаль
medaũs mė́nuo	honeymoon	lune de miel	Flitterwochen	miodowy miesiąc	медовый месяц
medẽlis	sapling	arbrisseau	Bäumchen	drzewko	маленькое дерево, саженец
medicinà	medicine	médecine	Medizin	medycyna	медицина
mẽdikas, -ė	physician, medic	médecin	Mediker, -in	medyk, -yczka	медик
medìnis, -ė	wooden	en bois	hölzern	drewniany, -a, -e	деревянный, -ая, -ое
mẽdis	1. tree 2. wood	arbre	Baum	drzewo	дерево
meduõlis	honey cake	pain-d'épice	Pfefferkuchen, Lebkuchen	miodownik	пряник
medùs	honey	miel	Honig	miód	мёд
medvìlnė	cotton (n)	coton	Baumwolle	bawełna	хлопок
medvìlninis, -ė	cotton (adj)	en coton	baumwollen	bawełniany, -a, -e	хлопчатобумажный, -ая, -ое
mẽdžiaga	material, substance	matière; étoffe; tissu	Stoff, Material	materiał; tkanina	материал
medžióklė	hunt (n)	chasse	Jagd	polowanie	охота
medžióti	hunt (v)	chasser	jagen, auf die Jagd gehen	polować	охотиться
mė́ginti	try	tenter	versuchen	próbować	пробовать, пытаться

LIETUVIŲ KALBA	ENGLISH	FRANÇAIS	DEUTSCH	JĘZYK POLSKI	РУССКИЙ ЯЗЫК
mėgstamas, -à	favourite	favori, -te; préféré, -e	beliebt, geliebt, Lieblings-	ulubiony, -a, -e	любимый, -ая, -ое
mėgti	like	aimer, se plaire	gern haben, lieben, mögen	lubić	любить, нравиться
mėgztas, -à	knitted	tricoté, -e	gestrickt	robiony, -a, -e (na drutach)	вязаный, -ая, -ое
mėgzti	knit	tricoter	stricken	robić na drutach	вязать
megztinis	jumper (Brit.), sweater (Am.)	sweater, pull-over	Strickjacke	swetr	свитер, джемпер
meilė	love (n)	amour	Liebe	miłość	любовь
meistras, -ė	repairman, repairwoman	maître	Meister, -in	majster	мастер
melãgis, -ė	liar	menteur, -euse	Lügner, -in	kłamca	лгун, -нья
melas	lie (n)	mensonge	Lüge	kłamstwo	ложь
mėlynai	(in) blue	en bleu	blau	niebiesko, sino	в синий цвет, в синем
mėlynas, -a	blue	bleu, -e	blau	niebieski, -a, -ie; siny, -a, -e	синий, -яя, -ее
mėlynė	1. whortleberry, bilberry, blueberry 2. bruise	1. airelle 2. bleu	1. Blaubeere, Heidelbeere 2. blauer Fleck	1. czernica, borówka 2. siniak	1. черника 2. синяк
melstis	pray	prier	beten	modlić się	молиться
meluoti	lie (deceive)	mentir	lügen	kłamać	лгать, врать
menas	art	art	Kunst	sztuka	искусство
mėnesiena	moonlight	claire de lune	Mondschein, Mondnacht	światło księżyca	лунный свет
mėnesinis, -ė	monthly	mensuel, -le	monatlich	miesięczny, -a, -e	месячный, -ая, -ое
menininkas, -ė	artist	artiste	Künstler, -in	artysta, -tka	художник, -ница
menkė	cod	morue	Dorch	dorsz	треска
mėnulis	moon	lune	Mond	księżyc	луна
mėnuo	month	mois	Monat	miesiąc	месяц
meras, -ė	mayor	maire	Bürgermeister, -in	mer, burmistrz	мэр
mergaitė	girl	petite fille	Mädchen	dziewczynka	девочка
mergautinė pavardė	maiden name	nom de jeune fille	Mädchenname	panieńskie nazwisko	девичья фамилия
merginà	girl	jeune fille	Mädchen	dziewczyna	девушка
mes	we	nous	wir	my	мы

mėsà	meat	viande	Fleisch	mięso	мясо
mėsaínis	hamburger	hamburger	Hamburger	hamburger	гамбургер
mèsti	1. throw	1. jeter	1. werfen, schleudern	rzucić/rzucać	бросить/бросать
	2. leave	2. abandonner	2. lassen		
	3. give up	3. arrêter	3. aufhören		
meškà	bear (n)	ourse	Bär	niedźwiedź	медведь
meškerė̃ ž	fishing rod	ligne	Angel	wędka	удочка
meškerióti	angle, fish (v)	pecher	angeln	wędkować	удить (рыбу)
meškeriótojas, -a	angler	pecheur à la ligne	Angler, -in	wędkarz	рыболов
mėtà	mint (n)	menthe	Minze	mięta	мята
mẽtai	year	1. année	Jahr	rok, lata	год
		2. âge			
metãlas	metal (n)	métal	Metall	metal	металл
metãlinis, -ė	metal (adj)	métallique	metallen	metalowy, -a, -e	металлический, -ая, -ое
mẽtas	time	temps	Zeit	czas, pora	время, пора
mẽtinės	anniversary	anniversaire	Jahrestag, Jubiläum	rocznica	годовщина; юбилей
mė̃tinis, -ė	mint (adj)	en menthe	Minz-	miętowy, -a, -e	мятный, -ая, -ое
mètras	metre	mètre	Meter	metr	метр
mẽtų laĩkas	season	saison	Jahreszeit	pora roku	время года
mezgė́jas, -a	knitter	tricoteur, -euse	Stricker, -in	dziewiarz, -iarka	вязальщик, -ица
miaùkti	miaow	miauler	miauen	miauczeć	мяукать
miegãmasis	bedroom	chambre à coucher	Schlafzimmer	sypialnia	спальня
miẽgas	sleep (n)	sommeil	Schlaf	sen	сон
miegóti	sleep (v)	dormir	schlafen	spać	спать
mielaĩ	gladly, with pleasure	complaisamment	gern, mit Vergnügen	chętnie	с удовольствием
míelas, -à	1. welcome	cher, chère;	lieb	miły, -a, -e; przyjemny, -a, -e	милый, -ая, -ое; дорогой, -ая, -ое
	2. dear	aimable; gentil, -e			
mielàsis, -ójii	dear, darling	chéri, chérie	lieber, Liebling	miły, -a	милый, -ая
miẽstas	city	ville	Stadt	miasto	город
miestẽlis	town	localité	Städchen	miasteczko	городок
miestiẽtis, -ė	citizen (of a city)	citadin, -e	Städter, -in	mieszczanin, -anka	горожанин, -анка
miežìnis, -ė	barley (adj)	en orge	Gersten-	jęczmienny, -a, -e	ячменный, -ая, -ое
miẽžis	barley (plant or one grain)	orge	Gerste	jęczmień	ячмень
mygtùkas	button	bouton	Druckknopf	guzik, przycisk	кнопка

LIETUVIŲ KALBA	ENGLISH	FRANÇAIS	DEUTSCH	JĘZYK POLSKI	РУССКИЙ ЯЗЫК
mikrobangų krosnelė	microwave oven	four à micro-ondes	Mikrowellenherd	mikrofalówka	микроволновая печь
mylėti	love (v)	aimer	lieben	kochać	любить
milijonas[1]	million	million	Million	milion	миллион
milijonas[2], -à	millionth	millionième	millionst-	milionowy, -a, -e	миллионный, -ая, -ое
mylimasis, -óji	beloved	bien-aimé, bien-aimée	der/die Geliebte, Liebling	kochany, -a	любимый, -ая
milimètras	millimetre	millimètre	Millimeter	milimetr	миллиметр
miltaĩ	flour (n)	farine	Mehl	mąka	мука
miltẽliai	powder	poudre	Pulver	proszek	порошок
miltìnis, -ė	flour (adj)	en farine	Mehl-	mączny, -a, -e	мучной, -ая, -ое
minėjimas	celebration, commemoration	célébration, commémoration	Gedächtnisfeier	obchody	празднование
mineralinis vanduõ	mineral water	eau minérale	Mineralwasser	woda mineralna	минеральная вода
minėti	celebrate, commemorate	commémorer	feiern, gedenken	obchodzić (rocznicę)	упоминать
mìnià	crowd	foule	Menge, Masse	tłum	толпа
ministèrija	ministry	ministère	Ministerium	ministerstwo	министерство
ministras, -ė	minister	ministre	Minister	minister	министр
ministras pirmininkas	prime minister	Premier Ministre	Ministerpräsident, -in	premier	премьер-министр
mìnkštas, -à	soft	mou, molle	weich	miękki, -a, -e	мягкий, -ая, -ое
mintìs	idea, thought	pensée	Gedanke	myśl	мысль
mìnus	minus	moins	minus	minus	минус
minùtė	minute	minute	Minute	minuta	минута
mìręs, -usi	dead	mort, -e	tot, gestorben	umarły, -a, -e	мёртвый, -ая, -ое
mirti	die	mourir	sterben	umierać	умереть
mirties bausmė̃	death penalty	peine de mort	Todesstrafe	kara śmierci	смертный приговор
mirtìs	death	mort	Tod	śmierć	смерть
mìšios	Mass	messe	Messe	msza	месса
mìškas	forest	bois; forêt	Wald	las	лес
miškiniñkas, -ė	forester	forestier	Förster, -in	leśnik	лесник, егерь
mišrainė̃	salad	salade	Salat	sałatka, winegret	салат
mišrus, -ì	mixed	mixte	gemischt	mieszany, -a, -e	смешанный, -ая, -ое
mobilùsis telefònas	mobile phone	téléphone portable	Handy	telefon komórkowy	мобильный телефон
močiùtė	grandmother	grand-mère	Großmutter, Oma	babcia	бабушка
mókamas, -à	pay (adj), paid	payant, -e	bezahlt	odpłatny, -a, -e	платный, -ая, -ое

mokėjimo kortelė	credit card	carte de crédit	Kreditkarte	karta kredytowa	платёжная карточка
mókestis	tax, dues	impôt	Steuer, Gebühren, Beitrag	podatek; komorne	плата; налог; взнос
mokėti[1]	pay	payer	zahlen, bezahlen	płacić	платить
mokėti[2]	know (how to do something; a language)	pouvoir, savoir	können, verstehen	umieć; znać	уметь, знать
mokyklà	school	école	Schule	szkoła	школа
mokinỹs, -ė̃	pupil	élève; apprenti, -e	Schüler, -in	uczeń, uczennica	ученик, -ница; школьник, -ница
mókyti	teach	instruire	lehren, unterrichten	uczyć	учить
mókytis	learn, study	étudier	lernen, studieren	uczyć się	учиться
mókytojas, -a	teacher	professeur	Lehrer, -in	nauczyciel, -lka	учитель, -ница
mókslas	science, learning	sience	Wissenschaft, Lehre	nauka	наука; образование; обучение; учёба
mókslininkas, -ė	scientist, scholar	savant, -e	der/die Gelehrte, Wissenschaftler, -in	uczony, -na	учёный, -ая
molìnis, -ė	clay (adj)	d'argile	Ton-, Lehm-	gliniany, -a, -e	глиняный, -ая, -ое
mólis	clay (n)	argile	Lehm, Ton	glina	глина
momeñtas	moment	moment	Augenblick, Moment	moment	момент
monetà	coin	pièce de monnaie	Münze	moneta	монета
morkà	carrot	carotte	Möhre, Karotte	marchew	морковь
móteris	woman	femme	Frau	kobieta	женщина
móteriškas, -a	feminine, women's	féminin, -e	Frauen-	kobiecy, -a, -e; żeński, -a, -ie	женский, -ая, -ое
móteriškoji giminė̃	feminine gender	féminin	das weibliche / feminine Geschlecht, Femininum	rodzaj żeński	женский род
mótina	mother	mère	Mutter	matka	мать
motociklas	motorcycle	motocycle	Motorrad	motocykl	мотоцикл
motociklininkas, -ė	motorcyclist	motocycliste	Motorradfahrer, -in	motocyklista, -tka	мотоциклист, -ка
mùgė	fair (n)	foire	1. Jahrmarkt 2. Messe	jarmark	ярмарка
muĩlas	soap	savon	Seife	mydło	мыло
muĩtas	duty (customs)	droit de douane	Zoll	cło	(таможенная) пошлина
muĩtinė	customs	douane	Zollamt, -behörde	urząd celny	таможня
muĩtininkas, -ė	customs official	douanier	Zöllner, -in	celnik, -iczka	таможенник

LIETUVIŲ KALBA	ENGLISH	FRANÇAIS	DEUTSCH	JĘZYK POLSKI	РУССКИЙ ЯЗЫК
mùsė	fly (n)	mouche	Fliege	mucha	муха
mùsmirė	death cup, fly agaric	tue-mouches	Fliegenpilz	muchomór	мухомор
mūsų	our, ours; us	notre; nos	unser	nasz, nasza, nasze	наш, наша, наше
musulmõnas, -ė	Muslim	musulman, -e	Mohammedaner	muzułmanin, -anka	мусульманин, -анка
mūšis	battle (n)	combat	Schlacht	bitwa	бой, битва
mùšti	1., 2. beat 3. hit 4. strike	battre; frapper	schlagen	bić	бить
muštỹnės	fight (n)	rixe	Schlägerei	bijatyka	драка
mùštis	fight (v)	se battre	sich schlagen	bić się	драться
mūvėti	wear (trousers, etc.)	porter	tragen	nosić	носить (одежду)
muziẽjus	museum	musée	Museum	muzeum	музей
mùzika	music	musique	Musik	muzyka	музыка
muzikántas, -ė	musician	musicien, -ne	Musiker, -in, Tonkünstler, -in	muzykant, -tka	музыкант
muzikinis ceñtras	music centre	centre musical	Stereoanlage	centrum muzyczne	музыкальный центр

N

LIETUVIŲ KALBA	ENGLISH	FRANÇAIS	DEUTSCH	JĘZYK POLSKI	РУССКИЙ ЯЗЫК
nà	well (interj)	et bien	denn, doch	no	ну
naftà	oil, petroleum	pétrole	Erdöl	nafta, ropa naftowa	нефть
naftótiekis	(oil) pipeline	pipe-line	Erdölleitung	naftociąg	нефтепровод
nãgas	1. fingernail, toenail 2. claw	1. ongle 2. griffe	1. Nagel 2. Kralle	1. paznokieć 2. pazur	1. ноготь 2. коготь
nagrinėti	analyse; investigate	analyser	analysieren	rozpatrywać, analizować	анализировать, разбирать, рассматривать
naikinti	destroy; repeal, annul	1. détruire 2. anuler	1. beseitigen 2. aufheben	1. niszczyć 2. kasować	1. уничтожать 2. отменять, устранять
naktiniai marškiniaĩ	nightdress (Brit.), nightgown (Am.)	chemise de nuit	Nachthemd	koszula nocna	ночная рубашка

naktinis, -ė	night (attr)	de nuit	nächtlich	nocny, -a, -e	ночной, -ая, -ое
naktis	night	nuit	Nacht	noc	ночь
nakvynė	place to stay the night	abri pour la nuit	Übernachtung	nocleg	ночлег
nakvóti	spend the night	passer la nuit	übernachten	nocować	ночевать
namaĩ	home	maison; chez soi	Heim, Haus	dom	дом
nãmas	house	maison	Haus	dom	дом
namiẽ	at home	être chez soi; à domicile	zu Hause	w domu, u siebie	дóма
naminis, -ė	1. domestic 2. home-made	1. domestique 2. fait, -e à la maison	Haus-	domowy, -a, -e	домашний, -яя, -ее
namõ	home (adv)	à la maison	nach Hause	do domu	домой
narcìzas	daffodil	narcisse	Narzisse	narcyz	нарцисс
narỹs, -ė̃	member	membre	Mitglied	członek, -kini	член
narkomãnas, -ė	drug addict	toxicomane	der/die Drogensüchtige	narkoman, -ka	наркоман, -нка
narkòtikas	narcotic	drogue	Droge	narkotyk	наркотик
nar̃vas	cage	cage	großer Käfig, Zwinger	klatka	клетка
narvẽlis	small cage	petite cage	Käfig	klatka	клетка
našláitė	pansy	pensée	Veilchen	fiołek	анютины глазки
našláitis, -ė	orphan	orphelin, -e	Waise, Waisenkind	sierota, -tka	сирота
našlė̃	widow	veuve	Witwe	wdowa	вдова
našlỹs	widower	veuf	Witwer	wdowiec	вдовец
natūralùs, -ì	natural	naturel, -le	Natur-	naturalny, -a, -e	натуральный, -ая, -ое
naudà	benefit, use (n)	profit	Nutzen	korzyść	польза
naudìngas, -a	useful	utile	nützlich	korzystny, -a, -e	полезный, -ая, -ое
naudiniñkas	dative case	datif	Dativ	celownik	дательный падеж
naudóti	use (v)	utiliser	gebrauchen, benutzen, anwenden	korzystać	использовать
naudótis	use (v) for oneself	utiliser, user	benutzen, gebrauchen	korzystać, używać	пользоваться
naujãgimis, -ė	newborn (baby)	nouveau-né, -e	der/die Neugeborene	noworodek	новорождённый, -ая
naũjas, -à	new	nouveau, -elle	neu	nowy, -a, -e	новый, -ая, -ое
Naujieji mẽtai	New Year	Nouvel An	Neujahr	Nowy Rok	Новый год
naujiena	a piece of news	nouvelle	Neuigkeit	nowina, nowość	новость
nè	no, not	non	nein, nicht	nie	не, нет
nė-	not, in-, un-, non-, dis-	ne pas; pas; non; in-; dé-	un-, dis-, miss-	nie-	не-
nė̃	not even	pas un	nicht, kein	ani	ни

LIETUVIŲ KALBA	ENGLISH	FRANÇAIS	DEUTSCH	JĘZYK POLSKI	РУССКИЙ ЯЗЫК
neaiškiai	not clearly	indistinctement	unklar, undeutlich, unverständlich	niejasno	неясно
neaiškus, -i	unclear	indistinct, -e	unklar, undeutlich	niejasny, -a, -e	неясный, -ая, -ое
neapykanta	hatred, intolerance	haine	Hass	nienawiść	ненависть
neaštrus, -i	not sharp; mild (of food)	émoussé, -e; pas fort, -e	unscharf	nieostry, -a, -e	неострый, -ая, -ое; тупой, -ая, -ое
neatitikti	be inadequate, not correspond to	être inadéquat	nicht entsprechen widersprechen	nie pasować, nie odpowiadać	не соответствовать
neatsargus, -i	careless	imprudent, -e	unvorsichtig	nieostrożny, -a, -e	неосторожный, -ая, -ое
nebalintas, -a	unbleached	noir	ohne Milch	niebielony, -a, -e	без молока, без сливок
nebe-	no longer	ne ... plus	nicht mehr	już nie	больше не (с глаголом или именем прилагательным)
nebrangus, -i	inexpensive	pas cher, -e	nicht teuer	niedrogi, -a, -ie	недорогой, -ая, -ое
nedarbas	unemployment	chômage	Arbeitslosigkeit	bezrobocie	безработица
nedaug	little, few	pas beaucoup	nicht viel	niedużo	немного
nedaugelis	few	peu (de gens)	nicht viele, wenige	nieduzo; niewielu	немногие
nedemokratiškas, -a	undemocratic	pas démocratique	nicht demokratisch	niedemokratyczny, -a, -e	недемократичный, -ая, -ое
nedidelis, -ė	small	pas grand, -e	nicht groß	nieduży, -a, -e; niewielki, -a, -ie	небольшой, -ая, -ое
nedoras, -a	immoral, dishonest	malhonnête	ehrlos, unsittlich, unmoralisch	niemoralny, -a, -e	непорядочный, -ая, -ое; безнравственный, -ая, -ое
nedrąsus, -i	timid	timide	schüchtern	nieśmiały, -a, -e	несмелый, -ая, -ое
nedrausmingas, -a	undisciplined	indiscipliné, -e	undiszipliniert	niezdyscyplinowany, -a, -e	недисциплинированный, -ая, -ое
neduok Dieve	God forbid	à Dieu ne plaise	Gott bewahre/behüte	nie daj Boże	не дай Бог
negalėjimas	inability	impossibilité	Unmöglichkeit	niemoc	невозможность
negalėti	be incapable/unable	ne pas pouvoir	nicht können	nie móc	не мочь
negali būti	that is impossible, it cannot be	il est impossible	unmöglich	nie może być	не может быть
negalima	prohibited	il est défendu	unmöglich, verboten	nie można; nie wolno	нельзя
negaluoti	be unwell	être indisposé, -e	sich nicht wohl fühlen	niedomagać, że się czuć	быть нездоровым
negarbingas, -a	dishonorable	malhonnête	ehrlos	niehonorowy, -a, -e	бесчестный, -ая, -ое

negarsùs, -ì	1. soft (of sounds) 2. not famous	1. bas, -se 2. pas célèbre	1. leise 2. nicht bekannt	1. nieglośny, -a, -e 2. nieslynny, -a, -e	1. тихий, -ая, -ое 2. неизвестный, -ая, -ое
negausùs, -ì	scarce	peu abondant, -e	nicht reichlich	nieobfity, -a, -e	необильный, -ая, -ое
negẽra	bad, unwell	pas bien	nicht gut	niedobrze	нехорошо
negeraĩ	badly	mal	nicht gut	niedobrze	нехорошо
negẽras, -à	bad	mauvais, -e	nicht gut	niedobry, -a, -e	нехороший, -ая, -ое
negývas, -à	dead	mort, -e	tot, leblos	nieżywy, -a, -e	мёртвый, -ая, -ое
negražùs, -ì	plain, ugly	laid, -e	unschön, hässlich	nieładny, -a, -e	некрасивый, -ая, -ое
negriežtas, -à	mild, not strict, not severe	pas sévère	nicht streng	niesurowy, -a, -e; łagodny, -a, -e	нестрогий, -ая, -ое
negù	than	que	als (beim Vergleich)	niż	чем, нежели
neĩ ... neĩ	neither ... nor	ni ... ni	weder ... noch	ani ... ani	ни ... ни
neįdomùs, -ì	uninteresting, boring	pas intéressant, -e	nicht interessant	nieciekawy, -a, -e	неинтересный, -ая, -ое
neig.	negative, word with prefix ne-	mot avec préfixe ne-	Negation	wyraz z przedrostkiem ne-	слово с приставкой не-
neįgalùs, -ì	disabled	infirme; mutilé, -e	der/die Behinderte	kaleki, -a, -ie	инвалид
neĩgiamai	negatively	négativement	negativ	negatywnie	отрицательно
neĩgiamas, -à	negative	négatif, -ve	negativ	negatywny, -a, -e	отрицательный, -ая, -ое
neĩgiamàsis sakinỹs	negative sentence	phrase négative	Negativsatz	zdanie negatywne	отрицательное предложение
neĩgti	deny, negate	nier	verneinen, negieren	zaprzeczać	отрицать
neilgaĩ	not long (adv)	pas longtemps	nicht lange	niedługo	недолго
neil̃gas, -à	not long (adj), short	pas longue	nicht lang	niedługi, -a, -ie	недлинный, -ая, -ое; недолгий, -ая, -ое
neišlaikýti	1. fail 2. not keep/preserve	1. ne pas réussir 2. ne pas maintenir	1. nicht bestehen (Examen) 2. nicht aushalten	1. nie zdać (egzaminu) 2. nie utrzymać	1. не сдать (экзамен), не выдержать
neištikimas, -à nejaũ, nejaũgi	unfaithful indeed, really, well	infidèle est-il possible, vraiment	untreu in der Tat, wirklich	niewierny, -a, -e czyż, czyżby	неверный, -ая, -ое неужели
nejaukùs, -ì nekaĩp	awkward (feeling) poorly	peu agréable mal	ungemütlich nicht besonders gut	nieprzytulny, -a, -e marnie, źle	неуютный, -ая, -ое плохо, не очень хорошо
nekaltas, -à nekę̃sti	innocent, not guilty hate	innocent, -e haïr	unschuldig hassen	niewinny, -a, -e nienawidzieć	невиновный, -ая, -ое ненавидеть
nekirčiuotas, -a	unstressed	inaccentué, -e	nicht betont	nieakcentowany, -a, -e	безударный, -ая, -ое

LIETUVIŲ KALBA	ENGLISH	FRANÇAIS	DEUTSCH	JĘZYK POLSKI	РУССКИЙ ЯЗЫК
nekóks, nekokià	poor, bad	médiocre	minderwertig, nicht glänzend	nijaki, -a, -ie; mizerny, -a, -e	плохой, -ая, -ое; не очень хороший, -ая, -ое
nekreĩpti dėmesio	disregard, ignore	ne pas faire attention	nicht beachten, nicht berücksichtigen	nie zwracać uwagi	не обращать внимания
nelabaĩ	not (very) much	pas beaucoup	nicht besonders	nie bardzo, niezbyt	не очень
neláimė	misfortune	malheur	Unglück	nieszczęście; bieda	несчастье
nelaimingaĩ	unhappily, badly	mal	unglücklich	nieszczęśliwie	несчастливо
nelaimìngas, -a	unhappy, unlucky, unfortunate	malheureux, -euse	unglücklich	nieszczęśliwy, -a, -e	несчастливый, -ая, -ое
nelaĩsvė	captivity	captivité	Gefangenschaft, Unfreiheit	niewola	плен, неволя
nelygýbė	inequality	inégalité	Ungleichheit	nierówność	неравенство
nelýgus, -i	rough, uneven; unequal	bosselé, -e; irrégulier; inégal, -e	holprig, uneben, rauh	nierówny, -a, -e	неровный, -ая, -ое; неравный, -ая, -ое
nemadìngas, -a	unfashionable	démodé, -e	nicht modisch	niemodny, -a, -e	немодный, -ая, -ое
nemalonùmai	unpleasant experiences	désagréments, ennuis	Unannehmlichkeiten	nieprzyjemności	неприятности
nemalonùs, -ì	unpleasant	désagréable	unangenehm, widerwärtig	nieprzyjemny, -a, -e	неприятный, -ая, -ое
nemandagùs, -ì	impolite	impoli, -e; malpoli,-e	unhöflich, ungezogen	niegrzeczny, -a, -e	невежливый, -ая, -ое
nemažaĩ	a good deal of	beaucoup, pas mal	recht viel, nicht viele	niemało	немало
nemėgstamas, -à	disliked	non préféré, -e; non aimé, -e	unbeliebt	nielubiony, -a, -e	нелюбимый, -ая, -ое; ненравящийся, -аяся, -ееся
nemėgti	dislike	ne pas aimer	nicht mögen, nicht gern haben	nie lubić	не любить
nemókamai	free (of charge) (adv)	gratuitement	kostenlos, unentgeltlich	bezpłatnie	бесплатно
nemókamas, -à	free (of charge) (adj)	gratuit, -e	kostenlos, frei	bezpłatny, -a, -e	бесплатный, -ая, -ое
nenaudìngas, -a	useless	inutile	unnütz, nutzlos	niekorzystny, -a, -e	бесполезный, -ая, -ое
nenuoširdùs, -ì	insincere	pas sincère	unaufrichtig	nieserdeczny, -a, -e	неискренний, -яя, -ее
nepagarbiaĩ	disrespectfully	sans respect	unhöflich, grob	niegrzecznie	неуважительно
nepakañkamai	insufficiently	insuffisamment	nicht genug	niedostatecznie	недостаточно
nepanašùs, -ì	unlike, dissimilar	qui ne ressemble pas à	nicht ähnlich	niepodobny, -a, -e	непохожий, -ая, -ее
nepàprastas, -à	unusual, extraordinary	extraordinaire	ungewöhnlich	nadzwyczajny, -a, -e	необыкновенный, -ая, -ое
nepasitenkinimas	dissatisfaction	mécontentement	Unzufriedenheit	niezadowolenie	неудовлетворённость

nepastebėti	overlook	ne pas remarquer	nicht bemerken	nie zauważyć	не заметить
nepatenkintas, -a	discontented, dissatisfied	mécontent, -e	unzufrieden	niezadowolony, -a, -e	недовольный, -ая, -ое
nepavojingas, -a	harmless, not dangerous	sans danger	harmlos, ungefährlich, gefahrlos	biezpieczny, -a, -e	безопасный, -ая, -ое
nepažinti	be unfamiliar with, not recognize	ne pas connaître	1. nicht erkennern 2. nicht kennen	nie poznać	не узнать
nepopuliarūs, -i	unpopular	impopulaire	unbeliebt	niepopularny, -a, -e	непопулярный, -ая, -ое
nepriklaūsomas, -a	independent	indépendant, -e	unabhängig, selbständig	niepodlegly, -a, -e; niezależny, -a, -e	независимый, -ая, -ое
nepriklausomýbė	independence	indépendance	Unabhängigkeit	niepodległość	независимость
neprivãlomas, -a	optional	facultatif, -ve	fakultativ, nicht obligatorisch, unverbindlich	nieobowiązkowy, -a, -e	необязательный, -ая, -ое
neprotingas, -a	unreasonable, unintelligent, stupid	déraisonnable	unverständig, unvernünftig	niemądry, -a, -e	неумный, -ая, -ое
nėrà už ką̃	not at all, don't mention it	il n'y a pas de quoi	keine Ursache, gern geschehen	nie ma za co	не за что
nereikalingas, -a	needless, unnecessary	inutile	unnötig, entbehrlich	niepotrzebny, -a, -e	ненужный, -ая, -ое
nėrimas	anxiety, worry	inquiétude	Unruhe, Besorgnis	niepokój	беспокойство, тревога
nerimáuti	be anxious, worry	s'inquiéter	sich beunruhigen	niepokoić się	беспокоиться, тревожиться
nértas, -à	crocheted	tricoté, -e	gestrickt, gehäkelt	zrobiony, -a, -e szydełkiem	вязаный, -ая, -ое (крючком)
nérti¹	crochet	plonger	(unter) tauchen	nurkować	нырять
nérti²	dive	tricoter	stricken, häkeln	robić z szydełkiem	вязать (крючком)
nėrvas	nerve	nerf	Nerv	nerw	нерв
nervingas, -a	nervous	nerveux, -euse	nervös	nerwowy, -a, -e	нервный, -ая, -ое
nėrvinti	make nervous	énerver	nerven, ärgern	denerwować	раздражать
nėrvintis	be nervous	s'énerver	nervös werden	denerwować się	нервничать
nės	because, for	parce que	denn, weil	ponieważ, bo	потому что, так как, ибо
nesáldintas, -a	without sugar, unsweetened	pas sucré, -e	nicht gesüßt	niesłodzony, -a, -e	неподслащённый, -ая, -ое
nesąmonė	nonsense	chose absurde	Unsinn	nonsens	нелепость, бессмыслица

LIETUVIŲ KALBA	ENGLISH	FRANÇAIS	DEUTSCH	JĘZYK POLSKI	РУССКИЙ ЯЗЫК
nesaugus, -ì	insecure, unsafe	dangereux, -euse; peu sûr, -e	unsicher	niebezpieczny, -a, -e; niechroniony, -a, -e	небезопасный, -ая, -ое
nesėkmė	failure	malchance	Misserfolg	niepowodzenie	неудача
nesėkmìngas, -a	unlucky, unsuccessful	sans succès	erfolglos	nieudany, -a, -e; niepomyślny, -a, -e	неблагополучный, -ая, -ое; неудачный, -ая, -ое
neseniaĩ	not long ago, recently	récemment	neulich, unlängst, kürzlich	niedawno	недавно
nesirūpìnti	not take care of, neglect	ne pas se soucier, négliger	sich nicht kümmern, nicht sorgen	nie troszczyć się	не заботиться
nesisèkti	fail, be unsuccessful	ne pas réussir; ne pas avoir de la chance	schwerfallen, misslingen, missglücken	nie udawać się	не удаваться, не везти
neskanùs, -ì	not tasty, not delicious	pas bon, -e	nicht lecker, unschmackhaft	niesmaczny, -a, -e	невкусный, -ая, -ое
neskonìngas, -a	tasteless	de mauvais goût	geschmacklos	bez gustu	безвкусный, -ая, -ое
nesmarkùs, -ì	moderate	modéré, -e	nicht stark, nicht heftig	umiarkowany, -a, -e	несильный, -ая, -ое
nesudėtìngas, -a	simple, uncomplicated	pas compliqué, -e	einfach, nicht kompliziert	nieskomplikowany, -a, -e	несложный, -ая, -ое
nesūdytas, -a	without salt, unsalted	pas salé, -e	nicht gesalzen	niesolony, -a, -e	несолёный, -ая, -ое
nesupràntamas, -à	incomprehensible	incompréhensible	unbegreiflich, unverständlich	niezrozumiały, -a, -e	непонятный, -ая, -ое
nesutìkti	1. disagree 2. not meet	1. ne pas être d'accord 2. ne pas rencontrer	1. widersprechen 2. nicht abholen	1. nie zgadzać się 2. nie spotykać	1. не соглашаться 2. не встретить
nesvarbùs, -ì	unimportant	pas important, -e	unwichtig, unwesentlich	nieważny, -a, -e	неважный, -ая, -ое
nesveĩkas, -à	unhealthy	1. en mauvaise santé 2. malsain	krank, ungesund	niezdrowy, -a, -e	нездоровый, -ая, -ое
nėščia	pregnant	enceinte	schwanger	ciężarna	беременная
nešìkas, -ė̃	porter	porteur, -euse	Gepäckträger, Träger	tragarz	носильщик
nešióti	1. carry 2. wear	choyer; porter	tragen; herumtragen	nosić	носить
nešiótis	carry (for oneself)	avoir avec soi	mittragen	nosić (ze sobą)	носить (с собой)
nèšti	carry	porter	tragen	nieść	нести
nèštis	carry (for oneself)	porter; amener	tragen	nieść (ze sobą)	нести (с собой)
nėštumas	pregnancy	grossesse	Schwangerschaft	ciąża	беременность
neštuvai	stretchers	civière	Tragbahre, Trage	nosze	носилки

nešulys	luggage, bag (anything carried by hand)	fardeau	Gepäck, Last	przenoszona rzecz	ноша
nešvarà	dirtiness	malpropreté	Schmutz, Dreck	brud, nieczystości	грязь
nešvarùs, -ì	dirty, unclean	malpropre, sale	schmutzig, unsauber, unrein	brudny, -a, -e; nieczysty, -a, -e	грязный, -ая, -ое
nèt	even (adv)	même	sogar; selbst	nawet, aż	даже
netaisyklìngas, -a	incorrect	irrégulier, -ère	unregelmäßig	niepoprawny, -a, -e	неправильный, -ая, -ое
neteisė́tas, -a	illegal, illegitimate	illégal, -e	ungesetzlich	bezprawny, -a, -e	незаконный, -ая, -ое
neteisùs, -ì	wrong	qui a tort	unrecht, ungerecht	nie mający (-a, -e) racji	неправ, -а, -о
netekė́jusi	single, unmarried (of a woman)	célibataire	unverheiratet, ledig	niezamężna	незамужняя
netèkti	lose	perdre	einbüßen, verlieren	stracić	потерять, лишиться
netyčia	accidentally, unintentionally	par mégarde; pas exprès	unabsichtlich	niechcący	нечаянно
netiesà	untruth	mensonge	Unwahrheit	nieprawda	неправда
netiesióginis, -ė	indirect	indirect, -e	indirekt	niebezpośredni, -a, -ie	косвенный, -ая, -ое
netikė́tas, -a	unexpected	inattendu, -e	unerwartet	niespodziewany, -a, -e	неожиданный, -ая, -ое
netìkras, -à	artificial	artificiel, -le	unecht, künstlich, unnatürlich	sztuczny, -a, -e	ненастоящий, -ая, -ее; искусственный, -ая, -ое
netìkslus, -ì	inaccurate, inexact	inexact, -e	ungenau	niedokładny, -a, -e	неточный, -ая, -ое
netiñkamas, -à	unfit, unsuitable	inconvenant, -e	untauglich, ungeeignet	niezdatny, -a, -e	непригодный, -ая, -ое
netólimas, -à	not far, not distant	proche	nicht weit	niedaleki, -a, -ie	недалёкий, -ая, -ое
netriukšmáuti	be quiet, not make noise	ne pas faire du bruit	keinen Lärm machen	nie hałasować	не шуметь
netvarkà	disorder	désordre	Unordnung	nieporządek	беспорядок
netvarkìngas, -a	untidy, messy	désordonné, -e; en désordre	unordentlich	nieporządny, -a, -e	беспорядочный, -ая, -ое; неаккуратный, -ая, -ое
neužìmtas, -à	vacant, unoccupied	inoccupé, -e	unbesetzt, frei	niezajęty, -a, -e	незанятый, -ая, -ое
neužsiė̃męs, -usi	free, not busy	pas occupé, -e	nicht beschäftigt	niezajęty, -a, -e	незанятой, -ая, -ое
nevedęs	single, unmarried (of a man)	célibataire	unverheiratet, ledig	nieżonaty	холостой
neveikiamóji rū́šis	passive voice	voie passive, passif	Passiv	strona bierna	страдательный залог
nė́ víenas, nė́ vienà	none, not even one	aucun, -e; personne	kein, keine	ani jeden, ani jedna	ни один, ни одна
nežìnomas, -a	unknown	inconnu, -e	unbekannt	niewiadomy, -a, -e	неизвестный, -ая, -ое
niekadà	never	jamais	niemals, nie	nigdy	никогда

LIETUVIŲ KALBA	ENGLISH	FRANÇAIS	DEUTSCH	JĘZYK POLSKI	РУССКИЙ ЯЗЫК
niẽkaip	in no way, by no means	en aucune façon	keinesfalls, durchaus nicht, keineswegs	w żaden sposób	никак
niẽkas	nobody, nothing	personne; rien	niemand, nichts	nikt, nic	никто, ничто
niẽkur	nowhere	nulle part	nirgends, nirgendwo, nirgendwohin	nigdzie	нигде, никуда
niežėti	itch (v)	démanger	jucken	świerzbić	чесаться
nóras	wish, desire (n)	désir	Wunsch, Lust	chęć, ochota	желание
norėti	want (v)	vouloir	wollen, wünschen	chcieć	хотеть
nórs¹	(al)though	quoique	obwohl, obgleich, zwar	choć	хотя
nórs²	at least	au moins	wenigstens, doch	choćby, przynajmniej	хотя бы
nósinė	handkerchief	mouchoir	Taschentuch	chustka do nosa	носовой платок
nósis	nose	nez	Nase	nos	нос
notãras, -ė	notary	notaire	Notar, -in	notariusz, -szka	нотариус
nuauti	take off (shoes)	déchausser	ausziehen	rozzuć	разуть/разувать
nubausti	punish, fine (v)	infliger une amende; punir	bestrafen	ukarać	оштрафовать
nubraižyti	draw	ébaucher	zeichnen	nakreślać	начертить, провести (линию)
nubrėžti	draw	tracer	zeichnen	nakreślić	начертить
nudažyti	colo(u)r, dye, paint (v)	peindre	färben, streichen	pomalować	(п)окрасить
nudègti	burn	se brûler	sich(D) verbrennen	opalić się	обгореть
nueĩti	1. go 2. go away	1. se rendre 2. s'en aller	1. gehen 2. weggehen, verschwinden	1. pójść 2. odejść	1. пойти, сходить 2. уйти
nufotografúoti	photograph (v)	photographier	fotografieren	sfotografować	сфотографировать
nugaĩšti	die (of animals)	crever	krepieren, sterben	zdechnąć	подохнуть
nugalėti	defeat (v)	vaincre	besiegen	zwyciężyć	победить
nùgara	back (n)	dos	Rücken	plecy	спина
nuginklúoti	disarm	désarmer	entwaffnen	rozbroić	разоружить
nugrim̃zti	sink (v)	s'immerger	versinken	pogrążyć się	погрузиться
nuim̃ti	take off, remove	ôter, enlever	abräumen, wegnehmen, wegtun	zdjąć	убрать
nukáinoti	reduce (the price of), mark down	réduire le prix	herabsetzen (Preise)	przecenić	уценить

nukélti	take (smb., sth.) off	enlever, ôter	abnehmen	zdjąć	снять
nukentėti	suffer	être victime	einen Schaden davontragen	ucierpieć	пострадать
nukir̃pti	cut off	couper	schneiden, abschneiden	obciąć (włosy)	постричь
nukir̃sti	cut down	couper	abhauen	obciąć	срубить
nukreĩpti	direct (v)	diriger	lenken, ablenken, verweisen	skierować	направить
nukristi	fall down	tomber	fallen	spaść	упасть
nulakúoti	varnish (v)	vernir	mit Lack bedecken	polakierować	покрыть лаком
nuláužti	break off	ébrancher; casser	brechen, abbrechen	ułamać	сломать
nuléisti	lower (v)	descendre	herunterlassen, senken	spuścić	опустить
nulìpti	climb down; dismount	descendre	absteigen, hinabsteigen	zejść	спуститься
nùlis	zero	zéro	Null	zero	ноль
nulùpti	peel (v)	écorcer	schälen	obrać (skórkę)	содрать
nulū́žti	break off	se casser	abbrechen	ułamać się	обломаться/обломиться; сломаться
numatýti	foresee	prévoir	voraussehen	przewidzieć	предвидеть
numáuti	take off (pants, gloves, etc.)	enlever; retirer (un vêtement)	ausziehen	zdjąć; zsunąć	снять (брюки, перчатки)
nùmeris	number (n)	numéro	Nummer	numer	номер
numeriùkas	tag (n)	jeton (de vestiaire)	Marke, Jeton	numerek	номерок
numèsti	drop, throw	jeter, lancer	werfen, umwerfen	zrzucić	сбросить
nunèšti	carry away, take	porter	hintragen, forttragen	odnieść	унести
nuõ	from; off; since	depuis; de; à cause de	von; seit; ab; an; gegen; vor	od; z	от; с (кого, чего)
nuobodùs, -ì	boring	ennuyeux, -euse	langweilig	nudny, -a, -e	скучный, -ая, -ое
nuodaĩ	poison, venom	poison	Gift	trucizna; jad	яд
núodėmė	sin (n)	péché	Sünde	grzech	грех
nuodìngas, -a	poisonous	toxique	giftig	trujący, -a, -e; jadowity, -a, -e	ядовитый, -ая, -ое
núogas, -à	naked	nu, -e	nackt	goły, -a, -e	голый, -ая, -ое
núolaida	reduction, discount	réduction	Ermäßigung, Rabatt	zniżka	скидка
nuõlat, nuolatõs	constantly	continuellement	stets, ständig	ciągle	постоянно
nuolatìnis, -ė	constant, permanent	continu, -e; permanent, -e	ständig, dauernd	stały, -a, -e; ciągły, -a, -e	постоянный, -ая, -ое
núoma	hire, rent (n)	loyer	Miete	wynajem	наём, аренда

LIETUVIŲ KALBA	ENGLISH	FRANÇAIS	DEUTSCH	JĘZYK POLSKI	РУССКИЙ ЯЗЫК
núomininkas, -ė	tenant, renter	locataire	Mieter	najemca	арендатор; съёмщик
núomonė	opinion	opinion	Meinung	zdanie, opinia	мнение
núomoti	let, rent (v)	louer (donner en location, prendre en location)	mieten, vermieten	wynająć	1. сдавать внаём 2. брать внаём (напрокат)
núomotis	hire (a car), rent (for oneself)	louer (prendre en location)	mieten	wynajmować (sobie)	брать внаём, снимать
núomotojas, -a	landlord, landlady	propriétaire; loueur, -euse	Vermieter	wynajmujący, -a	арендатор
núopelnas	merit (n)	mérite	Verdienst	zasługa	заслуга
núorašas	copy (n)	copie	Kopie	odpis	копия
núosaka	mood (in grammar)	mode	Modus	tryb	наклонение
núosavas, -à	own (adj)	propre	eigen	własny, -a, -e	собственный, -ая, -ое
nuosavýbė	property	propriété	Eigentum	własność	собственность
núosprendis	verdict	verdict	Urteil	wyrok	приговор
nuostabùs, -ì	wonderful	superbe; magnifique	schön, wunderbar, märchenhaft	zdumiewający, -a, -e; wspaniały, -a, -e	изумительный, -ая, -ое
núostolis	loss	perte	Schaden	szkoda	убыток, ущерб
nuoširdùs, -ì	sincere	sincère	herzlich	serdeczny, -a, -e	искренний, -яя, -ее
núotaika	mood (emotion)	humeur	Stimmung, Laune	nastrój	настроение
núotykis	adventure	aventure	Abenteuer	przygoda	приключение
núotrauka	photo(graph)	photo	Aufnahme, Fotografie	zdjęcie	снимок, фотография
nupiẽšti	draw	dessiner	malen	narysować	нарисовать
nupiñti	weave	tresser	flechten	upleść	сплести, заплести
nupir̃kti	buy	acheter	kaufen	kupić	купить
nupjáuti	cut off	couper	(ab)schneiden	obciąć, obkroić	отрезать
nupláuti	wash	laver	abwaschen	umyć	вымыть
nuplė́šti	tear off	enlever, arracher	reißen	zerwać	сорвать
nuplìkti	get bald	devenir chauve	eine Glatze bekommen, kahl (köpfig) werden	obysieć	облысеть
nupū̃sti	blow away	souffler; enlever	wegblasen	zdmuchnąć; zwiać	сдуть
nureñgti	undress	deshabiller	ausziehen	rozebrać	раздеть
nurìmti	calm/settle down	se calmer; s'apaiser	sich beruhigen	ucichnąć; uspokoić się	успокоиться
nurýti	swallow (v)	avaler	schlucken	połknąć	проглотить

nurodyti	direct, point out	indiquer	angeben	wskazać	указать
nusiaũti	take off (one's shoes)	se déchausser	ausziehen	zdejmować buty	разуться
nusibósti	become boring	en avoir assez; être excédé	überdrüssig werden, langweilig werden	znudzić się	надоесть
nusidažýti	dye, paint (for oneself)	teindre, se faire teindre	(Haare) färben lassen	pomalować się	покрасить (себе)
nusifotografúoti	have one's photo taken	se faire prendre en photo	sich fotografieren lassen	sfotografować się	сфотографироваться
nusiginklúoti	disarm oneself	se désarmer	abrüsten	rozbroić się	разоружиться
nusiim̃ti	take off (hat, etc.)	enlever	abnehmen	zdjąć (sobie)	снять
nusikal̃sti	commit a crime	commettre un crime	sich vergehen, ein Verbrechen begehen	przewinić	провиниться
nusikaltẽlis, -ė	criminal	criminel, -le	Verbrecher, -in	przestępca, -czyni	преступник, -ница
nusikaltìmas	crime	crime	Verbrechen	przestępstwo	преступление
nusikéikti	swear, curse	jurer	fluchen	zakląć	выругаться
nusikir̃pti	cut; have one's hair cut	couper; se faire couper	sich(D) schneiden lassen	ostrzyc się	постричься
nusilakúoti	varnish (for oneself)	vernir	mit Lack bedecken	polakierować (sobie)	покрыть лаком (себе)
nusiléisti	1. land (v), descend 2. set (of sun/moon)	1. descendre 2. coucher (du soleil, de la lune)	1. herabsteigen, hinabsteigen 2. untergehen (Sonne)	1. spuścić się 2. zachodzić	1. спуститься 2. зайти (о солнце/луне)
nusileñkti	bend down, bow (v)	s'incliner	sich verbeugen	ukłonić się	поклониться
nusimáuti	take off (one's trousers, etc.)	ôter (un pantalon, etc.)	ausziehen	zdejmować sobie (np. spodnie)	снять (с себя брюки, перчатки)
nusimiñti	get depressed	se désoler	verzweifelt werden, in Verzweiflung geraten	wpaść w rozpacz	расстроиться/ расстраиваться
nusipelnęs, -iusi	deserving	émérite	verdient	zasłużony, -a, -e	заслуженный, -ая, -ое
nusipelnýti	deserve	mériter	verdienen	zasłużyć	заслужить
nusipir̃kti	buy (for oneself)	acheter	sich(D) kaufen	kupić (sobie)	купить (себе)
nusipláuti	wash (one's hands/car, etc.)	se laver	sich(D) waschen, waschen	umyć się	вымыть (себе)
nusipraũsti	wash (oneself)	se débarbouiller	sich waschen	umyć się	умыться
nusireñgti	undress	se déshabiller	(Kleider) ablegen, sich ausziehen	rozebrać się	раздеться
nusiskùsti	shave	se raser	sich rasieren	ogolić się	побриться
nusispjáuti	spit (v)	cracher	spucken	plunąć	плюнуть
nusišypsóti	smile (v)	sourir	lächeln	uśmiechnąć się	улыбнуться

LIETUVIŲ KALBA	ENGLISH	FRANÇAIS	DEUTSCH	JĘZYK POLSKI	РУССКИЙ ЯЗЫК
nusišluostyti	wipe, dry oneself	s'essuyer	abwischen	wytrzeć się	утереть
nusišnýpšti	blow one's nose	se moucher	sich(D) die Nase putzen	wysmarkać się	высморкаться
nusivalýti	clean (one's shoes, etc.) (for oneself)	se nettoyer	putzen (Schuhe)	wytrzeć/wycierać (sobie)	вытереть (себе)
nusivìlti	be disappointed	être déçu, -e	sich enttäuschen	rozczarować się	разочароваться
nusižeñgti	commit an offense	se rendre coupable	sündigen, sich vergehen	przewinić	провиниться
nusižudýti	kill oneself, commit suicide	se suicider	Selbstmord begehen	zabić się, popełnić samobójstwo	покончить с собой
nuskę̃sti	drown	se noyer	ertrinken, versinken	utopić się	утонуть
nuskìnti	pick (v), pluck	cueillir	abpflücken	zerwać	сорвать
nuskrìsti	fly (away)	s'envoler	abfliegen, fliegen	polecieć	улететь
nusprę̃sti	decide	décider	beschließen	zdecydować się	решить
nustatýti	set, determine	établir; fixer	aufziehen (Wecker); bestimmen, feststellen	obstawić; ustalić	установить
nustebìnti	surprise (v)	étonner	verwundern	zadziwić	удивить
nustèbti	be suprised	être étonné, -e	sich (ver) wundern	zdziwić się	удивиться
nustóti	stop, cease	cesser	aufhören	ustać, przestać	перестать, прекратить
nušálti	freeze	perir	erfrieren, frieren	odmrozić (sobie)	замёрзнуть
nušáuti	shoot (v)	tuer	erschießen	zastrzelić	застрелить
nusišluostyti	wipe off	1. essuyer 2. épousseter	abwischen, sauber machen	1. otrzeć/ocierać 2. wytrzeć/wycierać	вытереть
nušlúoti	sweep (away)	balayer	kehren, wegfegen, sauber machen	zmieść	смести
nutařti	decide, resolve	désider	beschließen, einen Beschluss fassen	postanowić	постановить
nuteĩsti	convict, sentence	condamner	verurteilen	skazać	приговорить
nutiřpti	1. melt 2. become numb	1. se fondre 2. s'engourdir	1. tauen 2. absterben, einschlafen (Fuß)	1. stopnieć, stopić się 2. zdrętwieć	1. растаять 2. онеметь
nutráukti	interrupt; break off	interrompre; rompre	1. unterbrechen 2. zerreißen	1. przerwać 2. urwać	1. прервать 2. оторвать
nutrìnti	1. erase 2. cause a blister	1. effacer 2. faire mal (de chaussures)	1. abwischen, abkratzen 2. sich(D) die Füße blutig reiben	1. zetrzeć/ścierać 2. obetrzeć	1. стереть 2. натереть

nutrūkti	break off	se rompre	reißen	przerwać się
nutūpti	land (v)	atterrir	sich setzen; landen	usiąść
nuvalýti	clean off	nettoyer	abstauben, abwischen, reinigen	wyczyścić
nuvažiúoti	go (by car, bus, etc.)	aller, partir	(hin)fahren	pojechać
nuvėžti	drive, take (by car, etc.)	voiturer	(hin)fahren, bringen	zawieźć
nuvỹkti	go	aller	fahren, sich begeben	udać się, pojechać
nužudýti	kill, murder	tuer	ermorden	zamordować

	оборваться
	сесть; приземлиться
	убрать, очистить
	поехать, уехать, доехать
	отвезти
	поехать, отправиться
	убить

O

LIETUVIŲ KALBA	ENGLISH	FRANÇAIS	DEUTSCH	JĘZYK POLSKI	РУССКИЙ ЯЗЫК
õ¹	o, oh	ô, oh	oh, aber	o, och	о
õ²	and, but	et, mais	und, aber	a	а
obelìs	apple-tree	pommier	Apfelbaum	jabłoń	яблоня
obuolỹs	apple	pomme	Apfel	jabłko	яблоко
óda	1. skin	1. peau	1. Haut	skóra	кожа
	2. leather	2. cuir	2. Leder		
odìnis, -ė	leather (adj)	de cuir	ledern	skórkowy, -a, -e	кожаный, -ая, -ое
õi	dear, oh	aie, oh	aua	oj, ojej	ой
omletas	omelette	omelette	Omelett	omlet	омлет
òpera	opera	opéra	Oper	opera	опера
operãcija	operation	opération	Operation	operacja	операция
operãcinė	operating room	salle d'opérations	Operationsraum	sala operacyjna	операционная
operúoti	operate	opérer	operieren	operować	оперировать
oránžinis, -ė	orange (adj)	orange	orange	pomarańczowy, -a, -e	оранжевый, -ая, -ое
óras	1., 2. air	1., 2. air	1., 2. Luft	1., 2. powietrze	1., 2. воздух
	3. weather	3. temps	3. Wetter	3. pogoda	3. погода
óro úostas	airport	aéroport	Flughafen	lotnisko	аэропорт
orų prognõzė	weather forecast	prévision de temps	Wettervorhersage	prognoza pogody	прогноз погоды
órganas	1. organ	organe	Organ	organ	орган
	2. body				
organizãcija	organization	organisation	Organisation	organizacja	организация

LIETUVIŲ KALBA	ENGLISH	FRANÇAIS	DEUTSCH	JĘZYK POLSKI	РУССКИЙ ЯЗЫК
organizātorius, -ė	organizer	organisateur, -trice	Organisator, -in	organizator, -rka	организатор
organizúoti	organize	organiser	organisieren	organizować	организо(вы)вать
originãlas	original (n)	original	Original	oryginał	оригинал, подлинник
õrkaitė	oven	four	Backofen	piekarnik	духовка
orkẽstras	orchestra	orchestre	Orchester	orkiestra	оркестр
õrlaivis	aircraft	dirigeable	Luftschiff	samolot, śmigłowiec	дирижабль
õšti	murmur (v)	bruire	rauschen	szumieć	шуметь
ožỹs	billy goat	bouc	Ziegenbock	kozioł	козёл
ožiùkas	little billy goat	cabri	Zicklein	koziołek	козлик
ožkà	goat, nanny goat	chèvre	Ziege	koza	коза
ožkiùkas	kid	chevreau	Zicklein	koźlę	козлёнок

P

LIETUVIŲ KALBA	ENGLISH	FRANÇAIS	DEUTSCH	JĘZYK POLSKI	РУССКИЙ ЯЗЫК
paaiškė́ti	turn out, become clear	s'éclaircir	sich herausstellen	wyjaśnić się	выясниться
paáiškinti	explain	expliquer	erklären, erläutern	objaśnić	объяснить
paauglỹs, -ė̃	teenager	adolescent, -e	der/die Halbwüchsige, Teenager	nastolatek, -tka	подросток
pabaigà	end (n)	fin	Ende, Schluss	koniec	конец, окончание
pabė́gti	escape, run away	s'enfuir	flüchten, entfliehen	uciec	сбежать
pabélsti	knock	frapper	klopfen	zapukać	постучать
pablogė́ti	get worse	se gater; aller plus mal	sich verschlechtern, sich verschlimmern	pogorszyć się	ухудшиться
pabrángti	become more expensive	enchérir	teuerer werden	podrożeć	подорожать
pabraũkti	underline	souligner	unterstreichen	podkreślić	подчеркнуть
pabrė́žti	emphasize	accentuer	unterstreichen, betonen	podkreślić/podkreślać	подчеркнуть
pabučiúoti	kiss (v)	embrasser	küssen	pocałować	поцеловать
pabústi	wake up	se réveiller	erwachen	przebudzić się	проснуться
pabū́ti	stay a while	rester, séjourner	sein, war, gewesen	pobyć	побыть
paciẽntas, -ė	patient (n)	patient, -e	Patient, -in	pacjent, -tka	пациент
pačiupinė́ti	feel, touch, finger (v)	toucher	berühren, befühlen	pomacać	потрогать, пощупать

pačiūžos	skates	patins	Schlittschuhe	łyżwy	коньки
padalyti	divide	partager; diviser	1. verteilen 2. teilen, dividieren	podzielić	1. разделить 2. поделить
pādalyvis	participle (uninflected)	gérondif	Gerundium	imiesłów przysłówkowy	деепричастие
padangà	tyre	pneumatique	Reifen	opona	покрышка
padarýti	do, make; commit	faire; préparer; commettre	machen, tun	zrobić	сделать
pãdas	sole	plante (du pied); semelle	Sohle; Fußsohle	podeszwa	1. ступня 2. подошва
padaugėti	multiply (intrans.)	s'accroître	sich vermehren	powiększyć się / powiększać się	умножиться; увеличиться
padauginti	multiply (trans.)	multiplier	multiplizieren, verfielfachen	pomnożyć/pomnażać	умножить
padavėjas, -a	waiter, waitress	serveur, -euse	Kellner, -in	kelner, -rka	официант, -тка
pãdažas	sauce, dressing	sauce	Soße	sos	подлива, соус
padėkà	thanks	remerciements	Dank	wdzięczność	благодарность
padėkóti	thank	remercier	sich bedanken	podziękować	поблагодарить
padeñgti	cover (v)	recouvrir	bedecken	pokryć/pokrywać	покрыть/покрывать
padėti	1., 2, 4. lay, put; place 3. help, aid	mettre; aider	1. stellen (Vase), legen, hängen (Kleider) 2. Geld auf der Bank anlegen 3. helfen 4. setzen (Punkt)	1. położyć 2. wpłacić/wpłacać 3. pomóc 4. postawić	1. поставить, положить 2. положить, сдать (на хранение) 3. помочь 4. поставить (точку)
padėtis	position, situation, status	situation; position	Lage, Zustand, Position	położenie; stan	положение
padidėti	increase, get bigger	grandir	anwachsen, größer werden	powiększyć się / powiększać się	увеличиться, повыситься
padidinti	increase, make bigger	agrandir	vergrößern	zwiększyć/zwiększać	увеличить, повысить
padúoti	give, hand	donner	übergeben, überreichen	podać/podawać	подать
pagal̃	according to	selon; conformément à	gemäß; nach	według	по, согласно
pagálba	aid, help (n)	aide	Hilfe	pomoc	помощь
pagaliaũ	at last	enfin	schließlich, endlich	nareszcie	наконец, в конце концов
pagaliukas	stick	stick, canne	Stäbchen	pałyczek	палочка

LIETUVIŲ KALBA	ENGLISH	FRANÇAIS	DEUTSCH	JĘZYK POLSKI	РУССКИЙ ЯЗЫК
pagálvė	pillow	oreiller	Kissen	poduszka	подушка
pagalvėlė	cushion	coussin	kleines Kissen	poduszeczka	подушечка
pagalvóti	think (once)	penser	nachdenken	pomyśleć	подумать
pagamintas, -a	made	produit, -e	hergestellt	wyprodukowany, -a, -e	изготовленный, -ая, -ое
pagamìnti	make, manufacture	produire	herstellen, erzeugen	wyprodukować	изготовить; приготовить
pagarbà	respect (n)	respect	Respekt, Achtung	szacunek	почёт, уважение, почтение
pagarbiaĩ	with respect, respectfully	respectueusement	respektvoll, achtungsvoll	z szacunkiem	с уважением
pagársinti	make louder	monter le son	lauter machen	zgłośnić	увеличить громкость
pagáuti	catch (v)	attraper	fangen, festhalten	złapać	поймать; схватить
pageidáuti	wish (v), desire (v)	désirer	wünschen	życzyć sobie	желать
pagérbti	honour (v)	honorer	ehren (gedenken)	uczcić	почтить
pagìrti	praise, compliment (v)	louer, vanter	loben	pochwalić	похвалить
pagyvẽnęs, -usi	middle-aged (50-60 years old)	âgé, -e	älter, bejahrt	w podeszłym wieku	пожилой, -ая, -ое
pagražė́ti	become more beautiful	embellir	schöner werden	wyładnieć	похорошеть
pagrãžinti	beautify	enjoliver	schöner machen	upiększyć	украсить
pagrindìnis, -ė̃	main, principal	principal, -e	Haupt-	podstawowy, -a, -e	основной, -ая, -ое; главный, -ая, -ое
pagrindinis sakinỹs	main clause	proposition principale	Hauptsatz	zdanie główne	главное предложение
paĩlgas, -à	oblong	oblong, -ue	länglich, oval	podłużny, -a, -e	продолговатый, -ая, -ое
pailsė́ti	(take a) rest	se reposer	sich erholen, ausruhen	odpocząć	отдохнуть
paim̃ti	take	prendre	nehmen	wziąć/brać	взять, брать
pãjamos	income	revenu	Einkommen, Einnahmen	dochody	доход, приход, поступление
pajėgti	be able, can	pouvoir	im Stande sein, können	potrafić	быть в силах (в состоянии), смочь/мочь
pajū́ris	seashore, seaside	littoral	Küste	pomorze	взморье, морское побережье
pakabìnti	hang	pendre	hängen	powiesić/powieszać	повесить
pakalbė́ti	talk, speak	parler	reden, sprechen	wystarczająco, dosyć	поговорить
pakalnė̃	bottom of a hill	vallée	Fuß des Berges	podgórze	склон; подножье горы
pakalnùtė	lily-of-the-valley	muguet	Maiglöckchen	konwalia	ландыш

pakañkamai	enough	suffisamment	genug	dostatecznie, wystarczająco	достаточно
pakartóti	repeat	répéter	wiederholen	powtórzyć/powtarzać	повторить
pakeĩsti	(ex)change (v)	1. changer 2. remplacer	1. ändern 2. umtauschen, tauschen, wechseln	1. zamienić/zamieniać 2. wymienić/wymieniać	1. сменить 2. обменять, поменять
pakelė̃	roadside	bord du chemin	Straßenrand	przydroże	обочина
pakẽlis	pack(age) (n)	paquet	Päckchen	paczka	пачка
pakeliuĩ	en route	sur le chemin	unterwegs	po drodze	по дороге, по пути
pakélti	lift, raise (v)	1. lever 2. soulever 3. augmenter	1., 2. erheben, heben 3. erhöhen (Lohn)	1., 2. podnieść/podnosić 3. powiększyć/powiększać	1., 2. поднять 3. повысить
pakeñkti	damage, harm (v)	nuire	schädigen	zaszkodzić	повредить
pakẽtas	package (n)	paquet	Paket	pakiet	пакет
pakìlti	rise; take off	monter; decoller	1., 2. steigen 3. sich erhöhen 4. sich erheben	1., 2. wznieść się/wznosić się 3., 4. wzrosnąć/wzrastać	1., 3., 4. подняться 2. повыситься
paklausýti	1. listen 2. obey	1. écouter 2. obéir	1. hören 2. gehorchen	1. posłuchać 2. usłuchać	1. послушать 2. послушаться
paklaũsti	ask	demander	fragen	zapytać	спросить
paklýsti	get lost, lose one's way	s'égarer	sich verirren/verfahren	zabłądzić	заблудиться
paklõdė	(bed) sheet	drap (de lit)	Laken	prześcieradło	простыня
paklóti	make the bed	faire (le lit)	Bett machen	posłać	постелить
pakópa	stage, step	marche	Stufe	stopień	уровень, ступень
pakraštỹs	edge	extrémité	Rand	skraj	край, обочина
pakviẽsti	1. call 2. invite 3. ask (to come)	1. rufen (Arzt) 2. einladen 3. bitten	1., 2. zaprosić/zapraszać 3. poprosić	1., 3. appeler 2. inviter; convier	пригласить, позвать
palaidìnė	blazer	chemise	Blazer	bluza	блузон
palaidinùkė	blouse	blouse	Bluse	bluzka	блузка
paláidoti	bury (the dead)	enterrer	begraben, beerdigen	pogrzebać	похоронить

LIETUVIŲ KALBA	ENGLISH	FRANÇAIS	DEUTSCH	JĘZYK POLSKI	РУССКИЙ ЯЗЫК
palaikýti	1. hold, keep 2. maintain 3. support	1. tenir 2. maintenir 3. soutenir	1. halten 2. aufpassen 3. unterstützen	potrzymać; utrzymać/utrzymywać	1. подержать 2. 3. поддержать
paláistyti	water (v)	arroser	begießen	podlewać	полить/поливать
palángė	1. windowsill 2. place under/by a window	1. appui de la fenêtre 2. place sous la fenêtre	1. Fensterbrett 2. Platz draußen vor dem Fenster	1. parapet 2. miejsce pod oknem	1. подоконник 2. место под окном
palapinė	tent	tente	Zelt	namiot	палатка
palatà	ward (in a hospital)	salle (à l'hôpitale)	Krankenzimmer	sala	палата
paláukti	wait (v)	attendre	abwarten	poczekać	подождать
paléisti	1. let go, set free 2. release	relâcher	1. loslassen 2. freilassen	wypuścić/wypuszczać	освободить/ освобождать, (от)пустить/ (от)пускать
paleñkti	bend (v)	courber	senken (Kopf)	pochylić/pochylać	опустить/опускать (голову)
palydėti	see off, accompany	accompagner	begleiten	odprowadzić	проводить/провожать
palydóvas, -ė	1. attendant 2. conductor	1. steward, hôtesse de l'air 2. conducteur, -trice	1. Steward, Stewardess 2. Schaffner, -in	1. steward, -esa 2. konduktor, -rka	1. стюард, -десса 2. проводник, -ница
paliẽsti	touch (v)	toucher	berühren	dotknąć/dotykać	тронуть/трогать; коснуться/касаться
palýgink	compare (imp.)	compares	vergleiche	porównaj	сравни
palýginti[1]	compare	comparer	vergleichen	porównać/porównywać	сравнить/сравнивать
palýginti[2]	1. compared, in comparison with 2. relatively	1. en comparaison 2. relativement	relativ, vergleichsweise	stosunkowo	1. по сравнению 2. сравнительно
palikìmas	1. inheritance 2. heritage	héritage	Erbe, Erbschaft	dziedzictwo; spuścizna	наследство, наследие
palìkti	leave	laisser	verlassen; lassen	zostawić/zostawiać	оставить
palinkėti	wish (something for someone)	souhaiter	wünschen	życzyć; złożyć życzenia	пожелать
palýti	rain a little	pleuvoir un peu	ein bisschen regnen	popadać	пройти (о дожде)
páltas	coat	manteau	Mantel	palto	пальто

palūkanos	(bank) interest	intérêt	Zinsen	procenty	проценты
pãmaldos	religious service	messe, offise	Messe, Gottesdienst	nabożeństwo	молебен
pamatýti	see	voir	erblicken	zobaczyć	увидеть
pamėginti	try (v)	essayer	versuchen	popróbować	попробовать, попытаться
pamèsti	lose	égarer, perdre	verlieren	zgubić	потерять
pamiñklas	monument	monument	Denkmal	pomnik	памятник
pamiršti	1. forget	oublier	vergessen	zapomnieć/zapominać	забыть/забывать
	2. leave (out of forgetfulness)				
pamokà	lesson	leçon	Stunde	lekcja	урок
pamókslas	sermon	sermon	Predigt	kazanie	проповедь
pãmotė	stepmother	belle-mère	Stiefmutter	macocha	мачеха
pāmušalas	lining	doublure	Futter	podszewka	подкладка
panašùs, -ì	alike, similar	semblable	ähnlich	podobny, -a, -e	похожий, -ая, -ое
panaudóti	use (v)	utiliser	anwenden, benutzen, gebrauchen	wykorzystać/ wykorzystywać	использовать, употребить, применить
paneĩgti	deny	démentir	widerlegen, ableugnen	zaprzeczyć/zaprzeczać	отрицать, опровергнуть
panẽlė	Miss	demoiselle	Fräulein	panienka	девушка
papãsakoti	tell (narate)	raconter	erzählen	opowiedzieć	рассказать
papildomas, -a	additional, supplementary	supplémentaire	zusätzlich	dodatkowy, -a, -e	дополнительный, -ая, -ое
paplūdimỹs	beach	plage	Badestrand	plaża	пляж
paprastaĩ	usually	d'habitude	gewöhnlich, einfach	zazwyczaj	обычно
pàprastas, -à	1. simple	simple	einfach, gewöhnlich	prosty, -a, -e; zwyczajny, -a, -e	простой, -ая, -ое; обыкновенный, -ая, -ое
	2. ordinary				
papraðýti	ask	demander	bitten	poprosić	попросить
pàprika	pepper	paprika	Paprika	papryka	болгарский перец
paprotỹs	custom	coutume	Sitte, Brauch	zwyczaj	обычай
pāpuošalas	ornament, decoration; a piece of jewellery	parure, bijou	Schmuck	ozdoba	украшение
papur̃kšti	spray (v)	pulvériser	spritzen	papryskać	прыснуть
parà	day (of twenty-four hours)	wingt-quatre heure	Tag und Nacht	doba	сутки
paradigmà	paradigm	paradigme	Paradigma	paradygmat	парадигма

459

LIETUVIŲ KALBA	ENGLISH	FRANÇAIS	DEUTSCH	JĘZYK POLSKI	РУССКИЙ ЯЗЫК
paragáuti	taste (v)	goûter	probieren, kosten	skosztować	попробовать, отведать
paraidžiui	letter by letter	épellation	buchstäblich	według liter, literalnie	по буквам
paramà	help, support (n)	aide, secours	Unterstützung	poparcie	поддержка
parãpija	parish	paroisse	Pfarrei	parafia	приход
parãšas	signature	signature	Unterschrift	podpis	подпись
parašýti	write	écrire; composer	schreiben	napisać	написать
pardavė́jas, -a	salesperson	vendeur, -euse	Verkäufer, -in	sprzedawca, -wczyni	продавец, -вщица
pardúoti	sell	vendre	verkaufen	sprzedać/sprzedawać	продать
parduotùvė	shop (n)	magasin	Geschäft, Laden	sklep	магазин
pareigà	duty	devoir	Pflicht	obowiązek	долг, обязанность
pareigos	post, position	fonctions	Amt	obowiązki	должность
pareigū́nas, -ė	officer, official	fonctionnaire	Amtsperson	funkcjonariusz, -szka	должностное лицо
pareĩkšti	declare, express	exprimer, déclarer	ausdrücken, aussprechen	wyrazić/wyrażać	выразить
pareĩti	come home	revenir	zurückkehren	przyjść/przychodzić	прийти
paremti	support, sponsor (v)	soutenir	unterstützen	poprzeć/popierać	поддержать материально
parengti	prepare	préparer	1. machen (Hausaufgaben) 2. vorbereiten	przygotować/przygotowywać	подготовить
pargriáuti	knock down, tear down	renverser	umstürzen, umwerfen	przewrócić/przewracać	опрокинуть, сбить
pargriū́ti	fall down, collapse	faire une chute	umstürzen, umfallen	przewrócić się/ przewracać się	упасть, свалиться
parýčiai	time towards morning	au petit matin	Morgengrauen, gegen Morgen	nad ranem	(время) под утро
párkas	park	parc	Park, -anlage	park	парк
párkeris	fountain pen	stylo	Füller	wieczne pióro	перьевая ручка
parlameñtas	parliament	parlement	Parlament	parlament	парламент
parnèšti	bring home (by carrying)	apporter	holen, bringen	przynieść/przynosić (do domu)	принести (домой)
parodà	exposition	exposition	Ausstellung	wystawa	выставка
paródymas	(a piece of) evidence	témoignage	Zeugenaussage	zeznanie	показание

parodyti	show (v)	montrer	1. zeigen 2. vorlegen, vorzeigen	1. pokazać/ pokazywać 2. przedstawić/ przedstawiać	1. показать 2. предъявить
parsinešti	bring home (for oneself by carrying)	apporter avec soi	bringen, holen	przynieść sobie	принести (с собой)
paršẽlis, paršiùkas	piglet	cochonnet	Ferkel	prosię, prosiak	поросёнок
pártija	(political) party	parti	Partei	partia	партия
pártneris, -ė	partner	partenaire	Partner, -in	partner, -rka	партнёр
paruõšti	prepare	préparer	machen, zubereiten (Essen)	przygotować/ przygotowywać	подготовить, приготовить
parūpinti	supply (v)	procurer	besorgen	zaopatrzyć/ zaopatrywać	обеспечить, снабдить
parvažiúoti	come home (by car, etc.)	être de retour	heimkehren, zurückkommen	przyjechać/przyjeżdżać	приехать/приезжать (домой)
parvèžti	bring home (by car, etc.)	conduire quelqu'un chez lui	bringen, fahren	przywieźć/przywozić (do domu)	привезти/привозить (домой)
pàs	1. at, at the home, office, etc. of 2. to, to the home, office, etc. of	chez	1. bei 2. zu	do; u	1. у 2. к
pasãk	according to	d'après; selon	laut; nach; seiner/ihrer Meinung nach	według	по словам; согласно
pãsaka	fairy tale	conte	Märchen	bajka, baśń	сказка
pasakýti	say	dire	sagen	powiedzieć, mówić	сказать
pãsakoti	tell, relate	raconter	erzählen	opowiadać	рассказывать
pãsas	passport	passeport	Pass, Reisepass	paszport	паспорт
pasáulis	world	monde	Welt	świat	мир
pasibèlsti	knock	frapper à la porte	klopfen	zapukać	постучаться
pasibučiúoti	kiss (v)	s'embrasser	sich küssen	pocałować się	поцеловаться
pasidarýti	1. make/prepare for oneself 2., 3. become; get	1. préparer pour soi même 2. devenir 3. se faire	1. sich (D) machen 2., 3. werden	1. zrobić (sobie) 2., 3. zrobić się/robić się	1. сделать (себе) 2., 3. сделаться, стать
pasidėti	put for oneself	mettre	legen	położyć (sobie)	положить/класть (себе)

LIETUVIŲ KALBA	ENGLISH	FRANÇAIS	DEUTSCH	JĘZYK POLSKI	РУССКИЙ ЯЗЫК
pasiekti	reach; achieve	atteindre; parvenir à; réussir à	erreichen	dosięgnąć; osiągnąć	1. достать 2. достичь (берега и т.п.) 3. добиться
pasiełgti	behave	se comporter	sich benehmen	postąpić/postępować	поступить
pasieniẽtis, -ė	border guard	garde-frontière	Grenzbeamte, -beamtin	żołnierz straży granicznej; wopista	пограничник
pasíenis	frontier (Brit.), border, borderland	frontière	Grenzgebiet	pogranicze	пограничная зона
pasigir̃sti	be heard	retentir	hören	rozleć się/rozlegać się	послышаться, раздаться
pasiim̃ti	take	prendre	mitnehmen	wziąć/brać; zabrać/zabierać (ze sobą)	взять, брать (себе, с собой)
pasikalbė́ti	talk (with someone)	converser	sprechen	porozmawiać	поговорить
pasikeĩsti	change, exchange (v)	changer	1. sich (ver)ändern 2. wechseln	zmienić się; wymienić	1. измениться 2. обменять (себе)
pasiklýsti	lose one's way	s'égarer	sich verirren	zabłądzić	заблудиться
pasiklóti	make the bed (for oneself)	faire (son lit)	sich (D) das Bett machen	ścielić (sobie)	постелить (себе)
pasikviẽsti	invite	inviter	einladen	zapraszać	пригласить (к себе)
pasileñkti	bend down	se baisser	sich bücken	nachylić się	наклониться
pasilìkti	1. stay, remain 2. keep for oneself	1. rester 2. laisser; garder	1. bleiben 2. sich (D) lassen	1. zostać 2. zostawić (sobie)	1. остаться/оставаться 2. оставить/оставлять (себе)
pasimãtymas	meeting	rendez-vouz	Wiedersehen	spotkanie	свидание
pasimatýti	see each other	se revoir	sich wiedersehen	zobaczyć się	увидеться
pasimatúoti	try on (clothing, shoes)	essayer	anprobieren	zmierzyć się	примерить
pasinaudóti	use (v)	se servir; utiliser	benutzen, sich bedienen	wykorzystać	воспользоваться
pasipuõšti	1. put on jewelry 2. dress up	se parer	1. sich schmücken 2. sich festlich anziehen	wystroić się	1. надеть (украшения) 2. нарядиться
pasipur̃kšti	spray (v)	pulvériser	sprühen	popryskać się	опрыскать (себя)
pasirašýti	sign (v)	signer	unterschreiben, unterzeichnen	podpisać się	подписаться
pasireñgti	prepare oneself	se préparer	sich vorbereiten	przygotować się	приготовиться, подготовиться

pasirinkti	choose	choisir	wählen, auswählen	wybrać (sobie)	выбрать, подобрать (себе)
pasiródyti	appear; turn out	se montrer	1. sich zeigen 2. sich erweisen	1. pojawić się 2. okazać się	1. показаться 2. оказаться
pasiruõšti	prepare	se préparer	sich vorbereiten	przygotować się	подготовиться
pasisèkti	succeed	réussir, avoir de la chance	glücken, gelingen	udać się	удаться
pasiskõlinti	borrow	prêter	borgen, leihen	pożyczyć (sobie)	занять, взять взаймы
pasistengti	try	faire son possible, s'efforcer	sich bemühen, sich (D) Mühe geben	postarać się	постараться
pasisvéikinti	greet (each other)	se saluer	(be)grüßen	przywitać się	поздороваться
pasišãlinti	withdraw	se retirer	sich entfernen	odejść	удалиться/удаляться, устраниться/устраняться
pasitáikyti	occur	à l'occasion	vorkommen	nadarzyć się	случиться
pasitar̃ti	consult	consulter	sich beraten	naradzić się	посоветоваться
pasiténkinimas	satisfaction	satisfaction	Genugtuung, Zufriedenheit	zadowolenie z siebie	удовлетворение
pasitèpti	apply (cream on one's skin)	mettre (de la crème)	(Make-up) auftragen	posmarować sobie	помазать (себе)
pasitikẽti	trust	avoir confiance	vertrauen	zaufać	положиться, довериться
pasitìkti	meet	rencontrer	abholen	spotkać	встретить
pasiūlyti	offer, suggest	proposer	vorschlagen, anbieten	zaproponować	предложить
pasiū́ti	sew	faire (les vêtements)	nähen	uszyć	сшить
pasiváikščioti	take a walk	faire une promenade	spazierengehen	pospacerować	прогуляться
pasyvùs, -ì	passive (adj)	passif, -ve	passiv	pasywny, -a, -e	пассивный, -ая, -ое
paskaità	lecture	cours	Vorlesung	prelekcja	лекция
paskam̃binti	call, ring (v)	téléphoner	anrufen	zatelefonować	позвонить
paskélbti	announce, publish	déclarer; publier	ankündigen, bekanntmachen	ogłosić	объявить
paskirti	1. appoint 2. impose, assign	1. nommer 2. donner, accorder	1. ernennen, bestimmen 2. anordnen, auferlegen (Strafe)	1. mianować 2. naznaczyć	назначить
paskirtis	purpose	destination	Bestimmung	przeznaczenie	назначение
paskolà	loan (n)	emprunt	Anleihe, Kredit	pożyczka	заём, ссуда, кредит
paskõlinti	loan (v), lend	prêter	leihen	pożyczyć	одолжить

LIETUVIŲ KALBA	ENGLISH	FRANÇAIS	DEUTSCH	JĘZYK POLSKI	РУССКИЙ ЯЗЫК
paskuĩ[1]	later, then	après	später, danach, alsdann, darauf	potem	потом, после, затем
pãskui[2]	after; (eiti, važiuoti + paskui)	derrière	hinterher; nach	za, w ślad	следом, вслед за
paskutìnis, -ė̃	last, final	dernier, -ère	der/die/das letzte	ostatni, -a, -ie	последний, -яя, -ее; крайний, -яя, -ее
paslaptìs	secret (n)	mystère	Geheimnis	tajemnica	тайна, секрет
paslaugà	favour (n)	service	Gefallen, Gefälligkeit	usługa	услуга
pãslaugos	service(s)	services	Dienstleistungen	usługi	услуги
paslaugùs, -ì	helpful	serviable	hilfsbereit	usłużny, -a, -e	предупредительный, -ая, -ое; услужливый, -ая, -ое
pasodìnti	1. seat (v) 2. plant (v)	1. faire asseoir 2. planter	1. setzen 2. pflanzen	posadzić	посадить
paspáusti	press (v)	presser	drücken	nacisnąć	нажать
pastabà	1. comment, remark 2. note, commentary	1. observation, remarque 2. note	1. Bemerkung 2. Anmerkung	1. uwaga 2. odsyłacz, objaśnienie	1. замечание 2. примечание
pãstatas	building	bâtiment	Gebäude	gmach, budynek	здание, строение
pastatýti	1. put, set 2. park (v) 3. build	1. mettre 2. garer 3. construire	1., 2. stellen 3. bauen	1., 2. postawić 3. zbudować	1., 2. поставить 3. построить
pastebė́ti	notice (v)	remarquer	bemerken	spostrzec	заметить
pastráipa	paragraph	alinéa	Absatz	akapit	абзац
pasū́dyti	salt (v)	saler	salzen	posolić	посолить
pasùkti	turn (v)	tourner	1. biegen 2. drehen	1. skręcić 2. pokręcić	повернуть
pasvéikinti	congratulate, greet, welcome	féliciter	begrüßen	pogratulować, pozdrowić	поздравить
pasvéikti	recover	guérir	genesen	wyzdrowieć	выздороветь
pasvérti	weigh	peser	abwiegen	zważyć	взвесить
pašálinti	1. remove 2. dismiss, expel	exclure, éliminer	1. beseitigen 2. ausschließen	usunąć	1. устранить 2. исключить; отстранить
pašalpà	government assistance	subside	Beihilfe, Unterstützung	zapomoga	пособие
pašnekõvas, -ė̃	interlocutor	interlocuteur, -trice	Gesprächspartner	rozmówca, -wczyni	собеседник, -ница

paštas	1., 3. mail 2. post office	poste, bureau de poste	Post, Postamt	poczta	почта
pašlėtas	pâté	pâté	Pastete	pasztet	паштет
paštininkas, -ė	postmaster, postmistress	employé, -e de poste	Postbeamte, Postbeamtin, Briefträger, -in	pocztowiec	почтальон
pašto dėžutė	letter box, mailbox	boîte à lettres	Briefkasten	skrzynka pocztowa	почтовый ящик
pašto indeksas	postcode (Brit.), zip code (Am.)	code postale	Postleitzahl	kod pocztowy	почтовый индекс
pašto ženklas	stamp	timbre-poste	Briefmarke	znaczek pocztowy	почтовая марка
pàt	(čia) pat – right here (iki) pat (galo) – to the very end	même	ganz nah, bis zum (Ende)	tuż, tu	здесь же; (до) самого (конца)
patáikyti	hit (by aiming)	atteindre	treffen	trafić	попасть/попадать
pataisýti	repair	réparer	reparieren	paprawić	починить; исправить
pãtalynė	bedclothes	literie	Bettzeug	pościel	постель, постельное бельё
patalpà	room	local	Raum	pomieszczenie	помещение
patarìmas	advice	conseil	Rat, Ratschläge	rada	совет
patarlė̃	proverb	proverbe	Sprichwort	przysłowie	пословица
patarti	advise	conseiller	raten	poradzić	посоветовать
pateikti	give, present	fournir	vorzeigen, vorlegen	przedstawić	предоставить, предъявить
patekė́ti	rise (of the sun/moon)	se lever (du soleil, de la lune)	aufgehen	wschodzić	взойти (о солнце)
patekti	get into	entrer; se trouver	geraten, gelangen	popaść; dostać się	попасть
patelė̃	female	femelle	Weibchen	samica	самка
paténkintas, -a	satisfied	content, -e	zufrieden	zadowolony, -a, -e	довольный, -ая, -ое
patėvis	stepfather	beau-père	Stiefvater	ojczym	отчим
pãtiekalas	1. dish 2. course	plat	Gericht	danie	блюдо
patikrinti	examine, check	vérifier	untersuchen; nachprüfen	sprawdzić	проверить
patikslinti	correct (v)	préciser	präzisieren	uściślić	уточнить
patikti	appeal, like (v)	plaire	gefallen	spodobać się	(по)нравиться
pãtinas	male	mâle	Männchen	samiec	самец
patyręs, -usi	experienced	expérimenté, -e	erfahren	doświadczony, -a, -e	опытный, -ая, -ое

LIETUVIŲ KALBA	ENGLISH	FRANÇAIS	DEUTSCH	JĘZYK POLSKI	РУССКИЙ ЯЗЫК
patirti	experience (v)	éprouver	erleben, erfahren	doświadczyć	испытать
patirtis	experience (n)	expérience	Erfahrung	doświadczenie	опыт
patogumai	conveniences	commodités	Bequemlichkeiten	wygody	удобства
patogūs, -i	comfortable, convenient	commode	bequem	wygodny, -a, -e; odpowiedni, -a, -ie	удобный, -ая, -ое
pàts, pati	1., 2. self 3. very, most	1., 2. même 3. le/la plus	selbst	sam, sama, samo	1., 2. сам, сама, само 3. самый, -ая, -ое
patvirtinti	1. confirm, maintain, assert 2. notarize 3. ratify	1. affirmer; assurer 2. certifier 3. ratifier	bestätigen	potwierdzić; zatwierdzić	1. подтвердить 2. заверить 3. утвердить
paukščiùkas	1. young (of a bird) 2. small bird 3. tick (Brit.), check (Am.)	1. oiselet 2. petit oiseau 3. signe √	1. Nestling 2. Vögelchen 3. Häckchen	ptaszek	1. птенец 2. птичка 3. галочка
paukštíena	poultry (meat)	volaille	Vogelfleisch, Geflügelfleisch	ptasie mięso; drób	птица, мясо птицы
paukštýnas	poultry farm	basse-cour	Geflügelfarm	ptaszarnia	птицеводческая ферма
paũkštis	bird	oiseau	Vogel	ptak	птица
pavadinimas	name (n); title	1. nom 2. titre	1. Benennung, Name 2. Titel	1. nazwa 2. tytuł	1. название, наименование 2. заглавие
pavadinti	name (v); entitle	intituler	benennen, betiteln	nazwać	назвать; озаглавить
pavaišinti	treat (to food and drink)	régaler	bewirten	poczęstować	угостить
pavaizdúoti	represent, depict	représenter	darstellen	przedstawić	изобразить, представить
pavakarė̃	late afternoon	vers le soir	gegen Abend	pod wieczór	(время) к вечеру
paválgyti	eat; have a meal	manger	essen	pojeść; zjeść	поесть
pavardė̃	family name	nom de famille	Familienname	nazwisko	фамилия
pavar̃gęs, –usi	tired	fatigué, -e	müde	zmęczony, -a, -e	усталый, -ая, -ое
pavar̃gti	get tired	être fatigué, -e	müde werden	zmęczyć się	устать
pavartóti	use (v)	user; employer	verwenden, gebrauchen, benutzen	używać	применить, употребить
pavãsaris	spring (n)	printemps	Frühling	wiosna	весна

pavéikslas	picture	tableau	obraz	картина
pavéikti	influence (v)	influencer; impressionner	oddziaływać	оказать влияние, повлиять
paveldėti	inherit	hériter	dziedziczyć	наследовать
pavėluoti	be late	être en retard	spóźnić się	опоздать
pavèžti	take (by car)	conduire	podwieźć	отвезти, подвезти
pavidalas	form, shape (n)	forme	kształt	форма
pavỹdas	envy, jealousy	envie, jalousie	zazdrość	зависть; ревность
pavydėti	envy (v)	envier	zazdrościć	завидовать; ревновать
pavyduliáuti	be jealous	être jaloux, -ouse	być zazdrosnym	ревновать
pavydùs, -ì	envious, jealous	envieux, -euse	zazdrosny, -a, -e	завистливый, -ая, -ое; ревнивый, -ая, -ое
pavỹkti	succeed	réussir	udać się	удаться
pavištì	turn into	changer	przeobrazić się	преобразиться
pavišius	surface	surface	powierzchnia	поверхность
pavyzdỹs	example	exemple	przykład	пример, образец
pãvyzdžiui	for example	par exemple	na przykład	например
pavõgti	steal	voler	ukraść	украсть
pavojìngas, -a	dangerous	dangereux, -euse	niebezpieczny, -a, -e	опасный, -ая, -ое
pavõjus	danger	danger	niebezpieczeństwo	опасность
pãžadas	promise (n)	promesse	obietnica	обещание
pažadėti	promise (v)	promettre	obiecać	обещать
pažãdinti	wake	réveiller	obudzić	разбудить
pažeisti (įstãtymą, taisỹklę)	break (the law, a rule)	violer; enfreindre	pogwałcić	нарушить (закон)
pažymà	certificate, reference	sertificat	zaświadczenie	справка
pažymėjimas	identification, license, certificate	sertificat	zaświadczenie; legitymacja	удостоверение
pažymėti	mark (v)	marquer	zaznaczyć	отметить
pažymỹs	grade, mark (n)	note	ocena	отметка, балл, оценка
pažìnti	know, recognize	connaître	znać; poznać	1. знать 2. быть знакомым (с)
pažįstamas, -a	acquaintance	connaissance	znajomy, -a, -e	знакомый, -ая, -ое
pažiūrà	attitude, view, opinion	conception	wygląd	взгляд

LIETUVIŲ KALBA	ENGLISH	FRANÇAIS	DEUTSCH	JĘZYK POLSKI	РУССКИЙ ЯЗЫК
pažiūrėti	1. look 2. look up, refer, consult	1. regarder 2. consulter	1. schauen, sehen 2. nachschlagen (im Wörterbuch)	1. popatrzyć 2. spoglądać	посмотреть
pėdà	foot	pied	1. Fuß 2. Fußsohle, Fußspur	stopa	1. ступня, стопа 2. след
pedãlas	pedal	pédale	Pedal	pedał	педаль
pėdkelnės	pantyhose	collants	Strumpfhose	rajtuzy	колготки
peĩlis	knife	couteau	Messer	nóż	нож
peiliùkas	1. little knife 2. razor blade	1. petit couteau 2. lame de rasoir	1. kleines Messer 2. Rasierklinge	nożyk	ножик
pelė̃	mouse	souris	Maus	mysz	мышь
pelėdà	owl	hibou	Eule	sowa	сова
pelẽkas	fin	nageoire	Flosse	płetwa	плавник
pelenaĩ	ashes	cendres	Asche	popiół	пепел, зола
peleninė̃	ashtray	cendrier	Aschenbecher	popielniczka	пепельница
pélkė	marsh, bog	marais	Moor, Sumpf	bagno	болото
pelnas	profit	gain	Profit, Ertrag	dochód	прибыль, доход
pelningai	profitably	ovec profit	ertragreich	dochodowo	прибыльно
pelningas, -a	profitable	qui rapporte	einträglich	dochodowy, -a, -e	прибыльный, -ая, -ое; доходный, -ая, -ое
penkerì, peñkerios	five	sing	fünf	pięcioro, pięć	пять
peñketas	a grade of five	sinq	fünf	piątka	пятёрка
penkì, peñkios	five	sinq	fünf	pięć, pięciu	пять
peñkiasdešimt	fifty	cinquante	fünfzig	pięćdziesiąt, pięćdziesięciu	пятьдесят
penkiasdešim̃tas, -à	fiftieth	cinquantième	der/die/das fünfzigste	pięćdziesiąty, -a, -e	пятидесятый, -ая, -ое
peñkiese	in a group of five	à cinq	zu fünf	w pięciu	впятером
penkiólika	fifteen	quinze	fünfzehn	piętnaście	пятнадцать
penkióliktas, -a	fifteenth	quinzième	der/die/das fünfzehnte	piętnasty, -a, -e	пятнадцатый, -ая, -ое
peñktadienis	Friday	vendredi	Freitag	piątek	пятница
peñktas, -à	fifth	cinquième	der/die/das fünfte	piąty, -a, -e	пятый, -ая, -ое
peñsija	pension	retraite	Rente	renta, emerytura	пенсия

peñsininkas, -ė	pensioner	retraité, -e	Rentner, -in	rencista, -tka; emeryt, -tka	пенсионер, -рка
per¹	1. across, through 2. within, in 3. during 4. per 5. over 6. on, in 7. in	à travers; par; pendant; dans; durant; plus de	1., 5. über 2. in, nach, durch 3. hindurch 4. in, pro 6., 7. in	przez; ponad	1., 2. через 3. в течение 4. в 5. за 6. по 7. во время
per²	too	trop	zu	za, zbyt	слишком; чересчур
pérbraukti	run (something) through	passer (la main)	streichen	przeciągnąć	провести
pérdegti	burn out	être grillé	durchbrennen	przepalić się	перегореть
pérduoti	1. give; tell 2. transmit	transmettre	1. übergeben; ausrichten (Grüße) 2. senden; mitteilen	przekazać	передать, передавать
péreiti	cross (v)	passer, traverser	gehen (über)	przejść	перейти; пройти
pérėja	crossing	passage clouté	Übergang	przejście	переход
pérgalė	victory	victoire	Sieg	zwycięstwo	победа
pérkelti	1. pick up and put somewhere else 2. move, transfer 3. transfer 4. hyphenate	1., 2. déplacer 3. muter 4. couper	1., 2. verlegen 3. versetzen 4. trennen (Wort)	przenieść/ przenosić	1., 2. переставить, переместить, переправить 3. перевести 4. перенести
Perkū́nas	Lithuanian god of thunder	Dieu de la foudre	(Donner) Gott des Blitzes in der litauschen Mythologie)	Piorun	Пяркунас
perkū́nija	thunder	orage	Donner	grom	гром
pérnai	last year	l'année dernière	im vorigen Jahr	w ubiegłym roku	в прошлом году
perõnas	platform	quai	Bahnsteig	peron	перрон
pérpjauti	cut through, cut in half	couper	durchschneiden	przekroić	разрезать
pérplėšti	tear	déchirer	durchreißen	rozerwać	разодрать, разодрать на две части, надвое
perpũs	in half	deux fois	halbteil	na pół; dwukrotnie	
pérsiplėšti	tear	déchirer	reißen	rozerwać (sobie)	разорвать (себе)

LIETUVIŲ KALBA	ENGLISH	FRANÇAIS	DEUTSCH	JĘZYK POLSKI	РУССКИЙ ЯЗЫК
pérsirengti	change (one's clothes)	changer (de costume)	sich umziehen	przebrać się	переодеться
pérsiūti	alter (by sewing)	refaire (un vêtement)	umnähen	przeszyć	перешить
pérskaityti	read	lire	durchlesen	przeczytać	прочитать
péršalti	catch cold	prendre froid	sich erkälten	przeziębić się	простудиться
péršokti	jump over, across	sauter par-dessus	überspringen	przeskoczyć	перепрыгнуть, перескочить
pértrauka	break (n)	pause; entracte; relâche	Pause	przerwa	перерыв; антракт; перемена
pértraukti	interrupt	interrompre	unterbrechen	przerwać	прервать, перебить
pérvažiuoti	cross (by car, etc.)	traverser (en voiture, etc.)	fahren (über)	przejechać	переехать
pérvesti	1. take across 2. transfer	1. aider à traverser 2. virer (l'argent)	1. führen 2. überweisen (Geld)	1. przeprowadzić 2. przelać	перевести
pėsčias, -à	on foot	à pied	zu Fuß	pieszy, -a, -e	пеший, -ая, -ее
pėsčiàsis, -iója	pedestrian	piéton, -ne	Fußgänger	pieszy, -a	пешеход
petys	shoulder	épaule	Schulter	ramię	плечо
pianìnas	piano	piano	Klavier	pianino	пианино
pianìstas, -ė	pianist	pianiste	Klavierspieler	pianista, -tka	пианист
píenas	milk (n)	lait	Milch	mleko	молоко
piẽnė	dandelion	pisse-en-lit	Löwenzahn	mlecz	одуванчик
piešinỹs	drawing	dessin	Zeichnung	rysunek	рисунок
piẽšti	draw	dessiner	zeichnen	rysować	рисовать
pieštùkas	pencil	crayon	Bleistift	ołówek	карандаш
pietáuti	eat lunch	dîner (12–14 h)	zu Mittag essen	jeść obiad	обедать
piẽtryčiai	southeast	sud-est	Südosten	południo-wschód	юго-восток
piẽtūs	1. lunch, dinner 2. noon 3., 4. south	1. dîner (12–14 h) 2. midi 3., 4. sud	1. Mittagessen 2. Mittag 3, 4. Süden	obiad; południe	1. обед 2. полдень 3., 4. юг
piẽtvakariai	southwest	sud-ouest	Südwesten	południo-zachód	юго-запад
píeva	meadow	prairie	Wiese	łąka	луг
pievãgrybis	champignon	champignon de couche	Champignon, Wiesenpilz	pieczarka	шампиньон
pigti	become cheaper	baisser de prix	wohlfeil werden	tanieć	дешеветь
pigùs, -ì	cheap	bon marché	billig, preiswert	tani, -a, -ie	дешёвый, -ая, -ое

pikántiškas, -a	spicy, piquant	piquant, -e	pikant	pikantny, -a, -e	пикантный, -ая, -ое
pykìnti	nauseate, sicken	avoir mal au cœur	kotzen	mdlić	тошнить
piktas, -à	angry; bad-tempered	méchant, -e; fâché, -e	böse, zornig	zły, -a, -e; gniewny, -a, -e	злой, -ая, -ое
pykti	be angry	se fâcher	zürnen, sich ärgern	złościć się	сердиться, злиться
pyktis	anger (n)	colère	Wut, Zorn	złość	злость, злоба, гнев
piktžolė	weed	mouvaise herbe	Unkraut	chwast	сорняк
pildyti	fill (v)	remplir	erfüllen	napełniać; wypełniać	наполнять; заполнять
piliakalnis	castle mound	colline de château	Burgberg	góra zamkowa	курган, городище
pilietybė	citizenship	citoyenneté	Staatsangehörigkeit	obywatelstwo	гражданство
piliẽtis, -ė	citizen	citoyen, -ne	Bürger	obywatel, -lka	гражданин, -нка
pilìs	castle	château	Burg, Schloss	zamek	за́мок
pilkas, -à	grey	gris, -e	grau	szary, -a, -e	серый, -ая, -ое
pìlnas, -à	full	plein, -e	voll	pełny, -a, -e	полный, -ая, -ое
pilnatis	full moon	pleine lune	Vollmond	pełnia	полнолуние
pilti	pour	verser	gießen, eingießen	lać, nalewać	(на)лить/наливать
piltis	pour for oneself	verser pour soi	sich (D) eingießen	lać się; nalewać (sobie)	(на)лить/наливать (себе)
pilvas	stomach, belly	ventre	Bauch	brzuch	живот
pinigaĩ	money	argent	Geld	pieniądze	деньги
piniginė	purse, wallet	bourse	Geldtasche, Brieftasche	portmonetka	кошелёк, бумажник
piniginis, -ė	monetary	pécuniaire	Geld-	pieniężny, -a, -e	денежный, -ая, -ое
pinti	1. weave 2. braid, plait	1. faire (le panier) 2. tresser; natter	flechten	pleść	плести
pintinė	basket	panier	Korb	kobiałka	корзина
pipiras	pepper	poivre	Pfeffer	pieprz	перец
pypkė	pipe	pipe	Pfeife	fajka	трубка
pyragáitis	small cake, pastry	gâteau	Kuchen	ciastko	пирожок, пирожное
pyrãgas	pie, cake, pastry	brioche; gâteau	Feinbrot, Kuchen	ciasto	пирог; белый хлеб, булка
pirkėjas, -a	customer; buyer	acheteur, -euse	Käufer	kupujący, -ca	покупатель, -льница
pirkinỹs	purchase (n)	achat	Einkauf	zakup	покупка
pirkti	buy (v)	acheter	kaufen	kupić	покупать
pirmà	1. first 2. formerly	1. d'abord 2. antérieurement	1. zuerst, erst 2. früher	1. po pierwsze 2. najpierw	1. сначала 2. прежде, раньше
pirmãdienis	Monday	lundi	Montag	poniedziałek	понедельник
pìrmas, -à	first	premier, -ère	der/die/das erste	pierwszy, -a, -e	первый, -ая, -ое
pirmenýbės	championship	concours sportif	Meisterschaft	mistrzostwo	первенство

LIETUVIŲ KALBA	ENGLISH	FRANÇAIS	DEUTSCH	JĘZYK POLSKI	РУССКИЙ ЯЗЫК
pirmininkas, -ė	chairperson	président, -e	der/die Vorsitzende	przewodniczący, -ca	председатель
pirmininkáuti	preside	présider	den Vorsitz führen	przewodniczyć	председательствовать
pirmóji pagálba	first aid	secours d'urgence	erste Hilfe	pierwsza pomoc	первая помощь
pirštas	finger, toe	doigt; orteil	Finger, Zehe	palec	палец
pirštinė	glove, mitten	gant, moufle	Handschuh	rękawica	перчатка, варежка
pistolėtas	pistol	pistolet	Pistole	pistolet	пистолет
pjausnỹs	cutlet	escalope	Schnitzel	sznycel	шницель
pjáustyti	cut up	découper	schneiden	krajać	резать
pjáuti	cut	couper	schneiden	kroić	резать
plãktas, -à	whipped, whisked	fouetté, -e	verrührt	bity, -e	взбитый, -ая, -ое
plàkti	1. beat	1. battre	1. klopfen, schlagen	1. bić (o sercu)	1. биться (о сердце)
	2. whip	2. fouetter	2. schlagen, verrühren	2. rozbełtać	2. взбивать
plaktùkas	hammer (n)	marteau	Hammer	młotek	молоток
plaktùvas	mixer	mixeur	Hand-/Rührgerät/Mixer	trzepaczka, mikser	миксер
plãnas	plan (n)	plan	Plan	plan	план
planetà	planet	planète	Planet	planeta	планета
plastmãsė	plastic (n)	matière plastique	Plastik, Kunststoff	masa plastyczna; plastyk	пластмасса
plastmãsinis, -ė	plastic (adj)	de matière plastique	Plastik-	z plastyku	пластмассовый, -ая, -ое
platùs, -ì	wide, broad	large; ample	breit; weit	szeroki, -a, -ie	широкий, -ая, -ое
plaũčiai	lungs	poumons	Lunge	płuca	легкие
plaũkas	(one) hair	cheveu	Haar	włos	волос
plaukìkas, -ė	swimmer	nageur, -euse	Schwimmer, -in	pływak, -aczka	пловец
pláukioti	swim	nager	schwimmen	pływać	плавать
plaũkti	1. swim	1. nager	schwimmen	płynąć	плыть, плавать
	2. travel (by ship)	2. naviguer			
pláuti	wash (v)	laver	waschen	myć	мыть
pláutis	wash (one's hands, etc.)	se laver	sich waschen, sich (D) waschen	myć się	мыть (себе), мыться
plėšìkas, -ė	robber	pillard	Räuber	zbój, zbójca	грабитель; разбойник
plėšyti	tear (v)	déchirer	reißen	rozrywać	разрывать, разирать
plėšrùs, -ì	predatory, of prey	rapace	raubgierig	drapieżny, -a, -e	хищный, -ая, -ое
plėšti	tear (v trans.)	piller	rauben, plündern	drzeć	рвать
plìkas, -à	bald	chauve	kahl, bloß	łysy, -a, -e	лысый, -ая, -ое

plìkšala	black ice	verglas	Glatteis	гололедица
plìkti	go bald	devenir chauve	kahl werden, eine Glatze bekommen	лысеть
plýšti	tear (v intrans.)	se déchirer	reißen	рваться
plýta	brick	brique	Ziegel	кирпич
plius	plus	plus	Plus, plus	плюс
plojimaĩ	applause	applaudissements	Händeklatschen, Beifall, Applaus	аплодисменты
plókščias, -ià	flat (adj)	plat, -e	flach	плоский, -ая, -ое
plókštė	sheet (of metal), (wooden) board	dalle	Platte	плита
plokštẽlė	2. disc, record	2. disque	2. Schallplatte	2. пластинка
plokštumà	plane (surface)	surface plane	Ebene	плоскость
plónas, -à	1., 4. thin	fin, -e; mince; grêle	dünn; fein	1., 2., 4., 5. тонкий, -ая, -ое
	2. fine			3. худой, -ая, -ое
	3. slim, slender			
	5. fine-point			
plótas	area	surface, superficie	Fläche	площадь
plóti	applaud	applaudir	klatschen, Beifall klatschen	хлопать, аплодировать
plótis	width	largeur	Breite	ширина
plovyklà	(car) wash	lavoir	Wäscherei	мойка
plovìklis	detergent	liquide (de vaisselle, etc.)	Waschmittel	моющее средство
plūgas	iron plough	charrue	Pflug	плуг
pliùksna	feather	plume	Feder	перо
põ	1. under	sous; dans; à travers; après	unter; in; nach; zu; je	1. под
	2. about, around			2., 5. по
	3. after, in			3. через, спустя
	4. after			4. после
	5. each			
põbūdis	character, nature	caractère	Art	характер
pobūvis	party	soirée	Party, Ball	торжество, вечеринка
pódukra	stepdaughter	belle-fille	Stieftochter	падчерица
põelgis	concuct	action, conduite	Tat	поступок

473

LIETUVIŲ KALBA	ENGLISH	FRANÇAIS	DEUTSCH	JĘZYK POLSKI	РУССКИЙ ЯЗЫК
poėtas, -ė	poet	poète	Dichter, -in	poeta, -tka	поэт, -тесса
poėzija	poetry	poésie	Poesie, Dichtung	poezja	поэзия
poilsiáuti	be on holiday (Brit.), vacation (Am.)	se reposer, être en vacances	sich erholen	wypoczywać	отдыхать
poilsiãvietė	resort (n)	lieu de villégiature	Ferienheim	miejsce odpoczynku letnisko	место для отдыха
póilsio dienà	day of rest	jour férié	Ruhetag	dzień wolny	выходной день
póilsis	rest (n)	repos	Erholung	odpoczynek	отдых
pójūtis	sensation	sensation	Sinn, Empfindung	zmysł	ощущение
pókalbis	conversation	conversation	Gespräch	rozmowa	разговор, беседа
polìcija	police	police	Polizei	policja	полиция
policiniñkas, -ė	police officer	agent de police	Polizist, -in	policjant, -tka	полицейский
poliklìnika	outpatient clinic	policlinique	Poliklinik	poliklinika	поликлиника
polìtika	politics, policy	politique	Politik	polityka	политика
polìtikas, -ė	politician	homme politique	Politiker, -in, Staatsmann	polityk	политик
polìtinis, -ė	political	politique	politisch	polityczny, -a, -e	политический, -ая, -ое
pomidòras	tomato	tomate	Tomate	pomidor	помидор
põnas	Mr	monsieur	Herr	pan	господин
ponià	madam, Mrs	dame; madame	Frau	pani	госпожа
popierìnis, -ė	paper (adj)	de papier	Papier-	papierowy, -a, -e	бумажный, -ая, -ое
põpierius	paper (n)	papier	Papier	papier	бумага
popiẽt	in the afternoon	après midi	am Nachmittag	po obiedzie	после обеда
pópietė	afternoon	après midi	Nachmittag	popołudnie	время по полудню
põpiežius	pope	pape	Papst	papież	папа римский
populiarùs, -ì	popular	populaire	beliebt, populär	popularny, -a, -e	популярный, -ая, -ое
porà	1. pair 2. couple	1. paire 2. couple	1. Paar (Schuhe) 2. Ehepaar	para	пара
póreikis	need (n)	besoin	Bedürfnis	potrzeba	потребность
pórinis, -ė	pair (adj)	pair, -e	paarig, gepaart	parzysty, -a, -e	парный, -ая, -ое
porýt	the day after tomorrow	après-demain	übermorgen	pojutrze	послезавтра
põsakis	expression	expression	Ausdruck	powiedzenie	выражение
pósėdis	session, meeting	séance, réunion	Sitzung	posiedzenie	заседание
põsūkis	turn (n)	tournant, virage	Biegung	zakręt	поворот
pósūnis	stepson	beau-fils	Stiefsohn	pasierb	пасынок

põtvynis	flood	inondation	Überschwemmung	powódź	наводнение
póveikis	effect, influence (n)	influence	Einwirkung, Einfluss	oddziaływanie	влияние, воздействие
po velnių	damn (interj)	au diable	zum Teufel	do diabła	к дьяволу, к черту
požéminis, -ė	underground (adj)	souterrain, -e	unterirdisch	podziemny, -a, -e	подземный, -ая, -ое
põžymis	sign, symptom	signe	Merkmal	oznaka	признак
põžiūris	point of view	point de vue	Gesichtspunkt	wzgląd	взгляд, точка зрения
pradėti	begin, start	commencer	beginnen, anfangen	rozpocząć	начать
pradinė mokyklà	elementary school	école primaire	Grundschule	szkoła początkowa	начальная школа
pradinis išsilãvinimas	primary education	enseignement primaire	Grundschulbildung	wykształcenie podstawowe	начальное образование
pradùrti	puncture (v)	transpercer	stechen	przekłuć	проколоть
pradžià	beginning	commencement	Anfang	początek	начало
praeĩti	pass	passer	1. vorbeigehen 2. vergehen	1. przejść 2. minąć	пройти/проходить
praeitìs	the past	passé	Vergangenheit	przeszłość	прошлое
praeĩvis, -ė	passer-by	passant, -e	Passant, der/die Vorbeigehende	przechodzień	прохожий, -ая
pràjęs, -usi	last, past	passé, -e	vergangen	przeszły, -a, -e; ubiegły, -a, -e	прошедший, -ая, -ее
prãkaitas	sweat (n)	sueur	Schweiß	pot	пот
prakaitúotas, -a	sweaty	en sueur	schweißig, schwitzig, schweißnass	spocony, -a, -e	потный, -ая, -ое
prakaitúoti	sweat (v)	transpirer, suer	schwitzen	pocić się	потеть
prãktika	practice (n)	pratique	1. Praxis 2. Praktikum	praktyka	практика
prãktinis, -ė	practical	pratique	praktisch	praktyczny, -a, -e	практический, -ая, -ое
pralaimėjimas	defeat (n)	défaite	Niederlage	klęska	проигрыш
pralaimėti	lose	perdre	verlieren	przegrać	проиграть
praléisti	1. give way, allow to pass 2. spend (time) 3. let through 4. omit	1. laisser passer 2. passer (le temps) 3. se laisser traverser 4. omettre	1., 3. durchlassen 2. verbringen 4. auslassen, weglassen	przepuścić; opuścić; spędzić	1., 4. пропустить 2. провести 3. пропускать
pramogà	amusement, entertainment	distraction, amusement	Vergnügen, Unterhaltung	rozrywka	развлечение

LIETUVIŲ KALBA	ENGLISH	FRANÇAIS	DEUTSCH	JĘZYK POLSKI	РУССКИЙ ЯЗЫК
pramoginis, -ė	pleasure (adj), entertainment (adj)	distroyant, -e; amusant, -e	Vergnügungs-, Unterhaltungs-	rozrywkowy, -a, -e	развлекательный, -ая, -ое
pramonė	industry	industrie	Industrie	przemysł	промышленность
pranešimas	report (n)	rapport, exposé	Meldung, Bericht; Vortrag	doniesienie	сообщение; доклад
pranešti	1. announce, report 2. tell, inform	faire savoir, informer	berichten, mitteilen; Auskunft geben	donieść; zawiadomić	сообщить, известить
prasidėti	begin, start	commencer	anfangen, beginnen	zacząć się	начаться, наступить
prasmė	sense (n), point (of doing smth.)	sens	Sinn	sens	смысл
prāstas, -à	bad, poor	médiocre	schlecht	prosty, -a, -e	плохой, -ая, -ое
prašymas	application, request	demande	Bitte	prośba, proszenie	просьба
prašyti	ask, request	demander	bitten	prosić	просить
prāšom	1. please 2. here you are, please do	s'il vous plaît	bitte	proszę	пожалуйста
pratarmė	preface	préface	Vorwort	przedmowa	предисловие
pratimas	exercise (n)	exercice	Übung	ćwiczenie	упражнение
praũsti	wash (hands, face, etc.)	laver	waschen	myć	мыть; умывать
praũstis	wash (one's hands, etc., oneself)	se laver	sich waschen	myć się	мыться; умываться
prẽkė	(article of) merchandise	marchandise, denrée	Ware	towar	товар
prekiáuti	trade, sell	faire le commerce	handeln	handlować	торговать
prekyba	trade (n)	commerce	Handel	handel	торговля
prekýbininkas, -ė	tradesperson, merchant	commerçant, -e	Kaufmann, Kauffrau, Händler, -in	handlowiec	торговец
prekybos ceñtras	supermarket	centre commercial	Handelszentrum	centrum handlove	торговый центр
prekýstalis	counter	comptoir	Ladentisch	lada	прилавок
prėmija	bonus, prize	prime; prix	Prämie, Preis	premia	премия
prezideñtas, -ė	president	président	Präsident, -in	prezydent, prezes	президент
prezidentūrà	president's office	présidence	Präsidentur	prezydentura	президентура
priartėti	approach (v)	approcher	sich annähern	przybliżyć się	приблизиться

pridėti	1. fill 2. add 3. enclose, include	1. mettre, ajouter 2. additionner 3. joindre	1. legen (auf den Teller) 2. addieren 3. beilegen	1. nałożyć 2. dodać 3. załączyć	1. наполнить 2. прибавить 3. приложить
prie	at, by, near; to	près de, auprès de; contre	an; neben; zu; auf; in	przy; nad; do	1. у, около 2., 3., 4. к
príebalsė príebalsis príedas	consonant (letter) consonant (sound) extra pay; supplement; encosure	consonne (lettre) consonne supplément; augmentation	Konsonant (Buchstabe) Mitlaut / Konsonant Beilage; Anlage; Zulage	spółgłoska (litera) spółgłoska (głoska) dodatek	согласная (буква) согласный (звук) прибавка; приложение
prieiti priekìnis, -ė priekis prielinksnis priemiestinis, -ė príemiestis priėmìmas priemonė priesaga prieskonìnis, -ė prieskonis priẽš	approach, come (to) front (adj) front (n) prep>sition suburban suburb reception means suffix used as a spice spice (n) 1., 2. before, in front; ago 3. against	s'approcher du devant devant préposition de banlieue banlieue réception moyen suffixe de condiment condiment; épices 1. devant 2. avant 3. contre	kommen Vorder- Vorderteil Präposition Vorort(s)- Vorort Empfang, Sprechstunde Mittel, Maßnahme Suffix Gewürz- Würze, Gewürz 1. vor, gegenüber 2., 3. gegen	podejść przedni, -a, -ie przód przyimek podmiejski, -a, -ie przedmieście przyjęcie środek przyrostek przyprawowy, -a, -e przyprawa przed; przeciw	подойти передний, -яя, -ее перёд предлог пригородный, -ая, -ое пригород прием средство суффикс пряный, -ая, -ое приправа 1. напротив, перед 2. до 3. против
príešas priešdėlis priẽšingas, -a	enemy prefix opposite	ennemi préfixe opposé, -e	Feind Präfix 1. gegenüberliegend 2. entgegengesetzt	wróg przedrostek odwrotny, -a, -e; przeciwległy, -a, -e	враг приставка противоположный, -ая, -ое
prieškambaris priešpiet	entrance hall, vestibule in the morning, before noon	antichambre avant midi	Vorzimmer vormittags, am Vormittag	przedpokój przed południem	передняя, прихожая до обеда
priešpilnis	half moon	dernier quartier avant la pleine lune	Neumond, zunehmender Mond	księżyc przed pełnią	растущая луна
prieštaráuti	object; contradict	contredire	widersprechen	sprzeciwiać się	возражать, противоречить
prietaisas prievarta	apparatus, device violence, force	appareil contrainte	Gerät, Apparat Gewalt	przyrząd przemoc	прибор насилие

477

LIETUVIŲ KALBA	ENGLISH	FRANÇAIS	DEUTSCH	JĘZYK POLSKI	РУССКИЙ ЯЗЫК
prieveiksmis	adverb	adverbe	Adverb	przysłówek	наречие
priežastis	cause, reason	cause	Ursache, Grund	przyczyna	причина
priežodis	saying, proverb	proverbe	Sprichwort	porzekadło	поговорка
priimti	1. accept	1. accepter	1. annehmen	przyjąć / przyjmować;	принять
	2. pass	2. adopter	2. verabschieden	odebrać / odbierać;	
	3. receive	3., 5. accueillir; recevoir	(Gesetz)	powziąć	
	4. hire, enroll, allow to join	4. embaucher, inscrire	3., 5. empfangen		
	5. entertain (guests)		4. aufnehmen, einstellen		
prikélti	wake (v)	réveiller	erwecken, aufwecken	obudzić	разбудить
prikimšti	stuff (v)	rembourrer	vollstopfen	napchać	набить; начинить
priklausýti	1., 2. belong	1. appartenir	1., 2. gehören	1. należeć	1., 2. принадлежать
	3. depend	2. être membre	3. abhängen	2. podlegać	3. зависеть
		3. dépendre		3. zależeć	
priklijúoti	glue (v), stick (v)	coller	ankleben	przykleić	приклеить
priléisti	fill (from a faucet)	remplir	vollaufen lassen	napuścić	наполнить (жидкостью), напустить
prinókęs, -usi	ripe	mûr, -e	reif, ausgereift	dojrzały, -a, -e	зрелый, -ая, -ое; спелый, -ая, -ое
prinókti	ripen	mûrir	reif werden	dojrzeć	созреть
pripìlyti	fill up	remplir	füllen, auffüllen	napełnić	наполнить
pripìlti	fill, pour (until full)	remplir	eingießen; tanken (Benzin)	nalać	налить
pripũsti	inflate	gonfler	aufblasen	nadmuchać	надуть
pririšti	tie (v)	attacher	anbinden, anknüpfen	przywiązać	привязать
prisiminimas	memory	souvenir	Erinnerung	wspomnienie	воспоминание
prisimiñti	remember	se souvenir	sich erinnern, sich besinnen	wspomnieć	вспомнить
prisipažinti	admit, confess	avouer	eingestehen	przyznać się	признаться
prisipìlti	fill / pour for oneself	se verser; remplir	sich (D) einschenken; tanken (Benzin)	nalać (sobie)	налить (самому себе)
prisisiúti	sew on (for oneself)	coudre (pour soi)	sich (D) annähen	przyszyć (sobie)	пришить (себе)
prisistatýti	identify / introduce oneself	se présenter	sich vorstellen	przedstawić się	представиться
prisiúti	sew on	coudre	annähen, festnähen	przyszyć	пришить

pristatýti	1. put many of something somewhere 2. deliver 3. introduce 4. present (v)	1. mettre beaucoup de choses quelque part 2. livrer; fournir 3., 4. présenter	1. stellen 2. liefern, zustellen 3., 4. vorstellen	1. dostawić 2. dostarczyć 3., 4. przedstawić	1. наставить 2. доставить 3., 4. представить
prisùkti	1. w:nd (a watch) 2. screw (v)	1. remonter 2. visser	1. anschrauben 2. aufziehen (Wecker)	1. nakręcić 2. przykręcić	1. завести 2. привинтить
pritvirtìnti	fasten, fix	approuver	zustimmen, billigen	aprobować	одобрить
privalė́ti	have to, must	fixer	befestigen	przymocować	прикрепить
privãlomas, -a	compulsory, obligatory	devoir	müssen, sollen	musieć	быть обязанным
privatùs, -ì	private	obligatoire	obligatorisch, bindend	obowiązkowy, -a, -e	обязательный, -ая, -ое
priveřsti	drive up to	privé, -e	privat	prywatny, -a, -e	частный, -ая, -ое
prizas	compel, force, make	arriver, s'approcher	heranfahren	padjechać	подъехать
prižiūrė́ti	prize	forcer, contraindre	zwingen	przymusić, zmusić	заставить, принудить
	look after	prix surveiller	Preis beaufsichtigen, pflegen	nagroda przypilnować	приз присматривать; следить (за порядком); ухаживать
prõ	by, past	par, à travers	durch, an	przez	мимо, через
problemà	problem	problème	Problem	problem	проблема
prõcentas	per cent	pour-cent	Prozent	procent	процент
procèsas	process	processus	Prozess	proces	процесс
prodùktas	product	provision	Produkt	produkt	продукт
profèsija	profession, occupation	profession	Beruf	zawód	профессия
profèsorius, -ė	professor	professeur	Professor, -in	profesor	профессор
próga	occasion, chance, opportunity	occasion	Gelegenheit	okazja	случай
prognòzė	forecast, prognosis	pronostic	Prognose	prognoza	прогноз
programà	program(me); syllabus	programme	Programm	program	программа
prokuratūrà	prosecutor's office	parquet, ministère public	Staatsanwaltschaft	prokuratura	прокуратура
prokurõras, -ė	public prosecutor	procureur	Staatsanwalt, Staatsanwältin	prokurator, -rka	прокурор
prospèktas	avenue	avenue	Prospekt	prospekt	проспект
prõtas	mind, intellect	raison	Verstand, Geist, Vernunft	umysł	ум, разум, рассудок
protė́viai	ancestors	ancêtres	Vorfahren	przodkowie	предки

LIETUVIŲ KALBA	ENGLISH	FRANÇAIS	DEUTSCH	JĘZYK POLSKI	РУССКИЙ ЯЗЫК
protìngas, -a	clever, intelligent	raisonnable; intelligent, -e	klug, vernünftig	mądry, -a, -e	умный, -ая, -ое; разумный, -ая, -ое
prõtinis, -ė protokòlas	mental, intellectual minutes (of a meeting, etc.), report	intellectuel, -le procès-verbal	geistig, intelektuell Protokoll, Verhandlungsbericht	umysłowy, -a, -e protokół	умственный, -ая, -ое протокол
prozà prõzininkas, -ė	prose prose writer	prose prosateur	Prosa Prosaiker, -in, Prosaist, -in	proza prozaik	проза прозаик
pùblika pūgà puikù	audience, public blizzard, snowstorm wonderful, excellent	public tempête de neige parfait	Publikum Schneegestöber großartig, herrlich, schön	publiczność zamieć wspaniale	публика метель, вьюга, пурга превосходно
puikùs, -ì	wonderful, excellent	excellent, -e	herrlich, prächtig	wspaniały, -a, -e; piękny, -a, -e	превосходный, -ая, -ое; отличный, -ая, -ое; прекрасный, -ая, -ое
pùlti	attack (v)	se jeter	angreifen, überfallen	napaść	напасть, броситься
pumpuras	bud	bourgeon; bouton	Knospe	pączek	почка
púodas	pot	pot	Topf	garnek	кастрюля
puodẽlis, puodùkas	cup	tasse	Tasse	garnuszek	чашка
puõkštė	bunch, bouquet	bouquet	Blumenstrauß	bukiet	букет
puõšti	decorate, adorn	parer; décorer	schmücken	zdobić; przystrajać	украшать
puõštis	adorn oneself	se parer	sich schmücken	zdobić się	наряжаться
pupẽlė	bean (seed and plant)	haricot	Bohne	fasola	фасоль
puřkšti	spray (v)	pulvériser	spritzen	bryzgać, pryskać	опрыскивать
puřšlai	spray (n)	gouttelettes	Tropfen	bryzgi	пузыри
puřvas	mud, dirt	boue	Schmutz, Schlamm	brud; błoto	грязь
puřvinas, -à	dirty, muddy	boueux, -euse; sale	schmutzig, unsauber	zabłocony, -a, -e	грязный, -ая, -ое
pusañtro, -õs	one and a half	un et demie	anderthalb	półtora, półtorej	полтора
pùsbrolis	cousin (male)	cousin	Vetter, Cousin	kuzyn	двоюродный брат
pùsdalyvis	half-participle	participe, gerondif	Halbpartizip	imiesłów	полупричастие
pùsė	1. half 2., 3., 4. side	1. moitié; demie 2., 3., 4. côté	1. Hälfte 2., 3., 4. Seite	połowa; strona	половина; сторона

480

LIETUVIŲ KALBA	ENGLISH	FRANÇAIS	DEUTSCH	JĘZYK POLSKI	РУССКИЙ ЯЗЫК
pusiáu	(in) half	à moitié, à demi	1. entzwei 2. halb 3. fast	na pół, wpół	1. пополам 2., 3. наполовину
pūskojinė	sock (n)	chaussette	Socke	skarpetka	носок
pùslapis	page	page	Seite	stronica	страница
pùslitris	half (a) litre	demi-litre	Halbliter	półlitrówka	пол-литра
pùsryčiai	breakfast (n)	petit déjeuner	Frühstück	śniadanie	завтрак
pùsryčiauti	breakfast (v)	déjeuner	frühstücken	jeść śniadanie	завтракать
pùsseserė	cousin (female)	cousine	Kusine	kuzynka	двоюродная сестра
pūsti	1., 3., 4. blow 2. inflate	1., 2. souffler 3. gonfler 4. jouer (de trombone)	1. wehen 2., 3., 4. blasen	dąć; dmuchać; nadmuchiwać	дуть
pùsvalandis	half-hour (n)	demi-heure	halbe Stunde	półgodzina	полчаса
pušýnas	pine forest	pinède	Kiefernwald	sosnowy las	сосновый лес, сосняк
pušìs	pine	pin	Kiefer	sosna	сосна
pūti	decay, rot (v)	pourrir	faulen, verderben	próchnieć	гнить
pūtos	foam (n)	mousse	Schaum	piana	пена
putóti	foam (v)	mousser	schäumen	pienić się	пениться

R

LIETUVIŲ KALBA	ENGLISH	FRANÇAIS	DEUTSCH	JĘZYK POLSKI	РУССКИЙ ЯЗЫК
radiãtorius	radiator	radiateur	Heizkörper	koloryfer	радиатор
rãdijas	radio	radio	Funk, Radio	radio	радио
radinỹs	find (n)	trouvaille	Fund	znaleziona rzecz	находка
rãgana	witch	sorcière	Hexe	wiedźma	ведьма
rãgas	horn	corne	Horn	róg	рог
ragáuti	taste (v)	goûter	schmecken, kosten, probieren	próbować na smak; smakować	пробовать
rãgelis	(telephone) receiver	récepteur	Hörer	słuchawka (telefoniczna)	(телефонная) трубка
rãginti	urge (v)	encourager; presser	ermahnen	zachęcać	побуждать; торопить
raĩdė	letter (of the alphabet)	lettre	Buchstabe	litera	буква

LIETUVIŲ KALBA	ENGLISH	FRANÇAIS	DEUTSCH	JĘZYK POLSKI	РУССКИЙ ЯЗЫК
raišẽlis	(shoe) lace	lacet	Binde	sznurek	шнурок
raĩštis	band, tie (n)	lien	Binde	wiązadło	повязка
raĩtas, -à	on horseback, mounted	à cheval	zu Pferde	jadący, -a, -e konno	(едущий) верхом, конный, -ая, -ое
rajõnas	district	région; district	Bezirk	rejon	район
rakẽtė	(tennis) racket	raquette	Tennisschläger	rakietka (tenisowa)	(теннсная) ракетка
rakìnti	lock or unlock	fermer à clef, ouvrir avec le clef	schließen, aufschließen	zamykać (na klucz), otworzyć (kluczem)	запирать (на ключ); отпирать
rãktas	key	clef	Schüssel	klucz	ключ
ramùnė	camomile	margueritte	Kamille	stokrotka	ромашка
ramùs, -ì	calm, quiet	calme, tranquille	ruhig, gelassen	spokojny, -a, -e	спокойный, -ая, -ое, тихий, -ая, -ое
rankà	1. arm 2. hand	1. bras 2. main	1. Arm 2. Hand	ręka	рука
rañkena	handle	poignée	Griff, Klinke	rękojeść	ручка, рукоятка
rañkinė	handbag	petit sac	Handtasche	torebka	сумочка
rañkininkas, -ė	handball player	handballeur	Handballspieler	piłkarz ręczny	гандболист, -тка
rañkinis¹	handball	handball	Hand-	piłka ręczna	ручной мяч, гандбол
rañkinis², -ė	hand (adj)	à main	Hand-	ręczny, -a, -e	ручной, -ая, -ое
rañkinukas	handbag	sac à main	Handtasche	torebka damska	сумочка
rañkovė	sleeve	manche	Ärmel	rękaw	рукав
rañkšluostis	towel	serviette	Handtuch	ręcznik	полотенце
rasà	dew	rosée	Tau	rosa	роса
ràsti	find (v)	trouver, rencontrer	finden	znaleźć	найти, обнаружить
rãšalas	ink	encre	Tinte	atrament	чернила
rãšalinė	inkwell	encrier	Tintenfass	kalamarz	чернильница
rašýba	spelling	orthographe	Rechtschreibung	pisownia	правописание, орфография
rãšiklis	pen or pencil	instrument pour écrire	Schreibzeug	pisak	ручка
rašinỹs	composition	1. travail écrit 2. composition (écrite)	Aufsatz	1. praca pisemna 2. pismo	сочинение
rašýsena	handwriting	écriture	Handschrift	charakter pisma	почерк

rašyti	write	écrire	schreiben	pisać	писать
rašýtojas, -a	author, writer	écrivain	Schriftsteller, Dichter	pisarz, -rka	писатель, -ница
rãšomasis stãlas	desk	bureau	Schreibtisch	biurko	письменный стол
rãštas	1. letter, writing (n)	1. écrit	1. Schreiben	1. pismo	1. письмо
	2. pattern	2. dessins	2. Muster	2. wzór	2. узор
rãštinė	office	bureau	Büro	kancelaria	канцелярия
rãtas	wheel	roue	Rad	koło	колесо
ratẽlis, ratùkas	small wheel	petite roue	kleines Rad	kółko, kółeczko	колесик
raudónai (in) red	(in) red	en rouge	rot	na czerwono	в красный цвет, красного цвета
raudónas, -a	red	rouge	rot	czerwony, -a, -e	красный, -ая, -ое
raugintas, -a	pickled	fermenté, -e	1. gesäuert	kwaszony, -a, -e	1. квашеный, -ая, -ое
			2. sauer		2. кислый, -ая, -ое
raukšlė̃	wrinkle (n)	1. ride	Falte	zmarszczka	1. морщина
		2. pli			2. складка
raumuõ	muscle	muscle	Muskel	mięsień	мускул, мышца
ráuti	pull out (by the roots)	arracher	reißen	rwać, wyrywać	рвать
ravėti	weed (v)	arracher les mauvaises herbes	jäten	pleć	полоть
razinà	raisin	raisin sec	Rosine	rodzynek	изюм
recèptas	1. prescription	1. ordonnance	Rezept	1. recepta	рецепт
	2. recipe	2. recette		2. przepis (dania)	
redagúoti	edit	rédiger	redigieren	redagować	редактировать
redãkcija	editorial staff, office	rédaction	Redaktion	redakcja	редакция
redãktorius, -ė	editor	redacteur	Redakteur, -in	redaktor, -rka	редактор
refòrma	reform (n)	réforme	Reform	reforma	реформа
regėjimas	eyesight, vision	vue	Sehen	wzrok; widzenie	зрение
registrãcija	registration	enregistrement	Einschreibung, Anmeldung	rejestracja	регистрация
registratūrà	registry	bureau d'enregistrement	Registratur, Anmeldungsstelle	rejestratura	регистратура
registrúotas laĩškas	registered letter	lettre recommandée	eingeschriebener Brief	list polecony	заказное письмо
registrúoti	register (v)	enregistrer	registrieren	rejestrować	регистрировать

483

LIETUVIŲ KALBA	ENGLISH	FRANÇAIS	DEUTSCH	JĘZYK POLSKI	РУССКИЙ ЯЗЫК
registrúotis	register (oneself)	s'enregistrer	sich (an)melden	rejestrować się	регистрироваться
reguliúoti	control, regulate	régler	regulieren	regulować	регулировать
reĩkalas	affair, matter	affaire	Angelegenheit, Sache	sprawa	дело
reikaláuti	demand, request, require	demander, exiger, réclamer	fordern, verlangen	wymagać, żądać	требовать
reikalãvimas	demand, request, requirement	demande	Forderung	wymaganie	требование
reikalingas, -a	necessary	nécessaire	nötig, notwendig	potrzebny, -a, -e	нужный, -ая, -ое; необходимый, -ая, -ое
reikėti	need, require, be necessary	falloir	benötigen, brauchen	być potrzebnym	быть нужным
reikmuõ	(necessary) article, material	article, objet	Bedarfsartikel	przybór	принадлежность
reikšmė̃	1. meaning 2. significance	1. signification 2. importance	Bedeutung	znaczenie	значение, смысл
réikšti	1. mean 2. express	1. signifier 2. exprimer, manifester	1. bedeuten 2. ausdrücken, zeigen	1. znaczyć 2. wyrażać	1. значить 2. выражать, проявлять
reĩsas	trip, flight	itinéraire	Route	rejs	рейс
reiškinỹs	phenomenon	phénomène	Erscheinung	przejaw, zjawisko	явление
reklamà	advertisement	publicité	Werbung, Reklame	reklama	реклама
reklamúoti	advertise	faire de la publicité	Reklame machen, werben	reklamować	рекламировать
rekomendúoti	recommend	recommander	empfehlen	rekomendować	рекомендовать
rė̃kti	cry, shout (v)	crier	schreien	krzyczeć	кричать
religija	religion	religion	Religion	religia	религия
religìnis, -ė	religious	réligieux, -euse	religiös	religijny, -a, -e	религиозный, -ая, -ое
rė̃mai	frame (n)	cadre	Rahmen	rama; ramki	рама
rėmė́jas, -a	sponsor (n)	sponsor	Sponsor, Mäzen, Förderer	sponsor	спонсор, меценат
rėmė̃liai	small frame	cadre	Rahmen	oprawa; ramki	рамочка, оправа
remòntas	repair (n)	réparations, travaux	1. Reparatur 2. Renovierung	remont	ремонт

remontúoti	repair (v)	réparer	1. reparieren, ausbessern 2. renovieren	remontować	ремонтировать
reñti	1. support (v) 2. sponsor (v)	1. appuyer, soutenir 2. subventionner	unterstützen; sponsern	1. popierać 2. wspierać	поддержать/ поддерживать
reñtis	1. lean 2. base (an assertion) on, refer	1. s'appuyer 2. se baser, se fonder	1. stützen, lehnen 2. sich stützen	1. podpierać się 2. opierać się	1. опираться 2. основываться
rengìnys	(organized) event	manifestation (culturelle, etc.)	Veranstaltung	impreza	мероприятие
reñgti	1. dress (v) 2. prepare 3. organize 4. train; tutor (v)	habiller; préparer; organiser	1. anziehen 2., 3., 4. vorbereiten	ubierać, szykować; przygotowywać	1. одевать 2., 4. готовить 3. организовать, устраивать
reñgtis	1. dress, put on (oneself) 2. prepare (oneself)	1. s'habiller 2. se préparer	1. sich anziehen 2. sich vorbereiten	1. ubierać się 2. przygotowywać się	1. одеваться 2. готовиться
repertuãras	repertoire	répertoire	Repertoire	repertuar	репертуар
rėplės	pliers	pinces	Zange	obcęgi	клещи
reportãžas	(news) report	reportage	Reportage	reportaż	репортаж
respùblika	republic	république	Republik	republika	республика
restorãnas	restaurant	restaurant	Restaurant	restauracja	ресторан
retaĩ	seldom, rarely	rarement	selten	rzadko	редко
rẽtas, -à	1. thin, sparse 2. rare	rare	1. spärlich (Haar), licht (Wald), undicht (Stoff) 2. selten	rzadki, -a, -ie	редкий, -ая, -ое
rètkarčiais	from time to time	quelquefois	ab und zu, dann und wann, zuweilen	czasami	иногда, изредка
rezervúoti	reserve (v)	réserver	vorbestellen, reservieren	rezerwować	резервировать
rezultãtas	result; score (n)	résultat	Resultat, Ergebnis	wynik, rezultat	результат, итог
režisiẽrius, -ė	director	metteur en scène	Regisseur, -in	reżyser	режиссёр
režisúoti	direct (v)	mettre en scène	Regie führen	reżyserować	ставить (спектакль, фильм)
ribà	limit (n)	limite	1. Grenze 2. Schranke	granica; kres	черта, граница

LIETUVIŲ KALBA	ENGLISH	FRANÇAIS	DEUTSCH	JĘZYK POLSKI	РУССКИЙ ЯЗЫК
ribótas, -a	limited	limité, -e	beschränkt	ograniczony, -a, -e	ограниченный, -ая, -ое
ribóti	limit (v)	limiter	beschränken, begrenzen	ograniczać	ограничивать
ribótis	border (v)	confiner	grenzen	graniczyć	граничить
riebalaĩ	fat, grease	matières grasses	Fett	tłuszcz	жир
riebùs, -ì	fat (adj)	onctueux, -euse; gras, -se	fett	tłusty, -a, -e	жирный, -ая, -ое
riedėti	1. roll (v) 2. move (of a wheeled vehicle)	rouler	1. rollen, kugeln 2. fahren	toczyć się	катиться
riedlentė	skateboard	planche à roulettes	Rollbrett	skateboard	роликовая доска
riedučiai	roller skates	patins à roulettes	Rollschuhe	wrotki	ролики, роликовые коньки
riekė̃	slice (n)	tranche	Scheibe, Schnitte	kromka	ломоть
riekẽlė	small slice	petite tranche	Scheibe	kromeczka	ломоть, ломтик
riẽkti	slice (bread, etc.)	couper le pain en tranches	schneiden	kroić	резать (хлеб)
riestaĩnis	ring-shaped roll, bagel	craquelin	Kringel	obarzanek	баранка
riẽšas	wrist	poignet	Handgelenk	nadgarstek	запястье
riešutas	nut	noix	Nuss	orzech	орех
rim̃tas, -à	serious	sérieux, -euse	ernst, ernsthaft	poważny, -a, -e	серьёзный, -ая, -ое
rinkà	market	marché	Markt	rynek	рынок
rinkė́jas, -a	elector, voter	électeur, -trice	Wähler	wyborca	избиратель, -ница
rinkìmai	election	élections	Wahlen	wybory	выборы
rinkìmų apýlinkė	polling district	secteur électoral	Wahlrevier	obwód wyborczy	избирательный участок
rinkinỹs	collection, set	1. recueil 2. collection	1. Satz 2. Sammlung	zbiór	1. набор, сборник 2. коллекция

rinkti	1. gather 2., 3. collect 4 select 5 elect 6. dial 7. enter (a text into a computer)	1. ramasser 2., 3. collecter 4. choisir 5. élire 6. composer (numéro) 7. écrire à l'ordinateur	1. sammeln, pflücken 2., 3. sammeln 4., 5., 6. wählen 7. schreiben	1., 2. 3. zbierać 4., 5., 6. wybierać 7. składać (tekst)	1. 3. собирать 2. коллекционировать 4. выбирать 5. избирать 6. 7. набирать
rinktinė	all-star team	sélection	Wahlmannschaft	drużyna	сборная команда
rinktis	1. gather 2. choose (for oneself)	1. se réunir, se rassembler 2. se choisir	1. sich versammeln 2. wählen	zbierać się; wybierać się	1. собираться 2. выбирать
ryšiaĩ	1. communication 2. relations	1. communication 2. relations	Verbindungen, Beziehungen	1. łączność 2. związki	1. связь, коммуникация 2. связи
ryšỹs	connection	lien	Verbindung	1. związek 2. łączność	связь
ryškus, -ì	1. distinct 2. bright	net, -te; lumineux, -euse	1. klar, deutlich 2. hell, grell	wyraźny, -a, -e	1. ясный, -ая, -ое 2. яркий, -ая, -ое
rìšti	tie, bind (v)	attacher; lier	binden	wiązać	вязать, связывать
rìštis	tie, bind (for oneself)	nouer	binden	wiązać się	завязывать (себе)
ryšulỹs	bundle	paquet	Bündel	tobół	свёрток, связка
rytaĩ	east	est	Osten	wschód	восток
rýtas	morning	matin	Morgen	ranek	утро
rýtdiena	tomorrow (n)	lendemain	Morgen	jutro	завтрашний день
rýti	swallow (v)	avaler	schlucken	pożerać	глотать
ritinỹs	roll, cylinder	rouleau	Rolle	cylinder	рулон
rytój	tomorrow (adv)	demain	morgen	jutro	завтра
rýžiai	rice	riz	Reis	ryż	рис
rodỹklė	1. needle (meter), hand (clock) 2. arrow (symbol) 3. index	1. aiguille 2. aiguille indicatrice 3. index	1. Zeiger 2. Pfeil 3. Index, Register	1., 2. strzałka 3. indeks	1. стрелка 2. указатель 3. индекс
ródyti	show, indicate	montrer; marquer	zeigen	pokazywać; wykazywać	показывать
rogùtės	small sled, sleigh	luge	Schlitten	sanki	санки

LIETUVIŲ KALBA	ENGLISH	FRANÇAIS	DEUTSCH	JĘZYK POLSKI	РУССКИЙ ЯЗЫК
rõkas	rock (music)	rock	Rock (musik)	rock	рок
romãnas	novel (n)	roman	Roman	powieść	роман
ropóti	crawl (v)	1. se traîner à quatre pattes 2. remper	kriechen	pełznąć/pełzać	ползать/ползти
rõžė	rose (n)	rose	Rose	róża	роза
rõžinis, -ė	pink	rose	rosig, rosa	różowy, -a, -e	розовый, -ая, -ое
rudaĩ	(in) brown	en brun	braun	na rudo	в коричневый цвет, коричневого цвета
rùdas, -à	brown	brun, -e	braun, braunrot	rudy, -a, -e; brązowy, -a, -e	коричневый, -ая, -ое; рыжий, -ая, -ое
ruduõ	autumn	automne	Herbst	jesień	осень
rugiagėlė	cornflower	bluet	Kornblume	chaber	василёк
ruginis, -ė	rye (adj)	de seigle	Roggen-	żytni, -a, -ie	ржаной, -ая, -ое
rugỹs	rye (plant and one grain)	seigle	Roggen	żyto	рожь
rūgpienis	curdled milk	lait caillé	Gärenmilch	kwaśne mleko	простокваша
rugpjūtis	August	août	August	sierpień	август
rugsėjis	September	septembre	September	wrzesień	сентябрь
rūgštus, -ì	sour (adj)	aigre; caillé, -e	sauer, säuerlich	kwaśny, -a, -e	кислый, -ая, -ое
rūkas	fog	brouillard	Nebel	mgła	туман
rūkytas, -a	smoked	fumé, -e	geräuchert	wędzony, -a, -e	копчёный, -ая, -ое
rūkyti	smoke (v)	fumer	1., 2. rauchen 3. räuchern	palić (papierosy); wędzić	1., 2. курить 3. коптить
rūkti	smoke (v)	fumer (fumée)	rauchen, qualmen	dymić (się)	дымить(ся)
rūmai	palace, hall	palais; chambre	Palast	pałac; izba	дворец; палата
rungtynės	(sports) match	épreuves sportives	Wettstreit, Wettkampf	mecz sportowy	матч
rungtis	compete	lutter	wetteifern	walczyć	состязаться, соревноваться
ruošti	prepare	préparer	zubereiten	szykować	готовить
ruoštis	1. be about (to) 2. prepare oneself	se préparer	sich vorbereiten	szykować się	собираться, готовиться

LIETUVIŲ KALBA	ENGLISH	FRANÇAIS	DEUTSCH	JĘZYK POLSKI	РУССКИЙ ЯЗЫК
rūpestis	trouble, care, worry (n)	souci	Sorge	troska	забота
rūpėti	care (v)	intéresser	sich kümmern	obchodzić, interesować	заботить, интересовать
rūpyba	social welfare	préoccupation	Versorgung, Sozialversorgung	ubezpieczenie (społeczne)	социальное обеспечение, попечительство
rūpintis	take care of	s'inquiéter; s'occuper	sorgen, sich kümmern	troszczyć się	заботиться
rùpūžė	toad	crapaud	Kröte	ropucha	жаба
rūsỹs	cellar, basement	sous-sol, cave	Keller	piwnica	подвал, погреб
rū̃šis	kind, sort (n)	sorte, qualité	Sorte	gatunek	сорт; вид
rūtà	rue (n)	rue (*fleur*)	Raute (*Blume*)	ruta	рута
rutulỹs	sphere; globe	boule, globe	Kugel	kula	шар

S

LIETUVIŲ KALBA	ENGLISH	FRANÇAIS	DEUTSCH	JĘZYK POLSKI	РУССКИЙ ЯЗЫК
sagà	(clothes) button (n)	bouton	Knopf	guzik	пуговица
sagtis	buckle, clasp (n)	boucle	Schnalle; Spange	sprzączka	пряжка
sąjunga	alliance, union	union	Bündnis, Union; Verband	sojusz; związek	союз
sąjungininkas, -ė	ally	allié, -e	der/die Verbündete	sojusznik, -iczka	союзник, -ица
sakinỹs	sentence	proposition	Satz	zdanie	предложение
sakýti	say, tell	dire	sagen	mówić; twierdzić	говорить, произносить
salà	island	île	Insel	wyspa	остров
saldainis	candy (Am.), sweet (Brit.)	bonbon	Konfekt, Bonbon	cukierek	конфета
sáldintas, -a	sweetened	avec sucre	gesüßt	słodzony, -a, -e	подслащённый, -ая, -ое
sáldinti	sweeten	sucrer	süß machen	słodzić	сластить
saldumýnai	sweets	sucreries	Süßigkeiten	słodycze	сладости
saldùs, -ì	sweet (adj)	sucré, -e	süß	słodki, -a, -ie	сладкий, -ая, -ое
sãlė	hall	salle	Saal	sala	зал
sąlyga	condition, term	condition	Bedingung, Umstand	warunek; okoliczność	условие
salotà	lettuce	laitue	Salatblatt	sałata	салат (*растение*)

LIETUVIŲ KALBA	ENGLISH	FRANÇAIS	DEUTSCH	JĘZYK POLSKI	РУССКИЙ ЯЗЫК
salõtos	salad	salade	Salat	sałatka	салат (*блюдо*)
sąmonė	consciousness	conscience; connaissance	Bewusstsein	świadomość	сознание
sámtis	ladle(ful)	louche	Schöpfkelle, Schöpflöffel	chochla	половник
sąnarỹs	joint	articulation	Gelenk	staw	сустав
sanatòrija	sanatorium	sanatorium	Sanatorium, Kurheim	sanatorium	санаторий
sandėlis	warehouse	magasin	Lager, Speicher	magazyn	склад
sandėliùkas	storeroom	petit magasin	Lagerraum	magazynek	кладовая, кладовка
sángrąžinis, -ė	reflexive	réfléchi, -e	reflexiv, rückbezüglich	zwrotny, -a, -e	возвратный, -ая, -ое
sánkryža	crossroads, intersection, junction	croisée, carrefour	Kreuzung	skrzyżowanie	перекрёсток
sántaupos	savings	économies	Ersparnisse	oszczędności	сбережения
santèchnikas	plumber	plombier	Klempner	hydraulik	сантехник
sántykiai	relations	relations	Beziehungen	stosunki	отношения
sántykis	relation	relation	Beziehung, Verhältnis	stosunek	отношение
sántuoka	marriage	mariage	Ehe	małżeństwo	брак, супружество
sãpnas	dream (n)	rêve	Traum	sen	сон
sapnúoti	dream (v)	rêver	träumen	śnić	видеть во сне
sąrašas	list (n)	liste	Liste, Verzeichnis	spis	список
sárgas, -ė	guard, watchman	gardien, -ne	Wächter	stróż, -żka	сторож
sargýbinis, -ė	guard, sentry	garde, sentinelle	Posten, Wache	strażnik, wartownik	охранник
sąsiuvinis	notebook	cahier	Heft	zeszyt	тетрадь
sąskaita	1. bill 2. account	1. addition 2. compte	1. Rechnung 2. Konto	1. koszt 2. rachunek	счёт
saugà	security, safety	garde	Sicherheit	bezpieczeństwo	безопасность
saugyklà	depository	dépôt	Aufbewahrungsort	przechowalnia	хранилище
sáugoti	1. protect (preserve) 2. guard	1. protéger 2. garder	1. aufbewahren (oft Wertvolles), schützen (Gesundheit, Umwelt) 2. bewachen, hüten	1. chronić 2. pilnować	1. хранить, беречь 2. охранять
sáugotis	take care, beware	se garder	vorsichtig sein, sich hüten	chronić się	беречься
saugùs, -ì	safe, secure	sûr, -e	sicher	bezpieczny, -a, -e	безопасный, -ая, -ое
sáulė	sun	soleil	Sonne	słońce	солнце
saulėgrąžà	sunflower	tournesol	Sonnenblume	słonecznik	подсолнечник

saulėtas, -a	sunny	ensoleillé, -e	sonnig	солнечный, -ая, -ое
sausaĩnis	biscuit (Brit.), cookie (Am.)	biscotin	Gebäck, Keks	печенье
saũsas, -à	dry (adj)	sec, sèche	trocken; dürr	сухой, -ая, -ое
saũsis	January	janvier	Januar	январь
saũskelnės	disposable nappy (Brit.), diaper (Am.)	couche-culotte	Pampers	подгузник
sausumà	dry land	terre	Festland	суша
saváime	by itself, automatically	automatiquement	von selbst	само собой
savaĩtė	week	semaine	Woche	неделя
savaĩtgalis	weekend	week-end	Wochenende	конец недели
savanõris, -ė	volunteer (n)	volontaire	der/die Freiwillige	доброволец
savarankiškas, -a	independent	indépendant, -e	selbstständig	самостоятельный, -ая, -ое
sąvaržėlė	paperclip	attache	Büroklammer	скрепка
savęs	-self (myself, yourself, etc.)	soi	sich	себя
savýbė	characteristic, quality	caractéristique, qualité	Eigenschaft, Beschaffenheit	свойство
savýbinis kilmininkas	genitive of possession	génitif possessif	possessiver Genitiv	родительный притяжательности поссесивный генитив
savinĩnkas, -ė	owner	propriétaire	Inhaber, -in, Besitzer, -in	владелец, -лица
savitarna	self-service	self-service	Selbstbedienung	самообслуживание
savivaldýbė	local administration	administration autonome locale	Selbstverwaltung	самоуправление
savižudýbė	suicide	suicide	Selbstmord	самоубийство
sąžinė	conscience	conscience	Gewissen	совесть
sąžinĩngas, -a	conscientious, honest	consciencieux, -euse	gewissenhaft	добросовестный, -ая, -ое
scenà	stage	scène	Bühne	сцена
seánsas	showing, sitting	séance	Vorstellung	сеанс
sėdė́ti	1. sit 2. be in prison	1. rester assis, -e 2. être en prison	1. sitzen 2. im Gefängnis sein	1. сидеть 2. сидеть в тюрьме
sėdýnė	seat	siège	Gesäß, Sitz	сиденье

LIETUVIŲ KALBA	ENGLISH	FRANÇAIS	DEUTSCH	JĘZYK POLSKI	РУССКИЙ ЯЗЫК
sėgė	brooch	broche	Brosche	broszka	брошь
segiklis	stapler	épingle	Schnellhefter	skoroszyt	скоросшиватель
sėgti	fasten, button	épingler; boutonner; agrafer	knöpfen, heften	zapinać	застёгивать, пристёгивать
sėgtis	fasten, button (for oneself)	agrafer; boutonner	sich(D) knöpfen, heften	zapinać	застёгиваться, пристёгивать (себе)
segtuvas	file, binder	carton, boîte	Aktenordner	teczka	папка
seilės	saliva	salive	Speichel	ślina	слюна
Seimas	Seimas (Lithuanian parliament)	parlement de Lituanie, diète	Sejm, Landtag	Sejm	Сейм
sėkla	seed	semence; pépin	Samen	siemię	семя
seklus, -i	shallow	peu profond	seicht	płytki, -a, -ie	мелкий, -ая, -ое (о водоёме)
sekmadienis	Sunday	dimanche	Sonntag	niedziela	воскресенье
sėkmė	luck, success	réussite	Erfolg	powodzenie, sukces	удача, успех
sėkmingas, -a	successful, lucky	réussi, -e	erfolgreich	pomyślny, -a, -e	удачный, -ая, -ое; успешный, -ая, -ое
sekretōrius, -ė	secretary	secrétaire	Sekretär, -in	sekretarz, -arka	секретарь
sėktis	succeed	réussir	leicht fallen	powodzić się	удаваться
sekundė	second (n)	seconde	Sekunde	sekunda	секунда
semināras	seminar	séminaire	Seminar	zajęcia seminaryjne	семинар
semti	draw, ladle	puiser, verser	schöpfen	czerpać	черпать
senamiestis	old city	vieille ville	Altstadt	starówka	старый город
senas, -a	old	vieux, vieille; ancien, -ne	alt	stary, -a, -e; przestarzały, -a, -e	старый, -ая, -ое
senātvė	old age	vieillesse	Alter	starość	старость
senėlė	grandmother	grande-mère	Großmutter	babcia	бабушка
senēliai	grandparents	grands-parents	Großeltern	dziadkowie	дедушка и бабушка
senēlis	grandfather	grand-père	Großvater	dziadek	дедушка
seniai	long ago	il y a longtemps	längst, vor langer Zeit; schon lange	dawno	давно
seniaũ	formerly	avant	früher	dawniej	прежде, раньше
sēnis, -ė	old person	vieillard; vieux, vieille	der/die Alte	starzec, starucha	старик, старуха

492

seniūnas, -ė	(district) leader	dirigeant, -e (de seniūnija)	der/die Älteste	starosta, -ścina	староста
seniūnija	district (several villages or part of a city)	subdivision administrative (en Lituanie)	Gemeindeamt (administrative Einheit)	starostwo	единица административного деления в Литве
senovė	ancient times	ancienneté	Altertum	starożytność	древность, старина
senoviškas, -ė	ancient	ancien, -ne	altertümlich	starożytny, -a, -e	древний, -яя, -ее; старинный, -ая, -ое
sénti	grow old	1. vieillir 2. rancir	altern, alt werden	1. starzeć 2. jełczeć, psuć się	стареть
septyneri, -erios	seven	sept	sieben	siedem, siedmioro	семь
septýnetas	a grade of seven	sept	sieben	siódemka	семёрка
septyni, -ýnios	seven	sept	sieben	siedem, siedmiu	семь
septýniasdešimt	seventy	soixante-dix	siebzig	siedemdziesiąt	семьдесят
septyniasdešimtas, -à	seventieth	soixante-dixième	der/die/das siebzigste	siedemdziesiąty, -a, -e	семидесятый, -ая, -ое
septyníese	in a group of seven	à sept	zu siebt	w siedmiu	всемером
septyniólika	seventeen	dix-sept	siebzehn	siedemnaście	семнадцать
septynióliktas, -a	seventeenth	dix-septième	der/die/das siebzehnte	siedemnasty, -a, -e	семнадцатый, -ая, -ое
septiñtas, -à	seventh	septième	der/die/das sieb(en)te	siódmy, -a, -e	седьмой, -ая, -ое
serbeñtas	currant	groseille	Johannisbeere	porzeczka	смородина
servetėlė	napkin	serviette	Serviette	serwetka	салфетка
seselė	nurse	infirmière	Krankenschwester	pielęgniarka	медсестра
sèsija	1. session 2. month set aside for final examinations	1. session 2. période des examens	1. Session, Tagung 2. Prüfungszeit	sesja	сессия
sėsti	sit down	s'asseoir	sich setzen, Platz nehmen	siadać	сесть/садиться
sėstis	sit down	s'asseoir	sich setzen, Platz nehmen	siadać	сесть/садиться
sesuõ	sister	sœur	Schwester	siostra	сестра
sėti	sow (v)	semer	säen	siać	сеять
sezònas	season	saison	Saison	sezon	сезон
siaũras, -à	narrow	étroit, -e	schmal; eng	wąski, -a, -ie	узкий, -ая, -ое; тесный, -ая, -ое
sidābras	silver (n)	argent	Silber	srebro	серебро
sidabrìnis, -ė	silver (adj)	d'argent	silbern	srebrny, -a, -e	серебряный, -ая, -ое

LIETUVIŲ KALBA	ENGLISH	FRANÇAIS	DEUTSCH	JĘZYK POLSKI	РУССКИЙ ЯЗЫК
siékti	1., 2. reach, touch 3. seek	1. toucher; atteindre 2. monter jusque 3. aspirer, ambitionner	1., 2. langen, reichen 3. streben	1., 2. sięgać 3. dążyć	1. доставать 2. достигать 3. стремиться
siéna	1. wall 2. border	1. mur 2. frontière	1. Wand; Mauer 2. Grenze	1. ściana 2. granica	1. стена 2. граница
síeninis, -ė	wall (adj)	mural, -e	Wand-	ścienny, -a, -e	стенной, -ая, -ое
signãlas	signal (n)	signal; klaxon	Signal; Hupe	sygnał	сигнал
signãlinis, -ė	signal (adj)	du signal	Signal	sygnalny, -a, -e	сигнальный, -ая, -ое
sijõnas	skirt	jupe	Rock	spódnica	юбка
silkė̃	herring	hareng	Hering	śledź	сельдь
sil̃pnas, -à	weak	faible	schwach	słaby, -a, -e	слабый, -ая, -ое
silpnė́ti	weaken	faiblir	schwächer werden	słabnąć	слабеть
simpãtija	affection, favour, sympathy	sympathie	Sympathie	sympatia	симпатия
sinagogà	synagogue	synagogue	Synagoge	synagoga	синагога
sir̃gti	be ill	être malade	krank sein, leiden	chorować	болеть
sistemà	system	système	System	system	система
siū́las	thread	fil	Faden	nić	нить
siū́lyti	1. offer 2. suggest	1. offrir 2. proposer	anbieten, bieten, vorschlagen	proponować	предлагать
siū́lytis	offer, volunteer	s'offrir, se proposer	anbieten, vorschlagen	proponować się	предлагать свои услуги
siuntė́jas, -a	sender	expéditeur	Absender	nadawca	отправитель
siuñtimas	sending	envoi	Sendung	posłanie	направление
siuntinỹs	parcel	colis	Sendung	przesyłka	посылка
siurblỹs	pump (n)	pompe	Pumpe	pompa	помпа; насос
siur̃bti	suck, pump; vacuum (v)	pomper; aspirer	saugen	pompować; odkurzać	качать (воду, нефть); пылесосить
siųsti	send, mail	poster; envoyer	schicken, senden	przekazywać; posyłać	посылать
siū́ti	sew	coudre	nähen	szyć	1. пришивать 2. шить
siuvė́jas, -a	tailor, dressmaker	couturier, -ère; tailleur	Schneider	krawiec, -cowa	портной, -ниха
siuvyklà	tailor's/dressmaker's shop	maison de couture	Schneiderei	pracownia krawiecka	швейное ателье
skaičiúoti	count (v)	compter	zählen; rechnen	liczyć	считать; подсчитывать

skaičius	number	nombre	Zahl; Anzahl	1. liczba 2. ilość	1. число 2. количество
skaidrùs, ì	clear	transparent, -e	durchsichtig	przezroczysty, -a, -e	прозрачный, -ая, -ое
skaitykla	reading room	salle de lecture	Lesesaal	czytelnia	читальня
skaitiklis	meter, counter	compteur	Zähler	licznik	счётчик
skaitýti	1, 2, 3. read 4. lecture	lire; donner (cours)	lesen	czytać; wykładać	читать
skaitýtojas, -a	reader	lecteur, -trice	Leser	czytelnik, -iczka	читатель, -ница
skaitmuõ	digit	chiffre	Ziffer	cyfra	цифра
skaĩtvardis	number (as a part of speech)	adjectif numéral	Zahlwort, Numerale	liczebnik	имя числительное
skalbyklà	laundry (room, etc.)	blanchisserie	Wäscherei, Waschsalon	pralnia	прачечная
skalbiklis	detergent	lessive	Waschmittel	środki do prania	средство для стирки
skalbiniaĩ	laundry (clothes)	linge	Wäsche	bielizna	бельё
skalbinių spaustùkas	clothespin (Am.), clothes peg (Brit.)	pince à linge	Wäscheklammer	żabka (do wieszania)	прищепка
skal̃bti	wash, launder	faire la lessive	waschen	prać	стирать
skambėti	1. ring (intrans.) 2. be heard	1. sonner 2. être entendu, -e	1. klingen, läuten 2. ertönen, erklingen	1. dzwonić 2. rozbrzmiewać	звучать, звенеть
skam̃binti	1. call (by telephone) 2. play (a musical instrument) 3. ring (trans.)	1. téléphoner 2. jouer (le piano, etc.) 3. sonner	1. anrufen 2. spielen 3. klingeln	1. telefonować, dzwonić 2. grać 3. brzmieć	1., 3. звонить 2. играть
skam̃butis	doorbell, buzzer, ring	sonnette	Klingel	dzwonek	звонок
skanùs, -ì	delicious, tasty	savoureux, -euse	schmackhaft, lecker	smaczny, -a, -e	вкусный, -ая, -ое
skarà	shawl	châle	Tuch	chusta	платок
skardà	tin plate, pan	fer-blanc	Blech	blacha	жесть
skardinė	can, tin	boîte en fer-blanc	Blechdose, Blechbüchse	puszka	жестянка
skarėlė	headscarf	fichu	Tuch, Kopf-, Halstuch	chustka	платок, косынка
skaudėti	hurt (v intrans.)	avoir mal	weh tun, schmerzen	boleć	болеть
skaudùs, -ì	painful	douloureux, -euse	schmerzhaft, schmerzlich	bolesny, -a, -e	тяжёлый, -ая, -ое; мучительный, -ая, -ое
skaũsmas	ache, pain	douleur	Schmerz, Weh	ból	боль
skelbimas	ad, announcement, notice	annonce	Inserat, Anzeige, Bekanntmachung	ogłoszenie	объявление

LIETUVIŲ KALBA	ENGLISH	FRANÇAIS	DEUTSCH	JĘZYK POLSKI	РУССКИЙ ЯЗЫК
skelbti	announce	annoncer, publier	bekannt geben, bekannt machen	ogłaszać	объявлять, оглашать
skersai	across	en travers	quer	poprzecznie	поперёк
skersgatvis	side street	rue transversale	Querstraße	zaułek	переулок
skersinis	rung	échelon	Querbrett	poprzeczka	перекладина
skersmuō	diameter	diamètre	Durchmesser	średnica	поперечник, диаметр
skęsti	sink, drown	se noyer	ertrinken; sinken, untergehen	tonąć	тонуть, утопать
skėtis	umbrella	parapluie, parasol	Regenschirm	parasol	зонтик
skiemuō	syllable	syllabe	Silbe	sylaba	слог
skylė̃	hole (opening)	trou	Loch	dziura	дыра
skylė́tas, -a	with holes in it	troué, -e	löcherig	dziurawy, -a, -e	дырявый, -ая, -ое
skylùtė	small hole	petit trou	kleines Loch	dziurka	дырочка
skìnti	pick	cueillir	pflücken	zrywać	рвать
skyrýba	punctuation	ponctuation	Interpunktion	przestankowanie	пунктуация
skyrýbos	divorce	divorce	Ehescheidung, Scheidung	rozwód	развод
skỹrius	1. department, section 2. chapter, section	1. service 2. chapitre	1. Abteilung 2. Teil, Abschnitt	1. dział, wydział 2. rozdział	1. отдел 2. раздел
skìrstyti	divide, apportion	classer	einteilen	dzielić	распределять, разделять
skìrtas, -à	intended	destiné, -e	bestimmt	przeznaczony, -a, -e	назначенный, -ая, -ое
skìrti	1. separate, divide 2. distinguish 3. allot; impose 4. appoint	1. séparer 2. destiner 3. donner 4. nommer	1. teilen; trennen 2. unterscheiden 3. bestimmen, festsetzen 4. ernennen	1. dzielić 2. rozróżniać 3. przydzielić 4. mianować	1. отделять 2. различать 3., 4. назначать
skirtìngas, -a	different	différent, -e	verschieden, unterschiedlich	odmienny, -a, -e	разный, -ая, -ое; различный, -ая, -ое
skirtìs	1. differ 2. divorce	1. différer, se distinguer 2. divorcer	1. sich unterscheiden 2. sich trennen	1. różnić się 2. rozwodzić się	1. отличаться, различаться 2. разводиться
skìrtumas	difference	différence	Unterschied	różnica	разница
skýstas, -à	1. liquid (adj) 2. watery, thin	1. liquide 2. clair, -e	1. flüssig 2. dünn	1. płynny, -a, -e 2. wodnisty, -a, -e	жидкий, -ая, -ое
skýstis	liquid (n)	liquide	Flüssigkeit	płyn	жидкость

skleisti	spread	dégager	ausstrahlen (Licht), verbreiten	rozprzestrzeniać	излучать (свет), испускать (запах), издавать (звук)
skliaustėliai	brackets, parentheses	parenthèses	(runde) Klammer	nawiasy	скобки
skliñdis	pancake	crêpe	Pfannkuchen	blin; naleśnik	блин, оладья
skolà	debt	dette	Schuld	dług	долг
skolìngas, -a	indebted	qui doit	schuldig	dłużny, -a, -e	должен, -жна, -жно
skolininkas, -ė	debtor	débiteur, -trice	Schuldner, -in	dłużnik, -iczka	должник, -ица
skõlinti	lend	prêter	leihen, borgen	pożyczać	одалживать
skõlintis	borrow	emprunter	leihen, borgen	pożyczyć (sobie)	брать взаймы, заимствовать
skoningas, -a	tasteful	avec goût	geschmackvoll	gustowny, -a, -e	со вкусом
skõnis	taste (n)	goût	Geschmack	smak; gust	вкус
skraidýti	fly (v)	voler	fliegen	latać	летать
skrañdis	stomach	estomac	Magen	żołądek	желудок
skrybėlė̃	hat	chapeau	Hut	kapelusz	шляпа
skrỹdis	flight	vol	Flug	lot	полёт
skrìsti	fly (v)	voler, aller en avion	fliegen	lecieć	лететь
skritulỹs	circle	cercle	Kreis, Scheibe, Platte	krąg	круг
skrùdintas, -a	toasted	grillé, -e	geröstet	podpieczony, -a, -e	поджаренный, -ая, -ое
skrùdinti	toast (v)	griller	rösten	przypiekać	поджаривать
skrudintùvas	toaster	grille-pain	Röste	toster	тостер
skruõstas	cheek	joue	Wange	policzek	щека
skruzdėlė̃	ant	fourmi	Ameise	mrówka	муравей
skruzdėlýnas	ant hill	fourmilière	Ameisenhaufen	mrowisko	муравейник
skubėti	1. hurry 2. be fast	1. se dépêcher 2. être en avance	1. eilen, sich beeilen, Eile haben 2. vorgehen	śpieszyć się	спешить, торопиться
skubùs, -ì	urgent	urgent, -e	eilig; dringend	pilny, -a, -e	срочный, -ая, -ое
skùduras	rag	chiffon	Lappen	ścierka	тряпка
skulptõrius, -ė	sculptor	sculpteur	Bildhauer	rzeźbiarz, -iarka	скульптор
skulptūrà	sculpture	sculpture	Bildhauerei, Skulptur	rzeźba	скульптура
skuñdas	complaint	plainte	Beschwerde, Klage	skarga	жалоба
skurdas	poverty	misère	Elend, Armut	nędza	нищета, бедность
skùsti	peel, scrape; shave	éplucher, écorcer	rasieren	skrobać, czyścić	очищать, чистить (от кожуры)

497

LIETUVIŲ KALBA	ENGLISH	FRANÇAIS	DEUTSCH	JĘZYK POLSKI	РУССКИЙ ЯЗЫК
skùstis	shave	se raser	sich rasieren	golić się	бриться
skųstis	complain	se plaindre	klagen	skarżyć się	жаловаться
skustùvas	razor, shaver	rasoir	Rasiermesser	brzytwa	бритва
skvèras	(town) square	square	Grünanlage	skwer	сквер
slaptà	secretly	en secret	heimlich, geheim	potajemnie	тайком, тайно
slãptas, -à	secret (adj)	secret, -ète	heimlich, geheim	tajny, -a, -e; potajemny, -a, -e	тайный, -ая, -ое
slaũgė	nurse (n)	garde-malade	(Kranken)pflegerin, (Kranken)wärterin	pielęgniarka	сиделка
slaugýti	nurse (v)	soigner, garder	pflegen	doglądać chorych	ухаживать (за больным)
slėnis	valley	vallée	Tal	wąwóz	долина
slė̃pti	hide, conceal	1. cacher 2. dissimuler	1. verstecken, verbergen 2. geheim halten, vertuschen	1. chować 2. ukrywać	скрывать
slidė̃	ski (n)	ski	Schneeschuh, Ski	narta	лыжа
slidinė́ti	ski (v)	faire du ski	Ski laufen	jeździć na nartach	ходить на лыжах
slidininkas, -ė̃	skier	skieur, -euse	Schiläufer, Ski-	narciarz, -iarka	лыжник, -ница
slidùs, -ì	slippery	glissant, -e	glatt, glitscherig, schlüpfrig	śliski, -a, -ie	скользкий, -ая, -ое
slýsti	slide, slip	glisser	gleiten, rutschen	ślizgać się	скользить
slyvà	plum (tree and fruit)	prune; prunier	Pflaume; Pflaumenbaum	śliwka; śliwa	слива
slogà	cold (n)	rhume	Schnupfen	katar	насморк
sluõksnis	layer	couche	Schicht	warstwa	слой
smagùs, -ì	pleasant, nice	gai, -e	heiter, vergnügt, behaglich	przytulny, -a, -e	весёлый, -ая, -ое
smailùs, -ì	pointed	pointu, -e	spitz	ostry, -a, -e	острый, -ая, -ое
smarkùs, -ì	strong, violent, vehement	fort, -e	heftig, stürmisch	silny, -a, -e	сильный, -ая, -ое
smẽgenys	brain	cerveau	Gehirn, Hirn	mózg	мозг
smeĩgti	stick (v)	piquer	stechen	wbijać	вонзать, втыкать
smeigtùkas	pin	épingle	Stechnadel	pinezka	булавка, кнопка
smėlė́tas, -a	sandy	sablonneux, -euse	sandig	piaszczysty, -a, -e	песчаный, -ая, -ое
smė̃lis	sand	sable	Sand	piasek	песок
smirdė́ti	stink (v)	puer	stinken	śmierdzieć	вонять

smõgti	strike (v)	frapper	schlagen, einen Hieb versetzen	uderzyć; walić	ударить
smūgis	blow (n)	coup	Schlag, Hieb	uderzenie	удар
smuĩkas	violin	violon	Geige, Violine	skrzypce	скрипка
smuikininkas, -ė	violinist	violoniste	Violinist, Geiger	skrzypek, -paczka	скрипач, -ка
smùlkinti	make small, break up	broyer	zerkleinern	drobić	измельчать, дробить
smùlkmena	trifle, small matter	rien, bagatelle	Kleinigkeit, Einzelheit	drobnostka	пустяк, мелочь; подробность
smulkus, -i	small, fine	fin, -e	1. klein, winzig 2. fein	drobny, -a, -e	мелкий, -ая, -ое
snaĩgė	snowflake	flocon de neige	Schneeflocke	śnieżynka	снежинка
snãpas	beak	bec	Schnabel	dziób	клюв
snáusti	snooze (v)	somnoler	schlummern, dösen	drzemać	дремать
sniẽgas	snow (n)	neige	Schnee	śnieg	снег
snigti (sniñga)	snow (v)	neiger	schneien	padać (o śniegu)	идёт, падает снег
snùkis	snout	museau	Schnauze, Maul	pysk	морда, рыло
sociãlinė rūpýba	welfare, public assistance	sécurité sociale	Sozialversorgung	ubezpieczenie społeczne	социальное обеспечение
sociãlinis draudìmas	social security, social insurance	assurances sociales	Sozialversicherung	zaopatrzenie społeczne	социальное страхование
sõdas	orchard, garden	jardin	Garten, Obstgarten	sadownik	сад
sodýba	farm	ferme	Gehöf, Hof	zagroda	усадьба
sodiniñkas, -ė	gardener	jardinier, -ère	Gärtner, -in	sadownik	садовник, -ица
sodìnti	1. seat (v) 2. plant (v)	1. asseoir 2. planter	1. setzen 2. pflanzen	sadzić	садить, сажать
sofà	sofa	canapé	Sofa	kanapa, wersalka	софа, диван
solistas, -ė	soloist	soliste	Solist, -in	solista, -tka	солист, -ка
sóstinė	capital	capitale	Hauptstadt	stolica	столица
sótus, -i	full (satisfied)	rassasié, -e	satt	syty, -a, -e	сытый, -ая, -ое
spãlis	October	octobre	Oktober	październik	октябрь
spalvà	colour (n)	couleur	Farbe	barwa	цвет
spálvinti	colour (v)	colorier	färben	barwić	раскрашивать
spalvótas, -a	colour (adj)	de couleur	farbig; bunt	barwny, -a, -e	цветной, -ая, -ое
spanguolė̃	cranberry (berry and bush)	canneberge	Moosbeere	żurawina	клюква
spar̃nas	wing	aile	Flügel	skrzydło	крыло

LIETUVIŲ KALBA	ENGLISH	FRANÇAIS	DEUTSCH	JĘZYK POLSKI	РУССКИЙ ЯЗЫК
spaudà	press (n)	1. presse 2. impression	1. Presse 2. Druck	1. prasa 2. druk	печать, пресса
spáusdinti	print	1. imprimer 2. éditer	drucken	drukować	печатать
spausdintùvas	printer	imprimante	Drucker	drukarka	принтер
spáusti	1. press 2. be too tight	1. appuyer 2. gêner	drücken; pressen	1. uściskać 2. cisnąć	1. нажимать 2. жать
specialýbė	speciality (Brit.), field	spécialité	Fach, Fachrichtung; Beruf	zawód	специальность
specialìstas, -ė	specialist	spécialiste	Fachmann, Fachfrau, Fachleute	specjalista, -tka	специалист
speciālus, -ì	special	spécial, -e	speziell, Fach-, Sonder-	specjalny, -a, -e	специальный, -ая, -ое
spektãklis	show (n)	spectacle	Vorstellung, Aufführung	spektakl	спектакль
spėti¹	guess (v)	deviner	raten	odgadywać	отгадывать, разгадывать
spėti²	be in time	arriver à temps	zurechtkommen	zdążyć	успеть/успевать
spyglỹs	1. needle (of a plant) 2. thorn	1. aiguille (de sapin, etc.) 2. épine	1. Nadel 2. Dorn, Stachel	1. igła drzewa iglastego 2. kolec	1. иголка (сосновая) 2. шип
spygliúotas, -a	thorny	conifère	stachelig	iglasty, -a, -e	колючий, -ая, -ее
spygliúotis	conifer	conifère	Nadelbaum	drzewo iglaste	хвойное дерево
spynà	(pad)lock	serrure de sûreté; cadenas	Schloss	zamek; kłódka	замок
spindėti	shine	éclater	glänzen, leuchten	lśnić, świecić	сверкать, сиять
spindulỹs	ray	rayon	Strahl	promień	луч
spìnta	cabinet, wardrobe	armoire	Schrank	szafa	шкаф
spintẽlė	cupboard	placard	Schränkchen	szafka	шкафчик
spìrti	kick (v)	donner up coup de pied	Fußtritt geben	kopać/kopnąć	ударить ногой, пнуть/пинать
spjáuti	spit (v)	cracher	spucken	pluć, spluwać	плюнуть
spòrtas	sport(s)	sport	Sport	sport	спорт
spòrtbačiai	sport shoes	chaussure de sport	Sportschuhe	trampki, tenisówki	спортивная обувь
spòrtininkas, -ė	sportsman, sportswoman	sportif, -ve	Sportler	sportowiec, sportsmenka	спортсмен, -нка
spòrtinis, -ė	sports (adj)	sportif, -ve	sportlich, Sport-	sportowy, -a, -e	спортивный, -ая, -ое
sportúoti	go in for sports	faire du sport	Sport treiben	uprawiać sport	заниматься спортом

sprándas	nape of the neck	nuque	Nacken, Genick	kark	задняя часть шеи, шея; шкирка
sprendìmas	decision	décision	Beschluss	decyzja	решение
sprę́sti	1. decide 2. judge 3. solve	1. décider 2. juger 3. résoudre	1. beschließen 2. urteilen 3. lösen	1. decydować 2. sądzić (o czymś) 3. rozpatrywać	решать/решить
sprogdìnti	explode	faire exploser	sprengen	rozsadzać	взрывать
sprogmuõ	explosive (n)	explosif	Sprenggeschoss	materiał wybuchowy	взрывчатка
sprógti	burst, explode	1. exploser 2. boutonner	1. explodieren, platzen, bersten 2. sprießen, knospen	1. wybuchać 2. rozpękać się	1. взорваться, взрываться, лопнуть 2. распускаться
spū́stis	traffic jam	presse, bousculade	Gedränge	tłok, ścisk	пробка
sráigė	snail	escargot	Schnecke	ślimak	улитка
sraigtãsparnis	helicopter	hélicoptère	Hubschrauber	śmigłowiec	вертолёт
sritìs	1. region 2. sphere, field	1. région 2. sphère, domaine	1. Gebiet, Region 2. Gebiet, Bereich	1. obwód 2. dziedzina	область
sriubà	soup	potage	Suppe	zupa	суп
srovė̃	current, stream	courant	Strom	prąd	течение, поток
stabdýti	stop (v trans.)	1. freiner 2. arrêter	1. bremsen 2. anhalten	hamować	останови́ть/останавливать
stabdžiaĩ	brakes	freinage	Bremse	hamulce	тормоза
stačiãkampis	rectangle	rectangulaire	Rechteck	prostokąt	прямоугольник
stačiakam̃pis, -ė	rectangular	rectangulaire	rechtwinklig, rechteckig	prostokątny, -a, -e	прямоугольный, -ая, -ое
stačiatikýbė	Eastern Orthodoxy	orthodoxie	orthodox Religion, Rechtgläubigkeit	prawosławie	православие
stačiãtikis, -ė	Orthodox believer	orthodoxe	orthodox, rechtgläubig	prawosławny, -na	православный, -ая
stadiònas	stadium	stade	Stadion	stadion	стадион
staigà	suddenly	tout à coup	plötzlich, auf einmal	nagle	внезапно, вдруг
staĩgus, -ì	sudden	soudain, -e; subit, -e	plötzlich, unerwartet; heftig	nagły, -a, -e	1. внеза́пный, -ая, -ое 2. круто́й, -ая, -ое (поворот)
stãlas	table	table	Tisch	stół	стол
stãlčius	drawer	tiroir	Schubfach	szuflada	(выдвижной) ящик
stalẽlis, staliùkas	little table	petite table	Tischlein, Tischchen	stolik	столик
stãlinis, -ė	table, desk (adj)	de bureau	Tisch-	stołowy, -a, -e	настольный, -ая, -ое

LIETUVIŲ KALBA	ENGLISH	FRANÇAIS	DEUTSCH	JĘZYK POLSKI	РУССКИЙ ЯЗЫК
stãlius	joiner, carpenter	menuisier	Tischler, Schreiner	stolarz	столяр
stáltiesė	tablecloth	nappe	Tischtuch	serweta	скатерть
stambùs, -ì	large, big	gros, -se	groß, umfangreich	duży, -a, -e	крупный, -ая, -ое
statýba	building, construction (work)	bâtiment, construction (action)	Bau, Errichtung	budowa	строительство
statýbininkas, -ė	builder	ouvrier du bâtiment	Baumeister, -in, Bauarbeiter, -in	budowniczy, -iczka	строитель
statinỹs	building, construction	construction	Gebäude, Bau	budowla	сооружение, строение
statìstika	statistics	statistique	Statistik	statystyka	статистика
statýti	1. set, stand 2. park 3. build, construct	1. mettre 2. garer, ranger 3. bâtir	1. stellen 2. parken, stehen lassen 3. bauen	1., 2. stawiać 3. budować	1., 2. (по)ставить 3. строить, сооружать
stebėti	watch, observe	contempler	beobachten	obserwować	наблюдать
stebėtis	be surprised	s'étonner	sich wundern	dziwić się	удивляться
stengtis	try (v)	tâcher	sich bemühen	starać się	стараться
stíebas	stem	tige	Stängel, Stiel	łodyga	стебель
stygà	string (on an instrument)	corde	Saite	struna	струна
stỹginis, -ė	stringed	à cordes	Saiten-	strunowy, -a, -e	струнный, -ая, -ое
stiklaĩnis	jar	bocal	Glas	słoik	банка
stìklas	glass (n)	verre, vitre	Glas	szkło	стекло
stìklinė	(drinking) glass (n)	verre de verre	Glas, Trinkglas	szklanka	стакан
stìklinis, -ė	glass (adj)	de verre	gläsern, Glas-	szklany, -a, -e	стеклянный, -ая, -ое
stìlius	style	style	Stil	styl	стиль
stipeñdija	grant, scholarship	bourse	Stipendium	stypendium	стипендия
stiprùs, -ì	strong	fort, -e; intense; robuste	stark, kräftig; fest, haltbar	silny, -a, -e; mocny, -a, -e	сильный, -ая, -ое; крепкий, -ая, -ое
stìrna	roe deer	chevreuil	Reh	sarna	косуля
stógas	roof	toit	Dach	dach	крыша
stojamàsis egzãminas	entrance examination	examen d'entrée	Aufnahmeprüfung	egzamin wstępny	вступительный экзамен
stóras, -à	1., 2. thick 3. deep	1., 2. épais, -se; gros, -se 3. grave (voix)	1., 2. dick 3. tief	gruby, -a, -e	1., 2. толстый, -ая, -ое 3. низкий, -ая, -ое (голос)
stotẽlė	bus stop	station	Station, Haltestelle	przystanek	остановка

stóti	1. stand up 2. stop (intrans.) 3. enter, join	1. se lever 2. s'arrêter 3. adhérer	1. aufstehen 2. stehenbleiben, haltmachen 3. eintreten, beitreten	1. wstać 2. zatrzymać się 3. wstępować/wstąpić	1. вставать 2. останавливаться 3. поступать, вступать
stotìs	station	gare	Bahnhof, Bus-	stacja	станция; вокзал
stovėti	stand (v)	être debout; être	stehen	stać	стоять
stráipsnis	article	article	Artikel	artykuł	статья
straublỹs	trunk (proboscis)	trompe	Rüssel	trąba słonia	хобот
streĩkas	strike (n)	grève	Streik	strajk	забастовка
streikúoti	strike (v)	faire grève	streiken	strajkować	бастовать
strỹpas	(metal) bar	barre	Stab, Stange	belka, słup, trzon	прут
striùkė	jacket	veste, anorak	Anorak	kurtka	куртка
stùburas	spine, backbone	colonne vertébrale	Wirbelsäule	kręgosłup	позвоночник
studeñtas, -ė	student	étudiant, -e	Student, -in	student, -tka	студент, -ка
stùdijos	studies	études	Studium	studia	занятия, учёба
studijúoti	study	faire ses études	studieren	studiować	изучать
stùlpas	pole	poteau	Mast	słup	столб
stulpẽlis	1. little pole 2. column	1. petit poteau 2. colonnette	1. kleiner Pfahl 2. Kolonne	słupek	1. столбик 2. столбец, колонка
stùmti	push	pousser	stoßen; schieben	pchać	толкать
sù	with	avec	mit	z	с (со)
suáugęs, -usi	adult	adulte	der/die Erwachsene	dorosły, -a, -e	взрослый, -ая, -ое
sudarýti	form, make	1. conclure 2. constituer 3. composer	1. gültig machen 2., 3. bilden	zawrzeć; utworzyć	1. заключить (договор) 2. составлять 3. образовать, составить
sudaužýti	break	briser	zerschlagen	pobić, stłuc	разбить
sudedamóji dalis	component	partie intégrante	Bestandteil	sześć składowa	составная часть
sudègti	burn (trans.)	brûler	verbrennen	spalić	сжечь
sudègti	burn (intrans.)	être brulé, -e	niederbrennen	spalić się	сгореть
sudėti	1. put (together) 2. add, sum up	1. mettre, ranger 2. additionner	1. zusammenlegen 2. addieren	1. złożyć 2. dodać	сложить
sudėtingas, -a	1. complicated 2. complex	1. compliqué, -e 2. complexe	kompliziert, verwickelt	skomplikowany, -a, -e	сложный, -ая, -ое
sudėtinis laĩkas	compound tense	temps composé	zusammengesetzte Zeitform	czas złożony	сложное время

LIETUVIŲ KALBA	ENGLISH	FRANÇAIS	DEUTSCH	JĘZYK POLSKI	РУССКИЙ ЯЗЫК
sudėtinis sakinỹs	compound or complex sentence	proposition composée	zusammengesetzter Satz	zdanie złożone	сложное предложение
sudėtis	1. composition 2. addition	1. composition 2. addition	1. Zusammensetzung 2. Addition	1. skład 2. dodawanie	1. состав 2. сложение
sudiẽ, sudiẽv	goodbye	adieu	leb(e) wohl; auf Wiedersehen	z Bogiem; cześć	прощай(те)
sū́dytas, -a sū́dyti	salted salt (v)	salé, -e saler	gesalzen salzen	solony, -a, -e solić	солёный, -ая, -ое солить
sudominti	interest (v)	intéresser	interessieren	zaciekawić	заинтересовать
sudrėkinti	moisten, wet	rendre humide	feuchten, feucht machen	zwilżyć	увлажнить
sudrė̃kti	become moist/wet	devenir humide	feuchten, feucht werden	zwilgotnieć	увлажниться, увлажняться
sudužti	break (v)	se casser	zerbrechen, zerbersten	rozbić się	разбиться
suformuluoti	formulate	formuler	formulieren	sformułować	сформулировать
sugadinti	spoil, break	gâcher	beschädigen, kaputtmachen	zepsuć	испортить
sugalvóti	think of	projeter, se proposer	ausdenken	wymyśleć	придумать
sugáuti	catch	attraper	fangen; erwischen	złapać	поймать
sugebė́ti	be able	être capable	fähig sein, können	potrafić	быть способным
sugèsti	1. spoil 2. break	1. se gater 2. se détraquer	1. verderben 2. kaputtgehen	zepsuć się	испортиться
sugýti	heal	se cicatriser	genesen, heilen	zagoić się	зажить; выздороветь
sugyvéntinis, -ė̃	common-law husband/wife, domestic partner, live-in lover	concubin, -e	Zusammenlebende, Beischläfer, -in der/die	konkubin, -a	сожитель, -ница
suglamžyti	crumple	froisser	zerknittern, zerknüllen	zgnieść	скомкать, смять
sugląusti (skė̃tį)	close (an umbrella)	refermer (parapluie)	zumachen (Regenschirm)	złożyć (parasol)	сложить (зонтик)
sugrė́bti	rake (v)	râteler	zusammenharken, zusammenschaufeln	zgrabiać	стрести, сгребать
sugriáuti	tear down	détruire	zerstören	zburzyć	разрушить
sugriū́ti	collapse (v)	crouler	zusammenstürzen, zusammenbrechen	runąć, zawalić się	развалиться, рухнуть
suim̃ti	arrest (v)	arrêter	verhaften, festnehmen	aresztować	арестовать, задержать

sujùngti	connect	alier	verbinden	soединить
sukaktìs	anniversary	anniversaire	Jahrestag	годовщина, юбилей
sukaktùvės	anniversary party	fête anniversaire	Jubiläumsfeier	празднование годовщины, юбилея
sukélti	cause (v)	éveiller; provoquer	hervorrufen, erregen, auslösen	вызвать (болезнь и т.п.)
suknẽlė	dress (n)	robe	Kleid	(женское) платье
sùkti	1. turn	1. tourner	1. biegen	1. поворачивать
	2. twist; (un)screw	2. visser	2. drehen, wenden; schrauben	2. крутить, прикручивать
	3. build (a nest)	3. nicher	3. bauen (Nest)	3. вить (гнездо)
sùktis	turn, go round	se tourner	sich drehen; kreisen	вращаться
sukùrti	create	créer	schaffen, verfassen	создать
sulaikýti	1. hold	1. retenir	1. halten	1. удерживать
	2. stop	2. arrêter	2. aufhalten; festnehmen	2. задерживать
suláužyti	break (trans.)	casser	zerbrechen	сломать
sulenkti	1. bend	1. courber	1. biegen, beugen	1. согнуть
	2. fold	2. plier	2. zusammenfalten	2. сложить
suliesėti	lose weight	se faire maigrir, s'émacier	abmagern	похудеть
sultìngas, -a	juicy	juteux, -euse	saftig	сочный, -ая, -ое
sultinỹs	stock, bouillon	bouillon	(Fleisch)brühe	бульон
sùltys	juice	jus	Saft	сок
sulùžti	break (intrans.)	casser	zerbrechen	сломаться
sumà	sum	somme	Summe, Betrag	сумма
sumaišýti	mix (v)	mélanger	vermischen	смешать, перемешать
sumálti	grind up, mince	moudre	mahlen, zermahlen	смолоть
sumažėti	decrease, become smaller	diminuer; décroître	abnehmen, geringer werden; sich verringern	1. уменьшиться, убавиться
				2. сократиться, понизиться
sumãžinti	decrease, make smaller	diminuer	vermindern, verringern	уменьшить; сократить; снизить
sumèsti	throw together	entasser	zusammenwerfen	сбросить
sumokėti	pay	payer; s'acquitter	bezahlen	уплатить
sumùšti	beat up	meurtrir	verprügeln, zerschlagen	избить

LIETUVIŲ KALBA	ENGLISH	FRANÇAIS	DEUTSCH	JĘZYK POLSKI	РУССКИЙ ЯЗЫК
sumuštinis	sandwich	tartine	Butterbrot	kanapka	бутерброд
sunaikinti	destroy	écraser	vernichten	zniszczyć	уничтожить
sunkus, -i	1. heavy	1. lourd, -e	1., 2. schwer	ciężki, -a, -ie;	1. тяжёлый, -ая, -ое
	2. serious	2. grave	3. schwierig	trudny, -a, -e	2. тяжкий, -ая, -ое
	3. hard, difficult	3. difficile			3. трудный, -ая, -ое
sunkvežimis	lorry (Brit.), truck (Am.)	camion	Lastauto, Lastwagen	ciężarówka	грузовик
sūnus	son	fils	Sohn	syn	сын
suolas	bench, (pupil's) desk	banc	Bank	ława	скамья
suolėlis, suoliukas	small bench	banquette	kleine Bank	ławeczka	скамейка
supažindinti	1. introduce	1. présenter	bekannt machen,	1. zaznajomić	1. познакомить
	2. acquaint (with)	2. informer	vorstellen	2. zapoznać	2. ознакомить
supykti	get angry	se fâcher	zornig/böse werden; sich ärgern	pogniewać się	рассердиться, разозлиться
supinti	braid (Am.), plait (Brit.) (v)	natter	zusammenflechten, verflechten	spleść	сплести
supjaustyti	cut up	découper	aufschneiden, zerschneiden, zerstückeln	pokroić	нарезать
suplėšyti	tear up	mettre en pièces; déchirer	zerreißen, zerfetzen	porwać, zniszczyć	разорвать
suplyšti	tear (v)	se déchirer	(zer)reißen	porwać się, zniszczyć się	разорваться
suprantama	naturally, of course	naturellement	verständlich	zrozumiale	разумеется
suprantamas, -à	understandable, intelligible	compréhensible	verständlich, begreiflich, klar, deutlich	zrozumiały, -a, -e	понятный, -ая, -ое
suprasti	understand	comprendre	verstehen, begreifen	zrozumieć	понять
sùpti	surround	entourer	umringen	okrążać	окружать
surašyti	draw up/make a list	rédiger; recenser	verzeichnen; aufschreiben	spisać	записать, переписать
sūrelis	small cake of cheese	petit fromage	Käse	serek	сырок
suremontuoti	repair	réparer	reparieren; renovieren	wyremontować	отремонтировать
surengti	arrange, organise	organiser	veranstalten	zorganizować	устроить, организовать

surinkti	1. gather, collect 2. dial 3. assemble 4. enter (a text)	1. reunir 2. composer (numéro) 3. assembler 4. écrire à l'ordinateur	1. sammeln 2. wählen 3. zusammenlegen 4. Tasten drücken	1, 2. zebrać 3., 4. złożyć	1., 3. собрать 2., 4. набрать
sūris	cheese	fromage	Käse	ser	сыр
surišti	tie up	nouer, attacher	zusammenbinden	związać	связать
surūgti	sour (v)	tourner	sauer werden	skwaśnieć	скиснуть, прокиснуть
surūkýti	smoke (v)	fumer	rauchen	wypalić	выкурить
sūrús, -ì	salty	salé, -e	salzig, gesalzen	słony, -a, -e	солёный, -ая, -ое
susègti	1. button, fasten 2. clip, staple	1. boutonner 2. agrafer	1. zuknöpfen 2. heften, broschieren	1. zapiąć 2. spiąć	1. застегнуть 2. скрепить
susidarýti	form (v intrans.)	se former	sich bilden	utworzyć się	образоваться
susidėti	consist (of)	mettre	bestehen (aus), sich zusammensetzen	składać się	состоять (из)
susiglamžyti	crumple	se froisser	zerknittern	pognieść się	помяться
susiglaūsti	close (of a blossom)	fermer (de fleur)	sich anschmiegen	stulić się, zwinąć się	
susijęs, -usi	related, connected	lié, -e	verbunden	powiązany, -a, -e	связанный, -ая, -ое (с чем-либо)
susijùngti	join	s'unir	sich vereinigen	zjednoczyć się	соединиться
susilaūžyti	break (one's hand, etc.)	se casser	sich (D) brechen	złamać się	сломать (себе)
susimùšti	1. hurt (oneself) 2. get into a fight	1. se faire du mal 2. se battre	1. sich stoßen/verletzen 2. sich schlagen	1. stłuc się 2. pobić się	1. ушибиться 2. подраться
susipažìnti	become acquainted	1. faire connaissance 2. se mettre au courant	kennen lernen; bekannt werden	1. zapoznać się 2. zaznajowić się	1. познакомиться 2. ознакомиться
susipìnti	braid, plait (one's hair) (v)	natter (ses cheveux)	zusammenflechten	spleść się	сплести (себе)
susirašinėti	correspond	correspondre	korrespondieren, im Briefwechsel stehen	korespondować	переписываться
susirgti	fall ill, get sick	tomber malade	krank werden	zachorować	заболеть
susirinkimas	meeting	réunion	Versammlung	zebranie	собрание
susirinkti	gather, meet	se réunir	sich versammeln	zebrać się	собраться
susirišti	tie (a necktie, etc.)	lier	verbinden, zubinden	związać się	завязать (себе)
susisègti	button (one's coat, etc.), fasten	boutonner	zuknöpfen	zapiąć (sobie)	застегнуться
susisiekti	communicate	communiquer	in Verbindung treten	skomunikować się	связаться

LIETUVIŲ KALBA	ENGLISH	FRANÇAIS	DEUTSCH	JĘZYK POLSKI	РУССКИЙ ЯЗЫК
susitarti	arrange; come to an agreement	se mettre d'accord	sich verabreden, vereinbaren	umówić się	договориться, условиться
susitikimas	meeting	rencontre	Treffen, Zusammenkunft	spotkanie	встреча
susitikti	meet	se rencontrer; se voir	(sich) begegnen; sich treffen	spotkać się	встретиться/ встречаться
susitrenkti	hurt, hit (oneself)	se heurter	sich stoßen, sich verletzen	uderzyć się	ушибить(ся), ударить(ся)
susituokti	marry	se marier	sich verheiraten	poślubić	вступить в брак, заключить брак
susižeisti	wound, injure (oneself)	se blesser	sich verletzen	zranić się	поранить(ся)
susmulkinti	break/cut into small pieces	morceler	zerkleinern	rozdrobić	измельчить
sustabdyti	stop (v trans.)	arrêter	zum Stehen bringen; anhalten; stoppen	zatrzymać, zahamować	остановить/ останавливать
sustoti	stop (v intrans.)	s'arrêter	stehenbleiben, halten	zatrzymać się	остановиться
sušaldyti	freeze (trans.)	réfrigerer	gefrieren lassen	zamrozić	заморозить
sušalti	freeze (intrans.)	geler	erfrieren	zmarznąć	замёрзнуть/замерзать
sušilti	warm up	chauffer; se réchauffer	sich erwärmen	zgrzać się	потеплеть; согреться
sušlapinti	moisten, wet	faire mouillé, -e	nass machen, anfeuchten	zmoczyć	смочить
sušlapti	get wet	être mouillé, -e	nass werden	zmoknąć	промокнуть
sutartis	agreement, contract, treaty	contrat	Vertrag, Abkommen	umowa	договор
sutaupyti	save (money, etc.)	faire des économies	1. ersparen 2. sparen	zaoszczędzić	сберечь, сэкономить
suteikti	give, grant	accorder	gewähren (Kredit), leisten (Hilfe), machen (Freude)	udzielić; sprawić	предоставить, оказать
sutemti	get dark	faire sombre	dunkel werden	ściemnieć	стемнеть
sutikti	1. agree 2. meet; receive (a guest)	1. consentir 2. rencontrer	1. zustimmen, einverstanden sein 2. empfangen, abholen	1. zgodzić się 2. spotkać	1. согласиться 2. встретить
sutrenkti	hurt, hit	heurter	schlagen	zbić, rozbić się	ударить
sutrumpinimas	abbreviation	abréviation	Abkürzung	skrót	сокращение

508

sutvarkýti	put in order	1. arranger, aménager 2. régler	1. in Ordnung bringen 2. regeln	1. sprzątnąć 2. uporządkować	убрать; привести в порядок
sutvárstyti	bind	panser, bander	verbinden	opatrzyć (ranę)	перевязать, перебинтовать
sutvìrtinti	strengthen, reinforce	renforcer	festigen, stärken	wzmocnić	укрепить
suválgyti	eat up	manger	aufessen, verspeisen	zjeść	съесть
suvartóti	use up	consommer	verbrauchen	zużyć	израсходовать
suvynióti	roll up; wrap (v)	envelopper	1. rollen 2. einwickeln	zwinąć	завернуть
suvókti	conceive, understand	concevoir	begreifen	zrozumieć	понять
sužeistàsis, -óji	injured; wounded	blessé, -e	der/die Verletzte	zraniony, -a, -e	раненый, -ая
sužeisti	injure, wound	blesser	verwunden, verletzen	zranić	(по)ранить
sužinóti	find out	apprendre	erfahren	dowiedzieć się	узнать
svaigieji gėrimai	alcoholic beverages	spiritueux	alkoholische Getränke, Spirituosen	napoje wyskokowe	алкогольные напитки
svajõnė	dream (n)	rêve	Traum	marzenie	мечта
svajóti	dream (v)	rêver	träumen	marzyć	мечтать
svarbà	importance	importance	Wichtigkeit	doniosłość	важность
svarbùs, -ì	important	important, -e	wichtig, bedeutend	ważny, -a, -e	важный, -ая, -ое
svarstỹklės	scales	balance	Waage	waga	весы
svarstýti	consider, discuss	débattre	besprechen; sich (D) überlegen	rozważać	обсуждать
svẽčias	guest	hote	Gast	gość	гость
svečiúotis	be on a visit	être en visite	zu Gast sein, zu Besuch sein	gościć	гостить
sveĩkas, -à	healthy	bien portant, -e; sain, -e	gesund	zdrowy, -a, -e	здоровый, -ая, -ое
sveĩkas! sveikà!	hi!, hello!	salut!	hallo!	cześć!	здравствуй!
sveikatà	health	santé	Gesundheit	zdrowie	здоровье
Sveĩki, suláukę Naujųjų mẽtų [šveñtų Kalẽdų, šveñtų Velỹkų]	Happy New Year [Merry Christmas, Happy Easter]	Bonne Année [Joyeux Noël, Joyeuses Pâques]	Ein glückliches neues Jahr [Frohe Weihnachten, Fröhliche Ostern]	Z Nowym Rokiem [Z Bożym Narodzeniem, Z Wielkanocą]	С Новым годом [С Рождеством, С Пасхой]
svéikinimas	1. greeting 2. regards, congratulations	félicitation	1. Begrüßung 2. Gruß, Glückwunsch	pozdrowienie	поздравление

LIETUVIŲ KALBA	ENGLISH	FRANÇAIS	DEUTSCH	JĘZYK POLSKI	РУССКИЙ ЯЗЫК
svéikinti	greet, congratulate, welcome	féliciter	begrüßen; beglückwünschen, gratulieren	pozdrawiać	поздравлять
svéikintis	greet (each other)	se saluer	grüßen	witać się	здороваться
svéikti	recover	se rétablir	genesen, gesund werden	zdrowieć	выздоравливать
svérti	weigh	peser	wiegen	ważyć	1. взвешивать 2. весить
svetaĩnė	living room	salon	Gastzimmer	salon	гостиная
svẽtimas, -à	another's; foreign	étranger, -ère	fremd	cudzy, -a, -e; obcy, -a, -e	чужой, -ая, -ое; иностранный, -ая, -ое
svíestas	butter	beurre	Butter	masło	сливочное масло
svíestinė	butter dish	beurrier	Butterdose	maselniczka	маслёнка
svogū́nas	onion	oignon	Zwiebel	cebula	лук, луковица
svõris	weight	poids	Gewicht	waga (ciała)	вес; тяжесть

Š

LIETUVIŲ KALBA	ENGLISH	FRANÇAIS	DEUTSCH	JĘZYK POLSKI	РУССКИЙ ЯЗЫК
šachmãtai	chess	échecs	Schach	szachy	шахматы
šachmãtininkas, -ė	chessplayer	joueur, -euse d'échecs	Schachspieler	szachista, -tka	шахматист, -ка
šakà	branch	branche	Ast	gałąź	ветвь
šaknìs	root	racine	Wurzel	korzeń	корень
šakótas, -a	branched	branchu, -e	ästig, zweigig	rozgałęziony, -a, -e	ветвистый, -ая, -ое
šakùtė	fork	fourchette	Gabel	widelce	вилка
šaldỹklė	freezer	congélateur	Kühltruhe	zamrażarka	морозильная камера
šáldytas, -a	frozen	frigorifié, -e; congelé, -e	Gefriertruhe	mrożony, -a, -e	мороженый, -ая, -ое
šáldyti	freeze (trans.)	frigorifier, congeler	gefrieren	chłodzić	морозить, замораживать
šaldytùvas	refrigerator	réfrigérateur	Kühlschrank	lodówka	холодильник
šalià	beside, near	à coté, près	neben	obok	возле, у, рядом
šaligatvis	pavement (Brit.), sidewalk (Am.)	trottoir	Bürgersteig	chodnik	тротуар
šãlikas	scarf	écharpe	Schal, Strickschal	szalik	шарф

šalikelė	edge of a road	bord du chemin	Seitenweg	обочина
šalinti	remove	supprimer, éliminer, renvoyer	beseitigen	1. устранять; удалять 2. увольнять
šalis	country	pays	Land	страна
šalmas	helmet	casque	Helm	шлем, каска
šalnà	frost	gelée	Frost, die (ersten) Fröste	заморозки
šáltas, -à	cold (adj)	froid, -e	kalt	холо́дный, -ая, -ое; моро́зный, -ая, -ое
šálti	freeze (intrans.), be cold	1. geler 2. avoir froid	frieren	1. замерзать; морозить 2. мёрзнуть, зябнуть
šaltibarščiai	cold borscht	bortsch froid	kalte Suppe aus roten Rüben	холодный борщ
šaltinis	1. spring 2. source	source	Quelle	1. ключ, родник, источник 2. источник
šaltis	cold (n)	froid	Kälte	холод, мороз
šalutinis, -ė	side (adj)	latéral, -e	Neben-, Seiten-	боковой, -ая, -ое; побочный, -ая, -ое
šalutinis sakinys	subordinate clause	proposition subordonnée	Nebensatz	придаточное предложение
šampānas	champagne	champagne	Sekt, Champagne	шампанское
šampūnas	shampoo (n)	shampooing	Schampoo, Shampoo	шампунь
šárka	magpie	pie	Elster	сорока
šáudyti	shoot (v)	tirer	schießen	стрелять
šaukiamàsis sakinys	exclamatory sentence	phrase exclamative	Ausrufesatz	восклицательное предложение
šauksmininkas	vocative case	vocatif	Vokativ, Anredefall	звательный падеж
šáukštas	spoon(ful)	cuiller	Löffel	(столовая) ложка
šaukštẽlis	teaspoon(ful)	petite cuiller	Löffelchen, Kaffee-, Teelöffel	(чайная) ложка
šaũkti	1. shout (v) 2, 3. call (v) 4. conscript (v)	crier; appeler	1. schreien 2. rufen 3., 4. einberufen	1. кричать 2. звать 3. созывать 4. призывать

511

LIETUVIŲ KALBA	ENGLISH	FRANÇAIS	DEUTSCH	JĘZYK POLSKI	РУССКИЙ ЯЗЫК
šauktukas	exclamation mark (Brit.), exclamation point (Am.)	point d'exclamation	Ausrufezeichen	wykrzyknik	восклицательный знак
šaunamasis ginklas	gun, firearm	arme à feu	Schusswaffe	broń palna	огнестрельное оружие
šauniai	fine, excellent	vaillant, brave	toll, brav, prima, super, wunderbar	wspaniale, świetnie	прекрасно, замечательно
šauti	shoot	tirer	schießen	strzelić	стрелять
šautuvas	rifle	fusil	Gewehr, Flinte, Waffe	karabin, strzelba	винтовка, ружьё
šeimà	family	famille	Familie	rodzina	семья
šeimininkas, -ė	1. owner, man of the house, lady of the house 2. host, hostess	1. propriétaire 2. maître, maîtresse	1. Wirt, -in, Hausherr, -in 2. Gastgeber, -in	gospodarz, -dyni	хозяин, -яйка
šeñ	here	ici	hierher, herbei; heran, herzu	tu, tutaj	сюда
šepetėlis	little brush	petite brosse	kleine Bürste	szczoteczka	щёточка
šepetỹs	brush (n)	brosse	Bürste	szczotka	щётка
šerkšnas	frost	givre	Reif	szron	иней, изморозь
šermùkšnis	mountain ash, rowan (plant and berry)	sorbe; sorbier	Eberesche, Vogelbeerbaum	jarzębina	рябина
šérnas	wild boar	sanglier	Wildschwein, Keiler	dzik	кабан, вепрь
šermenà	wild boar meat	du sanglier	Wildschweinefleisch	dziczyzna	кабанина
šérti	feed (an animal)	nourrir (les animaux)	füttern	karmić (zwierzęta)	кормить (животных)
šešėlis	shadow	ombre	Schatten	cień	тень
šešì	six	six	sechs	sześcioro, sześć	шесть
šešetas	a grade of six	six	sechs	szóstka	шестёрка
šeší, šešios	six	six	sechs	sześć, sześciu	шесть
šešiasdešimt	sixty	soixante	sechzig	sześćdziesiąt	шестьдесят
šešiasdešimtas, -à	sixtieth	soixantième	der/die/das sechzigste	sześćdziesiąty, -a, -e	шестидесятый, -ая, -ое
šešiese	in a group of six	à six	zu sechst	w sześciu	вшестером
šešiólika	sixteen	seize	sechzehn	szesnaście	шестнадцать
šešióliktas, -a	sixteenth	seizième	der/die/das sechzehnte	szesnasty, -a, -e	шестнадцатый, -ая, -ое
šeštãdienis	Saturday	samedi	Sonnabend, Samstag	sobota	суббота
šẽštas, -à	sixth	sixième	der/die/das sechste	szósty, -a, -e	шестой, -ая, -ое
šiañakt	tonight	cette nuit	heute Nacht	tej nocy	в эту ночь

šiañdien	today	aujourd'hui	heute	dziś, dzisiaj	сегодня
šiãpus	on this side	de ce côté-ci	diesseits	po tej stronie	по эту сторону
šiáudas	straw	paille	Strohhalm	słoma	соломина
šiaudẽlis	straw (used for drinking)	brin de paille	Strohhalm; Trinkhalm	słomka	соломинка
šiaudìnis, -ė	straw (adj)	de paille	Stroh-	słomiany, -a, -e	соломенный, -ая, -ое
šiáurė	north	nord	Norden	północ	север
šiáurės rytaĩ	northeast	nord-est	Nordwesten	północny wschód	северо-восток
šiáurės vakaraĩ	northwest	nord-ouest	Nordosten	północny zachód	северо-запад
šiek tiek	a little, some	un peu	ein bisschen, etwas, ein (klein)wenig	trochę	немного
šiẽmet	this year	cette année	in diesem Jahr	w tym roku	в этом году
šiẽnas	hay (n)	foin	Heu	siano	сено
šienáuti	hay (v)	couper le foin	Heu machen, ernten	kosić siano	косить сено
šykštùs, -ì	stingy	avare	geizig, habgierig	skąpy, -a, -e	скупой, -ая, -ое
šildymas	heating	chauffage	Heizung	ogrzewanie	отопление
šìldyti	heat, warm (v)	chauffer	heizen; wärmen, sich (D) wärmen	grzać, ogrzewać	согревать, греть; отапливать
šìldytis	warm oneself	se chauffer	sich wärmen	grzać się	греться
šìldytuvas	heater	appareil chauffant	Heizkörper, Heizlüfter	grzejnik	обогреватель
šil̃kas	silk (n)	soie	Seide	jedwab	шёлк
šilkìnis, -ė	silk (adj)	de soie	seiden	jedwabny, -a, -e	шёлковый, -ая, -ое
šil̃tas, -à	warm	chaud, -e	warm	ciepły, -a, -e	тёплый, -ая, -ое
šìlti	get warm	dévenir plus chaud, -e	warm werden	ogrzewać się	теплеть; согреваться; нагреваться
šiltnamis	greenhouse	serre, orangerie	Treibhaus	cieplarnia	теплица
šilumà	warmth, heat	chaleur	Wärme	temperatura, ciepło	тепло
šim̃tas¹	hundred	cent	hundert	sto	сто, сотня
šim̃tas², -à	hundredth	centième	der/die/das hundertste	setny, -a, -e	сотый, -ая, -ое
šim̃tmetis	century	cent ans, siècle	Jahrhundert	stulecie	столетие, век
šýpsena	smile (n)	sourire	Lächeln	uśmiech	улыбка
šypsótis	smile (v)	sourire	lächeln, anlächeln	uśmiechać się	улыбаться
širdis	heart	cœur	Herz	serce	сердце
šìryt	this morning	ce matin	heute Morgen, heute früh	dziś rano	сегодня утром

LIETUVIŲ KALBA	ENGLISH	FRANÇAIS	DEUTSCH	JĘZYK POLSKI	РУССКИЙ ЯЗЫК
šis, ši	1., 2. this 3. following	1., 2. ce, cette; celui-ci, celle-ci 3. suivant, -e	1., 2. dieser, diese, dieses 3. folgend	ten, ta	1., 2. этот, эта, это 3. следующий, -ая, -ее
šiukšlės	rubbish	ordures	Müll, Abfall	śmiecie	мусор
šiukšlynas	rubbish heap, garbage dump	tas d'ordures	Müllhaufen, Müllabladestelle, -platz	śmietnisko	свалка
šiukšlių dėžė	dustbin (Brit.), garbage can (Am.), wastepaper basket	poubelle	Müll-, Abfalleimer	kosz na śmiecie	мусорный ящик
šiuolaikinis, -ė	modern	actuel, -le; moderne	gegenwärtig, modern	współczesny, -a, -e	современный, -ая, -ое
šiurkščiai	roughly, rudely	brusquement; grossièrement	barsch; grob	szorstko	грубо
šiurkštus, -i	rough, rude	inégal, -e; rude; brusque	rau, grob, barsch	szorstki, -a, -ie; ordynarny, -a, -e	1. шероховатый, -ая, -ое; шершавый, -ая, -ое 2., 3. грубый, -ая, -ое
šlakstyti	sprinkle (v)	asperger	spritzen, sprühen	pryskać	брызгать
šlapdriba	sleet	giboulée	Schneeregen	mokry śnieg, plucha	дождь со снегом
šlapias, -ia	wet	mouillé, -e	nass	mokry, -a, -e	мокрый, -ая, -ое
šlapimas	urine	urine	Harn	mocz	моча
šlapinti	make wet	mouiller	(be)netzen, anfeuchten	moczyć	мочить
šlapintis	urinate	uriner	harnen, urinieren	oddawać mocz	мочиться
šlaunis	thigh	cuisse	Schenkel	udo	бедро
šlepetė	slipper	pantoufle	Pantoffel	kapcie	(домашняя) туфля, тапочка
šliaužti	crawl (v)	ramper	kriechen, schleichen	pełznąć	ползти
šluostyti	wipe	essuyer; épousseter	1., 2. abwischen 3. abtrocknen	wycierać	вытирать
šluostytis	dry (one's hands, etc., oneself)	s'essuyer	sich abtrocknen, sich (D) abtrocknen	wycierać się	вытирать(ся), утирать(ся)
šluota	broom	balai	Besen	miotła	метла
šluoti	sweep	balayer	kehren, fegen	zamiatać	мести
šnipas, -ė	spy (n)	espion	Spion, -in, Agent, -in	szpieg	шпион
šnipinėti	spy (v)	espionner	spionieren	szpiegować	шпионить
šokėjas, -a	dancer	danseur, -euse	Tänzer, -in	tancerz, -erka	танцор, танцовщик, -ица

šókis	darce (n)	danse	Tanz	taniec	танец, пляска
šokoládas	chocolate (n)	chocolat	Schokolade	czekolada	шоколад
šokoládinis, -ė	chocolate (adj)	en chocolat	Schokoladen-	czekoladowy, -a, -e	шоколадный, -ая, -ое
šókti	1. jump 2. cance	1. sauter 2. danser	1. springen 2. tanzen	1. skoczyć 2. tańczyć	1. прыгать 2. танцевать
šónas	side	flanc	Seite	bok	бок
štaĩ	here	voilà; voici	da, hier	oto	вот
šùkė	broken piece	éclat, brisure	Scherbe	skorupa, odłamek	черепок, осколок
šùkos	comb (n)	peige	Kamm	grzebień	гребень, расчёска
šukúosena	hairstyle	coiffure	Haartracht, Frisur	uczesanie	причёска
šukúoti	comb (v)	peigner	kämmen	czesać	причёсывать
šukúotis	comb (one's hair)	se peigner	sich kämmen	czesać się	причёсываться
šulinỹs	well (n)	puits	Brunnen	studnia	колодец
šuniùkas	puppy	petit chien	Hündchen	szczenię, piesek	щенок
šuõ	dog	chien	Hund	pies	собака, пёс
šúolis	jump (n)	saut	Sprung	skok	прыжок, скачок
šū́vis	shot	coup de feu	Schuss	wystrzał	выстрел
švarà	cleanness, cleanliness	propreté	Sauberkeit	czystość	чистота
švarkas	jacket	veste	Herrenjacke, Jackett	marynarka	пиджак
švarùs, -ì	clean (adj)	propre; net, -te	sauber	czysty, -a, -e	чистый, -ая, -ое
švelnùs, -ì	1. soft 2. tender, gentle 3. mild	lisse; doux, -ce	1, 2. weich, zart 3. mild	łagodny, -a, -e; czuły, -a, -e	нежный, -ая, -ое; мягкий, -ая, -ое
šventãsis, -óji	saint	saint, -e	der/die Heilige	święty, -a, -e	святой, -ая, -ое
šveñtė	1. holiday 2. festival	fête	Fest	święto	праздник
šv̇sti	celebrate	fêter	feiern, begehen	obchodzić święto	праздновать
šviesà	light (n)	lumière; clarté	Licht	światło	1. свет, освещение 2. лампа
šviẽsiai	1. brightly 2. light 3. in light colours	1. en bonne lumière 2. clair 3. (habillé) de clair	hell	jasno	1. ярко 2. светло 3. (одет) в светлом
šviesofòras	traffic light	feu tricolore	Verkehrsampel	sygnał świetlny; światła	светофор

LIETUVIŲ KALBA	ENGLISH	FRANÇAIS	DEUTSCH	JĘZYK POLSKI	РУССКИЙ ЯЗЫК
šviẽsti	1. shine 2. light (v) 3. educate	luire; éclairer	1., 2. scheinen 3. bilden	1., 2. świecić 3. kształcić	1. светить 2. освещать 3. просвещать
šviestùvas	lamp	lustre	Leuchte	lichtarz; reflektor	светильник
šviesùs, -ì	1. sunny (place), white (night) 2. bright (light) 3. light (colour)	1., 2. lumineux, -euse 3. clair, -e	hell	jasny, -a, -e	1., 3. светлый, -ая, -ое 2. яркий, -ая, -ое
švietìmas	education	éducation	Bildung	oświata	просвещение
šviežias, -ià	fresh	frais, fraîche	frisch	świeży, -a, -e	свежий, -ая, -ое
švirkštas	syringe	seringue	Spritze	strzykawka	шприц
švirkšti	inject	injecter	spritzen	wstrzykiwać	делать укол, инъекцию

T

LIETUVIŲ KALBA	ENGLISH	FRANÇAIS	DEUTSCH	JĘZYK POLSKI	РУССКИЙ ЯЗЫК
tabãkas	tobacco	tabac	Tabak	tytoń	табак
tablẽtė	tablet	comprimé	Tablette	tabletka	таблетка
taburẽtė	stool	tabouret	Hocker, Schemel	taboret	табуретка
tačiaũ	but, however	cependent, pourtant	doch, allein, dennoch, jedoch, aber	lecz, ale	однако, но
tadà	then	alors, quand	dann, danach	wtedy, wówczas	тогда
taĩ¹	it, that	ce, cela, ceci	das, es	to	1.это 2. это, то
taĩ²	then	alors	(wenn...), so, dann	to; ależ	то; так (и)
taĩ yrà	ie.	c'est-à-dire	das ist, das heißt	to jest	то есть
taĩgi	so, thus	donc	also	a więc	итак, так, таким образом, значит
taikà	peace	paix	Frieden	pokój	мир
táikyti	apply	appliquer	anwenden	zastosowywać	применять
taĩp¹	1. this way, like that 2. so (much)	1. ainsi 2. si, tellement	1. so, auf solche Weise 2. so (weit/lange)	tak	так

taĩp²	yes	oui, si	ja (bitte)	да
taip pàt¹	the same way	de même que	ebenso, (wie)	также
taip pàt²	too, also	aussi	ebenfalls, auch	тоже
taisyklà	repair shop	atelier de réparations	Reparaturwerkstatt	мастерская по ремонту
taisyklė̃	rule	règle	Regel	правило
taisyklìngas, -a	correct	régulier, -ère; correct, -e	regelmäßig	правильный, -ая, -ое
taisýti	1. repair, mend	1. réparer	1., 2. reparieren	1. чинить, ремонтировать
	2. alter (clothing)	2. recoudre	3. verbessern,	2. перешить
	3. correct	3. corriger	berichtigen	3. исправлять
	4. fill (a tooth)	4. rétablir	4. füllen (Zähne), plombieren	4. лечить (зубы)
tãkas	path; lane	sentier	Pfad	1. тропинка 2. беговая дорожка, полоса
taksì	taxi	taxi	Taxi	такси
taksìstas, -ė	taxi driver	conducteur, -trice de taxi	Taxifahrer, -in	таксист
taksofònas	public telephone	taxiphone	Münzfernsprecher	телефон-автомат
talpà	capacity	capacité	Rauminhalt, Volumen	вместимость
tamsà	darkness	obscurité	Dunkel, Finsternis	темнота, тьма, мрак
tam̃siai	dark (adv)	foncé	dunkel	темно
tam̃sus, -ì	dark (adj)	obscur, -e; sombre	dunkel, finster	тёмный, -ая, -ое
tam tìkras, tam tikrà	certain (specific)	déterminé, -e; certain, -e	bestimmt	определённый, -ая, -ое
tánkus, -ì	dense, thick	épais, -se	dicht	густой, -ая, -ое; частый, -ая, -ое
tapètai	wallpaper	papier peint	Tapete	обои
tapýba	painting	peinture	Malerei	живопись
tapýti	paint (a picture)	peindre	malen	писать (картину)
tapýtojas, -a	painter (artist)	peintre	Maler, -in	живописец
tàpti	become	devenir	werden	стать/становиться
tariamóji núosaka	subjunctive mood	mode conditionnel	Konjunktiv	сослагательное наклонение
tarýba	council	conseil	Rat	совет
tarnáuti	1. be employed	1. avoir un emploi	1. Beamter/Angestellter sein, arbeiten (als)	служить
	2. serve	2. servir	2. dienen	

LIETUVIŲ KALBA	ENGLISH	FRANÇAIS	DEUTSCH	JĘZYK POLSKI	РУССКИЙ ЯЗЫК
tarnáutojas, -a	employee (white-collar)	employé, -e	der/die Angestellte, der/die Beamte	urzędnik, -iczka; służący, -a	служащий, -ая
tarnýba	1. position 2. service official	1. emploi 2. service de service	1. Dienst, Amt 2. Dienstleistungsbetrieb amtlich, dienstlich	1. posada, stanowisko 2. służba służbowy, -a, -e	служба служебный, -ая, -ое
tarnýbinis, -ė					
taŕp	between, among	entre; parmi	zwischen; unter	między; wśród	между; среди
tárpas	1. space, interval 2. time, period of time	1. espace 2. temps, intervalle	1. Abstand 2. Zeitraum	1. przestrzeń 2. odstęp czasu	промежуток
tarpmiestinis, -ė	interurban	interurbain, -e	Fern-	międzymiastowy, -a, -e	междугородний, -яя, -ее
tarptautinis, -ė	international	international, -e	international	międzynarodowy, -a, -e	международный, -ая, -ое
tarti	pronounce	prononcer	aussprechen	wymawiać	произносить
tartis	pronunciation	prononciation	Aussprache	wymowa	произношение
tàs, tà	that	celui-là, celle-là	1. dieser, diese, dieses; der, die, das 2. jener, jene, jenes	ten, ta	тот, та; этот, эта, это
tas pàts, ta pati	the same	le même, la même	der-, die-, dasselbe	ten sam, ta sama	тот самый, тот же; та самая, та же; то же самое
taškas	1. dot, spot 2. point, period 3. point	point	Punkt	kropka; punkt	1. точка, крапинка 2. точка 3. балл, очко
taškýti	1. splash, splatter 2. cause to splash, splatter, splash about	faire gicler	1. (be)spritzen, besprengen 2. bespritzen	pryskać, rozpryskiwać	брызгать
taškýtis	splash	s'éclabousser	spritzen, bespritzen	rozpryskiwać się	брызгать(ся)
taukaĩ	grease	graisse	Fett	tłuszcz	жир
taupýti	save	1. épargner 2. économiser	sparen	oszczędzać	1. сберегать 2. беречь, экономить
tauré̃	glass, goblet	coupe	Becher	kielich	фужер, бокал, чаша
taurẽlė	small glass, goblet	petit verre	Gläschen	kieliszek	рюмка
tautà	nation, people	nation, people	Volk, Nation	naród	народ, нация
tautýbė	nationality	nationalité	Nationalität	narodowość	национальность
tautìnis, -ė	national	national, -e	national, National-	narodowy, -a, -e; ludowy, -a, -e	национальный, -ая, -ое
tautósaka	folklore	folklore	Folklore	folklor	фольклор

tautosakininkas, -ė	folklorist	folkloriste	Folklorist, -in, Volkskundler, -in	фольклорист
tãvo	your(s)	ton, ta	dein	твой, твоя, твоё
teãtras	theatre	théâtre	Theater	театр
tèchnika	equipment	technique	Technik	техника
tèchninis, -ė	technical	technique	technisch	технический, -ая, -ое
tegul(l)	particle used to give verbs an optative meaning	que (+subjonctif)	möge, solle	пусть, пускай
teĩgiamai	affirmatively	affirmativement		положительно
teĩgiamas, -à	1. affirmative 2. positive (above zero)	affirmatif, -ve; positif, -ve	bejahend, positiv	утвердительный, -ая, -ое; положительный, -ая, -ое
teigiamàsis sakinỹs	affirmative sentence	phrase affirmative	bejahender Satz	положительное предложение
teiginỹs	proposition	point, thèse	Behauptung	утверждение
teĩgti	assert, affirm	affirmer	behaupten	утверждать
teĩkti	1., 2. give 3. submit, present	1. donner 2. faire (plaisir) 3. proposer, rapporter	1. geben, leisten (Hilfe) 2. machen, bereiten (Freude) 3. vorschlagen, empfehlen	1. давать, предоставлять 2. приносить, оказывать, доставлять (радость) 3. предлагать, рекомендовать
teĩsė	1. right 2. law	droit	Recht	право
teisėjas, -a	1. judge (n) 2. referee, umpire	1. juge 2. arbitre	1. Richter, -in 2. Schiedsrichter, -in	судья
teisėjáuti	judge, referee	être un arbitre	richten, beurteilen	быть судьёй, судить
teĩsės	driving (driver's) licence	permis de conduire	Führerschein	(водительские) права
teisėsauga	law enforcement	justice	Rechtssprechung	правозащита
teisėtas, -a	lawful, legal, legitimate	légal, -e	rechtmäßig, gesetzmäßig	законный, -ая, -ое; правомерный, -ая, -ое
teisìngas, -a	1. honest, just 2. right, correct, true	1. juste 2. correct, -e	1. gerecht 2. richtig	1. справедливый, -ая, -ое 2. правильный, -ая, -ое; верный, -ая, -ое
teisìninkas, -ė	lawyer, jurist	juriste	Jurist, -in	юрист

LIETUVIŲ KALBA	ENGLISH	FRANÇAIS	DEUTSCH	JĘZYK POLSKI	РУССКИЙ ЯЗЫК
teisinis, -ė	legal	juridique	rechtmäßig, juridisch	prawny, -a, -e	правовой, -ая, -ое; юридический, -ая, -ое
teismas	court (of law)	tribunal, cour, jugement	Gericht	sąd	суд
teisti	try (judge) (v)	juger	richten	sądzić	судить
teisus, -i	right, righteous, just	juste	gerecht	mający (-a, -e) rację	прав, -а, -о
tekėti	1. marry (of a woman) 2., 3. flow 4. rise (of the sun/moon)	1. se marier 2., 3. s'écouler 4. se lever (du soleil, de la lune)	1. heiraten 2., 3. fließen 4. aufgehen (Sonne)	1. wychodzić za mąż 2. ciec 3. płynąć 4. wschodzić	1. выходить замуж 2., 3. течь 4. всходить (о солнце, луне)
tekstas	text	texte	Text	tekst	текст
telefonas	telephone	téléphone	Telefon	telefon	телефон
telefonų knygà	telephone directory	annuaire du téléphone	Telefonbuch	książka telefoniczna	телефонный справочник
telegrāfas	telegraph	télégraphe	Telegraf	telegraf	телеграф
telegramà	telegram	télégramme	Telegramm	telegram	телеграмма
televizija	television	télévision	Fernsehen	telewizja	телевидение
televizorius	TV set	téléviseur	Fernseher	telewizor	телевизор
telkinỹs	body (of water), deposit (of minerals, oil, etc.)	gisement	Rohstoffreserve	złoże	скопление
temà	theme	sujet	Thema	temat	тема
temperatūrà	temperature	température	Temperatur; Fieber	temperatura	температура
témti	get dark	commencer à faire sombre	dunkeln, dunkel werden, dämmern	ciemnieć	темнеть, смеркаться
teñ	there	là	dorthin, dahin; dort, da	tam	там, туда
tènisas	tennis	tennis	Tennis	tenis	теннис
tenisininkas, -ė	tennis player	joueur, -se de tennis	Tennisspieler, -in	tenisista, -tka	теннисист, -истка
ten pàt	in the same place	à la même place	dort, dorthin (an seinem/seinen Platz)	tamże	там же, туда же
teològas, -ė	theologian	théologien	Theologe, -in	teolog	теолог
teològija	theology	théologie	Theologie	teologia	теология
teòrija	theory	théorie	Theorie	teoria	теория
tẽpalas	ointment, lubricant, polish	lubrifiant	Salbe; Schmiere; Schuhcreme	maź; maść, smary	мазь, смазка, вакса

tèpti	1. spread 2. butter; paint 3. dirty	1., 2. mettre; recouvrir de 3. salir	1. schmieren, streichen 2. streichen 3. schmutzig machen	1., 2. smarować 3. brudzić	1., 2. мазать, намазывать 3. пачкать
tèptis	1. spread for oneself 2. get dirty 3. apply	mettre, étaler; se salir	1. sich (D) schmieren, sich (D) streichen 2. sich beschmutzen 3. sich(D) kremen	1. smarować (sobie) 2. brudzić się 3. smarować się	1. мазать (себе) 2. пачкать(ся) 3. мазать(ся) кремом
teptùkas	paintbrush	pinceau	Pinsel	pędzel	кисточка
teritòrija	territory	territoire	Territorium	terytorium	территория
termomètras	thermometer	thermomètre	Termometer	termometr	термометр
tèstas	test (n)	test	Test	test	тест
tę̃sti	continue	continuer	fortsetzen, fortfahren	kontynuować	продолжать
tę̃stis	1. continue, last 2. extend	1. continuer, durer 2. s'étendre	1. dauern 2. sich erstrecken	1. trwać 2. ciągnąć się	1. длиться 2. продолжаться, тянуться
tetà	aunt	tante	Tante	ciotka	тётя
tė̃tė, tė̃tis	daddy	papa	Papa, Vati	tatuś	папа
tėvaĩ	parents	parents	Eltern	rodzice	родители
tė́vas	father	père	Vater	ojciec	отец
tėvỹnė	fatherland, native country	patrie	Vaterland	ojczyzna	родина
tyčia	intentionally	exprès, intentionnellement	absichtlich, mutwillig	naumyślnie	нарочно, умышленно, намеренно
tíek	1. so much/many 2. so	tant, tellement	1. soviel 2. so viel, so viele	tyle	1. столько 2. так
tíek pàt	as much/many(as) (the same number, amount)	autant	ebenso, ebenso viel	tyle samo	столько же
tíek tõ	it doesn't matter	tant pis	egal, unwichtig	niech sobie	ладно
tiẽkti	1. supply (v) 2. serve	1. fournir 2. servir	1. liefern 2. auftragen, servieren	1. dostarczać 2. podać (do stołu)	1. поставлять 2. подавать (на стол)
tiesà¹	truth	vérité	Wahrheit	prawda	правда, истина
tiesà²	by the way	au fait	übrigens, apropos	prawda	кстати, между прочим
tiẽsiai	straight (adv)	tout droit	gerade, geradeaus; direkt	prosto	прямо
tiesióginė núosaka	indicative mood	mode indicatif	Indikativ	tryb oznajmujący	изъявительное наклонение

LIETUVIŲ KALBA	ENGLISH	FRANÇAIS	DEUTSCH	JĘZYK POLSKI	РУССКИЙ ЯЗЫК
tiesióginis, -ė	direct (adj)	direct, -e	direkt	bezpośredni, -a, -ie	прямой, -ая, -ое
tiẽsti	1. extend (a hand), straighten (one's back), spread (a sheet) 2. lay (a road)	1. redresser, dresser 2. tracer	1. strecken, ausbreiten 2. anlegen (Straße)	1. wyciągać 2. zakładać, budować	1. выпрямлять, протягивать 2. проводить
tiesùs, -ì	straight (adj)	droit, -e	gerade, aufrecht	prosty, -e	прямой, -ая, -ое
tigras	tiger	tigre	Tiger	tygrys	тигр
tigrė	tigress	tigresse	Tigerin, Tigerweibchen	tygrysica	тигрица
tigriùkas	tiger cub	petit tigre	Tigerjunges	tygrysiątko	тигрёнок
tìk	only (adv)	seulement	nur; erst	tylko	только, лишь
tikėjimas	belief, faith, religion	foi	Glaube	wiara	вера
tikėti	believe	croire	glauben	wierzyć	1. верить 2. веровать
tikėtis	expect, hope	espérer	hoffen	mieć nadzieję, tuszyć	надеяться
tikintysis, tikinčioji	believer	croyant, -e	der/die Gläubige	wierzący, -a	верующий, -ая, -ее
tikraĩ	really	réellement	1. sicher, bestimmt, gewiss 2. wirklich, tatsächlich, in der Tat	naprawdę	1. обязательно 2. на самом деле, действительно
tìkras, -à	1. genuine, real 2. true, real 3. sure	1. naturel, -le 2. vrai, -e; réel, -le 3. assuré, -e	1. rein, echt 2. wahr, richtig 3. sicher	1. prawdziwy, -a, -e 2. rzeczywisty, -a, -e 3. przekonany, -a, -e	1. настоящий, -ая, -ое 2. достоверный, -ая, -ое 3. уверенный, -ая, -ое
tikriáusiai	probably	certainement	wahrscheinlich	zapewne	наверно(е)
tikrìnti	check, examine	vérifier, contrôler	nachprüfen; prüfen; untersuchen (Gesundheit)	sprawdzać	проверять
tikróvė	reality	réalité	Wirklichkeit	rzeczywistość	действительность
tìkslas	aim, purpose, goal	but	Ziel, Zweck	cel	цель
tikslùs, -ì	exact, precise	exact, -e; précis, -e	genau, präzis	dokładny, -a, -e	точный, -ая, -ое
tiktaĩ	only (adv)	seulement	nur; erst	tylko	только, лишь
tìkti	1., 4. be suitable 2. suit 3. fit	convenir; aller (bien)	sich eignen, taugen, passen	pasować; odpowiadać	подходить, годиться
tylà	silence	silence	Stille, Ruhe	cisza	тишина, тишь
tylėti	be silent	se taire	schweigen	milczeć	молчать

tìlpti	fit (in something)	tenir	Platz finden, hineingehen	mieścić się	помещаться; вмещать
tìltas	bridge	pont	Brücke	most	мост
tylùs, -ì	1. soft, low 2. quiet	1. silencieux, -se 2. calme	1. leise 2. still, ruhig	cichy, -a, -e	тихий, -ая, -ое
tingéti	be lazy	paresser	faul sein	lenić się	лениться
tinginỹs, -ẽ	idler, lazybones	paresseux, -se	Faulenzer, -in	leń	лентяй, -яйка
tiñkamas, -à	fit, proper, suitable	convenable	passend, geeignet, tauglich	odpowiedni, -a, -ie	(при)годный, -ая, -ое; подходящий, -ая, -ее
tiñklas	net	filet	Netz	sieć	1. сеть, невод 2. сетка
tinklìninkas, -ė	volleyball player	volleyeur, -se	Volleyballspieler	siatkarz, -arka	волейболист, -истка
tinklìnis	vclleyball	volley-ball	Volleyball	siatkówka	волейбол
tìnti	swell	enfler	schwellen	puchnąć	пухнуть, опухать
tyrė̃	purée	bouillie, purée	Brei	kasza	каша, кашица, пюре
tyrìmai	tests (medical)	analyse	Forschungen	badanie	анализы
tiřpti	1. melt 2. dissolve	1. se fondre 2. se dissoudre	1. schmelzen, tauen 2. sich auflösen	1. topnieć 2. rozpuszczać się	1. таять 2. растворяться
tiřštas, -à	1 thick 2. dense	1. épais, -se 2. dense	1. dick 2. dicht	gęsty, -a, -e	густой, -ая, -ое
tirti	investigate, examine, research, explore	faire des recherches	forschen	badać	исследовать, расследовать
todẽl	so, therefore	c'est pourquoi	darum, deshalb, deswegen	dlatego, toteż, ponieważ	потому, поэтому
tóks, tokià	1. such 2. so 3. a kind of	1. tel, -le; pareil, -le 2. tellement 3. une sorte de	1., 3. so ein, solch ein, so eine, solch eine, solcher, solche, solches 2. so	taki, taka, takie	такой, такая, такое
toks pàt, tokià pàt	the same kind	le même, la même	gleich	taki sam, taka sama, takie same	такой же, такая же, такое же
tõl	till, until	jusque (à)	solange	dopóty	до тех пор, пока
tolèsnis, -ė̃	further (adj)	ultérieur, -e	der/die/das weitere	dalszy, -a, -e	дальнейший, -ая, -ее
tolì	far (adv)	loin	weit, fern	daleko	1., 2. далеко 3. издалека
toliaũ	further (adv)	plus loin	weiter	dalej	дальше, далее

LIETUVIŲ KALBA	ENGLISH	FRANÇAIS	DEUTSCH	JĘZYK POLSKI	РУССКИЙ ЯЗЫК
tólimas, -à	1. distant, remote, long (of a journey) 2. distant, far away	lointain, -e; éloigné, -e	fern, weit	daleki, -a, -ie	далёкий, -ая, -ое
tolýn	farther	plus loin	weiter, in die Ferne	coraz dalej	вдаль, дальше
tòmas	volume, tome	volume, tome	Band	tom	том
tonà	ton	tonne	Tonne	tona	тонна
tòrtas	layer cake	tarte	Torte	tort	торт
tradìcija	tradition	tradition	Tradition	tradycja	традиция
tradìcinis, -ė	traditional	traditionnel, -le	traditionell	tradycyjny, -a, -e	традиционный, -ая, -ое
tráktorininkas, -ė	tractor driver	conducteur, -trice de tracteur	Traktorist, -in	traktorzysta, -tka	тракторист, -ка
tráktorius	tractor	tracteur	Traktor	traktor	трактор
transliúoti	broadcast	transmettre par radio, par télévision	senden (im Radio)	transmitować	транслировать
transpòrtas	transport (n)	transport	Transport	transport	транспорт
traškùčiai	crisps (Brit.), potato chips (Am.)	chips	Chips	płatki (ziemniaczane)	чипсы
traškùtis	little ring-shaped roll	petit pain en forme d'anneau	Dörrkringel	obarzanek	сушка, баранка
traukinỹs	train	train	Zug	pociąg	поезд
tráukti	pull, drag	tirer; traîner	ziehen, schleppen	ciągnąć; rwać	1. тянуть, тащить 2. натягивать 3. удалять (зуб) 4. тянуть (жребий)
trauktìnė	Lithuanian vodka with various infusions of berries and herbs	boisson à base d'eau de vie	Branntwein	nalewka	настойка
traumatològijos skýrius	emergency ward	service de traumatologie	Traumatologische Station/Abteilung	oddział traumatologiczny	травматологическое отделение
trẽčias, -ià	third	troisième	der/die/das dritte	trzeci, -ia, -ie	третий, -ья, -ье
trẽjetas	a grade of three	trois	drei, Dreier, Drei	trójka	тройка
trejì, trẽjos	three	trois	drei	trzy	три
trẽneris, -ė	coach, trainer	entraîneur	Trainer	trener, -rka	тренер

trenkti	1. bang, slam (a door) 2. thunder (v) 3. sock, slap	faire du bruit; frapper; claquer	1. knallen 2. krachen 3. schlagen, hauen	stuknąć; uderzyć	ударить, стукнуть
trikampis¹	triangle	triangle	Dreieck	trójkąt	треугольник
trikam̃pis², -ė	triangular	triangulaire	dreieckig	trójkątny, -a, -e	треугольный, -ая, -ое
trýlika	thirteen	treize	dreizehn	trzynaście	тринадцать
trýliktas, -a	thirteenth	treizième	der/die/das dreizehnte	trzynasty, -a, -e	тринадцатый, -ая, -ое
trimìtas	trumpet	trompette	Trompete	trąbka	труба
trimitiniñkas, -ė	trumpeter	trompettiste	Trompeter, -in	trębacz	трубач
trynỹs	yo.k	jaune d'œuf	Dotter, Eigelb	żółtko	желток
trìnti	rub; erase	frotter; effacer; faire mal (de chaussure)	1. reiben 2. wischen, radieren 3. reiben (wund)	trzeć; ścierać; uwierać	1. тереть, натирать 2. стереть, вытирать 3. тереть (об обуви)
trintùkas	eraser	gomme	Radiergummi	gumka	резинка
trỹs	three	trois	drei	trzy	три
trisdešimt	thirty	trente	dreißig	trzydzieści	тридцать
trisdešim̃tas, -à	thirtieth	trentième	der/die/das dreißigste	trzydziesty, -a, -e	тридцатый, -ая, -ое
trisè	ir a group of three	à trois	zu dritt	w troje	втроём
triùksmas	noise	bruit	Lärm	hałas	шум
triukšmáuti	make noise	faire de bruit	lärmen, randalieren	hałasować	шуметь
triukšmìngas, -a	noisy	bruyant, -e	laut, geräuschvoll	hałaśliwy, -a, -e	шумный, -ая, -ое
triùšė	domestic rabbit (female)	lapin (famelle)	Kaninchenweibchen	królik (samica)	крольчиха
triušíena	domestic rabbit meat	du lapin	Kaninchenfleisch	mięco królicze	мясо кролика
triùšis	domestic rabbit (male)	lapin	Kaninchen	królik	кролик
triušiùkas	baby rabbit	lapereau	Kaninchenjunges	króliczek	крольчонок
troleibùsas	trolleybus	trolleybus	Trolleybus, Obus	trolejbus	троллейбус
troškinỹs	stew (n)	ragoût	gedünstetes Fleisch- und Gemüsegericht, Ragout	ragu	рагу
troškìntas, -a	stewed	en daube	gedünstet	duszony, -a, -e	тушёный, -ая, -ое
troškìnti	1. stew (v) 2. be thirsty	1. dauber 2. avoir soif	1. dünsten 2. dursten	1. dusić 2. mieć pragnienie	1. тушить 2. хотеть пить
troškulỹs	thirst	soif	Durst	pragnienie	жажда
trukdýti	disturb, hinder	déranger	stören	przeszkadzać	мешать
trukmė̃	duration	durée	Dauer	przebieg	продолжительность
trùkti	last (v)	durer	dauern	trwać	продолжаться, длиться

LIETUVIŲ KALBA	ENGLISH	FRANÇAIS	DEUTSCH	JĘZYK POLSKI	РУССКИЙ ЯЗЫК
trúkti	1. split, break off 2. lack, be short	1. (se) rompre 2. manquer	1. reißen, bersten, platzen 2. fehlen, mangeln	1. przerwać się 2. brakować	1. лопнуть 2. недоставать, нехватать
trúkumas	1. lack, shortage 2. fault, shortcoming, defect	1. manque 2. défaut	1. Mangel, Fehlen 2. Fehler, Mangel	1. brak 2. wada	1. нехватка 2. недостаток
trumpaĩ trum̃pas, -à	briefly short, brief	bref court, -e; bref, -ve	kurz kurz	krótko krótki, -a, -ie	коротко, недолго короткий, -ая, -ое; краткий, -ая, -ое
trumpàsis balsis	short vowel (sound)	voyelle courte	kurzer Vokal	samogłoska krótka	краткий гласный
trumpė́ti	shorten (intrans.)	se raccourcir	kürzer werden	skracać się	укорачиваться, сокращаться
trum̃pinti	shorten (trans.)	raccourcir	kürzer machen	skracać	укорачивать, сокращать
trùpmena	fraction	fraction	Bruchzahl	ułamek	дробь
trupùtis	a bit	un peu	ein bisschen, etwas, ein wenig	trochę	немного
tù	you (singular)	tu	du	ty	ты
tualètas	toilet	toilette; toilettes	Toilette	toaleta	туалет
tū́kstantas, -a	thousandth	millième	der/die/das tausendste	tysięczny, -a, -e	тысячный, -ая, -ое
tū́kstantis	thousand	mille	tausend, Tausend	tysiąc	тысяча
tulpė̃	tulip	tulipe	Tulpe	tulipan	тюльпан
tùnelis	tunnel	tunnel	Tunnel	tunel	туннель
tuõj, tuojaũ	immediately, in a moment	tout de suit	gleich, sofort, bald	zaraz	сейчас, сразу
tuõktis	marry	se marier	heiraten	brać ślub	вступать в брак
tupė́ti	1. sit (of animals) 2. squat	1. être perché, -e 2. rester accroupi	1. hocken, kauern, sitzen 2. hocken	1. siedzieć 2. kucać	1. сидеть (о животных) 2. сидеть на корточках
tū̃pti	1. squat down 2. land (of an airplane, of a bird)	1. s'accroupir 2. atterir	1. sich hocken 2. landen, niedergehen	1. kucać 2. siadać	1. присесть/присаживаться 2. приземляться
tū́ptis	squat down	s'accroupir	sich hocken	kucnąć	приседать
turbū̃t	probably	peut-être	wahrscheinlich	być może	должно быть, вероятно
turė́klai	(hand)rail	rampe; parapet	Geländer	poręcze	перила, поручень

turėti	have	avoir; posséder; devoir	1. haben, besitzen 2., 3., 5, 6., 7. haben 4. haben, bestehen (aus)	mieć; posiadać; trzymać; musieć	1., 2., 3., 5., 6., 7. иметь, обладать 4. состоять (из) 8. быть должным (обязанным)
turgãvietė	marketplace	place du marché	Marktplatz	rynek	базар, рынок
tuĩgus	market	marché	Markt	targ	рынок
turinỹs	contents	1. contenu 2. table de matières	1. Inhalt 2. Inhaltsverzeichnis	1. treść 2. spis treści	содержание
turìstas, -ė	tourist	touriste	Tourist, -in	turysta, -tka	турист, -ка
tuĩtas	property, wealth, riches	bien	Reichtum, Vermögen, Gut	bogactwo	богатство, имущество
turtìngas, -a	rich	riche	reich	bogaty, -a, -e	богатый, -ая, -ое
tùščias, -ià	empty	vide	leer	pusty, -a, -e	пустой, -ая, -ое
tušinùkas	ballpoint pen	stylo à bille	Kugelschreiber	długopis	шариковая ручка
tùštintis	defecate	déféquer	Stuhlgang haben, den Darm entleeren	wypróżniać się	испражняться
tvarkà	order (n)	ordre	Ordnung	porządek, ład	порядок
tvarkãraštis	schedule (n)	horaire	Verzeichnis, Plan; Fahrplan; Stundenplan	rozkład	расписание
tvarkìngas, -a	orderly, neat	soigné, -e; soigneux, -se	ordentlich	porządny, -a, -e	аккуратный, -ая, -ое
tvarkýti	1. put in order 2. manage	1. ranger 2. diriger	1. ordnen, in Ordnung bringen 2. verwalten; regeln	1. sprzątać 2. doprowadzać do porządku	1. убирать, приводить в порядок 2. вести (дела)
tvarkýtis	cope, deal	mettre de l'ordre	in Ordnung bringen	porządkować	управляться (с делами)
tvárstis	bandage (n)	bandage	Binde, Verband	opatrunek	бинт
tvárstyti	bandage (v), bind	panser, bander	verbinden	opatrywać, bandażować	перевязывать, бинтовать
tvártas	sty, stable	étable	Stall	obora, chlew	хлев
tvenkinỹs	reservoir	étang	Teich	sadzawka	пруд, водохранилище
tvìrtas, -à	firm (adj)	1. solide 2. robuste	fest; kräftig, stark	1. mocny, -a, -e 2. silny, -a, -e	сильный, -ая, -ое; прочный, -ая, -ое; крепкий, -ая, -ое

LIETUVIŲ KALBA	ENGLISH	FRANÇAIS	DEUTSCH	JĘZYK POLSKI	РУССКИЙ ЯЗЫК
tvirtinti	1. fix, attach 2. affirm, maintain, assert 3. confirm, notarize 4. ratify	1. fixer, fortifier 2. affirmer 3. certifier 4. ratifier	1. befestigen 2. behaupten 3. bestätigen 4. gültig machen	1. umacniać 2. twierdzić 3. potwierdzać 4. ratyfikować	1. прикреплять 2. 4. утверждать 3. удостоверять, заверять
tvorà	fence	clôture	Zaun	płot	ограда, забор

U, Ū

LIETUVIŲ KALBA	ENGLISH	FRANÇAIS	DEUTSCH	JĘZYK POLSKI	РУССКИЙ ЯЗЫК
ū́gis	height	taillle	Wuchs	wzrost	рост
ugnìs	fire	feu	Feuer	ogień	огонь
ūkinínkas, -ė̃	farmer	fermier, -ère	Bauer, Bäuerin	gospodarz, -dyni	хозяин, -йка; земельный собственник
ūkininkáuti	farm (v)	cultiver ses terres	Landwirtschaft betreiben	gospodarzyć	заниматься сельским хозяйством
ū́kinis, -ė̃	farm (adj)	de ferme	wirtschaftlich	gospodarski, -a, -ie	хозяйственный, -ая, -ое
ū́kis	farm (n)	ferme	Wirtschaft	gospodarka	хозяйство
ungurỹs	eel	anguille	Aal	węgorz	угорь
universitètas	university	université	Universität	uniwersytet	университет
úodas	mosquito	moustique	Mücke	komar	комар
uodegà	1. tail 2. ponytail	1. queue 2. queue-de-cheval	Schwanz	ogon	хвост
úoga	berry	baie	Beere	jagoda	ягода
uogáuti	pick berries	cueillir des baies	Beeren sammeln	zbierać jagody	собирать ягоды
uogíenė	jam	confiture	Konfitüre	konfitury	варенье
uoslė̃	sense of smell	odorat	Geruchssinn, Geruch	węch	нюх
uostãmiestis	port	port	Hafenstadt	miasto portowe	портовый город
úostas	port	port	Hafen	port	порт
úostyti	smell (v)	respirer l'odeur; flairer	riechen	wąchać	нюхать
úošvė	mother-in-law	belle-mère	Schwiegermutter	teściowa	тёща
úošvis	father-in-law	beau-père	Schwiegervater	teść	тесть

ùpė	river	fleuve, rivière	Fluss, Strom	rzeka	река
upėlis	stream	ruisseau	Bach	rzeczka	ручей
upėtakis	trout	truite	Forelle	pstrąg	форель
ū́sai	wh.skers, moustache	moustaches	Schnurrbart	wąsy	усы
ū́sas	whisker	moustache	Schnurrbart	wąs	ус
ùž	1. behind	1. derrière	1. hinter	za	1.-3., 5.-9. за
	2. at a distance of	2. à	2. weiter, entfernt		4. чем
	3. by	3. par	3. an		
	4. than	4. que	4. als		
	5., 6., 7., 8. for	5. pour; parce que	5., 6., 7., 8. für		
		6., 7., 8. pour	9. (Akk)/mit (D)		
užáugti	grow up	pousser	aufwachsen, heranwachsen	wyrosnąć	вырасти
ùždaras, -à	closed	fermé, -e	geschlossen	zamknięty, -a, -e	закрытый, -ая, -ое
ùždarbis	earnings	gain, salaire	Verdienst, Lohn	zarobek	заработок
uždarýti	close (v)	fermer	schließen, zumachen; einsperren	zamknąć/zamykać	закрыть
uždavinỹs	task, assignment	probléme, tâche	Aufgabe	zadanie	задача
uždegìmas	inflammation	inflammation	Entzündung	zapalenie	воспаление
uždègti	1. light (v)	allumer	1. anzünden	zapalić	зажечь
	2. turn on		2. einschalten, Licht machen		
uždeñgti	cover (v)	couvrir	decken	zakryć	закрыть
uždė́ti	put on	mettre	auflegen; aufsetzen	założyć/zakladać	1. положить наверх
					2. надеть
uždìrbti	earn	gagner	verdienen	zarobić	заработать/зарабатывать
ùžduotis	task, assignment	devoir	Aufgabe	zadanie	задание
užeĩti	1. call on, visit	1. passer; rendre visite	1. vorbeikommen	zajść, zachodzić	зайти
	2. go in, come in	2. entrer	2. eintreten		
užgáuti	hurt (v)	faire mal	verletzen	uderzyć; urazić	ушибить
Užgavė́nės	Shrove Tuesday	Mardi gras	Fastnacht, Fasching, Karneval	Zapusty	Масленица
užgesìnti	1. extinguish, put out	éteindre	1. auslöschen, löschen	zgasić	потушить, погасить
	2. turn off		2. ausschalten		
užgèsti	go out (of a fire, etc.)	s'éteindre	erlöschen	zgasnąć	погаснуть

LIETUVIŲ KALBA	ENGLISH	FRANÇAIS	DEUTSCH	JĘZYK POLSKI	РУССКИЙ ЯЗЫК
užimtas, -à užimti	occupied 1., 2. take, occupy 3. be (first, etc.) 4. take up (space)	occupé, -e 1., 2. occuper, prendre 3. gagner 4. prendre (de la place)	besetzt, belegt 1. besetzen 2., 3. belegen 4. einnehmen	zajęty, -a, -e zająć	занятый, -ая, -ое занять
užjaũsti	sympathize	compatir	mitfühlen, bemitleiden	współczuć	сочувствовать, соболезновать
užkalbìnti	start a conversation with	s'adresser, accoster	anreden, ansprechen	zagadnąć, zacząć, rozmowę	вступать/вступить в разговор
užkandìnė užkandis	snack bar snack, appetizer, hors d'oeuvre	bistro, snack-bar hors-d'œuvre	Imbissstube, Imbisshalle Vorspeise	bar, stołówka zakąska	закусочная закуска
užkąsti užkélti	have a snack raise and put on top of	manger un morceau soulever, mettre	etwas zu sich nehmen hochheben	zakąsić podnieść, założyć	закусить положить (наверх), поднять
užkimšti	cork, plug (v)	boucher	verstopfen, verkorken, zupropfen, zukorken	zatkać	заткнуть, закупорить
užklijúoti	1. seal (v) 2. stick, glue on	coller	1. zukleben 2. aufkleben	zakleić	заклеить
užkliū́ti	get caught on, trip over	s'accrocher	steckenbleiben; stolpern (über)	zaczepić się	зацепиться
užlìpti	1. climb up 2. step on	1. monter 2. marcher sur	1. heraufsteigen; hinaufsteigen 2. treten (auf)	wejść, wleźć	1. подняться, влезть, взобраться 2. наступить (на ногу)
užmáuti	put on (trousers, a ring, etc.)	mettre (pantalon, anneau, etc.)	anziehen	włożyć, naciągnąć	надеть
užmerkti	close (one's eyes)	fermer (les yeux)	schließen (Augen)	zmrużyć	закрыть глаза, зажмуриться
užmiestinis, -ė	intercity (bus), long-distance (telephone call)	interurbain, -e	Vorort-	zamiejski, -a, -ie	загородный, -ая, -ое
užmiestis užmigti užmiršti užmokestis užmùšti	area beyond the city fall asleep forget pay (n) kill	banlieue s'endormir oublier payement tuer	Vorort einschlafen vergessen Lohn, Gehalt; Bezahlung töten, ermorden, totschlagen	zamiejska miejscowość zasnąć zapomnieć zapłata zabić	загород заснуть/засыпать забыть/забывать плата убить

užpakalinis, -ė	back (adj)	de derrière	der/die/das hintere, Hinter-	задний, -яя, -ее
užpakalis	1. beck 2. backside	derrière	1. Hinter- 2. Gesäß, Hintern	тыл; сиденье; зад
užpernai	the year before last	il y a deux ans	im vorvorigen Jahr	в позапрошлом году
užpildyti	fill out (a form)	remplir	ausfüllen (Formular)	заполнить
užporyt	three days from now	après-demain	übermorgen	через два дня
užpulti	attack (v)	attaquer	überfallen, angreifen	напасть
užpūsti	blow out (a fire)	souffler	auslöschen	задуть
užrakinti	lock (v)	fermer à clef	(ab)schließen	запереть
užraktas	lock (n)	serrure	Schloss, Verschluss	замок
užrašai	notes	notes	Notizen, Aufzeichnungen	записки
užrašas	inscription	écriteau, plaque	Aufschrift, Überschrift, Inschrift	надпись, запись
užrašyti	write down	inscrire, écrire	aufschreiben, notieren	записать
užrašų knygelė	note book	agenda	Notizbuch	записная книжка
užregistruoti	register (v)	enregistrer	registrieren	зарегистрировать
užsakymas	order (n)	commande	Bestellung	заказ
užsakyti	book, order (v)	commander	bestellen, reservieren	заказать
užsidegti	1. catch fire 2. start to burn 3. light for oneself	1. prendre du feu 2. s'allumer 3. allumer	1. sich anzünden, sich entflammen 2. leuchten 3. sich(D) anzünden	1., 2. загореться 3. зажечь (себе)
užsidėti	put on (a hat, etc.)	mettre (chapeau, etc.)	aufsetzen; anlegen	надеть
užsiėmęs, -usi	busy	s'occupé, -e	beschäftigt	занятой, -ая, -ое
užsiėmimas	occupation	occupation	Beschäftigung; Beruf	занятие
užsieniētis, -ė	foreigner	étranger, -ère	Ausländer, -in	иностранец, -нка
užsieninis, -ė	foreign (adj)	étranger, -ère	ausländisch	зарубежный, -ая, -ое
užsienis	abroad, (any) foreign country	étranger	Ausland	заграница
užsigauti	hit/hurt oneself	se faire mal	sich stoßen, sich verletzen	удариться, ушибиться
užsiimti	have an occupation	s'occuper	sich beschäftigen	заниматься
užsikelti	raise for oneself, put up	soulever, mettre	heben	поднять, положить (наверх)

LIETUVIŲ KALBA	ENGLISH	FRANÇAIS	DEUTSCH	JĘZYK POLSKI	РУССКИЙ ЯЗЫК
užsimáuti	put on oneself (trousers, a ring, etc.)	mettre (pantalon, anneau, etc.)	anziehen, sich(D) anziehen	włożyć sobie	надеть
užsimérkti	close one's eyes	fermer les yeux	die Augen schließen	zamrużyć (się)	зажмуриться, сомкнуть (веки), закрыть (глаза)
užsirašýti	1. write down 2. make an appointment	1. noter 2. s'inscrire	1. sich (D) aufschreiben, sich (D) notieren 2. sich eintragen lassen	1. zapisać sobie 2. zapisać się	1. записать (себе) 2. записаться
užsiregistrúoti	register (v)	se faire enregistrer	sich registrieren	zarejestrować się	зарегистрироваться
užsirìšti	tie for oneself	se nouer	binden (Kopftuch); (zu)schnüren (Schuhe)	zawiązać	завязать (себе)
užsisakýti	order, subscribe	commander (pour soi)	bestellen	zamówić	заказать (себе)
užsisègti	do up, fasten	boucler	sich anschnallen	zapiąć się	застегнуть (себе)
užsùkti	1. drop by 2. turn off 3. screw on	1. entrer en passant 2., 3. fermer en tournant	1. vorbeikommen 2. zudrehen 3. zudrehen, zuschrauben	zajść; zakręcić	1. зайти 2., 3. закрыть, закрутить
užtèkti	be enough, suffice	suffire	genügen, ausreichen, reichen	wystarczyć	хватить, хватать, быть достаточным
užteršti	pollute	salir, souiller	verunreinigen, verschmutzen	zabrudzić, zanieczyścić	загрязнить
užtráukti	draw/zip up	fermer; tirer	hochziehen; aufziehen (Wecker), zuziehen	zaciągnąć	задёрнуть, закрыть
užtrauktùkas	zipper (Am.), zip (Brit.)	fermeture à glissière	Reißverschluss	zamek błyskawiczny	молния (застёжка)
užtvérti	block (v)	barrer	sperren	zagrodzić	загородить
užtvindyti	flood (v)	inonder	überschwemmen	zalać, zatopić	наводить
užuojauta	sympathy	commisération, compassion	Mitleid, Beileid, Mitgefühl, Teilnahme	współczucie	сочувствие, соболезнование
užuolaida	curtain	rideau	Gardine, Store, leichter Vorhang	firanka	занавеска, гардина, штора
užúosti	smell (v)	sentir, flairer	riechen	zwąchać, poczuć	почувствовать (запах)
užvakar	the day before yesterday	avant-hier	vorgestern	przedwczoraj	позавчера

LIETUVIŲ KALBA	ENGLISH	FRANÇAIS	DEUTSCH	JĘZYK POLSKI	РУССКИЙ ЯЗЫК
užvalkalas	pillowcase; also, a similar sort of case for a blanket	taie (d'oreiller)	Bezug	poszewka, powłoczka	чехол; наволочка; подеяльник

V

LIETUVIŲ KALBA	ENGLISH	FRANÇAIS	DEUTSCH	JĘZYK POLSKI	РУССКИЙ ЯЗЫК
vãbalas	beatle	insecte coléoptère	Käfer	żuk	жук
vabzdỹs	insect	insecte	Insekt	owad	насекомое
vadìnasi	so, then	donc	folglich, also	a więc	значит
vadìnti	call (v), name (v)	appeler, nommer	nennen	nazywać	называть, звать
vadìntis	be called	s'appeler, se nommer	heißen; sich nennen	nazywać się	называться, зваться, именоваться
vadóvas, -ė	leader, guide	dirigeant, -e; chef	Leiter, Führer	kierownik, -iczka	руководитель
vadováuti	lead, guide	diriger	leiten, führen	kierować	руководить
vadovėlis	manual, textbook	cours, manuel	Lehrbuch	podręcznik	учебник
vagìs	thief	voleur	Dieb	złodziej	вор
vagỹstė	theft	vol	Diebstahl	kradzież	воровство, кража
vagõnas	carriage (Brit.), (railway) car (Am.)	wagon	Eisenbahnwagen	wagon	вагон
vaidýba	acting	jeu, art scénique	Spiel, schauspielerisches Können	gra, sztuka aktorska	игра, актёрское мастерство
vaidýbinis, -ė	theatrical, acting (adj)	scénique	schauspielerisch	aktorski, -a, -e	художественный, -ая, -ое
vaidìnimas	play, acting (n)	spectacle, représentation	Schauspiel, Theaterstück, Aufführung	spektakl, przedstawienie	представление, спектакль
vaidìnti	play (a role)	jouer (un rôle)	spielen	grać (rolę)	играть (роль)
vaidmuõ	role	rôle	Rolle	rola	роль
vaikáičiai	grandchildren	petits-enfants	Enkelkinder	wnuki	внуки
vaikáitė	granddaughter	petite-fille	Enkelin	wnuczka	внучка
vaikáitis	grandson	petit-fils	Enkel	wnuczek	внук
vaĩkas	child	enfant	Kind	dziecko	дитя, ребёнок

LIETUVIŲ KALBA	ENGLISH	FRANÇAIS	DEUTSCH	JĘZYK POLSKI	РУССКИЙ ЯЗЫК
vaikìnas	(unmarried) youth, young man	garçon, gars	Bursche	chłopiec	парень
vaikỹstė	childhood	enfance	Kindheit	dzieciństwo	детство
vaikiškas, -a	childlike, childish, child's, children's	enfantin, -e	kindlich	dziecinny, -a, -e	детский, -ая, -ое
vaikščióti	walk	se promener, marcher	1. gehen, auf und ab gehen, spazierengehen 2. gehen können	spacerować, chodzić	ходить, гулять
vaikų̃ darželis	kindergarten	jardin d'enfants, maternelle	Kindergarten	przedszkole	детский сад
vaikų̃ namaĩ	orphanage	orphelinat	Kinderheim	sierociniec	детский дом
vainìkas	wreath, garland	couronne	Kranz	wianek	венок
vaĩras	steering wheel, rudder	volant, guidon	Steuer	ster, kierownica	руль
vairúoti	drive, steer	conduire	steuern, lenken	kierować	водить (автомобиль), управлять (автомобилем)
vairúotojas, -a	driver	conducteur, -trice	Fahrer, -in, Führer, -in	kierowca	водитель
vaĩsius	fruit	fruit	Frucht	owoc	плод, фрукт
vaĩskrūmis	berry shrub	arbrisseau	Beerenstrauch	krzew owocowy	плодовый куст
vaĩsmedis	fruit tree	arbre fruitier	Obstbaum	drzewo owocowe	плодовое дерево
vaĩstas	medicine, drug	remède, médicament	Arznei, Medikament, Arzneimittel	lek, lekarstwo	лекарство
vaistãžolė	medicinal herb	plante médicinale	Heilkraut	ziele lecznicze	лекарственная трава
vaistìnė	pharmacy	pharmacie	Apotheke	apteka	аптека
vaistiniñkas, -ė	pharmacist	pharmacien, -ne	Apotheker, -in	aptekarz, -arka	аптекарь
vaĩšės	food (served to guests)	régal	Bewirtung, Gastmahl	poczęstunek, bankiet	угощение
vaišìnti	treat, entertain	régaler	bewirten	częstować	угощать
vaišìntis	treat o.s.	se régaler	sich bewirten lassen	częstować się	угощаться
vaivórykštė	rainbow	arc-en-ciel	Regenbogen	tęcza	радуга
vaizdãjuostė	video film/tape	vidéocassette	Videokassette	wideo kaseta	видеокассета
vaĩzdas	view; picture	vue, paysage	Aussicht; Bild	widok; obraz	вид, пейзаж
vaizdúoti	represent, portray	représenter	darstellen, schildern	przedstawiać	изображать, представлять
vajė	oh	ah, oh	ach	o	надо же

	yesterday	hier	gestern	wczoraj	1., 3. вчера 2. до (со) вчерашнего дня
vãkar					
vakaraĩ	west	ouest	Westen	zachód	запад
vãkaras	evening	soir	Abend	wieczór	вечер
vakarėlis	party	petite soirée	Unterhaltungsabend, geselliger Abend	wieczorek	вечеринка
vakariẽnė	supper, dinner	souper	Abendessen, Abendbrot zu Abend essen,	kolacja	ужин
vakarieniáuti	have supper	souper	Abendbrot essen	jeść kolację	ужинать
vakarýkštis, -ė	yesterday's	d'hier	gestrig	wczorajszy, -a, -e	вчерашний, -яя, -ее
vakarìnis, -ė	ev>ning, western (adj)	du soir	Abend-, abendlich	wieczorny, -a, -e	вечерний, -яя, -ее
valandà	hour	heure	Stunde	godzina	час
valdýba	bcard	direction	Verwaltung, Vorstand	zarząd	(у)правление
valdýti	1. govern, rule 2. use, control	1. gouverner, diriger 2. manier	1. regieren, verwalten, beherrschen 2. führen, einsetzen (Waffe)	1. rządzić 2. panować	1. править, управлять 2. владеть
valdõvas, -ė	ruler	maître, -esse	Herrscher, -in, Verwalter, -in	władca	владыка, властелин
valdžià	government; power	pouvoir	Macht; Behörde	władza	власть
valgiãraštis	menu	menu	Speisekarte	jadłospis	меню
valgyklà	canteen, lunchroom	cantine	Mensa; Speiseraum, (Speise)saal	stołówka	столовая
vaĺgis	meal	nourriture; plat	Speise, Gericht; Essen	1. pokarm 2. jedzenie	еда
válgyti	eat (of people)	manger	essen, speisen	jeść, spożywać	есть
válgomas, -a	edible	mangeable, comestible	essbar, genießbar	jadalny, -a, -e	съедобный, -ая, -ое
válgomasis	dining room	salle à manger	Esszimmer, Speisezimmer	pokój jadalny	столовая (о комнате)
valià	will (n)	volonté	Wille	wola	воля
valyklà	dry-cleaning store	nettoyage	Reinigung	pralnia chemiczna	химчистка
vãliklis	cleaning fluid/powder	nettoyant	Reiniger	środek do czyszczenia	очиститель, моющее (чистящее) средство
valiõ	hurrah	hourra	hurra	hurra	ура

LIETUVIŲ KALBA	ENGLISH	FRANÇAIS	DEUTSCH	JĘZYK POLSKI	РУССКИЙ ЯЗЫК
valýti	clean (v)	nettoyer	reinigen, sauber machen; abwischen	czyścić	чистить, мыть
valýtis	clean (one's shoes), brush (one's teeth)	se nettoyer	sich(D) putzen	czyścić się	чистить (себе)
valytùvas	1. snow plow 2. windshield wiper	1. nettoyeur 2. essuie-glace	1. Reinigungsmaschine 2. Glasreiniger	1. oczyszczarka 2. wycieraczka	1. очиститель 2. стеклоочиститель
valiutà	currency	devises	Valuta, Währung	waluta	валюта
valstýbė	state (n)	État	Staat	państwo	государство
valstýbinis, -ė	state, government (adj)	national, -e	Staats-, staatlich	państwowy, -a, -e	государственный, -ая, -ое
váltis	boat	canot	Boot, Kahn	łódź	лодка
vamzdẽlis	small pipe	tube	kleine, kurze Röhre, Rörchen	rurka	трубочка
vamzdis	pipe	tuyau, conduit	Rohr	rura	труба
vánagas	hawk	vautour	Habicht	jastrząb	ястреб
vandenýnas	ocean	océan	Ozean	ocean	океан
vandéntiekis	plumbing	conduite d'eau	Wasserleitung	wodociąg	водопровод
vanduõ	water (n)	eau	Wasser	woda	вода
vaĩdas	name (n)	nom; prénom	1. Name, Vorname 2. Benennung, Bezeichnung	1. imię 2. nazwa	1. имя 2. название
vardãžodis	substantive (n)	nom substantif	Nomen	imię (w gramatyce)	имя
vardinės	name day	fête (pour le prénom)	Namenstag	imieniny	именины
vardiniñkas	nominative case	nominatif	Nominativ, Werfall	mianownik	именительный падеж
vargónai	organ	orgues	Orgel	organy	орѓэн
vargónininkas, -ė	organist	organiste	Organist, -in	organista, -tka	органист
variklis	engine	moteur	Motor, Kraftmaschine	silnik	двигатель
varýti	drive	chasser	jagen, treiben	popędzać	гнать
varlė̃	frog	grenouille	Frosch	żaba	лягушка
várna	crow (n)	corneille	Krähe	wrona	ворона
varnėnas	starling	étourneau	Star	szpak	скворец
varniùkas	young crow	petit corbeau	Krähenjunges	wronię	воронёнок
várpa	ear of grain	épi	Ähre	kłos	колос
vaĩpas	bell	cloche	Glocke	dzwon	колокол

varškė	curd, cottage cheese	fromage blanc	Quark	twaróg	творог
varškėtis	dumpling containing cottage cheese	raton	Käsekuchen, Quarkkuchen	sernik	сырник
vartai	1. gate 2. goal	1. porte 2. but	Tor	1. brama, wrota 2. bramka	ворота
vartininkas, -ė	goalkeeper	gardien de but	Torwart	bramkarz	вратарь
vartóti	use (v)	user; employer	gebrauchen, verwenden	używać; zażywać	употреблять
varžýbos	competition	épreuves sportives	Wettkampf, Wettstreit	zawody	соревнование, состязание
varžýtis	1. compete 2. be/feel shy	1. concourir 2. se gêner	1. wetteifern 2. sich genieren	1. walczyć 2. krępować się	1. соревноваться 2. стесняться
varžtas	screw (n)	vis	Schraube	śruba	винт
varžtėlis	little screw	petit vis	kleine Schraube	śrubka	винтик
vasara	summer	été	Sommer	lato	лето
vasarinis, -ė	summer (adj)	d'été	Sommer-, sommerlich	letni, -a, -ie	летний, -ая, -ее
vasaris	February	février	Februar	luty	февраль
vąšėlis	crochet hook	crochet	Häkelnadel	szydełko	крючок
vata	wad (of cotton)	coton	Watte	wata	вата
vazà	vase	vase	Vase	waza	ваза
važinėti	ride about (on wheels)	aller et venir (en train, voiture, etc.)	fahren	jeździć	ездить
važinėtis	ride, go for a drive	se promener (en voiture, bicyclette, etc.)	spazieren fahren	jeździć	кататься
važiúoti	1. move (on wheels) 2. drive, ride (on wheels)	aller, partir (en train, voiture, etc.)	fahren	jechać	ехать
vedėjas, -a	manager, director	directeur, -trice	Leiter, Chef	kierownik	заведующий, -ая
vedęs	married (of a man)	marié	verheiratet	żonaty	женатый
véidas	face	visage, face	Gesicht	twarz	лицо
veidrodėlis	small mirror; rearview mirror	rétroviseur; petit miroir	kleiner Spiegel	lusterko	зеркальце
véidrodis	mirror	miroir	Spiegel	lustro	зеркало
veikėjas, -a	character (in a story)	personnage	die handelnde Person	działacz, -czka	персонаж
veikiamóji rūšis	active voice	voix active	Aktiv	strona czynna	действительный залог
veiklà	activity	activité	Tätigkeit	działalność	деятельность

LIETUVIŲ KALBA	ENGLISH	FRANÇAIS	DEUTSCH	JĘZYK POLSKI	РУССКИЙ ЯЗЫК
veiklùs, -ì	active	actif, -ve	tätig, tatkräftig, aktiv	czynny, -a, -e	деятельный, -ая, -ое; активный, -ая, -ое
veiksmas	act(ion)	acte	1. Handlung, Aktion 2. Aufzug, Akt	1. czyn 2. akt	действие
veiksmãžodis	verb	verbe	Verb	czasownik	глагол
veĩkti	1. work 2. do 3. affect	1. fonctionner 2. faire 3. agir	1. arbeiten, funktionieren 2. machen 3. beeinflussen	1. być czynnym 2. robić 3. działać	1. работать 2. делать 3. действовать, влиять
vėjas	wind	vent	Wind	wiatr	ветер
vėjúotas, -a	windy	venteux, -euse	windig	wietrzny, -a, -e	ветреный, -ая, -ое
vėl	again	de nouveau	wieder, von neuem, nochmals	znów	опять, вновь, снова
vėlaĩ	late (adv)	tard	spät	późno	поздно
vėlèsnis, -ė̃	later (adj)	suivant, -e	der/die/das spätere	późniejszy, -a, -e	поздний, -яя, -ее
vėliaũ	later (adv)	plus tard	später, nachher, danach	później	позже
vėliáusiai	the latest (adv)	au plus tard	am spätesten	najpóźniej	позже всех / всего
vėliavà	flag	drapeau	Fahne, Flagge	flaga, sztandar	флаг
Velýkos	Easter	Pâques	Ostern	Wielkanoc	Пасха
Vėlìnės	All Souls' Day	jour des Morts	Allerseelentag	Zaduszki	День поминовения усопших
vėlývas, -a	late	tardif, -ve	spät	późny, -a, -e	поздний, -яя, -ее
vélnias	devil	diable	Teufel, Satan	diabeł	чёрт, дьявол
vélnias!	damn!	diable!	Hols der Teufel!	do diabła!	к чёрту!
véltui	1. in vain 2. free of charge	1. en vain 2. gratuitement	1. vergebens, umsonst 2. unentgeltlich, gratis, kostenlos	1. na próżno 2. za darmo	1. напрасно 2. бесплатно
vėlù	late	il est tard	es ist spät	późno	поздно
vėlúoti	1. be late 2. be slow (of a clock)	1. être en retard 2. retarder	1. sich verspäten, zu spät kommen 2. nachgehen (Uhr)	spóźniać się	1. опаздывать 2. отставать (о часах)
vėlùs, -ì	late	tardif, -ve	spät	późny, -a, -e	поздний, -яя, -ее
vémti	vomit (v)	vomir	erbrechen, kotzen	wymiotować	рвать
veránda	veranda	veranda	Veranda	weranda	веранда

verčiaũ	rather	il vaut mieux	besser, lieber	raczej	лучше
veȓkti	cry	pleurer	weinen	płakać	плакать
veȓslas	business	affaires	Gewerbe, Geschäft	biznes	промысел, занятие коммерсант,
veȓslininkas, -ė̇	businessman, businesswoman	homme d'affaires, femme d'affaires	Gewerbetreibende, der/die Geschäftsmann, -frau	przedsiębiorca	предприниматель
vesti	1. ove=turn 2. turn 3. translate 4. compel, force 5. force 6. turn (into)	1. renverser 2. tourner 3. traduire 4. obliger 5. faire +inf. 6. changer	1. wälzen; stürzen 2. wenden 3. übersetzen 4., 5. zwingen, nötigen 6. verwandeln	1. obalać 2. przewracać 3. tłumaczyć 4. zmuszać 5. obracać 6. zmieniać	1. валить 2. переворачивать 3. переводить 4. заставлять, принуждать 5. менять (направление) 6. превращать
veȓstis	1. have a business 2. live, get by	1. s'occuper 2. gagner sa vie	1. betreiben (Gewerbe) 2. schwer leben	1. zajmować się, trudnić się 2. ciężko żyć	1. заниматься, промышлять 2. жить
veršíena	veal	du veau	Kalbfleisch	cielęcina	телятина
veȓšis	calf	veau	Kalb	cielę	телёнок
veȓtas, -à	1. worth 2. worthy, worth	1. de prix 2. digne	1. wert 2. wert, würdig	1. warty, -a, -e 2. godzien, -na, -e	1. достойный, -ая, -ое стоящий, -ая, -ее 2. достойный, -ая, -ое
vertė̃	value	valeur	1. Wert 2. Preis	wartość	1. ценность 2. стоимость
vertė́jas, -a	translator, interpreter	traducteur, -trice; interprète	Übersetzer, -in, Dolmetscher, -in	tłumacz, -czka	переводчик, -ица
vertìmas	translation	traduction	Übersetzung	przekład	перевод
vertìngas, -a	valuable	de prix, de valeur	wertvoll	cenny, -a, -e	ценный, -ая, -ое
véȓtinti	1. appreciate, value 2. evaluate, value	1. estimer; apprécier 2. évaluer	1. schätzen 2. bewerten, beurteilen	oceniać	1. ценить 2. оценивать
vèsti	1. lead, guide, take 2. conduct 3. marry (of a man) 4. bear (fruit) 5. bring forth, give birth (of animals)	1. conduire 2. diriger 3. épouser 4. fructifier 5. mettre bas	1. führen 2. leiten, führen, moderieren 3. heiraten 4. Früchte tragen 5. werfen (Junge)	1., 2. prowadzić 3. żenić się 4. płodzić 5. rodzić	1., 2. вести 3. брать в жёны, жениться 4. плодоносить 5. (о животных) приносить (детёнышей), рожать

LIETUVIŲ KALBA	ENGLISH	FRANÇAIS	DEUTSCH	JĘZYK POLSKI	РУССКИЙ ЯЗЫК
vėstis	bring along, take	amener (avec soi)	führen, bringen	prowadzić (ze sobą)	вести (с собой)
vestuvės	wedding	noce	Hochzeit	wesele	свадьба
vestuvinis, -ė	wedding (adj)	nuptial, -e	Hochzeits –	weselny, -a, -e	свадебный, -ая, -ое
vėsus, -ì	cool (adj)	frais, fraîche	kühl	chłodny, -a, -e	прохладный, -ая, -ое
vežìmas	wagon	voiture; charretée	Wagen	wóz	повозка
vežimėlis	trolley, pram (Brit.); shopping cart, wagon, baby carriage (Am.)	charrette à bras; voiture d'enfant	Kinderwagen; Handwagen	wózek	коляска
vėžỹs	1. crayfish 2. cancer	1. écrevisse 2. cancer	Krebs	rak	рак
vèžti	take (by car, truck, etc.), transport	transporter	fahren	wieźć	везти
vėžtis	take (for/with oneself by car, etc.)	amener (avec soi)	mitfahren, auf die Fahrt mitnehmen	wieźć sobie (ze sobą)	везти (с собой)
viadùkas	viaduct	viaduc	Viadukt	wiadukt	виадук
vidurdienis	noon	midi	Mittag	południe	полдень
vidurìnis, -ė	middle (adj)	du milieu	Mittel-, der/die/das mittlere	środkowy, -a, -e	средний, -яя, -ее; срединный, -ая, -ое
vidurỹs	middle (n)	milieu	Mitte	środek	середина
vidùrnaktis	midnight	minuit	Mitternacht	północ	полночь
vidùs	inside (n)	intérieur	das Innere	wnętrze	внутренность
vidutìnis, -ė	average (adj)	moyen, -ne	mittelmäßig	przeciętny, -a, -e	средний, -яя, -ее
vielà	wire	fil de fer	Draht	drut	проволока
vienąkart	once	une fois	einmal	jednokrotnie	один раз
vienas¹, -à	one	un, une	ein, eine	jeden, jedna, jedno	один, одна, одно
vienas², -à	alone	seul, -e	allein	sam, -a, -o	один, одна, одно
vienas³, -à	1. one, some 2. see vienas kito 3. the same	1., 2. un, une 3. le / la même	1. einer, eine, eines; der/die/das eine 2. einander 3. der-, die-, dasselbe	1., 2. jeden, -na, -o 3. sam, -a, -o	1., 3. один, одна, одно 2. друг друга
vienaskaita	singular (n)	singulier	Singular, Einzahl	liczba pojedyncza	единственное число
vienaskaitìnis, -ė	singular (adj)	singulier, -e	Singularetantum	mający tylko liczbę pojedynczą; syngulatywny	употребляемый (-ая, -ое) только в единственном числе

víenas kito víena veĩtus	each other, one another on the one hand	l'un l'autre d'une part	einander einerseits	jeden drugiego z jednej strony	друг друга во-первых, с одной стороны
vieneri, vienerios vienetas	one 1. a grade of one 2. unit	un, une 1. un 2. unité	ein, eine Eins	jedni, jedne 1. jedynka 2. jedność	одни, одна, одно единица
vienguñgis, -ė	unmarried man/woman	célibataire	Junggeselle	nieżonaty mężczyzna, niezamężna kobieta	холостяк, -ячка
víenišas, -à	1. lonely 2. single (of mothers)	1. esseulé, -e; seul, -e 2. (mère) célibataire	1. einsam, zurückgezogen 2. alleinerziehend	samotny, -a, -e	одинокий, -ая, -ое
vienkartinis, -ė	disposable (plates, etc.), single (ticket)	jetable; individuel, -e	einmalig	równoczesny, -a, -e; jednorazowy, -a, -e	одноразовый, -ая, -ое; однократный, -ая, -ое
vienkiemis	farm (one that is not part of a village)	ferme isolée	Einzelhof	zagroda	хутор
vienódai	alike, the same, equally	de la même façon	gleich	jednakowo	одинаково
vienódas, -a	the same	pareil, -e; même	gleich	jednakowy, -a, -e	одинаковый, -ая, -ое
vienúolika	eleven	onze	elf	jedenaście	одиннадцать
vienúoliktas, -a	eleventh	onzième	der/die/das elfte	jedenasty, -a, -e	одиннадцатый, -ая, -ое
vienuolýnas	monastery or convent	monastère	Kloster	klasztor	монастырь
vienúolis, -ė	monk; nun	moine, moniale	Mönch, Nonne	mnich, mniszka	монах, монахиня
vienvietis, -ė	single (room, etc.)	single	Einzel-	jednomiejscowy, -a, -e	одноместный, -ая, -ое
viešaĩ	publicly	publiquement	öffentlich	publicznie	публично
viẽšas, -à	public (adj)	public, -que	öffentlich	publiczny, -a, -e	публичный, -ая, -ое; открытый, -ая, -ое
viešbutis	hotel	hôtel	Gasthaus, Hotel	hotel	гостиница
viešnià	guest (woman)	visiteuse, invitée	Frau als Gast	gość (o kobiecie)	гостья
vietà	1, 4. place 2. room 3. seat	place, endroit	Platz, Stelle	miejsce; stanowisko	место
viẽtininkas	locative case	locatif	Lokativ	miejscownik	местный падеж
viẽtoj(e)	instead of	à la place	an Stelle, (an)statt	zamiast	вместо (кого/чего)
vietóvė	locality	localité	Ortschaft; Gegend	miejscowość	местность
vieversỹs	lark	alouette	Lerche	skowronek	жаворонок
vykdyti	carry out, execute	réaliser	vollziehen, ausführen	wykonywać	исполнять

LIETUVIŲ KALBA	ENGLISH	FRANÇAIS	DEUTSCH	JĘZYK POLSKI	РУССКИЙ ЯЗЫК
vykti	1. go 2. take place	1. aller 2. avoir lieu	1. sich begeben; reisen 2. stattfinden	1. udawać się, wyjeżdżać 2. odbywać się	1. отправляться 2. происходить
vilkas	wolf	loup	Wolf	wilk	волк
vilkė	she-wolf	louve	Wölfin	wilczyca	волчиха, волчица
vilkiūkas	wolf cub	louveteau	Wölflein, Wolfjunges	wilczek	волчонок
vilna	wool	laine	Wolle	wełna	шерсть
vilnõnis, -ė	woollen	de laine	wollen, Woll-	wełniany, -a, -e	шерстяной, -ая, -ое
viltis	hope (n)	espoir	Hoffnung	nadzieja	надежда
vỹnas	wine	vin	Wein	wino	вино
vingis	bend, curve (n)	détour	Krümmung, Windung, Kurve	zakręt	изгиб, извилина
vingiúotas, -a	winding	tortueux, -euse	gewunden, kurvig	kręty, -a, -e	извилистый, -ая, -ое
vyniójamasis põpierius	wrapping paper	papier d'emballage	Verpackungspapier	papier pakunkowy	обёрточная бумага
vynióti	wrap (v)	envelopper	einpacken	zawijać, owijać	обёртывать, завёртывать
vinis	nail (n)	clou	Nagel	gwóźdź	гвоздь
vỹnuogė	grape	raisin	Weintraube	jagoda winogronu	виноград
violètinis, -ė	violet (adj)	violet, -te	violett	fioletowy, -a, -e	фиолетовый, -ая, -ое
výras	1. man 2. husband	1. homme 2. mari	1. Mann 2. Gatte, Mann	1. mężczyzna 2. mąż	1. мужчина 2. муж, супруг
virbalas	knitting needle	aiguille à tricoter	Stricknadel	pratek; drut (do robienia)	спица
virdulỹs	kettle	bouilloire	Kessel	samowar	самовар
virėjas, -a	cook (n)	cuisinier, -ère	Koch, Köchin	kucharz, -arka	повар, повариха
vyrèsnis, -ė	1. older 2. senior	1. aîné, -e 2. supérieur, -e	1. der/die ältere 2. der/die obere	starszy, -a, -e	старший, -ая, -ое
vyriáusias, -ia	1. oldest 2. senior	1. aîné, -e 2. en chef	1. der/die älteste 2. der/die oberste	1. najstarszy, -a, -e 2. główny, -a, -e	главный, -ая, -ое
vyriausýbė	government (in a parliamentary system), administration (Am.)	gouvernement	Regierung	rząd	правительство
výriškas, -a	masculine, men's	pour hommes	männlich, Herren-	męski, -a, -ie	мужской, -ая, -ое
výriškoji giminė	masculine gender	masculin	das männliche Geschlecht, Maskulinum	rodzaj męski	мужской род

	stove	cuisinière	Herd	kuchenka	плита (газовая, электрическая)
viryklė					
viršti	1. fall over	1. se renverser	1. fallen	1. przewracać się	1. опрокидываться
	2. turn into	2. devenir	2. sich verwandeln, werden,	2. zamieniać się, stawać się	2. превращаться
viršum	above, over	au-dessus	über	nad, ponad	над
viršelis	(book) cover	couverture	Umschlag	okładka	обложка
viršininkas, -ė	1. (station) master, (post) master	supérieur, -e; chef	der/die Vorgesetzte, Chef, -in	kierownik, -iczka; zwierzchnik, -iczka	начальник
	2. supervisor				
viršyti	exceed	dépasser	1. beschleunigen, erhöhen (Tempo)	przewyższyć	превышать
			2. übertreffen, übersteigen		
virškinti	digest (v)	digérer	verdauen	trawić	переваривать
viršūnė	top, peak	haut; faîte	Wipfel; Gipfel; Spitze	wierzchołek	вершина, верхушка
viršus	1. top, upstairs	1. haut	1. oberer Teil, obere Seite, Oberfläche	wierzch	1. верх
	2. outside (n)	2. dessus	2. Außenseite		2. наружная сторона
viršutinis, -ė	1. upper	1. supérieur, -e	1. der/die/das obere	górny, -a, -e	верхний, -яя, -ее
	2. outer	2. de dessus	2. Ober- (Kleidung)		
virtas, -a	cooked, boiled	cuit, -e	gekocht	gotowany, -a, -e	варёный, -ая, -ое
virti	1, 2. boil (v)	bouillir; faire cuire	1. kochen, sieden	gotować się; gotować	1. кипеть
	3. cook (v)		2, 3. zubereiten, kochen		2. варить
					3. готовить
virtuvė	kitchen	cuisine	Küche	kuchnia	кухня
virvė	rope	corde	Seil, Strick, Leine	sznur	верёвка
vis	over and over (again), constantly	sans interruption, incessamment	immer wieder	wciąż, ciągle	всё, постоянно, всегда
visada	always	toujours	immer	zawsze	всегда
visai	1. very, completely	1. tout	1. ganz	zupełnie	совсем, совершенно,
	2. quite	2. tout à fait	2. ganz, ziemlich		вовсе
	3. (not) at all	3. du tout	3. gar (nicht)		
visas, visa	all, whole, entire	entier, -ère	1. ganz 2. alle	cały, -a, -e	весь, вся, всё
visata	universe	univers	Universum, Weltall, All	wszechświat	вселенная

LIETUVIŲ KALBA	ENGLISH	FRANÇAIS	DEUTSCH	JĘZYK POLSKI	РУССКИЙ ЯЗЫК
visiškai	completely	complètement	ganz	całkowicie	совсем, совершенно, полностью
viskas	everything	tout	alles	wszystko	всё
vyskupas	bishop	évêque	Bischof	biskup	епископ
viso gėro [labo]	goodbye	bonne chance	auf Wiedersehen	wszystkiego dobrego	до свидания
vis tiek	still, nevertheless	n'importe	sowieso	wszystko jedno	всё равно
visumà	the whole	tout, ensemble	das Ganze	całość	целое, совокупность
visuomenė	society	société	Gesellschaft	społeczeństwo	общество
visų pirmà	first of all	tout d'abord	vor allem	przede wszystkim	прежде всего
visuř	everywhere	partout	1. überall 2. (von) allerseits	wszędzie	везде, (по)всюду
viščiukas	chick, pullet	poussin	Küken	kurczątko	цыплёнок
vyšnià	cherry (fruit and tree)	cerise	Kirsche; Kirschbaum	wiśnia	вишня
vištà	hen	poule	Huhn	kura	курица
vištíena	chicken (meat)	du poulet	Hühnerfleisch	kurze mięso	курятина
Vytis	knight (in the Lithuanian coat of arms)	cavalier (armoiries de Lituanie)	Vytis Litauens Wappen(Reiter)	Pogoń (herb Litwy)	витязь (герб Литвы)
výtis	chase, pursue	poursuivre	nachjagen	gonić	гнаться
vizà	visa	visa	Visum	wiza	виза
vizìtas	visit (n)	visite	Besuch, Visite	wizyta	визит
vizìtinė kortelė	visiting card	carte de visite	Visitenkarte	wizytówka	визитная карточка
võgti	steal	voler, chipper	stehlen, klauen	kraść	красть, воровать
vókas	1. eyelid 2. envelope	1. paupière 2. enveloppe	1. Lid 2. Briefumschlag	1. powieka 2. koperta	1. веко 2. конверт
vonià	1. bathtub 2. bathroom	1. baignoire 2. salle de bains	1. Wanne, Badewanne 2. Badezimmer	1. wanna 2. łazienka	1. ванна 2. ванная (комната)
vóras	spider	araignée	Spinne	pająk	паук
vorãtinklis	spider web	toile d'araignée	Spinnennetz	pajęczyna	паутина
võs	hardly, scarcely	à peine	kaum	ledwo	едва, чуть
voveráitė	chanterelle	chanterelle	Pfefferling	kurka	лисичка (*гриб*).
voverė̃	squirrel	écureuil	Eichhörnchen	wiewiórka	белка

Z

LIETUVIŲ KALBA	ENGLISH	FRANÇAIS	DEUTSCH	JĘZYK POLSKI	РУССКИЙ ЯЗЫК
zylė	titmouse	mésange	Meise	sikorka	синица
zyzti	buzz (v)	bourdonner	summen	brzęczeć	жужжать
zoologija	zoology	zoologie	Zoologie, Tierkunde	zoologia	зоология
zoologijos sodas	zoo	jardin zoologique, zoo	Tiergarten	ogród zoologiczny	зоосад

Ž

LIETUVIŲ KALBA	ENGLISH	FRANÇAIS	DEUTSCH	JĘZYK POLSKI	РУССКИЙ ЯЗЫК
žadinti	1. wake 2. stimulate (one's appetite)	1. réveiller 2. stimuler	1. wecken 2. anregen (Appetit)	1. budzić 2. pobudzać	1. будить 2. возбуждать
žadintuvas	alarm clock	réveil	Weckuhr, Wecker	budzik	будильник
žaibas	lightning	éclair	Blitz	piorun	молния
žaibuoti	flash (v)	il y a des éclairs	blitzen	błyskać	сверкать
žaidėjas, -a	player	joueur, -euse	Spieler, -in	gracz	игрок
žaidimas	game	jeu	Spiel	gra	игра
žaislas	toy	jouet	Spielzeug, Spielsache	zabawka	игрушка
žaisti	play (v)	jouer	spielen	bawić się; grać	играть
žaizda	wound (n)	blessure	Wunde	rana	рана
žala	damage (n)	dommage	Schaden	strata	ущерб
žaliai	(in) green	en vert	grün	zielono	в зелёный цвет, зелёного цвета
žalias, -ia	1. green 2. unripe 3. raw	1. vert, -e 2. pas mûr, -e 3. cru, -e	1. grün 2. unreif 3. roh	1. zielony, -a, -e 2. niedojrzały, -a, -e 3. surowy, -a, -e	1. зелёный, -ая, -ое 2. неспелый, -ая, -ое 3. сырой, -ая, -ое
žaliava	raw material	matières	Rohstoff	surowiec	сырьё
žaliuzės	jalousie, Venetian blind	jalousie	Jalousie, Rollladen	żaluzja	жалюзи
žaltys	grass snake	couleuvre	Natter	wąż	уж
žandikaulis	jawbone	machoire	Kiefer	szczęka	челюсть

545

LIETUVIŲ KALBA	ENGLISH	FRANÇAIS	DEUTSCH	JĘZYK POLSKI	РУССКИЙ ЯЗЫК
žarnà	1. intestine 2. hose (for water)	1. intestin 2. manche	1. Darm 2. Schlauch	1. jelito 2. rura	1. кишка 2. шланг
žąsíena	goose (meat)	de l'oie	Gänsefleisch	gęsie mięso	гусятина
žąsinas	gander	jar	Gänserich	gęsior	гусь
žąsìs	goose	oie	Gans	gęś	гусь
žąsiùkas	gosling	oison	Gansküken	gąsiątko	гусёнок
žavėtis	admire	admirer	bewundern	zachwycać się	восхищаться
žemaĩ	low (adv)	bas	unten, niedrig	nisko	низко
žẽmas, -à	low (adj)	bas, -e	1, 3. niedrig 2. tief	niski, -a, -ie	низкий, -ая, -ое
žemdirbỹs, -ė̃	farmer	cultivateur	Ackerbauer, Landmann	rolnik	земледелец, хлебороб
žẽmė	earth, ground	globe; terre; terrain	Erde; Boden	ziemia; gleba	земля; почва
žemė̃lapis	map	carte (géographique)	Landkarte	mapa	географическая карта
žemỹn	downward	en bas	nach unten, hinunter	na dół	вниз
žemýnas	continent	continent	Kontinent, Festland	kontynent	материк, континент
žẽmuogė	wild strawberry (plant and berry)	fraise de bois	Erdbeere	poziomka	земляника
žeñgti	step (v)	marcher	treten, schreiten	iść, kroczyć	шагнуть/шагать; ступить/ступать
ženklas	sign, mark	marque; signe	Zeichen	znak	знак
žéntas	son-in-law	beau-fils	Schwiegersohn	zięć	зять
žiaurùs, -ì	cruel	cruel, -le	grausam, herzlos, gewalttätig, entmenscht	okrutny, -a, -e	жестокий, -ая, -ое
žibìntas	light, lantern	lanterne; phare	Laterne	latarnia	фонарь
žibintùvėlis	flashlight	lampe de poche	Taschenlampe	latarka	фонарик
žibuõklė	violet (n)	violette	Veilchen	przylaszczka	фиалка
žydė́ti	bloom (v)	fleurir	blühen	kwitnąć	цвести
židinỹs	fireplace	foyer	Herd, Kamin	palenisko	камин
žiebtùvėlis	lighter	briquet	Feuerzeug	zapalniczka	зажигалка
žíedas[1]	blossom (n)	fleur	Blüte	kwiat	цветок

žíedas²	1., 2. ring (n) 3. traffic circle, roundabout	1. bague, alliance 2. rond 3. rond-point	1. Ring (Finger) 2. olympische Ringe, Gardinen-, Serviettenring 3. Ringstraße	pierścień	кольцо, перстень
žiemà	winter (n)	hiver	Winter	zima	зима
žiemìnis, -ė	winter (adj)	d'hiver	winterlich, Winter-	zimowy, -a, -e	зимний, -яя, -ее
žievė̃	1. bark (of a tree) 2. peel, rind	1. écorce 2. pelure	1. Rinde 2. Schale	kora	1. кора 2. корка
žẽvėlė	peel, rind	peau, pelure	Schale	skórka	корка
žỹgis	march (n)	marche	Marsch, Wanderung	wyprawa, pochód	поход
žìlas, -à	grey (of hair); having grey hair	chenu, -e; gris, -e	grau	siwy, -a, -e	седой, -ая, -ое
žymà	stamp	sceau	Stempel	stempel	отметка
žymė̃	mark (n)	marque	Spur	znak, ślad	отпечаток
žymė̃klis	1. marker (ticket), punch 2. cursor	1. composteur 2. curseur	1. Entwerter 2. Cursor	1. stempel 2. kursor	1. компостер, маркер 2. курсор
žymė́ti	mark (v)	marquer	1., 2. markieren, notieren 2. bezeichnen	oznaczać	1. отмечать, помечать 2. обозначать
žymùs, -ì	1. perceptible 2. famous, noted	1. apparent, -e 2. célèbre	1. deutlich 2. bedeutend	1. widoczny, -a, -e 2. wybitny, -a, -e	1. заметный, -ая, -ое 2. выдающийся, -аяся; известный, -ая, -ое
žiñgsnis	step (n)	pas	Schritt	krok	шаг
žinià	message, information, news	nouvelle	Nachricht, Kunde; Mitteilung	wiadomość, wieść	весть, известие
žiniasklaida	news media	média	Medien	środki masowego przekazu	средства массовой информации
žìnios	1 news 2. knowledge	1. informations 2. connaissances	1. Nachrichten 2. Kenntnisse	1. wiadomości 2. wiedza	1. известия, новости 2. знания
žìnoma	cf course	sûrement	gewiss, natürlich	pewnie, wiadomo	конечно
žìnomas, -a	famous, known	célèbre	bekannt, berühmt	znany, -a, -e	известный, -ая, -ое
žinóti	know	savoir	wissen, kennen	wiedzieć; znać	знать
žinùtė	short message	petit message	Nachricht	wieść (mała)	весточка
žìrgas	horse, steed	cheval, coursier	Ross	rumak	конь
žirklė̃s	scissors	ciseaux	Schere	nożyce	ножницы

LIETUVIŲ KALBA	ENGLISH	FRANÇAIS	DEUTSCH	JĘZYK POLSKI	РУССКИЙ ЯЗЫК
žirnienė	pea soup	soupe aux pois	Erbsensuppe	grochówka	гороховый суп
žirnis	pea (vegetable and plant)	pois	Erbse	groch	горох
žiūrėti	1. look 2. see, watch	regarder	1. sehen, ansehen 2. sich(D) ansehen	1. patrzeć 2. oglądać	1. смотреть 2. видеть
žiùrkė	rat	rat	Ratte	szczur	крыса
žiurkėnas	hamster	hamster	Hamster	chomik	хомяк
žiūrõvas, -ė	spectator, viewer	spectateur, -trice	Zuschauer, -in	widz	зритель, -ница
žmogùs	human being, person	homme	Mensch	człowiek	человек
žmogžudỹstė	murder (n)	meurtre	Mord	zabójstwo	убийство
žmonà	wife	femme	Frau, Gattin	żona	жена
žmónės	people	gens; monde	Menschen, Leute	ludzie	люди, народ
žmonijà	mankind	humanité	Menschheit	ludzkość	человечество
žodýnas	dictionary	dictionnaire	Wörterbuch	słownik	словарь
žõdinis, -ė	oral, verbal	oral, -e	wörtlich, gesprochen	ustny, -a, -e	устный, -ая, -ое
žõdis	word	1. mot 2. parole	1. Wort 2. Worte (Rede)	1. wyraz 2. słowo	слово
žodžio laisvė	freedom of speech	liberté de parole	Redefreiheit	wolność słowa	свобода слова
žolė̃	grass	herbe	Gras	trawa	трава
žudìkas, -ė	killer, murderer	meurtrier	Mörder, -in	morderca, -rczyni	убийца
žudýti	kill, murder	assassiner	töten, morden, umbringen	mordować	убивать
žurnãlas	magazine	revue, magasine	Zeitschrift	czasopismo	журнал
žurnalìstas, -ė	journalist	journaliste	Journalist, -in	dziennikarz, -arka	журналист
žū́ti	perish	périr	umkommen	zginąć	погибнуть
žuvė̃dra	gull	mouette	Möwe	mewa	чайка
žuviẽnė	fish soup	soupe aux poissons	Fischsuppe	zupa rybna	уха
žuvìs	fish (n)	poisson	Fisch	ryba	рыба
žvaigždė̃	star	1. étoile 2. vedette	1. Stern 2. Stern, Star	gwiazda	звезда
žvãkė	candle	bougie, cierge	Kerze	świeca	свеча
žvakìdė	candle holder	bougeoir, chandelier	Leuchter, Kerzenhalter	świecznik	подсвечник
žvakùtė	small candle	petite bougie	Kerzchen	świeczka	свечка
žvejýba	fishing	pêche	Fischerei, Fischfang	rybołówstwo	рыболовство

žvejỹs, -ė̃	fisherman	pêcheur	Fischer, -in	rybak	рыбак
žvejóti	fish (v.)	pêcher	fischen	łowić ryby	ловить рыбу, рыбачить
žvėriena	game (meat of a wild animal)	gibier	Wildbret	dziczyzna	дичь
žvėris	wild animal	animal sauvage	Tier	zwierzę	зверь
žvilgsnis	glance, look (n)	regard	Blick, Anblick	spojrzenie	взгляд
žvyras	gravel	gravier	Kies	żwir	гравий
žvirblis	sparrow	moineau	Sperling	wróbel	воробей

46,80